특허실무론

임 호

문우사
MoonWoo

머리말

미국이 그동안 시행하여 왔던 강한 특허정책에 대한 많은 비판이 최근 미국 내에서 제기되고 있다. 강한 특허정책이 기대한 것만큼의 미국 경제를 견인하는 역할을 하지 못하였다는 것이다. 그뿐만 아니라 특허침해소송에 소요되는 천문학적인 특허소송비용으로 인하여 국력도 낭비된다는 것이다. 승자가 모든 것을 독식하는 구조인 미국적인 특허 패러다임은 근래에는 한국과 일본이 이를 추종하였고 그 뒤를 이어서 EU가 따름으로서 거부할 수 없었던 세계적인 추세가 되어 왔다.

그러나 중국의 특허제도는 미국식으로 보면 차라리 저작권에 가까울 정도로 그 보호하는 범위가 좁다. 미국의 특허제도가 원천기술의 발명자를 강력하고 넓게 보호하려고 하는 반면에 중국은 개량된 기술을 부분적으로 보호하려고 한다. 아직 국내 기술수준이 유치하다고 생각하는 중국은 과거 일본이 80년대와 90년대 취하였던 것과 유사한 약한 특허정책을 취한다. 그럼에도 중국의 경제성장은 실로 눈부시다.

각 국가의 경제발전의 단계는 개별성과 보편성을 공유한다고 본 경제학자들이 있었는데 특허를 포함한 지식재산법도 이러한 법칙성을 가지는지도 모른다. 그렇다면 그 법칙성을 발견하여야 할 과제도 지식재산법학자가 당연히 하여야 할 임무일 것이다. 더구나 특허법교과서를 발간한지도 벌써 10년이 넘었고 그동안 특허법 이론과 그 해석론은 많이 발전하였는데도 이를 반영한 개정판을 단 한 번도 출간하지 못하였으니 그 학문적 태만에 대한 질책을 받아도 마땅하다.

그럼에도 불구하고 홍익대 MIP과정에 있는 여러분들의 도움을 받아 이 책을 출간하게 되었다. 이 책은 MIP과정에 있는 대학원 및 박사과정을 위한 특허실무용 교재로 사용하던 중 교과서 형식으로 출간하는 것이 좋겠다고 하여 문우사에 출판을 의뢰하게 되었다.

이 책이 나오게 되기까지 도와주신 홍익대 MIP과정의 법과대학 음선필, 안원모, 나동규 그리고 조희경 교수님, 김형렬 박사님 그리고 조영애, 이영화 선생님 그리고 학우인 손혁상 박사에게 감사의 인사를 드린다.

2014년 8월

와우산 기슭의 공동연구실에서

임 호

차 례

CHAPTER 5 공개요건 365

Chapter

01

발명과 특허 및 특허권자

Ⅰ. 발　명

1. 물건과 방법

가. 의　의　**나.** 물건청구항　**다.** 방법청구항

2. 방법의 특허성

가. 영업방법의 문제점　**나.** In re Bilski 판결

Ⅱ. 특허제도의 목적

1. 특허란

2. 경제적 유인이론

가. 유　인　**나.** 유인이론에 대한 비판

3. 공개촉진이론

가. 기술정보의 공개를 장려　**나.** 기술축적의 장려　**다.** 일반대중에 대한 경고

4. 연구개발비 투자확보론

5. 새로운 이론의 대두

가. 기술혁신이론　**나.** 거래비용이론　**다.** 미래가치확보이론　**라.** 수익분산방지이론
마. 경주이론　**바.** 이론에 대한 검토

Ⅲ. 발명자

1. 특허를 받을 수 있는 권리

2. 특허를 받을 수 있는 권리의 성질

3. 특허권자

가. 특허를 받을 수 있는 권리에 대한 다툼　**나.** 무권리자의 출원

Ⅳ. 직무발명

1. 발명자와 종업원

2. 직무발명

3. 사용자의 통상실시권

가. 의　의　**나.** 이론적 근거　**다.** 사용자의 권리　**라.** 종업원의 보상청구권　**마.** 보상액

Ⅴ. 발명을 위한 고용

1. 종업원의 발명능력

2. 명시적 약정

3. 묵시적 승계

4. 미국의 판례법

5. 대표적 사례

가. Standard Parts Co. 사건　**나.** National Development Co. 사건
다. Dubilier Condenser Corp. 사건　**라.** Melvina Can Company 사건
마. 구체적 기준: 종업원의 발명관련성

I. 발 명

1. 물건과 방법

가. 의 의

특허법은 특허를 받을 수 있는 대상을 물건의 발명과 방법의 발명으로 분류하고 있다.[1] 미특허법은 방법발명과 함께 물건발명의 예시로서 기계(Machine), 제조물(제품: Manufacture), 조성물(합성물: Composition of Matter) 및 이들의 개량(Improvement)을 열거하고 있다.[2] 새로운 물건이나 방법을 발명한 사람은 특허출원서를 제출하면서 자신이 발명으로 주장하는 대상을 문자로 개념정의한 청구항으로 구성된 청구범위를 작성하여 특허청에 제출하여 심사를 받아야 한다.[3] 바로 이 청구항 또는 청구범위가 발명에 대한 공식적인 개념정의가 되고, 특허법상 발명이라고 함은 바로 이 청구항 또는 청구범위를 말하는 것이다.

나. 물건청구항

물건청구항은 물건의 구성을 특정하는 방식으로 개념정의를 한 것을 말한다.[4] 물건청구항은 통상적으로 구조(Structure), 장치(Apparatus) 또는 합성물(Composition)에 대한 것인데,[5] 이러한 물건청구항이 특허를 받기 위해서는 그 대상이 되는 물건이 특허요건, 즉 신규성, 진보성, 그리고 명세서의 공개요건 등을 충족하여야 한다.

물건청구항 중에서 기계청구항은 발명의 물리적 구조, 즉 각 구성요소와 구성요소 사이의 관계를 기술한다. 이 청구항은 실용적인 기능을 수행하는 장치(Apparatus)를 포함한다. 제조물청구항은 그 구조나 물질의 화학식을 공개함으로써 만들어진 제품을 기술하지만 움직이는 부분이 있어도 문제가 되지 않는다. 조성물 또는 화학물질에 관한 청구항은 화학적 구성성분을 표

---

1 특허법 제2조 제3호의 가 항 내지 다 항 참조.

2 미특허법 제101조 참조. 35 USC §101: Whoever invents or discovers any new and useful process, machine, manufacture, or composition of matter, or any new and useful improvement thereof, may obtain a patent therefor, subject to the conditions and requirements of this title.

3 청구범위에 대해서는 제4항을 참조할 것.

4 대법원은 2006.6.29. 선고 2004후3416 판결(방법식 청구항은 필요한 경우에만 허용한다는 입장)에서 '물건의 발명의 특허청구범위는 특별한 사정이 없는 한 발명의 대상인 물건의 구성을 직접 특정하는 방식으로 기재하여야 하므로, 물건의 발명의 특허청구범위에 그 물건을 제조하는 방법이 기재되어 있다고 하더라도 그 제조방법에 의해서만 물건을 특정할 수밖에 없는 등의 특별한 사정이 없는 이상 당해 특허발명의 진보성 유무를 판단함에 있어서는 그 제조방법 자체는 이를 고려할 필요 없이 그 특허청구범위의 기재에 의하여 물건으로 특정되는 발명만을 그 출원 전에 공지된 발명 등과 비교하면 된다.'고 판시함.

5 J.Thomas McCarthy, McCarthy's DESK ENCYCLOPEDIA Of INTELLECTUAL PROPERTY(BNA, 2d), p.345.

시한다. 조성물의 각 구성요소들은 이미 알려진 것이라 하더라도 그 구성요소들을 조합하여 새로운 발명이 성립된 경우를 말한다.

다. 방법청구항

방법(Process)이란 대상을 변형하여 다른 상태로 만들기 위한 연속된 처리 단계(Steps)를 말한다. 방법은 두 가지의 구성요소나 구성물품을 혼합해서 하나의 화학물질을 만들거나 혼합물을 만드는 과정을 말한다. 방법청구항에는 기계나 장치가 기재될 필요가 없고 변형을 수행하는 각 단계를 기재하면 된다.[6]

방법은 구조적 실체가 없다는 점에서 물건과는 근본적으로 구별된다. 방법은 그 사용되는 기계와 별도로 특허대상이 된다. 방법이 새로운 것(신규성: Novelty)이 되기 위해서는 발명의 한 처리 단계가 새로운 것일 수도 있고 이미 알려진 처리 단계를 새로이 조합할 수도 있다. 방법은 물건이 가지는 구조적 실체가 없는 대신에 실용적인 결과를 만드는 처리 단계를 가지고 있는 것이다. 단 하나의 발명이라도 물건청구항(Product Claim)과 방법청구항(Process Claim) 모두를 가질 수 있지만 그 특허의 발급 가능성, 즉 특허성에 대해서는 따로 판단된다.[7]

2. 방법의 특허성

가. 영업방법의 문제점

영업방법과 컴퓨터 소프트웨어 특허와의 차이점은 소프트웨어가 물리적 구조를 가지고 있는 데 비하여 영업방법은 이를 가지고 있지 않다는 데 있다. 소프트웨어가 물건특허와 방법특허를 모두 받을 수 있는 데 비하여 영업방법은 그 특허의 발급가능성이 오직 방법특허라는 범주에만 한정된다. 원래 방법특허는 특허대상이 되기에는 어려운 과정을 거쳐서 인정된 것이고, 방법을 발명한 사람은 실제로 무엇을 발명한 사람보다는 단지 '추상적으로 아이디어를 관리하는 사람'이라는 선입견의 대상이 되기 쉽다. 이러한 차이점이 컴퓨터 소프트웨어와는 달리 영업방법이 특허대상이 되기 어려운 이유이다. 더구나 컴퓨터 소프트웨어가 특허대상이 되기 위해서 물리적으로 변형될 것을 요구하는 견해에 의하면 물리적 구조를 가지지 않는 영업방법은 더욱더 특허대상이 되기 어렵다.[8]

---

6 변형설 Transformation Test; 다음 항의 Bilski 참조.

7 임호 저, 특허법, 법문사, 2003, p.78; Chisum §1.03.

8 Id., Larry A. DiMatteo, p.18. 세계 3대 특허청인 USPTO(미국), EPO(유럽), JPO(일본)의 특허대상에 관한 개념 정의의 차이점에 대한 비교법적인 검토, 특히 컴퓨터 소프트웨어 및 생명체에 관한 특허가능성에 대해서는 Michael

나. In re Bilski 판결[9]

(1) 사실관계

출원인의 영업방법에 관한 발명은 고정된 가격에 따라 석탄 등의 원료를 구입하는 계약에서 발생하는 위험부담의 최소화에 관한 것이다. 고정가격에 의하여 에너지를 거래하는 경우에 수요자들은 아직 여름철임에도 불구하고 기존의 소비량에 의존하여 겨울에 소비할 원자재에 대해 매달 가격을 지불하여야 한다. 매달의 가격은 소비되는 에너지의 양에 관계없이 동일하게 유지되지만 소비자들은 그해 겨울이 매우 추우면 난방을 위해서 다량의 에너지를 사용하지 않으면 안 된다. 반면 그해 겨울이 따뜻하면 에너지의 소비량은 평균보다 줄지만 소비자들은 비용을 더 많이 지불하여야 한다.

방법청구항으로서 청구 제1항은 원자재의 중간 브로커가 3단계로 구성되는 구입자의 위험부담을 최소화하는 것이다. 청구 제4항은 청구 제1항을 수학공식화한 것이다.

청구 제1항은 다음과 같다.

① 상품공급자와 소비자 사이의 구매상담을 시작하는데, 위 상담과정에서 위 소비자는 위 상품을 과거의 가격평균에 의하여 산출된 정액률에 의하여 구입하며, 위 정액률은 위 소비자의 위험수준에 상응하고,

② 위 소비자에 대한 역위험부담을 지는 위 상품에 대한 시장 참여자를 물색하고,

③ 위 상품과 관련된 시장 참여자의 거래가 위 소비자 거래의 위험부담을 지는 것과 균형을 이룰 수 있는 2차적 고정률에 의할 수 있도록 위 상품의 공급자와 위 시장 참여자 사이에 상담을 시작한다.

(2) 특허청

(가) 심사관: 장치설

위 청구항들에 대하여 심사관은 장치설(Technological arts test)을 취하고 청구 제1항 내지 제11항은 다음과 같은 이유에서 특허를 받을 수 없다고 보았다. 발명이 특허를 받기 위해서는 특정한 장치에서 수행되는 기술적 방법이어야 한다. 그러나 출원된 발명은 특정한 장치에서 수행되지

North, The U.S. Expansion of Patentable Subject Matter: Creating a Comparative Advantage for Foreign Multinational Companies?, 18 B.U. Int'l L.J. 111(Spring, 2000) 참조. 앞의 논자는 미국이 최근 컴퓨터 소프트웨어나 유전공학적인 발명에 대한 특허대상을 확장하여 적용하는 정책을 사용하였고 이러한 정책은 미국과 그 상대국들인 유럽과 일본의 통일된 특허정책을 파괴하고, 미국 기업을 국제거래에서 상대적으로 불리한 입장에 이르게 하였다고 주장한다. 따라서 미국으로서는 특허대상을 축소함으로써만이 이러한 문제점들을 해결할 수 있고 국제적으로 통일된 특허제도를 만들 수 있다는 것이다.

9 BERNARD L. BILSKI AND RAND A. WARSAW, PETITIONERS V. DAVID J. KAP-POS, 130 S. Ct. 3218.

않는 단지 추상적 아이디어를 조작하는 것이어서 이를 현실에 적용함이 없이 단지 수학문제를 푸는 것에 불과하다. 따라서 발명은 특정한 장치에서 수행되는 기술적 방법이 아니라는 것이다.

(나) 미특허심판원: 변형설 Transformation test

그러나 미특허심판원의 심사관이 장치설을 취한 것은 잘못이며 방법청구항의 특허성을 판단하는 데 있어서 특정한 장치를 요구하는 것도 잘못이다. 왜냐하면 구체적 장치에서 수행되지 않고 청구항에서 장치를 인용하지 않아도 특허성이 있는 방법도 있기 때문이다.

특허심판원은 변형설을 취하여 **어느 방법이 물리적 대상을 하나의 단계로부터 다음의 단계로 변형시킨다면** 이 방법은 특허성이 있다. 두 가지의 구성요소나 구성물품을 혼합해서 하나의 화학물질을 만들거나 혼합물을 만드는 경우에도 비록 장치가 방법의 각 단계를 수행하는 것으로 청구항에 기재되지 않았더라도 특허법이 규정하는 변형으로 볼 수 있다.

그러나 Bilski의 방법청구항들은 특허를 받을 수 있는 변형이 없다. 판매자, 소비자 및 시장 참여자들의 비물리적인 재정적 리스크와 법적 배상책임을 변형시키는 것만으로는 특허를 받을 수 없다. 출원인의 청구항들은 인간 또는 기계와 그들의 조합에 의하여 모든 수행 가능한 단계를 금지하는 권리를 주장하고 있다. 따라서 그들은 특허를 받을 수 없는 추상적 아이디어만을 청구항의 권리범위로 포함하고 있다. 결국 출원인의 방법은 유용하고 구체적이며 유형적인 효과를 가져오지 못한다는 것이다.

(다) CAFC: 기계 또는 변형설 Machine or transformation test

CAFC는 전원합의체에서 Bilski의 영업방법에 대한 발명이 특허성이 없다고 한 미특허심판원의 의견을 인용하였다. 동시에 CAFC는 기존의 입장이었던 State Street Bank의 견해를 취소하고 기계 또는 변형설을 취하였다.[10]

기계 또는 변형설은 방법청구항이 ① 만약 특정한 기계와 함께 임무를 수행하거나, ② 어떤 재료를 다른 상태로 변형시키는 경우에는 특허성이 있다고 보는 것이다.

과거의 State Street Bank 판결은 최초로 영업방법의 특허성을 인정한 판결로서, 이 판결에 의하면 영업방법은 단지 수학적 연산법이나 자연법칙에 불과하지만 이를 실용적이고(Useful), 구체적이며(Concrete), 유형적인(Tangible) 결과를 낳을 수 있도록 현실에 적용(Practical application)하였으면 특허를 받을 수 있다고 보았다.[11]

(라) 미연방대법원

미연방대법원은 Bilski의 발명이 단지 추상적 아이디어에 불과하여 특허를 받을 수 없다고

---

10 In re Bilski, 545 F.3d 943, 88 USPQ2d 1385(Fed. Cir. 2008).

11 이는 State Street Bank에서의 Rich 판사의 의견이다. 영업방법의 특허성에 관해서는 임호 저, 특허법, 2003(법문사) 참조.

본 CAFC의 판결을 인용하였다. 그러나 영업방법에 대한 특허성의 기준에 관해서는 CAFC가 취한 기계 또는 변형설을 인정하지 않았다. 영업방법이라고 하여 당연히 특허를 받을 수 없는 것이 아니고, 그 특허성도 기계 또는 변형을 시키는 것에 한정되지 않는다는 것이다. 그러나 미연방대법원은 기계 또는 변형설 이외의 제3의 허용기준이 무엇인가에 대하여 적극적으로 말하지 않았다.

Ⅱ. 특허제도의 목적[12]

1. 특허란

특허란 새로운 발명을 일정한 기간 동안 타인이 상업적으로 무단 이용하는 것을 금지할 수 있는 권리를 국가가 발명자에게 보장하여 주는 것을 말한다.[13] [14] 특허법이 발명자 이외의 타인에게 금지하는 행위는 청구항(Claim)에 기재된 물건을 생산, 양도, 대여 또는 수입하거나 양도, 대여의 청약을 하는 행위에 한한다.[15]

이렇게 특허가 발명자에게 권리를 주는 이유는 경제적 유인을 제공하여 새로운 발명을 하

12 특허제도는, ① 타인이 주인의 허락 없이 아이디어를 사용하는 것은 일종의 절도행위로서 이를 보호하는 것은 자연법칙(Natural-law)에 맞는다는 견해(자연권설: Natural theories), ② 사회에 유용한 것을 제공한 사람은 그 대가로 제한된 기간 동안 독점권으로 보상받아야 한다는 견해(보상권설: Reward-by-Monopoly), ③ 기술적 진보를 이룩하기 위해서 독점이익의 보장이라는 유인을 제공하는 것이라는 견해(발명장려설: Monopoly-profit-incentive), ④ 비밀공개의 대가로 독점적 이익을 준다는 견해(비밀공개설: Exchange-for-secrets)들이 있다. Fritz Machlup, An Economic Review of the Patent System Study No.15, Subcomm. Patents, Trademarks and Copyright of the U.S. Senate Judiciary Comm., 1-2, 20-21, 44-45, 76-80(1958) 참조. 그 이외에도 ① 특허독점이 일반대중으로부터 부를 박탈하는가?, ② 특허제도가 있음으로 해서 산업기술을 공개하지 않고 은닉하는 경향이 없어졌는가에 관한 논의에 대해서도 위 논문 참조.

13 전통적인 개념으로서의 특허 Fritz Machlup, An Economic Review of the Patent System Study No.15, Subcomm. Patents, Trademarks and Copyright of the U.S. Senate Judiciary Comm., 1-2, 20-21(1958). 특허의 역사적 유래에 대해서는 위 논문 참조.

14 원래 특허(Patent)의 어원은 라틴어인 Literae patentes(Letter patent)에서 유래하는데 이는 주권자가 일정한 특권을 수여하는 것을 의미했다. Letters patent는 공개된 문장을 의미한다. 잉글랜드에서 배타적 권리를 수여하면서 봉인(Seal)을 뜯지 않아도 그 내용을 읽을 수 있었다는 데서 유래한다. Herbert F. Schwartz, Patent Law and Practice 1(3d ed., BNA 2001), BC 500년 그리스의 식민지인 Sybaris, 1474년의 베니스 공화국, 16세기 중엽의 잉글랜드와 독일제국이 이러한 '특허'라는 배타적인 권리를 부여했다. Herbert F. Schwartz, Patent Law and Practice 2(3d ed., BNA 2001), n6 참조.

15 이는 물건에 대한 특허가 가지는 배타적 권리의 종류를 말하는 것이고 방법에 대한 특허인 경우에는 청구항에 기재된 방법의 실시에만 사용하는 물건을 生産·譲渡·貸與 또는 輸入하거나 그 물건의 譲渡 또는 貸與의 請約을 하는 행위를 업으로서 하는 경우를 말한다. Supra. n5. 특허법 제127조 〈改正 1995.12.29, 2001.2.3〉 참조. 일본국의 中山 특허법 p.662에서는 특허법에 의한 심사절차를 통과한 발명에 대하여 그 발명자가 일정 기간 동안만 이를 독점적으로 통제할 수 있도록 하는 권리를 부여한 것이 바로 특허라고 개념정의를 하여 심사절차를 통과한 점을 강조한다.

도록 유도하고,[16] 이렇게 만들어진 발명을 널리 공개함으로써 일반대중의 영역에 새로운 기술지식을 추가하며,[17] 특허발명을 상업화할 수 있도록 조사와 연구(R & D)에 대한 투자를 보장하여 주는 데 있다.[18]

특허는 우리 사회의 기술혁신을 장려하고 혁신기술이 개발되어 우리 사회에 실제로 사용될 수 있도록 하며, 이러한 과정에서 얻어진 기술지식을 축적하기 위해서 사용되는 주요한 정책적 도구이다.[19] 기술 수준의 변화가 그 나라의 경제성장에 결정적으로 중요한 역할을 미치고,[20] 그 나라가 가지고 있는 발명의 수준은 그 발명에 대하여 주어지는 경제적인 유인이 어느 정도 강력한 것인지에 상응하기 때문이다.[21] 특허제도의 기본적인 목적은 바로 이러한 발명을 장려하기 위한 실용주의에 있다.[22]

---

16 Infra. n35 경제적 유인이론 참조.

17 일반대중의 영역(Public domain)이라는 것은 일반대중이 아무런 대가를 지급하지 아니하고 그 정보에 대한 접근 가능성과 자유로운 사용에 대한 권리가 보장되는 영역을 말한다. Anupam Chander, The Romance of the Public Domain(92 Calif. L. Rev. 1331): 일반대중의 영역은 사적 재산권으로 보호되는 영역을 제외한 나머지 조각의 집합이라고 보는 견해는 David Lange, Reimagining the Public Domain, 66 Law & Contemp. Probs. 463, 465-470(2003)과 Jessica Litman, The Public Domain, 39 Emory L.J. 965, 968(1990)이 있다.

또는 시장실패를 교정하는 것이라고 보는 견해는 Wendy Gordon, Fair Use as Market Failure: A Structural and Economic Analysis of the Betamax Case and Its Predecessors, 82 Colum. L. Rev. 1600(1982) 참조. 묵상이라고 보는 견해는 Id., Lange 참조. 또한 James Boyle, The Second Enclosure Movement and the Construction of the Public Domain, 66 Law & Contemp. Probs. 33(2003); Yochai Benkler, Free as the Air to Common Use: First Amendment Constraints on Enclosure of the Public Domain, 74 N.Y.U. L. Rev. 354, 364-86(1999) 참조.

18 법학자들은 위 두 가지 목적, 즉 유인과 공개를 든다. Eldred v. Ashcroft, 537 U.S. 186, 226-27(2003)(Stevens, J., dissenting); Pfaff v. Wells Elecs., Inc., 525 U.S. 55, 63(1998) 참조. 그러나 경제학자들은 특허가 가지는 경제적 기능은 적어도 4가지가 있다고 본다. ① 유인, ② 동기부여와 상업화, ③ 공개촉진, ④ 장래의 발명에 대한 효율적 개발이 그것이다. Roberto Mazzoleni & Richard R. Nelson, The Benefits and Costs of Strong Patent Protection: A Contribution to the Current Debate, 27 Res. Pol'y 273, 274-300(1998).

19 이를 위해서 특허법은 여러 종류의 기술적 분야를 관장하는 보편적 규범의 체계를 제공한다. Dan L. Burk & Mark A. Lemley, Policy Levers in Patent Law, 89 Va. L. Rev. 1575, 1576(2003) 참조(위 저자들은 특허법의 기술특정성을 강조한다).

20 Rebecca S. Eisenberg, Patents and the Progress of Science: Exclusive Rights and Experimental Use, 56 U. Chi. L. Rev. 1017, 1031(1989): Robert M. Solow, Technological Change and the Aggregate Production Function, 39 Rev Econ & Stat 312, 320(1957)(1909년과 1949년 사이에 미국의 비농업분야에 있어서 약 80%의 성장이 자본의 축적에 의한 것이 아니라 기술적 변화에 기인한 것이다); Edward F. Denison, The Sources of Economic Growth in the United States and the Alternatives Before Us 271-72(Brookings Inst, 1962)(1929년에서 1957년 사이에 노동자 1인당 생산성 증가의 36%는 과학과 기술적 지식의 발전에 의한 것이다); Edward F. Denison, Accounting for United States Economic Growth, 1929-69, 128(Brookings Inst, 1974)(미국의 1929년과 1969년 사이의 경제성장의 27%는 지식의 발전에 의한 것이다).

21 Id., Eisenberg, n59: Jacob Schmookler, Invention and Economic Growth(Harvard, 1966)(산업에서의 수요가 증가하는데 상응하여 특허발명이 만들어진다); Edwin Mansfield, et al, Research and Innovation(cited in note 33)(R & D의 시점과 기술혁신은 이윤에 대한 기대에 상응한다).

22 Ward S. Bowman Jr., Patent and Antitrust Law 2-3(1973)(특허법의 목적은 새롭고 더 나은 상품을 생산하기 위해서 발명을 격려하는 것이다); F.M. Scherer, Industrial Market Structure and Economic Performance 440(Edward Jaffe et al. eds., 2d ed. 1980)(발명을 증진하는 것을 특허를 발급하는 3가지 이유 중의 하나로 본다); John S. McGee, Patent Exploitation: Some Economic and Legal Problems, 9 J.L. & Econ. 135, 135-36(1966)(특허는 발명적

그러나 비판적 견해는 발명에 대한 적절한 유인을 제공하고 기술혁신을 이루는 데 있어서 특허제도가 반드시 필수적인 것은 아니라고 주장한다.[23] 특허를 가진 나라와 특허가 없는 나라에서 지난 19세기 동안의 산업발전의 역사를 비교해 본 결과 21세기의 경우에도 마찬가지로 특허제도가 없다고 하여도 산업발전이 저해당하였다는 아무런 증거를 찾을 수 없었다는 것이 그 논거이다.[24] 그러나 특허제도를 가지고 있지 않았던 나라는 특허제도가 있는 외국의 특허발명을 아무런 대가를 지급하지 않고 무상으로 사용하여 기술 발전을 이룩하였다고 보아야 할 것이다.[25]

2. 경제적 유인이론 Incentive theory[26]

가. 유 인

특허제도는 우선 새로운 발명을 창조하여 이를 상업화할 수 있도록 발명자에게 경제적 유

행위를 고무하는 것이다).

23 Id., Eisenberg, p.1031.

24 Eric Schiff, Industrialization Without National Patents 34-41, 96-106(Princeton, 1971). 네덜란드는 1869년 특허제도를 폐지하였다가 1912년 부활하였다. 스위스는 1907년까지는 특허제도라고 볼 수 있는 것이 없었다. 그러자 네덜란드와 스위스의 발명자들은 외국에 특허출원을 하게 되었다. 네덜란드가 특허제도를 부활시키자 국내에 제출하는 특허출원이 증가하게 되었는데 이는 특허제도가 도입됨에 따라 국내의 발명이 증가하는 데 있어 자극을 주는 것으로 볼 수 있다.

25 저자 주: 특허제도를 가지고 있지 않았던 네덜란드나 스위스의 산업발전이 저해당하지 않은 이유는 외국에 특허제도가 존재하였으므로 국내의 발명자가 외국의 특허청에 특허출원을 할 수 있었기 때문에 국내 발명자들에 대한 자극요인이 결여되어 있었다고 볼 수는 없다. 결국 특허제도가 없는 나라의 발명자라도 외국에 특허를 출원할 수 있다면 특허제도가 가지는 혜택을 볼 수 있다는 사실에 별다른 문제는 없다. 문제는 위 두 나라가 타국의 특허제도에 의하여 무임승차를 한 것이 어떠한 효과를 주는가 하는 점이다.

26 보상이론은 두 가지의 방향으로 발전한다. 그중 하나는 약한 이론이고 다른 하나는 강한 이론이다. 약한 이론은 특허법의 기본목적은 발명적 행동에 대한 보상이기 때문에 이 보상은 발명적 행동을 자극한다는 것이다. 약한 이론은 Ward S. Bowman, Jr., Patent and Antitrust Law: A Legal and Economic Appraisal, 33-52(1973)로서 이는 특허제도를 불가피하게 정당화하는 이론이다.

문제는 강한 이론인데 이는 Frederic Scherer와 A. Samuel Oddi에 의하여 주장되는 것이다. 보상은 실제로 특허법과 관련된 결정을 설명할 수 있어야 한다는 것이다. 법원은 특허제도에 의하여 유인된 발명과 그렇지 않은 발명을 구별하여 특허에 의하여 유인된 발명만이 보호되어야 한다는 것이다(실제로 이러한 이론이 적용된 사례는 Roberts v. Sears, Roebuck & Co., 697 F.2d 796(7th Cir. 1983)(Posner, J); Frederic M. Scherer, Industrial Market Structure and Economic Performance 443-44(2d ed. 1980); A. Samuel Oddi, Beyond Obviousness: Invention Protection in the Twenty-First Century, 38 Am. U. L. Rev. 1097, 1101(1989). 그러나 이 이론은 보상에 의하여 개발비용을 보전하여 주지만 이는 적은 비용을 들인 발명자에게 불리하고 오히려 낭비를 불러오는 경향이 있다. 또한 과연 법원이 어떻게 가정적인 기술혁신자가 들이는 가정적인 비용을 결정할 수 있을까 하는 결코 답변할 수 없는 의문도 제기된다.

이에 더하여 제3의 보상이론은 Douglas F. Greer, The Case Against Patent Systems in Less-Developed Countries, 8 J. Int'l L. & Econ. 223(1973); Alfred E. Kahn, The Role of Patents, in Competition, Cartels and their Regulation 308, 311(John P. Miller ed., 1962)에서 주장된다.

인을 제공하는 것이 가장 중요한 목적이 된다.[27] 발명자는 특허법이 부여해 주는 배타적 권리를 이용하여 자신의 발명을 타인이 사용하도록 허락하거나 이를 직접 상업적으로 활용할 수 있는 기회를 제공받는다.[28]

특허는 독자적으로 발명하는 어려움을 극복하기보다는 특허발명을 역분해하여 기술을 모방하는 것이 훨씬 수월한 성질을 가진 특허발명을 타인이 함부로 복제하여 사용하지 못하도록 금지하는 본질적인 법적 방지장치가 된다.[29] 만약 역분해기술(Reverse engineering)에 의하여 모방하기 쉬운 기술에 대하여 특허라는 복제방지장치가 없다면 경쟁자들은 누구나 특허발명을 쉽사리 분석한 뒤 이를 무단으로 복제하여 사용함으로써 특허발명자가 땀흘려 노력한 결실이 허사로 돌아간다.[30]

우수한 발명이 무임승차행위에 의하여 쉽사리 모방될 수 있다면 이러한 발명을 체화한 상품의 가격은 발명자가 최초의 연구개발비용을 회수할 수 없는 정도의 수준으로 낮아지게 된다.[31] 그 결과 최초의 발명자는 발명을 하는 데 소요된 연구 및 개발비를 회수할 수 없어서 발명이 가지는 정당한 사회적 가치를 회수할 수 없게 된다. 이러한 무임승차행위가 성행하게 되면 발명자들은 자신의 발명을 보호하기 위해서 역분해방식이 매우 어려운 기술 분야로만 발명을 하게 되어 우리 사회는 기술혁신을 이룰 수 없게 된다.[32]

---

27 경제학적인 논문을 살펴보면 유인이론이 절대 견해이다. Dan L. Burk & Mark A. Lemley, Policy Levers in Patent Law, 89 Va. L. Rev. 1575, 1597 n.65(2003); Peter S. Menell, Intellectual Property: General Theories, in 2 Encyclopedia of Law and Economics: Civil Law and Economics 129, 130-48, 155-56(Boudewijn Bouckaert & Gerrit De Geest eds., 2000).

28 Id, Machlup, 44-45, 76-78, 특허제도가 소비자의 경제에 미치는 효과, 즉 소비자가 발명자에게 특허에 대한 사용료를 지불함으로써 더 가난하여지는가 하는 문제에 대하여 ① 특허가 생산성을 향상시킨다고 보는 긍정적 입장, ② 특허제도가 없었더라도 기술혁신을 이룰 수 있었는데도 특허라는 독점권을 부여함으로써 소비자는 물지 않아도 되는 비용을 추가로 지출하여야 하기 때문에 경제에 나쁜 영향을 미친다는 부정적 입장이 대립된다. 1958년경 위 논자는 ① 또는 ②의 어느 입장이라도 경험적으로 이를 뒷받침할 경험적인 증거가 없다고 답변했다.

29 이에 비하여 영업비밀은 역분해방식으로 기술을 모방하여 사용하기 어려운 경우에 보호될 수 있는 지적재산이 된다.

30 시장실패론(Market failure theory): 특허발명을 체화한 상품의 가격이 낮아지기 때문에 이러한 무단복제를 금지할 필요가 있다. William M. Landes & Richard A. Posner, The Economic Structure of Intellectual Property Law 294(2003); Steven Shavell, Foundations of Economic Analysis of Law 138(2004); Rebecca S. Eisenberg, Patents and the Progress of Science: Exclusive Rights and Experimental Use, 56 U. Chi. L. Rev. 1017, 1028-29(1989).

31 Machlup, Subcomm on Patents, Study No 15 at 58-59(cited in note 30)(새로운 발명을 위한 연구개발비는 단 한 번만 투자되어 회수할 수 없는 비용(Sunk costs)이 되어 버리는 것이다. 일단 발명이 만들어져서 공개되면 선행연구에 의하여 얻어진 지식을 보다 집약적으로 사용하는 데 드는 한계비용은 0이 된다. 이외에도 그 발명을 사용하는 과정에서 노동력과 재료 등과 같이 재화와 용역을 생산하기 위해서 드는 비용과 같은 가변적인 비용도 있다. 그러나 발명을 하는 데 드는 비용은 과거에 이미 확정되어 버린 것으로서 그 발명이 얼마나 많이 사용된다고 하더라도 더 이상의 비용이 들지는 않는다. 특허발명자에게 대가를 지급할 의무가 없어서 어느 누구라도 발명을 자유롭게 사용하여 상품을 만들어 낼 수 있는 경쟁시장에 있어서 판매된 상품의 비용은 그 상품의 한계생산비에 수렴하는 가격이 될 것이다. 따라서 상품의 판매가격은 최초로 발명을 하는 데 필요한 연구와 개발에 소요된 비용을 회수할 수 없도록 한다).

32 이러한 무임승차의 문제를 해결하기 위해서 특허제도는 타인이 무단으로 특허권자의 발명을 만들고 사용하고 판매하는 것을 금지하기 위해서 다음의 행위를 침해행위로 규정한다.

새로운 발명을 연구하는 데 높은 위험부담이 있게 되면 우리 사회는 발명에 대하여 투자를 꺼리게 된다.[33] 따라서 비록 현재에는 커다란 위험부담이 있더라도 장래에 엄청난 사회적 가치를 가지는 발명은 이루어질 수 없고 만약 있다고 하더라도 매우 지연될 것이다. 이렇게 발명이 지연되는 것은 발명에 대한 개인적인 보상이 자유시장경제의 수준을 넘어서 증가하지 않는 한 계속될 것이다.[34]

그러나 우리 사회는 발명에 대하여 특허를 부여함으로써 발명자에게 그들의 발명에 대한 독점적 권리나 지위를 사용할 수 있도록 허용하여 그 발명이 가지는 사회적 가치, 즉 사용자들이 발명으로부터 얻을 수 있는 이익을 회수할 수 있도록 한다.[35]

나. 유인이론에 대한 비판

새로운 발명을 개인의 독점적 통제에 둔다면 일반대중이 사용하지 못함은 물론 그 발명이 가지는 사회적 이익이 감소될 수도 있지 않을까?[36] 즉 발명에 대한 유인을 주기 위해서 발명자에게 특허 독점권을 주면서 생산물이 감소된다는 부정적 효과를 우리 사회가 감수할 필요가 있을까?[37] 또한 발명을 최초로 시장에 내놓은 사람이 가지는 선진출자만 가지고도 연구 및 개발

특허법 제127조: (침해로 보는 행위) 다음 各號의 1에 해당하는 행위를 업으로서 하는 경우에는 特許權 또는 專用實施權을 침해한 것으로 본다. 1. 特許가 물건의 發明인 경우에는 그 물건의 生産에만 사용하는 물건을 生産·讓渡·貸與 또는 輸入하거나 그 물건의 讓渡 또는 貸與의 請約을 하는 행위. 2. 特許가 방법의 發明인 경우에는 그 방법의 실시에만 사용하는 물건을 生産·讓渡·貸與 또는 輸入하거나 그 물건의 讓渡 또는 貸與의 請約을 하는 행위.

33 Kenneth J. Arrow, Economic Welfare and the Allocation of Resources for Invention, in Rate and Direction of Inventive Activity at 611-15(Arrow는 발명적 노력에서 오는 결실이 불확실하고 이러한 위험부담을 전가하는 시장의 완충장치가 아무것도 없기 때문에 그 위험부담을 회피하려는 경향에 의하여 사람들은 발명에 대한 투자를 하지 않게 된다. 그러나 이에 반대하는 논자인 McGee는 발명자들은 오히려 위험부담을 선호하기 때문에 발명적 행위에 과잉투자를 한다고 주장한다. John S. McGee, Patent Exploitation: Some Economic and Legal Problems, 9 J L & Econ 135 at 136(1966); McGee, 9 J L Econ at 136. Edwin Mansfield, et al, Research and Innovation in the Modern Corporation 18-63(Norton, 1971)(회사들은 매우 성공가능성이 높은 R & D 프로젝트에 대해서만 투자를 하지만 그 성공가능성을 과대평가하는 경향이 있다).

34 Id., Eisenberg, Patents and the Progress of Science: Exclusive Rights and Experimental Use, 56 U. Chi. L. Rev. 1017, 1026(1989).

35 William F. Baxter, Legal Restrictions on Exploitation of the Patent Monopoly: An Economic Analysis, 76 Yale L.J . 267, 270(1966)(극단적으로 말하면 특허권자는 자신이 이 사회에 부여한 것 이상의 가치를 회수하지 못한다. 왜냐하면 소비자들은 특허발명이 그들에게 가져다주는 가치 이상을 지급하려 하지 않을 것이기 때문이다).

36 Id., Eisenberg.

37 Id., Eisenberg n36: 논자에 따라서는 정부가 발명자에게 특허를 부여하는 대신에 상장과 보너스를 줌으로써 특허가 가지는 사회적 비용을 감소시킬 수 있다고 주장한다. Michael Polanyi, Patent Reform, 11 Rev of Econ Studies 61, 65(1944): Machlup은 위 주장은 특허제도와 마찬가지로 이미 매우 오래된 제안에 불과하다고 한다. 다른 논자들은 정부가 유인을 주든 주지 않든 간에 기초적인 지식이나 다른 사회적 여건이 성숙되면 발명이 불가피하게 만들어진다고 주장하지만 이러한 주장은 이미 오래전부터 제기된 이론들이다. Abbott P. Usher, A History of Mechanical Inventions 1-31(McGraw Hill, 1929); S.C. Gilfillan, The Sociology of Invention, 71-78(Follett, 1935); William F. Ogburn, Social Change 86(Huebsch, 1923).

에 충분한 유인을 주지 않을까?[38] 중요하고도 비용이 매우 많이 드는 좋은 발명이 특허법에 의하여 보호를 받지 못하는 데 비하여 별로 중요하지도 않고 쉬운 발명이 쉽게 특허를 받는 경우도 있다. 이렇게 보상이론은 현실적으로 발생하는 불합리성을 설명하지 못한다는 비판을 받는다.[39]

유인이론에 대한 또 다른 비판은 특허라는 유인 또는 인센티브가 효율성을 해치는 방식으로 경제적 활동을 왜곡할 수도 있다는 것이다. 예컨대 서로 경쟁하는 회사들이 특허라는 막대한 이익을 얻기 위해서 그들의 경쟁자에 앞서서 특허를 받을 수 있는 발명을 성급하게 상품으로 개발하기 위해서 불필요하게 많은 비용을 쓸 수 있다는 것이다. 만약 서두르지만 않았다면 특허발명이 도달할 수 있었던 동일한 결과를 보다 자연스런 개발을 통하여 더 적은 사회적 비용을 들이고도 달성할 수 있었다는 것이다.[40]

특허제도는 너무나 많은 자원들을 자유경쟁적인 생산활동으로부터 멀어지게 하거나, 특허권으로 보호될 수 없는 연구분야로부터 특허권을 가지고 독점적 이익을 낼 수 있는 연구분야로 많은 자원을 이동시킨다는 비판도 있다.[41]

마지막으로 특허제도는 특허권자 이외의 사람들의 연구에 영향을 미쳐서 결국 우리 사회의 기술진보를 저해한다고 극단적으로 주장하는 학자도 있다. 특허권이 존재한다는 사실로 인하여 다른 사람들이 이 특허를 받은 기술을 활용하여 이를 개량하려는 유인을 저하시킨다.[42] 더

---

38 Frederic M. Scherer, Industrial Market Structure and Economic Performance, 379, 384-87(Rand McNally, 1970); Jack Hirshleifer, The Private and Social Value of Information and the Reward to Inventive Activity, 61 Am Econ Rev. 561(1971)(특허로부터 얻는 이익은 차치하고라도 기술혁신을 이룩한 사람은 앞선 지식을 사용하여 새로운 지식과 관련된 분야에 투자를 함으로써 이익을 볼 수 있다). 마찬가지로 시장에서의 경쟁자와 기술적 보조를 같이 할 필요성이 있다는 점도 그 이상의 유인을 필요로 함이 없이도 발명을 자극할 수 있다고 보거나, 시장진입에 있어서 특허장벽이 아니라 다른 장벽이 존재하고 있어서 특허권이 없이도 발명에 지출한 연구개발비에 대한 이익을 볼 수 있도록 경쟁으로부터 충분한 보호를 해 줄 수 있다는 것이다. Id., Scherer, Industrial Market Structure at 387; Arrow, Economic Welfare at 619-22(만약 적절성을 무시할 수 있다면, 경쟁시장에 있는 회사는 독점권을 가진 회사보다도 발명에 대한 더욱 큰 유인을 가지게 될 것이다. 왜냐하면 독점적 유인은 발명 이전의 독점이익을 삭감하는 효과에 의하여 감소되는 반면에 경쟁회사가 가지는 유인은 경쟁상품에 있어서는 완전한 비용의 감소와 동등하게 되기 때문이다).

39 Kitch의 비판론: 특허제도는 영리하고 근면한 발명자들에 대한 보상을 실질적으로 해 주지 못하는 경우도 있다. 코닥은 즉석카메라를 발명하였지만 그는 폴라로이드에 대한 특허를 받지 않고도 충분한 보상을 받을 수 있었다. 따라서 특허제도하에서는 최초의 특허를 받은 자가 모든 보상을 독차지하기 때문에 보다 가치가 있는 발명이 보상을 받지 못하는 수도 있다는 것이다. Mark F. Grady & Jay I. Alexander, Patent Law and Rent Dissipation, 78 Va. L. Rev. 305, 313(1992).

40 Richard Posner, Economic Analysis of Law 54(Little, Brown, 2ded 1977); Yoram Barzel, The Optimal Timing of Innovations, 50 Rev Econ & Stat 348(1968).

41 Machlup, Subcomm on Patents, Study No.15, at 45-50.

42 Frederic M. Scherer, Industrial Market Structure and Economic Performance 379, 392(Rand McNally, 1970): 그러나 Edmund Kitch는 바로 이러한 유인 또는 인센티브의 저해효과, 즉 특허라는 독점권이 가지는 바로 이 효과가 연구에 있어서의 효율성을 높인다는 것이다. 특허가 다른 사람의 유인을 저해한다는 주장은 일단 어떠한 발명에 대한 특허가 발급되면 그 특허발명자만이 그 발명을 상업화하여 시장에서 보상을 받을 수 있다는 것이다. 그러나 특허가

군다나 특허권자들의 경쟁자로 하여금 특허침해를 피하기 위해서 중복된 해결책을 찾도록 함으로써 시간과 노력을 낭비하게 한다는 것이다.[43]

3. 공개촉진이론 Disclosure theory

발명자가 비밀로 간직하고 있는 발명을 타인에게 사용하도록 허락하거나 판매하는 것은 매우 어렵다. 왜냐하면 비밀을 공개하지 않고도 사용료를 지급하라고 요구하는 것은 매우 어렵기 때문이다. 그러나 비밀을 일단 공개하고 나면 발명자는 더 이상 판매할 어떤 것도 가지지 못한다.[44]

이에 비하여 특허제도는 발명자가 특허된 발명을 수요자에게 공개하더라도 그 발명에 대하여 가지고 있는 배타적 권리를 잃지 않도록 한다. 만약 정보를 제공받은 사람이 무단으로 특허발명을 사용한다면 특허권자는 특허침해행위로 소송을 제기할 수 있기 때문이다.[45] 따라서 특허제도는 발명을 공개하는 대가로 특허라는 독점권을 부여함으로써 기술의 공개를 촉진시킨다.[46]

발급되지 않았다면 경쟁자도 이익을 얻을 수 있었다는 것이다. 그러나 위 주장은 특허권자가 특허발명을 개량함으로써 보상을 받는 가치가 여전히 다른 연구자들에게도 이를 개발하려는 유인을 부여한다는 사실을 간과한 것이다. Edmund W. Kitch, The Nature and Function of the Patent System, 20 J L & Econ 265, 277-78(1977).

43 특허를 우회하는 발명(Incentive to invent around patent): 미법원의 판결 중에서도 특허를 우회하는 기술을 개발하는 데 대한 유인을 특허제도의 적극적인 이익으로 보는 견해도 있다. 이는 특허를 우회하기 위해서는 더 이상의 연구를 요구하기 때문이고 이렇게 하다 보면 결국 진보를 이룩할 수 있기 때문이다. Yarway Corp. v Eur-Control USA, 775 F2d 268, 277(Fed Cir 1985); State Indus. v. A.O. Smith Corp., 751 F2d 1226, 1236(Fed Cir 1985); Kimberly-Clark Corp. v Johnson & Johnson, 745 F2d 1437(Fed Cir, 1984).

그러나 특허를 우회하는 발명은 이미 해결된 문제에 대하여 해결책을 모색하기 위해서 다른 생산적인 곳에 사용하여야 할 자원을 이동시키기 때문에 사회적으로 낭비라는 비판이 있다. Donald F. Turner, The Patent System and Competitive Policy, 44 NYU L Rev 449, 455(1969); Machlup, Subcomm on Patents, Study No.15 at 51(Machlup는 타인이 특허를 우회하는 발명을 하지 못하도록 이미 발견된 해결책을 우회하는 기술을 특허권자가 다시 연구하는 것은 분명히 낭비적이라고 본다); Ward S. Bowman, Jr., Patent and Antitrust Law 2, 21-22(Chicago, 1973)(Bowman은 특허기술우회가 특히 우수한 물건을 만들 수 있는 개발로 이끄는 경우에는 낭비가 아니고 기술우회를 위한 비용을 지출하는 사람은 우수한 대체물을 만들 수 있다고 가정한다는 것은 합리적인 것이라고 본다); Scherer, Industrial Market Structure at 386-87(cited in note 30)(기술우회가 기술적 진보를 가져왔다고 하더라도 기술우회를 위해서 사용된 자원이 다른 곳에 사용되었더라면 더 높은 사회적 이익을 가져왔을 것이다); Martin J. Adelman, The Supreme Court, Market Structure and Innovation: Chakrabarty, Rohm and Haas, 27 Antitrust Bull 457, 464(1982)(경쟁자와 특허권자가 대체 기술을 개발하기 위해서 소요되는 비용에 대하여 서로 다른 견해를 가지고 있기 때문에 특허사용료에 대하여 합의를 할 수 없는 경우가 아니면 특허우회적인 연구를 시작하지는 않기 때문에 대안을 개발하는 것은 비경제적이 된다).

44 Id., Arrow, Economic Welfare at 615.

45 Michael Polanyi, Patent Reform, 11 Rev of Econ Studies 61, 64(1944); Edmund W. Kitch, The Nature and Function of the Patent System, 20 J L & Econ 265, 277-78(1977)(특허법은 기업들 상호 간에 기술의 공개를 촉진하고 그 사용허락을 쉽게 하기 위한 법적 관련성을 정의하는 것이다).

46 Id., Eisenberg, p.1029.

가. 기술정보의 공개를 장려

특허제도가 가지는 또 한 가지 중요한 목적은 혁신적 기술에 대한 정보공개를 장려하는 것이다.[47] 특허라는 독점적 권리를 부여받는 대신에 발명자는 특허발명의 내용을 일반대중에게 공개하여야 하기 때문이다.[48] 따라서 특허는 발명자가 일정한 기간 동안만 배타적인 독점권을 부여받는 대가로 특허발명을 일반대중에게 공개하기로 하는 내용의 '특허발명자와 우리 사회와 사이의 계약'으로도 볼 수 있다.[49]

이러한 목적을 달성하기 위해서 특허제도는 특허발명을 일반대중에게 상세히 공개할 것을 요구한다.[50] 이러한 발명의 완전한 공개는, 첫째, 경쟁자로 하여금 특허발명을 기초로 하여 새로운 발명을 하거나, 개량을 할 수 있도록 하여 주며, 둘째, 특허권의 존속기간이 만료되면 일반대중도 사유롭세 복세하여 사용할 수 있도록 한나.[51]

---

47 Landes & Posner, supra note 4, at 329-30; Nat'l Research Council of the Nat'l Acads., A Patent System for the 21st Century 41(Stephen A. Merrill et al. eds., 2004); Eisenberg, supra note 4, at 1028-30; Mazzoleni & Nelson, supra note 2, at 278-80.

48 Donald S. Chisum, Principle of Patent Law, Cases and Materials, 1, 2-3(2d ed., Foundation Press 2001).

49 Margreth Barret, The Professor Series, Intellectual Property, at 20. 특허를 경제적인 독점의 일종으로 파악하지만 특허발명을 대신할 수 있는 기계나 장치가 없는 경우에만 특허라는 독점이 유해하다는 견해가 있다. Donald S. Chisum, Principled of Patent Law, Cases and Materials, 58-66(Foundation Press, 2d. 2001). 이 외에도 특허를 정보로부터 얻는 경제적 이익을 향유할 수 있도록 하는 재산권이라고 보는 이론과 이에 대하여 특허를 발명을 공개하는 대가로 특허청이 특허권자에게 일정 기간 동안 특허권자가 공개한 정도만큼 배타적 권리를 수여하는 일종의 계약으로 해석하는 견해가 있다. Akzo Patent Policy, Lets Think about Idea Invention Intellectual Property Management Course Pack, Carl Jorda, 3-4(Spring, 2003). 이 계약이론에 의하면 특허라는 계약은 발명자와 일반대중 사이에는 체결될 수 없으며, 특허는 아직 연구개발의 단계에서는 발급가능성이 불확실하고 일단 발급된 특허도 후일 무효화될 수 있다는 의미에서 조건적인 재산권을 부여하는 불완전한 계약이라고 보는 견해가 있다. 특허를 특허권자와 특허청 사이의 일종의 계약이라고 보는 견해에 대해서는 Jay P. kesand Marc Banik, Patent Law and Policy Symposium: Re-engineering Patent Law: Part 1: Patents as Incomplete Contracts 2 Wash. U. J. L. & Poy 23, 2000 참조. 위 논자는 효과적인 특허제도는 연구개발을 위한 투자의 확대를 유인하는 데 그 목적이 있기 때문에 특허정책은 연구개발을 위한 투자를 위축시키는 요인을 제거하는 데 중점을 두어야 한다는 것이다. 특히 최첨단 기술 분야의 경우 특허청 측이 선행기술에 대한 완벽한 지식이 결여되어 있으므로 특허출원자 측에서 완벽한 선행기술을 공개하는 대가로 특허가 유효라는 추정력(이에 따라 특허가 발급된 이후의 특허권침해소송에서 특허의 무효를 주장하는 침해자 측에서 이미특허출원자가 특허심사과정에서 공개한 선행기술을 가지고 특허무효를 주장하는 데 사용하지 못하도록 한다)을 부여하여야 한다는 것이다. 이로써 ① 특허권자에게 최대한도로 기술연구와 개발에 자원을 투자하도록 유도하고, ② 최대한도로 선행기술을 공개함으로써 특허청으로서는 공개된 기술혁신부분에 대해서만 특허를 발급하기 때문에 너무 넓은 권리범위를 가진 특허가 발급되는 경향이 감소된다는 것이다. 이 외의 특허법에 대한 이론에 대해서는 Hon. Paulin Newman, Legal and Economic Theory of Patent Law, 48 Luncheon Speech to the ABA-IPL, Section, July 21, 1994 참조.

50 일본국은 모든 특허출원서를 반드시 공개하지만 미국은 특허출원인이 그 공개 여부를 선택할 수 있다. 일본국은 특허출원서가 접수된 후 18개월 이내에 모든 출원서를 발행하지만, 미국은 특허출원인에게 선택할 수 있는 여지를 준다. 특허가 출원되면 특허심사관과 출원인 사이에 최종적으로 수여될 특허권의 권리범위에 대한 논의가 있은 후 만약 출원인이 이에 만족하지 못하면 출원인은 출원을 취하하고 출원서에 기재된 기술적 내용을 공개하지 아니할 수 있다. 이러한 경우에는 18개월 후에 특허출원서가 공개되지 않는다. Infra Scott Erickson, at 335.

51 특허를 받는 목적이 ① 특허를 상품화하기 위한 경우, ② 경쟁자를 견제하기 위한 경우, ③ 기타 대외 과시용인 경우로 구분하고, 전통적인 특허의 개념인 공개의 대가로 수여받는 제한된 독점이라는 정의는 오직 ① 부류에만 해당

특허발명의 완전한 공개를 위해서 특허법은 우선 특허대상이 되는 발명을 명확하고 간결하게 개념정의를 한 청구항 또는 청구범위를 작성한 뒤 그 발명을 용이하게 실시할 수 있도록 상세한 설명을 기재한 명세서를 제출할 것을 요구한다.[52] 이러한 내용을 기재한 특허출원서는 특허가 출원된 날로부터 18개월 후에 출원공개되어 일반대중이 특허출원서의 내용을 알 수 있도록 한다.[53]

특허에 의하여 공개된 정보는 일반대중에게 세 가지의 이익을 준다고 할 수 있다. 첫째, 공개된 정보가 주는 것 이상으로 기술혁신을 촉진하고, 둘째, 이미 공개된 정보에 대해서는 불필요하게 중복되는 조사연구를 할 필요성을 감소시키며, 셋째, 그 사회의 기술 분야에 대하여 보다 효과적인 투자가 이루어질 수 있도록 한다.[54]

이렇게 특허출원서에 공개된 내용은, 첫째, 일반대중의 영역에 정보를 추가하고, 그 공개된 기술 분야와 관련된 아이디어를 자극하여 더욱 중요한 진보가 이루어지도록 한다.[55] 많은 경제학자들은 특허가 공개한 정보가 생산성 향상의 요인이 되는 연구와 개발(R & D) 효과를 증대시킨다고 본다.[56]

한다고 보는 견해가 있다. Ann Bartow, Separating Marketing Innovation From Actual Invention: A Proposal For A New, Improved, Lighter, And Better T tasting Form Of Patent Protection 4, J. Small & Emerging Bus. L. 1, Spring, 2000 참조. 위 논자는 ②와 ③의 경우에는 굳이 상당한 시간과 비용이 드는 엄격한 특허심사절차를 받을 것이 아니라 진보성(Nonobviousness)과 유용성(Utility)에 대한 심사기준을 완화하는 대신 특허권의 존속기간을 3년에서 5년으로 제한하는 등의 간이특허를 제안하고 있다.

52 특허법 제42조에 의하면 특허출원서 명세서에는 '그 發明이 속하는 技術分野에서 통상의 知識을 가진 者가 용이하게 실시할 수 있을 정도로 그 發明의 目的·구성 및 效果를 기재하여야 한다(제2조 제3항). 그 特許請求範圍에는 발명자가 보호를 받고자 하는 사항을 기재한 청구항은 명세서에 의하여 뒷받침되고, 발명의 구성에 없어서는 안 되는 사항만을 명확하고 간결하게 기재하여야 한다(제2조 제4항).

53 특허법 제64조(出願公開): ① 特許廳長은 다음 각 호의 1에 해당하는 날부터 1년 6월이 경과한 때 또는 特許出願日부터 1年 6月이 경과하기 전이라도 出願人의 申請이 있는 때에는 産業資源部令이 정하는 바에 따라 그 特許出願에 관하여 特許公報에 게재하여 出願公開를 하여야 한다. 다만, 第87條 第3項의 規定에 의하여 登錄公告를 한 特許에 대해서는 그러하지 아니하다〈改正 1995.12.29, 1997.4.10, 2001.2.3〉.

54 John m., Olin, The Disclosure Function of the Patent System(or Lack thereof), 2009(118 Harv. L. Rev. 2007).

55 Kewanee Oil Co. v. Bicron Corp., 416 U.S. 470, 481(1974); Competition and Intellectual Property Law and Policy in the Knowledge-Based Economy: Hearing Before the Fed. Trade Comm'n 39(Feb. 6, 2002)(CAFC 판사 Pauline Newman: 오늘날 모든 기술 분야에서 특허는 유일한 것은 아니지만 가장 중요한 정보의 원천이다. http://www.ftc.gov/opp/intellect/020206trans.pdf; Robert G. Bone, A New Look at Trade Secret Law: Doctrine in Search of Justification, 86 Cal. L. Rev. 241, 266(1998)(만약 발명자가 특허 대신 영업비밀을 택한다면 혁신적 발명자들이 과학적이고 기술적인 영감을 얻기가 어려워 결국 전체의 기술혁신이 저하될 것이다); Kenneth W. Dam, The Economic Underpinnings of Patent Law, 23 J. Legal Study. 247, 267(1994)(특허는 경쟁자를 포함하여 장래의 발명자에게 엄청난 양의 정보를 제공하여 준다); R. Polk Wagner, Information Wants To Be Free: Intellectual Property and the Mythologies of Control, 103 Colum. L. Rev. 995, 1000(2003)(비록 통제된 정보라고 하더라도 일반대중의 영역에 많은 지식을 제공한다); Robert Patrick Merges & John Fitzgerald Duffy, Patent Law and Policy 6(3d ed. 2002)(하나의 발명자에게 특허가 발급되어 누수가 일어나더라도 다른 발명자에게 이익을 준다).

56 Wesley M. Cohen et al., Protecting Their Intellectual Assets: Appro-priability Conditions and Why U.S. Manufacturing Firms Patent(Or Not) 24-25(Nat'l Bureau of Econ. Research, Working Paper No.7552, 2000), available at http://www.nber.org/papers/w7552.

나. 기술축적의 장려

모든 발명에 대하여 특허가 출원되는 것은 아니다. 주로 역분해방식(Reverse-engineering)에 의하여 쉽사리 해독될 수 있는 기술에 대하여 특허가 출원되고 발급되고 있고 비록 이러한 기술에 대하여 공개된 내용이 매우 한정된 가치만 있을지라도 발명에 대한 공개를 촉진한다.[57] 특허제도가 없었더라면 영업비밀로 간직되어 있었을 발명에 대해서도 특허는 이를 일반대중에게 공개를 촉진하도록 유도한다.[58] [59]

아울러 특허는 그 기술에 대하여 전혀 들어볼 수 없었던 다른 산업분야의 지식인들에게 아이디어를 제공하여 누구라도 그 지식을 사용하는 새로운 방법을 발견할 기회를 부여한다.[60] 또한 특허는 비록 작은 개량기술이라도 전부 공개하여야 하기 때문에 이를 기초로 한 기술이 모여지면 그 결과 커다란 기술진보를 촉진한다.[61]

다. 일반대중에 대한 경고

특허는 일반대중에게 특허로서 보호되는 발명을 분명하게 지정하여 공개함으로써 이 특허

---

57 만약 공개되지 않고 영업비밀로 간직되어 버렸다면 우리 사회에 영원히 공개되지 않았을 발명이 특허로 인하여 공개됨으로써 우리 사회의 기술 발전에 기여를 하는 것이다. Fritz Machlup & Edith Penrose, The Patent Controversy in the Nineteenth Century, 10 J. Econ. Hist. 1, 26-28(1950).

58 Vincenzo Denicolo & Luigi Alberto Franzoni, The Contract Theory of Patents, 23 Int'l Rev. L. & Econ. 365, 366-68(2004); Suzanne Scotchmer, Standing on the Shoulders of Giants: Cumulative Research and the Patent Law, J. Econ. Persp., Winter 1991, at 29, 39.

59 Donald S. Chisum, Principles of Patent Law, Cases and Materials, 2d. 70-76, Foundation Press, 2001. 특허제도를 경제적인 측면에서 파악하는 견해는 이외에도 ① 상업화의 유인, ② 기술우회(Designing around)의 유인을 제공한다고 본다. 위 각 유인이론에 대한 비판에 대하여 위 책자를 참조할 것. 그러나 총 3천 3백만의 AIDS 환자의 90%가 아프리카, 남아메리카, 그리고 아시아에 살고 있다. 대다수의 환자들이 특허의약품의 혜택을 보지 못한다면 기술을 일반대중에게 공개한다는 것이 무슨 의미가 있는가? 특허가 발명을 공개하는 대가로 부여되는 것이지만 이러한 공개가 일부 소수의 가진 자에게만 유익한 것이고 대다수의 가난한 일반대중에게는 아무런 의미가 없다면 특허가 가지는 윤리성의 문제가 제기된다. 이에 대하여, ① 정보는 상품으로서의 가치가 있고 이러한 상품을 개발하기 위해서 비용이 지출되어야 하는데 이를 감수하면서까지 상품을 개발하도록 유인하기 위해서는 이러한 상품을 재산권으로서 보호하여야 한다는 주장과, ② 특허라는 독점권과 기술혁신과는 별 상관관계가 없고, 특허라는 유인이 반드시 기술개발의 견인차가 아니며, 지적재산권은 오히려 일반대중이 정보에 접근하는 데 있어서 장애물이 된다는 주장이 있다. ①의 접근법은 윤리적인 문제에, ②의 주장은 실패의 위험부담이 많지만 미래의 기술혁신을 위해서는 반드시 필요한 원재료의 개발에 대한 유인을 제공한다는 점을 간과한다는 비판을 받는다. 따라서 특허를 기술혁신의 유인으로서 작용하되 정보의 접근에 대한 장애물이 되지 않도록 할 수 있는 제도적인 장치가 필요하다는 것이다. Dana Ziker, Patents & Technology: Facilitating Access of AIDs Drugs While Maintaining Strong Patent Protection: 2001 Duke L. & Tech. Rev. 42, December 7, 2001 참조. 위 논자는 상업적인 조사연구나 실험적으로 사용하는 경우에는 특허침해책임을 면제하는 방안을 제시하고 있다. 이 방안이 기술혁신에 대한 유인과 정보에 대한 접근을 조화시킬 수 있는 타협점이 된다는 것이다. ②의 입장, 즉 특허가 기술혁신의 유인이 되지 못한다는 주장에 대해서는 James Thuo Gathii,Consrtucing Intellectual Property Rights and Competition Policy Consistently with Facilitating Access to Affordable AIDS Drugs to Low-End Consumers, 53 Fla. L. Rev. 727, 751-52, 2001 참조.

60 Patent Subcomm, Report, supra note 1, at 76; see also Landes & Posner, supra note 4, at 329.

61 Suzanne Scotchmer & Jerry Green, Novelty and Disclosure in Patent Law, 21 RAND J. Econ. 131, 132(1990); Brenner v. Mason, 383 U.S. 519, 539(1966)(Harlan, J., dissenting).

발명이 더 이상 일반대중의 영역(Public domain)에 있지 않다는 것을 널리 알리는 역할을 한다. 이로써 일반대중은 청구항(Claim)의 권리범위를 넘는 발명을 자유롭게 사용할 수 있고, 청구항의 권리범위를 기술우회(Design around)할 수 있는 기회가 있다.[62]

또한 특허는 일반대중에게 금지되는 행위를 경고하는 것이기 때문에 특허발명이 무단으로 복제되는 것을 방지한다.[63] 그러나 특허는 최초의 발명자에 대해서만 보상을 하기 때문에 기술이 초기단계에 머물러 있는 동안에도 회사들은 특허를 받기 위한 낭비적인 경쟁을 할 수 있다.[64] 이러한 낭비의 가능성에도 불구하고 특허출원서가 공개된 이후에 중첩적인 조사연구를 방지함으로써 전체적으로는 특허의 공개기능이 사회적으로 바람직한 것이다.[65]

어떤 기술이 특허를 받을 수 있는지에 대한 불완전한 정보는 발명자를 앞으로 있을지도 모르는 특허침해소송의 위험에 노출시키고, 이로 인하여 기술혁신적인 행동을 하는 것을 위축시킬 수도 있다. 따라서 다른 사람의 발명적인 천재성을 저해하지 않도록 하기 위해 청구항을 해석하는 데 있어서도 불명확한 권리범위를 부여해서는 안 된다. 청구항의 권리범위가 불명확하다면 그만큼 해당 기술 분야는 폐쇄되는 것과 마찬가지여서 결국 타인의 발명을 저해할 것이다.[66]

어떠한 기술이 특허를 받았는지를 일반대중이 알지 못하는 한 기술혁신에 대한 효율적인 투자가 이루어질 수 없는 것이다. 더군다나 특허가 적절하게 공개되지 않는다면 특허침해소송이 마구 제기될 가능성이 있어서 소송의 위험성을 부담하여야 하는 기술에 대하여 투자하기를

---

62 Infra, 제6장 공개요건 제1항 청구항 n.4 참조. 일반대중에 대한 특허권의 존재를 고지하기 위해서는 그 전제로서 무엇이 특허권의 정당한 권리범위인가를 분명하게 확정할 필요가 있다. 청구항의 명확성의 요건 Infra 제6장 공개요건 n.2 참조. 이러한 특허권자의 정당한 권리범위의 확정은 일반대중에게 특허침해행위를 미리 예상하고, 회피할 수 있도록 공정한 기회를 부여한다는 중요한 의미가 있다. Georgia E. kralovic, The Principle of Fair Notice: Is It Prudent Guidance for the Future of Patent Law?, 26 Pepp. L. Rev. 89, 1998 참조. 최근의 경향은 특허권자의 권리범위를 축소하여 해석하는 경향이 있다. 이는 ① 특허청구항의 해석문제는 사실인정의 문제가 아닌 법률해석의 문제이고(Markman v. Westview Instruments, Inc., 517 U.S. 370, 390(1996)), ② 청구항(Claims)의 용어가 모호한 경우에는 가급적 권리범위를 좁게 해석하며(Atheletic alternatives), ③ 특허심사과정에서의 금반언의 법칙이 청구항의 권리범위를 제한하는 방향으로 해석되는 것 등이 이러한 경향을 나타낸다고 보는 견해는 위 Georgia E. kralovic 참조. 위 논자는 현재의 경향이 특허권자와 일반대중의 서로 대립하는 권리관계 사이에서 균형을 유지하지 못하고 있다고 주장한다.

63 청구항이 가지는 두 가지 기능에 대해서는 제6장 제1. n.4 참조. 청구항의 두 가지 기능 참고. 즉 청구항은 경고기능 및 침해판단의 수월성의 역할을 하고 있다: Edmund W. Kitch, The Nature and Function of the Patent System, 20 J.L. & Econ. 265, 278(1977); Landes & Posner, supra note 4, at 360-61; Bone, supra note 14, at 266-67; Denicolo & Franzoni, supra note 17, at 368; Eisenberg, supra note 4, at 1027-28.

64 Landes & Posner, supra note 4, at 300-02; Shavell, supra note 4, at 144-45.

65 Id., John m. Olin, supra note, at 2010.

66 Markman v. Westview Instruments, Inc., 517 U.S. 370, 390(1996); General Electric Co. v. Wabash Appliance Corp., 304 U.S. 364, 369(1938); United Carbon Co. v. Binney & Smith Co., 317 U.S. 228, 236(1942); Festo Corp. v. Shoketsu Kinzoku Kogyo Kabushiki Co., 535 U.S. 722, 730-31(2002)(특허라는 독점권은 재산권이다. 따라서 다른 재산권과 마찬가지로 그 권리범위가 명확하여야 한다. 이러한 명확성은 기술혁신에 대한 효율적인 투자를 할 수 있도록 하기 때문에 결국 이는 기술진보를 이루는 데 필수적인 것이다).

꺼리는 기업도 있을 것이다.[67]

만약 새로운 발명을 특허로 보호하지 않았다면 이는 결코 공개되지 않았을 것이다. 공개되었다면 당장 경쟁자들이 그 발명을 함부로 사용할 수 있기 때문이다. 특허제도가 발명에 대한 공개를 유인한다는 이론은 특허가 없었다면 경쟁자들이 함부로 발명을 사용하는 것을 방지하기 위해서 발명자들은 자신의 발명을 영업비밀에 붙였을 것이라는 것을 전제로 하고 있다.[68]

그러나 발명이 특허로 보호되지 못하고 비밀에 부쳐진다면 일반대중은 새로운 지식을 얻지 못할 것이고, 동일한 기술개발을 위한 낭비적이고 중복적인 연구가 계속될 것이다.[69]

경제학자들은 특허가 없었더라면 비밀에 부쳐졌을 발명이 특허제도가 존재함으로 인하여 실제로 일반대중에게 공개될 수 있는가에 대하여 의문을 가져왔다.[70] 영업비밀이라는 것은 발명의 보호를 위해서 가장 실용적인 전략이 될 수는 없기 때문이고,[71] 영업비밀로 보호되던 기술이 궁극적으로 역분해방식(Reverse engineering)에 의해서 밝혀지는 사례가 종종 발생하기 때문이다.[72] 만약 장기간의 영업비밀에 의한 보호가 가능하다면 길어야 불과 20년에 한정되는 특허권에 의한 보호는 대안으로서 매력적인 것이 될 수 없을지도 모른다. 더군다나 발명자에 의해서 영업비밀로 간직되면서 이용될 수 있는 발명은 그 침해행위자에 의해서도 역시 영업비밀로서 간직되면서 이용될 수 있는 가능성을 가지고 있기 때문에 이러한 성질의 발명에 대한 특허는 그 집행을 강제하기 어렵다는 한계점도 가지고 있는 것이다.[73]

---

67 그러나 John m. Olin은 특허가 공개를 촉진한다는 이론은 잘못된 것이라고 비판을 한다. 그는 ① 특허가 영업비밀로 간직되었을 기술공개를 촉진한다, ② 발명자가 기술개발을 하기 위해서 특허명세서를 열람한다, ③ 발명자가 특허명세서에서 귀중한 정보를 얻을 수 있다는 세 가지의 전제가 잘못된 것이라고 주장한다. 결국 특허가 발명에 대한 유인을 제공한다는 목적만이 정당한 것으로서 공개촉진이라는 목적을 위해서 유인 또는 인센티브 목적을 희생하여서는 안 되기 때문에 공개요건을 너무 강화하거나 선사용자의 권리를 부정하는 것은 잘못된 것이라고 본다.

68 이러한 전제에서 이 이론은 19세기 초경부터 상당한 호응을 받아왔다. Id., Eisenberg, Patents and the Progress of Science: Exclusive Rights and Experimental Use, 56 U. Chi. L. Rev. 1017, 1028(1989).

69 Martin J. Adelman, Property Rights Theory and Patent-Antitrust: The Role of Compulsory Licensing, 52 NYU L Rev. 977, 982(1977).

70 Id., Scherer, Industrial Market Structure at 381; Id., Machlup, Subcomm on Patents, Study No.15, at 32-33, 53, 76.

71 Id., Bowman, Patent and Antitrust Law, at 13(효과적으로 발명을 사용하기 위해서는 수많은 회사들과 의견교환을 하여야 하기 때문에 이러한 발명을 영업비밀로서 보호하는 것은 실로 실용적이지 못하다).

72 Arnold Plant, The Economic Theory Concerning Patents for Inventions, 1 Economica 30, 44(1934); Paulik v Rizkalla, 760 F2d 1270, 1276(Fed Cir 1985)(특허명세서와 마찬가지로 상업적 모델은 영업비밀을 쉽사리 공개한다).

73 영업비밀로 보호되는 기술부분과 특허에 의하여 공개되어야 하는 기술부분이 과연 분리될 수 있느냐에 대해서는 아직도 학설이 통일되어 있지 않다. 미국은 특허출원서에서 최적모드(Best mode)를 공개할 필요가 없다는 것이 최근의 입장이다. 따라서 최적모드는 영업비밀로 간직할 수 있다면 결국 공개되는 것은 저급의 기술에 불과할 것이다. 그러나 역분해방식에 의한 기술모방 또는 기술우회가 특허법상 허용된다면 최적모드의 공개를 강요하는 것은 최초의 발명자에게 부여되는 권리가 미흡할 수도 있다. 저자 주. 이와 함께 영업비밀과 특허의 공개의무와 관련해서는 Id., Bowman, Patent and Antitrust Law at 13을 참조할 것.

마지막으로 일부 논자들은 특허명세서에 의한 발명의 공개가 실제로 일반대중에게 유용한 충분한 정보를 공개하는지에 대하여 의문을 가지고 있다.[74] 특허명세서에서 발명을 공개한 사람에 대하여 보상을 함으로써 특허가 새로운 발명에 대한 공개를 촉진한다는 이론에 대해서는 많은 의문이 남아 있다.[75]

4. 연구개발비 투자확보론 R & D cost theory

특허제도는 발명자가 특허발명을 상업적으로 활용하여 발명자가 많은 비용과 실패의 위험성이 따르는 연구와 개발(Research and Development: R & D)을 하도록 장려한다. 발명이 이루어진 이후에도 이 발명을 상업화하기 위해서는 발명하는 데 드는 비용 이상의 추가적 투자가 필요하다. 이러한 투자가 있어야만 특허발명을 상업화하는 데 성공할 수 있고 이로써 실제로 대량생산을 할 수 있는 것이다.

발명을 상업화하기 위해서는 새로운 공장과 설비가 요구된다. 생산된 물건이 판매되기 위해서는 우선 소비자들의 취향을 알아 이에 맞추어야 함은 물론 소비자들이 그것을 구매하도록 하는 데 필요한 광고비용도 들게 된다. 이렇게 발명을 상업화하는 데 있어서 추가적인 투자가 필요하다는 사실은 발명을 함에 있어서 사용되는 최초의 연구개발비를 제한하는 요인이 될 수 있을 것이다.[76]

특허라는 독점권의 보호가 있는 경우에만 회사는 발명을 상업화하기 위한 투자를 한다. 따라서 특허는 이것이 없었을 경우에 이루어지지 않았을 투자를 이끌어 내도록 하는 데 기여를 하는 것이다. 그러나 산업의 종류별로 특허제도가 주는 효과가 동일한 것은 아니다. 예컨대 의약분야에 있어서는 R & D에 대한 지출에 있어서 특허라는 보호가 무엇보다 필요한 것인 데 비

---

74 특허제도를 비판하는 사람들은 특허출원인이 자신들만의 노우하우를 영업비밀로 계속적으로 보호하기 위해서 종종 고의적으로 특허명세서에서 중요한 것을 은닉한다고 주장한다. Brenner v Manson, 383 US 519, 533-34(1966); William D. Nordhaus, Invention, Growth, and Welfare: A Theoretical Treatment of Technological Change 89(MIT, 1969)(회사들이 타인이 모방하지 못하도록 발명의 핵심을 공개하지 않는다는 사실은 이미 널리 알려진 것으로서 이러한 경향은 지식의 확산을 저해한다); S.C. Gilfillan, Invention and the Patent System 61(GPO, 1964)(특허에 공개된 정보는 종종 그 자체로는 일반이 사용하기에는 부족하다); Barkev S. Sanders, Joseph Rossman, and L. James Harris, Attitudes of Assignees Toward Patented Inventions, 2 Pat, Trademark & Copyright J Res & Educ 463, 467-68(Dec. 1958)(거의 반 수 정도의 특허는 노하우의 전수가 없이는 타인이 사용할 수 없다).

75 Id., Eisenberg, p.1029.

76 Edwin Mansfield, et al, The Production and Application of New Industrial Technology(Norton, 1977); Scherer, Industrial Market Structure at 381(cited in note 30)(개발비에 대한 지출은 전체 산업의 연구개발비의 4분의 3을 넘는다); Frederic M. Scherer, Innovation and Growth: Schumpeterian Perspectives 3-7(MIT, 1984)(기술혁신을 처음으로 이룩한다는 것은 매우 불확실한 것이기 때문에 회사는 발명보다는 개발하는 데 더욱 많은 비용을 지출한다).

하여 화학산업에 있어서는 그렇지 않다.[77] [78] [79]

5. 새로운 이론의 대두

가. 기술혁신이론

근래에는 독점권인 특허가 기술혁신을 이룩하기 위한 유인으로서 작용한다는 이론이 대두하고 있다.[80] 이미특허발명이 만들어진 이후에 이를 실제 용도에 사용함으로써 기술혁신을 이룩하기 위해서는 특허권자에게 독점이윤을 제공하여야 할 필요가 있다는 것이다.[81]

슘페터는 자유경쟁보다는 독점이 오히려 역동적 자본주의의 모델에서 기술혁신을 촉진할

---

77 Id., Taylor and Z.A. Silberston, 미국의 경우에도 특허가 R & D의 지출에 있어서 중요한 요인이 되지는 않는 데 비하여 영국에서는 의약분야에 있어서는 특허가 매우 중요한 역할을 한다는 것이 밝혀졌다. 그러나 이는 모두 1960년대나 1970년대의 연구결과에 의한 것이다.

78 Taylor and Z.A. Silberston, The Economic Impact of the Patent System 331-50(Cambridge, 1973).(의약산업에 있어서 판매량에 대한 R & D, 즉 연구개발비의 투자는 화학산업보다도 많다. 이는 화학산업에 있어서 비특허적 장애가 많기 때문에 의약분야에 있어서는 화학분야보다는 특허가 보호하는 정도가 강하다고 보여진다. 화학산업은 기술우회를 하기가 의약분야보다는 쉬운 것으로서 의약분야에 있어서는 영업비적인 보호가 어렵다고 한다).

79 그럼에도 불구하고 이 연구결과를 보면 강제실시허락(Compulsory licensing)을 함으로써 특허권자에 대한 보호를 약하게 하는 경우에는 특허의 보호를 받기보다는 차라리 이를 영업비밀로 간직하는 경향이 있다는 것이 밝혀졌다. 따라서 과연 어느 정도의 유인을 주는 것이 적절한가에 대해서는 R & D, 즉 연구개발비에 대한 보상으로서 개인적 보상을 받느냐 아니면 사회적 보상을 받느냐의 차이점을 측정하는 것이다. 산업적인 진보에 있어서 17가지 산업부분에서 기술적 진보정도를 비교해 본 결과, 연구개발비에 있어서의 투자에 대한 사회적 보상 비율은 56%인 데 비하여 평균적인 개인소득으로 보상을 받는 것은 25%에 불과했다. Edwin Mansfield, et al, Social and Private Rates of Return from Industrial Innovations, 91 Q J Econ 221, 233-34(1977); 사회적인 보상과 개인적인 보상의 차이는 보다 중요한 기술혁신의 경우와 경쟁자가 낮은 비용으로 쉽사리 모방할 수 있는 기술혁신의 경우에도 커진다. 또한 위 연구결과에 따르면 30%의 사건이 개인적 보상으로 돌아오는 것이 매우 낮기 때문에 만약 이러한 정도의 낮은 개인적 보상을 바라고서는 기술혁신에 투자하려고 하는 기업은 없다는 것이다. 그러나 연구개발비에 대한 지출로 인하여 우리 사회가 받는 보상은 매우 높기 때문에 사회의 입장에서 볼 때 이러한 투자는 매우 중요한 가치가 있는 것이다.

80 기술혁신이론: F.M. Scherer, Innovation and Growth: Schumpeterian Perspective(1984); F.M. Scherer, Industrial Market Structure and Economic Performance(2d ed. 1980); F. Scott Kieff, Property Rights and Property Rules for Commercializing Inventions, 85 Minn. L. Rev. 697, 703-04(2001).

독점이 우리 사회를 기술혁신으로 유도한다는 명제는 슘페터의 경제개발이론과 일반적으로 관련이 있다. 슘페터의 기술혁신이론에 대해서는 Joseph Schumpeter, Capitalism, Socialism and Democracy, 81-110(Harper & Row, 3d ed 1950); Joseph Schumpeter, 1 Business Cycles 84-192(McGraw Hill, 1939); Joseph Schumpeter, The Theory of Economic Development 61-94(Transaction reprint, Redvers Opie trans., 1983); Vernon W. Ruttan, Usher and Schumpeter on Invention, Innovation, and Technological Change, 73 Q J Econ 596(1959); Carolyn S. Solo, Innovation in the Capitalist Process: A Critique of the Schumpeterian Theory, 65 Q J Econ 417(1951) 참조.

81 특허제도를 지지하는 데 있어서 발명을 위한 유인과 공개에 대한 유인을 그 목표로 보는 것이 주류적인 입장이었다. 그러나 프랑크 판사는 Picard v United Aircraft Corp., 128 F2d 632, at 643(2d Cir. 1942) 사건의 소수의견에서 특허제도의 옹호론자와 반대론자의 사이의 논쟁은 잘못된 쟁점을 가지고 이루어지고 있다고 말한다. 즉 특허제도가 '발명에 대한 자극(Incentive to invent)'이라고 보는 것은 잘못된 것이고 진정한 쟁점은 '투자에 대한 자극(Stimulus to investment)'이라는 것이다. 이 견해는 특허제도를 '발명을 장려하는 것은 물론 기술혁신을 장려하는 것'이라고 본다. SCM v Xerox, 645 F2d 1195, 1206 n.9(2d Cir 1981) 참조.

수 있고 보다 효과적인 성장을 이룰 수 있다고 주장하였다. 사실 경제적인 진보는 미세한 경쟁적인 산업에서보다도 거대기업에서 자주 발견되는 것으로서 신속히 변화하는 자본주의 경제에 있어서 기술혁신에 투자하는 것이 손실에 대한 일종의 방패막이로써 필요하다는 것이다.

그는 경험적으로 발명과 기술혁신을 구별한다. 발명 그 자체는 경제적인 효과를 전혀 내지 못하지만 기술혁신은 경제체제에 끊임이 없는 혁명적인 변화를 주어서 창조적 파괴의 과정을 거치도록 한다고 본다. 이러한 과정에서 새로운 회사들이 계속하여 등장하여 기술혁신을 수행하면서 이미 낡아서 쓸모없는 재화나 용역을 공급하는 회사를 몰아내는 것이다. 서로 동일한 재화와 용역을 공급하는 기업들 사이에 있어서 어떤 기업이 이전에 없었던 상품을 새로이 생산하거나 새로운 기술을 개발함으로써 경쟁에서 우위를 얻는 것은 가격경쟁보다도 중요한 것이다.

특허권이라는 법적인 형식으로 독점권을 보장받을 수 있다면 이는 우리 사회로 하여금 이미 알려진 기술의 사용을 제한시키기보다는 그 사용을 증진시키는 경향이 있기 때문에 기술혁신적인 기업이 이러한 기술을 상업적으로 도입하는 것을 수월하게 한다.[82]

현재 존재하고 있는 특허권의 효력을 약화시키면 단기적으로는 일반대중이 보다 많이 특허발명을 사용할 수 있음으로 인하여 이익이 되는 듯이 보이지만 장기적으로는 새로운 발명을 만들고 공개하는 데 대한 유인을 감소시킬 수도 있다. 따라서 현존하는 특허권의 효력을 강화하여 특허권자가 특허기간 동안에 독점적으로 개발할 수 있도록 투자를 유인함으로써 기술혁신에 대한 유인을 제공한다.[83]

따라서 특허가 기술혁신에 대한 유인을 제공한다는 이론은 종전의 이론과 사이에 유인이 작용하는 시점에 있어서 다르다. 발명과 공개에 대한 유인을 제공한다는 이론은 특허가 발급되기 이전에 작용하여 특허가 발급되는 순간 그 사회적 기능은 이미 이루어진 것이다. 그 이후에 특허권자가 특허권을 실행하여 특허료를 징수하는 것은 특허권자와 그 사용자 사이의 협상의 결과로 이루어진 것을 우리 사회가 존중하기 위해서 어쩔 수 없이 지불하여야만 하는 대가로 본다.[84]

---

82 Id., Schumpeter, The Theory of Economic Development at 88-89(발명이 실시되지 않는다면 경제적으로는 아무런 가치가 없는 것이고 기술적 진보가 우리 사회에 어떤 효과를 가져온다는 것은 발명과는 전혀 다른 일이 된다).

83 Id., Fritz Machlup at 56; Machlup은 기술혁신에 대한 유인이론의 등장과 아울러 기존의 특허가 특허발급이 된 이후에도 기술혁신에 자극을 주는 역할을 계속적으로 할 수 있도록 한다는 것을 인정하면서도 이러한 논쟁을 특허를 받을 수 있는 발명에 기초하여 이루어지는 기술혁신이 그렇지 않은 발명에 기초하여 이루어지는 혁신에 비하여 사회적으로 보다 바람직하다는 점에 대해서는 분석을 하지 않았다. 그리고 자유기업제도가 특허라는 독점적 권리를 보장하는 유인이 없이는 적절한 투자의 기회를 만들어 내지는 못한다는 점도 분석을 하지 않았다. 그는 특허를 가지고 발명을 증진하는 데 사용하기보다는 기술혁신을 증진하는 데 사용하는 것은 과학과 예술의 진보를 위한 헌법적 목적에는 포함되지 않을 수도 있다고 보았다.

84 Fritz Machlup, An Economic Review of the Patent System, Subcommon Patents, Trademarks, and Copyrights of the Senate Comm on the Judiciary, Study No 15 at 55, 85th Cong, 2d Sess(GPO, 1958)(만약 특허가 발명적 행위를 위한 유인을 제공하는 것이라고 한다면 이러한 이익은 기존의 특허에서 나오는 것이 아니라 미래의 특허가 주리

나. 거래비용이론

거래비용이론(Transaction cost theory)에 의하면 유인이론은 특허권자의 행태를 잘 설명하지 못하고 시장에서의 권력을 가질 수 있다는 이론(Market power)도 결정적인 역할을 하지 못하기 때문에 특허와 거래비용의 관련성에서 살펴보는 것이 특허를 보다 잘 설명할 수 있다는 것이다.[85]

즉 특허는 효과적으로 정보라는 자산을 확산시킬 수 있으며, 공동으로 생산하는 것을 감시하는 비용을 줄일 수 있기 때문에 특허라는 형태의 권리는 연구개발비를 회수하는 것을 보장하지 못할지라도 사용될 것이라고 한다.

다. 미래가치확보이론

미래가치확보이론(Prospective theory)은 특허발명이 일단 이루어지고 난 이후에 발생하는 기술혁신을 분석한 것으로서, 특허제도는 새로운 기술이 만들어진 즉시 그 잠재적 가치 전부에 대하여 공인된 배타적인 소유권을 부여함으로써 이를 개발하기 위한 자원을 효율적으로 배분하기 위한 것이라고 본다.[86]

이 이론의 창시자인 Kitch 교수는 처음에는 보상이론에서 출발하였지만 이에 불만족하고 미래가치확보이론을 주장하게 되는데, 그는 특허제도를 광업권과 유사한 것으로서 발명자는 광물을 찾아 사막을 헤매는 탐광자와 같다고 한다.

특허라는 독점권과 정부가 소유한 지역에 대한 광업권을 부여하는 것은 유사한 점이 있다. 양자의 유사성을 보면, 첫째, 탐광자와 발명자는 자신의 발견한 것의 상업적 성공가능성을 입증할 필요가 없다. 유명한 발명도 특허를 받은 지 오래된 이후에야 상업화되었다. 둘째, 양 제도 모두 품질을 따지지 않고 경쟁자가 들여할 비용도 묻지 않고 최초로 발견한 사람에게 우선권을 준다. 셋째, 양자 모두 그 권리가 인정되기 이전에도 양도를 할 수 있다.[87]

이렇게 본다면 특허권도 광업권과 마찬가지로 개발노력과 자본투자를 장려하려는 목적을 가지고 독점권이 부여되는 여러 가지 사례 중의 하나이다. 특허제도와 광업권은 노력의 중복을 회피하고, 개발에 투자를 하도록 하는 유인을 제공하며, 비밀로 유지될 필요성을 줄임으로써

라고 기대하는 미래의 이익에 대한 희망으로부터 나오는 것이다. 이러한 희망은 만약 특허가 없었더라면 하지 않았을 재정적 또는 산업적 연구를 하도록 함으로써 발명자로 하여금 상당히 위험한 투자를 하도록 유도한다. 이미 존재하는 특허는 우리 사회에 부담을 주는데 이 부담은 미래의 발명으로부터 얻을 수 있는 미래의 특허에서 발생하는 미래의 이익을 얻을 기회를 사람들에게 준다는 구실로 사람들에게 지속적으로 부과되는 것이다).

85 Paul J. Heald, A Transaction Costs Theory of Patent Law, 66 Ohio St. L.J. 473, 474(2005).

86 Edmund W. Kitch, The Nature and Function of the Patent System, 20 J.L. & Econ. 265, 272-73(1977).

87 이러한 유사성에 대하여 George Frost 자신이 쓴 논문 참조. George Frost, Legal Incidents of Non-Use of Patented Inventions Reconsidered, 14 Geo Wash L Rev 273, 279 n.24(1946).

보충적인 자원에 드는 비용을 줄이고, 발견된 귀중한 자원을 관리하고 통제하는 비용을 줄이는 등 모두 동일한 목적을 가진다.

만약 특허제도가 광업권과 같다면 발명자들은 다른 발명자들이 어떠한 개량을 하여 기술 개발을 하든지에 상관없이 모두 그들의 발명에 대하여 동일한 크기의 청구권을 가질 것이다. 중요한 발명이 되면 발명에 대한 질주가 이루어지는데 이는 마치 새로운 광맥의 징후가 있어서 큰 광산이 발견되면 이를 발견한 탐광자들 사이에 질주가 이루어지는 것과 같다. 그러나 광업권이 커다란 발견을 한 사람에게 커다란 권리를 준다면 후일 참여한 탐광자들에게 분배되는 임료는 삭감될 것이다. 그러나 광업권과는 달리 특허제도는 커다란 발명을 한 사람에게는 큰 권리가 주어진다. 그렇기 때문에 특허권은 임료가 분산되는 것을 방지하는 데 있어서 광업권보다는 유리하다.[88]

개인이 가지는 사적인 소유권은 자원을 사용하는 데 있어서 공적인 소유권에 의하여 소유되는 것에 비하여 효율적이다. 사람들은 공동소유되는 자원은 다른 사람이 사용하여 버리기 이전에 앞 다투어 사용하여 버리기 때문에 모든 자원은 고갈되고 결국 그 소모된 부분은 공동체 전체가 미래에 보상을 하여 주는 셈이 된다. 탐사에서 온 이익은 물론 모든 비용도 그 재산권의 소유자에게 사적으로 귀속시키는 것은 바로 이러한 문제를 해결한다. 만약 공동체의 소유로 남아 있었다면 외부적 비용이 되었을 것이 사적 소유로 되었기 때문에 그 비용이 내부화된 것이다.[89]

그러나 특허권과 물권이나 채권을 서로 동일선상에서 대조하는 것은 적절하지 않다. 발명은 무제한 사용될 수 있어서 고갈되지는 않기 때문에 '희소성의 원칙'의 지배를 받는 유형적 재산권과는 다르기 때문이다.[90] Kitch도 정보라는 것은 무한정 사용할 수 있지만 이를 사용하는 데 필요한 자원은 희소한 것이기 때문에 발명에 대하여 가지는 소유권이 유한한 자원을 효율적으로 관리할 수 있도록 한다는 것이다. Kitch는 발명자가 특허권을 보장받음으로 인하여 자원의 사용의 효율성을 증진시켜서 특허발명이 특허권자에 의해서 후속적인 연구개발 노력과 조화를 이룰 수 있도록 하는 데도 기여를 한다는 것이다.[91]

Kitch는 특허가 경쟁자에 의하여 특허권자가 들인 노력의 결과가 침해됨이 없이도 기술을 공개할 수 있도록 보장함으로써 기업과 사이에 기술의 이전을 촉진하기 때문에 불필요한 연구

---

88 Mark F. Grady & Jay I. Alexander, Patent Law and Rent Dissipation, 78 Va. L. Rev. 305, 315(1992).

89 재산권이론을 가지고 미래가치확보이론을 정당화한 것은 Harold Demsetz, Toward a Theory of Property Rights, 57 Am Econ Rev 347(1967)(Am Econ Assoc Papers & Proceedings)과 저명한 Richard Posner, Economic Analysis of Law 27-31(Little, Brown, 2d. 1977)의 논문이다.

90 Rebecca S. Eisenberg, Patents and the Progress of Science: Exclusive Rights and Experimental Use, 56 U. Chi. L. Rev. 1017, n.102(1989)(법원은 특허권을 재산권의 일종으로 보지만 경제학자들은 반드시 그렇지는 않다. 또한 역사적으로 특허는 재산권이라기보다는 독점 또는 특권으로 파악되어 왔다).

91 Id., Edmund W. Kitch, The Nature and Function of the Patent System, 20 J L & Econ 265, 277(1977).

조사의 중복을 회피하여 잠재적 가치가 있는 기술 분야에 대하여 조사연구의 효율성을 높인다고 주장한다. 특허권자는 배타적인 권리를 가지고 특허청구항에 개념정의된 기술을 배타적으로 사용하기 때문에 특허권자와 협정을 맺지 않고서는 어느 누구도 후속적인 조사와 연구를 위한 투자를 할 수 없음은 물론 그 연구개발의 결과로부터 발생하는 이익을 얻을 수도 없을 것이다.

만약 특허가 없다면 서로 다른 투자자들이 독립적으로 비밀상태에서 발명을 개발하려고 노력을 할 것이지만 특허가 있기 때문에 조사와 연구자들이 정보를 공유하도록 할 수 있어서 중복된 조사연구노력을 방지할 수 있다. 이렇게 장래의 잠재적인 기술 분야 전부에 대한 배타적인 독점권으로서의 특허는 발급된 이후에 있어서도 이와 관련된 조사연구를 통제하고 감독할 수 있도록 함으로써 조사연구의 효율성을 증진시키는 데 기여한다. 특허권이라는 것은 특허발명을 지속적으로 개발하는 데 있어서 중요한 역할을 하며, 특허법은 다음과 같은 두 가지 특징을 가진다.

첫째, 특허법은 새로운 발명의 개발하는 초기 단계에 있어서 특허보호를 허용하고 증진하여 준다는 것이다. 이는 특허권의 존속 기간 동안에 발명을 개발하기 위한 그 이상의 조사와 연구가 이루어질 수 있도록 한다.[92] 특허를 받기 위해서 특허출원인은 발명이 작동한다는 사실, 즉 유용한 기능을 수행한다는 점을 입증만 하면 되고 동일한 목적을 하는 다른 수단보다도 잘 작동된다는 것을 입증할 필요는 없다.

단지 통상의 지식인으로 하여금 발명을 만들고 사용할 수 있도록 충분한 내용의 공개를 하면 된다. 또한 특허출원인은 모든 실시례를 공개할 필요가 없다. 아울러 발명을 상업적으로 사용하기 훨씬 이전에 특허를 받게 된다.[93]

발명자가 특허출원을 지체하고 발명 개발을 계속하였다면 그 발명자는 특허라는 보호를 전부 상실할 수도 있다. 왜냐하면 발명자가 그 발명을 일반대중이 사용하도록 하거나 상업적으로 비밀상태에서 이용하는 과정에서 신규성을 상실하기 때문이다. 발명이 공용되거나 간행물에 기재됨으로써 공지가 될 수도 있다. 또는 그 관련된 기술 분야에서 기술이 진보됨으로써 자신의 발명이 통상의 지식인에게 용이하게 될 수 있다. 만약 경쟁자가 동일한 발명에 대하여 먼저 특허출원서를 제출한 경우에는 발명에 대하여 특허를 받을 수 있는 권리를 상실할 수 있다.

둘째, 특허라는 독점권은 초기의 발명에만 한정되는 것이 아니라 그 이후에 후속적으로 개

---

92 Kitch, 20 J L & Econ at 269-71.

93 Barkev Sanders가 1938년, 1948년 및 1952년에 양도된 특허를 조사한 것을 보면 약 10%의 특허발명이 상업적으로 사용되었고, 약 40%는 특허출원 이전에 이미 사용되었으며, 50%는 특허출원된 이후 심사 중일 때 사용된 것으로서 약 10%만이 특허발급 이후에 와서야 상업적으로 이용된 것으로 되어 있다. Barkev Sanders, Speedy Entry of Patented Inventions into Commercial Use, 6 Pat, Trademark & Copyright J of Research & Educ 87(1962) 참조. 또한 Frederic M. Scherer, The Economic Effects of Compulsory Licensing, 9-10(NYU, 1977)(상업적으로 기술을 개발한 이후에 특허를 받을 수 있는 발명을 만드는 것이 특허를 받은 이후에 이를 상업적으로 개발하는 것보다 통상적인 일이다).

발한 기술도 그 권리범위에 들게 된다.[94] 물론 후속적으로 발명을 사용하는 새로운 방법을 개발할 수도 있다. 따라서 다른 사람이 새로운 조사연구를 한 결과로서 물건을 만들어 냈어도 이 역시 특허권의 존속기간이 끝날 때까지는 특허권자의 통제하에 있게 된다.[95]

후속발명자는 자신이 개량한 기술부분이나 기존 발명의 새로운 용도에 대하여 특허를 받을 수는 있지만 그 기본이 되는 선행특허권자의 허락이 없이는 후속특허를 상업적으로 활용을 할 수 없다. 그러나 선행발명을 개량하여 특허를 받은 후속특허발명자도 선행특허권자가 후속특허발명을 무단으로 사용하지 못하도록 할 수 있다. 따라서 개량특허는 선행기본특허권자와 후속개량자 양자의 동의가 없이는 누구도 이를 사용할 수 없다.[96] 특허권자가 그 발명을 개발하기 위해서 후속적인 조사연구로부터 이익을 얻을 수 있는 기회이다.

이에 비하여 다른 개발자들은 특허를 받은 발명에 대한 그 이상의 조사연구를 추후에 할 수 있는 유인을 받지 않게 된다. 그러기 위해서는 기초가 되는 특허에 대한 사용을 허락받아야만 한다. 이러한 특허제도의 특성은 후속발명의 특허권자와 그의 이용허락자에 의한 후속적인 연구개발에 대한 통제를 증진할 수 있고 이러한 통제가 투자의 효율성을 증진시키는 것이다.

라. 수익분산방지이론

수익분산방지이론(Rent dissipation theory)은 특허법이 중복되고 낭비적인 조사연구와 개발노력을 감소시킴으로써 발명으로부터 발생하는 수익이 여러 사람에게 분산되는 것을 방지한다는 것이다. 즉 중복되는 발명에 대하여 불필요한 개발노력이 경주된다면 발명이 주는 사회의 이익은 분산되기 때문에 특허법이 새롭고 장래성이 있는 기술 분야를 중앙집권적으로 관리하여 조사연구 및 개발노력이 효율적으로 투자되도록 하는 목적을 가지고 있다고 본다.[97]

그러나 오직 특허를 받을 자격이 있는 관리자에게만 특허가 수여된다면 기존의 기술적 정보를 바탕으로 하여 장래에 전망이 밝은 분야에 대하여 청구권을 얻기 위해서 치열한 경쟁을 벌일 것이 예상된다. 예컨대 유전자를 조작한 DNA를 발명한 기업은 이 유전자 조작기술의 전체 분야를 개발하여 관리할 수 있는 넓은 권리범위를 가지는 특허권을 수여받게 되는 것이다. 이러한 특허로 인하여 상호 경쟁하는 기업들 사이의 관리를 수월하게 함으로써 개량발명에 대하여 수익이 분산되는 것을 최소화하는 대신에 개척발명자들에 대해서는 최대한도로 수익을 보

---

94 Id., Kitch, 20 J L & Econ at 268-69(그러나 이 주장도 그 타당성이 의심스럽다. 선행기술과 구별하기 위해서 특허청구항이 매우 좁을 수 있기 때문이다); Robert P. Merges, Commercial Success and Patent Standards: Economic Perspectives on Innovation, 76 Cal L Rev 803, 840-41(1988) 참조.

95 Id., Kitch.

96 그 실례로서 Marconi Wireless Tel. Co. v DeForest Radio Tel. & Tel. Co., 236 F 942(S D NY 1916), aff'd, 243 F 560(2d Cir 1917).

97 Mark F. Grady & Jay I. Alexander, Patent Law and Rent Dissipation, 78 Va. L. Rev. 305, 316(1992) 참조.

장하는 것이다.[98]

Kitch는 미국의 법원이 여러 차례에 걸쳐서 개척특허를 인정하지 아니한 사례를 들어서 Donald의 비판을 반박한다. 법원이 발명성이 부족한 특허를 인정하지 아니하면 1840년대의 금광붐이 생긴 것처럼 되는데 그중에서도 한두 사람의 금광업자들의 수익은 보존된다. Kitch는 모든 경우에 있어서 집중적 중앙관리의 중요성을 강조하였다.

그러나 관리가 이처럼 중요한 것이라면 법원이 관리자를 인정하는 경우는 어떠한 경우이고 그렇지 않은 경우는 어떠한 경우일까? 그의 이론은 법원이 실제로 하는 일을 설명하지 못한다. 중앙집중적 관리이론은 수익이 분산된다는 문제를 해결하지 못함은 물론 특허에 관한 여러 가지의 문제도 설명하지 못하는 단점이 있다.

만약 새로운 분야가 매우 높은 수익을 창출하는 유망한 기술로 떠오르면 매우 넓은 권리범위를 가지는 특허를 받기 위해서 최초의 특허출원을 하여 수익을 분배받기 위한 경쟁이 이루어진다. 이와는 반대로 특허제도를 완벽하게 구현하는 것은 가속적인 개척발명에 대한 투자에서 오는 손실에 비하여 감소적인 후속적 발명이 있음으로써 절약되는 것과의 사이에서 균형을 이루어야 한다. 후발주자에 의하여 수익이 분산되지 않도록 보다 효과적으로 방지하는 것이 최초의 발명자가 되기 위해서 경쟁을 하는 데서 오는 손실을 보전하는 것 이상이 되어야 한다.[99]

만약 수익을 분산하는 것이 서로 상대방을 죽이는 것이라면 왜 우리가 특허제도를 유지하기 위한 비용을 지출하여야 하는가 하는 의문이 생긴다. 특허를 폐지하는 것은 발명에 대한 청구권을 얻기 위한 경쟁을 포기하는 것과 다름이 없음은 물론 그 발명에 대한 개량을 포기하는 것이나 마찬가지이다.

따라서 발명에 대해서는 발명자 상호 간에 경쟁의 대상이 되는 청구권 자체가 없는 것이 되어 버린다.[100] 물론 이러한 수익을 분산하는 데 반대하는 형태가 단순히 상대방을 제외하려는 것이라면 특허제도에 대하여 대가를 지불하여야 하느냐 하는 문제는 정당한 질문인 것이다. 특허제도를 없애는 것은 발명에 대한 우선권을 주장하는 것을 없애버리는 것이고 동시에 개량에

---

98 그러나 위 Kitch의 견해를 비판하면서 장래에 예상되는 것을 개발할 권리를 얻기 위한 경쟁은 기술혁신으로부터 오는 이익을 완전히 분산시키는 결과를 가져올 것이라고 하는 학자들의 주장은 Donald G. McFetridge & Douglas A. Smith, Patents, Prospects, and Economic Surplus: A Comment, 23 J.L. & Econ. 197(1980)을 참조할 것.

99 Mark F. Grady & Jay I. Alexander, Patent Law and Rent Dissipation, 78 Va. L. Rev. 305, 318(1992).

100 미국의 19세기 말과 20세기 초의 판례에 의하면 한 사람은 다른 청구권자나 발견자로부터 구입하는 경우에 한하여 여러 개의 광업권을 가질 수 있었다고 한다. 이때 한 사람이 가지는 광업권의 범위는 연방법에 의하여 20에이커에 한정된다. Mitchell v Cline, 84 Cal 409, 24 P 164, 165(1890). 따라서 친구나 친인척의 이름이나 기타 허무인의 명의로 광업권을 소유하는 것은 무효이다. Cook v Klonos, 164 F 529, 538(9th Cir 1908)(이렇게 한 사람이 가질 수 있는 광업권의 넓이를 제한하는 이유는 소수의 사람이 모든 광업권을 독점하는 것을 금지하고 선의의 탐색자들이 실제로 광물을 탐사하는 것을 격려하기 위한 것이다).

대한 우선권주장도 없애버리는 것이다. 이렇게 되면 경쟁할 대상이 되는 권리 자체가 존재하지 않는 것이다.[101]

마. 경주이론

경주이론(Race to invent theory)에 의하면 수많은 기업들이 특허를 목표로 경주하지만 오직 최초의 발명자만이 그 목적을 달성하고 나머지 경주자들은 아무런 이득이 없기 때문에 특허제도는 엄청난 비효율을 가져 온다는 것이다.

그러나 특허를 목표로 다수의 기업이 경쟁을 하더라도 비효율을 가져오는 것이라고 볼 수는 없다. 단 하나의 발명자가 있는 경우보다는 많은 발명자가 경쟁하는 구조가 기술혁신에 도움이 되는 것은 분명하기 때문이다. 따라서 특허법은 다수의 경쟁을 방해하지 말고 오히려 이를 유도하여야 한다. 물론 경주이론이 주는 바와 같이 특허를 얻기 위한 경쟁적 구조는 우리 사회에 비효율을 준다는 점은 참고로 할 만하지만 오직 한두 기업만이 모든 기술을 독점하고 있는 구조보다는 경쟁하는 구조가 더 낫다고 보아야 한다.[102]

바. 이론에 대한 검토

특허제도가 과거부터 존재하지 않았었더라면 기업들은 영업비밀을 통하여 아이디어를 보호할 수밖에 없었다. 그러나 기술을 영업비밀로 보호를 하는 것은 기술혁신에 대한 개인적 보상을 보호할 수는 있지만 기술혁신이 우리 사회에 주는 사회적인 이익을 널리 분산시켜 버리는 것이다.[103] 만약 어떤 유용한 발명이 1,000만 달러의 사회적 잉여를 만들어 내고 있지만 이를 영업비밀로 지키기 위해서 990만 달러의 비용을 들여야 한다면 이러한 기술로부터 우리 사회가 얻는 이익은 거의 없을 것이다.

특허제도를 창설함으로써 국가는 발명을 개인적인 영업비밀로 유지할 필요성을 없애 주고 이로써 수익을 분산되는 것을 방지한다. 개인적인 영업비밀로 지키기가 매우 어려운 발명에 대해서는 그 권리범위가 작은 특허를 부여하는 것이 보다 효과적인 특허정책인 것이다.[104]

---

101 비록 특허라는 권리가 주어지지 않는다고 하더라도 최초의 발명자가 되고자 하는 유인은 존재할 수 있다고 하는 논문은 Jack Hirshleifer, The Private and Social Value of Information and the Reward to Inventive Activity, 61 Am. Econ. Rev. 561, 570-72(1971)(발명자 엘리 휘트니는 관련 자료를 판매함으로써 구입자로부터 이익을 얻을 수 있었다)이다.

102 Robert P. Merges & Richard R. Nelson, On the Complex Economics of Patent Scope, 90 COLUMN. L. Rev. 839, 843-44(1990).

103 Mark F. Grady & Jay I. Alexander, Patent Law and Rent Dissipation, 78 Va. L. Rev. 305, 318(1992).

104 사회로부터 발명을 은닉하려는 유혹은 비현실적인 것으로서 특허제도에 있어 더 이상 이를 가지고 왈가왈부할 필요는 없다. Mark F. Grady & Jay I. Alexander, Patent Law and Rent Dissipation, 78 Va. L. Rev. 305, 318,

일단 특허를 발급하기로 하였다면 그 다음 단계는 특허의 권리범위를 결정하는 것이다. 특허출원된 청구항의 권리범위를 넓게 허용하면 다른 발명자로 하여금 이를 개량하려는 노력을 하는 것을 제지한다. 그러나 한편 넓은 권리범위를 가지는 특허를 허용하는 것은 기초적인 발명적 개념에 대해서 특허를 발급받도록 유인한다.

법원은 각 개별사건마다 특허권의 권리범위를 조정하는 것에 의하여 이러한 서로 다른 효과를 조화하려고 한다. 발명의 개량 단계에 이르러서 수익을 분산시키는 문제를 사전에 예방하기 위해서 기본적인 발명에 대하여 보다 넓은 권리범위를 가질 수 있도록 허용한다. 그러나 이러한 위협이 없다면 특허적 보호는 덜 중요하게 된다. 기술혁신으로 인하여 본질적인 기술적 문제가 모두 해결된다면 개량발명은 불필요한 것이다.

그러나 어떠한 발명이 향후 여러 가지의 개량발명이 필요하다는 것은 미리 알려 주는 것이라면 특허법은 이 발명에 대하여 넓은 권리범위를 부여함으로써 그 뒤를 따르는 개량이 과도하게 이루어지지 않도록 제한할 수 있다.[105] 어떤 발명이 이를 약간만 변경하더라도 새로운 발명이 될 수 있도록 유도를 하는 성질의 발명이라면 이러한 발명에 대하여 넓은 범위권리를 부여하는 것은 장차 수익이 분산될 가능성을 미리 금지하기 위한 것이다.[106]

결국 특허제도는 새로운 발명을 하도록 장려하고 만들어진 발명을 공개하도록 발명자에게 유인을 부여하기 위한 것이다. 그러나 발명자에게 어느 정도의 유인을 주어야만 가장 적절한 것인지에 대해서는 실증적인 연구에 의하여 밝혀져야 할 것이다.[107]

이와 함께 특허가 사회의 기술혁신에 대한 유인을 제공하거나,[108] 특허발명이 가지는 미래

342(1992)(특허법은 영업비밀을 통하여 수익이 분산되는 것을 방지하려고 한다. 영업비밀은 그 자체로서 비용이 많이 들고 유용한 발명이 사회에 이용되는 것을 제한하기 때문에 추가적인 비용을 지출한다. 특허제도는 영업비밀로 간직할 수도 있었던 발명을 공개한 사람에게 그 공개에 대한 유인을 주기 위한 것이다. 특허를 발급받으려는 사람은 반드시 영업비밀로 지키려는 행위를 하지 말아야 한다. 일정한 시간이 지난 후에는 발명에 대하여 특허를 부여하지 않는 이유는 자신의 발명을 비밀로 지킴으로써 수익을 분산시킨 발명자에게 불이익을 주는 것이다); Richard A. Posner, The Economics of Justice, 242-45(1981)(기술혁신이 일어나는 데 있어서 최초의 투자를 영업비밀로 간직하는 것은 필요한 것이지만 비용이 많이 드는 것이다).

105 Mark F. Grady & Jay I. Alexander, Patent Law and Rent Dissipation, 78 Va. L. Rev. 305, 318 n.50(1992); 별로 보잘것없는 발명에 대하여 넓은 권리범위를 부여하여 주는 것은 사소한 발명에 대하여 특허를 발급받으려는 특허출원인이 홍수를 이루는 것을 금지하려고 하는 시도에 불과한 것이라고 비판하는 사람도 있다. 사실 기존의 판례들은 청구항의 권리범위를 매우 넓게 허용함으로써 그 범위가 후일의 개량과 변형에 대하여 미치도록 해왔다. 그러나 이러한 경향에도 불구하고 유용하고 가치가 있는 발명에 대하여 특허를 거절하여서는 안 될 것이다. 비록 개량의 가능성이 거의 없는 기술혁신이 추가적인 특허출원을 하도록 하지는 못한다고 하더라도 왜 특허제도가 이러한 희귀한 경우에 대처하기 위해서 골치를 썩일 필요는 없는 것이다. 발명개념에 형성될 당시에 수익분산의 방지를 위한 것이라는 점이 바로 이에 대한 설명이 되는 것이다.

106 Mark F. Grady & Jay I. Alexander, Patent Law and Rent Dissipation, 78 Va. L. Rev. 305, 318(1992).

107 Rebecca S. Eisenberg, Patents and the Progress of Science: Exclusive Rights and Experimental Use, 56 U. Chi. L. Rev. 1045(1989).

108 Paul J. Heald, A Transaction Costs Theory of Patent Law, 66 Ohio St. L.J. 473, 506(2005). 전통적인 규범적 이론에 의하면 특허는 증가된 발명성, 기술혁신 그리고 정보의 공개로부터 오는 일반공중의 이익은 배타적인 권리의 소

가치를 미리 확보하기 위해서 필요하다거나,[109] 특허사용료의 분산을 방지하기 위해서 필요한 것이라는 등의 이론도 더욱 깊은 연구가 이루어져야 할 것이다.

Ⅲ. 발명자

1. 특허를 받을 수 있는 권리

발명에 의하여 발명자는 특허를 받을 수 있는 권리를 가진다.[110] 이로써 첫째, 출원 전에는 특허를 출원할 수 있는 권리와,[111] 둘째, 출원된 이후에는 심사를 거쳐 특허의 등록을 특허청에 요구할 수 있는 권리를 가진다.[112] [113] 공동발명자는 이 발명자의 권리를 공유한다.[114] 발명자로부터 위 권리를 승계한 사람도 특허를 받을 수 있는 권리를 가진다.[115] 특허법은 특허출원서에

유자에 의하여 부과된 독점적 이익에서 오는 손해를 삭감한다고 한다. 그러나 경제적인 데이터를 보면 특허법이 과연 발명자에게 발명을 하도록 하는 유인을 제공하느냐의 여부와 독점이 주는 불이익의 정도에 대하여 의문을 가지도록 한다. 따라서 전통적인 규범이론은 보충적 이론을 가지고 보완할 필요가 있다.

이에 관하여 Kitch가 주장한 1976년의 비용절약이론에 의하면, 첫째, 특허를 허용하는 일반대중에게 청구범위를 공고함으로써 서로 경쟁하는 기업들 사이에 무용한 투자가 중복되는 것을 방지한다. 둘째, 특허를 등록하는 것은 기술개발자들에게 청구범위의 기술을 확인하는 데 드는 비용을 감소시킨다. 셋째, 특허제도는 기술에 대한 통제를 수월하게 한다. Edmund W. Kitch, The Nature and Function of the Patent System, 20 J.L. & Econ. 265, 272-73 참조.

109 Edmund W. Kitch, The Nature and Function of the Patent System, 20 J.L. & Econ 265, 277-78(1977)(특허법은 각 기업들 사이에 공개와 기술사용허락에 대한 법률관계의 기본틀을 정의하기 위한 것이다).

110 中山, 注解特許法(青林, 平成 13), p.310-311. 발명의 완성에서부터 등록을 할 때까지 사이의 권리를 말하고 발명과 동시에 원시적으로 발명자에게 발생한다.

이장호, 특허를 받을 수 있는 권리, 신특허법론(법영사, 2005) p.218(특허법이 규정하는 특허를 받을 수 있는 권리는 발명자에게 부여되는 발명자권(Erfinderrecht)에 속하는 것으로서 이 발명자권에는 1. 출원 전의 권리와, 2. 출원 후 특허등록 이전에 가지는 권리 및 3. 특허설정등록 이후의 권리를 포함한다) 참조.

111 발명이 완성되고 대외적으로 공표되는 시점에서 발명자에게 부여되는 발명자권(Erfinderrecht)의 하나로 사권(私權)으로서 양도가능한 재산권이며 절대권적 성질을 가진다. 위 이장호, 특허를 받을 수 있는 권리, 신특허법론(법영사, 2005), p.221 참조.

112 특허부여청구권(Anspruch auf Erteilung des Patents)이라고도 하며 공권의 성질과 아울러 사권의 성질을 가진다. 위 이장호, 전게서, p.221 참조.

113 특허법 {일부개정 2009.1.30(법률 제9381호) 지식경제부 제33조} 제38조(특허를 받을 수 있는 권리의 승계) 제1항: 특허출원 전에 있어서 특허를 받을 수 있는 권리의 승계는 그 승계인이 특허출원을 하지 아니하면 제3자에게 대항할 수 없다. 제4항 특허출원 후에 있어서 특허를 받을 수 있는 권리의 승계는 상속 기타 일반승계의 경우를 제외하고는 특허출원인 변경신고를 하지 아니하면 그 효력이 발생하지 아니한다.

114 위 같은 법 제33조(특허를 받을 수 있는 자) 제2항: 2인 이상이 공동으로 발명한 때에는 특허를 받을 수 있는 권리는 공유로 한다.

115 특허법 {일부개정 2009.1.30(법률 제9381호) 지식경제부 제33조} 제33조(특허를 받을 수 있는 자) 제1항은 발명을 한 자 또는 그 승계인은 이 법에서 정하는 바에 의하여 특허를 받을 수 있는 권리를 가진다고 규정하여 발명자에게 발명자권(Erfinderrecht)을 부여하고 있다.

발명자를 기재할 것을 요구한다.[116] 따라서 누가 발명자인지 여부는 특허권의 소유자가 누구인지를 결정하는 출발점이 된다.[117]

특허출원서에 기재되는 발명자는 실제로 발명을 한 사람, 즉 자연인만이 될 수 있다. 이에 비하여 특허권의 소유자는 특허를 출원하고 심사를 진행하며 설정등록을 받을 법적 권리자를 말하는 것으로 자연인은 물론 법인도 될 수 있다. 따라서 특허권리의 소유자가 누구이냐를 묻는 근저에는 누가 최초로 발명한 사람이냐에 대한 물음이 항상 존재한다. 왜냐하면 특허를 받을 권리는 원래 발명자에게 귀속되는 것이고 발명자는 이 권리를 타인에게 양도할 수도 있기 때문이다. 따라서 누가 궁극적으로 소유권을 가지느냐 하는 문제는 누가 발명하였느냐의 문제와는 관련이 없다.[118] 만약 누가 진정한 발명자인지를 가려야 할 사건에서 누가 소유권자인지를 가리기 위해서는 우선 먼저 누가 진정한 발명자인지를 가려야 한다.[119]

물론 특허를 받을 수 있는 권리를 양도하지 않았거나 이를 이전할 의무가 없는 경우에는 발명자가 특허를 출원하고 이를 발급받을 권리를 소유한다. 공동발명자는 바로 이 권리를 공동으로 소유한다. 발명자로부터 특허를 받을 수 있는 권리를 양수받거나,[120] 법률의 규정 등에 의하여 승계한 사람도 특허를 받을 권리를 가진다.[121] 특허를 받을 권리가 없는 자, 즉 무권리자가 특허출원을 하면 심사 중에는 특허거절이 되고 설정등록이 있은 후에는 취소가 된다.[122] [123]

---

116 위 같은 법 제42조(특허출원) 제1조: 특허를 받고자 하는 자는 다음 각 호의 사항을 기재한 특허출원서를 특허청장에게 제출하여야 한다. 〈개정 2001.2.3.〉
 1. 특허출원인의 성명 및 주소(법인인 경우에는 그 명칭 및 영업소의 소재지)
 5. 발명자의 성명 및 주소

117 University Patents Inc. v. Kligman, 762 F. Supp. 1212, 1218-19, 20 USPQ2d 1401, 1405(E.D. Pa. 1991)(특허를 받을 수 있는 권리(Ownership)와 발명자의 지위(Inventorship)는 특허법상 동일하지는 않지만 상호 관련이 되어 있다. 발명자의 지위가 바로 특허를 받을 수 있는 권리자가 누구인지를 결정하는 출발점이 된다).

118 Beech Aircraft Corp. v. EDO Corp., 990 F.2d 1237, 1248, 26 USPQ2d 1572, 1582(Fed. Cir. 1993).

119 RustEvader Corp. v. Cowatch, 842 F. Supp. 171, 173, 29 USPQ2d 1076, 1078(W.D. Pa. 1993).

120 위 특허법 제37조(특허를 받을 수 있는 권리의 이전 등)
 제1항 특허를 받을 수 있는 권리는 이전할 수 있다.
 제3항 특허를 받을 수 있는 권리가 공유인 경우에는 각 공유자는 다른 공유자의 동의를 얻지 아니하면 그 지분을 양도할 수 없다.
 그러나 발명진흥법 제10조 제3항 '직무발명 외의 종업원 등 의 발명에 대하여 미리 사용자 등에게 특허 등을 받을 수 있는 권리나 특허권 등을 승계시키거나 사용자 등을 위하여 전용실시권(전용실시권)을 설정하도록 하는 계약이나 근무규정의 조항은 무효로 한다.'는 조항에 의하여 양도나 승계가 제한되는 경우도 있다.

121 발명진흥법 {일부개정 2009.3.18(법률 제9509호) 지식경제부} 제10조(직무발명) 제2항은 "제1항에도 불구하고 공무원의 직무발명에 대한 권리는 국가나 지방자치단체가 승계하며, 국가나 지방자치단체가 승계한 공무원의 직무발명에 대한 특허권 등은 국유나 공유로 한다."고 되어있다.

122 특허법 제42조 제1항은 '특허를 받고자 하는 자는 특허출원인의 성명, 주소는 물론 발명자의 성명 및 주소를 출원서에 기재할 것'을 요구한다. 출원서에 기재되는 발명자는 진정한 발명자가 되어야 하는데 특허법 제34조는 발명자가 아닌 자로서 무권리자가 특허출원을 하면 이는 특허법 제62조 제2호에 의하여 특허거절결정의 대상이 된다. 또한 무권리자가 받은 특허도 제69조 제1항 제2호에 의하여 취소결정의 대상이 된다.

123 참고로 Chisum §22.02. 미국특허법은 출원서에 실제발명자를 잘못 기재함으로써 발급된 특허가 무효가 될 수도 있

특허를 받을 권리를 양도할 의무는 기타의 의무관계에서 발생할 수도 있다. 발명진흥법에 의하여 종업원의 직무발명을 사용자에게 양도하기로 하는 내용의 근무규정을 있는 경우에는 그 종업원은 그 발명에 대한 권리를 이전할 의무가 있다.[124] 이렇게 발명자가 특허를 받을 권리를 자신의 의사에 의하여 타인에게 이전하거나, 기타 사정에 의하여 이전할 의무가 발생한 경우에는 발명자와 특허의 소유권자, 즉 특허권자가 서로 달라진다.[125]

특허법이 출원서에 기재할 것을 요구하는 특허출원인은 바로 특허를 받을 수 있는 권리를 가진 자를 말한다. 특허를 받을 수 있는 권리가 공유인 경우에는 공유자 전원이 공동으로 특허출원을 하여야 한다. 공동발명자로부터 공유지분권을 승계받은 사람도 다른 공유자와 함께 출원을 할 수 있음은 물론이다.[126]

2. 특허를 받을 수 있는 권리의 성질

특허를 받을 수 있는 권리는 질권의 목적으로 할 수는 없고 다른 공유자의 동의 없이는 양도할 수 없다는 제한을 받지만 그 이외에는 민법상 모든 재산권에 대하여 주어지는 권능을 가진다.[127] 다만 공유자 전원이 특허출원을 하여야 하고 만약 공유자 중의 1인만에 의하여 특허출

다. 그러나 이렇게 잘못 기재된 것이 선의로 인한 것이라면 이는 특허권자에게 별다른 불이익이 없이 보정될 수 있다.

124 Chisum §22.01.

125 Site Microsurgical Systems Inc. v. Cooper Companies Inc., 797 F. Supp. 333, 335 n.2, 24 USPQ2d 1463, 1464 n.2(D. Del. 1992)(특허권은 양도나 사용허락 License에 의하여 양도될 수 있다. 양도는 연방특허법에 의하여 사용허락은 각 주의 계약법에 의하여 규율된다); Hockerson-Halberstad Inc. v. Nike Inc., 779 F. Supp. 49, 51, 22 USPQ2d 1295, 1296-97(E.D. La. 1991)(연방특허법이 양도를 규정하지만 그 양도행위가 유효한 것이냐 하는 것은 연방특허법만이 적용되는 것은 아니고 계약의 해석에 관해서는 각 주의 계약법이 적용될 여지가 있다).

126 위 특허법 제42조 제1항, 제44조, 제33조 제2항 및 같은 조 제1항 각 참조.

127 第37條(特許를 받을 수 있는 權利의 移轉 등): ① 特許를 받을 수 있는 權利는 移轉할 수 있다. ② 特許를 받을 수 있는 權利는 質權의 目的으로 할 수 없다. ③ 特許를 받을 수 있는 權利가 共有인 경우에는 각 共有者는 다른 共有者의 同意를 얻지 아니하면 그 持分을 讓渡할 수 없다.

그 이외에 특허법에 명문으로 제한되지 아니한 권리로서의 성질을 일반적으로 가지느냐에 대하여 이를 긍정하여야 한다고 본다. 예컨대 특허를 받을 수 있는 권리가 강제집행의 대상이 되느냐에 대하여 이를 허용하는 것이 발명을 촉진한다는 특허법의 목적에 부합하는 것으로 보인다. 저자 주.

이에 비하여 미특허법 제261조; 35 U.S.C. §261은 특허는 특허법에 따라 동산(Personal property)의 성질을 가지고, 서면계약에 의해서만 양도되며, 양도된 이후 3월 또는 제3자가 양수한 날로부터 3월 이전에 등기되지 않는 한 양수인에게 대항할 수 없다고 규정하고 있다. 또한 Site Microsurgical Systems Inc. v. Cooper Companies Inc., 797 F. Supp. 333, 335 n.2, 24 USPQ2d 1463, 1464 n.2(D. Del. 1992)(특허권은 양도나 사용허락 License에 의하여 양도될 수 있지만 그 양도에 관해서는 연방특허법에 의하여, 사용허락에 관해서는 각 주의 계약법에 의하여 규율된다); Hockerson-Halberstad Inc. v. Nike Inc., 779 F. Supp. 49, 51, 22 USPQ2d 1295, 1296-97(E.D. La. 1991)(연방특허법이 양도를 규정하지만 그 양도행위가 유효한 것이냐 하는 것은 연방특허법만이 적용되는 것은 아니고 계약의 해석에 관해서는 각 주의 계약법이 적용될 여지가 있다).

원이 되면 특허가 거절되며 등록이 되어도 무효사유가 된다.[128]

특허를 받을 수 있는 권리는 특허출원 전에는 당사자의 합의만으로 양도 가능하나 특허출원을 하지 않으면 제3자에게 대항할 수 없다.[129] 또한 이 권리를 출원 후에 이 권리를 양도한 경우에는 특허청에 신고를 하여야 효력이 발생한다.[130] 특허를 받을 수 있는 권리는 출원 전후의 성격이 다르기 때문이다. 또한 상속이나 법인의 합병과 같은 경우에는 특별한 요건이 없이도 위 권리가 일반승계된다.[131] 특허법은 특허를 받을 수 있는 권리를 질권의 목적으로 할 수 없다고 규정하고 있다. 또한 저당권의 설정에 대해서는 명문의 규정이 없지만 해석론상 적절한 공시방법이 없어서 저당권도 설정할 수 없다고 한다.[132] 그러나 이론상은 권리에 대한 양도담보의 설정은 가능한 것으로 해석되고 있고, 공장저당법 제15조 제5호에 해당하는 공업소유권 중에는 이 권리도 포함되며, 또한 강제집행도 할 수 있는 것으로 해석한다. 그러나 실무상 양도담보이든, 공장저당법에 의한 저당을 하든, 강제집행을 하든, 특허를 받을 수 있는 권리를 특정히기가 어려울 것이다.[133]

3. 특허권자

누가 발명자인지를 가리는 것과 누가 발명에 대한 특허권의 소유자, 즉 특허권자인지를 가리는 일은 다른 일이다. 특허청에 의하여 설정되는 특허의 명의자가 특허에 대한 소유권, 즉 특

---

128 특허법 제44조 및 특허법 제62조 제1항 참조.

129 특허법 제38조(특허를 받을 수 있는 권리의 승계): ① 특허출원 전에 있어서 특허를 받을 수 있는 권리의 승계는 그 승계인이 특허출원을 하지 아니하면 제3자에게 대항할 수 없다.
사실 특허를 받을 수 있는 권리에는 어떠한 공시방법도 없고 무체재산이어서 점유자라는 것도 있을 수 없으므로 특허출원을 하는 것을 제3자에 대한 대항요건으로 한 것이다. 그러나 특허출원에 관해서는 신규성 판단의 경우를 제외하고 동일출원에 관해서는 시간적인 선후관계를 문제로 하지 않고 동일출원으로서 양자에게 우열관계를 인정하지 않고 있다. 동일출원에 관해서는 협의에 의하여 정한 자의 출원만이 대항력을 가지게 된다(특허법 제38조 제2항). 동일내용의 발명에 대해 한쪽 승계인이 특허출원을, 다른 쪽 승계인이 실용신안출원을 같은 날에 한 경우에도 특허의 동일출원과 동일하게 취급한다(특허법 제38조 제3항). 위 이장호, 전게논문 참조.

130 효력발생요건: 위 특허법 제38조 제4항에 의한 특허청장에 대한 신고는 효력발생요건이므로 일정 기간 내에 하지 않으면 중대한 손해를 입는 경우도 있을 수 있다. 거절사정을 받은 A가 그에 대한 불복심판을 청구하여 그 심리 중에 특허를 받을 수 있는 권리를 B에게 양도하였으나 신고를 하지 않아 A에게 심판청구기각의 심결이 되었는데 B는 심결취소소송을 제기하고 출소기간 경과 후에 승계신고를 한 경우에 B의 제소는 권리양도의 효력이 발생하기 전에 한 것이어서 부적법하고 출소기간 경과 후에 한 승계신고에 의하여 제소의 부적법성이 보정되지 않는다고 판단한 사례가 있다. 신고는 출원 후의 특허를 받을 수 있는 권리의 移轉에 대한 효력발생요건이지만 신고에 공신력은 없고 설령 신고가 이루어져도 그것이 실체관계를 동반하지 않는 한 移轉의 효력은 발생하지 않는다. 위 이장호, 전게논문 참조.

131 위 특허법 제38조 제4항 및 제5항에 의하면 상속이나 합병과 같은 승계사유가 발생하면 승계인이 지체 없이 그 뜻을 특허청장에게 신고하여야 한다는 규정을 두었지만 이는 주의적인 규정으로서 신고하지 않는다고 하여 특별한 법적 효과가 발생하는 것은 아니다.

132 특허법 제37조 제2항(질권설정 불가조항) 및 저당권에 대해서는 공시방법이 없으면 설정할 수 없다는 법리에 의한 것이다. 위 이장호, 전게논문 참조.

133 특히 특허출원을 하기 이전에는 더욱 권리의 특정이 어려울 것이다. 위 이장호, 전게논문 참조.

허권을 가진다.[134] 이 특허권자는 발명자가 될 수도 있고 그렇지도 않을 수도 있다. 특허를 받을 수 있는 권리를 가진 자가 출원을 하여 심사를 한 결과 특허를 받으면 그는 특허권을 원시적으로 취득하여 특허의 소유권자가 된다.

그러나 만약 심사결과 특허를 발급받지 못하면 그는 특허권자가 될 수 없다. 특허의 소유권자는 특허법상의 특허권자와 같은 의미로서 특허권자라고 하면 특허가 발급된 사람, 즉 특허를 원시취득한 사람과 그 사람으로부터 특허권을 승계한 사람도 포함한다.[135]

발명을 한 시점과 특허가 발급되는 시점이 다르기 때문에 아직 출원되지 않은 발명에 대한 권리는 물론 출원 후 심사 중인 권리도 양도될 수 있으며 아직 발명이 만들어지기 이전에 권리의 양도가 이루어지면 이는 장래에 발생할 권리를 양도한 것으로서 유효하다.[136] 특허권은 소유권에 관한 민법의 일반원칙에 따라서 보유되고 이전될 수 있는 권리이다.[137]

가. 특허를 받을 수 있는 권리에 대한 다툼

특허권에 관한 계약상의 의무의 존재와 그 이행에 관해서는 특허법의 관련조항을 우선 적용하되 그 이외에는 민사법이 적용된다.[138] 이에 비하여 특허출원서에 기재된 발명자가 진정한 발명자인지 여부에 대해서는 특허법이 적용된다. 진정한 발명자가 누구인지에 대해서는 아무런 다툼이 없더라도 누가 특허를 받을 수 있는 권리를 가지고 있느냐에 대해서는 다툼이 있을 수 있다.

사용자가 종업원이 진정한 발명자라는 점을 인정하더라도 그 발명에 대한 소유권을 주장할 수 있다. 사용자가 종업원과 사이의 계약상의 의무나 기타 법률에 의한 의무에 기하여 사용자 R이 종업원 E의 발명 또는 종업원들인 E-1과 E-2의 공동발명이 자기의 것이라고 주장할 수 있다.[139]

고용관계에서 특허를 받을 수 있는 권리에 관한 다툼이 있는 경우에는 다음과 같은 소송이 제기될 수 있다.

---

134 특허법 제86조(특허증의 교부) 제1항: 특허청장은 특허권의 설정등록을 한 때에는 특허권자에게 특허증을 교부하여야 한다.

135 Arachnid, Inc. v. Merit Industries, Inc., 939 F.2d 1574, 1577 n.2, 19 USPQ2d 1513, 1516 n.2(Fed. Cir. 1991).

136 Arachnid, Inc. v. Merit Industries, Inc., 939 F.2d 1574, 1577 n.2, 19 USPQ2d 1513, 1516 n.2(Fed. Cir. 1991).

137 미특허법 제261조: 35 U.S.C. §261(특허는 특허법에 따라 동산(Personal property)의 성질을 가지고, 서면계약에 의해서만 양도되며, 양도된 이후 3월 또는 제3자가 양수한 날로부터 3월 이전에 등기되지 않는 한 양수인에게 대항할 수 없다).

138 특별법 우선의 원칙이 적용된 결과이다. 특허법에는 권리의 승계에 관한 규정, 예컨대 특허법 제33조(발명자주의를 천명한 조문) 및 제37조(특허를 받을 수 있는 권리의 이전), 제38조(특허를 받을 수 있는 권리의 승계)와 같이 그 기본원리는 민법상의 권리이전행위와 같은 성질의 것이나 기술법이라는 특성을 가진 특허법이 특별규정을 둔 것이 있고 기술법에 고유한 특성을 가진 조항이 있다. 전자에는 특별법 우선의 원칙이 적용되어야 하고 후자의 경우에는 특허법 고유의 해석론에 의하여야 할 것이다. 저자 주.

139 Chisum §22.02.

(1) 종업원이 사용자에게 특허를 받을 수 있는 권리를 양도하지 아니하고 특허출원을 한 경우

(가) 사용자는 종업원을 상대로 하여, ① 특허를 받을 수 있는 권리를 자기에게 이전하여 달라는 소송을 제기하거나, ② 특허를 받을 수 있는 권리의 존재에 대한 확인의 소를 제기하거나, ③ 종업원의 발명에 의한 통상실시권의 존재확인의 소를 제기할 수 있다.[140]

사용자의 소송을 심리한 결과 법원은 사용자가 종업원이 한 발명에 대하여 특허를 받을 권리가 있음이 인정되면 그 권리를 이전하거나 그 권리가 사용자에게 있다는 선언을 하여야 한다. 만약 사용자에게 종업원의 발명에 대한 권리가 없고 단지 종업원의 발명이 직무발명으로서 사용자의 실시권이 인정되는 경우에는 통상실시권에 대한 설정과 그 존재의 확인을 할 수 있다.[141]

(나) 종업원이 사용자를 상대로 하여, ① 특허침해소송을 제기하거나, ② 사용허락약정에 위배하여 아이디어를 사용한 점에 대한 손해배상청구를 할 수 있다.

(다) 위 (가), (나)의 소송에서 사용자나 종업원이 각 (나), (가)와 같은 내용의 반소를 제기할 수도 있다.

(2) 종업원이 특허출원을 하지 아니한 경우

(가) 사용자가 종업원을 상대로, ① 종업원이 아이디어의 공개할 것을 요구하거나,[142] ② 종업원이 특허를 받을 권리를 이전할 것을 요구하거나, 출원 및 심사절차에 협력할 것을 요구할 수 있다.[143]

(나) 종업원이 특허출원을 거절하는 경우에 사용자가 특허를 출원할 수 있다. 이는 사용자는 특허법에 의하여 특허를 받을 권리를 가지고 있기 때문이다.[144]

---

140 위 발명진흥법 제10조(직무발명) 제1항은 직무발명에 대하여 종업원 등이 특허, 실용신안등록, 디자인등록(이하 "특허 등"이라 한다)을 받았거나 특허 등을 받을 수 있는 권리를 승계한 자가 특허 등을 받으면 사용자 등은 그 특허권, 실용신안권, 디자인권(이하 "특허권 등"이라 한다)에 대하여 통상실시권을 가진다고 규정함으로써 사용자에게 통상실시권이라는 권리를 수여하고 있다. 따라서 사용자는 위 조항에 근거하여 종업원을 상대로 소송을 제기할 수 있다고 보아야 하며 물론 사용자는 침해소송에서 자기에게 발명진흥법 위 조항에 근거하여 통상실시권이 있다는 항변으로 사용할 수도 있을 것이다. 저자 주.

141 In Cahill v. Regan, 5 N.Y.2d 292, 157 N.E.2d 505, 184 N.Y.S. 2d 348, 121 USPQ 58(1959)(New York 법원은 사용자가 종업원의 특허에 대한 권리가 없다고 보고 직권으로 종업원의 발명을 인정하여 사용자에게 통상실시권을 허용하였다).

142 Silver Spring Bleaching & Dyeing Co. v. Woolworth, 16 R.I. 729, 19 A. 528(1890).

143 Daniel Orifice Fitting Co. v. Whalen, 198 Cal. App. 2d 791, 18 Cal. Rptr. 659(1962).

144 위 특허법 제33조(특허를 받을 수 있는 자) 제1항에서 발명을 한 자 또는 그 승계인은 이 법에서 정하는 바에 의하여 특허를 받을 수 있는 권리를 가진다고 규정하고 있으므로 사용자는 자신이 승계인의 자격에서 특허출원을 할 수 있다. 문제는 사용자가 위 조항에 의한 권리를 가지고 있지 않은 경우에 자신의 이름으로 특허출원을 할 수 있느냐 하는 것이다. 그러나 사용자가 특허를 받을 권리가 아닌 통상실시권을 가지고 있는 경우에 단독으로 특허출원을 할 수 없다고 보아야 할 것이다. 왜냐하면 종업원이 특허를 출원하지 않는 이상 통상실시권만을 가지고 있는 사용자가 굳이 특허를 출원할 실익이 없기 때문이다.

미특허법 제118조는 발명자가 출원을 거부하거나 발명자를 찾을 수 없는 경우에 발명에 대하여 특허를 받을 수 있는 권리를 승계하거나 재산적 이해관계가 있는 사람은 발명자를 대신하여 특허출원을 할 수 있다. Bausch &

(3) 종업원이 사용자에게 특허를 출원할 권리를 양도한 경우

(가) 종업원이 사용자를 상대로 양도계약이 무효 또는 취소되었다는 주장을 하면서 위 계약의 취소를 구할 수 있다.

(나) 종업원이 사용자를 상대로 묵시적인 계약이론에 의하여 실시료의 반환을 청구할 수도 있다.[145]

종업원이 사용자와 고용관계를 해소하고 새로운 사용자에게 고용될 수도 있다. 이때 종업원이 자신의 특허권을 새로운 사용자에게 양도했다면 새로운 사용자는 위에서 열거한 여러 가지 소송에서 당사자가 될 수 있다. 만약 종업원이 가지고 있었던 사정을 새로운 사용자가 알고 특허권을 양수받은 경우에는 종업원이 지니고 있던 것과 동일한 의무를 부담한다.[146]

나. 무권리자의 출원

발명자도 아니고 발명자나 그 승계인으로부터 특허를 받을 수 있는 권리를 양수한 자가 아니어서 특허를 받을 수 있는 권리가 없는 자가 자신에게 특허를 받을 수 있는 권리가 있는 것처럼 가장하여 특허출원을 하는 것을 모인출원(冒認出願)이라고도 한다.[147] 이러한 무권리자의 출원은 심사 중에는 특허거절 이유가 되고 특허설정 등록 후에는 등록이의신청사유 및 무효심판청구사유가 된다.[148] 따라서 정당한 권리자는 특허의 등록공고가 있은 날로부터 3월 이내에는 특허이의신청을 할 수 있고, 그 기간이 경과된 이후에도 무효심판을 청구하여 무권리자의 특허를 취소시키거나 무효로 할 수 있다.

서로 자기가 진정한 발명자라고 다투면 양 당사자들이 출원한 각각의 특허출원서를 제출함과 동시에 누가 진정한 발명자인지와 누가 누구로부터 아이디어를 가져왔는지를 밝혀야 한다.[149] 사용자가 특허출원서를 제출하면서 자신이 진정한 발명자라고 주장할 수도 있다. 종업원

Lomb, Inc. v. Barnes-Hind/Hydrocurve, Inc., 796 F.2d 443, 447, 230 USPQ 416, 418(Fed. Cir. 1986), on remand, 10 USPQ2d 1929(N.D. Calif. 1989)(미특허법 시행규칙 37 C.F.R. §1.47은 발명자의 동의나 승낙이 없이 공동발명자나 승계인은 특허출원을 할 수 있도록 규정하고 있다).

145 그 이외에 특허를 받을 수 있는 권리에 대하여 발생할 수 있는 구체적 소송의 종류에 대해서는 Chisum §22.02를 참조할 것.

146 악의의 양수인은 특허권에 대한 제한약정이 이전된다고 보는 견해는 International Pulverizing Corp. v. Kidwell, 7 N.J. Super. 345, 71 A.2d 151(1950); Mix v. National Envelope Co., 244 F. 822, 824(E.D. Pa. 1917)(특허권자가 할 수 없는 일은 그의 양수인도 할 수 없다)가 있다. 그러나 Bates Mach. Co. v. Bates, 192 Ill. 138, 61 N.E. 518(1901)(선의의 양수인이 발명을 개발하는 데 투자를 한 경우에 종전 특허권자와 사이에 존재하였던 양도불가의 특약은 선의의 양수인에게 대항할 수 없다).

147 이장호, 특허를 받을 수 있는 권리, 신특허법론(법영사, 2005) p.237. 진정한 발명자의 특허를 받을 수 있는 권리를 침해함으로써 불법행위가 되며 또한 발명자가 발명을 영업비밀로 할 수 있는 결정권의 침해 및 발명자 인격권의 침해가 된다고 한다.

148 특허법 제62조 제2호 및 특허법 제69조 제2호, 제133조 제1항 제2호.

149 누가 진정한 발명자인지를 정하는 이의신청이 제기되었어도 특허를 받을 수 있는 권리를 가진 자가 누구인가는 특

도 자신이 단독 또는 공동발명자라고 주장하면서 사용자의 출원서와 경합되는 출원서를 제출할 수도 있다.[150] [151]

결국 출원자가 특허를 받을 수 있는 권리가 없어서, 즉 무권리자로서 그의 출원이 거절되거나 등록이 무효 또는 취소되면 그 출원은 처음부터 없었던 것으로 된다.[152] 그러나 무권리자의 출원이 공개된 이후에 정당한 권리자의 출원이 있거나,[153] 무권리자의 출원과 정당한 권리자

허법의 문제가 아니고 민사법적으로 결정되어야 한다는 견해는 George C. Miller & Co. v. Beagen, 293 Mass. 54, 199 N.E. 344, 28 USPQ 130(1936)(서로 진정한 발명자라고 주장하였으나 실은 공동발명자로 밝혀진 사례: Determining that competing applicants were in fact joint inventors)이다.

민사법정은 누가 특허를 받을 수 있느냐에 관한 판단에 있어서 특허청의 결정을 존중한다. 이에 반하여 특허청의 이의신청절차는 특허를 받을 수 있는 권리에 관한 다툼에 있어서 쟁점효를 가진다고 보는 견해는 McNamara v. Powell, 256 App. Div. 554, 11 N.Y.S.2d 491, 41 USPQ 47(1939), appeal granted, 257 A.D. 913, 12 N.Y.S.2d 773(1939)이 있다.

피고가 원고로부터 훔쳐간 아이디어를 이용하여 만든 발명을 가지고 발명자를 허위로 기재하여 특허를 받았기 때문에 특허무효사유가 존재하는 경우에도 주법원이 민사법상의 명의신탁이론을 적용할 수 있다고 본 사례는 Becher v. Contoure Labs., Inc., 279 U.S. 388(1929); Heath v. Zenkich, 107 Ill. App. 3d 207, 63 Ill. Dec. 26, 437 N.E.2d 675, 221 USPQ 78(1982), on remand, 10 USPQ2d 1941(N.D. Calif. 1989)이 있다. 위 Becher가 유일한 손해배상은 금전적 손해라고 본 선례를 번복하였는지는 불분명하다. Kennedy v. Hazelton, 128 U.S. 667(1888), cert. denied, 493 U.S. 853(1989)(발명을 훔친 행위에 대한 구제방법은 오직 금전적 손해배상에 한한다).

• 소멸시효에 대하여: Richardson v. Suzuki Motor Co., Ltd., 868 F.2d 1226, 9 USPQ2d 1913(Fed. Cir. 1989); Wise v. Hubbard, 769 F.2d 1, 226 USPQ 958(1st Cir. 1985)(발명을 절도한 행위에 대한 소멸시효의 기산점은 절도한 날이 아니고 특허가 발급된 날이 되고 이로부터 10년의 소멸시효가 진행된다); Palmer v. Neal, 602 F. Supp. 882(N.D. Ga. 1984)(공동발명자의 한 사람이 단독발명자로 특허를 출원함으로써 계약을 위반한 것과 사기를 한 행위에 대한 손해배상청구권이 시효로 인하여 소멸되었다).

• 공정거래법위반행위에 대하여: Brunswick Corp. v. Riegel Textile Corp., 752 F.2d 261, 267, 224 USPQ 756, 760(7th Cir. 1984), cert. denied, 472 U.S. 1018(1985)(특허를 받을 수 있는 권리가 누구에게 귀속하는가의 문제는 공정거래법의 고려대상이 아니다. 공정거래법은 소비자를 보호하는 것이 그 목적이고 누가 상품에 대하여 특허라는 독점권을 가지느냐에는 아무런 관심이 없다).

150 종업원이 특허를 받을 수 있는 권리를 사용자에게 양도할 법률상의 의무가 없는 한 발명자인 종업원이 발명의 완성과 동시에 특허를 받을 권리를 원시적으로 취득한다고 한다.

151 Chisum §2.04 (7), Chisum, §10.04 (4), Chisum §22.02.

152 위 특허법 제36조(선출원 〈개정 2001.2.3〉).

① 동일한 발명에 대하여 다른 날에 2 이상의 특허출원이 있는 때에는 먼저 특허출원한 자만이 그 발명에 대하여 특허를 받을 수 있다.

② 동일한 발명에 대하여 같은 날에 2 이상의 특허출원이 있는 때에는 특허출원인의 협의에 의하여 정하여진 하나의 특허출원인만이 그 발명에 대하여 특허를 받을 수 있다. 협의가 성립하지 아니하거나 협의를 할 수 없는 때에는 어느 특허출원인도 그 발명에 대하여 특허를 받을 수 없다.

③ 특허출원된 발명과 실용신안등록출원된 고안이 동일한 경우 그 특허출원과 실용신안등록출원이 다른 날에 출원된 것일 때에는 제1항의 규정을 준용하고, 그 특허출원과 실용신안등록출원이 같은 날에 출원된 것일 때에는 제2항의 규정을 준용한다. 〈개정 1998.9.23, 2001.2.3, 2006.3.3〉

⑤ 발명자 또는 고안자가 아닌 자로서 특허를 받을 수 있는 권리 또는 실용신안등록을 받을 수 있는 권리의 승계인이 아닌 자가 한 특허출원 또는 실용신안등록출원은 제1항 내지 제3항의 규정을 적용함에 있어서는 처음부터 없었던 것으로 본다.

153 무권리자의 선출원서가 정당한 권리자의 후출원에 대한 선행기술이 될 수 있느냐에 대해서는 특허출원서가 출원공개되었지만 특허가 발급되지 않았어도 선출원서의 최초의 명세서에 기재된 내용은 후출원 발명의 신규성을 박탈한다고 본다. Supra 제4장 신규성, n.431 참조.

의 출원 사이에 동일한 발명에 대한 제3자의 출원이 있으면 이들은 모두 정당한 권리자의 출원에 대한 선행기술이 될 수 있다. 따라서 이를 방지하고 정당한 권리자를 보호하기 위해서 특허법은 정당한 권리자의 출원일자를 무권리자의 출원 시로 소급하여 본다. 따라서 무권리자의 출원서는 물론 제3자의 출원서도 정당한 권리자의 출원에 대한 선행기술이 되지 않는다.[154]

무권리자가 출원을 하였거나 특허권을 취득한 후에 정당한 권리자에게 그 권리를 이전하여 주기로 합의한 경우에는 그 합의의 효력에 의하여 출원인 명의변경신청이나 특허권에 대한 이전등록신청을 할 수 있음은 당연하다. 그러나 양자 사이에 이러한 합의가 없는 경우에는 정당한 권리자라고 하더라도 무권리자를 상대로 하여 출원인 명의변경신청이나 특허권에 대한 이전등록을 신청할 수는 없다. 따라서 무권리자의 출원이 등록되기 전의 단계에서는 무권리자를 상대로 자신이 진정한 권리자임에 대한 확인판결을 받아 이를 첨부하여 특허청장에게 출원인 명의변경신청을 하면 될 것이다.[155]

Ⅳ. 직무발명

1. 발명자와 종업원

발명자가 자신의 발명에 대한 특허를 받을 수 있는 권리를 가진다는 기본원칙은 발명자가 타인의 종업원으로 고용되어 있는 동안에 한 발명에 대해서도 그대로 적용된다.[156] 그러나 종

---

154 즉 무권리자의 출원이 특허법 제62조 제2호에 의하여 거절된 후 30일 이내에 정당한 권리자가 특허출원을 한 때에는 정당한 권리자의 특허출원은 무권리자가 출원할 때에 출원한 것으로 보고(특허법 제34조), 또한 정당한 권리자의 특허이의신청 또는 무효심판청구에 의하여 무권리자에 대한 특허의 취소결정 또는 특허의 무효심결이 확정된 때에는 무권리자의 특허출원 후에 한 정당한 권리자의 특허출원은 무권리자의 특허 출원 시에 출원한 것으로 보고 다만 그 특허의 등록공고가 있은 날로부터 2년을 경과한 후에 특허출원을 하거나 취소결정 또는 심결이 확정된 날로부터 30일이 경과된 후에 특허출원을 한 때에는 그러하지 아니하도록 하는 규정(특허법 제35조)을 둔 것이다. 따라서 정당한 권리자는 최소한 무권리자의 모인출원에 의한 등록공고가 있는 날로부터 2년 이내에 특허출원을 하여 놓고 그 특허에 대한 무효심판을 청구하여 그 무효심결이 확정된 경우에는(다만 특허출원을 먼저 하지 않고 이의신청이나 무효심판을 청구하여 취소결정 또는 무효심결이 확정된 경우에는 그 확정된 날로부터 30일 이내에 특허출원을 하지 않으면 모인출원에 대한 등록공고가 있은 날로부터 2년 이내라도 위 출원일자 소급의 규정을 적용받을 수 없게 된다) 정당한 권리자의 출원이 무권리자의 모인출원 시로 출원일자가 소급하게 되어 그 이후에 있었던 출원공개가 신규성 상실사유로 되지 않고 모인출원 후에 있은 제3자의 출원도 정당한 권리자의 출원에 대하여 후출원이 되므로 정당한 권리자가 특허권을 취득할 수 있도록 한 것이다. 위 이장호, 전게논문, p.238-239.

155 위 이장호, 전게논문, p.239. 정당한 권리자는 무권리자에 대하여 특허를 받을 수 있는 권리에 터 잡아서 명의이전등록청구를 할 수 없다고 본다. 그 이유는 東京地裁, 昭和 38.6.5.판결에서 실용신안권은 설정등록에 의해 등록명의인에 대해 발생하는 권리이기 때문이고 일본의 다수설 中山信弘, 特許法, p.279도 같은 입장을 취한다고 한다.

156 University Patents Inc. v. Kligman, 762 F. Supp. 1212, 1919-20, 20 USPQ2d 1401, 1406(E.D. Pa. 1991)(고용과 관련한 일반적 원칙에 의하면 종업원은 비록 고용관계에서 발명을 구상하고 이를 실시하였다고 하여도 여전히 발

업원이 사용자와의 사이에 고용계약을 체결하면서 그 발명에 대한 권리를 사용자에게 귀속시키기로 약정을 할 수도 있고, 사용자가 처음부터 발명을 할 목적으로 발명자를 종업원으로 고용할 수도 있다.[157] 따라서 종업원이 발명자인 경우에, 첫째, 사용자와 종업원 사이에 발명에 대한 명시적인 약정이 있다면 그에 따른다.[158] 둘째, 사용자가 종업원의 발명적인 능력을 보고 이를 실시하기 위하여 고용을 한 것이라면 사용자는 이 발명에 대한 특허권리를 가진다.[159] 셋째, 사용자는 종업원의 직무발명에 대하여 무상의 양도할 수 없는 통상실시권을 가진다.[160]

2. 직무발명

종업원이 사용자의 업무범위에서 직무상의 행위로 한 발명을 직무발명이라고 한다.[161] 이

명에 대한 특허권리를 가진다. 그러나 여기에는 두 가지의 예외와 하나의 제한이 있다. 첫째, 사용자와 종업원이 발명에 대한 권리의 귀속에 대한 약정을 한 경우에는 그에 의한다. 둘째, 종업원이 발명을 하기 위해서 고용된 경우나 특정한 문제를 해결하기 위해서 고용된 경우에 그와 관련된 발명에 대한 권리는 사용자에게 귀속된다. 하나의 제한은 종업원이 사용자의 시간과 설비를 사용하여 발명한 것에 대하여 사용자는 무상의 양도불가한 통상실시권을 가진다).

157 Lariscey v. United States, 949 F.2d 1137, 1144, 20 USPQ2d 1845, 1850(Fed. Cir. 1991), judgment vacated, opinion withdrawn on grant of reh'g, 962 F.2d 1047(fed. Cir. 1992), on reh'g, 981 F.2d 1244(Fed. Cir. 1992)(발명이 고용의 범위와 목적에 해당하지 않는 한, 계약상 다른 약정이 없다면 종업원의 독립적인 발명은 종업원에게 속한다는 것이 일반원칙이다).

158 위 발명진흥법 제10조 제3항은 '직무발명 외의 종업원 등의 발명에 대하여 미리 사용자 등에게 특허 등을 받을 수 있는 권리나 특허권 등을 승계시키거나 사용자 등을 위하여 전용실시권을 설정하도록 하는 계약이나 근무규정의 조항은 무효로 한다.'고 규정함으로써 그 반대해석으로서 직무발명에 대하여 특허와 관련된 권리의 취득이나 승계에 관하여 하는 계약이나 근무규정은 유효하다고 해석된다.

University Patents Inc. v. Kligman, 762 F. Supp. 1212, 1221, 20 USPQ2d 1401, 1407(E.D. Pa. 1991)(대학에서 종업원에 대한 근무규칙(Handbook)에 기재된 특허지침(Patent policy)은 교수진이 특허를 받을 수 있는 권리를 대학 측에게 양도하기로 묵시적으로 약정한 것이라고 볼 수는 없다).

159 묵시적 승계약정: 발명을 목적으로 한 고용계약을 체결하였다고 하면 이는 사용자와 종업원 사이에 계약에 의하여 발명에 대한 권리를 이전하기로 하는 묵시적 합의가 있었다는 사실을 명백히 인정할 수 있다. 대법원 2011.7.28. 선고 2010도12834 판결: (전략) 종업원의 의사가 **명시적으로 표시되거나 혹은 묵시적 의사를 추인할 수 있는 명백한 사정**이 인정되는 경우 이외에는 직무발명에 대하여 특허 등을 받을 수 있는 권리나 특허권 등을 사용자 등에게 승계시키는 합의가 성립되었다고 쉽게 인정할 수 없다.(이하 저자 주) 따라서 발명을 목적으로 고용한 사실은 종업원의 직무발명에 대한 특허를 받을 수 있는 권리는 회사가 승계받았다는 묵시적인 합의가 있었다는 것을 명백하게 추인할 수 있다고 보아야 한다.

160 Chisum §22.03. 미국의 특허법상 회사의 중역이나 이사와 같이 회사에 대하여 책임을 지는 지위에 있는 사람은 고용관계를 떠나서 그가 한 발명에 대한 특허를 받을 권리를 회사에게 이전할 신의칙상의 의무가 있느냐에 대하여 위 글을 참조할 것.

161 직무설: 종업원이 그 직무에 관하여 발명한 것이 성질상 사용자의 업무범위에 속하고 그 발명을 하게 된 행위가 종업원의 현재 또는 과거의 직무에 속하는 발명을 직무발명이라고 한다. 위 발명진흥법 제2조 제2항: "직무발명"이란 종업원, 법인의 임원 또는 공무원(이하 "종업원 등"이라 한다)이 그 직무에 관하여 발명한 것이 성질상 사용자·법인 또는 국가나 지방자치단체(이하 "사용자 등"이라 한다)의 업무 범위에 속하고 그 **발명을 하게 된 행위**가 종업원 등의 현재 또는 과거의 직무에 속하는 발명을 말한다.

일본 특허법 제35조 직무발명이란 '그 성질상 당해 사용자 등의 업무범위에 속하고 그 **발명을 하기까지의 행위**가

러한 직무발명에 대하여 통상의 발명과 같이 발명자인 종업원은 특허를 받을 수 있는 권리를 원시적으로 취득한다.[162] 비록 종업원이 발명과정에서 사용자의 장비와 재료 및 노동을 사용하였어도 그는 특허를 받을 수 있는 권리를 가진다.[163 164] 그러나 사용자의 자원을 사용하여 종업원이 발명을 하였음에도 사용자가 그 발명에 대하여 아무런 권리를 가지지 못한다면 이는 불공정하고 형평에 맞지 않는 것이다.[165 166] 따라서 종업원이 직무상의 발명에 대하여 사용자에게

사용자에 있어서 종업원의 현재와 과거의 직무에 속하는 발명을 말한다'고 하여 입법론상으로 거의 동일하며 그 해석론에 있어서 거의 다를 바 없다.

162 발명자주의: 앞서 본 中山, 注解特許法(青林, 平成 13), p.310-311.
정차호, 2006년 개정 직무발명제도의 제 문제점 및 재개정방안, 창작과 권리, 48호(세창출판, 2007년 가을호) p.7 참조. 이에 비하여 사용자주의는 종업원의 직무발명으로 인한 특허를 받을 수 있는 권리는 원칙적으로 사용자에게 귀속된다는 이념이다. 노동법에 의하여 노동의 성과는 모두 사용자에게 귀속되므로 종업원의 발명도 노동의 성과이고 따라서 그에 대한 권리도 사용자에게 귀속된다고 본다. 사용자주의에서는 종업원은 직무발명에 대하여 아무런 권리가 없기 때문에 직무발명의 규정이 원칙적으로 불필요하다. 또한 은혜주의와 관련이 있는 사용자주의는 종업원은 정당한 권리자가 아니므로 그 대가의 성격은 포상으로 본다.

163 대법원 2011.7.28. 선고 2010도12834 판결: 발명진흥법은 '직무발명'에 대하여 특허 등을 받을 수 있는 권리는 발명자인 종업원 등에게 귀속하는 것으로 하여 종업원 등의 권리를 확보하는 한편 (후략) : 직무발명에서 종업원에게 특허를 받을 수 있는 권리를 부여하는 이유는 고용관계에 있는 종업원으로서는 특별히 발명을 위하여 고용되지 않은 통상적 근로과정에서 가지게 된 발명을 사용자에게 넘겨 줄 의무는 없다고 보기 때문이다.

164 따라서 사용자와 종업원과 사이에 계약 또는 근무규정에 의하여 발명에 대한 권리를 이전하기로 하는 명시적이거나 묵시적 합의가 있었다는 사실이 명백히 인정되지 않는 한 종업원은 여전히 직무발명에 대한 특허를 받을 수 있는 권리를 가진다. 대법원 2011.7.28. 선고 2010도12834 판결: (전략) 그러면서도 위 법은 미리 사용자 등에게 특허 등을 받을 수 있는 권리나 특허권 등을 승계시키거나 사용자 등을 위하여 전용실시권을 설정하도록 하는 계약이나 근무규정이 없는 경우에는 사용자 등이 종업원 등의 의사와 다르게 발명에 대한 권리의 승계를 주장할 수 없도록 함으로써 (중략) 종업원의 보호를 꾀하고 있는데, 이와 같은 법조의 취지에 비추어 보면, 종업원의 의사가 명시적으로 표시되거나 혹은 묵시적 의사를 추인할 수 있는 명백한 사정이 인정되는 경우 이외에는 직무발명에 대하여 특허 등을 받을 수 있는 권리나 특허권 등을 사용자 등에게 승계시키는 합의가 성립되었다고 쉽게 인정할 수 없다. (이하 저자 주) 따라서 주식회사의 임원이자 종업원인 피고인들의 명의로 직무발명에 대하여 특허출원이 이루어졌다고 하더라도 직무발명에 대한 특허를 받을 수 있는 권리는 발명자인 종업원에게 있고 이 권리를 회사가 승계받았다고 주장하기 위해서는 적어도 **승계에 대한 묵시적인 합의가 있었다는 것을 추인할 수 있는 명백한 사정**이 있어야 한다.

165 사용자는 투자의 실패로 인한 위험부담을 지는 대신에 투자자로서 투자의 대상을 향유할 수 있고 종업원으로서도 성공의 이익을 사용자와 나누어 가지는 것이 마땅하기 때문이다. 그러나 공무원의 직무발명에 대해서는 발명진흥법 제10조 제2항에 의하여 국유화되었기 때문에 일방적으로 발명자인 공무원에게 불리한 조항이라고 비판을 받는다. 정차호, 2006년 개정 직무발명제도의 제 문제점 및 재개정방안, 창작과 권리, 48호(2007년 가을호, 세창출판사) 참조.

166 **형평성설(Equity)**: 이 입장이 United States v. Dubilier Condenser Corp., 289 U.S. 178, 17 USPQ 154(1933)에서 미연방대법원으로 하여금 사용자에게 통상실시권을 인정하게 한 이론이다. 또한 Lariscey v. United States, 949 F.2d 1137, 1144, 20 USPQ2d 1845, 1850(Fed. Cir. 1991)(종업원의 발명이 사용자의 시간과 재료 그리고 장비를 사용함으로써 만들어졌다면 형평의 원칙상 사용자는 종업원에게 아무런 대가를 지급하지 아니하고 발명을 사용할 수 있도록 하는 것이 보통법의 원칙이다); California Eastern Laboratories Inc. v. Gould, 896 F.2d 400, 402, 13 USPQ2d 1984, 1985(9th Cir. 1990)(사용자의 권리는 사용자가 자원 시간 그리고 장비를 통하여 발명을 하는데 추정적으로 기여한 것에 근거한다) 참조.

그 발명을 사용할 수 있는 권리를 주는 것이 바로 직무발명제도이다.[167] [168]

직무발명제도는 사용자가 종업원이 연구개발을 할 수 있도록 연구시설, 인력 및 자금을 부담하고 이에 더하여 종업원이 창조적인 활동으로 연구개발을 한 결과 만들어진 발명에서 오는 이익을 종업원과 사용자 사이에 합리적으로 배분하게 함으로써, 사용자가 연구개발 투자를 계속적으로 하도록 유도하고 종업원에게는 창조적 연구개발 동기를 부여하기 위한 제도로서 그 핵심은 특허권의 귀속과 실시에 대한 특별한 규정을 두는 것이다.[169]

발명의 직무관련성을 중시하여 직무발명의 범위를 정하는 우리나라와 일본 및 독일의 입장과 발명에 대한 사용자의 기여도를 중시하는 미국의 판례법의 입장이 있지만 어느 입장이나 양자의 이해관계를 조정한다는 점에서 일치한다.[170] 또한 양쪽 모두 형평성의 원칙을 기준으로 하고 있다는 점에서 일치한다.

고용관계에서 종업원이 한 발명이지만 직무발명에 해당하지 않는 것은 직무발명과 달리 취급된다.[171] [172] [173] 그러나 직무발명이든 직무발명에 해당하지 않든 우리 사회는 발명자에게

---

167 대법원 2011.7.28. 선고 2010도12834 판결 (중략): '이와 같은 경우 종업원 등으로부터 직무발명 완성사실의 통지를 받은 사용자 등(국가나 지방자치단체는 제외한다)이 대통령령으로 정하는 기간에 발명에 대한 권리의 승계 의사를 알린 때에는 그때부터 발명에 대한 권리는 사용자 등에게 승계된 것으로 본다고 정하여(제13조 제1항 본문, 제2항) 양자의 이해관계를 조정하고 있다.

168 형평성설(Equity): Beecroft & Blackman, Inc. v. Rooney, 268 F. 545, 549(S.D.N.Y.1920), rev'd on other grounds, 280 F. 543(2d Cir. 1922)(저명한 판사인 러니드 핸드는 '종업원이 발명을 하였을 때 그의 사용자가 자기의 자원을 활용하여 이를 개발하고 시장에 판매하고 거래하도록 하여 주었다면 처음부터 그가 경고를 하지 않은 한 그가 사용자를 떠난 후에도 사용자가 이를 사용하지 못하도록 할 수 없고 그의 거래처를 포함하여 투자한 모든 것을 상실하도록 할 수는 없다. 따라서 사용자에게 발명에 대한 사용권한을 주는 것은 완전히 형평에 부합하는 것이다); Brown v. L.V. Marks & Co., 64 F. Supp. 352, 357, 68 USPQ 365, 368(E.D. Ky. 1946)(종업원이 업무시간 중에 사용자의 연장, 기계 그리고 재료를 사용하는 중에 발견을 한다면 그 즉시 사용자에게 이익 또는 권리가 발생한다. 따라서 금반언이 적용되는 것이 아니라 발명을 할 시초부터 형평성에 기한 재산적 권리가 발명에 대하여 발생하는 것이다).

169 손영식, 직무발명제도의 개요, 특허청 직무발명연구회, 2006. 3. 30.(정차호, 2006년 개정 직무발명제도의 제 문제점 및 재개정방안, 창작과 권리, 48호(2007년 가을호, 세창출판사)에서 재인용); 위 정차호의 논문에 의하면 종업원의 직무발명은 전체 특허출원 중에서 2005년 기준 84.6%에 이르고 있으므로 직무발명의 창출, 보호 및 활용의 메커니즘을 제대로 관리하는 것이 나라를 지식재산강국으로 도약시키기 위한 핵심행정이라고 할 수 있다는 것이다.

170 직무설은 퇴직 후에 완성된 발명은 직무발명이 아니라고 보는 데 비하여 자원설에 의하면 퇴직 후라도 퇴직 전에 발명을 하는 데 있어서 사용자의 자원을 사용하였다면 직무발명에 해당하여 무상의 통상실시권을 부여하여야 한다고 본다. 직무발명을 규율하는 것이 형평성이라면 비록 퇴직 후에 발명이 완성되었다고 하더라도 발명의 구상에서부터 실시에 이르기까지 사용자의 자원을 활용하여 이루어진 것이라면 그 발명에 대하여 사용자에게 실시권을 인정하는 것이 형평에 부합하다고 할 수 있다. 저자 주.

171 윤선희, 특허법, 법문사(2007, 제3판), p.272. 종업원의 발명을 자유발명, 업무발명 및 직무발명으로 나눈다. 이를 구별하는 이유는 발명진흥법 제10조 제3항에 의하여 사용자가 특허를 받을 수 있는 권리를 사전승계 또는 전용실시권을 설정받을 수 있는가에 달렸다고 보기 때문이다.

172 위 발명진흥법 제10조 제3항은 '직무발명 외의 종업원 등의 발명에 대하여 미리 사용자 등에게 특허 등을 받을 수 있는 권리나 특허권 등을 승계시키거나 사용자 등을 위하여 전용실시권을 설정하도록 하는 계약이나 근무규정의 조항은 무효로 한다.'라고 규정하고 있다. 따라서 직무발명에 대해서는 특허를 받을 수 있는 권리나 특허권을 승계시키거나 사용자를 위하여 전용실시권을 설정하도록 하는 계약은 유효하다고 보아야 한다.

173 송봉식, 직무발명보상제도, 한국과학재단, 2006년 5월호, p.15. 우리나라의 직무발명비중은 1993년에 66.5% 수준

특허라는 독점권을 부여함으로써 그 발명적 능력을 사용하는 것을 장려하고, 지적재산법은 발명을 이를 구상하고 개발하고 완성한 사람의 고유재산이라고 보고 그가 계약으로 그 권리를 양도하지 않는 한 이를 보호하여 준다.[174] 따라서 종업원이 발명과 관계가 없는 업무를 수행하는 고용계약을 하여 종업원이 되었다고 하더라도 그 고용기간 동안에 만들어진 발명에 대한 권리를 잃어버리지는 않는다. 물론 그에게 이러한 고용이 특허를 받을 수 있는 아이디어를 구상하는 기회를 제공함은 물론 그의 기술과 지식 및 발명적 능력을 숙달시켜서 아이디어를 개발하고 완성케 하여 특허를 받을 수 있는 것으로 만들어 갈 수 있다고 해도 마찬가지이다.[175]

3. 사용자의 통상실시권 Shop right

가. 의 의

종업원이 업무시간 중에 사용자의 연장, 기계 그리고 재료를 사용하는 가운데 발명을 하였다면 형평성에 기하여 사용자에게도 그 발명을 사용할 수 있는 권리가 발생한다고 보아야 하고 종업원이 사용자를 떠난 후에도 사용자가 이를 사용하지 못하도록 할 수 없다. 만약 그렇지 않다면 사용자로서는 거래처를 포함하여 그가 투자한 모든 것을 상실하는 결과가 된다. 따라서 사용자에게 발명에 대한 사용권한을 주지 않는다면 이는 완전히 불공평한 것이다.[176]

이로써 프로젝트에 투자를 해서 실패의 위험부담을 한 투자자인 사용자는 투자의 대상을 향유할 수 있고 성공의 이익을 나누어 가질 수 있기 때문에 투자도 활성화되는 것이다.[177] 따라서

이었으나, 2001년에는 80.9%, 2005년 84.6%로 크게 높아졌다. 따라서 직무발명을 어떻게 장려하고 활성화하느냐 하는 문제는 기업뿐만 아니라 국가경쟁력 제고 차원에서도 매우 중요한 문제로 인식되고 있다.

174 발명진흥법 제10조 제3항 및 대법원 2011.7.28. 선고 2010도12834 판결: (중략) 직무발명 외 종업원 등의 발명과는 달리 직무발명에 대해서는 종업원 등이 특허 등을 받을 수 있는 권리나 특허권 등을 미리 계약이나 근무규정에 의하여 사용자 등에게 승계시키거나 사용자 등을 위하여 전용실시권을 설정할 수 있으며(제10조 제3항) (후략).

175 National Development Co. v. Gray, 16 Mass. 240, 55 N.E.2d 783, 62 USPQ 205, 153 A.L.R. 973(1944). 이때 사용자가 제공한 도구를 사용하여 개량을 한 결과 특허가 될 수도 있고 종업원이 그 고용기간 중에 익숙하게 된 장치를 크게 상회하는 가치를 가지는 것이라도 마찬가지이다.

176 Beecroft & Blackman, Inc. v. Rooney, 268 F. 545, 549(S.D.N.Y.1920), rev'd on other grounds, 280 F. 543(2d Cir. 1922)(저명한 판사인 러니드 핸드는 '종업원이 발명을 하였을 때 그의 사용자가 자기의 자원을 활용하여 이를 개발하고 시장에 판매하고 거래하도록 하여 주었다면 처음부터 그가 경고를 하지 않은 한 그가 사용자를 떠난 후에도 사용자가 이를 사용하지 못하도록 할 수 없고 그의 거래처를 포함하여 투자한 모든 것을 상실하도록 할 수는 없다. 따라서 사용자에게 발명에 대한 사용권한을 주는 것은 완전히 형평에 부합하는 것이다); Brown v. L.V. Marks & Co., 64 F. Supp. 352, 357, 68 USPQ 365, 368(E.D. Ky. 1946)(종업원이 업무시간 중에 사용자의 연장, 기계 그리고 재료를 사용하는 가운데 발견을 한다면 그 즉시 사용자에게 이익 또는 권리가 발생한다. 따라서 금반언이 적용되는 것이 아니라 발명을 할 시초부터 형평성에 기한 재산적 권리가 발명에 대하여 발생하는 것이다).

177 **형평성설(Equity)**: 이 입장이 United States v. Dubilier Condenser Corp., 289 U.S. 178, 17 USPQ 154(1933)에서 미연방대법원을 가장 강력하게 지지한 이론이다. 또한 Lariscey v. United States, 949 F.2d 1137, 1144, 20 USPQ2d 1845, 1850(Fed. Cir. 1991), judgment vacated, opinion withdrawn on grant of reh'g, 962 F.2d 1047(Fed. Cir.

특허법은 사용자에게 실시권 또는 점주의 권리(Shop right)를 부여하는데 이는 종업원이 사용자의 설비나 자원을 활용하여 발명을 구상하거나 실시를 한 경우에는 비록 그 고용관계가 종료된 이후에 특허를 받았다고 하더라도 사용주로서는 발명을 실시할 수 있는 권리가 있다는 것이다.

이에 따라서 미국의 판례법은 19세기부터 고용관계에서 한 발명에 대한 특허를 받을 수 있는 권리는 원래 종업원에게 있고 사용자에게는 무상의 통상실시권을 인정하였다.[178] 이 사용자에게 인정되는 실시권은 특허의 소유권과는 다른 것으로서 종업원이나 그의 양수인이 특허권자가 되어 사용자를 상대로 하여 침해소송을 제기한 경우에 이에 대한 항변사유가 된다.[179] 그러나 이 권리가 인정되는 범위는 구체적 사례마다 다를 수 있다고 본다.

나. 이론적 근거

사용자에게 통상실시권(Shop right)을 인정하는 이유는 주로 형평상의 원칙 때문이지만 묵시적 사용허락설과,[180] 금반언에 기한다는 입장도 있다.[181] 미국의 판례법은 이 중에서 한 가지

1992), on reh'g, 981 F.2d 1244(Fed. Cir. 1992)(종업원의 발명이 사용자의 시간과 재료 그리고 장비를 사용함으로써 만들어졌다면 형평의 원칙상 사용자는 종업원에게 아무런 대가를 지급하지 아니하고 발명을 사용할 수 있도록 하는 것이 보통법의 원칙이다); California Eastern Laboratories Inc. v. Gould, 896 F.2d 400, 402, 13 USPQ2d 1984, 1985(9th Cir. 1990)(사용자의 권리는 사용자가 자원 시간 그리고 장비를 통하여 발명을 하는 데 추정적으로 기여한 것에 근거한다) 참조.

178 사용자가 가지는 무상의 통상실시권은 양도가 불가능한 것이고, 사용자는 공무원인 종업원의 발명에 대해서도 마찬가지의 통상실시권을 가진다. 1933년의 Dubilier(1933) 판결에 의하여 공무원이라도 자신의 고용관계에서의 발명에 대하여 특허를 받을 권리를 보유한다는 미국의 판례법상의 선례는 Executive Order No.10096 등의 법령에 의하여 번복된다. Heinemann v. United States, 796 F.2d 451, 455, 230 USPQ 430, 433(Fed. Cir. 1986), cert. denied, 480 U.S. 930(1987)(위 Executive Order No.10096는 대통령으로 하여금 정부의 종업원의 발명에 대한 특허권리의 귀속에 대하여 행정법령을 발할 수 있도록 하였다).

179 미국의 판례법에서는 단지 이 권리, 즉 Shop Right만을 가지고 있는 사람은 침해소송의 당사자적격이 없다고 본다. Kurtzon v. Sterling Indus., Inc., 228 F. Supp. 696, 141 USPQ 391(E.D. Pa. 1964).

180 묵시적 사용허락설(Implied consent: McClurg v. Kingsland, 42 U.S. 202(1843). 종업원이 한 발명이 사용자의 공장에서 사용자의 요청에 의하여 이루어진 것으로서 발명이 이루어지고 난 이후에 그 공장에서 계속적으로 사용한 경우에 종업원으로서는 사용자가 이 발명을 사용할 수 있도록 허락한 것으로 볼 수 있다. 이렇게 종업원의 발명에 대한 사용자의 통상실시권을 허용하는 것으로 알려진 최초의 미국의 판례는, 주물공장을 경영하는 피고가 고용한 임금노동자가 그 공장에서 제조방법을 개량하는 실험을 한 결과 성공을 하자 사용자가 종업원의 임금을 올려 주었고 이 개량된 방법이 주물공장에서 일상적으로 사용되었다. 피고에게 고용되어 있는 동안 종업원이 이 기술에 대하여 특허를 발급받았다. 종업원이 사용자인 피고에게 특허를 구입할 것을 제안하였지만 사용자는 그 제안을 거절했고 고용관계가 종료될 때까지 더 이상의 요구를 하지 않았다. 종업원이 자신의 특허권을 경쟁회사에 판매하자 경쟁사는 사용자인 피고를 상대로 특허침해소송을 제기했다. 1심판사는 배심원들이 평결함에 있어서 참작하여야 할 두 가지 점에 대한 지시를 하였다. 첫째, 위 사실관계는 종업원이 자신의 발명을 사용자가 사용할 수 있도록 허락을 한 것으로 추정된다. 둘째, 사용자는 그 당시의 특허법 제7조에 의하여 발명을 사용할 권리를 부여받은 것으로 볼 수 있다. 배심원들이 사용자에게 승소판결을 선고하자 종업원이 항소를 하면서 1심판사가 배심원들에게 한 지시가 잘못된 것이라고 주장하였다. 그러나 미연방대법원은 1심판결을 인용하였다. 그 이유는 종업원의 발명을 사용자에게 사용승낙을 한 것으로 추정된다고 본 1심은 별다른 잘못이 없기 때문이다. Chisum §22.03.

181 Chisum §22.03 [1].

혹은 두 가지를 합하여 사용자의 실시권을 허용하여 왔다.[182] 그중에서 묵시적 사용허락이란 종업원이 발명이 이루어지고 난 이후에 그 공장에서 계속적으로 사용하여 왔고 이에 대한 보상을 요구하지 않은 것이라면 사용자가 발명을 사용하는 데 묵시적으로 동의한 것으로 보아야 한다. 이렇게 사용자가 발명을 무상으로 사용하는 것은 종업원이 아이디어를 개발하는 데 있어서 사용자가 준 도움에 대한 보답이라는 것이다.[183] 그렇다면 사용자의 실시권은 무상으로서 타인에게 양도할 수 없는 성질의 것이다.[184] [185]

금반언의 원칙이란 사용자가 사업장에서 종업원이 한 발명을 사용하였어도 종업원이 그에 대한 아무런 대가를 요구한 사실이 없기 때문에 그 이후에 그 발명에 대한 특허가 발급되어도 새삼스럽게 사용자에게 보상을 요구하거나 침해책임을 물을 수 없다는 것이다.[186] 그러나 이 금

---

182 Lariscey v. United States, 949 F.2d 1137, 1144, 20 USPQ2d 1845, 1850(Fed. Cir. 1991), judgment vacated, opinion withdrawn on grant of reh'g, 962 F.2d 1047(Fed. Cir. 1992), on reh'g, 981 F.2d 1244(Fed. Cir. 1992).

183 묵시적 사용허락설(Implied licence): 이 이론이 최초로 미연방대법원에 의하여 인정된 것은 McClurg v. Kingsland, U.S.(1 How). 202, 11 L.Ed. 102(1843). 이 이론은 1839년의 미특허법에 명문으로 규정되었다가 불필요하다는 이유로 1952년 미특허법에서는 삭제되었다.

184 통상실시권은 일반적으로 양도불가능한 성질을 가진 것으로 여겨지기 때문이다. Hapgood v. Hewitt, 119 U.S. 226(1886).

185 묵시적 사용허락이론을 적용하여 사용자실시권(Shop right)을 인정한 미연방대법원 판례 Solomons v. United States, 137 U.S. 342(1890): Clark이라는 피용자가 인쇄국에 취임을 하였는데 하원소의원회가 위스키에 대하여 세금을 부과하는 데 있어서 사용하는 도장을 개발하면서 Clark가 이 업무를 맡았다. Clark는 스스로 취소하는 도장을 발명하여 세무서에서 사용한 뒤 후일 이에 대하여 특허를 발급받았다. Clark는 세무서장에게 이 발명은 자기 자신의 것이지만 자신은 정부당국에 대하여 이 도장을 사용하는 사용료를 지불할 필요는 없다고 하였다. 그러나 후일 Clark는 미국 정부를 상대로 특허침해소송을 제기하였는데 그 원인은 양 당사자 사이에 묵시적인 사용허락계약이 존재한다는 주장이었다. 그러나 하급심법원은 미국 연방정부의 승소판결을 선고했고 미연방대법원도 이를 인용하였다. 발명자가 특정한 작업을 하는 동안에 그 작업에 관련된 개량행위를 하였고 그 과정에서 사용자의 기구를 사용하였으며, 사용자에게 명시적으로 자신의 발명을 사용할 수 있도록 승낙을 하였다면 이 발명자는 자신의 발명을 사용자가 사용할 수 있도록 허락을 한 것이고 이는 취소할 수 없는 것이다. 또한 발명자가 발명을 할 당시에 정부의 종업원이었다는 사실만 가지고는 피용자가 특허에 대한 권리를 이전한 것이라고 할 수는 없다. 그러나 이러한 일반적인 원칙을 적용하는 데는 두 가지 한계가 있다. 발명을 하기 위해서 고용된 사람은 그 발명이 완성된 다음에는 그 발명에 대한 소유권을 주장할 수 없다. 왜냐하면 그 발명자는 이미 사용자에게 그 발명을 판매한 것이기 때문이다. 이는 발명자가 발명을 하기 위해서 고용된 후 이에 대한 보수를 받았다는 사실 자체가 발명이 완성 되었을 때 그 발명을 사용자의 권리로 귀속시키기로 한 것이다.

186 금반언설(**Estoppel**): Gill v. United States, 160 U.S. 426(1896). 금반언의 원칙을 적용하여 사용자실시권(Shop right)을 인정한 미연방대법원의 판례(Gill은 묵시적 사용허락이론과 금반언의 원칙을 묶어서 사용자실시권을 인정하였다. 저자 주).

Gill이라는 사람이 1864년 펜실베니아 프랭트포드의 병기창에 기계공으로 취업하였는데 그가 한 일은 평범한 기계기술자로서의 일이었고 발명적인 재능을 요구하는 것은 아니었다. 그는 1869년과 1882년 사이에 여러 종류의 기계에 대하여 6개의 기계 및 방법특허를 획득했다. 그는 자기의 개인시간에 발명을 고안하였으나 작동 가능한 원형(Prototype)은 다른 공원들을 사용해서 공식적인 업무시간에 만들어졌다. 그의 제안에 의하여 사령관들은 기계와 방법을 채택했다. 그러나 Gill은 그 사용에 반대하거나 보상을 요구하지 않았다. 1881년 Gill은 감독관으로 승진되고 봉급도 인상되었다. 그의 봉급이 인상된 것이 그의 발명을 사용한 것을 고려한 것은 아니었지만 사령관은 그의 능력에 의존하였다. 그는 자신의 특허를 다른 개인이나 회사에 양도하면서 그때마다 정부의 발명의 사용권을 유보하였다.

미연방대법원은 Gill이 정부를 상대로 한 보상청구권을 인정하지 않았다. Gill의 주장은 발명적 아이디어를 구상하고 개발하는 데 있어서 정부의 시간과 재산을 사용하지 않았다는 것이지만 위 법원은, 첫째, 정부의 시간이나 재

반언의 이론은 종업원이 발명을 개발하기 위해서 비밀리에 사용자의 자원을 사용한 사례를 설명할 수 없다. 발명을 구상하고 실시하고 아이디어를 상업적으로 개발하는 데 있어서 사용자와 종업원이 모두 기여를 한 것이라면 그 결과물은 마땅히 양자가 나누어 가져야 하는 것임에도 불구하고 종업원만이 모든 권리를 가지는 것은 불공정한 일이 된다.[187]

직무발명, 즉 종업원이 사용자의 업무범위에서 직무상의 행위로 한 발명에 대한 권리의 귀속문제는 종업원과 사용자 사이에 그 발명을 하게 된 기여도에 따라서 어떻게 형평성을 취할 수 있느냐 하는 문제이다.[188] 고용관계에서 종업원의 발명이 사용자의 시간과 재료 그리고 장비를 사용함으로써 만들어졌다면 종업원은 사용자에게 자신의 발명을 무상으로 사용할 수 있도록 통상의 실시권을 부여하는 것이 정당하다.[189] 따라서 종업원이 어느 정도로 사용자의 자원과 시간 및 장비를 사용하여 발명을 하였느냐가 중요한 관건이 된다.[190]

그러나 우리나라와 일본은 모두 직무설을 취하고 있어서 외관상 종업원의 직무범위에 해당하는지 여부가 직무발명을 인정하는 가장 중요한 관건이 된다. 다음은 이러한 직무설에 의한 직무발명의 요건을 설명한 것이다. 그러나 이러한 형식적 기준에 의하여 직무발명인지 아닌지 여부를 구별하기 어려운 경우가 많을 것이다.

산이 작동 가능한 기계를 개발하는 데 사용된 것은 별로 중요하지 않다는 것이다. Solomon과 이 사건에서 중요한 것은 특허권자가 정부의 노동력과 재산을 사용하여 작동하는 형태로 발명을 했다는 사실이다. 그러한 형태의 고용은 최초의 아이디어를 정교하게 만들고 시험하거나, 그 아이디어를 일정한 유형이나 작업도면을 가진 고정적인 형태로 만들거나, 최종적으로 완성된 기계로 만드는 데 있어서 예비적 단계에 있었다는 점은 별로 중요하지 않다. 양자에 있어서 특허권자들은 발명을 구상하는 데 있어서 든 개인적인 노력이 준 손실 이외에는 아무런 위험부담도 없었다는 점이다. 양자 모두 그의 아이디어에 따라서 만들어진 기계가 성공적이었는지 아닌지에 대한 문제가 제기되고 만약 기계가 비실용적이라는 것이 밝혀진다면 그 손실은 정부의 부담으로 남을 것이다.

둘째, 특허권자 Gill의 제안에 의하여 정부가 그의 기계와 방법을 사용하면서도 특허권자가 그러한 사용에 반대하거나 보상을 요구하지도 않았다면 금반원의 원칙이 적용되어야 한다. Pais 사례에서 발전된 것으로서 특허권자가 그 사용을 금지시킬 수도 있었던 권리가 있음에도 불구하고 이를 간과하고 그대로 보고 있으면서 사용에 동의하여 주는 때에는 이후에는 지속적으로 이를 사용하는 자에 대하여 손해배상을 청구할 수는 없다고 보는 것이다. 따라서 특허권자가 자신의 발명과 관련하여 정부의 자원을 사용하였다는 사실은 특허권자가 정부 측에게 특허에 대한 사용을 동의하여 주었다는 점을 입증할 수 있는 여러 증거자료 중의 하나일 뿐이다.

특허권자가 정부에 자신의 특허를 사용하는 데 대하여 아무런 보상을 요구하지 않았다는 사실이 그 사용에 대한 묵시적 동의를 한 것으로 여겨지고 그에 따른 금반언의 원칙이 적용된다는 점이다. 그가 사용자의 시간과 연장을 사용하였다는 사실은 그 작업이 그 사용자의 이익을 위하여 한 일이라는 추론을 낳게 한다. 또는 특허권자가 기술적으로 자신의 용역이라고 주장할 권리가 없는 노동의 결과로 나온 산물에 대한 주장이라는 것을 그가 알고 있었다는 암시를 준다.

187 Chisum on Patents, §22.03 [3][a].

188 Chisum on Patents, §22.03 [3][a]. 따라서 금반언이론을 적용한 사례에서 가장 중요한 사실관계는 과연 종업원이 사용자로 하여금 발명을 채택하도록 권유를 하였기 때문에 그에게 보상을 청구할 수 없었는지 여부이다. 그렇다면 종업원이 발명을 개발하는 데 있어서 사용자의 자원을 사용하였는지 여부는 오직 위의 사실관계를 입증하는 하나의 증거가 될 뿐이다.

189 위 형평성설(Equity) 참조.

190 이에 비하여 우리나라와 일본의 대부분의 학설은 종업원의 직무범위에서 이루어졌느냐를 본다. 따라서 기본적으로는 형평성설에 기초하고 있으면서도 제도적인 직무를 중시한다는 모순을 범하고 있다. 저자 주.

(1) 종업원

종업원이 사용자의 업무범위에서 직무상의 행위로 한 발명을 직무발명이라고 한다. 이때 종업원이라 함은 사용자인 법인이나 국가 또는 지방자치단체와 민법상의 고용계약은 물론 사실상으로 노무를 제공하는 관계를 맺고 타인의 사무에 종사하는 자를 말한다. 따라서 고용관계가 일시적·임시적으로 고용되거나, 촉탁, 파견이나 기능을 습득을 위한 양성 중인 공원 및 수습공원을 포함하고, 상근, 비상근, 보수지급 유무, 근로기준법상의 최하 연령 이하의 공원과 국가공무원 및 지방공무원 등 명칭을 불문한다.[191]

법인의 임원은 이사급 이상으로서 법인의 업무를 운영·감독하는 자로서 직무발명의 해석에 있어서는 종업원에 해당되고, 임원 내지 중역이라는 지위를 가지면 그가 한 발명이 직무발명으로 여겨진다.[192] 대표이사도 회사의 업무전반을 집행하는 권한과 직책을 가지므로 회사의 업무범위에 속하는 발명을 하는 것은 대표이사의 직무에 속한다고 본다.[193]

또한 대표이사와 기술부장이 공동으로 발명자가 된 경우에 직무발명이 되며,[194] 대표이사 겸 경영연구소 소장으로서 발명을 임무로 한 경우,[195] 대표이사인 동시에 회사의 기술부분 담당의 최고책임자,[196] 대표자로서 신제품 개발과 생산방법 개량에 관여한 경우 등에서는 종업원으로 인정한다.[197] 그러나 시장개발 및 판매기획을 직무로 하는 이사는 종업원이라고 볼 수가 없다.[198]

---

191 윤선희, 특허법, 법문사(2007), p.281.

192 윤선희, 특허법, 법문사(2007), p.281. 그러나 독일 '종업원발명에 관한 법률'은 법인의 대표자는 종업원에 해당되지 않는다고 규정하고 있다.

193 그럼에도 불구하고 오늘날에 있어서는 여러 다양한 형태의 이사가 존재하는바 비교적 완화된 요건 아래 구체적인 판단을 해야 할 것이다. 그러나 반대설은 회사의 대표이사 등과 같은 임원의 경우 근로공급의 의무를 지는 종업원임에는 틀림이 없으나, 그 지위 자체만으로 그 행위가 직무행위에 해당하는가에 대해서는 구체적으로 판단하여야 한다.

194 東京地判 昭和 36. 11. 20. 원고 갑은 원고회사의 대표이사(사장)이고 원고 을은 원고회사의 이사이며 기술부장으로 본건 실용신안의 고안은 그 성질상 원고회사의 업무범위에 속하고 그 고안을 하기에 이른 행위가 원고회사에서의 위 두 사람 고안 당시의 직무에 속하는 것이 인정된다.

195 東京地判 昭和 38. 9. 21. 원고 갑은 원고회사 설립 이래 그 대표이사로서 경영일반을 맡는 한편 원고회사의 연구기관으로서 설립된 앤드카드 경영연구소의 소장에 취임하여 昭和 21년(1946년) 4월 이후 원고회사가 영업목적으로 하고 있는 사무용 기기의 제조에 관하여 여러 가지 발명, 고안을 하는 것을 그 임무로 해 온 것 및 본건 실용신안이 원고 갑의 위 임무로서의 행위에 의하여 고안되기에 이른 사정을 인정해야 한다.

196 神戸地判 평성 원년 38. 9. 21. 회사의 설립 당초부터 계속하여 대표이사로서 회사의 경영에 임함과 동시에 회사의 기술부분 담당의 최고였던 자는 후자의 지위에 기초하여 회사의 인적·물적 자원을 총동원하여도 생산기술의 개량고안을 시험하여 그 효율을 높이도록 노력해야 할 구체적 임무를 갖고 있다고 해석되기 때문에 상기인이 상기기술에 대해 고안의 창작을 완성한 경우에는 구체적인 편익 공여의 유무 정도에 대해 검토할 필요도 없이 상기 고안은 회사의 임원으로서의 직무에 속하는 행위라고 추정해야 한다.

197 大阪地判 昭和 47. 3. 31. 원고는 회사 대표자로서 경영방침 결정, 신제품 개발, 생산방법 개량 등 회사의 업무 전반을 집행하는 권한과 책임을 가지고 있었으므로 본 발명을 하게 된 행위는 피고회사에서의 동 원고의 직무에 속하는 것이라고 해야 한다.

198 東京地判 昭和 44. 5. 6. 법랑제욕조 판매회사의 개발부장 겸 이사(피항소인)가 한 욕조에 관한 고안이 직무에 속하는가에 대해 개발부장이라고 해도 시장개발, 판매기획이 직무내용임을 고려하고 그 고안은 피항소인이 직무의 한편에서 한 것이라고 하여 그 고안은 기업의 업무범위에 속하는 것이라고는 해도 피항소인의 직무에 속하는 것이

또한 종업원에 포함되는 국가 또는 지방자치단체의 공무원 속에는 행정부는 물론 입법부 또는 사법부에 종사하는 자를 포함하고 국가공무원이나 지방공무원을 불문하며 군인, 국립대학의 교수나 고용직, 기능직의 노무에 종사하는 공무원도 포함된다. 다만 정무직이나 별정직 공무원 및 단순한 노무에 종사하는 고용직 공무원은 종업원에 해당되지 않는다고 한다.[199]

공무원의 직무발명은 발명진흥법에 의하여 국가 또는 지방자치단체가 승계하며, 국가 또는 지방자치단체가 승계한 공무원의 직무발명에 대한 특허권은 국유 또는 공유로 하되,[200] 이렇게 공무원이 국가에게 직무발명을 승계하게 하거나 전용실시권을 설정한 경우에는 정당한 보상을 받을 권리를 가진다고 규정함으로써 사용자와 종업원과 사이의 이익을 조정하고 있다.[201] 또한 대학교수도 국공립학교의 교직원에 해당하는 한 종업원에 해당되어 그의 직무발명은 발명진흥법에 의하여 전담조직이 승계하며,[202] 전담조직이 승계한 국공립학교 교직원의 직무발명에 대한 특허권 등은 그 전담조직의 소유로 한다.[203]

(2) 사용자의 업무범위

종업원이 사용자의 업무범위에서 직무상의 행위로 한 발명을 '직무발명'이라고 한다. 이때 업무범위라 함은 기본적으로는 사용자의 정관에 정하여진 사업의 범위로 현재의 업무는 물론 장래에 행할 업무를 말한다.[204] 그러나 직무발명과 관련하여 업무범위를 해석하는 데 있어서는 그 범위를 정관보다 넓혀서 정한다. 따라서 회사가 진출할 수 있는 분야 및 기술적으로 목표를 정한 분야도 업무분야라고 본다.[205] 또한 정관에 부수하는 사업은 객관적으로 보아 업무수행에

라고는 할 수 없다.

참고로 위 판례에서는 발명자인 이사는 이사회의 승인을 받아야 직무발명에 대한 권리귀속을 약정할 수 있다고 보고(일본의 다수설과 판례) 회사가 소유하는 권리를 이사에게 양도하는 경우에 이사회의 승인을 받지 않으면 그 양도는 무효라고 한다. 그러나 발명에 대한 신속한 출원의 기회를 주어야 하므로 이사회의 승인이 불필요하다고 보는 부정설도 있다.

199 윤선희, 특허법, 법문사(2007), p.283.

200 발명진흥법 {일부개정 2009.3.18(법률 제9509호) 지식경제부} 제10조(직무발명) 제2항 본문 참조.

201 위 발명진흥법 제15조 제1항 참조.

202 위 발명진흥법 제10조(직무발명) 제2항 단서는 "다만, 고등교육법에 의한 국공립학교 교직원의 직무발명은 기술이전촉진법 제9조 제1항 후단의 규정에 의한 전담조직이 승계하며, 전담조직이 승계하며, 전담조직이 승계한 국공립학교 교직원의 직무발명에 대한 특허권은 전담조직 소유로 한다."라고 하였다.

203 기술의 이전 및 사업화 촉진에 관한 법률 {일부개정 2009.5.21(법률 제9689호) 지식경제부} 제11조(공공연구기관의 기술이전·사업화 전담조직) ① 대통령령이 정하는 공공연구기관의 장은 공공연구기관에 기술이전·사업화에 관한 업무를 전담하는 조직(이하 "전담조직"이라 한다)을 설치하여야 한다. 이 경우 고등교육법 제3조의 규정에 따른 국립학교 및 공립학교(이하 "국·공립학교"라 한다)에 설치하는 전담조직은 법인으로 하여야 한다.

204 위 윤선희, 전게서, p.269. 정관설이라고 한다.

205 위 윤선희, 전게서 참조. 원래 정관에서 정하고 있는 회사의 목적은 주주를 보호하기 위해 회사와 그 거래 상대방 사이에 있어서 갖는 회사의 권리능력을 확정하는 것이다. 즉 정관목적은 회사와 종업원 사이의 권리관계를 조정하는 기능을 예정하는 것이 아니며 또한 그렇게 해석해야 할 합리적인 이유도 없다.

관련된 기술적인 전체 범위라고 본다.[206] 또한 국가의 업무범위는 발명자 공무원이 소속된 기관의 업무범위로 제한한다.[207]

대학의 업무범위에는 연구교수, 즉 강의를 하지 않고 연구만을 하는 교수가 발명한 것, 특정 연구과제에 대한 연구비를 받고 완성한 발명, 그리고 특정 연구목적을 위한 설비를 이용하여 완성된 발명을 모두 직무발명으로 인정한다.[208] 그러나 특정 연구과제에 연구비의 지원 없이 자신의 전공과 관련하여 완성한 발명, 외부 기업체의 연구개발을 의뢰받고 연구과제와 연구비를 지급받고 완성한 발명,[209] 기업체의 기술고문으로 재직 중 그 기술 분야에서 완성한 발명은 대학의 업무범위라고 볼 수 없다고 한다.

(3) 종업원의 현재 또는 과거의 직무에 속하는 것일 것

종업원이 사용자의 업무범위에서 직무상의 행위로 한 발명을 직무발명이라고 한다. 이때 종업원의 직무인지 아닌지를 판단하는 기본이념은 사용자와 종업원과 사이의 형평성에 있고 직무에 속하는가의 판단기준은 발명자인 종업원과 자금과 자재를 투자한 사용자 사이의 이익조정과 함께 발명자인 종업원에게 인센티브를 주는 것을 고려하여 정하여진다.[210] 현재 또는 과거의 직무에서 발명을 의도하지 않은 종업원이 부여받은 구체적인 과제를 수행하면서 발명한 것은 물론 이를 수행하는 과정에서 생기는 모든 행위에서 발명을 한 것을 말한다.[211]

---

206 위 윤선희, 전게서, p.269. 위 본문기재 이외에 1. 본래의 업무를 수행하기 위해서 필요한 직접 및 간접적인 것을 불문하고 기술적 문제를 해결하는 데 필요한 사업, 즉 연구사업까지도 포함하는 통설, 2. 정관기재의 목적에는 구속되지 않고 객관적으로 업무수행과 기술적인 관련성이 있는 범위라고 해석하는 설, 3. 기술적으로 전혀 다른 업무도 포함한다고 해석하는 설이 있다고 한다. 위 저자의 견해는 위 제2항의 설과 가장 가까운 것으로 보인다.

207 위 윤선희, 전게서, p.270 참조. 공무원의 직무발명과 관련하여 당해 직무발명이 소속기관의 업무범위에 속하는지 여부와 그 직무발명을 하게 된 행위가 발명자의 직무에 속하는지의 여부에 대한 의견을 기재하도록 한 공무원 직무발명의 처분관리 및 보상 등에 관한 규정 시행규칙 제2조 제2항 제3호의 규정 역시 이러한 태도의 반영이라고 본다.

208 위 윤선희, 전게서, p.284: 전통적인 견해는 대학의 직원인 교수가 학원연구나 실험의 결과 이루어 낸 발명과 관련하여서도 일반법인이나 국가기관에 속한 종업원의 발명행위와 같이 이해하는 것은 타당하지 않다고 여겨왔다.

209 위 윤선희, 전게서: 이 경우 완성된 발명에 대한 권리의 귀속문제는 대학교수와 연구개발을 의뢰한 외부 기업 간에 체결한 계약서에 의해 처리될 사안이므로 대학(사용자) 측의 관여가 배제되는 자유발명이라고 보아야 할 것이다. 다만 대학의 연구시설과 연구보조원 등을 이용한 경우라면 대학은 연구계약, 학칙, 교수의 직무발명규정 등에 따라 일부 권리를 주장할 수 있다.

그러나 문제는 교수가 대학의 연구시설과 연구보조원 등을 이용하여 발명을 한 경우에, 즉 계약이나 학칙 또는 직무발명규정이 없는 경우에, 대학이 교수의 발명에 대하여 가지는 권리가 있느냐, 만약 있다면 어느 정도이냐가 바로 직무발명에서 논의할 사항이라고 볼 수 있다. 저자 주.

210 中山, *注解特許法*, p.339.

211 윤선희, 전게서, p.294: 위 견해도 역시 종업원이 사용자의 자재와 설비 및 노동력을 이용하여 발명을 하였기 때문에 그 이익을 조정하여야 한다는 형평성설과 기본적으로는 같은 근거를 가지고 있다. Infra. **형평성설(equity)** 참조: 사용자가 자원 시간 그리고 장비를 통하여 발명을 하는 데 기여하였고 종업원의 발명이 사용자가 제공한 자원을 사용함으로써 발명을 하였다면 형평의 원칙상 사용자는 종업원의 발명을 사용할 수 있다고 본다. 이 입장이 United States v. Dubilier Condenser Corp., 289 U.S. 178, 17 USPQ 154(1933)에서 미연방대법원이 가장 강력하

(가) 직무에 속하는 것일 것

직무란 종업원 등이 사용자 등의 요구에 따라 사용자의 업무 일부를 담당하는 것을 말하고, 그 판단은 기술자의 지위, 급여, 직종 및 기업이 그 발명완성 과정에 관여한 정도 등의 사정과 같은 사용자와 종업원 사이의 구체적인 관계를 감안하여 개별적으로 한다.[212] 따라서 비록 종업원이 발명에 대한 구체적인 과제를 부여받지 않았지만 그 종업원이 담당하도록 정해진 직무내용 또는 책임범위가 당연히 발명을 할 것으로 예정되거나 기대되는 경우에는 직무발명에 속한다.[213] 더 나아가 종업원의 직무 또는 책임범위에 해당하지 않더라도 사용자가 객관적으로 직책범위로 기대하고 또한 사용자가 편의를 제공하는 등 도움을 받아 이루어진 발명도 직무범위에 속한다.[214]

그러나 단순히 회사의 사장이 모든 종업원에게 "21세기에 살아남기 위해서는 발명이 중요하다"라고 훈시를 한 결과 자기의 직무와 관계없는 영업적, 사무적, 기계적, 육체적 노동을 직무로 하고 있는 종업원이 발명을 하였을 경우까지 식무발멍으로 보지 않는다.[215]

따라서 사용자가 종업원에게 특정한 발명을 완성하라는 명령 내지 지시를 하였을 경우는 물론 비록 사용자의 구체적인 명령 또는 지시는 없었지만 발명을 한 종업원들이 회사의 연구소 또는 기타 기관에서 시험연구 등을 행하는 것을 직무로 하고 있었을 경우는 직무발명에 해당한다. 또한 일반관리직에 있는 종업원이 그가 담당하는 직무에 관한 사색행위의 결과로서 완성한 발명도 직무발명이라고 해석한다.[216]

게 지지한 이론이다.

212 위 中山, 전게서, p.339.

213 기대설: 대법원 1991.12.27. 선고 91후1113 판결: '발명을 하게 된 행위가 피용자 등의 현재 또는 과거의 업무에 속하는 것'이라 함은 피용자가 담당하는 직무내용과 책임범위로 보아 발명을 꾀하고 이를 수행하는 것이 당연히 **예정되거나 또는 기대되는 경우**를 뜻한다고 판시하여 종업원에 기대되는 것을 기준으로 하여 직무범위를 정하지만 다음의 일본국의 판례에서 보는 바와 같이 사용자를 기준으로 하여 객관적으로 정한다는 설시는 보이지 않는다. 저자 주. 더 나아가 그 사실관계를 보면, "악기회사의 공작과 기능직 사원으로 입사하여 회사를 퇴직할 때까지 공작과 내 여러 부서에 숙련공으로 근무하여 금형제작, 센터핀압입기제작, 치공구개발 등의 업무에 종사한 자가 피아노 부품의 하나인 플랜지의 구멍에 붓싱을 효과적으로 감입하는 장치를 고안한 경우 위 근무기간 중 위와 같은 고안을 시도하여 완성하려고 노력하는 것이 일반적으로 기대되므로 위 고안은 직무발명에 해당한다."고 판시하여 악기회사의 기능직 사원은 피아노의 부품을 개량하는 일이 직무범위에 당연히 해당한다고 본다.

214 변형된 기대설: 위 中山, 전게서, p.339. 大阪地判平 6.4.28. 判時 1542号115에 의하면 명시된 직책범위를 벗어나더라도 사용자에게 직책으로 기대되고 사용자가 편의를 제공하여 이루어진 발명행위는 직무에 속하는 발명으로 해석한다. 그 사실관계는 상품시험연구소장의 지위에서 발명한 경우에 그 발명을 하는 것이 원래의 직무로 명시되어 있지 않았고 자발적으로 발명을 완성한 경우에도 객관적인 견지에서 볼 때 발명을 하도록 노력하는 것이 일반적으로 **예정되거나 기대되고 또한 사용자가 편의를 제공하여 개발을 도와주는 등의 사정**이 있다면 이는 직무발명이 된다. 따라서 이 변형된 기대설은 위 대법원 1991.12.27. 선고 91후1113 판결(피아노플랜지 사건)과는 우선 직무범위를 설정하는 데 있어서 보다 넓게 인정한 것인데, 원래의 명시된 직무범위는 아니지만 사용자가 객관적으로 기대하는 직무범위로 인정되고 더 나아가 사용자가 편의를 제공하여 기술개발을 한 것이다. 즉 사용자의 편의제공이 직무범위를 인정하는 추가요건이 된다. 저자 주.

215 윤선희, 전게서, p.294.

216 윤선희, 전게서, p.295. 사용자로서는 시험연구원 이외의 자에 대해서도 그 담당하는 직무사항에 관한 개량에 대한 사색행위를 직무행위의 일부로 기대하는 일은 적지 않기 때문이라는 것이다.

이에 비하여 현업종업원(공원)이 그 담당하고 있는 일의 개량에 관하여 한 경우와 담당부문 또는 총무부문의 종업원이 우연히 착상해 완성한 경우에는 직무발명이 아니라고 한다.

그러나 생산 및 그 관련부문의 관리직에 있는 종업원 등이 그 담당하고 있는 직무에 관하여 한 경우에는 구체적인 사안마다 그 결론을 달리한다. 그 기준이 되는 것은 사용자가 종업원이 담당하는 직무사항에 관한 개량에 대한 사색행위를 직무행위의 일부로 기대하였는지가 된다.[217]

(나) 현재 또는 과거의 직무에 속할 것

직무란 종업원이 동일 기업 내에서 현재 담당하고 있는 직무는 물론 과거에 담당하였던 직무를 말한다. 그러나 발명을 완성한 시점에서는 사용자와 사이에 고용관계가 존속하는 중이어야 한다.[218] 따라서 종업원이 실질적으로는 퇴직 전에 발명을 완성하였으나 이를 비밀에 부치고 있다가 퇴직 후에 특허출원을 한 경우에는 직무발명이 된다.[219] 그러나 종업원이 퇴직 전의 직무에 속하는 발명을 퇴직 후 발명하였을 때는 직무발명이 아니다. 따라서 종업원이 전직에 있을 때 직무발명이 완성되기 직전 단계에 있었으나 그 발명을 발표하지 않고 있다가 퇴직 후, 곧 퇴직 전의 직무에 속하는 발명을 완성하여 이를 발표하였을 때에는 직무발명이 아니라고 한다.[220]

자원설은 종업원과 사용자의 발명에 대한 공동기여를 존중하기 때문에 발명이 과연 어느 정도의 단계에 있었는지를 중시하지 않는다.[221] 사용자의 실시권은 종업원과 사용자가 공동으로 기여한 행위와 자원이 합작한 데서 만들어지는 것으로서 사용자의 권리는 종업원이 ① 아이디어를 종업원이 급여 등의 보상을 받는 업무 시간 중에 개발하여, ② 발명의 실시례를 만들기 위해서 사용자의 시설을 사용하고 다른 종업원들의 시간을 사용하고, ③ 그 실시례를 사용자의 생산시설에 적용하여 보거나 또는 사용자로 하여금 적용하여 보도록 한 것을 말한다.[222]

따라서 종업원이 자신이 집에서 개인시간 중에 발명을 구상하고 실시를 하였지만 사용자

---

217 윤선희, 전게서, p.295.

218 대법원 1997.6.27. 선고 97도516 판결. 특허법 제39조 제1항에 의하면, 직무발명에 관한 통상실시권을 취득하게 되는 사용자는 그 피용자나 종업원이 직무발명을 완성할 당시의 사용자이고, 그에 따른 특허권의 등록이 그 이후에 이루어졌다고 하여 등록 당시의 사용자가 그 통상실시권을 취득하는 것은 아니라고 하여 발명이 완성된 시점에서 고용관계가 존재하고 있었느냐를 본다.

219 위 中山, 전게서, p.441. 발명의 실질적 완성이 재직 중에 되었던 경우에 이를 직무발명으로 본다. 그러나 발명이 실질적으로 완성되었다는 것을 무엇을 기준으로 인정할 것인지에 대해서는 아무런 설명이 없다. 저자 주.

220 윤선희, 전게서, p.296. 이 설은 퇴직 후 타 기업에 취직한 후의 발명은 전 기업과 새로운 기업과의 관계에서 종업원은 이중직무발명의 문제가 생기고, 또 종업원이 생계를 위협하기 때문에 직업선택의 자유를 박탈하는 결과를 초래하기 때문이라고 한다.

221 아이디어는 발명자의 구상에서부터 상업적 활용에 이르기까지 여러 가지의 단계를 거친다. 특허법은 발명개념을 가지는 것부터 발명의 실시에 이르기까지 여러 가지의 중간 단계를 가지는 것을 상정한다. 그러나 이러한 단계는 특허를 받을 목적에서는 결정적인 것이지만 사용자의 권리를 정하는 데는 그렇지 않다. Wommack v. Durham Pecan Co., Inc., 715 F.2d 962, 968, 219 USPQ 1153, 1159(5th Cir. 1983).

222 Chisum on Patents, §22.03 [3][b].

의 설비를 사용하여 발명이 상업적으로 유용한지를 시험하여 본 경우에도 사용자 실시권을 인정한다.[223] 그러나 연방교도소의 수감자가 자신의 발명을 영업비밀로 간직할 수 있는 것이었다면 이에 대한 사용자의 권리를 주장할 수 없다.[224] 또한 종업원이 자신의 집에서 개인시간에 발명을 실시하였다고 하여도 사용자가 이를 상업적으로 실시를 하여 종업원으로 하여금 이익을 보게 하였다면 사용자의 권리를 부정할 수 없다.[225] 원고가 독립계약자로서의 지위에 있다고 하더라도 피고가 장비를 개조하는 데 드는 비용의 일부를 원고 대신 부담하고 그 차액도 피고가 부담하겠다고 제안한 경우,[226] 비록 종업원이 개인시간에 아이디어를 구상하였다고 하여도 사용자가 이를 개발하는 데 상당한 투자를 한 경우,[227] 종업원이 사용자의 시설과 시간은 물론 종업원과 재료를 이용하여 발명을 완성하고 실시를 한 것이라면 발명을 구상한 시점이 고용 이전이라고 하더라도 사용자의 권리가 존재한다.[228] 심지어는 사용자의 시설을 사용하기 이전에 종업원이 특허출원을 하였더라도 사용자의 권리는 존재한다.[229]

종업원이 업무시간에 작업장에서 발견을 하였고 아무런 보상약정이 없이 사용자에게 아이디어를 제시한 경우,[230] 사용자가 종업원의 개발비용과 특허출원비용을 지급한 경우,[231] 사용자가 발명의 원형(Prototype)에 대하여 지급하였다면 종업원이 고용 이전에 발명개념을 구상하였다고 하여도 사용자의 권리가 있다.[232] 종업원이 집에서 도구를 발명하였어도 이를 실시하는 데 사용자의 자원을 사용하였고 이 도구는 사용자의 제작과정에서만 사용되는 것이라면 사용자의 권리가 있다.[233] 장비가 사용자의 업무시간에 완성되고 종업원이 사용료를 청구하기 이전에 상품이 시장에 출시된 경우,[234] 종업원이 사용자에게 장비를 제작하라고 권유한 경우,[235] 매니저인 종업원이 사용자에게 장비를 개발하라고 권유하고 비밀리에 특허를 받은 경우에는 사용자의 권리가 있다.[236] 종업원이 장비를 설계하기 위하여 고용된 경우,[237] 종업원이 개량을 위해서 고

223 Gill v. United States, 160 U.S. 426(1896).

224 Lariscey v. United States, 949 F.2d 1137, 20 USPQ2d 1845(Fed. Cir. 1991). 종업원의 표현되지 않은 보상에 대한 기대는 사용자의 권리를 무너뜨리지 않는다.

225 Wommack v. Durham Pecan Co., 715 F.2d 962, 219 USPQ 1153(5th Cir. 1983).

226 Francklyn v. Guilford Packing Co., 695 F.2d 1158, 217 USPQ 317(9th Cir. 1983).

227 Melin v. United States, 201 Ct. Cl. 748, 478 F.2d 1210, 178 USPQ 364(1973).

228 Logus Mfg. Corp. v. Nelson, 195 USPQ 566, 200 USPQ 570(E.D.N.Y. 1977).

229 Davis Harvester Co. v. Long Mfg. Co., 252 F. Supp. 989, 149 USPQ 420(E.D.N.C. 1966).

230 Wiles v. Union Wire Rope Corp., 134 F. Supp. 299, 107 USPQ 266(W.D. Mo. 1955).

231 Bowers v. Woodman, 59 F.2d 797, 14 USPQ 32(D. Mass. 1932).

232 Tin Decorating Co. of Baltimore v. Metal Package Corp., 29 F.2d 1006(S.D.N.Y. 1928).

233 Wiegand v. Dover Mfg. Co., 292 F. 255(N.D. Ohio 1923).

234 Callahan v. Capron Co., 280 F. 254(D. R.I. 1922).

235 Mix v. National Envelope Co., 244 F. 822(E.D. Pa. 1917).

236 Schmidt v. Central Foundry Co., 218 F. 466(D.N.J. 1914).

237 Herman v. Herman, 29 F. 92(S.D.N.Y. 1886).

용되고 발명적 천재성을 사용하기 위한 것이라면 사용자의 권리가 있다.[238]

종업원이 사용자의 도구를 사용하여 개량을 하였고 그의 발명을 사용하기를 갈망한 경우에 추가적인 보상은 사용료가 아니라 급여로 하기로 한 경우,[239] 종업원이 특허를 받을 수 있는 아이디어를 포함하는 기계를 제작하는 것을 감독한 경우,[240] 십장인 종업원이 사용자의 허락이 없이 사업장에 장비를 들여놓고 보상을 요구하지 않았고 사용자가 장비를 개발하는 비용을 지불한 경우,[241] 종업원이 기계류를 발명하기 위해서 고용된 경우,[242] 고용되기 이전에 발명이 되었고 특허를 받았지만 고용된 이후에 사용자의 비용으로 완성되고 실제로 사용할 수 있도록 된 것이라면 사용자의 권리가 있다.[243] 사용자가 종업원의 지식과 그의 동의를 받고 발명을 사용하였고 발명을 설치하는 과정에서 종업원이 감독을 한 경우,[244] 십장인 종업원이 사용자의 연장, 재료와 시간을 사용하여 자신의 장비를 사용자의 기계에 조립하여 사용한 경우에는 사용자의 권리가 있다.[245] 발명자가 계약상 사용자로서의 권리를 인정한 경우에는 그가 사용자의 시설을 사용하지 않았다고 하더라도 사용자로서의 권리가 있다.[246] 종업원이 집에서 아이디어를 구상하였지만 사용자의 자원을 사용하여 실물을 만든 경우,[247] 사용자가 발명개념을 개발하는 데 관여한 바가 없었어도 종업원이 사용료를 요구함이 없이 발명의 실시례를 여러 가지 사용자의 설비에 장치하는 데 동의한 경우와 사용자의 자원을 사용하여 실시례를 만드는 데 사용한 경우에도 사용자로서의 권리가 있다.[248]

미국의 판례법은 다음과 같은 경우에는 사용자에게 실시권이 없다고 한다. 종업원이 집에서 자기 시간에 모든 일을 한 경우에는 사용자로서의 권리가 없다.[249] 종업원이 다른 업무를 하던 중에 특허에 대한 아이디어를 가졌고 사용자에게 아이디어에 대한 이야기를 하였으나 사용자의 시간이나 자원을 사용하지는 않았고 사용자가 장비의 사용을 승낙하지 않았다면 사용자의 권리가 없다.[250] 종업원이 집에서 구상을 하였고 점심시간에 사용자의 설비를 최소한도로 사용

---

238 Bensley v. Northwestern Horse-Nail Co., 26 F. 250(N.D. Ill. 1886). 이 사건에서는 특허를 받을 권리가 누구에게 있느냐 하는 문제는 쟁점이 되지 않았다.

239 Jencks v. Langdon Mills, 27 F. 622(D. N.H. 1886).

240 American Tube-Works v. Bridgewater Iron Co., 26 F. 334(D. Mass. 1886).

241 Barry v. Crane Bros. Mfg. Co., 22 F. 396(N.D. Ill. 1884).

242 Whiting v. Graves, 29 F. Cas. 1059(No.17577)(D. Mass. 1878).

243 Wilkens v. Spafford, 29 F. Cas. 1242(No.17,659)(D. Mass. 1878).

244 Magoun v. New England Glass Co., 16 F. Cas. 483(No.8960)(D. Mass. 1877).

245 Chabot v. American Button-Hole & Overseaming Co., 5 F. Cas. 389(No.2567)(E.D. Pa. 1872).

246 Spellman v. Ruhde, 28 Wis. 2d 599, 137 N.W.2d 425, 147 USPQ 426(1965).

247 Kinkade v. New York Shipbuilding Corp., 21 N.J. 362, 122 A.2d 360, 109 USPQ 254, 61 A.L.R.2d 348(1956).

248 Hutton v. Omaha, 111 Neb. 850, 198 N.W. 146, 32 A.L.R. 1042(1924).

249 Gemco Engineering & Mfg. Co. v. Henderson, 151 Ohio St. 95, 84 N.E.2d 596, 80 USPQ 529(1949).

250 Massie v. Fruit Growers' Express Co., 31 F.2d 463, 1 USPQ 83(D. Del. 1929).

하여 개발한 경우에는 그 발명에 대한 사용자의 권리는 없다.[251] 종업원이 사용자의 시설을 아주 조금 사용한 데 불과하고 사용자가 아이디어에 대하여 사용료를 지급하기로 약정한 경우에는 사용자는 무상으로 발명을 사용할 수 없다.[252]

또한 종업원이 사용자에게 아무런 권리가 없다는 것을 적극적으로 주장하는 상황인 경우에도 사용자에게 실시권이 없다. 예컨대 사용자가 종업원에게 특허권을 포기하거나 무상으로 사용허락을 줄 것을 요구하였으나 종업원이 이를 계속 거절하여 온 경우,[253] 사용자와 사이에 이익분배에 대한 협상이 완료되어야 종업원이 아이디어를 공개하기로 한 경우에도 사용자에게 실시권이 없다.[254] 또한 사용자가 실시권을 포기하는 것을 전제로 하는 이익을 취하는 행위가 이루어진 경우, 즉 X, Y, Z가 공동으로 특허를 받았고 이 중에서 Z가 피고의 대표이사로서 종업원인 경우에 Z가 피고를 대신하여 특허권을 X와 Y가 조직한 회사에 양도하는 데 동의를 하였고 그 대신 피고는 X와 Y가 조직한 회사에게 좋은 조건에서 물품을 공급하기로 하고 기술개발비용을 회수하였다. 단, Z의 시간에 대한 비용회수는 하지 못한 경우에 피고회사는 사용자로서의 실시권이 없다.[255]

더 나아가 사용자의 실시권이 존재한다면 이와 모순되는 행위, 즉 특허권에 대하여 종업원에게 실시료를 지급할 묵시적 계약이 있다고 볼 수 없다.[256] 사용자가 명시적 약정을 이유로 종업원으로부터 특허권의 승계를 주장하다가 사용자의 실시권이 있다고 새로운 소송에서 주장할 수는 없다.[257] 사용자의 실시권은 사용자만이 종업원의 특허를 개인적으로만 사용할 수 있는 것이고 타인에게 승계되거나 양도될 수 없다.[258] 따라서 사용자의 실시권에 대한 사용허락(License)이 설정될 수 없고, 양도의 대상이 되는 조합의 자산에 속하지 않는다고 한다. 그러나 원래 사용자의 실시권을 가지고 있던 사업이 전체로서 양도되거나 타 법인에 인수되는 경우 또는 더 큰 회사에 합병되는 경우 및 법인화되는 경우에는 양도될 수 있다고 본다.[259]

---

251 Dewey v. American Stair Glide Corp., 557 S.W.2d 643, 200 USPQ 632(Mo. App. 1977).

252 Aero Bolt & Screw Co. v. Iaia, 180 Cal. App.2d 728, 5 Cal. Rptr. 53, 125 USPQ 545(1960).

253 Jamesbury Corp. v. Worcester Valve Co., 443 F.2d 205, 170 USPQ 177(1st Cir. 1971); Hobbs v. United States, 376 F.2d 488, 153 USPQ 378(5th Cir. 1967).

254 Ushakoff v. United States, 327 F.2d 669, 164 Ct. Cl. 455, 140 USPQ 341(1964).

255 Mechmetals Corp. v. Telex Computer Prod., Inc., 709 F.2d 1287, 219 USPQ 20(9th Cir. 1983).

256 Dorton v. Ashland Oil & Refining Co., 303 Ky. 279, 197 S.W.2d 274(1946).

257 John Mohr & Sons, Inc. v. Jahnke, 55 Wis.2d 402, 198 N.W.2d 363(1972).

258 이러한 해석이 세계적인 추세라고 한다. Hapgood v. Hewitt, 119 U.S. 226(1886); Francklyn v. Guilford Packing Co., 695 F.2d 1158, 217 USPQ 317(9th Cir. 1983); Tripp v. United States, 186 Ct. Cl. 872, 406 F.2d 1066, 1070, 157 USPQ 90, 161 USPQ 115(1969)(사용자의 권리는 사용허락될 수 없다); Kraatz v. Tieman, 79 F. 322(E.D. Mo. 1897), rev'd on other grounds, 85 F. 437(8th Cir. 1898)(사용자가 특허권에 대하여 가지는 묵시적 사용허락은 특허물품이 판매대상에 포함되어 있다고 하여도 파산관재인에 의한 사업재산의 판매와 함께 이전되지 않는다); Rowell v. Rowell, 122 Wis. 1, 99 N.W. 473(1904)(동업자의 특허를 사용할 수 있는 사용자의 권리는 판매대상이 되는 동업자산에 속하지 않는다).

259 Lane & Bodley Co. v. Locke, 150 U.S. 193(1893); Pursche v. Atlas Scraper & Engineering Co., 300 F.2d 467,

그러나 제3자가 종업원의 특허침해를 하는 침해장치를 만든 뒤에 침해를 회피하기 위해서 이 장치를 사용자에게 판매하고 사용자로부터 임대를 받아서 사용하는 형식을 취하기 위해서 사용자로부터 실시권을 양수한 행위는 무효이다.[260]

그러나 종업원이 실시권을 승계한 회사를 위해서 계속 일을 하고 있으면서 자신의 발명을 승계한 회사가 사용하는 것을 묵인하고 있는 경우에 최초의 실시권을 가지고 있는 사용자가 동업자가 되어서 승계한 법인을 설립한 경우에는 승계를 허용한다.[261] 따라서 실시권의 승계를 허용할 것이냐에 대해서는 승계한 회사가 최초에 실시권을 가지고 있는 사용자와 실체적으로 동일한 법인일 필요가 있다.[262]

사용자의 실시권에 대하여 보다 넓게 양도성을 허용하여야 한다고 보는 견해도 있다. 사용자의 실시권, 즉 무상의 통상실시권은 사업에 대한 완전한 영업양도가 영업신용과 함께 이루어진 경우에는 양도될 수 있다고 본다.[263] 따라서 사용자의 통상실시권은 일반적으로는 일신전속

485, 132 USPQ 104(9th Cir. 1961); Neon Signal Devices, Inc. v. Alpha-Claude Neon Corp., 54 F.2d 793, 12 USPQ 339(W.D. Pa. 1931).

이에 반대하는 이전의 판례는 Hapgood v. Hewitt, 119 U.S. 226(1886). Hapgood v. Hewitt 사건에서는 사업을 양수받은 사람에 대해서 사용자가 가지는 권리가 양도 가능한가 하는 문제에 대해서 제한적으로 보는 경우가 종례의 입장이었다. 종업원 E가 A라는 회사에 근무하는 동안 문제가 된 특허가 발급된 아이디어를 개발한 뒤 직장을 떠났다. A회사는 대표이사가 다른 주에 새로운 법인 B를 설립하면서 A회사를 해산한 다음 A회사의 모든 자산을 B회사에 양도했다. 그러나 A회사가 E의 특허에 대하여 가지는 사용자의 실시권은 B회사에 이전될 수 없다고 보았다.

260 Francklyn v. Guilford Packing Co., 695 F.2d 1158, 1162-63, 217 USPQ 317, 320(9th Cir. 1983). Guilford Packing이 전직 종업원인 Francklyn이 개발한 뒤 발급받은 특허권의 권리범위에 포함되는 장비에 대한 사용자의 실시권을 가지고 있었다. 제3자인 Lowman이 이 특허를 침해하는 장치를 만들었다. Lowman이 특허침해를 회피하기 위해서 Guilford의 사용자의 권리를 이용하기로 하고 Guilford Packing에게 판매할 물건을 만든 뒤 다시 임대(Lease)를 받았다. 그러나 특허침해를 회피하기 위해서 사용자의 실시권을 제3자에게 양도하여 준 행위는 무효이다.

261 Lane & Bodley Co. v. Locke, 150 U.S. 19(1893). Lane & Bodyley 사건에서는 종업원이 승계된 회사를 위해서 계속 일을 하고 있었고, 자신의 발명을 회사가 사용하는 것을 묵인한 것이다. 이렇게 사용자의 권리를 가진 회사가 사용자의 권리를 승계하고 종업원도 계속 고용되어 업무에 종사를 하는 경우에는 종업원이 발명에 대한 권리의 양도를 금지할 수 있는 권리의 행사를 보류(Waive)하였다고 보아야 한다. 위 Hapgood 판례에서는 사용자의 권리를 가진 법인이 해산되고 그와 연고권이 있는 사람이 다시 법인을 설립한 경우이지만, 이 사건은 최초의 사용자가 동업자가 되어서 후일 법인을 설립했다. 이러한 경우에 사용자의 실시권은 설립된 법인에도 이전된다고 보았다.

262 Lane & Bodley Co. v. Locke, 150 U.S. 19(1893). 그러나 이 법원의 판결은 매우 제한적으로 해석하여야만 한다. 첫째, 사업체의 소유권에 있어서는 아무런 실체적인 변화가 없이 사업의 형태만 단순히 변경된 것이고, 둘째, 문제가 된 종업원이 적어도 양수받은 사업체에서 상당한 기간 동안 일을 계속하였다는 점이다.

263 California Eastern Laboratories Inc. v. Gould, 896 F.2d 400, 401, 402, 13 USPQ2d 1984, 1985(9th Cir. 1990)(사용자의 권리는 구입자가 판매한 자의 자산을 여러 자회사에 분산하더라도 사업의 구매와 동시에 이전된다); PPG Indus., Inc. v. Guardian Indus. Corp., 428 F. Supp. 789, 196 USPQ 359(N.D. Ohio, 1977)(사용자의 통상실시권은 일신전속적인 것이고 양도할 수 없으나, 회사합병에 의하여 소멸하는 회사에서 존속하는 회사로 이전된다); Papazian v. American Steel & Wire Co. of N.J., 155 F. Supp. 111, 115 USPQ 333(N.D. Ohio, 1957)(합병으로 사용자의 통상실시권이 이전된다); Neon Signal Devices, Inc. v. Alpha-Claude Neon Corp., 54 F.2d 793, 12 USPQ 339(W.D. Pa. 1931) ; McKinnon Chain Co. v. American Chain Co., 259 F. 873(M.D. Pa. 1919), aff'd on other grounds, 268 F. 353(3d Cir. 1920)(사용자의 통상실시권은 사업체 전체와 원래 주인의 영업신용이 함께 이전하는 경우에는 이전된다); Wilson v. J. G. Wilson Corp., 241 F. 494(E.D. Va. 1917)(통상실시권을 가진 회사가 새로운 회사로 합병되어 새로운 회사가 영업을 계속하였다. 6개월 이후에 발명자가 이 회사를 그만두고 경

적인 것이고 양도할 수 없으나, 회사합병에 의하여 소멸하는 회사에서 존속하는 회사로 이전된다. 따라서 사용자의 통상실시권을 가진 회사 A가 새로운 회사로 합병되어 새로운 회사 B가 영업을 계속한 6개월 이후에 발명자가 이 회사를 그만두고 경쟁회사 C에게 특허권을 사용허락하여 준 경우에 C회사는 B회사에 대하여 침해책임을 물을 수 없다고 본다.

다. 사용자의 권리

종업원의 발명에 대하여 사용자가 받는 것은 통상실시권이다.[264] 따라서 종업원은 특허에 대한 완전한 소유권을 가지고 있어 다른 사람에게 사용허락을 해 줄 수도 있다. 그러나 종업원은 예외적으로 사용자에게 전용실시권을 설정하여 줄 수도 있다. New Jersey 법원이 사용자인 회사에게 전용실시권을 허락한 경우가 바로 그것이다.[265] 그러나 이 판례는 특별히 예외적인 경우인데 발명자인 종업원 A가 바로 회사의 대표이사였고, A는 자신의 특허와 밀접하게 관련된 사업을 하기 위해서 회사를 설립하였다. 신의성실의 원칙에 기해서 특허에 있는 완전한 권리를 양도하라고 명령하는 대신 법원은 종업원 A의 특허에 대하여 회사에게 전용실시권을 설정하여 주었다.[266]

사용자의 통상실시권은 당사자들이 이와 다르게 약정하지 않는 한 특허의 만료기간까지 존속한다.[267] 이 권리는 무상으로서 특허권자에 의해서 설정이 취소될 수 없다. 이는 사용자의 통상실시권이 종업원의 의사에 의한 것이 아니고 법의 규정에 의하여 설정되기 때문이다.[268] 이것은 종업원이 발명을 하자마자 사용자에게 발생하고 그 후 종업원이 발명에 대하여 특허를 출원하였는지 또는 특허가 발급되었는지 아무런 관련이 없이 존재하며, 특허장치가 실제로 사용된 시점과도 아무런 관련이 없다.[269]

쟁회사에게 특허권을 사용허락하여 주었다. 새로운 회사는 단지 전 회사를 계속하는 것이므로 통상실시권을 가진다. 특허는 사업에 필수적인 것으로서 만약 실시권이 이전되지 않는다고 하면 이는 사기이다); Schmidt v. Central Foundary Co., 218 F. 466(D.N.J. 1914)(파산한 경우에 사용자의 통상실시권은 단지 기업관리만을 해 주는 파산관재인에게는 이전된다).

264 United States v. Dubilier Condenser Corp., 289 U.S. 178, 17 USPQ 154(1933).

265 Eustis Mfg. Co. v. Eustis, 51 N.J. Eq. 565, 27 A. 439(1893). 회사의 이사가 회사에 대하여 지는 신의성실의 원칙(Fiduciary duty)에 기해서 특허에 있는 완전한 권리를 양도하라고 명령하는 대신에 New Jersey 법원은 종업원 A의 특허에 대하여 사용자인 회사에게 전용실시권을 설정하여 주었다.

266 Eustis Mfg. Co. v. Eustis, 51 N.J. Eq. 565, 27 A. 439(1893). 이러한 전용실시권은 완전한 소유권과는 다르다. 왜냐하면 특허를 사용허락하여도 이를 양도할 수 없는 것이고, 회사가 해산되면서 사용허락 기간이 종료되는 것으로 보기 때문이다.

267 Wiegand v. Dover Mfg. Co., 292 F. 255(N.D. Ohio 1923)(사용자의 통상실시권은 특허권의 만료 시점까지 존재한다); Fuller & Johnson Mfg. Co. v. Bartlett, 68 Wis. 73, 31 N.W. 747(1887)(사용자의 통상실시권은 무상으로, 영구히, 어느 곳에서나 발명을 만들고 판매할 수 있다).

268 Thompson v. American Tobacco Co., 174 F.2d 773, 81 USPQ 323(4th Cir. 1949).

269 Wellington Print Works, Inc. v. Magid, 242 F. Supp. 614(E.D. Pa. 1965)(사용자의 실시권은 발명을 만드는 즉시

이 권리가 인정되기 시작한 19세기 말경에는 좁은 범위만이 인정되었다. 사용자의 실시권(Shop right)이라는 말자체가 사용자는 발명을 자신의 점포(Shop)에서만 사용할 수 있고 발명을 체화한 특정한 기계에 한정되며 그것도 발명자의 고용이 종료되기 이전에 사용자가 작동을 시작한 기계에 제한되었다.[270] 그러나 기술이 빠르게 발전되는 분야에서 발명에 대한 사용권이 특정 기계에만 한정된다면 그 사용권의 가치는 거의 없다. 또한 발명에 대한 사용권은 기계에 대한 사용권과는 다른 것이다.[271]

따라서 사용자의 실시권에 의하여 발명을 사용할 수 있는 범위가 보다 넓혀졌다. 즉 사용자의 실시권이 발생한 상황에 비추어서 사용범위가 정해지고 이는 발명을 만드는 데 있어서 소요된 자금과 관련된 사용자와 종업원과 사이의 관계와 행위에 의해서 결정된다. 아울러 종업원이 묵시적으로 동의한 상황이냐 아니면 종업원이 강제로 동의할 수밖에 없었느냐를 고려한다.[272]

이에 따라서 사용자의 실시권이 가장 넓게 인정되는 것으로는 특허된 기계를 재생산하여 무제한으로 사업 내에서 사용할 수 있도록 하지만,[273] 일정한 경우에는 제한하기도 한다. 즉 특허가 발급되기 이전까지 작동되고 있던 기계로서 통상의 수명의 범위에서 수선하여 사용을 할 수 있는 정도로 제한하거나,[274] 특허된 기술을 발명한 회사와 계약한 프로젝트에 제한하여 사용할 수 있도록 한다.[275]

또한 사용자의 권리는 발명의 실시례를 사용할 수 있는 권리뿐만 아니라 자신의 사업에서 유사한 기계를 사용할 필요가 있는 경우에 종종 그것에 부착하기 위해서 발명을 복제할 권리도 포함한다.[276] 또한 특정 제품을 사용할 권리를 가진 사용자는 그 제품을 자신이 직접 만들 필요는 없고 타인이 만든 것을 취득하여 사용할 수도 있다.[277]

사용자가 실시권에 의하여 가지는 권리범위는 모든 전체적 상황을 형평성에 비추어 고려한다. 즉 사업자의 사업의 성격, 발명의 성격, 발명을 만든 상황 및 사용자와 종업원 사이의 관계를 맺은 상황, 그리고 양 당사자의 행위와 의도를 종합적으로 본다.[278] 또한 특히 그 사용자의 실시권이 발생한 최초의 상황을 참작한다. 만약 종업원이 새로운 연장을 발명하였으나 상업

사용자에게 이전된다).

270 City of Boston v. Allen, 91 F. 248(1st Cir. 1898); Ross v. Montana Union Ry. Co., 45 F. 424(D. Mont. 1890); American Tube-Works v. Bridgewater Iron Co., 26 F. 334(D. Mass. 1886); Barry v. Crane Bros. Mfg. Co., 22 F. 396(N.D. Ill. 1884); Magoun v. New England Glass Co., 16 F. Cas. 483(No. 8960)(D. Mass. 1877).

271 Tin Decorating Co. of Baltimore v. Metal Package Corp., 29 F.2d 1006(S.D.N.Y. 1928).

272 Tin Decorating Co. of Baltimore v. Metal Package Corp., 29 F.2d 1006(S.D.N.Y. 1928).

273 Thompson v. American Tobacco Co., 174 F.2d 773, 81 USPQ 323(4th Cir. 1949).

274 Kierulff v. Metropolitan Stevedore Co., 315 F.2d 839(9th Cir. 1963).

275 Aetna-Standard Engineering Co. v. Rowland, 493 A.2d 1375, 1377, 228 USPQ 292, 293(Pa. Super. Ct. 1985).

276 United States v. Dubilier Condenser Corp., 289 U.S. 178, 17 USPQ 154(1933).

277 Schmidt v. Central Foundry Co., 218 F. 466(D.N.J. 1914).

278 Flannery Bolt Co. v. Flannery, 86 F.2d 43, 44, 31 USPQ 27, 28(3d Cir. 1936).

적으로 판매를 하지 않은 경우에는 사용자는 그 연장을 사용할 수는 있지만 판매용으로 그 연장을 만들 수는 없다. 더 나아가 사용자의 권리는 새로운 영업분야로 연장될 수는 없고 종업원의 고용기간이 종료된 이후에 알려진 새로운 용도로 사용할 수는 없다.[279]

라. 종업원의 보상청구권

계약이나 근무규정에 의하여 종업원이 직무발명에 대하여 특허를 받을 수 있는 권리를 사용자에게 승계하게 하거나 전용실시권을 설정한 경우에는 정당한 보상을 받을 권리를 가진다.[280] 종업원이 정당한 보상을 지급받을 수 있는 권리에 대한 발명진흥법의 규정은 경제적 약자인 종업원을 보호하기 위한 규정으로 강행규정이다. 그러므로 사용자 등이 보상금청구권을 부인하거나 지급을 거절 또는 유보시키는 계약은 무효이고,[281] 계약 또는 근무규정에 보상금 지급에 관한 규정이 없는 경우에도 종업원은 발명진흥법 소정의 규정에 의하여 보상금청구권을 취득한다.[282]

마. 보상액

직무발명에 대한 보상액을 보면,[283] 다른 회사에 직무발명 실시허락을 하여 받은 실시료

---

279 Chisum on Patents, §22.03 [3][e]-Scope and Duration. 만약 그렇지 않다면 종업원은 사용자의 사용을 묵인하지 않았음이 분명하기 때문이다.

280 위 발명진흥법 제15조(직무발명에 대한 보상): ① 종업원 등은 직무발명에 대하여 특허 등을 받을 수 있는 권리나 특허권 등을 계약이나 근무규정에 따라 사용자 등에게 승계하게 하거나 전용실시권을 설정한 경우에는 정당한 보상을 받을 권리를 가진다.

위 조항은 과거 특허법 제40조 제1항(발명완성 전의 예약 승계에 의한 특허권 및 전용실시권)으로서, '종업원이 한 직무발명에 대하여 미리 특허를 받을 권리를 사용자에게 승계시키는 예약승계의 경우나 전용실시권 설정계약 또는 근무규정이 있는 경우에는 특허권 또는 전용실시권을 사용자가 취득할 수 있다. 이러한 경우 사용자는 발명자에게 정당한 보상을 하여야 한다.'는 조항에서 예약승계라는 문구를 삭제한 것이다. 아직 발명이 만들어지기 이전에 권리의 양도가 이루어지면 이는 장래에 발생할 권리를 양도한 것으로서 유효하다고 보고 있으므로 굳이 예약이라는 문구를 사용할 필요가 없어서 삭제한 것으로 보인다. 저자 주.

281 특허등록 이전에 보상하지 않는다는 근무규정의 유효성에 대하여(서울지법 2003.7.3. 선고 2003가합3727호): 종업원은 특허법 제40조 제1항에 의하여 정당한 보상을 받을 권리를 가지고 있으므로(저자 설명 〈본문〉 사용자가 '특허권'을 승계받아 처분하는 경우뿐만 아니라 '특허를 받을 수 있는 권리'를 승계한 다음 그 직무발명에 대하여 전용실시 또는 통상실시를 내용으로 하는 계약을 체결하는 등으로 이를 처분하는 경우에도 발명자인 종업원은 사용자에 대하여 정당한 보상을 청구할 수 있는 것이고, 이러한 특정에 위반되는 근무규정은 무효라고 할 것인바, 피고의 직무보상규정 중 처분보상 조항이 '등록된 특허'의 처분을 전제로 함으로써 '피고가 원고를 비롯한 이 사건 발명의 발명자들로부터 이 사건 발명에 대하여 특허받을 수 있는 권리를 이미 승계받아 특허출원까지 마치고 나아가 그 승계받은 권리에 기하여 이 사건 발명에 대한 전용실시계약인 이 사건 라이선스 계약을 체결하여 이익을 얻었음에도 특허등록되기 이전에는 보상의무가 없다'는 취지의 규정이라면 위 조항은 특허법 제40조 제1항에 위반되어 무효라고 할 것이므로, 원고는 이 사건 특허가 등록되지 않았더라도 특허법 제40조 제1항에 의하여 피고에게 정당한 보상금의 지급을 청구할 수 있고, 따라서 피고의 이 부분 주장은 이유 없다.

282 윤선희, 전게서, p.301.

283 윤선희, 전게서, p.313에서 재인용 ① 타사에 실시허락을 하여 실시료를 얻은 경우의 보상액(東京地栽 1983.9.28).

피고회사의 직무발명 규정에 의한 본건 고안자가 받아야 하는 실시보상금액은 피고가 수령한 기술협력비의 5%

중에서 5% 상당을 발명을 한 종업원의 기여로 인정하거나, 자기 회사가 발명을 사용한 경우에는 회사의 총 매출액의 2%가 실시료라고 보고 그중에서 종업원 발명자의 기여도를 10%로 인정한 사례가 있다.[284]

V. 발명을 위한 고용

1. 종업원의 발명능력

발명자가 발명에 대한 모든 권리를 원시적으로 취득한다는 원칙을 '발명자주의'라고 한다. 이 발명자주의는 타인에게 고용된 발명자에게도 적용된다. 이렇게 발명자주의를 취하는 이유는 발명자에게 발명에 대한 유인, 즉 경제적 보상을 해 주는 것이다.[285] 따라서 일단 발명자가 자신의 발명에 대하여 경제적 보상을 일부라도 받았다면 발명자주의는 그 목적이 달성된 것으로, 그 원칙을 고수할 근거가 상실된다.[286]

가 상당하다고 인정되고, 위 실적보상금에 대한 다른 2명의 기여율과 비교하여 원고의 기여율은 70%라고 인정된다. 이 사건에서 피고기업은 실용신안권을 다른 회사에 실시허락함으로써 타사로부터 약 2억 4천만 엔의 기술협력비를 지급받았으며, 이에 근거해서 피고 기업이 고안자인 원고에게 지급해야 하는 실적보상금은 약 840만 엔이라고 판시하였다.

284 윤선희, 전게서, p.313에서 재인용 ② 지사의 실시에 의한 경우의 보상액(東京地裁 1983.12.23).

피고회사가 본건 발명을 스스로 실시하지 않고 제3자에게 실시허락하여 시계밴드재료와 공업재료를 제조하여 판매했다고 가정하면 위 제3자는 적어도 피고와 동액의 매출액을 얻을 수 있다고 추인할 수 있으며, 또한 그 실시료율은 매출액의 2%에 상당한다고 인정되기 때문에 시계밴드재료와 공업재료의 판매에 의해 얻어진 매출액의 100분의 2를 곱하여 얻어지는 6,000만 엔을 본건 발명에 대해 피고가 그 실시를 배타적으로 독점할 수 있는 지위를 얻는 것에 의해 받게 된다고 예상되는 이익이라고 추인할 수 있다. 그리고 동 발명에 대해 피고가 공헌한 정도 등 기타 제반사정을 고려하면 발명자가 피고에 대해 특허를 받을 권리를 양도한 것에 대한 대가는 위 6,000만 엔의 총 10% 정도에 해당하는 금액으로 하는 것이 알맞으며, 원고들은 위 대가액 중 각 25%를 지불받을 권리를 가지므로 각 150만 엔의 대가 청구권을 가진다고 볼 수 있다.

285 Ward S. Bowman Jr., Patent and Antitrust Law 2-3(1973)(특허법의 목적은 새롭고 더 나은 상품을 생산하기 위해서 발명을 격려하는 것이다); F.M. Scherer, Industrial Market Structure and Economic Performance 440(Edward Jaffe et al. eds., 2d ed. 1980)(발명을 증진하는 것을 특허를 발급하는 3가지 이유 중의 하나로 본다); John S. McGee, Patent Exploitation: Some Economic and Legal Problems, 9 J.L. & Econ., 135, 135-36(1966)(특허는 발명적 행위를 고무하는 것이다).

286 임호 저, 특허법 p.5, 법문사, 2003. 특허가 발명자에게 권리를 주는 이유는, 첫째, 발명자에게 경제적 유인을 제공하여 새로운 발명을 하도록 유도하고, 이렇게 만들어진 발명을 널리 공개함으로써 일반대중의 영역에 새로운 기술지식을 추가하며, 둘째, 특허발명을 상업화할 수 있도록 조사와 연구(R & D)에 대한 투자를 보장하여 주는 데 있다. 경제학자들은 특허가 가지는 경제적 기능이 적어도 4가지가 있다고 본다. ① 유인, ② 동기부여와 상업화, ③ 공개촉진, ④ 장래의 발명에 대한 효율적 개발이 그것이다. Roberto Mazzoleni & Richard R. Nelson, The Benefits and Costs of Strong Patent Protection: A Contribution to the Current Debate, 27 Res. Pol'y 273, 274-300(1998). 그러나 법학자들은 위 목적 중에서 두 가지 목적, 즉 유인과 공개를 든다. Eldred v. Ashcroft, 537 U.S. 186, 226-27(2003)(Stevens, J., dissenting); Pfaff v. Wells Elecs., Inc., 525 U.S. 55, 63(1998).

사용자와 종업원 사이에 고용계약을 체결하면서 종업원이 발명을 할 능력이 있다는 것을 참작하여 임금이나 보수 또는 기타의 방법으로 보상을 한 경우에는 앞에서 본 바와 같은 직무발명의 이론을 그대로 적용할 수는 없다. 이는 발명에 대한 대가를 임금이나 보수라는 형식으로 미리 지불한 사용자로서는 종업원의 발명의 실패에 대한 위험을 부담하였기 때문에 발명자가 고용계약의 결과물로서 발생한 발명에 대하여 모든 권리를 가진다는 것은 부당하다.[287]

사용자와 종업원과 사이에 명시적인 양도약정이 있다면 그 약정의 해석에 따르면 될 것이지만 문제는 그러한 명시적 약정이 없는 경우에 특허받을 권리를 사용자에게 이전하는 것에 대한 묵시적 합의는 있었다고 보아야 할 것인지에 대한 고찰이 필요하다.[288] 우리나라에는 판례는 물론 학자들도 이에 대하여 논의하고 있는 경우가 거의 없다.

미국의 판례법을 참고하면 이 사건과 같은 경우에는 발명자주의 원칙 적용의 예외로서 '발명을 위한 고용(Hire to invent) 이론을 적용하여 사용자에게 특허를 받을 권리가 묵시적으로 이전되었다고 본다.

2. 명시적 약정

종업원이 사용자와 고용계약을 체결하면서 그 발명에 대한 권리를 사용자에게 귀속시키기로 약정을 할 수도 있다.[289] 따라서 종업원이 발명자인 경우에는 사용자와 종업원 사이에 발명에 대한 명시적인 약정이 있다면 그에 따른다고 보는 것에는 별다른 문제가 없다.[290]

사적 자치, 즉 명시적 약정에 의하여 사용자의 '특허를 받을 권리'의 승계를 받은 것은 발명자주의의 원칙에 대한 예외이다.[291] 그러나 직무발명에 의하여 사용자가 통상실시권을 가지

---

287 Chisum §22.03 [2].

288 대법원 2011.7.28. 선고 2010도12834 판결: (전략) 종업원의 의사가 명시적으로 표시되거나 혹은 묵시적 의사를 추인할 수 있는 명백한 사정이 인정되는 경우 이외에는 직무발명에 대하여 특허 등을 받을 권리나 특허권 등을 사용자 등에게 승계시키는 합의가 성립되었다고 쉽게 인정할 수 없다.

289 Lariscey v. United States, 949 F.2d 1137, 1144, 20 USPQ2d 1845, 1850(Fed. Cir. 1991), judgment vacated, opinion withdrawn on grant of reh'g, 962 F.2d 1047(fed. Cir. 1992), on reh'g, 981 F.2d 1244(Fed. Cir. 1992)(발명이 고용의 범위와 목적에 해당하지 않는 한, 계약상 다른 약정이 없다면 종업원의 독립적인 발명은 종업원에게 속한다는 것이 일반원칙이다).

290 위 발명진흥법 제10조 제3항은 '직무발명 외의 종업원 등의 발명에 대하여 미리 사용자 등에게 특허 등을 받을 권리나 특허권 등을 승계시키거나 사용자 등을 위하여 전용실시권을 설정하도록 하는 계약이나 근무규정의 조항은 무효로 한다.'고 규정함으로써 그 반대해석으로서 직무발명에 대하여 특허와 관련된 권리의 취득이나 승계에 관하여 하는 계약이나 근무규정은 유효하다고 해석된다.

University Patents Inc. v. Kligman, 762 F. Supp. 1212, 1221, 20 USPQ2d 1401, 1407(E.D. Pa. 1991)(대학에서 종업원에 대한 근무규칙(Handbook)에 기재된 특허지침(Patent policy)은 교수진이 특허를 받을 권리를 대학 측에게 양도하기로 묵시적으로 약정한 것이라고 볼 수는 없다).

291 United States v. Dubilier Condenser Corp., 289 U.S. 178 at 187-188(1933).

는 경우와 종업원이 사용자에게 특허를 받을 권리를 양도한 것은 명확하게 구별하여야 한다.[292] 직무발명은 종업원이 고용관계하에서 사용자의 설비와 자원을 활용하여 발명을 한 경우에 형평상 사용자에게 통상실시권을 주는 것뿐이다.[293]

사용자는 종업원과의 명시적인 약정에 의하여 직무발명에 대한 특허를 받을 권리를 승계받을 수 있음은 물론 전용실시권을 설정받거나,[294] 발명진흥법에 의한 직무발명이 허용하는 통상실시권의 범위를 보다 확장하거나 제한할 수도 있다.[295]

그러나 고용계약에 발명의 특허를 받을 권리의 귀속이나 사용자의 실시권의 존부 및 그 범위에 대하여 아무런 명시적인 조항이 없으면 직무발명에 관한 모든 사정을 종합하고 다음에서 설명하는 묵시적 승계이론 및 해석론에 의하여 통상실시권의 권리범위를 정하여야 할 것이다.

---

292 Hapgood v. Hewitt, 119 U.S. 226(1886). 어떤 발명자가 쟁기를 만드는 회사에 채용신청을 하면서 자신은 쟁기를 개량하는 능력이 있다고 하자 그 회사는 발명자를 쟁기를 개량하는 분야에 채용하였다. 1년 후에 이 발명자가 공장장으로 승진되면서 회사의 주식도 구입했다. 후일 회사의 임원이 이 발명자에게 목재보다 훨씬 유용한 금속재료를 가지고 쟁기를 만들라고 요청하였고 발명자는 이를 만드는 데 성공함으로써 회사는 이 쟁기를 판매하였다. 회사와 발명자와 사이에 고용관계가 종료하자 1878년 발명자가 특허를 발급받았고 이어서 1880년 쟁기회사가 파산하자 파산된 회사의 모든 자산이 새로이 설립된 회사에 이전되었다. 이러한 경우에 발명자는 쟁기회사에 자신의 발명에 대하여 특허를 받을 권리를 양도한 사실이 없고 만약 있다면 이 발명에 대한 묵시적인 사용허락일 뿐이다. 그러나 이러한 사용허락은 양도할 수 없는 성질의 것으로서 쟁기회사가 파산함으로써 이 권리는 소멸된 것이다. 파산한 쟁기회사의 청산인이 발명자를 상대로 두 가지 소송을 제기했다. 첫째, 발명자에게 새로이 설립된 회사에게 특허권을 양도하고, 둘째, 발명자가 특허권을 집행하지 못하도록 하는 것이었다. 그러나 항소법원은 원고의 주장을 받아들이지 않았고 미연방대법원도 이를 인용했다.

293 United States v. Dubilier Condenser Corp., 289 U.S. 178 at 187-188(1933). 사용자에게 발명을 사용할 수 있는 권리를 주는 이유는 발명을 하는 행위의 성격에 달려 있다. 발명이라는 행위의 성격을 인식하는 것은 사용자로서 가지는 권리에 대한 한계를 짓는 것이기도 하다. 즉 종업원이 업무시간 중에 사용자의 자료와 장비를 가지고 발명을 구상하고 완성하여 특허를 받으면 그 사용자에게 발명을 실시할 수 있는 통상실시권을 주어야 한다는 것이다. 이는 일종의 형평법상의 요청에 의한 것으로서 종업원이 사용자의 시간, 장비 그리고 재료를 사용함으로 인하여 구체적인 결과를 얻었고 사용자는 형평법상 자신의 재산을 체화한 것을 사용할 권리가 있다는 것이다. 또한 사업상 유사한 설비를 사용할 필요가 있을 경우에 그 설비를 복제할 수 있다는 것이다. 그러나 종업원에게 그 발명을 양도하여 달라고 요구할 형평법상의 권리는 없다. 왜냐하면 발명이라는 것은 종업원이 혼자서 구상을 한 것이고 그 과정에서 사용자가 한 일이라고는 없다. 그 때문에 발명을 구상한 자에게 재산적 권리와 특허권을 주고 사용자를 제외한 모든 다른 사람들로 하여금 이익을 얻는 것을 금지하게 하는 것이다.

294 윤선희, 전게서, p.688. 직무발명에 대한 통상실시권의 범위는 특허발명의 전 기간, 전 범위 내에서 그 특허발명을 업으로 실시할 수 있다고 본다. 그런데 특허법 제102조 제2항은 '통상실시권자는 이 법의 규정에 의하여 또는 설정행위로 정한 범위안에서 업으로서 그 특허발명을 실시할 수 있는 권리를 가진다〈개정 1993.12.10.〉.'고 정하고 있어서 법의 규정이나 설정행위로 정한 범위가 없는 경우에 사용자에게 주어진 실시범위가 어느 정도인지가 문제가 된다. 그러나 사용자의 실시권이 무상의 통상실시권으로서 형평에 의하여 사용자에게 부여된 것인만큼 특허발명의 전 기간, 전 범위에서 주어진다고 하면 부당하게 종업원의 권리를 침해하는 것이다. 따라서 본문에서 본 바와 같이 전체적 상황과 최초의 상황 등 모든 상황을 종합하여 발명이 만들어졌을 당시에 당사자 사이에 묵시적으로 합의한 것이 어떠한 것이었나를 고려하여 그 범위를 정하는 것이 형평의 원칙에 부합할 것으로 보인다. 저자 주.

295 발명진흥법 제10조 제3항은 '직무발명 외의 종업원 등의 발명에 대하여 미리 사용자 등에게 특허 등을 받을 권리나 특허권 등을 승계시키거나 사용자 등을 위하여 전용실시권을 설정하도록 하는 계약이나 근무규정의 조항은 무효로 한다.'라고 규정하고 있다. 따라서 직무발명에 대해서는 특허를 받을 권리나 특허권을 승계시키거나 사용자를 위하여 전용실시권을 설정하도록 하는 계약은 유효하다고 보아야 한다. 또한 사적 자치의 원칙상 계약이나 근무규정에서 사용자의 권리의 범위를 특허법상의 통상실시권의 범위보다 넓게 혹은 좁게 규정할 수 있다고 보아 계약이나 근무규정이 발명진흥법 소정의 직무발명에 대한 사용자의 통상실시권에 우선하여 적용된다고 해석할 수 있을 것이다. 저자 주.

그러나 종업원 발명에 대하여 아무런 명문의 조항이 없고 단지 일반적으로 종업원을 고용한 것에 불과한 때에는 사용자는 종업원이 한 발명에 대하여 아무런 권리를 가질 수 없고 이를 취득하기 위해서는 사용자는 종업원과의 사이에 명시적으로 약정을 하여야만 한다.[296]

그러나 고용계약에 발명에 대한 이러한 명시적인 약정이라고 하더라도 직무발명 외의 종업원의 발명에 대하여 미리 사용자에게 특허를 받을 권리나 특허권을 승계시키거나 사용자를 위하여 전용실시권을 설정하도록 하는 계약이나 근무규정의 조항은 무효로 한다. 따라서 직무발명 이외의 종업원의 발명에 대해서는 발명자의 창의력을 높인다는 특허법의 목적이 사적 자치에 가치를 두는 계약법에 우선하여 적용된다.[297]

3. 묵시적 승계

명시적 약정은 없지만 종업원이 발명에 대한 특허를 받을 권리를 사용자에게 양도한 것으로 볼 필요가 있는 경우도 있다.[298] 대법원은 사용자에게 종업원의 발명에 대한 특허를 받을 권리를 부여하기로 하는 사정이 있는 경우에는 그 승계에 대한 묵시적 합의가 있다고 본다.[299] 그러나 과연 어떠한 경우에 그 묵시적 승계에 관한 합의가 있었느냐에 대해서는 참조할 아무것도 없다. 다만 이에 대한 판례를 쌓아 온 미국의 판례법을 개관하여 봄으로써 그 해석의 참고로 삼는다.

4. 미국의 판례법

미국판례법의 흐름은, 처음부터 사용자가 발명을 할 것을 염두에 두고 종업원을 고용하였

296 그러나 위 발명진흥법 제10조 제3항에 의하면 직무발명 외의 종업원의 발명에 대하여 미리 사용자에게 특허를 받을 권리나 특허권을 승계시키거나 사용자를 위하여 전용실시권을 설정하도록 하는 계약이나 근무규정의 조항은 무효로 하기 때문에 이를 유의하여야 한다.

297 Chisum §22.03 [2]. 누구에게 발명에 대한 권리를 부여할 것인가를 결정하기 위해서는 특허제도와 민법상 계약 사이에 균형을 맞추는 것이 필요하다. 특허제도는 기술적 창의력을 높이기 위하여 특허라는 독점권을 부여하여 발명자에게 발명에 대한 유인을 제공하는 것이다. 만약 아무런 정당한 사유가 없이 발명에 대한 권리가 타인에게 이전되면 발명자에게 유인을 주려는 특허법의 목적은 달성될 수 없다. 이에 비하여 계약에 관한 민사법은 각 계약당사자는 자신의 합리적인 판단에서 자유로이 약정을 맺고 이러한 약정에 스스로 기속됨과 동시에 그로부터 발생하는 이익을 얻을 수 있다는 것을 전제로 한다.

298 Chisum §22.03 [2].

299 묵시적 승계합의: 대법원 2011.7.28. 선고 2010도12834 판결: 대법원은 회사의 상무이사와 기획팀장이 공동으로 한 직무발명을 회사의 명의로 출원한 사안에서 비록 회사비용으로 출원을 하였다고 하여도 발명자들이 특허를 받을 권리를 회사에 승계시키기로 한 것으로 볼 수 없다고 판시하였다. 따라서 명시적 약정이 없다고 하더라도-직무발명에 대하여 특허 등을 받을 권리나 특허권 등을 사용자 등에게 승계시키는-종업원의 의사가 묵시적 의사를 추인할 수 있는 명백한 사정이 인정되는 경우에는 특허를 받을 권리를 사용자에게 양도한 것으로 볼 수 있다는 것이다. 저자 주.

고 그가 고용계약을 통하여 얻은 발명을 자기 것으로 귀속시키려고 의도를 하였으며, 그 당시의 주위 상황에 비추어 보아 종업원으로서도 계약을 이행한 결과 발생한 발명이 사용자에게 속하는 것으로 이해하는 것이 합리적임이 명백한 상황이라면 종업원은 발명에 대한 특허를 받을 권리를 묵시적으로 사용자에게 양도한 것으로 보고 있다.[300]

미국의 판례법은 사용자에게 종업원의 발명에 대한 특허를 받을 권리를 부여하기 위해서 '발명을 위한 고용(Hire to invent)' 이론을 적용하여 직무발명에 대한 예외로서 허용한다.[301] '발명을 위한 고용'이란 사용자가 종업원의 발명에 대한 특허에 관한 권리를 가지는 것을 전제로 고용을 하였고, 종업원도 고용에 대한 대가를 지급받음으로써 자신의 발명에 대한 권리를 사용자에게 양도할 묵시적 의무(Implied obligation)를 부담하는 것으로 보아야 할 경우라면, 명시적 약정이 없더라도 발명에 대한 특허를 받을 권리는 사용자에게 귀속된다고 본다.[302]

사실 사용자와 종업원 사이에 고용계약을 체결하면서 종업원이 발명을 할 능력이 있다는 것을 이미 참작한 경우에 종업원의 발명능력은 이미 임금이나 보수에 의하여 보상을 받은 것이다. 사용자는 종업원의 발명적 능력을 고려하면서 종업원의 발명의 실패에 대한 위험을 부담하였기 때문에 사용자가 이러한 계약의 결과물로서 발생한 지적재산에 대한 권리를 가지는 것은 당연한 귀결인 것이다.[303]

따라서 '발명을 위한 고용(Hire to invent)' 이론은 발명자주의의 원칙에 대한 예외로서,[304] 종업원이 처음부터 발명을 위하여 고용이 되었거나, 고용 도중에 특정한 문제를 해결을 하도록 지시를 받은 경우, 또는 종업원이 어떤 분야에 발명능력이 있다고 인정을 받아서 고용이 된 경우에는 종업원이 한 발명에 대한 특허를 받을 권리를 사용자가 가진다.[305]

그러나 '발명을 위한 고용'이 되기 위해서는 발명을 고안하고 이를 실시하는 것 모두를 포함하는 전체적 행위를 염두에 둔 고용계약이 되어야 한다.[306] 따라서 그중에서 일부만을 하기

---

300 National Development Co. v. Gray, 16 Mass. 240, 55 N.E.2d 783, 62 USPQ 205, 153 A.L.R. 973(1944); Standard Parts Co. v. Peck, 264 U.S. 52(1924). 미연방대법원은 위 사건에서 '특정한 개량을 고안하기 위해서 고용된 종업원이 비록 고용계약에는 특허에 대한 권리를 어떻게 할 것인지에 대한 명시적 약정이 없다고 하더라도 특허권을 사용자에게 양도할 의무가 있다.'라고 판시하여 묵시적 합의 또는 묵시적 승계라는 용어를 사용하지는 않았다. 그러나 계약상 명문의 조항이 없이 단지 해석상 약정한 것으로 보는 것이라면 이를 묵시적 약정으로 해석할 수 있을 것이다. 저자 주.

301 Standard Parts Co. v. Peck, 264 U.S. 52(1924).

302 National Development Co. v. Gray, 16 Mass. 240, 55 N.E.2d 783, 62 USPQ 205, 153 A.L.R. 973(1944).

303 Chisum §22.03 [2].

304 University Patents Inc. v. Kligman, 762 F. Supp. 1212, 1919-20, 20 USPQ2d 1401, 1406(E.D. Pa. 1991) 참조.

305 Chisum §22.03 [2]. 그러나 종업원을 고용한 것이 단지 특정 분야에서 개량을 하기 위한 것이라면 사용자는 특허에 대한 권리가 없다.

306 United States v. Dubilier Condenser Corp., 289 U.S. 178 at 187-188(1933). 발명은 자연법칙을 발견하거나 자연법칙의 작용을 조사하는 것이 아니라 발명을 고안하는 것 즉 발명적 아이디어를 구상하는 것이다. 또한 발명은 이 아이디어가 과연 기계나 방법에 적용되어 유익한 결과를 가져오는지 여부를 알기 위해서 실시를 해 보아야 한다.

위한 계약, 즉 단순히 어떤 기계의 제작방법을 설계하거나 고안하기 위해서 고용하는 것은 '발명을 위한 고용'으로 볼 수 없다.[307] 이와 마찬가지로 종업원이 고용되기 이전에 이미 고안된 발명을 고용관계에서 단지 실시하여 보기 위한 고용도 '발명을 위한 고용'이라고 할 수 없다.[308]

5. 대표적 사례

가. Standard Parts Co. 사건

미국의 판례법상 '발명을 위한 고용'으로 인정된 대표적 사례는 Standard Parts Co. 사건으로서 이 사건에서 미연방대법원은, 기계를 발명할 목적으로 고용계약을 하였고, 발명이 그 고용기간 중에 완성되고, 사용자는 일시적이 아니라 영구적으로 발명을 사용하기 위해서 기계발명을 위한 용역을 기획하고 발명자를 채용하였으며, 그 용역에 대한 대가를 이미 지불하였고, 그 결과로 나온 발명을 회사의 사업을 위한 설비와 자산으로서 하기로 하였다면 이 발명에 대한 특허를 받을 권리는 사용자에게 속하기로 한 것으로 보아야 한다고 판시하였다. 따라서 양자 사이의 고용계약서에는 명시적으로 특허에 대한 권리를 사용자에게 양도할 것을 기재하지 않고 있더라도 종업원은 특허를 받을 권리를 사용자에게 양도할 의무가 있다고 보았다.[309]

위 사건은 스프링과 차량축을 만드는 회사인 사용자 Hess-Pontiac이 발명자인 종업원 Peck과의 사이에 체결한 고용계약서에 의하여 종업원 Peck, 즉 발명자가 자신의 시간을 진력하여 현재 포드 자동차에 장착되는 전면 스프링을 제작하는 방법과 기계를 개발할 것이며 회사는 그 대가로서 매월 300달러를 지급하되, 단 1915년 8월 11일부터 4개월 이전에 일이 완성되어야 하고 그보다 조기에 완성되면 매월 보너스 100달러를 지급하며, 일이 완성된 결과 현재 사용자

---

307 United States v. Dubilier Condenser Corp., 289 U.S. 178 at 187-188(1933). 발명적 행위의 결과로서 아이디어를 구상하고, 실시하며, 독창적인 아이디어의 산물이 만들어지고, 유형적인 형태로 실제로 적용하여 보거나 실시례를 만들어 봄으로써 개념이 진정한 것인지가 밝혀진다. 비록 심적 개념은 메커니즘이나 물리적 또는 화학적 결과물로서 유형화되거나 실현된다고 할지라도 실시례 또는 실물 자체는 발명은 아닌 것으로서 특허의 대상이 되지 않는다.

308 그러나 사용자의 무상의 통상실시권이 발생할 여지는 있다.(저자 주) 발명은 내적인 아이디어의 형성행위와 외적인 실시행위로 이어진다. 명문의 조항에 의하여 그중 하나의 행위만을 목적으로 하여 특허를 받을 권리를 양도한 것이 유효하냐의 문제이다. 사적 자치를 존중한다면 그 유효성을 인정할 수 있다고 본다. 문제는 묵시적으로 양도하기로 한 것을 인정할 수 있느냐 하는 점인데 이를 인정하기 위해서는 우선 고용계약이 위 양자를 모두 하는 것으로 상정하고 있어야 한다. 따라서 위 행위 중에서 하나만을 목적으로 하여 고용을 한 경우에는 '발명을 위한 고용'이라고 볼 수 없다. 또한 '발명을 위한 고용'이라고 할 수 없어도 사용자가 종업원의 직무발명에 대하여 가지는 무상의 통상실시권에 대하여 내적인 아이디어만을 업무범위에서 한 경우에는 직무발명이라고 인정하기 어려울 것이다. 그러나 실시행위가 사용자의 설비를 이용하여 작업장에서 이루어진 경우에는 바로 직무발명의 문제라고 볼 수 있다.

309 Standard Parts Co. v. Peck, 264 U.S. 52(1924). 특허를 받을 권리가 처음부터 사용자에게 귀속된다고 판시하지 않은 것으로 보아 발명자주의 원칙을 취하고 있는 것으로 보인다. '발명을 위한 고용'이라도 발명자주의 원칙상 발명에 대한 특허를 받을 권리는 발명자에게 원시적으로 발생하되 약정에 의하여 사용자에게 승계된다고 보는 것이다. 저자 주.

가 사용하고 있는 노동력을 절감한 것에 대하여 보너스를 지급받는데 그 액수는 절약된 노동력 1센트당 10달러로 계산한다고 하였다. 그러나 개발된 기술에 대한 특허를 받을 권리를 누구에게 귀속시킬지에 대한 명시적인 언급은 없었다.[310] 종업원 Peck이 필요한 기계를 발명한 뒤 상여금을 지급받고 자신의 명의로 특허를 받은 이후 피고 Standard Parts가 사용자 Hess-Pontiac의 모든 자산을 인수받았다. 특허권자인 종업원 Peck이 피고 Standard Parts를 상대로 침해소송을 제기하자 피고가 반소로 특허권을 이전하여 줄 것을 청구하였다. 1심법원은 피고 Standard Parts의 승소를 선고하면서 종업원 Peck은 특허권을 피고 Standard Parts에 이전하여 줄 의무가 있다고 판시하였다.[311]

나. National Development Co. 사건

또 다른 하나의 미국의 판례는 National Development Co. 사건으로서 이 사건에서는 사용자가 특정한 사업분야에서 특정한 발명을 한다는 특정한 목적을 가지고 종업원을 통상적 임금을 주고 고용한 뒤 설계, 제작, 조사, 실험과 그 고용목적을 달성하기 위해서 필요한 모든 일을 하도록 하였다. 따라서 사용자로서는 처음부터 발명을 염두에 두고 고용계약을 통하여 얻은 발명을 자기 것으로 귀속시키려고 하였고, 그 당시의 주위상황에 비추어 보아 종업원으로서도 계약을 이행한 결과 발생한 발명이 사용자에게 속하는 것으로 이해하는 것이 합리적인 것이라면 종업원은 발명에 대한 특허를 사용자에게 양도할 묵시적 의무(Implied obligation)가 있는 것이다.[312] 그 결과 종업원이 목적달성에 실패를 하면 그 손실은 사용자의 부담이 되고, 만약 그가 성공하면 고용계약에 명시적인 조항이 없다고 하더라도 발명은 사용자에게 속하게 된다.[313]

위 National Development Co. 사건에서는, 구두힐을 제작하는 기계를 제작 및 대여하면서 그 기계에 대한 기본 기술에 대한 특허를 가지고 있는 원고회사의 단독주주인 Little이라는 사람이 구두제작 기계를 제작한 경험이 있는 종업원 Lawson을 고용하여 설계도를 만들고 설계, 발명 및 감독을 모두 맡겼다. Little에 의하면 모든 발명은 원고회사에게 귀속되기로 하였는데, Little과 사업 관계자들이 종업원 Lawson에게 설계상 필요한 제안을 하여 종업원 Lawson은 기계를 여러 방향으로 개량하였고 3개의 특허를 냈으며 이를 원고회사에게 양도하였다. 후일 구

310 미연방대법원의 다수의견 Standard Parts Co. v. Peck, 264 U.S. 52(1924).

311 Standard Parts Co. v. Peck, 264 U.S. 52(1924). 그러나 항소심에서 이 결정을 번복했고 특허를 이전할 필요가 없다고 보았다. 그러나 특허권에 포함되는 기계에 대해서는 Standard Parts가 사용자로서의 권리(Shop right)를 가지고 있다고 판시하였다. 대법원에서 발명자가 주장하기를, 첫째, 사용자가 명시적인 의사가 없는 경우에 피용자의 발명에 대한 특허권을 가질 수 있다고 한 판결례가 없으며, 둘째, 특허를 양도하기로 한 아무런 대가적 보상(Consideration)이 없었다는 것이다. 왜냐하면 Peck이 받은 대가적 보상은 오직 사용자를 위해서 한 일에 대한 것이고 그 이외에 대해서는 없었다는 것이다. 셋째, 사용자의 권리(Shop right)는 이전할 성질을 가진 것이 아니라는 것이다.

312 National Development Co. v. Gray, 16 Mass. 240, 55 N.E.2d 783, 62 USPQ 205, 153 A.L.R. 973(1944).

313 National Development Co. v. Gray, 16 Mass. 240, 55 N.E.2d 783, 62 USPQ 205, 153 A.L.R. 973(1944).

두의 패션이 변하여 다른 모양의 힐이 유행하자 이를 만들기 위해서는 기계를 개량하여야만 했다. 1937년 5월 종업원 Lawson은 집에서 적당한 개량을 한 뒤 설계도를 만들자, 8월에 원고회사를 사직하고 경쟁회사에 취업을 한 뒤 특허출원을 하였다. 그러자 원고회사는 종업원 Lawson과 경쟁회사를 상대로 특허출원된 권리를 양도하라는 소송과 기계의 제작과 사용을 금지하는 소송 및 손해배상청구소송을 제기하였다. 1심법원은 원고승소판결을 선고하고 주대법원도 이를 인용하였다.[314]

1심법원은 비록 명시적 약정은 없다고 하더라도 발명자인 종업원 Lawson은 기계를 개발한다는 특정한 목적을 위해서 고용된 종업원이라고 보았다. 비록 종업원 Lawson이 회사를 사직하기 전에는 실시를 하지 않았다고 하더라도 고용기간 중에 만들어진 설계도를 보면 종업원 Lawson은 단순한 심적 구상을 넘어선 그 이상을 진행하고 있었다는 것이다. 그리고 자기의 집에서 만들었다고 하여도 설계도를 만드는 것은 그의 고용범위에 있는 것으로 보아야 한다는 것이다.[315]

다. Dubilier Condenser Corp. 사건

그러나 '발명을 위한 고용' 이론의 적용을 거부한 Dubilier Condenser Corp. 사건에서 미연방대법원은 '발명을 위한 고용'이 되기 위해서는 발명을 고안하고 이를 실시하는 것 모두를 포함하는 전체적 행위를 염두에 둔 고용계약이 되어야 한다고 하였다.[316] 따라서 그중에서 일부만을 하기 위한 계약, 즉 단순히 어떤 기계의 제작방법을 설계하거나 고안하기 위해서 고용하는 것은 '발명을 위한 고용'으로 볼 수 없다.[317] 이와 마찬가지로 종업원이 고용되기 이전에 이미 고안된 발명을 고용관계에서 단지 실시하여 보기 위한 고용도 '발명을 위한 고용'이라고 할 수 없다.[318]

---

314 National Development Co. v. Gray, 16 Mass. 240, 55 N.E.2d 783, 62 USPQ 205, 153 A.L.R. 973(1944).

315 National Development Co. v. Gray, 362 N.E.2d at 786-787.

316 United States v. Dubilier Condenser Corp., 289 U.S. 178 at 187-188(1933). 발명은 자연법칙을 발견하거나 자연법칙의 작용을 조사하는 것이 아니라 발명을 고안하는 것, 즉 발명적 아이디어를 구상하는 것이다. 또한 발명은 이 아이디어가 과연 기계나 방법에 적용되어 유익한 결과를 가져오는지 여부를 알기 위해서 실시를 해 보아야 한다.

317 United States v. Dubilier Condenser Corp., 289 U.S. 178 at 187-188(1933). 발명적 행위의 결과로서 아이디어를 구상하고, 실시하며, 독창적인 아이디어의 산물이 만들어지고, 유형적인 형태로 실제로 적용하여 보거나 실시례를 만들어 봄으로써 개념이 진정한 것인지가 밝혀진다. 비록 심적 개념은 메커니즘이나 물리적 또는 화학적 결과물로서 유형화되거나 실현된다고 할지라도 실시례 또는 실물 자체는 발명은 아닌 것으로서 특허의 대상이 되지 않는다.

318 그러나 사용자의 무상의 통상실시권이 발생할 여지는 있다.(저자 주) 발명은 내적인 아이디어의 형성행위와 외적인 실시행위로 이어진다. 명문의 조항에 의하여 그중 하나의 행위만을 목적으로 하여 특허를 받을 권리를 양도한 것이 유효하냐의 문제이다. 사적 자치를 존중한다면 그 유효성을 인정할 수 있다고 본다. 문제는 묵시적으로 양도하기로 한 것을 인정할 수 있느냐 하는 점인데 이를 인정하기 위해서는 우선 고용계약이 위 양자를 모두 하는 것으로 상정하고 있어야 한다. 따라서 위 행위 중에서 하나만을 목적으로 하여 고용을 한 경우에는 '발명을 위한 고용'이라고 볼 수 없다. 또한 '발명을 위한 고용'이라고 할 수 없어도 사용자가 종업원의 직무발명에 대하여 가지는 무상의 통상실

따라서 미연방정부에 과학적 조사(Scientific research)를 위해서 고용된 종업원은 '발명을 위하여 고용'된 것으로 볼 수 없어 비록 고용된 직무와 관련된 대상에 대한 특허를 받았다고 하더라도 그 특허를 받을 권리를 미연방정부에 양도할 의무는 없다고 보았다.[319] 이 Dubilier 사건은 미연방상무성의 과학적 조사와 표준을 설정하는 표준국 중 라디오를 담당하는 부서에서 Dunmore와 Lowell이라는 공동발명자를 고용하여 그 연구실에서 비행기용 라디오에 대한 연구와 시험을 하였고 그와 인접한 부서에서는 비행기에 사용되는 라디오 수신기를 연구하는 과제를 받았다. 그 과제를 조사를 하는 과정에서 Dunmore가 독자적으로 '순전한 과학적인 호기심에서 가정용 교류를 라디오에서 직접 직류로 바꾸는 것'에 관심을 가지고 연구한 결과 수개월 내에 발명개념을 가지고 실시도 마쳤다. 또한 Dunmore는 Lowell과 함께 교류를 라디오 수신기와 확성기에 적용하는 두 가지의 발명을 구상하고 실시하였다. 감독관은 정부의 실험실에서 그들의 발견에 대한 연구를 계속할 것을 허용하였고 그 실험실에서 그들의 발명을 적용한 완전한 기계를 만들었다. 그들은 자신의 비용으로 특허를 출원하여 발급받은 뒤에 Dubilier Condenser Corp.라는 회사에 전용실시권을 설정하여 주었다.

미연방정부가 Dubilier를 상대로 하여 특허권을 양도할 것을 청구하는 소송을 제기하였으나 1심법원과 항소법원은 그 청구를 기각하였는데 그 이유는 공동발명자가 정부에 고용된 것은 발명을 위한 것이 아니었기 때문에 그들이 정부에게 특허권을 양도할 의무가 없다는 것이다. 이들 공동발명자는 오직 조사만을 위해서 고용된 것인데 이러한 조사는 발명하는 것을 포함하지 않는다는 것이다.[320]

라. Melvina Can Company 사건

또한 설계만을 하기 위해서 종업원을 고용한 것은 '발명을 위한 고용'으로 볼 수 없다는 뉴욕주 법원의 판결이 있다. Melvina Can Company의 회사대표이사인 Cahill이라는 사람은 종업원 Regan으로 하여금 회사의 경영을 맡도록 하였다. 종업원 Regan은 감독을 하는 직무 이외에도 그 이전에 해 본 경험이 있었던 캔과 캔형틀을 설계하는 업무를 하기 위해서 고용되었다. 미해군이 일정한 유형의 캔에 대하여 관심이 보이자 Cahill이 종업원 Regan에게 문제점을 알려 주었다. 그러자 종업원 Regan은 적절한 캔을 개발하여 특허를 받았다. 종업원 Regan이 업무를 그

시권에 대하여 내적인 아이디어만을 업무범위에서 한 경우에는 직무발명이라고 인정하기 어려울 것이다. 그러나 실시행위가 사용자의 설비를 이용하여 작업장에서 이루어진 경우에는 바로 직무발명의 문제라고 할 수 있다.

319 United States v. Dubilier Condenser Corp., 289 U.S. 178, 17 USPQ 154, 85 A.L.R. 1488(1933), amended, 289 U.S. 706(1933). 위 사건 이전에는 공적자금을 투자하여 조사(Research)한 결과로 얻어진 발명에 대한 특허는 일반대중에게 기여된 것이라고 보았는데 이 사건에서는 이를 따르지 않았다.

320 United States v. Dubilier Condenser Corp., 289 U.S. 178 at 187-188(1933).

만두고 나서 회사의 대표이사가 그를 상대로 하여 회사에게 특허권이 있다는 확인을 구하는 소송을 제기하였다. 1심은 물론 항소심법원은 종업원 Regan이 발명을 위하여 고용된 것이 아니라 캔을 설계하기 위해서 일반적으로 고용된 것에 불과하다고 보았다.[321]

그러나 고안이나 실시 중 어느 하나의 행위만을 상정하여 고용계약을 한 경우에도 '발명을 하기 위한 고용'으로 볼 수 있는 경우도 있다. 예컨대 '임금을 받아서 생산하는 것은 그 임금을 지불한 사용자에 속한다'는 등의 조항이 고용계약에 있다면 이는 '발명을 위한 고용'으로 볼 수도 있다.[322] 결국 이는 고용계약을 해석함에 있어서 발명자주의를 원칙으로 하고 단지 예외적으로 사용자에 대한 특허를 받을 권리의 묵시적 승계를 허용하는 것이다.[323]

마. 구체적 기준: 종업원의 발명관련성

대법원은 종업원의 발명에 대한 특허를 받을 권리의 묵시적 승계가 있었다고 볼 수 있는 사정에 대한 구체적 기준을 설정하고 있지 않다.[324] 따라서 다음에서는 사건의 사실관계에 비추어서 미국의 판례법이 주는 구체적 기준에 대한 판단요소를 가지고 분석하여 본다.

앞서 본 미국의 판례법들이 '발명을 위한 고용'인지 아닌지를 판단하는 구체적 기준 중에서 가장 중요한 것은 종업원에게 주어진 임무가 발명과 관련된 것인가에 있다.[325]

---

321 Cahill v. Regan, 5 N.Y.2d 292, 297, 157 N.E.2d 505, 184 N.Y.S.2d 348, 352, 121 USPQ 58, 60(1959). 사용자가 종업원 Regan에게 지시하여 새로운 캔을 설계하라고 한 것은 종업원 Regan이 이미 설계를 구상한 이후에 이루어진 것이기 때문에 발명을 지시한 것은 아니고 이로 인하여 사용자가 발명에 대한 특허권을 가질 수는 없는 것이다.

322 아이디어를 가지는 것과 이를 현실에 적용하여 보는 것은 서로 다른 것이기 때문에 그중 하나인 단순히 제작방법을 설계하거나 고안하기 위해서 고용한 것으로 인한 발명에 대해서는 묵시적으로 그 특허를 받을 권리를 양도하기로 한 것이라고 볼 수 없다. United States v. Dubilier Condenser Corp., 289 U.S. 178 at 187-188(1933)에서 미연방대법원은 조사(Research)를 위해서 고용된 피용자가 한 발명에 대하여 고용계약서에서 명문의 양도약정이 없는 경우에 사용자에게 특허권을 묵시적으로 양도하려 한 약정이 있었다는 점을 인정하지 않았다.

323 위 Dubilier에서 미연방대법원은 종업원이 고용된 고용기간 내에 임무를 달성한 경우에는 그 발명에 대한 특허권을 사용자에게 양도하여야만 한다고 하였다. 그 이유는 발명자가 자신을 고용한 목적, 즉 고용계약의 목적물인 발명을 만든 것이기 때문이다. 그러나 이를 양도하기 위해서는 **'발명자가 임금을 받아서 생산하는 것은 그 임금을 지불한 사용자에 속한다.'**는 조항이 반드시 존재하여야 한다. 그러나 미연방대법원은 Dubilier 사건에서 고용기간 중에 종업원이 한 발명이라고 하더라도 그 발명에 대한 권리는 발명자에게 귀속된다는 발명자주의의 원칙이 지켜져야 함을 강조한다.

324 대법원 2011.7.28. 선고 2010도12834 판결: (전략) 종업원의 의사가 명시적으로 표시되거나 혹은 **묵시적 의사를 추인할 수 있는 명백한 사정이 인정되는 경우** 이외에는 직무발명에 대하여 특허 등을 받을 권리나 특허권 등을 사용자 등에게 승계시키는 합의가 성립되었다고 쉽게 인정할 수 없다고 판시하여 **명백한 사정**에 대해서는 학설이나 다른 판례에 의존하고 있다. 저자 주.

325 따라서 종업원이 단지 조사업무(Research)에 종사한다든지 또는 기술책임자(Chief engineer)라든지 이와 유사한 직함을 얻었다는 것만으로는 발명을 위하여 종업원을 고용하였다고는 볼 수 없다. 또한 일반적으로 기술개량을 한다든지 제품을 디자인하는 것만으로도 발명을 위하여 고용하였다고 보기에 부족하다. Cahill v. Regan, 5 N.Y.2d 292, 157 N.E.2d 505, 184 N.Y.S. 2d 348, 121 USPQ 58(1959); B.F. Gladding & Co. v. Scientific Anglers, Inc., 245 F.2d 722, 113 USPQ 497, reh'g denied, 248 F.2d 483, 115 USPQ 109(6th Cir. 1957); Barton v. Nevada Consolidated Copper Co., 71 F.2d 381, 21 USPQ 594(9th Cir. 1934)(법원이 사용자의 권리를 부인하는 이유는, 즉 사용자에게 특허를 받을 권리를 잘 허용하려고 하지 않는 이유는 발명행위가 가지는 고유한 특성에 있다. 비록 심적

(1) 종전 사례의 존재 여부

더 나아가 미국의 판례법에 의하여 '발명을 위한 고용'인지 여부를 판단하기 위해서 참작되는 여러 가지 요인 중의 하나로서, 종전에 다른 종업원이 한 발명에 대한 특허를 받을 권리가 양도된 사실이 있었는지 여부가 있다. 따라서 종전에 발명이 양수된 사례가 있다면 이는 발명을 위한 고용으로 볼 증거가 될 수 있다.[326] 그러나 이 요인에 관해서는 대법원의 사례에서 그 사실관계가 나타나 있지 않다.

(2) 관행의 존재

동일한 상황에서 회사에 고용된 다른 종업원의 발명에 대하여 발명에 대한 권리를 양도하는 관행이 있었는지 여부, 즉 종업원이 회사 내에 종업원들이 발명을 회사에 양도하는 관행을 알고 이를 묵종하였고 부서책임자가 그러한 관행을 다른 종업원에 대하여 강제한 경우에는 발명을 위한 고용으로 볼 증거가 된다.

그러나 어떤 종업원은 무료로 권리를 양도하고 어떤 종업원은 로열티를 받고 양도한 경우에는 양도관행의 증거가 될 수 없다. 또한 모든 종업원이 발명에 대한 특허권을 양도한다는 사실이 바로 사용자에게 그 특허권을 양수받을 특권을 가진다고 할 수는 없으며, 종업원이 다른 종업원이 양도한 발명에 대한 출원업무를 하는 특허부서에서 근무를 하였다고 하더라도 그가 양도관행을 알았다거나 이를 묵종하였다고 볼 수는 없다.[327]

(3) 고용기간 내의 발명

문제가 된 발명이 종업원의 고용기간 내에 고안되었는지 여부, 즉 종업원이 사용자에게 고

인 개념이 상품이라는 형태에 체화되어 있을지라도 이 체화된 것이 발명 자체는 아니다. 아이디어와 이를 현실에 적용한 결과물이 서로 다르다는 점이 바로 설계, 건축 또는 상품을 고안하는 것이 종업원의 발명에서 논하는 '발명을 위한 고용'은 아니라는 원칙을 적용하는 전제가 된다).

326 그러나 과거에 사용자의 비용으로 개발된 발명이 양수된 경우가 있었으나 문제가 된 특허와 다른 것이라거나, 종업원이 다른 특허를 양도한 사실이 있다고 하여도 모든 발명을 양도하기로 하는 약정이 있었다는 증거가 없는 한 이를 가지고 결정적인 증거로 볼 수 있는 것은 아니다. Fish v. Air-O-Fan Prod. Corp., 285 F.2d 208, 128 USPQ 4(9th Cir. 1960)(종전에 발명이 양수된 사례). 다음 사례를 비교할 것. Lambert Tire & Rubber Co. v. Brubaker Tire Co., 5 F.2d 414(6th Cir. 1925)(과거에 사용자의 비용으로 개발된 발명이 양수된 경우가 있었으나 문제가 된 특허와 다른 것이다); Bowers v. Woodman, 59 F.2d 797, 802(D. Mass. 1932)(피신청인이 다른 특허를 양도한 사실이 모든 발명을 양도하기로 하는 약정이 있었다는 증거가 될 수도 있지만 결정적인 것은 아니다).

327 Marshall v. Colgate-Palmolive-Peet Co., 175 F.2d 215, 81 USPQ 517(3d Cir. 1949)(종업원이 발명을 양도하는 관행을 알고 묵종하였고 부서책임자가 그러한 관행을 다른 종업원에 대하여 강제한 경우); 다음 사례를 비교할 것. Howard v. Howe, 61 F.2d 577, 15 USPQ 93(7th Cir. 1932)(어떤 종업원은 무료로 권리를 양도하고 어떤 종업원은 로열티를 받고 양도한 경우에는 양도관행의 증거가 될 수 없다); Moore v. American Barmag Corp., 693 F. Supp. 399, 402-403, 9 USPQ2d 1904, 1907(W.D.N.C. 1988)(모든 종업원이 발명에 대한 특허권을 양도한다는 사실이 바로 사용자에게 그 특허권을 양수받을 특권을 가진다고 할 수는 없다); Otis Elevator Co. v. Magee, 140 USPQ 148(N.Y. Sup. Ct. 1964)(종업원이 다른 종업원이 양도한 발명에 대한 출원업무를 하는 특허부서에서 근무하였다고 하더라도 그가 양도관행을 알았다거나 묵종하였다고 볼 증거가 없다).

용되기 이전에 이미 조사와 실험을 시작하였다면 이는 '발명을 위한 고용'이라고 볼 수 없는 증거가 되고,[328] 비록 발명을 위해서 고용된 종업원이라고 하더라도 회사의 업무와는 무관한 분야의 발명이고 고용기간이 종료된 이후에 만들어진 것이라면 이는 회사의 발명이라고 볼 수 없다.[329]

(4) 기술적 문제의 제기

누가 최초로 발명이 해결한 기술적 문제를 제기하였는지 여부, 따라서 사용자가 제공한 설계도가 종업원에게 발명에 대한 아이디어를 주지 못하였고 발명을 양도하기로 하는 명시적이거나 묵시적인 약정도 없었다면 종업원이 그 특허를 소유한다.[330] 그러나 종업원이 사용자가 구상한 것을 실시하였다면 사용자가 그 결과로 얻어지는 특허를 소유한다.[331]

(5) 종업원의 지위

문제의 해결을 의탁할 정도로 종업원이 회사 내에서 권위가 있었는지 여부, 따라서 종업원이 회사의 대표이사였다면 그는 회사에 대하여 신의성실의 의무를 부담하므로 그 발명은 회사의 소유에 속한다고 본다.[332]

(6) 아이디어의 중요성

아이디어가 회사, 즉 사용자의 업무에 대하여 얼마나 중요성을 가지고 있는지 여부, 비록 종업원이 발명을 위해서 고용되었다고 하여도 발명이 사용자의 업무와 아무런 관련이 없고 고용기간이 만료된 이후에 완성된 것이라면 특허는 사용자에게 속하지 않는다.[333]

(7) 실제발명자

사용자와 종업원 사이에 과거 상호 모순적인 실제발명자(Inventorship entity)의 관계가 있었는지 여부,[334] 만약 현재의 사용자가 과거에 종업원과의 사이에 공동발명자로서의 지위를 부정

---

[328] Ushakoff v. United States, 327 F.2d 669, 164 Ct. Cl. 455, 140 USPQ 341(1964).

[329] Hirshhorn v. Mine Safety Appliances Co., 106 F. Supp. 594, 94 USPQ 330(W.D. Pa. 1952).

[330] Lambert Tire & Rubber Co. v. Brubaker Tire Co., 5 F.2d 414(6th Cir. 1925).

[331] Downs v. Commissioner of Internal Revenue, 49 T.C. 533, 157 USPQ 122(1968).

[332] Mainland Industries, Inc. v. Timberland Machine & Engineering Corp., 58 Ore. App. 585, 649 P.2d 613, 218 USPQ 662(1982).

[333] Hirshhorn v. Mine Safety Appliances Co., 106 F. Supp. 594, 94 USPQ 330(W.D. Pa. 1952). 다음 사례를 비교할 것. Detroit Testing Laboratory v. Robinson, 221 Mich. 442, 191 N.W. 218(1922)(본질적으로 사용자에게 필요한 것이 아닌 경우에 발명에 대한 권리는 사용자에게 속하지 않는다고 본다).

[334] 실제발명자에 대해서는 임호 저, 특허법, p.141(법문사 2003).을 참조할 것.

한 사실이 있었고 그 당시에 사용자가 특허권에 대하여 아무런 권리주장을 하지 않았다가 후일 그 종업원의 후임자와의 사이에 고용계약관계를 맺고 나서 주장을 바꾸어서 종전의 종업원의 발명이 자기 것이라고 주장한다면 이는 금반언의 원칙에 어긋난다.[335]

(8) 실시료의 지급

사용자가 종업원에게 발명을 사용하는 대가로 실시료를 지급하기로 약정을 하였는지 여부,[336] 만약 종업원에게 실시료를 지급하기로 약정을 하였다면 그 특허권은 종업원에게 귀속되는 것을 전제로 한다고 보아야 한다.

(9) 특허출원비용의 부담

특허출원을 하는 비용을 지불한 사람이 종업원이라면 이는 사용자에게 속하는 발명이라고 볼 수 없을 것이다.[337]

(10) 발명에 대한 관심

종업원이 처음 발명에 대한 아이디어를 제공하였을 당시에 사용자가 아무런 관심이 없었다면 이는 발명을 위한 고용이라고 볼 수 없다.

---

335 Texas Co. v. Gulf Refining Co., 26F.2d 394, 397(5th Cir. 1928), cert. denied, 278 U.S. 625(1928).

336 Standard Sanitary Mfg. Co. v. Arrott, 135 F. 750(3d Cir. 1905).

337 특허를 양도하라는 판결을 선고하면서 법원이 양도인이 특허를 발급받는 데 들었던 비용을 양수인에게 부담하라고 명령하는 경우가 종종 있다. Grove v. Grove Valve & Regulator Co., 4 Cal. App.3d 299, 84 Cal. Rptr. 300(1970).

Chapter

02

신규성

Ⅰ. 신규성

1. 의　의
2. 비교법적 분석
3. 진보성과의 구별
   가. 관련된 기술 분야　**나.** 물질의 용도와 특성　**다.** 발명의 사용목적　**라.** 진보성의 판단
   마. 내재적 특성　**바.** 선택발명의 신규성　**사.** 특허법적 구별

Ⅱ. 선행기술

1. 의　의
2. 발명자와 선행기술의 관계
   가. 발명자 자신의 발명　**나.** 원칙에 대한 예외　**다.** 공동발명자의 발명
   라. 선행기술로 자인　**마.** 개량형 청구항
3. 선행기술과 신규성
   가. 발명의 동일성　**나.** 진보성과의 차이점　**다.** 절대적 신규성과 상대적 신규성　**라.** 동일성의 요건

Ⅲ. 선행기술의 내재적 공개

1. 의　의
2. 미국의 판례법
   가. 내재적 점유설　**나.** 필연성　**다.** 새로운 용도나 특성　**라.** 미국의 판례법
3. 우연한 공개
   가. 의　의　**나.** 미국 판례의 흐름

Ⅳ. 선행기술의 완성도

1. 의　의
2. 선행기술의 실시가능요건
3. 미국판례법의 경향
   가. 주류적 흐름　**나.** 구체적 사례　**다.** 견해의 대립
4. 화학물질에 대한 실시가능성
   가. 중요성　**나.** 화학물질에 대한 선행간행물의 공개 정도　**다.** 화학물질의 예측불가능성
   라. 명명이론　**마.** 해결되지 않은 쟁점　**바.** 실시가능성설에 대한 보완　**사.** PTO의 실무기준

Ⅴ. 선택발명의 신규성

1. 선택발명
   가. 의　의　**나.** 상위개념과 하위개념　**다.** 하위개념의 선행기술
   라. 상위개념의 선행기술　**마.** 선택발명의 종류
2. 선택발명의 신규성
   가. 유럽의 이론　**나.** 대법원과 일본의 입장　**다.** 미국의 판례법
3. 수치한정발명
   가. 의　의　**나.** 수치한정발명의 신규성
4. 파라미터발명
   가. 의　의　**나.** 신규성　**다.** 입증책임　**라.** 소　결

Ⅰ. 신규성

1. 의 의

특허법은 이미 일반대중이 점유하고 있는 기술이나 정보를 특허라는 독점권으로 주장하는 것을 허용하지 않는다.[1] 일반대중의 기술이나 지식에 아무것도 보태지 못한 사람에게 특허를 부여한다면 일반대중은 대가로 받는 것이 없고 오직 독점권만을 허용하는 셈이 된다. 따라서 특허를 받을 수 있는 발명은 반드시 새로운 것이어서 그 발명자가 일반대중에게 최초로 공개를 하는 기술정보이어야만 한다.[2] 이를 위해서 특허청은 특허를 부여하기에 앞서 출원된 발명이 이미 일반대중의 점유에 있었던 기술적 지식인지 아닌지를 심사한다.[3]

새로운 발명은 우리 사회에 경제적 개발을 장려하고 복지를 증진시키는 효과를 준다. 특허는 이러한 새로운 발명을 하는 발명자에게 경제적 유인을 주기 위해서 부여하는 독점권이다. 그러나 이미 일반대중에게 알려진 지식에 대하여 독점권을 부여하면 우리 사회는 아무런 이익이 없이 그저 독점이라는 사회적 비용만 추가된다.[4] 그 결과 특허가 인간의 지식의 증진에 아무런 보탬이 되지 못하고,[5] 일반대중이 이미 자유로이 사용할 수 있었던 지식을 제거하는 셈이 된다.[6] 따라서 신규성은 일반대중이 이미 점유하고 있었던 지식을 향유하는 권리를 보호하기 위해서 특허법이 마련한 장치인 것이다.[7]

2. 비교법적 분석

신규성을 판단하는 기준에 대해서는 각국의 법제가 서로 다르므로 비교법적 분석을 하여 보면, EU에서 특허를 받으려면 유럽특허협정, 즉 EPC 제54조 제1항에 규정된 바와 같이 출원된 발명이 출원할 당시의 현행 기술 수준(The state of the art)의 일부(Part)가 아니어야 한다.[8] 또

---

1 Bonito Boats, Inc. v. Thunder Craft Boats, Inc., 489 U.S. 141, 147(1989).

2 William C. Robinson, The Law of Patents for Useful Inventions 305(Boston, Little, Brown & Co. 1890).

3 George Ticknor Curtis, A Treatise on the Law of Patents for Useful Inventions in the United States §292(Boston, Little, Brown & Co. 2d ed. 1854).

4 A Law and Economics Agenda for the Patent System, 53 Vand. L. Rev. 2081, 2088(2000).

5 United States v. Dubilier Condenser Corp., 289 U.S. 178, 186(1933)(발명자는 일반대중이 그의 발명이 있기 이전에 향수하던 것으로부터 아무런 것도 가져오지 않고, 오히려 인간의 지식의 양을 증가시킴으로써 우리 사회에 가치 있는 것을 주는 것이다).

6 Kimberly-Clark Corp. v. Johnson & Johnson, 745 F.2d 1437, 1453-54(Fed. Cir. 1984). 이 판결에서 Giles S. Rich 판사는, '우리 사회는 입법부와 사법부를 통하여 일반대중의 영역에 있는 지식을 가져가지 말라.'고 말한다.

7 Sean B. Seymore, Rethinking Novelty In Patent Law, 60 Duke L.J. 919, 931.

8 EPC(유럽특허협정) EPC 제54조는 Novelty라는 제하에 신규성에 대하여 다음과 같이 규정한다. (1) An invention

한 EPC 제54조 제2항은 현행 기술 수준으로서, 첫째, 일반대중에게 공개된 선행기술(Published prior art)로서 출원 당시에 일반대중이 이용 가능한, 모든 서면 및 구술로 된 설명 등의 모든 정보와,[9] 둘째, 같은 조 제3항에서 말하는 선출원된 특허출원서에 기재된 발명으로서 후출원한 특허출원서가 접수된 이후에 출원공개된 발명을 포함한다.[10]

EPC는 구술로 된 설명(Oral description)도 현행 기술 수준이 된다고 규정하고 있어서 반드시 간행물에 게재될 것을 요구하는 우리 특허법이나 미국의 특허법과 차이점이 있다.[11] 그러나 구술로 된 설명이 선행기술에서 차지하는 비중이 적다면 각 국가들 사이의 입법상의 차이는 별로 없다.

EU에서는 출원된 발명이 선행기술의 일부를 구성하지 않느냐, 즉 신규성이 있느냐를 판단하기 위해서는, 우선 선행기술의 공개내용을 살펴보고, 출원된 발명의 구성요소와 그 공개내용을 대비하여 출원된 발명의 모든 구성요소가 하나의 선행문헌에 명확하게 공개되어 있으면 신규성이 없는 것으로 본다.[12]

미국의 특허법과 판례법도 EU와 마찬가지로 단 하나의 선행기술이 출원된 청구항의 모든 구성요소를 문언상 동일하게 설명하고 있을 것을 요구한다.[13] 미국의 판례법이 취하는 이러한 입장을 선행기술단일의 원칙(Single reference rule)이라고 하는데,[14] 이 원칙에 의하면 신규성을 부정하기 위해서는 단 하나의 선행기술이 출원된 발명의 모든 구성요소를 구비하고 있어야 하고 두 가지 이상의 선행기술을 조합하여 신규성을 부정할 수 없다는 것이다.

일본은 실질적 동일성설의 입장에서 출원된 발명이 선행기술과 실질적으로 동일한 것이라면 신규성을 부정한다. 이때 선행기술과 동일성을 요구하는 것은 발명의 목적이나 효과보다는 기술적 구성이 중심이 된다.[15] 따라서 일본의 실질적 동일성설에 의하면 그 동일성이 허용되는

---

shall be considered to be new if it does not form part of the state of the art.

9 EPC §54 (2) The state of the art shall be held to comprise everything made available to the public by means of a written or oral description, by use, or in any other way, before the date of filing of the European patent application.

10 EPC §54 (3): 이는 우리 특허법 제29조 제3항과 동일하다.

11 그러나 이 구술설명 이외에는 양자 사이에 별다른 해석상의 차이점이 없다. 따라서 본문에서 사용되는 우리 특허법상의 선행기술이라는 의미는 EPC가 말하는 '현행 기술 수준'에서 구술설명을 뺀 모든 선행기술을 의미한다(EPC도 신규성 판단에 있어서 어느 분야의 선행기술인지를 묻지 않는다. 저자 주). 따라서 구술설명이 선행기술로서 별다른 중요도가 없다고 한다면 선행기술의 범위는 우리 특허법과 EPC와 거의 동일하다고 보아야 한다. EPC §54 (2) 참조.

12 김원준, 신규성 판단에 관한 유럽 특허청 판례 요약, 특허정보(통권 제45호: 특허청 97) p.70. 본문에서는 일반적 원칙을 기술한 것이다. 그러나 발명의 각 구성요건이 복수의 선행기술을 조합하여 공개된 경우나 선행기술에 반드시 명확하게는 아니지만 내재적으로 공개된 경우에 신규성은 여러가지로 판단할 수 있다.

13 Chisum §3.02 [1][a] 참조. Phillips Petroleum Co. v. U.S. Steel Corp., 673 F. Supp. 1278, 1288, 6 USPQ2d 1065, 1070(D. Del. 1987), aff'd, 865 F.2d 1247, 9 USPQ2d 1461(Fed. Cir. 1989)(단 하나의 선행기술에 특허출원된 발명의 모든 구성요소가 발견되어야 하기 때문에 이를 충족시키기가 어렵다).

14 미연방대법원과 미특허항소법원 CAFC의 정설.

15 구성 중심의 실질적 동일성설: 增井和夫, 특허판례가이드 p.46(有斐閣, 2판, 2001) 및 동경고재평성 3년12월26일

범위는 EU나 미국보다는 그 범위가 넓다.[16] 그럼에도 불구하고 일본에서도 신규성을 판단하기 위해서 두 가지 이상의 선행기술을 조합하는 것을 허용하지는 않는다.[17]

우리 대법원은 일본과 마찬가지로 실질적 동일성설을 취하고 있다고 한다. 그러면서도 우리 대법원은 일본의 견해에 비하여 그 동일성의 범위를 더욱 넓힌다. 즉 두 가지의 선행기술을 조합하여 후행 출원된 발명에 대한 신규성을 상실시키는 자료로 사용할 수 있다. 예컨대 선행기술에 주지관용기술을 부가한 경우에도 이는 선행기술의 실질적인 동일성의 범위에 해당한다고 보는 것이다.[18] 따라서 신규성을 부정할 수 있는 동일성의 범위는 매우 넓어지게 되고,[19] 선행기술에 주지관용기술을 조합하는 것이 통상의 지식인에게 용이한지를 본다면 신규성과 진보성은 거의 구별하기 어렵게 된다.[20] 또한 통상의 지식인이 종사하는 기술 분야와 서로 다른 기

판결, 판례시보 141호 106항(경량코트지). 특허출원된 발명은 그라비아 인쇄에 적합한 압축성을 가진 종이를 코팅하는 안료입자에 관한 것으로 청구항은 그 입자의 크기를 0.25미크론 이하로서 그 중량을 5% 이하로 한다고 한정하였다. 선행기술이 공개한 안료도 0.25미크론 이하의 입자를 20% 이하의 중량을 한다고 함으로써 일부 중복되고 있지만 이 안료를 그라비아 인쇄에 사용한다고 하는 목적이나 효과를 기재하지 않고 있었다. 법원은 비록 다른 기술적 과제를 해결하기 위한 목적을 가지고 있다고 하여도 결과로서 공개된 기술적 사항이 동일한 것이라면 발명으로서는 동일한 것이라고 보아야 한다고 판시하였다. 위 增井和夫, 특허판례가이드, p.47.

동경고재평성 3년10월1일 판결, 판시 1403호 104항(치환벤질알콜): 특허출원된 발명이 광학활성체를 대상으로 한 경우에 선행기술이 광학활성체의 1대1의 혼합물인 라세미체의 구성이 이미 공개되어 있다면 이는 동일한 발명이다. 위 增井和夫, 특허판례가이드, p.48.

일본국 최판 1956.4.24.집민21호, p.853. 공지발명과 출원발명이 그 구성에 있어서 다소 상이하여도 그것을 구체화할 경우에는 설계상 당연한 결과로서 동일구성을 취하게 되는 것은 동일한 것으로 여겨진다.

16 앞서 본 바와 같이 실질적으로 동일하다는 의미는 그 문언상 동일하다는 의미를 포함하는 보다 넓은 개념이다. 저자 주.

17 선행기술단일의 원칙을 취하는 일본의 학자: 增井和夫, 특허판례가이드, p.46(有斐閣, 2판, 2001). 그러나 위 견해는 선행기술단일의 원칙을 취하는 규범적 근거를 제시하지는 못한다.

18 대법원은 위 기재된 선행기술에 주지관용기술을 조합하여 특허출원된 발명의 신규성을 부정할 수 있다고 본다. 대법원 2005.1.28. 선고 2003후175 판결(등록무효특) [공 2005.3.15(222), 433].

• 주지관용수단의 부가(신규성 부정)

이 사건 제1항 발명의 (중략) 클록 주파수를 분할하는 기술은 주지관용의 기술사상이므로, '컨트롤 블록' 구성이 간행물 1 게재 발명에 비하여 신규하거나 진보성 있는 기술적 구성이라고 볼 수 없고, (중략) 이 사건 제1항 발명은 간행물 1 게재 발명에 주지관용의 주파수 분할수단이 부가된 것에 불과하여 그러한 구성의 실현에 곤란성이 있다고 보기도 어렵다. (중략) 이 사건 특허발명의 특허청구범위 제2항 (중략) 디지털 설계회로 트레이닝 키트의 입력모드 설정에 따라 단순 부가적으로 채용할 수 있는 주지관용수단에 불과하다.

또한 이와 동지의 대법원 2004.10.27. 선고 2002후444 판결: 구특허법 제29조 제3항에서 규정하는 발명의 동일성을 판단하는 데에는 양 발명의 기술적 구성이 동일한가 여부에 의하여 판단하되 발명의 효과도 참작하여야 할 것인바, 기술적 구성에 차이가 있다고 하더라도 그 차이가 과제해결을 위한 구체적 수단에서 주지관용기술의 부가, 삭제, 변경 등으로 새로운 효과의 발생이 없는 정도의 미세한 차이에 불과하다면 양 발명은 동일하다고 하여야 할 것이다(대법원 2001.6.1. 선고 98후1013 판결 참조).

19 위 김원준, 전게논문, p.425. 조합발명의 진보성을 판단할 때의 기준은 조합에 있어서 개개의 요소가 선행기술에 비추어 공지 또는 자명한가 아닌가가 아니라 선행기술이 당업자를(당시에는 公知인) 복수 구성의 전체적 조합으로 이끌었는가 아닌가이다. 그것이 아니면, 공지의 구성을 조합한 발명이 진보성을 가지는 것은 불가능하게 된다(T388/89, T717/90 참조). 진보성을 판단함에 있어서도 선행기술을 조합하는 것으로 이끌게 하는 시사가 있었는가를 본다면 신규성을 판단함에 있어서는 더욱더 선행기술을 조합하였다는 자체만 가지고 신규성을 부정할 수 없다 할 것이다. 저자 주.

20 오승종, 전게서, p.114. 주지기술과 관용기술의 개념이 서로 다른 것이라고 보아 오직 주지기술을 부가한 발명만이

술 분야도 선행기술이 되어 후행발명의 신규성을 부정하는 데 사용될 수 있으며, 서로 다른 분야의 기술을 조합하여 개량한 발명자라고 하더라도 특허를 받을 수 없게 되고 오직 개척발명만이 특허를 받는다는 단점이 있다. 즉 신규성과 진보성의 구별을 모호하게 한다는 커다란 문제가 있다.[21] 만약 두 가지 이상의 선행기술을 조합하여 신규성을 판단할 수 있다면 개척발명이 아닌 한 출원된 발명은 신규성을 통과하기가 매우 어렵게 되고,[22] 특히 조합발명의 경우에는 거의 신규성을 인정받지 못할 것이다. 이러한 결과 특허가 발명자에게 발명에 대한 유인을 준다는 목적에 부합하지 못한다.[23]

3. 진보성과의 구별

가. 관련된 기술 분야

신규성은 진보성(Nonobviousness)과 밀접하게 관련되어 있지만 서로 다른 의미를 가진다. 신규성은 새로운 발명이 아니라면 특허를 받을 수 없다는 소극적인 개념이다. 이에 비하여 진보성은 적극적 개념으로서 특허를 받기 위해서는 그 발명이 속하는 기술 분야에서 통상의 지식을 가진 자가 용이하게 발명할 수 없을 것을 요구한다.[24]

신규성이 부정되고 관용기술의 부가는 진보성의 문제라고 보는 견해가 있다. 이 견해는 통상 '주지기술'이라는 것은 일반적인 기술자라면 누구라도 숙지하고 있는 기술을 말하고, 협의로는 어느 발명 또는 고안이 속하는 기술 분야에 있어서 일반적으로 알려져 있는 기술을 말한다. 예컨대 그 기술에 관하여 상당수의 공지문헌이 존재하거나, 관련된 기술 분야(당업계)에 널리 알려져 있는 경우 등이다. 이에 비하여 '관용기술'은 그 기술 분야에서만 일반적으로 사용하고 있는 기술을 의미한다. 따라서 주지기술보다는 관용기술이 더 좁은 의미로 해석된다. 이 견해는 대법원보다는 신규성을 허용하는 범위를 넓힌 것이다. 이에 비하여 특허청의 심사기준은 관용수단의 전환, 부가 또는 삭제는 신규성의 판단으로 보고, 주지기술의 전환, 부가 또는 삭제는 진보성의 문제로 보지만 주지기술과 관용기술을 구별하는 것은 쉽지 않다. 따라서 이러한 기술의 부가는 모두 진보성의 문제로 보는 것이 타당하다. 만약 그렇지 않다면 신규성과 진보성을 구별하여 규정한 특허법의 입법목적에 어긋나는 것이 된다. 저자 주.

21 Michael J. Meurer & Craig Allen Nard, INVENTION, REFINEMENT AND PATENT CLAIM SCOPE: A NEW PERSPECTIVE ON THE DOCTRINE OF EQUIVALENTS, 2002-2003, Georgetown Law Journal Association(2005) 참조. 개량발명을 장려할 필요성에 대해서는 Infra. 제8장 청구항의 해석 n.104: Texas Instruments, Inc. v. U.S. Int'l Trade Comm'n, 805 F.2d 1558, 1572, 231 USPQ 833, 841-42(Fed. Cir. 1986)(상대방이 적대적인 특허를 가지고 있을 때 발명을 우회하는 방식을 통하여 기술혁신을 하겠다는 동기를 부여하여 개량발명을 장려할 필요가 있다) 참조.

22 물론 출원된 청구항에 대하여 특허가 발급될 가능성이 줄어드는 반면에 일반대중의 영역으로 보호되는 선행기술의 범위는 넓어진다. 저자 주.

23 Rebecca S. Eisenberg, SYMPOSIUM: TAKING STOCK: THE LAW AND ECONOMICS OF INTELLECTUAL PROPERTY RIGHTS: Analyze This: A Law and Economics Agenda for the Patent System, 53 Vand. L. Rev. 2081, 2088(November, 2000): 단 하나의 선행기술만을 가지고 신규성 판단의 기준으로 하느냐 아니면 두 가지 이상의 선행기술을 조합할 수 있느냐 하는 문제, 즉 선행기술의 종류의 문제 및 선행기술과 어느 정도로 동일하여야만 동일성의 범위에 해당하느냐 하는 문제들은 바로 특허제도의 핵심이라고 할 수 있어서 이에 대해서는 경험적 경제학에 의한 연구의 필요성이 있다.

24 진보성의 성문법적 정의는 특허법 제29조 제2항이 하고 있다. 이 조항은 '特許出願 전에 그 發明이 속하는 技術分野

그러나 신규성은 선행기술이 특허출원된 청구항과는 다른 분야라고 하더라도 청구항의 신규성을 상실시키는 데 사용할 수 있지만,[25] 진보성은 그 발명이 속하는 기술 분야에서 통상의 지식을 가진 자에게 용이한 것인가를 판단하는 것으로서,[26] 신규성과 진보성은 판단의 자료가 되는 선행기술의 분야가 다르다.[27]

나. 물질의 용도와 특성

이미 알려진 물건이나 방법과 동일한 것에 대해서는 비록 아무런 관계가 없는 기술 분야에 사용된다고 하여도 그 물건이나 방법은 신규성이 없다. 또한 이미 알려진 물건이나 방법에 대

에서 통상의 知識을 가진 者가 第1項 各號의 1에 規定된 發明에 의하여 용이하게 發明할 수 있는 것일 때에는 그 발명에 대해서는 第1項의 規定에 불구하고 特許를 받을 수 없다'고 규정하고 있다.

25 In re Schreiber, 128 F.3d 1473, 1477, 44 USPQ2d 1429, 1431(Fed. Cir. 1997)(이미 알려진 물건의 새로운 용도를 발견한 것만으로는 알려진 물건에 대한 청구항의 신규성을 부여하지 못한다); In re Spada, 911 F.2d 705, 15 USPQ2d 1655, 1657(Fed. Cir. 1990)(알려진 물건의 새로운 장점이나 용도는 비록 용이한 것이 아니라고 하더라도 특허를 받을 수 없다); Verdegaal Brothers, Inc. v. Union Oil Company of California, 814 F.2d 628, 2 USPQ2d 1051(Fed. Cir. 1987)(청구항의 모든 구성요소를 포함하고 있는 선행기술은 비록 특허출원인이 공개한 발명개념이나 바람직한 특성을 명시적으로 공개하지 않고 있더라도 선행기술이나 방법이 그 특성을 원래 가지고 있는 것이라면 청구항의 신규성을 부정하기에 족하다); General Electric Co. v. Hoechst Celanese Corp., 740 F. Supp. 305, 317, 16 USPQ2d 1977, 1985(D. Del. 1990)(알려진 합성물이 원래 가지고 있었던 특성은 특허를 받을 수 없다); Ex parte Masham, 2 USPQ2d 1647, 1648(Bd. Pat. App. & Int'f 1987)(청구항의 구조가 가지는 용도는 이와 동일한 구조를 가진 선행기술을 구별하여 주지 못한다); Beachcombers, International, Inc. v. WildeWood Creative Products, Inc., 31 F.3d 1154, 1161, 31 USPQ2d 1653, 1658(Fed. Cir. 1994)(선행장치가 청구항이 가지는 효과를 내지 못한다고 하더라도 신규성을 상실시킬 수 있다).

26 절대다수설: 진보성을 결정하는 데 사용되는 증거와 신규성을 결정하는 증거는 서로 다르다고 본 사례: In re Paulson, 30 F.3d 1457, 1482 n.11, 31 USPQ2d 1671, 1676 n.11(Fed. Cir., 1994). 진보성을 결정하는 법적 기준은 신규성을 결정하는 기준과는 전혀 다르다고 본 견해: In re Mills, 916 F.2d 680, 16 USPQ2d 1430(Fed. Cir., 1990). 청구항이 용이하지는 않지만 공개된다고 본 사례: W.L. Gore & Associates Inc. v. International Medical Prosthetics Research Associates Inc., 16 USPQ2d 1241, 1260(D. Ariz., 1990). 신규성의 판단은 사실인정의 문제라고 본 견해: Ex parte Lee, 31 USPQ2d 1105, 1110 n.1(Bd. Pat. App. and Int'f, 1993).

소수설: 선행기술이 내재적으로 가르치는 것이 신규성은 물론 진보성을 판단하는 데 있어서도 사용될 수 있다고 본 사례도 있다. In re Napier, 55 F.3d 610, 613, 34 USPQ2d 1782, 1784(Fed. Cir., 1995).

27 신규성 판단과 진보성 판단은 다른 것이라고 보는 견해

In re Paulsen, 30 F.3d 1475, 1482 n.11, 31 USPQ2d 1671, 1676 n.11(Fed. Cir. 1994)(진보성을 판단하는 증거를 가지고 신규성을 판단하는 증거로 사용할 수 없다); Jones v. Hardy, 727 F.2d 1524, 1529, 220 USPQ 1021(Fed. Cir. 1984)(진보성을 판단하면서 선행기술이 가지는 내재적 특성을 사용한 것은 진보성과 신규성을 혼동한 것이다); Rheox, Inc. v. United Catalysts, Inc., 1995 WL 526542*5(D. N.J. 1995)(신규성의 판단에 있어서 선행기술의 반대의 가르침은 중요하지 않다); W.L. Gore & Associates Inc. v. International Medical Prosthetics Research Associates Inc., 16 USPQ2d 1241, 1260(D. Ariz. 1990)(청구항이 신규성이 없을지도 모르지만 진보성은 있을 수 있다); Ex parte Lee, 31 USPQ2d 1105, 1110 n.1(Bd. Pat. App. & Int'f 1993)(Pellman & Steiner, 소수의견: 신규성은 사실인정의 문제이다); In re Malagari, 499 F.2d 1289, 182 USPQ 549, 553(CCPA 1974)(신규성은 예상치 못한 효과나 다른 방향의 가르침의 증거에 의하여 부정될 수 없다); Ex parte Novitski, 26 USPQ2d 1389, 1390(Bd. Pat. App. & Int'f 1993)(진보성이 있는 발명이지만 선행기술이 원래 청구항의 방법을 포함하고 있으므로 신규성이 없다고 본 사례).

그러나 이에 반대하는 소수견해는 In re Napier, 55 F.3d 610, 613, 34 USPQ2d 1782, 1784(Fed. Cir. 1995)(선행기술의 가르침이 신규성과 진보성과 관련이 있다); Brown-Bridge Mills v. Eastern Fine Paper, Inc., 700 F.2d 759, 217 USPQ 651(1st Cir. 1983)(신규성이 없어서 무효인 특허가 진보성이 있다고 볼 수는 없다).

한 새로운 용도, 특성 또는 장점이 발견되어도 그 물건이나 방법 자체에 대하여 신규성이 없음은 물론이다.[28] 비록 새로운 성질이나 용도가 선행기술에 비추어 진보성이 있다고 하더라도 이미 알려진 물질은 특허를 받을 수 없다. 이로써 신규성과 진보성은 전혀 다른 것이다.[29]

CAFC는 In re Schoenwald 사건에서 선행기술이 그 물질을 만드는 방법을 공개한 이상 그와 동일한 물질에 대한 신규성을 상실시키기에 충분하고 더 나아가 그 산업상 이용가능성(Utility)까지 공개할 필요는 없다고 판시하였다. In re Schoenwald 사건에서는 출원인이 N-cyclohexyl-N-methyl-2-phenylethylamine이라는 합성물을 안구건조증 치료제로 공개하고 그 치료방법과 합성물에 대한 특허를 출원하였다. 이 합성물이 국부적으로 눈에 투약되면 눈물을 자극한다. 그러자 미특허청에서는 이 합성물을 가지고 안구건조증을 치료하는 방법에 대해서는 특허를 허락하였지만 이 합성물 자체에 대해서는 특허를 거절하였다. 특허청은 물질에 대한 청구항은 선행문헌에 의하여 신규성이 부정된다고 보았다.

선행문헌인 Bumgardner 출판물은 이 합성물을 적절하게 공개하고 그 만드는 방법까지도 설명하고 있었으나 그 유용성에 대해서는 공개를 하지 않고 있었다. 그러나 CAFC는 이러한 합성물에 대한 청구항의 신규성을 부정하기 위해서는 선행문헌이 그 동일한 용도까지 공개할 필요는 없다는 것이다.

CAFC는 특허를 받기 위하여 절대적으로 필요한 요건으로 특허대상이 반드시 새로운 것이어야 한다는 점을 들었다. 그러나 단지 합성물의 이름만을 공개한 선행기술을 가지고는 출원된 청구항의 신규성을 부정할 수는 없지만 합성물과 함께 이를 만들 수 있는 방법을 공개한 선행기술은 이와 동일한 합성물을 청구항의 권리범위로 주장하는 출원인에 대하여 신규성을 부정하기에 충분하다.

출원인이 한 발명적 기여는 합성물이 아니라 그 합성물의 새로운 용도를 발견한 것으로서 그 물질은 새로운 것이 아니다. 이에 출원인은 자신이 발견한 용도에 대하여 안구건조증 치료방법으로 특허를 받음으로써 이미 충분하게 보상을 받은 것이다. 따라서 그들이 한 기여에 대하여 그들은 이미 충분하게 보상을 받은 것이다.[30]

다. 발명의 사용목적

신규성은 선행기술이 출원된 청구항의 모든 구성요소를 가지고 있는지를 보는 것이다. 이

---

[28] Chisum on Patents §3.02 [3]-Nonanalogous Arts-New Uses and Advantages 참조. In re Schreiber, 128 F.3d 1473, 1477, 44 USPQ2d 1429, 1431(Fed. Cir. 1997).

[29] In re Spada, 911 F.2d 705, 15 USPQ2d 1655, 1657(Fed. Cir. 1990); General Electric Co. v. Hoechst Celanese Corp., 740 F. Supp. 305, 317, 16 USPQ2d 1977 1985(D. Del. 1990).

[30] In re Schoenwald, 964 F.2d 1122, 1223-24, 22 USPQ2d 1671, 1672-73(Fed. Cir. 1992). 만약 그 이상의 대가가 주어진다면 이는 공짜로 받게 되는 셈이다.

때 선행기술이 발명적 개념이나 특허권자가 발견한 원하는 특성을 명시적으로 공개하고 있지 않더라도 이러한 특성을 내재적으로 가지고 있으면 후일 출원된 청구항의 신규성을 부정할 수 있다.[31]

일단 선행기술이 출원된 청구항의 모든 구성요소를 가지고 있으면 출원된 청구항의 사용목적이나 방식이 선행기술과 다르더라도 신규성을 상실시키는 데 아무런 문제가 없다. 즉 청구항의 사용목적이나 방식은 청구항의 장치에 대한 구조적 한정사로 작용하는 것은 아니기 때문에 이를 모두 공개하고 있는 선행장치와 구별하도록 할 수는 없다.[32]

Dwight & Lloyd Sintering Co. v. Greenawalt 사건에서 Learned Hand 판사는 선행기술에 존재하는 장치가 팬을 거꾸로 돌리는 것을 제외하면 아무런 구조적 변경도 없이 출원된 청구항을 위하여 사용될 수도 있는 경우에 선행기술과 청구항과는 동일한 것이다. 이는 발명이 어떻게 작동하는가의 문제로서 청구항의 용도가 선행기술과 다른 데 불과하다. 이렇게 청구항이 가지는 용도가 선행장치와 다르다고 하더라도 그 구조가 동일한 것인 한 새로운 발명이라고 볼 수 없어서 결국 청구항은 신규성이 없다.[33]

LaBounty Manufacturing 사건에서는 선행기술이 어떤 장치를 '거꾸로(Upside down)' 공개하고 있고 이렇게 거꾸로 된 위치에서는 출원된 청구항이 작동하는 방식으로 작동할 수 없었다. 그러나 선행장치의 구조를 변경하지 아니하고도 그 위치를 바꾸기만 하면 출원된 청구항과 동일하게 작동할 수 있었다.[34]

CAFC는 선행기술이 출원된 청구항을 이미 공개하고 있다고 판시하였다. 선행장치가 의도했던 용도는 청구항의 신규성과는 아무런 관련이 없다. 특허를 발급하는 것은 기계에 대한 것이지 그 기계가 가지는 용도에 대한 것이 아니기 때문이다. 따라서 출원된 청구항의 목적을 변경함이 없이 선행기술을 그대로 사용할 수 있는 경우에는 신규성이 부정된다.[35]

라. 진보성의 판단

이미 알려진 물건에 대한 내재적 특성의 용도를 새로이 발견한 경우에 이를 '용이하다' 즉

---

31 Verdegaal Brothers, Inc. v. Union Oil Company of California, 814 F.2d 628, 2 USPQ2d 1051(Fed. Cir. 1987).

32 Ex parte Masham, 2 USPQ2d 1647, 1648(Bd. Pat. App. & Int'f 1987).

33 Learned Hand 판사가 Dwight & Lloyd Sintering Co. v. Greenawalt, 27 F.2d 823, 828(2d Cir. 1928)에서 한 판시.

34 LaBounty Manufacturing, Inc. v. U.S. Int'l Trade Comm'n, 958 F.2d 1066, 22 USPQ2d 1025(Fed. Cir. 1992).

35 구조설(Dwight & Lloyd Sintering에서 판시한 Learned Hand 판사의 견해와 입장을 같이한다); LaBounty Manufacturing에서 CAFC는 선행기술과 구조가 동일한 청구항은 그 작동성 여부와 관계없이 신규성이 없다는 구조설을 취하였다. 따라서 특허권자가 주장하기를 선행기술이 비록 청구항과 같은 구조를 가진 장치를 공개하고 있지만 선행기술이 공개한 장치는 위와 아래가 거꾸로 된 것이어서 이러한 상태에서는 청구항의 발명이 작동하는 것과 동일하게 작동하는 것이 불가능할 것이므로 이러한 선행기술을 청구항의 신규성을 상실시킬 수 없다고 하는 주장을 배척하였다.

진보성이 없다는 이유로 거절하는 것은 신규성과 진보성을 오해한 것이다.[36] 출원된 청구항이 신규성이 없을지라도 진보성이 있을 수 있지만,[37] 일단 출원된 청구항이 신규성이 없다고 하면 더 나아가 판단할 필요가 없고, 진보성이 있어서 유효라고 할 수도 없다.[38]

마. 내재적 특성

선행문헌이 가르치고 있지는 않지만 이미 알려진 물질이 내재적으로 가지고 있는 특성은 신규성의 문제이다.[39] CAFC는 Ex parte Novitski 사건에서 선행기술이 곰팡이병을 치료하는 물질로서 공개되고 있고 출원된 청구항이 기생충의 감염을 억제하는 방법인 경우에 이 물질이 기생충의 감염을 억제하는 효과를 내재적으로 가지고 있다면 선행기술에 의하여 신규성이 상실된다고 보았다.

이 Ex parte Novitski 사건은 '식물을 기생충의 감염으로부터 보호하기 위해서 기생충을 억제하는 세포주 P. cepacia를 식물에 접종하는 방법 청구항'에 관한 것으로서 선행문헌은 이 물질을 가지고 식물에 접종함으로써 곰팡이병을 치료하는 것만을 가르치고 있다. 따라서 선행문헌이 이 물질을 기생충의 감염을 억제하는 데 사용하도록 가르치고 있지 않기 때문에 청구항은 용이하지 않다. 그리고 이 청구항은 신규성이 없다. 왜냐하면 기생충을 방제하는 효과는 이 물질이 가지는 내재적인 효능이기 때문이다.

바. 선택발명의 신규성

선행기술과 출원된 청구항의 차이점이 값의 범위(Range of values)에 관한 것이거나, 청구항의 권리범위에 있는 다른 변수에 관한 것인 때에는 청구항에서 한정한 그 특정 범위가 결정적으로 중요한 것이어서 선행기술에 비하여 예상치 못한 결과를 가져올 수 있어야만 한다.[40] 이는 같은 종 내에서 다른 속과 구별하여 주는 고유성을 말한다.[41]

---

36 Jones v. Hardy, 727 F.2d 1524, 220 USPQ 1021(Fed. Cir. 1984).

37 W.L. Gore & Associates Inc. v. International Medical Prosthetics Research Associates Inc., 16 USPQ2d 1241, 1260(D. Ariz. 1990).

38 Brown-Bridge Mills v. Eastern Fine Paper, Inc., 700 F.2d 759, 217 USPQ 651(1st Cir. 1983).

39 Ex parte Novitski, 26 USPQ2d 1389, 1390(Bd. Pat. App. & Int'f 1993).
그러나 내재적인 가르침은 신규성 및 진보성 모두에서 사용된다. In re Napier, 55 F.3d 610, 613, 34 USPQ2d 1782, 1784(Fed. Cir. 1995)("The inherent teaching of a prior art reference … arises both in the context of anticipation and obviousness").

40 중대한 차이점(예상치 못한 효과): In re Woodruff, 919 F.2d 1575, 16 USPQ2d 1934(Fed. Cir. 1990); In re Geisler, 116 F.3d 1465, 1469-70, 43 USPQ2d 1362, 1365(Fed. Cir. 1997)(Malagari(1974) test: 진보성을 위한 요건: 일응 용이하다는 추정력을 번복하기 위한 예상치 못한 효과 또는 반대방향의 가르침).

41 선행기술이 단백질 아미노산의 염기서열을 공개하는 내용은 반드시 단백질을 암호화하여 가지고 있는 특정 DNA

① 선행문헌이 일정한 범위에 있는 값을 공개하고 있고, ② 그 값의 범위의 한계가 청구항의 권리범위에 있고, ③ 선행기술이 그 한계값이나 청구항의 권리범위에 있는 값을 사용하는 실시례를 공개하지 못하고 있는 경우에 선행기술이 청구항의 신규성을 부정할 수 있을 정도로 완전한 공개를 한 것이냐의 문제가 있다.[42]

CAFC는 In re Woodruff 사건에서 출원된 청구항이 선행기술이 공개한 물질의 범위에 속하는 물질을 그 권리범위로 하는 경우에, 이미 선행물질이 내재적으로 가지고 있었던 편익(Benefit)을 발견한 것이냐 아니면 결정적으로 예상치 못한 새로운 효과를 발견한 것이냐가 신규성을 판가름하는 기준이 된다고 보았다.[43] 따라서 이미 알려진 물질이나 방법에 대하여 청구항이 그 범위만을 한정하면서 새로운 용도나 특성 또는 장점을 주장하는 경우에 신규성이 인정되기 위해서는 그 범위의 차이에서 오는 효과가 예상치 못할 정도로 중요한 것이어야만 한다.[44] 만약 그렇지 아니하고 그 효과가 단지 알려지지 않은 편익에 불과하여 선행기술이 내재적으로 가지고 있었던 것에 불과하다면 이는 신규성이 없는 발명에 불과하다.[45]

In re Woodruff 사건에서는 출원인이 신선한 채소를 통상보다 적은 산소와 많은 일산화탄

를 예견하지 않는다고 본 사례: In re Deuel, 51 F.3d 1552, 1558-59, 34 USPQ2d 1210, 1215(Fed. Cir., 1995). 선행기술과 청구항 사이의 차이점이 단지 상대적 범위에 있는 경우에는 예견가능성을 부인하기 위해서는 이러한 상대적 범위로 인하여 예상하지 못한 결과를 얻는 데 결정적으로 중요하다는 사실을 입증하여야 할 필요가 있다고 본 사례: In re Woodruff, 919 F.2d 1575, 16 USPQ2d 1934(Fed. Cir., 1990). 미특허청의 화학물질에 대한 신규성 심사지침은, ① 선행문헌이 변수의 범위를 가지고 있고, ② 변수 범위의 한도가 청구항에 포함되고, ③ 선행문헌이 이 범위의 한도를 사용한 특정한 예나, 후행 청구항에 포함된 특정한 예를 가지고 있지 않는 경우에는, 선행문헌이 후행 청구항을 예견한다고 규정하고 있다. 후행 Polyephenylene ether와 Polyolefin 수지에 대한 청구항이 선행문헌에 의하여 예견되는지 여부와 진보성의 요건을 통과할 수 있는지에 대한 논의는 Ex parte Lee, 31 USPQ2d 1105(Bd. Pat. App. And Int'f, 1993) 참조.

42 Ex parte Lee, 31 USPQ2d 1105(Bd. Pat. App. and Int'f 1993).

43 In re Woodruff, 919 F.2d 1575, 16 USPQ2d 1934(Fed. Cir., 1990).

44 결정적 차이설(Critical difference test(정설)): Oscar Mayer Foods Corp. v. Conagra Inc., 31 USPQ2d 1173, 1176(W.D. Wis. 1994)(이미 알려진 방법이 가지는 범위 중에서 일부의 범위가 가지는 편익을 새로이 발견한 데 불과한 것은 신규성이 없다. 그러나 일단 선행기술과 다른 청구항의 진보성을 판단하는 데 있어서 동기가 중요하다는 것을 부정하는 것은 아니다); Mehl/Biophile International Corp. v. Milgraum, 8 F. Supp. 2d 434, 444-45, 47 USPQ2d 1248, 1256(D. N.J. 1998), aff'd, 192 F.3d 1362, 52 USPQ2d 1303(Fed. Cir. 1999)(청구항이 선행기술이 이미 공개한 범위에 있는 물질을 그 권리범위에 포함하는 경우에 신규성이 없다는 것은 기본원칙이다).

45 혈액보관용기에 사용된 'di-2-ethylhexyl phthalate(DEPH)'가 가지는 잠재적 특성을 발견한 것만으로는 이미 알려진 물질에 대한 신규성을 배제하지는 못한다고 본 사례는 In re Baxter Travenol Labs, 952 F.2d 388, 392, 21 USPQ2d 1281, 1285(Fed. Cir., 1991). 선행기계의 구조를 변경함이 없이도 청구항에 기재된 작동을 할 수 있는 경우에는 신규성이 부정된다고 본 사례는 LaBountry Manufacturing Inc. v. U.S. Intl Trade Commn, 958 F.2d 1066, 1075, 22 USPQ2d 1025, 1032(Fed. Cir., 1992). 특허권자가 N-cyclohexyl-N-methyl-2-phenyethylamine이라는 물질을 가지고 눈물을 자극하는 용도로 사용하는 방법에 대하여 방법특허를 발급받은 후에 위 물질 자체에 대하여 다시 특허를 출원하자 미특허청이 특허의 발급을 거절하였다. CAFC가 특허청의 거절결정을 인용하면서, 선행문헌이 단지 물질의 이름만을 공개한 것만으로 신규성을 부정하기에는 부족하지만 이 물질을 언급하면서 이를 제조할 수 있도록 한 것은 신규성을 부정하기에 족하고 더 나아가 신규성을 인정받기 위하여 선행문헌이 물질의 용도까지 공개할 필요는 없다고 본 사례는 In re Schoenwald, 964 F.2d 1122, 1124, 22 USPQ2d 1671, 1673(Fed. Cir., 1992).

소를 공급하는 냉장고에 저장함으로써 곰팡이의 성장을 저해하는 방법에 관한 것이다. 미특허청은 특허청구항 제27항 및 제31항이 용이한 것이라고 거절하였다. 선행기술인 McGill 특허는 채소가 신선하도록 박테리아를 억제하기 위해서 낮은 온도에서 공기를 교체함으로써 신선한 공기 중에서 저장하는 방법을 공개하고 있었지만 막상 곰팡이에 대해서는 아무런 공개가 없었고 실제로 채소의 신선도가 중요한 기간인 14일 동안에는 아무런 것도 공개하지 않았다.

다음은 청구 제27항 및 제31항과 McGill 특허의 공개내용을 비교하여 선행기술의 범위와 출원된 청구항의 권리범위가 서로 겹치는 부분을 살펴본다.

청구 제27항	청구 제31항	McGill 특허
0-20% CO_2	20-20% CO_2	5-20% CO_2
1-20% O_2	20-21% O_2	10-21% O_2
23-25% CO	5-25% CO	1-5% CO
공기 N_2	공기 N_2	공기 N_2
온도 F 29-60	온도 F 29-60	온도 F 32-40

선행 McGill 특허이 범위는 청구 제27항의 청구항의 범위와 중복된다. 이들은 청구 제31항의 범위와도 중복되는데 물론 이 중에서 CO의 범위는 선행특허가 1-5%인 데 비하여 청구 제31항은 5-25%로서 거의 중복되지 않는다. 특허출원인이 McGill의 진술서를 제시하면서 그의 특허는 채소를 보존하는 데 있어서 곰팡이가 문제가 된다고 가르치지 않았다. 그는 오직 '박테리아를 억제하는 것'에만 초점을 맞추었기 때문에 출원된 청구항과 서로 다른 것이라고 주장하였다. 더구나 선행 McGill 특허는 곰팡이가 성장하여 사실상 채소의 신선도가 떨어지도록 영향을 주는 기간인 14일 동안 이 방법을 사용하는 것을 가르치지도 않았다.

그러나 CAFC는 청구항의 발명과 선행기술의 CO의 범위에 있어서의 사소한 차이점과 곰팡이의 성장을 억제한다는 새로이 공개된 편익만으로는 특허를 받을 수 없다고 보았다. 곰팡이의 성장을 억제한다는 새로운 용도라는 것은 적어도 선행기술이 가지고 있었던 채소의 부패를 방지한다는 의도를 개괄적으로 포함한다. 또한 청구항에 기재된 CO의 범위에 있어서도 특허를 발급받을 수 있는 차별성이 제시되지 않는다.

출원된 청구항과 선행기술과의 차이점이 청구항의 권리범위에 있는 어떠한 범위나 값에 있는 경우에 출원인은 그 특정한 범위(Range)가 결정적(Critical)이라는 사실을 입증하여야 특허를 받을 수 있다. 일반적으로 이러한 입증은 청구항의 범위가 선행기술의 범위에 비하여 예상치 못한 효과(Unexpected results)를 가져온다는 증거를 제시하는 것이다.[46]

---

[46] In re Woodruff, 919 F.2d 1575, 16 USPQ2d 1934(Fed. Cir., 1990).

사. 특허법적 구별

특허법상으로 신규성과 진보성을 구별하게 된 것은 비교적 근래의 일이다.[47] 1952년 이전만하더라도 미특허법은 신규성(Novelty)과 실용성(Utility), 즉 산업상 이용가능성에 대해서만 조항을 두고 있었을 뿐 진보성에 대해서는 아무런 명문의 규정을 두지 않고 있었다. 단지 미국의 법원은 판례법으로 이 진보성의 기준을 요구하였고 진보성을 충족하여야만 유효한 특허라고 보았다. 이 판례법은 1850년부터 어떤 발명이 특허를 받기 위해서는 그 발명이 속하는 기술 분야에서 통상의 지식을 가진 자가 가지는 기술 수준을 넘는 것을 요구하였다. 따라서 어떤 출원된 발명이 그 구조나 형태에 있어서 기존의 기술과 비교하여 아무런 변경이나 개량된 것이 없고 단지 기존의 물건이나 기계들을 모아 놓은 것에 불과한 것도 특허를 받을 수 있었다. 그 후 1952년에 이르러서 미특허법은 진보성이라는 개념을 제103조 명문으로 규정하였다. 위 조항에 의하면 특허는 그 특허대상과 선행기술을 전체적으로 비교하여 볼 때 발명이 만들어진 시점에서 관련산업에 종사하는 통상의 기술자가 보기에 용이한 것이라면 특허를 받을 수 없다고 규정하고 있다.[48]

일본의 구 특허법에도 현재의 일본 특허법 제32조 제2항, 즉 진보성에 해당하는 조문이 없었기 때문에 특허심사관행은 선행기술에 비추어 용이한 발명은 구 특허법 제1항의 '발명' 즉 법정특허대상(Subject matter)에 해당하지 않는 것으로 보아 특허를 거절하여 왔다.[49] 따라서 미국이나 일본이나 특허법에 명문의 규정이 있든 없든 신규성과 진보성은 이들을 구별할 필요성이 있다고 여겨져 온 것이다.

---

47 상대적 차이설(미국의 정설): Bonito Boats Inc. v. Thunder Craft Boats Inc., 489 U.S. 141, 9 USPQ2d 1847, 1852(1989): 신규성과 진보성은 이미 일반대중이 사용할 수 있거나 일반대중이 사용할 수 있는 자료로부터 쉽사리 얻을 수 있는 것을 자유로이 경쟁적으로 사용하거나 이를 기술개발에 이용할 수 있도록 하기 위하여 특허법이 요구하는 것이다.; (일본학자) 일본의 增井和夫, 특허판례가이드, p.46(有斐閣, 2판, 2001). 이 견해는 다시 진보성을 판단하면서 용이한 발명인지를 검토하기 때문에 신규성, 즉 동일성을 너무 엄격히 판단할 필요는 없다고 본다. 결국 신규성과 진보성의 구별을 상대적인 것으로 본다.

48 Chisum on Patents §5.02, 5-11.

49 中山, 注解 特許法, p.240.

Ⅱ. 선행기술

1. 의 의

선행기술은 특허출원된 발명의 신규성과 진보성을 비교·판단하기 위해서 사용되는 현존하는 기술정보를 말한다.[50] 특허법은 특허출원 전에 국내외에서 공지되거나 공연히 실시된 발명과 특허출원 전에 국내외에서 반포된 간행물에 게재되거나 전기통신회선에 의하여 공중이 이용가능하게 된 발명 및 [51][52] 선출원된 특허출원서에 기재된 발명으로서 후출원한 특허출원서가 접수된 이후에 출원공개된 발명, 즉 미공개되었지만 특허법상은 공개된 것으로 의제되는 것들을 선행기술로 열거하고 있다.[53] 이 외에도 명세서에서 당사자가 선행기술로 자인한 것도 판례는 선행기술로 인정하고 있다.[54]

2. 발명자와 선행기술의 관계

가. 발명자 자신의 발명

발명자 자신의 독창적인 발명은 후일 자신의 발명에 대한 진보성을 부인하는 선행기술로 사용할 수 없다고 보는 것이 원칙이다.[55] 또한 발명자는 다르지만 발명 당시에 동일한 사람에

---

50 McCarthy, Desk of Encyclipedia of Intellectual Property(BNA 2d., 2000) p.341.

51 제29조(특허요건) ① 산업상 이용할 수 있는 발명으로서 다음 각 호의 어느 하나에 해당하는 것을 제외하고는 그 발명에 대하여 특허를 받을 수 있다. 〈개정 2001.2.3, 2006.3.3〉
1. 특허출원 전에 국내 또는 국외에서 공지되었거나 공연히 실시된 발명
2. 특허출원 전에 국내 또는 국외에서 반포된 간행물에 게재되거나 대통령령이 정하는 전기통신회선을 통하여 공중이 이용 가능하게 된 발명

52 선행기술은 또한 공지공용의 기술, 주지관용기술 또는 현행 기술 수준(The state of the art)이라고도 하나 모두 선행기술(Prior art)이라는 포괄적 개념으로 사용될 수 있다.

53 유럽특허법 EPC 제54조 제3항 및 특허법 제29조 ③ 특허출원한 발명이 당해 특허출원을 한 날 전에 특허출원 또는 실용신안등록출원을 하여 당해 특허출원을 한 후에 출원공개되거나 등록공고된 타 특허출원 또는 실용신안등록출원의 출원서에 최초로 첨부된 명세서 또는 도면에 기재된 발명 또는 고안과 동일한 경우에 그 발명에 대해서는 제1항의 규정에 불구하고 특허를 받을 수 없다. 다만, 당해 특허출원의 발명자와 타특허출원의 발명자나 실용신안등록출원의 고안자가 동일한 경우 또는 당해 특허출원의 특허출원 시의 특허출원인과 타 특허출원이나 실용신안등록출원의 출원인이 동일한 경우에는 그러하지 아니하다〈개정 1993.12.10, 1997.4.10, 1998.9.23, 2001.2.3, 2006.3.3〉.

54 In re Fout, 675 F.2d 297, 213 USPQ 532(CCPA 1982).

55 Chisum §5.03 [3] p 5-191, In re Dow Chemical Co., 837 F.2d 469, 472, 5 USPQ2d 1529, 1531(Fed. Cir., 1988). 그러나 특허출원서에 기재된 발명의 목적은 선행기술이 될 수 없다고 보는 견해: In re Pleuddemann, 910 F.2d 823, 15 USPQ2d 1738(Fed. Cir., 1990). 특허법이 특별히 규정하고 있지 않는 한 자기의 발명은 선행기술이 될 수 없다고 보는 견해: In re Fout, 675 F.2d 297, 300 n.2, 213 USPQ 532, 535 n.2(CCPA, 1982). 이 견해에 의하면 ① 발명자가 자기의 발명을 판매하는 등 공연히 실시한 경우, ② 자신의 발명을 포기한 경우, ③ 자기의 발명에 관하여 외국

의하여 발명이 소유되거나 동일한 사람에게 발명이 양도되는 경우에는 비록 발명자 자신의 지식이 아니더라도 선행기술이 되지 않는다.[56]

따라서 위 원칙에 의하면 선행기술이 a인 경우에 ① 발명자 A가 a+b를 구성요소로 하는 발명에 대하여 특허를 출원한 뒤, ② 이 특허출원서가 출원공개되기 이전에 B가 a+b+c를 구성요소로 하는 발명에 대하여 특허를 출원하고, ③ 위 ① 및 ②의 두 가지 특허출원서가 출원공개되기 이전에 이어서 다시 A가 a+b+c를 구성요소로 하는 발명에 대하여 특허를 출원하였다. 이러한 경우에 ① 특허출원서는 ② 특허출원에 대한 선행기술로 되어, 만약 ② 특허출원서가 그 발명이 속하는 기술 분야에서 통상의 지식을 가진 자에게 용이한 것일 경우에 B는 특허를 받을 수 없다.

그러나 ③ 특허출원된 발명은 다르다. ①과 ③ 모두 동일한 발명자인 A에 의하여 된 것이기 때문에 선행기술이 되지 아니하고 따라서 A는 ①과 ③ 모두에 대하여 특허를 받을 수 있다. 그러나 만약 ③에 대한 특허가 ① 특허의 용이한 변형에 불과하다면 이는 이중특허의 문제가 제기되고 진보성의 문제는 아니라고 보는 것이 위 원칙이 취하는 입장이다.

나. 원칙에 대한 예외

그러나 이 원칙은 두 가지 중요한 예외를 가지고 있다. 첫째, 발명자 자신의 발명이 출원공개되거나, 특허가 발급되거나, 반포된 간행물에 게재되거나, 공연히 실시된 것이라면 이것은 자신의 후특허출원된 발명에 대한 선행기술이 된다.[57] 이렇게 발명이 공지되거나 공연히 실시되었다면 비록 공동발명자 중의 1인이 한 발명이라도 선행기술이 된다.[58] 또한 2개의 특허를 동일인이 소유하게 된 경우에도 선특허출원자가 한 공개내용은 후출원 발명에 대한 진보성을 판단하는 선행자료로 사용될 수 있다.[59]

에서 특허를 출원한 뒤 12개월 이내에 국내에서 특허를 출원하지 아니함으로써 이 발명에 대하여 특허를 받을 권리를 상실한 경우에는 특허법의 규정에 의하여 자기의 선행발명도 선행기술이 된다고 본다.

56 Chisum §5.03 [3], 5-181. 1984년 미특허법의 개정은 미특허법 제102조 (f)항이 위와 같이 발명 당시에 동일한 사람에 의하여 소유되거나 동일인에게 발명이 양수되도록 한 경우에 적용되지 않도록 하기 위한 것이라고 본다.

57 In re Jaeger, 241 F.2d 723, 112 USPQ 477(CCPA, 1957), Graham v. John Deere Co., 383 U.S. 1, 19-26, 148 USPQ 459(1966).

58 특허법 제29조 제3항 단서의 해석상 발명자나 특허출원자가 동일인인 경우에는 신규성을 판단하는 선행자료로 사용할 수 없음은 물론이다. 그러나 특허법 제29조 제2항에는 이러한 단서 규정이 없기 때문에 진보성을 판단하는 선행기술로 사용할 수 있다고 해석될 수 있다. 일반대중에게는 공개되지 않았다고 할지라고 공동발명자에게 공개된 발명도 선행기술로 사용될 수 있다고 보는 견해: In re Fout, 675 F.2d 297, 300-01, 213 USPQ 532, 535(CCPA, 1982).

59 In re Bartfield, 925 F.2d 1450, 1451(1991). CAFC는 2개의 특허를 모두 소유하고 있는 사람은 ① 발급된 특허의 명세서에 기재된 발명(미특허법 제102조 (e)항)과 ② 진보성을 판단하는 자료로서 사용되는 선행기술(미특허법 제103조)에 의한 특허거절을 극복하기 위해서 조건부 권리포기(Terminal disclaimer)를 신청할 수 없다고 보았다. 비록 두 발명자가 자신들의 권리를 같은 회사에 양도하였기 때문에 이 회사가 두 개의 특허권의 유일한 소유자가 되었

따라서 위 예시에 의하면 만약 A의 ① 특허출원서가 출원공개된 경우에는 위 일반원칙이 적용되지 아니하고 예외가 적용되어 비록 자신의 발명이라고 하더라도 ① 특허출원서는 ③ 특허출원서에 대한 선행기술이 되어 과연 a+b+c가 a+b와 기타 선행기술과 조합한 것과 비교하여 그 발명이 속하는 기술 분야에서 통상의 지식을 가진 자에게 용이하다면 A는 ③의 발명에 대해서는 특허를 받을 수 없다.

다. 공동발명자의 발명

발명자 자신의 발명은 후일 자신의 발명에 대한 진보성을 부인하는 선행기술로 사용할 수는 없지만 그 둘째의 예외로서, 선행발명을 한 발명자가 후특허출원된 발명의 공동발명자 중 한 사람이 되면 자신의 선행발명이 출원공개되거나, 특허가 발급되거나, 반포된 간행물에 게재되거나, 공연히 실시된 것이라도 이는 선행기술이 되어 타인과 공동으로 한 발명의 진보성을 부인하는 선행기술로 사용될 수 있다.[60]

따라서 만약 ① A가 a+b의 구성요소를 가진 발명에 대하여 특허출원서를 제출하고, ② 이 특허출원서가 공개되기 이전에 A와 B가 공동발명자가 a+b+c를 구성요소로 하는 발명에 대하여 특허를 출원하고, ③ 위 각 특허출원서가 공개되기 이전에 A 단독발명으로서 a+b+c′의 구성요소로 된 발명에 대한 특허를 출원한 경우에는 실제발명자(Inventor entity)가 동일한 위 ① 발명과 ③ 발명에 대해서는 위 일반원칙이 적용되어 위 ① 발명은 ③ 발명의 진보성을 부인하는 선행기술이 되지 않는다.

그러나 실제발명자가 다른 경우에는 위 일반원칙이 적용되지 않고 서로 다른 실제발명자가 한 발명은 선행기술이 되어 버린다. 즉 위 ① 발명은 ② 발명에 대한 선행기술이 되고, 위 ② 발명은 ③ 발명에 대한 선행기술이 된다. 결과적으로 A의 ① 발명은 A와 B라는 실제발명자가 한 ② 발명에 대하여 선행기술이 되고, ② 발명은 A라는 실제발명자가 한 ③ 발명에 대한 선행기술이 되어 a+b와 a+b+c 그리고 a+b+c와 a+b+c′ 발명의 각 차이점이 그 발명이 속하는 기술 분야에서 통상의 지식을 가진 자에게 용이한 경우에는 A와 B는 ② 발명에 대하여, A는 ③ 발명에 대하여 각각 특허를 받을 수 없다.[61]

다 하더라도 선특허출원서의 명세서가 공개하는 내용은 후출원된 청구항의 진보성을 판단하기 위한 선행기술로 사용된다고 본다. 따라서 아직 일반에게 공개되지 않은 자료도 후출원된 발명의 진보성을 판단하는 자료로 사용될 수 있다. 동일인이 2개의 특허를 가지고 있는 경우에 이중특허의 문제가 되느냐 아니면 진보성의 문제가 되느냐 하는 논의에 대해서는 위 in re Bartfield, 925 F.2d at 1453, 17 USPQ2d at 1888 참조.

60 In re Bass, 474 F.2d 176, 177 USPQ 178(CCPA, 1973). 발명자 자신의 발명에만 한정된다는 의미는 공동발명자를 제외하기 때문에 위 ②의 예외사유는 진정한 예외가 아니라고 보는 견해가 있다. Chisum 3.08 [2][a]. 그러나 선행발명으로서 특허를 받지 아니한 것은 후일 타인과 공동으로 발명한 청구항에 대해서도 선행기술이 될 수 없다고 보는 견해도 있다. Shields v. Halliburton Co., 667 F.2d 1232(5th Cir., 1982).

61 이에 반대하는 소수견해도 있다. In re Jaegar Decision, 241 F.2d 723, 112 USPQ 477(CCPA, 1957)에서 CCPA는 특

라. 선행기술로 자인 Admission

대법원은 출원인이 명세서에서 선행기술로 기재한 것은 특별한 사정이 없는 한 신규성과 진보성을 판단하는 선행기술로 사용할 수 있다고 한다.[62][63] 일본도 심사 실무상 명세서 중에 출원인이 그 명세서에서 인정하는 기술은 진보성을 판단하는 선행기술로 사용한다고 한다.[64]

미국의 판례법도 특허출원인이 명세서에서 선행기술이라고 자인한 것은 그것이 기술적 정보에 관한 것이거나, 그 발명이 속하는 기술 분야의 것인가를 가리지 않고 특허출원된 발명의 진보성을 부인하는 선행기술로 사용한다.[65] 예컨대 특허출원자가 자신의 발명은 최고의 전문

허법상 명문의 규정이 없는 한 타인의 선행기술과 특허권자 자신의 선행기술을 서로 다르게 취급할 아무런 이유가 없다고 보았다. 타인의 선행기술과 특허권자 자신의 선행기술을 서로 다르게 취급할 아무런 이유가 없기 때문에 자신의 특허발명이라도 후특허출원된 발명에 대한 선행기술로 사용될 수 있다는 것이다. 위 사건에서 Rusnak이라는 발명자가 절삭공구에 대한 특허를 출원하여 1949년 2월 15일 특허가 발급되었다. 그 1년 후인 1950년 7월 22일 위 Rusnak이 Jaeger와 함께 공동으로 위 특허발명을 개량한 발명에 대하여 공동발명자로서 특허를 출원하였다. CCPA는 위 사건에서 Rusnak과 Jaeger와 같은 공동발명자에 대해서는 기존의 Rusnak의 특허발명이 선행기술로 작용하여 위 Rusnak의 특허를 개량하였다는 부분에 대하여 새로운 특허를 받기 위해서 이 개량부분이 반드시 독자적으로 법정 특허요건을 충족시켜야 한다고 하였다. CCPA는 특허법상 명문의 규정이 없는 한 타인의 선행기술과 특허권자 자신의 선행기술을 서로 다르게 취급할 아무런 이유가 없다는 것이다.

그러나 Chisum은 자신의 발명이 후특허출원된 발명의 선행기술이 될 수 없다는 일반원칙이 적용되어야 하고 위 Rusnak의 사례는 위 일반원칙에 대한 위 다항의 예외에 해당한다고 보는 것이 타당하다고 본다. Chisum §5.03 [3] p. 5-192. 따라서 특허가 출원된 발명의 공동발명자 중 1인인 Rusnak이 특허를 발급받음으로써 일반대중에게 공개되고 이는 후특허출원된 발명의 용이성을 판단할 수 있는 선행기술이 된다. 또한 실제발명자(Inventive entity) 이론에 의해서도 공동발명자 1인인 Rusnak이 단독으로 한 특허발명은 Jaeger-Rusnak이라는 실제발명자에 대하여 진보성을 부인하는 선행기술로 사용할 수 있다고 보는 것이 타당하다.

62 최성준, 특허청구범위의 해석에 있어서의 몇 가지 문제에 관하여, 특허청 개청 30주년 기념 논문집 1권호(특허청), p.17-p.22 참조. 대법원 2005.12.23. 선고 2004후2031 판결: "구 실용신안법 제9조 제2항에 따라 실용신안등록출원서에 첨부한 명세서에 종래 기술을 기재하는 경우에는 출원된 고안의 출원 이전에 그 기술 분야에서 알려진 기술에 비하여 출원된 고안이 신규성과 진보성이 있음을 나타내기 위한 것이라고 할 것이어서, 그 종래기술은 특별한 사정이 없는 한 출원된 고안의 신규성 또는 진보성이 부정되는지 여부를 판단함에 있어서 같은 법 제5조 제1항 각 호(현행 실용신안법 [19] 제4조 제1항 각 호)에 열거한 고안들 중 하나로 보아야 할 것이다."

또한 위 저자는 선행기술에 관한 입증책임의 부담에 관하여 특허거절에 대한 재판에 있어서는 특허청이, 특허무효재판에서는 그 무효를 주장하는 자가 부담하지만 명세서에 기재된 선행기술에 대해서는 일응 출원인이 그 기술이 위의 경우에 해당한다는 사실을 인정한 것으로 보고, 예외적으로 출원인이 그 종래기술이 공지기술이 아니라는 것을 입증할 책임이 있다고 보아야 한다고 한다. 이는 출원인이 명세서에서 선행기술로 자인한 것을 심사관이나 특허무효를 주장하는 측에서 입증함으로써 일응의 입증을 다한 것이 되고 이에 대하여 상대방이 반박증거를 제출할 책임을 진다고 할 것이어서 그 입증책임이 전환된 것은 아니고 단지 입증의 필요만이 상대방에게 이전된 것이라고 해석하는 것이 타당하다고 보여진다. 저자 주.

63 위 전게논문에 의하면 대법원이 설시한 '특별한 사정'을 '명시적으로 공지기술이 아니라고 기재한 경우'라고 한다.

64 위 최성준 전게논문에서 재인용 이상철, 명세서의 종래기술을 선행기술로 사용할 수 있는지 여부, 지식재산21, 2006, p.79.

65 명시적으로 선행기술을 자인한 것으로 본 사례: Tyler Refrigeration Corp. v. Kysor Industrial Corp., 601 F. Supp. 590, 600, 225 USPQ 492(D. Del., 1985). 특허심사관의 거절결정에 대하여 특허출원인이 아무런 반박을 하지 아니한 경우에 이를 묵시적인 선행기술의 자인으로 본 사례: In re Certain Limited-Charge Cell Culture Microcarriers, 221 USPQ 1165, 1179(U.S. Int'l Trade Comm., 1983). 조건부 권리포기 신청서(Terminal disclaimer)의 기재내용에 의해서도 선행기술을 자인한 것으로 본 사례: Struthers Patent Corp. v. Nestle Co., Inc., 558 F. Supp. 747, 211

성을 가진 논문에 게재된 신기술을 기본으로 하여 개량한 것이라고 명세서에 기재한 경우에 그 게재된 신기술은 선행기술로 자인한 것으로 본다.

미국의 CCPA는, 특허출원자가 자신의 발명을 실시하기 이전에, Kristler라는 이름의 박사가 캐나다 토론토에서 열린 전미 세라믹협회 회의에서 발표한 연구결과에 대하여 자신이 명세서에 설명하기를, Kristler 박사는 이 분야에서 최고의 전문가로서 자신은 이 박사의 논문을 읽은 적이 있으며 이 논문이 유리공업의 신기술 개발에 있어서 선도적인 역할을 하는 것으로 인식되고 있다고 하면서 자신의 발명은 이 Kristler 박사의 방법을 기초로 하여 이를 더욱 개량한 것이라고 공개한 경우에, 이러한 공개내용으로서 출원인은 Kristler 박사의 논문이 선행기술이라는 것을 자인한 것이 되고 이 논문은 선행기술이 된다고 판시하였다.[66]

또한 CCPA는 비록 동일자에 동일한 사람에 의하여 특허가 출원되었더라도 하나의 발명이 다른 발명을 기초로 하여 이를 개량한 것이라고 주장되었다면 특허출원자가 다른 발명을 선행기술로 자인한 것이라고 보았다.[67] CCPA는 In re Hellsund 사건에서, 이미특허가 발급된 선행특허(Opel-Bottoms)의 공동발명자들이 이를 기초로 하여 폴리머 박편(Sheets)을 계속적으로 주조하는 방법을 개량하여 Hellsund를 발명하였다는 사실을 인정하였다면 위 선행 Opel-Bottoms의 발명개념은 후특허출원된 Hellsund에 대한 진보성을 부인하는 선행기술이 될 수 있고 이는 위 두 가지의 발명에 대한 특허를 출원할 권리가 동일한 양수인에게 양수됨과 동시에 동일자에 특허가 출원되었더라도 선행기술이 됨에는 아무런 지장이 없다고 판시하였다.[68]

CCPA는 또한 In re Nomiya에서 특허출원인이 특허출원서에서 선행기술이 된다고 자인한 선행문헌은 비록 특허법상 선행기술로 인정된 선행기술이 아닌 외국의 발명이라도 특허출원된 발명을 용이하게 하는 선행기술이 된다.[69] In re Nomiya에서는 트랜지스터를 개량한 발명에 대하여 일본인 노미야가 특허출원서에 '선행기술에 대한 설명'이라고 기재하고 도면을 첨부시킨 경우에 이 첨부된 도면은 선행기술이 될 수 있고 이를 다른 선행기술과 조합하여 특허출원발명을 용이하게 하는 선행기술로 사용될 수 있다.[70]

USPQ 1023(D.N.J., 1981). 그러나 어느 선행기술이 그 발명이 속하는 기술 분야에 있다는 점을 자인한 것으로 볼 수 없는 사례: Wang Laboratories, Inc. v. Toshiba Corp., 993 F.2d 858, 26 USPQ2d 1767(Fed. Cir., 1993).

66 In re Garfinkel, 437 F.2d 1000, 168 USPQ 659(CCPA, 1971).

67 In re Hellsund, 474 F.2d 1307, 177 USPQ 170(CCPA, 1973). 그러나 다수설도 자인의 대상이 되는 선행기술의 범위와 신규성과 진보성에 있어서 선행기술을 동일한 것으로 해석하여야 하는 것인지에 관해서는 Rich 판사와 Baldwin 판사 사이에 견해가 갈린다. 위 474 F.2d at 1316-17, 177 USPQ at 177 참조.

68 위 In re Hellsund에서 두 가지의 특허출원이 동일자에 된 것은 미특허법 제102조 (e) (2)항에 의한 각 발명에 대한 특허출원서가 상호 간에 선행문헌으로 사용되는 것을 회피하기 위한 것이었다. 그러면서도 문제가 된 Hellsund의 발명은 위 이미특허가 발급된 Opel과 Bottoms의 발명개념을 기초로 하여 이를 더욱 개량한 것이라는 점을 인정하였다.

69 In re Nomiya, 509 F.2d 566, 184 USPQ 607(CCPA, 1975). 미특허법 제102조도 우리 특허법과 마찬가지로 외국에서의 공지나 공연한 실시는 신규성의 상실사유에 해당하지 않는다. 35 U.S.C. §102(a) 참조.

70 위 Nomiya에서 특허출원인은 이 도면이 미특허법상 선행기술로 취급되지 않는 외국의 공지 또는 공연히 실시된 발

CAFC도 출원보정신청서에서 선행기술로 명시적으로 언급한 경우에도 선행기술로 자인하는 것이 된다고 보았다. CAFC는 또한 Constant v. Advanced Micro-Devices, Inc.,에서 특허대리인이 특허출원서를 보정하면서 그 신청서에 '가장 적절한 선행기술로서 출원인에게 알려진 것은 Aokage 특허이다.'라고 기재한 경우에 이러한 기재내용은 Aokage 특허를 선행기술로서 명시적으로 자인한 것이다라고 하였다.[71]

마. 개량형 청구항 Jepson claim

청구항의 전제부에서 선행기술을 자인한 경우, 즉 개량형 청구항(Jepson claim)의 경우에 청구항의 전제부(Preamble)에 인용된 외국의 특허도 특허출원인의 자인에 의하여 선행기술이 된다. CCPA는 In re Fout에서 특허출원인이 커피에서 카페인을 추출하는 방법에 대하여 특허출원을 하면서 청구항에서 외국의 특허인 Pegaliaro를 개량하였다는 점을 기재하였다. 이러한 경우 비록 외국의 특허가 외국에서 간행물에 게재되거나, 국내에서 공지 또는 공연히 실시되지 않았다고 하더라도 청구항의 전제부에서 이를 인용한 발명의 진보성을 부인하는 선행기술로 사용될 수 있다. 특허출원인이 청구항의 전제부에서 이를 인용하는 행위는 자신에게 불리하게 사용될 수도 있다는 점을 인정하는 것으로 볼 수 있기 때문이다.[72] 그러나 CCPA는 In re Ehrreich에서 비록 개량형 청구항의 형식을 가졌다고 하더라도 그 청구항의 전제부를 해석하여 볼 때 선행특허가 선행기술로 사용되어도 좋다는 것을 묵시적으로 인정하는 것이 아니라 단지 이중특허라는 이유로 특허의 발급을 거절하는 것을 방지하기 위한 것일 경우에는 이를 선행기술로서 인정한 것이라고는 볼 수 없다고 판시하였다.[73] 또한 CAFC는 Reading & Bates Construction Co. v. Baker Energy Resources Corp.,에서 비록 개량형 청구항이라고 하더라도 그 기초가 되는 발명이 특허출원을 하는 발명자 자신의 것인 때에는 이를 선행기술로 자인한 것으로 보지 않았다.[74]

명으로서 이는 선행기술로 인정될 수 없다고 주장했다. 그러나 CCPA는 이 주장을 받아들이지 않았다. 선행기술로서 당사자가 인정한 것은 그것이 법률상의 규정이 있든 없든 아무런 상관이 없이 선행기술로 고려된다는 것이다. 이 판결 이후 특허출원인이 선행기술로 자인한 것은 특허출원인을 기속한다고 보는 견해가 지배적으로 되었다.

71 Constant v. Advanced Micro-Devices, Inc., 848 F.2d 1560, 7 USPQ2d 1057(Fed. Cir., 1988); Tyler Refrigeration v. Kysor Industrial Corp., 777 F.2d 687, 227 USPQ 845(Fed. Cir., 1985).

72 In re Fout, 675 F.2d 297, 213 USPQ 532(CCPA, 1982). 특허출원인은 전제부에서 인용한 외국의 특허가 간행물에 게재되지도 않았을 뿐더러, 국내에서 이 특허발명이 공지되거나 공연히 사용되지도 않았기 때문에 선행기술이 될 수 없다고 주장하였다. 그러나 CCPA는 이 주장을 받아들이지 않았다.

73 In re Ehrreich, 509 F.2d 902, 909-10, 200 USPQ 504, 510(CCPA, 1979). 물론 이러한 경우는 아직 특허가 발급되지 않고 심리 중에 있는 다른 발명으로서 아직 일반대중에게 공개된 발명이라고 볼 수 없는 경우이다.

74 또한 Reading & Bates Construction Co.v. Baker Energy Resources Corp., 748 F.2d 645, 223 USPQ 1168(Fed. Cir., 1984)에서는 비록 Jepson 청구항이라고 하더라도 그 기초가 되는 발명이 특허출원을 하는 발명자 자신의 것인 때에는 이를 선행기술로 자인한 것으로 보지 않는다.

3. 선행기술과 신규성

가. 발명의 동일성

선행기술과 출원된 발명이 동일한 경우에 출원된 발명은 신규성이 없다. EU에서는 양자의 동일성을 인정하기 위해서는 그 공개내용이 출원된 발명의 요지를 직접적이거나 일의적(一義的)으로 문언상으로 동일하게 기재하고 있을 것을 요구하지만,[75] 그 언어상의 표현까지 동일할 필요는 없다.[76] 이는 동일성이 있다고 하기 위해서는 선행기술의 공개내용이 출원된 발명을 실제로 기재하고 있어야 하고,[77] 선행기술이 공개한 내용은 각 개별 선행기술을 가지고 출원된 발명의 신규성을 판단하는 자료가 되기 때문에,[78] 하나의 선행기술에 공개된 개개의 사항을 조합하거나 여러 가지의 서로 다른 선행기술을 조합하여 신규성을 판단할 수는 없다.[79]

---

75 위 손진홍, 전게논문 p.327-328. T450/89에서 심판합의체는, 선행문헌이 이후 발명의 주제사항을 명료하게 또 오류 없이 개시하지 않으면, 신규성을 상실시킨다고 결론지을 수 없다는 것이 신규성 판단에 있어서 기본 또는 중요한 점이라고 서술하였다. 동일하게 T511/92에서는, '직접적 또는 一義的으로 도출된다'라는 문언의 중요성을 강조하여, 클레임된 주제사항이 문헌으로부터 직접적 또는 一義的으로 도출된 때는, 그 문헌에 의해 신규성을 상실한다고 서술하고 있는 가이드라인(C IV, 7.2)을 지지하였다.

76 EU에서는 표현상의 동일성까지 요구하지는 않는다. 즉 T114/86(OJ1987, 485)에서, 표현상의 단순한 상위는 신규성을 입증하는 데 있어서 불충분하다고 하였다(T12/81(OJ1982, 296), T198/84(OJ1985, 209), T248/85(OJ1986, 261) 참조). T565/90에서도 출원된 발명이 표현만 선행기술과 상위한 때는 신규성을 입증함에 불충분하다는 초기의 case law를 확인하였다.

77 손진홍, 유럽 특허청 심결의 최근 동향-신규성과 진보성을 중심으로, 외국사법연수논집, 제116집(법원행정처), p.349. T233/90에서 합의체는, 출원일 또는 우선일에 당업자가 이해하였을 선행문헌의 실제 기재내용만으로 신규성이 부정된다는 견해를 나타내었다.

78 손진홍, 위 전게논문, p.349-350. 심판부는, 선행문헌의 별개사항을 '조합하는 것'은 허용되지 않고 특정한 경우에만 이 원칙의 예외를 인정하고 있다. T153/85(OJ1988, 1)에서, 신규성을 판단할 때 특정 선행문헌의 개시는 항상 개별적으로 검토되어야 한다고 판단하였다. 바꾸어 말하면, 문헌에 실제로 기재되어 있는(당업자에게 이해되는 것으로서의) 내용이다. 선행문헌에 나타나 있는 개개의 사항을 '조합'하는 것은 허용되지 않는다. 그러한 선행문헌 가운데서 제2의 선행문헌의 특정한 인용이 되어 있는 때는 제1의 문헌의 당업자에게 취해진 의미를 해석할 때에 제2의 문헌의 일부 또는 전체가 제2문헌의 특정한 인용에 의하여 제1의 문헌의 일부로 되어 있다고 보는 것이 필요한 경우가 있다(T645/91, T942/91, T422/92 참조). 그러나 어떠한 인용의 표시도 없이 일반적인 용어로만 기술된 종래 기술에 대한 개량기술이 상세히 문헌에 기재되어 있는 경우는 신규성의 판단에 즈음하여 일반적인 정보와 그와 같은 개량기술을 설명하는 목적으로만 그 선행문헌에 기재된 특정 정보를 조합하는 것은 당업자가 선행문헌으로부터 그와 같은 조합을 추론할 수 없는 한 허용되지 않는다(T291/85, OJ1998, 302).

79 위 김원준, 전게논문, p.70-71. 하나의 선행문헌에서 공개된 2개의 실시례를 조합하여 신규성을 부정할 수 없다. T305/87(EP-48665, 가위, Pierre Grehal) 사건에서는 금속을 절단하는 공업용 가위 특허에 대한 이의사건에서 이의신청인이 2개의 가위를 공개하고 있는 선행 팸플릿을 제시하고 "동일한 카탈로그에 기재된 각각의 가위는 동일한 기술적 배경 아래에서 개시되고 더욱 동일한 참증에 개시된 것이므로 그들의 모든 특징은 전체로서 취할 수 있는 그 결합을 상정하여 하나의 선행기술로서 고찰할 수 있고, 전체로서 볼 때 이 모든 특징의 결합은 본건 특허발명의 가위에 대하여 선행기술이 될 수 있다"라고 주장하였으나 심판부에서는 "1개의 카탈로그에 게재된 각각 2개의 가위는 명확하게 2개의 실재물이고, 신규성을 판단할 때 별개의 것으로 생각할 수 있다. 본 사건 카탈로그에 조합이 구체적으로 제시되어 있지 않는 한, 이들 실재물의 한쪽 또는 양쪽 속하는 특징 점에서 본 발명에 의하여 관계 깊은 선행기술을 인위적으로 계속해서 만들어 내는 것은 인정되지 않으므로 본 발명은 신규성이 있다."고 보았다.

이에 비하여 우리 대법원과 일본의 학설과 판례는 선행기술의 동일성의 범위를 보다 넓게 보아 실질적으로 동일한 범위까지로 한다. 따라서 선행기술과 실질적으로 동일한 발명이라면 비록 양자 사이에 사소하거나 용이한 차이점이 있어도 선행기술은 후행발명의 신규성을 상실시킬 수 있다고 한다. 그러나 이렇게 선행기술의 동일성의 범위를 넓게 보면 신규성이 진보성보다 더 통과하기 어려운 요건이 될 수도 있다는 모순이 발생된다.

이에 비하여 미국은 선행기술의 동일성의 범위를 좁혀서 선행기술 단일의 원칙을 엄격하게 적용한다.[80] 그 결과 외부증거를 추가적으로 사용할 수 없게 되어 신규성을 통과하는 것은 그다지 어렵지 않게 된다. 따라서 출원인이 선행기술을 회피할 목적으로 청구항에 사용되는 언어를 교묘하게 작성하면 신규성을 통과하는 것이 그리 어렵지 않다.[81] 그렇지만 진보성은 선행기술을 조합하여 사소하거나 용이한 차이를 허용하지 아니하므로 신규성보다는 통과하기 어려운 것이 될 수 있다.[82]

나. 진보성과의 차이점

신규성은 단일한 선행문헌이 출원된 청구항의 모든 구성요소를 가지고 있는 장치를 공개하고 있었느냐 하는 것인 데 비하여 진보성은 선행문헌이 출원된 청구항을 가르치느냐 하는 것 이다.[83] 따라서 양자 사이에 사소하거나 용이한 차이가 있다면 이는 신규성의 문제가 아니라 진보성의 문제로 보는 것이 마땅하다.[84] 이 입장과 궤를 같이하여 우리 특허법원과 특허청의 심사기준은 선행기술 단일의 원칙을 취하고 있고, 일본의 학자 중에서도 이를 취하는 사람이 있다.[85]

---

80 Chisum on Patents §3.02 [1](c): CAFC는 선행기술이 출원된 청구항의 용어와 동일한 언어(Ipsissimis verbis)를 사용할 필요까지는 없다고 한다. 예컨대, In Helifix, Ltd. v. Blok-Lok, Ltd.(2000)에서 CAFC는 선행기술이 출원된 청구항의 하나 또는 그 이상의 구성요소를 명시적으로 표현할 필요는 없다고 보았다. 그럼에도 불구하고 그 분야의 통상의 지식인이 출원된 청구항에서 공개한 구성요소들을 선행기술이 공개하고 있는 것으로 이해할 수 있고 그가 선행기술의 공개내용과 자신의 지식을 조합하여 출원된 청구항을 만들 수 있다면 이는 내재적으로 공개된 것이다. In re Donohue, 766 F.2d 531, 533, 226 USPQ 619, 621(Fed. Cir. 1985) 참고.

81 Chisum §3.02 [1][a]: **어렵지 않는 요건**(Fairly liberal test) 또는 **명목상의 항변**(Technical defense).

82 In re Marshall, 578 F.2d 301, 198 USPQ 344(CCPA 1978). 따라서 선행기술이 단점을 공개하고 있는 물건이나 방법은 신규성을 통과할 수만 있다면 진보성을 통과하는 데 별다른 어려움은 없다.

83 Trilogy Communications Inc. v. Comm Scope Co., 754 F. Supp. 468, 507, 18 USPQ2d 1177, 1208(W.D. N.C. 1990), judgment vacated, appeal dismissed(Fed. Cir. 1991)(unpublished).

84 기계적인 동등물인가 아닌가를 논하는 것은 진보성의 문제이지 신규성의 문제는 아니다. Reed Tool Co. v. Dresser Indus., Inc., 499 F. Supp. 935, 943, 209 USPQ 654(S.D. Tex. 1980), aff'd, 672 F.2d 523, 214 USPQ 501(5th Cir. 1982).

85 선행기술단일의 원칙을 취하는 우리나라의 견해는,

1. 특허법원 2000.6.15. 선고 99허7070 판결 및 특허법원 2000.3.10. 선고 98허4379 판결: 신규성 여부는 인용증거와 1대1로 판단하여 하나의 인용증거가 등록고안의 구성요소 모두를 가지고 있을 때 신규성이 없다고 판단한다. 다수의 인용증거를 가지고 비교하여야 하는 경우에는 진보성이 문제가 된다.

특허법이 신규성을 요구하는 이유는 누구라도 이미 공개되어 일반대중의 영역에 있는 기술에 대하여 독점권을 얻는 것을 금지하기 위한 것이다.[86] 선행기술 중에서 그 발명이 속하는 분야에서 통상의 지식을 가진 사람이 그 지식을 점유할 수 있도록 충분히 공개된 것만이 신규성을 상실하여야 한다.[87] 따라서 선행기술이 공개하고 있는 동일성의 범위를 아직 공개되지 않은 사항에까지 이르도록 넓힌다면 이는 특허법의 목적인 발명에 대한 유인을 저해하는 것이 된다.

이미 공개된 물건이나 방법과는 사소하거나 용이한 차이가 있는 것이라도 새로운 분야에서 사용되기 시작하거나, 새로운 분야에서 새로운 용도나 장점이 공개된 경우에는 신규성을 허용하는 것을 고려하여야 한다.[88] 이러한 점에서 선행기술의 동일성의 범위를 그 문언상의 범위로 제한함으로써 신규성과 진보성을 분명히 구별하는 장점을 취할 수 있는 것이다.[89] [90]

다. 절대적 신규성과 상대적 신규성

신규성을 상실시킬 수 있는 선행기술은 출원인이 발명을 하기 이전에 존재하거나, 특허출원을 하기 1년 이전에 존재하는 문헌이어야 한다.[91] 이 요건은 선출원주의에서 선행기술이 출원된 발명 이전에 존재하여야 할 것과 출원 이전에 불가피하게 공개된 발명에 대한 특허출원의

---

2. 특허청

가. 특허심사지침 §2322. 5. (2): 신규성 판단 시에는 청구항에 기재된 발명을 하나의 인용발명과 대비하여야 하며 복수의 인용발명을 조합하여 대비하여서는 안 된다. 복수의 인용발명의 조합에 의하여 특허성을 판단하는 것은 진보성의 문제이며, 신규성의 문제가 아니다.

나. 특허심사지침 §2512. 5장 2절 (3) 청구항에 기재된 발명과 인용발명을 대비하여 구성의 일치점과 차이점을 명확히 한다. 이 경우에 2 이상의 인용발명을 조합하여 청구항에 기재된 발명과 대비해서는 안 된다. 선행기술단일의 원칙을 취하는 일본의 학자; 增井和夫, 특허판례가이드, p.46(有斐閣, 2판, 2001). 그러나 위 견해는 선행기술단일의 원칙을 취하는 규범적 근거를 제시하지는 못한다.

86 Fritz Machlup, An Economic Review of the Patent System Study No.15, Subcomm. Patents, Trademarks and Copyright of the U.S. Senate Judiciary Comm., 1-2, 20-21, 44-45, 76-80(1958); 손진홍, 유럽특허청 심결의 최근 동향-신규성과 진보성을 중심으로, 외국사법연수논집, 제116집(법원행정처), p.338에서는 EU에서도 T198/84(OJ1985, 209) EPC 제54조 (1)의 목적은, 선행기술에 속하는 것에 특허가 다시 부여되는 것을 방지하는 것이라고 판시하였다(T12/81(OJ1982, 296)).

87 Sandisk Corp. v. Lexar Media, Inc., 91 F. Supp.2d 1327, 1336(N.D. Calif. 2000).

88 Chisum §3.02 [3]. 더 나아가 진보성은 관련된 기술 분야의 선행기술만의 가르침만을 조합할 수 있기 때문에 사소하거나 용이한 차이가 있는 물건이나 발명도 진보성을 통과하는 데 그다지 어려움은 없을 것이다.

89 Chisum §3.02 [1][a].

90 Celeritas Technologies Ltd. v. Rockwell International Corp., 150 F.3d 1354, 1361, 47 USPQ2d 1516, 1522(Fed. Cir. 1998), cert. denied, 525 U.S. 1106(1999)(선행문헌이 발명을 공개한 이후에 이를 비방한다면 이는 더 이상 신규성을 판단하는 자료로 사용할 수 없다. 따라서 선행문헌이 발명을 반대방향(Teaches away)으로 가르친다면 이는 더 이상 신규성의 문제가 아니라 진보성의 문제이다).

91 개정 전의 미국특허법 중에서 신규성과 관련된 부분은 두 가지로 대별될 수 있었다. 첫째는 미특허법 §§102(a), (e)와(g)로서 발명일자와 관련이 있었다. 둘째는 신규성 상실규정으로서 미특허법 §102 (b)인데 이는 출원인이 특허출원한 일자와 관련이 있었다.

유예기간을 주는 것이다. 이 중에서 유럽은 특허출원하기 이전에 발명이 공개된 경우에는 신규성을 상실한다고 본다. 즉 특허출원의 유예기간을 허용하지 않는다. 이를 절대적 신규성주의라고 한다. 이에 비하여 미국은 1년간의 유예기간을 두는데 이를 상대적 신규성주의라고 한다.

절대적 신규성주의이든 상대적 신규성주의이든 일단 선행기술이 선택되면 그 인용된 선행기술이 신규성을 상실시키기 위해서는 다음의 조건을 충족시킬 수 있어야 한다.[92] 만약 선행기술이 다음과 같은 세 가지 조건을 충족시킨다면 출원된 청구항은 선행기술에 의하여 예견되는 것이거나 또는 현존 최고 기술 수준의 일부가 됨으로써 결국 신규성이 없다.[93] 따라서 다음의 요건을 충족시키는 발명만이 일반대중이 점유하지 않는 지식이나 정보이기 때문에 특허를 받을 자격이 있는 발명이라고 보는 것이다.

라. 동일성의 요건

선행기술이 신규성을 상실시키기 위해서는, 첫째, 단 하나의 선행문헌에 출원된 청구항의 구성요소가 모두 포함되어 공개되어 있어야 한다. 이 요건을 선행기술 단일의 원칙이라고 한다. 둘째, 위 선행기술은 출원된 청구항의 모든 구성요소를 동일하게 공개하거나 모두 일치하게 공개하여야 한다.[94] 이를 엄격한 동일성의 원칙이라고 한다. 셋째, 위 선행기술은 그 분야의 통상의 지식인으로 하여금 과도한 실험을 하지 않고도 실시가 가능하도록 대상에 대한 충분한 공개를 하여야 한다.[95] 이 요건을 선행기술의 실시가능요건이라고 한다.

(1) 미국의 판례법에 의한 선행기술 단일의 원칙

CAFC의 동일성설은 출원된 발명이 신규성이 있는가를 판단하기 위해서는 출원된 청구항과 선행기술을 실제로 비교하여 선행기술이 특허출원된 발명을 이미 예견하고 있었느냐를 보는

---

92 Sean B. Seymore, Rethinking Novelty In Patent Law, 60 Duke L.J. 919, 922.

93 Akzo N.V. v. U.S. Int'l Trade Comm'n, 808 F.2d 1471, 1479(Fed. Cir. 1986).

94 엄격한 동일성설(Strict Identity)(CAFC의 통설): Trintec Indus., Inc. v. Top-U.S.A. Corp., 295 F.3d 1292, 1296(Fed. Cir. 2002)(엄격한 동일성설을 표명); Jamesbury Corp. v. Litton Indus. Prods., Inc., 756 F.2d 1556, 1560(Fed. Cir. 1985)(선행기술이 출원된 청구항과 실질적으로 동일한 것(Substantially the same)을 공개한 것만 가지고는 신규성을 부정할 수 없다); In re Skvorecz, 580 F.3d 1262, 1266(Fed. Cir. 2009); Richardson v. Suzuki Motor Co., 868 F.2d 1226, 1236(Fed. Cir. 1989)(동일한 발명이란 반드시 출원된 청구항의 상세한 것들까지 완전하게 구비하는 것이어야 한다); Structural Rubber Prods. Co. v. Park Rubber Co., 749 F.2d 707, 716(Fed. Cir. 1984)(그 분야의 다른 선행문헌이나 선행지식을 가지고 결여된 구성요소들을 보충할 수는 없다).

95 Amgen Inc. v. Hoechst Marion Roussel, Inc., 457 F.3d 1293, 1306(Fed. Cir. 2006)(선행기술이 후행 청구항을 예견하기 위해서는, 즉 신규성을 상실시키기 위해서는 선행기술은 반드시 출원된 청구항의 모든 구성요소를 구비하고 있어야 할 뿐만 아니라, 실시가능한 것이어야 한다); Elan Pharm., Inc. v. Mayo Found. for Med. Educ. & Research, 346 F.3d 1051, 1054(Fed. Cir. 2003)(선행문헌으로 되기 위해서는 그 문헌은 그것이 예견한다고 하는 것을 실시할 수 있어야 한다).

것이다.[96] 이를 예견가능성이라고 하는데,[97] 이를 위해서는, 첫째, 출원된 발명의 모든 구성요소가 선행기술에서 발견되어야 하고,[98] 둘째, 선행기술은 위 출원된 발명과 동일한 것이어야 하며,[99] 셋째, 단 하나의 선행기술에서 출원된 발명의 청구항이 가지는 구성요소가 모두 발견되어야 한다.[100] 따라서 특허법은 위 세 가지의 요건이 충족되는 발명은 이미 일반대중의 점유에 있는 기술이나 정보라고 보는 것이다.

(2) CAFC의 판례법

(가) 단일한 선행문헌의 공개

CAFC는 선행기술이 출원된 발명과 동일한지, 즉 출원된 청구항이 신규성이 있는지를 판단하기 위해서 다음과 같은 3단계 분석을 한다. ① 출원된 청구항을 해석한다. ② 해석된 청구항을 선행기술에 기재된 발명과 비교하여 각 상응하는 구성요소가 선행기술에 공개되어 있는지를 판단한다. ③ 법원은 선행기술이 실제로 실시가 가능한 발명이어서 공개한 내용을 일반대중

---

96 예견가능성설(Anticipation): EPC 제54조 제1항은 신규성의 해석 기준을 발명이 최고의 기술 수준의 일부를 구성하느냐 아니냐로 보고 있는 데 반하여 미특허법은 선행기술이 후행발명에 대하여 가지는 예견가능성(Anticipation)을 그 기준으로 보고 있다. Chisum §3.02.

97 Chisum §3.02 [1]. Chisum은 신규성을 부정한다는 것과 예견가능하다는 것을 같은 의미로 사용한다(The standard for lack of novely, that is, for "anticipation").

98 통설: 구성요소완비의 원칙(All elements rule); EMI Group North America, Inc. v. Cypress Semiconductor Corp., 268 F.3d 1342, 1350, 60 USPQ2d 1423(Fed. Cir. 2001)(청구항의 모든 구성요소가 명시적 또는 묵시적으로 공개된 것이어야 한다).

99 발명의 동일성.
동일하게 배열될 것을 요구하는 견해: Novo Nordisk A/S v. Becton Dickinson & Co., 96 F. Supp.2d 309, 312(S.D. N.Y. 2000)(ARRANGED AS IN CLAIM: 각 구성요소가 선행기술의 어디에서 발견되기만 하면 되는 것이 아니라 청구항에서와 같은 배열방식에 의하여 공개되어야 한다); Lindemann Maschinenfabrik GMBH v. American Hoist and Derrick Co., 730 F.2d 1452, 1458(Fed. Cir. 1984)(존재를 입증할 수 있도록 분명하게 공개되어야 한다); Sandisk Corp. v. Lexar Media, Inc., 91 F. Supp. 2d 1327, 1336(N.D. Calif. 2000)(그 분야의 통상의 지식인이 점유할 수 있도록 충분히 상세하게 공개하여야 한다); Levi Strauss & Co. v. Golden Trade, S.r.L., 1995, WL 710822*30(S.D. N.Y. 1995)(특허청구항이 공개한 것과 동일한 순서로 공개되어야 한다); American Permahedge, Inc. v. Barcana, Inc., 857 F. Supp. 308, 318, 32 USPQ2d 1801, 1807-08(S.D. N.Y. 1994)(특허발명과 동일한 기능을 수행할 수 있도록 동일한 방식으로 작용할 수 있도록 공개되어야 한다. 따라서 선행기술과 특허발명과 사이에 물리적으로 차이점이 있다면 그 차이점이 사소하더라도 신규성을 부정할 수 없다); Gillette Co. v. Warner-Lambert Co., 690 F. Supp. 115, 117, 8 USPQ2d 1082, 1084(D. Mass. 1988)(모든 구성요소는 실질적으로 동일한 일을 하는 지점에서 발견 되듯이 실질적으로 동일한 상황에서 발견되어야 한다); Datascope Corp. v. SMEC, Inc., 224 USPQ 694, 698(D. N.J. 1984), aff'd in part & rev'd in part, 776 F.2d 320, 227 USPQ 838(Fed. Cir. 1985)(모호한 근거나 추측으로 선행문헌에서 암시하는 것을 가지고 신규성을 부정할 수는 없다); Ex parte Standish, 10 USPQ2d 1454, 1457(Bd. Pat. App. & Int'f 1989)(선행물질의 특성을 단순히 추측하여 특허물질의 신규성을 부정할 수는 없다).

100 이것이 선행기술단일(Single prior art reference)의 원칙이다. 그러나 이 원칙에는 ① 내재성, ② 이 발명이 속하는 기술 분야에서 통상의 지식을 가진 자에게 이 발명이 가지는 의미를 설명하기 위한 교육용으로 추가적인 문헌을 사용할 수 있고, ③ 이 문헌의 날짜를 입증하기 위하여 추가 문헌이 사용될 수 있는 세 가지의 예외가 있다. Craig S. Jepson, Patent Law Class Slide, 43(Fall, 2000).

의 영역에 놓았는지를 판단한다.[101]

출원된 청구항을 해석하기 위해서는 청구항에 사용된 용어를 기준으로 하고 이를 선행기술과 비교하여 만약 출원된 청구항의 한정사를 선행기술이 결여하고 있다면 이로써 발명의 동일성이 없는 것이 된다. 따라서 전문가의 증언 등의 추가적 증거를 가지고 선행기술을 보충하면서까지 출원된 청구항의 신규성을 상실시킬 수 없다.[102]

(나) 동일하게 공개를 할 것

앞에서 말한 바와 같이 선행기술이 실제로 실시가 가능한 발명이어서 공개한 내용을 일반대중의 영역에 놓았는지를 판단하는 것이 바로 미국 판례법이 취하는 엄격한 동일성의 핵심요건이 되는데, 여기서 선행기술은 청구항의 모든 구성요소를 동일하게 설명하고 있어야 한다. 따라서 선행기술이 구성요소를 동일하게 설명을 하지 않고 단지 선행문헌에서 추측하거나 암시한 것만 가지고는 청구항의 동일성을 인정할 수는 없고,[103] 선행문헌의 설명을 가지고서 모든 청구항의 구성요소의 존재를 입증할 수 있어야 하고, 그 분야의 통상의 지식인이 청구항의 각 구성요소를 점유할 수 있어야 한다.[104]

심지어 선행기술에서 공개한 것과 같은 방식으로 청구항의 구성요소가 배열되어 있거나, 동일한 순서로 공개되어 있어야 하며, 실질적 작용지점도 동일하여야 동일성을 인정할 수 있다.[105] 더 나아가 선행기술과 청구항이 동일한 기능을 수행할 수 있도록 동일한 방식으로 작동을 하여야 하기 때문에 비록 양자 사이에 물리적인 차이점이 사소하더라도 동일성을 인정할 수 없다.[106]

---

101 Mehl/Biophile International Corp. v. Milgraum, 8 F. Supp. 2d 434, 443-44, 47 USPQ2d 1248, 1254-55(D. N.J. 1998), aff'd, 192 F.3d 1362, 52 USPQ2d 1303(Fed. Cir. 1999).

102 보충불가설: Supra. n61. Motorola, Inc., 사건 판결 및 Jamesbury Corp. v. Litton Indus. Prods., Inc.(Fed. Cir. 1985)(모든 서증을 살펴보아도 전문가의 증언을 뒷받침할 수 없다); W.L. Gore & Assocs., Inc. v. Garlock, Inc.(Fed. Cir. 1983)(내재적으로 예견된다는 전문가 증언을 뒷받침하는 서증이 없이는 신규성을 부정할 수 없다).

103 추측이나 암시 불가: Datascope Corp. v. SMEC, Inc., 224 USPQ 694, 698(D. N.J. 1984), aff'd in part & rev'd in part, 776 F.2d 320, 227 USPQ 838(Fed. Cir. 1985)(모호한 근거나 추측으로 선행문헌에서 암시하는 것을 가지고 신규성을 부정할 수는 없다); Ex parte Standish, 10 USPQ2d 1454, 1457(Bd. Pat. App. & Int'f 1989)(선행물질의 특성을 단순히 추측하여 특허물질의 신규성을 부정할 수는 없다).

104 존재의 입증: Lindemann Maschinenfabrik GMBH v. American Hoist and Derrick Co., 730 F.2d 1452, 1458(Fed. Cir. 1984)(존재를 입증할 수 있도록 분명하게 공개되어야 한다); Sandisk Corp. v. Lexar Media, Inc., 91 F. Supp.2d 1327, 1336(N.D. Calif. 2000)(그 분야의 통상의 지식인이 점유할 수 있도록 충분히 상세하게 공개하여야 한다).

105 동일하게 배열될 것을 요구하는 견해: Novo Nordisk A/S v. Becton Dickinson & Co., 96 F. Supp.2d 309, 312(S. D. N.Y. 2000)(ARRANGED AS IN CLAIM: 각 구성요소가 선행기술의 어디에서 발견되기만 하면 되는 것이 아니라 청구항에서와 같은 배열방식에 의하여 공개되어야 한다); Levi Strauss & Co. v. Golden Trade, S.r.L., 1995 WL 710822*30(S.D. N.Y. 1995)(특허청구항이 공개한 것과 동일한 순서로 공개되어야 한다); Gillette Co. v. Warner-Lambert Co., 690 F. Supp. 115, 117, 8 USPQ2d 1082, 1084(D. Mass. 1988)(모든 구성요소는 실질적으로 동일한 일을 하는 지점에서 발견되듯이 실질적으로 동일한 상황에서 발견되어야 한다).

106 물리적인 차이: American Permahedge, Inc. v. Barcana, Inc., 857 F. Supp. 308, 318, 32 USPQ2d 1801, 1807-

따라서 실질적으로는 동일물이라고 하더라도 선행기술에서 동일한 것으로 설명하지 아니함으로써 단지 추측하거나 암시한 것, 동등물이라도 선행문헌이 그 존재를 입증하지 아니하거나 통상의 지식인이 점유하지 않는 것, 비록 사소한 물리적 차이를 가지고 있지만 기능이 동일하지 않는 것은 동일성이 없다. 또한 이미 공지의 구성요소를 조합하고 있는 발명이라고 하더라도 이 발명이 현행 기술 수준, 즉 단 하나의 선행기술에 결합되어 있지 않은 것이라면 이는 신규성이 있다.[107] 단 하나의 선행기술이라고 함은 통상적으로 선행기술이 단일한 간행물에 기재된 것을 말한다.[108]

(다) 구성요소 사이의 관련성

출원된 청구항의 모든 구성요소가 단 하나의 선행문헌에 동일한 상황에서 발견되어야 하며 이는 동일한 기능을 수행하는 동일한 방식으로 결합되어 있어야만 신규성이 없는 발명이 된다.[109] 이때 선행문헌은 출원된 청구항을 분명하게 공개를 하고 있어야 하며 서로 다른 내용으로서 직접적으로 관련(Link)이 없는 것을 그 문헌의 가르침에 따라서 취사선택하거나 조합할 필요가 없어야 한다.[110]

CAFC는 하나의 선행문헌에서 서로 관련성(Link)이 없는 구성요소를 결합한 것을 가지고 출원된 청구항의 신규성을 상실시킬 수 없다고 판시하였다. Ecolochem, Inc. v. Southern California Edison Co., 사건에서 CAFC는 출원된 청구항은 탈산소과정에서 환원제(Hydrazine)를 사용하는 방법에 관한 것으로서 하나의 선행문헌의 한 문장이 Hydrazine이나 Hydrogen 중에서 하나를 선택할 수 있도록 하였지만 그 선행문헌의 후반부에서 적용되는 숫자와 텍스트에는 오직 Hydrogen만을 선택하도록 되어 있었다면 Hydrazine과 숫자와 텍스트는 서로 연결(Link)된 것이 아니어서 이를 가지고 출원된 청구항의 신규성을 상실시킬 수는 없다고 하였다. 그러나 이 선행문헌을 작성한 사람이 후일 구술공개(Oral presentation)에 의하여 Hydrazine을 선택한 뒤 이를 숫자와 텍스트와 연결(Link)했다면 그 구술내용은 출원된 청구항의 신규성을 부정하는 자료로 사용될 수 있다.[111]

08(S.D. N.Y. 1994)(특허발명과 동일한 기능을 수행할 수 있도록 동일한 방식으로 작용할 수 있도록 공개되어야 한다. 따라서 선행기술과 특허발명과 사이에 물리적으로 차이점이 있다면 그 차이점이 사소하더라도 신규성을 부정할 수 없다).

107 Von Heyden v. Neustadt(1880)14Ch. D. 230 and General Tire [1972] R.P.C. 457.

108 여기서 '통상적으로'라는 용어를 사용한 것은 예외적으로 추가증거를 사용할 수도 있기 때문이다.

109 Sandisk Corp. v. Lexar Media, Inc., 91 F. Supp.2d 1327, 1336(N.D. Calif. 2000).

110 In re Arkley, 455 F.2d 586, 587, 172 USPQ 524(CCPA 1972). 그러나 In Ultradent Products, Inc. v. Life-Like Cosmetics, Inc.(1997)에서 CAFC는 선행문헌의 공개를 최적실시례에 한정시켜서 출원된 청구항의 신규성을 판단하지는 않는다고 판시를 하였다.

111 Ecolochem, Inc. v. Southern California Edison Co., 227 F.3d 1361, 56 USPQ2d 1065(Fed. Cir. 2000), cert. denied, 532 U.S. 974(2001).

(라) 전문가 증언

앞서 본 바와 같이 출원된 청구항의 신규성을 부정하기 위해서 두 가지 이상의 선행문헌을 조합하여 특허출원된 청구항에 선행기술이 가지는 각 구성요소의 존재사실을 입증할 수는 없다.[112] 그러나 이 원칙은 선행문헌이 통상의 지식인에게 어떠한 의미를 가지는가 하는 것을 입증하기 위해서는 전문가 증언 등의 외부적 증거를 사용하는 것을 금지하지는 않는다.[113] 즉 선행기술의 공개내용이 관련된 분야의 통상의 기술자에게 어떠한 의미를 가지는 것인지를 알기 위해서 전문가의 증언 등의 외부증거를 사용하는 것까지도 금지하는 것은 아니다.[114]

1) 선행기술의 결여된 구성요소

CAFC는 Motorola, Inc. v. Interdigital Technology Corp. 사건에서 1심법원이 신규성 판단의 엄격성을 위배하여 출원된 청구범위의 신규성을 부정하였다고 판시하였다. 그간의 판례법이 요구하는 바는 출원된 청구항의 신규성을 상실시키기 위해서는 선행기술이 그 청구항의 모든 구성요소와 한정사를 모두 하나의 문헌에 구비하고 있어야 한다는 것이다. 이는 신규성을 상실시키기 위해서 사용될 수 있는 선행기술은 반드시 그 분야의 통상의 지식인으로 하여금 이미 출원된 청구항을 점유하고 있을 수 있도록 충분한 공개를 하고 있을 것을 의미한다.

통상의 지식인이 이미 출원된 청구항에 대한 사전지식을 가지고 있다는 전제하에 선행기술이 공개를 하였을 수는 있다. 그렇지만 선행기술이 그러한 전제를 하고 있다는 점에 대하여 아무런 기재를 한 바가 없다면 통상의 지식인의 이러한 사전지식을 선행기술의 가르침이라고 보아 선행기술에서 공개한 것과 마찬가지로 볼 수는 없다.

어느 전문가가 증인으로 나와서 "선행기술인 Kinoshita(1981, Japan)가 출원된 청구범위의 모든 구성요소를 구비하고 있다."는 증언을 하였다고 하여도 선행기술에서 그러한 지식에 대한 기재가 없는 이상 그 증언만을 가지고 출원된 청구항의 신규성을 상실시키기 위해서 선행기술

---

112 In re Saunders, 444 F.2d 599, 602-03, 170 USPQ 213(CCPA 1971). 그러나 In re Samour, 571 F.2d 559, 197 USPQ 1(CCPA 1978)(주된 선행문헌이 청구항의 물질이 가지는 모든 구성요소를 공개하고 있지만 이 물질을 만드는 방법은 보조적인 선행문헌이 공개하고 있다). 그러나 In re Marshall, 578 F.2d 301, 304, 198 USPQ 344(CCPA 1978)(In re Samour의 보조적인 문헌이 공개하는 물질을 만드는 방법은 통상의 지식인에게 용이한 것이다).

113 Telemac Cellular Corp. v. Topp Telecom, Inc., 247 F.3d 1316, 1328, 58 USPQ2d 1545(Fed. Cir. 2001)(선행문헌이 명시적으로 밝히지 않은 특징이 무엇인가를 보기 위해서 외부증거를 살펴보는 것은 정당하다). Sunrise Medical HHG, Inc. v. AirSep Corp., 95 F. Supp.2d 348, 451 n.750(W.D. Pa. 2000)(외부증거는 선행문헌을 설명하기 위해서 사용될 수 있으나 선행문헌의 의미를 확장하기 위해서는 사용할 수 없다); AT & T Corp. v. Excel Communications Inc., 52 USPQ2d 1865, 1880(D. Del. 1999)(결여된 구성요소가 통상의 지식인의 지식범위에 있다면 신규성을 상실시킨다); Integra LifeSciences I Ltd. v. Merck KGaA, 50 USPQ2d 1846, 1848(S.D. Calif. 1999)(발명 당시의 그 분야의 통상의 지식인에게 의미하는 바가 무엇인지를 알기 위하여 추가적 문헌이 사용될 수 있다); Bristol-Myers Squibb Co. v. Danbury Pharmacal Inc., 28 USPQ2d 1947, 1951(S.D. N.Y. 1993), vacated and remanded, 26 F.3d 138, 33 USPQ2d 1539(Fed. Cir. 1995)(선행특허에 관하여 통상의 지식인의 가지고 있던 이해정도를 법원에 알리기 위해서 추가적 문헌이 사용될 수 있다).

114 In re Saunders, 444 F.2d 599, 602-03, 170 USPQ 213(CCPA 1971).

이 반드시 가져야만 하는 공개요건을 대체할 수는 없다.[115]

Motorola, Inc. v. Interdigital Technology Corp. 사건은 무선 디지털 전화에 관하여 출원된 청구범위에 대한 신규성 또는 진보성에 관한 재판에서, 1심에서 무효로 판결된 하나의 청구항은 '동시진행을 결정하는 수단(Means to determine synchronization)'이라는 한정사를 가지고 있었는데 이는 코드를 사용하여 '기초지점(Base station)'과 '수신지점(Subscriber station)' 사이의 연결전류의 교환과 전달능력의 향상 및 전력의 공급과 시간을 조절하는 네 가지 기능을 하여야만 한다. 그러나 선행기술인 Kinoshita(1981, Japan)의 문헌은 이러한 네 가지의 기능을 가진 코드의 사용을 공개하지 않았고 이러한 미공개로 인하여 있을 수 있는 공개의 부족성에 대해서도 아무런 언급이 없었다. 그럼에도 불구하고 전문가 증인은 법정에서 선행기술인 Kinoshita(1981, Japan)의 문헌은 '동시진행의 필요성에 대하여 관심을 가지고 논의를 한 바가 있다(Concerned with and discusses).'고 증언하였다.

배심원들은 위 청구항이 선행기술인 Kinoshita(1981, Japan)의 문헌에 의하여 예견되거나(Anticipated), 용이하다(Obvious)고 평결하였다. 1심법원도 배심원이 전문가가 "선행기술인 Kinoshita(1981, Japan)가 출원된 청구범위의 모든 구성요소를 가지고 있다."고 한 증언을 신뢰함에 있어 잘못이 없고 선행기술은 출원된 청구범위의 모든 한정사를 구비하고 있다고 판결하였다.

그러나 CAFC는 출원된 청구항의 신규성을 부정한 원심을 파기하면서, 선행기술인 Kinoshita(1981, Japan)의 문헌에서 네 가지의 동시진행화를 위한 기능에 대한 공개내용이 없으므로 이는 선행기술의 공개내용이 결여된 것인데 이렇게 결여된 부분을 전문가의 증언으로 대신하여 신규성을 상실시키는 데 사용할 수는 없다고 판시하였다.

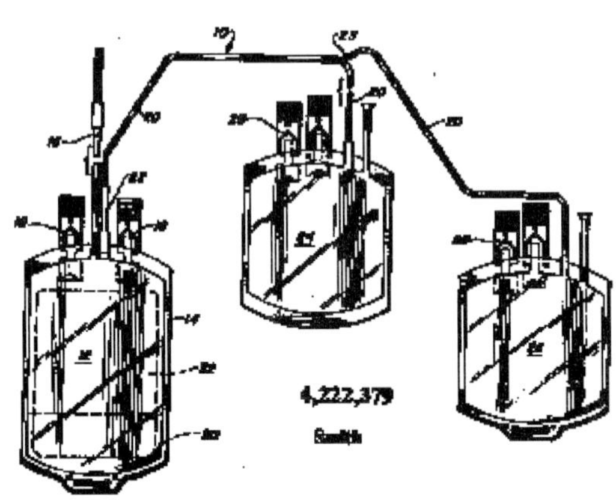

115 Motorola, Inc. v. Interdigital Technology Corp., 121 F.3d at 1472, 43 USPQ2d at 1490.

2) 통상의 지식인의 기술 수준 입증

In re Baxter 사건에서 원고가 가진 Smith 특허(4,222,379)는 유독물질이라고 여겨진 DHEP (di-2-ethylhexyl phthalate)가 예상 외로 적혈구 세포의 Hemolysis를 억제하는 효과가 있다는 사실을 발견하고 이 물질로 된 주머니에 혈액을 보관하는 것에 대한 것이다. 인간의 혈액이 가지고 있는 성분인 적혈구, 플라스마, 그리고 혈소판을 수집하고 처리하고 보관하는 데 있어서 사용되는 주머니는 여러 종류로서, 혈액을 기증한 사람의 주머니(주된 주머니 또는 혈액 보관용 주머니)는 혈액세포를 처리하고 적혈구를 보관하며, 이는 Hemolysis를 압박하는 것으로서 혈액을 여과할 수 있는 가소성의 DHEP로 만들어졌지만 그 이외의 다른 주머니들은 혈액을 여과할 수 있도록 가소성 물질이 함유되지 아니한 다른 종류의 플라스틱으로 만들어졌다.[116]

선행기술도 혈액을 저장하는 주머니를, 가소성 물질인 DEPH를 사용하여 만들어졌지만 이 물질이 가지는 유독성을 제거하려고 하고 있었다. 그러나 원고는 유독물질이라고 여겨진 DHEP가 예상 외로 적혈구 세포의 Hemolysis를 억제하는 효과를 가지고 있음을 발견하였으며, 이 물질로 된 주머니에 혈액을 저장하는 것이 바람직하다는 것을 발견하고 이에 대한 특허를 출원하였다.

원고는 특허의 재심사(Reexamination)를 신청하여 선행기술을 비판하였는데, 선행기술인 Becker 선행문헌은 혈액기증자의 주머니가 Polyvinyl chloride(PVC)로 만들어지고 두 번째의 주머니는 플라스틱이 아닌 Teflon으로 된 두 개 또는 세 개의 혈액주머니를 사용하는 방법을 가르치고 있었다. 이 선행문헌은 명시적으로 혈액기증자의 주머니(주된 주머니 또는 혈액 보관용 주머니)가 DEHP 플라스틱으로 된 것인지 여부에 대해서는 아무런 언급을 하지 않고 있었지만 Becker의 방법이 원고가 상업적으로 판매하던 것과 매우 유사한 것이라고 말하고 있었다. 오직 다른 점이라고는 두 번째의 주머니가 350ml Teflon 용기라는 사실이었다. 또한 증인의 증언에 의하여 원고가 상업적으로 판매한 혈액 보관용 주머니가 가소성을 띤 DEHP로 된 물질을 사용하였다는 점을 입증하였다.

CAFC는 특허청이 전문가의 증언을 사용하여 선행기술인 Becker의 출판물을 해석함으로써 통상의 지식인의 기술 수준을 입증한 것은 적절한 것이고 통상의 지식인으로서는 Becker의 선행문헌을 읽어 본다면 Becker의 혈액보관용 주머니도 DHEP에 의하여 가소성화된 것이라는 것을 알 수 있었으리라고 본 것은 정당하다고 판시하였다.[117]

---

116 In re Baxter Travenol Labs, 952 F.2d 388, 21 USPQ2d 1281(Fed. Cir. 1991).

117 신규성을 상실시키기 위하여 선행기술에는 명시적으로 공개되어 있지는 않으나 전문가의 보편적 기술상식에 속하는 사항이라는 점을 입증하기 위한 외부증거의 사용을 허용한 사례. 그러나 외부증거의 사용을 불허한 사례는 In re Recombinant DNA Technology Patent and Contract Litigation, 30 USPQ2d 1881, 1887(S.D. Ind. 1994)(인간의 프로인슐린에 대한 청구항에 대하여 선행기술이 DNA 합성방법을 공개하였지만 그 구체적 염기서열은 공개하지 않은 경우에 그 구체적 염기서열이 전문가들의 보편적인 기술에 존재한다는 이유로 청구항의 신규성을 부정할 수는

위 Motorola, Inc. v. Interdigital Technology Corp. 사건에서 선행기술 Kinoshita(1981, Japan)에 의하여 신규성이 상실된다고 선언된 청구항은 '수신지점(Subscriber station)' 또는 '송신 및 수신단위(Send/Receive unit)'를 한정사로 요구하고 있었지만 선행기술인 Kinoshita(1981, Japan)는 '기초단위(Base unit)'의 내용을 설명하면서 이를 인용하고 있었지만, '이동단위(Mobile unit)'의 내용은 공개하지 않고 있었다. 전문가가 증언하기를 통상의 지식인이 볼 때는 선행기술인 Kinoshita(1981, Japan)에서 공개한 '기초지점(Base station)'의 범위에는 '이동단위(Mobile unit)'를 포함되는 것으로 이해할 수 있다고 증언하였다.

그렇다면 '기초단위(Mobile unit)'가 선행기술 Kinoshita(1981, Japan)에 의하여 완전하게 공개됨으로 인하여 비공개된 '이동단위(Mobile unit)'도 이에 공개된 내용에 포함된 것이다. 따라서 선행기술 Kinoshita(1981, Japan)가 출원된 청구항의 '수신지점(Subscriber station)'을 공개하고 있다고 보고 출원된 청구항의 신규성을 부정한 것은 옳다.[118]

위 사건에서 CAFC는 비록 선행기술이 그 발명이 존재한다고 공개하면서도 구체적으로 출원된 청구항의 한정사의 내용을 공개하고 있지는 않지만, 그 대신 다른 한정사를 공개하고 있어서, 전문가의 증언이 통상의 지식인이 대신 공개된 다른 한정사를 통하여 공개되지 아니한 한정사를 이해할 수 있다는 점을 입증할 수 있다면, 선행기술에 전문가의 증언을 추가하여 출원된 청구항의 신규성을 상실시킬 수 있다고 판시하였다.[119]

3) 선행기술의 설명

CAFC는 Ciba-Geigy Corp. 사건에서 신규성을 상실시키기 위해서 선행기술을 설명하기 위해서는 외부증거를 사용할 수 있지만 그 선행기술의 의미를 확장하기 위해서는 사용할 수 없다고 판시한 바도 있다.[120] 이러한 판시는 CAFC가 University of California 사건에서 전문가의 보편적 기술상식을 참고하기 위해서 추가적 문헌을 사용할 수 있다고 한 판시와 일맥상통한다.

University of California 사건은, 명세서가 인간의 프로인슐린의 DNA와 아미노산의 염기서열을 공개하면서 그 염기서열 자체를 청구항의 권리범위로 하는 특허로서 1971년경 출원되었다. 그러나 이 특허가 출원되기 이전에 그 분야의 전문가들에게는 인간의 프로인슐린에는 2-염기성(Dibasic) 아미노산의 잔기(Rresidues)가 존재한다는 사실과 그 순서에 대해서는 아무런 의문이 없었다.

선행기술은 특정 단백질에 대한 아미노산의 염기서열을 직접적으로 표시하는 방법을 제시

없다).

118 Motorola, Inc. v. Interdigital Technology Corp., 121 F.3d. 1461, 1473, 43 USPQ2d 1481, 1490(Fed. Cir., 1997).

119 Motorola, Inc. v. Interdigital Technology Corp., 121 F.3d 1461, 43 USPQ2d 1481(Fed. Cir. 1997).

120 Ciba-Geigy Corp. v. Alza Corp., 864 F. Supp. 429, 436, 33 USPQ2d 1018, 1023(D. N.J. 1994), aff'd in part, vacated in part, 68 F.3d 487(Fed. Cir. 1994).

하고 있었다. 물론 이 방법은 프로인슐린을 포함한 여러 가지 단백질에 적용될 수 있지만 인간의 프로인슐린에 대한 아미노산의 염기서열을 과거에 구체적으로 공개하지는 않았기 때문에 특허가 출원된 청구항의 신규성을 상실시키기 위해서는 인간의 프로인슐린에 대한 아미노산의 염기서열을 발표한 추가적인 문헌이 필요하였다.

CAFC는 선행기술에 추가적인 문헌이 필요한 경우에도 그 추가된 문헌이 전문가들의 보편적인 지식을 나타내는 것이라면 허용될 수 있다고 판시하였다. 일단 프로인슐린과 같은 아미노산의 염기서열이 논문이라는 형식으로 공표되면 그 염기서열은 전문가들이 이를 암기하지는 못할지라도 그들에게는 일반상식과 같이 되어 버리는 것이다. 따라서 전문가가 상세한 지식을 얻기 위해서 두 번째의 문헌을 참고하여야 한다고 하더라도 이는 신규성 상실의 자료가 되는 선행기술에 대한 법원칙을 위배하는 것은 아니다. 증거에 의하면, ① 특허가 출원된 시점 이전에 그 기술 분야에 종사하는 전문가들에게는 인간의 프로인슐린에는 2-염기성(Dibasic) 아미노산의 잔기(Residues)가 존재한다는 사실과 그 잔기의 순서에 대해서는 아무런 의문이 없었다. ② 심지어 발명자들 자신도 인간의 프로인슐린에 대한 아미노산의 염기서열이 이미 그 기술 분야에 이미 존재하고 있었다는 사실을 믿고 있었다. 그렇다면 전문가가 두 번째의 문헌을 참고하여야만 특정한 염기서열을 얻을 수 있다는 사실만으로는 출원된 청구항이 신규성이 있다고 볼 수는 없다.[121]

(마) 선행문헌이 인용한 것

선행문헌이 직접적으로 공개한 내용 이외에 다른 문헌이나 자료를 참고하라고 하는 경우에 이러한 참고문헌을 조합하여 신규성을 상실시키기 위해서는 주된 선행문헌이 어떤 다른 문헌을 인용하는지를 구체적으로 특정하여 밝히고 그 인용된 문헌을 찾을 수 있도록 상세한 정보를 제공하고 있어야 한다.[122] 또한 CAFC는 Studiengesellschaft Kohle, m.b.H. 사건에서 전문가의 증언을 추가적 증거로 사용하여 선행기술을 해석함으로써 통상의 지식인의 기술 수준을 입

---

121 University of California v. Eli Lilly and Co., 39 USPQ2d 1225, 1242, 1245, 1247(S.D. Ind. 1995), aff'd, 119 F.3d 1559, 43 USPQ2d 1398(Fed. Cir. 1997), cert. denied, 523 U.S. 1089(1998). 물론 인간의 프로인슐린에 대한 구체적인 염기서열이 어떠한 것인지는 출원된 청구항에 의하여 확인할 수밖에는 없다.

122 선행문헌의 인용에 의한 신규성의 상실(Chisum §3.02 [e] Incorporation-by-Reference).
Telemac Cellular Corp. v. Topp Telecom, Inc., 247 F.3d 1316, 1329, 58 USPQ2d 1545(Fed. Cir. 2001)(선행특허가 다른 문헌을 인용하는 경우에 인용된 문헌은 선행문헌에 명시적으로 공개된 것과 같은 효과를 가진다); Atari Games Corp. v. Nintendo of America Inc., 30 USPQ2d 1401, 1419 n.34(N.D. Calif. 1993)(선행문헌에 명시적(Explicitly)으로 인용된 문서만이 신규성을 판단하는 자료가 된다); Ultradent Products, Inc. v. Life-Like Cosmetics, Inc.(1997)(신규성을 판단하는 데 있어서 ① 만약 선행문헌의 공개내용을 단지 그 선호되는 실시례에 한정하는 것은 잘못된 것이고, ② 선행특허가 다른 특허를 인용하고 있는 경우에 그 인용된 특허를 신규성 판단의 자료로서 고려하지 아니한 것은 잘못된 것이다); Advanced Display Systems Inc. v. Kent State University, 212 F.3d 1272, 1282, 54 USPQ2d 1673, 1679(Fed. Cir. 2000), cert. denied, 532 U.S. 904(2001)(단 하나의 선행문헌에 명시적으로 포함되어 있지 않은 것이라고 하더라도 인용에 의한다면 이는 선행문헌의 일부가 되어 신규성을 판단하는 자료로 사용될 수 있다).

증할 수 있다고 보았다. 그러나 선행문헌을 해석하기 위해서 사용된 추가적 증거의 특정한 가르침을 주된 선행문헌으로 가지고 가서 조합한 뒤 이를 가지고 출원된 청구항에 대한 신규성을 부정할 수는 없다고 판시하였다.[123] [124]

선행문헌이 인용하는 다른 문헌의 내용을 가지고 신규성을 판단하는 것은 주된 선행문헌에 인용행위를 함으로써 인용된 문헌이 주된 선행문헌의 일부가 된다는 것을 명백히 밝힌 것이다.[125] 이렇게 인용을 하는 것은 인용된 문헌이 마치 명시적으로 주된 문헌에 포함되는 것으로서 그 일부가 된다는 것을 천명함으로써 선행기술의 범위를 넓히는 것이다. 따라서 인용에 의하여 선행기술의 범위를 넓힐 수 있기 위해서는 선행문헌이 인용되는 문헌을 특정하여야 한다.[126]

선행문헌이 인용한 자료를 선행문헌과 조합하여 그 공개내용의 일부로 하게 되면 특허출원된 청구항의 모든 구성요소가 존재한다고 가르쳐 주는 경우에는 특허출원된 청구항의 신규성은 상실될 수 있다.[127]

Advanced Display Systems, Inc. v. Kent State University, 212 F.3d 1272, 54 USPQ2d

---

123 그러나 외부증거의 사용을 불허한 사례는 In re Recombinant DNA Technology Patent and Contract Litigation, 30 USPQ2d 1881, 1887(S.D. Ind. 1994)(인간의 프로인슐린에 대한 청구항에 대하여 선행기술이 DNA 합성방법을 공개하였지만 그 구체적 염기서열은 공개하지 않은 경우에 그 구체적 염기서열이 전문가들의 보편적인 기술에 존재한다는 이유로 청구항의 신규성을 부정할 수는 없다) 참조.

124 Studiengesellschaft Kohle, m.b.H. v. Dart Indus., Inc., 726 F.2d 724, 726-27, 220 USPQ 841, 842(Fed. Cir. 1984). 그러나 설명하기 위하여 추가적 증거를 사용하는 것과 선행문헌의 가르침을 조합하여 신규성을 부정하기 위하여 추가적 증거를 사용하는 것과의 구별은 어렵다는 점에 대하여 Fenton Golf Trust v. Cobra Golf Inc., 48 USPQ2d 1198(N.D. Ill. 1998) 참조.

125 특허심사지침 §2322. 5. (2) 단서; 다만, 인용발명이 다시 별개의 간행물 등을 인용하고 있는 경우(예: 어떤 특징에 관하여 보다 상세한 정보를 제공하는 문헌)에는 별개의 간행물은 인용발명에 포함되는 것으로 취급하여 신규성 판단에 인용할 수 있다. 또한 인용발명에 사용된 특별한 용어를 해석할 목적으로 사전 또는 참고문헌을 인용하는 경우에도 사전 또는 참고문헌은 인용발명에 포함되는 것으로 취급하여 신규성 판단에 인용할 수 있다.

126 General Elec. Co. v. Brenner, 407 F.2d 1258, 1261-62, 159 USPQ 335, 337(D.C. Cir. 1968); In re Lund, … 376 F.2d 982, 989, 153 USPQ 625, 631(CCPA 1967). 인용에 의하여 합체하기 위해서는 주된 문헌은 어떤 문헌을 합체하는지를 특정하여 밝히고 그 문헌이 발견될 수 있는 자료를 찾을 수 있는 상세한 정보를 제공하여야 한다. In re Seversky, 474 F.2d 671, 674, 177 USPQ 144, 146(CCPA 1973)(인용하는 경우에는 그 합체되는 대상을 분명하게 밝히고 그 대상을 발견할 수 있는 장소를 특정하여야 한다). In re Saunders, … 444 F.2d 599, 602-03, 170 USPQ 213, 216-17(CCPA 1971)(선행문헌은 명시적으로 다른 문헌의 일부를 합체한다는 것을 밝혀야 한다). National Latex Prods. Co. v. Sun Rubber Co., 274 F.2d 224, 230, 123 USPQ 279, 283(6th Cir. 1959)(선특허출원서가 후 특허출원된 명세서를 일부공개하고 있다고 주장하려면 선특허출원서가 후행발명을 공개하였다는 것을 특정하여 언급하여야 한다).

• 법률의 해석과 적용의 문제: 인용된 문헌이 주된 선행문헌의 일부가 되어 신규성을 상실시키는 자료가 되었느냐의 여부는 법률의 해석과 적용의 문제이다. Quaker City Gear Works, Inc. v. Skil Corp., 747 F.2d 1446, 1453-54, 223 USPQ 1161, 1166(Fed. Cir. 1984).

• 사실인정의 문제: 그러나 신규성이 있느냐 하는 문제, 즉 특허출원된 청구항의 모든 구성요소가 이미 단 하나의 선행기술에 공개되어 있느냐 하는 문제는 사실인정의 문제이다. Scripps Clinic & Research Found. v. Genentech, Inc., 927 F.2d 1565, 1576(Fed. Cir. 1991).

127 사후적 고려(Hindsight).

1673(Fed. Cir. 2000), cert. denied, 532 U.S. 904(2001)에서 문제가 된 West 특허는 LCD에 관한 것으로서 전통적으로 LCD는 여러 종류의 액정물질과 폴리머를 조합함으로써 만들어진다. 폴리머의 존재는 LCD가 비스듬한 각도에서 보여질 수 있도록 한다. 발명자는 어떤 새로운 폴리머로서 자유로운 LCD를 사용하는 Cholestric visible 재료를 사용하였다. 이렇게 Cholestric visible 재료를 사용함으로써 발명자는 폴리머를 사용하는 경우에 발생하는 후퇴(Drawback)가 없이도 선행 LCD를 사용할 수 있는 장점을 얻었다. 피고는 Haas 특허와 Haas특허가 인용한 서류에 의하여 West 특허의 신규성이 상실된다고 주장하였다. CAFC는 Hass 특허가 인용한 자료는 수백 가지의 서로 다른 액정 크리스털 물질을 공개하고 있고 이 자료가 Hass 특허에 의하여 인용됨으로써 그 공개내용의 일부가 된다고 보았다. 이렇게 공개된 물질의 집단으로부터 완전한 사후적 고려(Prefect hindsight)를 통하여 Hass 특허와 3개의 특정한 액정 크리스털 물질을 조합하면 West 특허의 모든 구성요소를 이미 가르쳐 준다.

Ⅲ. 선행기술의 내재적 공개 Inherent anticipation

1. 의 의

우리 대법원은 선행기술의 공개내용으로부터 통상의 지식인이 별다른 어려움이 없이 추단할 수 있는 것은 선행기술의 범위에 든다고 보아 이와 동일한 청구항은 신규성을 상실한다고 한다.[128]

한편 EU에서는 출원된 청구항의 신규성을 상실시킬 수 있는 선행문헌의 동일성의 범위는 그 문헌에 명시적으로 기재된 것은 물론 그것이 통상의 지식인에게 묵시적(Implicit)으로 공개하고 있는 사항을 포함한다고 보았다.[129] 이때 묵시적으로 공개한 사항이란 통상의 지식인이 선행기술의 내용에 따라 실시하면 필연적으로 도달하게 되는 것을 의미한다.[130]

---

128 추단설: 대법원 2005.1.28. 선고 2003후175 판결(등록무효특) [공2005.3.15(222), 433]: 간행물 1 게재 발명은 이 사건 제1항 발명보다 훨씬 높은 광역의 클록 주파수 발진기를 사용하며 다수의 회로설계 입력모드를 가지고 있으므로 **평균적 기술자라면** 간행물 1 게재 발명에도 클록 주파수를 선택할 수 있는 소정의 주파수 분할 수단이 게재되어 있으리라는 점을 **별다른 어려움 없이 추단할 수 있으며,**

129 위 손진홍, 전게논문, p.329-330.

130 위 김원준, 신규성 판단에 관한 유럽 특허청 판례 요약, 특허정보(통권 제45호; 특허청 97) p.71-72. 위 논자는 선행기술의 내재적 개시로서, T l14/86(WO-84901, 발포플라스틱·필터, Erisson Hans)을 들고 있다.

또한 같은 취지는 손진홍, 전게논문, p.331-332. T666/89(OJ1993, 495)에서 심판합의체는, '이용가능(Available)'이란 용어는 문장 또는 도표에 의한 기재를 명시함을 넘어 그 밖의 수단에 의한 명시적 또는 암시적인 기술정보의 전달을 의미한다. 문서에 의해 이용가능하다고 된 정보의 내용이며, 문장 또는 도표에 의한 기재의 내용을 초과하는 한 가지 例는, **선행문헌에 문언상 기재되어 있는 프로세스를 실시한 필연적인 결과로 그 문헌에 기재되어**

EU에서는 통상의 지식인에게 묵시적으로 공개하고 있는 사항을 알기 위해서는 선행기술의 내용을 검토하여 그 명시적 및 암시적인 기술적 교시를 알아낼 필요가 있다.[131] 이때 선행기술이 교시하는 바의 기준은 그 기술 분야에서 가지고 있는 통상의 지식인의 지식이나 이해력이 된다. 따라서 전기공학과 관련된 발명에서 그 분야의 통상의 지식인으로서는 프로그램에 관해 선행기술이 명시적으로 공개한 것 이외에는 알 수 없는 것이므로 선행기술에 첨부된 부록 및 열거된 목록에 나와 있는 프로그램을 묵시적으로 공개한 것은 아니다.[132]

또한 EU에서는 선행기술이 각 구성요소가 어떻게 상호 관련하여 작동하는가 하는 점에 대하여 아무런 기재도 없었고 도면도 없는 경우에 통상의 지식인이 선행기술에 의하여 도출하여 내는 것만을 가지고 선행기술이 묵시적으로 공개하는 것이라고 볼 수 없다.[133] 또한 EU는 선행문헌이 그 구성요소를 명시적으로 공개하지 않고 있으면서 출원된 청구항과는 다른 해결수단을 제시하고 있다면 선행기술이 출원된 청구항을 묵시적으로 공개한다고 볼 수 없고,[134] 선행문헌의 공개내용이 있는 경우에 통상의 지식인에 대한 묵시적인 공개가 되기 위해서는 선행문헌의 명시적인 공개내용과 모순되지 않아야 한다.[135]

있지 않은 생산물에 도달하는 케이스이다. 그와 같은 케이스에서 심판합의체는, 선행기술문헌에 의해, 그와 같은 생산물을 포함하는 클레임의 신규성은 상실된다고 판단하였다. 따라서 신규성 일반 특히 '선택(Selection)'의 신규성 문제에 있어서 결정적인 사항은 단순한 형식이 아니라 명시된 또는 암시된 내용이다.

131 위 손진홍, 전게논문 참조. T332/91에서 심판청구인(이의신청인)은, 신규성을 판단할 때에는 인용문헌의 내용 전체 즉, 그 명시적 및 암시적인 기술적 교시를 검토대상으로 할 필요가 있다고 한 T666/89(OJ1993, 495) 참조.

132 위 손진홍, 전게논문. T164/92(OJ1995, 305, 수정 OJ1995, 387)에서 심판합의체는, 간행물에 게시된 사항은 당해 기술 분야에서 평균적인 기술자에게 구할 수 있는 지식이나 이해력에 기하여 인정된다고 판시하였다. 이 케이스에서, 이의신청인은 프로그램의 공연실시를 주장하고 있었다. 어떤 선행기술에 첨부된 부록 J는 프로그램 목록을 포함하고 있었지만, 그것은 프로그램을 자연언어로 설명하고 있지는 않았다. 그래서 심판합의체는, 당업자는 반드시 프로그래밍의 지식을 가지고 있지 않으면 안 되기 때문에 그 개시는 불충분하다고 판단하였다. 심판합의체는, 전자공학에 대한 평균적인 기술자라면, 특히 자기 스스로는 프로그램 언어에 관하여 충분한 지식을 가지고 있지 않지만, 부록으로 첨부된 프로그램 목록 중 상세한 사항이 있다는 충분한 시사가 간행물에 포함되어 있는가 아닌가를 컴퓨터 프로그래머에게 상담하는 것이 기대된다고 하였다.

133 위 손진홍, 전게논문, T447/92의 경우, 인용된 문헌은, 클레임된 발명(공기식 회로차단기)의 가동요소가 언제 그와 같이 동작하는가, 요컨대 레버가 튀지 않도록 그 가동요소가 어떻게 작동하는가가 개시되어 있지 않다고 심판합의체는 판단하였다. 관련된 동작에 대해서는 어떠한 기재 또는 도면도 없고, 관련된 부품이 어떻게 동작하는가는 추론하는 수밖에 없었다. 따라서 당업자가 그 문헌에 의해 현재의 발명 그 자체까지 도출해 내는 것을 의미하지 않았다. 그 때문에 출원의 클레임 1에 관계된 공기식 회로차단기의 구성이 종래의 유럽 특허출원 도면으로부터 일의적으로 도출되는 것은 아니었다.

134 손진홍, 전게논문, T71/93에서는, 그 문제점이 허용되지 않는다는 것이 선행문헌에서 직접 도출되지 않았으면, 선행문헌에서는 그 문제점을 해결하기 위해 다른 해결수단이 제안되어 있어도, 예를 들어 동일한 기술 분야에서 보통의 문제를 해결하는 데에 도움이 되는 것이 일반적으로 알려져 있어도, 선행기술문헌에 명시적으로 언급되어 있지 않은 구성이, 그 문헌 중에 암시적으로 개시되어 있다고 할 수는 없다고 판시하였다.

135 위 손진홍, 전게논문, T518/91에서는, 선행문헌에 명시적으로 기재된 기술적 사항에 관한 논리적 해석(특히, 일반적으로 표현된 선행기술의 구성을 표시하는 문헌에 의한 명시적인 개시 범위를 초과한 사항)은 그것이 문헌 전체의 개시와 整合하는 명시적인 기술정보와 모순되는 때는, 당업자가 바로 생각할 수 있는, 문헌에서 암시적으로 유도되는 기술적 교시의 일부를 구성한다고는 말할 수 없다고 하였다.

2. 미국의 판례법

가. 내재적 점유설

미국 판례법에서는 선행기술이 미리 명시적으로 예견하지는 못하였지만 발명의 필연적 결과로 발생시키거나, 미리 평가되지는 않았지만 불가피하게 공개된 것을 '내재성에 의한 공개(Anticipation by inherency)'라고 한다.[136]

이에 의하면 선행기술이 출원된 청구항의 구성요소를 모두 이미 공개하고 있다면 그 청구항이 공개한 새로운 장점이나 발명적 개념을 명시적으로 공개하지 않은 선행기술이라고 하더라도 신규성을 상실시킬 수 있다.[137] 선행기술이 명시적으로 공개하지는 않았지만 내재적으로 가지고 있는 장점은 선행기술을 이를 내재적 또는 본래적으로 점유하고 있는 것이며 이를 내재적 점유(Inherent possession)이라고 한다.

나. 필연성

미국의 판례법은 선행기술이 미리 숙고하거나, 의도한 것의 필연적인 결과로 달성된 것은 비록 그 용도, 의도 또는 특성이 인식되지 못하거나, 불완전하게 평가가 되었더라도 이는 선행기술에 의하여 이미 공개된 것으로 보아야 한다고 본다.[138] 선행기술이 내재적으로 점유하고 있다고 보기 위해서는 그 점유되는 장점이나 성질이 필연적인 것이어야 하기 때문이다. 개연성이나 가능성을 두고 내재적 점유라고 말할 수는 없기 때문에 단지 어떤 주어진 상황에서만 그 특성이나 장점이 있다는 사실만으로는 필연성의 요건을 충족하지 못한다.[139]

다. 새로운 용도나 특성

선행기술로서 이미 알려진 물건이나 방법에 대하여 후일 새로운 용도나 특성 또는 장점이 발견되어도 이와 동일한 물건이나 방법에 대한 청구항은 신규성이 부정됨은 물론이다. 또한 이

---

136 1-3 Chisum on Patents §3.03 Accidental and Unintended Anticipations–Inherency; 이를 내재적 공개가능성(Inherent anticipation) 또는 우연한 공개에 의한 신규성의 상실(Accidential and unintended anticipation)이라고 하고 이러한 내재성은 역시 명세서의 서면명세요건을 충족하는 데 기여할 수 있다. Duft & Mirabel, Principles of Inherency, 77 J. Pat. & Trademark Off. Soc'y 539(1995).

137 Verdegaal Brothers, Inc. v. Union Oil Company of California, 814 F.2d 628, 2 USPQ2d 1051(Fed. Cir. 1987).

138 내재성의 원칙(Principle of inherency): In re King, 801 F.2d 1324, 1326, 231 USPQ 136, 138(Fed. Cir. 1986)(내재성의 원리란 선행기술이 가지는 구조가 특허출원된 청구항의 방법의 한정사와 같이 기능하여야 하는 것이라면 이러한 청구항은 신규성을 상실한다는 것이다. 실제로 물건을 제조하는 데 사용된 선행문헌은 특허출원된 청구항의 신규성을 상실시키는 데 사용되어 그 문헌이 실제로 사용되는 환경에 처하였을 때 무엇이 발생하는가 하는 것을 알려준다).

139 Ex parte Skinner, 2 USPQ2d 1788, 1789(PTO Bd. App. 1986).

미 알려진 물건이나 방법에 대한 새로운 용도도 그 물건이나 방법의 특성이 선행기술에 내재하는 것인 한 특허를 받을 수 없다.[140]

선행기술이 내재적으로 점유하고 있는 것은 특성이나 장점뿐만이 아니다. 선행물건이나 선행방법이나 효과에 있어서도 마찬가지이다. 선행기술이 출원된 청구항이 가지는 효과를 명시적으로 공개하지 않았어도 그 효과는 선행기술이 이미 점유하고 있었던 것으로서 이와 동일한 것에 대하여 출원된 청구항은 신규성을 상실한다.[141]

라. 미국의 판례법

(1) 출원된 청구항의 신규성을 부정하는 선행기술

미국 연방순회항소법원은 Regar & Sons 사건에서 비록 선행기술자가 완전히 그 사용방법이나 용도 또는 특성을 완벽하게 인식하지 못하였다고 하더라도 후행발명을 공개하는 데 아무런 지장이 없다고 판시하였다.[142] Regar & Sons 사건은 이음매가 없는 나일론 스타킹(Seamless Stocking)이 실크 스타킹과 같이 보이기 위하여 인공적으로 이음매를 준, 스타킹에 관한 발명으로서 이 스타킹은 여성들에게 인기가 있었으며 값이 비쌌다.

원고는 인공적으로 이음매를 만들어 주는 방법에 대하여 특허를 받았다. 피고는 과거에 판매되었던 실크 스타킹도 이음매를 가지고 있는 것이 있었는데 이러한 이음매는 원고의 특허와 동일한 특징으로서 원고의 특허는 선행기술에 의하여 공개된다고 주장했다. 이에 대하여 원고는 선행기술은 그와 같은 미적 효과를 전혀 예견하지도 않았기 때문에 아무런 공개가능성이 없다고 주장했다. 그러나 이음매가 주는 미적 효과는 선행발명자가 예견한 결과로부터 오는 효과로서 원고의 특허발명을 공개한다.[143]

---

140 In re Schreiber, 128 F.3d 1473, 1477, 44 USPQ2d 1429, 1431(Fed. Cir. 1997). 따라서 In re Spada, 911 F.2d 705, 15 USPQ2d 1655, 1657(Fed. Cir. 1990)(비록 새로운 성질이나 용도가 선행기술에 비추어 진보성이 있다고 하더라도 이미 알려진 물질은 특허를 받을 수 없다): General Electric Co. v. Hoechst Celanese Corp., 740 F. Supp. 305, 317, 16 USPQ2d 1977 1985(D. Del. 1990).

141 Beachcombers, International, Inc. v. WildeWood Creative Products, Inc., 31 F.3d 1154, 1161, 31 USPQ2d 1653, 1658(Fed. Cir. 1994)(청구항이 만화경에 관한 것으로서 대물 부분에 물을 채운 장치를 추가하여 수평적인 움직임을 보는 효과가 개선된 것이지만 선행기술도 이미 그렇게 작동되도록 된 것에 불과하여 신규성이 없다).

142 내재성의 원칙은 청구항의 한정사가 선행문헌에서 명시적으로 발견되지는 않지만 이 문헌에 본질적으로 내재하는 경우에는 청구항을 공개한다고 보는 견해: Atlas Powder Co. v. Ireco Inc., 190 F.3d 1342, 1347, 51 USPQ2d 1943, 1946(Fed. Cir., 1999). 내재성에 의하여 공개가능성이 있다는 사실을 입증하기 위해서는 외부증거를 사용할 수 있으며, 이 외부증거를 가지고 선행문헌이 명시적으로 서술하지는 않지만 청구항이 공개하는 내용이 그 발명이 속하는 기술 분야에서 통상의 지식을 가진 자가 보기에는 이미 선행문헌에 본질적으로 내재하고 있다는 사실을 명백하게 입증할 수 있어야 한다고 보는 견해: In re Robertson, 169 F.3d 743, 745, 49 USPQ2d 1949, 1950-51(Fed. Cir., 1999). DNA Clone이 선행문헌에 본질적으로 내재하지 않는다고 본 견해: Ex parte Tanksley, 37 USPQ2d 1382, 1385(Bd. Pat. App. & Int'f, 1994).

143 Regar & Sons v. Scott & Williams, 63 F.2d 229, 17 USPQ 81(2d Cir., 1933).

미연방대법원은 General Electric v. Jewel Incandescent Lamp Co. 사건에서 선행발명자가 먼저 발견한 특성을 후행발명자가 사용하면 후행발명은 선행기술에 의하여 예견된다고 하였다. 비록 선행발명자가 이 공개된 특성을 아직 사용하지 아니하였다고 하여도 공개가능성을 구성하는 데 아무런 지장이 없고 선행기술이 가지고 있는 내재적인 구조, 성분 또는 기능도 반드시 알려질 필요는 없고 비록 선행기술이 이미 알려진 물질의 본질적 특성을 불충분하게 인식하였더라도 후행발명을 예견할 수 있다.[144]

General Electric v. Jewel Incandescent Lamp Co., 사건은 전구 외부를 갈아서 간유리로 만드는 Pipkin 특허('510')에 관한 것으로서, 특허권자는 전구의 강도를 증가시키기 위하여 선행기술이 이미 사용하던 표면 처리기술을 약간 변경하여 사용하였다. 선행기술은 전구 내부의 표면을 간유리로 만들었는데 이 방법은 유리의 강도를 약하게 만들었다. Pipkin은 이 처리기술을 가지고 전구 내부가 아닌 전구 외부의 표면을 간유리로 만들었다. 이 Pipkin의 방법은 전구의 강도를 더해 주는 장점이 있었다. 그러나 Pipkin의 방법은 선행기술자가 공개한 내용에 의하여 예견된다.[145]

미연방대법원은 Ansonia Brass & Copper Co. 사건에서 선행기술이 가지고 있는 특성이 그 공개될 당시에는 필요성이 전혀 고려되지 않았다 하더라도 선행기술이 구성요소를 이미 공개하고 있었다면 그 특성이 가지는 효과는 선행기술이 이미 내재적으로 가지고 있는 용도라고 판시하였다.

Cowles 특허('660')는 페인트와 섬유를 가지고 전선을 절연하는 방법청구항과 절연된 전선에 대한 물건청구항에 관한 것이었다. 전선을 절연하는 목적은 전기조명에 사용되는 전선이 고열에 연소되지 않도록 하는 것이다. 과거에는 전선을 따라 흐르는 전류는 매우 약하였기 때문에 전선이 연소되지 않도록 절연할 필요성이 없었다.

그러나 선행기술은 페인트와 섬유를 사용해서 전선을 절연하여 습기와 외부의 충격으로부터 보호하도록 만들었다. 선행기술이 공개될 당시에는 전선의 연소방지의 필요성이 전혀 고려되지 않았다 하더라도 선행기술이 절연 전선을 이미 공개하고 있었다면 이 전선의 연소방지 효과는 선행기술이 이미 가지고 있는 용도로서 이러한 용도를 발견한 것만 가지고는 선행기술에 의한 예견가능성을 회피할 수 없다.[146]

CCPA는 In re Bird 사건에서 비록 미리 인식되지 않았고 부지불식간에 만들어진 합금에 대하여 특허가 출원되었다고 하여도 선행기술이 당면한 의도를 가지고 사용하고 버린 나머지 특

---

144 Atlas Powder Co. v. Ireco Inc., 190 F.3d 1342, 1348, 51 USPQ2d 1943, 1946-47(Fed. Cir., 1999).

145 General Electric v. Jewel Incandescent Lamp Co., 326 U.S. 242(1946). 만약 선행기술자 A가 전구의 강도를 강화하는 방법에 대하여 아무런 공개도 하지 않고도 특별히 강한 전구에 대하여 특허를 받았다면, 후행기술자인 B가 이 기술을 사용하여 전구를 강하게 만드는 방법을 발견하였다고 하더라도 전구가 강하다는 이유만으로 특허를 받을 수 없다.

146 Ansonia Brass & Copper Co. v. Electric Supply Co. 144 U.S. 11, 36 I. Ed. 327, 12 S. Ct. 601(1892).

정 합금이나 특성을 선행기술과 다른 용도에 사용하였다고 하여도 분명히 바람직한 특성을 사용한 것이라면 이는 용이한 것이 될 수 있다고 판시하였다.[147] 진보성의 판단에 있어서는 선행기술이 가져오는 결과가 우연한 것인지 의도적인 것인지는 묻지 않는다.[148]

또한 CCPA는 In re Seid 사건에서 비록 우연히 공개한 것이지만 도면에 명확하게 나타나 있다면 이는 선행기술로 사용할 수 있다고 하였다.[149] 연방항소법원은 Bird Provision 사건에서 선행방법을 사용하는 것이 이미 확립된 것이라면 그 선행방법이 주는 효과 중의 상당수가 인정되지 않거나 평가되지 않은 것이라고 하여도 후행하는 방법의 신규성을 부정하는 데 있어서 문제가 없다고 하였다.[150] CAFC는 Ecolochem, Inc. 사건에서 선행기술이 양이온에 오염된 물질을 우연하게 제거한 것은 양이온 교환수지를 사용한 결과로 오는 '자연스럽고 필요한 결과'로서 우연한 것이 아니다라고 판시하였다.[151]

CAFC는 Candela Laser Corp. 사건에서 선행발명자가 발명 당시에 시스템에 대하여 생각한 것은 신규성 판단에 있어서 고려되지 않는다고 하였다.[152] 또한 CAFC는 Estate of Stoller 사건에서 구성요소가 선행기술에 생략되었다고 하여도 공개내용으로부터 자연적으로 흘러 나오는 것이라면 내재적 공개의 요건을 충족시킨다고 하였다.[153] 연방항소법원은 Mooney 사건에서 선행기술 도면에 분명하게 공개된 것이라면 선행기술자가 공개내용을 인식하지 못하였다는 사실은 신규성 판단에 있어서 중요하지 않다고 하였다.[154] 워싱턴DC 연방법원은 General Elec. Co. 사건에서 우연한 공개라도 분명한 것이라면 신규성을 상실시킬 수 있다고[155] 판시한 바 있다.

(2) 외부증거를 사용하여 신규성을 부정할 수 있는가

In Telemac Cellular Corp. v. Topp Telecom, Inc. 사건에서 CAFC는 외부증거를 사용하여 선행기술이 특허출원된 발명을 내재적으로 예견한다는 것을 인정하여 신규성을 부정하였다.[156]

---

147 In re Bird, 344 F.2d 979, 984, 145 USPQ 8(CCPA 1965).

148 In re Bager, 47 F.2d 951, 953, 8 USPQ 484(CCPA 1931).

149 In re Seid, 161 F.2d 229, 231, 73 USPQ 431(CCPA 1947).

150 Bird Provision Co. v. Owens Country Sausage, Inc., 568 F.2d 369, 375, 197 USPQ 134(5th Cir. 1978).

151 Ecolochem, Inc. v. Southern California Edison Co., 863 F. Supp. 1165, 1179(C.D. Calif. 1994), aff'd in part, rev'd in part, 91 F.3d 169(Fed. Cir. 1996).

152 Candela Laser Corp. v. Cynosure, 862 F. Supp. 632, 641, 32 USPQ2d 1433, 1440(D. Mass. 1994), aff'd, 56 F.3d 82(Fed. Cir. 1995).

153 Estate of Stoller v. Ford Motor Co., 711 F. Supp. 1451, 1456, 12 USPQ2d 1197, 1202(N.D. Ill. 1989), rev'd in part, vacated in part, & remanded, 18 USPQ2d 1545(Fed. Cir. 1991).

154 Mooney v. Brunswick Corp., 489 F. Supp. 544, 206 USPQ 121(E.D. Wis. 1980), aff'd, 663 F.2d 724, 212 USPQ 401(7th Cir. 1981).

155 General Elec. Co. v. Watson, 188 F. Supp. 341, 343, 127 USPQ 326(D. D.C. 1960).

156 Telemac Cellular Corp. v. Topp Telecom, Inc., 247 F.3d 1316, 58 USPQ2d 1545(Fed. Cir. 2001).

특허는 대여용 이동전화에 관한 것으로서, 이 전화는 미리 지불된 요금의 사용기간을 저장하고 있다가 전화를 사용하면 자동적으로 요금을 삭감한다. 명세서는 전화를 사용하는 세 가지의 방법을 공개하고 있는데 이는 전화기의 메모리에 저장되어 있는 지역전화와 장거리전화 그리고 국제전화와 로밍 프로그램을 공개하고 있다. 청구 제1항은 '복잡한 요금청구를 하는 계산공식(Complex billing algorithm)'으로서 이를 명세서에 비추어서 해석하면 최소한 네 가지 부류의 요금체계, 즉 지역, 장거리, 국제 그리고 로밍 전화요금을 포함한다.

선행문헌(Wittstein)은 모든 '상세한 통화기록(All detail records)'과 '요금계산(Charge)'을 하고 이를 저장하는 이동전화를 공개하고 있지만 명시적으로는 '상세한 통화기록'이 위 네 가지 부류의 요금체계를 가지고 있다고 명시적으로 공개하지는 않고 있다.

그러나 다른 증거에 의하면, 즉 특허권자 자신의 비공식적 발명기록과 이동전화에 관련된 다른 특허는 '상세한 통화기록'은 이 네 가지 요금체계를 포함하는 것으로 확인된다. 그중 첫 번째 증거인 비공식적인 발명기록은 네 번째, 즉 로밍에 대하여 공개를 하고 있지 않지만 사용이 허용되지 않는 목록에서 로밍을 포함하지 않는다고 하고 있지는 않다. 둘째 증거인 이동전화와 관련된 특허는 명시적으로 이 사건 소송에서 문제된 특허와 같이 비공식 발명기록에서 나온 것으로 명시적으로 네 가지의 부류를 모두 공개하고 있다.

이 사건 특허는 유무선 이동통신사들의 실제 시장수요를 반영하여 만든 것으로서 무선 이동통신사들도 로밍을 포함한 지역, 장거리 및 국제전화를 그 서비스 대상에 포함하고 있다. 또한 특허권자도 '상세한 통화기록'은 로밍요금을 징수하는 것을 포함하고 있다고 자인한다.[157]

그러나 두 번째의 선행문헌이 가르치는 것을 가지고 첫 번째 것과 합하여 신규성을 부정하기 위해서 사용할 수는 없다.[158]

3. 우연한 공개

가. 의 의

선행기술이 우연하게 달성한 것은 공개한 것이라고 볼 수 없기 때문에 이에 대한 청구항의

---

157 Chisum §3.02 [d]－Combining References－Additional References As Evidence of Single Reference's Significance－Extrinsic Evidence. 법원이 이용할 수 있는 외부증거가 무엇이냐에 따라서 선행기술이 청구항의 신규성을 부정하는 효력이 다를 수 있다는 것을 보여 준다. 수년이 지난 후에 Baxter의 상업적 시스템이 어떻게 구성되어 있느냐에 대한 신규성의 증거가 사라질 수 있거나 취득할 수 없는 경우도 있다. 더구나 문헌이 아니라 상품 등의 물건을 선행기술로 삼아서 이를 가지고 특허출원된 청구항의 신규성을 부정하여야 하는 경우 즉 특허발명을 체화한 상품이 일반공중에게 판매됨으로써 공연한 실시행위가 되어 후일 특허출원된 청구항이 신규성을 상실하는 경우나 일반공중이 사용함으로써 공용기술이 되어 후일 특허출원된 청구항의 신규성을 부정하여야 하는 경우에 신규성을 부정하는 자가 입증방법으로써 외부적 증거를 제출할 필요성이 큰 것이다.

158 Telemac Cellular Corp. v. Topp Telecom, Inc., 247 F.3d 1316, 1328, 58 USPQ2d 1545(Fed. Cir. 2001).

신규성을 상실시키지는 못한다. 실제로 우연하다는 것은 진정한 동일한 결과가 후일 다른 사람에 의하여 달성된다고 하는 것을 보장하지는 못하기 때문이다.[159]

따라서 선행기술이 전혀 '의도하지 않았는데 우연히(Accidently and unwittingly)' 발생한 결과를 가지고 선행기술의 공개범위에 드는 것으로 보아 이를 권리범위로 하는 청구항의 신규성을 상실시킬 수는 없다.[160] 이는 '비정상적인 조건하에서, 의도되지도 않았고 평가되지도 않았던 결과가 발생한 경우를 가지고 선행기술이 공개한 것으로 볼 수 없기 때문이다.[161]

이렇게 선행기술이 명시적으로 공개한 것은 아니지만 선행기술에 내재하는 것이 되어 청구항의 신규성을 상실시키기 위해서는,[162] 선행문헌에서 공개되지 않거나 생략된 구성요소의

---

159 Chisum on Patents, §3.03 Accidental and Unintended Anticipations－Inherency.

160 우연성 배제원칙(**Tilghman rule**): 미연방대법원 Tilghman v. Proctor(1881)에서 '특허청구항이 가져오는 결과를 선행방법이 우연히 의도하지도 않고 달성한 경우에는 청구항을 공개하지 못한다.'고 보았다.

161 Eibel Process Co. v. Minnesota & Ontario Paper Co.(1923)에서 Tilghman rule을 해석한 것으로 이 원칙은 미국 하급심의 다수설이다. Chisum §3.03 [2]－The Meaning of Accident 및 Supra. n14 참조.

신규성을 부정하지 않는 미국의 하급심 판례: In re Marshall, 578 F.2d 301, 198 USPQ 334(CCPA 1978)(어떤 사람이 PDR이 가르치는 것을 시행한 결과 체중을 줄였다면 이는 미리 예견되지 않은 우연한 결과이다. 발명을 우연히 또는 의도치 아니하고 복제한 결과 발생한 것은 선행기술이 공개한 것으로 볼 수 없다); Pittsburgh Iron & Steel Foundries Co. v. Seaman-Sleeth Co., 248 F. 705, 709(3d Cir. 1918)(만약 공개되었다고 주장되는 합금 중 하나가 아다마이트(Adamite)라면, 이 사실은 만든 사람이나 사용한 사람이 알지 못한 것이고 새로운 특징을 가지는 새로운 물건으로 인정되지도 않았고, 기술계에 아무런 이익이 되지 않는 전혀 우연한 생산물이고 공개로서의 기치를 가지는 것도 아니다); Munising Paper Co. v. American Sulphite Pulp Co., 228 F. 700, 703-03(6th Cir. 1915)(후일 특허발명이 그 가치를 인정하기 전까지 성질과 기능이 전혀 인정되지 않았다면 과거에 동일한 것을 우연히 만들었다는 것은 공개로 볼 수는 없다. 우연히 유사한 부품의 배열을 묘사한 도면이 공개되었으나 그 배열이 최초의 발명에 본질적으로 필요한 것이 아니고, 두 번째 발명이 하는 것과 동일한 기능을 하도록 고안되거나 적용되거나 사용된 것도 아니며, 최초의 특허가 두 번째 발명자에 의하여 수행된 결과를 제시하도록 하는 것을 포함하고 있지 않다면 이는 공개된 것으로 볼 수 없다); Toch v. Zibell Damp Resisting Paint Co., 233 F. 993, 997(2d Cir. 1916)(방론(dictum): 작업자가 우연한 결과가 수반되는 것을 인식하지 못하고 사용한 경우에 우연히 생산하여 본 적이 있다는 사실만으로는 그와 동일한 물건에 대한 신규성을 상실시킬 수 없다); Edison Elec. Light Co. v. Novelty Incandescent Lamp Co., 167 F. 977, 980(3d Cir. 1909)(우연하게도 유리가 녹아서 플래티넘과 융합되는 점에 이르게 됨으로써 특허를 받게 된 것은 전혀 고려된 바가 없다); Intra Corp. v. Hamar Laser Instruments Inc., 662 F. Supp. 1420, 1439, 4 USPQ2d 1337, 1351(E.D. Mich. 1987), aff'd, 862 F.3d 320(1988)(unpublished), cert. denied, 490 U.S. 1021(1989)(선행기술이 특허가 가지는 특성을 우연하거나, 부수적이거나, 의도하지 않게 복제하였다는 사실은 특허청구항의 신규성을 상실시키지 아니한다); In re Coordinated Pretrial Proceedings in Antibiotic Actions, 498 F. Supp. 28, 35(E.D. Pa. 1980), aff'd, 676 F.2d 51, 216 USPQ 1056(3d Cir. 1982)(코노버 발명이 된 당시에 인식되지 않았던 테트라사이클린의 소량이 부수적으로 만들어졌다는 것이 테트라사이클린에 대한 특허청구항의 신규성을 상실시킬 수 없다); Pfizer, Inc. v. International Rectifier Corp., 545 F. Supp. 486, 508, 207 USPQ 397(C.D. Calif. 1980), aff'd, 685 F.2d 357, 217 USPQ 39(9th Cir. 1982), cert. denied, 459 U.S. 1172(1983)(부수물로서 소량의 합성물이 아무런 설명이 없이 미리 인식되지 않았고 평가되지 않은 부수물로 생산되었다고 선행기술에 나와 있다면 이는 그 합성물의 신규성을 상실시킬 수 없다); Anthracite Separator Co. v. Pollock, 175 F. 108, 111(M.D. Pa. 1909)(선행기술이 신규성을 상실시킬 수 있기 위해서는 우연하거나 뜻밖의 일이 되어서는 안 된다. 인간의 지식을 넓히고 일반대중에게 제공되기 위해서는 선행기술은 이해되고, 실시되고, 유지되어야만 기술계통에 확립된 사실이 될 수 있는 것이다.

162 Atlas Powder Co. v. Ireco Inc., 190 F.3d 1342, 1347, 51 USPQ2d 1943, 1946(Fed. Cir. 1999).

존재가 외부증거에 의하여 입증되어야 한다.[163]

따라서 신규성을 상실시키기 위해서는 선행기술이 청구항의 방법과 모순이 되는 것은 하나도 명시적으로 공개하지 않았다는 사실만으로는 부족하다.[164] 그러나 내재성을 입증하는 외부증거가 사용하는 용어가 문자 그대로 청구항에서 사용될 필요는 없다.[165]

이에 대하여 소수설은 선행기술에 내재하기 위해서는 통상의 지식인이 선행기술을 보아 결여된 구성요소를 이해할 수 있으면 된다고 보는 견해와,[166] 청구항의 신규성을 상실시키기 위해서는 선행기술이 공개한 내용을 보아 통상의 지식인이 이를 점유하고 있었다고 볼 수 있어야 한다는 견해가 있다.[167]

더 나아가 선행기술이 내재적으로 공개한 내용을 통상의 지식인이 인식할 필요가 있었느냐에 대하여 이를 필요로 한다는 견해와 이것이 불필요하다는 견해가 팽팽히 대립된다.[168]

---

163 외부증거설(정설): 선행기술이 내재적으로 공개를 하였다는 것(내재성)은 개연성이나 가능성만으로는 인정될 수 없다. 단지 어느 주어진 상황에서 어떠한 결과가 나올 수 있다는 사실만으로는 부족하다. 내재성을 입증하기 위해서는 외부증거에 의하여 선행문헌에서 생략된 설명이 인용된 문헌에서는 반드시 존재한다는 것이 입증되어야 하고 또한 이러한 사실이 통상의 지식인에 의하여 인정될 수 있어야 한다. Mehl/Biophile International Corp. v. Milgraum, 192 F.3d 1362, 52 USPQ2d 1303(Fed. Cir. 1999); In re Robertson, 169 F.3d 743, 745, 49 USPQ2d 1949, 1950-51(Fed. Cir. 1999); In re Schreiber, 128 F.3d 1473, 1477, 44 USPQ2d 1429, 1431(Fed. Cir. 1997)(청구항의 한정사가 선행기술에 내재하느냐 하는 문제는 사실인정의 문제이다); Hazani v. U.S. Int'l Trade Comm'n, 126 F.3d 1473, 1477, 44 USPQ2d 1358, 1361(Fed. Cir. 1997)(내재성을 인정하기 위하여 외부증거를 사용할 수 있다).

164 Rowe v. Dror, 112 F.3d 473, 478, 480-81, 42 USPQ2d 1550, 1553, 1555(Fed. Cir. 1997).

165 Standard Havens Products, Inc. v. Gencor Industries, Inc., 953 F.2d 1360, 1369, 21 USPQ2d 1321, 1328(Fed. Cir. 1991).

166 이해설: Finnigan Corp. v. U.S. Int'l Trade Comm'n, 180 F.3d 1354, 1365, 51 USPQ2d 1001, 1009(Fed. Cir. 1999).

167 점유설: In re Spada, 911 F.2d 705, 708, 15 USPQ2d 1655, 1657(Fed. Cir. 1990).

168 • 필요설: 통상의 지식인이 내재한다는 것을 인정하여야 한다는 견해이다. ATD Corp. v. Lydall, Inc., 159 F.3d 534, 545, 48 USPQ2d 1321, 1328(Fed. Cir. 1998)(신규성을 상실시킬 수 있기 위해서는 선행기술이 그 발명이 해당하는 기술 분야의 통상의 지식인으로 하여금 대상이 되는 발명의 존재에 대하여 상세한 설명을 하여야 한다); Glaxo Inc. v. Novopharm Ltd., 52 F.3d 1043, 1047, 34 USPQ2d 1565(Fed. Cir. 1995), cert. denied, 516 U.S. 988(1995)(내재성에 의한 공개는 통상의 지식인에 의하여 인정될 수 있어야 한다); Electro Medical Systems, S.A. v. Cooper Life Sciences, Inc., 34 F.3d 1048, 32 USPQ2d 1017(Fed. Cir. 1994)(청구항의 무효를 주장하는 자는 선행기술에 의하여 공개된 성질이 통상의 지식인에 의하여 인정된 것이라는 입증을 하여야 한다); Hitzeman v. Rutter, 243 F.3d 1345, 1355, 58 USPQ2d 1161(Fed. Cir. 2001)(과학적 의미에서 이스트가 내재적으로 청구항의 미립자를 만들어 내는가 하는 점과 미립자의 크기와 침전물 비율에 관한 한정사가 이 법적인 의미에서 내재하는가 하는 문제는 별개로서 (중략) 내재성에 의한 신규성 상실을 판단하는 데 있어서 내재적인 특성은 반드시 통상의 지식인에게 인정을 받지 않으면 안 된다); Mickowski v. Visi-Trak Corp., 36 F. Supp. 2d 171, 179(S.D. N.Y. 1999)(통상의 지식인이 문제가 된 특성이 선행문헌에 내재한다는 것을 인정하였다는 명백하게 입증하는 외부증거가 필요하다).

• 불필요설: Atlas Powder Co. v. Ireco Inc.(1999)(내재성에 의한 공개는 통상의 지식인의 지식과 반드시 일치할 필요는 없다); Mehl/Biophile International Corp. v. Milgraum, 192 F.3d 1362, 52 USPQ2d 1303, 1305-06(Fed. Cir. 1999)(통상의 지식인은 선행기술의 특성이나 가능을 인식하지 못할 수도 있다. 결과가 의식적으로 의도한 것에서 오는 필연적인 것이라면 선행기술자가 그 결과를 평가하지 못하였다는 사실은 별로 중요하지 않다); Atlas Powder Co. v. Ireco Inc., 190 F.3d 1342, 1347, 51 USPQ2d 1943, 1947(Fed. Cir. 1999)(통상의 지식인으로서는 선행기술이 가지는 장점이나 기능을 인식하지 못할 수도 있다. 그러나 선행합성물이 가지는 평가되지 않았던 장점

나. 미국 판례의 흐름

(1) 의도설

의도설(Accidental and unintended anticipations)에 의하면 우연하게 얻은 물건이나 방법은 후행발명을 예견하지 못한다고 본다. 진실로 우연하게 얻은 물건이나 방법은 후일 다른 사람도 동일한 결과를 얻는다고 보장하지 못하기 때문이다. 그러나 그 이전의 성과가 의도적으로 얻어진 것은 물론 의도한 것의 당연한 결과인 경우에는 비록 그 성취한 사람이 그 물건이나 방법의 용도나 목적 또는 특성을 완벽하게 인정하거나 인식하지 못하였다고 하더라도 후행발명을 예견하는 데 아무런 지장이 없다.[169]

(가) 미연방대법원의 Tilghman v. Proctor 사건

Tilghman 특허는 지방산을 만드는 방법으로서, 지방산과 글리세린을 높은 온도와 압력에서 물을 가하여 분해하여 만드는 것이다. 발명자 Tilghman은 다른 기술을 사용하던 중 이 특허된 분리방법을 알게 되었다. 그가 종전에 사용하였던 기술은 지방산을 제조하는 방법에 대해서는 아무것도 예상하지 않고 있었다.

(나) 선행기술

과거의 선행기술인 Perkin의 실린더에서 지방산이 만들어진 적이 있었다. Perkin의 지방산은 증기실린더의 배출파이프에서 나오는 물 위에 떠있었던 쇠기름 속에 존재하고 있었다. 그러나 위 실린더는 지방산을 만들기 위한 것도 아니었고 누구도 이를 주목하지도 않았다. 그리고 그 지방산은 모두 우연하게 만들어진 것이고 어느 누구도 지방산을 만들려고 의도하지 않은 것이었다. 더구나 그 만드는 방법을 아무도 이해하지 못하였다.

양초 제조업에서도 지방산을 원료로 사용하기 위해서 만든 사실이 있지만 실제로 지방산을 제조하는 아무런 힌트를 제공받지 못하였다. 비누를 제조하기 위해서 지방과 기름을 정제하는 과정에서도 지방산이 만들어진 적이 있다.

이 있다고 하여도 이미 알려진 합성물을 새로운 것으로 보아 특허를 받게 할 수는 없다); E.I. du Pont de Nemours & Co. v. Phillips Petroleum Co., 849 F.2d 1430, 7 USPQ2d 1129(Fed. Cir. 1988), on remand, 711 F. Supp. 1205, 11 USPQ2d 1081(D. Del. 1989)(선행발명자가 장점을 인식하였다는 점을 입증할 필요없이 신규성을 상실시킬 수 있다).

• 부분적 필요설(구조나 단계에 관한 경우는 필요하지만 이론이나 법칙과 같은 것에는 불필요하다): EMI Group North America, Inc. v. Cypress Semiconductor Corp.(2001)(청구항에는 기재되어 있지만 선행기술에는 생략되어 있는 것이 신규성을 상실시키느냐에 있어서 그 생략된 부분이 구조(Structure)나 단계(Step)의 경우에는 통상의 지식인이 그 내용을 인식할 필요가 있지만, 이론이나 법칙에 관한 것일 때에는 통상의 지식인이 인식할 필요는 없다).

169 Chisum on Patents §3.03.

(다) 선행기술의 의도

미연방대법원은 과거의 어떤 제조방법이 가지고 있었던 우연하고 전혀 의도하지 않았던 것은 예견가능성을 구성하지 않는다고 판시하였다.[170] 그 이유로서, Tilghman이 사용한 분리방법은 과거의 제조방법에 이미 우연하게 존재하고 있었던 것에 불과하다. 과거의 기술자들은 의도적으로 지방산을 만들려고 하지 않았고 그 만드는 과정도 공개하지 못하였다. 지방산은 기술자들이 다른 목적으로 작업하는 과정에서 관심을 두지도 않았고 무엇이 만들어졌는지, 어떻게 만드는지에 대하여 알지도 못하고 그야말로 우연히 만들어진 것이다. 그렇다면 이렇게 우연히 만들어진 지방산을 가지고 후일 발명자 Tilghman이 만든 지방산을 예견한다고 할 수 없다.[171]

(라) 비 판

이 견해는 19세기 후반의 미연방대법원의 Tilghman v. Proctor 사건에서 시작되어 1960년대 인식설이 대두하기까지 상당한 기간 영향을 미쳐 왔다.[172] 그러나 이 의도설은 선행기술이 의도한 결과 발생한 특성이나 성질만을 일반대중이 점유하고 있었다고 보는 점에서 일반대중의 점유하고 있었던 지식의 범위를 매우 좁게 만든다. 비록 선행기술이 의도하지는 않았지만 그 기술을 실시하는 과정에서 그 분야의 통상의 지식인이 인식하거나 인식할 수도 있었던 특성이나 성질은 일반대중의 점유에 있었던 것이라고 보아야 한다. 선행기술이 이러한 지식을 의도하지 않았다는 점에서 이와 동일한 후행발명의 신규성을 부정할 수 없다는 것은 부당한 측면이 있다.

(2) 인식설

인식설은 통상의 지식인이 선행기술이 내재적으로 예견하는 특성을 인식하였어야만 후행 출원된 청구항의 신규성을 상실시킬 수 있다고 본다. 인식설은 선행기술이 청구항의 모든 구성요소를 내재적으로 공개하고 있지만 통상의 지식인이 그 내재적 특성이나 성질을 인식하지 못한 경우에는, 이러한 특성이나 성질에 관한 후행발명을 예견하지 못하기 때문에 후행발명은 신규성이 있다고 본다.[173] 따라서 이 견해는 선행기술이 공개한 것 중에서 통상의 지식인이 인식하는 것만이 일반대중의 점유에 있는 것이라고 본다.

(가) In re Seaborg

In re Seaborg에서 CCPA는 인식설의 입장에서 내재적 예견가능성을 인정하기 위해서는 통상의 지식인의 인식이 반드시 필요하다고 보았다. 신규성이 문제가 된 특허는

170 Tilghman v. Proctor, 102 U.S. 707, 711, 26 L.Ed. 279(1881).

171 Tilghman v. Proctor, 102 U.S. 707, 26 L.Ed. 279(1881).

172 의도설을 취한 최초의 케이스는 Tilghman v. Proctor, 102 U.S. 707, 711-12(1880)이고 인식설을 취한 최초의 케이스는 In re Seaborg, 328 F.2d 996, 997-99(C.C.P.A. 1964)이다.

173 의도설을 취한 최초의 케이스는 Tilghman v. Proctor, 102 U.S. 707, 711-12(1880).

Americium(Element 95) 및 그 동위원소(Isotopes)와 이를 추출하는 방법으로서, 심사관은 위 물질은 이전에 Fermi 반응로에서 이미 생산된 적이 있다는 이유로 특허를 거절하였다. 그러나 출원인은 위 Americium이 40톤의 고농축 방사능 우라늄 원자로 연료에서 산재되어 있는 것으로서 10억분의 1그램만이 생산되었거나, 그 정도의 양은 그 존재가 거의 무시될 정도였다고 주장하였다.

이에 CCPA는 현재의 기술에 비추어서 선행기술을 심사한 결과 Americium의 형성에 대하여 상당한 명확성을 가지고 예측을 할 수 있으려면 통상의 지식인의 기술 수준 이상을 요구한다고 보았다. 따라서 통상의 지식인은 선행기술에서 Americium을 제조하는 것을 인식하지 못하였기 때문에 이는 내재적으로 예견되지 못한 발명이다. 따라서 출원된 발명은 신규성이 있어 특허가 발급되어야 한다.[174]

(나) In re Shetty

In re Shetty에서도 CCPA는 신규성을 부정하기 위해서는 통상의 지식인이 선행기술에 존재하는 특성을 인식할 것이 필요하다고 하였는데, 문제가 된 발명은 180개의 약제로 사용될 수 있는 물질과 함께 Adamantane 합성물질을 처치함으로써 동물의 식욕을 억제하는 방법에 관한 것이다.[175] 미특허청은 이 청구항이 용이하거나 신규성이 없다고 거절을 하였다. 그러나 CCPA는 거절을 인용하였으나 그 이유는 달랐는데 CCPA는 만약 통상의 지식인이 인식하지 못한 내재적 효과는 예견가능성을 참작하는 데 별로 중요하지 않다고 판시하였다.

(다) Glaxo Inc. v. Novopharm, Ltd.

Glaxo Inc. v. Novopharm, Ltd. 사건에서 CAFC도 인식설을 취하였다. CAFC는 내재적 예견가능성을 인정하기 위해서는 통상의 지식인이 그 내재적 성질을 인식하였을 것이 필요하다고 판시하였다.[176] 위 사건은 위산의 분비를 억제하는 작용을 하는 것으로 알려진 라니티딘 하이드로클로라이드(Ranitidine hydrochloride)로서 원고 Glaxo Inc.는 1978년 미국특허(U.S. Patent No. 4,128,658)를 받았다. 1980년에 원고는 위 '658' 특허에서 사용하던 라니티딘 개발을 중지하고 보다 효과적인 방법을 사용하였는데 이러한 방법을 통하여 기존의 방법으로 생산되던 것과 거의 동일한 라니티딘 하이드로클로라이드를 생산하기 시작하였다. 그러나 이 새로운 방법은 약품을 결정화하는 방식으로 만들었기 때문에 기존의 소금 혼합물과는 시각적으로 다르게 보였다. 이러한 새로운 다형체의 결정체는 보다 상업적으로 적합하였고 후일 별개의 특허(U.S. Patent No. 4,521,431)로 발급되었다.

---

174 In re Seaborg, 328 F.2d 996, 997-99(C.C.P.A. 1964).

175 In re Shetty, 566 F.2d 81, 85(C.C.P.A. 1977).

176 Glaxo Inc. v. Novopharm, Ltd., 52 F.3d 1043, 1046(Fed. Cir. 1995).

1991년에 이르러서 그 경쟁자였던 피고 Novopharm Ltd.가 FDA에 원고가 받은 '658' 특허가 1995년에 특허기간이 만료되는 것을 알고 일반의약품으로 제조와 판매허가를 신청하였다. 그러자 원고 Glaxo는 피고 Novopharm을 미특허법 35 U.S.C. §271(e) (2)에 기하여 침해소송을 제기하였고, 피고 Novopharm은 자신의 침해사실을 인정하고 반소청구를 하면서 '431' 특허가 '658' 특허에 의하여 예견되기 때문에 무효라고 주장하였다.[177]

1심법원은 '431' 특허가 유효하고 피고의 행위는 침해가 성립한다고 하였다. 왜냐하면 '658' 특허는 언제나 '431' 특허의 다형체의 Polymorph of ranitidine hydrochloride를 만들어 내는 것은 아니기 때문이다. 따라서 선행 '658' 특허에 의하여 '431' 특허가 예견된다고 볼 수 없다. CAFC도 1심을 명백한 허물이 없다는 이유로 인용하였다.

CAFC는 하나의 선행문헌이 명시적으로 또는 묵시적으로 청구항의 모든 한정사를 가지고 있는 경우에는 청구항은 선행문헌에 의하여 예견된다고 판시를 하면서 내재적 예견가능성을 인정하기 위해서는 통상의 지식인이 선행기술에 내재적으로 존재하고 있는 특성을 인식하고 있을 것이 필요하다고 판시하였다.

(라) Elan Pharmaceuticals, Inc. v. Mayo Foundation for Medical Education and Research

Mayo에서 문제가 된 특허는 성전환 생쥐를 만드는 방법에 관한 것으로 1심법원은 원고 Elan의 특허(U.S. Patent No. 5,612,486)가 성전환 동물을 만드는 방법을 설명하는 선행 Mullan 특허(U.S. Patent No. 5,455,169)에 의하여 내재적으로 예견된다고 선언하였다.[178] 그러나 CAFC는 1심판결을 번복하고 위 특허는 선행기술에 의하여 예견되지 않는다고 판시하였다. 선행기술이 청구항을 내재적으로 예견하려면 청구항의 발명의 모든 구성요소가 선행문헌에 이미 존재하고 있다는 점을 입증할 수 있도록 충분히 분명하게 상세하게 설명을 하여야 하고 그러한 선행기술의 존재가 그 발명이 속하는 기술 분야의 통상의 지식인에게 인정되어야 한다.[179]

다수의견의 대표자인 Newman 판사는 비록 선행문헌인 Mullan이 성전환 동물을 만드는 방법에 대하여 알려진 절차를 설명하고 있다고 하여도 그는 성전환 생쥐를 만드는 방법에 관한 청구항의 모든 구성요소를 설명하고 있는 것이 아니고 가르치고 있는 것도 아니라고 보았다. 또한 비록 그가 시행착오를 거쳐서 성공의 희망을 부여하고 있기는 하지만 이것으로 청구항을

---

177 35 U.S.C. §271(e) (2)는 특허기간이 만료가 되기 이전에 특허의약품 등을 생산하고 판매하기 위해서 FDA에 ANDA(일반의약품판매신청: Abbreviated New Drug Application) 신청을 하는 행위를 특허침해로 보는 규정이다.

178 Elan Pharmaceuticals, Inc. v. Mayo Foundation for Medical Education and Research, 304 F.3d 1221(Fed. Cir. 2002), vacated, 314 F.3d 1299(Fed. Cir. 2002)(en banc), aff'd on other grounds, 346 F.3d 1051(Fed. Cir. 2003).

179 Elan Pharmaceuticals, Inc. v. Mayo Foundation for Medical Education and Research, 304 F.3d 1221(Fed. Cir. 2002), vacated, 314 F.3d 1299(Fed. Cir. 2002)(en banc), aff'd on other grounds, 346 F.3d 1051(Fed. Cir. 2003).

설명하고 있다고 볼 수는 없다고 하였다. 더 나아가 Newman 판사는 성공적인 성전환 생쥐를 만드는 것은 예측이 불가능한 것이고 그래서 성전환 생쥐는 Mayo가 2,576번의 시도를 한 끝에 만들어진 것이다라고 하였다.

(마) 인식설에 대한 비판

선행기술이 가지는 내재적인 특성을 통상의 지식인이 인식하지 못하였다고 할지라도 새로운 발견이라 할 수 없는 경우도 있다. 사실 선행기술을 실시하는 결과 자연적으로 발생하는 특성이나 성질은 이미 일반대중의 점유에 있는 것이라고 볼 필요가 있기 때문이다. 만약 그렇지 않다면 우리 사회는 이미 선행기술이 실시한 결과 필연적으로 발생하는 특성이나 성질 모두에 대하여 통상의 지식인이 인식하지 못하였다는 이유만으로도 특허를 부여하여야 한다는 부당한 결론에 이를 수 있기 때문이다.

(3) 내재설(인식불요설)

선행기술의 특성이나 성질이 내재적인 것이라면 통상의 지식인이 인식을 하였든지 하지 않았든지 후행 출원된 청구항을 예견한다는 입장이다. 이는 선행기술이 출원된 청구항의 모든 한정사를 내재적으로 점유하고 있었다면 그 분야의 통상의 지식인이 불충분한 이해 또는 인식을 하였더라도 예견가능성이 있다. 선행기술이 가지는 내재적인 특성은 비록 인식되지 못하였다고 할지라도 새로운 발견이라 할 수 없다고 보는 것이다.

(가) Abbott Laboratories v. Geneva Pharmaceuticals, Inc.

Abbott Laboratories 사건에서 CAFC는 신규성을 판단하는 데 있어서 통상의 지식인이 내재적 특성을 인식하였느냐는 불필요하다고 보았다.[180] 문제가 된 특허는 Abbott's "Form IV" anhydrous terazosin hydrochloride로서 고혈압과 전립선비대증을 치료하는 약으로서 U.S. Patent No. 5,504,207로 발급되었다. 1989년과 1992년 사이에 소송당사자가 아닌 Byron Chemical Company는 세 종류의 Anhydrous terazosin hydrochloride를 판매하였다. 이중 두 개는 Geneva Pharmaceuticals에 판매하였고, 나머지 하나는 Warner Chilcott Laboratories에 판매하였다. 그 중에서 원고 Abbott이 Warner Chilcott에 판매한 것을 가지고 이 사건 특허발명인 'Form IV'를 만들었고 1994년 특허출원을 한 것이다.

원고의 경쟁자들, 즉 Novopharm Ltd., Invamed, Inc., 그리고 Geneva Pharmaceuticals는 Form IV anhydrate를 함유하고 있는 '207' 특허를 일반의약품으로 제조하여 판매를 하겠다는 신청(ANDA: Abbreviated New Drug Application)을 FDA에 제출하였다. 그러자 원고 Abbott이 특허기간 만료 이전에 특허약품을 생산·판매하기 위해서 ANDA를 신청하는 행위를 특허침해로

---

[180] Abbott Laboratories v. Geneva Pharmaceuticals, Inc., 182 F.3d 1315(Fed. Cir. 1999).

규정한 35 U.S.C. §271(e) (2)(A)에 기하여 소송을 제기하였다.

그러자 상대방들은 원고의 '207' 특허가 무효라고 하면서 반소를 제기하였다. 이 소송에서 상대방들은 '207' 특허가 출원된 날짜인 1994년 10월 8일 이전인 1년 전에 이미 Form IV라는 물질이 미국에서 판매되었기 때문에 신규성이 없는 것이라고 주장하였다. 원고는 당사자들이 그들이 거래한 대상의 성질에 대하여 개념을 가지거나 정확하게 알아야 함에도 불구하고 Byron Chemical은 물론 피고들도 발명이 판매된 적이 있다는 사실을 알지 못하였다고 주장하였다.[181]

그러나 CAFC는 이를 받아들이지 않았다. 1994년 10월 8일 이전에 판매된 행위에 대하여 초점을 맞추고 판매된 사실을 당사자들이 알았는지 여부는 특허의 무효 문제와는 무관한 것이라고 판시하였다. CAFC는 만약 판매에 제공된 물품이 청구항의 모든 한정사를 내재적으로 점유하고 있었다면 그 발명은 판매된 것이고 거래 당사자가 그 발명이 청구항의 특성을 점유하고 있었는지에 대하여 인식하였는지 여부는 아무런 영향을 미치지 못한다고 하였다.[182]

(나) Atlas Powder Co. v. IRECO Inc.

Atlas Powder Co. 사건에서도 CAFC의 Rader 판사는 내재성이 그 분야의 통상의 지식인의 지식과 밀접하게 인접하여 있을 필요는 없으며, 이미 알려진 구성물의 내재적 특성을 불충분하게 이해를 한다고 하여도 예견가능성을 파괴하는 것은 아니라고 보았다.[183]

Atlas Powder Co.에서는 Clay 특허(U.S. Patent No. 4,111,727)와 위 특허가 재발급된 특허(U.S. Patent No. RE 33,788)의 두 가지 특허에 관한 것으로서 1심법원은 위 두 가지 특허가 선행하는 Egly 특허(U.S. Patent No. 3,161,551) 또는 Butterworth 특허(U.K. Patent No. 1,306,546)에 의하여 예견된다고 보았다.

위 양자의 특허는 암모니움 니트레이트(Ammonium nitrate)와 연료오일(Fuel oil: ANFO)과 예민반응을 하지 않도록 만든 수성오일 조합물질(Unsensitized water-in-oil emulsion)로서 모두 폭발성을 지닌 합성물에 관한 것이다. 선행문헌은 Clay 특허와 재발급된 특허가 공개한 것과 동일한 물질을 포함하고 있는 것은 아니지만 수성오일 조합물(water-in-oil emulsion)과 연료오일(ANFO)이 함유하고 있는 물질과 중복이 되는 양의 폭발물을 공개하고 있다. 선행 Egly와 선행 Butterworth 특허들은 명시적으로 충분한 양의 통기(Aeration)에 대한 한정사를 공개하지 않고 있지만 Clay 특허는 명시적으로 이를 공개하고 있다.

CAFC는 통기(Aeration)라는 한정사가 불가피하고 내재적으로 선행기술에 존재한다는 사실이 Clay 특허와 그 후 재발급받은 특허를 무효로 만든다고 판시하였다. Rader 판사는 1심판결을

181 Abbott Laboratories v. Geneva Pharmaceuticals, Inc., 182 F.3d 1315, 1318(Fed. Cir. 1999).

182 Abbott Laboratories v. Geneva Pharmaceuticals, Inc., 182 F.3d 1315, 1319(Fed. Cir. 1999).

183 Atlas Powder Co. v. IRECO Inc., 190 F.3d 1342(Fed. Cir. 1999)(Inherency is not necessarily coterminous with the knowledge of those of ordinary skill in the art).

인용하면서 충분한 통기가 민감성을 증가시킨다고 하는 사실이 그 분야의 통상의 지식인에 의하여 이해될 수 있는 것이라는 결론을 이끌어 냄에 있어서 별다른 잘못이 없다고 하였다. 충분한 통기(Sufficient aeration)라는 것은 선행기술에 내재적으로 존재하는 것이기 때문에 선행기술이 Clay 특허의 핵심적 기술 내용을 이해하지 못하였다고 주장하는 것은 아무런 이유가 없다.[184]

(다) Titanium Metals Corp. of America v. Banner

Titanium Metals 사건에서는 그 분야의 통상의 지식인이 불충분한 이해 또는 인식을 하였더라도 예견가능성을 파괴하지 않는다고 판시하였다.[185] CAFC는 위 사건에서 청구항의 합금에 대한 핵심적 특성(Critical property)이 선행기술에 명백하게 공개되어 있지 않는 경우에도 선행기술에 의하여 예견될 수 있다고 판시하였다.

CAFC는 비록 '뜨거운 가마 속에서의 부식방지의 양호성(Good corrosion resistance in hot brine environments)'이라는 내재적 특성이 비록 최근에 발견된 특성으로서 이를 통상의 지식인이 인식하지 못하고 있었다고 하더라도 예견가능성을 주는 데 아무런 문제가 없다고 보았다.[186] 이러한 입장에 의하면 내재적 특성은 통상의 지식인이 인식을 하였든 하지 못하였든 선행기술의 예견가능성이 있다고 보는 데 별다른 문제가 없다.[187]

(라) In re Cruciferous Sprout Litigation

In re Cruciferous에서 문제가 된 것은 여러 가지의 십자화 씨앗(브로콜리와 콜리플라워)을 만들고 판매하는 특허인데 이 특허가 선행기술에 의하여 예견된다는 이유로 무효가 되었다.[188] 특허등록된 씨앗은 글루크시노레이트(Glucosinolates)가 풍부한 것으로서 고단계의 2엔자임(high Phase 2 enzyme)을 가지고 있어서 잠재적으로 항암물질을 만들어 낸다.

피고는 위 특허가 글루크시노레이트의 중요성을 명시적으로 공개하지 아니한 십자화 씨앗을 발아시키고 수확하도록 하는 방법을 공개한 선행기술에 비추어서 무효라고 주장하였다.

1심법원은 브로콜리와 같은 식물은 오래전부터 자연에 알려진 것으로서 인간에 의하여 수십년 전부터 재배되어 왔으며, 따라서 단지 지금까지 알려지지 않았던 자연적인 유용한 특성이 최근에 그 효과가 알려진 바 되었다고 하더라도 이로써 특허를 받을 수는 없다고 판시하였다.

CAFC는 글루코시노레이트의 내용물과 2단계 엔자임(Phase 2 enzyme)이 가지는 항암효과

---

[184] Atlas Powder Co. v. IRECO Inc., 190 F.3d 1342, 1348(Fed. Cir. 1999).

[185] Titanium Metals Corp. of America v. Banner, 778 F.2d 775(Fed. Cir. 1985).

[186] Titanium Metals Corp. of America v. Banner, 778 F.2d 775, 782(Fed. Cir. 1985).

[187] Jeffrey Coleman, "UNDETECTED, UNSUSPECTED, AND UNKNOWN": SHOULD WE ANTICIPATE PROBLEMS FOR SCIENTIFIC INNOVATION FOLLOWING SCHERING CORP. V. GENEVA PHARMACEUTICALS, Fordham Law Review(October, 2013), 184.

[188] In re Cruciferous Sprout, 301 F.3d 1343, 1352(Fed. Cir. 2002).

는 그 씨앗이 자연에 의하여 부여된 것이지 특허권자에 의하여 만들어진 것이 아니라는 이유로 특허를 무효화하였다.[189] 선행특허의 물질이 가지는 내재적이고 인식되지 못한 발견은 새로운 발견이라 할 수 없고 따라서 특허를 받을 수 없다는 것이다.[190]

(마) MEHL/Biophile International Corp. v. Milgraum

MEHL/Biophile 사건에서 CAFC는 레이저를 사용하여 모발을 제거하는 방법에 대한 특허가 선행기술에 비추어서 무효라고 판시하였다. 선행기술이 레이저 광선으로 모낭에 주사하는 것을 가르치고 있는 것은 위 특허를 예견한다는 것이다.[191] Rader 판사는 선행기술의 저자가 사전에 의도된 것에서 발생한 필요한 결과로서 인식하지 않은 것은 별로 중요하지 않다고 보았다.[192] 이는 후행 청구항을 내재적으로 예견하는 선행기술의 특성은 미리 의도적으로 나타난 결과로서 통상의 지식인에게 인식될 필요가 없다는 것이다.[193]

(바) Schering Corp. v. Geneva Pharmaceuticals, Inc.

Schering Corp. 사건에서 CAFC는 통상의 지식인이 선행기술에 내재하는 특성을 인식할 필요는 없고,[194] 예견가능성의 기준은 그 결과가 비정상적 상태에서 우연히 얻어진 것이냐, 아니면 선행기술이 명시적으로 공개한 것으로부터 자연적으로 흘러나오는 것이냐가 기준이 된다고 보았다.[195]

Schering은 안티히스타민제인에 대한 특허(U.S. Patent No. 4,282,233)를 가지고 있었는데 이는 특히 로라타딘(Loratadine)에 대한 것이었다. 후일 Schering은 신진대사의 결과 만들어진 로타르딘의 부산물인 DCL(Descarboethoxyloratadine)에 대하여 새로운 특허(U.S. Patent No. 4,659,716)를 등록하였다. 그러나 구조적으로 로타르딘과 DCL은, 로타르딘이 고리 모양의 질소(Ring nitrogen)에 결합된 칼복시 그룹을 가지고 있는 데 비하여, DCL은 그 고리 모양의 질소에 하나의 산소원자를 가지고 있었다. 1심법원은 '716' 특허에 대한 무효를 선언하였다.

CAFC는 선행문헌이 청구항의 발명의 특성을 공개함이 없이도 예견할 수 있으려면 다음의 요건을 구비하여야 한다고 하였다. ① 그 공개되지 않은 특성이 단 하나의 선행문헌에 반드시 또

---

189 In re Cruciferous Sprout, 301 F.3d 1343, 1352(Fed. Cir. 2002).

190 Jeffrey Coleman, "UNDETECTED, UNSUSPECTED, AND UNKNOWN": SHOULD WE ANTICIPATE PROBLEMS FOR SCIENTIFIC INNOVATION FOLLOWING SCHERING CORP. V. GENEVA PHARMACEUTICALS, Fordham Law Review(October, 2013), 184.

191 MEHL/Biophile Int'l Corp. v. Milgraum, 192 F.3d 1362, 1366(Fed. Cir. 1999).

192 MEHL/Biophile Int'l Corp. v. Milgraum, 192 F.3d 1362, 1366(Fed. Cir. 1999). "of no import [ance]" that the prior art reference's authors did not appreciate the necessary consequence of what was deliberately intended.

193 저자 주: 인식불요설.

194 Schering Corp. v. Geneva Pharmaceuticals, Inc., 339 F.3d 1373(Fed. Cir. 2003).

195 Schering Corp. v. Geneva Pharms., Inc., 339 F.3d 1373, 1378-79(Fed. Cir. 2003).

는 내재적으로 존재하여야 하고, ② 그 내재성은 선행기술의 공개로부터 확실히 발생하는 자연적인 효과여야 한다.[196] 위 원칙을 적용한 결과 CAFC는 로라타딘이 신진대사의 결과 만들어진 그 부산물인 DCL을 내재적으로 예견한다고 보고 후행 '716' 특허는 무효라고 판시한 것이다.[197]

이에 대하여 반대 소수견해를 취하는 Newman 판사는 그 합성물의 전체가 선행기술에 알려지지 않았고, 그 이전에 존재하지도 않았던 대상에 대하여 예견가능성을 인정하는 것은 기존의 예견가능성이론 전체를 부정하는 것이다라고 하였다.[198] 사실 DCL은 그 이전의 어떠한 선행기술도 그 존재를 공개한 바 없었고, 어떤 통상의 지식인이라도 환자가 로라타딘을 소화하는 과정에서 이것이 발견되었다는 점을 인식하지 못하였다. 이렇게 아무도 그 존재를 알지 못한 DCL이 그 이전에 존재하였다는 사실만으로 특허성이 부정되는 것은 부당하게 예견가능성의 이론을 넓히는 것이다.[199]

또한 Lourie 판사의 반대 소수의견은 내재설에 의하면 의약품의 신진대사물에 대한 모든 발명은 특허에서 제외되어야 한다는 것이다. 이 내재설은 기존의 특허가 그들이 만들어 내는 신진대사물질에도 선행기술로서 작용할 수 있다는 것을 표명한 것이다. 의약품에 대한 기존의 특허가 인간에 대한 처방을 최소한의 공개만으로도 후일 그 처방에서 오는 모든 신진대사물질에 대한 예견을 하는 것이라면 이는 기존의 특허에서 전혀 공개되지 않았던 신진대사물질에 대한 특허성을 부정하는 것이어서 부당한 결과가 된다.[200]

(사) SmithKline Beecham Corp. v. Apotex Corp.

Schering Corp. 판결이 있고 난 이후에 위 판결을 따르는 판결이 등장하였다. SmithKline Beecham Corp.에서도 내재적 예견가능성을 인정하기 위해서 통상의 지식인이 내재적 특성을 인식을 할 필요가 없다고 보았다.[201] Posner 판사는 특허권자인 SmithKline이 제소한 침해소송을 기각하였다. 문제가 된 특허는 우울증 치료제인 패록시타인(Paroxetine: U.S. Patent No. 4,721,723)에 관한 것으로서 Paxil이라는 명칭으로 판매되었다. 원래 패록시타인은 영국의 Fer-

---

196 Schering Corp. v. Geneva Pharms., Inc., 339 F.3d 1373, 1378-79(Fed. Cir. 2003).

197 Schering Corp. v. Geneva Pharmaceuticals, Inc., 339 F.3d 1373, 1374(Fed. Cir. 2003).

198 Schering Corp., 339 F.3d at 1378-79: Schering Corp. 판결이 그 이전의 판결례와 다른 점은 그 이전의 판결은 예견되는 대상에 대하여 선행문헌이 불완전한 공개를 한 경우에 미공개된 부분이 과연 후행 특허청구항을 예견하는지에 대한 견해를 말한다. 이와는 대조적으로 Schering Corp. 사건에서 DCL에 대한 후행 청구항은 새로운 구조에 대한 것으로서 선행하는 '233' 특허에서는 전혀 공개되지 않은 것이다. 따라서 피고는 내재적 예견가능성이론을 선행기술의 공개하지 아니한 부분을 보완하는 데 중점을 두고 있지 않다. 위 사건에서는 특허청구항의 전체적 구조가 선행기술에 공개되지 아니한 경우에도 내재적으로 존재하느냐를 묻고 있다. Rader 판사는 내재적 예견가능성이론을 비공개된 상황에 한정할 필요가 없다고 본다. 그는 이 이론은 전체 발명을 무효화하는 데 사용할 수 있다고 본다.

199 Schering Corp., 348 F.3d at 994-95(Newman, J., dissenting).

200 Schering Corp., 348 F.3d at 996(Lourie, J., dissenting).

201 SmithKline Beecham Corp. v. Apotex Corp., 247 F. Supp. 2d 1011, 1025-26(N.D. Ill. 2003), vacated, 403 F.3d 1328, 1329(Fed. Cir. 2005)(en banc), aff'd on other grounds, 403 F.3d 1331(Fed. Cir. 2005).

rosan이라는 회사가 특허('196' patent)를 받을 것으로서 이 회사는 약품을 생산하지 않고 무수(Anhydrous) 형태의 패록시타인인 SmithKline이라는 물질을 라이선싱하여 주었다.

이 무수 형태의 물질(Anhydrous materials) 제조하기가 매우 어려웠고 습기에 차기 쉬웠기 때문에 습도를 조절하는 특별한 관리가 필요하였다. 반수화물(Hemihydrate)로 불리는 부정형의 다형체인 패록시타인은 후일 1985년경 SmithKline에 의하여 발견되었다. 반수화물은 원래의 무수물(Anhydrous)보다 안정적이고 제조하기가 쉬웠다. SmithKline은 패록시타인 염화수소 반수화물(Paroxetine hydrochloride hemihydrate)에 대한 특허를 받았으며, 그 중에 하나의 물분자가 두 개의 다른 분자과 결합하여 결정체를 이루었는데 이것이 '723' 특허로서 1993년 팩실(Paxil)이라는 명칭으로 판매되었다.[202]

'196' 특허의 특허기간이 만료된 지 6년 후인 1998년, Apotex가 무수 패록시타인 염화수소 (Anhydrous paroxetine hydrochloride)에 대하여 FDA의 제조 승인을 요청하는 ANDA를 제출하자 SmithKline이 Apotex를 상대로 하여 침해소송을 제기하였다. 이 소송에서 SmithKline은 '196' 물질이 아직 특허기간이 만료되지 않은 '723' 물질을 반드시 포함한다고 주장하였다. 이와 함께 SmithKline은 만약 Apotex가 '196' 무수화물을 만들기를 시도한다면 Seeding이라는 현상을 수반하여야 하기 때문에 반드시 '723' 반수화물을 생산할 가능성이 매우 높다고 주장하였다.

Seeding은 무수화물이 잘못 취급되면 발생하는 것으로서 작은 결정체인 Seed에 의하여 유인된 변형에 의하여 무수화물로부터 반수화물이 형성되는 것이다. 그러면 '723' 물질은 '196' 물질의 내부에서 그 전체량 중에서 1-2%의 질량이 감소된 상태로 증식된다. 마지막으로 SmithKline은 비록 Apotex가 '196' 물질이 '723' 물질로 변형되거나 seeding을 회피할 수 있다고 하더라도, Apotex는 환자가 '196' 물질을 섭취하여 신진대사를 하는 과정에서 인간의 위에서 '196' 물질이 '723' 물질로 변형되기 때문에 여전히 '723' 특허를 침해하는 것이라고 주장했다.[203] [204]

---

202 SmithKline Beecham Corp. v. Apotex Corp., 247 F. Supp. 2d 1011, 1017(N.D. Ill. 2003), vacated, 403 F.3d 1328, 1329(Fed. Cir. 2005)(en banc), aff'd on other grounds, 403 F.3d 1331(Fed. Cir. 2005).

203 Posner 판사는 '723' 특허는 유효하지만 침해되지 않는다고 판시하였다. '196' 물질이 '723' 물질로 자연적으로 변형되는 것을 주목하여 본다면 그 청구항은 시중에서 판매될 수 있는 어떠한 양이든지 Crystalline paroxetine hydrochloride hemihydrate를 그 권리범위에 포함한다. Posner 판사는 '196' 물질이 내재적으로 '723' 물질을 포함한다고 볼 수는 없는데 이는 Apotex가 1985년경에 사용된 방법으로 검측할 수 있는 충분한 양의 반수화물을 만들어 낼 수 있는 무수화물을 생산하였다고 볼 수 없다. 따라서 '723' 특허는 선행기술로부터 예견가능하지 아니하므로 유효하다. 그러나 그 청구항은 유효라고 하더라도 상대방인 Apotex의 반수화물에 의하여 침해되지는 않을 것이다. 만약 '723'의 청구항이 Apotex의 반수화물 결정체에 의하여 침해된다면 Apotex는 항변할 수 있는 사유가 존재하는데 이는 바로 원고인 SmithKline이 그 원인을 제공한 것이다. 만약 원고를 그 이상 보호한다면 이는 특허법과 형평에 어긋나는 것이라고 보았다. SmithKline Beecham Corp. v. Apotex Corp., 247 F. Supp. 2d 1052(N.D. Ill. 2003), vacated, 403 F.3d 1328, 1329(Fed. Cir. 2005)(en banc), aff'd on other grounds, 403 F.3d 1331(Fed. Cir. 2005).

204 CAFC의 Rader 판사는 1심판결을 취소하고 특허는 미특허법 제102(b)항에 의하여 공연히 사용되었으므로 무효라고 판시하였다. 따라서 CAFC의 합의부의 Rader 판사는 위 특허를 예견된다는 이유로 무효를 선언한 것이 아니라 공연히 실시되었다는 이유로 무효화한 것이다. SmithKline Beecham Corp. v. Apotex Corp., 365 F.3d 1306,

CAFC의 전원합의체 판결에서 Rader 판사는 '723' 특허는 '196' 특허에 의하여 내재적으로 예견된다는 이유로 무효화를 선언하였다.[205] Rader 판사는 만약 '196' 특허가 반수화물을 만들 수 있도록 실시가능한 공개를 하였다면 '723' 특허의 신규성을 상실시킨다고 보았다. '196' 특허가 실시되었다면 통상의 지식인으로 하여금 자연히 '723' 특허에서 그 권리범위로 주장하는 반수화물을 만들 수 있도록 하기 때문에 '723' 특허는 신규성이 없다는 것이다.

Rader 판사는 내재적 예견가능성을 충족시키기 위해서는 그 선행기술이 만들어질 당시에 통상의 지식인이 내재적 공개내용을 인식할 필요는 없다는 것이다. '196' 특허의 무수 파로섹틴을 만들게 되면 그 내재적인 결과 추적할 수 있는 양의 반수물질이 만들어지게 되어 있다. 이때 Apotex가 선행기술을 실시함에 있어서 침해를 회피할 수 있는 특별한 방식을 강구할 의무는 없는 것이다.[206] [207] [208]

(아) 소 결

비록 선행기술이 청구항의 발명에 대하여 공개를 하지 못하였다고 하더라도 그 비공개된 특성이 필수적으로 존재하거나 내재하는 것인 한 선행기술은 후행 청구항을 예견한다고 보는 입장이 CAFC가 Schering Corp. 사건 이후에 의약품이나 화학물질에 대하여 취하고 있는 내재설이다.[209] 이에 의하면 선행기술이 내재적으로 가지고 있는 특성인지 아닌지를 구분하기 위해서 선행기술이 의도하였다거나, 아니면 통상의 지식인이 인식한 것을 기준으로 할 수는 없다는 것이다. 선행기술에 내재하는 특성이 선행기술을 실시하는 과정에서 필연적으로 발생한 결과라면 이는 이미 일반대중의 점유에 있는 것이라고 보아야 하기 때문이다.[210] 이 내재설은 앞서 이야기한 비판에도 불구하고 그간에 대립하여 왔던 견해를 통일한다.

1320-21(Fed. Cir. 2004), vacated, 403 F.3d 1328, 1329(Fed. Cir. 2005)(en banc), aff'd on other grounds, 403 F.3d 1331(Fed. Cir. 2005).

205 위 SmithKline, 403 F.3d at 1334.

206 위 SmithKline, 403 F.3d at 1345. 이때 침해를 회피할 특별한 방식이라는 것은 반수화물 내에서도 결정화 seeded 되지 않을 수 있는 설비를 Apotex가 구비하는 것을 말한다.

207 Newman 판사의 반대견해: 내재적 예견가능성의 이론은 그 발명의 기술계통에는 그 기술적 사실이 통상의 기술로서 이미 알려진 것이지만 선행기술에는 미처 기록되어 있지 않는 경우에 한정되어야 한다. Newman 판사는 내재적 예견가능하기 위해서는 통상의 지식인이 알았거나 아니면 반드시 알지 않으면 안 되거나 한 것이어야 한다. 이는 문헌 깊숙이 숨겨져 있거나, 찾아내지 못하거나, 존재하리라고 예상하지 못하였거나, 아니면 알려진 것이라는 의미가 아니라는 것이다. 만약 이 이론을 확장하여 적용하게 되면 항생제(Antibiotics), 호르몬(Hhormones), 항체(Antibodies) 등의 물질에 대한 특허성의 판단에 많은 어려움을 겪을 것이다. 이로써 기존의 특허에 무효주장이 증가할 것이고 기존의 물질에 대한 조사에 대한 인센티브를 감소시킬 것이다. 현재 시점에서 통상의 지식인에게 알려지지 않은 물질이라면 후일 소급하여 내재적으로 예견되었다고 할 수는 없는 것이다. SmithKline Beecham Corp. v. Apotex Corp., 403 F.3d 1328, 1330(Fed. Cir. 2005)(Newman, J., dissenting).

208 SmithKline Beecham Corp. v. Apotex Corp., 403 F.3d 1328, 1330(Fed. Cir. 2005)(Newman, J., dissenting).

209 내재설: 선행문헌에 미공개한 것으로서 특허 청구항이 가지고 있는 특성이 선행문헌에 반드시 존재하여야 하거나, 내재하는 것이라면 통상의 지식인이 인식할 필요도 없이 예견된다는 입장.

210 Schering Corp. v. Geneva Pharms., Inc., 339 F.3d 1373, 1378(Fed. Cir. 2003).

Ⅳ. 선행기술의 완성도

1. 의 의

실시가 불가능한 선행기술이나 발명의 목적달성이 불가능한 선행기술은 특허가 출원된 발명의 신규성을 상실시킬 수 없다고 보는 것이 주류적 견해이다. 후행하는 발명을 공개함으로써 그 신규성을 상실시킬 수 있기 위해서는 그 선행기술은 실시가 가능한 것으로서 이미 일반대중의 영역에 존재하여야 하기 때문이다.[211] 따라서 그 발명이 속하는 기술 분야에서 통상의 지식을 가진 자라면 그다지 커다란 어려움이 없이 실시할 수 있는 선행기술만이 후행발명의 신규성을 상실시킬 수 있을 정도로 충분히 공개(Anticipation)를 한 것으로 여겨진다.

따라서 그 발명이 속하는 기술 분야에서 통상의 지식을 가진 자라면 그다지 커다란 어려움이 없이 실시를 할 수 있는 발명, 즉 실시가능한 발명만이 후행발명을 예견(Anticipation)하는 선행기술이 될 수 있다. 그러나 진보성을 판단하는 데 있어서 요구되는 선행기술의 실시가능성은 이와는 다르다. 실시가능성이 없는 선행기술이라고 하더라도 후행발명을 가르쳐 줄 수는 있다. 따라서 진보성 판단의 자료가 되는 선행발명은 반드시 실시가능한 발명일 필요는 없고 발명자로 하여금 용이한 발명을 하게 하는 정도의 공개를 하는 선행기술이라면 충분하다고 보는 것이 정설이다.[212]

전체적으로는 실시가 불가능한 기계나 장치일지라도 각 구성부분은 발명적인 가치가 있을 수 있기 때문에 그 발명이 속하는 기술 분야에서 새롭고 유용한 사용방식을 공개할 수도 있다.[213] 상업적으로 활용하는 것이 불가능한 특허는 종이특허(Paper patent)라고도 불린다. 그러나 이 종이특허라도 이것이 중요한 아이디어를 공개하고 있다면 이는 후행발명의 신규성이나 진보성을 부정하는 선행기술로서 사용될 수 있다.

따라서 선행문헌을 신규성을 입증하기 위해서 사용하는 경우와 진보성을 입증하기 위해서 사용하는 것과의 차이점은 선행기술이 실시가 불가능한 경우에 나타난다. 외국의 간행물에 게재된 발명으로서 실시가 불가능한 것은 신규성 상실의 자료로 사용될 수는 없으나 진보성 판단의 선행기술로 사용될 수는 있다.[214]

---

211 Chester v. Miller, 906 F.2d 1574, 1577 n.2, 15 USPQ2d 1333, 1336 n.2(Fed. Cir. 1990).

212 Minnesota Min. & Mfg. Co. v. Blume, 684 F.2d 1166, 1173 n.10, 215 USPQ 585, 591 n.10(6th Cir. 1982).

213 In re Shepherd, 172 F.2d 560, 564(1949), Gilbert v. Marzall, 182 F.2d 389(1950), Smith v. ACME General Corp., 614 F.2d 1086(1980).

214 Paperless Accounting, Inc. v. Bay Area Rapid Transit Sys., 804 F.2d 659, 665, 231 USPQ 649, 653(Fed. Cir. 1986).

2. 선행기술의 실시가능요건

선행기술이 문제된 청구항의 신규성, 즉 예견가능성을 가지느냐에 있어서 세 번째로 요구되는 요건이 실시가능요건이다.[215] 선행기술은 그 분야의 통상의 지식인으로 하여금 과도한 실험을 하지 않고도 실시가 가능하도록 문제된 청구항에 대한 충분한 공개를 하여야 한다.[216] 선행기술이 실시가능요건을 충족시켰느냐의 문제는 일반대중이 이미 문제된 청구항의 대상을 점유하고 있었느냐를 판단하는 데 중요한 요인이 된다.

통상 명세서의 실시가능요건과 선행기술의 실시가능요건의 충족은 다른 개념이다.[217] 즉 미특허법 제112조에 의하여 요구되는 실시가능성의 문제는 미특허법 제102조에 의하여 요구되는 선행기술의 실시가능성과는 다른 기준이 적용된다. 사실 미특허법 제102조의 조문 어디에도 실시가능성을 요구하는 명문의 규정은 없다. 즉 후행 청구항의 신규성을 부정하기 위해서는 선행기술이 반드시 실시가능성의 요건을 충족시켜야 한다는 규정은 없다.[218]

전자는 청구항이 가지는 권리범위의 외적 한계를 규정하여 줌으로써 특허권리를 부여하려는 입장에서 논의되는 것이다.[219] 이와는 달리 후자는 통상의 지식인이 기존의 지식을 가지고 출원된 발명을 만들 수 있기 때문에 문제된 청구항이 선행기술에 의하여 예견가능한 것이냐의 문제이다.[220]

---

215 Sean B. Seymore, Rethinking Novelty In Patent Law, 60 Duke L.J. 919, 931.

216 Amgen Inc. v. Hoechst Marion Roussel, Inc., 457 F.3d 1293, 1306(Fed. Cir. 2006)(선행기술이 후행 청구항을 예견하기 위해서는, 즉 신규성을 상실시키기 위해서는 선행기술이 반드시 출원된 청구항의 모든 구성요소를 구비하고 있어야 할 뿐만 아니라, 실시가능한 것이어야 한다); Elan Pharm., Inc. v. Mayo Found. for Med. Educ. & Research, 346 F.3d 1051, 1054(Fed. Cir. 2003)(선행문헌으로 되기 위해서는 그 문헌은 그것이 예견한다고 하는 것을 실시할 수 있어야 한다).

217 선행기술의 실시가능성에 관한 논문: Donald S. Chisum, Anticipation, Enablement and Obviousness: An Eternal Golden Braid, 15 AIPLA Q.J. 57, 63(1987)(발간 당시에는 실시불가능하지만 후일 공개된 발명을 만들 수 있는 방법이 추가로 공개됨으로써 후일에는 예견가능성이 있다고 볼 수 있다); Timothy R. Holbrook, Possession in Patent Law, 59 SMU L. Rev. 123, 171-73(2006)(조합하려는 동기를 부여한 것(Motivation to combine) Doctrine을 용이한 것으로 보려는 원칙은 실시가능성의 기준을 진보성을 결정하는 데 사용하는 것이다); Janice M. Mueller & Donald S. Chisum, Enabling Patent Law's Inherent Anticipation Doctrine, 45 Hous. L. Rev. 1101, 1131-54(2008)(법원은 내재적 예견가능성을 판단하는 데 있어서 보다 높은 기준의 실시가능요건을 설정하여야 한다고 주장하였다); Alan W. White, The Novelty-Destroying Disclosure: Some Recent Decisions, 12 Eur. Intell. Prop. Rev. 315, 316-19(1990)(선행기술의 실시가능성을 언급하는 영국의 사례들: exploring British cases that address enablement based on prior disclosures).

218 In re LeGrice, 301 F.2d 929, 939(C.C.P.A. 1962); Mueller & Chisum, supra note 31, at 1137-38.

219 명세서의 공개요건 중의 하나인 실시가능요건: 35 U.S.C. §112. 청구항의 권리범위는 반드시 실시가능한 범위보다 적거나 이와 동일하여야 한다. Nat'l Recovery Techs., Inc. v. Magnetic Separation Sys., Inc., 166 F.3d 1190, 1196(Fed. Cir. 1999). 실시가능한 범위는 명세서에 공개된 것과 통상의 지식인에게 과도한 실험을 거치지 않고도 알려진 것을 합한 것이다.

220 F. Scott Kieff, Pauline Newman, Herbert F. Schwartz & Henry E. Smith, Principles of Patent Law 413(4th ed. 2008).

따라서 양자는 서로 다른 것으로 보는 것이 정설이고,[221] 후자의 실시가능성이 보다 좁은 개념으로 여겨진다.[222] 신규성 판단에 있어서 선행기술이 실시가능요건을 충족하여야 할 것을 요구하는 것은 특허법에는 아무런 명문의 규정이 없고 그간 판례법에 의하여 인정되어 온 견해이다.[223]

3. 미국판례법의 경향

가. 주류적 흐름

명세서의 공개요건 중에서 실시가능요건과 신규성 판단을 위한 선행기술의 실시가능요건은 차이가 있다고 보는 견해가 정설이다.[224] 그 일례로서 선행기술은 청구항의 예견가능성을 인정하기 위해서 실용성 또는 산업상 이용가능성을 공개할 필요는 없다.[225] 문제된 청구항을 예견하는 선행기술은 청구항의 범위에 정확히 들어맞을 것을 요구한다.[226] 이에 비하여 문제된 청구항을 지지하는 명세서의 공개내용은 그 지지의 대상이 되는 청구항의 권리범위 전체를 실시가능하게 할 것을 요구한다.[227]

이러한 차이점은 재미있는 대조를 이룬다. 선행기술이 문제된 청구항의 신규성을 상실시키기에 충분한 공개를 하였어도 문제된 청구항의 특허를 부여할 수 있을 정도로 실시가능하게 공개하는 데 있어서 불충분할 수도 있다.[228]

---

221 Verizon Servs. Corp. v. Cox Fibernet Va., Inc., 602 F.3d 1325, 1337(Fed. Cir. 2010).

222 상이설: Verizon Servs. Corp. v. Cox Fibernet Va., Inc., 602 F.3d 1325, 1337(Fed. Cir. 2010)(신규성 상실을 위한 선행기술의 실시가능성은 미특허법 제112조에 의한 명세서의 공개요건의 실시가능요건과는 다르다); Rasmusson v. SmithKline Beecham Corp., 413 F.3d 1318, 1325(Fed. Cir. 2005).

223 In re LeGrice, 301 F.2d 929, 939(C.C.P.A. 1962); see also Mueller & Chisum, supra note 31, at 1137-38.

224 **In re LeGrice, 301 F.2d 929, 939(C.C.P.A. 1962)**; see also Mueller & Chisum, supra note 31, at 1137-38.

225 In re Gleave, 560 F.3d 1331, 1335(Fed. Cir. 2009)(Rasmusson, 413 F.3d at 1326).

226 Schering Corp. v. Geneva Pharm., Inc., 339 F.3d 1373, 1381(Fed. Cir. 2003).

227 • 단일실시례 원칙(Single embodiment doctrine); 종래에는 단 하나의 실시례(Single embodiment)를 공개하여도 실시가능요건을 충족시킨 것으로 볼 수 있다는 견해가 주도적이었다.

• 완전범위설(Full scope enablement standard); KSR 이전 수년 전부터 CAFC는 단 하나의 실시례를 공개한 것만 가지고는 실시가능요건을 충족시킨 것으로 볼 수 없다고 전체적 범위(Full scope)를 실시가능하게 하여야 한다고 보기 시작하였다.

Liebel-Flarsheim Co. v. Medrad, Inc., 481 F.3d 1371, 1379-80(Fed. Cir. 2007)(압력주머니가 부착된 주사기를 실시가능하게 공개한 것은 압력기를 부착한 주사기 청구항에 대해서는 실시가능할 수 있을지는 몰라도 압력주머니를 부착하지 아니한 주사기에 대한 청구항에서 대해서는 실시가능요건을 충족시키지 못한다); **AK Steel Corp. v. Sollac, 344 F.3d 1234, 1244(Fed. Cir. 2003)**(제1유형과 제2유형의 알루미늄 코팅에 대한 청구항들에 관하여 명세서가 오직 제2유형의 코팅에 대해서만 공개하고 있는 경우에는 통상의 지식인이 과도한 실험을 하여 보지 않고서는 그 불충분한 공개내용을 보완할 수 없어서 결국 실시가능요건을 충족시키지 못한다); Seymore, supra note 46, at 284-89(완전한 범위의 공개를 하였는지 여부는 특허를 무효화시킬 수도 있는 요건이다).

228 Vas-Cath Inc. v. Mahurkar, 935 F.2d 1555, 1562(Fed. Cir. 1991)(양자의 차이점을 인정); In re Lukach, 442 F.2d

나. 구체적 사례

선행기술, 즉 공지되거나 공연히 실시된 발명은 반드시 완성되고 발명자가 의도한 결과를 실제로 달성할 수 있는 것이어야 후행발명의 신규성을 부정할 수 있다. 만약 발명이 ① 아직 미숙한 것이고, ② 더 이상의 시험 결과를 지켜 보아야만 하는 것이거나, ③ 목적 달성에 실패한 것이라면 이는 신규성을 상실시킬 수 있는 발명이 되지 못한다.[229]

그러나 발명의 실물모형을 만들어서 사람들에게 보여 주고 실제로 이 모형을 장치한 행위는 발명을 완성한 행위에 해당한다. 그 실례로서, 1861년 발명자가 자물쇠에 대한 특허를 출원했다. 이 자물쇠는 거꾸로 걸 수 있는 걸쇠가 달려 있었는데 이것으로 문의 왼쪽이나 오른쪽 중에서 어느 쪽에나 부착하여 사용할 수 있었다. 이 발명이 있기 전에 어떤 발명자가 이와 유사한 자물쇠를 발명하여 세 가지의 실물모형을 만들었다. 이 발명자는 이 실물모형을 적어도 다섯 사람들에게 보여 주었고 그중 하나는 열쇠상점의 문에 실제로 장치했다. 이렇게 완성된 선행발명은 이 특허출원인의 발명을 공개한다.[230]

선행기술이 완성되어 완전한 기능을 하면 최소한도로 사용한다고 하더라도 후행발명을 공개할 수 있다. 따라서 공연한 사용이 되기 위해서는 이를 상업적으로 사용하거나 적극적으로 사용함으로써 그 발명이 일반대중에게까지 알려질 필요는 없다. 회사의 사무실 내에서 발명된 램프를 사용해 본 것도 공개행위에 해당한다.

발명자 Hays는 고용주를 위하여 램프를 만들어서 시험해 보았다. 이 과정에서 그는 기존 램프의 구조를 변경하였으며 등불이 필요할 때마다 그것을 켜 놓곤 하였다. 새로운 램프로 대체되기 전까지 이 램프는 고용주의 공장 내에서는 물론 공장 밖에서도 사용되었다. 새로운 램프로 대체하기 위하여 이 사용 중이던 램프로부터 개량된 부분이 제거되었다. 이 개량된 부분을 제거한 이유는 만족할 만한 발전시설이 없었기 때문이었다. 그 후 특허권자 Brush가 유사한 전기램프를 개발하여 특허('8718' 특허)를 받았다. 그러나 위 선행기술인 Hays의 램프가 이미 완성되어 완전한 기능을 하였기 때문에 비록 공장 내에서의 사용이라고 하더라도 이는 공연한 사용에 해당하고 후일의 동일한 발명을 공개한다.[231]

967, 970(C.C.P.A. 1971)(양자의 차이점을 불인정).

229 발명적 개념이 실물적 형태로 만들어져서 이 실물모형이 발명의 실용성을 가늠할 수 있도록 하는 정도가 되어야만 비로소 공지되거나 공연히 실시된 발명에 해당한다고 보는 견해가 있다. Coffin v. Ogdon, 85 U.S.(18 Wall). 120(1874). 석유탐사방법이 시험되었지만 실패한 것이라면 이는 동일한 탐사방법에 대한 선행기술이 될 수 없다고 본 사례: Rosaire v. Baroid Sales Div., Nat'l Lead Co., 218 F.2d 72, 104 USPQ 100(5th Cir. 1955). 위 Rosaire는 통상적인 사업과정에서 이루어진 작업은 적극적으로 비밀을 유지하려고 노력하지 않는 한 이는 공연한 실시가 된다고 보았다.

230 Coffin v. Ogdon, 85 U.S.(18 Wall). 120(1874).

231 Brush v. Condit, 132 U.S. 39(1889). 후발명자는 선행발명은 단순히 포기된 실험으로서 발명으로서 완성되지 않은 것이라고 주장했다. 1심법원은 이 주장을 받아들여 선행발명은 미완성인 채 포기되었다고 판시했다. 연방대법

후행발명의 신규성을 부정할 수 있는 선행기술이 되기 위해서는 반드시 실시가 가능한 완성된 발명이어야 한다고 보는 것이 통설의 입장이다. 완성된 발명이라는 개념을 ① 고안과 ② 실시로 보고 고안은 물론 실시까지 이루어진 발명만이 후행발명의 신규성을 부정할 수 있다고 본다.[232]

그러나 발명은 반드시 상업적으로 완성될 필요는 없으나, 반드시 시험적인 단계를 넘어야 한다고 보는 견해도 있다.[233] 상업적인 효용가치가 없기 때문에 개발계획이 포기되고 비밀에 부쳐진 것은 신규성을 상실시킬 수 있는 판매행위(on Sale bar)가 될 수 없다고 보아야 한다.[234]

만약 선행발명이 ① 미성숙한 것이거나, ② 단순한 시험단계에 지나지 않거나, ③ 개량된 사항이 만족할 만한 정도에 이르지 못하여 실패한 발명은 후행발명의 신규성을 상실시킬 수 있는 충분한 공개가 될 수 없다.[235] 그러나 발명을 실시한 결과 실제로 성공적인 결과를 가져왔다면 이는 공연한 실시를 구성하기에 충분하기 때문에 그것이 임시변통(Makeshift)이라도 공개가능성을 구성하는 데 아무런 지장이 없다.[236]

그러나 선행발명이 가지는 구조가 후일 특허권자가 채택한 것과 같이 가장 좋은 것이거나 정교하게 고안될 필요는 없으며,[237] 또한 선행사용자가 발명을 실시하는 방법을 과학적으로 설명할 수 없어도 선행기술이 되는 데 아무런 상관이 없다.[238]

국외에서 반포된 간행물에 게재된 선행문헌은 국내의 간행물보다는 그 공개의 정도가 더 높아야 한다고 주장하는 견해도 있지만 이는 소수설에 불과하고,[239] 우리 특허법은 신규성 상실의 자료로 사용되는 선행기술이 외국의 간행물인지 아니면 국내의 간행물인지에 대해서 아무런 차이를 두고 있지 않다.[240] 따라서 선행기술이 공개하는 실시가능성에 대해서는 그 간행물이 국내

원도 항소심판결을 배척하고 1심판결을 인용했다.

232 Medtronic, Inc. v. Daig Corp., 227 USPQ 509, 515(D. Minn. 1985) aff'd 789 F.2d 903, 229 USPQ 664(Fed. Cir. 1986).

233 Baron v. Bausch & Lomb Inc. , 25 USPQ2d 1641, 1662(W.D. N.Y. 1992).

234 Continental Can Company USA, Inc. v. Monsanto Co., 948 F.2d 1264, 1270, 20 USPQ2d 1746, 1750(Fed. Cir. 1991). 그러나 위 사례는 미특허법 제102(b)조에 규정된 신규성 상실에 대한 예외사유로서 부여되는 은혜기간(Grace period) 중에 이루어진 판매행위에 대한 CCPA의 견해이고 미특허법 제102(b)조는 우리 특허법 제30조에 상응하는 규정이다. 따라서 미특허법 제102(b)조의 판매행위의 해석론을 가지고 우리 특허법 제29조 제1항 제1호의 공연한 실시에 해당하지 않는 것으로 볼 수 있는지에 대해서는 의문이 있다. 학문은 바로 이러한 의문이 시작되는 곳에서 시작되고 의문이 멈추는 곳에서 정지한다. 이러한 의문을 가진다는 사실이야말로 기존의 해석론을 복사·답습하는 것에서 그치지 않고 비교법적으로 추구할 가치가 있는 학문의 출발점이다(저자 주).

235 Coffin v. Ogden, 85 U.S.(18 Wall). 120(1874), U.S. v. Adams, 383 U.S. 39(1966).

236 Candela Laser Corp. v. Cynosure, 862 F. Supp. 632, 639, 32 USPQ2d 1433, 1439(D. Mass. 1994).

237 Smith v. Hall, 301 U.S. 216, 81 L. Ed. 1049, 57 S. Ct. 711(1937).

238 DeForest Radio Co. v. General Electric Co.(1931), 283 U.S. 664, 75 L. Ed. 1339, 51 S. Ct. 563(1931).

239 Collins v. Owens, 310 F.2d 884, 887(8th Cir. 1962).

240 특허법 제29조 제1항 제2호. Chisholm-Ryder Co. v. Lewis Mfg. Co., 398 F. Supp. 1287(1975).

또는 국외를 포함하여 어디에서 간행되었느냐를 묻지 않고 모두 동일한 기준이 적용되어야 한다.

비록 특허를 발급받았다고 할지라도 그 특허의 실시가능요건이 충족되지 아니한 경우에, 이 특허명세서는 후행발명의 신규성을 상실시킬 수 있을 정도로 충분한 공개를 한 것으로 볼 수 없다.

그 실례로서, 어떤 전문가가 1880년 영국의 특허명세서에 기재된 바에 따라 물건을 만들려고 시도했다. 그러나 그 결과 처음에는 화재가 발생했고 그 다음에는 이 물건이 폭발했다. 이렇게 실시가 불가능한 외국의 특허는 후행발명을 공개할 수 없다고 보는 것이 지배적 견해이다.[241]

다. 견해의 대립

간행물에 게재된 선행문헌이라도 발명에 대하여 충분한 설명을 한 것만이 신규성 판단의 자료가 될 수 있다.[242] 선행문헌은 그 발명이 속하는 기술 분야에서 통상의 지식을 가진 자에게 ① 이해될 수 있을 뿐만 아니라, ② 이를 만들 수도 있어야 한다. 따라서 화학적 합성물에 관한 간행물이 단지 합성물을 명칭이나 합성물의 공식을 나열함으로써 이 물질에 대한 추측에 불과하거나, 합성하는 방법에 대한 이론적 가능성을 주는 것만으로는 이와 동일한 합성물의 신규성을 부정할 수 있을 정도로 충분히 공개하였다고 하기에 부족하다.[243]

과연 어느 정도로 충분한 설명을 하여야만 청구항의 신규성을 상실시킬 수 있을 정도로 공개를 한 것인가에 대하여는 반드시 ① 그 발명을 만드는 것을 가능하게 할 정도로 높아야 한다는 견해, 즉 실시가능성설과,[244] ② 그 발명을 이해할 수 있을 정도면 충분하고 만드는 방법을 공개하지 않더라도 충분하다는 입장, 즉 이해설이 서로 대립된다.[245]

---

241 United States v. Adams, 383 U.S. 39, 15 L. Ed.2d 572, 86 S. Ct. 708, 148 USPQ 479(1966). 미연방대법원은 묵시적으로 미특허법 제102조의 '특허를 받은(Patented)'이라는 문구에도 불구하고 실시가 불가능한 영국 특허가 청구항의 신규성을 부정할 수 있는 선행기술이 될 수 없다고 보았다.

242 선행문헌은 이 문헌이 공개된 시점에서 해석하여야 한다. 단지 공개가능성을 입증하기 위하여 같은 계통에 종사하는 다른 기술자가 간행물에 공개한 정보를 가지고 선행문헌을 변경하여 해석할 수 없고 보는 견해: Pfizer, Inc. v. International Rectifier Corp., 207 USPQ 397(C.D. Calif. 1982).

243 Chisum §3.04. 물론 이 선행문헌은 진보성 판단의 자료로서 사용될 수 있다.

244 실시가능성설(Enablement standard)(미국 및 일본의 통설): Chisum §3.04 [a]; Seymour v. Osborne, 78 U.S.(11 Wall). 516, 20 L. Ed. 33(1870). Paperless Accounting, Inc. v. Bay Area Rapid Transit Sys., 804 F.2d 659, 665, 231 USPQ 649, 653(Fed. Cir. 1986)(신규성을 상실키기 위해서는 선행기술이 청구항의 발명을 일반대중의 점유하에 놓았다고 볼 수 있을 정도로 충분한 공개를 하여야 한다. 선행기술이 간행물에 게재되었다고 하여도 실시가능하지 않다면 이는 충분한 공개를 한 것으로 볼 수 없다); FMC Corp. v. Manitowoc Co., 654 F. Supp. 915, 2 USPQ2d 1969(N.D. Ill. 1987); aff'd 835 F.2d 1411, 5 USPQ2d 1112(Fed. Cir. 1988).

245 이해설(Comprehension standard): Cohn v. United States Corset Co., 93 U.S. 366, 23 L. Ed. 907(1876). Merck & Co. v. Marzall, 197 F.2d 206, 93 USPQ 355(D.C. Cir. 1952)(반포된 간행물이 화학적 합성물에 대한 공개를 하고 있는 경우에는 비록 이 합성물을 만드는 방법은 공개되지 않았다 하더라도 이는 화학적 합성물에 대한 후행발명

(1) 실시가능성설

실시가능성설에 의하면 선행간행물은 선행특허와 같이 그 발명이 속하는 기술 분야에서 통상의 지식을 가진 자가 발명을 ① 만들고, ② 사용할 수 있도록 완전한 공개를 하여야 한다. 따라서 명세서와 설계도가 포함되지 않고 또한 특허발명을 구체화한 아무런 모형도 게재하지 않은 외국의 간행물은 후행발명을 공개한다고 볼 수 없다.[246]

그 실례로서, 피고는 런던에서 간행된 논문을 기초로 원고의 특허가 신규성을 결여한 무효의 특허라고 주장했다. 이 발명에 관한 논문이 Mechanics라는 잡지에 실리기는 하였으나 이 발명의 설명서나 설계도 또는 발명을 실제로 구체화하여 본 모형 같은 것도 실리지 않았다.

그러나 실시가능성설은 이러한 정도의 공개는 후행발명의 신규성을 상실시킬 수 있을 정도의 충분한 공개를 한 것으로 볼 수는 없으며 같은 기술 분야에 종사하는 통상의 지식을 가진 자에게 완전하고 분명하며 정확한 설명이 제시될 정도로 충분한 공개를 하여야 한다고 주장한다. 단지 발명에 관하여 단순히 모호하고 일반적인 설명을 해 준 것만으로는 후행발명의 특허발급을 저지시킬 수 있을 정도로 공개를 한 것으로 볼 수 없다는 것이다.[247]

그러나 1차적 선행문헌이 화학적 합성물의 모든 구성요소를 공개하고 있다면 비록 이 합성물을 만드는 방법이 2차적 문헌에 공개되어 있을지라도 1차적 문헌은 후일 출원된 합성물에 대한 청구항을 공개한다고 본다.[248]

(2) 이해설

이해설에 의하면 선행간행물이 발명을 완전히 설명하였다면 비록 발명이 만들어지는 방법을 공개하지 않아도 후행발명을 공개할 수 있다고 본다.

이해설을 따른 미국의 판례로서, 원고의 특허는 코르셋의 디자인을 개량한 것으로서 이 개량 코르셋의 특징은 이미 몇 년 전에 출판되었던 영국의 잠정적 특허출원서에서 공개되었다. 그러나 이러한 출판물에 의한 공개는 그 발명이 속하는 기술 분야에서 통상의 지식을 가진 자가 그 발명을 이해할 수 있으면 충분하고 이를 만드는 방법을 게재하지 아니하였다고 하여도 후행발명을 공개하는 데 아무런 지장이 없다고 본다.

을 공개한다고 본다); Shell Dev. Co. v. Watson, 149 F. Supp. 279, 113 USPQ 265(D.D.C. 1957) aff'd 252 F.2d 861, 116 USPQ 428(D.C. Cir. 1958)(통상의 지식인으로 하여금 발명을 이해할 수 있는 정도로 선행간행물이 공개를 한 것이라면 이와 동일한 발명에 대하여 특허를 출원한 후행발명자의 특허발급을 저지할 수 있을 정도의 충분한 공개를 한 것이다); One-Piece Bifocal Lens Co. v. Bisight Co., 246 F. 450 modified 259 F. 275(4th Cir. 1919).

246 Seymour v. Osborne, 78 U.S.(11 Wall). 516, 20 L. Ed. 33(1870).

247 모호한 선행문헌: 선행문헌에서 사용한 용어가 모호하여 서로 상반되는 이론이 도출될 수 있다면 이는 공개가능성을 인정하는 자료로 사용될 수 없다고 본 사례: Ralston Purina Co. v. Far-Mar-Co., Inc., 586 F. Supp. 1176, 222 USPQ 863(D. Kan. 1984) aff'd in part & rev'd in part 772 F.2d 1570, 227 USPQ 177(Fed. Cir. 1985).

248 In re Samour, 571 F.2d 559, 197 USPQ 1(C.C.P.A. 1978).

(3) 절충설

현재 미국의 정설은 선행간행물은 그 기술이 속하는 계통의 통상의 지식인에게 청구항의 실시가능한 방법을 모두 공개하여야 하지만,[249] 그에게 이미 잘 알려진 원칙이나 기술에 대해서는 그 실시방법을 설명할 필요는 없다고 한다.[250] 즉 실시가능성설의 입장을 견지하면서도 그 적용을 완화한 견해가 미국의 정설이자,[251] 일본의 통설이다.[252] 따라서 통상의 지식인에게 그 실시방법이 알려진 것이냐 아니냐가 그 논의의 초점이 된다.[253]

---

249 완화된 실시가능성설(LeGrice test): In re LeGrice, 301 F.2d 929, 933, 133 USPQ 365(C.C.P.A. 1962)(실시가능성설은 분명한 구분을 하여 준다. 즉 한편으로 간행물은 그 발명이 속하는 분야의 통상의 지식인에게 이미 잘 알려진 원칙이나 기술을 가르칠 필요는 없다. 그러나 다른 한편으로 그 공개내용 자체로 보아서 통상의 지식인이 불합리하게 많은 실험을 거치지 아니하더라도 발명을 만들 수 있을 정도로 충분히 공개를 할 필요는 있다. 따라서 설명이 어느 정도로 필요한 것이냐의 문제는 사실에 달려 있다); Continuous Curve Contact Lenses, Inc. v. Rynco Scientific Corp., 216 USPQ 597(9th Cir. 1982); General Elec. Co. v. De Forest Radio Co., 17 F.2d 90, 99(D. Del. 1927) modified 28 F.2d 641(3d Cir. 1928)(C"the principle of the Cohn Case, 즉 이해설(Comprehension standard)은 간행물에 의하여 선행기술이 공개될 당시에 통상의 지식인에게 굳이 실시가능한 방법을 가르쳐줄 필요가 없을 정도로 알려진 경우에 적용되는 것이다).

250 Struthers Scientific & Int'l Corp. v. Rappl & Hoenig Co., 453 F.2d 250, 255, 172 USPQ 257(2d Cir. 1972)(문헌은 발명은 문외한이 아니라 인식력이 있는 기술자에게 설명되어야 한다); In re Wiggins, 488 F.2d 538, 179 USPQ 421(C.C.P.A. 1973)(원유를 정제하는 기술을 설명하는 선행문헌은 실시가능하다는 것을 나타내기 위해서 볼트와 리벳을 만드는 방법을 설명할 필요는 없다); Kalipharmas Inc. v. Bristol-Myers Co., 707 F. Supp. 741, 755, 11 USPQ2d 1737, 1749(S.D. N.Y. 1989)(선행기술이 주는 실시례에 따라서 오직 현존 최고 기술의 변형을 사용하여 청구항을 복제한 것이어서 특허가 무효라는 일응의 증거를 제시하였다); 청구항의 구조나 방법 전체를 공개하고 있는 단일한 선행기술의 실시가능성을 입증하기 위해서 추가적인 문헌이 인용될 수 있다는 판례: In re Donohue, 766 F.2d 531, 226 USPQ 619(Fed. Cir. 1985).

251 Dewey & Almy Chem. Co. v. Mimex Co., 124 F.2d 986, 990, 52 USPQ 138(2d Cir. 1942)(러니드핸드 판사): 청구항의 신규성을 상실시킬 수 있는 선행기술이 되기 위해서는 지시사항을 그 선행기술의 내용 자체로서 four corners 적절하게 설명하고 있어야 한다. 만약 선행문헌이 그 이상의 실험을 필요로 하는 최초의 출발점에 불과하고, 그 가르침이 종종 성공은 하지만 종종 실패하는 것이며, 새로운 발명을 실시할 수 있는 방법을 더 이상 알려주지 않는 것이라면, 이는 인간의 지식창고에 보탬이 된 것이 없어서 신규성을 상실시킬 수 있는 자격이 없다); Philips Elec. & Pharmaceutical Indus. Corp. v. Thermal & Elecs. Indus., Inc., 450 F.2d 1164, 1169, 171 USPQ 641(2d Cir. 1971)(선행기술이 청구항의 신규성을 상실시키기 위해서는 그 발명이 속하는 분야의 통상의 지식인에게 발명을 만들고 사용하는 방법을 완전하고도 분명하며 정확한 용어를 가지고 설명할 수 있어야 하며 이때 특허나 자신의 발명적 기술에 의존하지 않아야 한다); Ralston Purina Co. v. Far-Mar-Co., Inc., 586 F. Supp. 1176, 222 USPQ 863(D. Kan. 1984) aff'd in part & rev'd in part 772 F.2d 1570, 227 USPQ 177(Fed. Cir. 1985)(용어가 너무 모호하여 서로 모순되는 이론들이 나올 수 있는 소지를 주는 문서는 신규성을 판단하는 자료로 사용되기에는 너무 불명확하다).

252 당업자(통상의 지식인)의 실시가능성설: 일본에서도 간행물이 후행하는 청구항의 신규성을 상실시킬 수 있기 위해서는 간행물의 기재를 보아 통상의 지식인이 특별한 사고를 요하지 않고도 용이하게 발명을 실시할 수 있을 정도로 공개할 필요성이 있다고 하고 있다. 특허판례백선, 도병 량, 간행물에 의한 발명의 개시의 정도(유비각 평성 16), p.29. 길등행삭, 특허법 개설(1998) 84, 중산신홍, 공업소유권법(상) 특허법(2000) 126. 이러한 일본의 통설적 기준은 미국의 실시가능성설과 일응 공개 기준이 같은 것으로 보인다. 왜냐하면 양국의 견해는 모두 선행기술은 통상의 지식인에게 용이한 내용을 공개할 필요는 없지만 그 이상의 내용을 통상의 지식인이 이를 실시할 수 있으려면 발명을 만들고 사용하는 방법을 공개하여야 하기 때문이다.

253 Scripps Clinic & Research Foundation v. Genentech Inc., 707 F. Supp. 1547, 1550, 11 USPQ2d 1187, 1190(N.D. Calif. 1989)(후행발명의 신규성을 부정할 수 있는 선행기술이 되기 위해서는 실시가능하여야 하는데 이는 공개된 사실이 일반대중의 점유하에 있다는 의미이다).

그 실례로서, 잡종 장미의 사진이 간행물에 게재된 것만으로는 후행발명의 신규성을 부정할 수 있을 정도의 충분한 공개를 한 것이 아니어서 이와 동일한 장미에 대하여 식물특허(Plant patent)를 출원한 청구항의 신규성을 상실시킬 수 없다. 간행물이 공개한 잡종 장미의 사진만을 가지고는 그 발명이 속하는 기술 분야에 종사하는 통상의 지식인이 그와 동일한 잡종 장미를 만들 수 없기 때문이다.[254]

더 나아가 신규성 판단의 자료로 사용되기 위하여 선행간행물이 공개를 하여야 하는 수준과 특허발급 과정에서 심사하는 공개 수준이 동일하다고 보는 일본학자의 견해가 있다.[255] 미국에서도 원칙적으로는 선행간행물의 공개수준과 특허명세서의 공개수준은 거의 동일하다고 보는 견해가 정설이다.[256]

그러나 선행간행물이 특허출원명세서와 동일한 정도의 공개를 하였더라도 신규성을 상실시킬 수 없는 데 비하여 특허명세서는 실시가능요건을 구비할 수 있는 상황이 있다. 예컨대 선행간행물이 발간된 이후에 중요한 선행기술이 나타나고 그 이후에 특허가 출원된 경우이다.[257] 이러한 경우에는 선행간행물이 특허명세서에 기재된 것 이상의 공개를 하여야만 청구항의 신규성을 상실시킬 수 있을 정도로 충분한 공개를 한 것이 될 것이다. 따라서 선행간행물의 공개 수준과 특허명세서의 공개 수준은 구별되어야 한다.[258]

---

254 Akzo N.V. v. U.S. Int'l Trade Comm'n, 808 F.2d 1471, 1479, 1 USPQ2d 1241, 1245(Fed. Cir. 1986)(선행기술은 공개된 발명을 일반대중의 점유하에 놓아야 한다); In re Donohue, 766 F.2d 531, 226 USPQ 619(Fed. Cir. 1985); In re Brown, 329 F.2d 1006, 141 USPQ 245(C.C.P.A. 1964); E.I. DuPont de Nemours & Co. v. Ladd, 328 F.2d 547, 550, 140 USPQ 297(D.C. Cir. 1964)(후자, 즉 이해설의 입장에 있으면서도 완화된 실시가능성설(LeGrice)을 취한다); Freeman v. Minnesota Mining & Manufacturing Co., 693 F. Supp. 134, 147, 9 USPQ2d 1111, 1123(D. Del. 1988), aff'd and vacated, 884 F.2d 1398, 13 USPQ2d 1251(Fed. Cir. 1989)(선행기술이 실시가능성을 공개하지 않으면 후행발명의 신규성을 부정할 수 없지만, 실시가능하지 않다는 입증이 없는 한 실시가능한 것으로 추정되어 특허권자가 작동 가능한 기술의 부존재를 입증하여야 한다); Regents of the University of California v. Howmedica, Inc., 210 USPQ 727(D.N.J. 1981)(발명자의 인공관절을 이식하는 신문기사는 발명을 실시할 수 있을 정도로 충분한 공개를 한 것으로 볼 수는 없다).

255 당업자의 실시가능성의 기준은 명세서에 있어서 발명의 상세한 설명의 기재요건으로서도 요구되고 있기 때문에 이는 침해소송에서 특허권의 보호범위를 확정하는 기능을 가지고 있어서 결국 당업자의 실시가능성은 후출원특허를 저지하는 것과 침해를 배제하는 것의 양면에 걸쳐서 요구되는 발명의 공개 정도를 나타내는 기준이 된다. 島並良, 특허법에 있어서 당업자의 개념, 신고법학년보, 18호 231항, 위 특허판례백선, p.29 참조.

256 동일수준설: 따라서 선행간행물이 특허명세서와 동일한 정도의 공개를 하였다면 신규성 상실을 위한 실시가능요건을 충족시키지 못한다는 주장은 이유가 없다고 본다. Constant v. Advanced Micro-Devices, Inc., 848 F.2d 1560, 1569, 7 USPQ2d 1057, 1063(Fed. Cir. 1988)에서 특허권자가 선행간행물이 특정한 컴퓨터 프로그램을 적절하게 설명하지 못하고 있어 실시가능요건을 구비하지 못하였다고 주장하지만 특허권자의 명세서도 그러한 컴퓨터 프로그램을 공개하고 있지 못하는 한 그 주장은 이유가 없다. 선행간행물은 적어도 특허명세서가 공개하는 것과 동일한 수준의 기술적 사항을 공개하여야 한다. 따라서 컴퓨터 프로그램을 공개하는 것이 신규성 판단을 위한 선행기술이 반드시 공개하여야 하는 것임에도 특허명세서가 이를 공개하지 아니하였다면 이는 특허발급을 위한 명세서의 공개 수준을 충족시키지 못한다.

257 Chisum §6.02 [9] 참조.

258 따라서 특허출원된 청구항은 선행간행물보다 적은 공개를 하였어도 특허를 발급받을 수 있다. 이는 중간에 공개된 중요한 선행기술이 특허출원 당시에는 이미 통상의 지식인에게 실시가능한 기술이 될 수 있기 때문이다. 따라서 선

따라서 과연 선행간행물이 후행발명을 공개할 수 있을 정도로 충분한 설명을 하였느냐 하는 문제는 결국 선행간행물이 공개하지 못한 내용이 그 당시의 통상의 지식인에게 용이한 것이었느냐 하는 사실인정과 입증책임의 문제로 돌아간다.[259]

4. 화학물질에 대한 실시가능성

가. 중요성

선행기술이 출원된 청구항을 예견하느냐를 판단하는 데 있어서 세 번째로 요구되는 요건이 실시가능요건이다. 이때 실시가능성이란 선행기술이 그 분야의 통상의 지식인으로 하여금 과도한 실험을 하지 않고도 실시가 가능하도록 문제된 청구항에 대한 충분한 공개를 할 것을 말한다.[260] 그러나 20세기 초반기의 기계특허가 주종을 이루고 있을 무렵에는 선행기술의 실시가능성 문제가 별로 중요하지 않았다.

이후 유기화학 분야가 대두함에 따라 종래의 기계·전기 분야와는 달리 예측불가능성이 문제가 되었고 종래의 특허원칙을 그대로 적용하는 것이 모순이 된다는 것을 인식하게 되었다. 의약 또는 화학물질 분야의 신규성의 판단에 있어서 보다 세부적인 이론을 정립할 필요성이 있게 된 것이다.[261]

행간행물이 신규성을 상실시키기 위해서 필요한 공개 수준은 그 선행간행물이 발간된 당시의 기술 수준에 의존하게 되고 특허를 발급받기 위해서 필요한 공개 수준은 출원 당시의 기술 수준이라는 점이 양자의 중요한 차이가 되어 결국 선행간행물의 공개 수준과 특허명세서의 공개 수준은 전혀 다른 성질의 것으로서 이를 구별하는 것이 타당하다고 보여진다. 저자 주.

259 • 미국 판례법상 침해소송과정에서 입증책임

선행문헌의 실시가능성에 대한 입증책임은 특허가 무효라고 주장하는 측에서 선행간행물이 특허권자의 청구항을 공개한다는 사실을 입증할 책임(Burden of proof)과 입증의 필요(Burden of production)를 부담한다. 그러나 일단 무효를 주장하는 측에서 선행간행물이 청구항을 공개한다는 일응의 증거(Prima facie evidence)를 제시하면 입증의 필요는 특허권자에게 이전되어 이에 반대되는 증거를 제시할 책임이 있으며 특허권자라고 하여도 특허가 유효하다는 추정력에 의지하여 입증의 필요를 부담하지 않는다고 볼 수는 없다고 보는 견해: Scripps Clinic & Research Foundation v. Genentech Inc., 707 F. Supp. 1547, 1550, 11 USPQ2d 1187, 1190(N.D. Calif. 1989).

• 미국 판례법상 특허심사과정에서의 실시가능성에 대한 입증책임

만약 특허심사관이 청구항을 공개하는 선행문헌을 제시하면 선행문헌의 실시가능성은 추정되고 이 추정력을 번복할 입증책임은 특허출원인에게 이전된다. 특허출원인이 이 선행문헌이 실시불가능하다는 일응의 증거를 제시하면 다시 입증책임이 이전되어 특허심사관이 선행기술이 실시가능하다는 점을 입증하여야 한다고 보는 견해: In re Sasse, 629 F.2d 675, 207 USPQ 107(C.C.P.A. 1980). Chisum은 이 입증책임이 진보성이나 산업상 이용가능성(유용성)에서와 같이 동일하게 이전된다고 본다. Chisum §3.04 [1] n.15.

260 Amgen Inc. v. Hoechst Marion Roussel, Inc., 457 F.3d 1293, 1306(Fed. Cir. 2006)(선행기술이 후행 청구항을 예견하기 위해서는, 즉 신규성을 상실시키기 위해서는 선행기술은 반드시 출원된 청구항의 모든 구성요소를 구비하고 있어야 할 뿐만 아니라, 실시가능한 것이어야 한다); Elan Pharm., Inc. v. Mayo Found. for Med. Educ. & Research, 346 F.3d 1051, 1054(Fed. Cir. 2003)(선행문헌으로 되기 위해서는 그 문헌은 그것이 예견한다고 하는 것을 실시할 수 있어야 한다).

261 2차 대전 이후에는 항체 비타민 호르몬에 대한 조사연구가 활발하게 진행되었고 이로써 치료의학이 현저하게 발달

나. 화학물질에 대한 선행간행물의 공개 정도

화학물질(Chemical compounds)은 선행간행물이 신규성을 상실시킬 수 있을 정도로 충분한 공개를 하였는가에 있어서 특별한 문제를 제기한다. 선행간행물이 목록을 길게 나열한 것 중에서 일부의 합성물을 가지고 그 이름이나 공식을 열거한 것은 단순히 추측에 불과한 것으로서 이를 가지고 후행발명을 충분히 공개한 것으로 볼 수는 없다.[262] 물론 화학적 합성물을 만들 수 있는 가능성을 가지고 학술분류법에 의한 명명방식에 따라서 물질의 이름을 단지 나열한 것도 신규성을 상실시킬 수 있는 충분한 공개를 한 것이고 굳이 이 물질을 만드는 실시가능한 방법을 공개할 필요는 없다고 본 소수견해도 있었다.[263]

그러나 근래에는 이러한 공개만으로는 신규성을 상실시킬 수 없고 ①그 발명이 속하는 기술 분야에서 통상의 지식을 가진 자에게 문제의 물질을 만들기가 용이한 경우에는 이를 공개할 필요가 없지만, 그렇지 않은 경우에는 ② 선행간행물이 문제의 화학물질을 만드는 방법을 반드시 공개하여야만 한다.[264]

다. 화학물질의 예측불가능성

유기화학 분야에서 새로이 문제가 된 것은 발명자가 X라는 물질에 대한 특허출원을 한 경우에 제3자가 X물질의 구조를 공개하고는 있지만 그 공개내용이 매우 적은 경우에 이를 출원된 청구항의 예견가능성을 인정하는 선행기술로 인용할 수 있는지가 문제가 된다. 즉 이로써 출원된 청구항의 신규성이 상실되는가 하는 문제이다. 선행기술이 소규모의 하나의 속(Genus)을 공개하였다면 그 종(Species)이 특별히 언급되지 않았다고 하더라도 종(Species)을 예견하기에 족하다고 보는 견해가 현재 CAFC의 정설이다.[265] 만약 통상의 지식인이 한정된 합성물 부류의 각 구성물을 즉각 알아볼 수 있는 정도가 된다면 예견가능성을 충족시킬 수 있다.[266]

하게되었다. 이 기간 동안에 제약회사들은 의약품을 제조하기 이전에 우선 조사연구를 한 뒤 즉시 특허출원을 함으로써 특정한 치료 분야의 시장을 주도하는 모델로 변화하기 시작하였다. Sean B. Seymore, Rethinking Novelty In Patent Law, 60 Duke L.J. 919, 946.

262 Chisum on Patents §3.04 Description in a Publication [C] Chemical Compounds.

263 종래에는 실시가능한 방법을 공개하지 않았어도 선행간행물로서의 자격이 있다고 본 사례도 있다. In re Von Bramer, 127 F.2d 149, 53 USPQ 345(C.C.P.A. 1942); In re Baranauckas, 228 F.2d 413, 415, 108 USPQ 226(C.C.P.A. 1955)(합성물의 이름을 분명하게 명기하거나, 구조공식을 가지고 합성물의 정체를 공개한 선행문헌은 비록 그 문헌이 실시가 불가능한 방법을 공개하였거나, 아니면 아예 방법을 공개하지 않았어도 후행 청구항의 신규성을 상실시키는 데 아무런 지장이 없다).

264 Id. Chisum §3.041c.

265 Bristol-Myers Squibb Co. v. Ben Venue Labs., Inc., 246 F.3d 1368, 1380(Fed. Cir. 2001).

266 예상설: In re Petering, 301 F.2d 676, 681(C.C.P.A. 1962). The test is if a PHOSITA can "at once envisage" each member of the limited class of compounds.

종래 기계 또는 전기 등의 분야에 있어서는 선행기술이 공개한 구조가 중요한 역할을 하였다. 따라서 선행기술이 공개한 구조와 출원된 청구항의 구조를 보고 동일하냐의 여부가 신규성을 판단하는 기준이 되었다. 그러나 예측불가능성이 있는 화학 발명의 경우에는 다르다. 구조적 동일성이 중요한 것이 아니라 선행기술이 실시가능성(Enablement)을 공개하였느냐 하는 점이 문제가 되는 것이다. 화학물질의 신규성 문제는 선행특허의 가르침을 보고 그 당시의 통상의 지식인의 지식과 합하여 X라는 물질을 일반대중의 점유에 놓았는가 하는 점이다.[267]

라. 명명이론

(1) 예견설: Von Bramer doctrine

선행기술이 단순히 합성물의 이름만을 명명하였어도 후행 청구항을 예견한다고 보는 견해이다. 종래에는 화학물질을 학술분류법에 의하여 명명한 것도 후행발명을 예견하기에 충분하고 굳이 이 화학물질을 만들 수 있는 실시가능한 방법을 공개할 필요는 없다고 보았다.[268]

Von Bramer에서는 선행기술의 실시가능성을 언급하지 못하였고 선행특허가 발급된 시점에 그 분야에서 알려진 것을 명시적으로 논의하지 못하였다.[269] 따라서 비록 선행기술이 충분한 수의 X의 물리적 및 화학적 성질을 공개하지 않았거나, 그 출원된 물질을 만들 수 있는 방법을 공개하지 않았어도 신규성을 상실시키는 데는 아무런 지장이 없었다.[270]

또한 선행문헌이 합성물의 이름, 구조, 화학공식을 기재하고 있으면 비록 실시불가능한 제조방법을 기재하고 있더라도 예견가능성을 구성하는 데 아무런 지장이 없다고 본 견해도 있었다.[271]

이에 따라 미특허청도 비록 우연히 또는 타자 실수로 인하여 선행기술이 이름이나 구조를 언급하면 이로써 후행 청구항의 신규성이 상실한다고 보았고, 통상의 지식인이 관련된 분야에서 그 물질을 만드는 방법을 알았는지 몰랐는지는 중요하지 않고 물질 X를 만드는 방법은 예견가능성을 판단하는 데 있어서 별로 중요하지 않은 것이라고 보았다.[272]

---

267 바로 이 점이 소위 말하는 예측불가능한 기술 분야에서 현재까지도 특허청과 법원, 그리고 발명자들 사이에서 문제가 되고 있는 것이다. Sean B. Seymore, Rethinking Novelty In Patent Law, 60 Duke L.J. 919, 949.

268 명명설)Von Bramer doctrine): 단순히 합성물의 이름만을 명명하여도 후행 청구항을 예견한다. Sean B. Seymore, Rethinking Novelty In Patent Law, 60 Duke L.J. 919, 950.

269 Sean B. Seymore, Rethinking Novelty In Patent Law, 60 Duke L.J. 919, 950.

270 In re Von Bramer, 127 F.2d 149(C.C.P.A. 1942).

271 In re Baranauckas, 228 F.2d 413, 415, 108 USPQ 226(C.C.P.A., 1955).

272 Ex Parte Nagy, 106 USPQ 424, 425(P.T.O. Bd. App. 1955)(비록 선행기술이 그 물질을 만드는 방법을 실패하였어도 충분히 후행 청구항을 예견할 수 있다).

(2) 예견불가설: 명명설에 대한 비판론

그 후 20년이 경과되어 CCPA는 합성물에 대하여 단순히 인쇄된 개념만을 가지고는 그 합성물이 오래된 것이거나, 신규성 또는 진보성의 견지에서 오래된 것으로 볼 수는 없다고 판시함으로써 Von Bramer 원칙을 버리게 된다.[273]

In re Papesch에서는 선행기술이 화학공식만을 공개하고 있는 경우에 이 화학공식만으로는 후행 청구항을 예견하지 않는다고 보았는데,[274] 위 사건에서는 특허법의 입장에서는 합성물과 그 특성은 분리할 수 없는 하나로 보아야 한다. 시각적 공식, 화학적 명명과 분류방식은 합성물이 개념정의 되고, 분류되고, 비교되는 상징일 따름이다. 특허대상이 되는 것은 청구항에서 주장되는 합성물로서, 화학공식은 특허대상이 된 합성물이 아니고 단지 특허가 출원된 청구항의 대상을 개념정의하는 데 불과한 것이다.[275]

In re Wiggins에서도 선행문헌에서 단순이 합성물을 명명한 데 그친 것은 공개한 것으로 볼 수는 없다고 하였다. 단순히 이름을 명명한 것은 잠재적이거나 이론상으로 존재한다는 추측에 불과하기 때문이다.[276] 선행문헌이 이론적으로만 존재 가능한 화합물의 이름만을 가지고 나열한 것은 이 화합물을 예견할 정도로 적절하게 공개했다고 볼 수 없다.

그 실례로서, 특허출원인이 파킨슨씨병을 치료하는 데 필요한 화합물을 청구항에 기재하였다. Giudicelli가 기고한 논문이 여러 가지 화합물을 합성한 물질을 공개하였으나 이 합성물은 원고의 청구항의 권리범위에 들어가지 않았다. 그러나 Giudicelli는 이 논문에서 두 가지 합성에 실패한 물질에 관해서도 언급하였는데 이 물질이 바로 원고의 청구항에 포함되어 있었다.

그러나 실패한 합성물을 공개한 것은 단순히 이러한 물질의 존재 가능성을 추측한 것에 불과하다. 따라서 후특허출원된 발명자가 이 합성물을 만드는 데 성공하였다면 이 선행문헌은 성공한 후특허출원된 발명을 예견할 수는 없다고 보아야 한다. 만약 그렇지 않다면 수천 가지의 이론적으로만 가능한 물질이 간행물에 게재되었다는 이유로 실제로 이 물질을 합성하여 유익한 곳에 사용하는 데 성공한 발명자에게 그 성공에 대한 대가를 지급하는 길을 방해하는 결과가 된다. 특허법의 목적이 기술혁신을 장려하는 데 있는 것이라면 이러한 방해는 그 목적에 역행하는 것이다.[277]

---

273 In re Brown, 329 F.2d 1006, 1010(C.C.P.A. 1964).

274 In re Papesch, 315 F.2d 381(C.C.P.A. 1963).

275 In re Papesch, 315 F.2d 391(C.C.P.A. 1963).

276 In re Wiggins, 488 F.2d 538(C.C.P.A. 1973).

277 In re Wiggins, 488 F.2d 538(1973). 특허심사관은 원고의 청구항이 예견되었다는 이유로 특허발급을 거절하면서 다른 문헌을 추가로 제시했는데 그 문헌에는 Giudicelli가 언급한 두 가지 물질을 합성하는 방법을 제시하여 주고 있었다. 미항소법원은 이 특허심사관의 특허거절 결정을 취소하고 원고의 특허를 인정했다. 선행문헌인 Giudicelli가 전문지에 게재한 논문은 아직 이 두 가지 물질의 합성방법에 대해서는 언급하지 않고 있었으며 바로 이것이 예견가능성의 기준이 되기 때문이다. 그러나 이 전문지가 청구항의 진보성을 판단하는 선행문헌이 될 수 있음은 물론이다.

(3) 실시가능성설

실시가능성을 공개한 선행기술만이 후행 청구항을 예견한다고 보는 것이 실시가능성설이다. 근래에는 실시가능성을 공개하지 못하면 예견가능성을 인정하지 않는다.[278] 이 견해를 추종하는 In re Payne에서 CCPA는 화학물질의 구조가 유사하기 때문에 용이하다고 추정되는 것은 선행기술이 후행발명이 되는 화학물질을 만드는 방법을 공개하지 않았다는 사실을 입증하면 이를 번복할 수 있다고 판시하였다.[279] 화학물질의 제조방법을 제시하는 데 실패한 경우에는 출원된 청구항의 예견가능성을 인정할 수 없다고 판시한 사례는 Idacon Inc. v. Central Forest Products Inc. 사건이다.[280]

따라서 선행간행물이 화학물질의 제조방법을 제시하는 데 실패한 경우에는 이를 가지고 청구항의 신규성을 부정할 수 없다.[281] 그 판례로서, 어떤 Homopolymer를 설명한 간행물이 이를 합성하려다가 실패하였다고 기재되어 있는 것은 Homopolymer의 한 종류를 포함하는 후행발명에 대한 청구항의 신규성을 상실시킬 수 없다. 이러한 정도의 설명만으로는 문제의 Homopolymer를 일반대중의 영역(Public domain) 속에 넣었다고 볼 수 없기 때문이다.[282] 특허출원인이 어떠한 화학적 합성물에 대한 특허를 출원하는 경우에 ① 그 합성물이 선행문헌이 가르쳐 주는 방법으로는 만들 수 없었다는 것을 적극적으로 입증하든지, 또는 ② 그 합성물이 선행문헌에서 설명하는 것과는 전혀 다른 특성을 가지고 있다든지 하는 것을 적극적으로 입증하는 경우에 이 선행문헌은 그 화학적 합성물에 대한 청구항의 신규성을 상실시킬 수 없다.[283]

이와 반대로 화학물질의 제조방법이 이미 널리 알려진 경우에는 화학공식에 의하여 이 물질을 명확하게 명명하였어도 신규성을 상실하게 만드는 선행기술이 될 수 없다는 사례도 있다.[284]

위 Yale에서 명백한 오류로 간행물에 게재된 화학공식만을 나열한 것은 이 물질에 대한 청구항의 신규성을 상실시킬 수 없다. 특허출원인이 CF3 CF2 CHClBr이라는 화학공식을 가지는 3-bromo-3-chloro 1,1,1,2,2, Pentafluoropropane이라는 화합물에 대해서 특허를 출원했다. 선행간행물이 발표한 바에 의하면 이 화합물이 가지는 CF3 CF2 CHClBr이라는 화학적 공식은 아홉 가지의 화합물 중의 하나로서 열거되어 있었다. 그러나 이 화합물이 선행논문에 기재된

---

278 In re Brown, 329 F.2d 1006, 141 USPQ 245(C.C.P.A., 1964).

279 In re Payne, 606 F.2d 303, 203 USPQ 245(C.C.P.A., 1979).

280 Idacon Inc. v. Central Forest Products Inc., 3 USPQ2d 1079, 1089(E.D. Okla., 1986).

281 In re Brown, 329 F.2d 1006, 141 USPQ 245(C.C.P.A. 1964).

282 화학물질의 구조가 유사하기 때문에 용이하다고 추정되지만 선행기술이 후행발명이 되는 화학물질을 만드는 방법을 공개하지 않았다는 사실을 입증하면 이를 번복할 수 있다고 본 견해: In re Payne, 606 F.2d 303, 203 USPQ 245(C.C.P.A. 1979).

283 그러나 선행문헌이 단지 그 합성물의 이름만을 열거하고 합성물의 특성을 공개하지 않고 있다고 소극적으로 주장하는 경우에는 입증책임을 다했다고 볼 수 없다. In re Wilder, 488 F.2d 538(1973).

284 In re Yale, 434 F.2d 666, 168 USPQ 46(C.C.P.A. 1970).

것은 타자수의 실수로 밝혀졌고 이러한 실수가 그 발명이 속하는 기술 분야에서 통상의 지식을 가진 자에게 명백하다면 이러한 선행문헌은 후행발명을 공개할 수 없다는 것이다.

(4) 선행기술 단일의 필요성

선행문헌이 실시가능성을 단 하나의 문헌에 모두 기재할 필요는 없다고 본 미국의 판례가 있다. 1차 선행문헌이 완전하게 화학물질의 각 구성요소를 모두 설명하고 있지만 실시가능성에 대한 언급이 없을지라도 그 대신 2차 선행문헌이 이 화학물질을 만드는 방법을 공개하고 있다면 제1차 선행문헌은 후행발명을 공개하고 있고,[285] 제2차 선행문헌이 제1차 선행문헌보다 후일 만들어졌어도 신규성을 부정할 수 있는 자료로 사용되는 데 있어서 아무런 문제가 없다고 본다.[286]

(5) 발명이 만들어질 필요성이 있는가

신규성을 상실시키기 위해서 선행간행물에 게재된 것은 반드시 실시가 가능하여야 하지만 실제로 발명이 만들어질 필요까지는 없다고 본다.[287] 원고의 청구항은 '2,2', 6,6'-tetramethylbiphenyl-4,4'-dicarboxylic acid를 포함하는 Acid로서, 그의 하나의 Acyl halide 파생물, 또는 그의 단순한 에스테르에 관한 것이었다.

이를 먼저 공개한 노무라(Nomura)가 작성한 선행논문은 1970년에 발표된 것이었는데 여기에서 노무라는 12가지의 화합물을 공개했다. 이 화합물들은 '2,2', '6,6'-tetramethylbiphenly (TMBPs)로서 CO2H(카복실산의 한 종류)와 CO2Me를 포함하여 모두 열두 가지의 치환기로 이중치환(Disubstitute)이 될 수 있었다. 노무라는 이 중 CO2H와 CO2Me로 이중치환 되는 두 가지를 제외하고는 그 나머지 화합물을 만드는 방법도 공개했다.

따라서 노무라의 선행문헌은 그 이후에 출원된 원고의 청구항의 신규성을 상실시킬 수 있을 정도로 충분한 공개를 한 것이다. 왜냐하면 이 논문은 단지 실제로 물질을 만들지만 않았을

---

285 In re Samour, 571 F.2d 559(1978).

286 Chisum on Patents, §3.04 [1]: 그 논거는, 신규성 상실의 예외사유의 문제는 특허가 출원된 화학물질이 특허를 출원하기 이전에 1년 이상 일반대중의 영역에서 존재하였느냐의 문제이지 이러한 일반대중의 점유기간이 1차 문헌의 존재 시기 이전 또는 이후에 시작되었느냐를 문제삼는 것이 아니기 때문이라는 것이다(미국에서는 1년간의 신규성 상실의 예외기간이 주어진다: on sale bar doctrine). 이러한 해석론을 신규성 상실의 예외사유에만 적용할 것이 아니라 널리 신규성의 일반에 적용하여야 한다고 보는 견해도 있다.

287 In re Donahue, 766 F.2d 531(1985). 이와 함께 특허심사관은 Lincoln 박사의 논문도 선행간행물로 추가로 제시하였는데 이 문헌은 카복실산(Carboxy acid)을 만드는 방법을 공개하고 있었는데 이로 인하여 노무라가 '4,4'-dinitrile을 만드는 방법을 가르쳤다는 사실이 밝혀졌다. 특허심사관의 거절결정을 반박하기 위하여 특허출원인은 Fields 박사의 진술서를 제출했다. 이 진술서에서 Fields 박사는 '자기도 노무라의 논문을 읽었는데 이 논문 속에서 위 두 가지 화합물은 합성될 수 없다는 점을 확인했다는 것'이다. 이 Fields 박사의 진술서에도 불구하고 미특허청은 특허발급을 거절했다.

뿐 언제라도 물질을 만들 수 있도록 모든 구성요소와 제조방법을 일반대중에게 공개하고 있었기 때문이다.

(6) 공개요건으로서의 실시가능요건과 관련성

화학적 합성물에 대한 특허를 받기 위해서 필요한 공개요건의 수준에 못 미치는 공개를 하였어도 후행 청구항의 신규성을 상실시킬 수 있다. 즉 특허발급을 위한 공개의 정도와 신규성 상실을 위한 자료로서의 공개의 정도는 차이가 있다고 본다.[288] 선행기술이 화학물질의 용도를 공개하지 않았어도 이러한 화학물질에 대한 청구항의 신규성을 상실시키는 데 있어서 문제가 없다.[289]

물론 화학물질이나 그 화학물질을 만드는 방법에 대한 특허를 얻기 위해서 특허출원인은 반드시 선행기술에 비추어 보아 결코 용이하지 않은 물질의 실제적인 용도를 공개하여야 한다.[290] 그러나 신규성을 상실시키는 자료로 사용되기 위해서는 선행기술이 특허를 발급받을 수 있을 정도의 공개를 하지 않아도 된다. 즉 특허출원된 명세서의 실시가능요건(Enablement)과 동일한 정도로 공개를 할 필요는 없다.

마. 해결되지 않은 쟁점

실시가능성을 공개한 선행기술만이 후행 청구항을 예견한다고 보는 현재의 정설도 다음과 같은 문제점을 가지고 있다.[291] Von Bramer 판결 이후로 두 가지 범주의 쟁점이 있다. 첫째는 선행기술이 X라는 물질을 합성하는 데 실패한 경우를 말하는데, 이는 만약 통상의 지식인이 선행기술이 만들어질 당시에 물질 X를 만들 수 있다는 증거가 없는 한 후행 청구항을 예견하기에 불충분하다.[292] 최근에는 선행문헌이 실패하였다는 것은 그 자체로 실시가능하지 않다는 것으로 본다.[293]

---

288 이중기준설(Double standard)(정설): In re Hafner, 410 F.2d 1403, 161 USPQ 783(C.C.P.A. 1969). CCPA는 이중기준은 특허법이 명시적으로 요구하는 것이 아니라 묵시적으로 요구하는 것이라고 본다. 또한 CAFC는 이미 알려진 물질에 대한 청구항의 신규성을 상실시키기 위해서는 선행문헌이 반드시 그 물질의 용도를 공개할 필요까지는 없다고 본다.

289 CAFC도 이중기준설을 취한다. In re Schoenwald, 964 F.2d 1122, 1124, 22 USPQ2d 1671, 1673(Fed. Cir. 1992). 위와 같은 취지의 판례는 In re Donahue, 766 F.2d 531(1985). Ex parte Kitamura, 9 USPQ2d 1787, 1788 n.2(PTO Bd. Pat. App. & Int'f 1988). 그러나 선행기술이 적어도 하나 이상의 중요한 용도를 기재하여야 후행 청구항의 신규성을 상실시킬 수 있다고 보는 하급심 소수견해도 있다. Warner-Jenkinson Co. v. Allied Chem. Corp., 477 F. Supp. 371, 206 USPQ 837(S.D.N.Y. 1979).

290 산업상 이용가능성 또는 유용성의 문제: Brenner v. Manson, 383 U.S. 519, 16 L. Ed.2d 69, 86 S. Ct. 1033, 148 USPQ 689(1966).

291 Sean B. Seymore, Rethinking Novelty In Patent Law, 60 Duke L.J. 919, 953.

292 In re Sheppard, 339 F.2d 238(C.C.P.A. 1964).

293 In re Donahue, 766 F.2d 531, 534(Fed. Cir. 1985).

바. 실시가능성설에 대한 보완

두 번째 범주는 물질 X가 주된 선행문헌에 나타나지만 이 주된 선행문헌에는 이를 합성하는 아무런 방법이 기재되지 않은 경우이다. 주된 문헌은 물질 X를 만들려고 시도한 방법이나 그 분야에서 이를 만드는 통상의 방법을 공개하지 않고 있다.[294] 그러나 실시가능성에 관해서는 반드시 동일한 선행문헌에 모두 기재되어 있을 필요가 없다고 본다. 주된 문헌이 완전하게 화학물질의 각 구성요소를 모두 설명하고는 있지만 실시가능성에 대한 언급이 없더라도 그 대신 2차 문헌이 주된 문헌이 존재할 당시에 이 화학물질을 만드는 방법을 공개하고 있다면 이 주된 문헌은 후행발명을 예견한다는 것이다.[295]

결국 주된 문헌이 단지 물질 X의 구조를 말하고 있다면 이는 엄격한 동일성을 충족시키는 것이고 2차 문헌이 물질 X를 만들 수 있는 충분한 지식을 입증한다면 이러한 발명은 일반대중의 점유에 있는 것이다.[296] 따라서 출판 당시에는 선행문헌이 실시가능성이 없었지만 후일 추가적 문헌이 입수됨으로써 실시가능할 수 있는 것이다.[297]

In re Donahue에서는 1970년의 선행논문이 물질 X의 구조에 대하여 인용되었지만 그 만드는 방법은 공개하지 않았다. 이에 대해 심사관은 Donahue의 물질 X에 대한 청구항을 거절하였다. 출원인 Donahue가 2차적 문헌을 제시하고 1975년 발급된 제3의 특허로서 통상의 지식인이 물질 X를 1970년 당시의 기술에 의하여 만들 수 있었다는 사실을 입증하였다. 그러자 CAFC는 2차적 문헌을 사용하는 것은 단 하나의 선행문헌에 모든 청구항의 구성요소가 발견되어야 한다는 원칙에 어긋나는 것은 아니라고 보았다.[298] [299]

사. PTO의 실무기준

(1) 청구항의 물질에 대한 개념정의

미특허청이 화학물질에 대한 신규성을 판단은 다음하는 데는 같은 3단계를 취한다.[300] 만

---

294 Sean B. Seymore, Rethinking Novelty In Patent Law, 60 Duke L.J. 919, 954.

295 In re Samour, 571 F.2d 559(1978).

296 In re Marshall, 578 F.2d 301, 304(C.C.P.A. 1978).

297 Donald S. Chisum, Anticipation, Enablement and Obviousness: An Eternal Golden Braid, 15 AIPLA Q.J. 57, 63(1987).

298 In re Donahue, 766 F.2d 531(1985).

299 그러나 후행발명자가 물질 X를 만들어 낸 최초의 발명자라고 하더라도 선행기술에서 만들어 낼 수 있었다면 그는 특허를 받을 수 없다는 모순이 생긴다. 왜냐하면 주된 선행문헌에서는 그 만드는 방법이 공개되지 않았다고 하더라도 심사관이 2차적 문헌을 조합하여 주된 문헌이 생길 당시에 통상의 지식인이 물질 X를 만들어 낼 수 있었다는 사실을 입증하면 물질 X에 대한 청구항은 신규성이 없기 때문이다. Sean B. Seymore, Rethinking Novelty In Patent Law, 60 Duke L.J. 919, 957.

300 3단계설: 미국의 법원도 마찬가지이다. Mehl/Biophile Int'l Corp. v. Milgraum, 8 F. Supp. 2d 434, 443-44(D.N.J.

약 X라는 화학적 합성물에 대한 신규성을 판단하기 위해서는, 첫째, 심사관은 특허출원서의 청구항을 해석하여 그 권리범위를 정한다. 따라서 X라는 물질이라면 청구항의 구성요소들이 물질의 구조로부터 직접적으로 도출될 수 있다. 이때 심사관은 통상의 지식인이라면 청구항에 대하여 합리적으로 가장 넓은 권리범위를 부여하는 것으로 해석하여야 하고 동시에 이러한 해석은 출원인의 명세서와 일치되어야 한다.[301]

(2) 엄격한 동일성을 심사

둘째, 엄격한 동일성(Strict identity)을 판단하는 데, 심사관이 해석된 청구항을 가지고 선행기술에 인용된 합성물을 비교할 때 청구항 각각의 구성요소가 모두 선행기술에서 발견되어야 한다.[302] 만약 발명자가 Ni(CO)4에 대하여 특허출원을 하였고 제3자가 Ni(CO)4의 구조나 화학명으로 공개한 특허를 인용하였다면 선행기술이 출원된 청구항의 모든 구성요소, 즉 하나의 니켈 원자가 4개의 카보닐 그룹에 의하여 결합되어 있는 것을 공개하고 있으므로 엄격한 동일성은 충족된다.[303] 셋째, 심사관은 통상의 지식인에게 선행기술이 그 당시에 과도한 실험을 거치지 않고도 X를 만드는 방법을 충분하게 가르쳐 주었는지를 판단한다.[304]

만약에 선행기술에 공개된 대상이 후행발명자에 의하여 출원된 청구항과 동일한 것이라면 그 이후의 심사는 당연히 실시가능성의 문제로 이행된다. 선행기술이 실시가능한 것이냐의 문제는 사실관계에 기초한 법률의 해석과 적용의 문제가 된다.[305]

Ⅴ. 선택발명의 신규성

1. 선택발명

가. 의 의

선택발명은 선행기술에는 상위개념으로 표현되어 있으나 상위개념에 포함되는 하위개념

1998)(위 판결에서 3단계설을 취하였다), aff'd, 192 F.3d 1362(Fed. Cir. 1999).

301 Trintec Indus., Inc. v. Top-U.S.A. Corp., 295 F.3d 1292, 1294(Fed. Cir. 2002); In re Morris, 127 F.3d 1048, 1054(Fed. Cir. 1997).

302 In re Marshall, 578 F.2d 301, 304(C.C.P.A. 1978).

303 Sean B. Seymore, Rethinking Novelty In Patent Law, 60 Duke L.J. 919, 937 n.85.

304 Akzo N.V. v. U.S. Int'l Trade Comm'n, 808 F.2d 1471, 1479(Fed. Cir. 1986); In re Brown, 329 F.2d 1006, 1011(C.C.P.A. 1964).

305 Impax Labs., Inc. v. Aventis Pharm. Inc., 545 F.3d 1312, 1315(Fed. Cir. 2008).

만을 청구항의 권리범위로 하는 발명으로서,[306] 이 선택발명이 특허를 받기 위해서는 출원된 청구항이 선행기술에는 직접적으로 공개되어 있지 않으면서 질적인 효과의 차이가 있거나 양적으로 현저한 차이가 있어야만 한다.[307]

선택발명은 물질의 구조에 따른 효과의 예측이 곤란한 화학 분야의 발명으로서 포괄적 일반공식으로 표현되는 화합물군에 대한 상위개념(총괄개념, 집합개념)의 선행기술 중에서 청구항을 특정하기 위하여 선택지의 일부를 선택한 것을 말한다.[308] 선택발명은 선행발명에서는 예기치 못하였던 특별한 효과를 가져오는 경우에는 진보성이 인정된다고 본다.[309] 그러나 이러한 하위개념이 선행기술과 비교하여 신규성이 있는지의 문제와 진보성이 있느냐의 기준은 전혀 다르다.[310]

---

306 이재웅, 선택발명에 대해서, 특허와 상표, 2003. 5. 20.(571호) 및 대법원 2003.10.10. 선고 2002후2846 판결(선택발명에 대한 개념정의) [선행 또는 공지의 발명에 구성요건이 상위개념으로 기재되어 있고 위 상위개념에 포함되는 하위개념만을 구성요건 중의 전부 또는 일부로 하는 이른바 선택 발명은, (이하 생략)]

307 강경태, 선택발명의 제문제, 사법논집(제46집, 2008), p.5에서는 선택발명을 정의함에 있어서, '선택발명에 구체적으로 개시되어 있지 아니한 경우' 또는 '선행발명에 비하여 작용효과가 현저하거나 이질적인 경우'까지를 포함하지 않는다. 이와 동지는 대법원 2003.10.10. 선고 2002후2846 판결에 의한 선택발명이 특허를 받을 수 있는 요건으로서는, 첫째, 선행발명이 선택발명을 구성하는 하위개념을 구체적으로 개시하지 않고 있으면서, 둘째, 선택발명에 포함되는 하위개념들 모두가 선행발명이 갖는 효과와 질적으로 다른 효과가 있거나, 질적인 차이가 없더라도 양적으로 현저한 차이가 있는 경우에 한하여 특허를 받을 수 있다.

위 대법원판결에 의하면 물질의 특성은 물론 그 물질의 배합까지도 선행기술이 이미 공개하고 있는 두 가지 물질의 구체적 배합비를 청구항에서 특정한 수치로 한정하지 아니하고 단지 명세서에서 그 배합비율이 1 : 4 내지 1 : 70이라고 설명한 경우에 이는 선행기술에 비추어 예견가능한 모든 배합비를 놓고서 선행기술보다 현저한 효과가 있음이 인정되어야 특허를 받을 수 있다고 한다. 저자 주.

간행물 1, 2에 포르모테롤을 포함하는 β2-효능제와 부데소나이드를 포함하는 소염제를 병용하는 복합제제에 관한 기술내용이 개시되어 있고, 이 사건 제8항 발명이 그 청구범위에서 포르모테롤과 부데소나이드의 배합비를 특정한 수치로 한정해 놓고 있지도 아니하므로, 이 사건 제8항 발명은 그 예견가능한 모든 배합비에서 위 간행물들에 기재된 발명보다 현저한 효과가 있음이 인정되어야만 특허받을 수 있음에도 불구하고, 원고가 제출한 증거만으로는 간행물 1에 기재된 발명에 비하여 이 사건 제8항 발명이 어느 정도의 현저한 효과가 있는지를 알 수 없을 뿐만 아니라, 이 사건 제8항 발명이 그 명세서에서 이 사건 출원발명의 바람직한 포르모테롤 대 부데소나이드의 배합비라고 기재한 것(1 : 4 내지 1 : 70) 이외의 다른 모든 배합비에서도 현저한 효과가 있음을 인정하거나 이를 추인할 수 있는 자료도 없으므로, 원심이 위와 같이 인정, 판단한 것은 정당하고 거기에 상고이유에서 지적하는 바와 같이 특허법 제29조 제2항에 관한 법리를 오해한 위법이 없다.

308 선택발명에 관하여 대법원은 일본국 학설과 거의 동일한 개념정의를 하지만 일본국은 특허를 받을 수 있는 요건을 구비하고 있는 것만을 선택발명으로 보고 있다: 增井和夫, 일본특허판례백선, 진보성의 인정 (1), p.99(박영사, 2005) 참조.

309 박승문, 신특허법론, p.171, 특허발명의 진보성(손경한편저, 법영사, 2005, 초판). 이 견해는 신규성이 없는 동일한 발명에 대하여 어떻게 진보성을 인정할 수 있는지를 답변하기가 곤란한 문제점이 있다. 즉 신규성이 없는 발명은 진보성을 논할 필요도 없이 특허를 발급받을 수 없는 것을 특허법이 규정하고 있다. 특허법 제29조 제1항 내지 제3항 참조. 특허법 제29조 제2항의 진보성은 같은 조 제1항의 신규성이 인정된다는 것을 전제로 하여 용이하지 않아야 하는 것이기 때문이다. 저자 주.

310 특허실용신안심사지침 §2411 제4장 진보성 참조. 위 견해는 선택발명이 신규성을 가진다는 점을 전제로 하고 있다. 그러나 상위개념에 대한 선행기술이 공개하지 않고 있는 경우에는 공개되지 않은 하위개념이 신규성, 즉 선행기술의 동일성의 범위에서 제외되는 이유에 대하여 아무런 설명을 하지 못하고 있다. 일본국 특허심사지침도 선행발명에 공개(개시)되었는지를 보아 신규성을 판단하고 특단의 작용효과가 있는지를 보아 진보성을 판단한다고 한다. 위

나. 상위개념과 하위개념

상위개념이란 동족적(同族的)[311] 또는 동류적(同類的) 사항의 집합의 총괄적 개념 또는 어떤 공통적인 성질에 의하여 복수의 사항을 총괄한 개념을 의미한다.[312] 이렇게 총괄개념을 사용하는 이유는 그 범주에 드는 각 물질이 구조적으로 상호 밀접하게 관련되어 있어서 하나의 통일된 개념으로 분류되지만, 그 숫자가 많기 때문에 그 물질의 집합을 총괄개념으로 나타내어 하나의 이름으로 표시하기 위한 것이다.[313]

예컨대 출원된 청구항이 용접용 합금인 실리케이트(Silicate)에 대하여, 심사관은 마그네슘을 주요 구성성분으로 가지고 있는 마그네슘 실리케이트를 신규성을 부정하는 선행기술로 인용하였다. 선행기술인 마그네슘 실리케이트는 실리케이트라는 집합적 물질의 하나의 종류이기 때문에 선행기술은 보다 하위개념인 종(Species)을 공개하고 있는 반면에 출원된 청구항은 보다 상위개념인 속(Genus)에 대한 것이다.[314]

다. 하위개념의 선행기술

특허심사지침은 위와 같이 선행기술이 하위개념인 마그네슘 실리케이트를 공개하고 있다면 이는 출원된 청구항이 상위개념인 실리케이트에 대한 신규성을 상실시킨다.[315] 하위개념의 선행기술이 상위개념의 청구항의 신규성을 상실시킨다는 것은 화학물질에 대한 발명뿐만 아니라 기계 등을 포함하는 물건청구항의 경우에 마찬가지로 적용된다.[316] 즉 선행기술 a+b+c가

전게서, p.98. 이 논문은 하위개념의 신규성에 한하여 논하고 그 진보성에 대해서는 후일 다른 논문에서 논의한다.

311 Chisum §5.04 [6], 5-438. 화학물질에 대하여 In re Wilder, 563 F.2d 457, 195 USPQ 426(CCPA, 1977)에서는 동족물질(Homologues)과 동량물질(Isomers)의 차이점에 대하여 동족물질은 동일한 화학물질을 연속적으로 부착하여 감으로써 그 합성물의 구조가 규칙적으로 변화하여 가는 것을 말하고, 동량물질은 동일한 분자공식을 가지는 다른 합성물로서 동종의 원자가 같은 수량만큼 포함되어 있지만 원자가 부착된 방식은 다른 것을 말한다고 본다.

312 특허실용신안심사지침 §2322 5. (1) (주)1.

313 In re Gyurik, 596 F.2d 1012, 1016 n.10, 201 USPQ 552(CCPA 1979).

314 Graver Tank & Mfg. Co. v. Linder Air Prods, Co., 339 U.S. 605, 94 L.Ed. 1097, 70 S. Ct. 854, 85 USPQ 328(1950). 그러나 속에 대한 선행기술이 전체 종에 대한 점유를 하지 못하였다는 사실을 입증한다면 후행 특허출원된 청구항이 비록 종에 대한 것이라고 하더라도 신규성을 부정할 수 없다고 보는 견해가 최근에 제기된다.

315 특허및실용신안심사지침 §2322 5. (1) 청구항에 기재된 발명과 인용발명이 각각 상·하위개념으로 표현된 경우에는 ① 청구항에 기재된 발명이 상위개념으로 표현되어 있고 인용발명이 하위개념으로 표현되어 있는 경우에는 청구항에 기재된 발명은 신규성이 없는 발명이다.

316 보편적 청구항에 대한 특허의 발급을 허용하지 않는 미국의 판례법: In re Petering, 301 F.2d 676, 682, 133 USPQ 275, 280(CCPA 1962)(선행기술에 하나의 합성물이 공개된 경우에 어느 보편적인 청구항이 그 합성물을 포함하고 있는 것이라면 그 보편적인 청구항은 특허를 받을 수 없다); In re Slayter, 276 F.2d 408, 411, 125 USPQ 345, 347(CCPA 1960)(보편적 청구항은 선행기술이 그 보편적 범위에 속하는 어느 종을 공개하고 있다면 신규성이 없다); Eli Lilly & Co. v. Barr Industries, Inc., 222 F.3d 973, 987, 55 USPQ2d 1609, 1619(Fed. Cir. 2000)(후일의 보편적 청구항은 선행하는 종에 대한 청구항에 대항하여 특허를 받을 수 없다); In re Goodman, 11 F.3d 1046, 1053, 29 USPQ2d 2010, 2016(Fed. Cir. 1993)(선행기술이 종을 공개하고 있다면 이는 이 종을 포함한 어떠한 후행

하위개념으로서 종(Species)에 관한 것이라고 한다면 a+b라는 보다 상위개념인 속(Genus)에 대하여 특허가 출원된 경우에는 a+b에 대한 청구항은 선행기술인 a+b+c의 동일성의 범위에 포함된다고 보아야 한다.[317]

만약 하위개념의 선행기술 a+b+c가 존재하는 경우에 그보다 상위개념인 a+b에 대하여 특허를 부여한다면 이미 일반대중이 자유롭게 사용할 수 있는 기술적 사상이나 정보에 대하여 그 사용을 금지할 수 있는 배타적인 권리를 후행발명자에게 부여하는 것에 불과하다. 따라서 이는 새로운 기술을 공개하는 발명에 한하여 일정 기간 동안 독점권을 부여하는 특허제도의 취지에 어긋나는 것이다.[318]

라. 상위개념의 선행기술

선행기술이 넓은 권리범위를 가지는 상위개념을 공개하고 있지만 이에 포함되는 하위개념을 출원된 청구항의 권리범위로 하고 있는 경우에는 원칙적으로 신규성이 허용된다.[319] 위 제1

하는 보편적 청구항을 무효로 한다).

317 신규성 판단의 일반원칙: 선행기술과 실질적 동일성의 범위에 있는 청구항은 신규성이 없다. 임호 저, 신규성 판단에 있어서 동일성의 범위 n83 본문(저스티스 2007. 8. 게재 예정) 참조.

구성요소 완비요건(대법원 2005.1.28. 선고 2003후175 판결(등록무효특) [공 2005.3.15(222), 433] 나. 이 사건 특허발명의 특허청구범위 제1항(이하 "이 사건 제1항 발명"이라 한다)의 "MAX+PLUS Ⅱ의 FPGA 디자인 툴로 사용자가 설계한 회로를 입력받는 설계회로 입력수단", "입력받은 TTL 레벨 및 디지털 논리회로를 실제회로로 구성한 것과 같은 역할을 수행하는 로직디자인 블록", "로직디자인 블록에서 구성된 회로를 외부로 출력 확인시키는 디스플레이 블록", "로직디자인 블록에서 사용선택 입력을 인가시키는 입출력 스위치 블록"의 **각 구성에 대해서는 간행물 1 게재 발명에 이와 동일한 작용을 하는 구성이 모두 구비되어 있다.**

위 대법원의 판례는 신규성 판단을 위한 전제로서 선행기술이 청구항의 구성요소를 모두 구비할 것을 요구하고 있다. 우선 청구항의 구성요소가 선행기술에서 결여되어 있다면 청구항은 선행기술과 동일하다고 할 수는 없다. 따라서 이는 임호 저에서 제6항 동일성의 판단방법 (3) 구성요소의 결여와 같은 문제이다. 선행기술이 a+b+c를 공개하고 있지만 청구항이 이 중에서 c를 삭제하고 a+b만을 권리범위로 주장하는 경우에 동일성이 문제가 된다. 이미 선행기술에 공개된 a+b라는 구성요소를 가진 청구항에 대해서는 특허가 발급될 수 없다. 이는 이미특허법 제29조에서 규정하고 있는 기술이기 때문이다. 따라서 하위개념이 선행기술인 경우에 상위개념에 대한 청구항은 위 일반원칙에 의하여 신규성이 인정될 수는 없다.

역침해설(Infringement test): 미국 판례법에서는 전통적으로 신규성을 판단하는 기준과 특허침해를 결정하는 기준은 동일하다고 보아왔다. 이를 역침해설이라고 하는데 이는 특허출원된 청구항이 먼저 특허를 받았다고 가정하고 선행기술이 특허출원된 청구항보다 후행발명이라고 가정하면 선행기술이 청구항의 권리범위에 포함되는 경우, 즉 특허침해가 성립된다면 특허출원된 청구항은 신규성이 없다고 본다. 이 역침해설을 적용하여 보면 특허출원된 청구항이 실리케이트(속: Genus)가 먼저 특허를 받았다고 가정하면 선행기술인 마그네슘실리케이트(종: Species)는 위 청구항을 침해하기 때문에 종에 대한 청구항은 신규성이 없다. 따라서 특허가 출원된 청구항의 모든 구성요소가 단 하나의 선행기술에서 모두 구비되어 있는 경우에는 이 선행기술은 특허출원된 청구항의 신규성을 부정할 수 있음은 물론 이 선행기술이 특허를 받았고 그 특허권의 존속기간 내에 있다면 특허출원된 발명을 실시하는 행위는 선행 특허권자의 특허를 침해한다. 위 임호 저, n48, 본문 참조.

318 Donald S. Chisum, Principle of Patent Law, Cases and Materials1, 2-3(2d ed., Foundation Press 2001). 특허제도가 가지는 중요한 목적 중의 하나는 혁신적 기술에 대한 정보공개를 장려하는 것이다. 따라서 특허법은 발명자가 특허라는 독점적 권리를 부여받는 대신에 특허발명의 내용을 일반대중에게 공개할 것을 요구한다.

319 원칙적으로 신규성을 허용하는 견해: 특허및실용신안심사지침 §2322 5. (1) 청구항에 기재된 발명과 인용발명이

항의 예와는 반대로 선행기술이 실리케이트인 경우에 마그네슘 실리케이트라는 합금이 새로운 특성을 가진다고 주장하면서 특허를 출원한 경우로서 선행기술인 실리케이트는 상위개념인 속(Genus)을 공개하고 있는 대신에 청구항은 하위개념인 종(Species)에 대한 공개를 하고 있다.

상위개념을 공개하고 있는 선행기술이 존재한다는 사실만으로 그 범주에 포함되는 모든 하위개념에 대하여 특허의 발급을 방해할 수 있는 것은 아니다.[320] 상위개념이 단지 잠재적인 가능성을 공개하면서 광범위한 범주를 설정한 것만 가지고는 그 범주에 속하는 모든 하위개념이 가지고 있는 장점이나 특성을 모두 공개하였다고 볼 수는 없기 때문이다.[321]

신규성 판단의 일반원칙에 의하여 발명의 동일성의 판단기준을 적용하여 보더라도 선행기술이 a+b라는 상위개념에 관한 것일 때 a+b+c라는 하위개념에 대하여 특허출원이 된 경우에는 a+b라는 선행기술은 하위개념인 청구항 a+b+c의 신규성을 부정할 수 없다. 이는 선행기술이 청구항이 가지는 구성요소를 전부 구비하고 있지 못하기 때문에 그 동일성의 범위에 청구항을 포함시킬 수 없기 때문이다.

마. 선택발명의 종류

선택발명은, 상위개념과 하위개념의 관계에 있는 발명이라면, 그 형식을 묻지 않고 성립할 수 있다. 따라서 특허법에서 규정하고 있는 발명의 형식인 물건의 발명, 방법의 발명 및 물건을

각각 상·하위개념으로 표현된 경우에는 ① 청구항에 기재된 발명이 상위개념으로 표현되어 있고 인용발명이 하위개념으로 표현되어 있는 경우에는 청구항에 기재된 발명은 신규성이 없는 발명이다.(그러나) ② 청구항에 기재된 발명이 하위개념으로 표현되어 있고 인용발명이 상위개념으로 표현되어 있는 경우에는 통상 청구항에 기재된 발명은 신규성이 있다. 다만, 출원 당시의 기술상식을 참작하여 판단한 결과 상위개념으로 표현된 인용발명으로부터 하위개념으로 표현된 발명을 자명하게 도출할 수 있는 경우에는 청구항에 기재된 발명은 신규성이 없는 것으로 인정할 수 있다. 그러나 단순히 개념상으로 하위개념이 상위개념에 포함되거나 또는 상위개념의 용어로부터 하위개념의 요소를 열거할 수 있다는 사실만으로는 하위개념으로 표현된 발명이 도출될 수 있다고 할 수 없다.

320 Eli Lilly & Co. v. Bd. of Regents of the Univ. of Wash., 334 F.3d 1264, 1270(Fed. Cir. 2003), cert. denied, 541 U.S. 968(2004); Medichem, S.A. v. Rolabo, S.L., 353 F.3d 928, 935, 69 USPQ2d 1283(Fed. Cir. 2003)(최초의 넓은 권리범위를 가지는 특허가 존재한다는 것만으로 후행하는 보다 좁은 권리범위를 가지는 특허를 용이하게 하는 것은 아니다); Merck & Co. v. Teva Pharmaceuticals USA, Inc., 347 F.3d 1367, 1372, 68 USPQ2d 1857(Fed. Cir. 2003)(4-amino-1-hydroxybutane-1,1-biphosphonic acid라는 화합물을 특정한 질병 Urolithiasis를 치료하기 위하여 효과적인 양을 투약하는 방법은 선행기술로서 화장품과 의약품을 만들 수 있는 여러 종류의 4-amino-1-hydroxybutane-1, 1-biphosphonic acid을 포함하여 Biphosphonic acids을 공개한 선행기술에 의하여 신규성이 상실되지 않는다. 이 선행기술은 청구항이 주장한 치료방법을 제시하고 있지 않기 때문이다).

321 Metabolite Laboratories, Inc. v. Laboratory Corporation of America Holdings, 370 F.3d 1354, 1367, 71 USPQ2d 1081(Fed. Cir. 2004); 선행문헌의 범위가 너무 광범위하기 때문에 선행기술로서의 의미가 없다고 본 사례: Minnesota Mining & Manufacturing Co. v. Johnson & Johnson Orthopaedics, Inc., 967 F.2d 1559, 1572, 24 USPQ2d 1321, 1332(Fed. Cir., 1992). 치아표백제의 농축제로 사용되는 Carboxypolymethylene이 2시간 이상 치아에 부착되어 있음으로써 표백기능을 한다는 청구항은 이 물질의 특성을 전반적으로 다루고 있는 선행문헌이 신규성을 상실시키지 못한다고 본 사례는 Ultradent Products, Inc. v. Life-Like Cosmetics, Inc., 127 F.3d 1065, 44 USPQ2d 1336(Fed. Cir., 1997). 알칼리금속하이포클로라이트는 알칼리 클로라인 용액에 의하여 신규성이 상실되지 않는다고 본 사례는 In re Meyer, 599 F.2d 1026, 202 USPQ 175(C.C.P.A., 1979).

생산하는 방법의 발명뿐만 아니라 심사·심판실무와 판례에서 인정하고 있는 발명의 종류인 용도발명과 수치한정발명에 있어서도 선택발명이 성립할 수 있다.[322]

더 나아가 조건한정 선택발명, 성분한정 선택발명, 수치한정 선택발명, 파라미터 선택발명을 선택발명의 종류로 든다.[323] 첫째, 조건한정 선택발명이란 선행발명에서 상위개념으로 기재된 발명에 대한 하위개념으로 구체화된 구성요소의 형태가 조건을 새로이 부가하거나 특정한 경우이고, 둘째, 성분한정 선택발명이란 선행발명에서 상위개념 또는 여러 성분의 리스트로 표현된 성분이나 재질을 하위개념이나 특정한 성분으로 한정하여 선택한 것을 구성요소로 포함하는 선택발명이며, 셋째, 수치한정 선택발명이란 선행발명에서의 상위개념에 구성요건으로 개시되지 아니한 하위개념의 구체화된 구성요소가 수치를 한정함으로써 이루어지고 그 수치의 한정이 임계적 의의와 기술적 의의를 가지는 경우이고, 넷째, 파라미터 선택발명이란 파라미터 구성요소가 선행기술의 상위개념의 전부 또는 일부에 속하는 경우를 말한다.

2. 선택발명의 신규성

가. 유럽의 이론[324]

통합유럽 EU의 특허심사기준은 선택발명의 신규성에 관하여 선택발명은 상위개념에 포함되지만 명시적으로 언급되지 않은 개별적인 구성요소, 하위조건이나 하위범위를 선택하는 발명으로 보고 있다.[325] 더 나아가 선행기술이 선택발명의 신규성을 부정하기 위해서는 출원된 청구항에서 선택된 구성요소가 선행기술에 개별적이고 구체적으로 개시되어 있는지 여부에 의하여 판단하여야 한다고 하였다.

출원된 선택발명의 청구항의 신규성을 부정하기 위해서는 선행기술에 구체적으로 개시된 단일의 리스트로부터 선택된 경우를 말하고, 출원된 청구항의 특별한 성질을 가지는 조합을 만들기 위해 어느 정도의 길이를 가지는 둘 또는 그 이상의 리스트로부터 선택해야만 했다면 이는 신규성을 부정할 수 없다.

또한 수치한정 선택발명의 경우에 선행기술의 넓은 수치범위로부터 선택된 수치범위는, ① 선택된 범위가 선행기술의 공지범위보다 좁아야 하고, ② 선택된 범위가 선행기술에 구체적

---

322 위 강경태, 전게논문, p.8.

323 위 강경태, 전게논문, 주11)에서 재인용: 민경만, 선택발명의 특허성에 관한 연구, 연세대학교 법무대학원 석사학위 논문(2007), p.9 참조.

324 강경태, 선택발명의 제문제(사법논집, 제46집, 2008), p.46-48.

325 EPO(유럽 특허청)의 특허심사지침: Guidelines for Examination in the European Patent Office(status December 2007). 'PART C, CHAPTER IV PATENTABILITY, 9. Novelty, 9.8 Selection inventions'

으로 개시된 실시례와 공지범위의 경계로부터 충분히 멀어야 하며, ③ 선택된 범위가 선행기술이 개시하는 예가 아니어야 신규성이 인정될 수 있다.[326]

선행기술에 어느 정도로 상세하게 기재되어 있어야 선택발명으로 출원된 청구항의 신규성을 상실시킬 수 있느냐, 즉 대법원이 말하는 선행기술의 구체적인 개시의 정도 또는 얼마나 상세하게 공개한 것인지의 문제가 제기된다. 이 문제는 선행기술의 동일성의 범위의 문제로서 선행기술에 실시례 등으로 문언적으로 일치하는 정도로 공개된 것만을 인정하여 출원된 청구항의 신규성을 부정할 것인가 아니면 통상의 기술자가 인식할 수 있는 정도, 즉 실질적 공개의 정도까지 범위를 넓혀 신규성을 부정할 것인가의 문제이다.

EU에서는, 독일특허청의 예시이론(List theory)과 유럽특허청의 한정이론(Photographic theory)이 있는데, 독일특허청의 예시이론은 그 구체적으로 개시된 정도를 '논리적 이해(logical understanding)'의 관점에서 해석하여, 중복되는 전체의 치환체들까지도 선행문헌에 개시되어 있다고 보는 것이다. 이는 구체적으로 개시된 정도를 형식적인 개시뿐만 아니라 실질적인 개시부분까지 구체적으로 개시된 것으로 파악하는 일본의 경우보다도 개시된 사항을 보다 폭넓게 인정하여 신규성의 폭이 좁아지게 된다.

이에 비하여 유럽특허청의 한정이론은 구체적으로 개시된 정도를 '기술적 이해(technological understanding)'의 관점에서 해석하여, 선행발명의 명세서에 구체적으로 개시된 물질에 한정한다. 양자는 원칙적인 입장에서 차이가 많지만, 유럽특허청은 한정이론을 확대하여 '묵시적 개시(Implicit disclosure)'까지도 허용하고 있다고 한다.[327]

---

326 위 강경태, 전게논문, p.14 참조. 더 나아가 진보성의 판단에 있어서는 선택발명에 특별한 기술적 효과가 있고, 이러한 효과가 비록 선행기술과 동일한 종류일지라도 현저하며, 통상의 기술자로 하여금 이러한 선택에 이르도록 할 암시(Hints)가 없다면 선택발명의 진보성은 긍정된다. 주어진 기술적 과제를 해결하거나 효과의 개선을 위하여 통상의 기술자가 선택할 수 있는 정도인지 여부에 의하여 진보성을 판단한다고 한다.

327 위 강경태, 전게논문에서 재인용: 선택발명의 신규성 문제는 일반발명에 있어서의 신규성 문제와는 약간 다른 특징이 있다. 일반발명에서는 신규성을 넓게 인정하더라도, 즉 선행발명과의 동일성의 폭을 좁혀 신규성을 긍정하더라도 당해 선행발명으로 인하여 진보성이 긍정되기는 어렵다. 그러나 선택발명의 경우 특히 선택발명이 많이 인정되는 화학물질의 발명에 있어서는 선행발명에 구체적으로 개시된 물질과 문언적으로 일치하지 않지만 이와 인접한 물질 중에서 선행발명의 효과와 이질적이거나 양적으로 현저한 효과를 가지는 물질이 존재할 가능성이 많으므로 신규성의 문제가 중요하다.

선택발명의 특허성 부여에 있어서, 제2요건 이외에 별도로 제1요건을 요구하는 것은 '선택'에 대한 발명적 기여가 적기 때문이라고 생각한다. 선행발명에 이미 구체적으로 개시된 실시태양에 대해서는 비록 선행발명이 인식하지 못한 현저한 효과를 발견하였다 하더라도, 이러한 효과를 이용하여 의약용도발명으로 인정받지 않는 한, 공지의 물건 또는 방법에 대한 새로운 효과의 발견에 불과하고, 선행발명에 구체적으로 개시된 실시태양은 이를 이용하는 과정에서 현저한 효과를 발견할 가능성도 있기 때문에 새로운 발명으로 인정할 필요가 크다고 할 수 없다. 이러한 관점에서 본다면, 선택발명과 문언적으로 일치하는 것뿐만 아니라 통상의 기술자가 당연히 그 존재를 인식할 수 있는 것, 즉 실질적으로 개시된 범위까지 선행발명에 구체적으로 개시되었다고 보는 것이 옳은 것 같다.

나. 대법원과 일본의 입장

일본에서는 선행기술에 대하여 통상의 지식인의 인식할 수 있는 정도까지 동일성의 범위를 허용한다. 즉 선택발명이 선행문헌에 이미 공개되었는가를 판단하는 것은 형식적인 기재사항으로 판단하는 것이 아니라 선행문헌에 선택발명의 구체적인 기재가 존재하지 않더라도, 양 발명의 구성을 비교해서 통상의 기술자가 출원 시의 기술상식에 기초하여 어려움 없이 선행문헌에서 선택발명의 존재를 인식할 수 있고 이를 제조할 수 있거나 선행문헌에 기재된 실시태양과 실질적으로 동일한 실시태양이라면 선행문헌에 기재된 것으로 본다.[328]

또한 대법원은 상위개념이 선행기술에 공개되어 있는 경우에 그 하위개념을 청구항의 권리범위로 하여 출원한 경우에 선행기술이 하위개념을 구체적으로 공개하지 않고 있는 한 신규성이 있다고 본다.[329] 이는 일본의 구체적 공개설과 그 입장을 같이하고 있다.[330]

더 나아가 과연 선행기술이 어느 정도로 공개를 하여야 후출원된 청구항의 신규성을 상실시킬 수 있느냐의 문제에 대하여 일본은 선행기술이 그 실시가능성을 공개할 것을 요구한다. 다음 항에서 보는 바와 같이 미국의 판례법이 취하고 있는 실시가능성설을 취한다고 할 수 있다.[331] 따라서 비교법적으로 각 국가의 이론과 판례를 살펴보고 대법원이 판시한 바와 같이 선택발명에 대하여 상위개념의 선행기술의 구체적 공개의 정도가 어떤 수준을 요구하는지를 살펴보고자 한다.[332]

대법원은 실시례나 선호모형에 기재된 하위개념만이 구체적으로 공개된 것이어서 이러한 것에 한하여만 청구항의 신규성을 상실시킬 수 있고 이렇게 공개되지 아니한 하위개념에 대해서는 신규성을 허용한다고 한다. 즉 특허출원된 발명이 특허를 받을 수 있는 정도의 공개요건, 즉 실시가능요건보다도 후행하는 청구항의 신규성을 부정하는 선행기술로서의 공개요건이 더욱 충족시키기 어려운 높은 기준이 된다.[333]

---

328 위 강경태, 전게논문에서 재인용.

329 구체적 공개설(대법원): 상위개념의 선행기술이 구체적으로 공개하지 아니한 하위개념은 신규성이 있다는 견해는 대법원 2002.12.26. 선고 2001후2375 판결에 나타나 있다.

330 대법원과 동일한 구체적 공개설을 취하는 일본국 학설: 島並 良, 간행물에 있어서 발명의 개시 정도, 일본국판례백선, p.81(박화규 역, 박영사, 2005). 공지발명이 총괄적인 상위개념으로 표현된 경우에 그 상위개념에 포함되는 하위개념으로 표현된 출원발명에 대하여 그것이 공지발명에 구체적으로 개시되어 있지 않고, 또한 공지발명으로부터도 현저한 효과가 보이는 경우에는 신규성이나 진보성이 긍정된다. 그렇지 아니한 경우에는 하위개념발명은 상위개념인 공지발명과 동일한 것으로 하고 신규성이 부정된다.

331 일본국은 구체적 공개설을 취하면서도 구체적 공개의 기준은 실시가능성을 공개하는 것을 요구하기 때문에 실질적으로는 다음 항에서 보는 바와 같이 미국의 판례법이 취하고 있는 실시가능성설을 취한다. 저자 주.

332 일본국의 실시가능성설(일본국의 통설): Supra nn6, 島並 良, 간행물에 있어서 발명의 개시 정도, 일본국판례백선, p.81 참조. 구일본국특허법(1921년 법)제4조 2호는 간행물에 용이하게 실시할 수 있을 정도의 기재가 되어 있을 것을 요구하고 있었고 현재에도 이 기준을 요구하는 것이 통설이라고 한다.

333 실시가능성의 공개가 청구항에 대한 특허의 발급가능성과 후원저지를 할 수 있는 효과를 모두 가지고 있으며 그 기준에 대해서는 전자가 후자보다 높다고 보는 것이 미국의 판례법이고 일본국은 동일한 기준이라고 보고 있다. Infra

다. 미국의 판례법

(1) 발명의 동일성

(가) 선행기술의 하위개념에 대한 점유

미국의 판례법에 의하면 출원된 청구항이 신규성이 있는지를 판단하기 위해서는 반드시 다음의 3단계 과정을 거쳐야 한다.[334] 첫째, 명세서와 특허심사과정의 전 취지에 비추어서 출원된 청구항의 용어를 해석하여 그 의미를 파악하고, 둘째, 선행기술에서 발명을 설명한 것과 청구항을 해석한 것을 비교·판단하여 선행기술에서 상응하는 청구항의 각 구성요소가 공개되었는지를 보고 동일한지를 본다. 셋째, 선행기술이 작동이 가능한 것으로 공개된 것을 일반대중의 점유에 놓았는지를 결정한다.[335]

신규성은 일반대중의 영역에 있는 발명을 다시 독점권의 범위로 회수하지 못한다는 데 요점이 있으므로 일반대중이 특허출원된 청구항의 발명을 구체적으로 점유하고 있었느냐의 여부가 중요한 것이다. 따라서 위 세 번째 요건, 즉 작동 가능한 것으로 공개된 것이 일반대중의 점유에 놓이게 되었는지가 바로 신규성 판단의 핵심이 된다.

이를 위해서 선행기술은 출원된 청구항의 모든 구성요소를 그와 동일하게 설명하고 있어야 한다. 따라서 단지 선행문헌에서 추측하거나 암시한 것만 가지고는 청구항의 신규성을 상실시킬 수는 없고,[336] 선행문헌의 설명을 가지고서 모든 청구항의 구성요소의 존재를 입증할 수 있어야 하고, 그 분야의 통상의 지식인으로 하여금 청구항의 각 구성요소를 점유할 수 있도록 하여야 한다.[337]

더 나아가 선행기술에서 공개한 것과 같은 방식으로 청구항의 구성요소가 배열되어 있거나, 청구항과 동일한 순서로 공개되어 있어야 하며, 실질적 작용지점도 청구항과 동일하여야

---

n.60 및 島並 良, 간행물에 있어서 발명의 개시 정도, 일본국판례백선, p.81 참조.

334 Chisum §3.02 [1]

335 점유설: 미국 판례법의 최근의 동향; Bott v. Four Star Corp., 218 USPQ 358(E.D. Mich. 1983), aff'd, 732 F.2d 168(Fed. Cir. 1984); Mehl/Biophile International Corp. v. Milgraum, 8 F. Supp. 2d 434, 443-44, 47 USPQ2d 1248, 1254-55(D. N.J. 1998), aff'd, 192 F.3d 1362, 52 USPQ2d 1303(Fed. Cir. 1999)(위 3단계 과정 중에서 세 번째인 선행기술이 작동이 가능한 발명이기 때문에 공개한 내용을 일반대중의 점유에 놓았는지를 살펴 보는 것이 요점이라고 보여진다. 저자 주).

336 추측이나 암시 불가: Datascope Corp. v. SMEC, Inc., 224 USPQ 694, 698(D. N.J. 1984), aff'd in part & rev'd in part, 776 F.2d 320, 227 USPQ 838(Fed. Cir. 1985)(모호한 근거나 추측으로 선행문헌에서 암시하는 것을 가지고 신규성을 부정할 수는 없다); Ex parte Standish, 10 USPQ2d 1454, 1457(Bd. Pat. App. & Int'f 1989)(선행물질의 특성을 단순히 추측하여 특허물질의 신규성을 부정할 수는 없다).

337 존재의 입증: Lindemann Maschinenfabrik GMBH v. American Hoist and Derrick Co., 730 F.2d 1452, 1458(Fed. Cir. 1984)(존재를 입증할 수 있도록 분명하게 공개되어야 한다); Sandisk Corp. v. Lexar Media, Inc., 91 F. Supp.2d 1327, 1336(N.D. Calif. 2000)(그 분야의 통상의 지식인이 점유할 수 있도록 충분히 상세하게 공개하여야 한다).

양자의 동일성을 인정할 수 있다.[338] 선행기술과 청구항이 동일한 기능을 수행할 수 있도록 동일한 방식으로 작동을 하여야 하기 때문에 비록 양자 사이에 물리적인 차이점이 사소하더라도 동일성을 인정할 수 없다.[339]

(나) 넓은 권리범위를 가진 선행기술

앞서 본 바와 같이 하위개념의 신규성을 부정할 수 있는 선행기술로 사용되기 위해서는 상위개념에 대한 선행기술이 하위개념을 점유하고 있었다는 정도의 공개 또는 설명을 하여야 한다. 그러나 비록 구조상으로는 상위개념을 공개한 선행기술의 동일성의 범위에 속하는 것이지만 선행기술이 주장하는 권리범위가 너무 넓은 경우에 그 하위개념 중에서 어느 물질을 특정하여 그 물질만이 가지는 특성이나 장점을 새로이 공개한 경우에는 이러한 물질을 만드는 방법에 대하여 아무런 공개를 하지 않은 선행기술을 가지고는 하위개념에 대한 청구항의 신규성을 상실시킬 수 없다고 보아야 한다.[340]

CAFC는 Ultradent Products, Inc. 사건에서 선행하는 특허가 기능적으로만 화학적 합성물을 개념정의한 경우에는 이 물질의 합성가능성을 일반적으로 공개한 데 불과한 넓은 범위의 선행기술에 의하여 그 하위개념에 대한 청구항의 신규성이 상실되지는 않는다고 본다.[341] Ultradent Products, Inc. 사건은 치아를 표백하는 방법에 대한 특허로서 침전제로 3.5% to 12% Carboxypolymethylene을 사용하고, 이 Carboxypolymethylene은 약한 산성의 비닐중합체로서 활성적인 Carboxyl 집합물을 가지며, 이 표백제는 적어도 2시간 이상 치아에 부착될 수 있는 성질을 가진 구성물질의 점성과 접착력을 가진다고 개념정의를 하였다.

한편 Ultradent Products, Inc. 사건에서 인용된 선행기술은 방부제를 공개하면서 침전제로서 Carboxypolymethylene 중합체 중에서 중화소금의 사용을 권고하고 있었다. 침해행위자는 위 치아를 표백하는 방법에 대한 특허가 선행기술이 공개한 내용에 포함되어 있기 때문에 신규

---

338 동일하게 배열될 것을 요구하는 견해: Novo Nordisk A/S v. Becton Dickinson & Co., 96 F. Supp.2d 309, 312(S.D. N.Y. 2000)(ARRANGED AS IN CLAIM: 각 구성요소가 선행기술의 어디에서 발견되기만 하면 되는 것이 아니라 청구항에서와 같은 배열방식에 의하여 공개되어야 한다); Levi Strauss & Co. v. Golden Trade, S.r.L., 1995 WL 710822*30(S.D. N.Y. 1995)(특허청구항이 공개한 것과 동일한 순서로 공개되어야 한다).; Gillette Co. v. Warner-Lambert Co., 690 F. Supp. 115, 117, 8 USPQ2d 1082, 1084(D. Mass. 1988)(모든 구성요소는 실질적으로 동일한 일을 하는 지점에서 발견되듯이 실질적으로 동일한 상황에서 발견되어야 한다).

339 물리적인 차이: American Permahedge, Inc. v. Barcana, Inc., 857 F. Supp. 308, 318, 32 USPQ2d 1801, 1807-08(S.D. N.Y. 1994)(특허발명과 동일한 기능을 수행할 수 있도록 동일한 방식으로 작용할 수 있도록 공개되어야 한다. 따라서 선행기술과 특허발명과 사이에 물리적으로 차이점이 있다면 그 차이점이 사소하더라도 신규성을 부정할 수 없다).

340 이는 청구항을 특정한 물질로 한정함으로써 선행문헌이 일반적으로 공개한 내용의 하위개념이 되는 경우에 이는 선행기술과 문언상의 동일성이 있는 것이라고 볼 수 없기 때문이다. Minnesota Mining & Manufacturing Co. v. Johnson & Johnson Orthopaedics, Inc., 976 F.2d 1559, 1572, 24 USPQ2d 1321, 1332(Fed. Cir. 1992).

341 Ultradent Products, Inc. v. Life-Like Cosmetics, Inc., 127 F.3d 1065, 44 USPQ2d 1336(Fed. Cir. 1997).

성이 없다고 주장하면서, 그가 제출한 치과 실험자료에 의하면, 선행기술을 사용하면 수백만 개의 물질의 조합을 만들어 낼 수도 있고 이렇게 만들어진 물질 중에는 청구항에 기재된 3 to 5% 의 Carboxypolymethylene도 가능하다는 것이다.

그러나 CAFC는 이러한 광범위한 공개를 한 선행기술만으로는 청구항의 신규성을 상실시킬 수 없다고 보았다. 선행기술이 공개하는 물질은 청구항의 물질과 동일한 점성과 부착성을 가질 수도 있지만 그렇다고 하여도 반드시 선행특허가 실험된 물질의 모든 조합을 공개하였다고 볼 수는 없다. 또한 수백 만 개의 물질을 공개하는 것만으로 통상의 지식인으로 하여금 선행기술이 만들어 낸 물질을 만들라고 지시하는 것은 아니기 때문이다.

(다) 좁은 권리범위를 가진 선행기술

앞서 본 바와 같이 상위개념에 대한 실시가능한 정도의 공개를 하여야만 그 하위개념에 대한 신규성을 상실시킬 수 있다는 원칙은 좁은 상위개념을 가진 선행기술에 대해서는 적용되지 않는다. 좁은 권리범위를 가진 상위개념에 대한 선행기술이 비록 하위개념을 직접적으로 공개하지는 않았다고 하더라도 하위개념에 대하여 출원한 청구항의 신규성을 상실시킬 수 있다고 본다.[342]

CAFC가 선행기술 의약품의 범위가 좁은 경우인 Bristol-Myers Squibb Co. 사건에서 두 개의 특허가 모두, 3시간 동안 항임제인 Paclitaxel로 치료하는 방법에 대한 것으로서 이 약품을 투약하기 이전에 마취를 하는 방법에 대하여 공개한 선행특허는 이와 동일한 약품을 사용하면서도 항암치료에 대해서는 언급하지 않았지만 paclitaxel이라는 의약품은 그 범위가 좁기 때문에 후행특허의 신규성을 상실시킬 수 있다고 판시하였다.

CCPA는 한정된 수의 선행기술을 가진 In re Schaumann 사건에서 구조 면에서 상호 밀접한 관련이 있는 한정된 수의 총괄적인 물질을 공개하는 선행기술의 공개내용은 이미 청구항의 물질을 지적하면서 공개하고 있다고 하였다.[343]

(라) 작용·효과의 향상

상위개념의 선행특허를 진보적으로 개량한 하위개념에 대한 청구항은, 비록 선행특허의 권리범위에 있다고 하더라도, 이는 독립하여 특허를 받을 수 있다고 본다.[344] 그 판례법을 보면 CAFC는 Corning Glass Works 사건에서 선행기술이 공개한 것보다 작용효과가 향상된 물질에 대한 청구항은 이러한 작용효과가 없는 선행물질을 공개한 선행기술에 의하여 신규성이 상실되지 않으며, Rohm & Haas Co. 사건에서 후행하는 종(Species)에 대한 발명이 진보적인 것으로

---

342 선행약품의 범위가 좁은 경우로서 Bristol-Myers Squibb Co. v. Ben Venue Laboratories, Inc., 246 F.3d 1368, 58 USPQ2d 1508(Fed. Cir. 2001) 참조.

343 한정된 수의 선행기술인 경우로서 In re Schaumann, 572 F.2d 312, 316, 197 USPQ 5(CCPA 1978) 참조.

344 Corning Glass Works v. Sumitomo Electric U.S.A., 868 F.2d 1251, 1262, 9 USPQ2d 1962, 1970(Fed. Cir. 1989).

서 선행하는 속(Genus)에 대한 발명에 비추어서 특허를 받을 수 있다고 하더라도 보편적인 청구항이 특허를 받을 수 없다고 볼 수는 없고 후행하는 종을 제외하기 위하여 문언상의 권리범위를 제한할 필요는 없다고 판시하였다.[345]

(마) 신규성을 인정한 미국의 판례

CAFC는 Utter v. Hiraga 사건에서 상위개념인 속에 대한 총괄청구항에 대한 특허의 발급과 특별한 종인 하위개념에 대한 특허의 발급은 모순되는 것이 아니며,[346] In re Meyer 사건에서 상위개념에 해당하는 알칼린 클로린이나 브로마인 용액은 하위개념에 해당하는 알칼리 메탈 하이포크로라이트의 신규성을 상실시킬 수 있을 정도로 동일하게 공개되지 않았다고 하였다. 왜냐하면 속(Genus)은 공개되지 않은 수 많은 종(Species)을 포함하기 때문이며, In re Kollman 사건에서는 보편적인 공개를 한 선행기술은 요구되는 FENAC/diphenyl 에테르의 비율에 대해서는 아무런 시사를 한 바 없으므로 출원된 청구항의 신규성을 상실시키지 않는다고 판시를 한 바 있기 때문이다.

연방 제2항소법원도 Warner-Jenkinson Co. 사건에서 선행특허에 공개된 많은 수의 중간물질을 실험한 뒤 그중에서 조각들을 모아서 27개의 공식에서 하나의 총괄적 공식을 도출하여 이를 실험하고, 다시 특정한 구조를 가진 화합물을 발견하였다면 이는 신규성이 있는 발명이라고 판시한 바 있다.

CCPA도 In re Lemin 사건에서 많은 물질 중에서 무작위로 일부를 선택하여도 용이하지 않다고 할 수는 없지만 그 선택이 어떤 물질이 특별한 의미를 가지는 것이라면 진보성을 가질 수도 있다고 하였다. 미특허심판원도 Smith v. Hayashi 사건에서 일정한 상황에서는 특정한 하위개념에 대한 청구항은 그 하위종류를 포함한 상위개념에 대한 선행기술에 대하여 신규성을 얻을 수 있다고 하였으며, DC연방법원은 Rem-Cru Titanium 사건에서 선행기술은 광범위한 범위를 가지는 합금을 말하는 데 비하여 원고의 합금은 예외적인 성질을 가지고 있기 때문에 원고의 한정된 권리범위는 특허를 받을 수 있다고 판시를 한 바 있다.[347]

---

345 Rohm & Haas Co. v. Dawson Chem. Co., 557 F. Supp. 739, 806, 217 USPQ 515(S.D. Tex. 1983), rev'd on other grounds sub nom. Rohm & Haas Co. v. Crystal Chem Co., 722 F.2d 1556, 220 USPQ 289(Fed. Cir. 1983), cert. denied, 469 U.S. 851(1984).

346 Utter v. Hiraga, 845 F.2d 993, 998, 6 USPQ2d 1709, 1714(Fed. Cir. 1988).

347 상위개념을 공개한 선행기술이 청구항의 신규성을 상실시키지 않는 사례(상위개념인 속에 대한 총괄청구항에 대한 특허의 발급과 특별한 종인 하위개념에 대한 특허의 발급은 모순되는 것은 아니다): W.L. Gore & Associates, Inc. v. Garlock, Inc., 721 F.2d 1540, 220 USPQ 303(Fed. Cir. 1983), appeal after remand, 842 F.2d 1275, 6 USPQ2d 1277(Fed. Cir. 1988)(침해행위자가 주된 특허방법을 사용하는 것은 개량된 특허에서 공개되고 청구항의 권리범위로 된 것에 대한 신규성을 상실시키지는 않는다); In re Meyer, 599 F.2d 1026, 1031-32, 202 USPQ 175(CCPA 1979); In re Kollman, 595 F.2d 48, 55, 201 USPQ 193(CCPA 1979); In re Ornitz, 376 F.2d 330, 336, 153 USPQ 453(CCPA 1967)(상위개념이 선행기술이 되어도 하위개념이 특허를 받을 수 있다); In re Lemin, 332 F.2d 839, 841, 141 USPQ 814(CCPA 1964); Warner-Jenkinson Co. v. Allied Chem. Corp., 477 F. Supp. 371,

(2) 견해의 대립

(가) 실시가능성설

현재 미국 판례법의 주류적인 입장으로서 선행기술이 발명에 관하여 단순히 모호하고 일반적인 설명을 해 준 것만으로는 청구항의 신규성을 상실시킬 수 없다는 것이다. 이를 위해서는 적어도 같은 기술 분야에 종사하는 통상의 지식을 가진 자에게 완전하고 분명하며 정확한 설명을 하는 선행기술만이 출원된 청구항의 신규성을 상실시킬 수 있는 자격이 있다.[348] 이러한 기준은 그 발명이 속하는 기술 분야에서 통상의 지식을 가진 자가 발명을 ① 만들고, ② 사용할 수 있을 정도의 완전한 공개, 즉 실시가능요건(Enablement)을 충족하여야 한다.[349]

(나) 이해설

과거에는 선행기술이 발명을 이해할 수 있을 정도로 공개를 하였어도 그 하위개념에 대한 청구항의 신규성을 상실시키기에 충분하다고 보았다.[350] 이 견해에 의하면 선행기술이 발명을 이해할 수 있도록 공개를 한 이상 그 발명을 만드는 방법을 공개하지 않은 경우에도 그 하위개념에 대한 청구항의 신규성을 상실시킬 수 있다.[351]

384, 206 USPQ 837(S.D. N.Y. 1979), aff'd, 633 F.2d 208(2d Cir. 1980); Smith v. Hayashi, 209 USPQ 755(PTO Bd. Int'f 1980); Rem-Cru Titanium v. Watson, 147 F. Supp. 915, 919, 112 USPQ 88(D. D.C. 1956).

선행기술에 이미 알려진 하위개념에 대해서는 신규성이 없다고 한 미국의 판례: In re Slayter, 276 F.2d 408, 411, 125 USPQ 345(CCPA 1960); Beckson Marine, Inc. v. NFM, Inc., 292 F.3d 718, 63 USPQ2d 1031(Fed. Cir. 2002); Brown v. 3M, 265 F.3d 1349, 60 USPQ2d 1375(Fed. Cir. 2001), cert. denied, 122 S. Ct. 1436(2002)(어떤 청구항이 여러 가지의 구조나 합성물을 보편적이거나 선택적으로 권리범위에 포함하고 있는 경우에 만약 어떤 구조나 합성물의 어느 하나라도 선행기술에 이미 알려져 있는 것이라면 그 청구항은 신규성이 없다).

348 실시가능성설: Seymour v. Osborne, 78 U.S.(11 Wall). 516, 555, 20 L. Ed. 33(1870). 피고는 런던에서 간행된 논문을 기초로 원고의 미국의 특허가 신규성을 결여한 무효의 특허라고 주장했다. 이 발명에 관한 논문이 Mechanics 라는 잡지에 실리기는 하였으나 이 발명의 설명서나 설계도 또는 발명을 실제로 구체화하여 본 모형 같은 것도 실리지 않았다. 따라서 이러한 정도의 공개는 후행발명의 신규성을 상실시킬 수 없다는 것이다.

349 따라서 선행기술에 명세서와 설계도가 포함되지 않고 또한 특허발명을 구체화한 아무런 모형도 게재하지 않은 외국의 간행물은 후행 청구항의 신규성을 상실시킨다고 볼 수 없다. Seymour v. Osborne, 78 U.S.(11 Wall). 516, 555, 20 L. Ed. 33(1870). 그러나 위 판례는 기계특허에 대한 것으로서 화학물질에 대한 선택발명에 있어서는 그대로 적용될 수 없다는 문제가 생긴다.(저자 주) 화학물질발명의 특이성은 Infra 제2항의 나. 화학물질에 대한 발명의 신규성 판단의 특이성 부분 참조.

350 그러나 이 견해는 그 당시의 현존 최고 기술 수준이 이미 그 물건을 만드는 방법을 알고 있는 경우에 굳이 이를 공개할 필요는 없다고 보기 때문에 일반적인 기준으로 볼 수는 없다는 비판이 있다. 미연방대법원은 실시가능성설(Seymour)과 이해설(Cohn)의 모순을 절충하려고 시도하지 않았고 이는 법원이 재량으로 선택할 수 있는 기준으로 보았다. The Driven-Well Cases(Eames v. Andrews), 122 U.S. 40, 30 L. Ed. 1064, 7 S. Ct. 1073(1887); Downton v. Yaeger Milling Co., 108 U.S. 466, 27 L. Ed. 789, 3 S. Ct. 10(1883).

351 이해설: Cohn v. United States Corset Co.(1876) 93 U.S. 366, 23 L. Ed. 907(1876). 비록 선행기술이 특허된 코르셋의 만드는 방법을 가르치고 있지는 못하지만 코르셋 자체는 충분히 공개하고 있는 것이다. 선행기술이나 청구항이나 모두 코르셋을 만드는 방법에 대해서는 그 권리범위로 주장하고 있지는 않기 때문에 선행기술이 물건을 공개하고 있느냐 여부가 중요한 것이다. 이와 같은 기준을 취한 견해는 Shell Dev. Co. v. Watson, 149 F. Supp. 279, 113 USPQ 265(D.D.C. 1957) aff'd 252 F.2d 861, 116 USPQ 428(D.C. Cir. 1958)(후행발명자가 동일한 발명에 대

실시가능성설과 같이 선행기술이 보다 높은 정도의 공개를 할 것을 요구한다면 하위개념에 대한 청구항의 신규성을 인정받기가 수월할 것이고 이해설과 같이 보다 낮은 정도의 공개를 하여도 족하다면 하위개념에 대한 청구항은 신규성을 인정받기가 어려워지는 것이다. 현재 미국의 판례법은 선행기술이 공개하여야 할 기준을 보다 높임으로써 하위개념에 대한 새로운 장점을 발견한 발명자로서는 특허를 받을 수 있는 기회를 부여 받기가 수월하도록 하여 준다. 이로써 비록 일반대중으로서는 이미 공지공용의 기술을 사용할 수 없다는 불이익을 주지만 그 대신 발명에 대한 유인을 높이는 데 중점을 두는 것이 현재 미국판례법의 흐름이다.

(3) 실시가능성설에 의한 공개[352]

(가) 공개의 수준

현재 미국판례법의 경향은 선행기술이 ① 청구항의 화학물질을 만드는 방법을 서술하거나, ② 그 발명이 속하는 기술 분야에서 통상의 지식을 가진 자가 이를 만들기가 용이하도록 공개를 하였어야만 청구항의 신규성을 부정할 수 있다고 본다.[353] 이에 비하여 일본은 위 ②와 같은 수준의 공개를 할 것을 요구하고 있다.[354]

따라서 위 ①과 ②의 차이가 미국과 일본의 선행기술 공개수준의 차이를 말하는 것이 된다. 양자의 차이를 보아 만약 ①의 기준이 ②보다 낮은 것이라면 미국의 실시가능성설은 일본국의 실시가능성설에 비하여, 상위개념에 대한 선행기술이 하위개념에 대한 신규성을 상실시키는 범위를 보다 넓게 허용하는 것이다. 그런데 특별한 사정이 없는 한 문언상의 해석에 의하면 위 ①의 기준이 ②의 기준보다 낮은 것으로 보인다. 이는 상위개념에 대하여 보다 넓은 권리범위를 인정하는 셈이 되어 선행기술이 특허인 경우에는 상위개념에 대한 특허권자를 보다 보

하여 특허를 받을 수 없도록 하기 위해서는 선행기술은 발명에 대하여 분명한 설명을 하여야 하는데 이는 선행기술이 청구항의 발명을 전시하여 통상의 지식인으로 하여금 이를 이해할 수 있을 정도로 발명을 전달하면 된다); One-Piece Bifocal Lens Co. v. Bisight Co., 246 F. 450 modified 259 F. 275(4th Cir. 1919).

그러나 제한적 적용설을 취하는 일부 하급심은 이해설(Cohn)을 단지 그 당시의 현존 최고 기술 수준이 그 물건을 만드는 방법을 요구하지 않는 경우에 한정된다고 해석하는 견해는 General Elec. Co. v. De Forest Radio Co., 17 F.2d 90, 99(D. Del. 1927) modified 28 F.2d 641(3d Cir. 1928)(Cohn의 이해설은 선행기술로서 물건을 만드는 방법이 아니라 물건 자체에 대하여 공개하고 있는 것은 만약 그 당시 현존하는 최고의 기술 수준이 통상의 지식인으로 하여금 물건에 대한 설명 이외에 이를 만들 수 있는 지식을 요구하는 것이 아닐 정도라면 후행하는 물건에 대한 청구항을 무효로 할 수 있기에 충분하다고 본 것 이상이 아니다).

352 앞서 본 바와 같이 선행기술에 대하여 우리 대법원이 요구하는 구체적 공개의 내용은 미국의 판례법이 요구하는 실시가능요건의 기준보다도 더 높은 수준을 요구하는지가 문제가 된다. 만약 우리 대법원이 요구하는 기준이 보다 낮은 것이라면 미국의 판례법이 실시가능성을 공개할 것을 요구하는 기준은 우리 대법원에 의하여 받아들여질 수 있는 것이 된다.

353 미국의 실시가능성설: Id. Chisum §3.041c.

354 일본국의 실시가능성설(일본국의 통설); Supra nn6, 島並 良, 간행물에 있어서 발명의 개시 정도, 일본국판례백선, p.81 참조. 구일본국특허법(1921년 법)제4조 2호는 간행물에 용이하게 실시할 수 있을 정도의 기재가 되어 있을 것을 요구하고 있었고 현재에도 이 기준을 요구하는 것이 통설이라고 한다.

호하는 것이 되고 선행기술이 특허 이외의 공지공용의 기술이라면 일반대중의 이익을 우선하는 셈이 된다.

(나) 명세서의 실시가능요건과의 차이

그러나 출원된 청구항의 신규성을 부정하기 위해서 사용되는 선행기술의 실시가능성의 공개와 특허출원된 명세서가 청구항을 지지할 수 있을 정도로 충분하게 실시가능성의 요건(Enablement requirement)을 충족하였느냐의 여부는 구별하여야 한다. 단 하나의 실시례를 공개하여도 선행기술이 되어 후행발명의 신규성을 부정하는 데 사용될 수 있지만 넓은 권리범위를 가진 청구항을 뒷받침할 정도로 충분한 공개를 하였느냐의 관점에 있어서는 부족할 수 있기 때문이다.[355] 따라서 명세서의 실시가능요건이 신규성을 상실하기 위해서 요구되는 실시가능의 요건보다 더 구비하기 어려운 것으로 보아야 할 것이다.

(다) 학술논문

선행기술이 청구항의 신규성을 부정할 수 있는 이유는 바로 선행기술에 의하여 청구항이 주장하는 기술정보가 이미 일반대중의 영역에 넣어졌기 때문이다.[356] CCPA는 In re Brown 사건에서 수천 가지의 이름을 가진 물질의 합성가능성을 논한 학술논문은 그 하위개념을 일반대중의 영역(Public domain)에 넣었다고 볼 수 없기 때문에 그 하위개념에 대한 청구항의 신규성을 상실시킬 수 없다고 판시하였다.

따라서 단순히 물질의 존재가능성을 추측한 것에 불과한 선행기술만 가지고는 후행 청구항의 신규성을 부정할 수 없다.[357] 이는 일반대중의 영역에 존재하는 물질이 되기 위해서는 선행기술이 언제라도 그 물질을 만들 수 있도록 모든 구성요소와 제조방법을 일반대중에게 공개하고 있어야만 하기 때문이다.[358]

(라) 명칭 또는 공식의 나열

상위개념에 관한 선행기술이 단지 합성물을 명칭이나 합성물의 공식을 나열함으로써 이 물질에 대한 추측이나 합성하는 방법에 대한 이론적 가능성을 주는 것만으로는 하위개념의 신

355 특허출원된 청구항을 지지하는 공개내용과 청구항의 신규성을 부정하는 공개내용의 차이점: Chisum §3.02 [2][a], 특허대상의 신규성을 부정하기 위해서 선행기술이 충분한 공개를 하였느냐의 문제와 특허출원된 명세서가 청구항을 지지할 수 있을 정도로 충분하게 실시가능성의 요건(Enablement requirement)을 충족하였느냐의 여부는 구별하여야 한다. Vas-Cath Inc. v. Mahurkar, 935 F.2d 1555, 1562, 19 USPQ2d 1111, 1115(Fed. Cir. 1991)(단 하나의 실시례를 공개하여도 선행기술이 되어 후행발명의 신규성을 부정하는 데 사용될 수 있지만 넓은 권리범위를 가진 청구항을 뒷받침할 정도로 충분한 공개를 하였느냐의 관점에 있어서는 부족할 수 있다. In re Lukach, 442 F.2d 967, 169 USPQ 795(CCPA 1971).

356 In re Brown, 329 F.2d 1006, 1011, 141 USPQ 245(C.C.P.A. 1964).

357 In re Wiggins, 488 F.2d 538(1973).

358 In re Donahue, 766 F.2d 531(1985).

규성을 부정하는 선행기술로 사용될 수 없다.

(마) 동족계열

선행기술이 상위개념으로 공개한 발명이 구조적으로는 청구항과 별다른 차이점이 없다고 하더라도 예상하지 못하였던 결과를 달성할 수 있으면 이는 특허를 받을 수 있다고 보아야 한다. 따라서 동족계열의 물질이 이미 선행기술에 공개되어 있다면 그와 동일한 계열의 다른 물질이 특허를 받기 위해서는 이 물질이 선행기술이 공개한 것과는 다른 예상하지 못한 새로운 장점을 가지고 있어야 한다.

동족계열의 화학물질이 동일한 특성을 가진다는 사실은 그 물질의 물리적 구조가 약간씩 변경될 때마다 약간씩 특성이 변화한다는 화학적 상식이다. 이 계열에 속하는 물질에 대한 특성을 알면 이 계열의 다른 물질의 특성도 미루어 짐작할 수 있다. 그렇기 때문에 선행기술이 예상할 수 없었던 특성이나 장점을 가진다는 사실을, 선행기술이 공개하지 않고 있는 것은, 바로 상위개념인 선행기술이 이를 점유하지 않고 있는 것으로서, 이는 선행발명자의 권리범위에 포함되지 않는다고 해석할 수도 있다.

(바) 실시례 또는 선호모형

대법원은 상위개념에 대한 선행문헌에서 실시례나 선호모형으로 구체적으로 기재하지 아니한 하위개념에 대한 청구항은 신규성이 있다고 본다.[359] 대법원은 선행기술이 출원된 청구항을 구체적으로 공개하여야만 신규성을 상실시킬 수 있다고 하면서, 선행기술이 일반식(I) 치환기 Z1이 H, F, Cl, Br 또는 (C1~C3) 알킬인 화합물로 정의하면서 실시례(Embodiment) 1 내지 35에는 단지 치환기 Z1이 H인 화합물이고, 선호모형(Preferred embodiment)은 일반식(I)의 화합물을 Z1이 H인 화합물이라고 공개한 경우에는 일반식(I)에서 치환기 Z1이 F인 화합물로 출원된 청구항에 대한 신규성을 상실시킬 수 없다고 판시하였다.[360]

선행기술이 실시례나 선호모형으로 공개한 하위개념에 대하여 출원된 청구항은 신규성이 없음은 물론이다. 그러나 선행기술이 반드시 실시례나 선호모형으로 공개되어야만 그 공개된 하위개념에 대한 청구항의 신규성을 상실시킬 수 있느냐는 의문이다.[361]

---

359 구체적 공개설: 대법원이 취하는 입장. 그러나 구체적 공개라고 하여도 선행기술이 실시례나 선호모형으로 공개되어야만 그 공개된 하위개념에 대한 청구항은 신규성이 없다고 보아야 하는지, 만약 그렇다면 선행기술이 가지는 동일성의 범위는 그 실시례나 선호모형에 한정되는 것인지에 대한 의문이 있다.

360 대법원 2003.4.25 선고 2001후2740 판결: 선행기술이 일반화학공식을 제시하고 그 치환이 되는 원소의 하나로 열거하였으나 실시례나 선호모형에서 개별적으로 치환된 것으로 공개하지 않았다면 구체적으로 공개하지 아니한 것으로 본다.

361 저자 주: 만약 그렇다면 선행기술이 가지는 동일성의 범위는 실시례나 선호모형에 한정시킴으로써 실시례는 청구항의 권리범위를 한정하지 아니한다는 원칙에 모순되기 때문이다. 더 나아가 단 하나의 실시례를 공개한 선행기술이 청구항의 신규성을 부정하는 데 사용될 수 있다고 본 사례는 Vas-Cath Inc. v. Mahurkar, 935 F.2d 1555, 1562,

(4) 화학물질

(가) 예상하지 못한 특성

화학물질에 대한 발명의 동일성을 판단함에 있어서는 발명의 구성요소만을 가지고 선행기술과 비교할 수 없는 특수성이 있다. 새롭게 합성된 화학물질은 이미 알려진 기존의 물질과 거의 유사한 구조를 가지지만 화학반응이라는 것은 항상 예측이 불가능한 것이기 때문에 그 특성은 매우 다를 수 있기 때문이다.[362] 따라서 화학물질의 신규성을 판단함에 있어서 그 구조나 구성요소만이 중요한 것이 아니라 그 출원된 청구항의 물질이 선행기술이 가지고 있지 않는 예상하지 못한 특성을 가지고 있느냐 하는 점이 중요하다.[363]

(나) 학술분류법

종래에는 화학물질을 학술분류법에 의하여 명명한 것도 후행하는 하위개념에 대한 청구항의 신규성을 부정하기에 충분하고 굳이 이 화학물질을 만들 수 있는 실시가능한 방법을 공개할 필요는 없다고 보았다.[364] 또한 선행기술이 합성물의 이름, 구조, 화학공식을 기재하고 있으면 비록 실시가능한 제조방법을 기재하지 않고 있더라도 그 하위개념에 대한 청구항의 신규성을 부정할 수 있다고 본 견해도 있었다.[365]

그러나 이러한 견해가 변경되어 학술논문이 수천 가지의 특수한 이름을 가진 화학물질의 합성할 수 있는 가능성을 논하고 있는 것만 가지고는 후일 그 범위에 속하는 하위개념으로서 실제로 합성된 화학물질에 대한 청구항의 신규성을 부정할 수 없고 신규성을 부정하기 위해서는 반드시 학술논문이 실시가능한 방법을 공개할 것을 요구한다.[366]

그 실례로서, CCPA는 In re Brown 사건에서 어떤 Homopolymer를 설명한 간행물이 이를 합성하려다가 실패하였다고 기재되어 있는 것은 Homopolymer의 한 종류를 포함하는 후행발명에 대한 청구항의 신규성을 부정할 수 없다고 판시하였다.

---

19 USPQ2d 1111, 1115(Fed. Cir. 1991).

362 임호 저, 특허법, 화학물질에 대한 진보성과 관련한 부분, p.338 참조(법문사, 2003). 새로운 화학물질은 어떠한 화학자라도 그렇게 할 만한 동기가 있었다면 누구라도 합성할 수 있었다는 점에서 용이한 것이다.

363 In re Papesch, 315 F.2d 381, 391, 137 USPQ 43(CCPA, 1963); Monsanto Co. v. Rohm & Haas Co., 312 F. Supp. 778, 790-91, 165 USPQ 683(E.D. Pa., 1970).

364 In re Von Bramer, 즉 1942년 이전을 말한다.

365 종래의 통설(하위개념에 대한 실시가능성 공개가 필요하지 않다고 본 견해): In re Baranauckas, 228 F.2d 413, 415, 108 USPQ 226(C.C.P.A. 1955).

366 현재의 통설(하위개념의 실시가능성을 공개하여야만 그 하위개념에 대한 청구항의 신규성을 상실시킬 수 있다고 본 견해): In re Brown, 329 F.2d 1006, 1011, 141 USPQ 245(C.C.P.A. 1964). 화학물질이 구조가 유사하기 때문에 용이하다고 추정되는 것은 선행기술이 후행발명이 되는 화학물질을 만드는 방법을 공개하지 않았다는 사실을 입증하면 이를 번복할 수 있다고 본 견해: In re Payne, 606 F.2d 303, 203 USPQ 245(C.C.P.A. 1979). 화학물질의 제조방법을 제시하는데 실패한 경우 신규성을 부정한 사례는 Idacon Inc. v. Central Forest Products Inc., 3 USPQ2d 1079, 1089(E.D. Okla. 1986).

(다) 단일 선행문헌

실시가능성에 관해서는 반드시 동일한 문헌에 함께 기재되어 있을 필요가 없다고 보는 견해가 있다. 1차적인 선행문헌이 완전하게 화학물질의 각 구성요소를 모두 설명하고 있는 경우에는 비록 실시가능성에 대한 아무런 언급이 없더라도 2차적인 선행문헌이 이 화학물질을 만드는 방법을 공개하고 있다면 이 1차적 선행문헌은 후행발명의 신규성을 부정할 수 있다고 본다.[367]

(라) 이론적 존재가능성

선행문헌이 이론적으로만 존재 가능한 화합물의 이름만을 가지고 나열한 것은 이 화합물을 공개할 정도로 적절하게 공개했다고 볼 수 없다. 그 실례로서, 특허출원인이 파킨슨씨병을 치료하는 데 유용한 화합물을 청구항에 포함하였다. Giudicelli가 기고한 논문이 여러 가지 화합물을 합성한 물질을 공개하였으나 이 합성물은 원고의 청구항의 권리범위에 들어가지 않았다. 그러나 Giudicelli는 이 논문에서 두 가지 합성에 실패한 물질에 관해서도 언급하였는데 이 물질이 바로 원고의 청구항에 포함되어 있었다.

그러나 실패한 합성물을 공개한 것은 단순히 이러한 물질의 존재가능성을 추측한 것에 불과하다. 따라서 후행발명자가 이 합성물을 만드는 데 성공하였다면 이 선행문헌은 성공한 후행발명의 신규성을 상실시킬 수 없다고 보아야 한다. 만약 그렇지 않다면 수천 가지의 이론적으로만 가능한 물질이 간행물에 게재되었다는 이유로 실제로 이 물질을 합성하는 데 성공한 사람에게 그 성공에 대한 대가를 지급하는 길을 방해하는 결과가 된다.[368]

(마) 실제로 만들어질 필요성

선행간행물에 게재된 것은 반드시 실시가 가능하여야만 신규성을 부정할 수 있지만 그렇다고 발명이 실제로 만들어질 필요까지는 없다고 보는 것이 유력한 견해이다. 그 실례로서, 원고의 청구항은 '2,2', '6,6'-tetramethylbiphenyl-'4,4'-dicarboxylic acid였다. 이에 대하여 노무

---

367 완화된 실시가능성설: In re Samour, 571 F.2d 559(1978). 이 견해는 2차적 선행문헌이 1차적 선행문헌보다 후일 만들어졌어도 신규성을 부정하는 데 있어서 아무런 문제가 없다고 본다. 그 논거는 신규성 상실의 예외사유의 문제는 특허가 출원된 화학물질이 특허를 출원하기 이전에 1년 이상 일반대중의 영역에서 존재하였느냐의 문제이지 이러한 일반대중의 점유기간이 1차적 선행문헌의 존재 시기 이전 또는 이후에 시작되었느냐를 문제삼는 것이 아니기 때문이라는 것이다. Id. 이러한 해석론을 신규성 상실의 예외사유에만 적용할 것이 아니라 널리 신규성의 일반에 적용하여야 한다고 보는 견해도 있다. Chisum §3.04 [1], 3-47.

368 In re Wiggins, 488 F.2d 538(1973). 특허심사관은 원고의 청구항이 선행기술과 동일하다는 이유로 특허발급을 거절하면서 다른 문헌을 추가로 제시했는데 그 문헌에는 Giudicelli가 언급한 두 가지 물질을 합성하는 방법을 제시하여 주고 있었다. 미항소법원은 이 특허심사관의 특허거절 결정을 취소하고 원고의 청구항에 대한 특허의 발급가능성을 인정했다. 선행문헌인 Giudicelli가 전문지에 게재한 논문은 아직 두 가지 물질의 합성방법에 대해서는 언급하지 않고 있었으며 바로 이것이 신규성 판단의 기준이 되기 때문이다. 그러나 이 전문지가 청구항의 진보성을 판단하는 선행문헌이 될 수 있음은 물론이다.

라(Nomura)가 작성한 선행논문은 열두 가지의 화합물을 공개했다. 이 화합물들은 '2,2', '6,6'-tetramethylbiphenly(TMBPs)로서 카복실산(Carboxy acid)을 포함한 모두 열두 가지의 구성성분으로 분해될 수 있었다. 노무라는 이 중 CO2H와 CO2Me의 두가지를 제외하고는 그 나머지 화합물을 만드는 방법도 공개했다.[369]

노무라의 선행문헌은 그 이후에 출원된 원고의 청구항의 신규성을 상실시키기에 충분하다. 왜냐하면 이 논문은 단지 실제로 물질을 만들지만 않았을 뿐 언제라도 물질을 만들 수 있도록 모든 구성요소와 제조방법을 일반대중에게 공개하고 있기 때문이다.

(바) 장점이나 용도[370]

이미 알려진 물질에 대하여 새로운 용도를 공개하면서 특허출원한 청구항의 신규성을 상실시키기 위해서는 선행문헌이 반드시 그 물질의 용도를 공개할 필요는 없다고 보는 것이 정설이다.[371] 따라서 선행기술이 이미 알려진 물질의 용도를 공개하지 않았더라도 이와 동일한 물질에 대한 청구항의 신규성을 부정할 수 있다.[372]

그 실례로, 특허출원인이 안구건조증을 치료하기 위하여 N-cyclohexyl-N-methyl-2-phenylethylamine 합성물을 공개하고 이에 관하여 특허를 출원하였다. 이 합성물이 국부적으로 눈에 투약되면 눈물을 자극한다. 특허권자는 이 합성물을 가지고 치료를 하는 방법으로 특허를 받았고 더 나아가 이 합성물 자체에 대하여 특허를 출원하였다. 그러나 특허청은 합성물에 대한 특허를 거절하고 이 청구항은 선행문헌에 의하여 신규성이 부정된다고 보았다. 선행문헌인 Bumgardner 출판물은 이 합성물을 적절하게 공개하고 그 만드는 방법을 기술하고 있었으나 그 유용성에 대해서는 공개하지 않고 있었다. 이러한 합성물에 대한 청구항의 신규성을 부정하기 위해서 선행문헌이 그 용도를 공개할 필요는 없다는 것이다.[373]

---

369 In re Donahue, 766 F.2d 531(1985).이와 함께 특허심사관은 Lincoln 박사의 논문도 선행간행물로 추가로 제시하였는데, 이 문헌은 카복실산(Carboxy acid)을 만드는 방법을 공개하고 있었는데 이로 인하여 노무라가 4,4-dinitrile을 만드는 방법을 가르쳤다는 사실이 밝혀졌다. 특허심사관의 거절결정을 극복하기 위하여 특허출원인은 Fields 박사의 진술서를 제출했다. 이 진술서에서 Fields 박사는 '자기도 노무라의 논문을 읽었는데 이 논문 속에서 위 2가지 화합물은 합성될 수 없다는 점을 확인했다는 것'이다. 이 Fields 박사의 진술서에도 불구하고 미특허청은 특허발급을 거절했다.

370 산업상 이용가능성과 유용성(실용성)의 관련에 대해서는 임호 저, 특허법, 제3장, 산업상 이용가능성(실용성), p.111 주1 참조. 위 사례는 In re Schoenwald, 964 F.2d 1122, 1124, 22 USPQ2d 1671, 1673(Fed. Cir. 1992).

371 CAFC의 견해: In re Schoenwald, 964 F.2d 1122, 1124, 22 USPQ2d 1671, 1673(Fed. Cir. 1992).

372 In re Hafner, 410 F.2d 1403, 161 USPQ 783(C.C.P.A. 1969). 선행문헌이 물질에 관한 용도에 대한 언급을 하지 않았어도 신규성 상실의 예외사유에 해당하는 간행물이 될 수 있다고 본 사례: In re Donahue, 766 F.2d 531(1985). Ex parte Kitamura, 9 USPQ2d 1787, 1788 n.2(PTO Bd. Pat. App. & Int'f 1988). 그러나 적어도 하나 이상의 중요한 용도를 기재하여야 한다고 보는 견해: Warner-Jenkinson Co. v. Allied Chem. Corp., 477 F. Supp. 371, 206 USPQ 837(S.D.N.Y. 1979).

373 In re Schoenwald, 964 F.2d 1122, 1223-24, 22 USPQ2d 1671, 1672-73(Fed. Cir. 1992). 특허를 발급받기 위하여 절대적으로 필요한 요건은 특허대상이 반드시 새로운 것이어야 한다는 점이다. 그러나 신규성을 부정할 수 있는 선

따라서 청구항의 신규성을 부정할 수 있는 선행기술의 공개내용은 특허를 발급받기 위하여 필요한 공개요건의 하나인 실시가능요건(Enablement)과 동일한 기준이 적용되지 않는다고 본다.[374] 화학물질에 대한 청구항이나 화학물질을 만드는 방법에 대한 청구항이 특허를 받기 위해서 특허출원인은 반드시 선행기술에 비추어 보아 결코 용이하지 않는 물질의 실제적인 용도를 공개하여야 하고 이를 공개하지 못하면 특허를 받을 수 없기 때문이다.[375]

3. 수치한정발명

가. 의 의

선행기술이 공개한 구성요건을 이루고 있는 요소들의 수치, 즉 길이, 무게, 온도, 압력, 각도, 시간, 배합비율의 수치를 특정함으로써 수량적으로 표현한 발명을 수치한정발명이라고 한다.[376] 이 발명은 선행기술이 공개한 내용과 출원된 청구항과는 수치만이 다를 뿐이어서,[377] 공지된 발명의 연장선상에 있고 수치한정의 유무에서만 차이가 있는 경우로서 이는 임계적 의의,[378]

행기술은 단지 합성물의 이름을 공개한 것만으로는 청구항의 신규성을 부정할 수 없을 것이다. 이미 알려진 합성물을 공개하는 동시에 이를 만들 수 있는 방법을 공개한 선행기술은 이와 동일한 대상에 대하여 권리를 주장하는 청구항의 신규성을 부정하기에 충분하다. 비록 그들이 발견한 용도는 새로운 것이지만 특허출원인이 특허를 받고자 하는 물질은 새로운 것이라고 볼 수는 없다. 다만 이미 방법특허를 받은 것이다. 그들이 한 기여는 합성물의 용도를 발견한 것이지 합성물 자체는 아니다. 따라서 그들이 한 기여에 대하여 그들은 이미 충분하게 보상을 받은 것이다. 만약 그 이상의 대가가 주어진다면 이는 공짜로 받게 되는 셈이다.

374 • 차이설(미국의 판례법): 특허출원된 청구항을 지지하는 공개내용과 청구항의 신규성을 부정하는 공개내용의 차이점: 화학물질발명에 있어서 하위개념의 신규성을 부정하기 위한 선행기술의 공개내용은 반드시 용도를 공개할 필요는 없다. 그러나 화학물질이 특허를 받기 위해서는 명세서에서 산업상 이용가능성 또는 유용성을 공개하여야 한다. Supra n28 참조.

• 동일설(일본국의 학설): '당업자의 실시가능성(통상의 지식인의 실시가능성설)은 후원저지와 침해배제의 양면에 걸쳐서 요구되는 발명의 개시의 정도를 나타내는 기준으로 여겨지는 것이 된다.' 고 하여 동일성설을 취하고 있는 것으로 보인다(저자 주); 島並 良, 간행물에 있어서 발명의 개시 정도, 일본국판례백선, p.81 참조.

375 Brenner v. Manson, 383 U.S. 519, 16 L. Ed.2d 69, 86 S. Ct. 1033, 148 USPQ 689(1966).

376 대법원 1993.2.12. 선고, 92다40563 판결; 대법원 1997.10.24. 선고 96후1798 판결; 손경한, 신특허법론, 특허발명의 진보성(법영사, 2005), p.168.

377 대법원 1991.10.22. 선고 90후1086 판결(인용참증 수치한정을 한 발명-진보성의 문제); 松本直樹, 진보성의 인정(2)-수치한정발명, 특허판례백선 102(김철환 역)(박영사, 2005); 윤선희, 특허법, 법문사(2007, 3d), 118(공지발명의 수치, 형상, 배열, 재료와 다른 수치를 한정한 발명).

미특허청(PTO)의 화학물질에 대한 신규성 심사지침은, ① 선행문헌이 변수의 범위를 가지고 있고, ② 변수 범위의 한도가 청구항에 포함되고, ③ 선행문헌이 이 범위의 한도를 사용한 특정한 예나, 후행 청구항에 포함된 특정한 예를 가지고 있지 않는 경우에는, 선행문헌이 후행 청구항을 공개한다고 규정하고 있다.

378 임계적 의의: 대법원 2002.6.28. 선고 2001후2658 판결(공2002하, 1857), 이 사건 특허발명의 실시례를 보면, 실시례 1의 시료 I-B, I-C에서는 3℃, 실시례 2의 시료 II-B, II-C에서는 3℃와 4℃의 융점상승만이 보일 뿐, 그 이외의 범위인 2℃나 5~10℃에 대해서는 아무런 제시가 없어, '2~10℃'의 범위라는 수치범위에 대한 기술적 의의와 임계적 의의가 있다고도 보이지 않으므로, 위와 같은 수치범위는 당업자가 별다른 어려움 없이 적의 선택할 수 있

즉 같은 종류의 효과에서의 현저한 작용효과의 차이가 요구되는 경우를 말한다.[379]

이러한 수치한정발명은 그 수치의 한정으로 인하여 이질적인 효과를 가져오거나, 동질일지라도 눈에 띄도록 커다란 효과의 차이를 가져온다면 진보성을 인정하지만,[380] 그 수치의 한정이 통상의 지식인이라면 당연히 채택할 수치범위의 최적화에 지나지 않는다면 진보성을 인정할 수 없다.[381] 또한 수치한정을 한 범위에 현저한 효과를 거두는 부분과 그렇지 않은 부분이 있는 경우 이 두 가지 부분을 일괄하여 수치한정한 발명은, 진보성이 없는 부분을 포함하는 이상 그대로는 전체로서 진보성 없는 발명으로 본다.[382]

그 이외에도 선행기술과 수치범위가 중복되지 않고 과제가 다르며 유리한 효과가 이질적인 경우[383] 및 선행기술에 진보성을 인정할 수 있는 새로운 구성요소를 부가하여 선행기술에 나와 있는 구성요소에 대한 수치한정이 보충적인 경우로서 이질적이거나 현저한 작용효과의 차이가 요구되지 않는 경우도 수치한정발명으로 보기도 한다.[384]

나. 수치한정발명의 신규성

(1) 대법원의 기준(현저하게 향상·진보된 새로운 작용·효과)

대법원은 여러 가지의 금속을 조합하여 특정한 성질을 가지는 합금을 만드는 경우에 선행기술이 가지는 구성요소와 동일한 구성요소로 되어 있을지라도, 그 함량과 다른 청구항에 대하여, 그 다른 함량으로 인하여 현저하게 향상·진보된 새로운 작용·효과가 있는 경우에는 신규성을 인정한다.[385] 예컨대, 선행기술의 구성요소가 A(1% 내지 2%), B(3% 내지 4%)로 구성된 경우

는 정도의 것에 지나지 아니한다.

379 박정희, 수치한정발명, 대법원판례해설(제74호, 2008.7) p.205.

380 조영선, 발명의 진보성에 관한 연구, 사법논집, 37집, p.132. 발명의 범위를 특정한 수치로 한정하려면 그 수치를 경계로 하여 상당히 급격한 변화가 이루어져야 하고, 이를 '임계적 의의'라고 부르는데 진보성 있는 수치한정에는 통상 위 임계적 의의가 필요하다. 공지발명을 실시하려면 설계상 당연히 각 구성요건에 적당한 수치를 주어야 하지만 그 수치를 어떻게 할 것인지는 통상 당업자가 갖는 기술상식에 입각하여 필요에 따라 실험의 반복에 의하여 적당히 선택할 수 있기 때문이며, 이는 다시 말해서 당업자가 일상적으로 해야 할 설계적 업무범위에 불과하기 때문이다. 또 수치한정을 함으로써 작용 효과상 공지의 발명에 비해 약간의 차이가 생긴다고 할 정도에 불과한 경우라면 이는 기술의 자연적 진보범위에 그치므로 임계적 의의가 없는 발명에는 진보성을 인정해서는 안 된다.

381 **최적비선택**: 대법원 2001.7.13. 선고 99후1522 판결(공2001하, 1887) 원적외선 발산체 **입자의 크기와 함량을 한정한 것은 당업자가 반복시험으로 그 최적비를 적절히 선택**하여 실시할 수 있는 정도의 수치한정에 불과하여 구성의 곤란성이나 효과의 각별한 현저성이 있다고는 보이지 아니하므로 진보성이 없다.

382 위 조영선, 전게논문, p.133 참조.

383 위 박정희, 수치한정발명, 대법원판례해설(제74호, 2008.7), p.205. 현저한 작용효과의 차이는 요구되지는 않으나, 이질적 효과가 요구되는 경우.

384 위 박정희, 수치한정발명, 대법원판례해설(제74호 2008.7), p.205.

385 대법원 1997.10.24. 선고, 96후1798 판결.

위 판결에서 선행기술(인용발명)은 'C: 0.2-0.5%, Si: 2.0% 이하, Mn: 2.0% 이하, Cr: 0.5-4.0%, Mo: 0.03-

에 특허출원된 청구항이 A(1.5% 내지 3%), B(4% 내지 5%)를 구성요소로 한 경우에 이 청구항이 특허의 발급요건을 충족하였는지 여부가 문제가 된다. 위 선행기술과 청구항의 구성요소인 A와 B의 변화된 차이가 그 작용·효과에 있어서 현저하게 진보된 것이라면 출원된 청구항은 신규성이 있다고 본다.[386]

(2) 미국의 판례법(현저 효과설)

미국의 판례법에서도 수치한정발명이 특허를 받기 위해서는 선행기술과 특허청구항의 차이점 즉 청구항이 특정한 범위나 변수가 결정적으로 중요한 것(Critical)이어서 선행기술이 예견하지 못한 효과를 가져온다는 사실을 입증하여야만 진보성을 취득할 수 있다.[387]

그러나 수치발명이 특허를 받기 위해서는 신규성을 통과하여야 하는데, 선행기술이 ① 어디에서 어디까지라는 일정한 범위를 정하여 값을 공개하고 있고, ② 그 값의 범위의 임계가 특허출원된 청구항의 권리범위에 있지만, ③ 선행기술이 그 임계치를 사용하는 실시례를 공개하지 못하거나, 임계값이 청구항의 권리범위에 있는 실시례를 공개하지 못하는 경우에 청구항이 신규성을 통과할 수 있느냐의 문제가 제기된다.[388]

특허출원인이 폴리페닐렌 에테르 합성수지를 포함하는 가소성의 합성물로서 적어도 하나

2.0%, V: 0.01-2.0%, S: 0.036-0.15%와, 이어서 Ni: 1.2% 이하, Cu: 2.0% 이하, Al: 0.5% 이하, Zr: 0.5% 이하, Ti: 0.5% 이하의 적어도 1종과, Ca: 0.0005-0.01%, Pb: 0.03-0.2%, Se: 0.03-0.2%, Te: 0.01-0.15%, Bi: 0.01-0.2%의 적어도 1종을 함유하고 잔부가 실질적으로 Fe로 된 플라스틱 성형(成形) 금형용(金型用) 강(鋼)' 이고, 출원된 청구항은 '탄소 0.30% 내지 0.60%, 규소 0.10% 내지 0.40%, 망간 0.40% 내지 1.40%, 크롬 2.0% 이하, 몰리브덴 0.50% 이하, 바나듐 0.10% 이하, 유황 0.0005% 내지 0.010%, 칼슘 0.001% 내지 0.010%, 알루미늄 0.010% 내지 0.050% 및 잔부(殘部)는 철(鐵)과 불가피하게 혼입되는 불순물로 구성된 것을 특징으로 하는 고품질강(鋼) 플라스틱 사출 금형소재'이다.

대법원은 고품질강 플라스틱 사출 금형소재에 관한 출원발명과 인용발명이 그 구성요소는 같으나 그 함량이 서로 다르고, 따라서 그 기술적 구성 및 작용효과가 서로 달라 출원발명은 공지된 선행기술보다 **현저하게 향상·진보된 새로운 작용효과**가 있는 것으로 인정될 소지가 충분하므로 그러한 경우에는 그 발명이 속하는 기술의 분야에서 통상의 지식을 가진 자가 인용발명으로부터 용이하게 도출해 낼 수는 없다 할 것이어서 출원발명에 진보성이 인정될 수 있다고 한 사례.

386 현저효과설: 대법원 1993.2.12. 선고 92다40563 판결(단순한 수치변경에 불과). 대법원 1997.10.24. 선고 96후1798 판결(성질 및 용도나 작용효과의 **현저한** 변경: 저자 주 첨가).

미국에서도 Malagari(1974) test:를 취하고 있다. In re Woodruff, 919 F.2d 1575, 16 USPQ2d 1934(Fed. Cir. 1990); In re Geisler, 116 F.3d 1465, 1469-70, 43 USPQ2d 1362, 1365(Fed. Cir. 1997)(Malagari(1974) test:진보성을 위한 요건; 일응 용이하다는 추정력을 번복하기 위한 예상치 못한 효과 또는 반대방향의 가르침).

387 신규성 차원의 논의: 이는 같은 종 내에서 다른 속과 구별하여 주는 고유성(Unique)을 말하는 것으로 선행기술이 단백질 아미노산의 염기서열을 공개하는 내용은 반드시 단백질을 암호화하여 가지고 있는 특정 DNA를 공개하지 않는다고 본 사례: In re Deuel, 51 F.3d 1552, 1558-59, 34 USPQ2d 1210, 1215(Fed. Cir., 1995). 선행기술과 청구항과의 사이의 차이점이 단지 상대적 범위에 있는 경우에는 공개가능성을 부인하기 위해서는 이러한 상대적 범위로 인하여 예상하지 못한 결과를 얻는 데 결정적으로 중요하다는 사실을 입증하여야 할 필요가 있다고 본 사례: In re Woodruff, 919 F.2d 1575, 16 USPQ2d 1934(Fed. Cir., 1990).

388 Ex parte Lee, 31 USPQ2d 1105(Bd. Pat. App. And Int'f, 1993).

의 폴리오레핀 수지의 용해지수가 10분당 약 5그램(Less than about 5 grams/10 minutes) 미만을 가지고 있었다. 선행기술인 합성물은 얇은 층으로 갈라지는 경향(Delamination)이 있었다. 출원인은 폴리오레핀 수지를 적어도 5그램 미만으로 유지함으로써 이러한 문제를 해결하였다고 주장하였다. 명세서는 이 합성물을 폴리에틸렌과 비교하였는데 용해지수 5 또는 6과 20 사이에서는 매우 심한 갈라짐 현상을 보였고, 용해지수 0.8, 1과 2 사이에서는 거의 갈라지지 않았다는 것을 보여 주었다. 다른 하나의 선행기술은 ① 폴리페닐렌-폴리에틸렌 합성물을 공개하고 있었는데 ② 선호되는 폴리에틸렌의 용해지수는 ">/=0.1 to</=40"을 가리키고 있었지만, ③ 0.1 부근의 특정한 실시례를 보여 주지 않았고, ④ 갈라지는 문제점을 공개하거나 이에 대한 해결책을 제시하지 않았다.

(가) 임계설

미특허심판원의 다수설은 선행기술이 용해지수 0.1이라고 명시적으로 공개를 한 것은 분명히 그 임계적 가치를 가지는 특정한 발명의 실시례를 적절하게 공개를 함으로써 신규성을 상실시킬 수 있는 완전한 공개에 해당하여 이를 권리범위로 하는 청구항은 신규성을 상실한다고 보았다.[389]

이를 임계설(Limitus test)이라고 하는데 선행기술이 청구항의 범위에 있는 모든 값에 대하여 공개를 한 것은 이를 권리범위로 하는 청구항의 신규성을 상실시킨다는 것이 종래 미국 판례법의 원칙이라고 한다.

(나) 중복설

중복설(Overlap test)에 의하면 청구항의 범위와 선행기술의 범위가 중복되기만 하면 청구항의 신규성은 상실된다고 본다. 그 이유는 선행기술이 전체의 범위를 공개함으로써 다수의 실시례를 공개한 것으로 보아야 하기 때문이다.[390] 이 사건에서 선행기술이 합성물의 용해지수의 값의 범위를 설정한 것은 여러 수많은 별개의 합성물을 간편하게 공개한 데 불과하다. 청구항과 선행기술과 중복되는 부분이 있다는 것은 별로 중요하지 않고 중요한 것은 선행기술이 어떠한 폴리페닐린 에테르 수지라도 공개된 범위에 있는 용해지수 값을 가지는 LLDPE와 조합하는 것이다.

선행기술이 공개한 범위라도 반드시 신규성이 상실되는 것은 아니다. 일정한 범위의 값을 가지는 방식으로 공개된 합성물의 구성성분의 특성을 공개함으로써 어떤 특정한 합성물이 선행기술에 공개되었느냐를 결정하는 것은 각 개별적 사례마다 결정되어야 한다. 선행기술이 공개한 범위의 임계값은 전체의 공개내용에 비추어서 중요할 수도 있고 그렇지 않을 수도 있다.

---

389 임계설(Limitus test): 미특허심판원의 3명의 심판원(위 Ex parte Lee)의 견해.

390 중복설(Overlap test): 위 Ex parte Lee(다수설에 찬성하는 2인 의견).

중복설의 논거는 두 가지의 중합체로 구성된 합성물 중에서 하나의 중합체의 매개변수의 임계점을 나타내는데 불과한 임계값이 하위개념에 대한 신규성을 근본적으로 상실시킬 수 없다는 것이다. 또한 상위개념의 합성물이 가지는 가시적인 임계점이 하위개념에 대한 신규성을 상실시킬 수 있는 법률적 자격을 가진 것으로 볼 수는 없기 때문이다.

만약 이러한 매개변수의 범위에 대하여 신규성을 부정할 수 있도록 한다면 특허출원인이 제한적으로 선택을 한 결과 청구항에 기재된 범위의 용해지수를 가지고 있는 폴리레핀 추가물이 선행기술이 전혀 예견치 못한 문제점을 해결하였다는 점에 대한 입증의 기회를 원천적으로 박탈하는 것이기 때문이다.

그러나 이 견해는 하위개념에 대한 청구항의 권리범위가 상위개념에 대한 선행기술의 공개범위에 있다고 하더라도 특허를 받을 수 있다는 원칙에 위반된다는 비판을 받는다.

(다) 선택설

이에 비하여 유력한 소수설, 즉 선택설(Select test)은 선행기술이 매개변수(Parameter)의 범위를 공개하였고 그 임계값이 청구항의 권리범위에 든다고 하여도, 이 임계값이 선택된 결과, 선행기술이 예견하지 못한 결과를 얻었다면 이는 신규성을 통과할 수도 있다는 주장이다. 물론 선행기술의 범위와 청구항의 범위가 중복되는 경우에 선행기술이 그 중복되는 범위에 해당하는 실시례를 공개하지 않았어도 청구항의 신규성을 상실시킬 수 있다. 그러나 이때 청구항의 신규성이 상실되느냐의 문제는 청구항에 기재된 발명에 이를 수 있도록 얼마나 자주 취사하고 선택함으로써 중복의 정도가 많으냐에 달려 있다. 그러나 실제로 아무런 선택을 한 것이 없는 상황에서 선행기술은 중복되는 부분에 대한 신규성을 상실시킬 수 없다.

선행기술이 매우 넓은 범위의 공개를 하였지만 청구항에 중복된 부분을 선택하지 않았다면, 중복된 부분의 진보성을 상실시킬 수 있을 정도로 공개를 한 것이라고 볼 수는 없다. 따라서 선행기술이 너무 넓은 공개를 한 경우에는 비록 선행기술의 공개범위와 청구항의 권리범위가 중복된다고 하여도 경우에 따라서는 특허를 받을 수도 있다는 것이다.[391]

4. 파라미터발명

가. 의 의

파라미터발명이란 앞서 말한 수치한정발명에 비해서 새롭게 창출한 물리적, 화학적 또는 생물학적 특성값 또는 새롭게 도출한 복수의 변수 사이의 상관관계를 이용하여 발명의 구성요

391 선택설(Select test): (2명의 소수견해 및 일본의 학설: 宋本直樹, 특허판례백선, 진보성의 인정(유비각), p.37); Ex parte Lee, 31 USPQ2d 1105,1111(Bd. Pat. App. And Int'f, 1993).

소를 특정한 발명을 말한다. 이러한 파라미터는, 첫째, 기본 파라미터로서, 재료의 구조 또는 구성을 직접적으로 규정하는 밀도, 기공률, 표면조도, 결정입경, 분자량 등이 있고, 둘째, 유도 파라미터로서, 재료의 구조 또는 구성을 직접적으로 규정하지 못하고 단지 이러한 구조 또는 구성에서 파생하는 특성을 표현하는 것으로, 점도, 융점, 비점, 굴곡강도, 탄성률, 광반사율, 열전도율 등이 있지만,[392] 이러한 각종의 파라미터는 모두 청구항의 독자적인 구성요소로서 한정사로 작용하는 점에서 동일하고 그 신규성이나 진보성의 판단에 있어서 달리 취급할 이유는 없다.[393]

나. 신규성

선행기술에 공개되어 있지 않는 파라미터에 대하여 이를 한정사로 기재한 청구항이 신규성을 가지기 위해서는 실질적으로 서로 다른 것이어야 한다. 대법원은 이를 판단하기 위해서 그 출원된 청구항에 기재된 성질 또는 특성을 다른 정의 또는 시험·측정방법에 의한 것으로 환산하여 선행기술과 대비해 보는 등의 방법 또는 특허발명 명세서의 상세한 설명에 기재된 실시형태와 선행기술의 구체적 실시형태를 서로 비교하는 방법에 의한다. 이러한 방법에 의하여 양 발명이 그 기술적인 표현만 달리할 뿐 실질적으로는 동일·유사한 것이라면 이는 신규성이 없는 것이다.[394]

---

392 유영선, 비교대상발명에 출원발명의 파라미터 구성요소가 명시적으로 나타나 있지 않으나 비교대상발명 역시 그러한 구성요소를 가질 것으로 추정된다는 이유로 출원발명의 신규성 및 진보성을 부정한 사례, 지적재산권, 제27호(지적재산권법제연구소, 2008.9), p.60에서 재인용.

위 논자는 파라미터를 기본 파라미터와 유도 파라미터로 구분한 다음 기본 파라미터로 한정된 발명은 특허를 받을 수 있으나 유도 파라미터로 한정된 발명은 특허를 받을 수 없다고 일률적으로 재단하는 견해는 바람직하지 않다고 보았다. 궁극적으로는 특정의 파라미터가 그 발명에 있어서 어떠한 의미가 있는 구성요소인지, 비교대상발명에 이러한 파라미터의 특성을 실질적으로 충족하는 발명이 나타나 있는지 여부를 종합적으로 따져 파라미터발명의 특허성 여부를 따져봐야 할 것이다. 위 유영선, 전게논문에서 재인용.

393 위 유영선 전게논문. 대법원은 청구항에서 성질 또는 특성에 의하여 물건을 특정하려는 기재에 대해서는 이를 한정사로 보지만 발명의 단순한 효과인 경우에는 한정사로 보지 않는다.

대법원은 2004.4.28. 선고 2001후2207 판결에서 "성질 또는 특성 등에 의하여 물건을 특정하려고 하는 기재를 포함하는 출원발명의 신규성 및 진보성을 판단함에 있어서 그 출원발명의 특허청구범위에 기재된 성질 또는 특성이 발명의 내용을 한정하는 사항인 이상, 이를 발명의 구성에서 제외하고 간행물에 실린 발명과 대비할 수 없다."고 판시한 바 있다.

한편 대법원은 "봉입된 인광체 입자는 피복되지 않은 인광체 입자의 초기 전기발광 명도와 같거나 그 명도의 약 50% 이상인 초기 전기발광 명도를 가지며, 상대습도 95% 이상의 환경에서 100시간 작동시킨 후 보유되는 발광 명도의 백분율이, 작동온도, 전압 및 진동수가 거의 같은 상태에서 100시간 작동시킨 후 보유되는 고유한 명도의 약 70% 이상인 것"이라는 구성요소를 단순한 효과일 뿐 발명의 내용을 한정하는 기술적 구성이 아니라고 하여 비교대상발명과 위 구성요소를 대비조차도 하지 않은 원심을 파기하였다.

394 위 유영선 전게논문, p.62. 대법원 2002.6.28. 선고 2001후2658 판결 및 대법원 2004.4.28. 선고 2001후2207 판결: "성질 또는 특성 등에 의해 물을 특정하려고 하는 기재를 포함하는 특허발명과, 이와 다른 성질 또는 특성 등에 의해 물을 특정하고 있는 인용발명을 대비할 때, 특허발명의 특허청구범위에 기재된 성질 또는 특성이 다른 정의 또는 시험·측정방법에 의한 것으로 환산이 가능하여 환산해 본 결과 인용발명의 대응되는 것과 동일·유사하거나 또는 특허발명의 명세서의 상세한 설명에 기재된 실시형태와 인용발명의 구체적 실시형태가 동일·유사한 경우에는,

다. 입증책임

특허를 심사하는 과정에서 출원된 청구항이 선행기술과 실질적으로 동일하다는 것, 즉 신규성이 없다는 점에 대한 입증책임은 심사관에게 있다.[395] [396] 그러나 특허청은 수많은 방법에 의하여 만들어진 물건을 선행기술과 일일이 비교할 수 있는 시설과 장비를 전혀 갖추고 있지 않기 때문에 그 심사에 있어서 현실적 한계를 가진다. 또한 심사과정은 당사자가 대립하는 소송적 구조를 가진 것이 아니라 출원인과 심사관 사이에 일방적으로만 진행하는 Ex Parte 비송사건적 구조를 가진다. 그러므로 심사과정에서 심사관과 출원인과 사이에 출원된 발명의 신규성에 대한 입증책임을 공평하게 분담할 필요가 있다.[397] [398]

따라서 심사관이 입증책임을 진다고 하여 처음부터 모든 입증을 할 필요는 없다.[399] 우선 심사관이 선행문헌이 특허발명과 동일한 발명을 이미 공개하고 있다는 증거를 제시하여야 하지만 처음부터 증명력의 정도에 달하는 증거를 제출할 필요는 없다. 심사관이 양자가 동일하다는

달리 특별한 사정이 없는 한, 양 발명은 발명에 대한 기술적인 표현만 달리할 뿐 실질적으로는 동일·유사한 것으로 보아야 할 것이므로, 이러한 특허발명은 신규성 및 진보성을 인정하기 어렵다."

395 이상경, 특허심결취소소송에 있어서의 주장·입증책임론(특허소송연구, 제1집, 특허법원, 2000), p.131. 특허법 제62조는「심사관은 특허출원이 다음 각 호의 1(이하 거절이유가 한다)에 해당하는 경우에는 그 특허출원에 대하여 거절사정을 하여야 한다」즉「어떠어떠한 사유가 있는 때에는 어떠한 처분을 한다」는 형식의 규정이므로 그 처분의 전제사실은 일응 피고의 입증책임사실이 되는 것이다. 즉 ① 특허출원 전에 국내에서 공지되었거나 공연히 실시된 발명이라는 사실(법 제62조 제1호, 제29조 제1항 제1호)과 ② 특허출원 전에 국내 또는 국외에서 반포된 간행물에 기재된 발명이라는 사실(법 제62조 제1호, 제29조 제1항 제2호), ③ 특허출원 전에 그 발명에 속하는 기술 분야에서 통상의 지식을 가진 자가 위 ①, ②에 규정된 발명에 의하여 용이하게 발명할 수 있는 발명인 사실(법 제62조 제1호, 제29조 제2항) 및 ④ 특허출원후에 공고 또는 공개된 선원의 원명세서 또는 도면에 기재된 발명 또는 고안과 동일발명이라는 사실(법 제62조 제1호, 제29조 제3항) 등은 모두가 거절사정, 즉 심판청구기각사유로서 행정청의 권한행사근거규정의 전제사실로서 피고인 특허청 즉 심사관에게 입증책임이 있는 사실이다.

396 윤태식, 프로덕트 바이 프로세스에 관한 청구항, 사법논집, 45집(2007), p.518-519 참조.
특허법 제62조는, 심사관은 출원이 특허의 발급요건, 즉 출원된 발명이 신규성이나 진보성 등을 충족하지 못한 경우에는 특허거절결정을 한다고 규정하고 있다. 또한 같은 법 제66조는 '심사관은 출원에 대하여 거절이유를 발견할 수 없을 경우에는 특허결정을 하여야 한다.'고 규정하고 있다. 같은 법 제67조 제1항은 '특허결정 및 특허거절결정은 서면으로 하여야 하며 그 이유를 붙여야 한다.'고 규정하고 있다. 따라서 특허거절결정을 하기 위해서는 심사관이 출원된 발명이 특허요건을 충족하지 못한다는 이유를 주장하여야 하고 이를 뒷받침할 수 있는 사실을 입증할 책임이 있다고 볼 수 있다.

397 미국의 판례법은 입증책임이 출원인과 심사관 사이에 공평하게 분배된다고 본다. In re Sasse, 629 F.2d 675, 207 USPQ 107(C.C.P.A. 1980). Chisum은 이 입증책임이 진보성이나 산업상 이용가능성(유용성)에서와 같이 동일하게 분배된다고 본다. Chisum §3.04 [1] n.15. 위 윤태식, 전게논문 p.519에 의하면 사실상의 입증책임의 전환을 논하고 있다.

398 In re Piasecki, 745 F.2d 1468, 1471-72, 223 USPQ 785, 787-88(Fed. Cir., 1984). In re Henze, 181 F.2d 196, 201, 85 USPQ 261, 265(CCPA, 1950). 그러나 과거에는 특허불가 추정의 원칙이 있었다. 이 원칙은 화학물질에 대한 특허에서 시작되었다. 특허불가 추정의 원칙은 법률상 추정이 아니라 사실상의 추정에 관한 것이다. 일응 용이하다는 증거가 제시되면 발명이 진보적이라는 입증책임은 출원인에게 이전되고 출원인은 반드시 진보성을 입증할 수 있는 증거를 제출하여야 한다.

399 In re Oetiker, 977 F.2d 1443, 1446, 24 USPQ2d 1443, 1445(Fed. Cir., 1992).

점을 입증할 수 있는 일응의 증거(Prima facie evidence)를 제시하면 입증의 필요는 출원인에게 이전되어 출원인은 이를 반박하는 증거를 제시할 책임이 있으며 만약 반박증거를 제출하지 아니하면 출원인이 입증의 필요를 다하지 않은 것으로 되어 특허가 거절된다.[400] 그러나 출원인이 반박증거를 제출하면 그 입증의 필요를 다한 것으로 보고 그 나머지는 심사관이 제출한 증거의 증명력의 문제로 된다. 따라서 심사의 전 과정을 통하여 심사관이 입증책임을 부담하되, 입증의 필요는 과정을 통하여 심사관으로부터 출원인에게 이전된다고 본다.[401 402]

(1) 입증의 어려움

파라미터발명에 있어서도 그 출원된 청구항이 상위개념을 공개한 선행기술과 실질적으로 동일하다는 점에 대한 입증책임은 심사관에게 있다. 그러나 출원된 청구항의 파라미터 사항이 가지는 특성이나 성질이 선행기술에 이미 존재한다는 사실을 입증하는 것은 그리 쉬운 일이 아닐 것이다. 심사관이 선행기술이 공개한 수많은 방법을 가지고 실제로 물건을 제조하여 출원된 청구항과 비교하여 볼 수 없기 때문이다.[403]

---

400 미국 판례법에서 입증의 필요가 이전되었다고 하는 이론과 가장 근사한 이론을 찾으면 일본에서는 의료과실의 입증책임을 감경하기 위해서 '사실상의 추정론을 주장'하는 일본학자가 있다. 가등일랑, 의사의책임, 천도무의 등 편, 아처선생환력기념, 손해배상책임의연구(상), 1957, 유비각, p.151-152. 손용근, 의료과오소송의 입증경감에 관한 판례의 최근 동향, 민사법연구, 제7집(대한민사법학회, 1999년), p.338-340에서 재인용. 입증책임을 지는 측에서 어느 정도의 개연성에 관하여 일응의 주장입증을 하면 그것으로 입증책임을 다한 것으로 상대방이 반증을 하지 아니하면 인과관계를 인정하자는 입장으로 사실상의 추정론이라고 한다. 사실상의 추정론은 여전히 원고가 개연성에 관하여 일응의 주장을 하여야 하고 그에 대한 입증책임을 부담하고 있다는 점에서 입증책임의 전환은 아니지만 입증의 부담이 완화됨으로써 사실상은 입증책임이 전환되는 결과가 되었기 때문에 상대방은 반증을 제시하여야 할 입증의 부담이 있게 되었다.

이와 함께 '일응의 추정론'도 있는데, 이는 원고(피해자)가 그 입증책임 있는 요건사실(추정사실)에 갈음하여 추정의 기초사실(전제사실)을 증명하고 법관이 그 증명된 기초사실에 경험칙을 적용하여 요건사실(추정사실)을 추인하는 방식을 취하게 된다. 위와 같은 추정에 있어서는 전제사실의 존재에 대하여 심증이 얻어져야 할 것이고 전제사실이 존재한다면 요건사실(추정사실)은 추인할 수 있다는 경험칙의 존재를 필요로 하고 있다. 그러나 위 이론도 그 입증책임이 전환되지 않는다는 점에는 견해가 일치하고 그 표현이야 어쨌든 입증책임을 지는 측의 입증부담을 경감하고 상대방에게 반증을 제시할 책임을 부담시키는 것이고 만약 상대방이 그 반증을 제출하지 않으면 원고는 입증책임을 다한 것으로 본다는 점에서 미국의 판례이론이 말하는 입증의 필요를 부담하게 된 것과 마찬가지의 결과가 된다.

401 Chisum은 이 입증책임이 진보성이나 산업상이용가능성(유용성)에서와 같이 동일하게 이전된다고 본다. Chisum §3.04 [1] n.15. 출원인 또는 특허권자는 특허가 유효하다는 추정력에 의지하여 입증의 필요를 부담하지 않는다고 볼 수는 없다고 보는 견해: Scripps Clinic & Research Foundation v. Genentech Inc., 707 F. Supp. 1547, 1550, 11 USPQ2d 1187, 1190(N.D. Calif. 1989).

402 심사과정에서의 선행문헌에 작동가능성에 대한 입증책임(Burden of proof)이 이전된다고 보는 견해도 있다. 이 견해에 의하면 만약 심사관이 청구항을 예견하는 선행문헌을 제시하면 선행문헌의 작동가능성은 추정되고 이 추정력을 번복할 입증책임은 특허출원인에게 이전된다. 출원인이 이 선행문헌이 작동 불가능하다는 일응의 증거를 제시하면 다시 입증책임이 이전되어 특허심사관이 선행기술이 작동가능하다는 점을 입증하여야 한다고 보는 견해: In re Sasse, 629 F.2d 675, 207 USPQ 107(C.C.P.A. 1980).

403 In re Brown, 459 F.2d 531, 535, 173 USPQ 685, 688(CCPA 1972); In re Fessmann, 489 F.2d 742, 180 USPQ 324(CCPA 1974)(Brown에서는 방법식 청구항과 같이 그 물건이 가지는 특성을 입증하기가 어려운 경우에는 심사

논자에 따라서는 심사관이 파라미터발명의 신규성 없음에 대한 입증이 불충분한 경우에는 법원에 감정을 신청하여 선행기술에 대해서도 파라미터발명과 똑같은 방식으로 파라미터 값을 측정함으로써 이들 발명이 실질적으로는 서로 동일한 발명이라는 사실을 입증하는 것을 제안하고 있지만,[404] 이는 입증책임론과 입증의 종류를 혼동한 견해이다. 입증책임이란 모든 입증을 다하여도 그 입증이 불능이 된 경우에 그 위험부담을 어느 측에서 지느냐의 문제이기 때문인 데 비하여 법원의 감정을 취하는 여부는 입증의 방식이나 종류에 관한 것에 불과한 것이다.

(2) 화학물질의 진보성 입증에 대한 유추

선행기술이 상위개념의 동족적 또는 동류적 물질을 공개하고 있는 경우에 파라미터 사항에 의한 하위개념의 청구항이 선행기술과 동일하다는 점에 대하여 심사관이 부담하는 입증책임과 그 입증의 정도는 화학물질의 경우와 유사하다.[405] 통상적으로 화학물질에 대해서는 출원된 청구항의 물질이 선행기술과 '구조적으로 유사한 물질(Structurally similar compound)'이라는 점을 심사관이 입증하면 특허출원된 화학물질은 일응 용이하다(Prima facie obvious)는 추정을 받는다.[406] 이렇게 심사관이 화학물질에 대하여 용이하다는 추정력을 주는 증거를 제출한 경우에 그 입증책임이 출원인에게 이전되어 출원인은 이를 번복하기 위하여 반박증거를 제출할 입증책임(Burden of proof)과 입증의 필요(Burden of production)가 있다. 출원인이 일응 용이하다는 추정을 반박하기 위해서는 선행기술이 미처 '예상하지 못한 특성'을 출원된 물질이 가지고 있다는 사실을 입증할 수 있어야만 한다.[407][408] 그러나 출원인이 아예 반박증거를 제출하지도 못하면 입증의 필요를 충족하지 못한 것으로 특허가 거절된다. 그러나 특허출원인이 이 반박증거를 제출하면 이는 입증책임을 부담하는 출원인이 제출한 증거가 증명력을 충족시키느냐의 문제가 된다.[409]

관에게 입증의 정도를 감경하여 준다).

404 위 유영선, 전게논문, p.62.

405 임호 저, 특허법, 법문사(2003), p.338. 위 임호 저, §6. [7][A] 특허심사과정에서의 입증책임 및 [9][A] 화학물질 용이하다는 일응의 추정 참조. 출원된 화학물질이 선행기술과 구조적으로 유사하다는 점을 심사관이 입증하면 일응 용이하다는 추정을 받는다.

406 구조적으로 유사한 화학물질은 유사한 특성을 가진다고 보는 것이 화학적 상식이기 때문이다. 용이하다는 추정을 받기 위하여 어느 정도의 구조적 유사성이 있어야 하는가에 대해서는 화학물질이 인접한 동족물질이라는 사실을 입증하는 것만으로는 이러한 추정력을 받을 수 없고 특허가 출원된 화학물질과 선행기술 사이의 밀접한 구조적인 유사성이 있어야만 추정력을 받는다고 본다.

407 따라서 화학물질의 특허 가능성은 그 물질의 구조만이 아니라 그 물질이 가지는 특성을 아울러 고려하여야 한다고 보는 것이 통설이다. 그러나 이러한 예상가능성은 각각의 사건에 따라 구체적인 경우를 판단하여 결정되어야 한다. In re Papesch, 315 F.2d 381, 391, 137 USPQ 43(CCPA, 1963).

408 그러나 이를 넓게 해석하여 동일한 성질이라도 그 정도의 차이가 현저하다면 이는 새로운 특성으로 볼 수 있다는 견해도 있다. In re Hoch, 428 F.2d 1341, 1344 n. 5, 166 USPQ 406(CCPA, 1970).

409 In re Henze, 181 F.2d 196, 201, 85 USPQ 261, 265(CCPA 1950): 용이성에 대한 추정(Presumption of unpatent-

심사관이 상위개념을 공개한 선행기술이 가지는 특성과 출원된 청구항의 특성이나 성질이 유사하다는 점을 입증하면, 일단 그는 일응 동일하다는 입증을 다한 것으로 보아 동일하다는 추정을 받는 것으로 보고 입증책임이 출원인에게 전환된다고 보아야 한다. 그 후에는 출원인이 양자가 동일하지 않다는 입증책임을 부담하므로 그는 출원된 청구항이 선행기술과 비교하여 예상하지 못한 특성이나 성질을 가지고 있다는 사실을 입증하여야 할 것이다.

라. 소 결

상위개념을 공개한 선행기술에서 직접적으로 공개되어 있지 않은 질적인 현저한 효과가 있거나 양적인 현저한 차이가 있는 하위개념을 청구항의 권리범위로 하는 선택발명은 선행기술에서 구체적으로 공개되어 있지 않으면 특허를 받을 수 있다. 우리 대법원은 구체적 공개의 정도에 있어 미국의 판례법이 취하는 실시가능성설을 취하고 있는데, 미국의 판례법은 너무 넓은 권리범위를 가지는 상위개념의 선행기술이 하위개념을 점유하고 있었다는 정도의 공개를 하여야만 출원된 청구항의 신규성을 상실시킬 수 있다.

상위개념이 공개하지 못한 새로운 장점이나 특성을 특허출원된 청구항이 새로이 공개한 경우에 단지 상위개념에 포괄적으로 포함된다는 이유만으로 특허의 발급을 허용하지 않는 것은 오히려 기술의 발전을 저해할 수 있다.[410] 상위개념에 대한 선행기술이 단지 하위개념이 존재한다는 점에 대하여 이론상의 가능성만을 추상적으로 제시하고 그 이상의 공개를 하지 못하고 있는 데 불과한 경우에는 그 하위개념 모두를 일반대중의 영역에 넣었다고 할 수 없다.[411]

따라서 신규성을 상실시킬 수 있는 선행기술은 적어도 그 발명이 속하는 기술 분야에서 통

---

ability)은 단순히 사실상의 추정(Inference of fact)이라 할 수 있다. 일단 사실상의 추정이 이루어지면 입증책임(Burden of persuasion)은 출원인에게 이전되어 그는 증거를 제출할 책임이 있다(입증의 책임이 이전됨으로, 물론 입증의 필요를 진다. 저자 주. 그 후 모든 증거가 참작되어 용이성을 결정하는 것이다.

410 비교적 좁은 권리범위를 가지는 상위개념에 대한 하위개념의 특허의 발급가능성도 허용된다고 보는 견해는 In re Peterson, 315 F.3d 1325, 1330, 65 USPQ2d 1379(Fed. Cir. 2003)(선행기술이 비교적 좁은 권리범위를 가지는 경우는 일응의 용이성(Prema facie obvioiusness)을 입증하기에 충분하다. 그러나 이로써 보다 좁은 권리범위를 가지는 청구항이 특허를 받을 수 없다는 것이 아니라 서로 중복되는 범위가 존재하는 경우에 그 입증책임이 자신의 청구항이 용이하지 않다는 것을 주장하는 특허출원인에게 이전된다고 보아야 한다); 일응의 용이성에 대해서는 임호 저, 특허법, p.340(법문사, 2003)(저자 주: 미국의 판례법은 입증책임의 분배를 통하여 화학물질의 진보성에 대한 독특한 해석론을 전개하고 있는데 이는 특허법이 기술이라는 현상을 놓고 이에 대한 특허법의 해석적용이라는 점에 대하여 창조적인 조화를 이룩한 것으로 20세기의 미국 판례법의 압권이라고 할 수 있다) 참조.

411 CFMT, Inc. v. Yieldup International Corp., 349 F.3d 1333, 1340, 68 USPQ2d 1940(Fed. Cir. 2003)(개량과 선택발명(Improvement and selection inventions)은 특허법에는 상존하고 있다. 개량발명만이 원래의 선행발명의 실시가능성에 대하여 의문을 주는 것은 아니다); Hormone Research Found., Inc. v. Genentech, Inc., 904 F.2d 1558, 1568(Fed. Cir. 1990); Integra Lifescience I, Ltd. v. Merck KGaA, 331 F.3d 860, 869, 66 USPQ2d 1865(Fed. Cir. 2003), cert. granted, 125 S. Ct. 823(2005)(상위개념에 대한 특허(Genus patent)는 특별히 유용한 장점을 가진 개량특허에 대한 방해가 될 수 없다).

상의 지식을 가진 자가 발명을 만들고 사용할 수 있을 정도의 완전한 공개를 하여야만 한다. 이를 위해서는 같은 기술 분야에 종사하는 통상의 지식을 가진 자에게 완전하고 분명하며 정확한 설명을 할 것을 요구하는 것이다.[412]

이로써 하위개념에 대한 청구항은 신규성을 인정받기가 수월하게 되어 매우 넓은 권리범위를 가지는 선행특허를 제한할 수 있고, 하위개념이 가지는 새로운 장점이나 특성을 발견한 발명자에게는 특허를 받을 수 있는 기회를 부여한다. 그러나 선행기술이 너무 높은 수준의 공개를 하여야만 청구항의 신규성을 부정할 수 있다면 일반대중으로서는 이미 공개된 상위개념에 속하는 기술정보가 후일 배타적 독점권의 범위에 포함되어 공지공용의 기술을 자유로이 사용할 수 없다는 단점이 생긴다.

과연 광범위한 권리범위를 가지는 상위개념에 대한 선행기술이 어느 정도로 하위개념의 신규성을 부정할 수 있느냐 하는 문제는 넓은 권리범위를 가지는 특허가 주는 이익과 불이익에 대한 경험적 이론을 바탕으로 결정되어야 한다. 따라서 실증과학인 경제학을 활용하여 상위개념에 대한 특허의 권리범위를 어느 정도로 허용하는 것이 우리 사회의 기술혁신에 도움을 주는지에 대한 경제적 효과를 연구한 뒤 이에 따른 특허정책을 실시하는 것이 바른 길인 것이다.[413]

---

412 Seymour v. Osborne, 78 U.S.(11 Wall). 516, 555, 20 L. Ed. 33(1870). 따라서 선행기술에 명세서와 설계도가 포함되지 않고 또한 특허발명을 구체화한 아무런 모형도 게재하지 않은 외국의 간행물은 후행 청구항의 신규성을 상실시킨다고 볼 수 없다.

413 Warner-Jenkinson에서의 CAFC의 Newman 판사의 소수견해: 62 F.3d at 1529, 35 USPQ2d at 1654-1661.

Chapter

03

진보성

Ⅰ. 진보성의 의의

1. 진보성 요건의 필요성
2. 진보성의 판단기준
3. 불량특허의 문제점

Ⅱ. 진보성에 관한 비교법적 고찰

1. 구조설
2. 효과설
3. 양자의 비교

Ⅲ. 선행기술의 분야와 공개요건

1. 신규성과의 차이점
2. 적절한 기술 분야: 동일 또는 유사한 기술 분야
3. 기술 분야 판단의 기준과 시점
4. 선행기술의 실시가능요건
5. 상호 모순되는 선행기술

Ⅳ. 유럽의 진보성 판단

1. 유럽특허기구 EPO와 EPC
2. 문제해결설
3. 의도설
4. EPO 심사지침

Ⅴ. 미국의 진보성 판단

1. TSM 기준
   가. CAFC **나.** TSM 테스트의 목적 **다.** TSM의 문제점
2. KSR 사건
   가. 사실관계 **나.** 선행기술 **다.** CAFC의 TSM 기준의 엄격한 적용
   라. 미연방대법원 **마.** KSR 판결에 대한 비판
3. KSR 이후의 CAFC
4. 유럽과 미국의 진보성 기준의 접근 경향

Ⅵ. 유전공학물질의 진보성

1. 유전공학의 예측불가능성
2. 미국의 진보성 판단기준
   가. In re O'Farrell(합리적 기대설) **나.** In re Bell(특정설)
   다. In re Deuel(구조적 예측설) **라.** Ex Parte Kubin
3. 유럽의 진보성 판단기준
   가. EPO **나.** 기대설
4. 미국과 유럽의 판단기준 접근

Ⅰ. 진보성의 의의

1. 진보성 요건의 필요성

특허는 과학기술과 유용한 예술을 창달하기 위해서 발명자에게 부여하는, 한시적인 배타적 권리이다.[1] 특허제도는 자유로운 시장경쟁을 제한하는 대신에 조사연구와 기술혁신에 대한 투자를 유인한다.[2] 자유경쟁에 대한 제한은 특허를 받을 것을 기대하지 않고서는 고안되거나 공개되지 않았을 발명에 부여되었을 때 유익한 것으로 여겨진다.[3] 특허청이 특허요건을 심사하는 것은 특허로 보호되지 않았더라면 고안되지 않았거나 공개되지 않았을 유익한 발명에 한하여 이를 특허권으로 보호하기 위한 것이다.[4]

특허를 받기 위해서 발명은 반드시 산업상 이용 가능하고 새로우며 진보적이어야 한다.[5] 진보성의 요건은 특허발명이 우리 사회의 기술진보에 실질적인 기여, 즉 통상의 지식인에게 출원 당시를 기준으로 용이하지 않을 것을 요구한다.[6] 진보성의 요건은 특허권을 받기 위해서 기술혁신을 이룩하려는 인센티브를 주는 것과 특허라는 독점권의 폐해 사이에 균형을 맞추기 위한 것이다.[7]

특허는 실질적인 기술진보를 가져오는 발명에 대해서만 부여되어야 한다. 이러한 진보에 미치지 못하고 단순히 통상의 과정에서 일어나는 기술발달에 대하여 특허를 부여하는 것은 오히려 진보를 저해할 수 있다. 따라서 진보성의 판단을 위한 기준은 적절한 균형점에서 설정되어야 한다.[8]

만약 진보성의 기준을 낮춰서 설정하면 독점권을 용이한 발명에 부여하기 때문에 이미 알

1 헌법 제22조 ② 저작자·발명가·과학기술자와 예술가의 권리는 법률로써 보호한다. 특허법 제1조(목적) 이 법은 발명을 보호·장려하고 그 이용을 도모함으로써 기술의 발전을 촉진하여 산업발전에 이바지함을 목적으로 한다; 미연방헌법 U.S. Const. art. I, §8.

2 Fed. Trade Comm'n, To Promote Innovation: The Proper Balance of Competition and Patent Law and Policy, Executive Summary, at 2.(2003).

3 Graham v. John Deere Co. of Kansas City, 383 U.S. 1, 11(1966)(진보성의 요건은 특허권으로 유인하지 않고서는 공개되거나 고안되지 않았을 발명을 선별하기 위한 수단으로 발전되어 왔다); Sinclair & Carroll Co. v. Interchemical Corp., 325 U.S. 327, 330-31(1945)(미국의 특허제도는 공개를 유인하는 것이다).

4 Graham v. John Deere Co. of Kansas City, 383 U.S. 1, 11(1966).

5 특허법 제29조 참조 및 35 U.S.C. §§101-103(2006); see, e.g., Robert Patrick Merges & John Fitzgerald Duffy, Patent Law and Policy: Cases and Materials 611(4th ed. 2007). 물론 추가적인 요건으로서 서면명세요건(Written description requirement)과 실시가능요건(Enablement requirement)도 특허를 받기 위해서 필요하다. 35 U.S.C. §112.

6 Christopher A. Cotropia, Nonobviousness and the Federal Circuit: An Empirical Analysis of Recent Case Law, 82 Notre Dame L. Rev. 911, 915(2007).

7 Graham, 383 U.S. at 10-11.

8 KSR Int'l Co. v. Teleflex Inc., 550 U.S. 398, 419(2007). KSR에서는 실질적 기술진보와 통상의 기술발달을 구별하고 전자에 대해서만 특허가 주어져야 한다고 보았다. 만약 후자에 대하여 특허를 부여하면 오히려 진보를 저해하기 때문에 진보성의 기준은 실질적 기술진보가 시작되는 점에서 결정되어야 한다고 본다.

려진 발명을 독점권이라는 영역으로 회수하고 숙련된 사람들이 활용할 수 있는 자원을 감소시키게 되어 일반대중은 피해를 본다.[9] 이를 방지하기 위해서 용이한 것에 대하여 특허를 부여하지 않으려고 하는 것이다.

진보성의 기준이 낮으면 기술혁신을 기하는 기업으로 하여금 침해소송에 노출이 되도록 하고 단 하나의 상품에 대하여 수많은 특허가 집적됨으로써 거래비용의 현저한 증가로 인하여 손해를 본다.[10] 진보성의 요건은 특허라는 독점권이 주는 비용을 우리 사회가 부담하는 대신에 그 이상의 이익을 줄 수 있는 발명을 선별하는 중요한 수단인 것이다.[11]

2. 진보성의 판단기준

진보성의 요건은 특허권을 받는다는 유인이 없이는 공개되지 않았을 발명을 선별하기 위한 수단으로 발전되어 왔다.[12] 이 요건은 1952년 제정된 미특허법 제103조에 규정되어 있다. 이에 의하면 특허는, 특허대상과 선행기술의 차이점이 그 특허대상을 전체적으로 볼 때 발명이 만들어진 시점에서 관련산업에 종사하는 통상의 기술자가 보기에 용이한 것이라면 발급될 수 없다.[13]

진보성을 판단하기 위해서는 우선 사실인정을 하여야 하는데 이는, 첫째, 선행기술의 범위와 내용이 결정되어야 하고, 둘째, 선행기술과 청구항(Claim)의 차이점이 확정되어야 하며, 셋째, 그 발명이 속하는 기술 분야에서 통상의 지식을 가진 자의 지식 수준이 결정되어야 한다.[14] 위 기준은 Graham 사건에서 미연방대법원이 정한 기준이지만 현재에도 그대로 통용된다. 그 이후에는 문제가 된 특허대상이 진보성이 있느냐의 판단은 법률의 해석과 적용의 문제가 된

---

9 KSR Int'l Co. v. Teleflex Inc., 550 U.S. 398, 416(다음의 케이스를 인용: Great Atl. & Pac. Tea Co. v. Supermarket Equip. Corp., 340 U.S. 147, 152-53(1950).

10 Fed. Trade Comm'n, To Promote Innovation: The Proper Balance of Competition and Patent Law and Policy, ch. 4, at 4-6(2003).

11 Michael Abramowicz & John F. Duffy, Intellectual Property for Market Experimentation, 83 N.Y.U. L. Rev. 337, 374(2008).

12 Graham v. John Deere Co. of Kansas City, 383 U.S. 1, 11(1966).

13 35 U.S.C. §103: A patent may not be obtained … if the differences between the subject matter sought to be patented and the prior art are such that the subject matter as a whole would have been obvious at the time the invention was made to a person having ordinary skill in the art to which said subject matter pertains.

14 Id., Graham v. John Deere, Loctite Corp. v. Ultraseal Ltd., 781 F.2d 861, 873(1985), Id., Hotchkiss v. Greenwood. 선행기술은 특허대상이 속하는 기술 분야가 무엇인가를 결정하고 이어서 이 분야의 선행기술이 어떠한 것인지를 정한다. 진보성을 판단하는 자료로 사용되는 선행기술은 신규성을 판단하는 자료인 현행 기술(The state of the art), 즉 공지되거나 공연히 실시된 발명이나 반포된 간행물에 게재된 발명 및 출원공개된 선특허출원서의 명세서에 기재된 발명을 포함하지만 아직 출원공개되지 않은 선특허출원서의 명세서에 기재된 발명은 포함되지 않는다고 본다. Supra. §5 [1] 신규성의 의의 참조.

다.[15] 물론 법원은 상업적 성공, 오랜 숙원적 과제의 해결, 타인의 실패 등 2차적 고려대상(Secondary considerations)을 가지고 진보성을 판단하는 객관적 지표로 삼을 수 있다.[16]

특허요건을 너무 완화함으로써 불량한 특허가 만들어지면 이는 대가 없이 시장지배력을 부여하고 부당하게 비용을 증가시킴으로써 자유경쟁을 제약하는 요인으로 작용한다. 이러한 부정적 효과는 기술혁신을 자극시킬 수 있었던 자유경쟁을 위축시킨다.[17] 질이 나쁜 특허나 문제가 있는 특허는 무효성의 특허이거나 너무 넓은 권리범위를 가지고 있는 특허를 말한다. 이러한 특허는 자유경쟁을 제한시키고 기술혁신에 장애가 된다. 소프트웨어 기업에서는 이미 그 분야에서 알려진 용이한 발명에 대하여 특허가 발급된 문제점을 지적하고 있고, 바이오 산업 부분에서는 그 권리범위가 너무 넓은 특허에 대한 문제점을 지적한다.[18] 문제점이 있는 특허를 가진 기업이 존재하는 분야에 대해서는 경쟁기업이 조사와 연구개발을 하기를 꺼려 하게 된다. 만약 그 문제가 되는 특허를 사용허락을 받지 아니하고 그 분야에 조사와 연구개발을 시작하게 되면 특허침해소송을 당할 각오를 하지 않으면 안 되거나 사용허락을 협상하더라도 부당한 사용료를 감수하여야 함으로써 기술개발과 상업화에 소요되는 비용의 증가를 가져오는 것이다.[19]

3. 불량특허의 문제점

기술혁신이 점진적으로 이루어지는 산업계에서 진보성이 부족한 특허가 발급이 되면 방어특허가 증가하는 것과 함께 수많은 특허의 숲이 형성됨으로써 라이선싱을 하는 데 있어서 결정적인 어려움에 직면하게 되어 결국 산업발전을 저해한다. 컴퓨터 하드웨어와 소프트웨어 산업 부문에서는 단 하나의 상품을 생산하기 위해서 수십 개 혹은 수백, 수천 개의 특허를 사용할 필요가 생긴다.

마이크로 프로세서 부문에 있어서는 9만 개의 상호 중복되는 특허가, 상호 침해가 되는 1만 명의 특허권자에 의하여 소유되고 있다. 이로써 재산권이 중복되는 특허숲(Patent thicket)이 만들어져서 서로 중첩되고 방해되는 밀집된 망을 형성하고 있다.[20] 새로운 기술을 실제로 상업화

---

15 KSR Int'l v. Teleflex Inc., 550 U.S. 398, 399(Graham을 인용함, 383 U.S. at 17); Eisai Co. v. Dr. Reddy's Labs., Ltd., 533 F.3d 1353, 1356(Fed. Cir. 2008).

16 Graham, 383 U.S. at 17.

17 Fed'l Trade Comm'n, To Promote Innovation: The Proper Balance of Competition and Patent Law and Policy, Executive Summary, 19 Berkeley Tech. L.J. 861, 866(2003).

18 Fed'l Trade Comm'n, To Promote Innovation: The Proper Balance of Competition and Patent Law and Policy, Executive Summary, 19 Berkeley Tech. L.J. 861, 866, n.16(2003).

19 FTC/DOJ Hearings on Competition and Intellectual Property Law and Policy in the Knowledge-Based Economy, David J. Earp Testimony Feb. 26, 2002, at pages 290-91, 238. 다른 하나의 방법은 그 문제가 되는 특허를 무효화시키는 방법이다. 이 방법의 문제성에 대해서는 위 논문 참조.

20 FTC/DOJ Hearings on Competition and Intellectual Property Law and Policy in the Knowledge-Based Economy,

하려는 기업은 반드시 특허의 숲을 헤치고 나가지 않으면 안 된다.[21]

이러한 서로 중복되는 특허숲은 컴퓨터 하드웨어나 소프트웨어와 같이 수없는 점진적인 기술혁신을 필요로 하는 그 기술 자체의 성질에서 유래된다. 점진적인 기술혁신마다 주어지는 특허가 증가하기 때문에 기업들은 타인의 중복되는 특허를 사용할 수 있는 협상력을 확보하기 위해서 더 많은 특허를 가지기를 원한다.[22]

이를 위해서 아무런 기술적 가치가 없는 방어특허를 만들어 내기 위해서 시간과 비용을 낭비하는 소프트웨어 회사도 있기 때문에 저질의 특허가 없었더라면 들이지 않았을 비용으로서 새로운 기술을 개발하는 데 사용되었을 비용이 낭비되는 셈이다.[23]

문제가 많은 특허는 특허숲을 형성하게 되고 로열티를 중복·추가적으로 지급하여야 하므로 이를 라이선싱받는 데 있어서 어려움을 준다. 그뿐만 아니라 특허전망을 보는 데 있어서도 불확실성을 증가시키며 기업의 기획업무를 매우 복잡하고 어렵게 만든다. 또한 특허숲에 존재하는 문제성이 있는 특허를 사용허락받기 위해서는 매우 높은 사용료를 지급하거나 소송을 감수하는 위험을 부담하여야 하므로 장래의 시장진입자는 물론 현재의 제조사에 대해서도 자유경쟁을 못하도록 한다.[24] 단 하나의 문제성이 있는 특허가 소프트웨어에 상용되는 것이라면 이것이 전체의 생산을 중단시킬 수도 있기 때문에 이로 인하여 후속적인 기술혁신을 제지하며 부당한 사업비를 증가시켜 결국 소비자들에게 부담이 전가되도록 한다.[25]

진보성의 기준을 높이는 방법으로 제시되는 방안들이 있다.[26] [27] 특히 불량특허로 인하여

David J. Earp Testimony Feb. 26, 2002, Blackburn 2/26 at 295-296.

21 Carl Shapiro, Navigating the Patent Thicket: Cross Licenses, Patent Pools, and Standard-Setting, in 1 Innovation Policy and the Economy 119, 120(Adam Jaffe et al. eds., 2001).

22 Fed'l Trade Comm'n, To Promote Innovation: The Proper Balance of Competition and Patent Law and Policy, Executive Summary, 19 Berkeley Tech. L.J. 861, 868, n.21(2003).

23 FTC/DOJ Hearings on Competition and Intellectual Property Law and Policy in the Knowledge-Based Economy, David J. Earp Testimony Feb. 26, 2002, Greenhall 2/27 at 377, 420.

24 큰 회사는 물론 작은 회사들도 문제가 되는 특허로 인하여 소송의 위험부담이 점점 증가하고 있다. United States Patent and Trademark Office Fee Modernization Act of 2003: Hearing Before the Subcomm. on Courts, the Internet, and Intellectual Property of the House Comm. on the Judiciary, 108th Cong. 2(2003)(Statement of Michael K. Kirk, Executive Director, American Intellectual Property Law Association).

25 Fed'l Trade Comm'n, To Promote Innovation: The Proper Balance of Competition and Patent Law and Policy, Executive Summary, 19 Berkeley Tech. L.J. 861, 868(2003).

26 특허의 품질을 개선하고 비경쟁적인 낭비를 최소화하는 방안으로서는 사후심사제도를 든다. 사후에 유무효가 문제가 되는 특허를 집중적으로 심사하는 것이 비용이 적게 들고 기술적 의미가 있는 특허가 선별적으로 심사된다는 이유이다. 또한 제3자가 재심사과정에 제한적으로 참여할 수 있는 방안도 제시된다. 그러나 결국 엄청난 비용이 드는 소송에서 그 유무효가 결론이 난다는 단점도 있다. Fed'l Trade Comm'n, To Promote Innovation: The Proper Balance of Competition and Patent Law and Policy, Executive Summary, 19 Berkeley Tech. L.J. 861, 868(2003).

27 특허의 유효성 추정을 번복하기 위한 증거의 증명력을 종전의 분명하고 확신 있는 증명력(Clear and convincing evidence)에서 그 정도를 낮추어 증거의 우세(Preponderance of the evidence)로 하는 방법이다. Fed'l Trade Comm'n, To Promote Innovation: The Proper Balance of Competition and Patent Law and Policy, Executive Summary, 19

발생하는 문제를 해결하기 위해서 제시되는 방안이 바로 진보성을 판단하는 기준을 보다 높이는 방법이다.[28] 진보성은 발명이 특허라는 독점권을 부여받을 수 있을 정도의 중요한 기술적 진보를 이룩하였는지를 보는 것이다. 그간에 미국의 법원들이 채택하였던 발명의 용이성의 기준 즉 TSM 테스트를 보다 완화함으로서 진보성의 기준을 엄격하게 적용한다는 것이다. 이와 함께 용이성 판단에 있어서 2차적으로만 고려되었던 발명의 상업적 성공여부나 숙원적인 기술문제의 해결 등의 요인을 재평가한다는 것이다. 그 결과로서 용이한 발명에도 부여되었던 불량특허를 걸러냄으로서 특허심사를 보다 신중하게 한다는 것이다.

Ⅱ. 진보성에 관한 비교법적 고찰

1. 구조설

미국의 판례법은 진보성을 판단하는 데 있어서 선행기술과 특허출원된 청구항의 구성요소의 차이점을 중점적으로 판단한다. 더 나아가 진보성을 판단하는 절차는 우선 선행기술을 확정하고, 이 선행기술과 특허출원된 발명 사이의 차이점을 가려낸 뒤, 그 발명이 속하는 기술 분야에서 통상의 지식을 가진 자에게 이러한 차이점이 용이한가 여부를 판단하는 과정을 거친다. 일본국도 구성을 중심으로 하여 선행기술과 청구항의 차이점을 비교하고 발명의 목적과 효과도 종합적으로 판단한다.[29]

구조설에 의하면 진보성의 판단은, 첫째, 선행기술이 결정되고, 둘째, 선행기술과 출원된 청구항(Claim)의 차이점을 확정하며, 셋째, 통상의 지식인에게 그 차이점이 용이한지를 본다. 이때 CAFC는 TSM 테스트, 즉 선행기술이 출원된 발명을 하도록 가르치거나, 제안하거나, 동기부여를 한 경우를 용이하다고 보았고 그러한 지침이 없는 경우에는 진보성의 존재가 추정되었다. 그러나 최근 KSR 사건에서 미연방대법원은 TSM의 경우 이외에도 용이성을 인정할 수 있는 여지를 확장함으로써 진보성이 허용되는 범위를 축소하는 경향이 있다.

Berkeley Tech. L.J. 861, 870(2003).

28 Fed'l Trade Comm'n, To Promote Innovation: The Proper Balance of Competition and Patent Law and Policy, Executive Summary, 19 Berkeley Tech. L.J. 861, 873(2003).

29 中山, 注解 特許法(清林書院, 1994), p.242. 목적, 구성, 효과의 3가지 요소 중에서 구성을 중시하는 경우, 작용효과에 중점을 두고 판단하는 방법, 또는 목적, 구성, 효과의 3요소를 평등하게 중점을 두고 판단하는 경우가 있다. 그러나 효과는 구성의 용이상당성을 추인하는 간접사실로 보거나(간접사실설), 효과의 현저성을 독립한 진보성의 판단요건으로 보는 견해(독립요건설)도 있다. 진보성의 인정-현저한 작용효과, 일본특허판례백선, p.115, 長澤幸男, 중산신홍(주기동 역)(박영사, 2005).

2. 효과설

특허발명이란 제기된 기술적 문제를 해결하는 데 대한 보상이라고 보는 유럽은 어떤 발명이 특허를 받을 수 있으려면 출원된 발명이 제시하는 해결책이 숙련된 지식인에게 진보성이 있어야 한다. 이때 진보성의 판단은 다음 다섯 가지의 단계로 구성된다.

첫째, 선행기술의 기술적 효과를 밝혀내고, 둘째, 출원된 발명의 기술적 효과를 확정하며, 셋째, 선행기술과 출원된 청구항과의 차이점을 알아낸 뒤, 넷째, 출원된 청구항이 해결한 문제점이 무엇인지를 밝히고, 다섯째, 위 해결책이 숙련된 지식인에게 용이한지를 본다.

이때 어떤 해결책이 기술적으로 가능한 것이라는 사실만으로는 용이하게 만들지 않는다. 용이하다는 것은 선행기술이 출원된 청구항에서 제시된 해결책으로 향하도록 숙련된 기술자가 희망하도록 만들거나 그를 자극함으로써 그로 하여금 해결책을 실시하도록 의도한 경우에만 용이한 것이다.

독일에서는 문제해결을 위한 기술적 효과가 진보적 단계를 가진 것인가를 본다. 이를 기술적 효과설이라고 하는데 그 판단과정으로서, 우선 근접한 최고 기술 수준을 가려내고 그 기술수준이 가지고 있는 기술적 문제를 밝혀 낸 후 이를 해결하려는 기술적 효과가 가져오는 해결책의 성질이 진보적인지를 본다.

진보성은 발명이 가져오는 효과가 변화된 것이냐, 즉 선행기술과 청구항을 비교하여 청구항이 선행기술의 구조나 구성성분에 의식적인 변화 또는 개량을 한 것이냐를 보는 것이다.[30]

이를 위해서 우선 가장 근접한 현행 최고의 기술(The state of the art)을 찾아내어 특허가 출원된 발명이 해결하려는 기술적 문제를 제시한 뒤 특허출원된 명세서가 공개하는 해결책이 통상의 지식인에게 용이한지 여부에 대한 평가가 이루어진다.[31] [32]

특허출원 명세서가 공개하는 기술적 문제는 반드시 가장 근접한 현행 최고의 기술 수준과 관련하여 개진되어야 하고 특허출원된 발명은 반드시 선행기술과 모든 구성요소가 일대일로 대

---

30 효과설(독일의 통설: 문제해결설): Low-tension switch/Siemens, Case T 37/82, Electrical Board, OJ 2/1984, 71, Headnote II 및 Moulding compositions/BASF, Case T 192/82, OJ 9/1984, 415, Headnote III. 위 Case는 G.S.A. Szabo, THE PROBLEM AND SOLUTION APPROACH TO THE INVENTIVE STEP, E.I.P.R. 1986, 8 (10), fn40-fn41에서 인용됨.

31 G.S.A. Szabo, THE PROBLEM AND SOLUTION APPROACH TO THE INVENTIVE STEP, E.I.P.R. 1986, 8 (10), 293; Containers/ICI, Case T 26/81, Mechanical Board, OJ 6/1982, 211. 유럽특허법 EPC 제27조는 '특허출원서는 기술적 문제와(비록 명시적으로는 공개되지 않았을지라도) 그 해결책이 이해될 수 있는 방식으로 공개되어야 한다.'고 규정하고 있다. 만약 이러한 요건이 충족되지 않는다면 위 법 제52조가 말하는 발명은 존재하지 않는다. 만약 특허가 받아들여진다면 독립청구항은 발명을 개념정의 하는 것이고 그것은 반드시 특허출원서로부터 기술적 문제를 도출할 수 있어야 한다.

32 G.S.A. Szabo, THE PROBLEM AND SOLUTION APPROACH TO THE INVENTIVE STEP, E.I.P.R. 1986, 8(10), 293. 통상의 지식인은 그 기술 분야에서 숙련된 기술을 가진 자를 말하고 그는 그에게 객관적으로 요구되는 능력을 가지는 것이 요구된다.

응하여 용이하지 않아야만 한다. 기술적 문제를 정립하는 것은 적절한 기술 분야를 통해서 할 수 있는 결과를 비교함으로써 시작되는데 이러한 것들은 특허출원서에 명시적이거나 묵시적으로 기재되어 있는 것을 말한다.[33]

이때 기술적 문제란 적절한 기술과 발명에 의해서 얻어지는 결과인 기술적 효과를 비교하는 과정에서 발견되는 상대적인 개념이다. 이때 효과란 기술적 문제를 해결하기 위해서 발명에 의해서 만들어지는 것을 말한다.[34] 문제를 해결하는 효과는 발명이 가져야만 하는 필연적인 결과이지만 넓은 의미에서 이 두 가지는 발명이 가르치는 것을 형성한다.[35] [36]

비록 그 효과가 산업상 이용가능성(유용성)과 관련이 있을지라도 이는 특허발급이나 공개요건에 있어서 절대적이거나 독립적인 조건이 되지는 않는다. 산업상 이용가능성(유용성)은 영국이나 그 이전의 법에 존재하고 있었기 때문이다.

효과는 발명이 성취할 수 있는 것을 최대한 객관적으로 판단하게 함으로써 진보성을 충족하였는지를 판단하는 데 도움을 줄 수 있지만 기술적인 문제와 마찬가지로 독립하여 특허의 발급요건이 되는 것은 아니다.[37]

그러나 적절한 기술적 문제의 상대성은 역시 특허출원서가 명시적으로 공개하지 아니한 것은 발명이 직접적으로나 묵시적으로 공개하는 것이나, 선행기술에 의존하여야만 한다. 효과는 반드시 반복 재생할 수 있어야만 하지만 당시 공개된 기술에 비하여 월등히 우수할 필요가 없음은 물론이고 실제로 장점을 가질 필요도 없다.[38]

3. 양자의 비교

구조설은 진보성의 기준을 확립하는 데 있어서는 효과설보다 분명하다고 할 수 있다. 효과설은 불분명하다는 단점이 있기 때문이다. 그러나 효과설도 구조설이 설명하기 어려운 점을 잘 설명하여 줄 수 있다. 예컨대 화학물질의 진보성을 판단하는 데 있어서 새로운 합성물이 지금

---

33 Thermoplastic moulding compositions/Bayer, Case T 69/83, OJ 8/1984, 357 at 363.

34 기술적 문제를 개념정의하는 하나의 방법은 새롭거나 비교가 되는 결과를 통하여 이루어지는데, 이때 통상적으로는 발명의 유형에 따라 일반적인 수단에 대한 언급이 있을 수 있는데 이때 채용하는 수단은 동일하여야만 한다.

35 기술적인 문제와 이에 대한 해결책은 종종 추상적 개념이 될 수 있고 청구항이 주장하는 이에 상응하는 효과와 발명은 그들이 구체적으로 확정할 수 있는 물질적 형태로 표현되어야 한다.

36 G.S.A. Szabo, THE PROBLEM AND SOLUTION APPROACH TO THE INVENTIVE STEP, E.I.P.R. 1986, 8(10), 293. '효과'라는 용어는 여기서 가장 넓은 의미로 사용되는 데 이는 모든 종류의 발명에서 얻어지는 효과를 말하고 '발명'이라는 말도 유형적인 실체로서 해석되는 것으로서 단지 진보성에 있어서 포함되는 심적인 과정을 말하는 것은 아니다.

37 Thermoplastic moulding compositions/Bayer, Case T 69/83, OJ 8/1984, 357 at 363.

38 G.S.A. Szabo, THE PROBLEM AND SOLUTION APPROACH TO THE INVENTIVE STEP, E.I.P.R. 1986, 8(10), 293.

까지는 예상하지 못하였던 특성을 가진 것인가를 설명하여 줄 수 있다. 즉 그 계열의 물질에 대하여 새로운 효과를 보여 주는 경우에 그 구조가 얼마나 다른지보다는 그 효과가 다른지가 더 중요하다.

더 나아가 가장 근접한 동족물질도 알려지지 않았던 특성을 가지고 있거나 심지어 그보다 우수한 효과도 가지고 있는 경우에 이러한 잠재적 성질을 새롭게 발견한 것은 진보성을 허용하여야 할 것이다. 이러한 점에서 진보성의 판단도 기술 분야에 따른 기준의 설정을 할 필요가 있을 것이다.

Ⅲ. 선행기술의 분야와 공개요건

1. 신규성과의 차이점

특허법은 출원된 청구항의 신규성을 상실시킬 수 있는 선행기술에 대한 아무런 제한을 두지 않고 있어서 그 선행기술이 특허출원된 청구항과 관련된 기술 분야일 필요가 없다. 따라서 전혀 관련이 없는 기술 분야의 선행기술이라고 하더라도 청구항의 신규성을 상실시키는 데 사용할 수 있다.[39] 따라서 특허청이 출원된 신규성을 부정하기 위해서 선행기술을 조사함에 있어서 다른 기술 분야까지도 조사하여,[40] 특허출원된 발명과는 아무런 관련이 없는 산업부분에서의 기술을 들어서 신규성을 부정할 수 있다.[41]

---

39 In re Schreiber, 128 F.3d 1473, 1477, 44 USPQ2d 1429, 1431(Fed. Cir. 1997)(이미 알려진 물건의 새로운 용도를 발견한 것만으로는 알려진 물건에 대한 청구항의 신규성을 부여하지 못한다); In re Spada, 911 F.2d 705, 15 USPQ2d 1655, 1657(Fed. Cir. 1990)(알려진 물건의 새로운 장점이나 용도는 비록 용이한 것이 아니라고 하더라도 특허를 받을 수 없다); Verdegaal Brothers, Inc. v. Union Oil Company of California, 814 F.2d 628, 2 USPQ2d 1051(Fed. Cir. 1987)(청구항의 모든 구성요소를 포함하고 있는 선행기술은 비록 특허출원인이 공개한 발명개념이나 바람직한 특성을 명시적으로 공개하지 않고 있더라도 선행기술이나 방법이 그 특성을 원래 가지고 있는 것이라면 청구항의 신규성을 부정하기에 족하다); General Electric Co. v. Hoechst Celanese Corp., 740 F. Supp. 305, 317, 16 USPQ2d 1977, 1985(D. Del. 1990)(알려진 합성물이 원래 가지고 있었던 특성은 특허를 받을 수 없다); Ex parte Masham, 2 USPQ2d 1647, 1648(Bd. Pat. App. & Int'f 1987)(청구항의 구조가 가지는 용도는 이와 동일한 구조를 가진 선행기술을 구별하여 주지 못한다); Beachcombers, International, Inc. v. WildeWood Creative Products, Inc., 31 F.3d 1154, 1161, 31 USPQ2d 1653, 1658(Fed. Cir. 1994)(선행장치가 청구항이 가지는 효과를 내지 못한다고 하더라도 신규성을 상실시킬 수 있다).

40 그러나 신규성 판단의 선행기술은 아무런 제한이 없다고 본다. 따라서 오승종, 전게서, p.109에 의하면 '甲이라는 발명가가 물체와 물체의 결합수단인 못을 발명하여 특허출원하였다고 가정할 때, 만약 그 못과 동일한 물건이 甲의 발명 이전에 누군가에 의하여 판화 제작용 조각도로 사용된 적이 있었다면 비록 결합수단인 못과 절삭수단인 조각도는 그 기술 분야를 전혀 달리하지만 甲의 출원은 用度發明이 성립되는 등의 극히 예외적인 특별한 사정이 없는 한 신규성이 상실되어 특허를 받을 수 없게 된다.'고 해석한다.

41 Chisum §3.02 [1][a]. 그러나 위와 같은 상황에서는 약간 다른 선행물건이나 방법이 있다고 하더라도 후일의 발명을

그러나 진보성은 그 발명이 속하는 기술 분야에서 통상의 지식인에게 용이한 것인가를 판단하는 것으로서, 관련된 분야의 기술이 아닌 한 진보성을 판단하는 선행기술로 사용될 수 없다. 결국 진보성을 판단하는 자료가 되는 선행기술은 특허출원된 발명이 속하는 기술 분야에만 한정된다.[42]

또한 신규성을 판단하는 선행기술은 이미 공개된 자료는 물론 선특허출원 명세서로서 특허출원 당시에 아직 공개되지는 않았으나 후일 출원공개된 자료도 포함된다. 그러나 진보성을 판단하는 선행기술에 후자는 포함되지 않는다.[43] [44] [45]

이에 비하여 진보성은 그 발명이 속하는 기술 분야에 존재하는 선행기술을 모두 이해하고 있는 통상의 지식인의 기술 수준을 넘어서는 새로운 해결책에 대해서만 독점권을 주기 위한 것이다.[46] 이를 위해서 특허청은 그 발명이 속하는 기술 분야의 통상의 지식인이 접할 수 있는 모

용이하게 하지는 못한다.

신규성과 진보성과의 차이: 신규성을 부정하는 선행문헌이 특허출원된 발명을 가르칠 필요는 없다.

Celeritas Technologies Ltd. v. Rockwell International Corp., 150 F.3d 1354, 1361, 47 USPQ2d 1516, 1522(Fed. Cir. 1998), cert. denied, 525 U.S. 1106(1999)(단 하나의 선행기술에 명시적 혹은 묵시적으로 공개된 것이면 신규성을 상실한다. 만약 선행기술이 발명을 공개하였다가 후일 이를 폄하하였다고 하여도 공개가 된 것은 신규성을 상실한다. 진보성이 요구하는 반대방향으로의 가르침(Teaching away)은 신규성에는 적용되지 않는다); Trilogy Communications Inc. v. Comm Scope Co., 754 F. Supp. 468, 507, 18 USPQ2d 1177, 1208(W.D. N.C. 1990), judgment vacated, appeal dismissed(Fed. Cir. 1991)(unpublished)(신규성을 상실시킬 수 있는 선행문헌이 특허출원된 발명을 가르칠 필요는 없고 모든 구성요소를 이미 공개하고 있으면 된다).

42 특허법 제29조 제1항은 발명의 신규성을 정의하면서 산업상 이용할 수 있는 발명으로서 특허출원 전에 국내에서 공지되었거나 공연히 실시된 발명을 제외하고는 특허를 받을 수 있다고 규정하는 데 반하여, 같은 조 제2항은 진보성을 정의하면서 '특허출원 전에 그 발명이 속하는 기술 분야에서 통상의 지식을 가진 자가 위 제1항에 기재된 발명에 의하여 용이하게 발명할 수 있는 것일 때에는 특허를 받을 수 없다.'고 하여 진보성 판단의 선행기술은 그 발명이 속하는 기술 분야일 것을 요구한다고 보아야 한다. 이때 그 발명이 속하는 기술 분야라는 것은 발명 당시에 특허대상(Subject matter)이 속하는 기술 계통을 말하고 이는 선행기술(Prior Art)의 가르침(Teaching)에 비추어서 판단되어야 한다고 한다. Chisum §5.01, p.5-11.

43 특허법 제29조 제3항(선원의 지위의 확대 또는 공지의 의제): 특허출원한 발명이 당해 출원을 한 날 전에 특허출원 또는 실용신안등록출원을 하여 당해 특허출원을 한 날 후에 출원공개 또는 등록공고된 타 특허출원 또는 실용신안등록출원의 최초로 첨부한 명세서 또는 도면에 기재된 발명 또는 고안과 동일한 경우에 그 발명에 대해서는 제1항의 규정에 불구하고 특허를 받을 수 없다. Tee-Pak, Inc. v. St. Regis Paper, 491 F.2d 1193, 1198, 181 USPQ 75(6th Cir. 1974).

44 그러나 선특허출원 명세서가 신규성을 판단하는 데 사용될 수는 있지만 진보성을 판단하는 데 사용될 수 없다고 보는 것은 모순이라는 주장도 있다. Chisum §5.03 [2] p.5-120.

45 Package Devices, Inc. v. Sun Ray Drug Co., 432 F.2d 272, 167 USPQ 193(3d Cir. 1970). 그러나 신규성을 판단하는 데 사용될 수 있는 선행기술과 진보성을 판단하는 데 사용되는 선행기술이 동일하다고 보는 견해, 즉 특허출원 전에 이미특허출원되었으나, 아직 출원공개되지 않고 후일 출원공개된 발명도 진보성 판단을 위한 선행기술로 보아야 한다는 견해도 있으나 소수설에 불과하다.

46 1790년부터 1952년 사이에 미연방특허법은 발명의 유용성(Utility)과 신규성만을 요구하고 있었고 신규성이 가져야 할 양적인 필요성을 요구하지는 않았다. 그러나 판례법은 신규성 이외에도 진보성을 특허발급을 위한 소극적 요건으로 요구하고 있었고 이러한 판례의 추세가 1952년 미특허법에서 입법화된 것이다. 최초로 진보성을 요구한 미연방대법원의 판례가 바로 Hotchkiss v. Greenwood 사건이다.

든 선행기술을 찾아서,[47] 그 선행문헌들의 가르침(Teachings)을 종합한 뒤 특허가 출원된 발명을 하는 것이 용이한지를 심사하는 것이다.[48]

공지의 기술을 조합한 발명의 진보성을 판단할 경우에 있어서는 선행기술이 통상의 지식인에게 출원된 청구항의 구성요소로 조합할 것을 시사하는 바가 있었는가를 살펴보아야 한다.[49] 출원된 청구항의 개개의 구성요소나 그 다수의 구성요소가 이미 알려져 있었다는 것만으로는 이들을 조합하는 것이 용이하다는 것을 나타내지 않는다.[50] 따라서 조합발명의 진보성을 판단할 때의 기준은 조합에 있어서 개개의 요소가 선행기술에 비추어 공지된 것인가 또는 자명한가 아닌가가 아니라 선행기술이 통상의 지식인을 인도하여 여러 가지의 구성요소를 조합하여 하나의 발명으로 만들게 하였느냐에 있다.[51]

따라서 신규성의 판단에 있어서는 선행기술이 완성된 발명으로 작동 가능한 것이어야 한다. 그러나 진보성에 있어서는 이와 달라서 선행문헌으로서의 자격은 그 문헌의 완성도가 아니라 이 선행문헌이 특허출원된 발명을 가르치거나(Teaching), 제시하는(Suggestion) 바에 따라 결정되기 때문에,[52] 최적실시례에 못 미치는 실시례(Embodiment)나 실시가능요건(Enablement)을 만족시키지 못하는 선행기술도 진보성 판단의 자료가 될 수 있다.

이렇게 진보성을 판단하기 위해서 사용되는 선행기술의 가르침이 서로 모순되는 경우에는 통상의 지식인에게 각 선행기술이 제시하는 해결방법을 서로 비교하여 모순되는 이유를 평가한 뒤 신뢰성이 있는 문헌만을 가지고 진보성을 판단하는 자료로 사용하여야 한다. 이렇게 평가한 결과 선행문헌이 주장하는 근거가 박약하고, 통상의 지식인이 반드시 따라야만 하는 규정을 따르지도 않았던 것이라면 이 선행문헌은 신뢰성이 없는 것으로서 진보성을 판단하는 자료로 사용되는 선행기술이 될 수 없다.[53]

---

47 의장특허가 실용특허의 선행기술이 될 수 있다고 본 사례: In re Aslanian, 590 F.2d 911, 914, 200 USPQ 500, 503(CCPA, 1979). 선행기술은 공개가능성의 자료와는 달리 실시가능요건을 만족시킬 필요는 없다고 보는 견해: Mooney v. Brunswick, 663 F.2d 724, 212 USPQ 401(7th Cir., 1981). 선행기술이 직접 가르치는 것만 아니라 선행기술이 암시하는 바도 진보성을 판단하는 자료로 사용할 수 있다고 보는 견해 Steelcase, Inc. v. Delwood Furniture Co., 578 F.2d 74, 79, 199 USPQ 69, 73(5th Cir., 1978).

48 In re Wood, 599 F.2d 1032, 202 USPQ171(CCPA, 1979); In re Keller, 642 F.2d 413(1981). 진보성이라는 것은 하나의 문헌의 내용이 선행문헌의 구조 속에 합체(Bodily incorporates)되거나, 특허출원된 발명이 하나의 선행문헌 전체에 명시적으로 제시(Suggested)되었다는 것이 아니다.

49 위 손진홍, 전게논문, p.425-426.

50 위 손진홍, 전게논문, T37/85, OJ1988, 86, T666/93.

51 위 손진홍, 전게논문, T388/89, T717/90. 그것이 아니면, 공지의 구성을 조합한 발명이 진보성을 가지는 것은 불가능하게 된다.

52 In re Boe, 355 F.2d 961, 965(1966). 모든 선행공개내용은 최적실시례가 아닌 것이 공개되었다고 보아야 한다고 본 견해: Ex parte Raychem, 25 USPQ2d 1265, 1270(Bd. Pat. App. & Int'f, 1992). 선행기술은 최적실시례가 아닌 것을 포함하여 전체적으로 보아야 한다고 한 견해: Ex parte Raychem Corp., 17 USPQ2d 1417, 1422(Bd. Pat. App. & Int'f, 1990).

53 In re Young, 927 F.2d 588, 18 USPQ2d 1089(Fed. Cir., 1991).

2. 적절한 기술 분야: 동일 또는 유사한 기술 분야

출원된 청구항에 대한 신규성을 상실시키기 위해서는 관련된 분야의 선행기술은 물론이고 서로 다른 기술 분야라고 하더라도 사용될 수 있다.[54] 그러나 진보성은 그 발명이 속하는 기술 분야에서 통상의 지식을 가진 자에게 용이한 것인가를 판단하는 것으로서,[55] 신규성과 진보성은 판단의 자료가 되는 선행기술의 분야가 다르다.[56]

신규성을 판단하는 데 있어서 사용될 수 있는 선행문헌과 진보성을 판단하는 데 있어서 사

---

54 In re Schreiber, 128 F.3d 1473, 1477, 44 USPQ2d 1429, 1431(Fed. Cir. 1997)(이미 알려진 물건의 새로운 용도를 발견한 것만으로는 알려진 물건에 대한 청구항의 신규성을 부여하지 못한다); In re Spada, 911 F.2d 705, 15 USPQ2d 1655, 1657(Fed. Cir. 1990)(알려진 물건의 새로운 장점이나 용도는 비록 용이한 것이 아니라고 하더라도 특허를 받을 수 없다); Verdegaal Brothers, Inc. v. Union Oil Company of California, 814 F.2d 628, 2 USPQ2d 1051(Fed. Cir. 1987)(청구항의 모든 구성요소를 포함하고 있는 선행기술은 비록 특허출원인이 공개한 발명개념이나 바람직한 특성을 명시적으로 공개하지 않고 있더라도 선행기술이나 방법이 그 특성을 원래 가지고 있는 것이라면 청구항의 신규성을 부정하기에 족하다); General Electric Co. v. Hoechst Celanese Corp., 740 F. Supp. 305, 317, 16 USPQ2d 1977, 1985(D. Del. 1990)(알려진 합성물이 원래 가지고 있었던 특성은 특허를 받을 수 없다); Ex parte Masham, 2 USPQ2d 1647, 1648(Bd. Pat. App. & Int'f 1987)(청구항의 구조가 가지는 용도는 이와 동일한 구조를 가진 선행기술을 구별하여 주지 못한다); Beachcombers, International, Inc. v. WildeWood Creative Products, Inc., 31 F.3d 1154, 1161, 31 USPQ2d 1653, 1658(Fed. Cir. 1994)(선행장치가 청구항이 가지는 효과를 내지 못한다고 하더라도 신규성을 상실시킬 수 있다).

55 • 절대다수설: 진보성을 결정하는 데 사용되는 증거와 신규성을 결정하는 증거는 서로 다르다고 본 사례: In re Paulson, 30 F.3d 1457, 1482, n.11, 31 USPQ2d 1671, 1676, n.11(Fed. Cir., 1994). 진보성을 결정하는 법적 기준은 신규성을 결정하는 기준과는 전혀 다르다고 본 견해: In re Mills, 916 F.2d 680, 16 USPQ2d 1430(Fed. Cir., 1990). 청구항이 용이하지는 않지만 공개된다고 본 사례: W.L. Gore & Associates Inc. v. International Medical Prosthetics Research Associates Inc., 16 USPQ2d 1241, 1260(D. Ariz., 1990). 신규성의 판단은 사실인정의 문제라고 본 견해: Ex parte Lee, 31 USPQ2d 1105, 1110 n.1(Bd. Pat. App. and Int'f, 1993). P. cepacia를 가지고 식물을 기생충의 감염으로부터 방지하는 방법은 선행문헌이 가르치지 않고 있기 때문에 용이하지는 않다. 그러나 기생충을 방제하는 효과는 이 물질이 내재적으로 가지고 있는 것이다. 따라서 청구항은 선행기술에 의하여 신규성이 상실된다고 본 사례: Ex parte Novitski, 26 USPQ2d 1389, 1390(Bd. Pat. App. & Int'f, 1993).
• 소수설: 선행기술이 원래부터 가르치는 것이 신규성은 물론 진보성을 판단하는 데 있어서도 사용될 수 있다고 본 사례도 있다. In re Napier, 55 F.3d 610, 613, 34 USPQ2d 1782, 1784(Fed. Cir., 1995).

56 신규성 판단과 진보성 판단은 다른 것이라고 보는 견해.
In re Paulsen, 30 F.3d 1475, 1482, n.11, 31 USPQ2d 1671, 1676, n.11(Fed. Cir. 1994)(진보성을 판단하는 증거를 가지고 신규성을 판단하는 증거로 사용할 수 없다); Jones v. Hardy, 727 F.2d 1524, 1529, 220 USPQ 1021(Fed. Cir. 1984)(진보성을 판단하면서 선행기술이 가지는 내재적 특성을 사용한 것은 진보성과 신규성을 혼동한 것이다); Rheox, Inc. v. United Catalysts, Inc., 1995 WL 526542*5(D. N.J. 1995)(신규성의 판단에 있어서 선행기술의 반대의 가르침은 중요하지 않다); W.L. Gore & Associates Inc. v. International Medical Prosthetics Research Associates Inc., 16 USPQ2d 1241, 1260(D. Ariz. 1990)(청구항이 신규성이 없을지도 모르지만 진보성은 있을 수 있다); Ex parte Lee, 31 USPQ2d 1105, 1110 n.1(Bd. Pat. App. & Int'f 1993)(Pellman & Steiner, 소수의견: 신규성은 사실인정의 문제이다); In re Malagari, 499 F.2d 1289, 182 USPQ 549, 553(CCPA 1974)(신규성은 예상치 못한 효과나 다른 방향의 가르침의 증거에 의하여 부정될 수 없다); Ex parte Novitski, 26 USPQ2d 1389, 1390(Bd. Pat. App. & Int'f 1993)(진보성이 있는 발명이지만 선행기술이 원래 청구항의 방법을 포함하고 있으므로 신규성이 없다고 본 사례).
그러나 이에 반대하는 소수견해는 In re Napier, 55 F.3d 610, 613, 34 USPQ2d 1782, 1784(Fed. Cir. 1995)(선행기술의 가르침은 신규성과 진보성과 관련이 있다); Brown-Bridge Mills v. Eastern Fine Paper, Inc., 700 F.2d 759, 217 USPQ 651(1st Cir. 1983)(신규성이 없어서 무효인 특허가 진보성이 있다고 볼 수는 없다) 참조.

용되는 선행문헌은 동일하다고 보는 소수 견해도 있다.[57] 이 견해에 의하면 특허출원 이후에 출원공개된 발명도 진보성 판단을 위한 선행기술로 볼 수 있다고 한다.

그러나 진보성을 판단하는 데 사용되는 선행기술은 특허출원 당시에 이미 공개된 것만을 포함하여야 한다고 본다. 신규성을 판단하는 데 사용되는 예견자료와 진보성을 판단하는 데 사용되는 선행기술은 서로 다를 수 있다.[58] 우리 특허법 제29조 제3항도 후자의 견해를 따르고 있는 것으로 보인다.

그러나 이 후자의 견해는 신규성을 판단하는 데 사용되는 자료가 진보성을 판단하는 데 사용될 수 없다고 보는 보순을 극복하기가 어렵나는 단점이 있다. 이 견해에 의하면 특허출원 당시에 공개되지 아니한 문헌, 즉 선특허출원서의 명세서로서 후출원자의 특허출원 시에 아직 출원공개되지 아니한 명세서는 후출원된 발명의 진보성을 판단하는 선행기술로 사용될 수 없다고 본다. 따라서 특허법 제29조 제3항의 특허출원서에 최초로 첨부된 명세서는 출원공개되기 이전에 출원된 후출원 발명에 대한 진보성을 판단하는 선행기술이 될 수 없다고 본다.[59]

3. 기술 분야 판단의 기준과 시점

진보성을 판단하기 위해서는 사실심리를 하여야 하는데 이 사실심리의 대상은 선행기술의 범위와 내용,[60] 선행기술과 청구항(Claim)의 차이점, 그 발명이 속하는 기술 분야에서 통상의 지식을 가진 자의 지식 수준이 확정되어야 한다. 따라서 선행기술을 확정하기 위해서는 우선 적절한 기술 분야(Pertinent art)가 결정되어야 한다.

일본에서는 진보성 판단의 기준이 되는 선행기술의 분야를 동일한 기술 분야뿐만 아니라 유사한 기술 분야로 확대한다.[61] 따라서 뇌파기의 발명은 뇌파기 분야뿐만 아니라 원거리를 측정하거나 원격제어를 하는 등 일반적인 전기통신 분야도 선행기술 분야가 된다.

---

57 Package Devices, Inc. v. Sun Ray Drug Co., 432 F.2d 272, 167 USPQ 193(3d Cir. 1970).

58 Tee-Pak, Inc. v. St. Regis Paper, 491 F.2d 1193, 1198, 181 USPQ 75(6th Cir. 1974).

59 Chisum §5.03 [2] p.5-120.

60 Id., Graham v. John Deere, Loctite Corp. v. Ultraseal Ltd., 781 F.2d 861, 873(1985), Id., Hotchkiss v. Greenwood. 선행기술은 특허대상이 속하는 기술 분야가 무엇인가를 결정하고 이어서 이 분야의 선행기술이 어떠한 것인지를 정한다. 진보성을 판단하는 자료로 사용되는 선행기술은 신규성을 판단하는 자료인 현행 기술(The state of the art), 즉 공지되거나 공연히 실시된 발명이나 반포된 간행물에 게재된 발명 및 출원공개된 선특허출원서의 명세서에 기재된 발명을 포함하지만 아직 출원공개되지 않은 선특허출원서의 명세서에 기재된 발명은 포함되지 않는다고 본다. Supra. §5 [1] 신규성의 의의 참조.

61 中山, 注解特許法(青林書院, 1994); 東京高判昭37.5.29(取消集昭37년225). 선행기술특허가 출원된 발명이 속하는 기술 분야와 공지발명이 속하는 기술 분야 사이에 존재하는 간격이 크냐 작으냐 하는 문제도 목적, 구성 또는 효과의 예측가능성의 유무의 판단에 영향을 미친다. 두 기술 분야 사이에 유사성이 적다면 예측가능성이 적고 그 유사성이 크다면 예측가능성이 높다고 할 수 있다. 동일 또는 유사한 기술 분야이냐 아니냐를 판단하는 데 있어서 너무 좁게 해석하는 것은 타당하지 않다는 견해가 있다.

독일에서는 특허출원된 청구항이 해결하기를 원하는 기술적 문제를 가지고 있는 가장 근접한 최고의 기술 수준을 선행기술 분야로 본다.[62] 따라서 적절한 기술 분야, 동일 또는 유사한 기술 분야 또는 근접한 현행 최고의 기술 분야가 무엇인지가 문제가 된다.

미국에서는 이러한 적절한 선행기술을 결정하는데 있어서 기능설(Product-Function)과 문제해결설(Problem-Solving)이 대립되고 있다. 기능설에 의하면 적절한 기술 분야는 특허출원된 발명의 사용목적이 되는 산업이라고 보지만 이는 소수설이다. 통설인 문제해결설에 의하면 특허출원된 발명이 어떠한 문제를 해결하려고 시도하였느냐를 가지고 발명이 속하는 기술 분야를 결정한다.[63]

어떠한 발명이 용이하냐 아니면 진보적이냐를 결정하는 것은 특허출원 시를 기준으로 한다.[64] 따라서 용이성을 입증하기 위해서 사용되는 선행기술은 특허를 출원하기 이전에 존재하던 문헌만을 포함한다. 이렇게 특허출원 이전에 존재하던 발명만을 선행기술로 보는 것은 후일의 기술진보에 따른 과거 회상적 판단(Hindsight)을 방지하기 위한 것이다.[65]

따라서 특허심사관이 특허가 출원된 발명이 용이하다는 사실을 입증하기 위해서 선행문헌을 제시하는 경우에 특허출원인은 위 제시된 선행문헌이 일반대중에게 공개되기 이전에 특허를 출원하였다는 사실을 입증하여 이 문헌이 선행기술로 사용되는 것을 방지할 수 있다.[66] 그러나 또한 특허법 제30조에 의하여 특허를 받을 권리를 가진 자 이외의 사람은 발명을 시험하거나 간행물에 발표함으로써 국내에서 공지되거나 공연히 실시된 발명이 선행기술이 되는 것을 방지할 수 없다.[67]

---

62 Supra. n.4-6 참조.

63 기능설과 문제해결설에 관해서는 임호 저, 특허법, 법문사, 2003, 진보성 부분을 참조할 것.

64 진보성의 판단의 기준시점에 대하여 일본의 통설은 특허출원 시로 본다. 이는 특허출원 당시의 기술 수준을 고려하는 것이 진보성 판단을 하는 데 있어서 객관성을 확보할 수 있다는 이유에서이다. 東京高判昭53.1.19 取消集昭53년 577(자동차공구교환장치에 대한 발명에 관한 진보성의 심결취소소송), 中山, 注解 特許法, 38. 그러나 선발명주의를 취하는 미특허법 제103조(a)항은 발명이 만들어진 당시를 기준으로 본다. 선발명주의에서는 이 진보성은 현재의 시점에서 과거를 회상하는 방식으로는 판단될 수는 없고 진보성을 판단하는 데 있어 마땅히 선행기술이 제시해 주는 것과 성공가능성을 고려하지 않으면 안 되기 때문이라고 본다. 35 U.S.C. §103.

65 Chisum §5.03 [2]. p.5-115.

66 특허출원 시를 기준으로 하여 선행문헌을 결정하는 것이 선출원주의를 취하는 우리 특허법이 택하고 있는 방법이다. 그러나 선발명주의를 취하는 미특허법에서는 용이성을 입증하기 위해서 제시되는 문헌보다 먼저 발명을 하였다는 사실을 입증할 수 있으면 이 문헌을 가지고 선행기술로 사용할 수 없다. 따라서 선행기술은 발명자가 발명을 하기 이전에 공개된 문헌만 포함한다. Id., p.5-115, 116. 그러나 이 원칙은 미특허법 제102조(b)항이 규정하는 신규성 상실사유의 해석으로 인하여 상당한 변경을 가져온다. 위 조항은 발명이 특허를 출원하기 이전에 공연한 사용이나 판매행위로 인하여 신규성이 상실되는 경우에 1년의 유예기간만을 허용하기 때문에 발명자는 특허출원을 하기 1년 전에 공연히 사용되거나 판매된 발명이 선행기술로 사용되는 것을 금지시킬 수는 없다. 따라서 공연히 사용되거나 판매된 발명은 1년이 지난 후부터는 특허가 출원된 발명의 진보성을 판단하는 선행기술이 된다. In re Foster, 343 F.2d 980, 145 USPQ 166(CCPA, 1965).

67 특허법 제30조는 오직 발명자 자신이 시험이나 간행물에 발표한 경우에 6개월 이내에 특허를 출원할 수 있다고 규정하여 특허출원자 자신의 발명에 대해서만 신규성을 상실하는 선행기술이 될 수 없다고 규정하고 있다. 따라서 발

4. 선행기술의 실시가능요건

진보성 판단의 자료로 사용되는 선행기술이 공개하는 수준은 그다지 높지 않다. 대법원은 특허출원된 기술 분야에서 통상의 지식을 가진 자가 기술상식이나 경험칙에 의하여 쉽게 기술 내용을 파악할 수 있는 정도로 공개된 선행기술이라면 진보성을 판단하는 자료로 사용될 수 있다고 하였다.[68]

미국 판례법에서는 통상의 지식인에게 가르치는 것이 있다면 최적에 못 미치는 실시례(Embodiment)나 실시가능요건을 만족시키지 못하는 선행기술도 진보성 판단의 자료가 될 수 있다고 본다.[69] 따라서 진보성의 판단의 자료가 되는 선행기술은 그 완성도를 보는 것이 아니라 그 공개하는 내용이 특허출원된 청구항을 가르치거나(Teaching), 제시(Suggestion)하는 바에 따라 결정되어야 한다.[70]

더 나아가 작동이 불가능한(Inoperable) 선행기술이라고 하더라도 후행발명을 가르쳐 줄 수는 있기 때문에 진보성 판단의 자료가 되는 발명은 작동 가능한 발명일 필요는 없다.[71] [72] 따라서 선행문헌이 신규성을 입증하기 위해서 사용되는 경우와 진보성을 입증하기 위해서 사용되는 것과의 차이점은 선행기술이 작동할 수 없는 경우에 나타난다.[73]

전체적으로는 작동이 불가능한 기계나 장치일지라도 각 구성부분은 발명적인 가치가 있을 수 있어 그 발명이 속하는 기술 분야에서 새롭고 유용한 사용방식을 공개할 수도 있기 때문에

명자 이외의 제3자는 이러한 발명이 용이성을 판단하는 선행기술이 된다.

68 인식설: 통상의 지식인이 쉽게 인식할 수 있으면 충분하다고 보는 견해: **대법원 2006.3.24. 선고 2004후2307 판결**, 출원발명의 진보성 판단에 제공되는 선행기술은 (중략) 자료의 부족으로 표현이 불충분하거나 일부 내용에 흠결이 있다고 하더라도 그 기술 분야에서 통상의 지식을 가진 자가 기술 상식이나 경험칙에 의하여 쉽게 기술 내용을 파악할 수 있는 범위 내에서는 대비대상이 될 수 있다(대법원 1997.8.26. 선고 96후1514 판결, 2000.12.8. 선고 98후270 판결 등 참조).

69 In re Boe, 355 F.2d 961, 965(1966).

70 모든 선행공개 내용은 최적실시례가 아닌 것이 공개되었다고 보아야 한다고 본 견해: Ex parte Raychem, 25 USPQ2d 1265, 1270(Bd. Pat. App. & Int'f 1992). 선행기술은 최적실시례가 아닌 것을 포함하여 전체적으로 보아야 한다고 한 견해: Ex parte Raychem Corp., 17 USPQ2d 1417, 1422(Bd. Pat. App. & Int'f 1990).

71 Minnesota Min. & Mfg. Co. v. Blume, 684 F.2d 1166, 1173 n.10, 215 USPQ 585, 591 n.10(6th Cir. 1982).

72 외국의 간행물에 게재된 발명으로서 작동이 불가능한 것은 신규성 상실의 자료로 사용될 수는 없으나 진보성 판단의 선행기술로 사용될 수는 있다고 본 견해: Paperless Accounting, Inc. v. Bay Area Rapid Transit Sys., 804 F.2d 659, 665, 231 USPQ 649, 653(Fed. Cir. 1986).

73 Supra. n.242. 신규성, 선행기술의 실시가능성 참조: 실시가 불가능한 선행발명이나 목적달성이 불가능한 선행발명은 특허가 출원된 발명의 신규성을 상실시킬 수 없다고 보는 것이 주류적 견해이다. 신규성 상실의 가능성을 구성하는 공개자료는 작동이 가능한 발명이 일반대중의 영역에 이미 존재하여야 한다고 본 견해: Chester v. Miller, 906 F.2d 1574, 1577, n.2, 15 USPQ2d 1333, 1336, n.2(Fed. Cir. 1990). 이는 그 발명이 속하는 기술 분야에서 통상의 지식을 가진 자라면 그다지 커다란 어려움이 없이 작동할 수 있는 발명만이 후행발명의 신규성을 상실시킬 수 있는 공개자료가 될 수 있다는 것이다.

진보성을 판단하는 선행기술로 사용될 수 있다.[74] 상업적으로 활용하는 것이 불가능한 종이특허(Paper patent)도 중요한 아이디어를 공개하고 있다면 이는 선행기술로 사용될 수 있다.[75]

심지어는 비록 특허출원서의 명세서에 첨부된 도면이 정확한 축척을 사용하여 그려지지 않고 단지 예시할 목적으로 대충 그려졌다 하더라도 선행기술로 사용할 수 있다.[76] 또한 명세서에 서술되지 아니한 도면도 신규성과 진보성을 판단하는 자료로 사용할 수 있다고 본 경우도 있다.[77]

5. 상호 모순되는 선행기술

선행문헌의 가르침이 서로 모순되는 경우에는 그 발명이 속하는 기술 분야에서 통상의 지식을 가진 자에게 각 선행문헌이 제시하는 해결방법을 서로 비교하여 모순되는 이유를 평가한 뒤 신뢰성이 있는 문헌만을 가지고 진보성을 판단하는 자료로 사용하여야 한다. 이렇게 평가한 결과 ① 선행문헌이 주장하는 근거가 박약하고, ② 그 발명이 속하는 기술 분야에서 통상의 지식을 가진 자가 반드시 따라야만 하는 규정을 따르지도 않았던 것이라면 이 선행문헌은 신뢰성이 없는 것으로서 선행기술로 사용될 수 없다.[78]

Ⅳ. 유럽의 진보성 판단

1. 유럽특허기구 EPO와 EPC

진보성의 판단을 위해서 유럽의 법원, 각 개별 국가의 특허청 및 유럽특허기구(EPO)는 여러 가지의 법적 근원을 사용한다. 첫째, 이들은 TRIPS 협정 제27조 제1항, 즉 모든 기술 분야에 있어서 물건이나 방법 등 어떠한 발명이라도 진보성을 가지고 있어야 한다. 더 나아가 EC의 유전공학 지침 제3조는 유전공학 분야에 있어서도 진보성을 요구하는데 이는 EU 가맹국가에 대

---

74 In re Shepherd, 172 F.2d 560, 564(1949), Gilbert v. Marzall, 182 F.2d 389(1950), Smith v. ACME General Corp., 614 F.2d 1086(1980).

75 Leach v. Rockwood & Co., 273 F. Supp. 779, 154 USPQ 356(W.D. Wis. 1967), aff'd, 404 F.2d 652(7th Cir. 1968).

76 Afros S.p.A. v. Krauss-Maffei Corp., 671 F. Supp. 1042, 671 F. Supp. 1458, 5 USPQ2d 1145(D.Del. 1987).

77 Tennant Co. v. Hako Minuteman, Inc. 22 USPQ2d 1161, 1175(N.D. Ill. 1991).

78 In re Young, 927 F.2d 588, 18 USPQ2d 1089(Fed. Cir. 1991).

하여 강행규정적 성격을 가지고 있다.[79]

EPO는 EPC를 적용하여 특허를 부여하고 있다.[80] 유럽특허를 부여하는 절차를 규정하고 있는 EPC 제56조는 현존하는 최고의 기술 수준의 발명에 대하여 통상의 지식인에게 용이하지 않다면 그 발명은 진보적인 것으로 여겨져야 한다고 규정하고 있다.[81] 이때 현존 최고 기술 수준(State of the art)이라는 것은 제54조 제2항에 규정되어 있듯이 사용 또는 다른 방법에 의하여 유럽특허를 출원하기이전에 서면이나 구두로 일반대중에게 공개된 모든 것들을 포함한다.[82]

그러나 신규성과 진보성은 서로 다른 기준을 가진다. 신규성은 출원된 발명과 공지된 기술 사이에 차이점(Divergence)이 있을 때는 허용된다. 이에 비하여 진보성(Inventive step)은 출원된 발명이 선행기술로부터 일정한 정도의 차이 또는 질적인 차이가 있을 때 허용되고 이는 신규성이 허용된 이후에 문제가 된다.[83]

중요한 차이점은 제54조에서는 선행기술이 각각 개별적으로 평가되지만 제56조에서는 선행기술을 조합하는 것이라는 점이다. 이를 선행기술의 모자이크라고 하는데 이는 현행 최고의 기술을 개발한 것이 통상의 지식인의 입장에서 보아 조합된 재료로부터 가지고 올 수 있는 것인지를 심사하려고 하는 것이다. 출원된 발명은 통상 전체로서의 하나(as a whole)로 여겨져야만 한다. 여러 가지 특징들을 조합한 것으로 구성된 청구항을 전체로서의 하나로 여긴다는 것은 조합의 각 개별적 특징을 따로 떼어서 이미 알려진 것이거나 용이한 것으로 취급할 수 없다는 것이고 출원된 청구항의 전체적인 대상이 용이하여야만 한다.[84]

일반적으로 선행기술을 조합하는 수가 많을수록 진보성이 인정될 확률이 크다고 보아야 한다. 만약 그 발명이 선행기술을 접하는 것으로 추정되는 통상의 지식인의 고려나 능력의 범

---

79 Directive 98/44/EC of the European Parliament and of the Council of 6 July 1998 on the legal protection of biotechnological inventions OJ L 213, 30/07/1998 P. 0013-0021(Art. 3 (1) Stipulates: For the purposes of this Directive, inventions which are new, which involve an inventive step and which are susceptible of industrial application shall be patentable even if they concern a product consisting of or containing biological material or a process by means of which biological material is produced, processed or used).

80 European Patent Convention(EPC)은 European Patent Organization(EPO)을 구성하는 36개국에 의하여 승인되었고 이는 27개국의 EU 국가를 포함하고 있다.

81 EPC Art. 56: An invention shall be considered as involving an inventive step if, having regard to the state of the art, it is not obvious to a person skilled in the art. If the state of the art also includes documents within the meaning of Article 54, paragraph 3, these documents shall not be considered in deciding whether there has been an inventive step.

82 EPC Art. 54, (2): The state of the art shall be held to comprise everything made available to the public by means of a written or oral description, by use, or in any other way, before the date of filing of the European patent application.

83 Guidelines for Examination in the European Patent Office(Version: April, 2009).

84 EPO Examination Guidelines at C-IV, 11.5(그러나 위 일반원칙에서 특징의 총합(Aggregation) 이나 병렬(Juxtaposition)은 예외로 한다).

위를 넘는다면 진보성이 있다.[85] 또 하나의 중요한 차이점은 진보성을 심사하는 데 있어서 선행기술은 EPC 제54조 제3항에 기재된 다른 유럽특허출원서에 포함되지 않는다는 것이다.[86] [87] 따라서 EPC 제56조의 두 번째 문장은 만약 현행 최고 기술 수준이 제54조의 세 번째 문장에 기재된 문헌들을 포함하는 것이라면 이러한 문헌은 진보성을 판단하는 데 있어서 선행기술에 포함되지 않는다.[88]

그러나 위 조문만을 보아서는 진보성에 대한 지침이 되기에는 부족하므로 이는 많은 해석상의 여지를 남긴다. 따라서 진보성의 판단기준은 대부분 EPO의 특허발급정책에 의하여 좌우될 수밖에 없다.[89]

더 나아가 EPO Guidelines에서 '용이하다(Obvious)'의 의미는 기술 발전 과정에서 오는 통상적 진보를 넘지 않고 단지 선행기술을 평범하거나 논리적으로 추종한다는 의미이다. 즉 그 분야의 숙련된 사람에 대하여 기대되는 것을 넘어서는 어떠한 스킬이나 능력을 발휘하지 않는 것이라고 규정하고 있다.[90]

---

85 Derk Visser, The Annotated European Patent Convention, Art. 56, note 1(H. Tel Publisher, 17th ed. 2009).

86 EPC §54 (3)항은 유럽특허출원서의 내용으로서 같은 조 제(2)의 일자 즉 신규성 판단의 대상이 되는 청구항이 유럽특허출원되기 이전에 출원되어 그 이후에 간행된 것은 신규성 판단을 함에 있어서 선행기술에 포함된다는 규정이다. EPC §54의 (1)~(3)항의 내용은 다음과 같다.

(1) An invention shall be considered to be new if it does not form part of the state of the art.

(2) The state of the art shall be held to comprise everything made available to the public by means of a written or oral description, by use, or in any other way, before the date of filing of the European patent application.

(3) Additionally, the content of European patent applications as filed, the dates of filing of which are prior to the date referred to in paragraph 2 and which were published on or after that date, shall be considered as comprised in the state of the art.

이를 우리 특허법 제29조 제3항과 비교하여 보면 EPC는 선행기술이 된다고 규정되어 있는 데 비하여 우리 특허법은 이와 동일한 발명은 특허를 받을 수 없다고 규정함으로써 결국은 신규성 상실사유가 된다고 한다.

특허법 제29조 제3항: ③ 특허출원한 발명이 당해 특허출원을 한 날 전에 특허출원을 하여 당해 특허출원을 한 후에 출원공개되거나 등록공고된 타 특허출원의 출원서에 최초로 첨부된 명세서 또는 도면에 기재된 발명과 동일한 경우에 그 발명에 대해서는 제1항의 규정에 불구하고 특허를 받을 수 없다.

87 EPC §56은 발명이 만약 현존 최고 기술 수준을 고려하여 보아 그 기술 분야의 숙련된 사람에게 용이하지 않다면 진보성을 가진 것으로 여겨져야 한다고 하였다. 만약 현존 최고 기술 수준이 제54조의 3번째 문장에서 말하는 문헌을 포함하고 있다면 이러한 문헌은 진보성을 판단하는 데 있어서 고려되지 않는다.

EPC §56: An invention shall be considered as involving an inventive step if, having regard to the state of the art, it is not obvious to a person skilled in the art. If the state of the art also includes documents within the meaning of Article 54, paragraph 3, these documents shall not be considered in deciding whether there has been an inventive step.

88 Timo Minssen, MEANWHILE ON THE OTHER SIDE OF THE POND: WHY BIOPHARMACEUTICAL INVENTIONS THAT WERE "OBVIOUS TO TRY" STILL MIGHT BE NON-OBVIOUS—PART I, 9 Chi.-Kent J. Intell. Prop. 60, 67.

89 위 전게 논문, Visser, 33.

90 EPO Examination Guidelines at part C-IV, 11 and Annex(April 2009). 현행 가이드라인 11.4는 다음과 같이 용이하다는 의미를 정의한다.

The term 'obvious' means that which does not go beyond the normal progress of technology but merely follows plainly or logically from the prior art, i.e. something which does not involve the exercise of any skill or ability be-

가상의 기술자에 대해서도 미국의 통상의 지식인과 유사하다. 즉 그 기술 분야에서 숙련된 기술자에 대한 가상의 기술자도 발명성을 판단하는 데 있어서 필수적인 존재이다. 숙련된 기술자란 누구이고 그가 하는 일은 무엇인가, 어떤 발명이 용이한가의 문제는 창작적 측면에도 불구하고 그 대상의 문제는 아니다.

EPO의 실무관례에 의하면 진보성을 판단하는 문제는 출원인이 문제해결을 위해서 어느 정도의 노력을 들였나 하는 문제이거나, 발명자가 그 기술에 대하여 어느 정도로 기여를 하였다고 생각하였는가의 문제가 아니다. 발명성은 그 발명이 극복한 기술적 문제에 비추어서 객관적으로 결정되어야 한다.

이때 기술적 문제는 가장 근접한 선행기술의 공개내용과 함께 출원서에 공개된 내용에 비추어서 결정된다. 만약 발명이 근거한 그 기술적 문제가 현행 최고 기술로부터 가져올 수 없는 것이라면 통상의 경우에 발명은 바로 이 기술적 문제를 해결하는 것이며 이 기술적 문제야말로 진보성의 결정적 요인이 된다.[91]

2. 문제해결설[92]

EPO는 EPC를 채택하기 이전에는 각 가입국가들에게 통합적으로 적용되는 진보성을 판단하기 위한 기준으로서 문제해결설(problem-and-solution approach)을 취하고 있었다.[93] 이 설을 취함으로써 EPO는 보다 투명하고 경제적이며 객관적이라고 보았고 이로써 명확성을 얻기를 기대하였다.[94] 이 기준은 발명을 기술적 문제를 해결하는 것(Solution)으로 보고 조사와 연구를 특정한 문제를 해결하기 위한 노력으로 파악한다.

따라서 진보성은 기술적 문제로부터 그 해결에 이르는 단계(A step from the technical problem to its solution)로 본다.[95] 발명이 용이한가를 묻기 이전에 EPO는 어떤 발명이 제기된 문제에 대한 해답을 주는 것이 숙련된 기술자에게 용이한 것인가를 본다. 어느 발명이 특허를 받을 수

---

yond that to be expected of the person skilled in the art.

91 Timo Minssen, MEANWHILE ON THE OTHER SIDE OF THE POND: WHY BIOPHARMACEUTICAL INVENTIONS THAT WERE "OBVIOUS TO TRY" STILL MIGHT BE NON-OBVIOUS—PART I, 9 Chi.-Kent J. Intell. Prop. 60, 70(예컨대 Case T 2/83에서 "Simethicon-Tablette/Rider"는 그 이전에는 알려지지 않았던 시판된 약품의 부작용으로서 이 사건의 발명은 그 문제 자체에서 발견된다).

92 Denis Schertenleib, The Patentability and Protection of DNA-based Inventions In the EPO and the European Union, EIPR 125, 130(2003).

93 Timo Minssen, MEANWHILE ON THE OTHER SIDE OF THE POND: WHY BIOPHARMACEUTICAL INVENTIONS THAT WERE "OBVIOUS TO TRY" STILL MIGHT BE NON-OBVIOUS—PART I, 9 Chi.-Kent J. Intell. Prop. 60, 70.

94 G. Knesch, Assessing Inventive Step in Examination and Opposition Proceeding at the EPO, epi-Information 95, 98(3/1994).

95 T 26/81, ICI/Containers, OJ EPO 1982, 211.

있으려면 그 발명이 제시하는 기술적 해결책이 그 발명의 출원일자 또는 우선권일자(우선권을 주장하는 출원일 경우)에 통상의 지식인에게 용이하지 않아야 한다.[96] 이 견해는 다섯 가지의 단계로 구성된다.[97]

첫째, 선행기술의 기술적 효과, 즉 객관적으로 주도적인 가장 근접한 현행 최고 기술과 그로 인하여 이루어진 기술적 효과가 무엇인가가 밝혀져야 한다. 이때 가장 근접한 선행기술은 통상 동일한 대상에 관한 것이고 출원된 청구항과 함께 가장 중요한 기술적 특징을 공통적으로 가지고 있다.

둘째, 출원된 발명의 기술적 효과, 즉 출원된 발명이 어떤 것인지 그리고 그 발명이 이루고자 하는 기술적 효과가 확정되어야 한다.

셋째, 선행기술과 출원된 청구항의 차별적 차이점을 알아낸다. 즉 출원된 청구항이 가르치는 것과 가장 근접한 현행 기술 수준 사이에 특성의 차별적 차이점이 무엇인지를 밝혀 낸다.

넷째, 가장 근접한 선행기술로부터 출원된 발명으로 가기 위해서 해결되어야 할 과제로 제시되고 그 결과 해결된 문제점이 무엇인지를 밝힌다.

마지막으로, 숙련된 지식인의 견지에서 볼 때 가장 근접한 현존 최고 기술로부터 출발하여 해결되어야 할 과제로 제시된 문제(위 넷째 단계에서 과제로 제시된 문제)를 해결하기 위해서 출원된 청구항의 가르침의 차별적 특성(위 셋째 단계에서 구별된 것)을 사용하는 것이 용이한 것인지 아닌지를 평가한다. 그 결과 만약 해결되어야 할 과제가 된 기술적 문제에 대한 해결책이 용이한 것이 아니라면, 진보성은 인정된다.[98]

그러나 이러한 문제해결설은 많은 비판을 받아 왔다.[99] 첫째, 진보성을 판단하는 문제를 어렵게 만드는 것은 그 판단이 우선권일자 이후에 되어야 한다는 것이다. 기술적 문제가 무엇인지

---

[96] Lionel Bentley & Brad Sherman, Intellectual Property Law, 489, 490(3rd ed., Oxford University Press 2009).

[97] Timo Minssen, MEANWHILE ON THE OTHER SIDE OF THE POND: WHY BIOPHARMACEUTICAL INVENTIONS THAT WERE "OBVIOUS TO TRY" STILL MIGHT BE NON-OBVIOUS—PART I, 9 Chi.-Kent J. Intell. Prop. 60, 71.

[98] Timo Minssen, MEANWHILE ON THE OTHER SIDE OF THE POND: WHY BIOPHARMACEUTICAL INVENTIONS THAT WERE "OBVIOUS TO TRY" STILL MIGHT BE NON-OBVIOUS—PART I, 9 Chi.-Kent J. Intell. Prop. 60, 71.

[99] 문제해결설에 대한 비판은 다음의 논문을 참조할 것. F. Hagel and C. Menes, Making(1/1995); R. Jehan, The Problem and Solution Test in the Assessment of Inventive Step, epi-Information, 69(2/1995); Steven Crespi, Recombinant Patents in Litigation—A Comparative Study of Some EPO and UK National Court Decisions 28 IIC 603, 614 ff.(1997)(재조합 DNA에 문제해결설을 적용하는 것은 매우 가공적이다. 왜냐하면 바이오 청구항에 있어서는 결과가 얻어질 수 있는 해결책을 이루는 모종의 원칙을 표현한 것이라기보다는 차라리 용이한 결과를 만들어내기 위해서 용이한 것을 요구하는 것에 불과한 단순한 쇼핑목록으로 나타나기 때문이다); Katsuya Saito & Rosemary Sweeney, Assessment of Inventive Step or Obviousness in the United States, Europe and Japan, Student Research Papers, School of Law, University of Washington(2002), p.1, 4.(유럽에서도 진보성의 판단에 있어서 회상적 고려(Hindsight)를 금지한다고 하더라도 발명에 의하여 해결된 기술적 문제가 무엇인지를 밝혀내기 위해서는 하는 수 없이 회상적 고려를 사용하지 않으면 안 된다).

와 그 해결책의 발명성을 결정하는 데 있어서 소급적으로 판단하는 데서 오는 위험 요소는 쉽사리 무시된다. 특히 매우 급격하게 진보하는 유전공학과 의약품에 관한 기술 분야에서는 후일의 지식을 사용하여 소급적 판단을 함으로써 진보성에 관한 부당한 결론을 내릴 수도 있다.[100]

소급적 판단을 함에 있어서 사후적 관찰자(Post-hoc observer)는 항상 더 스마트하다. 또한 그는 후일에 만들어진 지식을 마치 그 이전에 존재하던 상식적인 지식이라고 여기고 출원된 발명에서 가져오는 지식을 현존 최고 기술로 보려는 경향을 가진다.

이러한 과거 회상적인 접근법은 EPO Guidelines에 의하여 명시적으로 금지되어 있다. 처음에 언뜻 보기에는 용이한 발명이라고 하더라도 사실은 진보성을 가질 수 있다. 왜냐하면 일단 새로운 아이디어가 정립되고 나면 종종 그 아이디어가 이미 알려진 것으로부터 시작하여, 매우 쉬운 일련의 단계를 통하여 당연하게 도달하게 된 곳을 보여 주기 때문에 논리적으로 당연하다고 생각하기 쉽기 때문이다. 그러나 심사관은 이러한 종류의 소급적 판단을 반드시 경계하여야 할 것이다.[101]

심사관이 현행 기술 수준과 기술적 문제점을 허구적으로 정립하는 것과 소급적 판단을 방지하기 위해서는, 반드시 출원된 청구항의 해결책으로부터 부당하게 도출되는 구성요소로부터 자유로워야 한다.[102] 이를 교정하기 위해서는 발명이 있게 된 주변의 기술적 환경과 아울러 그 기술이 발달하게 된 역사적 배경도 진보성을 판단하는 보충적 자료로서 참고 되어야 한다.[103]

또한 문제해결설에 입각한 심사는 반드시 그 발명이 실제로 기술적 문제를 해결하였느냐를 보아야 한다. 그렇다고 해서 산업상 이용가능성의 요건이나 공개요건 이외에 추가적인 특허요건을 요구하는 것은 아니다.[104] 문제해결설은 유럽특허심판위원회(EPO's Technical Board of Appeal)가 정설로서 취하고 있다. 그러나 이 문제해결설도 만능이 아니고 진보성을 판단하는 데 있어서 취할 수 있는 여러 가지의 가능성이 있는 견해 중의 하나라고 본다.[105] 진보성을 판단하는 데 있어서 오직 단 하나의 기준만을 설정할 필요는 없다는 것이다. 더 나아가 위 심판위원회

---

100 Jürgen Kroher, in: Singer/Stauder, The European Patent Convention: A Commentary, Article 56, note 41(Sweet & Maxwell/Heymanns, 3rd ed. 2003)(최근 매우 빠르게 발전되고 있는 유전공학 분야에서는 소급적 판단(Ex post facto)에 노출될 위험이 매우 크다).

101 EPO Examination Guidelines at C-IV, 11.9.2.

102 T 223/92 "Human(gamma)-Interferon/GENENTECH" and T 181/87 "DNA transfer vector/The Regents of the University of California." 1990 OJ EPO 250. Seealso G.S.A. Szabo, The Problem and Solution Approach in the European Patent Office 26 IIC 457(1995); G. Knesch, Dieer find erische Tätigkeit—der Prüfungsansatz im EPA, Mitteilungen der deutschen Patentanwälte(Mitt), 311 ff.(2000).

103 Jürgen Kroher, in: Singer/Stauder, The European Patent Convention: A Commentary, Article 56, 79(Sweet & Maxwell/Heymanns, 3rd ed. 2003).

104 R. Jehan, The Problem and Solution Test in the Assessment of Inventive Step, epi-Information, 69 ff.(2/1995).

105 T 465/92 "Alcan/Aluminium alloys" 사건을 참조할 것(위 판결에서 유럽특허심판위원회(EPO's Technical Board of Appeal)는 문제해결설(The problem and solution approach)은 단지 진보성을 판단하는 하나의 지침일 뿐 EPC §56에 의한 진보성을 판단하는 데 있어서 필수불가결한(Sine qua non) 기준이 될 수는 없다고 하였다).

는, 명시적으로 문제해결설은 발명에 대한 실제적인 지식을 가지고 조사를 한 결과에 의존하는 것이기 때문에 본질적으로 소급적 사고에 기초하고 있다는 문제점이 있어 어떠한 상황에서는 이를 적용함에 있어서 주의가 요구된다고 하였다.

또 하나의 단점은, 이 접근법이 사실관계가 간명한 경우에도 진보성을 부정하거나 인정하거나 간에 복잡한 여러 가지의 단계를 거쳐야만 한다는 것이다.[106] 따라서 만약 어떤 발명이 전혀 새로운 것인 경우에는 가장 근접한 선행기술을 일부러 찾아내어 기술적 문제를 만들어 낼 것이 아니라 차라리 근접한 선행기술이 없는 것으로 보아야 할 것이다.[107]

기존의 심판위원회의 일부 판결에서도 나타난 바와 같이 문제해결설은 대상이 되는 과제가 가지는 기술적 문제(Objective problem)라고 불리는 것을 판단하는 데 있어서 법원의 판단을 요하지만 일단 이러한 과제해결의 문제가 밝혀지면 그 다음은 진보성에 있어서는 더 이상 법원의 판단을 필요로 하지 않는 경우도 있기 때문이다. 따라서 위 심판위원회는 진보성의 판단을 법률의 해석과 적용의 문제로 보아 가상적이고 비현실적인 기술적 문제를 만들어 내는 것을 피하고 반드시 문제가 된 특허가 가지고 있는 기술적 문제로부터 출발하여야 한다고 하였다.[108]

따라서 기술적 문제를 주관적이 아닌 객관적으로 결정하기 위해서 출원된 특허명세서를 출발점으로 삼을 수도 있고,[109] 객관적으로 가장 근접한 현존 최고 기술도 출발점이 될 수 있다.[110] 또한 기술적 문제는 그 해결책에 대한 어떠한 접근방법도 포함하지 말아야 하고,[111] 영업방법에 관한 진보성을 판단하는 것은 영업과 관련된 특징과 기술적 특징을 사전에 분명하게 구분함이 없이도 가능하다고 한다.[112] 따라서 원칙으로 보면 특허요건의 하나로서 제기된 문제를 해결하였느냐를 본다.[113]

3. 의도설

유럽특허청인 EPO의 판사들과 심사관들은 진보성, 즉 출원인에 의하여 발견된 해결책이

---

106 Timo Minssen, MEANWHILE ON THE OTHER SIDE OF THE POND: WHY BIOPHARMACEUTICAL INVENTIONS THAT WERE "OBVIOUS TO TRY" STILL MIGHT BE NON-OBVIOUS—PART I, 9 Chi.-Kent J. Intell. Prop. 60, 71.

107 T 465/92 "Alcan/Aluminium alloys" at para. 9.5. of the reasons.

108 T 495/91, 20 July 1993; T 246/91, 14 September 1993; and T 741/91, 22 September 1993.

109 T 741/91 of 22 September 1993; T 13/84, OJ 1986, 253.

110 T 334/92 of 23 March 1994; T 824/05 of 28 Sept. 2007.

111 T 184/89 of 25 February 1992.

112 T 912/05 of 15 April 2008.

113 그러나 이러한 모순은 문제해결설이 추가적 특허요건을 가지면 안 된다는 유럽심사지침에 위배되는 결과가 된다. Guidelines for Examination in the EPO Guidelines(2009), part C, IV-27.

숙련된 기술자에게 용이한가의 판단기준으로 의도설("could–would"–approach)을 취한다.[114] 의도설에 의하면 출원일자(또는 우선권을 주장하는 최초출원일자)를 기준으로 하여 그 당시의 모든 선행기술(현존 최고 기술: The state of the art)을 알고 있었던 평균적 숙련도를 가진 기술자(통상의 지식인)가 가장 근접한 선행기술을 채택하거나 변경하거나 또는 조합을 함으로써 출원된 발명과 동일한 발명을 얻을 수 있었느냐만을 보고서 그 발명을 용이하다고 할 수는 없다는 것이다.[115]

출원된 발명이 용이하다고 하기 위해서는 그 선행기술이 객관적인 기술 문제를 해결하기를 희망하거나, 적어도 상당한 개선을 하거나 또는 이점을 얻을 수 있다는 기대에서 그로 하여금 그렇게 하도록 자극을 하였기 때문에 그가 그렇게 하려고 의도(Would)를 하였다고 볼 수 있어야 한다.[116] 따라서 통상의 지식인이 선행기술의 변경이나 조합을 할 수 있었던 것(Could)만으로는 그 발명이 용이한 것으로 볼 수는 없다는 것이다.

이러한 구분은 발명자가 출원된 발명에 도달하기 위해서 사용할 수 있었던 여러 가지의 방법이 출원 당시에 존재할 수도 있었기 때문에 용이성을 판단하기 위해서 중요한 것이다. 기술분야에 있어서 하나의 해결책이 기술적으로 가능한 것(Could)이냐 하는 것과 그 분야에 숙련된 기술자가 실제로 이러한 방법을 사용하려고 의도(Would)하였느냐는 서로 다른 의미이다. 따라서 이러한 숙련된 기술자가 의도한 해결책을 사용하는 것은 용이한 것으로 진보성이 없다.[117]

그러나 고도로 예측하기가 어렵고 비교적 개발되지 않은 분야이며 복잡한 기술 분야에서는 이러한 접근법을 사용하기가 용이하지는 않다. 예컨대 DNA와 단백질과 관련된 유전공학 분야가 그렇다.[118] 유전자의 부호의 잔기(Redundancy), 유전자 분할(Splicing), 단백질과 DNA의 복잡한 상호작용은 물론 세포유전자 발현을 포함한 그 이외의 유전공학적 메커니즘과 같은 복잡한 현상들은 유전공학자로 하여금 선행기술이 오직 매우 모호하게 단 한 방향만을 제시하는

---

114 Timo Minssen, MEANWHILE ON THE OTHER SIDE OF THE POND: WHY BIOPHARMACEUTICAL INVENTIONS THAT WERE "OBVIOUS TO TRY" STILL MIGHT BE NON-OBVIOUS—PART I, 9 Chi.-Kent J. Intell. Prop. 60, 74.

115 Timo Minssen, MEANWHILE ON THE OTHER SIDE OF THE POND: WHY BIOPHARMACEUTICAL INVENTIONS THAT WERE "OBVIOUS TO TRY" STILL MIGHT BE NON-OBVIOUS—PART I, 9 Chi.-Kent J. Intell. Prop. 60, 74.

116 This significant difference between could and would is part of the established case law of the EPO's Boards of Appeal. See cases T 2/83 "Simethicon–Tablet/Rider", OJ EPO 1984, 265; T 455/91 "Expression in Hefe/GENENTECH," ABl. 1995, 684, nr. 5.1.3.3 and 5.1.3.4 of the reasons; P. Lançon, DieRechtsprechungder Beschwerdekammerdes EPA 1994 bis 1996—ein Überblick, GRUR 227, 229(1998); cf. EPO Guidelines, C IV—11.7.3.

117 Jürgen Kroher, in: Singer/Stauder, The European Patent Convention: A Commentary, Article 56, 60(Sweet & Maxwell/Heymanns, 3rd ed. 2003).

118 그러나 지난 10년 동안 유전공학 분야도 보다 예측가능한 것으로 발전되었다. Timo Minssen, MEANWHILE ON THE OTHER SIDE OF THE POND: WHY BIOPHARMACEUTICAL INVENTIONS THAT WERE "OBVIOUS TO TRY" STILL MIGHT BE NON-OBVIOUS—PART I, 9 Chi.-Kent J. Intell. Prop. 60, 74, n.57.

데 비하여 여러 가지의 가능한 해결책을 예상하도록 한다.

따라서 대다수의 경우에는 어떠한 방향으로 나아가야 성공을 할지에 대하여 불확실성이 존재한다. 즉 올바른 길을 발견하는 것은 여러 가지의 중간 단계를 조합할 것을 요구한다. 비록 새로운 적용 분야에 있어서는 이미 알려진 방법을 사용하거나 이들을 조합하는 것이 시도하기에 용이한 것이라고 하더라도 그가 취한 방법은 여전히 많은 어려움을 가지고 있다.

이렇게 선택된 방법이 후일 성공한 것들 중에는 그 선택 당시에는 대다수의 과학자에 의하여 가장 매력이 없거나 성공가능성이 희박한 것들도 있다. 따라서 EPO가 출원된 청구항에 의하여 제시된 해결책이 용이하다고 보는 경우는 다음의 두 가지 경우이다.

첫째, 이전의 현행 기술 수준을 나타내는 선행문헌들을 가지고 조합하기에 용이하였거나(Obvious to combine), 조합하는 것을 시도하기에 용이하였거나(Obvious to try to combine) 한 경우이다. 둘째, 그 특징의 성공적 조합이 예상가능한 것이었거나, 이미 예견된 결과로 인도하는 경우이다.[119]

따라서 EPC 제56조에 의한 진보성의 판단에 있어서 숙련된 기술자가 상당한 개량이나 유익에 대한 합리적인 기대를 가지고 수행하려고 의도를 한 방식은 용이한 것이라고 본다.[120]

즉 그 결과가 분명하게 예측가능한 경우에도 용이한 것이지만, 그 과정도 비록 특수한 방법으로 하였지만 시도하기에 용이하거나, 성공에 대한 합리적 기대가능성을 가지고 있었던 경우에도 역시 용이하다.[121] 이러한 접근법을 '성공에 대한 합리적 기대가능성을 가진, 시도하기에 용이한 것'이라고 한다.[122]

4. EPO 심사지침

출원된 청구항이 조합발명인 경우에는 그 개별적 특성이 이미 알려진 것인지 용이한 것인지 여부가 문제가 되는 것이 아니라 심사관이 그 조합을 전체적인 하나로(Combination as a whole) 보아서 심사한다. EPO T 37/85-Mannesmann, OJ 1988, 86에 의하면 여러 특성을 조

---

119 Timo Minssen, MEANWHILE ON THE OTHER SIDE OF THE POND: WHY BIOPHARMACEUTICAL INVENTIONS THAT WERE "OBVIOUS TO TRY" STILL MIGHT BE NON-OBVIOUS—PART I, 9 Chi.-Kent J. Intell. Prop. 60, 74.
EPO의 T 249/88 "Monsanto/Milk Production" [FN58]에서 심판위원회(EPO Technical Board of Appeal)는 예견하지 않은 결과로 유도한 해결책만이 진보성이 있다고 판시.

120 T 2/83 "Simethicon-Tablet/Rider," OJ EPO 1984, 265, 판결이유 중에서 제7점 참조.

121 T 1241/03 "Human growth hormone/GENENTECH"(1 September 2005), para. 31.

122 위 견해는 유럽특허심판위원회(EPO Technical Board of Appeal)의 1988년 Monsanto/Milk Production의 판결 중 방론(Dicta)에서 채택한 견해로서 이는 In re O'Farrell에서 CAFC가 취한 성공에 대한 합리적 기대설(Reasonable expectation of success)의 견해와 거의 일치한다.

합한 발명에 대한 진보성을 판단하기 위해서는 현행 최고 기술이 숙련된 기술자로 하여금 바로 그 출원된 청구항의 특징을 가지는 것으로 조합할 것을 구체적으로 제안하였느냐의 여부가 중요하다. 따라서 조합발명의 각 개별적 특성들이 이미 알려진 것이었느냐의 여부는 진보성의 판단에 있어서 결정적인 것은 아니다.[123]

그러나 EPO 심사지침 Guidelines C. IV, 11.8에 의하면, 현존 최고 기술 두 가지를 하나로 조합한 것은 만약 하나의 문헌이 다른 문헌에 대하여 분명한 언급을 한 것이라면 이러한 조합은 용이한 것이다. 하나 또는 그 이상의 문헌의 가르침을 평균적 기술지식인의 상식적 지식과 조합한 것도 원칙적으로는 용이한 것이다. 예컨대 잘 알려진 전문서적이나 사전을 가지고 선행기술 문헌과 조합한 것이 그것이다. 더 나아가 만약 다른 선택의 여지가 없다면 선행기술이 숙련된 기술자로 하여금 출원된 청구항의 가르침으로 인도하는 것이고 그 이외의 우회적 방법이 없는 경우라면 이 역시 용이한 것이다.[124]

V. 미국의 진보성 판단

1. TSM 기준

가. CAFC

CAFC는 1982년 창설된 이래 특허사건에 관한 전속관할로서 TSM 기준을 진보성 판단에 있어서 법원이 반드시 지켜야 할 심리기준(Mandatory inquiry)으로 발전시켜 왔다.[125] TSM 기준이라는 것은 선행기술이 출원된 발명을 하거나 개량을 하도록 가르침(Teaching), 제안(Suggestion), 또는 동기부여(Motivation)를 한 경우에만 출원된 발명이 용이하다고 보는 것이다. 따라서 출원된 발명의 진보성을 부정하기 위해서는 선행기술의 가르침을 조합해서 출원된 청구항의 발명을 만들어 낼 수 있어야 했다.

---

123 Timo Minssen, MEANWHILE ON THE OTHER SIDE OF THE POND: WHY BIOPHARMACEUTICAL INVENTIONS THAT WERE "OBVIOUS TO TRY" STILL MIGHT BE NON-OBVIOUS—PART I, 9 Chi.-Kent J. Intell. Prop. 60, 74, n.54.

124 Timo Minssen, MEANWHILE ON THE OTHER SIDE OF THE POND: WHY BIOPHARMACEUTICAL INVENTIONS THAT WERE "OBVIOUS TO TRY" STILL MIGHT BE NON-OBVIOUS—PART I, 9 Chi.-Kent J. Intell. Prop. 60, 74, n.54.

125 CAFC의 관할에 대해서는 28 U.S.C. §1295(a)(2006) 참조. 그 이외에 연방항소법원은 오직 특허법에 관한 쟁점이 반소청구되었을 경우에만 사물관할이 존재한다고 보았다. Holmes Group, Inc. v. Vornado Air Circulation Sys., Inc., 535 U.S. 826, 829(2002).

즉 선행기술에 이러한 조합을 가르치거나, 제안하거나, 또는 선행기술이 그러한 조합을 적절하게 하도록 유인하는 것이 있어야만 출원된 발명을 용이하다고 할 수 있었다.[126] 이 기준의 그 기술 분야의 통상의 지식인은 출원된 발명에 대한 모든 선행기술을 접하였지만 단지 통상의 창작능력만을 가지고 있다는 것을 가정한다.

따라서 만약 그 발명이 이전에 전혀 만들어지지 않았던 것을 포함하고 있거나, 적어도 하나의 새로운 구성요소가 선행기술에는 전혀 존재하지 않았거나, 발명의 여러 가지 구성요소가 새롭고 비통상적인 방법으로 연결되어 통상의 지식인이 할 수 있는 것을 넘는 것이었다면 이는 특허를 받을 수 있다고 보았다.[127]

나. TSM 테스트의 목적

CAFC는 TSM 테스트를 진보성 판단의 기준으로 발전시키는 데 두 가지의 목적이 있었다. 첫째는 그 판단기준이 객관적이고 예측가능한 것으로 하고,[128] 둘째는 회상적 고려를 제거하기 위한 것이었다.[129] 회상적 고려의 문제는 특허의 발급가능성이 발명이 만들어진 당시에 의존된다는 점에서 제기된다. 그러나 발명이 용이한지 여부에 대한 판단은 발명이 있은 후에 수년이나 지나서 이루어진다. 그래서 진보성을 심사하는 사람들은 발명이 그 만들어진 당시에 과연 용이하였느냐을 판단하여야 하는 문제가 생긴다. 따라서 출원된 청구항이 진보성이 있느냐를 판단하기 위해서 심사관은 발명이 있었던 당시로 되돌아가서 통상의 지식인의 생각을 고려하여야 한다. 이때 길잡이가 되는 것은 오직 선행기술과 그 당시에 일반적으로 알려진 기술지식인 것이다.[130]

CAFC는 용이하다고 하기 위해서는 '분명하고 특정한 입증(Clear and particular)을 요구하는 엄격한 기준을 설정하였다. 이러한 입증을 위해서는 과학적이거나 특허문헌을 요구하였는데 특허가 출원된 당시에 과연 선행기술에 가르침, 제안 또는 동기부여가 존재하고 있어서 통상의 지식인으로 하여금 선행기술이 지니고 있는 구성요소를 조합하여 출원된 청구항으로 이르게 하도록 인도하였는지를 본다.[131] 용이성을 판단하는 데 있어서 발명이 만들어졌을 당시에 존재하

---

126 Ashland Oil, Inc. v. Delta Resins & Refractories, Inc., 776 F.2d 281, 297(Fed. Cir. 1985).

127 Ashland Oil, Inc. v. Delta Resins & Refractories, Inc., 776 F.2d 281, 297(Fed. Cir. 1985).

128 In re Kahn, 441 F.3d 977, 986(Fed. Cir. 2006)(TSM 테스트는 특허법의 목적을 실현하기 위한 것으로서 특허요건을 심사하는 데 있어서 보다 실용적이고 통일적이며 명확한 기준을 마련하기 위한 것이다).

129 In re Kahn, 441 F.3d 977, 987(Fed. Cir. 2006); In re Kotzab, 217 F.3d 1365, 1369(Fed. Cir. 2000); In re Dembiczak, 175 F.3d 994, 998-99(Fed. Cir. 1999)(법원과 USPTO는 유혹하지만 금지되어 있는 회상적 고려(Zone of hindsight)를 반드시 피하여야 한다); W.L. Gore & Assocs., Inc. v. Garlock, Inc., 721 F.2d 1540, 1553(Fed. Cir. 1983).

130 In re Dembiczak, 175 F.3d 994, 998-99(Fed. Cir. 1999).

131 In re Dembiczak, 175 F.3d 994, 998-99(Fed. Cir. 1999).(선행기술을 조합할 것을 제안(Suggestion to combine references)하는 문헌은 종종 적절한 선행문헌의 가르침으로부터 온다). 다음 판례를 인용: In re Rouffet, 149 F.3d 1350, 1355(Fed. Cir. 1998). But see Ruiz v. A.B. Chance Co., 357 F.3d 1270, 1276(Fed. Cir. 2004)(그러나 위

였던 선행기술의 가르침을 입증으로 요구하는 이유는 바로 심사관으로 하여금 발명이 만들어졌을 당시로 돌아가서 통상의 지식인이 가졌던 지식을 제공함으로써 회상적 고려를 방지하기 위한 것이었다.[132]

근래에 들어서 많은 비평가들은 TSM 테스트가 너무 엄격한 것이어서 용이한 발명이라도 특허를 받을 수 있다고 비판하였다.[133] TSM 테스트는 출원된 청구항이 용이하다고 인정되기 이전에 선행기술이 제시하는 것을 실제로 자세하게 설명할 것을 요구하는 것으로 받아들여진다. 이로써 그 분야의 통상의 지식인의 지식을 불필요한 것으로 여기기 때문에 결함이 있다. 더 나아가 TSM 테스트는 통일성이 결여되어 있다는 비판을 받기도 하고, 회상적 편견을 방지할 수 있는 능력이 없다는 비판도 있다.[134]

사실 TSM 기준은 출원된 발명의 특허성의 기준을 낮추는 것이었다.[135] CAFC이 기준으로 하는 TSM을 엄격하게 적용하기 위해서 심사관은 선행기술이 특정하게 가르치는 것을 매우 분명하게 지적하여야 하고 이러한 가르침이 통상의 지식인으로 하여금 선행문헌을 조합하도록 동기를 부여하였다는 것을 찾아내야만 했다.[136]

만약 이러한 기준을 고식적으로 적용한다면 그림에서 보는 바와 같은 Shelden 특허, 즉 가솔린엔진을 마차에 부착한 발명은 진보성이 있는 것이다. 왜냐하면 어떠한 선행문헌도 이러한 조합을 제시하지 않고 있기 때문에 용이하지 않은 것이기 때문이다. 그러나 상식적으로 보더라도 가솔린엔진을 마차에 부착한 발명은 용이하다. 누구라도 새로운 엔진을 본 경우에는 이를 마차에 올려놓아 볼 수 있기 때문이다.[137]

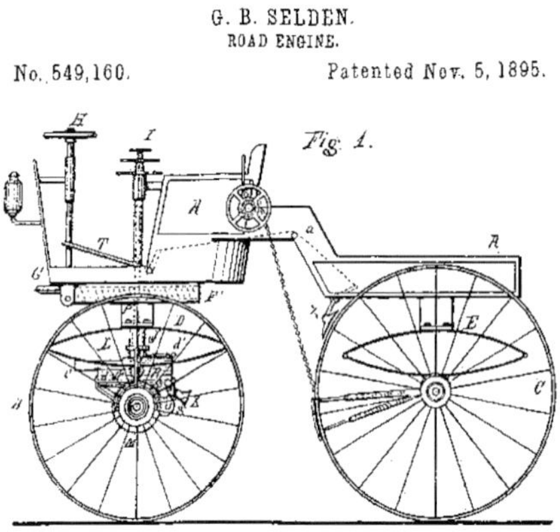

판례에서는 용이성을 인정하기 위해서 명시적이거나, 서면으로 된 동기부여는 필요하지 않다고 한다).

132 발명이 있었을 당시에 존재하였던 명시적인 가르침뿐만 아니라, 묵시적인 가르침도 용이성의 증거로 사용할 수 있었다. In re Kahn, 441 F.3d 977, 987-88(Fed. Cir. 2006)(만약 용이성을 인정하는 증거로서 선행기술의 묵시적인 가르침, 제안, 또는 동기부여가 존재한다면 이러한 증거에 대해서는 합리적인 지지를 할 수 있을 정도의 표명된 논리(Some articulated reasoning with some rational underpinning supporting an "implicit" teaching, suggestion, or motivation)를 요구하였다).

133 위 전게논문 Fed. Trade Comm'n, ch. 4, at 11-12.

134 위 전게논문 Fed. Trade Comm'n, ch. 4, at 11-12.

135 Fed. Trade Comm'n, To Promote Innovation: The Proper Balance of Competition and Patent Law and Policy, ch. 4, at 8-15(2003).

136 위 전게논문 Fed. Trade Comm'n, ch. 4, at 11(미특허청의 수석 심사관인 Stephen Kunin은 CAFC의 기준에 부응하기 위해서 심사관들은 선행기술에서 각 선행문헌을 조합할 동기를 찾아내는 데 있어서 매우 분명한 점을 연결할 것을 CAFC가 요구했다고 표현하였다).

137 FTC/DOJ Hearings on Competition and Intellectual Property Law and Policy in the Knowledge-Based Economy,

다. TSM의 문제점

TSM 테스트는 특허성 판단의 기준이 너무 낮기 때문에 불량특허가 양산되었고 이로 인하여 오히려 기술진보를 늦추었다고 비판을 받는다.[138] 사실 CAFC는 회상적 판단의 잘못을 시정하기 위한 객관적 기준으로 지난 1980년대 초반 이후부터 다음 항에서 설명하는 KSR 판결 이전까지 TSM 테스트를 설정하였다. 회상적 판단이란 그 발명이 만들어진 시점에서는 용이한 것이 아니라고 하더라도 심사하는 시점에서는 그 발명이 이미 알려진 것이 되었기 때문에 발명이 용이하게 보이는 것이다.[139]

심사관이 출원된 청구항이 용이하다고 하기 위해서는 숙련된 기술자가 출원된 청구항에 대한 아무런 예비지식이 없이 발명자의 입장에서 동일한 문제에 직면하였다고 가정하여야 한다. 따라서 그가 만약 인용된 선행문헌에서 특정한 구성요소를 선택한 뒤 출원된 청구항과 같이 조합을 하도록 하였다는 합리적인 근거를 제시하여야만 진보성을 부정할 수 있었다.

이러한 TSM 테스트에서는 용이성을 입증하기 위해서 심사관이 관련된 선행기술들을 전체적으로 보아서 그것이 출원된 청구항을 만들도록 하는 가르침이나 제안 또는 조합을 하도록 하는 동기부여를 하였는지를 발견하여야 했다.[140] 따라서 선행기술이 명시적이거나 묵시적으로 출원된 청구항을 가르치거나 제안하거나 동기부여를 한 것을 발견할 수 없는 한 용이하지 않는 것으로 보아야 했다.

물론 TSM 기준은 발명이 용이하다는 하나의 기준으로서 작용할 수는 있지만 유일한 기준이 되어서는 안 된다. 이러한 점에서 KSR의 미연방대법원은 CAFC가 이렇게 엄격하게 TSM 테스트를 적용하여 1심에서 용이하다고 판시한 것을 파기하는 것은 잘못이라고 보았다.[141] KSR에

David J. Earp Testimony Feb. 26, 2002, Duffy 7/10 at 132-33.Duffy 7/10 at 132-33.

138 Michael Abramowicz & John F. Duffy, Intellectual Property for Market Experimentation, 83 N.Y.U. L. Rev. 337, 396 n.190(2008). 위 논문에서 Abramowicz는 CAFC가 창설되기 이전에 무효로 선언된 특허 중에서 진보성이 없다는 이유가 3분의 2를 차지하고 있었다고 하였다. 그러나 그 이후에는 그 비율이 5분의 1로 축소되었다. 이는 CAFC에서는 특허무효를 판단하는 데 있어서 진보성이 중심적인 쟁점이 되지 못한 것이라고 보았다. 이와 함께 Joshua D. Sarnoff, Bilcare, KSR, Presumptions of Validity, Preliminary Relief, and Obviousness in Patent Law, 25 Cardozo Arts & Ent. L.J. 995, 1051(2008)(미국 특허청은 모든 출원된 것의 85%를 발급하는데, 이러한 특허성에 대한 기준은 외국에 비하여 매우 관대한 것이다).

139 In re Dembiczak, 175 F.3d 994, 999(Fed. Cir. 1999); In re Rouffet, 149 F.3d 1350, 1357(Fed. Cir. 1998)(심사관은 반드시 숙련된 기술자가 출원된 청구항에 대한 아무런 예비지식이 없이 발명자의 입장에서 동일한 문제에 직면하였다고 보고 그가 인용된 선행문헌에서 특정한 구성요소를 선택하여 출원된 청구항과 같이 조합을 하였겠는지에 대한 합리적인 이유를 제시하여야 한다). 그러나 회상적 고려는 다소간 불가피하다고 한다. 이는 미특허법 제103조가 발명을 선행기술과 전체적으로(The invention as a whole) 비교하여야 할 것을 요구하고 있기 때문에, 발명이 만들어진 이후에 사후적으로만 가능하다고 보기 때문이다. Rebecca S. Eisenberg, Pharma's Nonobvious Problem, 12 Lewis & Clark L. Rev. 375, 383(2008) 참조.

140 In re Rouffet, 149 F.3d at 1355.

141 KSR International Co. v. Teleflex Inc., 550 U.S. 398, 419(2007).

서 미연방대법원은 용이하다는 분석은 가르치거나, 암시하거나, 동기부여를 한다는 형식적 용어의 개념에 한정되거나, 간행된 논문이나 발급된 특허에 명시적으로 공개된 내용에 너무 중점을 둘 필요는 없다는 것이다.[142]

발명이 용이한가를 판단하는 데 있어서 상식도 사용하여야 한다. 더 나아가 종종 디자인적 필요나 시장의 압력이 선행기술의 구성요소를 조합하거나 충분한 동기부여를 할 수 있기 때문에 이러한 것을 고려하여야 한다.[143]

2. KSR 사건

가. 사실관계

KSR 사건에서 원고 Teleflex는 피고 KSR을 상대로 자기가 이전에 고안한 페달에 전기 센서를 부착한 것을 특허침해라고 주장하면서 소를 제기하였고, 피고는 이에 대하여 원고의 특허 제4항이 진보성이 없어서 무효라고 주장하였다. 이에 대하여 미연방대법원은 원고 KSR의 특허가 진보성이 없어서 무효라고 판시하였다.

원고의 특허는 U.S. Patent No. 6,237,565(Engelgau patent)로서 전기센서를 위치가 조절가능한 페달에 결합함으로써 페달의 위치가 컴퓨터의 통제장치에 전달되고 이로써 자동차의 엔진을 통제하는 메커니즘에 대한 것이다. 이는 전기센서와 자동차 페달의 조합으로서 페달의 위치가 전기센서를 통하여 컴퓨터에 전달되어 컴퓨터가 엔진의 트로틀을 통제하는 것이다.

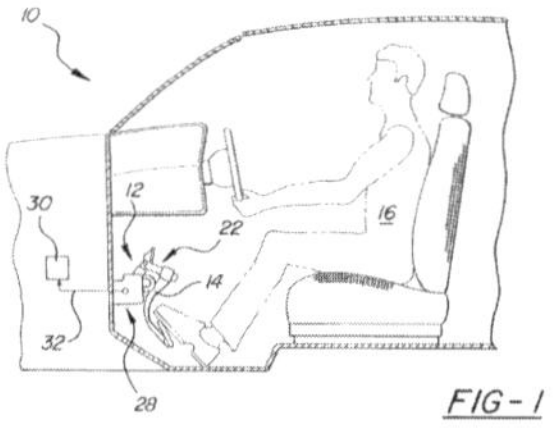

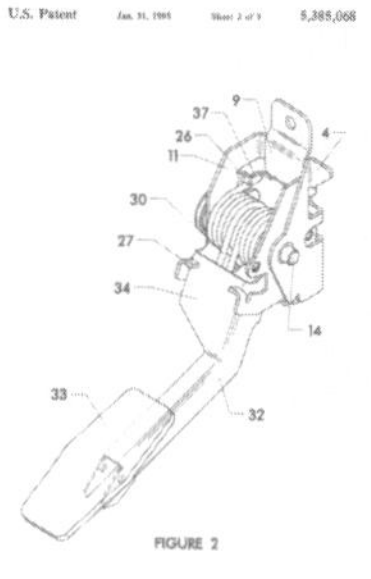

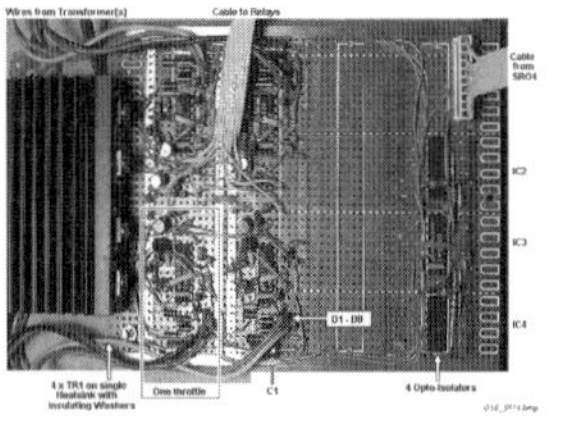

나. 선행기술

그 종래의 기술 수준은 다음과 같았다. 컴퓨터가 조절하는 트로틀이 없었던 엔진에서 엑셀

---

142 KSR International Co. v. Teleflex Inc., 550 U.S. at 419.

143 시도하기에 용이한(Obvious to try) 해결책이 용이성을 인정하도록 하여 줄 수 있다. KSR International Co. v. Teleflex Inc., 550 U.S. at 421.

레이터 페달은 케이블을 통하여 트로틀과 연결되어 있었다. 페달의 암은 피봇점을 회전하는 레버로 작용한다. 케이블로 작동되는 트로틀에서 페달을 밀어 내림으로써 발생하는 회전은 케이블을 당긴다. 그러면 케이블은 연료 주입 카브레터의 밸브를 열어 준다. 밸브가 넓게 열리면 더 많은 연료가 방출되어 차량이 가소된다. 운전자가 페달을 떼면 반대의 작용이 일어나서 케이블이 느슨해지고 밸브가 닫힌다. 그러다가 1990년대에는 컴퓨터로 엔진을 통제하게 되었고 컴퓨터가 전기신호를 보내면서 트로틀 밸브를 열고 닫게 되었다. 이로써 지속적이고 섬세한 연료와 공기의 혼합이 가능해졌고 연료 효율과 엔진 효율이 증대되었다.

그러나 컴퓨터 통제 트로틀이 운전자의 동작에 반응하기 위해서 컴퓨터는 페달의 동작에 응하여야 하는데 종전에 사용되던 케이블은 이러한 목적을 달성해 주지 못했기 때문에 전자센서가 필요하였다. 또한 과거의 페달은 그 위치를 조절하기 위해서는 페달 자체를 앞으로 밀거나 뒤로 당기거나 하지 못하였다. 운전자는 하는 수 없이 페달의 위치를 조절하기 위해서 시트를 전후로 움직여야만 했기 때문에 신장이 작은 운전자는 불편하였다.

원고의 특허가 출원되기 이전에도 엔진을 컴퓨터로 통제하기 위한 전자센서는 물론 위치조절이 가능한 페달, 전자센서를 통한 위치조절이 가능한 페달은 이미 알려져 있었다. 또한 어떠한 자동차용 페달에도 부착할 수 있는 모듈화된 센서가 이미 개발되어 컴퓨터로 통제하는 엔진에 사용되고 있었다.

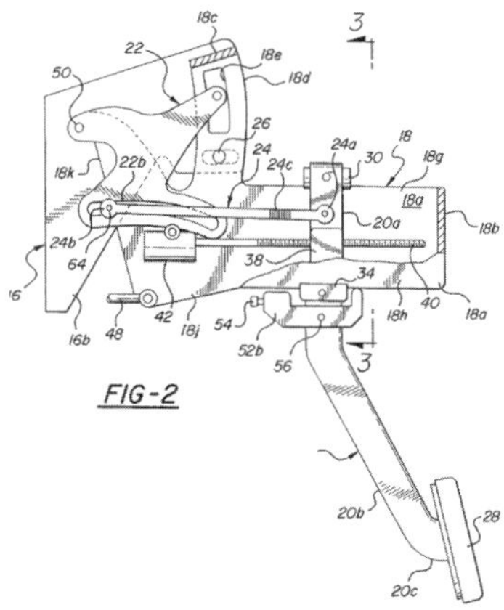

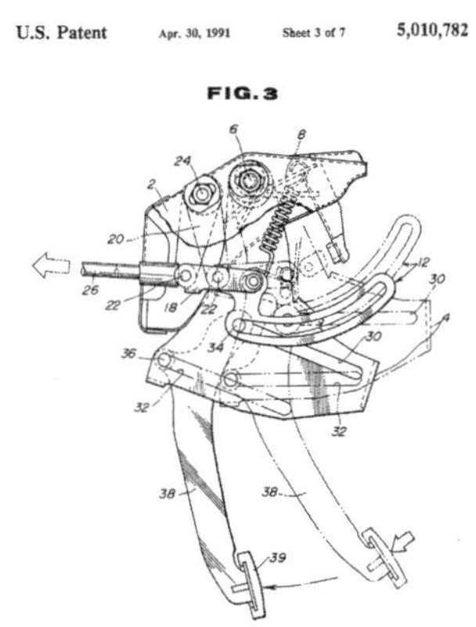

(1) 페달에 관한 선행기술

Asano 페달이 조절되어도 페달 위치의 조정과 관계없이 하나의 피봇은 고정된다. 페달을 밀기 위해서는 위치의 조정과 관계없이 힘이 필요하다. 그러나 선행기술(2 Redding)은 다르다. 페달과 피봇의 지점이 조절될 수 있다.

(2) 센서에 관한 선행기술

선행기술 1은 센서의 위치가 엔진이 아니라 페달뭉치에 있는 것이 좋다고 가르친다. The 5,241,936 patent 전기센서를 장착한 페달이 페달뭉치의 피봇(선회축)에 위치한다. U.S. Patent No. 5,063,811(filed July 9, 1990)(Smith)은 다음과 같이 가르친다. 센서와 컴퓨터를 연결하는 와이어가 마모되거나 운전자의 발로 더럽혀지거나, 손상을 입는 것을 방지하기 위해서 센서는 페달뭉치에 위치하여야 하고, 운전자의 발 근처에 있어서는 안 된다.

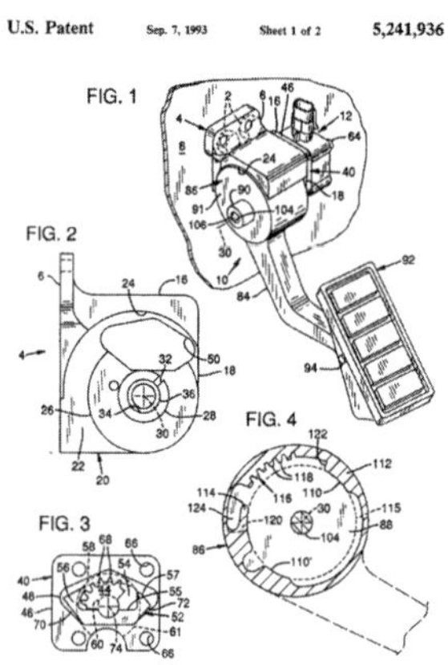

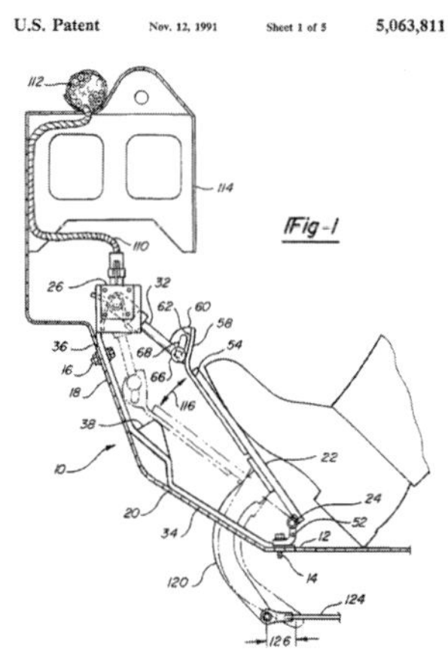

다. CAFC의 TSM 기준의 엄격한 적용

1심법원은 원고 Teleflex의 특허가 용이하기 때문에 무효라고 선언하고 피고 KSR에 대하여 승소판결을 선고하였다. 그러나 CAFC는 종래 자신이 적용하여 오던 TSM 기준을 적용하여 1심을 파기하면서 과연 선행기술이 통상의 기술자로 하여금 전자센서를 페달의 회전축 부위에 부착하도록 하는 동기부여를 하였는지를 심리할 것을 요구하였다. 만약 선행기술이 통상의 지식인에 대하여 동기부여를 한 바 없다면 이는 통상의 지식인에게 용이하지 않은 것으로서 원고의 특허는 유효하다는 것이다.[144]

라. 미연방대법원

그러나 미연방대법원은 특허의 청구항이 용이하다는 것을 입증하기 위해서 반드시 선행기술이 통상의 지식인에게 분명한 가르침을 주어야 할 필요까지는 없다고 보았다. 통상의 지식인

---

[144] Teleflex, Inc. v. KSR Int'l Co., 119 F. App'x 282, 288(Fed. Cir. 2005).

은 선행기술이 가르쳐 주는 것만을 실시하는 수동적인 로봇이 아니라 기술적 상상력을 가지고 있는 사람이라는 것이고 이러한 상상력에서 나온 결과는 용이한 것이어서 진보성이 없다는 것이다. 결국 미연방대법원은 종래 CAFC가 판례법으로 발전시켜 온 TSM 테스트를 기계적으로 적용하는 것을 부정하였고 이로 인하여 진보성의 요건이 보다 엄격하게 적용되는 결과를 가져왔다. 이는 용이한 개량에 대하여 특허를 부여하는 것이 기술적 진보를 가져오기보다는 오히려 질식시킬 수 있기 때문이라는 것이다.[145]

미연방대법원은 회상적 판단(Hindsight)을 피하기 위해서 그동안 TSM 기준이 발전되어 온 것이지만 이를 너무 엄격하게 적용하면 용이한 발명을 진보적으로 보는 어리석음을 범할 수 있다고 경고하였다. 산업계는 이미 잘 알려진 기술이나 많이 사용되는 기술을 조합하여 사용할 필요가 있고 이미 이러한 조합이 많이 사용되고 있기 때문에 이를 특허의 진보성 판단에 참고하여야 한다는 것이다. 따라서 산업계가 일반적 기술 상식을 가지고도 조합하여 사용할 수 있는 기술은 이미 용이한 것으로서 특허를 받을 자격이 없다는 것이다.[146] 산업계가 디자인의 추세를 정하는 것은 기술을 기재한 서면자료에 의한 것이 아니라 시장의 욕망이기 때문에 간행된 인쇄물에 기재된 가르침만을 가지고는 문제가 되는 기술의 용이성을 판단할 수 없고 그 시장의 필요성과 그 산업계의 기술적 추세를 함께 살펴보아야 한다.[147]

이러한 미연방대법원의 판단은 CAFC가 오직 TSM 테스트만을 용이성을 판단하는 유일한 기준으로 삼아 온 것을 지양하고 용이하다는 판단을 보다 쉽게 하기 위한 것이다.[148]

KSR 판결은 이후 미국 법원의 용이성의 판단에 있어서 중대한 영향을 미쳤다. CAFC도 발명이 용이하다는 판결을 선고하는 경향이 뚜렷해졌다.[149] 비록 KSR 판결이 과거 CAFC의 용이성을 판단하는 실무적 관행에 있어서 급진적인 일탈을 가져온 것은 아니지만 CAFC는 분명히 미연방대법원이 보다 높은 특허성의 기준을 설정하려는 시대적 요구에 부응하는 것이고 이에 따라 용이성을 판단하는 태도를 보다 엄격하게 변경시킨 것이라고 보아야 한다. 결국 KSR 판결은 미국의 특허정책에 있어서 심대한 영향을 미친 것이다.[150]

---

145 KSR Int'l Co. v. Teleflex Inc., 550 U.S. 398, 418-427(2007).

146 KSR, 550 U.S. Rebecca S. Eisenberg, The Supreme Court and the Federal Circuit: Visitation and Custody of Patent Law, 106 Mich. L. Rev. First Impressions 28, 32(2007)(KSR 이전의 CAFC는 일반상식(Common sense)이라는 용어를 회상적 고려의 위장(Camouflage for hindsight bias)으로 보았다).

147 KSR, 550 U.S. at 419.

148 Michael Abramowicz & John F. Duffy, Intellectual Property for Market Experimentation, 83 N.Y.U. L. Rev. 337, 378(2008).

149 KSR 이후 2년 6개월간 미국의 각급 법원에서 발명이 용이하다고 선언하는 비율이 증가한 점에 대해서는 Michael Abramowicz & John F. Duffy, Intellectual Property for Market Experimentation, 83 N.Y.U. L. Rev. 337, 407(2008) 참조.

150 Michael Abramowicz & John F. Duffy, Intellectual Property for Market Experimentation, 83 N.Y.U. L. Rev. 337, 408(2008).

마. KSR 판결에 대한 비판

그러나 KSR 판결은 CAFC가 Graham 판결에서 진보성 판단의 기준을 매우 엄격하게 설정한 이래 지난 4반세기 동안 가장 중요한 특허판결이었음에도 불구하고,[151] 미연방대법원은 TSM 테스트를 새로운 단일한 용이성의 기준으로 대체하지 못하였고 비록 TSM 테스트가 용이성을 판단하는 유일한 기준은 아니라고 하지만 용이성을 판단하는 하나의 기준으로는 여전히 존재한다.[152]

3. KSR 이후의 CAFC

그 이후 CAFC는 청구항이 용이하다고 판시한 1심판결을 인용하고, 진보적이라고 본 1심판결을 파기하는 경향이 강하여졌다. 2007년과 2009년을 통하여 CAFC는, 1심판결이 청구항이 용이하다고 판시한 것을 단 한 건도 번복한 적이 없다. 더 나아가 CAFC는 1심에서 용이하다는 판결을 81%나 인용하였지만 1심에서 진보적이라는 판결이 인용된 것은 불과 53%에 그쳤다.[153]

전체적으로 CAFC는 위 기간 동안에 문제된 청구항의 66%를 용이하다고 보았고,[154] 이는 1990년부터 2005년 사이에 58%의 청구항이 용이하다고 본 것에 대하여 8%포인트의 차이를 이룬다.[155]

4. 유럽과 미국의 진보성 기준의 접근 경향

근래에 이르러서 화학물질이나 의약품 및 유전공학 분야와 같이 예측가능성이 낮은 기술분야의 진보성을 판단하는 기준이 서로 접근하는 경향이 있다. 최근 CAFC는 예측불가능성이

[151] Michael Abramowicz & John F. Duffy, Intellectual Property for Market Experimentation, 83 N.Y.U. L. Rev. 337, 379(2008).

[152] 그 이외에 위 Michael Abramowicz at 379-80에서는 CAFC도 일반상식을 가지고 용이성을 판단하는 데 이미 사용하여 왔으며, KSR 이전에 TSM 테스트가 용이성을 판단하는 데 있어서 그 역할이 그다지 크지 않았기 때문에 KSR의 효과가 그다지 크지 않을 것이라는 지적도 있다.

[153] Michael Abramowicz & John F. Duffy, Intellectual Property for Market Experimentation, 83 N.Y.U. L. Rev. 337, 372(2008). KSR 이전 CAFC의 청구항에 대한 용이성 판단의 경향은 다음의 논문을 참조할 것. Christopher A. Cotropia, Nonobviousness and the Federal Circuit: An Empirical Analysis of Recent Case Law, 82 Notre Dame L. Rev. 911, 932(2007).

[154] Michael Abramowicz & John F. Duffy, Intellectual Property for Market Experimentation, 83 N.Y.U. L. Rev. 337, 372 n.24(2008).

[155] Lee Petherbridge & R. Polk Wagner, The Federal Circuit and Patentability: An Empirical Assessment of the Law of Obviousness, 85 Tex. L. Rev. 2051, 2055(2007).

보다 큰 기술 분야, 즉 화학물질이나 유전공학과 같은 분야에서는 선행기술이 출원된 발명을 성공시킬 수 있다는 것에 대한 합리적인 기대를 주는 경우에만 용이한 것이라고 본다.

따라서 출원된 발명이 선행기술로부터 시도하기에 용이하다는 것만으로는 출원된 발명의 진보성을 부정할 수 없다고 본다. 선행기술이 오직 일반적인 지침만을 주거나 만드는 방법만을 제시하는 경우에 시도하기에 용이한 방법을 가지고 새로운 기술을 개발하는 데 적용하면 이는 진보성이 있다고 보는 것이다.

유럽도 마찬가지로 이러한 예측불가능한 기술 분야에 있어서 성공에 대한 합리적 기대를 줄 수 있느냐를 가지고 용이성을 판단한다는 점은 앞서 본 바와 같다. 이러한 점에서 근래의 유럽과 미국의 진보성 판단의 기준은 상호 조화되는 경향이 있다.

Ⅵ. 유전공학물질의 진보성

1. 유전공학의 예측불가능성

기계발명이나 전자발명과 같은 경우에 있어서는 예측가능성과 일관성을 가지고 있기 때문에 이를 예측가능한 기술 분야라고 한다. 이러한 분야에 있어서는 발명에 대한 개념정의가 잘 되어 있고 예측가능한 요인에 의하여 만들어져 있기 때문에 법과 기술적 현상의 불일치가 일어날 가능성이 적다.[156] 이에 비하여 화학이나 유전공학과 같은 경험과학에서는 그 결과가 불확실하고 예상될 수 없기 때문(Unpredictability)에 발명에 이르는 길이 위와 같은 예측가능한 기술 분야와는 본질적으로 다르다.

화학이나 유전공학과 같은 예측불가능한 분야에서는 하나의 실시례에 대한 반응과정이 다른 실시례들에 대해서도 그대로 적용될 수 있는지를 예측하기 어렵다. 이러한 분야에서는 무엇이 작동하는지, 무엇이 작동하지 않는지를 알기 위해서 시행착오를 거쳐야 한다. 이러한 예측불가능한 기술 분야에 있어서는 우연한 발견이 통상적이고 발명을 하기까지가 일반적으로 알려져 있다.[157]

---

156 Sean B. Seymore, ATYPICAL INVENTIONS, Symposium Creativity and the Law, 86 Notre Dame L. Rev. 2057, 2064.

157 In re Vaeck, 947 F.2d 488, 496(Fed. Cir. 1991). 예측가능한 기술 분야와 예측불가능한 기술 분야의 차이에 대해서는 다음의 논문을 참조할 것. Sean B. Seymore, Heightened Enablement in the Unpredictable Arts, 56 UCLA L. Rev. 127, 136-54(2008).

2. 미국의 진보성 판단기준

가. In re O'Farrell(합리적 기대설)

(1) 사실관계

유전자염기서열에 대한 진보성이 쟁점이 된 최초의 사건으로서 출원된 발명은 한 박테리아 내에서 인간의 단백질을 만드는 방법으로서 이종 간 수정(Heterologous)을 위해서 인간 DNA를 박테리아의 염기서열에 삽입하는 방법이다. 선행기술은 이미 개구리의 유전자를 박테리아 안에서 전사시키기 위해서 개구리의 Ribosomal RNA 유전자를 E. coli에 성공적으로 삽입한 것을 공개하고 있었다.

선행기술은 만약 특정한 단백질에 대해 이종 간 수정된 유전자를 부호화할 수만 있다면 인간이 혼성의 단백질을 만들어 낼 수 있을 것이라고 지적하고 있었다.[158] 선행기술과 청구항의 발명의 차이점은 청구항의 이종간 수정된 유전자가 미리 지정된 단백질인 데 비하여 선행기술의 그것은 A ribosomal RNA라는 차이가 있었다.

(2) 특허청

심사관은 청구항이 '시도하기에 용이(Obvious to try)하다는 이유로 거절을 하였다. 출원인이 특허거절에 대한 항소이유에서 주장하기를, 미립자 생물학은 전혀 예측할 수 없는 성질을 가진 분야로서 선행기술은 청구항을 용이하게 하지 않는다고 주장했다. 과연 이종 수정된 단백질이 박테리아에서 만들어질 수 있느냐하는 것은 불확실한 것이므로 선행기술은 단지 통상의 지식인으로 하여금 청구항의 발명을 만드는 것을 시도하도록 초대한 것에 불과하다. 따라서 시도하기에 용이하다는 기준(Obvious to try standard)을 가지고 심사관이 청구항이 용이하다고 거절한 것은 부당하다는 것이다.[159]

(3) CAFC의 합리적 기대설

CAFC도 청구항의 방법은 용이하다고 보아 특허청의 거절을 인용하였다. 그러나 그 용이성의 판단기준은 달랐다. 미특허법 제103조에 의하여 요구되는 용이성은 바로 성공에 대한 합리적인 기대를 요구한다는 것이다.[160] 청구항이 용이하다는 것은 절대적으로 성공을 예측할 가능성이 있다는 것을 의미하지는 않는다. 선행기술이 출원된 청구항을 만들 수 있다는 합리적

---

[158] In re O'Farrell, 853 F.2d 894, 898(Fed. Cir. 1988).

[159] In re O'Farrell, 853 F.2d 894, 901(Fed. Cir. 1988).

[160] 합리적 기대설: In re O'Farrell, 853 F.2d 894, 903-04(Fed. Cir. 1988).

성공에 대한 기대를 준다면 청구항은 용이한 것이다.

사실 용이한 발명이라고 하더라도 실제로 그 발명이 실시될 때까지는 성공한다는 보장이 없다. 미처 이전에는 예상치 못한 결과가 언제나 발생할 수도 있다는 사실로 인하여 비록 발명이 명백하게 용이하게 보이더라도 특허법적으로는 진보적일 수도 있는 것이다.

CAFC는 특허청의 기준이 '시도하기에 용이하다'는 것과 진보성의 차이를 다음과 같이 구별하였다. 용이한 발명은 어떠한 것이라고 하더라도 시도하기에 용이한 것이다. 그러나 그 역은 반드시 성립하지 아니한다. 발명이 시도하기에 용이하다고 하더라도 용이하지 않다고 볼 수 있는 경우는 다음 두 가지가 있다.

첫째는 모든 매개변수, 즉 파라미터를 가지고 모든 가능한 선택을 시도하여 성공적인 결론에 이를 때까지 하여 본 경우에 선행기술이 어떠한 파라미터가 결정적으로 중요한 것에 대하여 아무런 지침을 주지 않거나, 어떠한 선택이 성공가능성이 있는지 여부에 대하여 아무런 방향제시를 하지 않은 경우이다.

둘째는 매우 새로운 기술이나 장래가 유망한 기술 분야에서 탐색하는 데 있어서 선행기술이 청구항의 발명이 가지는 특정한 형태나 청구항의 발명을 만드는 방법에 대해서는 아무런 언급을 하지 않고 단지 일반적인 지시만을 하여 준 경우이다.[161]

나. In re Bell(특정설)

(1) IGF-I과 IGF-II를 부호화한 DNA 염기서열

O'Farrell 사건이 있은 후 4년 뒤에 CAFC로 하여금 진보성의 기준을 명확하게 한 사건으로서 Bell 판결이 선고되었다. 출원된 청구항은 인간의 인슐린과 같은 성장요인인 IGF-I과 IGF-II를 부호화한 DNA 염기서열에 관한 것이다. 미특허청은 이 발명이 선행기술에 비추어 용이하다는 이유로 특허발급을 거절했다. 제1선행문헌은 위 IGF-I과 IGF-II에 대한 아미노산의 염기서열로 추정되는 것을 공개하고 있는 Weissman 특허이고, 제2선행문헌으로서 두 가지의 간행물(Rinderknecht publications)이 인용되었다. 이들 선행기술은 이미 출원된 청구항의 성장요인에 대한 아미노산의 전체 염기서열을 공개하고 있었고, 미리 알려진 적어도 하나의 짧은 아미노산 염기서열을 가진 유전자를 추출하는 방법을 공개하고 있었다.

제1선행문헌인 Weissman 특허는 일반적으로 유전자를 추출해 내는 방법을 공개하였는데 특히 IGF 단백질과는 관련이 없는 단백질을 추출하는 방법이었다. 이 공개된 방법은 펩타이드 호르몬을 포함하는 단백질에 대한 유전자를 추출하는 데 쉽사리 적용될 수 있었다. 그러나 이

161 In re O'Farrell, 853 F.2d 894, 903(Fed. Cir. 1988).

Weissman 특허는 특유한 코돈(Codon)을 가지는 아미노산에 기초한 탐색자를 고안하는 데 사용될 수 있다고 가르치고 있었다.

제2선행문헌인 Rinderknecht는 두 가지의 서로 관련이 없는 아미노산 염기서열, 예컨대 인간의 인슐린과 같은 성장요인인 IGF-Ⅰ과 IGF-Ⅱ를 공개하고 있지만,[162] 유전자 부호의 퇴화(Degeneracy)로 인하여 특정 단백질의 부호를 가지는, 광범위하게 많은 수의 뉴클레오타이드의 염기서열을 내포하고 있다. 위 선행간행물(Rinderknecht publication)에 의하면 IGF-Ⅰ은 자신의 고유한 코돈으로 구성된 하나의 아미노산만을 가지고 있는 데 비하여 IGF-Ⅱ는 그마저도 가지고 있지 않다는 것이다.[163]

따라서 선행문헌인 Rinderknecht가 제시하는 아미노산의 염기서열은 1,036가지 이상 뉴클레오타이드의 염기서열로 부호화될 수 있다. 이에 비하여 특허출원인은 그중 한 두 개에 대해서만 인간 유전자의 염기서열로서 자신의 청구항의 권리범위를 주장한다.

(2) 연결설

제1선행문헌인 Weissman이 가르치는 방법대로 하면 쉽사리 유전자를 추출하여 펩타이드 호르몬을 포함한 단백질의 배열로 나타낼 수 있도록 되어 있었고, 고유한 코돈에 의하여 특화된 아미노산에 기초한 탐침(Probe)을 고안하는 데 아주 유리하다. 즉 어떤 핵산과 그 핵산을 지니고 있는 단백질 사이의 유전자 부호에 의하여 상응하게 연결되어 있다면 이러한 유전자는 단백질에 의하여 일응 용이한 것이다. 이를 연결설(Correspondent link theory)이라고 한다.[164]

이에 따라 특허심사관은 위 Weissman과 제2선행문헌인 Rinderknecht의 가르침을 조합하여 특허출원인의 청구항이 그 발명이 속하는 기술 분야에서 통상의 지식을 가진 자에게 용이한 것이라고 거절결정을 하였다. 미특허청은 특허출원인이 청구한 하나의 코돈만을 가지는 DNA의 염기서열은 일응 용이한(Prima facie obvious) 것이다.

전통적으로 용이하다는 징표, 즉 IGF-Ⅰ의 DNA와 폴리펩타이드의 아미노산의 염기서열 사이에 존재하는 구조적인 유사성이 없다고 하더라도 그 용이성을 부정할 수는 없다. 왜냐하면

---

162 In re Bell, 991 F.2d 781(1993).

163 In re Bell, 991 F.2d 781, 26 USPQ2d 1529(Fed. Cir., 1993). 미특허청은 특허출원인이 청구한 하나의 코돈만을 가지는 DNA의 염기서열은 일응 용이한(Prima facie obvious) 것이라고 하였다. 전통적으로 용이하다는 징표, 즉 IGF-Ⅰ의 DNA와 폴리펩타이드의 아미노산 염기서열 사이에 존재하는 구조적인 유사성이 없다고 하더라도 그 용이성을 부정할 수는 없다. 왜냐하면 비록 단백질과 이를 구성하는 DNA가 구조적으로 동일하지는 않을지라도 유전자 부호(Genetic code)에 의하여 서로 상응하게 연결(Correspondently linked)되어 있기 때문이다. 그러나 CAFC은 이 연결이론(Correspondent link theory)을 받아들이지 않았다.

164 연결설(Correspondent Link Theory)이라고 하는데 위 이론을 원문으로 보면 다음과 같다. The established relationship in the genetic code between a nucleic acid and the protein it encodes … makes a gene prima facie obvious over its correspondent protein.

비록 단백질과 이를 구성하는 DNA는 구조적으로는 동일하지 않을지라도 유전자 부호(Genetic code)에 의하여 서로 상응하게 연결(correspondently linked)되어 있기 때문이다.

미특허심판위원회도 단백질과 그 DNA는 유전적 코드를 통하여 연결되어 있었고 원하는 단백질의 아미노산을 알고 있는 숙달된 복제기술을 가진 지식인으로서는 과도한 실험이 없이도 원하는 DNA를 복제할 수 있음이 예상된다는 이유로 심사관의 거절을 인용하였다.[165]

(3) 특정설 Exclusive specification

그러나 CAFC는 명시적으로 심사관과 미특허심판위원회의 연결설을 배척하였다. 즉 어떤 핵산과 그 핵산을 지니고 있는 단백질 사이의 유전자 부호의 관련성이 확립되어 있다면 그 유전자를 그에 상응하는 단백질에 대하여 일응 용이하게 한다는 주장을 배척한 것이다.[166] 어떤 유전자가 만약 그의 부호화된 아미노산의 염기서열이 이미 알려진 것이고 그 알려진 염기서열이 고유한 코돈에 의하여 배타적으로 특정화된 경우에만 용이하게 될 수 있다는 것이다.[167]

CAFC는 선행기술이 무한정한 수의 가능한 핵산의 염기서열을 제시한다고 보았다. 그러나 선행기술은 무수한 가능성 중에서 인간의 염기서열을 특정하지 못하고 있다. 그렇다면 아직 특정되지 않은 염기서열에 대하여 출원인이 특허를 출원한 것은 용이한 것이 아니다. 그러나 CAFC는 하나의 유전자는 만약 그의 부호화된 아미노산의 염기서열이 알려진 것이고 알려진 염기서열이 고유한 코돈에 의하여 독점적으로 특정화한 경우에는 용이하게 될 수 있다.[168]

선행문헌이 단지 무한한 가능성을 제시한 데 불과하다면 이 무한한 가능성 중에서 극히 일부분만을 특정하여 청구한 발명을 용이하게 만들지 못한다. 특정한 부분이 인간 유전자의 염기서열이라고 지적하지 못하고 1,036가지 이상의 부호를 가진 아미노산의 염기서열을 공개하고 있는 선행문헌은 그중 한두 가지의 특정한 인간 유전자의 염기서열에 대하여 진보성을 부인하는 선행기술이 될 수 없다.

선행문헌이 아주 광범위한 기술내용을 공개하고 있는 경우에는 선행문헌의 문언상의 의미를 형식적으로만 평가하여 선행기술로 사용할 수는 없고 선행기술이 가르치는 내용을 자세히

---

165 In re Bell, 991 F.2d 781, 783(Fed. Cir. 1993).

166 CAFC는 이 연결설(Correspondent link theory)을 In re Bell에서 배척하였다. In re Bell, 991 F.2d 781, 783(Fed. Cir. 1993)에서 위 이론을 원문으로 보면 다음과 같다. The established relationship in the genetic code between a nucleic acid and the protein it encodes … makes a gene prima facie obvious over its correspondent protein.

167 구조적 예측설(Structural predictability doctrine): In re Bell, 991 F.2d 781, 784(Fed. Cir. 1993); Anita Varma & David Abraham, DNA Is Different: Legal Obviousness And The Balance Between Biotech Inventors And The Market, 9 Harv. J.L. & Tech. 53, 74(Winter 1996)(그러나 실제로는 상당한 숫자의 아미노산이 고유한 코돈에 의하여 부호화되는 경우는 흔하지 않다. 오직 두 개의 아미노산이 고유한 코돈, 즉 메티오닌과 트립토판(methionine and tryptophan)을 사용하고 있는데 오직 이러한 두 개의 아미노산만으로 구성된 근접한 염기서열은 매우 드물다).

168 In re Bell, 991 F.2d 781, 783(Fed. Cir. 1993).

검토하여 이를 사용하여야 한다. 그러나 이 두 가지의 선행문헌을 조합하여도 특허가 출원된 청구항을 용이하게 하지 않는다.

비록 1선행문헌인 Weissman이 유전자를 분리하는 방법을 일반적으로는 공개하고 있지만 좀 더 자세히 살펴보면 이 문헌은 아미노산에 대한 고유한 코돈의 중요성을 강조하고 있다. 이 문헌은 ① 탐색자(Probe)를 오직 고유한 코돈을 가지는 아미노산의 염기서열에 기초하여 고안하는 것이 편리하다고 제안하고 있고, ② 알려진 아미노산의 염기서열이 45 아미노산으로서 고유한 코돈을 가지고 있는 것이 아닌 한 14-16의 핵산(Nucleotides)을 가지는 Primer를 사용하는 것은 비생산적이라고 가르치고 있다. 이에 비하여 제3문헌인 Bell은 아무런 고유한 코돈을 가지지 않고 있는 8개의 아미노산의 염기서열로 구성된 23개의 핵산을 가지는 탐색자를 사용하고 있다.

제2선행문헌인 Rinderknecht는 두 단백질, 즉 IGF-Ⅰ만이 오직 하나의 고유한 코돈을 가지는 아미노산이지만 IGF-Ⅱ는 아무런 고유한 코돈을 가지고 있지 않다는 사실을 보여 준다. 결과적으로 제1선행문헌인 Weissman은 청구항에 기재된 유전자 서열을 배척하라고(Teaching away) 가르치고 있기 때문이다.[169]

(4) 특정설에 대한 비판

그러나 특정설은 설득력이 부족하다는 비판을 받는다.[170] 선행기술은 비교적 일상적인 범위 내에서 다룰 수 있는 수의 염기서열만을 취급하기 때문에 CAFC가 판시한 바와 같은 '거의 무한대의 염기서열'이라는 말은 성립될 수 없다. 유전자 코드의 퇴화가 있다고 하더라도 관심 있는 아미노산 염기서열을 결정하기 위해서 올리고핵산의 탐침을 사용하는 것은 청구항이 출원된 당시의 현존 최고 기술 수준에 의한 비교적 일상적인 선택이라고 할 수 있다. 따라서 발명이 있었을 당시의 통상의 지식인으로서는 과도한 실험을 거치지 않고서도 출원된 청구항의 발명에 성공적으로 이를 수 있다는 합리적인 기대의 가능성이 있었을 것이다.[171]

그러나 유전자부호의 퇴화(Degeneracy)로 인하여 특정 단백질의 부호를 가지는 광범위하게 많은 수의 뉴클레오타이드의 염기서열이 있다. 이 사건에서 문제가 되는 IGF의 경우에도 특허출원인은 선행문헌인 Rinderknecht가 제시하는 아미노산의 염기서열이 무려 1,036가지 이상 뉴클레오타이드의 염기서열로 부호화될 수 있고 특허출원인은 그중 한두 개에 대해서만 인간 유전자의 염기서열로서 자신의 청구항의 권리범위를 주장한다. 이렇게 선행문헌이 단지 무한한

---

169 In re Bell, 991 F.2d 781(1993).

170 Mark Polyakov, 1(NON)OBVIOUSNESS OF CLAIMS TO GENETIC SEQUENCES: FINDING THE MIDDLE GROUND, 26 Santa Clara Computer & High Tech. L.J. 1, 9(2010).

171 Anita Varma & David Abraham, DNA Is Different: Legal Obviousness And The Balance Between Biotech Inventors And The Market, 9 Harv. J.L. & Tech. 53, 73(Winter 1996).

가능성을 제시한 데 불과하고 그 가능성 중에서 특정한 부분이 인간의 염기서열이라는 가능성을 제시하지 못했다면 이 선행문헌만으로는 특허출원된 염기서열을 용이한 것으로 만들지는 못한다.[172]

(5) 물건의 진보성

진보성의 판단에 있어서 대상이 되는 물건은 그 물건 자체가 용이한가가 중요한 것이다. 따라서 물건의 진보성에 관하여 그 물건을 만드는 방법을 공개한 선행기술을 가지고 이 방법으로 만들어진 물건의 용이성을 입증할 수는 없다. 그 실례로서, 앞서 본 Bell에서 CAFC는 미특허청이 두 가지 단백질을 부호화한 천연 DNA가 선행기술이 공개하는 유전자 복제방법에 비추어 일응 용이하다(Prima facie obvious)는 이유로 특허를 거절한 것을 부당하다고 보았다. 미특허청은 제1선행문헌이 단백질의 아미노산의 염기서열을 공개하고 있고, 제2선행문헌은 ① 유전자를 복제하는 일반적인 방법을 공개하고, ② 유전자 탐색자(Gene probes)를 고안하는 데 있어 고유한 코돈(Codon)에 의하여 해독된 아미노산의 염기서열을 사용하도록 권고하고 있으며, ③ 이 방법이 모든 단백질에도 적용될 수 있다고 제안하고 있다는 것이다. 이 제2선행문헌은 이것이 고유한 코돈을 가지고 있지 않은 단백질에 적용될 수 있다고 확실히 제안하지는 않았다.[173]

다. In re Deuel(구조적 예측설)

(1) 사실관계

출원된 발명은 추출되고 정화된 DNA와 cDNA 분자로서 혈액의 응고를 막는 Heparin을 결합하는 성장요인(HBGFs: Heparine-Hinding Growth Factors)의 염기서열을 해독한 것이다. 이 HBGFs는 세포분열을 촉진시키고 손상되거나 질병이 있는 조직을 대체하거나 수리하도록 하여 주는 단백질로서 아직 이를 공개하는 선행기술은 없었다.

출원인 Deuel은 젖소의 자궁세포로부터 성장요인(HBGF)을 추출 및 정화하고 N-terminal 단백질의 염기서열에서 최초의 25개 아미노산을 결정하였다. 그 후 그는 Oligonucleotide 탐침(Probe)을 사용하여 스크린을 함으로써 젖소의 자궁 cDNA 세포질 library 중에서 cDNA molecule만을 추출한 뒤 cDNA의 염기서열을 알아내어 완벽한 아미노산 염기서열을 만들었다. 추출된 젖소의 자궁 cDNA 클론(Clone)은 인간 태반의 cDNA library를 추출하기 위해서 성장요인(HBGFs)을 부호화하고 있는 cDNA molecule을 추출하기 위한 탐침으로 사용된다. 이러한 과

---

172 In re Bell, 991 F.2d 781, 26 USPQ2d 1529(Fed. Cir., 1993).

173 In re Bell, 991 F.2d 781, 26 USPQ2d 1529(Fed. Cir., 1993).

정을 통하여 인간 태반의 성장요인 HBGFs에 대한 완전한 아미노산 염기서열을 알아낼 수 있는 것이다.[174]

진보성이 문제가 된 4개의 독립청구항은 다음과 같다.[175]

청구 제4항: 하나의 정화되고 추출된 DNA 염기서열로서 인간의 헤파린-부착 성장요인으로서 다음과 같은 아미노산 염기서열을 가지는 168개의 아미노산으로 구성된다: [168개의 아미노산의 염기서열 잔기]

청구 제5항: 하나의 정화되고 추출된 인간의 핵산헤파린에 부착하는 성장요인 cDNA로서 다음과 같은 뉴클레오티드 염기서열을 가진다: [GTCAAAGGCA 961개의 뉴클레오티드 염기서열 잔기]

청구 제6항: 168개의 아미노산으로서 젖소의 헤파린에 부착하는 성장요인을 부호화한 염기서열을 가지는 것으로 구성되는 하나의 정화되고 추출된 DNA 염기서열로서 다음과 같은 아미노산의 염기서열을 가지고 있는 것: Met Gln Ala … [168개의 아미노산의 잔기].

청구 제7항: 젖소의 헤파린에 부착하는 성장요인을 가진 하나의 정화되고 추출된 cDNA로서 다음과 같은 뉴클레오티드의 염기서열을 가진다: GAGTGGAGAG … [1196개의 뉴클레오티드의 잔기]

따라서 청구 제4항 내지 제6항은 추출되고 정화된 2개의 DNA의 염기서열을 그 권리범위로 주장하였지만 이 물질의 화학적 구조나 이를 취득하는 방법은 공개하지 않았다. 청구 제5항과 제7항도 cDNA를 공개하면서 인간과 젖소의 성장요인의 염기서열을 부호화하고 있었다.[176] 이렇게 선행기술이 아직 공개하고 있지 않은 HBGFs의 DNA 염기서열을 부호화한 것은 특허를 받을 수 있다. 선행기술이 이 HBGFs의 DNA의 구조와 만드는 방법을 가르친 바 없기 때문이다.[177]

---

174 In re Deuel, 51 F.3d 1552, 1555(Fed. Cir. 1995).

175 In re Deuel, 51 F.3d 1552, 1556(Fed. Cir. 1995).

4. A purified and isolated DNA sequence consisting of a sequence encoding human heparin-binding growth factor of 168 amino acids having the following amino acid sequence: Met Gln Ala … [remainder of 168 amino acid sequence].

5. The purified and isolated cDNA of human heparin-binding growth factor having the following nucleotide sequence: *10 GTCAAAGGCA … [remainder of 961 nucleotide sequence].

6. A purified and isolated DNA sequence consisting of a sequence encoding bovine heparin-binding growth factor of 168 amino acids having the following amino acid sequence: Met Gln Ala … [remainder of 168 amino acid sequence].

7. The purified and isolated cDNA of bovine heparin-binding growth factor having the following nucleotide sequence: GAGTGGAGAG … [remainder of 1196 nucleotide sequence].

176 In re Thomas f. Deuel, 51 F.3d 1552, 34 USPQ2d 1210(Fed. Cir., 1995). 미특허청은 이 청구항이 선행기술의 가르침에 비추어 용이한 것이라고 특허를 거절했다.

177 In re Thomas f. Deuel, 51 F.3d 1552, 34 USPQ2d 1210(Fed. Cir., 1995).

그러나 선행기술이 공개하는 종에 대한 문헌은 후행하는 속에 대한 발명을 용이하게 할 수도 있다.[178] 이것을 회피하기 위해서 특허출원인은 자신의 청구항이 권리범위로 하는 속에 대한 발명이 선행하는 종이 예견하지 못하는 고유한 특성이나 장점을 가지고 있다는 것을 입증하여야 한다. 이는 같은 종 내에서 다른 속과 구별하여 주는 고유성을 말한다.[179]

(2) 미특허청

심사관과 심판위원회는 위 독립청구항들이 선행기술에 비추어 용이하다는 이유로 거절을 하였다. 용이하다고 인용된 선행기술은 ① DNA나 cDNA를 추출하는 데 사용되는 일반적인 복제기술을 공개한 것, ② 인간이나 젖소의 뇌세포로부터 추출된 단백질 성장요인들을 공개한 헤파린에 부착하는 뇌 미토겐(HBBMs)을 공개한 것이다. 심판위원회에 의하면 HBBMs는 HBGFs와 동일한 것(Same)이고 각 단백질을 부호화하고 있는 유전자는 거의 같은 것(Identical)이다.[180]

(3) CAFC

CAFC는 구조적으로 같거나 유사한 합성물이 선행기술에 존재하지 않는 한 정화된 단백질은 용이하다고 볼 수 없다고 보았다. 따라서 선행문헌이 유전자를 복제하는 방법을 가르치고 아미노산의 완성된 염기서열을 보여 주더라도 인간 DNA의 염기서열은 특허를 받을 수 있다. 따라서 CAFC는 위 결정을 번복하고 문제가 된 청구항들이 용이하지 않다고 보았다.

CAFC는 청구 제5항과 제7항의 cDNA 염기서열과 청구 제4항과 제6항의 아미노산 염기서열을 부호화하고 있는 DNA 염기서열에 대하여 분리하여 고찰하였다. 우선 cDNA에 대해서는 선행기술이 특정 cDNA의 염기서열을 공개하지 않고 있기 때문에 용이하다고 볼 수는 없다. 비

---

178 Ex parte Heymes, 30 USPQ2d 1237, 1239(Bd. Pat. App. & Int'f, 1993). 최적의 변수값을 선택하는 것이 통상의 기술자에게는 용이하다고 본 사례: L'Esperance v. Nishimoto, 18 USPQ2d 1534, 1539-40(Bd. Pat. App. & Int'f, 1991).

179 선행기술이 단백질 아미노산의 염기서열을 공개하는 내용은 반드시 단백질을 암호화하여 가지고 있는 특정 DNA를 예견하지 않는다고 본 사례: In re Deuel, 51 F.3d 1552, 1558-59, 34 USPQ2d 1210, 1215(Fed. Cir., 1995). 선행기술과 청구항 사이의 차이점이 단지 상대적 범위에 있는 경우에 예견가능성을 부인하기 위해서는 이러한 상대적 범위가 예상하지 못한 결과를 얻는 데 결정적으로 중요하다는 사실을 입증하여야 할 필요가 있다고 본 사례: In re Woodruff, 919 F.2d 1575, 16 USPQ2d 1934(Fed. Cir., 1990). 미특허청의 화학물질에 대한 신규성 심사지침은, ① 선행문헌이 변수의 범위를 가지고 있고, ② 변수 범위의 한도가 청구항에 포함되고, ③ 선행문헌이 이 범위의 한도를 사용한 특정한 예나, 후행 청구항에 포함된 특정한 예를 가지고 있지 않는 경우에는, 선행문헌이 후행 청구항을 예견한다고 규정하고 있다. 후행 Polyephenylene ether와 Polyolefin 수지에 대한 청구항이 선행문헌에 의하여 예견되는지 여부와 진보성의 요건을 통과할 수 있는지에 대한 논의는 Ex parte Lee, 31 USPQ2d 1105(Bd. Pat. App. And Int'f, 1993) 참조.

180 Mark Polyakov, 1(NON)OBVIOUSNESS OF CLAIMS TO GENETIC SEQUENCES: FINDING THE MIDDLE GROUND, 26 Santa Clara Computer & High Tech. L.J. 1, 10, n.63(2010).

록 선행기술이 단백질을 가르치고는 있지만 이것은 출원된 청구항의 바로 그 cDNA 미립자는 아니기 때문이다.

CAFC는 출원된 청구항의 미립자에 대한 일반적 개념, 그것의 기능 및 그 미립자의 일반적인 화학적 성질은 선행기술에 비추어서 용이할지도 모르고, 이미 존재하고 있는 유전자가 분명히 있다는 것을 알고 있다고 하더라도 그것만으로는 출원된 cDNA 미립자가 선행기술에 비추어 용이하다고 할 수는 없다고 하였다. 왜냐하면 유전자 코드의 잔기는 특정 cDNA 미립자를 고려하고 있다거나 초점을 맞추고 있다는 것을 배제하는 것은 아니며, 단지 고려(Contemplated)되거나 미리 개념을 가졌다고(Conceived) 하여도 용이하다고 할 수는 없기 때문이다.[181]

라. Ex Parte Kubin

(1) 사실관계

Kubin에서 출원된 청구항의 발명은 자연 킬러(Natural Killer; NK) 세포의 활성화를 유인하는 리간드(N Activation Inducing Ligand: NAIL) 폴리펩타이드를 부호화한 폴리뉴클레오티드와 관련된 것이다. NK 세포는 암세포에 저항하거나 암세포를 조절하는 등 여러 가지의 감염을 방지하는 방어막을 형성하고, NAIL은 세포 표면의 마커(Marker) 또는 리셉터(Receptor)로서 NK 세포의 활동을 조절한다.

Kubin의 출원서는 인간이 가지는 NAIL을 공개하고 있다. 출원된 인간의 NAIL의 cDNA 클론(Clones)은 선행기술에서 알려진 뉴클레오티드와 아미노산의 염기서열에 의하여 추출된다. 출원된 청구항의 인간 NAIL 항체(Antibody)는 세포가 조절하는 면역체계를 압박한다. 따라서 출원서는 청구항의 인간의 NAIL에 부착되는 특성은 NAIL의 활동적인 변형들을 가려내기 위해서 사용될 수 있다고 예측하고 있다.[182]

대표적인 청구항인 청구 제73항은 다음과 같다.

아미노산 염기서열 번호 No. 2의 아미노산 22-221과 적어도 80% 이상 동일한 하나의 폴리펩타이드를 부호화한 하나의 폴리뉴클레오티드를 포함하는 하나의 추출된 핵산으로서, 그 내부에서는 위 폴리펩타이드가 CD48에 부착한다.[183]

---

181 구조적 예측설(Structural predictability doctrine): 고려(Contemplated)되거나 개념을 가졌다고(Conceived) 하여도 용이하다고 할 수는 없다. In re Deuel, 51 F.3d 1552, 1559(Fed. Cir. 1995). 그럼에도 CAFC는 선행기술이 그 양이 작고 단순한 단백질의 DNA를 충분하게 공개한 경우에는 용이할 수도 있다는 가능성을 열어 놓았다.

182 Ex Parte Kubin, 83 USPQ2d(BNA) 1410, 1411(B.P.A.I. 2007), aff'd 561 F.3d 1351, 1411-12(Fed. Cir. 2009).

183 Representative claim 73 recited as follows: An isolated nucleic acid molecule comprising a polynucleotide encoding a polypeptide at least 80% identical to amino acids 22-221 of SEQ ID NO: 2, wherein the polypeptide binds CD48.

(2) 미특허심판위원회

심사관은 위 청구항이 용이하다고 거절하였다. 그 이유는 선행기술들이 NAIL과 동일한 단백질을 공개하고 있고, 또한 그 단백질의 cDNA를 추출하는 방법은 이미 잘 알려진 기술이라는 것을 조합하면 용이하다는 것이다. 출원인이 항소를 제기하면서 Deuel을 들어서 이의를 제기하자 미특허심판원은 선행기술이 출원된 청구항을 만들 수 있다는 합리적 기대가능성을 준다는 이유로 청구항이 용이하다고 보았다.

미특허심판원은 출원인은 cDNA를 추출하는 데 있어서 통상적으로 사용되는 추출방법을 사용한 것에 불과하다고 보았다. Deuel 이후로 추출기술이 현격하게 발전하였기 때문에 선행기술은 NAIL cDNA를 추출할 수 있다는 성공에 대한 합리적인 기대를 하도록 해 준다. 이로써 통상의 지식인으로서는 NAIL cDNA를 추출하였을 기술적 가치를 인식하고 선행기술이 이미 공개하고 있는 알려진 추출기술을 사용하려는 동기부여를 받았을 것이다. 미특허심판위원회는 표면적으로는 Deuel과는 달리 NAIL을 부호화하고 있는 하나의 핵산을 얻기 위한 용이한 방법을 보여주는 것이 바로 현재 출원된 청구항이 용이하다고 하는 입증을 하는 것이라고 판시하였다.[184]

미특허심판위원회는 최근의 미연방대법원의 KSR 판결에 비추어서 그간 CAFC가 제시한 구조적 예측설(Structural predictability)을 따르지 않고 성공에 대한 합리적 기대가능성을 기준으로 삼았다. 선행기술이 구조적으로 출원된 청구항을 예측하여야만 용이하다고 보는 구조적 예측설은 용이성을 인정하기가 너무 어렵다는 것이다.[185]

(3) CAFC

(가) 시도의 용이성

CAFC 역시 청구항이 진보성이 없다고 보았다. 그 이유로서 선행기술을 이미 알려진 기능에 따라서 예측가능하게 사용하여 개량한 기술에 불과하다면 이는 용이한 것이고 만약 진보성이 있으려면 그 이상의 것이 되어야 하기 때문이다. CAFC는 In re O'Farrell로 돌아가서 시도하기에 용이한 발명이라고 하더라도 반드시 진보성이 없는 것은 아니고 그 예외로 진보성이 있을 수도 있지만 Kubin은 그 예외에 해당하지 않는다고 판시하였다.

(나) 예외적 진보성

시도하기에 용이하더라도 모두 진보성이 없는 것은 아니고 예외적으로 진보성이 있는 경우도 있는데 그 예외는 어떤 경우인가? 첫째, 통상의 지식인이 이미 알려지고 제한된 숫자의 예

---

184 Ex parte Kubin, 83 USPQ2d(BNA) 1410, 1414(B.P.A.I. 2007), aff'd 561 F.3d 1351(Fed. Cir. 2009).

185 Timo Minssen, MEANWHILE ON THE OTHER SIDE OF THE POND: WHY BIOPHARMACEUTICAL INVENTIONS THAT WERE "OBVIOUS TO TRY" STILL MIGHT BE NON-OBVIOUS—PART I, 9 Chi.-Kent J. Intell. Prop. 60, 67.

측가능한 선택지 중에서 몇 가지를 선택하는 것은 용이한 것이다. 그러나 단순히 형이상학적 개념을 가지고 선행기술의 무한한 조합을 상대로 하여 선택을 한 경우에 이는 용이하다고 볼 수는 없다.

둘째, 선행기술이 출원된 청구항의 형태나 그 만드는 방법에 대하여 단지 일반적인 지침만을 제공하는 경우에는 용이한 것이다. 그러나 새로운 기술을 탐구하거나 장래가 촉망되는 분야로 보이는 것에 대한 폭넓은 조사연구를 하는 것은 진보적인 것이다.

CAFC는 Kubin에서는 위 예외들이 적용되지 않는다고 보았다. Kubin의 발명에서 인간의 유전자를 추출하여 그 염기서열의 순서를 알아내는 것은 유전공학분야에서는 이미 오래된 기술이다. 이러한 기술은 고등학교에서도 행하여지고 있으며 출원서의 DNA와 단백질은 이 분야의 숙달된 지식인에게 알려진 전통적인 방법으로 얻어질 수 있다. 또한 문제가 된 단백질도 이미 알려진 것에 불과하고 선행기술도 그 난백질이 인간의 면역체계에서 행하는 역할을 제시하고 있다. 따라서 위 청구항은 용이하다.

(4) KSR의 영향

KSR 판결에서 미연방대법원은 진보성의 판단기준을 상당히 강화시켰다. 이 영향으로 인하여 CAFC의 유전자 염기서열의 진보성의 기준도 강화되었다고 보아야 한다. 물론 유전자 청구항에 대해서는 언급을 하지 않고 있지만, KSR은 종래부터 내려오던 Graham의 진보성에 대한 판단요인을 재정립한 것으로서 선행기술이 주는 용이성의 범위를 넓힌다.[186] [187]

3. 유럽의 진보성 판단기준

가. EPO

EPO가 출원된 청구항에 의하여 제시된 해결책이 용이하다고 보는 경우는 다음의 두 가지 경우이다. 첫째, 이전의 현행 기술 수준을 나타내는 선행문헌들을 가지고 조합하기에 용이하였

---

186 Mark Polyakov, 1(NON)OBVIOUSNESS OF CLAIMS TO GENETIC SEQUENCES: FINDING THE MIDDLE GROUND, 26 Santa Clara Computer & High Tech. L.J. 1, 12(2010).

187 Kubin 판결은 유전공학 분야에서 용이하지 않은 것인가의 문제를 제시한다. 다수의 논자는 KSR과 Kubin이 수많은 사소한 특허가 밀집된 숲을 제거함으로써 보다 높은 특허요건을 설정하여 질이 우수한 특허를 보유하기 위한 필요한 과정이라고 본다. 그러나 반대견해는 KSR이 오히려 너무 진보성의 요건을 엄격하게 만듦으로써 회상적 고려를 무시하고, 실무상의 조사연구환경의 역동성을 도외시하며 유익한 제품을 개발하려고 하는 데 있어서 특허가 가지는 중요성을 무시한다고 비판한다. Timo Minssen, MEANWHILE ON THE OTHER SIDE OF THE POND: WHY BIOPHARMACEUTICAL INVENTIONS THAT WERE "OBVIOUS TO TRY" STILL MIGHT BE NON-OBVIOUS—PART I, 9 Chi.-Kent J. Intell. Prop. 60, 70, n.33.

거나(Obvious to combine), 조합하는 것을 시도하기에 용이 하였거나(Obvious to try to combine) 한 경우, 둘째, 그 특징의 성공적 조합이 예상이 가능한 것이었거나, 이미 예견된 결과로 인도하는 경우이다.[188]

나. 기대설

EPC 제56조에 의한 진보성의 판단에 있어서 숙련된 기술자가 상당한 개량이나 유익에 대한 합리적인 기대를 가지고 수행하려고 의도를 한 방식은 용이한 것이라고 본다.[189] 즉 그 결과가 분명하게 예측가능한 경우에도 용이한 것이지만, 그 과정도 비록 특수한 방법으로 수행을 하였지만 시도하기에 용이하거나, 성공에 대한 합리적 기대가능성을 가지고 있었던 경우에도 역시 용이하다.[190]

유럽특허심판원(EPO Technical Board of Appeal)은 유전공학과 관련된 판결에서 '성공에 대한 합리적 기대가능성'을 진보성 판단의 기준으로 삼았다. '성공에 대한 합리적 기대'를 가진 것은 '시도하기에 용이한 것'이라고 본 것이다.[191] 이 견해는 앞서 본 In re O'Farrell에서 CAFC가 취한 성공에 대한 합리적 기대설의 견해와 거의 일치한다.[192]

이 기대설에 의하면 불확실한 새로운 기술 분야에 있어서는 성공에 대한 합리적 기대가 당연히 따른다고 볼 수 없으며, 단순히 성공을 희망한 것(Hope to succeed)만을 가지고서는 성공에 대한 합리적인 기대로 볼 수 없다.[193] 따라서 숙련된 기술자가 통상적인 보편적 지식을 넘어서서 발명을 한 경우이거나, 숙련된 기술자에게 예상되는 시행착오가 과도한 경우는 용이하지 않은 것, 즉 진보적인 것으로 보았다.[194]

그러나 이 합리적 기대설은 추상적이라는 단점이 있다. 특히 유전공학 분야에 있어서 더욱 그렇다.[195] 따라서 선행기술 중에서 실제로 이용가능한 기술이 무엇인지와 숙련된 기술자의 일

---

188 Timo Minssen, MEANWHILE ON THE OTHER SIDE OF THE POND: WHY BIOPHARMACEUTICAL INVENTIONS THAT WERE "OBVIOUS TO TRY" STILL MIGHT BE NON-OBVIOUS—PART I, 9 Chi.-Kent J. Intell. Prop. 60, 74.
EPO의 T 249/88 "Monsanto/Milk Production" [FN58]에서 심판위원회(EPO Technical Board of Appeal)는 예견하지 않은 결과로 유도한 해결책만이 진보성이 있다고 판시.

189 T 2/83 "Simethicon-Tablet/Rider," OJ EPO 1984, 265, 판결이유 중에서 제7점 참조.

190 T 1241/03 "Human growth hormone/GENENTECH"(1 September 2005), para. 31.

191 위 견해는 유럽특허심판위원회(EPO Technical Board of Appeal)의 1988년 Monsanto/Milk Production의 판결 중 방론(Dicta)에서 채택한 견해이다.

192 그 차이점에 대해서는 In re O'Farrell, 853 F.2d 894, 901(Fed. Cir. 1988)에 관한 장을 참조할 것.

193 T 296/93, Hepatitis Bvirus antigen production/BIOGEN.

194 T 0877/90, Hooper Trading Co.N.V./T-cell growth factor.

195 EPO에서 유전공학과 관련하여 용이성의 기준이 문제가 된 후속 판결은 T 0877/90, T 694/92, T 296/93, 923/92, T 386/94와 T 207/94 등이다. 위 사건에서 유럽특허심판위원회는 합리적 기대설에 대한 보다 정밀한 개념정의를 하고 있다.

반적 수준이 어느 정도인가 그리고 여러 가지 상황에서 보다 구체적인 개념정의를 요구한다.[196]

4. 미국과 유럽의 판단기준 접근

화학물질이나 의약품 및 유전공학 분야와 같이 예측가능성이 낮은 기술 분야에 있어서는 유럽과 미국의 입장이 서로 접근하는 경향이 있다. 최근 미국의 CAFC도 예측불가능성이 보다 큰 기술 분야에서 단지 시도하기에 용이하다고 하여도 모두 용이한 것은 아니며 오직 성공에 대한 합리적 기대를 주는 경우에만 용이한 것이라고 봄으로써 유럽의 기대설과 궤를 같이한다.

CAFC가 선행기술이 오직 일반적인 지침만을 주거나 만드는 방법만을 제시하는 데 불과한 경우에는 시도하기에 용이한 방법을 전혀 새로운 기술을 개발하는 데 적용한다면 이는 진보성이 있다고 보았기 때문이다. 유럽도 마찬가지로 이러한 예측불가능한 기술 분야에 있어서 성공에 대한 합리적 기대를 줄 수 있느냐를 가지고 용이성을 판단한다. 이러한 점에서 유럽과 미국의 진보성 판단의 기준이 서로 접근하는 경향을 볼 수 있을 것이다.

---

196 Timo Minssen, MEANWHILE ON THE OTHER SIDE OF THE POND: WHY BIOPHARMACEUTICAL INVENTIONS THAT WERE "OBVIOUS TO TRY" STILL MIGHT BE NON-OBVIOUS—PART I, 9 Chi.-Kent J. Intell. Prop. 60, 76.

Chapter

04

청구범위

Ⅰ. 청구항

1. 청구항이란 2. 특허출원서 3. 청구항에 대한 역사
4. 권리보호요건
   가. 보호받기를 원하는 사항 **나.** 심사과정에 있어서 권리보호요건의 심사 **다.** 자신의 발명이 아님을 자인
   라. 작동가능하기 위해서 필요한 최소한의 양 **마.** 불명확한 개념정의 **바.** 통상의 지식인의 확신
   사. 침해소송에서 발명자의 진술 **아.** 선행기술과의 구별가능성 **자.** 발명의 일부분
5. 청구항의 구성
   가. 구성요소와 한정사 **나.** 전제부 또는 서문 **다.** 연결사 **라.** 본문 또는 특징부
6. 청구항의 분류
   가. 물건청구항 **나.** 방법청구항
7. 청구항 구별의 원칙
   가. 둥지청구항 **나.** 종속청구항 **다.** 동일한 구성요소

Ⅱ. 독립청구항과 종속청구항

1. 양자의 구별
   가. 작성의 형식 **나.** 추가적 한정사 **다.** 청구항의 수 **라.** 청구항의 권리범위
2. 독립청구항
3. 종속청구항
   가. 의 의 **나.** 파생적 특허발급가능성 **다.** 독립청구항과 종속청구항의 구별
   라. 종속적 기재 **마.** 명세서와 도면의 인용 **바.** 청구항의 수

Ⅲ. 청구항의 명확성 요건

1. 의 의
2. 명확성의 기준
   가. 명확하고 간결한 기재 **나.** 용어의 명확성 판단방법 **다.** 불명확하지 않은 용어들 **라.** 불명확한 용어
   마. 공개내용에 의하여 뒷받침 **바.** 가장 넓은 의미로 해석 **사.** 권리범위를 확정하는 데 별다른 문제가 없는 경우
   아. 통상의 지식인이 알 수 있는 것 **자.** 선행기술과 구별이 가능한 것 **차.** 밀접한 선행기술의 존재
   카. 발명의 목적 **타.** 발명의 구조 **파.** 정확한 수량적 개념정의가 필요하지 않는 발명
   하. 복잡한 한정사를 가진 청구항 **거.** 첨단기술에 대한 용어 **너.** 명세서에 의한 보충
   더. 구성요소에 포함되지 않은 특징 **러.** 상대적인 용어 **머.** 발명의 성격이 불확실한 경우

Ⅳ. 청구항에서 사용된 기능적 용어

1. 기능적 용어란 2. 기능적 용어를 사용한 청구항의 유효성
3. 오직 기능적 용어만을 사용한 청구항 4. 발명의 핵심

Ⅴ. 기능식 청구항

1. 기능식 청구항이란 2. 문제점 3. 발명의 효과 4. 기능만으로 특정될 수 있는 물질 5. 단일수단 청구항

Ⅵ. 방법식 청구항

1. 의 의
2. 필요성의 원칙
   가. 필요성의 원칙에 선 입장 **나.** 명확성설 **다.** 종합설: CCPA 및 CAFC의 입장
3. 방법적 기재와 구조적인 한정사
   가. 대법원 판례 **나.** 구조적 한정사
4. 특허요건의 심사와 입증책임
   가. 학설 및 판례 **나.** 신규성과 진보성의 판단
5. 침해소송과 입증책임
   가. 청구항 해석의 일반원칙 **나.** 방법적 용어와 한정사 **다.** 미국판례법에서 본 방법식 한정사 **라.** 입증책임
6. 방법식 청구항의 미래

Ⅶ. 개량형 청구항

1. 개량된 발명
2. 청구항의 전제부
   가. 발명의 목적이냐 한정사냐 **나.** 구성요소 사이의 관련성

Ⅷ. 총괄청구항

1. 의 의 2. 선택적 용어 3. 공통의 특성 4. 신규성과 진보성의 판단
5. 집단적 선택청구항의 분할 6. 부정적 한정사 7. 문제점

Ⅰ. 청구항

1. 청구항이란

청구항(Claim)은 주어진 과제를 해결하기 위하여 구성요소(構成要素, Elements)와 한정사(限定詞, Limitations)를 유기적으로 결합한 하나의 기술적 아이디어를 문자로 표현한 것이다.[1] 이렇게 청구항은 발명에 대한 개념을 문자로 정의함으로써 특허가 가지는 권리범위를 설정한다.[2] 청구항은 기계, 제조물, 방법 또는 이러한 것들의 조합(Combination)으로서, 하나의 문장으로 이루어져 있다. 청구범위(Claims)는 청구항이 1 또는 2 이상 기재되어 특허출원서에 제출된 것을 말한다.

청구항은 두 가지 역할을 한다. 첫째, 출원된 발명이 특허를 받을 수 있는 대상이 될 수 있는지, 누가 진정한 발명자인지, 신규성과 신규성의 상실사유가 있는지, 진보성 및 공개요건을 충족하였는지 여부를 판단하기 위해서 필요한 발명의 개념을 정의한다. 둘째, 특허권자의 허락 없이 특허발명을 실시하는 행위, 즉 침해행위가 무엇인지를 규정하기 위한 개념을 정의한다.[3]

다른 재산권과 마찬가지로 특허라는 독점권도 그 권리의 범위와 한계가 분명하게 설정되어야만 한다.[4] 특허권자는 자신이 소유하고 있는 것과 소유하고 있지 않은 것을 분명하게 알아야만 하고 일반대중도 특허권자의 권리범위를 분명하게 알아야 이를 마음대로 사용할 수 있기 때문이다.[5]

---

1 • 구별설: 구성요소는 청구항을 한정(Limit)하기 위해서 사용되는 것으로서, 하나의 구성요소는 하나의 한정사(Limitation)로서 작용한다. 하나의 구성요소가 여러 개 결합되어 한정사들을 이루게 되고 이로써 특허발명의 하나의 구성부분(Component)을 이루게 된다. 따라서 한정사들은 여러 개의 구성요소로 이루어지는 것이고 구성부분은 여러 개의 한정사로 만들어지는 특허발명의 일부분이다.

• 불구별설(소수설): 구성요소와 한정사는 동일한 의미라고 보는 견해: Dolly, Inc. v. Spalding & Evenflo Companies, Inc., 16 F.3d 394, 398, 29 USPQ2d 1767, 1770(Fed. Cir., 1994)(위 판례에서는 구성요소라는 용어 대신에 한정사라는 용어를 사용하였으나 구성요소와 한정사는 동일한 의미로 사용된다).

2 대법원 2004.5.27. 선고 2002후1911 판결, 청구항은 특허출원된 발명의 내용을 제3자가 명세서만에 의하여 쉽게 알 수 있도록 공개하여 특허권으로 보호받고자 하는 기술적 내용과 범위를 명확하게 알 수 있도록 하기 위한 것이다.

Magnesystems Inc. v. Nikken Inc., 34 USPQ2d 1112, 1113 n.1(C.D. Calif. 1994), aff'd, 61 F.3d 919(Fed. Cir. 1995)(청구항은 발명의 범위를 문자로 개념정의한다. 이로써 청구항은 일반대중으로 하여금 침해행위를 회피할 수 있도록 도와준다).

3 Chisum on Patents §8.03; Leeds v. Commissioner of Patents and Trademarks, 955 F.2d 757, 759, 21 USPQ2d 1771, 1772(D.C. Cir. 1992).

4 헌법 제22조 제2항, 특허법 제1조 및 제94조. 헌법은 저작자, 발명가, 과학기술자와 예술가의 권리는 법률로써 보호한다고 규정하여 지적재산권을 기본권의 하나로 보호하고 있다. 특허법도 발명을 보호·장려하고 그 이용을 도모함으로써 기술의 발전을 촉진하여 산업발전에 이바지함을 목적으로 하고 있다. 이를 위하여 특허권자는 특허발명을 실시할 독점적 권리를 부여받지만 이 독점권은 산업기술의 발전을 촉진하기 위한 것이다.

5 청구항의 역할(권리보호, 공시 및 침해판단의 수월성).

대법원 1989.6.27. 선고 88후967 판결(청구범위는 특허출원자로 하여금 특허권의 보호를 요구하는 범위를 명확특허출원인은 명세서에 공개한 내용 중에서 특허권으로 보호받기 원하는 사항을[6] 명확하고 간결하게 기재한 청구항 또는 청구범위를 특허출원서에 기재하여야 한다.[7] 이를 청구항의 명확성의 요건이라고 하는데,[8] 이 요건은 특허권자의 권리범위를 명확하게 한정함으로써 일반대중에게는 침해행위를 하지 못하도록 공시하고, 출원된 발명에 대하여 심사가 수월하게 이루어지도록 한다.[9]

히 하고, 일반대중의 입장에서는 당해 특허권의 효력이 미치는 한계영역을 설정하여 주는 등 발명의 기술적 범위를 결정하는 것이다); 대법원 1995.9.5. 선고 94후1657 판결(청구범위는 발명자의 권리범위와 일반인의 자유기술 영역의 한계를 명확하게 구별하고 나아가 특허분쟁의 경우 특허침해 여부를 명확하고 신속하게 판단할 수 있도록 한다); Festo Corp. v. Shoketsu Kinzoku Kogyo Kabushiki Co., Ltd.(2002); Boats, Inc. v. Thunder Craft Boats, Inc., 489 U.S. 141, 150(1989)(발명을 공개하면 독점권으로 보호될 수 있다고 믿고 이를 공개한 발명자와 그 독점권의 범위를 넘어서서 공개된 기술을 마음껏 사용할 수 있다고 믿는 일반대중 사이의 균형을 맞추어 주는 것이 바로 특허법이다. 특허법은 우리 사회에 창조적인 아이디어가 넘치고 기술혁신이 이루어질 수 있도록 한다).

[6] **권리보호요건(Regarding requirement)**: 특허법 제42조 제2항 제4호의 보호를 받고자 하는 사항. 미특허법 제112조는 특허출원인이 자신의 발명이라고 주장하는 것(Subject matter which the applicant regards as his invention)이라고 표현하고 있다. 비록 청구항의 기재가 명확하다고 하더라도 만약 명세서 이외에 특허출원인이 제출한 자료에서 청구항에 기재된 발명이 자신의 발명이 아니라는 점이 인정되면 청구항에 대한 특허의 발급이 거절될 수도 있다. Chisum §8.03. 특허법 제42조 제4항 및 특허실용신안심사지침서, 제1부 및 제4부, p.412(특허청, 2003).

[7] **명확성의 요건**: 특허법 제42조 제4항; Chisum §8.03 Definiteness and Particularity of Claim; 미국특허법에서 청구항이 특정되어야 하고 분명하여야 하는 목적은 일반대중에 대한 공시기능과 특허심사의 수월성, 두 가지이다.

1. **공시기능**: 첫째의 주요한 목적은 특허침해행위가 성립하는 범위를 일반대중에게 공시하는 것이다. United Carbon Co. v. Binney Co., 317 U.S. 228, 236(1942)(불분명한 영역이 있다면 기업으로 하여금 특허침해의 가능성에 대한 의심을 줄 수 있어 청구항이 불명확하게 공개한 것만큼 그 기술 분야에서의 발명의욕을 저해한다); McClain v. Ortmayer, 141 U.S. 419, 424(1891)(청구항이 분명하게 특정되어야 하는 목적은 특허권자에게 권리를 보장하는 것뿐만이 아니라 일반대중에게 아직도 독점권의 영역에 들어가지 않은 것을 평가할 수 있도록 한다).

2. **특허심사의 수월성**: 두 번째 목적은 특허대상이 특허를 발급받을 수 있는지 여부를 판단하는 것을 수월하게 하기 위함이라고 본다. United Carbon Co. v. Binney Co., 317 U.S. 228, 236(1942)(청구항이 분명하게 특정되어야 법원으로 하여금 신규성과 진보성을 판단할 수 있도록 하지만, 이는 2차적 목적이다); In re Hammack, 427 F.2d 1378, 1382, 166 USPQ 204(CCPA 1970)(청구항이 선행기술과 구별할 수 있을 것 이상으로 특정될 필요는 없다); Ex parte C, 27 USPQ2d 1492, 1500(Bd. Pat. App. & Int'f 1993)(청구항은 잠재적 침해행위자에 대한 공시기능을 하는 것이지만 특허출원된 발명과 선행기술을 비교하는 목적도 있다).

[8] 청구항은 Supra. n5.의 권리보호요건과 함께 이 명확성이라는 두 가지의 요건을 충족하여야만 특허법상 필요한 요건을 충족하는 것이다. 특허법 제42조 제4항 제2호.

[9] United Carbon Co. v. Binney Co., 317 U.S. 228, 236(1942); McClain v. Ortmayer, 141 U.S. 419, 424(1891); Solomon v. Kimberly-Clark Corp., 216 F.3d 1372, 55 USPQ2d 1279(Fed. Cir. 2000); Mycogen Plant Science, Inc. v. Monsanto Co., 61 F. Supp. 2d 199, 255(D. Del. 1999); Austin Powder Co. v. Atlas Powder Co., 568 F. Supp. 1294, 219 USPQ 707(D. Del. 1983). United Carbon Co. v. Binney Co., 317 U.S. 228, 236(1942). 위 판결에서 청구항은 법원이 신규성과 진보성 그리고 발명이 진정한 것인지를 판단하도록 함에 있다고 보았지만 이를 2차적인 목적으로 보는 견해가 있다. Chisum §8.03 n2. In re Hammack, 427 F.2d 1378, 1382, 166 USPQ 204(CCPA 1970)(청구항이 선행기술과 구별할 수 있을 정도로만 특정되어야 한다는 주장을 배척한 사례); Ex parte C, 27 USPQ2d 1492, 1500(Bd. Pat. App. & Int'f 1993)(침해행위자의 입장에서 보아 자신들의 행위가 청구항의 권리범위에 포함되는지를 잘 인식할 수 있도록 하기 위한 것인 동시에 선행기술과 구별하여 특허심사를 용이하게 하기 위한 목적이라고 보는 견해). Long Mfg. Co. v. Lilliston Implement Co., 328 F. Supp. 268, 276-277, 171 USPQ 228, 235(E. D. N.C. 1971), aff'd, 457 F.2d 1317, 173 USPQ 321(4th Cir. 1972), cert. denied, 409 U.S. 874(1972)(특허법이 요구하는 청구항의 명확성 요건은 청구항의 개념정의가 분명하여 통상의 지식인으로 하여금 특허권의 존속기간 동안은 특허침해행위를 하지 아니하도록 하고 특허권의 존속기간이 만료된 이후에는 통상의 지식인으로 하여금 특허

법원은 청구항을 청구항에 사용된 용어들 자체에서 시작하여 해석하고, 출원을 할 당시의 그 분야의 통상의 지식인에게 주는 통상적이고 관용적인 의미로 본다. 그러나 청구항 그 자체는 그들의 의미를 설명하는 것을 허용하지 않는 방식으로 작성되기 때문에 명세서를 참고하여야 할 필요가 있다. 청구항의 해석과 명세서가 적절한 공개를 하였느냐의 문제는 명세서를 이해할 수 있는 그 분야의 통상의 지식인에게 핵심이 있다. 따라서 청구항의 해석은 해당되는 기술 분야와 특허의 기술적 맥락에 달려 있는 것이다.[10]

그러나 명세서에 청구항을 기재하도록 요구한 것은 비교적 최근인 19세기 전반기로서,[11] 그 이전에는 명세서 청구항 또는 청구범위를 특허출원서에 기재할 필요가 없었고,[12] 특허출원 명세서에는 청구항이나 청구범위를 기재하지 않고 구체적으로 실시례(Embodiments)를 공개하였기 때문에 법원은 이 실시례와 동등한 기술적 의미를 가진 물건이나 방법에 대한 보호범위를 확대하여 준 것이다.[13]

그 이후의 각 국가의 특허법은 특허출원명세서에서 청구항이나 청구범위를 기재할 것을 요구하였는데, 이로부터 청구항은 특허침해를 구성하는 행위를 사전에 예방한다는 의미를 가지게 된다. 이를 위하여 출원인은 반드시 침해행위로서 금지되는 장치 또는 물질이나 방법을 구체적인 용어를 사용하여 청구항을 작성함으로써 권리범위를 설정하게 되었다.[14]

2. 특허출원서

특허는 기술적이고 과학적 원리에 의존하고 있기 때문에 서면으로 출원하여야 한다. 특허출원서와 이에 따라 발급된 특허는 청구항(Claim) 또는 청구범위(Claims)와 서면명세서(Written

---

발명을 실시할 수 있도록 함에 있다). 이에 비하여 Ex parte Tanksley, 37 USPQ2d 1382, 1386(Bd. Pat. App. & Int'f 1994)에서는 특허출원인이 청구항에서 발명을 특정한 정도에 상응하는 권리범위를 주장할 수 있도록 하지만 심사관은 청구항의 문언에만 집착하여서 청구항에서 사용된 용어만을 가지고 선행기술을 찾아서는 안 된다고 보아 위 청구항이 특정될 것을 요구하는 첫째 목적은 인정하나 둘째 목적은 부정한다).

10 Phillips v. AWH Corp., 415F. 3d 1303, 1313(Fed. Cir. 2005). Medrad, Inc. v. MRI Devices Corp., 401 F.3d 1313, 1318(Fed. Cir. 2005). Vitronics Corp. v. Conceptronic, Inc., 90F. 3d 1576(Fed. Cir.1996).

11 미국의 특허법에서는 1836년에 최초로 청구항을 기재할 것이 요구되었지만 이는 발명자가 자신의 발명 중에서 가장 중요한 부분을 강조하는 것이었다.

12 Id., Chisum, Principles of Patent Law, 103. 1836년에 이르러서 미국의 특허법은 특허출원서에 청구항을 기재할 것을 요구하였다. 1836년의 미특허법 제6조는 특허출원자가 자신의 발명으로 청구하는 부분(Parts), 개량(Improvement) 또는 조합(Combination)을 특정하여 기재할 것을 요구하였다.

13 중점한정주의(Central definition system): Charles W. Adams, THE DOCTRINE OF EQUIVALENTS: BECOMING A DERELICT ON THE WATERS OF PATENT LAW, Nebraska Law Review p.1117. 바로 이러한 시기에 있어서 동등론은 사소한 변경을 가하여 청구항의 권리범위를 회피하려는 경쟁자를 방지하기 위하여 필요한 것이었다.

14 주변한정주의(Peripheral definition system): 주변한정주의에서는 선행기술에 포함되지 않는 한, 통상의 지식인에게 용이한 어떠한 변형도 청구항의 권리범위에 포함된다. 전게서, Charles W. Adams, p.1121.

description)의 두 가지로 이루어져 있고, 이를 모두 합하여 명세서(Specification)라고 한다.[15]

특허를 출원하기 위해서는 발명의 명칭, 도면의 간단한 설명, 발명의 상세한 설명, 청구범위를 기재한 명세서와 필요한 도면 및 요약서를 첨부한 특허출원서를 제출하여야 한다. 명세서와 도면 그리고 청구범위는 특허출원서의 실체적 기재내용으로, 어떠한 특허대상이 특허출원서에 포함되었는지에 대한 판단을 하는 데 사용된다.[16]

특허출원서에 공개된 실체적인 내용을 보고 그 발명이 속하는 기술 분야에서 통상의 지식을 가진 자가 발명을 실시할 수 있어야 하고, 특허출원일자를 기준으로 출원인이 청구항의 권리범위로 주장하는 발명을 완전하게 점유하고 있는지를 확인할 수 있어야 하며, 특허법에 의하여 보호되어야 할 대상이 되는 발명을 명확하게 특정할 수 있어야 한다.

특허청은 특허출원서를 심사한 결과 그 출원된 발명이 신규성, 진보성과 산업상 이용가능성을 충족하는지 여부와 함께 특허출원서의 내용이 발명을 완전히 공개하였느냐의 여부도 심사한다. 만약 특허청이 특허출원서가 이러한 요건을 구비했다고 판단하면 특허를 발급한다.

3. 청구항에 대한 역사[17]

1793년 미국의 특허법은 특허출원서에 청구항을 기재할 것을 요구하지 않았지만 발명에 대한 서면명세서를 제출할 것을 요구하였다. 즉 발명에 대하여 완전하고 분명하며 정확한 용어를 사용하여 그 이전에 알려진 발명과 구별하고 그 분야의 숙련된 기술자로 하여금 그 발명을 만들고 사용할 수 있도록 서면명세를 할 것을 요구하였다. 그 목적은 기술자로 하여금 만들고 사용할 수 있도록 하며 발명자가 자신의 것으로 주장하는 발명을 일반대중의 점유에 놓기 위한 것이었다.

이러한 공개를 하는 것은 그 발명이 특허를 받은 줄을 모르고 사용하는 무고한 사람들의 침해행위를 방지하기 위한 것이다. 특허를 받기 위한 것이 아니었더라면 사용하지 못하도록 하였을 발명을 특허를 받기 위해서 공개하는 불이익을 방지하려는 것이다. 따라서 이는 특허발명의 존재를 모르는 사람에 대한 경고의 목적을 가짐과 동시에 그 발명자로 하여금 그가 한 실제의 발명 이상으로 가장하여 특허권을 확보하려는 것을 금지한 것이다. 이를 위해서 특허권자는

---

15 광의의 명세서: 넓은 의미의 명세서는 청구범위와 서면명세서를 합친 것을 말한다. Donald S. Chisum, Principles of Patent Law, Cases and Materials, 92(2d ed. Foundation 2001).

16 그러나 요약서는 위 명세서, 도면, 청구항과 차이가 있다. 특허법이 특허출원 시에 요약서를 제출할 것을 요구하는 이유는 요약서를 가지고 기술정보로 사용하기 위한 것이고, 그 이외의 다른 목적으로는 이 요약서를 사용할 수 없다. 따라서 요약서를 가지고 청구항의 권리범위를 해석하거나 특허법 제29조 제3항에 의하여 출원공개된 특허출원서에 최초로 첨부된 명세서 또는 도면에 기재된 발명으로서 후출원된 특허의 신규성을 상실시킬 수 있는 선행기술로는 사용할 수 없다.

17 Gerald R. Prettyman, Jr., THE "EVOLVING WRITTEN DESCRIPTION DOCTRINE" AND THE SEARCH FOR SPECIFICITY(A.K.A. ADEQUACY IS THE MATTER OF INVENTION), 1 J. Bus. Entrepreneurship & L. 1, 6.

그의 명세서에서 자신의 발명을 선행기술과 구별하여야 한다.[18]

그 후 1870년에 이르러서야 미국의 특허법은 청구항을 명세서의 필요적 기재요건으로 삼았다.[19] 그 후 약 100년 동안의 미국의 판례법은 청구항이 가지는 의미를 이해하기 위해서 청구항 자체보다는 발명에 대한 설명에 관심을 집중하여 왔고 실제로 청구항 자체에 대한 중요한 논의가 있었던 것은 1976년경 이후에서부터 시작된 것이고 1990년대 후반에 이르러서 그 정점에 이르렀다.[20]

청구항 또는 청구범위의 의미를 이해하기 위해서 가장 중요한 것은 발명자가 출원을 할 당시에 자신의 발명으로 여긴 것이 무엇인가이다. 이를 위해서 청구범위를 해석하는 것이 필요하지만 기술이라는 것은 법률가들이 이해하기가 어려운 경우가 많다. 미연방대법원에서 Markman 판결을 하기 이전에는 청구범위의 해석 문제를 법률 해석과 적용의 문제가 아니라 사실인정의 문제로 보았기 때문에 배심원들은 청구항을 해석하기 위해서 고심하였다.

그러나 현재는 법원이 청구범위를 해석하는 권한을 가지고 있고 이 해석을 하는 재판을 Markman hearing이라고 한다. 이로써 법원은 발명의 개념을 명세서의 청구범위와 일치되게 정의하고 특허침해소송이 제기되는 각급 법원의 사실인정과정에서 발생하는 입증과 관련된 문제를 해소하였다.[21]

4. 권리보호요건

가. 보호받기를 원하는 사항

특허출원인은 청구항에 자신이 보호받기를 원하는 사항을 기재하여야 한다.[22] 특허심사과정은 바로 특허출원인이 보호받기를 원하면서 청구항의 권리범위로 포함한 것이 과연 특허를 받을 수 있느냐를 심사하는 것이다.[23] 비록 청구항이 명확한 용어를 사용하고 있어 그 권리범위는 명확하다고 할지라도 특허출원인이 보호받기를 원하지 않는 사항이 포함되어 있다면[24] 이

---

18 Vas-Cath Inc., 935F.2d at 1560-61(citing Evans v. Eaton, 20 U.S. 356, 430-433)(1822).

19 Markman v. Westview Instruments, Inc., 517 U.S. 370, 379(1996).

20 Craig Alan Nard et al., Principles of Patent Law(2d ed. 2001).

21 Markman v. Westview Instruments, Inc., 517 U.S. 370, 391(1996).

22 Supra, 청구항 n5. 특허법 제42조 제4항은 청구범위에는 보호를 받고자 기재하는 사항이 1 또는 2 이상이 있어야 한다고 규정하고 있다.

23 In re Zletz, 893 F.2d 319 at 322, 13 USPQ2d 1320 at 1322(Fed. Cir. 1989). 그러나 Carl Zeiss Stiftung v. Renishaw PLC, 945 F.2d 1173, 1181, 20 USPQ2d 1094, 1101(Fed. Cir. 1991)과 같이 발명자가 자신의 발명이라고 주장하는 것이 바로 청구항이라고 본 견해도 있다.

24 미특허법 제112조 두 번째 문장은 '명세서는 하나 이상의 특허출원인이 자신의 발명이라고 여기는 특허대상을 특정하여 이를 분명하게 권리범위로 주장하는 청구항을 결론으로 포함하여야 한다'고 규정하고 있다. Patent Law §112

청구항은 권리보호요건을 충족하지 못한 것이다.[25]

물론 청구항에 기재된 특허대상은 반증이 없는 한 특허출원인이 자신의 발명으로 보호받기를 원하는 것을 기재한 것이라고 추정된다.[26] 그러나 명세서 이외의 다른 자료에 의하여 청구항이 특허출원인이 보호받기를 원하는 사항이 아닌 것을 포함하고 있는 경우에 이 청구항에 대해서는 특허를 발급할 수 없다.[27]

나. 심사과정에 있어서 권리보호요건의 심사

최근에는 청구항의 명확성이나 권리보호요건이 충족되었느냐를 판단하는 데 있어서 특허심사 단계와 침해소송 단계를 나누어서 그중 심사 단계에서는 발명자의 증언이나 진술서와 같은 외부증거를 사용하여 청구항의 명확성이나 권리보호요건의 충족 여부를 판단할 수 있지만, 일단 특허가 발급된 이후에는 이들을 사용할 수 없다고 본다.[28]

따라서 특허청으로서는 특허출원서뿐만 아니라 그 이외의 외부증거를 가지고 특허심사과정의 전 취지에 비추어서 청구항의 권리범위가 명확하게 한정되었는지를 판단하여야 하고, 심사가 진행 중인 청구항은 특허심사과정의 전 취지에 비추어서 보정될 수 있다는 전제 하에 심사하여야 한다.

심사가 계속 중인 경우에 청구항은 반드시 합리적인 최대한도로 그 용어의 의미가 넓게 해석되어야 한다. 특허출원인이 청구항이 가져야 할 것으로 의도했던 의미를 진술하는 경우에 청구항들은 그러한 의미를 가지는 것으로 전제하고 특허의 발급 가능성이 심사되어야 하는데, 이

P 2: Specification shall conclude with one or more claims particularly pointing out and distinctly claiming the subject matter which the applicant regards as his invention. 따라서 우리 특허법 제42조 제4항의 '보호받기를 원하는'이라는 문구는 바로 위 미특허법 §112 P 2의 '자신의 발명이라고 주장하는(Which the applicant regards as his invention)이라는 문구와 동일하게 해석할 수 있다.

25 Supra. 제9장 청구항 n5: 권리보호요건(Regarding requirement): In re Prater, 415 F.2d 1393, 162 USPQ 541(CCPA 1969).

26 미국의 정설: In re Miller, 441 F.2d 689, 692, 169 USPQ 597(CCPA 1971); In re Moore, 439 F.2d 1232, 1235, 169 USPQ 236(CCPA 1971). 그러나 Plastic Container Corp. v. Continental Plastics of Oklahoma, Inc., 607 F.2d 885, 203 USPQ 27(10th Cir. 1979), cert. denied, 444 U.S. 1018, on remand, 515 F. Supp 834, 214 USPQ 530(W.D. Okla. 1980), aff'd in part, reversed in part, 708 F.2d 1554, 219 USPQ 26(10th Cir. 1983) 만약 청구항의 특허대상의 범위가 명백하고, 특허출원인이 청구항의 권리범위가 자기가 원하는 것과 다르다고 주장하지 않는 한, 청구항이 이 특허요건을 만족시킨다고하여, 이 견해는 오직 청구항만을 보아야지 명세서를 참작하여 특허출원인이 자신의 발명이라고 보는 것을 결정하는 것은 부당하다고 본다.

27 In re Conley, 490 F.2d 972, 976, 180 USPQ 454(CCPA 1974). 그러나 In re Enrreich, 590 F.2d 902, 200 USPQ 504(CCPA 1979), aff'd, 713 F.2d 202(6th Cir. 1983)와 같이, 미특허법 제112조의 2번째 문장은 오직 청구항에 관한 것이라고 본 견해와 이에 반대한 소수견해(Baldwin J.)도 있는데 소수견해는 가끔 외부증거를 비추어 보면 특허출원인이 자신의 발명이라고 주장하는 특허대상을 청구항에 포함하지 않았다고 판단되는 경우도 있으므로 위 두 번째 문장이 오직 청구항의 명확성에 관하여 규정한 것이라고 볼 수 없다는 것이다.

28 Solomon v. Kimberly-Clark Corp., 216 F.3d 1372, 55 USPQ2d 1279(Fed. Cir. 2000).

것은 특허출원인의 발명을 완전하게 조사하기 위한 동시에 특허출원된 발명과 선행기술의 관련성을 조사하기 위한 것이다.

이렇게 함으로써 청구항의 보정이 허용되는 특허심사 계속 중에 모호한 청구항이 발견되고, 청구항의 용어의 정확한 개념정의와 함께 그 깊이와 넓이도 지속적으로 조사될 것이기 때문이다. 특허심사를 하는 본질적 목적은 청구항을 정확하고 분명하며 모호하지 않도록 만드는데 있다. 이러한 심사과정을 거쳐야 비로소 청구항이 가지는 불확실성이 제거되고 특허의 발급절차가 완료되는 것이다. 따라서 특허심사과정은 보다 융통성을 요구하는 것이어서 발명자의 진술서나 증언을 청구항의 권리보호요건을 충족하였느냐를 판단하는 증거자료로 사용할 수 있다.[29]

다. 자신의 발명이 아님을 자인

특허출원인이 거절 사유에 대하여 답변하면서 자신의 발명이 아니라고 자인한 특허대상을 포함하고 있는 청구항은 결국 권리보호요건을 충족시키지 못한 것이다. 특허출원인이 발견한 수학공식을 가지고 혼합가스의 구성성분 비율을 알아내기 위하여 사용되는 분광사진 분석법에 대한 청구항에 특허가 출원되었다. 심사관은 인간이 컴퓨터의 도움 없이도 펜과 종이를 가지고 이 수학공식을 사용하여 얼마든지 계산할 수 있다는 이유로 법정특허대상이 될 수 없다고 거절하였다. 그러자 특허출원인은 오직 컴퓨터에 의하여 수행되는 것만을 청구항의 권리범위로 청구하였기 때문에 인간이 할 수 있는 것은 권리범위에서 제외되도록 해석되어야 한다고 주장하였다.

그러나 이 청구항이 '컴퓨터에 의하여 수행되는'이라는 한정사를 가진 것으로 해석될 수는 없고 컴퓨터는 물론 인간에 의해서도 수행될 수 있는 것이라면 결국 특허출원인이 보호를 원치 아니하는 대상을 포함하는 청구항이 되고, 이에 대해서는 특허가 발급될 수 없다.[30]

---

29 그러나 청구항의 명확성의 문제는 청구항의 해석과 같은 성질, 즉 사실인정의 문제가 아니라 법률의 해석문제라고 보는 것이 종래의 통설이었다. 따라서 명세서와 특허심사과정의 전 취지와 같은 내부증거만을 가지고 판단하여야 한다고 보았다. Union Pacific Resources Co. v. Chesapeake Energy Corp., 236 F.3d 684, 57 USPQ2d 1293(Fed. Cir. 2001)(청구항의 명확성 문제는 법률의 해석의 문제이다); Atmel Corp. v. Information Storage Devices, Inc., 198 F.3d 1374, 1378, 53 USPQ2d 1225, 1227-28(Fed. Cir. 1999); Process Control Corp. v. HydReclaim Corp., 190 F.3d 1350, 52 USPQ2d 1029(Fed. Cir. 1999), cert. denied, 529 U.S. 1037(2000). Solomon v. Kimberly-Clark Corp., 216 F.3d 1372, 1377, 55 USPQ2d 1279, 1281(Fed. Cir. 2000)에서는 권리보호요건에 대한 판단은 법률해석의 문제이다라고 하였다. 그러나 Arachnid Inc. v. Medalist Marketing Corp., 18 USPQ2d 1941(W.D. Wash. 1991), aff'd, 972 F.2d 1300, 23 USPQ2d 1946(Fed. Cir. 1992)에서는 일반 보통인의 지식으로 청구항의 용어의 명확성을 판단할 수 있다고 보았다.

30 In re Prater, 415 F.2d 1393, 162 USPQ 541(CCPA 1969)(청구 제9항은 인간이 계산할 수 있는 방법과 컴퓨터가 할 수 있는 방법 모두를 포함하고 있는바, 이 중에서 인간이 계산할 수 있는 방법은 특허출원인이 특허로서 보호받기를 원하는 특허대상이라고 볼 수 없다. 결국 특허출원인이 보호받기를 원하지 않는 사항은 자신의 발명으로 주장하

라. 작동가능하기 위해서 필요한 최소한의 양

특허출원인이 제출한 제출한 메틸크로로포름의 안정된 형태에 관한 특허출원서의 청구 제12항은 '메틸크로로포름 용액에 용해된 아주 소량의 니트로알칸이지만 메틸크로로포름 용액을 안정시키기에 충분한 양이 되어 공기 중에서 전체적으로 환류 되는 조건에서 이 용액에 알루미늄 조각이 담겨져 있다.'는 내용으로 출원되었는데, 그 명세서는 '안정시키기에 충분한(Enough to stabilize)이라는 용어가 '0.5중량퍼센트 정도의 적은 양'이라고 공개하였다. 그러나 특허출원인은 자술서에서 발명이 작동 가능하기 위해서는 적어도 0.9중량퍼센트 이상의 양이 필요한 것이라고 진술하였다. 결국 이 청구항은 특허출원인이 보호받기 원하는 사항 이외의 사항을 포함하고 있고, 이로써 명확성의 요건을 충족하지 못한다.[31]

마. 불명확한 개념정의

위 사건에서 문제가 된 발명은 상당히 많은 양의 폴리프로필렌 결정체를 포함하고 있는, 순환 프로필렌 단위로서 본질적으로 구성된 통상의 고체 폴리프로필렌이다. 특허출원인의 청구항은 '통상의 고체 폴리프로필렌으로서 폴리프로필렌의 결정체를 포함하고 있는 것'과 '통상의 고체 폴리프로필렌'에 대한 것이다.

첫 번째 청구항은 '중합체가 일정한 단위를 가지고 있는 순환 폴리프로필렌으로 본질적으로 구성될 것'을 요구하지 않았다. 또한 이 청구항은 '결정체를 상당히 많은 양을 포함하고 있을 것'을 요구하지도 않았다. 두 번째 청구항도 '결정체를 포함하거나 폴리프로필렌이 호모폴리머일 것'을 요구하지 않았다.

이러한 경우 청구항은 특허출원인이 보호를 원하는 사항을 명확하게 개념정의하지 못한 것이다. 따라서 위 청구항은 '순환 폴리프로필렌의 단위로 본질적으로 구성된 호모폴리머'만을 그 권리범위에 포함하는 데 그치고, 더 나아가 주요한 메틸렌 계열을 포함하는 코폴리머는 제외된다고 보아야 한다.[32]

지 않는다는 것을 묵시적으로 자인하는 것이다); General Elec. Co. v. United States, 572 F.2d 745, 755, 198 USPQ 65, 73(Ct. Cl. 1978)(특허대상이 그 발명의 목적대로 작동되지 않기 때문에 특허법상 청구항의 명확성을 충족하지 못하였다고 본 사례); Ex parte Daniels, 40 USPQ2d 1394, 1409(Bd. Pat. App. & Int'f 1996), rev'd, 144 F.3d 1452, 46 USPQ2d 1788(Fed. Cir. 1998)(명세서나 도면 그리고 청구항 이외의 자료를 사용하여 특허출원인이 자신의 발명이라고 주장하는 것이 무엇인지를 판단할 수 있다). 그러나 Prater와 반대로 특허출원인이 자신의 발명이라고 주장하지 않는 사항이 청구항에 포함되지 않았다고 본 사례들은 In re Johnston, 502 F.2d 765, 770, 183 USPQ 172(CCPA 1974), cert. granted sub nom. Dann v. Johnston, 421 U.S. 962(1975), rev'd, 425 U.S. 219(1976); In re Mahoney, 421 F.2d 742, 164 USPQ 572(CCPA 1970); In re Bernhart, 417 F.2d 1395, 163 USPQ 611(CCPA 1969) 참조.

31 In re Cormany, 476 F.2d 998, 177 USPQ 450(CCPA 1973); Brennan v. Mr. Hanger, Inc., 203 USPQ 697(S.D. N.Y. 1979)(청구항을 추가하면서 자신이 발명하지 않은 사항을 기재한 것은 무효이다) 참조.

32 In re Zletz, 893 F.2d 319, 13 USPQ2d 1320(Fed. Cir. 1989).

바. 통상의 지식인의 확신

명세서가 컴퓨터 소프트웨어의 에러로 인하여 잘못 기재되었다. 청구항에 기재된 물질은 낮은 레독스 비율을 가진 색유리였지만 청구항이 요구하는 31% 이상의 자외선 투과를 허용하지 않는 요건을 충족할 수 없었는데, 이를 위해서는 이 물질에 세륨산화물을 추가해야만 한다. 침해물질은 세륨산화물 없이도 31%의 투과력이라는 한정사를 포함하여 모든 청구항의 구성요소를 가지고 있었다.[33] 그러나 청구항에 사용된 용어들이 명세서에 비추어 보아 하등의 모호한 것이 없으며, 이 분야의 통상의 지식인이 청구항의 권리범위에 포함되는 특허대상을 확신할 수 있다면 이 청구항의 권리범위는 명확하게 한정된 것이다.

사. 침해소송에서 발명자의 진술

특허가 발급된 이후에는 통상의 지식인에 의하여 청구항의 권리범위가 객관적으로 해석되어 청구항의 명확성을 충족하는지가 판단되어야 한다.[34] 따라서 발명자의 증언이나 진술서를 가지고 청구항의 명확성을 충족시키지 못하였다는 증거로 사용할 수는 없다.[35] 비록 특허법 제42조 제4항 제1호가 권리보호요건을 규정하면서 '발명자가 보호받기를 원하는 사항'이라고 하여 마치 발명자의 주관이 청구항을 해석하는 데 사용될 수 있는 듯이 보이지만 발명자는 청구항을 해석할 아무런 자격이 없고 청구항의 해석은 어디까지나 객관적인 기준에 의해야 한다.

그 실례로서, 위생냅킨이 장치된 1회용 팬티에 관한 청구항으로서 '엷은 재료로 된 부분을 더 두꺼운 재료로 된 부분으로 에워쌈으로써 만들어진 함몰부분(Depression)'을 그 권리범위로 요구하고 있었다. 그러나 발명자는 '함몰부분은 균일한 두께를 가지는 물질로 만들어졌다.'고 증언하였다.[36] 만약 발명자의 증언을 가지고 청구항의 권리범위를 해석하는 증거로 사용할 수

---

33 PPG Industries, Inc. v. Guardian Industries Corp., 75 F.3d 1558 at 1563, 37 USPQ2d 1618 at 1622(Fed. Cir. 1996)(침해행위자는, ① 특허출원인이 특허를 출원할 당시에는 침해물질이 청구항의 한정사인 투과율을 충족할 수 있으리라 믿지 않았고, ② 특허출원인이 제출한 다른 자료들(명세서는 제외)을 살펴보면 그의 청구항은 보호받기를 원하는 발명의 권리범위와 일치하지 않는다고 주장하였지만 CAFC는 이를 받아들이지 않았다).

34 Solomon v. Kimberly-Clark Corp., 216 F.3d 1372 at 1378, 1379 n.4, 55 USPQ2d 1279 at 1282 n.4(Fed. Cir. 2000)(이미 발급된 특허의 청구항이 권리보호요건을 구비하였느냐를 판단하는 것은 그 분야의 통상의 지식인이 명세서의 기재를 참작하여 청구항을 해석하는 문제라고 보기 때문이다. 그러나 예외적인 경우에는 청구항과 명세서 이외의 증거로서 선행기술이나 증인의 증언과 같은 외부증거도 청구항의 명확성을 판단하는 데 사용될 수 있다고 본다).

35 통설. 그러나 통설에 의하더라도 예외적으로 일정한 상황에서는 청구항과 명세서를 넘는 증거가 사용될 수도 있고 통상의 지식인의 기술 수준을 결정하는 데 있어서도 선행기술과 목격증인과 같은 외부증거를 사용할 수도 있다. 소수설, 즉 발명자의 증언을 가지고 청구항의 명확성을 판단하는 증거로 사용할 수 있다고 보는 견해는 Bontrager v. Steury Corp., 457 F. Supp. 526, 201 USPQ 813(N.D. Ind. 1978); Inpro, Inc. v. A.W. Chesterton Co., 657 F. Supp. 935, 2 USPQ2d 1597(N.D. Ill. 1987) 참조.

36 Solomon v. Kimberly-Clark Corp., 216 F.3d 1372, 55 USPQ2d 1279(Fed. Cir. 2000): 1심법원은 이 특허는 신규성은 있지만 청구항이 발명자가 자신의 발명이라고 주장하는 사항을 기재하지 못함으로써 무효라고 보았다.

있다면 발명자는 '재료의 두께의 차이로 인하여 만들어지는 함몰부분'에 대하여 보호받기를 원하지 않았기 때문에 위와 같은 부분을 포함하는 청구항은 결국 무효가 되어야 한다.

그러나 이미 발급된 특허청구항은 심사과정에 있는 청구항과는 달리 이를 해석할 수 있는 증거가 다른 것이다. 이미 발급된 청구항이 유효한지를 판단하는 데 사용될 수 있는 증거는 오직 명세서에 기재된 것에 한한다. 그 이외에 특허심사과정에서 고려한 증거, 예컨대 발명자의 증언 등은 사용할 수는 없다.

결국 특허가 발급된 이후에 청구항이 가지는 권리범위는 객관적으로 결정되어야 한다. 통상의 지식인이 명세서의 기재내용에 비추어서 청구항을 해석할 경우에 그 권리범위를 이해할 수 있다면 청구항이 명확한 것이고 그렇지 않다면 불명확한 것이다.

위와 같이 명세서에 기재된 것 이외의 증거가 모두 배제되는 이유는 이미특허가 발급된 청구항의 용어는 일단 그 권리범위가 확정된 것으로서, 더 이상 특허권자가 청구항을 보정하여 그 권리범위를 넓힐 수 없고, 특허침해소송에 있어서 특허권자의 청구항은 가능한 한 넓게 해석되지 않으며, 특허권자가 주관적으로 보호받기를 원하였던 사항은 청구항이 가지는 객관적인 의미와 권리범위를 확정하는 데 있어서는 무관한 것이기 때문이다.[37]

아. 선행기술과의 구별가능성

청구항이 가지는 또 하나의 중요한 기능은 특허출원된 발명과 선행기술을 구별하는 것이다(Criticality). 청구항은 반드시 특허대상을 한정하여야 하는데, 이렇게 한정된 특허대상이 산업상 이용가능성, 신규성 그리고 진보성을 충족시켜야만 특허를 발급받을 수 있다. 청구항이 특허를 발급받을 수 있는 것과 함께 특허를 발급받을 수 없는 대상을 함께 포함하고 있을 경우에는 이는 너무나 넓은 권리범위를 가진 청구항이므로 특허를 받을 수 없으며, 이미 발급받은 특허도 무효이다.

그러나 청구항이 특허를 받을 수 있는 대상을 적절하게 한정하여 공개요건과 함께 명확성의 요건을 충족시킬 수 있다면 발명자가 자신의 발명으로 주장할 수 있는 대상보다 적은 부분의 청구항만을 포함하더라도 이는 유효한 청구항이다. 따라서 청구항의 유효성은 단순히 그것이 불필요한 한정사를 포함하고 있다거나 선행기술을 구별할 수 없는 한정사를 포함하고 있다는 이유만으로 영향을 받지는 않는다.[38]

---

37 공시 기능의 중요성: 침해소송 단계에서 청구항이 가지는 목적은 일반대중에게 특허권자가 가지고 있는 배타적 권리의 존재를 알려 주는 공시적 기능을 수행하는 것이다.

38 Andrew Corp. v. Gabriel Electronics, Inc., 847 F.2d 819, 6 USPQ2d 2010(Fed. Cir. 1988), cert. denied, 488 U.S. 927(1988).

자. 발명의 일부분

특허권자는 발명 전체를 청구항의 권리범위로 주장할 수도 있고 발명의 일부만을 주장할 수도 있다. 따라서 선행기술이 미처 예상치 못한 현저한 특성이 발생하는 지점을 특정하여 구별하지 못한 청구항이라고 하더라도 유효하다.[39] 특허가 발급된 발명으로, 뿔 모양의 반사형 마이크로 웨이브 안테나(Radiation Pattern Envelopes: RPEs)에 관한 특허발명으로, 음파를 흡수하는 기구(Absorber)를 뿔의 내부에 깊숙하게 배치함으로써 안테나의 성능을 현저하게 개량한 것이다. 특허출원인이 개량한 부분은 방사유형의 덮개로서, 이는 안테나의 주된 빔의 외부에 수평방향이나 수직방향으로 떨어져 있었는데 음파흡수기가 원뿔에 더 깊이 위치하면 할수록 점차로 이 RPEs의 형태가 바뀐다. 그러나 이렇게 음파흡수기를 뿔 내부에 깊숙이 위치시키는 방법은 선행기술이 가르치는 것과는 반대되는 것이다.

비록 청구항이 물리적 현상이 일어나고 있는 변화의 시점을 분명하게 특정하여 구분하지 못하였다 하더라도 그것이 특허를 발급받을 수 없을 정도로 불명확한 것은 아니다. 청구항은 아주 적확하게 발명의 기술적 범위의 한계를 결정할 필요는 없고 발명이 가지는 기술적 특성의 일부를 그 권리범위로 주장하더라도 무방하다.[40]

5. 청구항의 구성

청구항을 작성하는 요령은 고도로 유형화되어 있고 전통적인 방식을 따르지만 통상은 길고 복잡한 하나의 문장으로 만들어진다.[41] [42] 청구항을 작성하는 현재의 경향은 청구항의 명확

---

39 Andrew Corp. 사건의 1심법원은 청구항은 반드시 침해행위가 시작되는 지점을 특정하여 분명히 선행기술과 구별하여야한다고 하였다. 즉 만약 청구항의 권리범위가 예상치 못한 특성을 가져오는 지점과 일치하지 못한다면 청구항은 특정되지 못한 것이라고 보았다. 그러나 CAFC는 특허법은 특허출원된 발명과 선행기술 사이의 기술적 차이점을 구별할 의무를 특허출원인에게 부담하지 않는다고 보았다. 이러한 부담은 특허출원인에게 너무나 과중한 의무를 지우는 것이고 측정방법이 발전되면서 특허의 발급가능성의 기준에도 당연한 변화가 오기 때문이다.

40 포기설: McClain v. Ortmayer, 141 U.S. 419, 423-424(1891)(만약 발명의 일부만을 청구항의 권리범위로 주장하면 발명자는 그 나머지 부분을 포기한 것으로 추정된다).

41 Chisum §8.06 [1][a]. 청구항이 하나의 문장일 것을 요구하는 이유에 대하여 In re Fressola, 22 USPQ2d 1828(Comm'r Pat. & Trademarks 1992)(MPEP 608.01(m)에서 청구항이 하나의 문장일 것을 요구하는 이유는 실체적인 이유보다는 형식적인 이유 때문이라고 보고 여러 개의 문장으로 만드는 것이 경우에 따라서는 청구항을 보다 명확하게 만들 수 있다고 보는 견해).

42 특히 기계청구항에서 매우 길고 복잡한 문장으로 이루어져 있는 경우가 많다. Calmar, Inc. v. Cook Chem. Co., 220 F. Supp. 414, 417, 138 USPQ 432(W.D. Mo. 1963), aff'd, 336 F.2d 110, 142 USPQ 412(8th Cir. 1964), rev'd, 383 U.S. 1(1966)(단 하나의 문장으로서, 무려 268개의 단어로 만들어진 청구항이 무효로 선언됨); Diamond Int'l Corp. v. Maryland Fresh Eggs, Inc., 523 F.2d 113, 187 USPQ 193(4th Cir. 1975), cert. denied, 424 U.S. 914(1976)(계란을 넣는 종이상자에 대한 청구항의 단어가 571개인 경우); Huron Mfg. Corp. v. CMI Corp., 201 USPQ 111(D.S.D. 1978)(247개의 단어를 사용한 청구항); Manual of Patent Examining Procedure 2173.05(m)(7th ed. 1998)(지루한 인용문과 중요하지도 않은 사항을 나열함으로써 청구항의 권리범위를 불명확하게 하거나 발명

성과 정확성을 강조하기 때문에 해석하기가 매우 어렵다.[43]

종전에는 특히 청구항이 명세서를 인용하는 데 상당한 제한이 있어 왔기 때문에 청구항의 문장이 아주 길게 작성되어 왔다. '스테레오 그래프를 3차원의 이미지로 표현하는 시스템으로서, 명세서와 도면에서 공개된 바와 같이 천체의 목적물의 이미지를 3차원적으로 나타내 주는 표현방식'이라고 한 청구항은 불명확하기 때문에 발명을 특정하지 못한다고 보았기 때문이다.[44]

공개요건과 청구항은 특허법상 별개의 개념으로서 청구항은 그 자체로서 발명에 대한 개념정의를 하여야 한다.[45] 청구항이 명세서에 공개된 숫자나 특성들을 인용하여 발명을 개념정의하는 것은 청구항을 불명확하게 하여 발명을 특정하지 못하기 때문이다. 그러나 말로써 개념정의하기가 상당히 어려운 경우, 청구항에 도면이나 도표를 첨부하는 것보다 차라리 명세서의 기재 내용을 그대로 인용하는 것이 청구항을 보다 간결하게 만들 수 있는 경우에만 예외적으로 명세서를 인용하는 것이 허용된다.[46]

가. 구성요소와 한정사

청구항의 본문은 특허의 독점적 권리범위에 해당하는 물건이나 방법을 개념정의하기 위하여 구성요소(Element)와 한정사(Limitation)를 열거한 것을 말한다.[47] 이때 한정사라는 것은 구성요소보다 발명을 더욱 분명하고 자세하게 서술한 용어를 말한다.[48] 종전에는 구성요소나 한정사를 구별하지 아니하고 사용하였다.[49] 그러나 최근에는 청구항의 용어를 지칭할 때에는 한정사로 부르고 침해장치를 가리킬 때에는 구성요소라고 부름으로써 구성요소보다 한정사로 부르

을 은닉하는 경우에는 청구항이 장황(Prolix)하다는 이유로 특허가 거절될 수 있다); Ex parte Iagan, 1911 C.D. 10, 162 O.G. 538(Comm'r Pat. 1910)(매우 길면서도 너무나 많은 구성요소를 열거하고 있는 청구항은 특허가 거절된다). 이와 반대되는 경우는 In re Grose, 592 F.2d 1161, 201 USPQ 57(CCPA 1979)(엑스레이 분말을 비산하는 유형을 가지고 제오라이트의 물리적 구조를 개념정의하는 것으로 이러한 화학물질에 대한 청구항은 길이가 짧아서 지문 청구항(Finger print claim)이라고도 한다) 참조.

43 Chisum §8.06 [1].

44 이러한 청구항을 '포괄 청구항(Omnibus claim)'이나 '공식 청구항(Formal claim)'이라고 한다. 청구항의 유형과 내용이 변천한 역사적 과정에 대해서는 Ex parte Fressola, 27 USPQ2d 1608(Bd. Pat. App. & Int'f 1993) 참조.

45 Ex parte Fressola, 27 USPQ2d 1608 at 1069(Bd. Pat. App. & Int'f 1993).

46 포괄청구항이 영국에서는 허용된다.

47 Cleanox Environmental Services, Inc. v. Hudson Environmental Services, Inc., 14 F. Supp. 2d 601, 608 n.9(D. N.J. 1998).

48 Festo Corp. v. Shoketsu Kinzoku Kogyo Kabushiki Co., 234 F.3d 558, 56 USPQ2d 1865(Fed. Cir. 2000)(en banc), cert. granted, 121 S. Ct. 2519(2001); Ethicon Endo-Surgery, Inc. v. United States Surgical Corp., 149 F.3d 1309, 1317, 47 USPQ2d 1272, 1277(Fed. Cir. 1998)(구성요소 완비의 원칙은 한정사 완비의 원칙으로 부르는 것이 좋다); Lockheed Martin Corp. v. Space Systems/Loral, Inc., 249 F.3d 1314, 58 USPQ2d 1671(Fed. Cir. 2001)(청구항에서 사용된 개개의 용어는 구성요소가 아니고 한정사라고 부른다).

49 Lemelson v. United States, 752 F.2d 1538, 1551, 224 USPQ 526, 533(Fed. Cir. 1985).

기를 선호하는 경향이 있다.[50]

청구항을 이루고 있는 문장에 기능적 용어도 사용된다. 기능적 용어는 발명의 각 구성요소가 유용한 일을 수행하기 위해서 어떻게 서로 협동하는지를 기술한다.

결국 청구항은 구성요소와 한정사를 유기적으로 결합한 본문(Body)과 연결사(Transition) 및 발명의 목적이나 그 용도를 설명하는 결어(Conclusion)로 구성된다.[51]

다음은 셰이커에 대한 장치 청구항이다.

청구 제1항: 물품을 혼합하는 장치로서, 다음의 것을 포함한다.

① 물품을 위한 하나의 용기

② 하나의 받침대

③ 여러 개의 다리로서, 각 다리는 회전축으로 위 용기의 어느 끝부분에 연결되고 다른 끝은 위 받침대에 연결되어 진동하는 동안 위 용기를 위 받침대에 지지

④ 위 물품을 진동시키기 위해서 위 다리들에 얹혀져 있는 위 용기를 진동시키는 수단

나. 전제부 또는 서문

청구항은 통상 전제부 연결사 및 본문으로 구성되어 있다. 전제부(Preamble)는 발명의 특허법상의 분류를 나타내지만 발명이 해결하는 기술 분야를 포함하거나 발명의 목적을 기재할 수도 있다.

위 셰이커에 대한 청구항의 전제부는 '물품을 혼합하는 장치로서' 연결사 '포함하는'에 의하여 다음의 본문에 연결된다. 본문은 ① 용기, ② 받침대, ③ 다리, ④ 진동수단이라는 4개의 구성요소에 의하여 이루어진다.

전제부가 청구항의 권리범위를 결정하는 데 아무런 영향을 미치지 못한다고 보았다. 특허심사과정에서도 발명이 특허가능성이 있느냐를 결정하는 데 있어서 전제부는 일반적으로 고려대상에 포함되지 않는다. 그러나 근래에는 청구항을 해석하는 데 있어서 권리범위가 전제부에 의하여 한정될 수도 있다고 보는 견해가 유력하다. 이러한 경우는, 청구항을 전체적으로 판단

---

50 Festo Corp. v. Shoketsu Kinzoku Kogyo Kabushiki Co., 234 F.3d 558, 56 USPQ2d 1865(Fed. Cir. 2000)(en banc), cert. granted, 121 S. Ct. 2519(2001); Aclara Biosciences, Inc. v. Caliper Technologies Corp., 125 F. Supp.2d 391(N.D. Calif. 2000)(구성요소는 침해장치의 구조적인 부분이나 발명을 체화한 기구를 일컫는 말로서 이는 한정사와는 다르다); Robert L. Harmon, Patents and the Federal Circuit 5.6(g), at 232(4th ed. 1998)(한정사는 청구항의 발명을 특별하게 개념정의하는 한정적 의미를 가지는 일련의 단어를 말하기 때문에 이를 침해장치를 언급하는 구성요소와 구별할 필요가 있다).

51 저자 주. 미국특허법상의 청구항은 발명을 하게 된 경위를 설명하는 전제부(Preamble), 본문(Body), 연결사(Transition)로 구성되어 있어 그 순서가 다르지만 이는 영어와 한국어의 문장 구성상의 차이에 기인한 것으로 볼 수 있어 청구항에 대한 법리의 해석상 다르게 할 필요는 없다고 보여진다.

하여 볼 때 전제부가 발명개념을 한정하도록 의도된 경우에는 전제부에서 사용된 용어가 청구항의 권리범위를 좁혀서 해석하는 데 사용될 수도 있다고 본다.[52]

다. 연결사

연결사(Transition)는 전제부와 본문을 연결해 주는 말로써, 세 가지 종류의 연결사가 있다. '포함하는(Comprising of)' 이라는 연결사는 열린 청구항을 만든다. 즉 이 연결사 이후에 나오는 구성요소를 가지고 있는 장치라면 이에 더하여 추가적인 구성요소를 가진다고 하더라도 특허침해가 된다.

만약 청구항이 'A, B, C를 포함하는'이라는 연결사를 사용하면 이 청구항의 권리범위는 A, B, C를 구성요소로 가진 것은 물론, 이에 더하여 D라는 구성요소를 가진 기계나 장치 또는 방법을 그 권리범위에 포함한다. 즉 만약 다른 사람이 특허발명자의 허락 없이 위 A, B, C를 구성요소로 가진 것은 물론이고 이에 더하여 D라는 구성요소를 가진 기계, 장치나 방법을 사용하는 경우에는 특허침해행위가 성립된다.[53]

'구성된(Composing of)'이라는 연결사는 보다 한정적 청구항을 만든다. 이 한정적이라는 말은 청구항의 구성요소 이외의 추가적인 구성요소가 부가된 장치는 특허침해장치가 될 수 없다는 뜻이다. 만약 청구항이 A, B, C로 구성되어 있는 경우에 이 청구항은 A, B, D로만 구성된 방법이나 물건에 의하여 침해될 수는 없고 오직 A, B, C로만 구성된 방법이나 물건에 의해서만 특허침해가 될 수 있다.

'본질적으로 구성된(Consisting essentially of)'이라는 연결사는 화학물질에 사용되는 경우가 많다. 이 연결사가 사용된 청구항은 특허대상인 합성물에 추가되는 구성요소가 합성물의 기본적이고 새로운 특성을 중대하게 변경시키지 않는 구성부분을 추가하는 경우에 특허침해행위가 된다. 따라서 만약 청구항이 A, B, C로 '본질적으로 구성된(Consisting essentially of)' 방법이나 물건인 경우에 A, B, C, D로 구성된 방법이나 물건은 만약 D라는 구성부분이 A, B, C라는 합성물의 기본적이고 새로운 특성에 중대한 영향을 미치지 않는다면 특허를 침해한다.

라. 본문 또는 특징부

물건청구항이나 방법청구항의 본문은 발명의 각 구성요소(Elements)나 단계(Steps)를 기재

52 Derman v. PC Guardian, 37 USPQ2d 1733(Fed. Cir., 1995). 전제부에서 '카세트 테이프 상자(Cassette Tape Chamber)'라고 기술한 것이 본문의 '상자(Chamber)'를 한정하는 데 사용될 수 있기 때문에 원고의 청구항은 오직 카세트 테이프를 사용할 수 있는 장치만을 그 권리범위로 가지는 것으로서 카세트 테이프를 사용할 수 없는 컴퓨터 디스크 드라이브는 이 청구항을 침해하지 않는다고 한다. 따라서 청구항을 기안하는 사람은 전제부의 용어가 청구항을 좁게 해석할 수 있는 방법으로 사용되지 않도록 주의할 필요가 있다.

53 Irah H. Donner, Patent Prosecution, Practice & Procedure Before the U.S. Patent Office, 43(2d ed. BNA, 1999).

하는 부분이다. 본문(Body)은 각 구성요소 사이의 구조적인 관련성, 상호작용 및 기능적 관계를 설명한다. 하나의 청구항은 하나의 본문을 가진다. 이 본문에서 발명의 특성을 설명하기 위하여 기능적인 용어(Functional language)를 사용할 수도 있다. 그러나 특허심사의 실무상, 심사관들은 이 기능적 용어를 심사하는 것을 꺼린다. 그러나 통상은 이 기능에 관련된 조항이 구조(Structure)와 결과(Result)를 함께 나타내고 있을 경우에는 청구항의 권리범위를 한정하는 데 반드시 고려해야 한다고 본다. 반면에 기능적 용어들은 특허심사과정에서 특허를 받기 위해서 꼭 필요한 것이라고 인정되는 것만 사용될 수 있다.

6. 청구항의 분류

발명의 보호범위를 정하기 위해서는 여러 가지 부류의 청구항이 필요하다.[54] 발명자는 여러 종류의 청구항을 사용하여 특허출원된 발명이 선행기술과 구별될 수 있으면서도 경쟁 상대방의 침해행위를 금지할 수 있도록 가능하면 넓게 권리범위를 주장한다. 그러나 청구항의 권리범위를 넓게 잡는다고 하여 능사는 아니다. 어떤 청구항은 발명의 보다 좁은 특징을 기술할 필요도 있다.

가. 물건청구항

(1) 의 의

물건청구항(Product claim)은 물건의 구성을 특정하는 방식으로 개념정의를 한 것을 말한다.[55] 물건청구항은 통상적으로 구조(Structure), 장치(Apparatus) 또는 합성물(Composition)에 대한 것인데,[56] 이러한 물건청구항이 특허를 받기 위해서는 그 대상이 되는 물건이 특허요건, 즉 신규성, 진보성 그리고 명세서의 공개요건 등을 충족하여야 한다. 이때 그 물건을 만드는

---

54 청구항(Claims)을 특허출원서에 기재할 필요가 없었던 시기도 있었다. 1836년에 이르러서 미국의 특허법이 특허출원서에 청구항을 기재할 것을 요구하였다. 1836년의 미특허법 제6조는 특허출원자가 자신의 발명으로 청구하는 부분(Parts), 개량(Improvement) 또는 조합(Combination)을 특정하여 기재할 것을 요구하였다. 청구항을 기재함으로써 ① 특허심사를 편이하게 하고, ② 발명적으로 기여한 정도를 확실히 인식할 수 있게 한다. Id., Chisum, Principles of Patent Law, 103.

55 대법원은 2006.6.29. 선고 2004후3416 판결(방법식 청구항은 필요한 경우에만 허용한다는 입장)에서 '물건의 발명의 특허청구범위는 특별한 사정이 없는 한 발명의 대상인 물건의 구성을 직접 특정하는 방식으로 기재하여야 하므로, 물건의 발명의 특허청구범위에 그 물건을 제조하는 방법이 기재되어 있다고 하더라도 그 제조방법에 의해서만 물건을 특정할 수밖에 없는 등의 특별한 사정이 없는 이상 당해 특허발명의 진보성 유무를 판단함에 있어서는 그 제조방법 자체는 이를 고려할 필요 없이 그 특허청구범위의 기재에 의하여 물건으로 특정되는 발명만을 그 출원 전에 공지된 발명 등과 비교하면 된다.'고 판시함.

56 J.Thomas McCarthy, McCarthy's DESK ENCYCLOPEDIA of INTELLECTUAL PROPERTY(BNA, 2d), p.345.

방법은 물건청구항의 특허요건의 판단에 아무런 영향을 미치지 못하다. 비록 그 물건을 만드는 방법이 새롭고 진보적인 것이라고 하더라도 이로써 만들어진 물건이 이미 공지·공용의 물건이라면 특허를 받을 수 없다. 물건이 특허를 받기 위해서는 반드시 그 물건 자체가 발명적 가치를 가져야 하기 때문이다.[57]

(2) 특허대상

특허법은 특허대상을 물건의 발명과 방법의 발명으로만 분류하고 있다.[58] 이에 비하여 미특허법 제101조는 특허대상이 되는 물건으로서, 기계, 제조물, 조성물 및 이들의 개량을 열거하고 있다.[59] 이 중에서 기계청구항은 발명의 물리적 구성요소와 각 구성요소 사이의 관계를 기술한다. 이 청구항은 실용적인 기능을 수행하는 장치를 포함한다.

또한 제조물청구항은 만들어진 물품을 설명한다. 이 청구항은 움직이는 부분이 있어도 문제가 되지 않는다. 조성물 또는 화학물질에 관한 청구항은 화학적 구성성분을 표시한다. 비록 각기의 구성요소들은 이미 알려진 것이라 하더라도 그 구성요소들을 조합하여 새로운 발명이 성립된 경우를 말한다.

(3) 특허독점권

물건청구항은 특허권자의 허락 없이 청구항의 구성요소나 한정사를 모두 구비하고 있는 물건을 생산·사용·양도·대여 또는 수입하거나 그 물건의 양도 또는 대여를 청약함으로써 침해된다.[60] 이때 그 침해물건이 물건청구항의 권리범위에 해당하느냐만을 판단하는 것이지 그 물건이 어떻게 만들어졌느냐는 하는 문제는 침해의 성립에 아무런 영향을 미치지 못한다.[61] 침해물건이 특허발명과 동일하거나 실질적으로 동일한 것인 한, 특허권자가 사용한 방법과 아주 다른 방법에 의하여 침해물건이 만들어졌다고 하더라도 침해책임을 벗어날 수 없다.[62]

---

57 Buono v. Yankee Maid Dress Corp., 77 F.2d 274, 26 USPQ 57(2d Cir., 1935). 그 실례로서, 위 Buono('761' 특허) 사건은 진보적으로 개량된 재봉틀에 대한 것이다. Buono는 위 재봉틀에 대해서는 특허를 받았지만 이 재봉틀이 만든 바느질 유형에 대해서는 특허를 받을 수 없다. 왜냐하면 청구항에 기재된 바느질은 과거에 손바느질에 의해 만들어질 수 있었기 때문이다. 따라서 이는 새로운 물건이 될 수 없기 때문에 우선 신규성의 요건을 충족시키지 못했다.

58 특허법 제2조 제3호의 가항 내지 다항 참조.

59 미특허법 제101조 참조. 35 USC §101: Whoever invents or discovers any new and useful process, machine, manufacture, or composition of matter, or any new and useful improvement thereof, may obtain a patent therefor, subject to the conditions and requirements of this title.

60 특허법 제127조 제1호.

61 종래부터 화합물(Chemical compounds)에 대해서는, 동일한 물건에 대해서는 침해의 성립이 무제한적으로 된다는 견해가 정설이다. Exxon Chemical Patents Inc. v. Lubrizol Corp., 64 F.3d 1553, 1557 n.4, 35 USPQ2d 1801, 1803 n.4(Fed. Cir. 1995).

62 그러나 반대견해도 있다. 물건청구항이 특허권자가 공개하지 아니한 방식으로 만든 물건도 그 권리범위에 포함한다는 것은 부당하다는 것이다. 그러나 일단 청구항과 동일한 물질은 침해가 성립하는 것으로 추정된다고 본다(침해

이러한 법리는 첨단기술 분야에서도 다를 수가 없다. 생명공학적 특허물질에 대한 침해를 판단함에 있어서는 침해물건이 특허물건과 동일한 것이냐 아니면 실질적으로 동일한 것이냐만을 따지는 것이다. 따라서 그 특허물건을 만든 방법이 전통적인 추출의 방법에 의하든 첨단의 유전자조작방법을 통하든 이를 묻지 않는다.[63] 결국 물건청구항이 특허를 받을 수만 있다면 그 권리범위는 매우 넓은 것이 되고 출원인이 가장 선호하는 청구항인 것이다. 왜냐하면 물건청구항의 권리범위는 그 물건을 만드는 방법에 의하여 제한되지 않기 때문에 침해물건이 어떠한 방법으로 만들어졌는지를 묻지 않고 그와 동일하거나 실질적으로 동일하다면 그 생산과 사용을 금지할 수 있는 독점권을 가지기 때문이다.[64]

나. 방법청구항

(1) 방법이란

방법청구항(Process claim)은 과정(Process)을 수행하는 데 있어서 갖추어야 할 일련의 단계(Steps)들을 개념정의 함으로써 만들고 사용하는 방식(Method)을 포괄하는 특허의 청구항을 말한다.[65] 방법청구항은 ① 물건의 사용방법 청구항, ② 물건을 만드는 방법 청구항이 있다.[66] 새로운 합성물이 발견되어서 이것이 특별한 용도를 가지는 경우에는 하나의 발명이 특허법적으로는 3개 이상의 측면을 가지므로 ① 합성물건 자체, ② 합성물을 만드는 방법, ③ 합성물을 용도에 맞게 사용하는 방법 등으로 특허를 출원할 수 있다. 물론 사용방법 청구항은 물건청구항과는 따로이 발명의 신규성과 진보성을 판단하여야 한다. 만약 이에 대한 아무런

행위성립 추정설); Pickhardt v. Packard, 22 F. Supp. 530(S.D. N.Y. 1884)(따라서 특허대상 물건과 동일한 화합물은 청구항을 침해한다는 추정력을 부여받는다고 보고 이 추정력을 번복하기 위해서는 피고가 특허권자와 아주 다른 방법으로 물건을 만들었다는 점을 입증하여야 한다); National Carbon Co. v. Western Shade Cloth Co., 93 F.2d 94, 97, 35 USPQ 404(7th Cir. 1937), cert. denied, 304 U.S. 570, reh'g denied, 304 U.S. 590(1938)(물건청구항은 동등한 방법에 의하여 만들어진 물건에 의해서만 침해된다); General Elec. Co. v. Wabash Appliance Corp., 304 U.S. 364, 374(1938).

63 Amgen, Inc. v. Chugai Pharmaceutical Co., 706 F. Supp. 94, 103-104, 9 USPQ2d 1833, 1840-1841(D. Mass. 1989), aff'd in part, rev'd in part, vacated in part, 927 F.2d 1200, 18 USPQ2d 1016(Fed. Cir. 1991), cert. denied, 502 U.S. 856(1991); Scripps Clinic & Research Foundation v. Genentech Inc., 666 F. Supp. 1379, 1389-1392, 3 USPQ2d 1481, 1488-1490(N.D. Calif. 1987), on motion for reconsideration, 678 F. Supp. 1429, 6 USPQ2d 1018(N.D. Calif. 1988), further opinions, 707 F. Supp. 1547, 11 USPQ2d 1187(N.D. Calif. 1989), 724 F. Supp. 690, 12 USPQ2d 1157(N.D. Calif. 1989)(분리된 Factor VIII에 대한 청구항은 어떤 기술에 의하여 만들어졌든 동일한 특성을 가지는 인간의 Factor VIII를 그 권리범위에 포함한다) 참조.

64 Hide-Ite Leather Co. v. Fiber Prods. Co., 226 F. 34, 36(1st Cir. 1915).

65 J.Thomas McCarthy, McCarthy's DESK ENCYCLOPEDIA of INTELLECTUAL PROPERTY(BNA, 2d), p.344.

66 이 중에서 사용방법 청구항은 집행하기가 어렵다. 왜냐하면 침해행위가 되기 위해서는 청구항이 기재한 것과 동일한 방법으로 물건을 사용하여야 하기 때문이다. 더구나 침해행위자는 특허권자의 경쟁자가 아닌 일반 소비자일 수도 있다. 물건을 만드는 방법 청구항은 그 금지행위의 상대방이 외국의 공장이 될 수도 있다. 외국의 공장들은 이 방법에 의해서 물건을 만든 다음 국내로 수입할 수도 있는 것이다.

주장이 없는 경우에는 물건청구항의 공개내용을 원용하여 사용방법 청구항의 진보성을 판단할 수 없다.[67]

(2) 방법의 특허요건

발명자는 물건이나 방법 또는 물건과 방법, 두 가지 모두에 대하여 특허를 출원할 수 있다.[68] 출원인이 물건과 방법 모두에 대하여 출원을 한다면 특허요건, 즉 산업상 이용 가능성, 신규성과 진보성 및 공개요건을 충족하였는지의 여부는 각기 독립적으로 판단되어야 한다.[69] 예컨대, 생고무를 황으로 처리하는 방법을 개발하여 황화고무를 만든 발명자는 황화고무(Vulcanized Rubber)라는 물건에 관한 특허는 물론 생고무를 황으로 처리하는 방법(Vulcanization)에 대하여 특허를 받을 수 있다.[70]

(3) 물건과 방법의 신규성 및 진보성

물건의 신규성과 진보성을 판단하는 것은 물건을 만드는 방법의 그것과는 전혀 다른 문제이다. 물건을 만드는 방법의 진보성을 가지고 물건의 진보성을 판단할 수는 없다. 물건청구항의 진보성을 판단하는 경우에는 이 물건을 만드는 것이 얼마나 어려운가 하는 문제가 아니라 만들어진 물건이 선행기술에 비추어 용이한 것이냐에 달려 있다. 따라서 물건특허의 진보성에 관한 한 그 만드는 방법이 용이한지는 살펴볼 필요가 없는 것이다.[71]

(4) 공지·공용의 방법

새로운 합성물을 만들어 낸다고 하더라도 공지·공용의 방법은 특허를 받을 수 없다. 합성물을 만드는 방법이 이미 잘 알려진 보편화된 방법이라면 합성물만이 새로운 발명이고 이

---

67 In re Dillon, 919 F.2d 688, 695, 16 USPQ2d 1897, 1903(Fed. Cir., 1990), cert. Denied, Dillon v. Manbeck, 111 S. Ct. 1682(1991).

68 특허법 제2조 제3호의 가항 및 나항(일부개정 2009.1.30., 법률 제9381호, 지식경제부) 참조.

69 임호 저, 특허법(법문사, 2003) p.564-565. 청구범위를 구성하는 각 청구항은 서로 다른 구성요소의 집합으로 이루어져 있기 때문에 서로 다른 권리범위를 가지고, 침해를 결정하는 데 있어서 모두 개별적으로 취급된다. 따라서 각 청구항은 그 유효성이나 침해 여부를 결정을 하는 데 있어 모두 서로 다른 것으로 구별되어야 한다. Providence Rubber Co. v. Goodyear, 76 U.S.(9 Wall). 788(1869); Cybor Corp. v. FAS Technologies, Inc., 138 F.3d 1448, 1554, 46 USPQ2d 1169, 1172(Fed. Cir., 1998).

70 Providence Rubber Co. v. Goodyear(1870). 특허권 침해소송에서 피고는 위 두 가지 특허 중 하나는 방법(Process)에 관한 것이고 그 나머지는 이 방법으로 만든 물건(Product)에 관한 것으로 결국 이는 하나의 발명이기 때문에 이 두 가지의 특허는 모두 무효라고 주장했다. 그러나 미연방대법원은 피고의 위 주장을 받아들이지 않았다.

71 Shaw v. E.B. & A.C. Whiting Co., 417 F.2d 1097, 163 USPQ 580(2d Cir., 1969), cert. denied, 397 U.S. 1076, reh'g denied, 398 U.S. 954(1970). 따라서 위 다수견해는 앞서 본 Pilkington과 같은 오류, 즉 물건의 진보성과 물건을 만드는 방법의 진보성을 구별하지 못했다는 것이다. Chisum §5.04 [8], 5-551.

를 만드는 방법은 새로운 것이 아니다.[72] 따라서 화학적 반응과정에 사용된 물질이나 그 반응의 결과로 만들어진 물질이 새로운 것이라고 하더라도 그 반응과정이 당연히 특허를 받을 자격이 있다고 볼 수는 없다. 만약 이 반응과정이 이미 알려진 것이라면 이 방법은 특허를 받을 수 없다.[73]

방법이 특허를 받기 위해서는 그 방법을 사용하는 과정에서 새로운 발명적 효과를 가져와야만 한다. 방법을 사용한 효과가 이 방법을 사용하기 이전에 최초물질이 이미 가지는 특성의 차이점에서 오는 당연한 결과라면 이러한 방법은 특허를 받을 수 없다.[74] [75] [76] 또한 최초물질과 최종합성물 모두가 진보적이고 특허를 받을 수 있다고 할지라도 최초물질로부터 최종합성물을 만드는 방법이 당연히 특허를 받을 수 있다고 볼 수는 없다. 더욱이 새로운 기초물질이 사용되어 새로운 최종물질을 만들어 냈다고 하더라도 그 방법이 이미 사용되어 온 것이라면 이는 진보적이라고 할 수 없다.

(5) 사용방법 청구항

방법청구항 중에서 사용방법 청구항은 집행하기가 어렵다. 왜냐하면 특허침해행위가 되기 위해서는 청구항이 기재한 것과 동일한 방법으로 물건을 사용하여야 하기 때문이다. 더구나 특허침해행위자는 특허권자의 경쟁자가 아닌 일반 소비자일 수도 있다. 물건을 만드는 방법 청구항은 그 침해행위의 상대방이 외국의 공장이 될 수도 있다. 외국의 공장들이 이 방법에 의해서 물건을 만든 다음 국내로 수입할 수도 있는 것이다.

---

72 In re Larson, 292 F.2d 531, 130 USPQ 209(CCPA, 1961). 미특허청은 새로운 합성물이 고유하면서 예상하지 못한 특성을 가지고 있다는 이유로 특허를 발급하였다. 그러나 이 과정에서 사용된 방법청구항에 대해서는 그 방법이 용이하다는 이유로 특허의 발급을 거절하였다. 항소법원(CCPA)도 이 결정을 받아들였다. CCPA의 다수의견은 발명적인 개념이 합성물을 만드는 방법이나 물건 중에서 하나에만 존재한다면 이는 물건에 있는 것이라고 하였다. 발명적인 개념은 합성물 자체이다. 합성물이 고안되면 이것이 만들어지는 방법은 용이하거나 용이하지 않을 수 있다.

73 In re Albertson, 332 F.2d 379, 381-82, 141 USPQ 730, 732(CCPA, 1964).

74 In re Kanter, 399 F.2d 249, 158 USPQ 331(CCPA, 1968).

75 In re Kanter, 399 F.2d 249, 251, 158 USPQ 331, 332-33(CCPA, 1968). 출원인은 금속층 사이의 균열을 방지하는 고유한 특징이 이 물질을 제조하는 과정에서 만들어지는 발명의 진보적인 요소로서 이 사건 발명의 핵심은 본질적으로 바로 이 방법에 있다고 주장했다. 그러나 CCPA는 어떠한 합성물의 고유한 특징은 최초물질에는 발견되지 않지만 합성물에는 내재할 수 있고 이것이 물건을 제조하는 과정에서 얻어질 수도 있다고 보았다. 그러나 어디에서 발명적인 개념이 나타났는지는 어느 누구도 알 수 없다. 우리가 알 수 있는 것은 특허가 출원된 각 방법의 단계들이 이미 오래된 것들이고 새로운 것이라고는 코팅대상이 되는 합금과 그 결과 만들어진 물건일 뿐이지 그 방법은 결코 아니다.

76 그러나 기초물질을 선택하는 단계도 진보성 판단의 대상이 된다고 본 견해도 있다. In re Coleman, 621 F.2d 1141, 205 USPQ 1172(CCPA, 1980). 선판례인 Kanter에서는 특정한 기초재료가 되는 물질을 선택하는 것이 최종생산물의 성격에 영향을 미친 사실이 있지만 그 방법에는 아무런 영향을 미치지 못하였다. 따라서 기초물질을 선택한 것만 가지고는 특허대상이 되는 방법이 될 수 없다고 판시한 바 있다. 이 사건에서도 특정한 기초재료가 되는 물질을 사용하는 것이 위 특허가 청구된 설폰화(Polysulfonation) 방법의 특허가능성에 대하여 아무런 영향을 주지 못한다는 것이다.

7. 청구항 구별의 원칙

가. 둥지청구항

청구항 구별의 원칙(Claim differentiation doctrine)이란 하나의 특허에 있어서 서로 다른 청구항은 동일한 권리범위를 가지는 것으로 해석되어서는 안 된다는 의미이다.[77] 피고가 넓은 속에 대한 권리범위를 단지 실제로 공개된 실시례에 한정하거나 다른 청구항에서 보다 명시적으로 열거된 것에 한정하는 것으로, 부당하게 해석하려는 시도를 방지하기 위한 것이다.[78] 따라서 일반적으로 이 원칙을 적용하면 청구항의 권리범위를 보다 넓게 해석하는 결과를 가져온다.

이 원칙은 특허청이 불필요하거나 잡다한 청구항에 대한 특허의 발급을 허용하지 않기 위한 것이다. 이를 위해서 특허청은 각 청구항마다 심사료를 요구하며 동일한 권리범위를 가지는 청구항을 출원하면 시간과 비용의 낭비라는 이유로 이를 작성하지 못하도록 한다.[79]

그러나 한편 이 원칙은 출원인이 전혀 의도하지 않았던 것을 포함하는 것으로, 부당하게 확장시키는 결과를 가져오기도 한다.[80] 이러한 결과를 방지하기 위해서 이 원칙은 둥지청구항(Nested claims)의 경우에 적용되어야 한다.[81]

둥지청구항은 청구항들이 둥지를 틀었다는 의미로, 일단 넓은 권리범위를 가지는 청구항이 어느 매개변수 전체를 그 권리범위로 한다면 좁은 하위 범위의 청구항은 그 변수 중의 일부를 그 권리범위로 주장하는 경우이다.

만약 청구 제1항이 200도에서 400도 사이의 온도에서 작동하는 방법을 그 권리범위로 주장한다면 청구 제2항이 275도에서 325도 사이의 온도를 그 권리범위로 주장하는 경우이다. 이 때 청구 제2항은 청구 제1항에서 둥지를 튼 것이다.

청구항들이 둥지를 트는 이유는 아주 넓은 권리범위를 가지는 청구항이 무효로 되는 위험부담을 줄이기 위해서 좁은 권리범위를 가지는 청구항을 추가적으로 주장하는 경우이다.

---

77 Ecolab, Inc. v. Paraclipse, Inc., 285 F.3d 1362, 1375(Fed. Cir. 2002); 37 C.F.R. §1.75(b)(2006)(하나 이상의 청구항은 그들이 서로 실질적으로 다른 것이라면 제출될 수 있다).

78 Mark A. Lemley, THE LIMITS OF CLAIM DIFFERENTIATION, 22 Berkeley Tech. L.J. 1389(2007).

79 • 원칙설: South Carolina v. Catawba Indian Tribe, Inc., 476 U.S. 498, 510 n.22(1986)(하나의 부분을 작동 불가능하게 하지 못하도록 하는 것이 해석의 기본적인 원칙이다); Mackey v. Lanier Collection Agency & Service, Inc., 486 U.S. 825, 837(1988)(위와 동일한 취지); Smith & Nephew, Inc. v. Ethicon, Inc., 276 F.3d 1304, 1310(Fed. Cir. 2001)(특허심사실무를 가지고 이 원칙을 정당화함).

• 지침설: Nomos Corp. v . BrainLAB USA, Inc., 357 F.3d 1364, 1368(Fed. Cir. 2004)(이 원칙을 엄격한 법칙이 아니라 하나의 지침으로 본다).

80 Mark A. Lemley, THE LIMITS OF CLAIM DIFFERENTIATION, 22 Berkeley Tech. L.J. 1389(2007).

81 Mark A. Lemley, THE LIMITS OF CLAIM DIFFERENTIATION, 22 Berkeley Tech. L.J. 1398, n.25(2007).

나. 종속청구항

청구항 구별의 원칙을 적용하는 데 있어서 주의하여야 할 경우가 있다.

첫째, 문제가 된 청구항들이 독립청구항과 종속청구항의 관계가 아닌 경우에는 적용되지 말아야 한다. 종속청구항은 독립청구항의 모든 한정사를 가지고 있으면서 추가적으로 한정사를 가지는 것이기 때문에 독립청구항보다 그 권리범위가 제한된 것이다.

따라서 출원인은 그들이 가지는 권리범위를 구별하기 위해서 종속청구항을 사용하는 것이다. 만약 종속청구항의 권리범위를 그 종속되는 독립청구항의 권리범위와 동일하게 해석한다면, 이는 종속청구항을 만든 목적에 위배되는 것이다. 그러나 양자의 청구항이 종속적 관계가 아니라면, 즉 서로 독립적인 것이라면 청구항 구별의 원칙이 적용될 이유가 줄어든다.[82]

둘째, 청구항이 주장하는 그 매개변수의 범위나 집단의 규모에 차이가 있을 때에는 단지 표현상의 용어에 차이가 있을 때보다는 둥지를 틀게 될 가능성이 크다. 청구항 구별의 원칙은 두 가지의 서로 다른 숫자가 나타내는 매개변수의 범위의 차이는 서로 다르게 해석되어야 한다는 것이다.

그러나 청구항 구별의 원칙은 하나의 청구항이 숫자로 한정되는 특성을 가진 것이 아니라 속(Genus)에 관한 것이고 다른 청구항은 숫자적 한정된 범위를 가지는 경우에는 반드시 적용되어야 한다.

예컨대 청구 제1항이 '큰 물건(Large widgets)'을 청구 제2항이 '청구 제1항의 물건으로서 적어도 2입방평방미터 이상의 크기를 가지는 것(At least two cubic meters in size)'으로 주장된다면 '크다(Large)'는 의미는 '적어도 2평방미터 이하의 것'을 말한다고 보아야 한다.

그러나 청구 제1항이 '큰 물건(Large widgets)'을 말하고 청구 제2항이 '상당한 크기의 물건(Sizable widgets)'이라고 주장하였다면 청구항 구별의 원칙에 의하면 '상당한 크기(Sizeable)'라는 의미는 '크다(Large)'는 것과는 다른 것으로 해석하여야 한다.[83] 이는 출원인이 양자가 종속적인 관련성이 없다면 두 청구항의 큰 정도의 차이점을 의도한 것이라고 보여지지는 않는다. 그보다는 출원인은 자신의 위험부담을 줄이기를 바란 것이다. 예컨대 법원에서 청구항이 불명확하게 되지는 않을까 하는 걱정으로 인하여 하나의 청구항이 무효가 되거나 침해가 성립하지 않거나, 또는 청구항을 기안하는 사람이 청구항 구별의 원칙의 이익을 보기 위한 전략적 측면에서 그리하였는지도 모른다.[84]

---

82 Liebel-Flarsheim Co. v. Medrad, Inc.(Liebel-Flarsheim 2004), 358 F.3d 898, 910(Fed. Cir. 2004); Wenger Mfg., Inc. v. Coating Mach. Sys., Inc., 239 F.3d 1225, 1233(Fed. Cir. 2001); Mark A. Lemley, THE LIMITS OF CLAIM DIFFERENTIATION, 22 Berkeley Tech. L.J. 1389, 1398(2007).

83 Mark A. Lemley, THE LIMITS OF CLAIM DIFFERENTIATION, 22 Berkeley Tech. L.J. 1389, 1398(2007).

84 Mark A. Lemley, THE LIMITS OF CLAIM DIFFERENTIATION, 22 Berkeley Tech. L.J. 1389, 1398(2007).

다. 동일한 구성요소

세 번째, 청구항 구별의 원칙을 적용함에 있어서 만약 구성요소가 구별되지 않는다면 청구항들의 권리범위가 동일한 경우에 한하여 적용하여야 한다. 문제가 된 구성요소가 동일한 의미를 가진다고 해석하면 두 가지의 청구항이 권리범위에 있어서 동일한 것이 된다. 따라서 하나의 청구항이 불필요한 경우가 바로 청구항 구별의 원칙이 적용되어야 할 경우이다.

그러나 두 개의 청구항이 서로 다른 구성요소를 하나 이상 가지고 있는 경우에는 청구항 구별의 원칙이 적용될 필요성이 적은 것이다. 이러한 경우에는 어떤 청구항에 존재하는 하나의 구성요소를 두 번째의 청구항의 어느 구성요소와 동일한 의미를 가진다고 해석을 하여도 양자의 권리범위가 동일하게 되지는 않는다.

하나의 청구항의 '커다란 물건(Large widgets)'과 다른 청구항의 '상당히 큰 물건 sizable widgents'이라는 두 가지의 청구항이 '커다란(Large)'이란 의미와 '상당히 큰(Sizable)'이라는 의미가 동일한 것이라면 굳이 청구항이 두 개가 있을 필요가 없고 다른 하나의 청구항은 '불필요(Superflous)'하다. 바로 이 때문에 청구항 구별의 원칙이 적용되어야만 하는 것이다.

그러나 하나의 청구항이 '큰 푸른색 물건(Large green widgets)'이고 다른 하나가 '상당히 큰 물건(Sizeable widgets)'이라면 '큰(Large)'이라는 의미와 '상당히 큰(Sizable)'이라는 의미를 동일한 것으로 보아도 오직 하나의 청구항만이 물건이 푸른색일 것을 요구하므로 양자의 청구항의 권리범위가 다르게 되기 때문에 청구항 구별의 원칙을 굳이 적용할 필요는 없다.[85]

또한 법원은 청구항의 해석 결과가 맥락과 발명의 범위와 모순이 될 때 청구항 구별의 원칙을 적용하여야 한다. 만약 청구항 구별의 원칙을 적용한 결과가 명세서에 기재된 발명의 목적과 어긋나는 경우에는 이를 적용해서는 안된다.[86]

---

85 Mark A. Lemley, THE LIMITS OF CLAIM DIFFERENTIATION, 22 Berkeley Tech. L.J. 1389, 1399(2007).

86 Curtiss-Wright Flow Control Corp. v. Velan, Inc., 438 F.3d 1374, 1381(Fed. Cir. 2006)(청구항 구별원칙이 적용되어야 할 경우에 고려할 사항: ① 청구항을 해석하는 맥락에서 다른 독립청구항의 추가적인 용어를 불필요하게 하는 경우에 적용될 필요가 있다. ② 청구항 구별원칙을 적용하여 청구항의 권리범위를 그가 가진 정확한 범위를 넘어서서 확장하지 못한다).

Ⅱ. 독립청구항과 종속청구항

1. 양자의 구별

가. 작성의 형식

특허의 청구항은 독립청구항이나 종속청구항의 형식으로 작성된다. 독립청구항은 독자적으로 다른 청구항을 인용함이 없이 출원된 발명을 개념정의한다. 이에 비하여 종속청구항은 그 이전의 청구항이 가지는 보다 넓은 발명개념을 언급한 뒤, 그보다 권리범위를 좁히는 한정사를 추가한다.[87]

나. 추가적 한정사

미특허법 제112조 4번째 문장에 따르면 종속청구항은 이전에 주장된 다른 하나의 청구항을 언급하여야 하고 그 언급된 대상을 보다 한정하는 용어를 추가하여야 한다. 종속청구항은 그가 언급하고 있는 청구항이 가지고 있는 한정사들을 모두 한정사로 사용하는 것으로 해석되어야 한다.[88] 위 조항은 독립청구항의 요건에 대해서는 아무런 언급을 하지 않고 있지만 언급하고 있는 청구항의 모든 한정사를 그대로 사용하는 청구항이 아닌 것을 독립청구항이라고 볼 수 있다.[89]

다. 청구항의 수

특허출원인이 자신의 발명으로 주장함에 있어서 하나 이상의 청구항을 기재할 수도 있고 그 청구항의 권리범위도 다양하게 주장할 수도 있으며 발명을 한정하는 용어도 합리적으로 선택할 수 있다. 각 개별 청구항은 독립한 특허가 되고,[90] 청구항의 유효성과 특허침해행위의 성

---

87 Janice M. Mueller, Patent Law 84(3d ed. 2009).

88 35 U.S.C. §112(USC 112). 특허법 시행령 [시행 2013.12.12.][대통령령 제24852호, 2013.11.20., 타법개정] 제5조(특허청구범위의 기재방법) ① 법 제42조 제8항에 따른 특허청구범위의 청구항(이하 "청구항"이라 한다)을 기재할 때에는 독립청구항(이하 "독립항"이라 한다)을 기재하여야 하며, 그 독립항을 한정하거나 부가하여 구체화하는 종속청구항(이하 "종속항"이라 한다)을 기재할 수 있다. 이 경우 필요한 때에는 그 종속항을 한정하거나 부가하여 구체화하는 다른 종속항을 기재할 수 있다〈개정 2006.9.28, 2007.6.28〉.

89 Janice M. Mueller, Patent Law 84(3d ed. 2009).

90 Dollar Elec. Co. v. Syndevco, Inc., 205 USPQ 949, 959(E.D. Mich. 1979), aff'd, 669 F.2d 1370, 214 USPQ 241(6th Cir. 1982); Bio-Technology General Corp. v. Genentech, Inc., 80 F.3d 1553, 1561 n.8, 38 USPQ2d 1321, 1327, n.8(Fed. Cir. 1996), cert. denied, 519 U.S. 911(1996)(단 하나의 유효한 청구항을 침해하기라도 하면 특허침해행위가 성립된다); Carl Zeiss Stiftung v. Renishaw PLC, 945 F.2d 1173, 1181, 20 USPQ2d 1094, 1101(Fed. Cir. 1991)(하나의 장치라도 여러 종류의 발명이 있을 수 있다. 각 청구항은 독립적인 것으로 보아야 한다).

립을 판단하는 데 개별적으로 판단되어야 한다.[91] 그러나 청구범위 전체가 무효가 되는 경우도 있다. 피고가 원고의 특허침해주장에 대하여 특허출원인이 신의칙에 위반하여 특허를 발급받았기 때문에 특허 전체가 무효라고 주장한 항변이 받아들여지면 전체의 특허가 무효가 된다.[92]

그러나 하나의 독립한 청구항을 양수한 양수인은 특허침해소송에서 당사자적격이 허용되지는 않는다고 보는 것이 지배적인 견해이다. 개개의 경우에 있어서 특허의 개개의 청구항은 독립한 특허일지라도 그것은 모든 법적 측면에서 그러한 것은 아니다. 항변사유는 각각 다른 청구항에 대하여 공통으로 사용될 수도 있는데, 이 항변이 인정되어 일부 청구항이 무효가 될 수도 있고 다른 청구항의 유효성은 그대로 유지될 수도 있다. 따라서 각 청구항이 독립한 하나의 특허로 취급된다고 할지라도 특허권자가 청구항을 각각 나누어서 처분하면 상당한 법적 혼란이 초래된다.

라. 청구항의 권리범위

청구항의 권리범위가 어떠하냐에 의하여 독립청구항(Independent claim)과 종속청구항(Dependent claim)으로 분류될 수 있다. 청구항은 최소한 하나 이상의 독립청구항을 가져야 한다.[93] 특허법 제42조 제4항이 특허출원서의 청구범위에는 보호를 받기 위한 사항인 1 또는 2 이상의 청구항을 기재하여야 한다고 규정하고 있는바, 이들 중에서 적어도 하나는 독립청구항일 것을 요구한다.

2. 독립청구항

독립청구항(Independent claims)은 자신이 스스로 설 수 있는 데 비하여 종속청구항은 독립청구항에 새로운 특징을 추가한다. 따라서 종속청구항은 발명에 대한 개념정의를 스스로 완성

---

[91] Pall Corp. v. Micron Separations, Inc., 66 F.3d 1211, 1220, 36 USPQ2d 1225, 1231(Fed. Cir. 1995)(A patent is infringed if any claim is infringed … for each claim is a separate statement of the patented invention); Maitland Co. Inc. v. Terra First Inc., 33 USPQ2d 1882, 1889(D. S.C. 1994)(Infringement of only one claim of a patent constitutes infringement of the patent itself); Voice Systems and Services Inc. v. UMX Inc., 26 USPQ2d 1106, 1115(N.D. Okla. 1992)(If the(accused) product infringes any claim of a patent, infringement of that patent is established.); Westvaco Corp. v. International Paper Co., 23 USPQ2d 1401, 1422(E.D. Va. 1991), aff'd, 991 F.2d 735, 26 USPQ2d 1353(Fed. Cir. 1993)(Patent infringement is established if even only a single claim of the patent is infringed by the product); B.F. Goodrich FlightSystems Inc. v. Insight Instruments Corp., 22 USPQ2d 1832, 1835(S.D. Ohio 1992)(It need only be shown that one claim of the patented device is infringed upon in order for the patentee to prevail in his claim).

[92] Pope Mfg. Co. v. Gormully & Jeffery Mfg. Co., 144 U.S. 248(1892).

[93] 특허법 제42조 제4항은 특허출원서의 청구범위에는 1 또는 2 이상의 청구항을 기재하여야 한다고 규정하고 있다(일부개정 2002.1.26. 법률 제6626호). 특허청구항이 하나의 문장으로 구성되어야 한다는 원칙(The Single Sentence Rule)에 대해서는 Id., Irah H. Donner, 40-42; Fressola v. Manbeck, 36 USPQ 2d 1211(D.D.C., 1995) 참조.

시키지 못하고 독립청구항에 의존한다. 종속청구항은 발명의 추가적 특징을 제시하여야 하기 때문에 그들이 의존하는 독립청구항이 기술하는 발명보다는 더 권리범위가 좁은 발명이다.[94] 종속청구항은 일반적으로 ① 발명의 비본질적인 부분을 기재하거나, ② 발명의 특징 중에서 선호되는 것들을 그 권리범위로 포함한다.[95]

독립청구항은 그 자체로 완전한 것이며 다른 청구항과는 독립하여 존재하기 때문에 완전한 구조를 이루기 위하여 추가적인 구성부분이 필요로 하지 않으며 다른 청구항에 종속될 필요도 없다. 종속청구항은 위 청구 제1항의 로봇 이외에도 '광학인식 시스템'을 추가적 구성부분으로 한다. 이 종속청구항의 권리범위는 특허권의 보호라는 관점에서 볼 때 독립청구항보다는 훨씬 상세하다. 따라서 그 배타권의 범위는 좁은 것이다.

예컨대 독립청구항은 다음과 같은 형태를 띤다.

청구 제1항: 물품을 혼합하는 장치로서, 다음의 것을 포함한다.

① 하나의 용기

② 하나의 받침대

③ 여러 개의 다리

④ 진동수단

이에 비하여 종속청구항은 위 독립청구항인 제1항에 추가적인 장치를 부착하는 것이다.

청구 제2항: 위 청구 제1항의 장치로서, 위 진동수단이 전기를 사용하는 것.

앞서 말한 예에서 독립청구항인 셰이커는 그 자체로 완전한 것이며 다른 청구항과는 독립하여 존재하기 때문에 완전한 구조를 이루기 위하여 추가적인 구성부분을 필요로 하지 않으며 다른 청구항에 종속될 필요도 없다. 그러나 종속청구항은 위 청구 제1항의 장치라는 구성요소 이외에도 '전기를 사용하는'이라는 추가적 한정사를 요구한다.

이 종속청구항의 권리범위는 특허권의 보호라는 관점에서 볼 때 독립청구항보다는 제한된다. 따라서 그 배타권의 범위는 좁은 것이다. 독립청구항인 청구 제1항을 침해하기 위해서는 ① 용기, ② 받침대, ③ 다리와 ④ 전동수단이라는 구성요소가 필요한 데 비하여 위 종속청구항인 청구 제2항을 침해하기 위해서는 ⑤ 전기를 사용할 것이 필요하다.

화학물질에 대한 청구항을 보자.

예컨대, 만약 모르핀에 대한 화학식을 청구 제1항의 독립청구항으로 주장한 경우에, '화학식이 (5a,6a)-7,8-didehydro-4,5-epoxy-17-methylmorphinan-3,6-diol인 하나의 합성물'

---

94 Id., Irah H. Donner, 39.

95 Id., Irah H. Donner, 39.

로 기재한다. 그러면 청구 제2항인 종속청구항은 청구 제1항을 인용하여, "청구 제1항의 합성물은 ________"라고 기재한다. 이때 청구 제2항의 전제부는 독립청구항인지 종속청구항인지를 구별하는 데 있어 전후 사정을 파악하는 의미를 갖는다.[96]

하나의 독립청구항에 적어도 몇 개의 종속청구항을 부가하는 것이 특허출원인에게 유리한 경우가 많다. 또한 중요한 종속청구항들은 특허심사과정에서도 추가될 수도 있다. 종속청구항에 복합적인 종속청구항을 두는 것도 허용된다. 복합적인 종속청구항은 동일한 출원서에 기재된 다른 종속청구항을 근거로 할 수 있다.

3. 종속청구항

가. 의 의

특허출원인은 청구범위에 독립청구항과 종속청구항을 기재할 수 있는데, 이때 종속청구항(Dependent claims)은 독립청구항을 인용할 수 있고 독립청구항에 기재된 특허대상에 한정사를 부가할 수도 있다.[97] 그러나 독립청구항과 종속청구항의 특허대상이 반드시 동일한 법적 분류에 해당할 필요는 없다고 본다.[98]

종속청구항은 그를 종속시키는 독립청구항이나 종속청구항의 모든 한정사 전체를 그대로 인용함으로써 특허대상을 더욱 한정할 수 있다.[99] 원칙적으로 침해장치가 종속청구항을 침해하

---

96 Metabolite Labs., Inc. v. Lab. Corp. of Am. Holdings, 370 F.3d 1354, 1362(Fed. Cir.2004)(청구항의 전제부(Preamble)은 청구항을 해석하는 데 있어서 맥락(Context)을 제공한다).

97 특허법 시행령 제5조 제1항은 청구항의 기재에 있어서는 독립청구항을 기재하고 그 독립청구항을 한정하거나 부가하여 구체화하는 종속청구항을 기재할 수 있다. 이 경우 필요할 때에는 그 종속청구항을 한정하거나 부가하여 구체화하는 다른 종속항을 기재할 수 있다.

98 U.S. Patent & Trademark Office, Manual of Patent Examining Procedure 608.01(n)(7th 1998)(청구 제1항이 물건청구항이고 이 청구 제1항의 물건을 만드는 특정한 방법에 관한 것이 청구 제2항이라면 이 청구 제2항은 종속청구항이 될 수 있다. 청구 제1항을 침해하지 않고는 청구 제2항을 침해할 수 없기 때문이다. 마찬가지로 청구 제1항이 물건을 만드는 방법청구항이고 청구 제1항에 의하여 만들어진 물건청구항에 대한 것이 바로 청구 제2항이라면 이는 종속청구항이 될 수 있다. 그러나 청구 제1항이 특정한 물건을 만드는 방법에 관한 청구항이라면 청구 제1항에서 언급된 물건에 대한 청구항은 이 물건을 다른 방법으로도 만들 수 있다면 종속청구항이 될 수 없다); Ex parte Porter, 25 USPQ2d 1144, 1147(Bd. Pat. App. & Int'f 1992)(방법청구항이 장치청구항에 종속될 수 있다); Giese v. Pierce Chemical Co., 43 F. Supp. 2d 98, 50 USPQ2d 1810(D. Mass. 1999)(방법에 관한 독립청구항이 심사과정에서 최초의 특허출원서에 공개된 단계를 생략함으로써 너무 넓은 권리범위를 가지게 되어 무효가 되었다면 이 방법에 의하여 만들어진 물건에 대한 종속청구항도 무효이다).

99 특허법 시행령 제5조 제4항은 종속항을 기재할 때에는 독립항 또는 다른 종속항 중에서 1 또는 2 이상의 항을 인용하여야 하며 인용되는 항의 번호를 기재하여야 한다. 같은 조 제5항은 2 이상의 청구항을 인용하는 청구항은 인용되는 청구항의 번호를 획일적으로 기재하여야 한다. 같은 조 제6항은 2 이상의 청구항을 인용하는 청구항은 2 이상을 인용한 다른 청구항을 인용할 수 없다고 규정한다. 미특허법 35 U.S.C. 112 참조.

기 위해서는 우선 그를 종속시키는 독립청구항이나 종속청구항을 침해하여야만 한다.[100] 또한 침해장치가 독립청구항을 침해할 수 있지만 이에 종속하고 있는 종속청구항을 침해할 수 없는 경우도 있다. 그러나 그 역은 성립하지 않는다. 결국 독립청구항을 침해하지 않는 장치는 이 독립청구항에 한정사를 추가한 종속청구항을 원리상 침해할 수 없다.[101]

발급된 특허에 대하여 유무효가 문제되는 경우, 종속청구항은 요긴한 역할을 한다. 권리범위가 좁은 종속청구항은 비록 그 기초가 된 보다 넓은 권리범위를 가진 청구항이 무효일 경우에도 당연히 무효라고 볼 수는 없고 세밀한 구조적인 한정사를 가지고 있다면 유효할 수도 있다.[102]

종속청구항이 침해되기 위해서는 반드시 독립청구항이 침해되어야 한다는 원칙에도 예외가 존재한다. 선행기술이 독립청구항에 대한 동등론상의 권리범위를 제한하지만 종속청구항의 권리범위를 제한하지 않는 경우가 바로 이 예외에 해당한다. 추가적 한정사를 가지고 있는 종속청구항의 동등성의 권리범위가 문제가 된 선행기술을 반드시 포함한다고 볼 수는 없기 때문이다.[103]

---

100 Eltech Systems Corp. v. PPG Industries Inc., 710 F. Supp. 622, 634, n.10, 11 USPQ2d 1174, 1184, n.10(W.D. La. 1988), aff'd, 903 F.2d 805, 14 USPQ2d 1965(Fed. Cir. 1990)(citing Treatise)(독립청구항이 침해되지 않으면 종속청구항은 법률상 침해될 수 없다). 종속청구항과 관련한 특허심사의 전 취지에 의한 금반언의 원칙이 독립청구항에는 적용되지 않는다고 보는 견해는 Slater Electric Inc. v. Thyssen-Bornemisza Inc., 650 F. Supp. 444, 456, 1 USPQ2d 2009, 2017(S.D. N.Y. 1986)(종속청구항과 선행기술을 구별하기 위하여 사용된 한정사는 독립청구항을 한정하지는 않는다. 종속청구항의 권리범위를 좁히기 위하여 사용한 특허심사의 전 취지를 가지고 독립청구항에 대하여 사용할 수는 없다).

그 예외는 Wilson Sporting Goods Co. v. David Geoffrey & Associates, 904 F.2d 677, 686, 14 USPQ2d 1942, 1949(Fed. Cir. 1990), cert. denied, 498 U.S. 992(1990) 참조.

101 Wahpeton Canvas Company, Inc. v. Frontier, Inc., 870 F.2d 1546, 10 USPQ2d 1201(Fed. Cir. 1989); Oak Technology, Inc. v. U.S. Int'l Trade Comm'n, 248 F.3d 1316, 1323 n.4, 58 USPQ2d 1545, 1753 n.4(Fed. Cir. 2001)(독립청구항이 침해되지 않았다면 종속청구항은 침해 여부를 더 이상 판단할 필요도 없다); Jeneric/Pentron, Inc. v. Dillon Co., Inc., 205 F.3d 1377, 1383, 54 USPQ2d 1086, 1090(Fed. Cir. 2000)(이는 특허법의 기본원칙이다); Engel Industries, Inc. v. Lockformer Co., 96 F.3d 1398, 1403, 40 USPQ2d 1161, 1164(Fed. Cir. 1996)(독립청구항에 중요한 한정사가 있다면 종속청구항은 별로 중요하지 않다); Carroll Touch, Inc. v. Electro Mechanical Systems, Inc., 3 F.3d 404, 407, 27 USPQ2d 1836, 1839(Fed. Cir. 1993)(종속청구항이 침해되었다고 할 수 있으려면 독립청구항이 반드시 침해되어야 한다); London v. Carson Pirie Scott & Co., 946 F.2d 1534, 1539, 20 USPQ2d 1456, 1459(Fed. Cir. 1991)(독립청구항이 침해되지 않았다고 하여 원고패소판결을 선고하기 전에 반드시 종속청구항의 침해 여부를 판단하여야 한다); Wahpeton Canvas Co. v. Frontier, Inc., 870 F.2d 1546, 1552 n.9, 1553, 10 USPQ2d 1201, 1207 n.9, 1208(Fed. Cir. 1989)(넓은 권리범위를 가지는 청구항이 침해당하지 않았다면 그보다 좁은 권리범위를 가지는 청구항은 당연히 침해되지 않는다); Wilson Sporting Goods Co. v. David Geoffrey & Assocs., 904 F.2d 677, 685-86, 14 USPQ2d 1942, 1949(Fed. Cir. 1990)(넓은 권리범위를 가지는 청구항의 동등론상의 권리범위가 선행기술을 포함하고 있는 경우에는 Wahpeton 원칙의 예외가 적용될 수 있다).

102 위 Wahpeton Canvas Company, Inc., 870 F.2d at 1552 n. 10, 10 USPQ2d at 107 n.10; Total Containment, Inc. v. Environ Products, Inc., 921 F. Supp. 1355, 1394 n.20(E.D. Pa. 1995), aff'd in part, vacated in part, 106 F.3d 427(Fed. Cir. 1997)(독립청구항을 침해하든 종속청구항을 침해하든, 하나의 청구항을 침해하든 수개의 청구항을 침해하든 그로 인한 손해는 동일한 것이다. 넓은 권리범위를 가지는 청구항이 새로이 거론된 선행기술에 의하여 무효로 될 수도 있다. 또는 선행기술이 청구항을 무효로 만들지는 않지만 그 권리범위를 좁힐 수도 있다).

103 Wilson Sporting Goods Co. v. David Geoffrey & Associates, 904 F.2d 677, 686, 14 USPQ2d 1942, 1949(Fed.

종속청구항은 당연히 독립청구항보다 그 권리범위가 좁지만 그럼에도 불구하고 침해행위를 성립시킬 수 있는 상황을 넓힐 수도 있다. 그 예를 들면 다음과 같다.

청구 제1항: 자동차로서 엔진을 가지고 있고 4개의 바퀴와 엔진의 구동력을 한 쌍의 바퀴에 전달할 수 있는 동력전달장치를 가진다.

청구 제2항: 위 청구 제1항에 기재된 자동차로서, 이 자동차는 동력전달장치를 가지고 있는데, 이 동력전달장치는 전방기어와 후방기어가 장치되어 있어서 전방이나 후방, 어느 쪽으로도 움직일 수 있도록 한다.

청구 제2항은 분명히 청구 제1항보다 그 권리범위가 좁다. 그러나 청구 제1항은 오직 전방으로만 움직일 수 있는 자동차에 의해서만 침해될 수 있다. 이에 비하여 청구 제2항은 전방은 물론 후방으로도 움직일 수 있는 자동차에 의하여 침해될 수 있다. 따라서 권리범위가 보다 좁은 종속청구항이 권리범위가 더 넓은 독립청구항이 포함하는 장치 이상의 장치를 그 권리범위에 포함하고 있는 것이다.[104]

그러나 위 사례는 반드시 위에서 말한 원리에 맞지는 않는다. 왜냐하면 청구 제1항과 청구 제2항 모두 한 방향은 물론 전후 양방향으로 움직일 수 있는 자동차를 그 권리범위에 포함하고 있기 때문이다. 따라서 청구 제2항이 청구 제1항보다 특허가 침해될 수 있는 상황의 유형을 확장하는 것은 아니다.[105] 종속청구항이 독립청구항보다 그 권리범위를 넓힐 수 있는 가능성은 오히려 방법청구항에 있을 수 있다.

청구 제1항: A를 만드는 단계와, A를 B로 변환하는 단계를 포함하는 방법.

청구 제2항: 위 청구 제1항의 방법으로써 B를 C로 변환하고, C를 D로 변환하는 단계를 포함하고 있는 방법.

침해행위자가 A를 B로, B를 C로, C를 D로 변환하는 방법으로 만든 물건을 국내에 수입한 경우에 이 물건은 청구 제2항을 침해한다. 그러나 B를 C로, C를 D로 변환하는 것이 중요한 변경이라면 이 물건은 청구 제1항을 침해할 수 없다.[106]

Cir. 1990); Streamfeeder LLC v. Sure-Feed Inc., 175 F.3d 974, 985, n.3, 50 USPQ2d 1515, 1522, n.3(Fed. Cir. 1999)(가정적으로 독립청구항의 문언상의 권리범위를 넓혀서 침해장치를 포함하는 것으로 본다면 이 속에는 선행기술도 포함하기 때문에 특허침해가 성립한다고 볼 수는 없다. 특허권자는 1심에서 이미 종속청구항의 권리범위가 독립청구항의 범위에 포함된다는 점을 인정하였기 때문에 피고는 위 원칙의 예외를 적용할 수 없다고 주장할 수 없다. 가령 특허권자가 예외를 주장하였더라도 선행기술이 이미 종속청구항이 가진 한정사를 모두 가지고 있기 때문에 종속청구항이 침해되었다고 볼 수도 없다).

104 TM Patents, L.P. v. International Business Machines Corp., 121 F. Supp.2d 349, 380 n.22.(S.D. N.Y. 2000).

105 Chisum §8.06 [5][b].

106 Chisum §16.02 [6][g][iv].

나. 파생적 특허발급가능성

종속청구항의 권리범위는 그것이 기초한 청구항(Base claim)보다 좁기 때문에 기초가 되는 청구항이 신규성과 진보성을 충족시킬 수 있는 것이라면 종속청구항은 당연히 특허를 발급받을 수 있다.[107] 종속청구항은 그 모청구항에 한정사를 추가하여 발명을 보다 구체화하기 때문이다. 그러나 독립청구항이 특허를 받았을지라도 종속청구항에 추가된 한정사가 명세서에 의하여 뒷받침되지 못하여 특허를 받을 수 없는 경우도 있다.[108]

특허의 각 개별 청구항은 다른 청구항의 유무효와는 별개로 그 유무효가 판단되어야 한다. 따라서 비록 무효의 청구항에 한정사를 추가하여 종속청구항을 만든 경우에도 무효의 청구항과는 별도로 종속청구항의 특허의 발급가능성이 판단되어 특허의 발급 여부가 판단되어야 하며 이미 발급된 특허의 유효성도 마찬가지이다.[109]

독립청구항과 종속청구항의 특허발급가능성을 심사하거나 유효성을 판단하는 경우에는 각 청구항마다 별개의 실체적 주장이 있어야만 한다. 특허청이 특허출원인의 독립청구항과 종속청구항에 대한 특허의 발급을 모두 거절하였으나 특허출원인이 각각의 청구항에 대하여 별도의 실체적 주장을 하지 않는다면 청구항들은 모두 무효가 되거나 모두 유효가 된다.[110] 마찬가지로 만약 1심법원이 독립청구항과 종속청구항이 모두 무효라고 판시하였으나 항소심에서 특허권자가 각 청구항에 대하여 별도의 실체적 주장하지 않았다면 이 청구항들은 전부 무효가 되거나 전부 유효가 된다.[111]

---

107 In re Fine, 837 F.2d 1071, 5 USPQ2d 1596(Fed. Cir. 1988); In re Johnson, 589 F.2d 1070, 200 USPQ 199(CCPA 1978).

108 Chisum §8.06 [5][c]. 그러나 In Scheller-Globe Corp. v. Milsco Mfg. Co., 206 USPQ 42, 54(E.D. Wis. 1979), aff'd in part & , rev'd in part, 636 F.2d 177, 208 USPQ 553(7th Cir. 1980)에서는 독립청구항과 종속청구항에 대한 공개요건이 충족되었는지는 각각 개별적으로 판단되어야 한다고 보았다. 따라서 종속청구항의 공개요건을 충족시키는 명세서가 독립청구항을 충족시키지 못할 수도 있다.

109 미특허법 35 U.S.C. 282(각 청구항은 다른 청구항의 유효성과는 독립하여 그 유효성이 추정된다고 규정하고 있다. 따라서 비록 무효의 청구항에 기초하여 종속청구항이 작성되었어도 여전히 추정력을 받는다고 본다); 우리 특허법은 발급된 특허에 대한 무효선언을 하는 것을 사실상 어렵게 함으로써 사실상 추정력을 주고 있다.

110 이를 '별도주장의 원칙(Separate argumentation rule)'이라고 한다. In re Dillon, 919 F.2d 688, 692, 16 USPQ2d 1897, 1900(Fed. Cir. 1990)(in banc), cert. denied, Dillon v. Manbeck, 500 U.S. 904(1991)(특허출원인이 청구항마다 별도의 주장을 하지 않았다면 이를 판단하지 않는다).

111 SIBIA Neurosciences, Inc. v. Cadus Pharmaceutical Corp., 225 F.3d 1349, 1359, 55 USPQ2d 1927, 1933(Fed. Cir. 2000); MEHL/Biophile International Corp. v. Milgraum, 192 F.3d 1362, 1367, 52 USPQ2d 1303, 1307(Fed. Cir. 1999). 그러나 이 '별도주장의 원칙'은 당사자가 제소 전에 이와 달리 약정하지 않는 한 사실심이 아닌 법률심에서만 적용된다고 보는 지배적인 견해는 Shelcore, Inc. v. Durham Indus., Inc., 745 F.2d 621, 624-625, 223 USPQ 584, 586-587(Fed Cir. 1984) 참조. 당사자들이 대표적인 청구항에 대해서만 실체적 사유를 주장할 것으로 소송상 합의한 경우에는 위 원칙이 적용되지 않는다고 본 사례는 Miles Laboratories, Inc. v. Shandon Inc., 997 F.2d 870, 879, 27 USPQ2d 1123, 1129(Fed. Cir. 1993), cert. denied, 510 U.S. 1100(1994) 참조.

다. 독립청구항과 종속청구항의 구별

독립청구항은 다른 청구항을 참조할 필요가 없이 그 자체로 완성된 것이라고 보지만 독립청구항이라고 하더라도 다른 청구항의 대상을 인용함으로써 그 권리범위에 포함시킬 수 있다.[112] 따라서 종속청구항의 형식으로 기재된 것이지만 실질적으로는 독립청구항으로 보아야 할 경우도 있다. 이러한 경우에 양자를 구별하는 기준이 무엇인가에 대하여 논의가 있어 왔다.

(1) 형식설

형식설은 청구항을 기재하는 방식에 의하여 독립청구항과 종속청구항을 구별하는 입장으로서 다수견해이다. 이 견해에 의하면 독립청구항은 독자적으로 존재하고, 모든 필요한 한정사를 포함하고 있으며, 다른 청구항에 의존하지 아니하고 자신을 완성시키기 위해서 다른 청구항으로부터 어떠한 한정사도 유입시키지 않는다.[113] 이 견해에 의하면 어느 청구항이 다른 청구항을 인용하고 있을 경우에는 이를 종속청구항으로 본다.

형식설에 의하면 독립청구항은 독자적으로 존재하고 그 권리범위는 그 자신이 결정하며 특허의 다른 청구항에 의존하지 않는다. 이에 비하여 종속청구항은 그 이전의 청구항의 한정사를 인용하여 자신의 한정사로 유입하여 사용한다. 따라서 종속청구항은 그를 종속시키는 청구항을 언급하지 아니하고는 그 권리범위를 정할 수 없다.[114] 독립청구항은 그 독자적으로 존재하는 것이며 자신의 청구항에 있는 한정사만을 가지고 발명을 개념정의한다. 독립청구항은 자신을 완성시키기 위해서 다른 어떠한 청구항에도 의존하지 않는다.[115]

(2) 실질설

실질설은 비록 어떤 청구항이 타 청구항을 인용하고 있더라도 그 실질을 살펴보아서 타청구항의 한정사를 모두 유입시키기 위한 것이 아니라면 이를 독립청구항으로 본다. 따라서 어느 다른 청구항을 인용하여도 반드시 종속청구항이 되는 것은 아니다. 형식설은 청구항의 작성형식을 보는 반면에 실질설은 인용되는 청구항의 한정사가 유입되느냐를 보는 것이라고 할 수 있다. 이 견해에 의하면 독립청구항도 다른 청구항을 인용할 수 있으며, 인용했다고 해도 종속청구항이 되는 것은 아니라고 본다.[116]

---

112 Jason M. Nolan, FORMALISM AND PATENT CLAIM DRAFTING: THE STATUS OF DE FACTO INDEPENDENT CLAIMS UNDER THE FOURTH PARAGRAPH OF 35 U.S.C. §112, 19 Tex. Intell. Prop. L.J. 263, 275-76.

113 다수설: Robert C. Faber, Landis on Mechanics of Patent Claim Drafting, §2:10, at 2-38(5th ed. 2006).

114 1 R. Carl Moy, Walker on Patents 42, §4:102(4th ed. 2009).

115 Jeffrey G. Sheldon, How to Write a Patent Application, 48, §7:4, at 7-47 (Supp. 2004).

116 Tony A. Gayoso & Irving N. Feit, Cana Patent Claim that Refers to Another Claim be Independent?, 89J. Pat. & Trademark Off. Soc'y 740,746-47(2007)(청구항은 다른 청구항에 있는 대상을 인용할 수 있지만 그 대상은 여전

사례 1 Ex parte Moelands에서 문제가 된 청구 제11항은 데이터전송시스템으로서 청구 제10항에 기재된 전송 스테이션 중에서 적어도 두 개를 포함한다. BPAI(미특허심판원)의 다수견해는 청구 제11항은 선행청구항을 참조하였으므로 이는 종속청구항이라고 보았다. 그러나 위 심판원의 소수견해는 청구 제11항을 독립청구항으로 보고 청구 제10항의 전송스테이션을 인용하였더라고 하더라도 자신의 청구항의 대상을 제한하는 것은 아니라고 보았다.

소수견해는 이는 청구항을 작성하면서 다른 청구항에서 이미 개념정의된 것을 구태여 재차 개념정의를 할 필요가 없이 그저 편의상 약식으로 기재한 것에 불과하다고 보았다. 마치 청구항에 도표를 인용하거나 숫자를 인용하거나 명세서 도면의 특징 부분을 인용하는 것과 마찬가지이다. 따라서 종속청구항에 적용되는 미특허법 제112조의 4번째 문장의 규정이 적용되지 않는다.[117]

사례 2 Ex parte Porter에서 청구 제6항은 종속청구항의 요건을 구비하지 못하였다고 거절되었다. 문제가 된 청구 제6항은 다음과 같다.

청구 제6항: 포장되지 않은 원재료를 촉매와 비드재료와 함께 청구 제7항의 노즐을 사용하는 반응기의 후미 개방된 관으로 투하하는 방법.[118]

앞서 말한 Ex parte Moelands와는 달리 위 사건에서 BPAI는 위 청구 제6항을 독립청구항으로 보고 청구 제6항의 모든 한정사가 청구 제7항에 유입되지는 않는다고 해석하였다. 이는 청구 제6항이 작성된 방식은 화학발명과 관련된 출원에서 자주 사용되는 것으로서, 청구 제7항에서 언급된 노즐을 상세하게 개념정의를 하는 불편을 피하기 위해서 약식으로 작성된 것에 불과하기 때문이다.[119]

사례 3 형식설의 입장에서 종속청구항은 독립청구항보다 권리범위가 한정되는 것으로서 독립청구항에 비하여 한정될 수 없는 종속청구항을 무효라고 보았다.

CAFC는 Pfizer v. Ranbaxy에서 미특허법 제112조 4번째 문장에 의거하여 청구항을 무효로 선언하였다. CAFC는 위 112조의 어느 조항이라도 침해소송에서 침해를 하였다고 주장되는 특허를 무효라고 주장할 수 있는 근거로 사용할 수 있다고 보았다. 일반의약품 제조업체인 피

히 다른 청구항의 범위에 포함되는 것이다. 이러한 청구항은 독립청구항으로 여겨지고 단지 다른 청구항을 언급함으로써 그 대상을 포함시킨 데 불과하다); Jeffrey A. Lefstin, The Formal Structure of Patent Law and the Limits of Enablement, 23 Berkeley Tech. L. J. 1141, 1179(2008)(다른 청구항을 언급하였다는 것만으로는 그 청구항을 종속청구항이라고 할 수 없다).

117 Ex parte Moelands, 1987 Pat. App. LEXIS 27, at 8-9.

118 Ex Parte Porter, No. 92-1668, 1992 Pat. App. LEXIS 27, at 1-2(B.P.A.I. Sept. 29, 1992).

119 Ex Parte Porter, No. 92-1668, 1992 Pat. App. LEXIS 27, at 1-2(B.P.A.I. Sept. 29, 1992). 이는 변리사의 청구항 작성비용을 산정하는 데 있어서 다른 청구항을 인용하는 방식으로 작성된 것은 종속청구항으로 취급하는 사정도 있다.

고 Ranbaxy는 원고 Pfizer가 가지고 있는 U.S. Patent No. 5,273,995의 청구 제2항의 합성물을 인용하고 있는 청구 제6항은 소금을 포함하지 않는 합성물인 청구 제2항의 권리범위를 더 이상 제한할 수 없으므로 무효라고 주장하였다.[120] 문제가 된 청구 제6항은 다음과 같다.

청구 제6항: 청구 제2항의 합성물의 헤미칼슘 소금(The hemicalcium salt of the compound of claim 2).

CAFC는 청구 제6항이 청구 제2항을 인용하고 있기 때문에 이를 종속청구항으로 보았던 것이다.[121] 이는 위 청구 제6항을 Ex parte Moelands에서와 마찬가지로 본 것이고, 이 결정으로 인하여 제약 역사상 가장 대규모로 판매된 Lipitor®의 주요성분을 보호하는 하나의 청구항이 무효화된 것이다.

화학 분야의 새로운 물질에 대한 청구항에서 출원인은 화학적 구조, 화학공식, 명칭, 특성과 제조방법 및 이들을 조합한 것을 주장할 수 있다. 가장 보편적인 청구항의 작성방법은 그 화학구조 또는 명칭으로 개념정의를 하는 경우이다. 또한 화학명칭을 붙이는 방식도 다른 시스템이 있고 통상명칭이나 상업적 거래명칭도 있을 수 있다는 점이다. 예컨대 통상 모르핀이라 불리는 물질은 (5a,6a)-7,8-didehydro-4,5-epoxy-17-methylmorphinan-3,6-diol, 아세타미모펜이라고 불리는 물질은 N-(4-hydroxyphenyl) acetamide, 이부프로펜이라고 불리는 물질은 a-methyl-4-(2-methylpropyl) benzene-acetic acid의 화학명칭으로 되어 있다.

(3) 항변설

미특허법 제112조 4번째 문장은 다음의 새 가지 요건을 요구하고 있다. 적법한 종속청구항이 되기 위해서 요구하는 것은, ① 선행하는 청구항을 언급할 것, ② 선행하는 청구항의 대상을 그 이상 한정하기 위해서 특정할 것, ③ 선행청구항에 언급된 모든 한정사를 인용에 의해서 포함하는 것으로 해석될 것이다. 이에 따라 CAFC는 Pfizer에서 종속청구항이 가져야 할 위 세 가지 요건을 침해소송에서 상대방의 특허를 무효로 주장할 수 있는 항변사유로 보았다.[122] 위 세 가지 요건을 특허무효의 항변사유로 주장하는 입장에 서 있는 판례는 다음과 같다.

Intamin v. Magnetar에서 원고 Intamin는 피고 Magnetar를 상대로 롤러코스터에서 사용되

---

120 Pfizer Inc. v. Ranbaxy Labs. Ltd., 457 F.3d 1284, 1292(Fed. Cir. 2006).

121 Pfizer Inc. v. Ranbaxy Labs. Ltd., 457 F.3d 1284, 1291(Fed. Cir. 2006). CAFC는 작성자의 실수로 작성된 것인데 이는 청구 제1항의 종속청구항으로 작성되었거나, 아토르바스타틴산의 헤미칼슘 소금(**the hemicalcium salt of atorvastatin acid**)이라는 독립청구항으로 작성되었다면 별다른 문제가 제기되지 않았을 것이다. 그러나 유효성을 유지하기 위해서 법원이 청구항을 재작성할 수는 없다.

122 BPAI는 청구항을 거절할 수 있는 사유의 하나로 보았다. Jason M. Nolan, FORMALISM AND PATENT CLAIM DRAFTING: THE STATUS OF DE FACTO INDEPENDENT CLAIMS UNDER THE FOURTH PARAGRAPH OF 35 U.S.C. §112, 19 Tex. Intell. Prop. L.J. 263, 284.

는 브레이크 장치에 대한 침해소송을 제기하였다.[123] 1심법원은 미특허 U.S. Patent 6,062,350의 청구 제10항인 종속청구항을 무효로 선언하였다.

청구 제10항: 청구 제1항의 브레이크 장치로서 그 안에는 위 동력을 주는 부분이 위 고정된 장치에 부착되도록 조정되어 있고, 위 작동하는 부분은 위 움직이는 부분에 부착되도록 고정되어 있다.[124]

1심판결은 원고승소가 선고되고 종국판결이 선고되기 이전에 CAFC에 항소가 제기되었다. CAFC가 청구 제1항의 의미를 해석하는 데 있어서, 원고 Intamin은 법원의 청구 제1항의 해석은 청구 제10항을 부당하게 한다며 법원은 청구 제10항의 실시례를 포함하는 것으로 청구 제1항을 해석하여야 한다고 주장하였다.

그러나 CAFC는 이를 받아들이지 않고 청구 제1항은 작동하는 부분이 고정된 장치 부분의 길이를 넘어야 하고 청구 제10항은 작동 부분을 고객의 차량에 부착시켜야만 한다고 하였다. 따라서 청구 제10항은 부적법한 종속청구항이다. 이로써 청구 제10항은 무효로 선언되고 위 사건은 파기환송되었다. 이 청구항은 고정된 부분의 길이에 부착되거나 그 길이를 넘어야 작동하는 레일이라는 구성요소를 제거하기 때문이다. 즉 청구 제10항이 청구 제1항을 제거한다면 이는 자신이 언급한 선행청구항의 모든 한정사를 유입하는 데 실패한 것으로서 무효의 청구항이다.[125]

만약 청구항을 무효로 함으로써 그 손해가 너무 크고 미특허법 제112조 4번째 문장을 단지 형식적으로 보지 않고 보다 실질적으로 해석한다면 침해소송에서 당사자는 청구항을 해석하는 데 있어서 그 유효성을 유지하는 방법으로 해석할 것을 요구할 수 있다.

Nike v. Adidas에서 문제가 된 특허는 미특허 U.S. patent 6,487,796으로서 1심법원은 청구항을 해석하는 데 있어서 할 수만 있다면 가급적 그 청구항의 유효성을 인정하는 방향으로 해석되어야 하지만 그 청구항을 고칠 수는 없다고 하였다.[126]

이 사건에서 피고 Adidas는 청구 제16항은 미특허법 제112조 4번째 문장에 위배되어 무효라고 주장하였다. 문제가 된 청구 제16항은 다음과 같다.

청구 제16항: 위 청구 제9항의 신발은, 그 안에 앞서 든 발뒤꿈치의 판(Heel plate)은 적어도 발의 휘어진 부분과 전체의 뒤꿈치의 부분 아래에 위치한다.[127]

---

[123] Intamin, Ltd. v. Magnetar Techs. Corp., 623 F. Supp. 2d 1055, 1058(C.D. Cal. 2009).

[124] Claim 10. The braking device of claim 1 wherein said energizing portion is configured for attachment to said fixed device part, and said conductive portion is configured for attachment to said movable device part.

[125] Intamin, Ltd. v. Magnetar Techs. Corp., 483 F.3d 1328, 1337(Fed. Cir. 2007).

[126] Nike, Inc. v. Adidas Am. Inc., No. 9:06-CV-43,2006 WL 3751181(E.D. Tex. Dec.18, 2006).

[127] Claim 16. The article of footwear of claim 9, wherein said heel plate underlies at least a portion of an arch of the foot and substantially all of the heel.

위 제16항의 문제는 발뒤굼치판(Heel plate)에 관한 언급인데, 정작 청구 제9항은 발뒤꿈치판(Heel plate)을 인용하지 않고 있다. 따라서 청구 제16항은 선행하는 청구항에서 그 인용의 근거를 발견할 수 없는 '앞서 든(Said)'이라는 한정사를 사용한 것이다.

이에 대하여 원고 Nike는 '앞서 든(Said)'이라는 용어는 단순한 타자수의 실수이고 이는 '그저 하나, 또는 그 이상을 의미하는 어느 a'라고 해석하여야 한다고 주장하였다. 원고의 주장은 명세서와 청구범위는 발뒤꿈치(Heel plate)에 대한 수많은 언급을 하고 있으므로 '어떤(a)'이라는 용어를 '앞서 든(Said)'이라는 용어로 바꿔도 별 문제는 없다는 것이다.

그러나 CAFC는 원고의 주장을 받아들이지 않았다. 만약 타자수의 실수로 보고 이를 허용한다면 이는 마치 청구 제9항을 청구 제8항으로 변경하는 것과 같은 효과를 가져오기 때문에 이러한 청구항의 정정행위는 청구항의 해석과정에서는 허용되지 않는다고 보았다.[128] 따라서 종속청구항이 전통적인 방법으로 작성된 경우 즉 선행청구항에 대한 인용근거가 전제부(Preamble)에 있는 경우에는 미특허법 제112조 4번째 문장이 적용된다는 데 별다른 이론이 없다.[129]

라. 종속적 기재

어떤 청구항의 본문에서 선행청구항을 인용한 경우, 그 기재가 종속적 방법으로 된 것이라면 이 청구항은 종속청구항이라고 추정된다. 이를 추정설이라고 하고 이 추정설이 현재 CAFC의 정설이다.

그러나 Monsanto v. Syngenta에서는 청구항의 전제부에서 선행청구항이 인용된 것이 아니라 다른 방식으로 인용된 것이 문제가 되었다. 미특허 U.S. patent No. 5,538,880의 청구 제4항이 바로 그것이다.

청구 제4항: 청구 제1항의 방법에 의하여 얻어진 불임의 성전환 식물로부터 후손을 얻는 방법을 포함하는 방법으로서, 위 청구 제1항은 앞서 든 DNA를 포함한다.[130]

1심법원은 청구 제4항이 청구 제1항의 방법에 의하여 얻어진 후손을 얻는 방법인 네 번째의 단계를 추가하는 종속청구항으로 해석하였다.

원고 Monsanto는 청구 제4항을 후손을 얻는 방법, 즉 단 한 단계를 가진 청구항으로 주장했다. 원고 Monsanto의 해석에 의하면 종속적 용어는 청구 제1항의 새로운 방법에 의하여 이미

---

[128] Nike, Inc. v. Adidas Am. Inc., No. 9:06-CV-43,2006 WL 3751181(E.D. Tex. Dec.18, 2006).

[129] Jason M. Nolan, FORMALISM AND PATENT CLAIM DRAFTING: THE STATUS OF DE FACTO INDEPENDENT CLAIMS UNDER THE FOURTH PARAGRAPH OF 35 U.S.C. §112, 19 Tex. Intell. Prop. L.J. 263, 287.

[130] Claim 4. A process comprising obtaining progeny from a fertile transgenic plant obtained by the process of claim 1 which comprise said DNA.

얻어진 새로운 기초물질, 즉 불임의 성전환된 식물을 언급한 것이라는 것이다. 원고는 청구 제4항의 문장형식에 주의하여 이는 통상의 종속청구항과는 다르게 작성된 것이다. 즉 청구 제1항의 방법은 '다음의 과정을 포함한다.'라는 형식이 아니라는 것이다.

그러나 CAFC는 원고의 주장을 받아들이지 아니하고 청구 제4항은 청구 제1항의 모든 구성요소를 한정사로 가진다고 보았다. CAFC는 어떤 청구항이 다른 청구항에 대하여 종속적인지를 판단할 경우에는 새로운 청구항이 선행하는 어떤 청구항을 언급하고 그 언급된 것을 그 이상으로 한정하는 것인지를 살펴보아야 한다고 하였다. 종속청구항인지 독립청구항인지를 구별하기 위해서는 미특허법 제112조 4번째 문장에 비추어서 청구항의 실질적인 내용에 의존한다는 것이다.

만약 청구 제1항의 방법에 의하여 만들어진 물건이라는 것을 분명하게 하고자 했다면 반드시 명시적 용어를 사용했어야만 했다. 그러나 원고는 이러한 명시적 표현을 하지 않았기 때문에 청구 제1항의 모든 용어는 청구 제4항으로 유입되어 한정사로 해석되어야 한다. 만약 청구 제1항에서 언급된 3단계가 수행되지 않는다면 청구 제4항은 독자적으로 존재할 수 없다. 즉 추가적인 4번째의 단계, 즉 후손을 얻는 단계는 불임의 성전환 식물을 얻는 단계인 청구 제1항의 3단계에 의존적인 것이다. 따라서 청구 제4항은 청구 제1항의 모든 구성요소를 한정사로 가진다.

(1) 추정력의 번복

어떤 청구항이 선행청구항을 인용하는 것으로 작성되었다면 그 청구항은 종속청구항으로 추정된다.[131] 그러나 인용에 의하여 청구항에 유입된 자료가 그 청구항이 독자적으로 존재하도록 하는 데 불필요한 경우에는 이러한 추정은 번복될 수 있다. 위의 사건에서 법원은 청구 제4항에 의하여 추가된 한정사는 오직 청구 제1항을 청구 제4항으로 유입하여 해석하는 경우에만 의미가 있다고 본다. 따라서 원고 Monsanto는 위 청구 제4항이 사실상의 독립청구항이라는 것을 주장함으로써 추정력을 번복하는 데 실패하였다. 이러한 추정설은 청구항이 간략한 용어를 사용하기 위해서 선행청구항을 인용하였지만 선행청구항의 한정사를 그대로 문제가 된 청구항에 유입하기 위한 것이 아닌 경우에는 그 해석에 있어서 유연성을 부여한다.[132]

---

131 Monsanto Co.v.Syngenta Seeds, Inc.,503 F.3d 1352, 1358(Fed. Cir. 2007)(Although in a somewhat unusual format, claim 4 is dependent from claim 1 because it only stands if all three steps recited in claim 1 have been performed. In other words, the additional fourth step of obtaining progeny depends on the performance of the process comprising the three steps recited in claim 1 for obtaining a fertile transgenic plant. Claim 4 contains each element of a dependent claim).

132 Jason M. Nolan, FORMALISM AND PATENT CLAIM DRAFTING: THE STATUS OF DE FACTO INDEPENDENT CLAIMS UNDER THE FOURTH PARAGRAPH OF 35 U.S.C. §112, 19 Tex. Intell. Prop. L.J. 263, 288.

(2) 미특허심판원 BPAI의 후속 심판사건들[133]

Pfizer 이후에 Ex parte Esser에서 BPAI는 종속청구항들인 청구 제74항 내지 청구 제76항과 청구 제78항 내지 청구 제80항을 선행하는 독립청구항인 청구 제21항에서는 R변수가 특정한 할로겐, 즉 클로린이나 아스타틴이 아닌 Fuorine, Bromine 및 Iodine과 같은 할로겐임에도 불구하고 위에서 말한 종속청구항들은 할로겐이 될 수 있다고 청구한 것은 특허성이 없다고 거절하였다. 그것이 의존하고 있는 청구항이 가지고 있는 모든 한정사를 유입하지 않는 어떠한 종속청구항이라도 미특허법 제112조 4번째 문장의 요건을 충족시킬 수 없다는 원칙에 따른 것이다. 위 사건에서는 할로겐은 속(Genus)에 속하는 것이고 이는 그 하위의 어떤 종(Species)보다도 권리범위가 넓은 것인데, 위에서 말한 종속청구항인 청구 제74항 내지 청구 제76항 및 청구 제78항 내지 청구 제80항의 각 종속청구항들은 그것들이 의존하고 있는 청구 제21항의 모든 한정사를 자신들의 청구항으로 유입시키지 못하였기 때문이다.[134]

Ex parte Hsu에서 BPAI는 미특허법 제112조 2번째 문장을 같은 조 4번째 문장에 포함시켰다.[135] 출원서에는 독립청구항인 청구 제25항과 종속청구항인 청구 제45항은 다음과 같다.

청구 제25항: 마이크로 전자 기판을 청소하는 방법으로서, … 수용성 청소 합성물을 가지고 … 그 안에는 수용성 청소 합성물은 … 로 구성된다.[136]

청구 제45항: 청구 제25항의 방법으로서, 그 안의 그 청소합성물은 … 를 포함한다.[137]

'구성되는(Consisting of)'이라는 연결사는 닫힌(Closed) 청구항으로 해석하는 것이 원칙인데 비하여 '포함하는(Comprising)'이라는 연결사는 열린(Open-ended) 청구항으로 해석된다. 따라서 열린(Open-ended) 청구항은 그 청구항의 권리범위에 후행하는 열거된 한정사만을 제한시키지는 않는다.

따라서 BPAI는 종속청구항인 청구 제45항은 불특정의 함유물을 가지는 다른 구성요소를 추가적으로 가진 합성물을 그 권리범위로 주장하고 있다. 청구 제45항의 권리범위는 그 선행하는 독립청구항인 청구 제25항보다도 넓은 것으로 해석된다. 따라서 종속청구항이 미특허법 제112조의 4번째 문장에 의해서 가져야 할 요건인 선행청구항의 모든 한정사를 인용에 의하여 자

---

133 Jason M. Nolan, FORMALISM AND PATENT CLAIM DRAFTING: THE STATUS OF DE FACTO INDEPENDENT CLAIMS UNDER THE FOURTH PARAGRAPH OF 35 U.S.C. §112, 19 Tex. Intell. Prop. L.J. 263, 289.

134 Ex parte Esser, Appeal 2006-3252, 2007 WL 2823697, at 12(B.P.A.I. Sept. 27, 2007).

135 Ex parte Chien-Pin Sherman Hsu, Appeal 2009-2630, 2009 WL 1155614, at 12(B.P.A.I. Apr. 28, 2009).

136 Claim 25. A process for cleaning a microelectronic substrate … with an aqueous cleaning composition … wherein the aqueous cleaning composition consisting of ….

137 Claim 45. A process of claim 25 wherein the cleaning composition comprises ….

신의 청구항으로 유입하여야 한다는 원칙에 어긋난다.[138]

BPAI는 '포함하는(Comprising)'이라는 연결사를 가진 종속청구항은 '구성되는(Consisting of)'이라는 연결사를 가진 독립청구항의 권리범위를 열 수 없다고 보고 만약 이를 열기 위해서는 상당한 혼란을 야기하기 때문에 이러한 청구항은 미특허법 제112조 2번째 문장, 즉 청구항의 명확성의 요건을 구비하지 못하였기 때문에 거절되는 것이 마땅하다고 보았다.[139]

Ex parte Avizienis에서 BPAI는 '그와 같은(Such)'이라는 용어의 해석을 놓고서 심사관의 거절이 정당하다고 인용했다.

이 사건에서 청구 제1항은, 계산시스템의 오작동 문제를 저지하기 위한 장치로서 위 장치는 ________ 를 포함한다.[140]

청구 제4항은 청구 제1항의 장치는 다음의 장치를 추가로 포함한다: 그와 같은 계산시스템[141]

BPAI는 위 청구 제4항이 미특허법 제112조 4번째 문장에 의하여 특허를 받을 수 없다고 심결하였다.

심사관은 출원인이 '위(The)' 또는 '위에서 말한(Said)' 같은 용어를 사용하지 않고 '그와 같은(Such)'이라는 용어를 사용한 것은 선행하는 모청구항(Parent claim)에 존재하는 청구항의 구성요소를 더 이상 한정하려는 것은 아니다. 그 대신 '그와 같은(Such)'이라는 용어를 사용한 것은 실제로 이미 청구항의 권리범위로 주장된 것을 보다 넓히려는 시도이다. 왜냐하면 청구 제4항이 가지고 있는 그와 같은 계산시스템은 원래 청구 제1항의 전제부에서 공개하고 있는 계산시스템과는 다른 어떤 계산시스템이거나 이와 유사한 계산시스템인 것이다.[142]

마. 명세서와 도면의 인용

독립청구항은 명세서와 도면 또는 자료를 인용하는 방법으로 작성할 수 있는가? 독립청구항은 반드시 독립해서 존재하여야 한다. 이는 특허법 시행령을 해석하는 데에서 오는 당연한 결론이며 미특허법 및 미특허심판원(BPAI)의 심결례도 그러하다.[143] 그러나 Ex parte Fressola에서 문제가 된 청구 제42항은 다음과 같다.

---

[138] Ex parte Chien-Pin Sherman Hsu, Appeal 2009-2630, 2009 WL 1155614, at 11-12(B.P.A.I. Apr. 28, 2009).

[139] Ex parte Chien-Pin, 2009 WL 1155614, at 12. BPAI는 특허를 심사하는 본질적 목적은 청구범위를 정확하고, 분명하며, 정당하고, 모호하지 않은 것으로 만드는 데 있다고 보았다.

[140] Claim 1 recited: Apparatus for deterring failure of a computing system; said apparatus comprising ….

[141] Claim 4: The apparatus of claim 1, further comprising: such computing system.

[142] Ex parte Avizienis, 2009 WL 3519744, at 5.

[143] Ex parte Fressola, 1993 Pat. App. LEXIS 3, at 13.

청구 제42항: 출원서에 첨부된 명세서와 도면에 공개된 것과 같이 천체를 스테레오그래픽의 3차원적 이미지를 표현하는 하나의 시스템.[144]

BPAI는 명세서와 청구범위는 특허법상 별개의 요건이기 때문에 어떤 청구항이 명세서를 인용한다면 이는 청구항의 목적에 반하는 것이라고 하였다. 예외적으로 청구항이 명세서를 인용하도록 허용을 하는 것은 그 시스템이 명세서와 도면을 인용하지 않고는 설명할 수 없는 경우에 한하는 것으로서 위 시스템은 그에 속하지는 않는다. 따라서 위 청구항은 특허가 허용될 수 없다.[145]

그러나 미특허심사지침(MPEP) §2173.05(s)은 다음과 같이 명세서나 도면 및 지료의 인용을 청구항으로 편입할 필요가 있는 경우에 예외적으로 허용한다.

가능한 한 청구항은 그 자체로서 완성되어야 한다. 언어만 가지고서 실제로 발명을 개념정의할 수 없고 도면이나 도표를 청구항에 그대로 복제하는 것이 보다 간결한 경우에 특정한 숫자나 도표를 인용에 의하여 청구항에 편입을 시키는 것은 예외적으로 허용되는 것이다.[146]

유전공학 분야에 있어서 위 필요성의 원칙은 출원인에게 명세서에 공개되어 있는 유전공학적 자료를 인용할 수 있도록 허용한다.[147] 청구항을 해석하는 기본 원칙은 청구항은 반드시 명세서에 비추어서 해석되어야 한다는 것이다. 만약 심사관이 유전공학적 물질에 대해서도 위와 같은 원칙을 준수하면 청구항들은 미특허법 제112조의 공개요건에 위배되어 무효가 될 것이다.[148]

유전공학적 발명, 예컨대 염기서열의 목록(Sequence listing)과 같은 것은 청구범위에 기재가 허용된다. MPEP §2402에 의하면 출원된 발명이 유전공학적 자료인 경우에는 언어로서는 충분하게 그 발명을 만들고 사용하는 방법을 설명할 수 없는 경우도 있기 때문에 유전공학적 물질에 접할 수 있다는 것이 미특허법 제112조의 공개요건을 충족시키기 위해서 필요하다. 따라서 유전공학적 물질을 기탁하는 것이 공개요건을 보충하기 위해서 필요한 것으로 본다.[149]

---

144 Claim 42. A system for the display of stereographic three-dimensional images of celestial objects as disclosed in the specification and drawings herein.

145 Ex parte Fressola, 1993 Pat. App. LEXIS 3, at 15-16.

146 필요설(Doctrine of necessity): MPEP-U.S. Patent & Trademark Office, Manual of Patent Examining Procedure §2173.05(s)(8th ed., Rev. 8, July 2010); 인용에 의하여 편입을 허용하는 것(Incorporation by reference)은 필요한 것이기는 하지만 이는 출원인의 편의를 위한 것이 아니다. 명세서에 열거된 구성요소에 상응하는 인용된 특성은 청구항에 존재하는 동일한 구성요소의 열거와 관련되어 사용될 수 있다.

147 MPEP §2406.01.

148 In re Fout, 675 F.2d 297, 300(C.C.P.A. 1982)(청구범위는 언제나 명세서에 비추어서 해석되어야 한다).

149 MPEP §2402.

바. 청구항의 수

특허출원인은 자신의 발명의 성질에 따라 적정한 수의 청구항을 주장할 수 있다.[150] 적정한 수라는 것은 각 청구항이 서로 실질적으로 달라서 중복되지 않아야 하고, 불필요하게 너무 많지 않아야 한다는 것이다.[151]

그러나 청구항이 불필요하게 많다는 이유로 특허의 발급이 거절될 수는 없다고 보는 것이 지배적인 견해이다. 비록 청구범위에 많은 수의 청구항을 기재하였더라도 발명의 권리범위를 모호하게 하지만 않는다면 청구항이 부적정한 것이라고 볼 수는 없다. 특허출원인이 합성 호모폴리머에 대한 특허출원서의 청구범위에 31개의 청구항을 기재하였고, 그 청구항 중에서 다수가 단순히 물질이 원래 가지고 있는 특성이거나 그 용이한 변형에 불과한 것이라고 하더라도 청구항이 불필요하게 많다는 이유만으로 특허를 거절할 수는 없다.[152]

Ⅲ. 청구항의 명확성 요건

1. 의 의

특허가 출원된 발명이 가지는 권리범위는 반드시 분명하게 한정되어야 하고, 이를 위해서 청구항에서 명확한 용어를 사용할 것을 요구하는 것이 청구항의 명확성(Definiteness) 요건이다. 이에 비하여 실시가능요건은 명세서가 공개하는 정도에 관한 것으로, 명세서는 반드시 그 발명의 분야에 속하는 통상의 지식인 발명을 만들고 사용할 수 있도록 충분하게 공개해야만 한다는 것이다.[153] [154] 명세서는 발명의 내용을 충분하게 기재하여 통상의 지식인이 발명을 실시할 수 있도록 가르칠 수는 있지만, 청구항이 발명을 명확하게 한정하지 못한 결과로 특허를 발급받을

---

150 특허법 시행령 제5조 제2항은, 청구항은 발명의 성질에 따라 적정한 수로 기재하여야 한다고 규정하고 있다.

151 미특허심사규칙 37 C.F.R. 1.75(b). Ex parte Nesbit, 25 USPQ2d 1817, 1818(Bd. Pat. App. & Int'f 1992)(동일한 청구항은 청구항의 명확성 요건에 위배된다); Ex parte Balzarini, 21 USPQ2d 1892, 1899(Bd. Pat. App. & Int'f 1991)(서로 다른 질병에 대하여 투약되는 약의 양만이 차이가 나도록 청구항을 작성하고 명세서도 그 투약량이 서로 다른 이유에 대한 아무런 언급을 하고 있지 않다면 이는 불명확한 청구항이다).

152 In re Wakefield, 422 F.2d 897, 900, 164 USPQ 636(CCPA 1970). 특허출원인이 절차법에 의하여 요구되는 비용을 지불하고 특허법의 조항에 어긋나는 행위를 한 바가 없다면 그는 자신이 특허출원한 명세서의 청구범위에 기재할 청구항의 수와 그 권리범위를 결정할 권리가 있다. 따라서 청구항의 수가 이 사건 발명의 권리범위를 모호하게 만들 정도로 불필요하게 많지는 않다.

153 특허법 제42조 제3항.

154 Chisum §8.03 [2]. 그러나 General Elec. Co. v. United States, 572 F.2d 745, 755, 198 USPQ 65, 73(Ct. Cl. 1978)은 청구항이 당초 의도한 대로 작동할 수 없다는 사실이 밝혀졌기 때문에 특허권자의 청구항은 명확성의 요건을 충족하지 못하였다고 본 사례이다.

수 없거나 이미 발급된 특허라 하더라도 무효가 될 수도 있다.[155]

2. 명확성의 기준

가. 명확하고 간결한 기재

청구항은 발명자가 보호받고자 하는 사항을 기재하되,[156] 그 기재는 명확하고 간결하게 해야만 한다.[157] 이는 침해행위자에 대하여 분명하게 공시를 하고, 출원된 발명에 대한 심사를 쉽게 하기 위함이다.[158]

청구항의 기재가 명확하냐의 기준은 구체적 상황에 따라 합리적으로 판단하여야 한다.[159]

---

155 Evans v. Eaton, 20 U.S.(7 Wheat). 356(1822); General Elec. Co. v. Wabash Co., 304 U.S. 364, 37 USPQ 466(1938).

156 특허법 제42조 제4항 제1호. 미특허법 제112조는 '명세서는 발명자가 자신이 발명한 것이라고 여기는 대상을 특정하여 지정하고 분명하게 주장하는, 하나 또는 그 이상의 청구항을 결론적으로 기재하여야 한다(Specification shall conclude with one or more claims particularly pointing out and distinctly claiming the subject matter which the applicant regards as his invention)고 하였다. 즉 특허출원인이 자신의 발명이라고 여기는 것(Subject matter which the applicant regards as his invention)이라고 표현하고 있다. 비록 청구항의 기재가 명확하다고 하더라도 만약 명세서 이외에 특허출원인이 제출한 자료에서 청구항에 기재된 발명이 자신의 발명이 아니라는 점이 인정되면 청구항에 대한 특허의 발급이 거절될 수도 있다. Chisum §8.03.

157 특허법 제42조 제4항 제2호; General Elec. Co. v. United States, 206 USPQ 260, 283-84(Ct. Cl. Trial Div. 1979), aff'd, on other grounds, 654 F.2d 55, 211 USPQ 867(Ct. Cl. 1981)(특허법은 모든 청구항이 발명의 작동에 있어서 필요한 모든 구성요소를 빠짐없이 전부 기재할 것을 요구하는 것은 아니다. 청구항에서는 특허권자의 발명적 개념을 흐리게 할 수 있는 장황한 용어를 사용하여서는 안 된다. 통상의 지식인에게 발명을 실시할 수 있는 충분한 정보를 제공하는 것은 청구항이 아니라 바로 명세서이다).

158 United Carbon Co. v. Binney Co., 317 U.S. 228, 236(1942); McClain v. Ortmayer, 141 U.S. 419, 424(1891); Solomon v. Kimberly-Clark Corp., 216 F.3d 1372, 55 USPQ2d 1279(Fed. Cir. 2000); Mycogen Plant Science, Inc. v. Monsanto Co., 61 F. Supp. 2d 199, 255(D. Del. 1999); Austin Powder Co. v. Atlas Powder Co., 568 F. Supp. 1294, 219 USPQ 707(D. Del. 1983). United Carbon Co. v. Binney Co., 317 U.S. 228, 236(1942). 위 판결에서는 청구항의 목적이 법원이 신규성과 진보성 그리고 발명이 진정한 것인지를 판단하도록 함에 있다고 보았지만 이는 2차적인 목적으로 보는 견해가 있다. Chisum §8.03 n2. In re Hammack, 427 F.2d 1378, 1382, 166 USPQ 204(CCPA 1970)(청구항이 선행기술과 구별할 수 있을 정도로만 특정되어야 한다는 주장을 배척한 사례); Ex parte C, 27 USPQ2d 1492, 1500(Bd. Pat. App. & Int'f 1993)(침해행위자의 입장에서 보아 자신들의 행위가 청구항의 권리범위에 포함되는지를 잘 인식할 수 있도록 하기 위한 것인 동시에 선행기술과 구별하여 특허심사를 용이하도록 하기 위한 목적이라고 보는 견해). Long Mfg. Co. v. Lilliston Implement Co., 328 F. Supp. 268, 276-277, 171 USPQ 228, 235(E.D. N.C. 1971), aff'd, 457 F.2d 1317, 173 USPQ 321(4th Cir. 1972), cert. denied, 409 U.S. 874(1972)(특허법이 요구하는 청구항의 명확성의 요건은 청구항의 개념정의가 분명하여 통상의 지식인으로 하여금 특허권의 존속기간 동안은 특허침해행위를 하지 아니하도록 하고 특허권의 존속기간이 만료된 이후에는 통상의 지식인으로 하여금 특허발명을 실시할 수 있도록 함에 있다). 이에 비하여 Ex parte Tanksley, 37 USPQ2d 1382, 1386(Bd. Pat. App. & Int'f 1994)에서는 특허출원인이 청구항에서 발명을 특정한 정도에 상응하는 권리범위를 주장할 수 있도록 하지만 심사관은 청구항의 문언에만 집착하여서 청구항에서 사용된 용어만을 가지고 선행기술을 찾아서는 안 된다고 보아 위 청구항이 특정될 것을 요구하는 첫째 목적은 인정하나 둘째목적은 부정한다).

159 • 합리성설(정설): Chisum §8.03, Charvat v. Commissioner of Patents, 503 F.2d 138, 147-151, 182 USPQ 577(D.C. Cir. 1974); Georgia-Pacific Corp. v. United States Plywood Corp., 258 F.2d 124, 136, 118 USPQ

즉 선행기술의 가르침과 특정의 대상이 되는 발명을 살펴보아 청구항이 합리적일 정도의 정확성과 명확성을 가지고 특정한 범위를 기술하고 한정하였느냐를 본다.[160] 종래에는 청구항이 명확성의 요건을 갖출 것을 요구하는 이유가 특허권자가 청구항에 기재된 용어의 문언상의 의미를 넘어서서 그 권리범위를 확장하려는 시도를 금지하는데 있다고 보았지만 근래에는 청구항이 이 요건을 구비하지 못하는 경우에 특허를 무효로 보는 경향이 있게 되었다.[161]

그러나 명확성의 요건을 충족시키기 위하여 청구항에 기재된 기구나 방법은 반드시 완성된 것이거나 작동이 가능할 필요는 없다.[162] 또한 하위조합 청구항은 발명의 한 측면이라고 하더라도 발명의 다른 측면으로부터 독립하여 산업상의 이용가능성을 가지는 것으로서, 이는 청구항의 명확성의 요건을 충족시킬 수 있다.[163]

122(2d Cir. 1958), cert. denied, 358 U.S. 884(1958). Dennison Mfg. Co. v. Ben Clements & Sons, Inc., 467 F. Supp. 391, 403, 203 USPQ 895, 904(S.D. N.Y. 1979)(특허법이 청구항이 특정될 것을 요구하는 이유는 청구항에서 사용된 용어의 의미를 넓게 해석하여도 이를 명세서나 도면에 비추어서 해석하는 한 그 권리범위가 너무 넓게 읽혀져서 청구항이 무효로 되는 것을 방지하는 데 있다고 본다).

• 실시가능성설(소수설): 그러나 이를 실시가능요건과 동일한 기준으로 보는 견해도 있다. Hanson v. Alpine Valley Ski Area, Inc., 611 F.2d 156, 159, 204 USPQ 803(6th Cir. 1979)(청구항이 명확한 것이냐의 여부를 판단하는 기준은 공개내용이 통상의 지식인으로 하여금 그 발명을 만들 수 있도록 하여 주는지에 달려 있다고 본다); Rockwell v. Midland-Ross Corp., 438 F.2d 645, 169 USPQ 5(7th Cir. 1971); Strong-Scott Mfg. Co. v. Weller, 112 F.2d 389, 394, 45 USPQ 675(8th Cir. 1940)(청구항의 기재만을 보아서는 통상의 지식인이 발명을 실시할 수 없다고 본 사례); Reed Tool Co. v. Dresser Indus., Inc., 499 F. Supp. 935, 940, 209 USPQ 654(S.D. Tex. 1980), aff'd, 672 F.2d 523, 214 USPQ 501(5th Cir. 1982); American Hoist & Derrick Co. v. Manitowoc Co., 448 F. Supp. 1372, 197 USPQ 677, 688(E.D. Wis. 1978), aff'd, 603 F.2d 629, 202 USPQ 705(7th Cir. 1979) 참조.

160 In re Moore, 439 F.2d 1232, 1235, 169 USPQ 236(CCPA 1971); Shatterproof Glass Corp. v. Libbey-Owens Ford Co., 758 F.2d 613, 624, 225 USPQ 634, 641(Fed. Cir. 1985), cert. dismissed, 474 U.S. 976(1985)(발명의 상세한 정도는 바로 문제가 된 발명과 선행기술에 따라 다를 수 있는 것이지 요약서(Abstract)에 기재된 것에 의존하지는 않으며 이는 사실인정의 문제가 아니라 법률의 해석과 적용에 관한 문제이다).

161 청구항의 권리범위를 제한하려는 입장에 섰던 종래의 판례는 McClain v. Ortmayer, 141 U.S. 419(1891); Keystone Bridge Co. v. Phoenix Iron Co., 95 U.S.(5 Otto) 274(1877); Merrill v. Yeomans, 94 U.S.(4 Otto) 568(1876); Brooks v. Fiske, 56 U.S.(15 How). 212(1853). 이에 비하여 특허를 무효로 보는 근래의 판례는 Eibel Process Co. v. Minnesota & Ontario Paper Co., 261 U.S. 45(1923).

162 Miles Laboratories, Inc. v. Shandon Inc., 997 F.2d 870, 874, 27 USPQ2d 1123, 1126(Fed. Cir. 1993), cert. denied, 510 U.S. 1100(1994)(발명의 작동가능성은 청구항의 권리범위에 대한 것과 아무런 관련성이 없다); North American Vaccine, Inc. v. American Cyanamid Co., 7 F.3d 1571, 1579, 28 USPQ2d 1333, 1339(Fed. Cir. 1993), cert. denied, 511 U.S. 1069(1994), discussed at 18.03 [3], 18.03 [6](종속청구항이 발명의 목적에 부합하지 않는 종(Species)을 포함한다고 하더라도 그 사실 자체만으로는 통상의 지식인이 청구항의 권리범위를 확정할 수 없다고 할 수는 없다. 특허대상이 작동 불가능하여 실용성이 없다거나 통상의 지식인이 이를 실시할 수 없을 정도로 발명을 실시하는 방법에 대한 불충분한 공개만을 하였더라도 이는 청구항의 명확성의 문제와는 다른 것이다. 그러나 Ex parte Erlich, 3 USPQ2d 1011, 1017(Bd. Pat. App. & Int'f 1987)에 따르면 청구항은 작동가능한 모든 상세한 실제모형을 인용할 필요는 없지만 적어도 방법청구항은 적극적인 단계를 포함할 수 있어서 상당한 정도의 정확성과 명확성을 가지고 특정한 범위를 설정할 수 있어야만 한다. 따라서 단지 '인간의 Fiberblast 인터페론을 추출하거나 밝혀내기 위하여 모노클로널 항체를 사용하는 방법'과 같은 청구항은 이러한 요건을 충족시키지 못한다고 보아 좀 더 생명공학과 관련된 청구항에서 보다 상세한 기재를 요구하고 있는 사례도 있다)

163 Carl Zeiss Stiftung v. Renishaw PLC, 945 F.2d 1173, 20 USPQ2d 1094(Fed. Cir. 1991); Miles Laboratories, Inc. v. Shandon Inc., 997 F.2d 870, 27 USPQ2d 1123(Fed. Cir. 1993), cert. denied, 510 U.S. 1100(1994); Reiffin v. Mi-

청구항에서 사용된 용어가 모호하다는 것(Ambiguity)은 불명확하다는 것과는 다르다. 모호한 용어는 두 가지 의미를 가지지만 각각의 해석 결과, 그 의미가 명확한 경우를 말한다. 청구항의 용어가 모호한 경우에는 청구항의 불명확성의 문제는 아니고 단지 청구항의 해석의 문제로 돌아간다.[164]

나. 용어의 명확성 판단방법

명확성의 문제는 청구항의 용어들이 만족할 정도로 정확하게 청구항의 권리범위를 일정한 범위로 한정하느냐 하는 점이다. 따라서 청구항에 사용된 용어들은 '유동화된 촉매(Fluidized catalyst)' 등과 같이 전통적이 아닌 용어라고 하더라도 그 자체만으로는 불명확한 것은 아니다. 이 촉매를 사용하는 특정한 처리방법이 청구항의 권리범위에 있는지를 결정할 수만 있다면 이러한 용어를 사용한 청구항은 명확성의 요건을 충족시킬 수 있다.[165]

---

crosoft Corp., 214 F.3d 1342, 54 USPQ2d 1915(Fed. Cir. 2000) 참조. 그러나 이에 반대하는 소수견해(NEWMAN)는 청구항이 명세서에 의하여 지지되고, 선행기술과 적절하게 구별되고, 다른 특허의 발급요건을 충족한다면 새로운 기계나 방법의 한 측면에 관한 청구항이 반드시 명세서의 구성요소를 모두 구비할 것을 요구하지는 않는다고 보았다.이에 비하여 Reiffin v. Microsoft Corp., 48 USPQ2d 1274, 1276(N.D. Calif. 1998), rev'd & remanded, 214 F.3d 1342, 54 USPQ2d 1915(Fed. Cir. 2000)에서는 특허법상의 서면공개요건은 '생략된 구성요소가 있느냐 하는 요건(Omitted element test)'을 통과할 것을 요구한다. 즉 특허권자가 최초의 특허출원서에 공개된 발명의 필수적 구성요소를 생략한 청구항을 주장하지 못한다고 보는 견해도 있다.

164 Dentsply International, Inc. v. Great White, Inc., 132 F. Supp.2d 310, 314(M.D. Pa. 2000)(당사자 사이에 청구항의 용어의 의미에 대한 다툼이 있는 것은 무효사유에 해당하지 않는다); Minnesota Mining & Manufacturing Co. v. Johnson & Johnson Orthopaedic Inc., 22 USPQ2d 1401, 1409(D. Minn. 1991), aff'd, 976 F.2d 1559, 24 USPQ2d 1321(Fed. Cir. 1992); Tennant Co. v. Hako Minuteman, Inc., 22 USPQ2d 1161, 1167(N.D. Ill. 1991)(모호하다는 것은 분명한 의미가 여러 가지 있다는 뜻이고 불명확하다는 것은 분명한 의미가 하나도 없다는 뜻이다); Markman v. Westview Instruments, Inc., 52 F.3d 967, 986, 34 USPQ2d 1321, 1335(Fed. Cir. 1995)(in banc), aff'd, 517 U.S. 370, 38 USPQ2d 1461(1996)(심사관과 같은 통상의 지식인에게는 모호성이 있을 수 없기 때문에 굳이 외부증거를 보고 청구항을 해석할 필요는 없다). 이에 비하여 Raster Ops v. Radius, Inc., 861 F. Supp. 1479, 1484-85(N.D. Calif. 1994)(스캔하는 속도(Scan rate)라는 용어의 개념정의가 명세서에 기재된 바와 특허출원인이 주장하는 바에 따라 다른 경우에 특허출원인이 이러한 개념정의를 특허출원서에 기재하지 않았고 통상의 지식인이 이해할 수 있도록 신빙성 있는 증언을 하지도 않아서 원고가 주장하는 다른 개념정의를 인정할 아무런 자료가 없다면 통상의 지식인에 대하여 이 용어가 두 개의 의미를 가지는 모호한 것이라고 볼 수 없다); Candela Laser Corp. v. Cynosure, 862 F. Supp. 632, 642-43, 32 USPQ2d 1433, 1441(D. Mass. 1994), aff'd, 56 F.3d 82(Fed. Cir. 1995)(unpublished)(원고와 피고가 청구항을 해석하는 데 매우 커다란 차이가 있고 원고도 문제가 된 매체를 사용되는 방법에 확신이 없는 경우에 청구항은 불명확하다); Hoffmann-LaRoche Inc. v. Burroughs Wellcome Co., 10 USPQ2d 1602, 1607(D. Md. 1989)(동질적인 단백질(Homogeneous protein)이라는 용어가 모호하다는 피고의 주장에 대하여 이는 사실인정의 문제에 불과하다고 보았다. 그러나 이는 Markman 이전의 판결이다); Hybritech, Inc. v. Abbott Laboratories, 4 USPQ2d 1001(C.D. Calif. 1987), aff'd, 849 F.2d 1446, 1453, 7 USPQ2d 1191, 1197(Fed. Cir. 1988)(모노클로널 항체의 친화성(Affinity)이라는 용어에 대해서는 기능적 친화성과 본래적 친화성이라는 두 가지 의미로 해석이 가능하다고 하더라도 그중 하나의 의미가 그 기술 분야에서 다수가 사용한다는 증거가 있다면 그 청구항은 불명확한 것이 아니다).

165 In re Mercier, 515 F.2d 1161, 1168, 185 USPQ 774, 780(CCPA 1975); In re Castaing, 429 F.2d 461, 463, 166 USPQ 550, 551(CCPA 1970).

(1) 명세서에 비추어서 판단

특허출원인은 자신이 용어의 창작자(Lexicographer)로서 자기 청구항의 용어를 개념정의할 수 있다. 청구항의 용어의 명확성은 아무런 자료가 없는 진공에서가 아니라 언제나 선행기술의 가르침과 당해 명세서의 공개내용에 비추어서 그 발명이 속하는 기술 분야에서의 통상의 지식인에 의하여 해석되어야 한다.[166] 따라서 처음에는 명확하던 용어도 명세서에 비추어서 보면 불명확해질 수도 있다.[167] 특허출원서가 접수된 이후에 발급된 특허와 간행물도 청구항의 용어의 명확성을 판단하는 데 사용될 수 있지만,[168] 청구항은 선행기술이 사용한 용어를 반드시 사용할 필요는 없다.[169]

---

166 In re Moore, 439 F.2d 1232, 169 USPQ 236(CCPA 1971). Ex parte Calhoun, 195 USPQ 455(PTO Bd. App. 1976); J. T. Eaton & Company, Inc. v. Atlantic Paste & Glue Co., 106 F.3d 1563, 1570, 41 USPQ2d 1641, 1646(Fed. Cir. 1997)(청구항에서 문제가 된 한정사는 특허가 출원된 당시의 통상의 지식인에게 전혀 알려지지 않은 용어이므로 특허출원인으로서는 그 정확한 의미를 알려줄 의무가 있다).

167 In re Moore,439 F.2d at 1235, n.2, 169 USPQ at 238 n.2; Unique Concepts, Inc. v. Manuel, 231 USPQ 268, 274(N.D. Ill. 1986)(떼어 놓고 보면 명확한 용어도 명세서에 비추어서 해석하면 불명확해지는 수도 있다. 이는 용어의 통상의 의미가 명세서의 기재내용이나 예시와는 모순되기 때문이다); In re Cohn, 438 F.2d 989, 169 USPQ 95(CCPA 1971)(불투명한 처리(Opaque finish)라는 청구항의 용어는 처음에는 명확한 듯 보이지만 알루미늄 표면을 비금속과 같이 보이도록 처리하는 방법으로서 명세서에서 공개한 바에 비추어 보면 그 의미가 서로 모순된다); In re Merat, 519 F.2d 1390, 186 USPQ 471(CCPA 1975)(보통의 치킨(Normal chickens)은 명세서가 그 의미를 명확하게 하여 준다); Exxon Research & Engineering Co. v. United States, 46 Fed. Cl. 278, 295, 54 USPQ2d 1519, 1532(U.S. Ct. Fed. Cl. 2000), rev'd, 265 F.3d 1371, 60 USPQ2d 1272(Fed. Cir. 2001)(청구항에서 원래의 모순성(Inherent inconsistency)이라는 용어는 청구항을 명확하게 하여 준다); Ex parte Tanksley, 37 USPQ2d 1382(Bd. Pat. App. & Int'f 1994)(특허출원된 것은 토마토의 변종을 구별하고 그 변종이 가지는 중요한 특성을 장려하거나 제거함으로써 식물의 재배를 촉진하는 방법을 쉽게 하도록 연결하는 유전자를 표시하는 복제세포(DNA marker clones)를 청구항의 특허대상으로 하고 있는 것이다. 특허출원인이 무작위 복제세포로부터 고유한 구성물질을 추출하였고 명세서는 이를 토마토의 연결지도라고 기술하였다. 청구 제4항은 CD10, CD76, CD71, CD69, CD68, CD36, CD70, CD78, CD74, CD26, CD66, CD72, CD18, CD17, CD19, CD39, and CD2로 구성되는 그룹으로부터 선택된 cDNA 복제세포를 그 청구항의 권리범위로 하고 있었다. 그러나 미특허심판원은 실시가능요건을 충족시키지 못하는 특허대상을 포함하고 있는 청구항으로서 너무 넓어서 불명확한 것이라고 특허를 거절하였다. 청구항은 일견 한정된 수의 cDNA를 인용하고 있어서 명확한 것으로 보이지만 명세서를 읽어 보면 이는 잠재적인 모호성을 가지고 있다. 예시 1과 2의 지도상의 거리는(Map distance)는 통계적으로 산출된 것으로서 이러한 거리에 있는 복제세포는 발명의 동등성의 범위에 있고 이러한 동등성의 권리범위는 청구항에 기재된 복제세포를 넘어서서 그 권리범위를 주장하는 것으로서 이는 청구항을 모호하게 만든다. 또한 특허출원인이 기탁한 복제세포들을 넘어서서 청구항의 권리범위로 주장하는 것으로서 이는 실시가능요건을 충족시키지 못한다).

168 In re Glass, 492 F.2d 1228, 1232, n.6, 181 USPQ 31, 34 n.6(CCPA 1974). 그러나 이에 비하여 In re Voss, 557 F.2d 812, 819 n.15, 194 USPQ 267, 272 n.15(CCPA 1977)(후일 발급된 특허는 반드시 출원된 당시의 기술에 비추어 용어를 해석하여야 한다); Quantum Corp. v. Mountain Computer Inc., 5 USPQ2d 1103, 1107(N.D. Calif. 1987), aff'd, 818 F.2d 877(Fed. Cir. 1987)(청구항의 해석은 최초로 출원된 당시로 돌아가서 통상의 지식인이 청구항을 읽고 이해한 것을 말한다)과 같은 사례도 있다.

169 In re Fisher, 427 F.2d 833, 838, 166 USPQ 18, 23(CCPA 1970)(선행기술이 사용하는 것을 반드시 사용하여야 한다면 보다 적확한 새로운 용어를 사용하는 것을 금지하는 결과가 된다); Ex parte Tanksley, 37 USPQ2d 1382, 1386(Bd. Pat. App. & Int'f 1994)(심사관은 선행기술을 검색하는 것을 쉽게 하도록 하기 위하여 청구항에 선행기술이 사용하는 용어를 쓰도록 요구할 수는 없다); 이에 비하여 특허출원인은 보다 새롭고 보다 적확한 어휘를 사용할 의무가 있다고 본 견해는 Standard Oil Co. v. Tide Water Assoc. Oil Co., 154 F.2d 579, 582, 69 USPQ 41,

청구항에서 사용된 용어의 명확성은 주로 정도(Degree)나 관계(Relationship)를 설정하는 경우 또는 범위를 나타내는 말과 관련이 있다. 특히 청구항에서 '실질적으로' 또는 '상당히(Substantially)'라는 용어와 '약(About)'이라는 정도 또는 '비교적(Relatively)'이나 '밀접하게(Closely)'라는 관계를 나타내는 상대적 용어가 사용되었을 경우에 그 불명확성이 문제가 된다.[170] 그러나

45(3d Cir. 1946). 그러나 Schering Corp. v. Amgen Inc., 222 F.3d 1347, 55 USPQ2d 1650(Fed. Cir. 2000)에서는 명세서에서 원래 사용되었던 용어인 Leukocyte interferon을 새로운 용어인 IFN-a로 변경한 것은 명세서를 보정하면서 새로운 사항(New matter)을 추가할 수 없다는 원칙에 위반되지 않는다고 하였다. 새로운 용어를 해석하여 보면 이는 종래에 사용되었던 용어와 동일한 의미를 가지기 때문이다.

170 • 실질적 또는 상당한(Substantially)이라는 용어에 대하여—Advanced Cardiovascular Systems, Inc. v. Scimed Life Systems, 96 F. Supp.2d 1006, 1020(N.D. Calif. 2000)(실질적으로 더 큰(Substantially larger)이라는 용어는 명세서가 ① 유연성이 증가한 차이점을 보여 주고, ② 도면도 23%에서 20%의 차이점을 나타내고, ③ 전문가의 증언도 차이점이 15% 이상이나 클 것이라고 한 경우에는 불명확하지 않다); Bausch & Lomb Inc. v. Alcon Laboratories Inc., 79 F. Supp.2d 243, 247, n.2, 249-51, 53 USPQ2d 1353, 1357, n.2, 1358-60(W.D. N.Y. 1999)(미생물의 활동을 실질적으로 금하지 않는 SUBSTANTIALLY INHIBIT 콘택트렌즈의 청구항에서 명세서와 각 증거(전문가 증인과 FDA의 규정 및 다른 특허)들이 그 용어의 개념을 정의할 수 있고 콘택트 업계에서는 이러한 용어가 자주 사용되고 있다면 이는 불명확한 것은 아니다); Exxon Research & Engineering Co. v. United States, 46 Fed. Cl. 278, 294, 54 USPQ2d 1519, 1531(U.S. Ct. Fed. Cl. 2000), rev'd, 265 F.3d 1371, 60 USPQ2d 1272(Fed. Cir. 2001)(찌꺼기가 실질적으로 남지 않는(Substantial absence of slug flow)이라는 청구항의 용어는 불명확하다. 명세서도, 특허심사과정의 전 취지도 이 용어의 의미에 대한 아무런 지침을 제공하지 않는다. 명세서는 슬러그가 용광로의 효율에 지장을 줄 정도와 그렇지 않는 정도에 객관적인 기준을 설정하지 못한다); York Products, Inc. v. Central Tractor Farm & Family Center, 99 F.3d 1568, 40 USPQ2d 1619(Fed. Cir. 1996)(통상 실질적으로라는 용어의 의미는 상당한 정도라는 것을 말한다); Maitland Co. Inc. v. Terra First Inc., 33 USPQ2d 1882, 1888(D. S.C. 1994)(실질적으로 평행하는(Substantially parallel) 이라는 의미는 완전하게 평행하다(Exactly parallel)는 의미는 아니다); Alcon Laboratories Inc. v. Allergan Inc., 17 USPQ2d 1365, 1369(N.D. Tex. 1990)(통상의 의미로 보면 실질적으로 모든(Substantially all)이라는 의미는 전체 모두는 아니지만 전체 중에서 거의 대부분이나 커다란 양 또는 상당한 양을 말하는 것이지 어느 정도나 반 또는 과반수를 의미하는 것은 아니다); C.E. Equipment Co. Inc. v. United States, 13 USPQ2d 1363, 1368(Cl. Ct. 1989)(실질적으로라는 용어는 약간의 융통성이 있다. 특허권자는 이 용어를 사용하여 청구항의 한정사를 과도하게 제한하지 않도록 한다. 따라서 이 용어는 특허침해행위의 성립을 교모하게 회피하기 위하여 발명의 효과에 별다른 영향이 없는 사소한 변경행위를 하는 것을 방지한다).

• 약(About)이라는 용어에 대하여—Johnson & Johnson v. W.L. Gore & Assocs., Inc., 436 F. Supp. 704, 728, 195 USPQ 487, 507(D. Del. 1977)(약 1.2-1.8의 범위에서(In the range of about 1.2-1.8)라는 용어의 의미는 비중이 1.2 이하가 되는 물질도 청구항의 권리범위에 포함되는 것으로 해석되어야 한다. 청구항의 수식어를 좁게 해석함으로써 그 권리범위를 부당하게 좁혀서는 안되지만 약이라는 정도의 용어를 사용하였다고 하더라도 수량적인 한정사가 의미가 없는 것은 아니다); Conopco, Inc. v. May Department Stores Co., 784 F. Supp. 648, 670, 24 USPQ2d at 1735-36(E.D. Mo. 1992) , rev'd in part, aff'd in part, & remanded with instructions, 46 F.3d 1556, 32 USPQ2d 1225(Fed. Cir. 1994), cert. denied, 514 U.S. 1078(1995)(약이라는 용어는 절대적인 한계가 없는 범위의 물질을 포함하는 청구항에서 적절하게 사용될 수 있다); Amgen Inc. v. Chugai Pharmaceutical Co., Ltd., 13 USPQ2d 1737, 1787-88(D. Mass. 1989), aff'd in part, rev'd in part, vacated in part, 927 F.2d 1200, 18 USPQ2d 1016(Fed. Cir. 1991), cert. denied, 502 U.S. 856(1991)(적어도(At least) 160,000IU라는 용어는 유전공학분야에 종사하는 통상의 지식인이 유전자 분석방법이 가지는 오차의 범위를 20에서 25%로 잡는 경우에는 그다지 불명확한 것은 아니지만 적어도 약(At least about) 160,000이라는 용어는 적어도(At least)라는 용어에 약이라는 용어가 추가되어 그 부적확성(Imprecision)을 증가시키고 선행문헌을 뒤져보아도 약(About)이라는 용어를 유전자의 활동성에 대하여 사용한 간행물이 존재하지 않는 만큼 이 용어는 불명확하다); Syntex(U.S.A). Inc. v. Paragon Optical Inc., 7 USPQ2d 1001, 1038(D. Ariz. 1987)(약(About)이라는 용어는 청구항의 권리범위를 넓혀주는 용어로서 융통성을 가지며 이 의미는 대개(Approxiamte)라는 용어와 의미가 유사하다); 이에 비하여 Conopco, Inc. v. May Department Stores Co., 46 F.3d 1556, 32 USPQ2d 1225(Fed. Cir. 1994), cert. denied, 514 U.S. 1078(1995)

청구항이 상대적인 용어를 사용하였더라도 명세서가 상당성, 비교성, 밀접성을 판단하는 기준을 제시함으로써 통상의 지식인으로 하여금 어떤 물건이나 방법이 청구항의 권리범위에 속하는지 여부를 판단할 수 있도록 한다면 청구항은 불명확한 것이 아니다.[171]

따라서 특허대상이 가지는 성질이 허용하는 한도에서 최대한 적확한 용어를 사용하려고 하였다면 이러한 청구항은 명확한 것이지만, 특허출원인이 그저 광범위하고 불분명한 용어를 사용하여 권리범위만 넓히려는 시도를 하였다면 이는 불명확한 청구항이다.[172]

(약(About) 40 : 1은 162.9 : 1을 포함하지 않는다); Hybritech, Inc. v. Abbott Labs., 4 USPQ2d 1001, 1013(C.D. Calif. 1987), aff'd, 849 F.2d 1446, 7 USPQ2d 1191(Fed. Cir. 1988)(약(About) 108은 4.7 x 107을 포함한다).

• 비교적(Relatively)이라는 용어에 대하여—Long Mfg. Co. v. Lilliston Implement Co., 328 F. Supp. 268, 276, 171 USPQ 228, 235(E.D. N.C. 1971), aff'd, 457 F.2d 1317, 173 USPQ 321(4th Cir. 1972), cert. denied, 409 U.S. 874(1972)(특허의 중요부분을 기술하는 데 비교적(Relatively)이라는 용어를 사용하면 이는 무효이다); Carsonite International Corporation v. Carson Manufacturing company, Inc. 460 U.S. 1052(1983)(비교적 큰 표면(Relatively large surface area)이라는 용어를 명세서에 비추어서 해석하면 그 의미는 명확하다); Dennison Mfg. Co. v. Ben Clements & Sons, Inc., 467 F. Supp. 391, 203 USPQ 895(S.D. N.Y. 1979)(비교적 더 잘 분리될 수 있는(Comparatively more readily severable)이라는 용어는 명확하다).

• 밀접하게(Closely)라는 용어에 대하여—Georgia-Pacific Corp. v. United States Plywood Corp., 258 F.2d 124, 134-138, 118 USPQ 122(2d Cir. 1958), cert. denied 358 U.S. 884(1958)(밀접하게(Closely)는 명확한 용어이다): Norton Co. v. Bendix Corp, 449 F.2d 553, 171 USPQ 449(2d Cir. 1971)(밀접하게는 불명확하다); Rosemount, Inc. v. Beckman Instruments, Inc., 727 F.2d 1540, 221 USPQ 1(Fed. Cir. 1984)(아주 근접한(Close proximity)은 불명확하지 않다); Afros S.p.A. v. Krauss-Maffei Corp., 671 F. Supp. 1402, 5 USPQ2d 1145(D. Del. 1987), aff'd, 848 F.2d 1244(Fed. Cir. 1988)(근접한(Close to)과 아주 근접한(In close proximity)은 명확하다).

• 기타 정도를 나타내는 용어에 대하여—American Standard Inc. v. Pfizer Inc., 722 F. Supp. 86, 100 n.8, 14 USPQ2d 1673, 1684 n.8(D. Del. 1989)(코팅에 관한 청구항이 두꺼운(Thick), 얇은(Thin)이라는 용어를 사용하여도 명세서가 선호되는 코팅의 두께를 예시하고 있다면 이는 불명확하지는 않다); ZMI Corp. v. Cardiac Resuscitator Corp., 2 USPQ2d 1985, 1989(D. Ore. 1987), rev'd in part, vacated in part and remanded, 844 F.2d 1576, 6 USPQ2d 1557(Fed. Cir. 1988)(연속적인(Constant)과 낮은(Low)이라는 용어는 비수량적이라고 하여도 발명의 성질이 원래 수량화를 하지 못하게 하거나 통상의 지식인이 청구항을 보고 그 의미를 이해할 수 있으면 아무런 문제는 없다); FMC Corp. v. Manitowoc Co., 654 F. Supp. 915, 2 USPQ2d 1969, 1977(N.D. Ill. 1987), aff'd, 835 F.2d 1411, 5 USPQ2d 1112(Fed. Cir. 1987)(더 이상 청구항을 특정할 것을 요구하면 특허제도를 인정한 기본적인 목적에 위반된다); In re Marosi, 710 F.2d 799, 803, 218 USPQ 289, 292(Fed. Cir. 1983)(알칼리 금속이 전혀 없는 재료(Essentially free of alkali metal)라는 용어를 사용한 경우에 기초재료가 원래부터 가지고 있는 불순물은 제외하는 것으로 본다); Burlington Industries, Inc. v. Quigg, 229 USPQ 916, 920(D. D.C. 1986), aff'd, 822 F.2d 1581, 3 USPQ2d 1436(Fed. Cir. 1987)(순수한(Pure)이라는 용어를 사용한 것 자체가 청구항을 불명확하게 하지는 않는다).

171 Lucas Aerospace, Ltd. v. Unison Industries, L.P., 899 F. Supp. 1268, 1273(D. Del. 1995)(청구항에서 상대적 용어를 사용하였다면 이 용어를 반드시 비교할 수 있는 근거가 마련되어야 한다); Charvat v. Commissioner, 503 F.2d 138, 147-151, 182 USPQ 577, 587(D.C. Cir. 1974)(통상의 지식인이 명세서를 자세하게 읽어 보면 이해할 수 있는 상대적 용어는 허용된다); Bausch & Lomb Inc. v. Alcon Laboratories Inc., 79 F. Supp.2d 243, 245-46, 53 USPQ2d 1353, 1355-56(W.D. N.Y. 1999)(모든 발명이 반드시 수량적으로 한정되어야만 하는 것은 아니며 상대적 용어가 비록 수치로 표시되지 못하더라도 그 용어가 적확하지(Precise) 아니한 것은 아니다. 특허대상의 기능을 나타내기 위해서 상대적인 용어로 표현하지 않으면 안 되는 경우도 있고 이러한 경우에는 명세서가 그 정도를 결정하는 기준을 가지고 통상의 지식인이 청구항의 권리범위를 이해할 수 있어야 한다).

172 전단부분은 Georgia-Pacific Corp. v. United States Plywood Corp., 258 F.2d 124, 136, 118 USPQ 122(2d Cir. 1958), cert. denied, 358 U.S. 884(1958), 후단부분은 Kintner v. Atlantic Communication Co., 249 F. Supp. 73, 77(S.D. N.Y. 1917); Aluminum Co. of America v. Reynolds Metals Co., 14 USPQ2d 1170, 1174(N.D. Ill. 1989) 참조.

(2) 개별적 사안에 따라 판단

청구항에서 사용된 용어가 어느 정도 분명하여야만 명확성을 충족시킬 수 있느냐에 대해서는 단 하나의 언어상의 기준이 있다고 보지는 않고 각 개별 사안에 따라 달리 판단하여야 한다고 본다. 그러나 청구항에 사용되는 용어가 분명하여야 할 것을 요구하는 이유는 그 발명이 속하는 기술의 분야에 종사하는 사람들에게 어떤 것이 특허침해행위가 되는 것인지에 대한 공시를 하는 것으로서,[173] 청구항이 명확한지를 판단하는 기준은 통상의 지식인이 명세서에 비추어 청구항을 해석한 뒤 그 권리범위를 이해할 수 있느냐 여부이다.[174] 청구항을 해석하기 위해서 법원은 먼저 내부증거를 사용한다. 그러나 내부증거만으로는 청구항에 사용된 용어의 의미를 명확하게 이해할 수 없는 경우에는 외부증거를 사용한다. 이러한 외부증거에는 실제로 청구항의 용어가 상업적으로 사용되는 의미도 포함한다.[175]

(3) 변수가 무한정 변할 수 있는 한정사

특허권자는 2개의 판자 사이의 갈라진 틈을 해결하는 방법을 고안하였다. 이 방법은 갈라진 표면의 틈을 검사하는 것인데, 그 기본개념은 깊은 홈을 가진 판자를 곧게 펴는 것이다. 합

---

173 불명확하다는 개념에 대하여 Frankfurt 판사의 견해는 Winters v. New York, 333 U.S. 507, 524-525(1948)(반대소수견해). Chisum §8.03 [3]. United Carbon Co. v. Binney Co., 317 U.S. 228(1942)(명확성은 현재 청구항에서 권리범위로 주장하는 것과 과거의 기술을 분명하게 구별하고 미래의 산업으로부터 배제되는 범위를 분명하게 정할 수 있을 때 충족된다. 청구항이 특정되지 못하면 기업은 위험을 무릅쓰고 침해행위를 저지르기보다는 차라리 발명을 포기하려할 것이고 이는 분명하게 청구항의 권리범위를 확정하는 경우에 비하여 발명의욕을 저하시킨다); Evans v. Eaton, 20 U.S.(7 Wheat). 356(1822)(명확성의 요구는 선량한 침해행위자에 대한 공시이다); Hilton Davis Chemical Co. v. Warner-Jenkinson Co., Inc., 62 F.3d 1512, 1582-83, 35 USPQ2d 1641, 1699(Fed. Cir. 1995)(in banc), rev'd & remanded for further proceedings consistent with this opinion, 520 U.S. 17, 41 USPQ2d 1865(1997)(NIES 판사는 소수반대견해에서 청구항은 일반대중이 할 수 없는 것은 물론 할 수 있는 것도 알려 주어야만 한다고 하였다); Union Pacific Resources Co. v. Chesapeake Energy Corp., 53 USPQ2d 1669, 1673, 1674(N.D. Tex. 1999), aff'd, 236 F.3d 684, 692, 57 USPQ2d 1293, 1297(Fed. Cir. 2001)(불분명한 청구항은 이미 잘 알려진 방법을 사용할 수 있는 권리를 빼앗아간다). ; Exxon Research & Engineering Co. v. United States, 46 Fed. Cl. 278, 288, 54 USPQ2d 1519, 1526(U.S. Ct. Fed. Cl. 2000), rev'd, 265 F.3d 1371, 60 USPQ2d 1272(Fed. Cir. 2001)(청구항의 권리범위가 불분명하면 미래의 발명을 방해한다).

174 Union Pacific Resources Co. v. Chesapeake Energy Corp., 236 F.3d 684, 57 USPQ2d 1293(Fed. Cir. 2001); Georgia-Pacific Co. v. United States Plywood Corp., 258 F.2d 124, 136, 118 USPQ 122, 132(2d Cir. 1958), cert. denied, 358 U.S. 884(1958).

175 Exxon Research & Engineering Co. v. United States, 46 Fed. Cl. 278, 283, 299, 284-85, 286, 301, 54 USPQ2d 1519, 1522, 1535, 1523, 1525, 1537-38(U.S. Ct. Fed. Cl. 2000), rev'd, 265 F.3d 1371, 60 USPQ2d 1272(Fed. Cir. 2001). 그러나 청구항의 명확성의 판단은 사실인정의 문제가 아닌 법률의 해석과 적용에 관한 것으로서 침해행위자가 증거조사(Discovery) 과정에서 자신에게 불리하게 용어를 사용한 것이나 준비서면에서 청구항의 용어가 명확한 것이라고 자백한 것은 법원을 기속하지는 않기 때문에 법원은 이와 다른 판단을 할 수도 있다고 본다. 당사자들이 가지고 있는 특허도 그것이 동일한 기술 분야의 것이라면 원고나 침해행위자의 특허를 가리지 않고 청구항의 용어를 해석하는 외부증거로 사용할 수 있다고 본다. 그러나 증거조사 과정에서 피고가 원고의 청구항이 이해할 수 있다고 인정하였다는 점이나 원고 소유의 다른 특허에서 볼 수 있었다는 증거들은 오직 예외적으로만 청구항의 용어의 명백성을 판단하는 자료로 사용될 수 있다.

판의 표면과 내부 속에 있는 습기의 차이에 의하여 만들어지는 압력을 이 홈은 골고루 분포하도록 만들어준다. 이 특허의 청구 제1항은 다음과 같다.

청구 제1항: 합판 표면을 가지고 있는 나무로 된 판으로서, 이 표면의 노출된 부분은 전체 표면에 대하여 다양한 깊이를 가지고 있는 계속되는 홈이 많이 분포되어 있다. 그러나 각각의 홈들은 그 길이를 통하여 동일한 깊이를 가진다. 어떤 홈은 상당한 깊이 골이 만들어져 단단한 성질을 정하는 접촉하는 층을 통하여 통과할 수 있도록 되고 이 홈들은 상당히 길어서 그 합판의 있어서의 나무조직의 매우 긴 것까지 연장되어 있고 일반적으로 그 폭을 가로지르게 되고 충분히 밀착된 공간이 있어서 각 늑골 속으로 분산되거나 늑골의 집단 속으로 분산될 수 있고 통상적으로 가해지는 압력으로서 위축이나 확장과 같은 것으로부터 오는 압력은 분산되고 합판 폭의 상당 부분을 관통하여 만들어지는 압력이 축적되는 것을 방지하고 통상의 나무결 효과를 파괴하게 하는 것이다.

그러나 이 청구항의 용어들은 그다지 불명확하다거나 기능적인 것은 아니라고 보았다. 사실 이 청구항은 객관적인 측정매체를 제공하지는 않는다. 원래 이 발명의 성격과 여러 가지 변수가 이러한 객관적인 측정치를 가지고 말할 수 없도록 한다. 홈의 숫자, 크기, 그리고 모양, 늑골의 크기, 홈의 깊이들은 그 한계 속에서 모두 변할 수 있다. 이러한 변수가 무한정하게 바뀔 수 있다는 것은 이러한 한정사를 말하는 데에 있어서 명확성을 배제한다.

(4) 기능을 가지고 권리범위를 정하려는 시도를 하지 않은 경우

명세서도 모양을 묘사하는 것과 상호 관련되어 있다. 그렇지만 기능을 묘사하는 것은 특허의 기술적 권리범위를 이해하는 데 도움을 주기 위한 것이다. 특허권자는 기능을 가지고 청구항의 권리범위로 하려는 시도를 하지는 않았다. 그의 청구항은 명세서에서 강조된 바와 같이 주름을 잡게 하는 것에 한정되어 있다. 명세서가 가지는 기능적 측량은 발급된 특허권의 권리범위가 가지는 폭을 나타내는 보충적 수단으로 작용한다. 이 발명과 관련된 산업 계통에서는 특허가 가지는 의미를 이해하거나 그 청구항의 일반적 권리범위를 이해하는 데에 있어서 별다른 어려움을 주지는 않는다.[176]

---

176 청구항이 명확하다고 본 판례: Ellipse Corp. v. Ford Motor Co., 452 F.2d 163, 170, 171 USPQ 513, 517(7th Cir. 1971), aff'd, 614 F.2d 775(7th Cir. 1979), cert. denied, 446 U.S. 939(1980)(청구항은 특허권자가 특허대상을 상당한 정도로 분명하고 일관되게 공개하면 되는 것으로서 특허권자는 자신이 바로 용어의 창조자이다); Palmer v. United States, 423 F.2d 316, 319–330, 163 USPQ 250, 253(Ct. Cl. 1970), cert. denied, 400 U.S. 951(1970)(공개된 내용을 전체적으로 읽어 보면 '통상적으로 비어있다(Normally empty)'라는 용어는 그 의미가 명확한 것이다); Jones Knitting Corp. v. Morgan, 361 F.2d 451, 453–454, 149 USPQ 659, 662(3d Cir. 1966)(열을 차단하는 섬유(Heat-insulating)라는 의미는 비록 그 절대적인 개념정의를 할 수는 없다고 하더라도 통상의 지식인으로서는 조밀하게 섬유를 짰다는 의미를 가진 것으로 이해를 할 수 있다); Arnold Pipe Rentals Co. v. Engineering Enterprises, Inc., 350 F.2d 885, 892–893, 146 USPQ 622(5th Cir. 1965)(유전공 입구의 홈이 적어도 상당히 평평하여야 한

청구항이 불명확하다는 이유로 발급된 특허가 무효로 선언된 사안이 있다. 불명확하다고 문제가 된 것은 TV 수상기의 진공관과 같이 용기로부터 공기를 빨아내는 진공펌프에 대한 발명이다. 특허권자는 통상적으로 사용되고 있는 냉각된 흡입을 방지하는 고무링을 설치하여 역으로 공기가 유입되는 것을 방지하는 장치를 했다. 이로써 용기 속으로 다시 공기가 들어가는 것을 방지했지만 공기를 외부로 내보내는 효율은 결코 향상시키지 못했다.

(5) 관련성이 중요한 핵심

위의 청구항은 '공기의 유입을 방지하는 고무링으로서 노즐을 둘러싸고 있는데 이것은 주입구와 매우 밀접한 공간적 관련성(Closely spaced)을 가지고 있다. 이 유입방지용 고무링은 공기의 흐름과 같은 방향으로 위 주입구의 위치를 넘어선 상당히 떨어진 거리까지 연장되어 있다.'라고 되어 있다.[177]

다는 의미는 통상의 지식인이 상당한 저항이 없이 함몰부분의 정도를 알 수 있는 것이다); Georgia Kaolin Co. v. Thiele Kaolin Co., 228 F.2d 267, 272, 108 USPQ 56, 61(5th Cir. 1955)(약(About)이나 충분한(Sufficient) 등은 상업적으로 발명을 실시하는 데 있어서 그 용어의 의미가 모호하다는 이유에서 청구항을 무효로 할 정도로 만들지는 않는다); Musher Foundation v. Alba Trading Co., 150 F.2d 885, 888-889, 66 USPQ 183(2d Cir. 1945), cert. denied, 326 U.S. 770(1945)(Learned Hand 판사는 특허를 존중하는 사람이라면 청구항의 권리범위를 밝혀내는 데 있어서 아무런 어려움이 없다고 하였다); Flexwood Co. v. Faussner & Co., 145 F.2d 528, 535-536, 64 USPQ 261(7th Cir. 1944); Strong-Scott Mfg. Co. v. Weller, 112 F.2d 389, 394, 45 USPQ 675(8th Cir. 1940); H.H. Robertson Co. v. Klauer Mfg. Co., 98 F.2d 150, 153, 38 USPQ 203(8th Cir. 1938)(상당한 공간을 둔다(Leave a substantial space)는 말은 공간이 상대적으로만 결정될 수 있기 때문에 수학적으로 결정되어 개념정의를 하기는 불가능한 경우에 이는 불명확한 것은 아니다); Chicago Pneumatic Tool Co. v. Hughes Tool Co., 97 F.2d 945, 948, 38 USPQ 258(10th Cir. 1938), cert. denied, 305 U.S. 643, reh'g denied, 305 U.S. 673(1938)(어떤 용어는 항상 청구항을 불명확하게 만든다고 보는 일반원칙을 만들 수는 없고 각 사실관계에 비추어 용어의 명확성이 결정되어야 한다); O.K. Jelks & Son v. Tom Huston Peanut Co., 52 F.2d 4, 6, 10 USPQ 121(5th Cir. 1931), cert. denied, 284 U.S. 686(1932)(인간의 손바닥보다는 길어서 주먹을 쥐면 상당히 튀어나올 수 있는 크기의 땅콩용 종이봉지는 인간의 손의 평균 길이를 알 수 있기 때문에 수치를 제시하지 아니하였어도 명확한 청구항이다); General Elec. Co. v. Nitro Tungsten Lamp Co., 266 F. 994, 1000(2d Cir. 1920)('전구가 수은 50밀리미터를 상당히 초과한 건성 질소를 충전하고 있고', '텅스텐이 효과적 크기의 직경을 가지고 있다'는 청구항은 명확하다. 이는 우선 정확한 수치를 대기가 어려운데, 상업적 램프는 와트 수를 줄이고 각 와트 수당 전구의 크기가 달라지는데, 이는 전기기술자들에게는 익숙한 일이다. 발명의 수치상의 한계를 그 결과에 비추어서 기술할 필요는 없는데 이는 발명자가 의도하는 결과는 기능적이 아니기 때문이다); Kelley Mfg. Co. v. Lilliston Corp., 200 USPQ 670, 678(E.D. N.C. 1978), aff'd, 636 F.2d 919, 213 USPQ 29(4th Cir. 1980)(농부 자신이 반드시 실험을 한 뒤 특정한 조건에 부합하도록 조정을 하여야 한다고 하여도 이는 특허를 무효로 만들지는 않는다).

또한 청구항이 불명확한지 여부를 판단하는 자료에 대해서는 Texas Instruments Inc. v. U.S. Int'l Trade Comm'n, 871 F.2d 1054, 1063, 10 USPQ2d 1257, 1263-64(Fed. Cir. 1989)(명세서는 물론 특히 청구항의 권리범위에 다툼이 있는 경우에는 특허심사과정의 전 취지를 보아야 한다); Diversitech Corp. v. Century Steps, Inc., 850 F.2d 675, 680, 7 USPQ2d 1315, 1319(Fed. Cir. 1988)(동등론을 주장하면서 청구항의 권리범위를 확장하여 주장하더라도 그 청구항이 불명확하다고 볼 수는 없다) 참조. 더 나아가 기능적 청구항이라도 명확하다고 본 사례는 Moore U.S.A., Inc. v. Standard Register Co., 229 F.3d 1091, 1111, 56 USPQ2d 1225, 1239(Fed. Cir. 2000), cert. denied, 121 S. Ct. 1734(2001)(접착제는 프린터의 롤러를 방해하지 아니하도록 상당한 거리(A distance sufficien)에 두어야 한다는 청구항은 기능적이긴 하지만 명확한 것이다) 참조.

177 Norton Co. v. Bendix Corp., 449 F.2d 553, 557, 171 USPQ 449, 451-52(2d Cir. 1971).

항소법원은 이 청구항이 매우 불명확하다고 판시했다. 그중에서 문제가 된 것은 '밀접한 공간적 관련성(Closed spaced)을 가지고 있다.'를 해석하는 문제로서, 한 증인이 6인치 펌프가 가지는 최적의 공간은 8분의 1인치에서 4분의 1인치 사이가 되면 이는 밀접한 관련성을 가질 수 있다고 진술하였다. 그는 "만약 4분의 1인치 보다 더 크게 만든다면 그것은 잘 작동되지 않을 것이고 2분의 1인치가 거의 상업적 경계선상에 있다."고 증언하였다. 증인이 보다 명확하게 증언을 할 것을 요청받자 증인이 "나는 밀접하다는 것이 실제로 무엇을 의미하는지 모른다."고 증언하였다.

발명자 자신은 또한 공기의 흐름을 방지하는 유입방지용 고무링은 매우 설계가 잘된 주입구 디자인과 공간적으로 밀접하게 배치되는 것이고 그러한 디자인에서 밀접하게 공간적으로 배치되지 않는다면 무한정한 관련성으로 인하여 혼란스럽게 될 수도 있다고 증언하였다.

'노즐의 입구로부터 상당한 멀다.'는 청구항의 용어도 한 전문가가 증언하기를 4분의 3인치 정도로 연장할 수 있으나 8분의 1인치는 충분하지 않다고 보았다. 그렇지만 발명자는 "실제로 노즐로부터 어떠한 거리에 있다고 할지라도 청구항의 용어 내에 있다."고 증언하였다.

법원은 원고가 선행기술과 자신의 발명을 구별하기 위하여 용어의 구사에 있어서 많은 노력을 하였지만 청구항을 명확하게 하는 데는 실패하였다고 판결하였다.[178]

---

178 청구항이 불명확하다고 본 사례: Antonious v. Pro-Group, Inc., 699 F.2d 337, 217 USPQ 875(6th Cir. 1983); Rockwell v. Midland-Ross Corp., 438 F.2d 645, 653, 169 USPQ 5, 12(7th Cir. 1971)(특히 이미 알려진 구성요소를 포함하는 청구항은 명확하여야 할 요건이 요구된다); Helene Curtis Indus., Inc. v. Sales Affiliates, Inc., 233 F.2d 148, 160, 109 USPQ 159, 168(2d Cir. 1956), cert. denied, 352 U.S. 879, reh'g denied, 352 U.S. 945(1956)(약 6%(About 6%)라는 용어는 이러한 범위를 개념규정하는 것도 없고 왜 하필이면 6%여야 하는가에 대한 아무런 이유가 없는 한 이는 불명확한 것이다); Todd v. Sears, Roebuck and Co., 216 F.2d 594, 596, 103 USPQ 285, 286(4th Cir. 1954)(트랙터의 히치의 위치가 전방과 축의 거리의 거의 2분의1정도 된다(Substantially one-half of the distance)는 용어를 사용한 청구항은 불명확한 것이다. 침해행위자는 59% 정도에 위치하고 있었다); Barkeij v. Lockheed Aircraft Corp., 210 F.2d 1, 2, 100 USPQ 294, 296(9th Cir. 1954), cert. denied, 348 U.S. 847, reh'g denied, 348 U.S. 884(1954)('비교적 적은(Relatively small volume)'과 실질적으로 대각선으로 정반대의(Substantially diametrically opposite)라는 용어는 매우 작은 차이점이라도 내연기관의 작동에 있어서 커다란 차이를 낳는다는 전문가의 증언에 비추어 청구항을 불명확하게 한다); General Motors Corp. v. Estate Stove Co., 201 F.2d 645, 656, 96 USPQ 62, 70(6th Cir. 1953), reh'g denied, 203 F.2d 912(6th Cir. 1953), cert. denied, 346 U.S. 822(1953)(오븐에 대한 청구항 중에서 상부의 굽는 구성요소(Top baking element)는 하부의 굽는 구성요소보다 매우 적다는 것(Of considerably less)은 양 구성요소 사이의 열 비율의 차이에 대한 아무런 증거가 없기 때문에 불명확한 청구항이다); Standard Oil Co. v. Tide Water Associated Oil Co., 154 F.2d 579, 580-586, 69 USPQ 41, 47(3d Cir. 1946)(오일로부터 황을 제거하는 방법에 대한 청구항에서 단지 냉동상태에서 일정한 행동을 할 수 있는 특성을 가진 양의 산이라고만 한 경우에 이는 단지 효과만을 기재한 것으로서 정확한 온도의 제한이나 기타의 아무런 한정을 하지 아니하여 불명확하다); Interlake, Inc. v. Weld-Loc Sys., 213 USPQ 154, 162(N.D. Ohio 1981)(표면부분(Surface portion)과 내부부분(Interior portion)은 상대적인 두께에 대하여 여러 가지의 의미를 포함할 수 있기 때문에 이는 불명확하다); Reed Tool Co. v. Dresser Indus., Inc., 499 F. Supp. 935, 947-48, 209 USPQ 654(S.D. Tex 1980), aff'd, 672 F.2d 523, 214 USPQ 501(5th Cir. 1982); Scheller-Globe Corp. v. Milsco Mfg. Co., 206 USPQ 42, 53, 63(E.D. Wis. 1979), vacated, 636 F.2d 177, 208 USPQ 553(7th Cir 1980)(탄력적이고 유연하며 비교적 불투수적이고 마모와 찌그러짐에 강한 폴리우레탄 중합체라는 청구항의 설명은 이러한 특성을 가진 물질과 그렇지 아니한 물질 사이를 구별할 수 있는 아무런 기준이 없기 때문에 불명확하다); Ballas Liquidating Co. v. Al-

이러한 선례를 보더라도 '충분하게 명확하다는 것'에 대하여 선을 긋는다는 것은 어렵다. 심지어는 동일한 법원에서 서로 다른 결과에 도달하는 수도 있다. Geroge Pacific에서는 청구항이 사용한 용어가 특허대상이 허용하는 한도에서 분명한 것이지만 Norton에서는 결코 분명하지 않은 것이었다.[179]

(6) 일정한 특성을 가진 물질

연방 항소법원은 문제가 된 다음의 청구항이 특허를 무효로 할 정도로 불명확한 것은 아니라고 보았다. 청구항을 해석하는 데 있어서 이 청구항은 합성수지를 입힌 종이로써 합성주물을 만드는데 사용되는 것을 말하는데, 이 종이는 일정한 합성물로 만들어진 윤활유를 포함하거나 미리 윤활유로 처리되어야 한다.

1심법원은 청구항이 '윤활유가 합성수지를 입힌 종이의 표면을 미끄럽게 만들어서 사용할 것'을 요구하고 있었기 때문에 이는 선행기술과 같은 합성물이지만 선행기술은 이를 윤활유로서는 사용하지 않았다는 점을 보여 주었다. 그러나 특허침해행위자는 얼마나 종이가 '미끄러워야(Slippery)' 하느냐를 알 수 없기 때문에 이는 불명확한 청구항이라고 주장하였다.

그러나 항소법원은 이 주장을 받아들이지 않았다. 왜냐하면 청구항은 윤활유(Lubricant)라

lied Indus. of Kansas, Inc., 205 USPQ 331, 349-50(D. Kan. 1979)(잔디를 절단할 때와 통상적으로 사용할 때의 회전부분의 정확한 속도에 대한 범위가 정해져 있지 않기 때문에, 통상의 지식인에게 특허침해에 대한 충분한 정보를 전달할 수 없기 때문에 불명확하다); Burlington Industries v. Milliken & Co., 690 F.2d 380, 217 USPQ 662(4th Cir. 1982), cert. denied, 461 U.S. 914(1983)(기계적 면적의 축소(Mechanical spatial shrinkage)라는 의미를 결정하거나 측정하는 방법에 대한 아무런 정보가 없고 침해행위가 성립하는지 여부를 판단하기 위해서는 여러 가지 실험을 하지 않으면 안되는 것이라면 이는 마치 프러시안 룰렛과도 같아서 불명확하다); Long Mfg. Co. v. Lilliston Implement Co., 328 F. Supp. 268, 276, 171 USPQ 228(E.D. N.C. 1971), aff'd, 457 F.2d 1317, 173 USPQ 321(4th Cir. 1972), cert. denied, 409 U.S. 874(1972)(땅콩 콤바인이 비교적 큰(Relatively large) 타작용 실린더와 비교적 낮은(Relatively low) 전체 높이를 가지고 있다는 것은 크다는 것과 낮다는 것에 대한 아무런 근거가 없기 때문에 불명확하다); B.F. Goodrich Co. v. United States Rubber Co., 147 F. Supp. 40, 75-77, 111 USPQ 397, 400, 424(D. Md. 1956), aff'd, 244 F.2d 468, 113 USPQ 393(4th Cir. 1957)(거의 불투수성의 부틸고무로서 비교적 엷은 내면을 가진(A relatively thin lining of substantially impervious butyl type rubber) 타이어라는 것은 무엇에 대하여 비교적인지 얼마나 불투수적인지에 대한 아무런 정보를 제공하지 못하고 있는 한 불명확하다); Fischer & Porter Co. v. Brooks Rotameter Co., 107 F. Supp. 1010, 1015, 95 USPQ 37(E.D. Pa. 1952), aff'd, 211 F.2d 400, 101 USPQ 97(3d Cir. 1954), cert. denied, 348 U.S. 871(1954)(여러 개의 측면(Plurality of ribs)을 가진 관으로서 비교적 적은 주변(Relatively small circumferential dimension)이라는 용어를 사용한 청구항은 너무 불명확하다); Steel Wheel Corp. v. B.F. Goodrich Rubber Co., 27 F.2d 427, 432-433(E.D. Mich. 1928), aff'd, 42 F.2d 406(6th Cir. 1930)(타이어에 대한 청구항에서 단면적의 실질적인 증가에 의하여 동일한 하중에 대하여 실제 표준으로부터 변형되고 벽의 두께의 단면적의 직경에 대한 비율의 실질적인 감소(Modified from standard practice for the same load by a substantial increase in cross-sectional area and a substantial decrease in ratio of wall thickness to cross-sectional diamete)라는 청구항은 타이어의 폭이나 공기압력에 대한 실제 표준 자체가 없는 경우에는 불명확하다); Kintner v. Atlantic Communication Co., 249 F. Supp. 73, 77(S.D. N.Y. 1917)(송전과 관련된 청구항에서 파장을 만들어 내기 위하여 상호 연결되고 비교적 조정된(Being co-ordinated and relatively adjusted to generatewaves)이라는 용어들은 너무 포괄적인 것이어서 불명확하다).

179 Chisum §8.03 [3][a][i].

는 용어만을 사용하였고 이 '미끄럽다'는 용어는 청구항에 사용되지도 않았기 때문이다. 이 용어는 단지 윤활유라는 용어가 무엇인지를 개념정의하고 이를 설명하기 위하여 사용된 것이다. 원래 이 윤활유는 성형이 계속되는 동안 합성수지나 테이프가 인간의 손에 묻어나지 않도록 하기 위해서 필요했던 것인데, 그 필요한 양은 이미 명세서에서 기재되어 있다.[180]

(7) 시점 불특정

문제가 된 청구항은 콘크리트가 '완전히 굳어지기 이전'에 모양을 변화시키지 않으면서 톱으로 절단하는 방법에 관한 것인데, 특허침해행위자는 이 청구항은 콘크리트를 자르는 시점을 특정하지 못함으로써 그 시기를 확정할 수 없고, 콘크리트가 충분히 굳어지지 않아서 기존에 사용되던 톱을 가지고서는 절단한 모양이 만족할 만하지 못하기 때문에 불명확한 것이라고 주장하였다. 그러나 이 청구항은 콘크리트가 굳어진 정도에 대하여 질적이거나 양적인 적절한 기준을 마련하고 있기 때문에 청구항이 불명확한 것은 아니라고 판시되었다.[181]

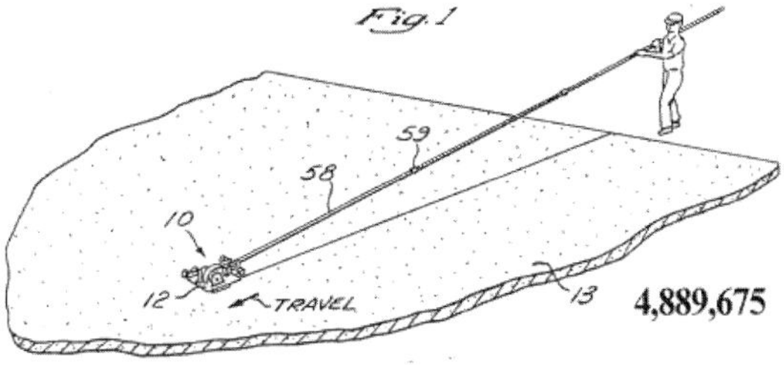

4,889,675

(8) 명세서가 개념정의한 것

무효라고 주장된 특허의 청구항은 '디지털 추적자(Digital detector)'에 관한 것인데, 특허침해행위자는 이 '디지털 추적자'를 그 권리범위로 주장하고 있는 청구항이 불명확한 것이라고 주장하였다. 이 주장을 뒷받침하는 전문가 증인에 의하면 '디지털 추적자'는 그 기술 분야의 통상의 지식인에게는 잘 이해되지 않는다고 증언하였기 때문이다. 그러나 법원은 이 주장을 받아들이지 않았다. 왜냐하면 명세서는 '디지털 추적자'라는 개념에 대한 충분한 개념정의를 하고 있었기 때문이다.[182]

---

180 Minnesota Mining & Manufacturing Co. v. Johnson & Johnson Orthopaedics, Inc., 976 F.2d 1559, 24 USPQ2d 1321(Fed. Cir. 1992); Arcade Inc. v. Minnesota Mining & Manufacturing Co., 24 USPQ2d 1578(E.D. Tenn. 1991), aff'd, 1 F.3d 1253(Fed. Cir. 1993)(특허권자가 코팅된 종이가 광택이 나는(Glossy) 종이라고 한 경우에 특허의 어느 부분에도 광택으로 코팅된 종이나 심지어는 닦인 종이라는 기재가 없다면 이 특허는 무효이다) 참조.

181 Chiuminatta Concrete Concepts, Inc. v. Cardinal Industries, Inc., 145 F.3d 1303, 46 USPQ2d 1752(Fed. Cir. 1998).

182 Personalized Media Communications, LLC v. U.S. Int'l Trade Comm'n, 161 F.3d 696, 48 USPQ2d 1880(Fed. Cir).

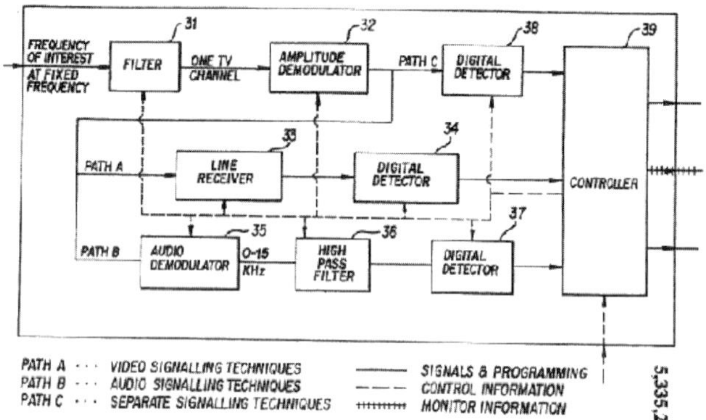

FIG. 2A

(9) 명세서의 불충분한 개념정의

청구항에 사용된 용어가 원래 기술적이거나 과학적인 용어가 아닌 경우에 그 사전적 의미만을 가지고 명확성을 판단할 수는 없다. 이를 위해서는 그 용어의 의미가 명세서에서 공개된 내용에 비추어 보아 그 발명이 속하는 기술 분야의 통상의 지식인들에게 동일한 의미를 가지는지 아니면 서로 다른 의미를 가질 수 있는지를 살펴보아야 한다. 만약 명세서가 사용된 용어의 의미를 확정하는 데 있어서 분명한 개념정의를 하도록 충분한 설명을 하지 못한다면 이러한 용어를 사용한 청구항은 명확하지 못한 것이다.

5,311,951

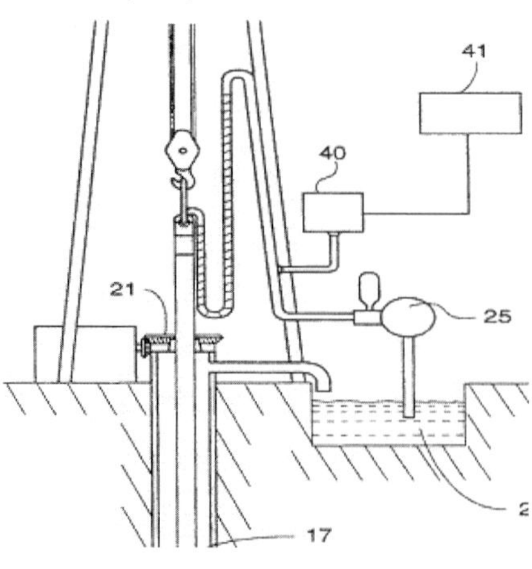

그 실례로서 '비교한다'는 용어에 대하여 명세서에는 이를 설명하는 아무런 부분이 없고 단지 이를 암시하는 기재만 있는 경우에는 이러한 청구항에 대한 특허는 발명을 특정할 수 없다. 위 청구항은 유전공을 굴착하는 드릴 주위의 지층에 대한 정보를 측정하여 보조유전공과의 상호 관련성을 가지고 지질학적 층에 대한 수평적인 위치를 확보하는 방법으로서, 두 개의 유전공 사이의 상대적 위치로 각 드릴의 위치에 대한 정보를 재측정하고 이를 비교하여 유전공과 보조유전공 사이의 상호 관련성을 확보하는 방법이다.[183]

---

[183] Union Pacific Resources Co. v. Chesapeake Energy Corp., 236 F.3d 684, 692, 57 USPQ2d 1293, 1297(Fed. Cir. 2001). 상호 관련성(Correlation)은 추정되는 지층의 각도에 의하여 조심스럽게 TVD Log를 넓게 펴고 짜는 방법을

청구항은 '지층에 대한 유전공의 상대적 위치를 결정하는 방법으로서, 특성화된 정보를 비교하는(Comparing) 단계'를 구성요소의 하나로 포함하고 있다. 그러나 '비교한다(Comparing)'는 용어의 명확한 의미는 명세서에 설명되어 있지 않았다. 그 대신 특허가 암시하기를 '비교한다'는 의미는 TSD를 상호 관련성을 가지고 복잡한 방법과 과정을 거쳐서 상대적 위치를 결정하는 것을 말하는 것으로 보인다.

원래 '비교한다'는 말은 기술적 용어라고는 할 수 없고 그 사전적 의미는 '유사점이나 차이점을 알아내기 위하여 검사한다'는 것에 불과하다. 결국 명세서는 두 가지의 특정한 정보의 유사점이나 차이점을 알아내기 위하여 검사를 한다는 점을 설명하여 주어야 하는데, 이에 대해서는 아무런 개념정의를 하지 못하고 있다. 따라서 이 '비교한다'는 그 발명이 속하는 기술 분야의 통상의 지식인들에게 서로 다른 의미를 가질 수 있어 결국 청구항의 용어가 분명하게 개념정의되지 못하여 불명확한 청구항으로 볼 수 있다.

다. 불명확하지 않은 용어들

청구항의 용어가 명확하게 개념정의된 사례를 보면 다음과 같다.

- 유기산과 비유기산(Organic and inorganic acids)과 수용성(Hydrolized carbonhydrate)[184]
- 효과적인 양의 살균제(Effective amount of a germicide)[185]
- 유동화된 촉매(Fluidized catalyst)[186]
- 합성물의 효과성을 실질적으로 증가시키는 것(Substantially increase the efficiency of compound)[187]
- 100%를 넘는 합성물의 양(Percentage amounts of components exceeding 100%)[188]

말한다. 이것은 이 Log가 보조 Log의 위치와 일치될 때까지 이루어져야만 한다. 따라서 이 비교 단계는 아마도 복잡한 '상호 관련성의 단계'을 말하는 듯하지만 이를 가지고 명세서에서 설명되었다고(Explained) 볼 수는 없고 이는 명세서에 암시된(Suggested) 것에 불과하다. 결국 명세서는 '비교'라는 용어를 '지층의 각도를 선택하여 조심스럽게 Log를 널리 펴고 짜는 방법'으로 공개하지는 않았다. 따라서 이 특허는 '비교한다'라는 용어를 가지고 그 사전적 의미인 '두 가지의 특정한 정보를 검사한다'는 의미를 가지는 것으로 개념정의하지 못하였고 이로써 통상의 지식인으로서는 이 용어의 의미를 두 가지로 해석할 여지가 많기 때문에 1심법원이 청구 제1항과 청구 제6항의 '비교' 단계가 불명확하여 발명을 특정하지 못한 것이라고 본 판시는 옳다.

184 In re Skoll, 523 F.2d 1392, 1395-1396, 187 USPQ 481, 483(CCPA 1975).

185 In re Watson, 517 F.2d 465, 476-477, 186 USPQ 11, 20(CCPA 1975)(살균제(Germicide)라는 용어는 바로 이 발명이 목적으로 하는 살균효과를 말하는 것이다).

186 In re Mercier, 515 F.2d 1161, 1168, 185 USPQ 774, 780(CCPA 1975)(아세탈과 반아세탈을 분해한다고 하는 촉매 작용이 이 청구항의 권리범위에 있는지 여부가 확실하다면 이 용어는 불명확한 것은 아니다).

187 In re Mattison, 509 F.2d 563, 565, 184 USPQ 484, 486(CCPA 1975)(문제가 되는 실질적인 증가가 청구항이 명확한가 여부를 판단하는 데 있어서 별로 중요한 요인이 되지 못한다).

188 In re Kroekel, 504 F.2d 1143, 1146, 183 USPQ 610, 612-13(CCPA 1974)(불명확하다는 이유가 단지 청구항에서 실제로 주장된 합성물이 이론상으로는 가능하지만 실제로 이 합성물의 공식을 밝히기가 불가능하다는 이유만으로

- 선택적인 변경을 일으킬 수 있을 정도로 충분한 것(Sufficient to be capable of causing selective modification)[189]

더 나아가 청구항의 용어가 불명확하지 않다고 본 사례는 많이 있다.[190] 또한 '선택이 아주 잘된 것이라고 볼 수는 없는(Somewhat thick)' 용어나 '타의 모범이 될 정도로 분명한 것(A model of clarity)' 또는 '다소 모호한 용어(Written in vague terms)'나 심지어는 '명세서의 용어와 반드시 일치하지는 않는(Not match)' 용어도 불명확한 것은 아니라고 본 사례가 있다.[191] 그 이외에도 개념정의가 불명확하지 않다고 인정된 용어 중에는 '복합산화물(Complex oxide)', '구성물질(Member)', '친화성(Antibody affinity)이 있는 항체', '높은 발생 빈도(Higher level events)', '말단

는 불명확하다고 볼 수 없고, 화학물질에 대한 특허의 청구항이 여러 구성물질이 다양한 비율로 배합되어 그 배합 비율의 일정한 범위에 대한 것인 경우에 특허출원인이 반드시 그러한 범위를 선택하지 아니하였다면 진보성을 입증할 수 없는 경우를 제외하고는 왜 이렇게 특정한 범위를 선택하였는지를 밝힐 필요는 없다).

189 In re Spiller, 500 F.2d 1170, 1180-1181, 182 USPQ 614, 622(CCPA 1974)(선택적이라는 용어를 사용하였어도 청구항은 명확하다).

190 Harmonic Design Inc. v. Hunter Douglas Inc., 88 F. Supp.2d 1102, 1107, 54 USPQ2d 1273, 1277(C.D. Calif. 2000)(청구항의 용어가 청구항 내에는 선행근거(Antecedent basis)가 없다고 하더라도 명세서에 비추어서 해석하면 그 의미가 명확해질 수도 있다); BOC Health Care, Inc. v. Nellcor Inc., 892 F. Supp. 598, 614-15(D. Del. 1995), aff'd, 98 F.3d 1357(Fed. Cir. 1996)(unpublished)(투조(Transillumination)라는 용어는 불명확하지는 않다); Exxon Research & Engineering Co. v. United States, 46 Fed. Cl. 278, 291-92, 295-96, 299, 302, 54 USPQ2d 1519, 1529, 1532, 1535, 1538(U.S. Ct. Fed. Cl. 2000), rev'd, 265 F.3d 1371, 60 USPQ2d 1272(Fed. Cir. 2001)(천연가스를 고급연료로 바꾸는 방법특허에 관한 청구항의 용어 중에서 직경(Diameter)이라는 용어는 불명확하지는 않다. 명세서는 가끔 효과적인 직경(Effective diameter)라는 용어를 사용하지만 이는 직경(Diameter)과는 다른 의미를 가지기 때문에 불명확한 것이라고 볼 수는 없고 가스의 평균속도(Average gas velocity)는 틈새속도(Interstitial velocity)와 표면속도(Superficial velocity)의 두 가지가 있으나 통상의 지식인은 이를 표면속도라고 보는 데 아무런 이론이 없으며, 평균속도를 측정하는 세 가지 방법이 있으나 외부증거로서 상업적 실시례에 의하면 특허권자가 기술한 대로 속도를 측정하고 있으므로 불명확한 것이 아니다).

191 Haworth Inc. v. Steelcase Inc., 685 F. Supp. 1422, 1438, 8 USPQ2d 1001, 1013(W.D. Mich. 1988), rev'd in part, aff'd in part & remanded, 867 F.2d 615, 10 USPQ2d 1251(Fed. Cir. 1989)(unpublished), cert. denied, 490 U.S. 1067(1989)(청구항의 용어가 보다 정련된 용어를 사용할 수 있음에도 예리하지는 않은 단어를 사용하였다고 하여도 통상의 지식인이 이해할 수 있으면 명확성의 요건을 충족시킨다); Undersea Industries Inc. v. Dacor Corp., 2 USPQ2d 1706, 1710(N.D. Ill. 1987), aff'd, 833 F.2d 1551, 4 USPQ2d 1772(Fed. Cir. 1987)(청구항의 용어가 분명하다고 타의 모범이 될 정도가 아니라도 상관이 없다); Revlon, Inc. v. Carson Products Co., 602 F. Supp. 1071, 1098, 226 USPQ 51(S.D. N.Y. 1985), aff'd, 803 F.2d 676, 231 USPQ 472(Fed. Cir. 1986), cert. denied, 479 U.S. 1018(1986)(다소 모호한 용어가 사용되었어도 명세서에 시간, 온도, pH, 그리고 화학적 농도가 구체적으로 특정되어 있으면 족하다); SDS USA, Inc. v. Ken Specialties, Inc., 107 F. Supp.2d 574, 579-80(D.N.J. 2000)(청구항의 용어와 명세서의 용어가 문자적으로 동일할 필요는 없다. 청구항의 권리범위로 주장되는 것이 분명하고 적절하게 기재되었는가, 청구항의 용어와 명세서의 용어는 일관되게 사용되었는가, 용어가 분명한가 하는 점이 결정되어야 한다); Aqua-Aerobic Systems Inc. v. Richards of Rockford Inc., 1 USPQ2d 1945, 1954(N.D. Ill.1986), aff'd in part and vacated in part, 835 F.2d 871, 1987 WL 4672(Fed. Cir. 1987)(청구항을 기안하는 데 실수를 하였으나 특허를 전체적으로 읽어 보면 용어의 의미가 분명하면 된다); Pennwalt Corp. v. Durand-Wayland, Inc., 225 USPQ 558, 565(N.D. Ga. 1984), aff'd, 833 F.2d 931, 4 USPQ2d 1737(Fed. Cir. 1987), cert. denied, 485 U.S. 961 and, cert. denied, 485 U.S. 1009(1988)(위 SDS USA, Inc.와 동일한 내용); Engelhard Minerals & Chem. Corp. v. Anglo-American Clays Corp., 586 F. Supp. 435, 223 USPQ 755(M.D. Ga. 1984); Medtronic, Inc. v. Daig Corp., 221 USPQ 595(D. Minn. 1983)(전체 명세서의 공개내용에 비추어 용어의 의미가 분명한 경우에는 반드시 명세서에 동일한 용어가 사용될 필요는 없다).

부분(Distal section)' 등이 있다.[192]

라. 불명확한 용어

그러나 청구항의 용어가 불명확하다고 본 사례도 많이 있다.[193] '부분적으로 용해가 가능한(Partially soluble)', '제거될 수 있도록 연결된(Removably connected)', '개량된 다루는 성질(Improved hadling and playing characteristics)' 그리고 '적극적으로 따라오는(Readily follow)' 등의 청구항의 용어는 불명확한 것으로서, 발명을 특정하지 못한다.[194] 다음과 같은 용어들도 불명확한

192 Oxy Metal Indus. Corp. v. Roper Corp., 579 F. Supp. 664, 675, 222 USPQ 33, 42(D. Md. 1984)(비록 정확한 산화물의 형태나 공식은 아직은 정확하게 알려지거나 반드시 존재한다고 할 수는 없지만 이러한 코팅은 하나 이상의 산화물로 만들어진다는 사실이 입증되었다면 복합산화물(Complex oxide)이라는 용어를 불명확하다고 볼 수는 없다); Aqua-Aerobic Systems Inc. v. Richards of Rockford Inc., 1 USPQ2d 1945, 1954(N.D. Ill. 1986), aff'd in part, vacated in part, 835 F.2d 871(Fed. Cir. 1987)(unpublished)(특허를 잘 읽어 보면 청구항을 잘 기안하였더라면 구성물(Member)이라는 용어는 주물(Casting)을 나타낸다는 것을 알 수 있었다); Hybritech, Inc. v. Abbott Laboratories, 4 USPQ2d 1001, 1011(C.D. Calif. 1987), aff'd, 849 F.2d 1446, 7 USPQ2d 1191(Fed. Cir. 1988)(비록 청구항에서는 밝히지 않았지만 이 분야의 통상의 지식인은 항체가 가지는 최소한의 친화성(Minimum affinity of antibodies)은 바로 기능적 친화성(Functional affinity)으로 이해된다는 점이 입증된다); Articulate Systems, Inc. v. Apple Computer, Inc., 66 F. Supp.2d 105, 106-110(D. Mass. 1999)(음성인식 시스템에 관한 청구항에서 사용한 높은 발생빈도(Higher level events)는 불명확한 용어가 아니다); Advanced Cardiovascular Systems, Inc. v. Scimed Life Systems, 96 F. Supp.2d 1006, 1019(N.D. Calif. 2000)(말단부분(Distal section)이라는 용어는 특허대상이 허용하는 한 정확하게 통상의 지식인이 이해할 수 있도록 명세서에 기술되어 있다).

193 Cedarapids, Inc. v. Nordberg, Inc., 895 F. Supp. 1230, 1253(N.D. Iowa 1995), aff'd in part, rev'd in part, 121 F.3d 727(Fed. Cir. 1997)(unpublished)(변수의 필연적 증가도에 대한 아무런 지침이 없는 경우는 불명확한 청구항이다); Mathis v. Hydro Air Industries Inc., 1 USPQ2d 1513, 1517(C.D. Calif. 1986), aff'd, on merits, 818 F.2d 874(Fed. Cir. 1987)(unpublished), aff'd on attorney fee award, 857 F.2d 749, 8 USPQ2d 1551(Fed. Cir. 1988)(모호하고 부정확한 용어를 가진 청구항은 후일 특허가 발급되고 난 이후에 특허라는 독점권을 가진 특허권자에게만 최대한의 이익을 부여하는 방향으로만 청구항을 해석할 수 있는 여지를 준다); Raster Ops, v. Radius, Inc., 861 F. Supp. 1479, 1490(N.D. Calif. 1994)(청구항의 중요한 구성요소가 모호하다는 이유로 본안전사용금지처분을 기각한 사례).

또한 위 Exxon Research & Engineering Co.에서 촉매의 활동을 증가시키기에 충분한 시간(For a period sufficient to increase the activity of the catalyst)이라는 용어는 그 시간을 측정하는 아무런 방법을 제시하지 못하고 있으며 '촉매의 생산성을 실질적으로 향상시키기 위하여(To increase substantially the catalyst productivity)'라는 용어도 통상의 지식인으로 하여금 촉매의 생산성의 향상을 측정하는 방법을 이해하도록 하는 아무런 정보를 제공하지 않기 때문에 이 용어들은 모두 불명확한 것으로 보았다.

194 Standard Oil Co. v. American Cyanamid Co., 585 F. Supp. 1481, 1491, 224 USPQ 210, 217(E.D. La. 1984), aff'd and remanded, 774 F.2d 448, 227 USPQ 293(Fed. Cir. 1985)('부분적으로 용해되는(Partially soluble)'이라는 용어는 통상의 지식인에게 적절한 시간을 확정할 수 있는 기준을 제시하지 못한다. 만약 명세서에서 용해도를 측정하는 요인에 대한 일말의 언급만 있었어도 그렇게 불명확한 개념은 아닐 수도 있었다). In re Burke, Inc., Personal Mobility Vehicle Patent Litigation, 786 F. Supp. 1537, 1542-43, 22 USPQ2d 1368, 1373(C.D. Calif. 1992), rev'd, 991 F.2d 812,29 USPQ2d 1393(Fed. Cir. 1993)(unpublished)('제거될 수 있도록 연결된(Removably connected)'이라는 용어는 명세서에 아무런 언급이 없고 통상의 지식인에게 '연장을 사용하지 않고도 제거할 수 있는'이라는 의미를 전달하고 있다고는 볼 수 없다).

STX Inc. v. Brine Inc., 37 F. Supp. 2d 740, 754-56, 50 USPQ2d 1236, 1246-47(D. Md. 1999), aff'd, 211 F.3d 588, 54 USPQ2d 1347(Fed. Cir. 2000)(청구항의 전제부(Preamble)로서 '잡거나 경기하기에 좋은, 성질을 개량한 하키스틱의 손잡이로써 다음과 같은 구성요소를 포함한다.'에 대한 판시취지는 다음과 같다. ① 만약 이 전제부를 한정사로 볼 수 없다면 아무런 문제는 없지만 한정사로 본다면 이는 불명확한 용어이다. 왜냐하면 이는 개량된 기

것들이다.

- 이질적인 순환그룹(Heterocyclic group)[195]
- 점들과 연관된 형태(Configurations associated with points)[196]
- 효과적인 양(Effective amount)[197]
- 상표(Trademark)[198]
- 또는 이와 유사한 장치(Or similar apparatus)[199]
- 그리고 등등(And the like)[200]
- ZSM-5 유형의 Zolites[201]
- 미네랄 탄소(Mineral carbon)[202]

마. 공개내용에 의하여 뒷받침

특허출원인은 특허심사가 계속되는 동안에는 청구항의 용어를 추가하거나 변경함으로써 이를 보정할 수 있다. 그러나 이렇게 보정된 청구항은 반드시 최초의 특허출원서에 기재된 공

능에 대하여 주관적인 기준을 제시하기 때문이다. ② 청구항의 용어가 불명확한지를 판단하는 증거로서는 오직 명세서만이 해당되고 심사과정의 전 취지는 고려될 수 없다. 왜냐하면 명확성의 판단은 명세서를 사용하여 청구항의 권리범위를 판단하는 것이기 때문이고 만약 불명확한 용어가 특허심사과정에 제출된 진술서에 의하여 명확한 것으로 부활된다면 이는 특허법상 청구항의 명확성을 요구하는 조문에 명백히 위반되는 것이다. ③ 신규성, 진보성, 그리고 침해행위를 판단하기 위한 청구항의 해석문제와 청구항의 명확성을 판단하기 위한 것과는 구별된다. ④ 두 명의 공동발명자가 진술서에서 완전히 서로 상치되는 개념정의를 한 것은 불명확하다는 유력한 증거가 된다.

Mossman v. Broderbund Software Inc., 51 USPQ2d 1752, 1758(E.D. Mich. 1999)(적극적으로 따라온다(Readily follow), 즉 시청각 자료들을 가지고 학생들에게 읽기를 가르치는 방법으로서 이 방법을 사용하면 학생들이 적극적으로 따라오게 된다는 용어는 불명확하다).

195 In re Wiggins, 488 F.2d 538, 541-542, 179 USPQ 421(CCPA 1973)(이 용어는 여러 가지의 해석이 가능하다).

196 In re Hammack, 427 F.2d 1378, 1382-1383, 166 USPQ 204, 208(CCPA 1970)(특허출원서가 형태가 어떻게 점과 연관이 있는지를 알려주지 않았다).

197 In re Frederiksen,213 F.2d 547, 547, 102 USPQ 35, 35(CCPA 1954)(효과적이라고 알려진 기능을 기술하는 데 실패하였다). 그러나 Ex parte Skuballa, 12 USPQ2d 1570, 1571(Bd. Pat. App. & Int'f 1989)(명세서가 다양한 실용성을 공개하더라도 모종의 화학물질의 '효과적인 양'이라는 용어는 불명확한 것이 아니다. 이 발명이 관련된 기술분야에서의 통상의 지식인이 효과적인 투여량을 즉시 알 수 있고 각각의 용도에 대하여 그 용량을 조절할 수 있다면 이는 명확한 것이다).

198 Ex parte Simpson, 218 USPQ 1020(PTO Bd. App. 1982)(상표의 사용은 청구항을 불명확하게 만든다).

199 Ex parte Kristensen, 10 USPQ2d 1701, 1703(Bd. Pat. App. & Int'f 1989)(특허출원인이 의도하는 바가 무엇인지 명세서에 모호하고 불분명하게 나타나기 때문에 '이와 유사한 장치'가 무엇인지 알 수가 없고 전제부가 청구항에 생명력과 의미를 부여하는 한 전제부가 불명확한 것은 청구항을 치명적으로 불명확하게 만든다).

200 Ex parte Remark, 15 USPQ2d 1498, 1500(Bd. Pat. App. & Int'f 1990).

201 Ex parte Attig, 7 USPQ2d 1092(Bd. App. & Int'f 1986)(종속청구항이 ZSM-5, ZSM-8, ZSM-11, ZSM-12, ZSM-21 and NU-1을 포함하는 집단으로 구성된 경우에 ZSM-5-type zeolites라고 하면 청구항을 불명확하게 만든다).

202 Ex parte Saceman, 27 USPQ2d 1472, 1473(Bd. Pat. App. & Int'f 1993)(Mineral carbon은 ① 상표에 의하여 식별되는 물질에 의하여 예시되어 있고, ② 명세서가 상당한 정밀성과 명확성을 가지고 개념정의를 하고 있지 못하며, ③ 사전에 나오는 개념정의와 일치하는지 불일치하는지 여부가 불분명하다).

개내용에 의하여 뒷받침되어야 한다. 특허심사를 계속하는 중에 청구항을 보정할 수 있다는 기회가 특허출원인에게 부여되어 있다는 점에 비추어 보아 청구항의 용어의 명확성이 경계선상에 있는 경우에는 특허출원인에게 불리하게 판단되어야 한다.

바. 가장 넓은 의미로 해석

특허출원 이후 심사 단계에서 청구항의 용어는 합리적이고, 가능한 한 넓은 의미를 가진 것으로, 명세서의 공개내용과 일치되는 방향으로 해석되어야 한다.[203] 그 이유는 심사과정에서 특허출원인에게 청구항을 보정할 기회가 부여되기 때문이다. 선행기술과 구별하거나 공개요건에 위배된다는 심사관의 거절에 대한 대응으로써 청구항은 보정될 수 있지만 특허가 발급되고 난 이후에 침해소송이 제기되면 더 이상 청구항을 보정할 수는 없다.[204]

사. 권리범위를 확정하는 데 별다른 문제가 없는 경우

청구항에 사용된 용어의 명확성이 문제가 된 특허는 유사 올리브 오일을 만드는 방법으로서, 건조된 올리브로부터 추출된 진액에 글리세린을 혼합시키는 것을 말한다.[205]

청구 제2항은 방법청구항으로서, 새로운 향기와 냄새를 가진 '실질적으로(Substantially) 안정된' 글리세라이드 오일로서, 탈수되고 저습도를 함유하는 부드러운 올리브 진액에서 추출된 글리세라이드 오일을 용해할 수 있는 구성요소의 소량을 포함하고 있는 것으로서, 올리브 오일의 진액에서 '실질적으로(Substantially) 섬유소가 제거된 것'이라는 내용을 담고 있다.

이 청구항을 명세서에 비추어서 보면 명세서는 '실질적으로 안정화'되었다는 의미를 개념정의하고 있는데, 그 의미는 '그 특성이 현저하게 개량되었고 글리세라이드 오일의 수명이 서너 배로 연장되었다'는 의미이고, '실질적으로 섬유소가 제거되었다'는 말은 '섬유소가 필터로 걸러지거나 원심분리되었다'는 내용으로 명세서에 기재되어 있다. 따라서 이 청구항의 권리범위를 확정하는 데에 별다른 어려움이 없다.

---

203 합리적으로 가장 넓은 해석원칙(정설): **The Broadest Reasonable Construction Rule**; In re Marosi, 710 F.2d 799, 218 USPQ289(Fed. Cir. 1983); Burlington Industries, Inc. v. Quigg, 822 F.2d 1581, 1583-1584, 3 USPQ2d 1436, 1438(Fed. Cir. 1987); In re Donaldson Company, Inc., 16 F.3d 1189, 29 USPQ2d 1845(Fed. Cir. 1994). 그러나 이에 반대하는 소수견해는 특허의 발급 전후를 가리지 않고 특허침해소송에 있어서와 마찬가지의 해석 기준이 적용되어야 한다고 본다. 청구항에서 사용된 용어를 명확하게 개념정의를 할 책임은 특허출원인이 진다. In re Morris, 127 F.3d 1048, 1056, 44 USPQ2d 1023, 1029(Fed. Cir. 1997).

204 청구항이 모호하다거나 너무 넓은 권리범위를 가졌다거나 하는 문제가 심사 단계에서 제기되면 심사 단계에서는 단지 청구항을 보정하기만 하면 해결될 수 있지만 특허가 일단 발급된 이후에는 이러한 일이 일어날 수는 없다.

205 Musher Foundation v. Alba Trading Co., 150 F.2d 885, 888-889, 66 USPQ 183(2d Cir. 1945), cert. denied, 326 U.S. 770(1945).

아. 통상의 지식인이 알 수 있는 것

소아과용 휠체어에 대한 청구항이 "이 장치는 자동차의 문과 그 좌석 사이의 공간을 통하여 자동차 내부로 이동될 수 있을 '정도의 크기를(So dimensioned)' 가지고 있다."는 용어를 사용하였다. 그러나 이러한 용어를 사용하는 것은 특허발명을 특정할 수 없을 정도로 불명확한 것은 아니다.[206] '자동차의 문과 좌석 사이의 공간을 통하여 자동차 내부로 이동될 수 있을 정도의 크기'라고 한 것은 특허대상의 성질이 그러한 것인 만큼 정확한 것이고 비록 자동차가 여러 가지 종류가 있지만 이 발명이 속하는 기술 분야와 관련된 통상의 지식인은 그 크기를 쉽게 알 수 있다. 특허법은 청구항에서 권리범위로 주장하는 모든 가능한 크기들을 열거하여 수백 가지의

---

206 Orthokinetics, Inc. v. Safety Travel Chairs, Inc., 806 F.2d 1565, 1 USPQ2d 1081(Fed. Cir. 1986). 또한 Moore U.S.A., Inc. v. Standard Register Co., 229 F.3d 1091, 1111, 56 USPQ2d 1225, 1239(Fed. Cir. 2000), cert. denied, 121 S. Ct. 1734(2001)(장치의 크기를 주위 환경과 관련하여 개념정의해서도 이는 불명확한 것이 아니다); Semmler v. American Honda Motor Co., 990 F. Supp. 967, 975, 44 USPQ2d 1553, 1559(S.D. Ohio 1997), aff'd, 178 F.3d 1308(Fed. Cir. Nov 12, 1998)('상당히 연료를 절약하는(Considerable fuel saving)'이라는 용어는 통상의 지식인에게 청구항의 권리범위를 합리적으로 전달하지 못하고 특허대상이 허용하는 최대한의 적확성(Precision)을 주지 못한다. 특허출원인은 연료를 절약하는 정도를 수학적인 퍼센티지를 사용하여 주장할 수도 있었다); CPC International Inc. v. Archer Daniels Midland Co., 831 F. Supp. 1091, 1110, 30 USPQ2d 1427, 1442(D. Del. 1993), aff'd, 31 F.3d 1176(Fed. Cir. 1994)('잘 섞여 있는(Good mixing)' 이나 '과도한 마찰(Excessive attrition)'이라는 용어도 숙련된 화학기술자는 발명자의 의도에 비추어서 그 의미를 이해할 수 있다); Exxon Research & Engineering Co. v. United States, 46 Fed. Cl. 278, 299, 54 USPQ2d 1519, 1535(U.S. Ct. Fed. Cl. 2000), rev'd, 265 F.3d 1371, 60 USPQ2d 1272(Fed. Cir. 2001)(더 분명한 용어가 있었고 발명자가 좀 더 명시적으로 기술하였다면 모든 불분명한 것을 제거할 수 있었다고 하더라도 특허법은 절대적으로 분명할 것을 요구하는 것은 아니고 발급된 특허는 유효한 것으로 추정된다); Bausch & Lomb Inc. v. Alcon Laboratories Inc., 79 F. Supp.2d 243, 252, 245, 53 USPQ2d 1353, 1361, 1355(W.D. N.Y. 1999)(인간이 만들 수 있는 최선의 용어의 적확성이 있어야 명확성이 있다); Amgen Inc. v. Chugai Pharm. Co., 927 F.2d 1200, 18 USPQ2d 1016(Fed. Cir), cert. denied, 502 U.S. 856(1991)(특허대상이 허용하는 최선의 적확성이 아니라 통상의 지식인이 청구항을 이해할 수 있을 정도의 적확성이 필요한 것이고 이는 수량적 한정을 반드시 필요로 하는 것은 아니다); United States v. Telectronics, Inc., 857 F.2d 778, 786(Fed. Cir. 1988) cert. denied, 490 U.S. 1046(1989)(섬유조직의 형성을 최소한도로 할 수 있는 정도로(So as to minimize fibrous tissue formation) 전류가 흘러야 한다는 청구항은 명세서가 그 전류의 범위를 설명하였다면 불명확한 것은 아니다); Arcade Inc. v. Minnesota Mining & Manufacturing Co., 24 USPQ2d 1578, 1587(E.D. Tenn. 1991), aff'd, 1 F.3d 1253(Fed. Cir. 1993)(unpublished)(명세서가 테스트하는 방법을 부족하게 공개한 경우에 청구항이 불명확하다고 주장하는 자는 이 테스트 방법이 흠결이 있다는 점을 입증하여야 한다); Exxon Research & Engineering Co. v. United States, 46 Fed. Cl. 278, 290, 54 USPQ2d 1519, 1528(U.S. Ct. Fed. Cl. 2000), rev'd, 265 F.3d 1371, 60 USPQ2d 1272(Fed. Cir. 2001)(촉매의 활동에 대하여 '일정한 기간 동안 충분하게(For a period sufficient)'라는 용어는 불명확하다); 그러나 이에 비하여 발명의 결과에 이르기 위하여 필요한 특정한 시간이 중요한 것이 아니라 결과 자체가 중요한 경우에는 상대적 용어를 사용한 청구항도 유효라고 인정한 사례는 In re Caldwell, 319 F.2d 254, 138 USPQ 243(CCPA 1963); Ex parte Clarke, 98 USPQ 195, 196(Pat. Office Bd. App. 1953), 그리고 Ex parte Ebel and Drew, 84 USPQ 202(Pat. Office Bd. App. 1949) 등이 있다. 또한 In re Jolly, 172 F.2d 566, 569-70, 80 USPQ 504, 508(CCPA 1949)에서는 명세서가 촉매의 반응시간에 대한 오직 단 하나의 예시를 한 것만 가지고는 반응시간에 대한 불명확성을 제거하였다고 볼 수 없다고 하였다; In re Watson, 517 F.2d 465, 477, 186 USPQ 11, 20(CCPA 1975)(명세서가 구강청정제로 사용되기에 적합한 살균제의 효과적인 양(Effective amount of germicide suitable for use in oral hygiene)에 대한 예시를 제시하고 있다면 이러한 용어는 불명확하지 않다); Ebel and Drew에서는 명세서가 물리적 조건이 열을 가하는 시간에 의존한다는 점을 입증함으로써 불명확성을 제거하였다; Ex parte Balzarini, 21 USPQ2d 1892, 1899(Bd. Pat. App. & Int'f 1991)(명세서가 서로 다른 세 가지 질병에 대한 기본 투여량(Unit dosage)에 대한 개념정의를 하지 않으면 이러한 용어를 사용한 청구항은 불명확하다) 참조.

서로 다른 자동차가 청구항에 모두 기재되어야만 발명이 특정된 것으로 보지는 않는다.

3.815,586

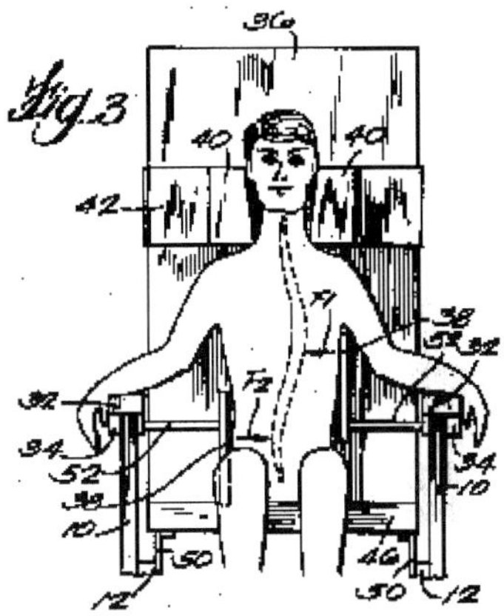

자. 선행기술과 구별이 가능한 것

'892' 특허는 뿔 모양의 반사형 마이크로 웨이브 안테나(Radiation Pattern Envelopes: RPEs)로서, 음파를 흡수하는 기구(Absorber)를 뿔의 내부에 깊숙하게 배치함으로써 안테나의 성능을 현저하게 개량한 것이다. 그러나 이렇게 음파흡수기를 깊숙이 위치시키는 방법은 선행기술이 가르치는 것과는 반대되는 것이다. 특허출원인이 개량한 부분은 방사유형의 덮개로서, 이는 안테나의 주된 빔의 외부에 수평방향이나 수직방향으로 떨어져 있었는데 음파흡수기가 원뿔에 더 깊이 위치하면 할수록 점차로 이 RPEs의 형태가 바뀐다.

U.S. Patent Oct. 18, 1983 Sheet 1 of 3 4,410,892

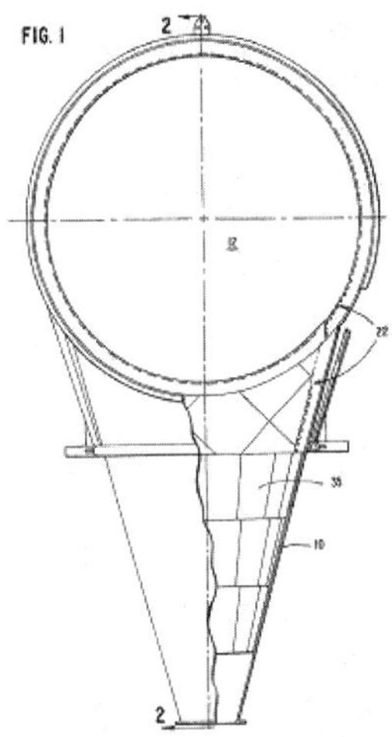

청구항에서 사용한 용어 중에는 '상호 접근하는(Approach each other)' 또는 '밀접한(Close to)', '실질적으로 동등한(Substantially equal)' 그리고 '밀접하게 접근하고(Closely approximate)'가 관련된 기술 분야에서 자주 사용되고 있었다. 또한 명세서에서 특허대상을 설명하고 선행기술과 구별하는 데 있어서 적절하게 사용되었다면 이는 불명확한 것이라고 볼 수는 없다.[207]

차. 밀접한 선행기술의 존재

'약(About)'이라는 용어가 청구항의 정확한 권리범위를 지적하지는 못하지만 그렇다고 하여 청구항의 권리범위를 반드시 불명확하게 만들지는 않는다고 보는 것이 지배적 견해이다. 이

207 Andrew Corp. v. Gabriel Electronics, Inc., 847 F.2d 819, 6 USPQ2d 2010(Fed. Cir. 1988), cert. denied, 488 U.S. 927(1988). 또한 Modine Mfg. Co. v. U.S. Int'l Trade Comm'n, 75 F.3d 1545, 1557, 37 USPQ2d 1609, 1617(Fed. Cir. 1996)(수량적인 한정을 하지 않고 특징을 사용하는 기술용어를 사용하였다고 하여도 그 자체만으로 불명확한 것은 아니다); Automotive Products plc v. Tilton Engineering, Inc., 33 USPQ2d 1065, 1087(C.D. Calif. 1994)('비교적 평평한(Relatively flat)'이라는 용어는 불명확하지는 않다); Ex parte Oetiker, 23 USPQ2d 1651, 1657(Bd. Pat. App. & Int'f 1991), aff'd, 951 F.2d 1267, 23 USPQ2d 1661(Fed. Cir. 1991)(정도를 나타내는 용어, 즉 비교적, 실질적, 그리고 주요한 등등의 용어는 그다지 중요하지 않은 발명의 변형을 권리범위에 포함할 수는 있으나 이러한 용어의 사용이 무제한으로 허용되지는 않는다) 참조.

용어가 청구항을 불명확하게 하는지는 구체적인 사실관계에 비추어서 결정하여야 한다. 그러나 '약'이라는 말에 '적어도(At least)'라는 또 하나의 모호한 용어가 추가되면 이는 청구항을 불분명하게 할 가능성이 증가한다.

그 구체적 사례로, 추출된 단백질의 활동성을 지정하는 수치를 특정하는 데 있어서 '적어도 약(A least about)'이라고 기재한 청구항은 불명확하다. 추출된 EPO(Erythropoietin)는 적혈구를 생산하는 165개의 아미노산을 가지고 있는 단백질로서, 280나노미터에서 적어도 16만 IU 흡수단위의 활동성을 가지고 있다. 청구 제4항과 제6항은 '적어도 약(A least about)' 16만 단위에서의 특정한 활동을 그 권리범위로 주장하고 있었다. 심사관이 128,620의 활동성을 보이는 선행기술을 제시하면서 청구항에 대해 거절하자 발명자는 청구항의 활동성의 수준을 12만에서 16만으로 변경하였다.[208]

그러나 명세서는 물론 특허심사과정의 전 취지를 보거나 심지어는 선행문헌을 살펴보아도 활동성의 수준이 구체적으로 어느 정도가 되어야 청구항의 권리범위에 해당하는지에 대하여 설명하지 못하고 있었다. 더구나 전문가도 이 '약'이라는 용어를 선행기술과 구별하여 명확히 개념 짓지도 못하였다. 이렇게 '약'이라는 용어가 불분명하고 이 용어를 사용한 청구항과 아주 밀접한 선행기술이 존재하고 있을 때 이 청구항은 불명확한 것이다.

카. 발명의 목적

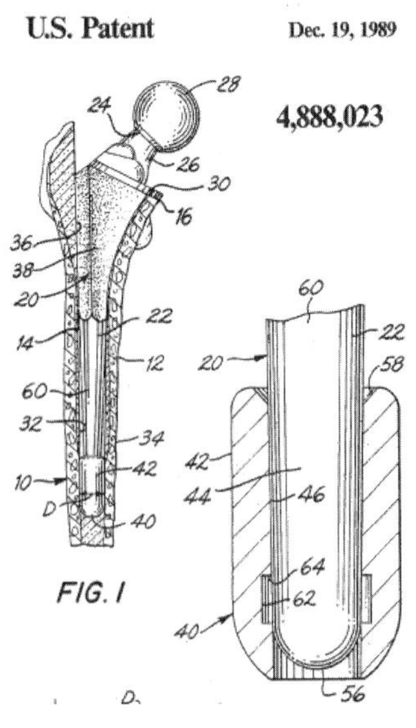

발명의 목적이나 발명자의 의도도 용어의 명확성을 판단하는 데 사용될 수 있다. 명세서가 공개한 바에 비추어서 발명자의 의도를 보면 청구항의 용어의 의미가 이해되는 경우에는 청구항이 불명확하다고 볼 수 없다.

한 청구항에서 '휨(Flexing)'이라는 용어를 사용하였는데, 이는 대퇴골에 삽입하는 가지 모양을 한 보철에 관한 것이다. 골수에 삽입된 축의 직경이 이에 연결된 보철의 둥그런 축의 끝부분의 직경보다 적은 것으로서, 이는 삽입축을 '휘기(Enabling flexing)'위한 것이다. 이러한 경우 발명의 목적에 비추어서 '휨(Flexing)'이라는 청구항의 한정사가 해석되어야 하

[208] Amgen Inc. v. Chugai Pharm. Co., 927 F.2d 1200, 18 USPQ2d 1016(Fed. Cir. 1991), cert. denied, 502 U.S. 856(1991). 발명자는 '약 16만'이라는 것은 15만 5천 정도가 되면 된다고 진술하였으나 공동발명자는 13만 8천이 과연 청구항의 권리범위에 해당하는지 확실한 답변을 하지 못하였다. 그러자 1심판결은 청구 제4항과 청구 제6항에서 '약(About)' 16 IU/AU라고 한 것은 ① 청구항을 선행기술과 구별하지도 못하고, ② 통상의 지식인에게 16만 단위 이하에서 활동성을 가지는 것을 알도록 하지도 못한다고 보았다.

는데, 명세서와 특허심사과정의 전 취지에 비추어 '휨'을 해석하여 보면, 대퇴골에 힘이 실리면 이 힘이 가지 모양을 한 보철에 전달되어 보철의 끝부분이 휘는 것을 명확하게 의미한다.[209]

타. 발명의 구조

청구항의 용어가 명확한지를 판단하기 위해서는 발명의 구조 자체가 문제가 있거나 발명품을 실제로 사용하는 데서 오는 문제는 발명자의 통제범위를 넘어서는 것으로서, 이는 용어의 명백성을 판단하는 자료로 사용할 수는 없는 것이다.

U.S. Patent

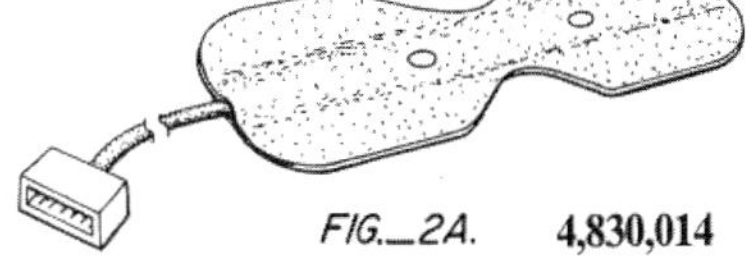

FIG._2A. 4,830,014

한 특허의 청구항은 산소농도계의 센서로서, 환자의 피부나 피하조직에 압박을 주지 않도록 피부에 접촉하는 검사판을 유연하게 만든 특허의 청구항은 '유연하기 때문에 피부표면이나 피부의 하부조직에 압박을 가함이 없이 환자의 피부에 밀착하는(Flexible … to conform to [a patient's] skin without stressing either of said skin and the underlying tissue)'이라는 용어를 사용하였다. 이 특허에 대한 침해소송에서 침해행위자는 검사판의 크기나 유연성 또는 깊이나 두께를 알 수 없기 때문에 청구항의 권리범위를 벗어난 센서를 만들 수 없고 인간의 피부는 사람마다 그 두께가 다르기 때문에 청구항의 권리범위가 명확하지 않아서 무효라고 주장하였다.

그러나 침해행위자의 주장은 이 발명을 환자에게 실제로 사용하는 데서 오는 문제점에 불과할 뿐, 발명의 구조와 관련된 것은 아니다. 명세서 전체에 비추어서 '아무런 압박을 가함이 없이 유연하다'는 청구항의 용어를 해석하면 '평평하지만 연하기 때문에 환자의 볼록한 피부라면 어느 곳에도 잘 맞는 것'을 의미하고, 이는 특허를 무효를 할 정도로 청구항을 불명확하게 하지는 않는다.[210]

파. 정확한 수량적 개념정의가 필요하지 않는 발명

청구항이 반드시 수량화되어야만 명확한 것은 아니다. 수량적 개념정의를 필요로 하지 않

---

209 Stryker Corp. v. Intermedics Orthopedics, Inc., 891 F. Supp. 751(E.D. N.Y. 1995), aff'd, 96 F.3d 1409, 40 USPQ2d 1065(Fed. Cir. 1996). 특허침해행위자는 보철이 휘어지는 현상은 물리적 법칙의 자연적 결과에 불과한 것이고 발명자가 처음부터 휘는 것을 의도한 것은 아니라고 주장하였다. 따라서 청구항은 보철의 목 부분이 그 끝부분의 직경보다 매우 좁고 축의 전체의 길이의 상당한 윗부분에 있어야 할 것으로 해석되어야 한다고 주장하였다. 그러나 이러한 해석은 청구항에는 기재되어 있지 아니한 한정사가 외부로부터 청구항의 내부로 들어와서 청구항의 용어를 의도적으로 불명확하게 만드는 것이라고 보았다.

210 BOC Health Care, Inc. v. Nellcor Inc., 892 F. Supp. 598(D. Del. 1995), aff'd, 98 F.3d 1357(Fed. Cir. 1996). 청구항이 명확한지는 명세서에서 공개된 내용 전체를 보고 문맥에 비추어서 판단하여야 하며 명세서의 일부만을 보고 판단하여서는 안 된다.

는 청구항에 있어서 비록 용어가 수량적으로 한정되지 않는다고 하여도 통상의 지식인이 그 발명을 이해할 수 있다면 그 청구항은 불명확한 것이 아니다. 결국 특허권자는 청구항에서 그 발명이 속하는 분야의 통상의 지식인이 이해할 수 있는 용어를 사용할 권리가 있다.

자동차의 에어컨에 관한 특허의 청구항은 '비교적 작은 수력학적인 직경(Relatively small hydraulic diameter)을 가진 공기통로'를 그 권리범위로 주장하였다.[211] 그러나 명세서에는 '비교적 작은'이라는 용어와 함께 '0.015에서 0.040 정도' 라는 말도 사용하고 있고, 그 효력을 유지하는 방향으로 청구항을 해석하여 보면 이 용어들은 청구항을 무효로 만들 수 있는 선행기술을 포함하고 있지는 않으며, 특허심사과정의 전 취지를 보면 이 발명은 수력학적인 직경의 정확한 수량적 개념정의를 필요로 하고 있지는 않았다. 이러한 공개내용을 종합하면 수량적 한정이 없이도 통상의 지식인이 청구항의 권리범위를 이해하는 데 아무런 지장이 없다.[212]

하. 복잡한 한정사를 가진 청구항

선행기술과 구별하거나 침해행위의 성립을 쉽게 하기 위해서 청구항이 아주 정밀한 기술을 하는 복잡한 한정사를 가지는 경우가 있다. 이러한 청구항은 권리범위가 불명확하다는 이유로 무효가 되지는 않지만 실제로 침해행위를 금지시키기는 어려울 수도 있다.[213] 왜냐하면 이러한 청구항은 침해행위를 추적하여 이를 확정할 수 있는 실제적인 방법이 없거나, 복잡한 테스

211 Modine Mfg. Co. v. U.S. Int'l Trade Comm'n, 75 F.3d 1545, 37 USPQ2d 1609(Fed. Cir. 1996), cert. denied sub nom., Showa Aluminum Corp. v. Modine Mfg. Co., 518 U.S. 1005(1996)(특허심사과정의 전 취지에 비추어 해석하면 청구항은 '0.015에서 0.040인치' 사이로 그 범위를 공개하고 있었지만 반드시 0.040 이내이어야 된다고 못 박지는 않았다. 특허침해행위자는 만약 '비교적 작은'이라는 용어가 0.0040인치보다 조금이라도 더 크게 해석된다면 청구항은 불명확한 것이라고 주장하였다. 그러나 CAFC는 이러한 주장을 받아들이지 않았다. 청구항이 한 가지 이상으로 해석이 가능할 경우에는 가급적 특허의 유효성을 인정하는 방향으로 해석하는 것이 바람직하다는 것이다); Allergan Sales Inc. v. Pharmacia & Upjohn Inc., 41 USPQ2d 1283, 1287(S.D. Calif. 1996)(안구에 인공렌즈를 삽입하는 청구항에서 비교적 적은 절개(A relatively small incision)라는 용어는 발명의 목적과 선행기술에 비추어 보아 불명확하지 않다); Exxon Research & Engineering Co. v. United States, 46 Fed. Cl. 278, 54 USPQ2d 1519(U.S. Ct. Fed. Cl. 2000), rev'd, 265 F.3d 1371, 60 USPQ2d 1272(Fed. Cir. 2001). 청구항이 어느 정도 명확하여야 하는가 하는 문제는 청구항을 작성하는 데 있어서 반드시 수량적 적확성이 필요한 것은 아니고 특허권자는 통상의 지식인이 이해할 수 있는 발명에 대하여 권리를 주장할 수 있다(Modineand Seattle Box의 원칙). 이 원칙에 따르면, 청구항이나 명세서 또는 기타 특허심사과정의 전 취지에 의하여 설명될 수 있는 대상을 설명하기 위해서는 아주 세밀한 용어를 필요로 하는 것은 아니다. 비록 수량적으로 명시된 용어는 아니지만 ① 명세서가 수량적 한정을 가하여 설명하고 있고, ② 청구항의 발명이 반드시 선행기술과 구별되어야 할 필요성이 있다면 이러한 용어는 불명확한 것은 아니다(Modine). 또한 명세서가 발명의 목적을 분명히 기술하고 있기 때문에 전문가가 청구항이 한정하는 바를 알 수 있는 경우에도 수량적으로 명시되지 아니한 청구항의 용어도 불분명한 것은 아니다(Seattle Box); In re Mattison, 509 F.2d 563,565, 184 USPQ 484, 486(CCPA 1975)(통상의 지식인이 명세서에 공개된 여러 가지 예시와 함께 대체물 중에서 선택할 수 있는 일반적 지침을 제공받았다면 청구항은 명확한 것이다. Lang v. Prescon Corp., 545 F.Supp. 933, 945-47, 217 USPQ 839, 850(D. Del. 1982)(청구항이 발명을 사용하는 방법과 침해행위자에게 특허의 권리범위에 대한 충분한 공시를 한다면 청구항은 명확한 것이다).

212 Modine Mfg. Co. v. U.S. Int'l Trade Comm'n, 75 F.3d 1545,1557, 37 USPQ2d 1609, 1617(Fed. Cir. 1996).

213 Chisum §8.03 [d]. 이를 침해행위를 입증하기가 부담스러운(Burdensome) 청구항의 용어라고 한다.

트를 하거나 제조과정을 상세히 추적하지 않으면 침해행위를 잡을 수 없거나, 청구항의 용어를 개념정의하기 위해서는 다른 변수들을 계산하여야 하는 등 침해행위를 입증하기가 매우 어렵기 때문이다.[214]

거. 첨단기술에 대한 용어

유전공학과 같은 새로운 첨단기술 분야에서 특허출원인은 선행기술이 자주 사용하는 용어를 사용하여 청구항을 특정하는 것이 바람직하다. 청구항에 일반대중이 잘 모르는 용어를 사용하면 일반대중은 청구항을 이해하는 데 있어서 상당한 부담을 가지게 된다. 따라서 특허대상이 클론인 경우에 선행기술과 잘 비교될 수 있는 용어로 기술하는 것이 바람직하며, 만약 그렇지 않을 경우에는 심사관은 특허출원인에게 보다 잘 알려진 용어로 청구항을 작성할 것을 요구할 수 있다.

한 청구항은 'CD15로 구성된 집단, 즉 CD24 … 3-185, 3-48, 3-331 등에서 선택한 한 개의 cDNA 클론'으로서, 특허출원인이 문자와 숫자를 합친 것으로만 클론에 대한 개념정의를 한, 토마토의 유전자로부터 만들어진 cDNA 클론에 관한 특허를 출원하였다. 명세서는 특허출원된 발명을 'mRNA와 유전자 DNA로부터 만들어진 대량의 무작위 클론으로부터 분리된 일군의 고유한 클론'이라고 공개하였다. 그러나 수집된 여러 클론의 크로조옴 지도상의 위치를 공개하고 있지 않고 단지 숫자와 문자로만 개념정의를 하면서 이 클론의 견본들을 기탁했다.

청구항을 특정하기 위해서 그 권리범위로 주장된 클론의 염기서열을 반드시 밝힐 필요는 없지만, 청구항을 선행기술과 구별할 수 있도록 이미 잘 알려진 용어를 사용하여 청구항을 작성하여야 하며, 또한 cDNA에 부호화된 단백질의 기능에 대한 정보는 반드시 공개되어야만 한다.[215]

그러나 청구항을 명백하게 작성할 것을 요구하는 이유는 심사관이 특허심사를 하는 과정에서 선행기술을 수월하게 찾아내는 것을 도와주기 위한 것만은 결코 아니다. 토마토의 변종들

---

214 Gould, Inc. v. Graphic Controls Corp., 196 USPQ 13(N.D. Ill. 1977)(침해행위를 추적하여 이를 확정할 수 있는 실제적인 방법이 없다); International Tel. & Tel. Corp. v. Union Carbide Corp., 210 USPQ 496(D. S.C. 1981)(복잡한 테스트를 하거나 제조과정을 상세히 추적하지 않으면 침해행위를 잡을 수 없는 경우); Exxon Research & Engineering Co. v. United States, 46 Fed. Cl. 278, 292, 54 USPQ2d 1519, 1529(U.S. Ct. Fed. Cl. 2000), rev'd, 265 F.3d 1371, 60 USPQ2d 1272(Fed. Cir. 2001)(용어를 개념정의하기 위해서는 다른 변수들을 계산하여야 하는 등, 복잡하게 되더라도 이는 청구항의 명확성에는 영향을 미치지 않는다); Ex parte Tanksley, 37 USPQ2d 1382(Bd. Pat. App. & Int'f 1994); In re Tanksley, 26 USPQ2d 1384, 1387(Bd. Pat. App. & Int'f 1991), discussed infra In re Certain Limited-Charge Cell Culture Microcarriers, 221 USPQ 1165, 1171(U.S. Int'l Trade Comm. 1983), aff'd sub nom. Massachusetts Institute of Technology v. AB Fortia, 774 F.2d 1104, 227 USPQ 428(Fed. Cir. 1985)(미립자의 무게를 확정하는 것이 어렵기 때문에 침해행위의 성립 여부를 판단하는 것이 어렵다고 하여도 이것만으로는 청구항을 불명확하게 하지는 않는다).

215 Ex parte Tanksley, 26 USPQ2d 1384, 1387(Bd. Pat. App. & Int'f 1991).

을 구분하기 위한 DNA를 표시하는 클론에 대해 청구항의 한정사는 CD10과 같은 숫자와 문자로 기재되어 있었다. 이는 기탁기관에 기탁된 클론과 일치하는 것이었지만 심사관은 청구항과 명세서가 정보를 제공하지 않았기 때문에 선행기술을 조사하기가 어려워서 특허출원서를 제때에 심사할 수 없었다는 이유로 특허를 거절하였다.[216] 그러나 특허심판원은 이 거절결정을 번복했다. 명세서가 심사관이 선행기술을 쉽사리 찾아낼 수 있는 정보를 제공하지 못하였다는 이유만을 가지고는 서면명세요건을 충족하지 못하였다고 볼 수는 없다는 것이다.

특허출원된 청구항에 기재된 화합물이 실험을 하여 보아도 그 개념정의를 할 수 없고 그 발명이 속하는 분야의 통상의 지식인이 이 화합물이 청구항의 권리범위에 해당하는지를 알 수 없는 경우에 이 청구항은 불명확하다. 따라서 '부분적으로 연속성(Partial connectivity)을 가지는 Organotin 결합체를 가진, 열을 안정화시키는 폴리비닐 클로라이드'라는 청구항은 아주 정교하거나 통상적으로 표준이 되는 분석방법을 사용하더라도 그 존재를 알 수 없기 때문에 불명확하다.[217]

너. 명세서에 의한 보충

비록 청구항에서 사용된 용어가 불분명하다고 하더라도 명세서가 그 의미를 명확하게 규정하고 있고 이것이 통상의 지식인에게 이해될 수 있는 것이라면 청구항의 명확성을 해치지는 않는다고 본다.

그 실례로서, 제지기계에 관한 특허에서 특허권자가 개량하였다고 주장하는 것은 움직이는 철망 위로 통과하는 펄프가 흐르는 속도를 높이기 위하여 철망의 경사도를 더욱 높이는 것이었다. 청구항은 철망의 경사도에 대한 개념정의를 하면서 '실질적으로(Substantially)'라는 용어와 '높다(High)'라는 용어를 사용하였다. 그러나 명세서의 기재를 보면 기계의 한쪽 부분의 경사가 12인치에 가깝거나 또는 경사도가 4%라고 공개하고 있었다. 이러한 정도의 기재라면 그 발명이 속하는 기술 분야에서 통상의 지식인은 청구항에 기재된 '상당한 경사도'라는 의미를 분명하게 이해할 수 있다고 보았다.[218]

---

216 Ex parte Tanksley, 37 USPQ2d 1382(Bd. Pat. App. & Int'f 1994). 심사관의 거절 사유는 특허출원인이 특허가 출원된 DNA 조각에 대한 염기서열에 관한 자료 제공을 태만하였거나 특허가 출원된 청구항의 cDNA에 의하여 부분적으로 염기서열이 밝혀진 단백질에 관한 정보를 제공하지 않았다고 보았다. 그러나 특허심판원은 위 거절사유를 받아들이지 아니하고 특허출원인이 청구항의 클론에 대한 개념정의를 명세서에서 부당하게 넓게 확장하였다는 이유로 청구항이 불명확하다고 보았다.

217 Morton Intern., Inc. v. Cardinal Chemical Co., 5 F.3d 1464, 28 USPQ2d 1190(Fed. Cir. 1993), on remand from 508 U.S. 83, 26 USPQ2d 1721(1993). 그러나 위 분석방법에 의하여 존재를 알 수 없는 정도는 아니라고 본 사례는 SDS USA, Inc. v. Ken Specialties, Inc., 107 F. Supp.2d 574, 580(D. N.J. 2000). 명세서가 잘못 기재된 경우에도 청구항이 구성물질의 함량을 정확하게 기재하고 있어서 통상의 지식인에게 청구항의 권리범위를 분명하게 가르쳐 줄 수 있다면 이는 명확한 것이라고 본 사례 PPG Industries, Inc. v. Guardian Industries Corp., 75 F.3d 1558, 37 USPQ2d 1618(Fed. Cir. 1996).

218 Eibel Process Co. v. Minnesota & Ontario Paper Co., 261 U.S. 66(1923). 미연방대법원은 '높다'라는 말과 '실질적

더. 구성요소에 포함되지 않은 특징

명세서에 첨부된 도면에는 묘사가 되어 있지만 청구항에서는 구성요소에 포함되지 않았고 명세서에서도 아무런 언급이 없는 발명의 특징에 대해서는 발명의 내용을 충분하게 공개하지 못하였기 때문에 명확성의 요건을 충족하지 못한다.[219]

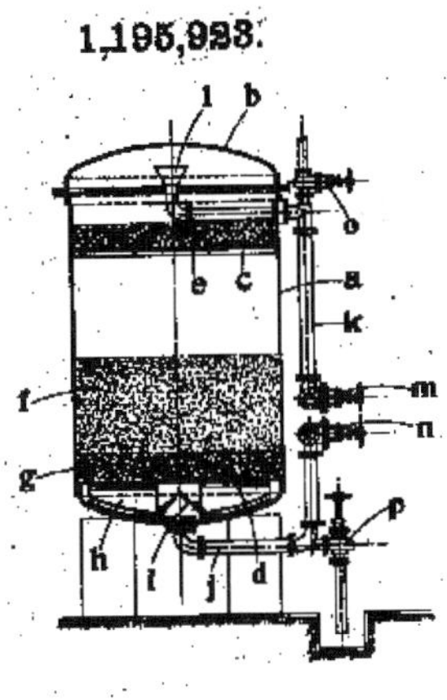

그 실례로서, 정수기 필터에 관한 특허의 명세서가 공개하는 필터는 선행필터와 매우 유사하였다. 선행필터는 정화작용을 하는 정수물질이 물에 쉽게 씻겨 나가는 것을 방지하기 위하여 스크린을 쳐 놓았다. 특허권자가 이 특허가 진보성이 있다고 주장하기 위하여 Zeolite 물질로 만든 '폐쇄하부(Locked bed)' 대신에 '자유층(Free bed)'을 만들었다. 특허권자의 발명은 종전의 필터가 하부를 폐쇄시켜 놓았기 때문에 정수기가 오작동하는 경우가 있었고, 이 문제를 해결하기 위하여 특허권자의 필터를 스크린과 Zeolite 층 사이에 '공간(Space)'을 두었다고 주장하였다.

그러나 청구항에서는 '공간(Space)'이라는 특징이 구성요소로 포함되지 않았고 명세서에서도 이에 대한 아무런 언급이 없었다. 다만 특허권자는 명세서에 첨부된 도면에서 이러한 공간을 묘사하고 있었다. 그러나 이 필터에 대한 특허는 발명의 내용을 충분하게 공개하지 못하였으며 '자유층(Free bed)'이라는 특징을 청구항의 권리범위로 명확하게 기재하지 못하였기 때문에 무효라고 선언되었다.

러. 상대적인 용어

필라멘트 사건에서 무효가 된 발명은 텅스텐 필라멘트를 개량한 것인데, 그 당시의 텅스텐 필라멘트는 두 가지 결점이 있었다. 첫째는 필라멘트의 직경에 대나무의 마디와 같은 막이 만들어져서 갈라짐(Offsetting)이 나타나는 것이고, 둘째는 필라멘트의 길이가 증가하면서 늘어짐

으로'라는 말이 불분명한 용어이지만 청구항의 권리범위를 특정하기에는 충분하다고 보았다. 그러나 이 판례는 통상의 지식인이 명세서의 기재를 보면 청구항의 권리범위가 어느 정도인지 이해할 수 있다는 이유에서 청구항이 명확성의 요건을 충족하고 있다고 판시한 것이지만 실시가능요건과 청구항의 명확성의 요건을 혼동하고 있다는 비판을 받기도 한다. Chisum §8.03.

219 Permutit Co. v. Graver Corp., 284 U.S. 52(1931). 그러나 Chisum은 법원의 판단이 잘못되었다고 보고 있다. 특허권자의 청구항에 사용한 용어는 결코 모호하지도 않고 부정확하지도 않다. 위 청구항이 가지고 있었던 문제는 특허가 출원된 발명과 선행필터를 제대로 구별하지 못하였다는 점이고 이 문제는 발명의 신규성과 진보성에 관련된 것이지 청구항의 용어가 불분명하다는 것, 즉 현재의 주제인 청구항의 명확성 여부와는 아무런 관련이 없다. 실제로 이 사건에서 쟁점이 되었어야 할 것은 바로 특허권자가 청구항에 '자유로운 층(Free bed)'을 가진 필터라는 한정사를 삽입하지 못한 것이 청구항의 권리범위를 명확하고 간결하게 한정하지 못하였다는 점이다. Chisum §8.03 [b].

(Sagging)이 나타나는 것이었다. 특허권자는 이 결점을 개량하기 위해서 텅스텐을 알칼리 실리케이트로 처리하는 방법을 개발하여 결국 굵은 입자(Coarse grain)를 가진 텅스텐을 만들었다.

선행기술에는 이렇게 굵은 입자를 가진 텅스텐 필라멘트는 늘어짐을 방지하기는 하나 여전히 갈라지는 현상은 나타난다고 기술하고 있었다. 특허권자는 그의 발명이 기대되는 결과를 얻는 방법을 완전히 이해하지 못하고 있었지만 이 공법에 의하여 만들어지는 물질의 크기와 직경은 두 가지 문제점을 해결할 수 있도록 되어 있었다. 명세서에서 특허권자는 텅스텐의 물질의 크기나 직경을 실제로 공개하지 않았지만 그 대신 이를 만드는 방법을 공개한 것이다. 특허권자는 물건청구항과 방법청구항을 청구범위에 기재하여 특허를 출원하였다.

그중 청구 제25항은 '백열전구의 필라멘트로서 대부분 텅스텐으로 구성되어 있었고 실제로 갈라짐(Offsetting)과 늘어짐(Sagging)을 막을 수 있는 정도의 크기와 직경으로 된 비교적 커다란 입자'이라고 기재되었다. 그러나 이 청구항이 불명확하기 때문에 무효라고 보았다. '비교적 커다란 입자(Comparatively large grains)'란 청구항의 용어만 가지고는 특허발명을 선행 필라멘트와 구별하지 못한다는 것이다. 선행 필라멘트도 잘 삭감되기 쉬운 커다란 정기적인 물질을 가지고 있었기 때문이다.[220]

청구항이 상대적인 의미를 가지는 용어, 즉 '비교적 커다란'이라는 용어를 사용하는 것은 청구항을 불명확하게 만든다. 또한 신규성 판단의 핵심적인 부분에 대하여 기능적인 용어를 사용하는 것은 청구항을 불명확하게 만든다.

머. 발명의 성격이 불확실한 경우

문제가 된 특허는 카본블랙을 개량한 것으로, 천연가스로 만들어지는 카본블랙은 자동차 타이어의 접착제나 다른 제품의 첨가물로도 사용된다. 카본블랙의 입자들은 아주 미세하기 때문에 사용하는 도중에 먼지같이 비산될 수도 있다. 이렇게 먼지처럼 비산되면 카본블랙을 접착제로 사용할 수 없기 때문에 이를 방지하기 위하여 수차례 노력하였지만 그 성과가 불만족스러웠다. 그러나 특허권자가 접착제를 사용하지 않고도 카본블랙의 집합체를 만드는 새로운 방법을 개발했고, 이로써 카본블랙이 먼지같이 비산되는 것을 방지할 수 있었다. 결국 카본 블랙은 먼지처럼 비산되지 않으면서도 유연하게 되어 고무를 제작하는 데 사용될 수 있었다.[221]

청구 제1항: 실질적으로 순수한 카본블랙(Substantially pure carbon black)으로서 상업적으로 단일한(commercially uniform) 형태로서 비교적 작은(comparatively small) 원형으로 되어 있고 부

---

[220] Electric Co. v. Wabash Appliance Co., 261 U.S. at 6(1938). 그러나 이 사례도 잘못되었다는 비판을 받는다. 만약 청구항이 선행기술과 구별하는 데 실패하였다면 그러한 문제는 신규성이나 진보성에 관한 것이지 청구항을 특정하였느냐의 여부에 관한 것은 아니기 때문이다. Chisum §8.03 [c].

[221] United Carbon Co. v. Binney Co., 317 U.S. 228(1942), 503 F.2d at 149, 182 USPQ at 586.

드럽게 합체되어 스펀지 같은 내부를 가지고 있다.

청구 제2항: 제조물로서 거의 6분의 1인치의 직경을 가지고 있고 매우 순수한 카본블랙의 집합체이다.

그러나 위 두 개의 청구항은 불명확하다는 이유로 무효로 선언되었다. 청구 제1항의 '매우 순수하다(Substantially pure)'라는 말은 다른 불순물이 없다는 뜻이 아니라 접착제가 사용되지 않았다는 뜻이다. '상업적으로 단일하다(Commercially uniform)'라는 용어도 이 물건의 구입자가 요구하는 단일성을 의미하는 것이며 '비교적 작다(Comparatively small)'는 말도 청구항의 불명확성을 더욱 높이는 것이다. 왜냐하면 명세서에 그 크기를 비교할 수 있는 기준을 설명하는 어떠한 내용도 발견할 수 없기 때문이다. '스펀지(Spongy)'라는 말도 카본블랙의 집합체가 함유하고 있는 가스의 밀도를 나타내는 말에 불과하다.[222]

Ⅳ. 청구항에서 사용된 기능적 용어

1. 기능적 용어란

기능적 용어는 발명을 설명함에 있어서 발명이 무엇인가를 말하는 것이 아니라 발명이 무엇을 수행하는가를 말하는 것이다.[223] 이러한 기능적 용어가 사용되었다는 이유로 청구항이 무효로 되는 경우가 있다. 청구항에서 기능적 용어를 사용하면, 첫째, 발명을 모호하고 애매한 방법으로 개념정의하기 때문에 발명자가 실제로 발명하였거나 명세서에 공개하였던 것 이상을 청구항의 권리범위로 주장할 수 있으며, 둘째, 통상의 지식인에 대하여 그 발명을 실시할 수 있도록 하는 실시가능요건(Enablement requirement)을 충족시키지 못한다는 문제가 발생한다.

---

222 United Carbon Co. v. Binney Co., 317 U.S. 228, 233-4(1942). 청구항이 모호하게 된 원인은 두 가지가 있다. 첫째, 청구항에서 용어를 불명확하게 구사한 경우가 있고, 둘째, 개량된 발명 자체의 성격이 불확실한 경우이다. 사용된 용어가 불명확하게 구사된 경우에는 별다른 문제는 없다. 발명을 명확하게 개념정의할 수 있는 용어를 사용하기만 하면 특허를 받을 수 있는 데 별다른 지장이 없기 때문이다. 그러나 이 사건에서 문제가 된 발명이 특허를 받을 수 없는 이유는 이미 잘 알려진 물질의 순도만이 증가되었기 때문에 발명의 성격이 불확실한 경우이고 이는 청구항에서 구사된 용어에 상관이 없이 발명을 특정할 수 없는 경우에 해당된다.

223 O'Reilly v. Morse(1854)(유용한 새로운 결과를 내는 수단을 발명한 사람이라도 그 결과를 발생하는 모든 수단에 대하여 독점권을 가질 수는 없다. 이 판결 이후에는 기계의 기능에 대해서는 특허를 받을 수 없다는 원칙이 성립되었다); General Elec. Co. v. Wabash Appliance Co., 304 U.S. 364(1938); Holland Furniture Co. v. Perkins Glue Co., 277 U.S. 245(1928). 한편 Caterpillar Inc. v. Detroit Diesel Corp., 961 F. Supp. 1249, 1252, 41 USPQ2d 1876, 1879(N.D. Ind. 1996), aff'd, 194 F.3d 1336(Fed. Cir. 1999)(기능적 용어는 본질적으로 그 권리범위가 넓기 때문에 청구항의 명확성, 즉 명확성요건과 권리보호요건에 위배된다), Cultor Corp. v. A.E. Staley Manufacturing Co., 49 USPQ2d 1533(S.D. N.Y. 1998), aff'd, 224 F.3d 1328, 56 USPQ2d 1208(Fed. Cir. 2000)('실질적으로 쓴맛이 제거된'이라는 용어를 사용한 청구항에서 이 용어가 발명의 바람직한 효과를 나타낸 것이라면 이 청구항은 무효이다) 참조.

2. 기능적 용어를 사용한 청구항의 유효성

기능적 용어라는 이유만으로 이를 청구항에 사용할 수 없는 것은 아니다.[224] 비록 청구항에서 기능적 용어를 사용하였다고 하여도 다음의 세 가지 문제점을 해결할 수 있다면 별다른 문제는 없다.[225] 첫째, 기능적 용어는 특허대상을 모호하게 만들거나 권리범위를 부당하게 확장하거나 하여 청구항의 권리범위가 무엇인가를 명확하게 구분하지 못하게 만든다.[226] 둘째, 이는 매우 넓은 권리범위를 주장하면서도 통상의 지식인이 이를 만들고 사용할 수 있도록 하는 충분한 내용을 공개하지 못하는 문제, 즉 실시가능요건을 충족시키지 못한다는 단점이 있다.[227] 셋째, 기능적 용어를 사용한 청구항은 선행기술이 원래 가지고 있었던 기능이나 특성을 단순히 새롭게 개발하였다고 하면서 이러한 기능을 청구항의 권리범위로 주장함으로써 청구항과 선행기술을 구별하지 못하는 문제를 발생시킨다.[228]

---

224 이 견해가 CCPA와 CAFC가 취하고 있는 통설이다. In re Swinehart, 439 F.2d 210, 169 USPQ 226(CCPA 1971); 통설적 입장에서 기능적 용어를 허용한 사례들은 In re Schreiber, 128 F.3d 1473, 1478, 44 USPQ2d 1429, 1432(Fed. Cir. 1997)(특허출원인은 장치의 특징을 구조적이거나 기능적으로 개념정의할 수 있다); Pac-Tec, Inc. v. Amerace Corp., 903 F.2d 796, 901, 14 USPQ2d 1871, 1876(Fed. Cir. 1990), cert. denied, 502 U.S. 808(1991)(선행기술에 비추어서 청구항이 무효인지를 결정하는 데 있어서 청구항에 사용된 **'적응된(Adapted to)', '그것에 의하여 (Whereby thereby)'** 등과 같은 용어를 무시하여서는 안 된다); Rohm & Haas Co. v. Dawson Chem. Co., 557 Supp. 739, 217 USPQ 515(S.D. Tex. 1983), rev'd, on other grounds sub nom. Rohm & Haas Co. v. Crystal Chem Co., 722 F.2d 1556, 220 USPQ 289(Fed. Cir. 1983), cert. denied 469 U.S. 851(1984)(잡초와 농작물의 비율에 따라 사용되는 프로파닐 양을 결정할 수 있는 모든 가능성을 일일이 열거하기는 불가능한 경우에는 기능적 용어의 사용이 허용된다).

225 Chisum §8.04 [3] Functionality Reanalyzed.

226 General Elec. Co. v. Wabash Appliance Co., 304 U.S. 364(1938); Genentech, Inc. v. The Wellcome Foundation Ltd., 29 F.3d 1555, 1564-55, n.25, 31 USPQ2d 1161, 1168, n.25(Fed. Cir. 1994)(청구항이 '인간 세포조직의 플라스미노겐을 활성화하는 DNA의 염기서열(Human tissue plasminogen activator)이라고 개념정의한 것은 기능적 용어를 사용한 것이다); Scheller-Globe Corp. v. Milsco Mfg. Co. 206 USPQ 42, 53(E.D. Wis. 1979), vacated, 636 F.2d 177, 208 USPQ 553(7th Cir. 1980)(**'성형의 온도를 통제하는 단계(The step of controlling the mold temperature)'**라는 기능적 용어는 침해행위의 성립 여부가 오직 그 결과에 의해서만 결정되기 때문에 청구항을 불명확하게 만든다); In re Halleck, 422 F.2d 911, 164 USPQ 647(CCPA 1970); Rhone-Poulenc Agrochime S.A. v. Biagro Western Sales, Inc., 35 USPQ2d 1203, 1205(E.D. Calif. 1995)(**'합성물의 효과적인 양을 가지고 균류를 통제하는 방법'**은 불명확하지는 않다).

227 Bowles Fluidics Corp. v. Mossinghoff, 620 F. Supp. 1297, 1307, 228 USPQ 512, 519(D. D.C. 1985)(발명의 핵심적 구성요소들을 기능적으로 개념정의할 수는 없다).

228 선행기술이 가지고 있는 기능이나 특성을 한정사로 하는 청구항은 허용되지 않는다는 것이 통설이다. In re Swinehart, 439 F.2d 210, 212-213, 169 USPQ 226, 229(CCPA 1971).Titanium Metals Corp. v. Banner, 778 F.2d 775, 227 USPQ 773(Fed. Cir. 1985)(합금에 관한 청구항에서 **'더운 바닷물에서 부식을 잘 방지하는'**이라는 기능적 용어로 개념정의한 것은 선행기술이 이미 가지고 있는 특성을 주장한 것으로서 이러한 용어를 사용한 것만 가지고는 청구항과 선행물질을 구별할 수 없을뿐더러 청구항의 합금 자체에 대해서도 명확한 개념정의를 한 것으로 볼 수 없다); In re Hallman, 655 F.2d 212, 210 USPQ 609(CCPA 1981); In re Pearson, 494 F.2d 1399, 1402-1403, 181 USPQ 641, 644(CCPA 1974)(선행물질이 원래적으로 가지고 있었던 특징이나 용도를 가지고는 청구항을 선행기술과 구별할 수 없고 합성물의 특성이나 용도를 주장하는 용어는 반드시 알려진 물질이 지니고 있지 않았던 특성이나 용도를 주장하여야만 한다); In re Ludtke, 441 F.2d 660, 664, 169 USPQ 563, 567(CCPA 1971)(선행

근래에는 기능적 용어가 사용된 청구항이라고 하여도 이러한 용어가 청구항을 부당하게 넓히거나 모호하게 만들지 않는 한 유효한 것으로 보았다.[229] 청구항에서 기능적 용어를 사용하여 발명의 특성이나 효과를 나타내면서도 통상의 지식인에게 특허대상이 가지는 본질적 특성을 명확하게 개념정의할 수 있다면 특허법상의 별다른 문제는 없는 것이다.

기능적 청구항의 유효성을 더 넓게 보아, 발명을 구조만으로 특정하는 것이 곤란할 뿐 아니라 구조만으로 특정하면 선행기술과 구별이 곤란한 경우에는 청구항을 기능적으로 기술하는 것을 전면적으로 허용하는 견해도 있지만 이는 문제가 있다.[230]

기술과 청구항과의 유일한 차이점이 기능적이고, 선행기술이 그러한 기능을 가지고 있지 않았다는 사실이 밝혀지면 청구항은 불명확한 것이 될 수 있다); K-2 Corp. v. Salomon S.A., 191 F.3d 1356, 1363, 52 USPQ2d 1001, 1004(Fed. Cir. 1999)(구조적인 한정사 뒤에 기능적 용어가 나오더라도 이는 구조를 한정하지는 않는다); In re Mills, 916 F.2d 680, 682-83, 16 USPQ2d 1430, 1432-33(Fed. Cir. 1990)(청구항과 선행기술의 차이점이 오직 기능적 용어인 경우에 선행기술이 청구항의 기능성을 가지고 있지 않다고 입증함으로써 청구항의 진보성을 증명할 수는 없다).

그러나 기능적 용어도 한정사로 볼 수 있는 경우에 대해서는 Wright Med. Tech., Inc. v. Osteonics Corp., 122 F.3d 1440, 1443-44, 43 USPQ2d 1837, 1840(Fed. Cir. 1997)(한정사로 작용하는 기능적 용어도 있다); In re Ludtke, 441 F.2d 660, 169 USPQ 563(CCPA 1971)(청구항이 선행기술이 결여하고 있는 기능성을 가지고 있다고 주장하는 경우에 선행기술을 가지고 청구항의 신규성을 박탈할 수는 없다); E.I. du Pont de Nemours & Co. v. Phillips Petroleum Co., 849 F.2d 1430, 1435-1436, 7 USPQ2d 1129, 1133(Fed. Cir. 1988), on remand, 711 F. Supp. 1205, 11 USPQ2d 1081(D. Del. 1989)(특성을 나타낸 한정사가 반드시 무의미한 것은 아니다. 경우에 따라서 구조만으로는 발명을 개념정의하기가 부적당한 경우에 발명의 특성을 가지고 부분적으로 개념정의할 수도 있다. 쟁점은 이미 알려진 합성물의 새로운 특성을 발견한 것이 특허를 받을 수 있느냐의 문제가 아니라 특성에 의하여 부분적으로 개념정의된 청구항의 물질이 새로운 것이냐 하는 점이다); In re Stencel, 828 F.2d 751, 755, 4 USPQ2d 1071, 1073(Fed. Cir. 1987)(발명은 구조만이 아니라 그 용도에 의해서도 청구항에서 개념정의될 수 있다. 선행기술이 전혀 제시하지 않았던 구조와 용도를 청구항이 가지고 있다면 이는 특허를 받을 수 있다); In re Oelrich, 666 F.2d 578, 212 USPQ 323(CCPA 1981)(수단청구항에 사용된 기능적 구성요소가 선행기술과 청구항을 구별할 수 있다); Ethyl Molded Products Co. v. Betts Package Inc., 9 USPQ2d 1001, 1030(E.D. Ky. 1988)(선행기술이 전혀 암시하지 않았던 기능적 용어를 가진 청구항은 선행기술과 구별될 수 있다).

229 제한적 인정설: 미국 판례법의 근래의 통설; 청구항의 권리범위의 명확성을 해치지 않는다면 기능적 용어의 사용을 허용한다.

230 전면적 허용설(대법원): 위 사건의 원심인 특허법원이 부정설의 입장에 서 있는 것으로 보이는 데 비하여 대법원은 이를 배척하고 별다른 비판 없이 기능적 청구항을 허용하는 것으로 보인다. 대법원의 위 판시에서 '청구항이 발명의 대상이나 특성을 표현하는 것이라고 하여도 이를 가지고 선행기술과 비교하는 구성요소로 보아야 한다.'고 하여 기능적 청구항의 유효성을 별다른 이유 없이 인정함으로써 기능적 청구항이 가지는 문제점 즉 발명의 불명확성, 실시가능요건의 불충족 문제, 선행기술과의 구별 불가능성 등을 극복하고 있는지에 대해서는 아무런 인식이 없는 것으로 보인다.

더 나아가 대법원은 구조만으로는 발명을 특정할 수 없는 경우에 특성이나 성질 등에 의하여 선행기술과 구별하는 기능적 청구항을 허용하고 있다. 즉 '이 사건 출원발명 제1항에서 청구하는 인광체 입자는 구조에 의해서 특정하는 것이 곤란할 뿐 아니라 구조만으로 특정하려 할 때 종래의 인광체 입자와 기술적으로 구별하기 어렵다는 특성이 있다.'고 하여 기능적 청구항을 허용하고 있지만, 이는 그 문제점을 인식하지 못한 결과이다. 이에 비하여 특허법원은 기능적 청구항이 가지는 문제점을 이해하고 있으면서 특허출원인이 선행기술과의 구조적인 차이점을 제시하지 못하고 오직 기능적 용어를 가지고 선행기술과 구별하려고 시도하는 것을 허용하지는 않는다는 부정설의 입장에 서 있음이 명백하게 보인다.

따라서 특허법원과 같이 부정설의 입장에서든 미국의 판례법과 같이 제한적 인정설의 입장에서든 기능적 청구항이 가지는 본질적인 문제점들에 대한 심리와 판단이 없이 대법원이 기능적 청구항의 유효성을 전면적으로 인정한 첨단기술의 개발이 신속하게 진행되는 현대 정보화사회에서 우리가 현재 가지고 있는 정보를 넘어서는 다른 장치가 있을 수도 있고 우리의 상상력을 넘는 장치가 있을 수도 있다. 이러한 장치는 이와 동일한 기능을 수행하면서 특허권자의 청구항의 권리범위에 들 수도 있다. 그러나 이러한 청구항은 그 권리범위가 너무 넓기 때문에 다른 발명자들로 하여금 특허권자의 발명과 동일한 목적이나 효과 또는 특성을 가지는 더 새롭고 효율적인 장치를 개발해 내는 것을 방해할 수 있다.

그러나 한편, 기능적 용어의 사용을 너무 제한하면 청구항의 명확성의 기준이 너무나 높아지는 문제가 발생한다. 결국 특허권자는 그의 명세서에서 발명의 모든 가능한 실시례를 전부 공개하지 않으면 동일한 기능을 하는 발명에 대해서는 보호를 받을 수 없게 될수도 있다. 이는 발명자로서는 명세서에서 모든 실시례를 반드시 공개할 필요는 없다는 기본원칙에도 반한다. 또한 만약 후일의 개량발명이 먼저 특허를 받은 발명개념을 포함하고 있다면 이러한 개량발명도 먼저 받은 특허의 권리범위에 포함된다는 원칙을 위반하는 것이다.

따라서 청구항의 구성요소가 발명의 효과에 관한 용어를 한정적으로 사용하더라도 그 발명이 속하는 계통의 통상의 지식인이 특허대상의 개념을 정확하게 규정할 수 있는 것이라면 이러한 용어는 청구항에서 사용될 수도 있다고 본다. 즉 청구항에 사용된 기능적 용어가 위 몇 가지의 문제점, 즉 청구항의 불명확의 문제, 실시가능요건의 불충족 문제, 선행기술과 구별이 어렵다는 문제 등을 해결하기만 한다면 이러한 기능적 용어는 사용이 가능하다는 것이다.

기능적이라는 말 자체가 아주 모호한 말이지만 특허법상 여러 가지로 사용되기 때문에 청구항에서 사용된 용어가 기능적이라는 이유만으로 특허가 거절된다는 것은 발명자에게 불리하게 작용하는 결과가 되고 만다. 또한 기능적인 청구항이 단순히 원하는 효과를 얻기 위한 것에 불과하여 그 권리범위를 한정할 수 없기 때문이라는 이유만으로 특허를 거절할 수는 없다. 따라서 특허출원인의 발명이 가지는 바람직한 효과가 한정되어 있어서 청구항에서 말하는 특허대상이 모호하지 않고 그 권리범위를 정확하게 할 수 있는 것이라면 청구항이 기능적이라는 이유만으로 특허가 거절될 수 없다는 것이다.[231]

과거에는 기능적 용어를 사용한 청구항은 그 모호한 용어로 인하여 권리범위가 불명확하여 특허의 발급을 허용하지 않았고 이미 발급된 특허라도 무효라고 보았다.[232] 사실 유용한 새

것은 비판을 면하기 어렵다.

그러나 이러한 기능적 청구항이 허용된다고 하여도 과연 명세서가 공개요건을 구비하였는지 여부, 즉 청구항을 상세하게 설명함으로써 일반대중이 이를 실시할 수 있도록 충분한 공개를 하였는지 여부를 살펴볼 필요가 있다. 대법원은 위 메탈로프로테이나제 사건에서 문제가 된 기능적 청구항이 주장하는 권리범위까지 명세서가 상세한 설명을 하지 못하였다고 보았다.

231 In re Swinehart, 439 F.2d 210, 169 USPQ 226(CCPA 1971); Home Shopping Network, Inc. v. Coupco, Inc., 1998 WL 85740(S.D. N.Y. 1998).

232 부정설: 이러한 청구항은 특허권자의 발명을 그가 원하는 효과를 달성하는 것에 의해서만 구별할 수 있기 때문이

로운 효과를 달성하는 하나의 구체적 수단을 발명한 사람은 이러한 구체적 수단에 한해서만 특허라는 독점권을 부여받을 수 있다. 그러나 발명이라는 구체적 수단이 가져오는 특정한 효과를 달성하는 모든 수단을 자기의 권리범위로 청구할 수는 없는 것이다.

특허법원은 이 견해를 따라 청구항의 기능적 구성요소는 한정사로서의 기능을 역할을 하지 않는 것으로 보고, 이를 제외하고 그 나머지 한정사만을 가지고 선행기술과 비교하여 신규성이나 진보성을 판단하여야 한다고 본다. 이 견해는 발명에 대하여 신규성을 부여하는 본질적인 특성은 그 특허가 종전의 기술적 문제를 해결하는 경향이 있다는 바로 그 이유만으로서는 선행기술과 구별하여 신규성이 있다고 할 수는 없다고 보는 것이다.

3. 오직 기능적 용어만을 사용한 청구항

오직 기능적 용어만을 사용하여 발명을 개념정의한 청구항은 특허를 받을 수 없다. 만약 이를 허용한다면 특허권자는 자신이 발명하고 공개하였던 것 이상으로 청구항의 권리범위를 부당하게 확장하는 결과를 가져오기 때문이다.

문제가 된 특허는 나무를 가공하여 합판을 치장하는 데 사용되는 전분풀에 대한 발명이다. 이전에는 동물성 풀이 사용되었는데 동물성 풀은 높은 강도를 가지고 있고 물을 적게 흡수하기 때문이다. 합판에 사용되는 접착제가 물을 너무 많이 함유하게 되면 건조하는 데 오랜 시간이 걸리고 나무를 뒤틀리게 하는 경향이 있다.

특허출원인이 개발한 전분풀은 비록 식물성으로 만들어졌어도 동물성 풀과 마찬가지 작용을 하였다. 발명자는 이 풀을 만드는 기초물질을 카사바 뿌리에서 추출한 뒤 이를 가공하는 단계를 거쳐서 '동물성 풀과 같은(As good as animal glue)' 전분풀을 만들었고 이 전분풀을 만드는 방법과 함께 그 전분풀에 대하여 특허를 출원하였다.[233]

그러나 '동물성 풀과 같은'이라는 용어는 오직 물건의 기능이나 용도만을 나타내는 것으로 이를 청구항에 사용하였다면 이 청구항은 무효이다. 발명자는 청구항에서 그 구조가 아닌 용도나 기능만으로 전분풀을 개념정의할 수는 없다. 또한 발명자는 그가 청구항에서 주장한 기능이나 용도를 가지고 있는 모든 전분풀을 권리범위로 주장할 수도 없다.

다. 즉 청구항이 기재하고 있는 특성이나 구조가 가지고 있는 기능에 의해서만 다른 발명과 구별될 수 있다. 결국 발명자는 자신이 발명한 기계의 특정한 물리적 구조에 대해서는 특허를 받을 수 있으나 그 구조가 가지는 일반적 기능에 대해서는 특허를 받을 수 없다는 점을 부정설은 그 배경으로 하고 있다.

233 Holland Furniture Co. v. Perkins Glue Co., 277 U.S. 245(1928)(그 청구범위 중에서 기능적 용어를 사용함으로써 문제된 제28항은 '카사바의 탄수화물이 액체상태로 분해되고 동물성 풀이 지닌 특성을 실제로 가지고 있는 풀'이다. 어떤 발명자라도 발명의 기능을 묘사하는 용어만을 청구항에 사용하여 발명을 개념정의함으로써 다른 방법으로 만들어진 새로운 물건이 자기의 청구항의 권리범위에 있다고 주장할 수는 없기 때문이다).

4. 발명의 핵심

발명의 효과를 나타내는 용어를 제한적으로 사용했지만 통상의 지식인이 물건이 가지는 본질적 특성을 정확하게 개념정의할 수 있다면 이것은 허용될 수 있는 청구항이다. 따라서 청구항에서 기능적 용어가 사용되었다고 하여도 이 청구항이 반드시 무효인 것은 아니다. 그러나 기능적 구성요소가 바로 발명의 핵심이라면 다르게 보아야 한다.

청구항이 선행기술이 가지는 문제를 해결하였다는 효과를 주장하는 것만으로는 발명의 특허발급가능성을 입증할 수는 없다. 오직 기능적 구성요소만이 선행기술과 구별되는 발명의 핵심이라면 이는 청구항을 모호하게 하는 기능적 청구항으로, 허용되지 않는다고 보아야 한다.[234]

문제가 된 특허는 텅스텐 필라멘트를 개량한 것이다. 특허권자는 텅스텐을 실을 꼰 형태의 구조로 만들었고, 이것은 필라멘트가 늘어지는 것을 방지하는 동시에 갈라지는 것을 방지였다. 그 명세서에서 특허권자는 텅스텐의 형태나 크기를 기재하지 않았다. 그가 한 것은 그 텅스텐 필라멘트를 만드는 방법에 관한 것뿐이다. 특허권자는 청구범위에서 물건청구항은 물론 방법청구항도 포함했다. 전형적으로 기능적 용어를 사용한 물건청구항인 청구 제25항은 다음과 같다.

청구 제25항: 백열전등에서 사용되는 필라멘트로서, 주로 텅스텐으로 만들어져 있고 필라멘트가 늘어지거나 갈라지는 것을 실제로 방지할 수 있는 비교적 큰 크기의 철사를 꼰 형태를 가진 것(Comparatively large grains of such size and contour as to prevent substantial sagging and offsetting).

이 발명이 선행기술과 구별되는 핵심은 바로 이 필라멘트가 늘어지거나 갈라지는 것을 방지하는 효과에 있다. 위 청구항은 특허권자의 발명을 그가 원하는 효과를 달성하는 것, 즉 모양이 늘어지거나 갈라지는 것을 실질적으로 방지하는 기능을 가지고서만 선행기술과 구별될 수 있다. 따라서 이러한 용어의 사용은 청구항을 불명확하게 만들고 결국은 이를 무효로 한다.

미연방대법원은 기능적 용어를 사용한 이 두 사례의 청구항 모두를 무효라고 보았다. 그러나 앞선 두 사건은 서로 다른 문제점을 가지고 있다. 전분풀 사건(Perkins Glue)에서 사용된 용어는 그 권리범위를 정하는 데 있어서는 분명하지만 권리범위가 너무 넓다는 문제가 있는 것이다. 그 청구항의 권리범위가 너무 넓어서 심지어는 명세서가 실시가능요건을 충족시킬 수 있을 정도의 충분한 공개를 하지 못하였음에도 명세서에 기재된 구체적 실시례를 그 권리범위로 포함한다. 이에 비하여 필라멘트 사건(Wabash Appliance)에 있어서 청구항에 사용된 용어 자체가 불명확한 것이다. 통상의 지식인으로서는 어떠한 실시례가 청구항의 권리범위에 속하는지를 결정할 수 없다.[235]

234 General Electric v. Wabash Appliance Co., 304 U.S. 364 at 371-372(1938).

235 위 필라멘트 사건의 청구항은 발명의 효과를 가지고 발명의 구조를 말하는 것으로서 이러한 청구항은 권리범위에

V. 기능식 청구항

1. 기능식 청구항이란

기능식 청구항(Means claim), 즉 기능을 수행하는 수단청구항(Means plus Function claim)은 청구항의 구성요소를 정확하게 기재하는 대신에 특정한 기능을 수행하는 수단이라는 용어를 사용한다.[236] 이 청구항은 발명의 구조를 기술하거나 재료를 공개하지 않고 기능을 수행하는 방법만을 기술하기 때문에 청구항이 단지 수단(Means)이나 단계(Step)로 표시된다.

예컨대 통상의 청구항이 '손잡이가 볼트로 조여져 있고 포트에 용접되어 있는 커피포트'라고 기재하는 대신에 기능식 청구항은 '커피포트에 핸들을 고정시키는 수단(Means)'이라고 기재한다. 이 수단(Means)이라는 말은 기능을 수행하는 모든 방법을 포함한다. 이 기능은 명세서에 공개되거나 공개된 방법들과 동등한 것들(Equivalents)을 말한다.

이러한 청구항을 허용하는 이유는 발명자에게 진정한 발명을 포괄할 수 있는 충분한 권리범위를 주고자 함이다. 이로써 발명자는 자신의 명세서에 기재된 여러 가지 선택적인 대안들을 일일이 열거할 필요가 없다. 과거에는 이러한 기능이 결합된 방법청구항은 인정되지 않았다.[237] 왜냐하면 이러한 청구항은 권리범위를 정하기가 어렵고 특허권의 침해가 인정되어 사용금지처분이 허락되더라도 이를 강제집행할 수 없기 때문이다.

이 기능식 청구항은 명세서에 기재된 구조나 작용으로서, 청구항에 상응하는 것을 그 권리범위에 포함한다.[238] 청구항을 작성하는 변호사나 변리사는 청구항에 수단이라는 용어를 사용

무엇이 포함되는지 또는 포함되지 않는지를 결정하는 합리적인 기준을 제시할 수 없다. 결국 이는 청구항의 권리범위가 불명확하다는 문제에 귀착된다. 이에 비하여 위 전분풀 사건의 청구항은 발명자가 원하는 물질적 특성을 나타내는 용어를 사용하여 특허대상을 개념정의한 것으로서 이는 청구항의 권리범위에 포함되는 것과 포함되지 않는 것 사이를 확실하게 구분한다. 그러나 이 청구항의 권리범위는 발명자가 실제로 공개한 것 이상을 포함하고 있기 때문에 부당하게 넓은 권리범위를 가진다. 결국 이는 명세서가 실시가능요건을 충족시키느냐 하는 문제를 가진다. 따라서 위 판결들은 기능성(Functionality)이라는 명제 아래 청구항의 명확성의 문제와 실시가능요건을 혼동한 것이다. Chisum §8.04 [1][c]. Woodward, Definiteness and Particularity in Patent Claims, 46 Mich. L. Rev. 755, 772(1948).

236 1982년 JPO는 특허심사지침을 개정하여 마이크로 컴퓨터를 사용하여 사물을 통제하는 기구에 대하여 법정특허대상으로 인정하였다. 이 청구항은 바로 이 기능을 수행하는 수단청구항이었다. 마이크로 컴퓨터를 응용한 기술과 관련된 일본국특허심사지침 1982년, Davis S. Guttman, Patents & Licensing, October, 1983, p.9-18 참조.

237 미특허법 제112조는 기능을 수행하는 수단청구항(Means-plus-function claim)을 명문으로 규정하고 있다.

238 Maier & Lytle, The Strategic Use of Means-Plus-Function Claims, 80 J. Pat. & Trademark Off. Soc'y 241(1998); Casey, Means Plus Function Claims After Markman: 수단청구항의 해석은 법률적용의 문제인가 사실인정의 문제인가?, 79 J. Pat. & Trademark Off. Soc'y 841(1997); Lee & Paige, Means Plus and Step Plus Function Claims: 80 J. Pat. & Trademark Off. Soc'y 251(1998); Hofmann & Heller, The Rosetta Stone for the Doctrines of Means-Plus-Function Patent Claims, 23 Rutgers Computer & Tech. L.J. 227(1997); Note, Interpretation of Patent Process Claims in Light of the Narrowing Effect of 35 U.S.C. 112 (6), 31 Ind. L. Rev. 1133(1998).

하면 되고 더 나아가 발명의 구조에 대해서 아무런 언급을 할 필요가 없다.[239]

2. 문제점

기능적 용어를 사용한 수단청구항은 그 권리범위가 너무나 넓고 또한 기능적이어서 청구항의 명확성의 요건을 충족시키지 못하여 무효가 된 사례가 있다.

유전의 깊이는 펌프를 정확하게 배치하기 위하여 필수적이지만 직접 유전의 깊이를 측정는 것은 거의 불가능하다. 1920년대 과학자들은 가스를 짧게 폭파시켜 발생하는 진동이 유전파이프의 마디에 반사하여 되돌아오는 음파를 분석하여 유전의 깊이를 측정했다.[240] 이 장치는 파이프의 마디로부터 반사되어 돌아오는 음파를 받고 이를 잡음과 구별할 수 있는 분석수단을 필요로 하였고, 이를 위하여 기계적인 음파분석기를 위 파동제조기와 함께 조합하여 사용했다.

청구 제1항은 물건청구항으로서 다음과 같다.

청구 제1항: 파동을 만들어서 유전공에 전달한 뒤 유전파이프의 접합 부분으로부터 반사된 음향을 분석하여 유전의 깊이를 측정하는 장비로서, 파동제조수단(Means)이 파동이 목적물에 반사하여 돌아오는 음파접수수단(Means)과 조합되어 파동이 지체된 시간을 측량하는 음파접수수단(Means)을 가진 장치이다.[241]

그러나 명세서는 음파접수수단(Means)이 무엇인지 또는 어떠한 구조를 가지고 있는 장치

---

239 수단(Means)이라는 용어를 사용하기만 하면 모두 기능으로 표현된 수단청구항이 되는가에 대하여 Chisum §18.03[5]. Cole v. Kimberly-Clark Corp., 102 F.3d 524, 41 USPQ2d 1001(Fed. Cir. 1996), cert. denied, 522 U.S. 812(1997); York Products, Inc. v. Central Tractor Farm & Family Center, 99 F.3d 1568, 40 USPQ2d 1619(Fed. Cir. 1996).

240 Halliburton Oil Well Cementing Co. v. Walker, 329 U.S. 1, 71 USPQ 1(1946). 발명의 핵심적 구성요소가 기능적 용어인 수단(Means)로 표현된 청구항은 그 청구항을 불명확하게 한다고 본 견해는 Halliburton Oil Well Cementing Co. v. Walker, 329 U.S. 1(1946). 이 견해는 1952년 미국의 특허법에 의하여 변경되었고 현재 미특허법 제112조 제6항은 수단이라는 용어를 사용한 청구항을 허용하고 있다. 또한 Hilton Davis Chemical Co. v. Warner-Jenkinson Co., Inc., 62 F.3d 1512, 35 USPQ2d 1641(Fed. Cir. 1995)(in banc), rev'd & remanded for further proceedings consistent with this opinion, 520 U.S. 17, 41 USPQ2d 1865(1997)(Judge Nies: 청구항에 수단(Means)이라는 용어를 사용하여 청구항의 권리범위를 가능한 최대한 넓히려는 실무상의 관행이 생기게 되었는데 이 수단이라는 용어를 사용하면 침해장치가 청구항의 문언상의 권리범위에 해당되는 경우가 많다. 그러나 이 수단이라는 용어를 사용한 청구항에 대한 침해행위는 명세서에 공개된 발명의 실시례나 이와의 동등물(Equivalents)에만 한정된다고 본다. 따라서 수단에 대한 모든 동등물에 대하여 그 청구항의 권리범위가 미치는 것은 아니다. 따라서 수단청구항에 대한 동등론은 청구항은 오직 발명자가 명세서에서 공개한 실시례나 이와의 동등물에 대해서만 그 권리범위를 제한한다. 이렇게 수단청구항에서는 특허권자에게 불리하게 동등론을 적용하여 청구항을 좁게 해석하기 때문에 역동등론(Reverse doctrine of equivalents)이라고도 한다. 이 역동등론에 의하면 침해장치가 청구항의 문언상의 권리범위에 해당한다고 하더라도 명세서에 기재된 실시례나 이와의 동등물이 아닌 한 침해행위가 성립되지 않는다.

241 연방항소법원 9th Circuit는 위 수단청구항은 유효하다고 보고, 동등론을 적용하여 전자적인 필터를 사용한 침해장치는 위 수단청구항의 권리범위에 해당한다고 보았다.

안지를 암시할 수 있는 실시례를 공개하지 않았으며, 침해장치는 기계적인 음파접수장치가 아니라 전자필터를 사용한 장치였다.

명세서의 공개내용을 보면 특허권자가 음파를 접수하는 장치가 어떠한 구조를 가져야 한다든지 또는 여러 대안이 고려되고 있었다는 점을 암시하지 않는다. 결국 위 수단청구항은 그 권리범위가 너무나 넓고 또한 기능적이어서 무효이다. 만약 이러한 청구항에 특허를 부여하면 이 특허는 유전파이프로부터 반사되어 오는 음파를 붙잡아서 기록할 수 있는 기능을 가진 것이라면 유전에서 사용하는 어떤 장치라도 사용을 금지시킬 수 있는 것이다.[242]

그러나 이렇게 기능식 청구항에 대하여 너무 높은 명확성의 기준을 설정하는 것은 부당하다는 비판을 받는다.[243] 또한 이는 특허권자가 그의 명세서에서 자신의 발명의 모든 가능한 실시례를 공개할 필요는 없다는 기본원칙에도 반한다.[244] 또한 후일의 개량발명이 먼저 특허를 받은 발명개념을 포함하고 있다면 이러한 개량된 발명도 먼저 받은 특허의 권리범위에 포함된다는 원칙을 위반하는 것이다.

3. 발명의 효과

기능식 청구항은 발명이 가지는 바람직한 효과를 가져오는 모든 수단을 그 권리범위에 포함시킴으로써 부당하게 권리범위를 넓힌다는 문제점이 제기된다. 따라서 바람직한 효과를 내는 수단이 특허출원인이 공개한 수단과는 전혀 다른 것이라고 하더라도 기능식 청구항의 권리범위에 포함된다는 잘못된 결과가 된다. 그러나 청구항이 발명의 효과를 그 권리범위에 포함하지는

---

242 Halliburton Oil Well Cementing Co. v. Walker, 329 U.S. 1, 71 USPQ 1(1946). 기술혁신이 진행되는 시대적 상황에서 우리의 정보나 상상력을 넘는 장치도 있다. 그러나 이 장치가 특허장치와 동일한 기능을 수행한다면 청구항의 권리범위에 해당할 수 있다. 오히려 이러한 청구항은 그 권리범위가 너무 넓어서 발명적 천재들로 하여금 동일한 목적을 수행할 수 있는 새로운 장치를 개발하지 못하도록 한다. Continental Paper Bag Co. v. Eastern Paper Bag Co.(1908)(기능으로 표현된 수단청구항과 관련하여 피고가 후일 동일한 기능을 하는 대체장치를 개발한 경우에 침해행위가 된다).

243 이 판결이 있기 이전에도 기능을 수행하는 수단청구항(Means plus function claim)이 허용되고 있었기 때문에 위 Halliburton을 좁게 해석하는 경향이 후일의 지배적인 견해이다. 1952년의 미특허법 제112조의 세 번째 문장이 바로 이 Halliburton의 적용을 제한하기 위하여 성문화된 것이다. Faulkner v. Gibbs, 338 U.S. 267(1949), reh'g denied, 338 U.S. 896(1949)(Halliburton은 발명의 핵심적 구성요건이 기능적 용어로 만들어져서 그 권리범위가 부당하게 넓기 때문에 무효라고 보는 것이 마땅하지만, 이 사건은 여러 가지의 구성요건이 조합되어 하나의 청구항이 만들어진 경우로서 기능적 용어를 사용하였다는 이유만으로는 청구항의 권리범위를 부당하게 넓게 만들지는 않는다).

244 Pursche v. Atlas Scraper & Eng'r Co., 300 F.2d 467, 479, 132 USPQ 104(9th Cir. 1961), cert. denied, 371 U.S. 911(1962), reh'g denied, 371 U.S. 959(1963)(기계의 형태가 발명원칙이 아닌 한 모든 실물모형이 명세서나 도면에서 반드시 기재될 필요는 없다); Chicago Pneumatic Tool Co. v. Hughes Tool Co., 97 F.2d 945, 946, 38 USPQ 258(10th Cir. 1938), cert. denied, 305 U.S. 643, reh'g denied, 305 U.S. 673(1938)(모든 실물모형의 공개는 불필요하다. 명세서는 최적모형을 공개하면 족하지만 청구항의 권리범위는 최적모형에 한정되지 않는다).

않는 경우에는 기능식 청구항으로 볼 수는 없다.

특허출원인의 발명은 타이어의 미끄럼을 방지하기 위하여 탄수화물이나 단백질 용액과 '무기질 소금(Inorganic salt)'을 고무에 혼합하여 타이어 표면을 만드는 것이다. 이렇게 하면 젖은 표면에서 타이어의 견인력이 높아지기 때문이다. 청구항의 한 구성요소는 '콜로이드 상태로 된 탄수화물이나 단백질을 물속에서 혼합할 수 있는 무기질 소금'이고 명세서는 이에 적합한 무기질 소금 네 가지를 열거하였다.[245]

그러나 위 청구항은 발명의 효과, 즉 타이어의 미끄럼을 방지하는 효과를 그 권리범위에 포함하지는 않았기 때문에 기능적인 것으로 볼 수는 없다. 미끄럼 방지효과를 내는 수많은 다른 대체수단이 존재하고 있고 이러한 대체수단 거의 대다수가 특허출원인의 청구항에 기재된 물질과는 아무 상관이 없다.[246]

4. 기능만으로 특정될 수 있는 물질

독립적으로 특허대상이 될 수 없는 기초물질이라도 두 가지 이상의 구성성분으로 이루어진다면 이 구성성분은 구조적인 한정사가 없어도 청구항에서 기능만으로 표시될 수 있다. 화합물(Compound)에 관한 청구항의 구성요소 중 하나가 산화현상 물질을 가진 염료를 만들 수 없는 유기근(Organic radical)으로서 이 한정사가 부정적(Negative)이고 기능적(Functional)이었다. 그러나 이렇게 청구항에 기재한 화합물이 비록 이미 잘 알려진 기초물질이라고 하더라도 청구항에서 그 구조를 언급하지 않고도 기능만으로 특정될 수 있다.[247]

---

245 In re Fuetterer, 319 F.2d 259, 138 USPQ 217(CCPA 1963). 미특허청은 무기질 소금은 수천 가지의 물질에서 발견되는데 그들 중 일부가 작동 가능할 수도 있고 일부는 작동 가능하지 않을 수도 있다는 이유로 특허발급을 거절하였다. 위 청구항의 구성요소에서 '무기질 소금'을 수식한 '콜로이드 상태의 탄수화물이나 단백질을 물속에서 혼합할 수 있는'이라는 한정사는 타이어의 표면이 마모되는 순간 무기질 소금이 기능하는 방법을 기술하기 때문에 기능적인 용어라고 보아야 한다는 것이다. 따라서 이 청구항은 그 물질이 무엇이냐를 기술하는 것이 아니라 그 물질이 무엇을 하고 있느냐를 기술하는 데 불과한 기능적 청구항이라는 것이다. 그러나 CCPA는 ① 기능적(Functional)이라는 말 자체가 아주 모호한 말로서 특허법상 여러 가지 의미로 사용되고, ② 발명이 가지는 효과만을 얻기 위한 청구항은 특허가 허용될 수는 없지만 그렇지 않은 청구항은 굳이 제한할 필요도 없는바, 효과에 관한 용어를 제한적으로 사용하면서 그 발명이 속하는 분야의 통상의 지식인에게 청구항의 권리범위를 보다 명확하게 개념정의할 수 있다면 이러한 용어는 청구항에서 사용되는 것이 바람직할 수도 있는데 특허출원인은 이러한 용어를 사용하였으며, ③ 특허출원인은 자신의 발명과 선행기술을 구별하기 위하여 기능적 용어를 사용하지도 않았다고 하였다. 또한 CCPA는 기계적 구조나 장치는 물론 합성물에 대한 청구항의 기초재료들의 조합과 방법청구항의 단계에도 수단청구항을 사용할 수 있다고 보았다.

246 Technitrol, Inc. v. Control Data Corp., 550 F.2d 992, 193 USPQ 257(4th Cir. 1977), cert. denied, 434 U.S. 822(1977)(너무 엄격하게 기능청구항을 제한한 Halliburton의 적용을 제한하는 것이 대세이다); Kockum Indus., Inc. v. Salem Equip., Inc., 467 F.2d 61, 63, 175 USPQ 81(9th Cir. 1972), cert. denied, 411 U.S. 964(1973)(명세서가 결점을 보완할 수 있으면 기능적 용어도 허용되는 것이 근래의 추세로 보인다).

247 In re Barr, 444 F.2d 588, 170 USPQ 330(CCPA 1971)(미특허청은 기능으로 표현할 수 있는 대상이 되는 것은 오직

5. 단일수단 청구항

단 하나의 구성요소로 만들어진 청구항을 단일수단 청구항(Single-means claim)이라고 하는데, 이 청구항은 실시가능요건(Enablement requirement)을 충족시키지 못할 정도로 그 권리범위가 부당하게 넓다.[248] 단일수단 청구항의 예로서는 청구항이 '입력되는 신호의 증가에 반응하여 Fourier 변형물이 점차적으로 증가·생산되도록 하는 점증적인 수단(Incremental means)을 포함하는 변형프로세서'에 대한 것이다. 이 청구항은 단일의 구성요소로 만들어졌기 때문에 여러 개의 구성요소의 조합으로 이루어진 수단청구항과는 구별된다.

이 단일수단 청구항은 발명의 목적을 달성하는 모든 가능한 수단을 그 권리범위로 포함하고 있는 데 비하여, 명세서는 발명자에게 알려진 단 하나의 수단만을 공개하고 있다. 따라서 이렇게 권리범위가 부당하게 넓은 단일수단 청구항에 대해서는 실시가능요건을 충족시키기가 어렵다는 이유로 종전부터 특허가 거절되어 왔다.[249] 기능으로 한정된 수단청구항도 다른 청구항과 마찬가지로 특허법이 요구하는 청구항의 명확성 요건과 실시가능요건을 구비하여야 한다.[250]

기능적 용어로 불리는 기구라고 할지라도 통상의 지식인에게 잘 이해될 수 있는 구조를 가진 것이라면 청구항에서 사용될 수 있다. 멈춤기구(Detent mechanism)라는 용어의 사전적 의미는 기능적인 것이라도 이 기구가 특정한 구조를 가진 것으로 개념정의될 수 있다면 이는 허용되는 기능적 용어이다. 이러한 기능적 기구들 중에는 필터, 브레이크, 스크루 드라이버, 열쇠 등이 있다.[251] 이러한 용어는 기능적이지만 구조적인 개념정의가 가능한 것으로서, 청구항의 권

각각의 구성요소들이 개별적으로 특허대상이 될 수 있는 경우에만 한정하는 것으로서 화합물을 구성하는 기초물질은 자연물에 불과하기 때문에 독립한 특허대상이 될 수 없어 기능적 청구항을 사용할 수 없다고 보아 특허를 거절하였다).

248 In re Hyatt, 708 F.2d 712, 218 USPQ 195(Fed. Cir. 1983). 단일수단 청구항을 허용하지 않는 입장에 있는 사례들은 Amgen Inc. v. Chugai Pharmaceutical Co., Ltd., 13 USPQ2d 1737(D. Mass. 1989), aff'd in part, rev'd in part, vacated in part, 927 F.2d 1200, 18 USPQ2d 1016(Fed. Cir. 1991), cert. denied, 502 U.S. 856(1991); Ex parte Maizel, 27 USPQ2d 1662(Bd. Pat. App. & Int'f 1992)(BCGF 단백질이나 이와 생물학적으로 동등한 기능을 하는 단백질의 DNA염기서열에 대한 청구항은 허용되지 않는 단일수단 청구항이다. 이 청구항은 가능한 어떠한 수단 세포 또는 DNA로서 발명자가 주장하는 생물학적 효과를 가져오는 것이면 어느 것을 가리지 않고 그 권리범위로 주장하는 데 비하여 발명자가 명세서에서 공개한 것이라고는 자신이 알고 있는 특정한 DNA 조각에 불과하다); Ex parte Kung, 17 USPQ2d 1545, 1547(Bd. Pat. App. & Int'f 1990)(통상의 인간의 B세포에서는 발견되지 않지만 백혈구에서만 발견되는 항원에 반응하는 생쥐의 모노클로널 항체에 대한 청구항은 특허법상 허용되지 않는 단일수단 청구항이다. 만약 이를 허용한다면 발명자는 청구항이 주장하는 효과를 가져오는 모든 모노클로널 항체를 권리범위로 가지는 데 비하여 그가 공개한 것이라고는 이 효과를 가져오는 오직 단 하나의 수단에 불과하다).

249 Hilton Davis Chemical Co. v. Warner-Jenkinson Co., Inc., 62 F.3d 1512, 1560 n.10, 35 USPQ2d 1641, 1681 n.10(Fed. Cir. 1995)(in banc), rev'd & remanded for further proceedings consistent with this opinion, 520 U.S. 17, 41 USPQ2d 1865(1997)(NIES 판사의 소수견해는, 미특허법 제112조 6번째 문장은 단일수단청구항을 포함하지 않고 있다고 본다).

250 기능으로 한정된 수단청구항의 명확성의 요건과 실시가능요건의 관계에 대해서는 Chisum §8.04 [d] 참조.

251 Greenberg v. Ethicon Endo-Surgery, Inc., 91 F.3d 1580, 39 USPQ2d 1783(Fed. Cir. 1996). 물론 멈춤기구라는

리범위를 부당하게 넓히는 것은 아니다.

더 나아가 기능적 청구항이라고 하더라도 유효성이 인정되는 것이 있다. BaF2와 CaF2를 합성한 물질(Composition of matter)에 관한 것인데 선행기술이 공개하고 있는 합성물질은 적외선을 투과하지 않았다. 그러나 특허출원인이 위 두 가지 물질을 결정체로 만들어서 공융비율에서 용해한 뒤 다시 결정체로 만든 결과 나온 합성물질은 실질적으로 투명했다. 청구항은 기능적 용어를 사용하여 '적외선을 투과하고 열충격에 견딜 수 있는 거의 공융비율로 존재하는 BaF2와 CaF2의 성분이 용해되어 굳어진 새로운 합성물질'이라고[252] 하였다. 이 청구항에서 사용된 '적외선을 투과하는' 정도는 투과되는 적외선의 양이 실질적으로 많은 양(Substantial amount)이라는 의미를 가진 것으로서 이는 발명을 명확하게 한정한다.[253]

Ⅵ. 방법식 청구항

1. 의 의

방법식 청구항(Product-by-Process Claim)은 주로 또는 완전히 방법적 용어를 사용하여 발명을 개념정의한 물건청구항이다.[254] 구조적 용어를 충분히 사용하여 개념정의를 한 물건청구항이라면 방법적 용어가 일부 사용되었다고 하더라도 방법식 청구항이라고 볼 수 없다.[255] 또한 물건을 만드는 방법을 가지고 물건을 개념정의하였다는 점에서 그 물건을 만드는 방법에 대한 청구항인 방법청구항과도 다르다.[256]

용어가 비록 잘 개념정의된 단 하나의 구조를 떠올리게 하는 것은 아니지만 이러한 점은 열쇠 등과 물건도 마찬가지이다. 청구항에서 사용될 수 있는 용어인가를 결정하는 것은 잠금기구를 작용의 면에서 개념정의한 것이 아니라 그 구조의 명칭으로서 그 분야의 통상의 지식인에게 잘 이해될 수 있느냐이다.

252 In re Swinehart, 439 F.2d 210, 212-213, 169 USPQ 226, 229(CCPA 1971)(특허청 측의 소송대리인은 투과성은 정도의 문제이고 물건을 만드는 조건에 따라 달라질 수 있기 때문에 그 분야의 통상의 지식인은 그 물질의 투과성이 청구항의 권리범위에 해당하는지를 결정할 수 없고 따라서 이 용어는 불명확한 것이라고 보았다. 또한 특허청은 이 물질의 발명적 핵심은 적외선을 투과하는 성질이라고 보고 바로 이 발명적 핵심의 개념이 불명확하고 기능적이라는 이유로 특허를 거절했다. 그러나 CCPA는 특허청이 발명적 핵심이라고 보았던 것은 바로 선행기술이 원래부터 가지고 있었던 기능이나 특성에 불과한 것이라고 보고 만약 그것이 아니라면 특허출원인은 이를 입증할 책임이 있다고 보았다); Haney v. Timesavers Inc., 29 USPQ2d 1605, 1608(D. Ore. 1993), further opinions, 29 USPQ2d 1933(D. Ore. 1993), 31 USPQ2d 1949(D. Ore. 1994)('이중구동장치(Double-drive mechanism)'는 기능적 용어이다).

253 In re Swinehart, 439 F.2d at 215, 169 USPQ at 230. 그러나 비록 '실질적으로 투명한(Substantially transparent)'이라고 해석하여도 이는 불명확하다고 보는 소수견해도 있다.

254 In re Hughes, 496 F.2d 1216, 182 USPQ 106(CCPA 1974).

255 In re Hughes, 496 F.2d 1216, 182 USPQ 106(CCPA 1974)에서 In re Moore, 439 F.2d 1232, 1236, 169 USPQ 236, 239(CCPA 1971) 인용함.

256 Bonito Boats Inc. v. Thunder Craft Boats Inc., 489 U.S. 141, 9 USPQ2d 1847, 1855(1989)(방법에 의하여 만들어

방법식 청구항은 물건청구항이지만 그 사용된 방법적 용어가 방법적이라는 이유로 그 권리범위가 불확정하거나 좁아질 수 있기 때문에 출원인은 될 수 있는 대로 물건청구항을 선호한다.[257] 그럼에도 불구하고 방법식 청구항이 실무상 사용되는 이유는 이를 사용할 필요가 있기 때문이다.

새로운 물건을 발견 또는 발명하였으나 그 물건의 성격이나 특성이 그 물건의 구조를 가지고 개념정의하기가 매우 어려운 경우가 있다. 이는 그 물건의 구조가 충분히 알려지지 않았거나, 객관적으로 설명될 정도로 알려지지 않는 경우에 하는 수 없이 방법적 용어를 사용하여 개념정의를 할 필요가 있다.[258] 기술혁신을 이루었지만 이를 표현할 수 있는 언어가 아직 개발되지 않은 경우나, 현재의 기술로서는 그 혁신적 특성을 개념정의할 능력이 따르지 못하기 때문인 것이다.[259]

따라서 종래 미국의 판례법에서는 통상 물건청구항에서 구조적 특성을 가지고 개념정의하는 것을 원칙으로 보고, 단지 필요한 경우에 한하여 예외적으로만 방법식 청구항을 허용하여 왔다.[260] 그러나 근래에는 실무상 물건청구항에서 방법적 용어를 사용하는 경향이 있게 되자,[261] 특허법에서 요구하는 청구항의 명확성의 요건을 충족하기만 한다면 출원인이 구조가 아닌 방법을 가지고 청구항의 한정사로 사용하였다고 하여도 별다른 문제가 되지 않는다고 보게

진 최종 목적물이 적절하게 개념정의될 수 있고 신규성과 진보성을 충족시킬 수 있다면 방법특허가 그 최종목적물에 대한 특허를 지지할 수 있다); 이에 비하여 Exxon Chemical Patents Inc. v. Lubrizol Corp., 64 F.3d 1553, 1557 n.4, 35 USPQ2d 1801, 1803 n.4(Fed. Cir. 1995), on later appeal, vacating and remanding denial of motion for new trial, 137 F.3d 1475, 45 USPQ2d 1865(Fed. Cir. 1998), cert. denied, 525 U.S. 877(1998)(다섯 가지의 성분을 열거하고 있는 물건청구항은 구성성분으로 된 모든 합성물을 그 권리범위에 포함하는 방법식 물건청구항이 아니라 언제라도 그 구성성분을 포함하는 물건에 대한 것이다). 방법식 청구항에 대한 논문은 Tian, Product-by-Process Claims, 29 IIC(Int'l Rev. of Indus. Prop. & Copyright L. 139(1998). 방법식 물건청구항은 독립청구항이나 종속청구항으로 될 수 있다. 방법식 청구항에 대한 종속청구항 예시는 Scripps Clinic & Research Foundation v. Genentech, Inc., 927 F.2d 1565, 18 USPQ2d 1001(Fed. Cir. 1991)(청구 제13항: 고도로 정화되어 분리되고 농축된 인간이나 돼지의 VIII:C로서 청구 제1항의 분리방법에 의하여 추출된 것).

257 Chisum §8.05.

258 Atlantic Thermoplastics Co., Inc. v. Faytex Corp., 970 F.2d 834, 23 USPQ2d 1481(Fed. Cir. 1992)에서 Newman 판사의 소수견해 참조.

259 윤태식, 프로덕트 바이 프로세스에 관한 청구항, 사법논집, 45집(2007), p.488. 예컨대, 생명공학 분야에서 제조 당시의 기술 수준으로는 제조방법에 의하여 얻어진 물질 자체를 정확히 알 수 없어서 그 구조 등을 특정하기가 불가능하고, 고분자, 혼합물, 금속 등의 화학 분야에 있어서도 제조방법에 의하여 제조한 물건의 다양한 특성이나 구조를 제대로 특정하기가 곤란하거나 부적절한 경우가 있다고 한다. 또한 In re Jochim, 11 USPQ2d 1561, 1563(Bd. Pat. App. & Int'f 1988)(명세서에서 만드는 방법을 한정하지 아니한 모노클로널 항체가 실시가능요건의 결여라는 이유로 특허거절됨)의 경우를 방지하기 위해서 필요한 경우.

260 CCPA는 종래부터 필요한 경우에만 예외적으로 방법식 청구항을 허용하였다. In re Bridgeford, 357 F.2d 679, 149 USPQ 55(CCPA 1966); In re Johnson, 394 F-2d 591, 594, 157 USPQ 620, 623(CCPA 1968).

261 Atlantic Thermoplastics Co., Inc. v. Faytex Corp., 970 F.2d 834, 23 USPQ2d 1481(Fed. Cir. 1992). In re Brown, 459 F.2d 531, 535, 173 USPQ 685, 688(CCPA 1972)(청구항이 출원된 발명을 명확하고 분명하게 한정하는 한 방법식 청구항이라도 완전하게 특허를 받을 자격이 있다).

되었다.[262]

방법식 청구항을 해석하는 데 있어서 문제의 핵심은 과연 특허발명자가 새롭고 진보적인 물건을 발명하였느냐 아니면 이미 알려진 물건을 단지 그 만드는 방법만을 새롭게 하여 특허를 받았느냐를 구별하는 것이다. 이미 알려진 물건이라면 방법적 용어를 추가한다고 하여도 특허를 받을 수 없음은 마찬가지이기 때문에 출원인은 오직 새롭고 진보적인 방법에 대해서만 특허를 받는 것에 만족하여야 한다.[263]

2. 필요성의 원칙

미국 판례법은 종래부터 특허대상이 되는 물건은 그 물건을 만드는 방법적 용어를 사용하여 개념정의할 수 있다고 보아 왔다.[264] 그러나 방법식 청구항에 있어서는 방법을 가지고 청구항의 물건을 개념정의수 있는 여러 가지 방식 중의 하나가 아니고, 방법이야말로 물건을 특허대상으로 개념정의를 할 수 있는 유일한 길인 경우에만 예외적으로 허용되어 왔다.

그러나 이러한 예외를 인정한다고 하더라도 이미 알려진 물건에 대해서는 특허라는 독점권을 줄 수는 없다. 비록 청구항에서 방법적 용어를 사용하였다고 해도 이 청구항은 어디까지나 물건청구항이지 방법청구항은 아닌 것이다. 따라서 방법식 청구항에 대해서는 그 출원된 물건이 새롭고 진보적인 것이어야만 한다.[265]

미국 특허청도 종전에는 특허요건을 심사함에 있어서는 청구항에서 방법을 언급하지 않고는 물건을 적절하게 공개할 수 없어서 방법적 용어를 사용하여 물건에 대한 개념정의를 할 필요가 있는 경우에만 예외적으로 그 청구항을 인정하여 왔지만 이러한 소극적 입장이 많은 비판을 받아 왔다.[266] 그리하여 근래에는 미국 특허청도 청구항의 명확성이 문제시되지 않는 한 방

---

262 Atlantic Thermoplastics Co., Inc. v. Faytex Corp., 970 F.2d 834, 23 USPQ2d 1481(Fed. Cir. 1992). 그러나 위 Atlantic Thermoplastics에서는 방법적 용어를 사용하는 경향에 대한 설명은 없다. 그러나 위 윤태식, 전게논문, p.489에 의하면 '근래에 들어서 청구항에 물건의 구조나 형상을 기재하는 것보다 제조방법을 기재하는 것이 출원자에게 더 편의로울 수 있고, 그 발명이 속하는 기술 분야에서 통상의 지식을 가진 사람들에게도 그와 같이 기재된 청구범위가 더 용이하게 이해될 수 있는 경우가 있다.'는 것이다.

263 Atlantic Thermoplastics Co., Inc. v. Faytex Corp., 970 F.2d 834, 23 USPQ2d 1481(Fed. Cir. 1992).

264 Chisum on Patents §8.05 [2][Allowability]; Musher Foundation, Inc. v. Alba Trading Co., 150 F.2d 885, 889, 66 USPQ 183(2d Cir. 1945), cert. denied, 326 U.S. 770(1945).

또한 미연방대법원은 General Electric Co. v. Wabash Appliance Corp., 304 U.S. 364, 373(1938)에서 청구항은 새로운 물건을 만드는 방법에 대한 설명을 함으로써 그 물건에 대한 공개가 가능하다고 보았다. Trussell Mfg. Co. v. Wilson-Jones Co., 50 F.2d 1027, 1029, 10 USPQ 47(2d Cir. 1931)에서는 청구항에서 물건을 만드는 방법에 대하여 약간 언급을 하였다고 해서 청구항이 무효로 될 수는 없다고 보았다.

265 Atlantic Thermoplastics Co., 그러나 통설은 청구항의 물건을 방법을 가지고 개념정의할 수 없다고 보지는 않고 오히려 이 청구항에 있어서는 방법이야말로 물건을 특허대상으로 개념정의를 할 수 있는 길이라고 보았다.

266 미특허청심사지침(Manual of Patent Examining Procedure), 706.03(e)(5th ed. 1985) 참조.

법식 청구항을 자유롭게 사용하여 특허를 출원할 수 있다는 입장으로 선회하였다.

가. 필요성의 원칙에 선 입장

(1) 예외설

과거의 미국의 특허청은 물건청구항을 작성하는 데 있어 그 물건을 만드는 방법을 가지고 개념정의할 수는 없다는 것을 원칙으로 하였다. 그러나 특허대상이 되는 물건이 새로운 것이고 산업상 이용가능하지만 그것을 개념정의할 수 있는 용어가 없어 선행기술과의 구별이 불가능하고, 그 물건을 만드는 방법을 기재하는 것 이외에는 달리 방도가 없는 경우에는 예외를 두어 특허의 발급을 허용할 수 있다고 보았다. 이를 필요성의 원칙(Painter rule) 또는 필요설이라고 한다.[267] [268] 우리나라 대법원도 이러한 필요설의 입장에 서 있는 것으로 보인다.[269]

필요설의 입장에서는 출원인이 방법적 용어를 사용하지 않으면 자신의 발명을 개념정의할 수 없다는 점을 입증할 의무를 부담하였다. 이에 따라 출원인과 미국의 법원은 물건청구항이지만 방법적 용어가 일부 사용된 청구항과 원래부터 주로 또는 모두 방법적 용어만을 사용한 청구항과의 경계선을 분명하게 그을 필요가 있었다.[270]

필요설의 입장에 선 미국의 판례들

In re Moeller 사건에서는 시멘트로 상품을 만드는 방법과 장비에 관한 청구범위 중에서 하나의 청구항이 방법을 가지고 개념정의를 하면서 '위 청구 제2항에 기재된 방법에 의하여 만들어진 물건'이라고 기재하였다. 그러나 시멘트로 만들어진 물건과 같은 것은 그 물건의 성질이나 재료 또는 중량 등과 같은 구조적인 특성을 가지고 청구항에서 개념정의를 할 수 있기 때문에 필요성의 원칙을 충족

---

267 In re Grupe, 48 F.2d 936, 938, 9 USPQ 255(CCPA 1931); In re Butler, 37 F.2d 623, 4 USPQ 342(CCPA 1930); In re Brown, 29 F.2d 873, 874(D.C. Cir. 1928)(필요성의 요건이 충족되지 않는 한 방법식 청구항을 불허용하는 것이 특허법의 원칙이다).

268 Painter rule(필요성의 원칙): Ex parte Painter, 1891 C.D. 200, 57 O.G. 999(Comm'r of Pat. 1891)(특허를 받을 수 있는 권리를 가진 발명자가 단지 자신의 발명을 명확하게 개념정의할 수 있는 용어가 부족하다는 이유만으로 특허의 발급이 거절될 수는 없다).

269 대법원 2006.6.29. 선고 2004후3416 판결: '물건의 발명의 특허청구범위는 특별한 사정이 없는 한 발명의 대상인 물건의 구성을 직접 특정하는 방식으로 기재하여야 하므로, 물건의 발명의 특허청구범위에 그 물건을 제조하는 방법이 기재되어 있다고 하더라도 **그 제조방법에 의해서만 물건을 특정할 수밖에 없는 등의 특별한 사정이 없는 이상** (중략) 이 사건 특허발명의 특허청구범위 제4항, 제6항, 제12항, 제13항의 대상인 **시트벨트장치용 벨트결합금구는 그 구성을 직접 특정함에 아무런 어려움이 없다.**

270 In re Moore, 439 F.2d 1232, 1236, 169 USPQ 236, 239(CCPA 1971). In re Moore, 439 F.2d 1232, 1236, 169 USPQ 236, 239(CCPA 1971)(예컨대 '**고도로 불소화한(Highly fluorinated)**'이란 용어는 이미 충분한 구조적 용어를 사용하여 개념정의한 청구항에서는 이러한 용어가 포함되어 있다고 하더라도 방법식 청구항이라고 볼 수는 없다. 이에 비하여 방법식 청구항은 주로 또는 완전히 방법적 용어를 사용하여 발명을 개념정의한 것이다).

하지 못하므로 특허는 허용되지 않았다.[271]

In re Johnson 사건에서는 '아주 높은 온도에서 사용할 수 있는 소결된 금속(Sintered metal)을 만드는 방법'에 대해서는 언급하고 있으나 이러한 소금에 대해서는 구조적으로 개념정의를 할 수 있으므로 방법적 용어를 사용하여 물건청구항을 허용할 필요가 없다.[272]

In re McKee 사건에서는 특허방법으로 구워 낸 고기에 대한 청구항은 만약 맛을 가지고 청구항의 물건을 개념정의한다면 이는 너무 모호하고 불명확하여 결국은 선행기술과 구별하지 못하도록 한다. 따라서 고기를 굽는 방법으로밖에는 개념정의를 할 수 없어 방법적 용어를 사용하여 물건청구항을 만들 필요성이 인정된다. 따리서 고기를 굽는 방법에 대해시 특허가 발급되었다면 이 빙법을 가지고 구워 낸 물건에 대해서도 특허를 받을 수 있다. 즉 '청구 제1항의 방법으로 구워낸 새로운 물건'은 유효한 청구항이 된다.[273]

(2) 입증책임 전환설

기본적 입장은 필요성의 원칙에 있으면서도 그 예외, 즉 청구항이 구조적인 용어를 가지고는 개념정의될 수 없다는 것에 대한 입증책임을 특허청에게 전환시키는 견해이다.[274] 필요성의 원칙의 예외를 적용하기 위해서는 그 청구항이 특허를 발급받을 수 없다고 주장하는 특허청에게 그 입증책임이 있다. 심사관이 방법식 청구항에 대한 특허를 거절하기 위해서는 출원된 발명이 구조적인 용어만으로도 얼마든지 개념정의될 수 있다는 것을 입증하여야 한다. 출원인이 자신의 발명이 구조적이거나 물리적 성격만으로는 공개하기 불가능하다는 이유로 방법식 청구항을 출원한 경우에는 특허청은 출원인에게 청구항이 구조적이거나 물리적인 특성으로 개념정의될 수 있는 방법을 가르쳐 주어야 한다.[275]

나. 명확성설

(1) CCPA의 일부견해

실무상 물건청구항에서 방법적 용어를 사용하는 경향이 보편화되자 CCPA(Court of Customs and Patent Appeals: CAFC의 전신)의 일부견해는 출원인이 굳이 청구항에서 방법적 용어를 사용할 필요성을 입증하지 않아도 방법적 용어를 사용하는 것을 허용하는 방향으로 움직이게 되었

---

[271] In re Moeller, 117 F.2d 565, 48 USPQ 542(CCPA 1941).

[272] In re Johnson, 394 F.2d 591, 157 USPQ 620(CCPA 1968).

[273] In re McKee, 95 F.2d 264, 37 USPQ 209(CCPA 1938); In re Lyons, 364 F.2d 1005, 1016, 150 USPQ 741(CCPA 1966)(이중특허가 쟁점이 되면 방법식 청구항은 방법청구항이 아니라 물건청구항이다).

[274] In re Hughes, 496 F.2d 1216, 182 USPQ 106(CCPA 1974)에서 Rich 판사의 견해이다.

[275] Rich 판사의 소수견해 In re Hughes, 496 F.2d 1216, 182 USPQ 106(CCPA 1974).

다.[276] 따라서 출원인이 특허법에서 요구하는 청구항의 명확성의 요건을 충족하기만 한다면 구조가 아닌 방법을 가지고 청구항의 한정사로 사용하였다고 해도 문제가 되지 않는다고 보는 입장이다.[277] 그러나 CCPA는 어떤 판례에서는 필요성의 원칙 위에 서 있기도 하여 결국 위 명확성설과 필요성의 원칙과 사이를 오가고 있다는 비판을 받기도 한다.[278]

명확성설에 의하면 청구항이 물질의 구조를 가지고 개념정의를 하든, 물질의 알려지지 않았던 새로운 특성을 가지고 개념정의를 하든, 아니면 그 물질을 만드는 방법을 가지고 개념정의를 하든 청구항이 특허법상 요구되는 명확성의 요건을 충족시키기만 하면 아무런 문제가 제기되지 않는다. 즉 방법식 청구항이 청구항의 권리범위를 명확하게만 해 준다면 더 나아가서 필요성을 입증하지 않아도 특허는 허용된다.[279]

따라서 출원인은 반드시 위 세 가지 방식 중에서 어느 방식에 의해서도 그 개념정의를 하기가 불가능하다는 점을 반드시 입증할 필요는 없다. 이 입장의 근거는 특허법은 오직 청구항의 권리범위가 명확하게 규정될 것만을 요구하고는 있지만 특허법의 조문 어디에도 청구항의 물건이 반드시 구조적으로 개념정의가 되어야 한다거나 아니면 청구항에 기재된 방법에 의하지 않으면 달리 개념정의를 할 수 없을 것을 요구하고 있지 않다는 것이다.[280]

In re Steppan에서 미특허청은 위 포름알데히드 농축물질에 대한 청구항을 거절하였는데, 그 이유는 구조에 대한 공식을 알 수 있는 화합물에 대해서는 방법식 청구항을 사용할 수 없다는 것이다. 그러나 CCPA는 '포름알데히드를 농축하여 만든 화합물'이라는 청구항은 방법적인 한정사를 사용한 것이 아니고 구조적인 한정사를 사용한 것이라고 보고 특허를 허용하였다. 따라서 새로 발견한 화합물을 개념정의하면서 청구항에서 '포름알데히드를 농축하여 만든 화합물'로 주장하여도 청구항의 권리범위가 명확하게 되는 데 아무런 지장이 없다. '포름알데히드를 농축하여 만든 화합물'이라는 용어를 방법적인 한정사로 볼 것이냐 아니면 구조적인 한정사로 볼 것이냐는 그다지 중요한 문제가 아니다.[281]

미국특허법은 제112조 제2항에서 청구항이 발명을 명확하고 분명하게 개념정의할 것을 요구하고 있을 뿐, 방법적 한정사를 사용할 수 있느냐에 대해서는 아무런 규정을 두지 않고 있다. 그간 원칙이라고 여겨졌던 필요성은 특허법상은 아무런 근거가 없는 것이다.

---

276 Atlantic Thermoplastics Co., Inc. v. Faytex Corp., 970 F.2d 834, 23 USPQ2d 1481(Fed. Cir. 1992).

277 In re Brown, 459 F.2d 531, 535, 173 USPQ 685, 688(CCPA 1972)(청구항이 출원된 발명을 명확하고 분명하게 한정하는 한 방법식 청구항이라도 완전하게 특허를 받을 자격이 있다).

278 Chisum on Patents §8.05 [2][b]: Debate on the Basis for the Necessity Rule.

279 소수설로서 In re Bridgeford, 357 F.2d 679, 682, 149 USPQ 55(CCPA 1966).

280 In re Steppan, 394 F.2d 1013, 156 USPQ 143(CCPA 1967).

281 In re Steppan, 394 F.2d 1013, 156 USPQ 143(CCPA 1967).

(2) 현재 미국특허청의 입장 MPEP

현재의 미국특허청은 물건청구항에서 방법적 용어를 사용하는 데 있어서 필요성의 원칙을 요구하지 않는다. 1974년 4월 미국특허청은 종래의 입장을 바꾸어 방법식 청구항을 허용하였다. 미국특허청은 필요성의 원칙, 즉 Painter rule을 거부하고 발명이 구조적으로 개념정의될 수 있다고 하더라도 청구항의 명확성의 요건이 충족되는 한 방법식 청구항을 허용하였다.[282]

위 시점에서 개정된 MPEP(미특허청 심사지침)은 물건에 대한 발명은 청구항이 명확하게 작성될 수만 있다면 그 물건을 만드는 방법에 의하여 청구항이 작성될 수 있다고 규정하고 있다.[283] 그 후 1998년경에는 위 조항이 심사지침인 MPEP §2173.05(p)로 규정되어 물건청구항으로서 방법적 한정사를 가지고 있는 청구항은 방법청구항이 아니라 물건청구항이라는 점만 분명하면 청구항의 명확성이 결여되었다는 이유로 특허가 거절되지는 않게 되었다.[284]

출원된 청구항에 대한 특허요건이 충족되는지를 판단하기 위해서 미국 특허청이 가장 관심을 집중하는 것은 과연 청구항에 기재된 방법으로 얻는 물질이 무엇인가 하는 것이다. 이는 알려진 물건을 단지 그 만드는 방법만을 바꾸어서 출원하는 것을 금지하기 위한 것이다. 물건에 대해 강조하는 것은, 청구항에서 개념정의한 것의 방법이 아니라 물건이기 때문이다. 물론 청구항에 있는 방법적 용어가 그 물건을 만드는 방법을 개념정의하는 것이 아니라 물건 자체를 개념정의하기 때문이다. 만약 이 청구항에 있어서 방법적 한정사가 발명을 적절하게 개념정의하지 못한다면 청구항의 명확성의 요건을 충족시키지 못하므로 이 점에서의 방법은 권리범위를 한정하는 작용을 하는 것이다.

다. 종합설: CCPA 및 CAFC의 입장

CCPA와 CAFC는 명확성설을 지지하면서도 필요성의 원칙을 배척하지 않는다.[285] In re Pilkington 사건에서는 '마지막 열처리를 유리의 양면에 하는 방법으로 만들었기 때문에 뒤틀리지 않는 완전평면을 가지고 있는 유리'에 대한 발명으로서 이는 종래의 방법으로 만들어진 어떠한 판유리보다 월등한 품질을 가진다고 하여, 청구항이 유리의 특성이나 구조가 아니라 이를 만드는 방법을 가지고 발명을 특정하여도 선행기술과 구별하는 데 있어서 별다른 문제를 제기

---

282 U.S. Patent & Trademark Office, Manual of Patent Examining Procedure, §706.03(e)(3d ed. rev. 1974)

283 위 MPEP §706.03(e)(3d ed. rev. 1974): 선행기술의 방법식 청구항이 출원한 물건과 동일하거나 약간 다른 경우에 미특허법 제102조(신규성) 또는 제103조(진보성)을 이유로 하여 거절될 수 있다. 실무상 특허청은 통상의 청구항보다는 방법식 청구항의 경우에 그 청구항이 선행기술에 비추어 보아 일응 용이하다는 입증을 하는 데 덜 부담을 진다. 일응의 용이성에 대해서는 임호 저, 특허법(법문사, 2003), p.338 이하 참조.

284 U.S. Patent and Trademark Office, Manual of Patent Examining Procedure §2173.05(p)(7th ed, 1998).

285 Chisum on Patents §8.05 [2][b]: Debate on the Basis for the Necessity Rule.

하지 않는다.[286]

종합설의 입장에 있는 미국의 판례들

In re Pilkington에서 CCPA는 Steppan을 인용하면서, 미특허법 제112조가 출원인이 발명을 개념 정의하는 데 있어서 아무런 제한을 두지 않았기 때문에 청구항에서 방법적 용어의 사용을 금지할 근거가 없다고 보았다. 그러면서도 동시에 이 사건의 특허발명은 선행기술과의 차이점을 발명의 특성이나 구조로 구별하지 못하기 때문에 방법적 용어를 사용할 필요가 있다는 점을 인정하였다. 따라서 이러한 입장은 명확성설을 취하면서도 필요성의 원칙을 버리지 않은 것으로서 종합·절충적인 입장에 있다고 볼 수 있다.[287]

In re Pilkington에서는 그 실례로서, 출원인인 Pilkington이 물 위에 뜨는 유리를 만드는 방법에 대한 출원을 하면서 주장하기를 이 유리는 양쪽 표면에 열처리를 하는 공법에 의하여 만들어진다고 공개하였다. 이러한 열처리를 한 유리는 완전하고 압력이나 뒤틀림으로부터 자유로운 완벽한 평면을 가짐으로써 다른 방법으로 만들어진 판유리보다 월등한 품질을 가진다고 주장하였다.[288] 출원인은 방법청구항은 물론 방법식 청구항도 출원하였는데, 방법식 청구항은 '마지막 열처리를 유리의 양면에 하는 방법으로 만들었기 때문에 뒤틀리지 않는 완전평면을 가지고 있는 유리'라고 기재된 것이었다.

미특허청은 방법청구항(Martlew: '169' 특허)에 대하여 특허를 발급하였지만 그 방법으로 만든 판유리에 대한 방법식 청구항(Product-by-Process Claim)에 대해서는 특허발급을 거절하였다. 미특허청이 거절한 이유는 두 가지인데, 첫째, '열로 처리된 유리'는 물건에 불과한 것으로 기껏해야 다른 방법에 의해서 만들어진 선행기술인 Pedersen과 동일한 유리로서 정도의 차이밖에는 없으며, 둘째, 이 청구항은 방법적 용어를 사용하였기 때문에 물건을 특정한 물건청구항이 될 수 없다는 것이다.

Martlew의 FLOAT GLASS PRODUCTION

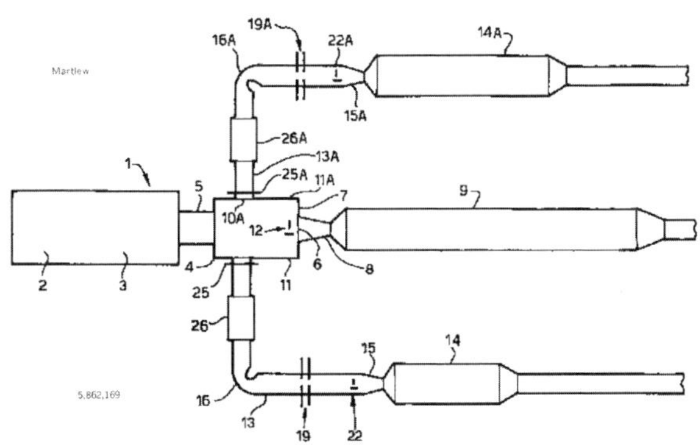

---

286 In re Pilkington, 411 F.2d 1345, 162 USPQ 145(CCPA 1969).

287 In re Pilkington, 411 F.2d 1345, 162 USPQ 145(CCPA 1969).

288 Chisum §5.04 [8] 5-550.

그러나 CCPA는 이 결정을 번복하면서 이 사건 특허대상인 방법식 청구항은 특허를 받을 수 있다고 보았다. 우선 이 청구항은 그 물건이 새로운 것이어야 하는데, 이 점에서 '열로 처리된 유리'는 선행기술에 비추어 보아 진보적인 것으로 특허를 받을 수 있다고 보았다. 왜냐하면 선행특허 Pedersen('905' 특허)은 다른 방법으로 만들어진 유리를 보여 준다. 이 Pedersen의 목적은 가능하면 뒤틀림이 없는 유리를 만드는 것이다. 그러나 어느 정도의 뒤틀림은 모든 유리제조 방법이라면 하는 수 없이 내재적으로 가지는 것이다.[289]

CCPA는 방법식 청구항을 허용하면서도 그 권리범위에는 제한을 두었다. 즉 출원자인 Pilkington이 뒤틀림 없는 유리를 만드는 방법을 공개하였다는 사실만으로 그에게 뒤틀림 없는 유리 전체에 대한 물건청구항을 인정할 수는 없다. 오직 그에게 인정되는 것은 그가 발명한 방법에 의하여 만들어진 열로 처리된 유리에 대한 독점권에 한정되는 것이다. 만약 그에게 뒤틀림이 없는 유리 전체에 대하여 독점권을 인정한다면 그는 자신이 발명하지도 않은 것에 대하여 권리를 가지게 되는 것이다. 이것이 그가 단지 뒤틀림 없는 유리를 만드는 방법을 공개하였다는 사실만으로 Pilkington에게 뒤틀림 없는 유리 전체에 대한 독점권을 인정할 수는 없는 이유이다.[290]

In re Hughes에서 문제가 된 특허발명은 '움직일 수 있는 쉥글을 만드는 방법'에 관한 것인데, 출원인은 '균열을 만드는 방법'과 '이 방법을 사용하여 만들어진 물건'에 대해서도 특허를 받았다.

이 특허의 물건청구항은, '부분적으로 갈라진 균열로서 끝부분을 포함하고 있는데 이 끝부분은 잘린 부분과 하층의 표면을 가지고 있으며 가죽으로 마감된 끝부분은 윗부분과 아랫부분의 표면을 가지고 있어서 자연적인 균열에 의하여 형성된 표면이 끝부분과 가죽의 끝부분의 이음에서 시작된 균열에 의해서 형성된다.'고 하였다.

그러나 특허청은 다음의 방법식 청구항에 대한 특허의 발급을 거절하였다. 특허가 거절된 청구항은 청구 제12항으로, 다음과 같다.

청구 제12항: 균열볼트로부터 만들어진 균열로서 이것은 여러 가지의 절개부분을 만드는 방법에 의하여 만들어지고 균열볼트를 가로질러서 이미 지정된 끝부분의 길이를 만드는 정도까지 교차된다.

그러나 CCPA는 미특허청의 심사관이 청구항에 대해서 한 거절을 취소하면서 물건청구항에서 방법적 용어를 사용하여 발명을 개념정의하여도 청구항의 용어를 불명확하게 한다거나 그 권리범위를 불확정적인 것으로 만드는 것은 아니라고 보았다. 종래부터 판례법상으로 인정되고

289 In re Pilkington, 411 F.2d 1345, 162 USPQ 145(CCPA, 1969). 비록 Pedersen이 열로 처리된 표면을 가진 유리를 공개하지는 않았을지라도 이 Pedersen으로부터 알 수 있는 것은 기술 분야에서 숙련된 기술자는 어느 누가 만들어도 최소한의 뒤틀림은 있을 수밖에 없다는 것이다.

290 Chisum §5.04 [8] 5-550. 새로운 방법으로 만들어진 용이한 물건, 즉 물건은 용이한 것이지만 이를 만드는 방법은 용이하지 않는 경우가 있다. 이러한 경우에 이 방법을 공개하였다고 하여 그에게 물건청구항에 대한 특허를 인정할 수는 없다. 이러한 방법을 발명한 사람은 오직 자신의 방법대로 이 물건을 만들 수 있는 독점권을 가진다.

있는 필요성의 원칙은 사실 실정법상의 근거는 없고, 물건청구항에서 그 만드는 방법이 분명하게 개념정의될 수만 있다면 그 청구항의 권리범위는 보다 분명하게 한정될 수 있는 것이고 이는 미특허법 제112조에 의한 청구항의 명확성의 요건을 충족시킬 수 있는 것이다.[291]

그러면서도, 첫째, 필요성의 원칙은 분명한 존재 이유가 있다. 청구항에서 물건의 구조를 가지고 개념정의할 것을 요구하는 보다 근본적인 이유는 일반대중으로 하여금 청구항을 보다 잘 이해할 수 있도록 하기 위한 것이다. 일반대중이 청구항에 기재된 방법을 분명하게 이해하지 못하는 한 그 방법에 의하여 만들어진 물건을 알기가 어렵기 때문이다.

둘째, 물건청구항에 대한 특허의 발급이 허용되었다는 사실은 그 발명이 반드시 구조적인 용어를 사용하여 개념정의가 가능하다는 것을 의미하지는 않는다. 물건청구항이라고 하더라도 실제적으로는 방법적인 용어를 사용하였을 수도 있다. 예컨대 '자연적인 균열에 의하여 형성된다'는 것 등은 방법적인 용어를 사용하여 발명에 대한 개념정의를 한 것이다. 더구나 방법식 청구항은 통상의 물건청구항과는 그 권리범위가 다를 수도 있다. 통상의 물건청구항이 구조나 특성을 가지고 넓은 권리범위를 가질 수 있어서 출원인에게 유리하지만 만약 이 넓은 권리범위를 가지는 물건청구항이 무효로 되는 것에 대비하여 그보다 좁은 권리범위를 가지는 방법식 청구항을 주장할 필요도 있는 것이다.[292]

3. 방법적 기재와 구조적인 한정사

방법식 청구항은 방법적 용어가 그 물건을 만드는 방법을 기재하여야 한다.[293] 따라서 비록 방법적 용어를 사용하였으나 청구항에서 이를 사용한 이유가 그 물건을 만드는 방법을 말하기 위한 것이 아니라, 그 방법에 의하여 만들어진 결과로서의 물건의 구조나 형상을 설명하거나 물건의 물리적 특성을 말하거나 또는 청구항에 기재된 방법적 용어에 대해서 명세서가 그 방법을 설명하고 있다고 하여도 이들은 구조적 한정사일뿐 방법적 용어가 아니다.[294]

---

291 In re Hughes, 496 F.2d 1216, 182 USPQ 106(CCPA 1974).

292 위 같은 취지: Ralston Purina Co. v. Far-Mar-Co., Inc., 586 F. Supp. 1176, 1219, 222 USPQ 863, 896(D. Kan. 1984), aff'd in part & rev'd in part, 772 F.2d 1570, 227 USPQ 177(Fed. Cir. 1985)(발명이 그 특성이나 구조로 설명되기가 어려운 경우에 방법적 용어를 사용하여 개념정의되어도 청구항의 명확성의 요건을 충족할 수 있다. 더 나아가 물건청구항으로 작성될 수 있어도 방법식 청구항이 불필요한 것은 아니다. 만약 다른 권리범위를 가지는 청구항이 물건청구항으로 만들어질 수 없는 경우에는 방법식 청구항이 적당한 것이다. 더구나 내재적으로 합성물을 만들어 내는 방법이 있는 경우에 후일에 방법식 청구항을 추가로 출원하기 위해서는 미리 적절하게 방법을 공개할 필요가 있는 것이다).

293 대법원 2006.6.29. 선고 2004후3416 판결 중에서 "위 청구 제4, 제6, 제12, 제13에서 기재된 각 제조방법들은 그 각 청구항에 기재된 일측 돌출부, 일측 돌출부와 타측 돌출부, 일측면으로 돌출되는 제1돌출부, 타측면으로 돌출되는 제2돌출부를 제조하기 위한 방법을 기재한 것이기 때문이다."

294 Chisum §5.04 [4]: Distinguishing Process and Structural Limitations

가. 대법원 판례

대법원은 제조하기 위한 방법을 기재한 것은 방법적 용어라고 보았다. 대법원은 시트벨트 장치용 벨트결합금구에 대한 발명에서 청구 제4항 '일측 장연부는 판상체의 일부를 그 판상체의 일측면 측으로부터 타측면 측으로 구부림으로써'라는 기재와 청구 제6항 '일측 장연부는 판상체의 일부를 그 판상체의 일측면 측으로부터 타측면 측으로 구부림과 동시에, 구부린 부분을 측으로 밀어 되돌림으로써'라는 기재는 모두 구조적 한정사가 아니고 방법적 기재라고 보았다.

대법원은 또한 청구 제12항 제1돌출부의 제조방법으로 '버링공정에 의해'라는 기재와 청구 제13항의 제2돌출부의 제조방법으로 '스탬핑공정에 의해'라는 기재도 구조적 한정사가 아닌 방법적 한정사로 보았다.[295] 위 청구 제4항, 제6항, 제12항, 제13항에서 기재된 각 제조방법들은 그 각 청구항에 기재된 일측 돌출부, 일측 돌출부와 타측 돌출부, 일측면으로 돌출되는 제1돌출부, 타측면으로 돌출되는 제2돌출부를 제조하기 위한 방법을 기재한 것이기 때문이다.

그러나 논자에 따라서는 대법원이 방법적 용어라고 본 것들도 구조적 한정사로 볼 수 있다고 주장한다.[296] 따라서 다음에서는 미국의 판례법에서 구별하여 온 것을 살펴보아 그 해석의 참고로 삼는다.

나. 구조적 한정사

(1) 부분적 사용

방법식 청구항은 주로 또는 완전히 방법적 용어를 사용하여 발명을 개념정의한 것이다.[297] 따라서 이미 청구항에서 충분한 구조적 용어를 사용하여 개념정의를 한 경우에 방법적 용어가 일부 사용되었다고 하여도 이는 방법식 청구항이 아니라 통상의 물건청구항이라고 보아야 한다. 예컨대 '고도로 불소화한(Highly fluorinated)'이란 용어가 청구항에서 사용되었다고 하더라도

---

295 대법원 2006.6.29. 선고 2004후3416 판결.

296 대법원이 방법적 용어로 본 것을 구조적 한정사로 보아야 한다는 견해는, 윤태식, 프로덕트 바이 프로세스 청구항(Product By Process Claim)에 관한 소고, 사법논집(45집), p.502-503. 위 논문에서는 위 각 청구항의 방법적 용어를 구조적 한정사로 볼 수도 있다고 주장한다. "그러나 위 청구항들은 앞에서 본 바와 같이 제조방법을 제외한 나머지 구성에 대한 기재만으로도 발명이 용이하게 파악될 수 있는 것들이었으므로, (중략) 구조적인 의미와 관련이 있는 문언으로 이해할 수 없는 것도 아니었다. 또한, 청구항 12, 13의 '버링공정'과 '스탬핑공정'이라는 것도 그 발명이 속하는 기술 분야에서 통상의 지식을 가진 사람이라면 누구나 알 수 있는 자명한 공정이어서 그 공정에 관한 기재 외에 나머지 기재 부분만으로 발명의 구성을 충분히 파악할 수 있거나 그와 같은 공정에 관한 기재가 최종적으로 얻어진 제조물의 구성을 특정하는 한 수단에 불과한 것이었다. 따라서 비록 방법적 용어가 물건청구항에서 사용되었다고 하더라도 그것이 구조적 한정을 한 것으로 볼 여지도 있다."

297 In re Hughes, 496 F.2d 1216, 182 USPQ 106(CCPA 1974).

같은 청구항에서 이미 충분한 구조적 용어를 사용하여 개념정의를 하였다면 이로써 청구항의 성질이 바뀌지는 않는다.[298]

(2) 비방법적인 사용

방법적인 용어들이 청구항에서 사용되었다 하더라도 물건을 만드는 방법을 말하는 것이 아니라 물건의 형상을 설명하는 형용사로 사용되어 적절하게 물건의 물리적 특성을 개념정의하는 경우에는 이를 구조적인 한정사로 본다.

'얼린(Frozen)'과 같은 용어는 비록 냉동과정을 말하는 것일지라도 육안으로 그 물리적 특성을 명확하게 인식할 수 있는 특성을 기술하는 것이기 때문에 이는 방법적 한정사로 보지는 않는다.[299] 그 전형적인 예로서는 '상호 혼합된(Intermixed)'이란 용어는 합성물을 설명하는 것이고, '제자리에 박힌(Ground in place)'이라는 용어도 스파크 플러그 단자가 그 셀에 들어맞은 것을 설명하는 것이며, '눌러서 압착한(Press fitted)'라는 용어도 강철판의 구조를 설명하는 것으로 이를 방법적 용어로 볼 수는 없다.

'부착기구의 외부에서 사용할 수 있도록 만든(Adapted to be severed externally of an attaching device)'이라는 용어는 단순히 그 사용방법을 기술한 것이 아니라 구조적 한정사로 보아야 한다.[300] '열가소성 상태에서 다공질의 펄라이트 판으로 형성되는 도중에 혼입에 의해서 상호 결합되어 넓게 펼쳐진 펄라이트 미립자들(Expanded perlite particles which are interbonded one to another by interfusion between the surfaces of the perlite particles while in a pyroplastic state to form a porous perlite panel)'로 기재된 청구항 중에서 '혼입에 의하여 상호 결합된(Interboned by interfusion)'이라는 용어도 방법적 한정사가 아니라 구조적인 것으로 해석되어야 한다.[301] 또한 '압축물(Condensation product)'이라는 용어도 물건을 만드는 방법을 나타내는 것이 아니라 물건의 구조를 설명하는 한정사이다.[302]

(3) 구조적 한정

물건을 만드는 방법보다는 만들어진 물건의 구조를 기술하는 한정사는 구조적 한정사로 보아야 한다. 예컨대 반도체 메모리 셀에 대한 청구항은 '화학물로 부식된(Chemically engrave) 표면을 가진 기판'으로 기재되었지만 이 청구항은 방법식 청구항이 아니라 단순한 물건청구항

---

298 In re Moore, 439 F.2d 1232, 1236, 169 USPQ 236, 239(CCPA 1971).

299 Chisum §8.05 [4].

300 Dennison Mfg. Co. v. Ben Clements & Sons, Inc., 467 F. Supp. 391, 203 USPQ 895(S.D. N.Y. 1979).

301 In re Garnero, 412 F.2d 276, 162 USPQ 221(CCPA 1969).

302 In re Steppan, 394 F.2d 1013, 156 USPQ 143(CCPA 1967).

으로 보아야 한다. '화학물로 부식된'이라는 한정사를 문맥과 관련하여 해석하여 보면 이는 물건을 만드는 방법보다는 만들어진 물건의 구조를 기술하는 것이기 때문이다.[303]

(4) 명세서에 공개된 기능

청구항에 사용된 용어가 물건을 만드는 방법이 아니라 물건을 설명하는 데 사용되었다면 비록 명세서가 그 방법에 대하여 공개한 바 있다 하더라도 이를 방법적 용어로 보지는 않는다.

청구항이 '상호 합체된 두꺼운 층과 얇은 층'을 요구하고 있고 명세서는 '금형을 통하여 물질을 압축하는 과정'을 포함하는 것으로서 '동시적인 압출성형으로 두 가지 재료를 혼합하는 것'이라고 공개하였다. 그러나 명세서에 기재된 '동시적인 압출성형'이라는 용어는 청구항을 한정하지는 않는다. 명세서도 이 용어를 가지고 청구항의 물건을 만드는 방법이 아니라 청구항의 물건을 형용하는 데 사용하였고, 또한 '합체된(Integral)'이라는 청구항의 용어도 두꺼운 층과 얇은 층을 결합하는 방법이 아니라 단지 물건의 특성, 즉 탄력적인 층 사이의 일체성을 나타내는 것에 불과하였다. 따라서 명세서에 기술된 방법적 공개내용이 청구항을 한정하지는 않는다.[304]

명세서가 실시례를 공개하는 과정에서 그 만드는 방법을 공개할 수밖에 없다고 하더라도 이는 물건청구항을 방법식 청구항으로 변화시키지는 않는다.[305] 따라서 '위치를 정하여 주는 기구(Locator)'라는 청구항의 용어는 구조적 한정사로 보아야 한다. 비록 명세서에서 기능적인 설명이 되어 있더라도 기능적인 해석이 청구항으로 이입되어 청구항의 이 용어가 기능적인 것으로 바뀌지는 않는다.[306]

청구항의 '접혀진(Folded)'이라는 용어가 구조적인가 아니면 방법적인가에 대해 침해행위자는 이 용어를 과거분사로 보아 방법적 한정사로 해석하여야 한다고 주장하는 데 비하여 특허권자는 이를 구조적 한정사로 보아야 한다고 주장하였다. New York 법원은 이를 구조적 용어로 보았다. 만약 침해행위자의 주장대로 해석하여 제조과정에서 접는 단계가 있어야 한다면 이 해석은 청구항을 모호하게 만들고 그 용어가 가지는 자연적 의미를 해친다.[307] '부착된(Affixed)'이라는 의미는 물질이 판에 붙이는 방법을 말하는 것이 아니라 부착되어 만들어진 결과를 말한다.[308]

---

303 따라서 이 물건청구항은 선행기술에 의하여 예견된다. Hazani v. U.S. Int'l Trade Comm'n, 126 F.3d 1473, 44 USPQ2d 1358(Fed. Cir. 1997).

304 특허심사과정의 전 취지를 보면 심사관과 출원인 모두 이를 물건청구항으로 보고 심사를 진행한 것도 이를 물건청구항으로 보는 이유 중의 한 가지이다. Vanguard Products Corp. v. Parker Hannifan Corp., 234 F.3d 1370, 57 USPQ2d 1087(Fed. Cir. 2000).

305 CVI/Beta Ventures, Inc. v. Custom Optical Frames, Inc., 893 F. Supp. 508, 519(D. Md. 1995).

306 Stryker Corp. v. Davol Inc., 234 F.3d 1252, 1258, 57 USPQ2d 1133, 1138(Fed. Cir. 2000).

307 Newell Window Furnishing Inc. v. Springs Window Fashions Division Inc., 53 USPQ2d 1302, 1318(N.D. Ill. 1999).

308 R2 Medical Systems, Inc. v. Katecho, Inc., 931 F. Supp. 1397, 1425-26(N.D. Ill. 1996).

4. 특허요건의 심사와 입증책임

가. 학설 및 판례

(1) 한국, 일본 그리고 미국의 통설

대법원은 종래부터 벨트결합금구 사건에서 본 바와 같이 방법적 용어를 사용하여 청구항에 기재한 청구항에 대한 진보성 유무를 판단함에 있어서는 청구항에 기재된 제조방법을 고려함이 없이 제조방법에 의하여 얻어진 최종적인 물건 자체만을 선행기술과 비교하여야 한다고 판시하였다.[309] [310] 특허법원과,[311] 현재의 CAFC와 미특허청 그리고 과거의 CCPA 모두 방법식 청구항에 대한 특허요건을 심사함에 있어서는 청구항에 사용된 방법적 용어를 한정사로 보지 아니한다. 따라서 오직 청구항에 기재된 물건의 신규성과 진보성만을 보고 특허요건을 심사한다.[312]

미국의 CCPA도 종래부터 방법식 청구항의 특허요건을 심리하면서 방법적 용어를 한정사로 보지 아니하여 왔다.[313] CAFC의 Scripps Clinic 판결의 소수견해도 방법식 청구항에 대한 특허요건의 심사에 있어서는 위 견해와 입장을 같이한다.[314] 그러나 일단 특허가 등록된 이후에 청구항에 사용된 방법적 용어가 한정사로 작용을 하는지에 대해서는 의견이 갈린다.[315] 일본의 학설 중에서 동일성설을 취하는 견해는 미국의 판례법상의 통설 즉 특허요건의 심리에 있어서

---

309 특허요건을 심사함에 있어서는 출원된 청구항이 합리적으로 가장 넓은 권리범위를 가진 것으로 해석하여 선행기술과 비교한다. 대법원 2006.6.29. 선고 2004후3416 판결.

310 대법원 2006.6.29. 선고 2004후3416 판결에서는 "제조방법에 의해서만 물건을 특정할 수밖에 없는 등의 특별한 사정이 없는 이상 당해 <u>특허발명의 진보성 유무를 판단함에 있어서는 그 제조방법 자체는 이를 고려할 필요 없이</u> 그 특허청구범위의 기재에 의하여 물건으로 특정되는 발명만을 그 출원 전에 공지된 발명 등과 비교하면 된다."고 판시하고 있다(대법원 2007.5.11. 선고 2007후449 판결도 같은 취지라고 한다). 따라서 방법식 청구항의 방법적 용어는 특허심사 단계에서는 한정사로 작용하지 아니한다. 또한 어떠한 경우에도 이를 한정사로 볼 수 없는데도 불구하고 대법원이 위 판결에서 특별한 사정이 있는 경우에는 한정사로 볼 수 있는 듯한 판시를 한 데 대하여 위 윤태식, 전게논문, p.516-517에 의한 대법원 판결에 대한 이견에 동의한다. 그 나머지 이유는 위 논문을 참조할 것.

311 위 윤태식, 전게논문에서 재인용: 특허법원 1999.7.15. 선고 98허10611 판결에서는 "이 건 출원발명의 특허청구범위 제8항은 '제1항 내지 제7항의 어느 한 항의 방법에 의하여 제조된 알부민'에 관한 청구항인바, 위 제8항의 알부민이 공지의 알부민과 다른 알부민이라거나 그 밖에 위 제8항의 알부민의 물리화학적 특성을 나타내는 내용은 이 건 출원발명의 상세한 설명 어디에도 찾아볼 수 없고, … 기존(공지)의 물질과 상이한 새로운 물질이 만들어진 것이라고 할 수는 없으므로, 결국 위 청구항 제8항은 인용발명 1에 의하여 공지된 알부민과 동일한 물질을 청구한 것이어서 어떠한 신규성도 찾아볼 수 없으므로 특허를 받을 수 없는 것이라 할 것이고 …"라고 판시하였다.

312 Atlantic Thermoplastics Co., Inc. v. Faytex Corp., 970 F.2d 834, 23 USPQ2d 1481(Fed. Cir. 1992), suggestion for rehearing in banc declined, 974 F.2d 1279, 23 USPQ2d 1801, 974 F.2d 1299, 24 USPQ2d 1138(Fed. Cir. 1992).

313 In re Hirao, 535 F.2d 67, 69 n.3, 190 USPQ 15, 17 n.3(CCPA 1976)(이 법원, 즉 CCPA는 비송사건으로 진행되는 소송에서 청구항에 사용된 특정한 방법을 물건을 한정하는 것으로 해석하지 않았다).

314 이는 비록 법리적으로는 설득력이 있지만 실정법상으로는 아무런 근거가 없다는 비판을 받는 소수견해로서 참고적 가치가 있다. Scripps Clinic & Research Foundation v. Genentech, Inc., 927 F.2d 1565, 18 USPQ2d 1001(Fed. Cir. 1991)에서 3명의 패널인 Markey, Newman 및 Beer의 견해.

315 Scripps Clinic & Research Foundation v. Genentech, Inc., 927 F.2d 1565, 18 USPQ2d 1001(Fed. Cir. 1991).

는 방법적 용어를 한정사로 보지 아니한다는 데 의견이 일치한다.[316]

(2) 소수설(한정설)

소수설, 즉 한정설은 특허요건을 심사함에 있어서 청구항에 기재된 방법적 용어를 한정사로 보고 이를 가지고 선행기술과 구별한다는 것이다. 즉 청구항에 기재된 물건을 만드는 방법에 한정하여 실제로 만들어진 물건에만 권리범위가 미친다고 해석하는 견해이다. 한정설은 청구항의 해석원칙을 근거로 하고 있다. 즉 특허청구항의 기술적 범위는 청구항의 기재에 근거하여 해석되어야 하는데, 특별한 사정이 없는 한 청구항에는 발명의 구성에 없어서는 안 되는 사항만으로 기재되어야 하므로 청구항에 기재된 만드는 방법을 의미 없는 것으로 해석해서는 안 된다는 것이다. 따라서 한정설에 의하면, 권리부여 단계인 신규성, 진보성의 판단기준도 물건 그 자체뿐만 아니라 만드는 방법도 함께 고려하여 판단한다. 특히 물건 그 자체가 이미 공지되어 있는 경우에는 만드는 방법을 고려하여 신규성, 진보성을 판단하는 것도 허용하게 된다.[317]

그러나 방법적 용어가 사용됨으로 인하여 그 물리적 구조를 특정하지 못한다면 그 청구항의 권리범위가 불명확하게 됨으로 인하여 방법식 청구항을 심사하는 것은 매우 어려운 일이 되고 말 것이다. 따라서 이 입장은 취할 바가 되지 못한다.[318]

---

316 위 윤태식, 전게논문, p.510에서 재인용: 동일성설, 즉 물건으로서 동일성이 있는 이상 해당 제조방법과 다른 방법으로 생산된 물건에도 권리범위가 미친다고 해석하는 견해는 위 미국의 판례법과 같은 입장을 취한다. 남조아유, プロダクト·バイ·プロセス·クレ일ムの권리해석, パテント 55권, 5호(2002.5), 변리사회, 21면 이하 및 박길채, PBP 청구항, 특허와 상표(2006., 652~653호), 대한변리사회. 그 이유로서, "동일성설은 프로덕트 바이 프로세스 청구항에 기재된 제조방법이 어디까지나 물건을 특정하기 위한 수단에 불과하다는 것을 근거로 하고 있다. 특허청구범위가 제조방법에 의하여 특정되었다고 하더라도 특허의 대상은 어디까지나 제조방법에 의하여 특정된 물건이므로 특허의 대상을 그 제조방법에 한정된 물건으로 해석할 당위성이 없다는 것이다. 즉 물건의 청구항인 이상 프로덕트 바이 프로세스 청구항의 특허권은 당연히 물건으로서의 권리를 향수하고, 물건으로서의 동일성이 있는 한 그 제조방법과 다른 제조방법에 의해 제조된 물건에도 그 권리가 미친다고 해석한다. 따라서 동일성설에 의하면 권리부여 단계에서 신규성, 진보성의 판단 기준은 제조방법에 의하여 구애됨이 없이 어디까지나 물건 그 자체를 기준으로 하게 된다."고 하였다.

317 위 윤태식, 전게논문 참조.

318 In re Fessmann 489, F.2d 742, 743, 180 USPQ 324(C.C.P.A. 1974). 위 윤태식, 전게논문에서는 이 견해를 취하지 못하는 이유를 다음과 같이 상설하고 있다. "두 견해의 검토: 특허법이 발명을 크게 물건의 발명과 방법의 발명으로 나누고 있고, 그에 따라 권리가 미치는 범위에 대해서도 별도로 규정하고 있는 점, 프로덕트 바이 프로세스 청구항은 본질적으로 물건의 발명이라서 제조방법이 기재되어 있더라도 구성을 특정하기 위한 수단에 불과하다는 점, 물건의 제조방법을 달리하였다고 하여 공지의 물건에까지 특허를 부여하는 것은 물건의 발명에서 신규의 물건에만 특허를 부여하고 공지의 물건은 누구나 자유로이 이용할 수 있도록 하여 산업발전에 기여하고자 함을 목적으로 하는 특허제도에 부합한다고 할 수 없는 점, 개정 특허법에서는 특허법의 특허청구범위의 기재요건 중 '발명의 구성에 없어서는 아니 되는 사항만으로 기재될 것'이라는 요건을 삭제한 점 등을 고려하면, 동일성설을 취하는 것이 타당하다고 본다. 아래에서 보듯이 우리나라를 포함한 여러 나라가 특허의 권리부여 단계에서 동일성설을 취하고 있다.

또한 위와 같이 각국의 실무가 특허의 권리부여 단계에서 일치하여 동일성설을 취하게 된 이유에는 정책적인 면도 중요한 이유로 작용하고 있다고 생각한다. 즉, 물건의 발명에 제조방법이 기재됨으로써 선행기술과 대비하여 신규성, 진보성이 있는지에 대한 심사가 더욱 어려워지게 되고, 이는 절차의 지연을 초래하여 종국에는 출원인의 불이익으로 돌아가게 된다. 따라서 어느 발명의 대상인 물건을 구조적으로 특정할 수 있다면 선행기술과의 대비를 명확히 할 수 있는 물건의 발명으로 출원하도록 하고, 만일 제조방법에 기술적인 특징이 있다면 방법에 관한 발명

나. 신규성과 진보성의 판단

(1) 물 건

앞서 본 바와 같이 방법식 청구항에 대한 신규성과 진보성을 심사함에 있어서는 그 출원된 청구항의 물건이 구조적으로 새로운 것이어야 한다. 따라서 방법식 청구항은 물건 자체로 특허요건을 심사하는 것이지 물건이 만들어지는 방법에 의하여 특허의 발급가능성이 판단되는 것이 아니다.[319] [320] 따라서 물건 자체가 발명성이 있어서 선행기술과 분명하게 구별되지 않는 청구항은 신규성을 인정받을 수가 없다.[321]

미국 판례법상의 방법식 청구항에 대한 판례

미연방항소법원(6th Cir).은 United States Gypsum Co. 사건에서 '솔로 문지른(Brushed)'이라는 한정사를 가진 청구항은 기능적일 뿐더러 방법적으로 한정을 한 것 이외에는 특허물건을 다른 물건과 구별하여 주지 못하므로 특허요건을 충족시키지 못한다고 판시하였다.[322]

미특허심판원은 Ex parte Aggarwal 사건에서 '재조합(Recombinant) 림포톡신을 사용하여 종양을 치료하는 방법'에 대한 청구항에서 림포톡신이라는 물질은 인간으로부터 추출한 것이든 재조합적 방식으로 추출한 것이든, 이미 선행기술이 공개하고 있는 '미토겐으로 자극된 림프구로부터 만드는 림포톡신'과 동일한 물질로서 새로운 것이 아니라고 판시하였다.[323]

으로 출원하도록 유도한다는 현실적이고도 정책적인 면도 각국의 특허청 등이 오래전부터 동일성설을 채택하고 이를 유지하여 온 또 하나의 이유라고 본다."

319 In re Moeller, 117 F.2d 565, 567, 48 USPQ 542(CCPA 1941)(청구항의 물건 자체가 발명성이 있어서 선행기술과 분명하게 구별되어야 한다); Scripps Clinic & Research Foundation v. Genentech Inc., 666 F. Supp. 1379, 1386, 3 USPQ2d 1481, 1485(N.D. Calif. 1987) rev'd in relevant part, 927 F.2d 1565, 1580, 18 USPQ2d 1001, 1013(Fed. Cir. 1991)(물건은 이미 알려진 것이지만 방법은 새로운 경우에 이 새로운 방법은 방법청구항으로 특허를 받을 수 있다. 그러나 물건 자체는 새로운 것이 아니라서 특허를 받을 수 없고 따라서 방법식 청구항도 특허를 받을 수 없다. 왜냐하면 방법식 청구항의 물건이 청구항의 특허대상이지 방법이 특허대상이 아니기 때문이다); In re Certain Recombinant Erythropoietin, 10 USPQ2d 1906, 1910(U.S. Int'l Trade Comm'n 1989), vacated, 902 F.2d 1532, 14 USPQ2d 1734(Fed. Cir. 1990)(DNA염기서열을 가진 것으로 EPO를 발현하도록 변형된 주세포에 대한 청구항은 EPO를 만드는 방법청구항이 아니다).

320 이에 비하여 방법식 청구항은 새로운 물건이 아니어도 특허를 받을 수 있다고 보는 극소수견해가 있다. In Buono v. Yankee Maid Dress Corp.(1935)(Learned Hand 판사는 국내와는 다른 방법으로 외국에서 만든 물건에 대해서는 비록 새로운 것이 아니라고 하더라도 특허를 부여할 수도 있다고 하였으나 그 자신도 특허청이 이러한 물건에 특허를 발급할 가능성은 희박하다고 보았다).

321 In re Moeller, 117 F.2d 565, 567, 48 USPQ 542(CCPA 1941).

322 United States Gypsum Co. v. Consolidated Expanded Metal Co., 130 F.2d 888, 893, 55 USPQ 247(6th Cir. 1942), cert. denied, 317 U.S. 698(1943); 기능적 용어란 발명을 설명함에 있어서 발명이 무엇인가, 즉 어떤 구조와 물질로 만들어져 있는지를 말하는 것이 아니라 발명이 무엇을 수행하는가를 말하는 것이다. 과거에는 기능적 용어를 사용한 청구항은 그 모호한 용어로 인하여 권리범위가 불명확하여 특허의 발급을 허용하지 않았고 이미 발급된 특허라도 무효라고 보았다. 근래에는 기능적 용어가 사용된 청구항이라고 하여도 이러한 용어가 청구항을 부당하게 넓히거나 모호하게 만들지 않는 한 유효한 것으로 본다.

323 Ex parte Aggarwal, 23 USPQ2d 1334, 1336(Bd. Pat. App. & Int'f 1992).

(2) 권리범위의 명확성

방법식 청구항이 특허를 받기 위해서는 청구항에 사용된 방법적 용어로 인하여 그 권리범위가 불명확하게 되지 않을 것을 요구한다.[324] 즉 청구항에 방법적 용어가 없었더라도 당연히 특허를 받을 수 있다면 방법적 용어가 존재하더라도 그 청구항이 특허를 받는 데 아무런 지장이 없다.[325] 이는 청구항에서 방법적 한정사를 빼더라도 청구항의 권리범위가 명확하여,[326] 이로써 청구항의 구조적 한정사가 청구항을 선행기술과 구별하는 데 충분하다면 그 이상 방법적 한정사가 기재되어 있다고 하더라도 문제가 되지 않는다.

그러나 출원된 청구항이 공개요건, 즉 서면명세요건과 실시가능요건을 충족시키느냐의 문제 있어서는 방법적 용어가 한정사로 작용하여 그 충족 여부를 심리한다. 사실 만약 방법적 한정사가 발명을 정확하게 개념정의하지 못한다면 출원인은 청구항의 명확성의 요건을 충족시키지 못하는 것이기 때문이다.[327]

(3) 심사과정에서 입증책임의 배분

종래부터 일반 민·형사사건을 중심으로 입증책임론이 전개되어 왔지만 고도의 산업화와 기술화 및 전문화로 인하여 특수한 소송 분야인 공해소송, 제조물책임소송, 의료과오소송에 있어서는 그 소송의 특수성을 고려하여 입증책임의 분담론이 활발하게 전개되어 왔다. 이러한 필요는 첨단기술과 관련된 특허의 심결 및 침해소송에 있어서도 마찬가지일 것이다.[328] 대법원도 의료소송의 분야에서 위 학설이 주창하는 바와 같이 입증책임 경감의 필요성을 인식하고 이를 판례에 반영하고 있지만 특허와 관련된 소송 분야에서는 아직 입장을 표시한 적이 없다.[329] 다음에서는 미국의 판례법을 중심으로 하여 입증책임의 분담과 관련한 논의를 전개한다.

(가) 입증책임[330]

통상의 청구항에 대한 심사과정에서는 출원된 청구항이 특허요건, 즉 신규성과 진보성을

---

324 In re Johnson, 394 F.2d 591, 593, 157 USPQ 620(CCPA 1968).

325 In re Garnero, 412 F.2d 276, 279 n.8, 162 USPQ 221(CCPA 1969).

326 In re Moeller, 117 F.2d 565, 567, 48 USPQ 542(CCPA 1941).

327 공개요건: 공개요건은 실시가능요건(특허법 제42조 제3조)과 서면명세요건(특허법 제42조 제4항 제1호) 및 청구항의 명확성의 요건(특허법 제42조 제4항 제2호) 참조. 이는 미특허법 제112조의 요건과 상응한다. 방법식 청구항과 위 요건들과 관련한 판례법으로서는 Atlantic Thermoplastics Co., Inc. v. Faytex Corp., 970 F.2d 834, 23 USPQ2d 1481(Fed. Cir. 1992)이 있다.

328 홍기문, 특수소송에 있어서 증명책임의 분배, 민사법학, 제8권(한국사법행정학회, 1990), p.485.

329 손용근, 의료과오소송의 입증경감에 관한 판례의 최근 동향, 민사법연구, 제7집(대한민사법학회, 1999년), p.362.

330 Chisum §6.02 [8] n.13.에 의하면 미국 판례법에서 논의되는 광의의 입증책임(Burden of proof)은 통상 두 가지로 이루어진다. ① 입증의 필요(Burden of production: Burden of going forward with evidence): 특정 쟁점에 관하여 입증의 필요가 있는 당사자는 상당히 신빙성 있는 증거를 제시하여야 한다. 만약 이 의무를 이행하지 아니하면 그 쟁점에 관하여 불리한 결정을 받는다. 따라서 입증의 필요는 그 부담자가 아무런 증거를 제시하지 않은 경우 그가

충족시키지 못한다는 입증책임(Burden of persuasion)은 심사관에게 있다.[331] 특허법은 심사관이 출원된 청구항을 심사한 뒤 청구항이 특허요건을 충족시키지 못하는 경우에 서면으로 거절 이유를 들어 거절하여야 하고, 그가 거절 이유를 발견할 수 없을 때에는 특허를 발급하여야 한다고 규정하고 있기 때문이다.[332] 그러나 심사과정은 당사자가 대립하는 소송적 구조를 가진 것이 아니라 출원인과 심사관 사이에 일방적으로만 진행하는 Ex Parte 비송사건적 구조를 가진다. 따라서 심사과정에서 심사관과 출원인과 사이에 출원된 발명의 특허요건에 대한 입증책임을 공평하게 분담할 필요가 있다.[333] [334]

받는 불이익을 말한다. 만약 입증의 필요성을 부담하는 당사자가 상당히 신빙성이 있는 증거를 제시하면 이제는 입증의 필요의 단계를 떠나 협의의 입증책임의 문제로 된다. ② 협의의 입증책임(Burden of persuasion; Risk of nonpersuasion): 특정 쟁점에 관하여 양 당사자가 서로 모순되는 증거를 제시한 경우에 협의의 입증책임을 부담하는 당사자가 재판관을 일정한 정도로 설득할 수 있어야 한다. 통상 민사소송에서는 우세한 증거(Preponderance of evidence)를 요구하지만 특허의 무효를 주장하는 경우는 분명하고도 설득력 있는 증거(Clear and convincing evidence)로 재판관을 설득하여야 하고 형사소송에서는 합리적인 의심을 배제할 수 있는 정도(Beyond reasonable doubt)의 증거를 제시하여야만 한다고 보는 것이 통설이다. 만약 이러한 증거로 재판관을 설득하지 못하면 협의의 입증책임을 지는 당사자는 패소한다.

331 이상경, 특허심결취소소송에 있어서의 주장·입증책임론(특허소송연구 제1집, 특허법원, 2000), p.131. 특허법 제62조는 "심사관은 특허출원이 다음 각 호의 1(이하 거절이유라 한다)에 해당하는 경우에는 그 특허출원에 대하여 거절사정을 하여야 한다."라고 하여, 즉 '어떠어떠한 사유가 있는 때에는 어떠한 처분을 한다'는 형식의 규정이므로 그 처분의 전제사실은 일응 피고의 입증책임사실이 되는 것이다. 다시 말해 ① 특허출원 전에 국내에서 공지되었거나 공연히 실시된 발명이라는 사실(법 제62조 제1호, 제29조 제1항 제1호)과, ② 특허출원 전에 국내 또는 국외에서 반포된 간행물에 기재된 발명이라는 사실(법 제62조 제1호, 제29조 제1항 제2호), ③ 특허출원 전에 그 발명에 속하는 기술 분야에서 통상의 지식을 가진 자가 위 ①, ②에 규정된 발명에 의하여 용이하게 발명할 수 있는 발명인 사실(법 제62조 제1호, 제29조 제2항) 및 ④ 특허출원 후에 공고 또는 공개된 선원의 원명세서 또는 도면에 기재된 발명 또는 고안과 동일발명이라는 사실(법 제62조 제1호, 제29조 제3항) 등은 모두가 거절사정, 즉 심판청구기각사유로서 행정청의 권한행사근거규정의 전제사실로서 피고인 특허청, 즉 심사관에게 입증책임이 있는 사실이다.

332 특허법 제62조는 심사관은 출원이 특허의 발급요건, 즉 출원된 발명이 신규성이나 진보성 등을 충족하지 못한 경우에는 특허거절결정을 한다고 규정하고 있다. 또한 같은 법 제66조는 '심사관은 출원에 대하여 거절이유를 발견할 수 없을 경우에는 특허결정을 하여야 한다.'고 규정하고 있다. 같은 법 제67조 제1항은 '특허결정 및 특허거절결정은 서면으로 하여야 하며 그 이유를 붙여야 한다.'고 규정하고 있다. 따라서 특허거절결정을 하기 위해서는 심사관이 출원된 발명이 특허요건을 충족하지 못한다는 이유를 주장하여야 하고 이를 뒷받침할 수 있는 사실을 입증할 책임이 있다고 볼 수 있다.

또한 윤태식, 프로덕트 바이 프로세스에 관한 청구항, 사법논집, 45집(2007), p.518-519 참조.

333 미국의 판례법은 입증책임이 출원인과 심사관 사이에 공평하게 분배된다고 본다. In re Sasse, 629 F.2d 675, 207 USPQ 107(C.C.P.A. 1980). Chisum은 이 입증책임이 진보성이나 산업상 이용가능성(유용성)에서와 같이 동일하게 분배된다고 본다. Chisum §3.04 [1] n.15. 위 윤태식, 전게논문, p.519에 의하면 사실상의 입증책임의 전환을 논하고 있다.

334 In re Piasecki, 745 F.2d 1468, 1471-72, 223 USPQ 785, 787-88(Fed. Cir., 1984). In re Henze, 181 F.2d 196, 201, 85 USPQ 261, 265(CCPA, 1950). 그러나 과거에는 특허불가 추정의 원칙이 있었다. 이 원칙은 화학물질에 대한 특허에서 시작되었다. 특허불가 추정의 원칙은 법률상 추정이 아니라 사실상의 추정에 관한 것이다. 일응 용이하다는 증거가 제시되면 발명이 진보적이라는 입증책임은 출원인에게 이전되고 출원인은 반드시 진보성을 입증할 수 있는 증거를 제출하여야 한다.

(나) 입증의 필요

1) 신규성에 대한 입증

통상의 청구항에 대한 심사를 함에 있어서 심사관이 입증책임을 진다고 하여 처음부터 모든 입증을 할 필요는 없다.[335] 먼저 신규성의 부존재, 즉 선행물건과 출원된 청구항이 동일하다는 점에 대하여 심사관은 선행간행물이 후행발명을 예견할 수 있을 정도로 충분한 설명을 하였다는 점, 즉 선행문헌의 작동가능성(Operability)에 대한 주장 입증할 책임(Burden of proof)과 입증의 필요(Burden of production)를 부담한다.[336]

이에 따라 심사관이 선행문헌이 특허발명을 예견한다는 일응의 증거(Prima facie evidence)를 제시하면 입증의 필요는 출원인에게 이전된다. 출원인은 이를 반박하는 증거를 제시할 책임이 있으며 만약 반박증거를 제출하지 아니하면 특허가 거절된다.[337] 그러나 출원인이 선행기술이 작동이 불가능하다는 반박증거를 제출하면 다음의 진보성에 대한 입증책임에서 보는 바와 같이 증명력의 문제가 된다. 따라서 입증책임은 이전되지 않고 심사의 전 과정을 통하여 심사관이 부담하

---

335 In re Oetiker, 977 F.2d 1443, 1446, 24 USPQ2d 1443, 1445(Fed. Cir., 1992).

336 Chisum §3.04. 선행기술이 신규성을 상실시킬 수 있기 위해서는 즉 출원된 발명이 예견되기 위해서는 간행물은 반드시 발명을 설명하여야 하고 이 설명은 그 발명이 속하는 기술 분야에서 통상의 지식을 가진 자에게 ① 이해될 수 있어야 하고, ② 이를 만들 수도 있어야 한다. 화학적 합성물에 관한 간행물이 후행 합성물을 예견하기 위해서는 단지 합성물의 명칭이나 공식을 나열함으로써 이 물질에 대한 추측이나 합성하는 방법에 대한 이론적 가능성만을 주는 것만으로는 부족하다. 따라서 신규성을 상실시킬 수 있는 선행기술은 완성된 작동이 가능한 것이어야 한다. 만약 심사관이 작동 불가능한 선행기술을 가지고 신규성이 없다고 주장한다면 출원인은 그 선행기술이 작동 불가능한 것이라고 반박할 수 있다. Chester v. Miller, 906 F.2d 1574, 1577 n.2, 15 USPQ2d 1333, 1336 n.2(Fed. Cir. 1990). 이에 비하여 진보성의 판단에 있어서 작동요건을 충족시키지 못하여도 선행기술로 사용할 수 있다고 본 견해는 Minnesota Min. & Mfg. Co. v. Blume, 684 F.2d 1166, 1173 n.10, 215 USPQ 585, 591 n.10(6th Cir. 1982)이다.

337 미국 판례법에서 입증의 필요가 이전되었다고 하는 이론과 가장 근사한 이론을 찾으면 일본에서는 의료과실의 입증책임을 감경하기 위해서 사실상의 추정론을 주장하는 일본학자가 있다. 가등일랑, 의사의 책임, 천도무의 등 편, 아처선생환력기념, 손해배상책임의 연구(상), 1957, 유비각, p.151-152. 손용근, 의료과오소송의 입증경감에 관한 판례의 최근 동향, 민사법연구, 제7집(대한민사법학회, 1999년), p.338-340에서 재인용. 입증책임을 지는 측에서 어느 정도의 개연성에 관하여 일응의 주장입증을 하면 그것으로 입증책임을 다한 것으로 상대방이 반증을 하지 아니하면 인과관계를 인정하자는 입장으로 사실상의 추정론이라고 한다. 사실상의 추정론은 여전히 원고가 개연성에 관하여 일응의 주장을 하여야 하고 그에 대한 입증책임을 부담하고 있다는 점에서 입증책임의 전환은 아니지만 입증의 부담이 완화됨으로써 사실상은 입증책임이 전환되는 결과가 되었기 때문에 상대방은 반증을 제시하여야 할 입증의 부담이 있게 되었다.

이와 함께 일응의 추정론도 있는데, 이는 원고(피해자)가 그 입증책임 있는 요건사실(추정사실)에 갈음하여 추정의 기초사실(전제사실)을 증명하고 법관이 그 증명된 기초사실에 경험칙을 적용하여 요건사실(추정사실)을 추인하는 방식을 취하게 된다. 위와 같은 추정에 있어서는 전제사실의 존재에 대하여 심증이 얻어져야 할 것이고 전제사실이 존재한다면 요건사실(추정사실)은 추인할 수 있다는 경험칙의 존재를 필요로 하고 있다. 그러나 위 이론도 그 입증책임이 전환되지 않는다는 점에서는 견해가 일치하고 그 표현이야 어쨌든 입증책임을 지는 측의 입증부담을 경감하고 상대방에게 반증을 제시할 책임을 부담시키는 것이고 만약 상대방이 그 반증을 제출하지 않으면 원고는 입증책임을 다한 것으로 보는 점에서는 미국의 판례이론이 말하는 입증의 필요를 부담하게 된 것과 마찬가지의 결과가 된다.

되, 입증의 필요는 과정을 통하여 심사관으로부터 출원인에게 이전된다고 본다.[338 339]

2) 진보성의 입증

통상의 청구항으로 출원된 발명의 진보성을 부정하려는 심사관은 먼저 출원된 발명이 일응 용이하다(Prima facie obvious)는 증거를 제출할 필요가 있다.[340] 이때 일응 용이하다는 것은 선행기술의 가르침(Teaching)이 통상의 지식인에게 선행기술을 변경할 것을 제안하였다는 점을 미리 예상할 수 있다는 것이다.[341] 이렇게 심사관이 일응 용이하다는 증거를 제시하면 이제는 입증의 필요(Burden of production)가 출원인에게 이전되어 출원인은 심사관이 제시한 일응의 용이성을 반박하는 증거를 제출하여야 한다.[342] 만약 출원인이 이 반박증거를 제출하지 못하면 그는 입증의 필요를 다하지 못한 것으로 되어 특허가 거절된다. 그러나 출원인이 이 반박증거를 제출하면

338 Chisum은 이 입증책임이 진보성이나 산업상이용가능성(유용성)에서와 같이 동일하게 이전된다고 본다. Chisum §3.04 [1] n.15. 출원인 또는 특허권자는 특허가 유효하다는 추정력에 의지하여 입증의 필요를 부담하지 않는다고 볼 수는 없다고 보는 견해: Scripps Clinic & Research Foundation v. Genentech Inc., 707 F. Supp. 1547, 1550, 11 USPQ2d 1187, 1190(N.D. Calif. 1989).

339 심사과정에서의 선행문헌에 작동가능성에 대한 입증책임(Burden of proof)이 이전된다고 보는 견해도 있다. 이 견해에 의하면 만약 심사관이 청구항을 예견하는 선행문헌을 제시하면 선행문헌의 작동가능성은 추정되고 이 추정력을 번복할 입증책임은 특허출원인에게 이전된다. 출원인이 이 선행문헌이 작동 불가능하다는 일응의 증거를 제시하면 다시 입증책임이 이전되어 특허심사관이 선행기술이 작동가능하다는 점을 입증하여야 한다고 보는 견해: In re Sasse, 629 F.2d 675, 207 USPQ 107(C.C.P.A. 1980).

340 그러나 만약 심사관이 최초의 거절 단계에서 출원된 발명이 일응 용이하다는 증거를 제시하지 못하면 심사관은 입증의 필요는 물론 입증책임을 다하지 못한 것으로서 출원인은 더 이상의 증거를 제출할 필요도 없이 특허를 받을 자격이 있다.

341 일응 용이하다는 것은 화학물질로부터 발생한 개념으로서 출원된 발명과 선행기술의 사이의 구조적이거나 작동상의 차이점이 미리 예상되는 것을 말한다. In re Hoch, 428 F.2d 1341, 1344 n.6, 166 USPQ 406, 409 n.6(CCPA, 1970). 일응 용이하기 위해서는 선행기술의 가르침이 통상의 지식인에 대하여 선행기술을 변경하여 특허가 출원된 물건을 만들도록 제안하여야 한다고 보는 견해: In re Lalu, 747 F.2d 703, 705, 223 USPQ 1257, 1258(Fed. Cir., 1984). 선행기술의 조합이 특허발명을 제안하여야 한다고 본 견해: Burlington Industries, Inc. v. Quigg, 229 USPQ 916, 918(D.D.C., 1986), aff'd, 822 F.2d 1581, 3 USPQ2d 1436(Fed. Cir., 1987); In re Lintner, 458 F.2d 1013, 1016, 173 USPQ 560(CCPA, 1972). 일응 용이하다는 증거가 강하거나 약한 것은 아무런 문제가 되지 않는다고 보는 것이 지배적 견해이다. In re Carlton, 599 F.2d 1021, 202 USPQ 165(CCPA, 1979)(진보성을 심사하는 경우에 일응의 용이성을 입증할 최초의 입증의 필요와 입증책임은 심사관에게 있다. 심사관은 출원된 발명이 일응 용이하다는 증거를 제시하여야 하고 일단 이러한 증거가 제출되면 입증의 필요는 출원인에게 이전된다. 따라서 일응 용이하다는 증거가 강하거나 약하다는 것은 그리 중요하지 않다).

342 In re Reuter, 670 F.2d 1015, 1020, 210 USPQ 249, 254(CCPA 1981)("We note that the increasing popularity of reissue protests has been accompanied by the PTO's consideration of evidence developed during infringement proceedings, including … depositions and affidavits. In the usual ex parte proceeding, the PTO establishes a prima facie case of obviousness; **the burden of proof then shifts to the applicant**; if possible, the applicant then introduces affidavit factual evidence of nonobviousness to try to rebut the prima facie case … The PTO is required to reconsider this prima facie case in light of the applicant's rebuttal evidence and must make a decision based on the record as a whole. … Evidence submitted in a reissue protest proceeding should be considered on the same basis as other ex parte evidence.). 위 판결에서 판사는 Burden of proof라고 기재함으로써 과연 Burden of production인지 아니면 Burden of persuation인지에 대하여 혼란을 일으키지만 저자의 견해로는 Burden of Production으로 보인다.

심사관은 심사기록에 나타난 모든 증거, 즉 일응 용이하다는 증거는 물론 이에 대한 반박증거를 모두 종합하여 특허가 출원된 발명을 전체적으로 보아 용이한지를 판단하여야 한다.[343]

출원인은 심사관의 거절결정에 대하여 이를 반박하는 증거로서 의견서를 제출할 수 있는데 이 의견서는 두 가지 유형의 증거를 포함한다.[344] 첫째, 출원된 발명이 선행기술에 비추어 예상하지 못할 정도로 우수한 특성이나 장점을 가졌다는 사실에 대한 것이다. 이를 입증하는 증거는 대부분 선행기술과 출원된 발명의 차이점을 비교·시험한 결과를 기재한 의견서로서, 이는 기술적인 성격을 띤다.[345] 둘째, 상업적인 성공이나 숙원적 난제를 해결할 필요성과 기타 2차적 고려대상으로서 비기술적인 것이다.[346] 이 반박증거가 출원된 발명의 진보성을 입증하기 위해서는 일응의 용이성을 인정하는 증거를 압도하여야 한다. 반박증거가 아무런 사실적 근거가 없고 단지 추상적 의견에 불과한 것이라면 진보성을 입증할 충분한 증명력이 없다.[347]

(다) 방법식 청구항에 대한 특수한 입증책임[348]

1) 문제의 특수성과 입증책임의 감경

통상의 청구항에 대한 심사과정은 앞서 본 바와 같이 심사관이 출원된 발명의 신규성의 부

---

343 특허법 제63조 및 제162조. 출원인이 심사관의 거절결정에 대응하여 증거나 의견서를 제출한 다음에는 증거의 우세(Preponderance of evidence)와 증명력(Persuasiveness of evidence)을 고려하여 특허발급 여부를 결정한다. 심사관의 결정에 대하여 특허심판원이 심결을 할 경우에도 반드시 제출된 모든 증거와 의견서를 기초로 하여, 심사관이 일응 용이하다는 입증을 한 것이 타당한지를 검토한 뒤 이를 반박하기 위하여 제출된 증거를 포함한 특허심사과정의 전 기록을 심사한 뒤 특허가 출원된 발명의 진보성을 결정한다.

344 세 번째 유형의 반박 증거는 전문가의 의견이다.

345 이러한 의견서에 기재된 내용은 물론 출원된 발명이 가지는 특성이나 장점은 명세서에 공개되어 있어야 한다. 그러나 출원된 발명이 어떠한 진보적인 특성을 가지고 있다는 것을 진술한 의견서라고 하더라도 아무런 객관적인 증거에 의하여 뒷받침되지 않는 단순한 변호사의 주장이나 의견은 예상하지 못한 결과를 가져왔다는 증거가 될 수 없다고 보는 견해: In re Wood, 582 F.2d 638, 642, 199 USPQ 137, 140(CCPA, 1978).

346 이 증거는 비기술적인 것으로서 통상의 지식인이 발명 당시에 실제로 가졌던 지식을 입증하는 것으로, 발명하기 전과 발명하고 난 이후에 통상의 지식인의 행동으로부터 추론한 것이다. In re Raynes, 7 F.3d 1037, 1040, 28 USPQ2d 1630, 1632(Fed. Cir., 1993).

347 In re Beattie, 974 F.2d 1309, 1313, 24 USPQ2d 1040, 1042-43(Fed. Cir., 1992). 심사관은 출원된 발명은 악보 제작기, 키보드, 그리고 음악을 연주하는 기구의 용이한 조합으로서 선행기술에 이미 예상하고 있는 것이라고 보고 그 특허를 거절하였다.

348 위 윤태식, 전게논문, p.518. **입증정도의 감경론**- 방법식 청구항의 특성상 종래의 물건청구항보다는 신규성, 진보성이 없다는 점에 대한 입증책임의 정도가 감경된다. 따라서 출원된 방법식 청구항에 대하여 심사관이 그 청구항과 다른 제조방법에 의하여 제조되었음에도 선행기술의 물건과 동일하거나 유사하다는 **합리적인 의심**을 표명한 경우에는, 출원인은 청구항의 물건과 선행기술의 물건 사이에 비자명(Nonobviousness)한 차이가 있다는 점을 입증할 책임이 있다고 보는 것이다. 여기서 '합리적인 의심을 갖는 경우'란 청구항에 관계된 발명과 출발물질이 유사하고 동일의 제조공정에 의하여 제조된 물건의 선행기술을 발견한 경우, 청구항에 관계된 발명과 출발물질이 동일하고 유사의 제조공정에 의하여 제조된 물건의 선행기술을 발견한 경우, 출원 후에 청구항에 관계된 발명의 물건과 동일하다고 인정되는 물건의 구조가 판명되고, 그것이 출원 전에 공지된 것이 발견된 경우, 출원발명의 명세서 또는 도면에 실시의 형태로서 기재된 것과 동일 또는 유사한 선행기술이 발견된 경우가 해당된다는 것이다. 일본 특허·실용신안심사기준, 제2부 제2장 신규성·진보성 1.5.5. 신규성의 판단 (4)(2007. 3. 23.개정).

존재, 즉 선행물건과 특허출원된 청구항이 동일하다는 점과,[349] 진보성이 없다는 점, 즉 선행기술을 조합하여 출원된 발명이 용이하다는 증거를 제출할 필요가 있다. 이때 심사관은 출원된 청구항의 물건과 구조적으로 동일한 선행물건이나 구조적으로 용이한 선행물건을 증거로 제시한다. 따라서 비록 다른 방법으로 만들어졌지만 동일한 물건으로 보이는 선행기술에 의하여 방법식 청구항이 거절된 경우에 출원인이 출원된 청구항의 물건과 선행물건의 용이하지 않은 차이점을 입증의 필요가 있다.[350] [351]

그러나 방법식 청구항은 일응의 용이성을 입증하는 데 있어서 특수한 문제를 제기한다. 방법식 청구항은 청구항에서 물리적 구조를 설명하지 않고 단지 방법적 한정사만을 사용하고 있기 때문에 이로써 청구항의 특허요건을 심사하기가 어렵게 된다. 문제는 청구항의 물건이 특허요건을 충족시키느냐 하는 것이지 청구항에 기재된 방법이 신규성이나 진보성의 요건을 충족시키느냐의 문제가 아니기 때문이다. 따라서 방법식 청구항의 경우에는 심사관이 출원된 청구항의 구조를 알 수 없기 때문에 합리적으로 보아 선행기술이 출원된 청구항에 기재된 물건과 거의 동일하다거나, 반응물질이나 조건의 동일하다는 점을 입증하여도 일응의 입증을 다한 것으로 볼 실무상의 필요가 있다.[352]

2) 생명공학적 발명

미특허심판원은 Ex parte Gray에서 선행물건과 출원된 청구항이 '동일하거나(Identical with), 약간만 차이가 있는 경우(Slightly different)'라는 것이 밝혀지면 심사관으로서는 출원된 청구항이 선행기술과 용이하다는 일응의 입증을 다한 것이고 출원인이 청구항의 물건이 선행기술과 구별될 수 있는 점, 즉 청구항의 물건과 선행물건 사이에 '예상하지 못한 특성(Unexpected properties)의 차이'가 있다는 점을 입증할 필요가 있다고 보았다.

위 Ex parte Gray에서 심사관이 거절한 청구항은 특정한 아미노산의 염기서열로만 기재된 인간의 신경성장요인 b-NGF에 대한 것으로서, '인간의 다른 단백질이 전혀 없는 것(Free of other proteins of human origin)'이라는 청구항의 용어가 사용되었다. 출원인은 명세서에서 DNA 재조합기술(Recombinant)로 단백질을 합성하여 만들었다고 설명하면서 이러한 기술을 사용

349 Chisum §3.04.

350 In re Marosi, 710 F.2d 799, 803, 218 USPQ 289, 292-93(Fed. Cir. 1983).

351 항고인에게 허용된 특허방법을 사용하지 않고서는 청구항에 기재된 패치 유형의 조임쇠를 만들 수 없다고 주장한다면 출원인으로서는 선행물건이 반드시 또는 내재적으로 청구항의 물건의 특성을 보유하지 않는다는 사실을 입증하는 데 실패한 셈이다. In re Fitzgerald, 619 F.2d 67, 70, 205 USPQ 594, 596(CCPA 1980).

352 실제로 특허청은 수많은 방법으로 물건을 제조하여 이를 비교하여 볼 수 있는 장비를 갖추고 있지 못하기 때문에 현실적인 한계로서 심사관에게 입증의 정도를 감경할 필요성이 있다; In re Brown, 459 F.2d 531, 535, 173 USPQ 685, 688(CCPA 1972); In re Fessmann, 489 F.2d 742, 180 USPQ 324(CCPA 1974)(Brown에서는 방법식 청구항이 가지는 특성으로 인하여 심사관이 일응의 용이성을 입증하는 데 있어서 통상의 경우보다 더 적은 입증책임을 부담한다고 판시하였다).

하여 만들어 낸 b-NGF는 '인간의 다른 단백질이 전혀 없는 것(Free of other proteins of human origin)'으로서 이는 종래에 DNA 재조합기술을 사용하지 않은 정화기술(Nonrecombinant purification)로 만든 선행물건과 구별된다고 주장하였다.[353]

그러나 미특허심판원은 이를 방법식 청구항과 유사한 것으로 보았다. 왜냐하면 출원인이 출원한 청구항은 DNA 재조합(Recombinant) 방법을 통하여 만들어진 물질로서 이를 선행기술과 구별하는 것은, 오직 선행기술이 DNA 재조합의 방식이 아닌 종래의 정화 및 추출의 방법을 통하여 만든 물건으로서 '인간의 다른 단백질이 전혀 없는 것(Free of other proteins of human origin)'으로 주장하고 있기 때문에 선행기술과 출원된 청구항의 차이는 인간의 신경성장요인인 b-NGF라는 물질을 얻는 방법에만 있는 것이기 때문이다. 선행물질이 자연물을 정화함으로써 얻어지는 것이라면 출원된 청구항은 DNA 재조합을 통하여 얻어지는 것이다.

결국 선행기술이 공개하고 있는 물건은 출원된 청구항의 물건과 '동일하거나 약간의 차이밖에 없다'는 것이 밝혀졌다. 따라서 심사관으로서는 출원된 청구항이 선행기술과 용이하다는 일응의 입증을 다한 것이고 이제 출원인은 그 물건이 선행기술과 구별될 수 있는 점, 즉 청구항의 물건과 선행물건과 사이에 '예상하지 못한 특성(Unexpected properties)의 차이'가 있다는 점을 입증하여야 하는데 출원인은 이를 입증하지 못하였다.[354] [355]

3) 화학물질에서의 입증책임

가) 통상의 화학물질

통상의 화학물질에 대한 청구항에 대하여 심사관이 출원된 화학물질이 선행기술과 '구조적으로 유사한 물질(Structurally similar compound)'이라는 점을 입증하면 특허출원된 화학물질은 용이하다는 추정을 받는다.[356] [357] 이렇게 심사관이 화학물질에 대하여 용이하다는 추정력을 주는 증거를 제출한 경우에 그 입증책임이 출원인에게 이전되어 출원인은 이를 번복하기 위하여 반박증거를 제출할 입증책임(Burden of proof)과 입증의 필요(Burden of production)가 있다. 출

---

353 Ex parte Gray, 10 USPQ2d 1922(Bd. Pat. App. & Int'f 1989).

354 동일하거나 약간의 차이가 있다고 볼 수 있는 합리적 외관: where the product disclosed in the prior art **'reasonably appears to be either identical with or slightly different'** from a product claimed by an applicant.

355 같은 취지: Ex parte Kung, 17 USPQ2d 1545, 1548(Bd. Pat. App. & Int'f 1990).

356 Supra. §6. [7][A] 특허심사과정에서의 입증책임 참조.

357 구조적으로 유사한 화학물질은 유사한 특성을 가진다고 보는 것이 화학적 상식이기 때문이다. 용이하다는 추정을 받기 위하여 어느 정도의 구조적 유사성이 있어야 하는가에 대해서는 화학물질이 인접한 동족물질이라는 사실을 입증하는 것만으로는 이러한 추정력을 받을 수는 없고 특허가 출원된 화학물질과 선행기술 사이의 밀접한 구조적인 유사성이 있어야만 추정력을 받는다고 본다. Chisum §5.04 [6], 5-438. In re Wilder, 563 F.2d 457, 195 USPQ 426(CCPA, 1977)에서는 동족물질(Homologues)과 동량물질(Isomers)의 차이점에 대하여 동족물질은 동일한 화학물질을 연속적으로 부착하여 감으로써 그 합성물의 구조가 규칙적으로 변화하여 가는 것을 말하고, 동량물질은 동일한 분자공식을 가지는 다른 합성물로서 동종의 원자가 같은 수량만큼 포함되어 있지만 원자가 부착된 방식은 다른 것을 말한다고 본다.

원인이 용이하다는 추정을 반박하기 위해서는 선행기술이 미처 '예상하지 못한 특성'을 출원된 물질이 가지고 있다는 사실을 입증할 수 있어야만 한다.[358] [359] 그러나 출원인이 아예 반박증거를 제출하지도 못하면 입증의 필요를 다하지 못한 것으로 특허가 거절된다. 그러나 특허출원인이 이 반박증거를 제출하면 이는 증명력의 문제가 된다.[360]

나) 화학물질에 대한 입증감경

CAFC는 In re Thorpe 사건에서 화학물질에 대한 방법식 청구항에 대한 입증책임의 공정한 배분을 위해서 심사관이 양자의 반응물질, 반응조건과 특성이 거의 동일하다는 일응의 입증(A prima facie case)을 하면 출원인이 이를 반박하는 증거를 제출하도록 함으로써 그 입증의 정도를 감경하였다.

위 In re Thorpe 사건은 칼라현상기에 사용되는 '금속으로 변형된 페놀릭 수지를 만드는 개량방법'에 관한 발명으로서, 청구 제1항은 각종의 원료물질을 혼합하여 반응과정을 거쳐 만드는 방법이고, 청구 제44항은 '이러한 방법으로 만들어진 물건'에 대한 청구항이다. 심사관은 출원인의 물건은 산화 아연(Zinc oxide)과 벤조산(Benzoic acid)을 사용하여 만든 것으로서 이는 선행기술인 이화벤조화 아연(Zinc dibenzoate)으로 만들어진 선행물건과 일응 동일한 것(Prima facie the tame)이라는 이유로 거절을 하였다.[361]

이러한 심사관의 거절에 대하여 출원인 Thorpe는 비록 선행 합성물과 출원된 합성물의 작용효과(Performance)가 동등(Comparable)하더라도 이 사실만으로 그 구조가 반드시 동일하다는 것을 의미하지는 않는다고 주장하였다. 그러자 심사관은 출원인의 화학적 사실에 대한 진술, 즉 출원인이 개발한 새로운 방법에 의하여 만들어진 청구항의 물건의 특성이 다른 물질을 가지고 만들어진 선행물건과 '거의 동일(About equal)'하다고 하여도 이러한 효과만을 비교하여 보는 것만으로는 두 가지의 물건의 구조가 동일한 것이라고 볼 수 없다는 점을 받아들이고, 선행기술과 출원인의 진술을 조합하여 양자의 반응물질, 반응조건과 특성이 거의 동일하다는 일응의 입증을 하였다. 이로써 입증의 필요가 출원인에게 이전되었다.

그러나 출원인은 이에 대한 아무런 반박증거를 제출하지 않았다.[362] CAFC는 입증책임의

---

358 따라서 화학물질의 특허 가능성은 그 물질의 구조만이 아니라 그 물질이 가지는 특성을 아울러 고려하여야 한다고 보는 것이 통설이다. 그러나 이러한 예상 가능성은 각각의 사건에 따라 구체적인 경우를 판단하여 결정되어야 한다. In re Papesch, 315 F.2d 381, 391, 137 USPQ 43(CCPA, 1963).

359 그러나 이를 넓게 해석하여 동일한 성질이라도 그 정도의 차이가 현저하다면 이는 새로운 특성으로 볼 수 있다는 견해도 있다. In re Hoch, 428 F.2d 1341, 1344 n. 5, 166 USPQ 406(CCPA, 1970).

360 In re Henze, 181 F.2d 196, 201, 85 USPQ 261, 265(CCPA 1950)(용이성에 대한 추정(Presumption of unpatentability)은 단순히 사실상의 추정(Inference of fact)이라 할 수 있다. 일단 사실상의 추정이 이루어지면 입증책임(Burden of persuasion)은 출원인에게 이전되어 그는 증거를 제출할 책임이 있다(입증의 책임이 이전됨으로 물론 입증의 필요를 진다. 저자 주). 그 후 모든 증거가 참작되어 용이성을 결정하는 것이다).

361 In re Thorpe, 777 F.2d 695, 227 USPQ 964(Fed. Cir. 1985)

362 In re Thorpe, 777 F.2d 695, 227 USPQ 964(Fed. Cir. 1985). 출원인은 자신의 방법으로 만든 물건이 선행기술의

법리를 적용하여 심사관의 거절이 정당하다고 판시하였다. CAFC는 특허청의 전체 기록을 정사하여 보면 특허청이 일응의 용이성을 입증한 것이 인정되고 입증의 필요가 출원인에게 이전되었으므로(The burden had shifted to Thorpe), 출원인은 '선행물건이 자신의 청구항의 물건이 가지고 있는 특성을 필수적이거나 내재적으로 가지고 있지 않다는 사실'을 입증하여야 한다고 하였다.[363] 그러나 출원인이 이러한 증거를 제출하지 아니하였으므로 입증의 필요를 다하지 않은 것으로 보아 심사관의 거절이 적법하다고 하였다.

CAFC는 위 사건에서 심사관에게 화학물질의 방법식 청구항에 대한 입증 정도를 감경하여 주었다. 즉 심사관이 출원된 방법식 청구항의 용이성을 입증하는 경우에 선행물건과 출원된 청구항의 구조적 동일성에 대한 증거를 요구할 수는 없다. 단지 심사관이 양자의 '반응물질, 반응조건과 특성'이 동일하다는 입증을 하면 일응의 용이성에 대한 입증책임을 다한 것이고 이제는 그 입증의 필요가 출원인에게 이전되어 출원된 청구항이 가지는 '필수적 또는 내재적 특성이 선행기술과 다르다'는 입증의 필요를 부담한다.

방법식 청구항은 구조적 한정사가 없기 때문에 이를 가지고 선행기술과 대조하여 구조적 동일성을 판단하기가 어려운 것이다. 청구항이 단지 방법적 용어를 한정사만을 가지고 있다는 사실은 특허의 발급가능성은 방법이 아니라 물건에 의존한다는 점을 말한다. 그러나 특허청은 수많은 방법에 의하여 만들어진 물건을 선행기술과 일일이 비교할 시설을 전혀 갖추고 있지 않기 때문에 그 심사에 있어서 현실적 한계를 가진다. 더구나 방법식 청구항에 대한 신규성과 진보성을 판단하는 데 있어서 특수한 문제를 일으키기 때문에 일응의 용이성(Prima facie obviousness)을 입증하는 데 있어서 심사관에게 입증의 정도를 감경할 필요가 있다.[364]

따라서 화학물질에 대한 방법식 청구항의 경우에 심사관은 선행기술과 출원된 청구항과 사이에 양자의 반응물질, 반응조건과 특성이 거의 동일하다는 입증을 하면 일응 그 입증을 다한 것으로 보고 출원인은 '선행물건이 자신의 청구항의 물건이 가지고 있는 특성을 필수적이거나 내재적으로 가지고 있지 않다'는 사실을 입증하게 함으로써 양자 사이에 입증책임을 공정하게 분배하는 것이다.[365] 따라서 방법식 청구항에 대한 신규성과 진보성에 관해서는 심사관과 출

방법으로 만든 물건과 다르다고 주장하지는 않았다. 그 대신 특허청이 자신이 물건이 선행물건과 동일하다는 것을 입증할 책임을 진다고 주장하였다. 즉 특허요건이 결여되었다는 일응의 증거를 제출할 입증책임이 특허청에 있다는 것이다.

363 출원인에게 '선행기술이 출원된 청구항의 물건이 가지고 있는 특성을 필수적 또는 내재적으로 가지고 있지 않다는 점'에 대한 입증책임이 있다. In re Fitzgerald, 619 F.2d 67, 70, 205 USPQ 594, 596(CCPA 1980); In re Best, 562 F.2d 1252, 1255, 195 USPQ 430, 433-34(CCPA 1977).

364 Ex parte Gray, 10 USPQ2d 1922(Bd. Pat. App. & Int'f 1989).

365 사실상 입증책임전환론: 출원인이 증명책임을 진다는 점에서 사실상 입증책임이 전환(Shift)되는 결과가 된다고 본다. 위 윤태식, 전게논문 참조. 이와 같이 심사관이 출원발명의 물건과 선행기술의 물건이 동일한 물건이라는 합리적인 의심을 품은 경우에는 당해 물건과 선행기술의 물건과의 엄밀한 일치점 및 차이점의 대비를 행하지 않고, 그 외의 부분이 상위가 없는 한 선행기술과 비교하여 신규성 등이 없다는 취지의 거절이유를 통지하게 되는데, 이에

원인 사이에 통상의 청구항과는 달리 특별한 입증책임을 부담하는 것이고 이는 앞서 본 바와 같이 이 청구항이 가지는 특수성에 기인하는 것이다.[366]

그럼에도 불구하고 방법식 청구항에 대한 특허요건의 입증책임은 심사의 전 과정을 통하여 심사관에게 있고 단지 그 입증의 필요만이 심사관으로부터 출원인에게로 이전된다고 본다는 점에서 앞서 본 화학물질의 경우에 입증책임이 전환되는 것과는 다르다. 따라서 이를 특수한 입증책임이라고 부른다.[367]

5. 침해소송과 입증책임

가. 청구항 해석의 일반원칙

특허발명에 대한 침해가 성립하기 위해서는 침해물건이 그 물건청구항의 권리범위에 포함되어야 한다.[368] 침해대상이 청구항의 권리범위에 속하는지를 알기 위해서는 청구항을 해석하여 그 권리범위를 정하여야 하고,[369] 이는 결국 청구항에 사용된 용어의 의미를 해석하는 것이다.[370] 청구항은 주어진 과제를 해결하기 위하여 구성요소(Elements)와 한정사(Limitations)를 이루는 용어로 기재되어 있으므로 결국 이들 용어의 의미를 알아낸 뒤 이들을 결합한 하나의 기술적 아이디어가 가지는 길이와 넓이 그리고 그 깊이가 바로 청구항의 권리범위가 된다.[371]

출원인이 출원발명에 따른 물건과 선행기술의 물건이 어떠한 차이가 있는지 등에 대한 입증책임을 안게 된다.

366 입증정도의 감경: In re Thorpe, 777 F.2d 695, 697, 227 USPQ 964, 965-966(Fed. Cir. 1985)(출원인이 합성물의 작용이 선행기술의 그것과 비교될 수 있다고 하더라도 이 사실만으로는 반드시 그 구조가 동일하다는 것을 의미하지는 않는다고 주장하였다. 출원인의 화학적 사실에 대한 진술, 즉 출원인이 개발한 새로운 방법에 의하여 만들어진 청구항의 물건의 특성이 다른 물질을 가지고 만들어진 선행물건과 '거의 동일(About equal)'하다고 하여도 이러한 효과만을 비교하여 보는 것만으로는 두 가지의 물건의 구조가 동일한 것이라고 볼 수 없다는 점이다).

367 8.05 Product-By-Process Claims [2][c].

368 대법원 2003.9.26. 선고 2001후2948 판결, 어떤 발명이 특허발명의 권리범위에 속한다는 것은 특허발명의 각 구성요소와 구성요소 간의 유기적 결합관계가 특허발명과 대비되는 발명에 그대로 포함되어 있어야 한다.

369 Autogiro Co. of America v. United States, 384 F.2d 391, 155 USPQ 697(Ct. Cl. 1967). 특허에 있어서 청구항은 마치 부동산이전등기에 있어서 양도증서에 표시된 부동산의 범위 및 한계와 동일한 의미를 가진다. 이 청구항은 발명의 기술적 범위를 기술하는데 이것이 바로 특허대상(Subject of patent)이다. 그래서 제3자로서는 이 청구항의 권리범위를 살펴보고 그들이 특허를 침해하였는지를 가리는 데 중요한 기준이 된다. 침해를 주장하기 위해서는 청구범위 중에서 어느 청구항이 침해되었는지를 평가하지 않으면 안 된다.

370 **청구항 기재의 원칙**(청구항에 기재된 구성요소나 한정사만이 권리범위를 정한다).

대법원 2006.2.24. 선고 2004후2741 판결, 대법원 2005.11.25. 선고 2004후3478 판결: 실용신안권(특허권)의 권리범위 내지 실질적 보호범위는 실용신안 등록출원서에 첨부한 명세서의 청구범위에 기재된 사항에 의하여 정하여지는 것이 원칙이다.

371 **유기적 결합설**: 대법원 2006.1.12. 선고 2004후1564 판결 [권리범위확인(실)].

등록실용신안의 청구항을 복수의 구성요소로 구성한 경우에는 그 각 구성요소가 유기적으로 결합한 전제로서의 기술사상을 보호하는 것이지 각 구성요소를 독립하여 보호하는 것은 아니므로, 등록실용신안과 대비되는 확인대상고안이 등록실용신안의 청구항에 기재된 필수적 구성요소들 중의 일부만을 갖추고 있고 나머지 구성요소를 결여한 청구항에 기재된 구성요소나 한정사는 모두 그 청구항의 구성에 반드시 있어야 할 필수적 구성요소이므로 법원이 청구항을 해석하는 데 있어서 구성요소나 한정사 중의 일부를 무시할 수 없고,[372] 특허발명자가 명세서에 공개한 것과 다른 방식으로 청구항의 권리범위를 넓히거나 좁힐 수도 없다.[373] 공정을 기하기 위한 것이든 공공복리의 목적이든지 불문하고 법원은 청구항을 다시 만들 수 없고 오직 이것을 해석할 뿐이다.[374] 따라서 만약 법원이 청구항을 해석하면서 청구항에서 사용된 방법적 용어를 무시하고 이를 한정사로 보지 아니하면 이는 특허법상의 청구항의 해석 원칙을 무시하는 것이다.[375]

또한 방법식 청구항의 침해 여부를 판단함에 있어서 방법적 한정사를 무시하면 침해물건과 청구항의 하나의 실시례를 비교하여 침해행위가 성립하는지 여부를 판단하는 것과 마찬가지이다. 그러나 이러한 방법은 침해행위의 성립에 있어서 청구항과 침해장치를 비교하여야 한다는, 침해행위를 판단하는 일반원칙에도 어긋나는 것이다.[376]

침해행위의 성립은 침해물건이 청구항의 모든 구성요소나 한정사를 가지고 있어야만 하고 만약 이 중에서 하나라도 결여하고 있다면 침해행위는 성립할 수 없다. 따라서 침해행위자는 자신의 침해장치가 청구항이 가진 한정사를 결여하고 있다고 주장 및 입증을 함으로써 침해책임을 면할 수 있다.[377]

경우에는 원칙적으로 그 확인대상고안은 등록실용신안의 권리범위에 속하지 아니한다(대법원 2001.6.1. 선고 98후2856 판결 등 참조).

372 청구항의 각 구성요소 중에서 필수적 구성요소와 그렇지 않은 요소가 존재하느냐의 문제에 대해서는 이를 부정하는 대법원 2005.9.30. 선고 2004후3553 판결 참조.

373 보충성의 원칙(명세서는 불명확한 청구항을 보충할 뿐 이를 확장하거나 제한할 수 없다).
대법원 2006.2.24. 선고 2004후2741 판결 및 대법원 2005.11.25. 선고 2004후3478 판결: 다만 그(청구항) 기재만으로 실용신안의 기술적 구성을 알 수 없거나 알 수는 있더라도 기술적 범위를 확정할 수 없는 경우에는 명세서의 다른 기재에 의한 보충을 할 수는 있으나 그 경우에도 명세서의 다른 기재에 의하여 실용신안권 범위의 확장 해석은 허용되지 아니함은 물론 청구범위의 기재만으로 기술적 범위가 명백한 경우에는 명세서의 다른 기재에 의하여 청구범위의 기재를 제한 해석할 수 없다 할 것이다.

374 Autogiro Co. of America v. United States, 384 F.2d 391, 155 USPQ 697(Ct. Cl. 1967).
청구항의 해석은 법률의 해석과 적용의 문제로 보는 견해가 미국의 정설이다.
Herbert Markman and Positek, Inc. v. Westview Instruments, Inc., 116 S.Ct. 1384(1996), Id., Margreth Barrett, p 52. 미연방대법원은 청구항의 해석은 사실인정의 문제가 아닌 법률의 해석과 적용의 문제로서 이는 법원에서 결정할 문제라고 보았다. 일단 법원이 청구항에 표시된 구성요소와 한정사에 의하여 특허권의 권리범위를 결정하면 사실심의 판사는 피고의 물건(Product)이나 방법(Process)이 원고의 특허권의 권리를 문언상으로 침해하는지를 결정하지 않으면 안 된다는 것이다.

375 대법원 2005.9.30. 선고 2004후3553 판결: (전략) 구성요소 중 일부를 권리행사의 단계에서 등록고안의 비교적 중요하지 않는 사항이라고 하여 무시하는 것은 사실상 등록청구범위의 확장적 변경을 사후에 인정하는 것이어서 허용될 수 없다.

376 Atlantic Thermoplastics Co., 970 F.2d at 846, 23 USPQ2d at 1491.

377 Atlantic Thermoplastics Co., 970 F.2d at 846, 23 USPQ2d at 1491. 이에 대한 Nies, Rich, Newman, Lorie, Rader 판사들의 반대의견은 Chisum §8.05 [b] 참조.

나. 방법적 용어와 한정사

방법식 청구항에 있어서 사용된 방법적인 용어들은 침해행위가 성립하는지 여부를 판단하는 데 있어서 한정사로서 작용하여 청구항에 기재된 특정한 방법에 의하여 만들어진 침해물건만을 그 권리범위에 있는 것으로 제한하는 것이다. 만약 그렇지 아니하고 방법식 청구항의 침해에서 그 물건의 동일성만을 본다면 이는 앞서 본 바와 마찬가지로 청구항에 기재된 방법을 한정사로 보지 않는 것이고 이는 특허발급의 원칙을 무시하는 것이기 때문이다.[378]

일찍이 방법식 청구항이 사용되기 시작하였던 미국의 판례법에서는 19세기 말경부터 방법식 청구항은 청구항에 기재된 방법에 의하지 않고 다른 방법으로 만든 물건은 이 청구항을 침해할 수 없다고 보는 것이 통설이었다. 따라서 청구항과 다른 방법에 의하여 만들어진 물건에 대해서는 방법식 청구항이 침해될 수 없다고 보았다.[379] [380]

따라서 방법식 청구항, 즉 만드는 방법을 기술하여 물건에 대한 특허를 받은 경우에는 다른 방법에 의하여 만들어진 동일한 물건에 대하여 독점권을 주장할 수 없으며,[381] 물건청구항에서 방법적 용어를 일부라도 사용하여 특허를 받았다면 이러한 방법으로 만들어진 물건을 제외하고는 어떤 물건에 대해서도 침해를 주장할 수 없었다.[382]

따라서 새로운 물건이지만 그 물건의 진보성을 입증하기 위해서는 그 만드는 방법을 언급하지 않고는 선행기술과 구별을 할 수 없어서 청구항에서 방법을 언급하여 특허를 받은 경우에, 특허권자는 청구항에서 언급된 방법으로 만들어진 물건에 대해서만 독점권을 가진다.[383]

---

378 소수설은 위 사건에서 방법식 청구항에 기재된 방법 이외의 방법에 의하여 만들어진 물건도 특허를 침해한다고 보았다. 소수설은 물건에 대한 특허의 발급가능성을 결정하는 것은 청구항에 기재된 방법에 한정되는 것으로 보지 않기 때문에 특허의 유효성과 침해행위에서 동일하게 해석하여야 한다고 본다. 따라서 방법식 청구항의 권리범위는 청구항에 기재된 방법에 의하여 만들어진 물건에 한정되지 않고 다른 방법에 의하여 만들어진 물건도 포함한다는 것이다.

379 Chisum on Patents §8.05, Product-By-Process Claims. Chisum에 의하면 19세기 후반부터 거의 대부분의 미국의 판례법이 취하는 견해이다. Cochrane v. Badische Anilin & Soda Fabrik, 111 U.S. 293, 310(1884) 이후부터 수많은 판례가 있다.

380 그러나 방법식 청구항이 청구항에 기재된 방법과 다른 방법에 의하여 만들어진 물건에 의하여 침해될 수 있다고 보는 견해도 있으나 이는 소수설에 불과하다. In re Hirao, 535 F.2d 67, 69 n. 3, 190 USPQ 15, 17 n.3(CCPA 1976)(방법식 청구항은 청구항에 기재된 방법에 의하여 만들어진 물건에만 한정하지 않는다).

381 Paceco, Inc. v. Applied Moldings, Inc., 562 F.2d 870, 194 USPQ 353(3d Cir. 1977).

382 General Elec. Co. v. Wabash Appliance Corp., 304 U.S. 364, 373(1938).

383 In re Moeller, 117 F.2d 565, 568, 48 USPQ 542(CCPA 1941).

다. 미국판례법에서 본 방법식 한정사

(1) Scripps Clinic 사건 판결

(가) 의 의

방법식 청구항에서 사용된 방법적 용어는 침해소송에서 한정사로 작용하지 않는다는, Scripps Clinic 판결은 미국판례법의 주류에서 벗어난 것이고 실정법적 근거를 가지지 못하는 소수견해이지만 생명공학적 발명에 대해서는 설득력이 있다.[384] 이 판례의 논지는 청구항은 그 유효성의 판단에 있어서나 그 침해를 판단함에 있어서나 모두 같은 방식으로 해석되어야 한다는 점이다. 따라서 특허요건을 판단함에 있어서는 청구항에 사용된 방법적 용어를 한정사로 보지 아니하고 오직 물건의 신규성과 진보성을 판단한다. 따라서 침해를 판단함에 있어서도 청구항에 기재된 방법적 용어에 아무런 제한을 받지 않아야 하기 때문에 청구항의 방법적 용어는 한정사로 작용하지 않는다고 본다. 결국 방법식 청구항의 권리범위는 통상의 물건청구항과 같이, 청구항과 동일하거나 실질적으로 동일한 모든 물건에 대하여 독점권을 가진다고 본다.[385]

(나) 사실관계 및 판결

Scripps Clinic 사건에서 특허권자(Scripps)가 Factor VIII:RP에 친한 모노클로널 항체를 이용하여 혈액을 응고하는 인간의 단백질인 순수 Factor VIII:C를 만들었다. 다수의 방법청구항을 포함하고 있는 청구범위 중에서 청구 제1항은 다음과 같다.[386]

친응고성을 가지는 Factor VIII을 만드는 다음과 같은 단계를 포함하는 개량된 방법으로서,

① 플라스마의 복합체나 상업적으로 농축된 원천물질로부터 Factor VIII:RP에 친한 모노클로널 항체에 접착하는 미립자를 가지고 VIII:C/VIII:RP를 흡수하고,

② Factor VIII:C를 추출하며,

③ 더욱 순도를 높이고 농축시키기 위하여 ② 단계에서 얻어진 Factor VIII:C를 흡수하고,

④ 흡수된 Factor VIII:C를 추출한 뒤,

⑤ 고도로 순화되고 농축된 Factor VIII:C를 얻는다.

청구 제13항은 방법식 청구항으로서, '고도로 순화되고 농축된 인간 또는 돼지의 Factor VIII:C로서 위 청구 제1항의 방법에 의하여 만들어진 것'이라고 기재하였다.

---

384 Scripps Clinic & Research Foundation v. Genentech, Inc., 927 F.2d 1565, 18 USPQ2d 1001(Fed. Cir. 1991)에서 3명의 패널인 Markey, Newman 및 Beer의 견해.

385 Scripps Clinic & Research Foundation v. Genentech, Inc., 927 F.2d 1565, 18 USPQ2d 1001(Fed. Cir. 1991).

386 Scripps Clinic & Research Foundation v. Genentech, Inc., 927 F.2d 1565, 1580, 18 USPQ2d 1001, 1013(Fed. Cir. 1991). 그러나 In ReTrioxane, German Federal Supreme Court(1971), noted in 3 Int'l Rev. Indus. Prop. & Copyright L. 226(1972)('다음과 같은 방법에 의하여 만들어진 혼성중합체'라는 청구항은 그 방법을 예시한 것에 불과하다).

한편 침해행위자도 Factor VIII:C을 만들었는데 그 방법은 Scripps Clinic과는 달리 DNA 재조합기술(Recombinant)로 만들었다. 이 재조합기술은 유전자를 암호화하고 있는 단백질을 분리하여 이를 추출한 뒤 다시 주세포에 이식하고 이 주세포를 복제한 뒤 그 주세포가 단백질을 배양매체에 배출하도록 하여 Factor VIII:C 모노클로널 항체를 사용하는 매체로부터 위 단백질을 분리하는 것이다.[387]

1심법원의 재판부는 사실관계에 대한 다툼이 없다고 보고 직권판단(Summary judgement)으로 방법식 청구항은 그 청구항의 방법이 실시되지 않는 한 침해될 수 없다고 판시하였다. 즉 청구항의 방법적 기재가 한정사로 작용하여 침해대상이 이와 동일한 방법을 사용하지 않는 한 침해가 성립하지 않는다고 보았다. 그러나 항소심인 CAFC는 1심의 판단이 이를 지지하는 선판결례가 없다는 이유로 1심판결을 파기하였다.[388]

CAFC는 1심판결을 파기하면서, 침해소송에서 방법식 청구항의 권리범위를 해석함에 있어서는 특허요건을 심사할 때와 마찬가지로 청구항에 기재된 방법적 용어를 한정사로 보지 말아야 한다고 판시하였다. 이는 심사과정과 침해소송에서 특허청구항의 권리범위는 모두 같은 방식으로 해석되어야 하기 때문이다.

따라서 이 사건 청구 제13항을 해석하여 그 권리범위를 정하면 그 청구항에 기재된 방법에 의하여 만들어진 물건에 한정할 필요가 없다. 결국 청구항의 흡수와 추출의 정화방법을 사용하지 아니하고 DNA 재조합이라는 신기술을 이용한 침해물건도 그 물건이 청구항과 동일하거나 실질적으로 동일한 것이라면 침해가 성립할 수 있다.[389]

(다) 영 향

최근에 들어서 생명공학적 발명의 경우에 Scripps 사건의 결론을 지지하는 판결이 생겨나고 있다.[390] 옥수수 DNA에 관한 발명인 DeKalb Genetics Corp. v. Northrup King Co. 사건과 재조합 진핵세포에 관한 Trustees of Columbia University 사건에서는 Scripps가 다음에 설명하는 서로 모순되는 판결인 Atlantic Thermoplastics보다 먼저 결정된 판결이라는 이유로 인용되었다.

---

387 Mentor Corp. v. Coloplast, Inc., 998 F.2d 992, 27 USPQ2d 1521(Fed. Cir. 1993)(방법식 청구항은 그 물건이 만들어지는 방법을 기술한 것이지 그 물건을 사용하는 방법을 기술한 것이 아니다. 만약 청구항이 그 물건을 사용하는 방법에 관한 한정사를 가지고 있다면 이를 침해하지 아니하고는 침해행위가 성립할 수는 없다).

388 Scripps Clinic & Research Foundation v. Genentech, Inc., 927 F.2d 1565, 18 USPQ2d 1001(Fed. Cir. 1991).

389 주심판사는 Newman 판사로서 Atlantic 사건에서 소수반대의견을 상술한다. Scripps Clinic & Research Foundation v. Genentech, Inc., 927 F.2d 1565, 18 USPQ2d 1001(Fed. Cir. 1991).

390 DeKalb Genetics Corp. v. Northrup King Co. Not Reported in F. Supp., 1997 WL 587492(N.D.Ill. 1997); Trustees of Columbia University in City of New York v. Roche Diabnostics GmbH, 126 F. Supp. 2d 16, 57 USPQ2d 1825(D. Mass. 2000).

(라) 비 판

비록 새로운 발명이기는 하지만 아직 완전히 알려지지 않았고 그렇기 때문에 그 구조를 객관적으로 개념정의할 수 없는 생명공학적 물질에 대하여 아무런 제한 없이 특허를 주는 것은 일반대중의 이익을 해칠 수도 있다. 더구나 출원인 자신이 청구항에 방법적 용어를 사용하여 물건을 개념정의한 것은 그 용어를 한정사로 사용하기로 제시한 것이다. 그럼에도 법원이 출원인의 의사에 반하여 그 한정사를 제거하는 것은 자신의 발명이라고 여기는 범위를 넘어서서 권리를 부여하는 것이다.

비록 첨단기술인 생명공학과 복잡한 회학물질을 합성히는 분야에 있어서도 아직 그 최종 산물의 정체가 명확해지지 아니한 시점에 있어서 그 물질 전체에 대한 독점권을 부여하는 것은 오히려 다른 방법으로 물질을 만들 유인을 빼앗는 결과가 될 것이다. 최초의 발명자에게 주어지는 과다한 유인이 후일의 발명자에게 주어지는 독점적 제한에 대하여 양자의 균형이 이루어지는 경계선은 결국 최초출원자가 공개한 내용에 의하여야 하고 이러한 공개를 넘어서서 독점권이 주어져야 할 한계를 설정하지 못하는 것이다.[391]

(2) Atlantic Thermoplastics Co. 사건 판결

(가) 의의: CAFC의 Scripps Clinic 판결의 번복

위 Scripps Clinic 판결이 있은 뒤 1년 후 CAFC의 다른 재판부가 Atlantic Thermoplastics Co. 사건에서 침해소송에 있어서 방법식 청구항에 사용된 방법적 용어는 한정사로 작용하기 때문에 청구항과 다른 방법으로 만들어진 물건에 의하여 침해되지 않는다고 판시하였다. CAFC의 이 사건 주심판사인 Rader 판사는 방법식 청구항에 대한 미국 판례법의 모든 선례를 분석한 결과 방법식 청구항에 대한 특허요건을 심사함에 있어서 청구항은 합리적으로 가장 넓은 권리범위를 가지는 것으로 해석되어야 하기 때문에 그 사용된 방법적 용어를 한정사로 보지 않는다고 하였다. 그러나 특허등록이 된 이후에 그 침해행위를 판단함에 있어서는 이와는 달리 해석하여 방법적 용어를 한정사로 보아야 한다는 것이다. 만약 그렇지 않다면 청구항의 한정사를 무시하는 것으로서 이는 특허청구항을 해석하는 기본원칙에 어긋난다는 것이다.[392]

(나) 사실관계

이 사건은 충격흡수용 구두 안창에 대한 발명으로서 그 청구범위가 방법식 청구항과 방법

---

391 Atlantic의 재판부의 판결 중에서 Scripps 판결을 비평한 부분. Atlantic Thermoplastics Co., Inc. v. Faytex Corp., 970 F.2d 834, 23 USPQ2d 1481(Fed. Cir. 1992).

392 Atlantic Thermoplastics Co., Inc. v. Faytex Corp., 970 F.2d 834, 23 USPQ2d 1481(Fed. Cir. 1992). 한 달 후에 CAFC의 수석판사인 Nies 판사는 이 사건을 전원합의부 심리로 옮길 것을 요청하였으나 그 요청이 판사들에 의하여 받아들여지지 않았고 이에 대하여 4명의 판사들의 소수견해가 표명되었다.

청구항을 모두 가지고 있었는데 그중 방법은 충격흡수용 탄성물질을 구두 굽에 삽입하고 폴리우레탄을 그 주위에 넣는 것이다.

방법청구 제1항은 '충격을 흡수하는 특성을 가졌지만 성형되는 물질인 폴리우레탄보다는 덜 탄성이 있는 탄성중합체로 된 삽입물질을 구두굽 모양의 성형에 넣는데, 이 삽입물질은 폴리우레탄이 주입되면서 확장되더라도 성형의 외부로 빠져 나감이 없이 그대로 성형에 남아 있을 수 있을 정도로 충분한 표면 점착력이 있는 물질이어야 한다.'고 하였다.

청구 제24항이 바로 문제가 된 방법식 청구항으로서 '청구 제1항의 방법으로 성형된 안창'을 말한다.[393]

침해행위자는 두 가지 방법에 의하여 만들어진 안창을 구입했다. 그중 하나는 기계가 아닌 사람의 수작업으로 만든 것으로 단단한 탄성중합체를 구두 성형의 뒷굽에 삽입하고 폴리우레탄을 그 주위에 넣은 것이다. 침해행위자는 이 방법이 특허를 침해한다는 점은 자인하였다.

4,674,204

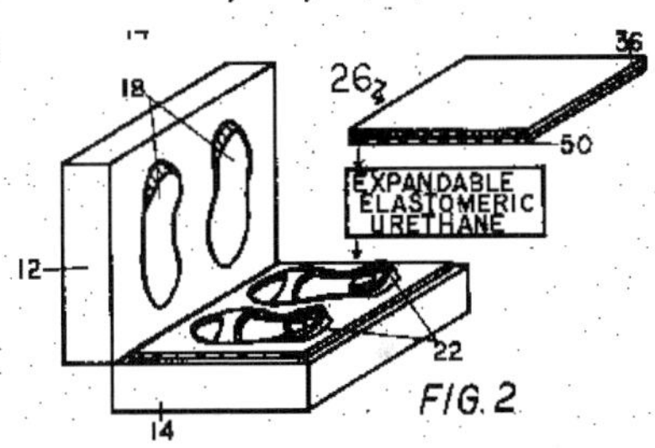

FIG. 2

침해가 문제된 두 번째 방법은 물질을 성형에 두 번 주입하는 방법으로서, 먼저 액체로 된 탄성중합체를 성형에 주입하면 이것이 굳어지는 동안 뒷굽 모양의 벽이 되고, 그곳에 폴리우레탄을 주입하는 것이다. 결국 위 두 번째 침해방법으로 만들어진 물건과 특허권자의 방법으로 만들어진 물건은 동일한 것이지만 그 과정이 다르다. 즉 특허청구항은 삽입물질과 폴리우레탄을 동시에 성형에 넣는 방법인 데 비하여 침해방법은 먼저 삽입물질을 넣고 이것이 굳어지는 동안 폴리우레탄을 주입하는 방법이다.

특허권자는 위 두 번째의 방법에 의하여 만들어진 물건도 특허를 침해한다고 주장했다. 물론 이 두 번째의 방법은 특허를 침해하지 않는 방법이지만 그 결과 만들어진 신발의 창은 특허권자의 방법에 의하여 만들어진 신발창과 동일한 것이기 때문에 방법식 청구항을 침해한다는 것이다.

(다) 판결요지

CAFC는 이 침해방법은 문자상은 물론 동등론상으로도 청구항을 침해하지 않는다고 판시하였다. CAFC는 방법식 청구항에 대한 미국 판례법을 상고하여 그 경향을 살펴보아 청구항에 사용된 방법적 용어는 특허요건, 즉 신규성과 진보성을 판단하는 데 있어서는 한정사로 작용을 하지 않으나, 침해행위의 성립에 있어서는 한정사로 작용을 한다고 해석하여야 한다고 판시하

---

[393] Atlantic Thermoplastics Co., Inc. v. Faytex Corp., 970 F.2d 834, 23 USPQ2d 1481(Fed. Cir. 1992).

였다.[394] 따라서 방법적 용어를 사용한 청구 제24항에 기재된 방법에 의하지 아니하고 만들어진 물건은 위 청구항의 권리범위에 포함되지 않는다. 즉 침해가 성립되지 않는다.[395]

위 사건에서의 CAFC는 특허청에서 출원된 청구항에 대한 특허요건에 관한 심사와 그 불복에 대한 심결소송을 함에 있어서 취급과 후일 침해소송 단계에서 특허의 유무효가 문제가 되었을 때의 취급을 달리한다.[396] CAFC는 판결이유에서, 미특허청이 특허요건을 심사함에 있어서는 출원된 청구범위에 합리적으로 가장 넓은 의미를 가진 것으로 보는 것은 정당하다고 하였다. 그러나 그렇다고 등록된 특허의 유무효소송이나 침해소송에서도 그렇게 보아야 하는 것은 아니다.[397]

특허무효소송이나 침해소송에서 법원은 명세서, 특허심사과정의 전 취지와 선행기술은 물론 다른 청구범위를 가지고 청구항에 사용된 용어의 정당한 의미를 해석한다. 특허요건에 관한 심리가 행정소송의 성질을 가지고 있는 데 비하여 특허무효소송과 침해소송은 사법적 심사로서 서로 성질이 다른 점을 감안하여 볼 때 특허의 발급에 대한 심결 및 소송에 있어서의 청구항의 해석과 특허유무효 및 침해소송에서의 청구항의 해석은 이를 달리할 수 있는 것이다.

(라) 정책적 배경

CAFC는 비록 새로운 발명이기는 하지만 아직 완전히 알려지지 않았고 그렇기 때문에 그 구조를 객관적으로 개념정의할 수 없는 생명공학적 물질에 대하여 아무런 제한 없이 특허를 주는 것은 일반대중의 이익을 해칠 수도 있다고 보았다. 더구나 출원인 자신이 청구항에 방법적 용어를 사용하여 물건을 개념정의한 것은 그 용어를 한정사로 사용하기로 인정한 것이다.

따라서 아직은 그 정체를 잘 알지도 못하는 생명공학적 물질에 대해서는 그것이 만들어지

---

394 General Electric v. Wabash Appliance, 304 U.S. 364(1938); Plummer v. Sargent, 120 U.S. 442(1887); Cochrane v. Badische Anilin & Soda Fabrik, 111 U.S. 293(1884); Goodyear Dental Vulcanite Co. v. Davis, 102 U.S. 222(1880); Merrill v. Yeomans, 94 U.S. 568(1877); Smith v. Goodyear Dental Vulcanite Co., 93 U.S. 486, 493(1877).

395 그러나 통설에 의하면 특허의 발급 단계, 즉 신규성과 진보성을 판단하는 데 있어서는 방법적 용어가 한정사로 작용하지 않는다고 본다. 청구항에서 새로운 방법을 기재하였다고 하여도 그 결과 만들어진 물건이 이미 알려진 것이라면 이 물건은 특허를 받을 수 없고 만약 특허를 받았다고 하더라도 이는 무효이다. 즉 침해냐를 결정하는 데 있어서는 청구항에 기재된 방법이 중요한 것이지만 특허를 발급받는 데 있어서는 그 방법에 의하여 만들어진 물건이 중요한 것이다. Atlantic Thermoplastics Co., Inc. v. Faytex Corp., 970 F.2d 834, 23 USPQ2d 1481(Fed. Cir. 1992), suggestion for rehearing in banc declined, 974 F.2d 1279, 23 USPQ2d 1801, 974 F.2d 1299, 24 USPQ2d 1138(Fed. Cir. 1992)에서 Cochrane v. Badische Anilin & Soda Fabrik, 111 U.S. 293, 310(1884)을 인용하였다. 위 Cochrane에서는 특허심사과정과 침해행위의 성립에 있어서 청구항의 방법적 한정사가 서로 다르게 작용한다고 본다. 결국 방법적 용어의 사용은 청구항의 권리범위를 좁힌다.

396 Atlantic Thermoplastics Co., 970 F.2d at 845, 23 USPQ2d at 1490.

397 특허청이 방법식 청구항을 물건청구항으로 보고, 즉 합리적으로 허용할 수 있는 가장 넓은 권리범위를 가지는 것으로 보고 특허요건의 심사를 하는 것은 이러한 정책과 부합하는 것이다. 그러나 후일의 소송에서 특허의 유효성과 침해를 결정함에 있어서는 이러한 원칙이 적용될 수는 없는 것이다. 어떤 경우라고 하더라도 청구항은 침해소송과 유무효소송에서 동일한 의미를 가진다. Atlantic Thermoplastics Co., 970 F.2d at 846, 23 USPQ2d at 1491.

는 방법으로도 한정하여 특허를 줄 필요가 있다. 이는 복잡한 화학물질이나 생명공학적 합성물질을 발명한 사람에 대해서는 발명자가 그 물질을 만들어 냈다고 공개하는 방법으로 그 독점권을 한정하는 것이다. 이로써 후일 다른 사람이 이와 동일한 물건을 다른 방법으로 만들어서 상업화하는 것을 발명자나 특허권자가 방지하기 못하게 하기 위한 것이다. 이러한 정책이 바로 기술혁신을 위한 유인의 제공과 형평성 그리고 법의 문제를 일으키는 특허제도의 핵심이다.[398]

(마) Newman 판사의 소수의견

Newman 판사는 앞서 본 Scripps 사건의 청구항과 Atlantic 사건의 청구항은 모두 방법적 용어가 사용되었지만 그 성질이 서로 다른 청구항이기 때문에 그에 대한 권리범위도 서로 다를 수 있어 Scripps와 Atlantic은 서로 모순되지 않는다고 주장한다. 다음은 Newman 판사의 소수의견을 직역한다.

1) 진정한 방법식 청구항이란

방법적 용어를 사용한 청구항들 중에서 가장 일반적으로 나타나는 것은 ① 물건이 새롭고 진보적인 것이지만 독자적으로 개념정의를 할 수 없을 때, ② 물건이 이미 알려진 용이한 것이지만 방법은 새로운 것일 때, ③ 물건이 새롭고 진보적인 것이지만 방법적 용어를 한정사로 가지고 있는 경우, 예컨대 '몰드한 물건(A molded product)'이 바로 그것이다.

① 유형의 청구항이 바로 이 사건 Scripps의 청구항으로서 이러한 청구항은 물건청구항으로 심사되고 특허의 유효성은 물건의 신규성과 진보성에 좌우되고 만들어진 방법에 상관이 없이 물건에 의하여 침해된다. ②와 ③ 유형의 청구항은 정확하게 말하면 방법식 청구항이라고 할 수 없다. 따라서 Atlantic과 Scripps의 청구항들은 서로 범주 또는 종류가 다른 것들이어서 그 역사적 배경을 보면 표면상으로는 양자의 재판이 서로 모순되는 듯이 보이지만 실제로는 문제가 될 리 없는 것이다.[399]

2) 투자를 위한 유인(Scripps에 물건에 대한 독점권을 주는 것을 옹호)

생명공학적 물질을 개발하여 신약을 만들기 위해서 필요한 조사와 연구를 하는 데 드는 비용이 2억 달러 이상이라고 하지만 그래도 독자적으로 개념정의를 할 수 없기 때문에 이러한 물질이 특허를 받을 수 있을지 없을지는 어떤 성향을 가진 판사가 재판부를 구성하느냐에 달린 것이다. 따라서 막대한 투자를 한 첨단기술에 대하여 그 발명의 특허성을 부정적으로 보거나 특허의 권리범위를 좁게 해석하는 판사를 만나면 기업은 의외로 투자한 보람이 없을 수도 있어

---

398 Atlantic의 재판부의 판결 중에서 Scripps 판결을 비평한 부분. Atlantic Thermoplastics Co., Inc. v. Faytex Corp., 970 F.2d 834, 23 USPQ2d 1481(Fed. Cir. 1992).

399 Atlantic 사건에서 소수의견을 낸 Newman 판사의 견해. Atlantic Thermoplastics Co., Inc. v. Faytex Corp., 970 F.2d 834, 23 USPQ2d 1481(Fed. Cir. 1992).

특허법의 목적인 발명의 유인을 제공하려는 목적에 반할 수도 있는 것이다.

물건특허는 발명자가 발명을 개발하고 물건을 상업화하면 다른 사람에게 사용허락을 하여 주며 과학적 결과를 발표하고 기업의 혁신을 이룩할 수 있는 가장 표준적인 기회를 제공한다. 특허법이 바로 이러한 것을 장려하기 위한 것으로서 아울러 일반대중에게도 이익을 준다. 복잡한 화학물질이나 생명공학적 발명에 대하여 그 청구항의 권리범위를 좁게 해석함으로써 특허권자를 실제적으로 보호하여 주지 못하는 경우에는 이러한 귀중한 발명에 대하여 특허법적 보호를 박탈할 수도 있다. 이는 입법자에 의한 것이 아니고 부정적 시각을 가지고 있는 소수의 판사에 의한 것이다.[400]

Atlantic의 방법적 용어를 모두 사용한 청구항은 제2의 유형으로서 물건이 이미 알려진 용이한 것이지만 방법은 새로운 것일 때로서, 이는 방법청구항으로서 심사되고 그 특허의 유효성은 방법의 신규성과 진보성에 좌우되며 바로 그 방법이 사용된 경우에 한하여 침해될 수 있는 것으로서 정확하게 말하면 방법식 청구항이라고 할 수 없다.

이에 비하여 Scripps의 청구항은 진정한 의미의 방법식 청구항으로서, 특허의 발급요건과 그 유효성이 물건의 신규성과 진보성에 의존한다. 이러한 청구항은 그 구조적인 복합체가 구조적인 용어로 독립적으로 개념정의될 수 없는 화학물질의 발명이나 생명공학적 발명에서 통상적으로 사용된다. 이러한 청구항은 그 청구의 대상이 되는 물건의 구조가 충분히 알려지지 않았거나, 아직은 객관적으로 설명될 수 있을 정도로 알려지지 않았기 때문에 방법적 용어를 사용하지 않으면 청구항을 작성할 수 없었으므로 이를 필요성의 원칙이라고 불러왔다.

그러나 위 Atlantic의 청구항은 Scripps의 청구항과는 사뭇 다르다. Atlantic의 청구항은 방법을 채용한 결과 얻어진 물건(Product of the process)에 관한 것으로서, 물건과는 따로이 방법이 특허를 받을 수 있는 것으로 밝혀진 경우에 허용되는 청구항이다. Atlantic에서는 이 방법청구항과 방법식 청구항에 대하여 방법에 대한 심사를 거쳐서 모두 묶어서 하나의 특허를 받았다.[401]

물건과 방법적 용어를 모두 사용한 청구항들 중에서 가장 일반적으로 나타나는 것은 ① 물건이 새롭고 진보적인 것이지만 독자적으로 개념정의를 할 수 없을 때, ② 물건이 이미 알려진 용이한 것이지만 방법은 새로운 것일 때, ③ 물건이 새롭고 진보적인 것이지만 방법적 용어를 한정사로 가지고 있는 경우 예컨대 '몰드한 물건(A molded product)'이 바로 그것이다.

② 유형이 바로 Atlantic 사건에서 나타나는 것과 같은 유형의 청구항이다. 이는 방법청구

---

400 Atlantic 사건에서 소수의견을 낸 Newman 판사의 견해. Atlantic Thermoplastics Co., Inc. v. Faytex Corp., 970 F.2d 834, 23 USPQ2d 1481(Fed. Cir. 1992).

401 Atlantic 사건에서 소수의견을 낸 Newman 판사의 견해. Atlantic Thermoplastics Co., Inc. v. Faytex Corp., 970 F.2d 834, 23 USPQ2d 1481(Fed. Cir. 1992). 바로 이러한 청구항들이 이 재판에서 문제가 되는 것이다. 그러나 물건청구항에 대해서는 심사관의 분리요청에 의하여 분리된 후 2년 6개월이 지나서야 특허가 발급되었지만 후일 재심사과정에서 특허발급이 거부되었다.

항으로서 심사되고 그 특허의 유효성은 방법의 신규성과 진보성에 좌우되며 바로 그 방법이 사용된 경우에 한하여 침해될 수 있다. ① 유형의 청구항은 Scripps의 청구항으로서 이러한 청구항은 물건청구항으로 심사되고 특허의 유효성은 물건의 신규성과 진보성에 좌우되고 만들어진 방법에 상관이 없이 물건에 의하여 침해된다. ②와 ③ 유형의 청구항은 정확하게 말하면 방법식 청구항이라고 할 수 없다.[402]

라. 입증책임

(1) 통상의 청구항에 대한 무효소송에서의 입증책임

(가) 민사소송의 일반원칙

등록된 통상의 청구항에 대한 특허요건이 결여되었다는 이유로 그 무효를 주장하는 소송이 제기된 경우에는 그 무효를 주장하는 자가 그 무효사유에 대한 입증책임을 진다.[403] 대법원은 법률요건분류설에 입각하여 민사소송법의 규정이 적용되는 행정소송에 있어서 입증책임은 원칙적으로 민사소송의 일반원칙에 따라 당사자 간에 분배되고 항고소송의 성질에 따라 당해 처분의 위법을 주장하는 피고에게 그 위법사유에 대한 입증책임이 있다고 본다.[404]

특허법 제164조 제2항은 '소송절차에 있어서 필요하다고 인정된 때에는 법원은 특허에 관한 심결이 확정될 때까지 그 소송절차를 중지할 수 있다.'고 규정하고 있어서 임의규정으로 해석된다. 따라서 특허를 무효로 하기 위해서는 반드시 무효심판절차에 의하여야 한다고 보는 주장은 그 근거가 박약하다. 일본국은 특허청의 심판관에 의해서만 특허를 무효로 선언할 수 있다고 보았다.[405] 그러나 최근의 일본국 최고재판소는 특허심판소를 반드시 거치지 아니하고도

---

402 Atlantic 사건에서 소수의견을 낸 Newman 판사의 견해. Atlantic Thermoplastics Co., Inc. v. Faytex Corp., 970 F.2d 834, 23 USPQ2d 1481(Fed. Cir. 1992).

403 당사자소송으로서의 성질을 가지는 경우에는 민사소송에 의한 주장입증책임분배의 원칙이 그대로 적용된다고 본다. 위 이상경, 특허심결취소소송에 있어서의 주장·입증책임론, p.141. 특허사정의 처분을 받은 권리자인 무효심판 피청구인은 사정처분의 유효를 주장·입증하여야 할 입장, 즉 출원발명이 특허사정요건(특허권 발생요건)에 해당하는 사실에 대한 주장·입증책임을 지게 되고 무효심판청구인은 사정처분의 무효사유를 주장·입증하여야 할 입장, 즉 출원발명이 특허거절요건에 해당하는 사실에 대한 주장·입증책임을 지게 된다. 이와 같은 이치는 무효심판에 대한 심결의 결과(인용심결이든 기각심결이든)에 따라 달라지는 것이 아니다.

404 대법원 1984.7.24. 선고 84누124 판결(법률요건분류설). 홍봉규, 특허심결취소소송에 있어서의 당사자의 역할(공법연구, 37집 2호), p.383. 위 논문에서, 법률요건분류설이란 입증책임의 분배를 결정하는 것은 사법법규이든 행정법규이든 실체법규의 구조 그 자체이며, 실체법규는 권리근거규정, 권리장애규정 및 권리소멸규정으로 나누어지므로 권리의 존재를 주장하는 자는 권리근거규정의 요건사실을, 부존재를 주장하는 자는 권리장애규정과 권리소멸규정의 요건사실을 입증하여야 하며 이러한 원칙은 민사소송뿐만 아니라 행정소송에도 적용된다고 한다. 따라서 행정처분의 근거가 되는 권한행사규정인 행정법규는 권리근거규정에 해당하므로 그 요건사실의 입증책임은 피고인 행정청이 부담하고, 행정처분의 장애사유가 되는 행정법규는 권리장애규정에 해당하므로 그 요건사실의 입증책임은 원고가 부담한다고 한다.

405 吉藤, 特許法槪說, 487. 일본국 특허법 제123조 제1항, 제178조 제6항. 이는 특허를 기술에 관한 법이라고 보고 기

법원에서 특허의 무효를 선언할 수 있다고 본다.[406]

(나) 일응의 입증과 입증필요의 이전

특허무효를 주장하는 자는 그 무효사유를 입증할 책임을 진다. 그러나 그가 처음부터 모든 입증책임을 지는 것은 아니다. 특허무효를 주장하는 사람은 일단 등록된 특허가 특허요건을 충족시키지 못한다고 하는 일응의 증거를 제출할 책임이 있다.[407] 이때 그 일응의 증거가 가져야 하는 증명력은 그 주장사실을 증명할 만한 신빙성 있는 정도로 족하고 이는 고도의 개연성의 정도를 요구하지는 않는다.[408]

이는 우리 대법원과 미국의 판례법에서 모두 같은 입장을 취하고 있지만 일응의 증거가 가져야만 하는 증명력의 정도는 서로 다르다. 우리나라에서는 일반 민사소송에서 필요한 증명력의 정도인 고도의 개연성을 필요로 하지는 않고 미국에서도 특허무효를 입증할 수 있는 '명백하고도 설득력 있는 증거(Clear and convincing evidence)'로 증명력의 정도를 요구하지는 않는다.

이렇게 특허무효를 주장하는 측에서 일응의 입증을 한 경우에 그 상대방은 이를 반박할 수 있는 증거를 제출할 책임을 진다. 만약 상대방이 아무런 반박증거를 제시하지 아니하면 그 입증의 필요를 다하지 못한 것으로 특허는 무효가 된다. 그러나 상대방이 반박증거를 제시하면 그 이후에는 양자의 증거를 모두 검토하여 과연 특허무효를 인정할 만한 증명력의 정도에 충분히 이르렀느냐를 판단한다.[409]

(다) 증명력의 정도

우리 대법원은 민사소송에서의 당사자가 주장하는 주요 사실에 대한 입증책임을 다하기

술지식과 경험이 있는 심사관의 견해를 존중하기 위한 것이라고 하지만, 헌법상 보장된 국민의 재판청구권을 제한하는 위헌적 규정이라고도 볼 수 있다. 저자 주.

406 Jong-Kyun Woo, The Patent Court of Korea: An Overview of the Background, Organization, Jurisdiction and Standard of Review, http://www.law.washington.edu/casrip.

407 그러나 입증책임은 여전히 종전대로 남아 있고 단지 현실로 입증을 할 필요만이 상대방에게 이전되는 것이다. 따라서 만약 상대방이 반대증거를 제시하면 이는 본증이 아니라 반증이 된다. 그러나 설민수, 민사·형사 재판에서의 입증의 정도에 대한 비교법적·실증적 접근(인권과정의, 대한변호사협회, 2008), p.94, 주 95에서는 일응의 입증에 대한 문제가 아니라 증명력의 문제로 보고 있다.

408 일응의 입증에 대한 증명력의 정도는 고도의 개연성보다 낮은 수준이다. 그러나 보전소송에서 요구되는 일응의 소명과 그 증명력의 정도에서 차이가 나는지에 대해서는 이를 다루고 있는 학자가 아직 없고 앞으로의 연구과제이다. 저자 주.

409 일응의 입증 증명력은 신빙성을 의심할 만한 사정이 없는 정도이다. 대법원 1992.5.26. 선고 92다8293 판결 및 대법원 1985.9.24. 선고 85다카644,645 판결; 1987.2.24. 선고 85다카1485 판결; 1992.3.31. 선고 91다46694 판결.

신빙성 있는 2명의 증언에 대한 아무런 반박증거가 없다면 일응의 입증이 된다고 본 견해: 대법원 1993.4.13. 선고 92다44947 판결(원심은 위 장용덕, 안병선의 증언을 배척하였으나, 이 사건 제1, 2 토지에 인접한 위 731의 27 토지나 711의 9 토지상의 가옥에서 거주하면서 경험한 사실을 진술한 그들의 증언을 그 신빙성을 의심할 만한 다른 사정이 엿보이지 아니하는 이 사건에서, 납득할 만한 이유의 제시 없이 만연히 배척한 원심의 조처는 옳다고 할 수 없다. 법원으로서는 입증책임이 있는 당사자가 그 주장사실을 증명할 만한 여러 증거를 제출한 경우에는 그 증거 자체나 변론의 전 취지에 그 증거들의 신빙성을 의심할 만한 사정들이 존재하지 아니하고 상대방으로부터 반대증거도 제출된 바 없다면 그 증거들에 의하여 일응 그 주장사실이 증명된 것으로 믿어 보는 것이 우리의 경험법칙이다).

위해서는 그 제출된 증거가 고도의 개연성에 대한 확신이 줄 것을 요구한다.[410] 이를 수치로 나타내면 70~75%의 증명력을 요구한다고 한다.[411] 따라서 특허무효소송에서 주요 사실을 입증하여야 할 증거에 대한 증명력에 대한 다른 이론이 없다면 역시 위에서 말한 바와 같은 증명력이 필요할 것이다. 이는 미국 판례법에서 특허무효를 입증하기 위해서 필요한 증명력의 정도인 '명백하고도 설득력 있는 증거(Clear and convincing evidence)'에 의한 증명력의 수치인 70~75%와 같은 정도가 된다.

(라) 미국의 판례법에 의한 특허무효에 대한 입증책임

1) 특허유효에 대한 법률상의 추정

미국특허법 제282조에 의하여 등록된 특허는 유효한 것으로 추정된다. 물론 이러한 특허의 유효성의 추정은 위와 같이 명문의 규정으로 인정되기 이전부터 판례법으로 인정되어 온 것

---

410 고도의 개연성을 요구하는 정도의 증명도: 설민수, 민사·형사 재판에서의 입증의 정도에 대한 비교법적·실증적 접근(인권과 정의, 대한변호사협회, 2008), p.94에서 재인용. 형사소송과 달리 민사소송에서는 대륙법의 영향을 강하게 받은 설시가 지속되고 있다. 초기 판례 중 이를 잘 드러낸 것은 대법원 1960.3.31. 4292민상247 판결로, 대법원은 "사실인정에 있어서의 심증형성을 위한 증거력 평가는 증거자료의 내용 검토와 각종 자료의 내용 비교 등으로서 수다한 증거자료가 전달하고 서술하는 것에 대한 우리들의 실생활 면에서 생기는 실정률의 고저, 즉 환언하면 실험측상의 개연성의 강약을 비교·검토하는 것이요, 그 고도의 개연성에 대한 확신을 소위 사실인정이라 하며 만일 그 개연성이 우리 실험측에 비하여 저도임에도 불구하고 이로써 사실인정의 척도로 할 때 이는 자유심증의 범위를 이탈한 것이라 할 것이다."라고 판시함으로써 대륙법 특히, 독일법 계열의 고도 개연성설에 입각하고 있다는 인상을 강하게 준다.

411 설민수, 민사·형사 재판에서의 입증의 정도에 대한 비교법적·실증적 접근(인권과정의, 대한변호사협회, 2008), p.83-84에서 재인용.

- 미국 판례법상의 증명력의 정도

① **증거의 우위**(Preponderance of evidence): 미국의 민사사건에 대한 기본적인 입증의 정도로서, 증거에 비추어 주장된 사실이 **존재할 가능성이 그렇지 않을 가능성보다 높다는(Mmore likely than not 또는 more probable than not)** 의미로서 이는 당해 사건과 관련된 모든 증거와 정황에 비추어 양 당사자 중 한쪽의 증거가 다른 당사자의 증거보다 보다 우월한 것으로, **수치상으로는 50%를 초과**한다는 것으로 볼 수 있다. 그러나 위 논문 p.102에서는 우리나라에서의 증거의 우위의 증명력의 정도는 다음에서 말하는 미국에서의 '명백하고도 설득력 있는 증거'에 의한 입증의 수치인 70~75% 정도로 요구하고 있다고 한다.

② **명백하고도 설득력 있는 증거에 의한 증명**(Clear and convincing evidence): 증거의 우위보다는 높으나 형사사건에서의 명백하고도 설득력 있는 증거의 입증 정도보다는 낮은 정도의 중간적인 입증의 정도로서 **주장사실이 진실일 가능성이 아주 높다는 확신(Firm belief or conviction of truth)**을 사실 판단자에게 줄 수 있는 정도를 말하고 **수치상으로는 75% 정도**를 말한다고 한다.

명백하고도 설득력 있는 증거에 의한 증명을 필요로 하는 영역은 상당수의 경우는 헌법적인 신체의 자유나 언론의 자유와 같은 권리의 보호영역인 경우가 많다. 법원이 인정한 영역으로는 정신질환자에 대한 부정기간 강제입원을 명하는 경우에 그 필요성, 부모에 대한 친권의 박탈주, 출판업자의 명예훼손적 출판물에서 악의적 의도 등이 이에 속한다. 이와 같은 특정한 헌법적 보호가치가 있는 영역을 제외하고는 일종의 상대방에 대한 법률상의 권리 추정이 존재하는 영역에 대하여 이와 같은 입증이 적용된다고 보면 될 것 같다. 가령, 이미 등록된 특허권의 무효에 대한 입증, 추방대상자가 적법하게 입국하였음을 입증하였을 때 추방의 필요성, 취득시효를 주장하는 경우 점유의 공개·명백성 등을 들 수 있다.

③ **합리적 의심의 여지가 없는 입증**(Beyond reasonable doubt)으로서 형사사건에서 필요로 하는 입증의 정도로서 **수치상으로는 91% 이상**을 의미한다고 한다.

이다.[412] 따라서 특허의 무효를 주장하는 자가 이 추정력을 번복하기 위해서는 '분명하고 설득력이 있는 증거(Clear and convincing evidence)'를 제시하여야 한다. 이 '분명하고도 설득력 있는 증거'는 민사법상에서 통상적으로 요구되는 증거의 우세(Preponderance of evidence)보다 높은 증명력을 요구하지만 형사상 유죄인정의 증명력인 합리적 의심을 배제할 수 있는 증거(Beyond reasonable doubts)보다는 낮은 정도인 70~75%로 본다.

2) 입증필요의 이전

그러나 특허무효를 주장하는 자라도 처음부터 위와 같은 고도의 증명력이 있는 증거를 제출하여야 하는 것은 아니다. 특허무효를 주장하는 자는 특허청구항과 동일한 내용을 공개하고 있는 선행기술이 작동이 가능한 것이라는 증거를 제시하면 그는 일응의 증거(Prima facie evidence)를 제시한 것으로 보고 이제부터는 특허권자가 그 작동이 불가능하다는 반대증거를 제시할 필요가 있다.[413]

(마) 방법식 청구항에 대한 침해소송에서의 입증의 정도

특허권자는 침해장치가 방법식 청구항의 권리범위에 포함된다는 사실을 우세한 증거(Preponderance of evidence)를 가지고 입증할 책임(Burden of persuasion)을 진다.[414] 따라서 특허권자는 방법식 청구항의 모든 구성요소가 침해물건에 모두 존재하여야 함을 입증하여야 하지만 방법식 청구항은 청구항에서 사용된 방법적 용어로 인하여 물건의 구조에 대한 개념정의를 할 수 없다.

따라서 특허권자가 청구항의 물건과 침해물건이 서로 동일한 것이라거나 또는 실질적으로 동일한 물건이라는 직접적인 입증을 하기가 어렵기 때문에 특허권자에게 그 입증의 정도를 감경하여 주자는 주장이 제기된다. 이 견해에 의하면 특허권자가 '양자의 반응물질, 반응조건과 특성이 거의 동일하다'는 일응의 입증(A prima facie case)을 하면 입증의 필요가 침해행위자에게 이전된다. 그 후 침해행위자는 이를 반박하는 증거를 제출하여야 하고 이를 제출하지 아니하면 입증의 필요를 다하지 못한 것으로 본다. 그러나 만약 피고가 반박증거를 제출함으로써 입증의

---

412 In re Lockwood, 50 F.3d 966, 969 n.2, 33 USPQ2d 1406, 1408 n.2(Fed. Cir. 1995), rehearing in banc denied, 33 USPQ2d 1907(Fed. Cir. 1995).

413 특허권자라고 하여도 입증의 필요는 부담한다. 물론 입증책임은 여전히 특허의 무효를 주장하는 자에게 있으나 일단 무효를 주장하는 자가 특허가 무효라는 일응의 증거를 제시하면 그렇지 않다는 입증의 필요는 특허권자에게 이전되고 특허권자가 입증의 필요를 다하면 증거의 증명력의 문제로서 과연 특허의 무효를 주장하는 측에서 특허가 무효라는 분명하고 설득력이 있는 증거(Clear and convincing evidence)를 제시하였는가의 문제로 된다. Scripps Clinic & Research Foundation v. Genentech Inc., 707 F. Supp. 1547, 1550, 11 USPQ2d 1187, 1190(N.D. Calif. 1989).

414 Strattec Security Corp. v. General Automotive Specialty Co., Inc., 126 F.3d 1411, 44 USPQ2d 1030(Fed. Cir., 1997).

필요를 다한 경우에는 특허권자가 우세한 증거(Preponderance of evidence)를 제출하였느냐, 즉 증명력의 문제로 돌아간다.[415]

일본에서도 방법식 청구항의 물건에 대한 개념정의가 어렵다는 점에 공감하고 특허권자에 대한 입증책임을 완화시켜 주자는 견해가 있다. 이 견해에 의하면, 원고가 구체적으로 방법식 청구항의 작용효과를 발휘하는 데 필요불가결한 구조, 성질을 밝히고, 그 구조, 성질이 침해물건에 있다는 것을 입증하면 일응 입증책임을 다하는 것으로 하고, 이에 대해 피고가 특허발명에 기재된 제조방법에 의해서는 침해물건을 생산할 수 없다고 항변을 하면 다시 원고로 하여금 동등론에 의한 주장, 입증을 하도록 하자는 견해이다.[416]

그러나 방법식 청구항이라고 하더라도 그 구조적 개념정의가 가능한 방법식 청구항에 있어서는 입증의 정도를 완화하여 줄 이유가 없다. 구조적 개념정의가 가능하다면 그 구조를 가지고 침해물건과 사이의 동일성을 입증할 수 있기 때문이다. 따라서 물건이 이미 알려진 용이한 것이지만 그 만드는 방법은 새로운 것이거나, 방법적 용어를 한정사로 가진 물건이 새롭고 진보적이지만 구조적 개념정의가 가능한 경우에는 입증책임을 완화할 필요가 없다.[417]

이에 따라 물건의 동일성이 입증되었으면 그 다음은 특허방법을 사용하였느냐의 여부인데 이에 대하여 특허법은 침해행위자에 대한 법률상의 추정규정을 두고 있다. 특허법 제129조는 물건을 생산하는 방법의 발명에 관하여 특허가 된 경우에 그 물건과 동일한 물건은 그 특허된 방법에 의하여 생산된 것으로 추정한다.[418] 따라서 침해행위자에게 입증책임이 전환되어 침해행위자는 특허받은 방법으로 침해물건을 만들지 않았다는 입증책임을 지게 된다.[419]

---

415 이때는 협의의 입증책임(Burden of persuasion)의 문제로 돌아가서 판단한다고 보는 견해는 Scripps Clinic & Research Foundation v. Genentech Inc., 707 F. Supp. 1547, 1550, 11 USPQ2d 1187, 1190(N.D. Calif. 1989).

416 위 윤태식, 전게논문, 주 121에서 재인용. 남조아유, プロダクト·バイ·プロセス·クレ일ムの권리해석, パテント 55권 5호(2002.5), 변리사회, p.27.

417 위 윤태식, 전게논문, p.533 참조. '물건의 구성을 명확하게 특정할 수 있었음에도 굳이 제조방법에 의한 기재방법을 선택하여 훗날 분쟁을 야기시켰다면 그에 대한 책임은 특허권자에게 있다고 해야 한다.

418 방법특허권자에 대한 입증책임의 감경과 침해행위자에 대한 법률상의 추정 규정: 특허법 제129조(생산방법의 추정): 물건을 생산하는 방법의 발명에 관하여 특허가 된 경우에 그 물건과 동일한 물건은 그 특허된 방법에 의하여 생산된 것으로 추정한다. 다만, 그 물건이 다음 각 호의 1에 해당하는 경우에는 그러하지 아니하다.
1. 특허출원 전에 국내에서 공지되었거나 공연히 실시된 물건
2. 특허출원 전에 국내 또는 국외에서 반포된 간행물에 게재되거나 대통령령이 정하는 전기통신회선을 통하여 공중이 이용가능하게 된 물건

419 방법특허침해사건에서 침해입증이 어려운 경우에 침해자 측에게 입증책임을 전가하는 규정. 미국특허법 35 U.S.C.A. §259: 미국에서 특허를 받은 방법으로 만들어진 물건의 수입, 판매, 판매의 청약 또는 사용에 대하여 방법특허를 침해한다고 주장하면서 소송을 제기하는 경우에 있어서, 만약 법원이 ① 그 침해물건이 특허방법에 의하여 만들어졌다고 볼 만한 **'상당한 가능성(Substantial likelihood)'**, ② 원고가 **'합리적인 노력(A reasonable effort)'**을 기울였어도 침해물건을 만드는 데 있어서 특허방법을 실제로 사용하였는지를 결정할 수 없는 경우에 그 침해물건은 그렇게 만들어진 것으로 추정하고 침해물건이 특허방법에 의하여 만들어지지 않았다는 사실을 이를 주장하는 사람이 입증할 책임이 있다.

6. 방법식 청구항의 미래

특허법의 목적에 부합하는 가장 주류적인 해석론에 따르면, 방법식 청구항에 대한 특허요건을 심사함에 있어서는 방법적 용어를 사용하여 선행기술과 구별하지 않는다. 즉 출원된 청구항은 물건청구항으로서 선행물건과의 차이점을 본다. 이 청구항의 특허의 발급가능성을 결정하는 데 있어서 특허대상이 되는 물건이 청구항에 기재된 방법에 의하여 한정되지 않는 것으로 해석하여야 한다.

이에 비하여 침해의 성립에 있어서는 청구항에서 사용한 방법적 용어가 한정사로 작용하여야 한다. 따라서 청구항의 방법으로 만들어진 물건이 아닌 한 침해가 성립할 수는 없는 것이다.[420] 따라서 방법식 용어의 해석은 심사 단계와 침해 단계에서 일치하지 않는다.

생명공학과 같은 기술혁신적 분야에서 현재로서는 그 구조적 개념정의를 할 수 없을 정도로 완전히 새로운 물건을 발명한 경우에 청구항에서는 방법적 용어를 사용할 수밖에 없다. 그 필요성에도 불구하고 방법식 청구항은 항상 그 권리범위가 불명확하다는 문제가 제기된다. 따라서 방법식 청구항의 권리범위를 정함에 있어서는 방법적 용어를 한정사로 보지 말자는 주장은 비록 실정법적 근거는 없는 소수견해이지만 경청할 만하다.[421]

그러나 새로운 것이라고 주장되는 모든 것들은 사실 이미 우리 지구상에 존재하고 있었던 것으로서 새로운 물건이라는 개념도 상대적인 것이다.[422] 따라서 새로운 물건에 대하여 어느 정도의 독점권을 부여하는 것이 사회에 유익한가의 문제는 결국 독점권의 부여에서 발명자에 대

---

420 본문의 결론부분은 위 Tropix Inc. v. Lumigen Inc. 사건에서 Massachusetts 주 연방법원 Skinner 판사의 의견에서 인용한 것으로서, 모든 판사들이 동의하는 바는 만약 특허대상이 선행기술에 존재하는 물건이라면 청구항에 사용된 방법적 용어는 한정사로 작용된다. 문제는 보다 덜 순수한 물질이 선행기술로 존재하는 경우인데, 이는 사실인정을 어떻게 하느냐의 문제이지만 현재의 기록으로는 결정되기 어렵다. 만약 사실인정의 문제로서 정화된 물질이 완전히 새로운 물건이라고 한다면, **Scripps**와 **Atlantic** 중에서 무엇을 택하느냐가 결정적이다. 특히 생명공학과 같이 혁신이 눈부신 분야에 있어서 완전히 새로운 물건을 만들어 낸 방법과 선행기술에 존재하는 물질을 새로운 방법으로 만들어 낸 경우를 구별하는 Newman 판사의 견해는 정책적으로 고려할 필요가 있지만 실정법적 근거를 가지고 있지는 않다. 방법적 용어가 한정사로 작용하여야 할 것을 도출하여 낸 사건들은 방법식 청구항에 대한 특허가 물건을 개념정의 하는 데 있어 청구항에서 그 물건을 만드는 방법을 언급하지 않고서는 개념정의를 할 수 없었거나 선행기술과 청구항의 물건을 구별할 수 없었기 때문에 이를 허용한 시기에 발생한 것이다. 법원이 침해를 판단하는 데 있어서도 특허청이 특허요건을 판단할 때와 마찬가지로 동일한 기준으로 해야 한다고 주장하는 Newman 판사의 논거도 별다른 근거가 없다.

421 Mass. 주 연방법원의 Skinner 판사의 판결문: Tropix Inc. v. Lumigen Inc., 825 F. Supp. 7, 8, 27 USPQ2d 1475, 1476, 1478(D. Mass. 1993).

422 Scripps 판결이 있은 후 연방항소법원에서 Atlantic 사건의 결론을 따르는 판결이 나왔다. 주 96) Tropix 사건에서 원고의 특허발명은 정제된 화학발광체인 수용성 1,2-디옥세탄 유도체로서 청구범위는 프로덕트 바이 프로세스 청구항의 형식으로 기재되어 있었고, 피고는 그와 다른 방법으로 제조된 수용성 1,2-디옥세탄 유도체를 취급하고 있었다. 재판부는 Atlantic 사건이 선행기술로 존재한 물건에 새로운 공정을 적용한 사안이었다고 전제한 후 계쟁사건에서 문제가 된 수용성 1,2-디옥세탄 유도체도 선행기술로 존재한 물건에 새로운 공정을 적용하여 순도를 높인 것으로서 그와 사안이 유사하다는 이유로, 주 97) 계쟁사건에 Atlantic 사건의 결론을 적용하였다.

한 유인 제공이라는 측면과 일반대중이 부담하는 불이익의 비교교량이라는 경제학적인 분석이 필요할 것이고 이는 경제학과 법학의 학제적인 협력에 의하여 앞으로 다루어져야 할 과제로 남을 것이다.[423]

Ⅶ. 개량형 청구항

1. 개량된 발명

세탁기를 개량한 발명에 대한 특허를 출원하면서 선행세탁기나 그 부품에 대한 언급을 하지 않고서는 개량된 부분만을 청구항에서 특정하기는 매우 어렵다. 따라서 청구항이 기계의 한 부분만을 개량한 것일 때에는 선행장치에 대한 언급을 하는 것이 장려되기도 한다.[424]

개량형 청구항은 잽슨 청구항(Jepson claim)이라고 하는데 이는 알려진 기계나 방법을 전제부에서 선행기술로 인용한다.[425] 개량형 청구항의 연결사는 '위 선행장치를 개량한 이 사건 발명은 다음과 같은 구성요소들을 포함한다.'고 기재한다. 또는 '위 선행장치들을 조합한 것'이라고 하거나 '선행장치 위에 새로운 구성요소를 조합한 것'이라고 기술한다.

개량형 청구항의 전제부는 특허심사과정과 특허침해행위를 판단하는 과정에서 청구항의 발명을 개념정의하는 한정사로 작용한다.[426] 개량형 청구항의 전제부는 특허출원인이 선행기술임을 묵시적으로 인정한 것으로 본다는 것이 근래의 지배적 견해이다.[427] 그러나 개량형 청구항

---

423 저자 주. 독점권이 우리 사회에 어떠한 유익을 주느냐 아니면 해악을 주느냐 하는 문제는 선험법학의 범위를 넘어서서 경제학적 측면에서 실증적 분석을 통하여 다루어져야 할 과제이다.

424 Williams Mfg. Co. v. United Shoe Machinery Corp., 316 U.S. 364, 369(1942)(개량형 청구항은 청구항의 권리범위를 과도하게 넓히는 것을 방지한다). 그러나 In re Walter, 618 F.2d 758, 205 USPQ 397(CCPA 1980)은 전제부가 단지 개량부분이 사용되는 환경을 말하는 것이라면 청구항은 특허를 받을 수 없는 계산공식에 불과하다고 보았다.

425 또는 이 개량청구항은 알려진 기계나 방법을 조합한 것을 전제부에서 선행기술로 인용한다.

426 Wells Mfg. Corp. v. Littelfuse, Inc., 547 F.2d 346, 192 USPQ 256(7th Cir. 1976); Mossman v. Broderbund Software Inc., 51 USPQ2d 1752, 1754(E.D. Mich. 1999)(개량청구항의 전제부는 일반대중의 영역에 있는 기술을 인용한다); Ex Parte Jepson, 243 O.G. 525; 37 C.F.R. 1.75(e)(개량청구항의 전제부는 실체적 한정사이다); Entec Plastics Engineering Corp. v. Gates Rubber Co., 206 USPQ 524, 531(D. Colo. 1980)(전제부가 자석 테이프 카트리지에 대한 것이라면 청구항은 오직 자석 테이프 카트리지에 한정될 뿐 카트리지와 플레이어의 조합에 한정되는 것은 아니다). 그러나 이에 반대하여 전제부가 단지 선행기술을 기술한 것일 뿐이라고 보는 견해도 있다. Delong Corp. v. Raymond International Inc., 622 F.2d 1135, 1143, 206 USPQ 97, 103(3d Cir. 1980) 및 Polaroid Corp. v. Eastman Kodak Co., 519 F. Supp. 381(D. Mass. 1981).

427 Ethicon Endo-Surgery, Inc. v. United States Surgical Corp., 93 F.3d 1572, 1577, 40 USPQ2d 1019, 1022-23(Fed. Cir. 1996). 묵시적 인정(Implied admission)보다 더욱 강한 의미를 가진다고 본 견해도 있다. Scheller-Globe Corp. v. Milsco Mfg. Co., 206 USPQ 42, 54(E.D. Wis. 1979), aff'd in part & rev'd in part, 636 F.2d 177,

의 전제부가 특허출원인이 심사관의 이중출원이라는 거절을 방지하기 위한 것이라면 이는 선행기술의 묵시적 인정이라고 볼 수는 없다.[428]

개량형 청구항은 선행기술과 특허출원된 청구항의 발명과의 차이점을 분명하게 구별하여 주기 때문에 특허심사관에게 선호된다.[429] 개량형 청구항이 문제가 된 것은 Jepson 특허의 청구항이었다.

위 특허의 청구범위에 기재된 청구 제16항은 다음과 같다.

청구 제16항: 서로 다른 속도를 만들어 내는 발전기가 저장용 배터리를 충전하여, 배터리가 전압을 충분히 만들어 내면, 충분히 승압된 코일이 발전기를 계속 규제하여 등급에 따라 전기를 분배하는 시스템으로서, 위 승압된 코일과 배터리로 흐르는 전류에 의하여 차단된 코일의 조합(The combination with said voltage coil of)이 배터리로 흐르는 전류를 감소하도록 하여 위 코일이 항상 동일한 전압이 되어 전류가 흐르도록 한다.[430]

이 청구항에서 새로운 것이라고 주장되는 실제적인 발명은 전제부를 떠나서는 독립적으로 존재할 수 없기 때문에 위 청구항의 전제부는 한정사가 된다. 또한 이러한 개량형 청구항을 작성하는 것은 선호되는 청구항의 작성법으로서 특허의 발급이 허용된다.[431]

2. 청구항의 전제부

가. 발명의 목적이냐 한정사냐

미국의 청구항은 전제부(Preamble)가 모두에 기재되어 있지만 우리나라의 청구항에서는 선행기술을 기재하는 형식으로 청구항의 문장이 만들어진다. 예컨대 청구항이 'a, b, c,로 구성되

208 USPQ 553(7th Cir. 1980)(청구항의 전제부에 기재된 사항은 선행기술이라는 것을 자동적으로 인정한 것이라고 본 견해).

428 In re Ehrreich, 590 F.2d 902, 200 USPQ 504(CCPA 1979).

429 Chisum §8.06 [1][c].

430 Ex parte Jepson, 1917 C.D. 62, 243 O.G. 525(Ass't Comm'r Pat. 1917). 심사관은 위 청구항의 도입부분이나 전제부는 구성요소나 한정사가 될 수 없기 때문에 특허를 받을 수 없다고 보았다. 그러나 미특허심판원은 개량형 청구항을 허용하면서 이 청구항은 기존에 새로운 것과 오래된 것을 구별함이 없이 단지 구성요소를 나열하여 온 관행에 대하여 선행기술을 인정하는 선호되는 청구항의 기안방법이 되었다고 보았다.

431 Depuy Orthopaedics, Inc. v. Androphy, 53 USPQ2d 1941, 1955 n.8(N.D. Ill. 2000)(일반적으로 개량형 청구항은, 첫째, 이미 알려진 장치의 모든 구성요소를 서술하는 전제부, 둘째, 발명은 다음과 같은 개량된 내용을 포함한다는 문구, 셋째, 특허출원인이 새로운 개량사항으로서 보호받기를 원하는 구성부분으로 되어 있다): 미특허심사규정 37 C.F.R. 1.75(e)(1996) 또한 미특허청심사지침(Manual of Patent Examining Procedure) 608.01(m)(7th ed. 1998).

또한 Kegel Company, Inc. v. AMF Bowling, Inc., 127 F.3d 1420, 1426, 44 USPQ2d 1123, 1127(Fed. Cir. 1997)(개량형 청구항의 전제부는 청구항의 문맥만이 아니라 그 권리범위도 제한한다) 참조.

는 연마제'로 기재된 경우에 연마제는 선행기술이다. 미국에서는 청구항의 전제부에서 사용된 선행기술 또는 선행장치에 대한 표현이 한정사로 사용되는가에 대하여 찬반의 논의가 있다.[432]

전제부 또는 청구항에서 사용된 선행기술은 그 내용에 따라 여러 가지 용도로 사용된다. 특허의 발급가능성이 선행기술에 의존하는 경우에는 청구항의 권리범위를 제한하기도 하고 특허출원된 발명의 개념정의에 사용되기도 하며 단순히 발명의 목적이나 용도를 나타내기도 한다. 이렇게 사용된 전제부 또는 선행기술은 후행하는 용어의 선행근거가 되지 않거나 청구항을 제한하지 아니하는 한 청구항의 권리범위를 제한하지는 않는다.[433]

전제부 또는 청구항에서 사용된 선행기술이 한정사가 되느냐 여부에 대하여 찬반론이 대립되고 있다. 만약 청구항에서 사용된 전제부 또는 선행기술이 한정사라면 청구항의 권리범위를 제한하고 선행기술로부터 청구항을 구별하며 특허침해행위가 성립하는 것을 회피하도록 한다.[434] 일단 개량형 청구항의 전제부는 한정사로 작용한다.[435] 그러나 다른 형태의 청구항은 반

---

432 저자 주: 미국의 청구항과 같이 선행기술이 전제부에서 사용되든 우리나라와 같이 문장의 마지막 부분에 보어로서 사용되든, 문장구성상의 품사 배열 순서의 차이에 불과한 것일뿐 청구항의 기술의 내용이 달라지는 것은 없다. 따라서 선행기술이 청구항의 전제부의 위치에 기재가 되어 있든지 아니면 마지막 부분에 보어의 형식으로 되어 있든지 간에 동일한 해석론을 사용할 수 있다.

433 전제부가 특허의 발급가능성과 관련이 있는 사례: In re Stencel, 828 F.2d 751, 754, 4 USPQ2d 1071, 1073(Fed. Cir. 1987). 특허출원된 발명의 개념정의에 사용된 사례: Bell Communications Research, Inc. v. Vitalink CommunicationsCorp., 55 F.3d 615, 620, 34 USPQ2d 1816, 1820(Fed. Cir. 1995). 단순한 발명의 목적이나 용도를 서술한 사례: Loctite Corp. v. Ultraseal Ltd., 781 F.2d 861, 868, 228 USPQ 90, 94(Fed. Cir. 1985). 청구항을 이해하거나 해석하는 자료를 제공하는 근거를 전제부가 설명한 사례: Vaupel Textilmaschinen KG v. Meccanica Euro Italia S.P.A., 944 F.2d 870, 880, 20 USPQ2d 1045, 1053(Fed. Cir. 1991).

434 Apple Computer, Inc. v. Articulate Systems, Inc., 234 F.3d 14, 22, 57 USPQ2d 1057, 1063(Fed. Cir. 2000)(단순한 용도가 아니라 청구항에 대하여 의미를 부여하고 발명을 적절하게 개념정의할 수 있도록 해주는 전제부에 사용된 용어는 한정사로 본다); Bristol-Myers Squibb Co. v. Immunex Corp., 86 F. Supp.2d 447, 450-51(D. N.J. 2000)(전제부가 한정사인지 아닌지를 구별하는 원칙은 모호하지만 특허권자가 전제부에서 유용한 것을 발견하였다는 사실만으로는 특허침해소송에서 전제부가 청구항의 한정사가 되지는 않는다. 그러나 만약 본문이 구조적으로 완성된 것이라면 전제부는 한정사가 될 수 없지만 전제부가 미완성의 본문을 완성시키는 데 필요한 것이라면 한정사로 보아야 한다); Lockheed Martin Corp. v. Space Systems/Loral, Inc., 249 F.3d 1314, 58 USPQ2d 1671(Fed. Cir. 2001)(Whereby clause는 단지 청구항의 한정사의 결과를 말하는 것으로서 실체적으로 아무런 의미가 없다); Amazon.com, Inc. v. Barnesandnoble.com, Inc., 239 F.3d 1343, 57 USPQ2d 1747(Fed. Cir. 2001)(청구항은 선행기술에 존재하지만 Whereby clause가 선행기술을 배제한다); Thermalloy Inc. v. Aavid Engineering Inc., 935 F. Supp. 55, 60, 39 USPQ2d 1457, 1461(D. N.H. 1996), aff'd, 121 F.3d 691, 43 USPQ2d 1846(Fed. Cir. 1997)(Whereby clause가 심사 도중에 청구항과 선행기술을 구별하는 데 사용되었다면 이는 본질적 특징을 가지는 것이다); Westvaco Corp. v. International Paper Co., 23 USPQ2d 1401, 1423(E.D. Va. 1991), aff'd, 991 F.2d 735, 26 USPQ2d 1353(Fed. Cir. 1993)(청구항에 아무런 구조적인 한정을 하지 아니하는 Whereby clause는 특허의 발급에 영향을 미치는 발명적 특성을 지니지 못한다); Eltech Systems Corp. v. PPG Industries Inc., 710 F. Supp. 622, 633, 11 USPQ2d 1174, 1183(W.D. La. 1988), aff'd, 903 F.2d 805, 14 USPQ2d 1965(Fed. Cir. 1990)(선행기술과 구별하는 데 유용하고 심사과정에서 특허의 발급을 도와주는 Whereby clause는 특허침해를 결정하는 데 있어서 본질적으로 중요한 특성으로 보아야 한다); Texas Instruments Inc. v. United States Int'l Trade Comm'n, 988 F.2d 1165, 1172, 26 USPQ2d 1018, 1023-24(Fed. Cir. 1993)(반도체를 플라스틱으로 포장하는 방법청구항에서 Whereby clause는 결과와 관련된 것으로서 한정사로 볼 수 없다).

435 이 견해가 종래부터의 지배적 견해이다(Rowe v. Dror, 112 F.3d 473, 479, 42 USPQ2d 1550, 1553(Fed. Cir.

드시 그렇지는 않지만 만약 전제부가 청구항에 생명과 의미 그리고 활력을 불어넣을 수 있다면 이는 한정사로서 작용한다. 따라서 전제부가 청구항과 독립하여 해석될 수 없거나, 청구항에 의미를 부여하거나, 발명을 특정하기 위하여 반드시 필요한 경우에는 한정사가 된다.[436] 그러나 전제부가 단지 발명의 목적이나 용도를 나타낼 뿐이고 청구항의 나머지 부분들만 가지고도 발명을 완전하게 개념정의할 수 있는 경우에 전제부는 더 이상 한정사로 작용하지 않는다.[437]

1997) 및 37 C.F.R. 1.75(e)(1996). 그러나 구조설을 취하는 소수견해(Depuy Orthopaedics, Inc. v. Androphy, 53 USPQ2d 1941, 1956-57(N.D. Ill. 2000)는 개량형 청구항의 전제부도 구조적인 의미를 가지는 경우에만 한정사로 볼 수 있지만 전제부가 구조적인 중요성을 인용하는 것이 아니라 단지 장치를 사용한 결과나 효과에 관한 것이라면 이는 한정사로 볼 수 없다고 본다. 또한 환경설을 취하는 소수견해(Western Broadcasting Co., Ltd. v. Capitol Records, Inc., 218 USPQ 94, 95(N.D. Calif. 1981)는 개량형 청구항의 전제부라고 하더라도 반드시 선행기술을 청구항의 구성요소로 하지는 않는다. 청구항의 본문에서 인용된 선행기술이 청구항의 조합의 일부분이 되는 경우에는 한정사로 보지만 특허출원된 발명이 사용되는 환경에 불과하다면 이를 한정사로 볼 수 없다. 그러나 이 소수견해도 전제부가 한정사로 되는지 여부는 청구항, 명세서와 도면 그리고 심사기록의 전 취지를 종합하여 청구항의 의미를 해석함으로써 결정된다고 본다).

436 정설이다. Chisum §8.06 [d]. Schram Glass Mfg. Co. v. Homer Brooke Glass Co., 249 F. 228(7th Cir. 1918),cert. denied, 247 U.S. 520(1918)(전제부는 청구항의 구성요소에 **생명과 의미 그리고 활력(Life and meaning and vitality)**을 불어넣을 수 있다면 한정사가 된다); Marston v. J.C. Penney Co., 353 F.2d 976, 986, 148 USPQ 25, 33(4th Cir. 1965), cert. denied, 385 U.S. 974(1966). Applied Materials Inc. v. Advanced Semiconductor Materials America, Inc., 98 F.3d 1563, 1573, 40 USPQ2d 1481, 1488(Fed. Cir. 1996)(전제부가 한정사가 되느냐 여부의 판단은 각 개별적인 경우에 청구항, 명세서와 심사기록의 전 취지에 비추어서 결정된다); Perkin-Elmer Corp. v. Computervision Corp., 732 F.2d 888, 221 USPQ 669(Fed. Cir. 1984), cert. denied, 469 U.S. 857(1984)(전제부가 청구항을 개념정의하는 것이냐 아니면 선행기술을 단순히 묘사한 것이냐?); Stranco Inc. v. Atlantes Chemical Systems Inc., 15 USPQ2d 1704, 1713(S.D. Tex. 1990)(전제부가 청구항에서 사용된 용어의 선행서술근거 (Antecedent basis)가 된다는 것은 한정사로 볼 수 있는 유력한 증좌이다); Bristol-Myers Squibb Co. v. Ben Venue Laboratories, Inc., 246 F.3d 1368, 1373-74, 58 USPQ2d 1508, 1511(Fed. Cir. 2001)(만약 전제부가 청구항에 생명과 의미 그리고 활력을 주지 않는다면 이는 한정사가 아니다); IMS Technology Inc. v. Haas Automation Inc., 206 F.3d 1422, 1434, 54 USPQ2d 1129, 1137(Fed. Cir. 2000)(전제부가 본문에 아무런 한정을 하지 않는다면 청구항을 해석하는 데 사용되지 않는다).

437 이것이 **용도설(Kropa)**이다. Ex parte Cullis, 11 USPQ2d 1876, 1878(Bd. Pat. App. & Int'f(1989)(기계의 용도는 기계에 대한 특허의 발급가능성을 판단하는 데 있어서 밀접한 관계에 있는 것이 아니어서 선행기술과 구조적 차이를 구별하는 데 사용할 수 없다); Ball ed., Dynamics of the Patent System100(1960)(발명의 용도나 환경이냐 아니면 구조적인 개념정의이가 기준이 된다); Pitney Bowes, Inc. v. Hewlett-Packard Co., 182 F.3d 1298, 1305, 51 USPQ2d 1161, 1165-66(Fed. Cir. 1999)(청구항의 본문이 모든 필요한 한정사를 구비하여 발명을 완전하게 개념정의하고, 전제부가 별다른 개념정의를 제공하지 못하고 단지 발명의 목적이나 의도된 용도를 기술한 경우에는, 전제부는 한정사가 될 수 없어 청구항을 해석하는 데 별다른 중요성을 제공하지 못한다).

그러나 용도설을 취하면서도 전제부가 선행서술근거가 되면 이를 한정사로 보아야 한다는 견해도 있다. C.R. Bard, Inc. v. M3 Systems, Inc., 157 F.3d 1340, 1348-50, 48 USPQ2d 1225, 1230-31(Fed. Cir. 1998), rehearing denied & suggestion for rehearing in banc declined, 161 F.3d 1380(Fed. Cir. 1998), cert. denied, 526 U.S. 1130(1999)(선행서술근거설(Ancedent basis): 바늘에 대한 청구항의 전제부가 이 바늘이 생체검사용 주사기에 사용되는 것이라고 하면서 주사기의 구조를 언급한 사례-전제부가 발명의 목적이나 용도를 서술한 것으로서 한정사가 아니라고 보았다. 이 판시가 가지는 문제는 전제부가 발명의 용도를 기술하였음에도 청구항에 뒤이어 나타나는 용어의 선행서술근거(Antecedent basis)가 되어 청구항을 한정하지 않아야만 청구항의 권리범위를 한정하지 않는다고 보았다. 이를 반대해석하면 발명의 용도를 기술한 전제부라도 한정사로 작용할 수 있다고 본다. 또한 이 견해는 위 전제부가 단지 청구항을 이해하고 해석하는 데 있어서의 참고(Reference point)가 될 뿐이므로 한정사로서 작용하지는 않는다고 보았다. 이 견해에 의하면, 첫째, 발명의 용도를 서술한 전제부라도 청구항의 후속용어의 선

구조적으로 이미 알려진 물건에 대해서는 새로운 용도를 밝혀냈다고 하더라도 이러한 용도에 관하여 특허를 받을 수는 없다. 그러나 특허가 출원된 물건이 구조적으로 선행기술과 잘 구별이 된다면 이 물건의 새로운 용도는 청구항의 진보성을 결정하는 데 고려될 수 있다. 따라서 전제부가 용도에 관한 것으로 한정사로 볼 수는 없어도 특허의 발급가능성을 판단하는 데 있어서는 고려될 수 있다.[438]

소수견해는 청구항의 전제부가 일반적으로는 청구항을 한정하지는 않는다고 본다.[439] 그러나 청구항의 전제부도 청구항 해석의 일반원칙에 따라 청구항과 명세서 그리고 특허심사과정의 전 취지를 종합하여 판단하기 때문에 개별 청구항을 해석하여 보지 않고서는 과연 전제부가 한정사로 작용하는지를 판단할 수 없다는 이유로 위 소수견해는 많은 비판을 받는다.[440]

나. 구성요소 사이의 관련성

전제부가 본문의 각 구성요소 사이의 관련성을 요구하는 것은 한정사로 본다. '연마물질(Abrasive article)로서, 이 물질은 연마알갱이와 강화접착제로 구성되는데, 강화접착제는 매우 중립적이고 불포화된 단량물과 지방알코올과 다염기산의 불포화 에스테르화물로 만든 첨가제를 포함한다.'와 같은 청구항에서 연마물질(Abrasive article)이라는 전제부는 청구항을 특정하기 위하여 반드시 필요한 것으로서 청구항에 대하여 생명력과 의미, 그리고 활력을 부여한다. 위 전제부는 종래 기술자들이 아직 찾아내지 못한 연마제로서의 특성을 지적하고 있으며 연마제로서의 성격이 그 연마알갱이와 강화접착제라는 각 구성요소의 성격을 규정하고 있다. 또한 연마물질이라는 용어를 사용한 이유도 바로 청구항과 선행기술을 구별하기 위한 것이다. 결국 연마물질이라는 용어는 본문의 연마알갱이와 강화접착제 사이의 일정한 관계를 요구하는 한정사로서 단순히 특허대상의 목적이나 용도를 기술한다고 볼 수는 없다.[441]

행서술근거(Antecedent basis)가 된다면 이는 한정사로 볼 수 있으며, 둘째, 한정사는 아니지만 청구항을 해석하는 데 있어서 참고(Reference point)가 된다는 의미가 무엇인지 불명확하다는 점이다).

438 Chisum §8.06 [d].

439 소수견해이다. DeGeorge v. Bernier, 768 F.2d 1318, 1322 n.3, 226 USPQ 758, 761 n.3(Fed. Cir. 1985).

440 위 소수견해를 비판하는 견해는 Bell Communications Research, Inc. v. Vitalink Communications Corp., 55 F.3d 615, 34 USPQ2d 1816(Fed. Cir. 1995).

441 Kropa v. Robie, 187 F.2d 150, 88 USPQ 478(CCPA 1951). 특허출원인이 1945년 5월 21일 특허를 출원하면서 자기가 1938년 제출한 선특허출원서에 기초하여 우선권을 주장하였다. 그러나 1938년 특허출원서는 연마알갱이에 강화접착제를 혼합하는 것을 공개하고 있었지만 이를 연마물질로서 공개하지는 않았다. 따라서 1938년의 특허출원서는 청구항의 본문의 구성요소를 모두 공개하였지만 전제부가 말하는 연마물질은 아니었다. 특허출원인은 만약 현재 특허출원된 청구항의 특허대상이 적절하게 공개되었다면 비록 그것이 청구항에 기재되지 않았다고 하더라도 명세서에 기재된 것만으로도 선특허출원서의 접수일자에 기초한 우선권을 주장할 수 있다. 특허출원인은, 우선권 주장을 할 수 있는 특허대상은 바로 한정사가 없는 본문이라고 주장하였다. 그러나 CCPA는 위 전제부의 연마물질 (Abrasive article)은 한정사로 작용한다고 보았다. 왜냐하면 이 연마물질이라는 용어는 연마알갱이와 강화접착제 성분 사이에 분명한 관계를 요구하고 있기 때문이었다. 따라서 특허출원인은 1938년의 선특허출원서에 기초하

그러나 최근에는 순수하게 용도를 기술하는 전제부는 진보성을 판단하는 데 있어서 한정사로 보아야 한다는 견해가 유력하다.[442] 물론 신규성을 판단하거나 침해행위의 성립을 인정하기 위하여 청구항의 권리범위를 정하는 경우에는 단순히 발명의 용도를 기재한 전제부를 한정사로 보지는 않는다는 점에서는 Kropa와 같다.

특허출원인의 청구항은 금을 무전극으로 침전시키기 위하여 사용하는 용액에 관한 것이다. 청구 제1항은 다음과 같다.

청구 제1항: 수성용액에 금을 화학적으로 침전시키는(For chemically depositing gold) 합성물로서 0.5에서 30g/l 사이에서 용해가 가능한 금 사이나이드, 00.1에서 30 g/l 사이에서 용해가 가능한 팔라듐 소금 및 이 팔라듐 소금이 야기하는 도금을 방지하기 위하여 CN 이온이 없을 것과 Ph 8~11사이의 알칼리로 본질적으로 구성되는 수성용액.

선행특허는 금과 팔라듐의 공동침전물을 전극으로 침전시키는 용액을 공개하고 있었다. 이 용액은 특허출원인이 의도한 것보다는 훨씬 고농축 사이나이드를 함유하고 있는 것을 제외하고는 위 청구항과 거의 같은 성분이었다.[443] 바로 이 사이나이드가 특허출원된 청구항과 선행기술의 다른 점으로서 이러한 차이점은 특허출원된 청구항의 진보성을 판단하는 데 고려될 수 있다는 것이다.

여 우선권을 주장할 수가 없다.

위 **Kropa**(용도설)를 적용한 사례는 In re Bulloch, 604 F.2d 1362, 1365, 203 USPQ 171, 174(CCPA 1979)(안정적인 컬러현상 농축액이라는 전제부의 용어는 단지 발명의 용도를 기술한 것이 아니라 청구항을 특정하기 위하여 반드시 필요한 것이다); In re Wertheim, 541 F.2d 257, 270, 191 USPQ 90, 102(CCPA 1976), appeal after remand, 646 F.2d 527(1981)(전제부가 선행기술근거로 사용되지 않았다); In re Hirao, 535 F.2d 67, 70, 190 USPQ 15, 17-18(CCPA 1976)(전제부는 단지 용도를 표시한 것이고 본문은 자기 완성적으로서 굳이 전제부를 필요로 하지 않는다); In re Higbee, 527 F.2d 1405, 188 USPQ 488(CCPA 1976); In re Pearson, 494 F.2d 1399, 1402-1403, 181 USPQ 641, 643-44(CCPA 1974)(폭발 방지통은 단순한 용도이거나 내재적 특성에 불과하고 청구항과 선행기술과 구별하는 역할은 하지 않는다); In re Freeman, 474 F.2d 1318, 1323, 177 USPQ 139(CCPA 1973); In re Myers, 410 F.2d 420, 426-427, 161 USPQ 668, 673(CCPA 1969)(중앙부분을 자르는 칼은 청구항에 의미를 부여한다); In re Sinex, 309 F.2d 488, 492, 135 USPQ 302, 305(CCPA 1962), reh'g granted in part, 315 U.S. 381(1963)(재농축 액체 탈수제는 단순히 발명이 사용되는 용도를 말한다); In re DeNapoli, 302 F.2d 768, 770, 133 USPQ 556, 558(CCPA 1962)(포노그래프 전사기계는 특허의 발급가능성을 판단하는 데 있어서 고려되어야 하는 한정사이다).

442 **Duva**에 근거한 것으로 비교적 근래에 등장한 견해이다. In re Szajna, 422 F.2d 443, 164 USPQ 632(CCPA 1970); In re Walles, 366 F.2d 786, 790, 151 USPQ 185(CCPA 1966)(머리를 자라게 하는 합성물); Ex parte Kice, 211 USPQ 560(PTO Bd. App. 1980)(생가금류를 운반하는 시스템). 그러나 그 이전에는, 특허출원인의 의도는 진보성을 판단하는 데 있어서 전혀 고려될 수 없다고 보았다. In re Dense, 156 F.2d 76, 70 USPQ 212(CCPA 1946). 그러나 이는 Duva에 의하여 폐기된다.

443 In re Duva, 387 F.2d 402, 404, 156 USPQ 90, 92(CCPA 1967). 특허청은 **Kropa**를 적용하여 청구항이 진보성이 없다고 보았다. '금을 화학적으로 침전시킨다(For chemically depositing)'는 전제부는 위 발명의 사용목적을 기술하는 것에 불과하기 때문에 이는 한정사로 볼 수 없고, 결국 청구항의 권리범위를 결정하는 데 있어서 무시되고, 이를 무시한다면 위 청구항은 선행기술에 비추어 보아 용이한 것이다. 그러나 CCPA는 이를 번복하였고 이것이 바로 **Duva**이다.

한편 실을 꿰는 고리, 실을 꿰는 핀과 종이로 구성되는 결합부분을 가진 드라이버에 관한 청구항의 전제부는 '결합부분을 만들어 고리에 붙어 있는 잎을 구부러지게 한다'는 용도 또는 목적을 기술하고 있었다. 비록 이 전제부가 발명이 사용되는 용도를 기술하고 있다고 하여도 이는 진보성의 판단에 있어서는 한정사로 사용될 수 있고 이를 가지고 선행기술과 청구항을 구별하는 데 사용할 수 있다고 본다.[444] 왜냐하면 이 전제부는 단순한 기능을 표현한 것이 아니라 구조적인 의미를 가진 것으로서 '결합부분을 만들어 고리에 붙어 있는 잎을 구부러지게 하는 것'은 청구항의 드라이버가 가지는 구조를 개념정의하는 것이다.[445]

청구항의 전제부가 '수면 중 발생하는 질식치료법'이라고 기재한 것은 한정사가 된다. 청구항의 본문에서 이 치료법을 선행서술근거로 사용하였기 때문이다.[446]

또 다른 특허출원인의 기본적인 발명개념은 공기를 집어넣은 튜브를 중간중간에 봉합하여 가지고 밀폐된 방을 만들어서 방수성의 유연한 쿠션이나 매트리스 또는 구명조끼에 사용되는 구조에 관한 것이다. 청구항의 전제부는 '물에 뜨는, 유연한, 가득 차 있는 패드(Buoyant flexible filler pad)'였다. 피고의 침해장치도 특허출원인과 동일한 발명개념으로서 칸으로 나눈 튜브를 배열한 것이었다. 피고는 자신의 침해장치는 가득 차 있는 패드(Filler pad)나 물에 뜨는 것(Buoyant)이 아니기 때문에 특허를 침해하지 않는다고 주장하였다.

그러나 법원은 위 청구항의 전제부는 한정사가 될 수 없기 때문에 침해장치는 특허를 침해한다고 보았다. 왜냐하면 본문이 언급하고 있는 기구를 전제부가 기재하고 있지 않고 이 전제

---

444 In re Stencel, 828 F.2d 751, 4 USPQ2d 1071(Fed. Cir. 1987). 위 특허출원서의 청구 제1항의 전제부는 다음과 같다: A driver for setting a joint of a threaded collar, a threaded pin, and at least one sheet, the collar having plastically deformable lobes on its longitudinal exterior that upon the existence of a predetermined clamp-up load between the collar and the sheets plastically deform in radial compression and displace material of the collar into void volumes between the collar and the pin to lock the two together and terminate the action of the driver on the collar.

또한 위 Stencel이 특허출원인이 의도하였던 환경을 각 구성요소의 조합의 한 부분으로 보아 이를 청구항의 권리범위로 주장하지 아니하고 그 환경을 가지고 발명을 한정할 수 있다고 보는 것으로 해석한 견해: Smith Corona Corp. v. Pelikan, Inc., 784 F. Supp. 452, 461, 463(M.D. Tenn. 1992), aff'd, 1 F.3d 1252(Fed. Cir. 1993)(위 Stencel은 청구항의 특허의 발급가능성에 대하여 그 구성요소의 조합이 아니라 구성요소가 다른 구성요소에 대한 친밀성을 가지고도 서술할 수 있다고 보았다).

445 전제부를 한정사로 본 근래의 사례는 다음과 같다.

Rapoport v. Dement, 254 F.3d 1053, 59 USPQ2d 1215(Fed. Cir. 2001), discussed infra Rowe v. Dror, 112 F.3d 473, 478, 42 USPQ2d 1550, 1553(Fed. Cir. 1997)(전제부가 청구항의 구조적 한정사를 인용하면 이는 한정사로 보아야 한다); Gerber Garment Tech., Inc. v. Lectra Sys., Inc., 916 F.2d 683, 689, 16 USPQ2d 1436, 1441(Fed. Cir. 1990)(전제부가 본문의 용어의 선행서술근거가 된 사례); In re Paulsen, 30 F.3d 1475, 1478-79,31 USPQ2d 1671, 1672-74(Fed. Cir. 1994)(전제부의 컴퓨터라는 용어는 특허 전체를 볼 때 추가적인 구조적 한정을 한 것으로서 이는 청구항에 생명을 불어 넣는 역할을 한다. 따라서 신규성을 상실시킬 수 있는 선행기술은 반드시 컴퓨터라야만 한다). 위 Paulsen의 청구항은 다음과 같다.

1. A portable computer constructed to be contained within an outer case for transport and to be erectable to a viewing and operating configuration for use, said computer comprising ….

446 Rapoport v. Dement, 254 F.3d 1053 at 1056, 1059, 59 USPQ2d 1215(Fed. Cir. 2001).

부가 청구항을 해석하거나 이해하는 데 있어 반드시 필요한 것도 아니기 때문이다. 본문에 기재된 각 구성요소의 조합만으로도 이 청구항은 모든 것을 구비한 것이고 전제부 없이도 스스로 완성될 수 있다.[447]

전제부에 기재된 용어가 전부 한정사로 사용되는 것은 아니다. 같은 전제부의 용어라고 하더라도 그 역할에 따라서 한정사로 작용하는 경우도 있고 그렇지 않은 경우도 있다.[448]

'액체에 잔류하는 데 적합하도록(Adapted to) 혐기성(Anerobic)을 치료하는 봉합제로서, …'와 같은 청구항의 전제부에 사용된 용어 중에서 '혐기성'이라는 용어는 청구항에 생명력과 의미를 부여하기 때문에 이는 한정사로 보아야 한다. 그러나 '적합하도록'이라는 용어는 그 물질이 사용되는 용도를 나타내는 것에 불과하기 때문에 한정사로 볼 수는 없다.[449]

전제부가 단순히 청구항의 구조가 사용되는 목적이나 용도를 말하는 것이 아니라 청구항의 구조가 특정한 역할을 하는 구조임을 주장하여 이 구조나 물질에 생명력과 의미를 주는 적극적인 역할을 하면 이는 한정사로 보아야 한다. 이렇게 전제부가 청구항과 선행기술과 구별하기 위하여 사용한 용어는 청구항의 권리범위를 좁히기 때문에 청구항을 유효하게 한다.

한정사로 사용된 전제부로서 광학적 파동유도장치에 관한 발명임을 주장하는 청구항은 다음과 같다.

광학적인 파동유도 장치로서, 다음을 포함한다. ① 외피로서 이는 순수한 혼성실리카와 불순물이 적어도 하나의 기초적 토대가 추가된 것과 혼성실리카로서 이루어지는 물질의 집단으로부터 선택된 물질로 형성된 것과, ② 핵심으로서 혼성실리카로 만들어지는데 이 혼성실리카는 적어도 하나의 기초물질이 되는 불순물에 기초한 것으로서 외피를 넘을 정도까지 추가되었다.

이 청구항은 ① 외피와 ② 핵심으로 이루어진 발명을 전제부가 추가적으로 한정함으로써

---

447 따라서 침해장치가 물에 뜨는 것을 가지고 있지 않다는 점은 특허침해를 인정하는 데 별다른 중요성을 주지 못한다. Marston v. J.C. Penney Co., 353 F.2d 976 at 986, 148 USPQ 25 at 33(4th Cir. 1965), cert. denied, 385 U.S. 974(1966); Diamond Int'l Corp. v. Maryland Fresh Eggs, Inc., 374 F. Supp. 1223, 182 USPQ 147(D. Md. 1974), rev'd, on other grounds, 523 F.2d 113, 187 USPQ 193(4th Cir. 1975), cert. denied, 424 U.S. 914(1976)(계란을 포장하는 용기에 대한 청구항의 전제부가 '유연하게 성형된 펄프로 만든 계란을 담을 수 있는 상자'였지만 피고가 만든 상자는 펄프가 아닌 폴리에스테르로 만든 것이었다. 그러나 연방항소법원(4th Cir).은 '성형된 펄프'라는 전제부는 한정사가 아니라고 보았다); Struthers Patent Corp. v. Nestle Co., Inc., 558 F. Supp. 747, 850, 211 USPQ 1023, 1110(D. N.J. 1981)(청구항은 장치에 관한 것이고 전제부의 용도에 관한 한정사는 청구항의 장치를 특정하지는 않는다); Plastic Container Corp. v. Continental Plastics of Oklahoma, Inc., 515 F. Supp. 834, 849, 214 USPQ 530, 543(W.D. Okla. 1981), aff'd, in part, rev'd in part, 708 F.2d 155, 219 USPQ 26(10th Cir. 1983)(전제부에 기재된 용도가 신규성이나 진보성을 판단하는 데 있어 청구항을 선행기술과 구별하는 데 아무런 영향을 주지 못한다).

448 Loctite Corp. v. Ultraseal Ltd., 781 F.2d 861 at 864-868, 228 USPQ 90 at 91-94(Fed. Cir. 1985).

449 AT & T Corp. v. Excel Communications Inc., 52 USPQ2d 1865, 1871 n.6, 1873 n.8(D. Del. 1999)('정보통신 시스템에 사용되는(For use) 방법'이라는 전제부의 '사용되는(For use)'이라는 용어는 단순한 용도를 나타내는 것으로서 한정사가 아니지만, '자동적으로 연결되는(Automatically routed)'이라는 용어는 본문의 용어와 맞물려 있기 때문에 이 용어를 이해하여야만 청구항을 해석할 수 있다).

새로운 개념정의를 한다. 따라서 이 청구항은 ① 외피와 ② 핵심으로 이루어진 모든 유형의 광학섬유를 그 권리범위로 하는 것이 아니라 오직 파동을 유도하는 작용을 하는 섬유만을 그 권리범위에 두고 있다고 선언하는 것이다.[450] 따라서 이 청구항은 오직 ① 외피와 ② 핵심을 공개하고 있는 선행특허에 의하여 예견되지 않는다.[451]

특허가 해결하려는 기술적 문제가 전제부에서 거론되고 일정한 조건에서만 이러한 기술적 문제가 발생한다면 그 조건을 기재한 전제부는 결국 청구항을 제한하는 한정사로서 작용한다. 한 청구항의 전제부가 '냉각정화법(Cold purge)'이라는 용어를 사용하였는데 이 청구항은 화학증착법(CVD)을 사용하여 반도체 회로를 제조하기 위하여 고온 증류된 화학물질을 가지고 엷은 실리콘판을 밀폐된 공간에서 부식하는 과정에서 발생하는 정전기로 인하여 부식된 판이 오염되는 문제를 해결하기 위한 것이다. 선행기술은 밀폐된 공간의 가스를 교환하는 방식으로 공기를 정화하는 여러 단계를 가지고 있었다. 최초의 정화 단계는 밀폐된 공간에 실리콘판이 놓여 있을 때 공기가 질소와 교환되고 나서 다시 산소와 교환하는데 이때 비로소 실리콘판이 열을 받아 회로가 부식된다.

이 과정에서 하나의 공기가 다른 공기로 교체될 때마다 정화작용이 이루어지지만 문제의 정전기는 최초의 냉각정화 단계에서만 발생하고 그 다음 정화단계에서는 생기지 않는데, 그 이유는 정전기는 섭씨 180도 이상의 온도에서는 생성되지 않기 때문이다. 결국 청구항의 방법은 램프로 밀폐된 공간을 가열함으로써 이 최초의 냉각정화 단계에서 발생하는 정전기를 제거하는 방법이다.[452]

결국 전제부의 '냉각정화법'이라는 것은 청구항이 해결한 기술적 문제로서 최초의 정화 단계에서 정전기에 의한 실리콘판의 오염을 방지하는 것이다. 이에 비하여 특허침해장치는 밀폐된 공간을 냉각함이 없이 섭씨 850도 이상에서 최초의 정화작용을 하면서 기계적으로 실리콘판을 제거하고 교체하기 때문에 섭씨 180도 이하에서만 발생하는 정전기는 생기지도 않는다.[453]

---

450 Corning Glass Works v. Sumitomo Electric U.S.A., 868 F.2d 1251 at 1257, 9 USPQ2d 1962 at 1966(Fed. Cir. 1989)(명세서에 비추어 해석하여 보면 전제부의 광학적인 파동유도장치는 구조적인 의미를 가지는 것으로서 이는 복잡한 방정식에 의하여 만들어진 굴절지수에 의하여 청구항이 기술하고 있는 구조가 상당한 원거리에서 레이저의 응집하는 빛을 유도하여 광학적 통신에 적합하도록 함으로써 광학적인 파동유도장치로서 작용할 수 있다는 것을 의미한다). 또한 Freund Industrial Co. Ltd. v. Driam Metallprodukt GmbH & Co. KG., 12 USPQ2d 1641, 1643(S. D. N.Y. 1989)(알약을 코팅하는 데 사용하는 장치라는 전제부는 한정사가 되고 관련된 선행기술은 알약을 코팅하는 기술 분야이고 일반적으로 건조와 관련된 기술 분야는 이에 해당하지 않는다) 참조.

451 위 Corning Glass Works, 이 물질은 1-2미터 정도의 파동을 유도하는 기능을 내재적으로 가지고 있었지만 선행특허는 위 물질이 광학적 파동유도장치로서 사용된다고 주장하지 않았다.

452 Applied Materials, Inc. v. Advanced Semiconductor Materials America, Inc., 98 F.3d 1563 at 1570, 40 USPQ2d 1481 at 1486-87(Fed. Cir. 1996).

453 Applied Materials, Inc. 피고는 최초의 정화 단계가 외견상으로는 청구항에 기재된 온도의 범위에서 발생하는 것으로 보일지라도 청구항의 다른 한정사인 '냉각정화', '냉각반응공간', '정전기 미립자의 제거' 등은 문자적으로는 물론 동등론에 의해서도 침해가 될 수 없다고 주장했다.

따라서 정전기에 의한 오염은 냉각정화 단계에서만 발생하고 섭씨 180도 이상의 고온에서는 전혀 이러한 현상이 발생할 수 없기 때문에 전제부의 '냉각정화'라는 것은 정전기가 발생하는 섭씨 180도 이하의 온도에서만 존재의의가 있다. 결국 냉각정화법이라는 전제부는 청구항을 한정한다. 그러한 정도의 낮은 온도에서만 정전기의 발생이라는 기술적 문제가 생기기 때문이다.

전제부가 일정한 표현방식을 한정하였다면 본문이 그와 다른 모든 방식에 대하여 청구항의 권리범위로 할 수는 없다. 비트를 배열함으로써 TV와 같이 컴퓨터가 만들어 내는 정보를 화면에 표시하는 방법에 대한 청구항은 바로 비트를 배열하는 시스템에 그 권리범위가 한정된다. 전제부가 '영상표현을 위한 시스템으로서 이는 컴퓨터에 연결된 메모리 속에 기억되어 있는 장소로부터 가져온 정보를, 비트를 배열함(By mapping bits)으로써 횡선줄무늬로 표시한다.' 명세서의 기재내용을 보면 발명자가 횡선줄무늬로 표시되는 영상표현장치에 2진법의 자료를 표현하는 방법에 관하여 연구를 계속하였지만 모든 영상표현시스템에 대해 연구하지는 않았던 것이 분명하다. 따라서 청구항의 권리범위는 비트를 배열함으로써 만들어지는 영상표현장치에 한정되는 것으로 보아야 한다. 따라서 본문에 포함된 영상표현시스템으로서 캐릭터를 나타내는 시스템은 청구항의 권리범위에 포함되지 않는다고 보아야 한다.[454]

청구항이 선행기술에 비추어 무효라고 하면서 전제부가 한정사로 작용하지 않는다고 본 사례가 있다. 연방항소법원은 청구항의 전제부가 청구항을 한정하지 않고 있으며 청구항을 정당하게 해석하면 선행기술에 의하여 예견되기 때문에 무효라고 보았다. 문제가 된 청구항은 컴퓨터 영상표현 방법으로서 하나의 스크린에 동시에 여러 개의 윈도를 띄워서 사용하는 것으로 그 청구 제1항은 다음과 같다.

청구 제1항: 컴퓨터 영상표현 시스템으로서, 이 시스템은 표현장치에 연결되어 데이터가 여러 개의 창에 표현되도록(Data is displayed) 하는 중앙처리장치(CPU)와, 사용자가 데이터를 위 윈도에 표현하고 위 윈도와 함께 작동하는 방법으로서 다음과 같은 단계를 가지고 있다.

① 윈도의 순서에 따라서 서로 다른 윈도의 층별로 여러 개 윈도의 각 화면을 만들고 표현하며,

② 두 번째 윈도의 층에 두 번째 윈도를 만들고 표현하며,

③ 사용자가 최초의 윈도와 두 번째 윈도를 작동하는 것.

법원은 특허권자의 주장을 받아들이지 않았다. 특허권자의 윈도는 단순한 기능이나 명령어와는 달리 텍스트의 형태로 된 데이터를 포함할 필요가 없다는 것이다. 청구항의 의미에 있어서도 만약 사용자가 동시에 사용이 가능하고 미리 마우스를 클릭할 필요가 없다면 윈도는 이미 사

---

454 General Electric Co. v. Nintendo Co., Ltd., 179 F.3d 1350, 1361-62, 50 USPQ2d 1910, 1918(Fed. Cir. 1999)(더구나 특허심사과정에서 특허출원인이 캐릭터를 표현하는 영상시스템인 선행기술과 이 청구항을 구별하였다).

용되는 것이다. 따라서 윈도의 위쪽에 뜨는 그림 프로그램 도구상자로서 명령어의 형태로 된 그래픽 소프트웨어 시스템은 선행기술로서 위 청구항을 예견함으로써 신규성을 상실시킨다.[455]

특허권자가 선행기술의 명령어와 청구항을 구별하기 위해서는 데이터를 가진 윈도를 필요로 하였고 결국 특허권자는 전제부에 있는 '데이터'라는 용어를 가지고 선행기술의 명령어와 구별하는 것을 주장했다.

그러나 청구항을 전체로 보고 이를 명세서에 비추어 볼 때 전제부가 '데이터'라는 말을 인용한 것은 청구항에 대하여 아무런 의미를 부여하지 못하는 것으로서 이는 청구항을 개념정의하는 데에 있어서도 아무런 역할을 하지 못한다. 전제부의 '데이터'라는 용어는 오직 특허출원된 발명이 윈도를 사용하는 목적이나 용도에 관한 것일 뿐 청구항을 한정하지 않는다.[456]

한편 암을 치료하는 Paclitaxel이라는 의약품을 3시간 동안 사용하여 치료하는 방법이 특허의 전제부에서 사용되고 청구항의 본문에서 사용된 용어들은 이 방법에 의한 치료가 효과적이고 부작용을 감소할 수 있다고 사용되었다. 그러나 이 용어가 단지 의약품의 용도를 나타내고 이 방법의 의도적인 사용결과에 관한 것이라면 이는 한정사가 될 수 없다. 그렇다면 이 청구항은 같은 약품을 사용하여 3시간 동안 치료하는 선행기술과 동일한 것으로서 신규성이 없다.[457]

청구항의 전제부가 기계의 구조를 말하는 것이 아니라 그 기계로 만든 물건의 이동방향을 설명하는 것이라면 이는 구조적인 한정사로 볼 수 없다. 청구항은 '한 개의 축과 가로막대(Breast beam)로 만든 넓은 직조기를 사용하여 여러 가지 유형의 줄무늬를 가진 합성섬유를 짜

---

455 Apple Computer, Inc. v. Articulate Systems, Inc., 234 F.3d 14 at 17-18, 21-22, 57 USPQ2d 1057 at 1059, 1062(Fed. Cir. 2000).

456 전제부가 한정사로 작용하지 않는다고 본 사례들: Embrex Inc. v. Service Engineering Corp., 216 F.3d 1343, 1347, 55 USPQ2d 1161, 1163(Fed. Cir. 2000)(배아의 특정부분에 백신을 주입함으로써 조류를 접종하는 방법특허의 전제부가 조류에 대한 바이러스, 박테리아 또는 미생물을 면역할 수 있는 질병을 통제하는 방법으로서, 배아에 효과적인 양의 백신을 주입한다는 본문인 경우에 전제부는 단지 청구항의 사용목적을 기술한 것에 불과하다. 청구항은 조류 전체의 접종과 효과적인 면역을 요구하는 것이 아니고 단지 주입된 백신이 효과적인 것으로 알려진다는 것일 뿐 배아에 대한 모든 접종이 면역성을 준다는 것은 아니다); STX, LLC v. Brine, Inc., 211 F.3d 588, 591, 54 USPQ2d 1347, 1349(Fed. Cir. 2000)(전제부가 '하키스틱'이지만 본문이 '경기기술과 쥐는 성질을 증대한다'고 하여 전제부 없이도 자급자족적인 경우에 이 전제부는 한정사가 아니다).

Bristol-Myers Squibb Co. v. Immunex Corp., 86 F. Supp. 2d 447, 449, 451(D. N.J. 2000)('탁솔이라는 물질에 민감한 종양환자를 치료하는 방법'이라는 전제부는 청구항이 달성하려는 목적에 불과하여 한정사가 아니다); STX Inc. v. Brine Inc., 37 F. Supp. 2d 740, 752, 755, 50 USPQ2d 1236, 1244, 1247(D. Md. 1999), aff'd, 211 F.3d 588, 54 USPQ2d 1347(Fed. Cir. 2000)('하키스틱에 사용되는 헤드'라는 전제부는 한정사가 아니고 만약 한정사라면 기능이 증가되었다는 점을 판단하는 기준이 주관적인 것으로서 이 청구항은 불명확한 것이다); Baxa v. McGaw Inc., 981 F. Supp. 1348, 1359, 44 USPQ2d 1801, 1810(D. Colo. 1997), aff'd sub nom., Baxa Corp. v. Excelsior Med. Corp., 185 F.3d 883(Fed. Cir. 1999)(unpublished)('펌프로 퍼올린 전체 양의 부정확성을 감소하는 방법'이라는 전제부는 불명확하고 이는 청구항을 불명확하게 한다).

457 Bristol-Myers Squibb Co. v. Ben Venue Laboratories, Inc., 246 F.3d 1368, 58 USPQ2d 1508(Fed. Cir. 2001)(비록 선행기술이 항암효과에 대해서는 아무런 언급이 없었다고 하여도 이 청구항은 선행기술에 의하여 예견되는 것으로서 발명의 신규성이 없다).

는 방법으로서, ① 직물을 짜고, ② 위 직물을 이동시키고, ③ 위 직물이 가로막대(Breast beam) 방향으로 이동하도록 유도하지만 그 반대의 방향으로 이동할 수 없도록 한다.'는 것이다.[458]

특허청구항과 명세서, 도면 그리고 특허심사 과정의 전 취지와 함께 전문가의 증언을 종합하면 위 전제부의 '가로막대(Breast beam)'는 구조적인 한정사로 사용된 것이 아니라 위 직조기로부터 만들어진 직물의 이동방향을 나타내기 위한 지점을 언급한 것이다.

전제부에서 사용된 용어가 단순히 본문에 사용된 여러 한정사를 하나로 통칭하기 위한 것이라면 이는 한정사로 볼 수 없다. 청구항은 재료를 절단하는 기계의 연장을 컴퓨터로 통제하는 것이다. 선행기술은 이 연장으로부터 멀리 떨어진 위치에서 목적물의 청사진을 가지고 프로그램을 만들었다. 그러나 특허출원된 발명은 현장에서 연장을 작동하는 사람이 즉시 프로그램을 만들거나 수정할 수 있었다.

'프로그램을 만들 수 있는 마이크로 컴퓨터의 통제장치(Control apparatus)로서, 이 장치는 연장과 재료의 상대적인 이동상황을 통제한다.'라고 한 청구항에서, 위 전제부의 '통제장치'는 청구항을 위 연장과 별도로 존재하는 통제장치에만 한정되지 않고 본문에 기재된 모든 한정사를 포함하고 있는 장치에 의해서만 침해될 수 있다. 이러한 침해장치는 청구항에 기재된 모든 통제적인 특성을 가지거나, 연장과는 다르거나 이 연장과 통신할 수 있는 장치라야만 한다.[459]

Ⅷ. 총괄청구항

1. 의 의

총괄청구항(Markush claims)은 'A, B, C, D, 그리고 E로 구성되는 일군으로부터 선택된 물질'이라는 용어를 사용하는 것을 말하는데 청구항에서 이 일군의 물질만을 지칭하는 총괄적인 용어가 없어야 한다. 또한 일군의 구성물질인 A, B, C, D, E의 상호 관련성은 반드시 청구항에서 적절하게 관련지어져만 하는데 이는 화학적이고 물리적인 공통의 특성을 가지고 있어서 하나의 청구항에서 공통집단으로 분류될 수 있어야 하고, 이로 인하여 자연과학적인 분류의 원칙

---

458 Vaupel Textilmaschinen KG v. Meccanica Euro Italia S.P.A., 944 F.2d 870 at 880, 972, 20 USPQ2d 1045 at 1047, 1053(Fed. Cir. 1991)(특허침해행위자는 가로막대를 가진 직조기 부분이 자신의 침해장치에서는 결여되어 있는 것이라고 주장하였지만 특허의 명세서는 가로막대가 사용되는 직조기 부분을 공개하거나 그 구체적 모형을 예시하지도 않았다.

459 IMS Technology Inc. v. Haas Automation Inc., 206 F.3d 1422 at 1427, 54 USPQ2d 1129 at 1137(Fed. Cir. 2000)(이러한 해석이 특허심사과정의 전 취지와 일치되는 것이다. 청구항의 발명은 연장을 통제하는 것으로서 이는 기계연장의 한 부분이고 결국 특허출원인은 기계의 통제구조를 선택하는 대신 연장 통제에 대한 선택을 함으로써 결국 연장과는 다른 통제도구에 대한 청구항의 권리범위를 한정하지 않는다).

에 위반되지 않아야 한다.[460]

2. 선택적 용어

청구항에서 사용된 '또는(Or)'이나 '두 가지 중에서 어느 하나(Either)'라는 용어를 선택적 용어라고 한다.[461] 청구항이 이러한 선택적 용어를 사용한 경우에는 특허출원된 발명의 권리범위가 가지는 명확한 한계를 결정하는 것이 불가능할 수도 있기 때문에 청구항을 특정할 수 없다는 문제가 발생한다. 과거에는 선택적인 의미를 지닌 용어를 사용한 청구항은 허용되지 않는다고 보는 것이 지배적 견해였다.[462] 따라서 청구항이 '유리 또는 플라스틱'이라는 선택적 용어를 사용한 청구항은 무효가 된다고 보았다. 그럼에도 불구하고 이 원칙의 예외로서 선택적 용어를 사용하였다고 하여도 청구항이 여러 대안 중에서 하나를 선택하는 총괄적 용어(Generic phrase), 예컨대 '불투과성(Impervious)의 물질'과 같은 용어를 사용한 것은 허용된다고 보았다.

Ex parte Reid의 청구항에서 선택적 용어의 사용이 허용되지 않은 청구항은, '냉장고로서, 하나의 방 A와, 얼음을 만드는 방 B, 그리고 이 얼음을 받는 파이프 P, 이 파이프 P는 도면에 예시된 어느 형태라도 가능하며(In either forms shown), 그리고 배출기 X의 조합으로서 본질적으로 냉동목적에만 사용되는 것이다.'로서, 위 명세서의 도면에 예시된 '어느 형태라도 가능하다.'고 한 것이 바로 선택적 청구항이다. 이는 특허출원된 발명의 권리범위의 명확한 한계를 결정하는 것이 불가능하도록 만들기 때문에 특허의 발급이 허용될 수 없다.[463] 이 사례가 바로 선택적 청구항은 특허가 허용되지 않는다는 Reid 원칙의 효시가 된다.[464]

그러나 선택적 용어를 청구항에서 사용하지 못하도록 하는 원칙에 대한 예외가 인정되기 시작했다.[465] 화합물에 있어서 대안이 되는 여러 물질을 청구항의 권리범위로 포함시킬 수 있는

---

460 In re Schechter, 205 F.2d 185, 189, 98 USPQ 144, 149(CCPA 1953).

461 Brown v. 3M, 265 F.3d 1349, 60 USPQ2d 1375(Fed. Cir. 2001); Quantachrome Corp. v. Micromeritics Instrument Corp., 37 F. Supp. 2d 1354, 1358(S.D. Fla. 1999), aff'd in part, vacated in part, 15 Fed. Appx. 848(Fed. Cir. 2001)(두 개의 방 중에서 '어느 하나(Either)'로부터 배출하기 위한 배출수단이라는 청구항의 용어 중에서 '어느 하나(Either)'라는 의미는 상호 배타적인 의미를 가지지 않는다); Kustom Signals Inc v. Applied Concepts Inc., 995 F. Supp. 1229, 1236, 46 USPQ2d 1056, 1060(D. Kan. 1998), aff'd, 264 F.3d 1326, 60 USPQ2d 1135(Fed. Cir. 2001)('또는(Or)'이라는 용어는 두 가지 중의 하나를 의미한다).

462 Chisum §8.06 [2](Markush 이전에 미특허청이 취한 견해)

463 Ex parte Reid, 1879 C.D. 70, 15 O.G. 882(Comm'r Pat. 1879); Carr v. Rice, 5 F. Cas. 139(No. 2439)(C.C. S.D. N.Y. 1858)(선택적인 청구항은 그 권리범위에 포함되는 것이 아무것도 없어 결국은 전체적으로 불확실하다. 따라서 '수직볼트, 또는 상층부에서 조합된 볼트와 세탁기, 또는 청구항 1, 2, 그리고 4의 조합이거나, 또는 그중 하나의 청구항이거나, 또는 그들의 동등물'이라고 한 청구항은 불명확하기 때문에 무효이다).

464 Chisum §8.06 [a], 이를 Reid 원칙이라고 한다.

465 Ex parte Markush, 1925 C.D. 126, 340 O.G. 839(Comm'r Pat. 1924); In re Driscoll, 562 F.2d 1245, 195 USPQ 434(CCPA 1977)(Markush 청구항은 보편적으로 인정된 하나의 집단물에 해당하지는 않지만 발명의 목적에 선택

적절한 용어를 발견할 수 없었기 때문이다.[466] 일정한 경우에 특허출원인은 'x, y 그리고 z로 구성된 집단으로부터 선택된 물질'이라는 용어를 사용하여 청구항의 권리범위에 포함되는 것으로 주장하는 하위개념을 만들어서 사용할 수 있다고 보는 것이 현재의 지배적인 견해이다.[467]

이렇게 선택적 용어가 반드시 청구항의 명확성을 해치는 것이 아니라고 보기 때문에 청구항에 선택적 용어의 사용을 금지하는 원칙은 폐기된 반면에 총괄청구항은 여러 제한을 받게 되었다.[468] 특허출원인은 분명히 독립적인 발명으로서 상호 아무런 연관성이 없는 둘 이상의 발명을 하나의 총괄청구항에서 개념정의할 수는 없다.[469]

그러나 이 Reid 원칙은 점차 완화되기 시작하여 선택적 용어라고 하더라도 청구항의 권리범위를 특정하는 데 있어서 아무런 문제가 없다면 허용되는 것으로 보는 것이 현재의 지배적인 견해이다.[470] 그러나 청구항에 기재된 발명의 동일성이 결여되어 있어서 하나의 청구항에서 두

적으로 사용될 수 있어서 기본적 구조가 상이하더라도 전체적으로 공개된 유용성을 지니는 구성물질의 집단을 말한다); Ecolochem, Inc. v. Southern California Edison Co., 863 F. Supp. 1165, 1178(C.D. Calif. 1994), aff'd in part, rev'd in part, 91 F.3d 169(Fed. Cir. 1996)(unpublished), aff'd in part, rev'd in part after remand, 227 F.3d 1361, 56 USPQ2d 1065(Fed. Cir. 2000), cert. denied, 121 S. Ct. 1607(2001)(Markush 청구항을 사용함으로써 특허권자는 묵시적으로 집단의 구성물질이 발명의 목적에 선택적으로 사용될 수 있다는 점을 주장하는 것이다); Pennwalt Corp. v. Akzona, Inc., 570 F. Supp. 1097, 1102(D. Del. 1983), aff'd, 740 F.2d 1573, 222 USPQ 833(Fed. Cir. 1984)(Markush 집단의 구성물질은 각각 배타적인 것이다).

466 In re Skoll, 523 F.2d 1392, 187 USPQ 481(CCPA 1975) 및 In re Wolfrum, 486 F.2d 588, 591, 179 USPQ 620(CCPA 1973); In re Pilkington, 411 F.2d 1345, 162 USPQ 145(CCPA 1969)(청구항에 사용된 용어의 형태를 문제삼아 특허거절을 할 수는 없고 특허를 거절하기 위해서는 반드시 특허법상의 근거가 있어야 한다고 보는 것이 CCPA의 입장이다).

467 In re Gaubert, 524 F.2d 1222, 1226-1227, 187 USPQ 664, 667-68(CCPA 1975)('완전히 또는 부분적으로 만들어진', '적어도 부분적으로는 만들어진', '하나 또는 여러 조각으로'라는 용어는 청구항의 권리범위를 불분명하게 만들지 않는다. '철이나 강철 또는 기타 자성을 띤 물질'이라는 용어는 통상의 자성을 띤 물질 중에서의 예시에 불과하다).

468 Chisum §8.06 [2].

469 In re Harnisch, 631 F.2d 716, 206 USPQ 300(CCPA 1980)(하나의 총괄청구항에서 개념정의할 수 있는 발명인가 아닌가를 판단하는 기준은 발명의 동일성(Unity of invention)이라고 보아야 한다. 발명의 동일성(Unity of invention)이라는 개념은 특허공조협정(Patent Cooperation Treaty) 제17조 (3)항에 규정된 것이다).

470 선택적 용어를 청구항에서 허용한 단계를 보면, ① 1965년경 미특허청은 전통적인 Markush 청구항에서 선택적 용어가 사용될 수 있다고 보다가(Notice of April 30, 1965, 846 Official Gazette 686-687), ② 1968년경에는 두 가지 대체물이 동등물인 경우에만 선택적 용어가 사용될 수도 있다고 보았다: U.S. Patent and Trademark Office, Manual of Patent Examining Procedure 706.03(d)(5th ed. rev. 1985)('브레이크 또는 잠금장치'라는 용어는 두 가지 서로 다른 구성요소를 그 권리범위에 포함하면 청구항을 불명확하게 하지만 위 두 가지 물건이 동등물이라면 불명확성의 문제와 모호성의 문제를 낳지 않아 이러한 선택적 용어는 허용된다). 현행 MPEP는 U.S. Patent and Trademark Office, Manual of Patent Examining Procedure 2173.05(h)(7th ed. 1998); Ex parte Ohsumi, 21 USPQ2d 1020, 1024(Bd. Pat. App. & Int'f 1991)(단지 선택적인 용어라고 하여도 그만으로 청구항을 불명확하게 하지는 않는다); Ex parte Holt, 19 USPQ2d 1211, 1213(Bd. Pat. App. & Int'f 1991); Ex parte Wu, 10 USPQ2d 2031(Bd. Pat. App. & Int'f 1989)('선택에 따라(Optionally)'라는 용어는 특허를 무효로 할 정도로 청구항을 불명확하게 하지는 않는다); Ex parte Cordova, 10 USPQ2d 1949(Bd. Pat. App. & Int'f 1988)('~과 같은(Such as)'과 '특히(Particularly)'라는 용어는 청구항을 불명확하게 하지만 '선택에 따라(Optionally)'는 청구항을 불명확하게 하지는 않는다). ③ CCPA는 더 나아가 비록 두 가지 대체물이 동등물이 아니라고 하더라도 발명이 특정되지 않았다는 이유로 특허를 거절할 수 없고 만약 청구항이 실질적으로 서로 다른 대체물을 그 권리범위에 포함하고 있는 경우에는 특허

가지 이상의 발명에 대한 특허의 출원이 있다고 판단되는 경우에는 이를 분할할 수 있다고 보는 견해와 심사관이 특허를 거절하여야 한다고 보는 견해는 대립할 수 있다고 보인다.

특허출원인은 디아조화(Diazotized) 된 아닐린의 용액이나 그 동족물(Homologues) 또는 할로겐 대체물(Halogen substitutes)을 구성물질로 가지고 있는 염료에 대한 특허를 출원하였지만 미특허청은 청구항에 '또는(Or)'이라는 선택적 용어가 기재되어 있다는 이유로 특허를 거절했다. 결국 특허출원인은 위 청구항을 아닐린, 아닐린의 동족물 그리고 아닐린의 할로겐 대체물로 구성되는 일군의 물질로부터 선택된 물질이라고 고쳤다. 그러자 미특허심판원은 특허출원인이 발명을 개념정의할 수 있는 언어가 부족하다는 이유로 인하여 특허의 발급가능성을 박탈당할 수는 없기 때문에 이러한 일군의 발명에 대해서는 하나의 총괄적인 개념을 사용하여 발명의 범위에 상응하는 단 하나의 청구항에 대한 특허를 받을 수 있다고 보았다.[471]

그 이후부터 총괄청구항으로서 '다음과 같은 집단으로부터 선택된 물질'이라는 용어를 사용한 형태의 선택적 청구항에 대한 특허가 발급되었다.[472] 그 후 이러한 총괄청구항은 화학물질뿐만 아니라 금속, 내화물질, 도자기, 의약품, 생명공학 등에서도 허용되었다.[473] 이 총괄청구항이 기계발명에도 사용될 수 있다고 보는 견해도 있는데 이 견해는 총괄적 용어가 없다면 특허출원인은 기능으로 한정한 수단청구항, 즉 기능식 청구항을 사용할 수 있다고 본다.[474]

3. 공통의 특성

공통집단으로 분류될 수 없는 물질로 구성된 청구항에 대하여 특허가 거절된 사례는 다음과 같다. 특허출원인의 발명은 셀룰로오즈 아세테이트 필라멘트로부터 광택을 제거하는 방법

출원을 분할하면 된다고 보다가(In re Wolfrum, 486 F.2d 588, 179 USPQ 620(CCPA 1973), ④ 그 후 CCPA는 심사관은 한 청구항이 포함하고 있는 발명이 동일성(Unity of invention)을 결여하고 있다면 특허를 거절할 수 있다고 보았다. In re Haas, 580 F.2d 461, 198 USPQ 334(CCPA 1978); In re Weber, 580 F.2d 455, 198 USPQ 328(CCPA 1978); In re Harnisch, 631 F.2d 716, 206 USPQ 300(CCPA 1980).

471 Ex parte Markush, 1925 C.D. 126, 340 O.G. 839(Comm'r Pat. 1924)(특허출원인은 이 용어를 모노아민이라는 용어로 대체하였지만 심사관은 다시 특허를 거절하면서, 이 청구항은 아닐린이 아닌 모노아민을 그 권리범위에 포함하지만 아닐린이나 그 동족물 그리고 할로겐족 대체물들은 그 권리범위에 포함되지 않는다며, 이러한 청구항의 권리범위를 가지고는 특허출원된 발명이 요구하는 목적을 달성하지 못한다고 하였다. 특허출원인이 이를 다시 위 본문에 기재된 바와 같은 청구항으로 고친 후에도 심사관은 이 변경된 청구항도 형식적으로만 선택적 용어를 뺀 것일 뿐 진정한 총괄적인 개념으로 볼 수 없다는 이유로 특허를 거절하였다).

472 In re Archbold, 151 F.2d 350, 67 USPQ 102(CCPA 1945)(청구항이 '활성 솔벤트, 아세톤, 또는 에틸아세테이트, 벤젠, 또는 에테르'라고 한 것은 일군의 구성물질에 대한 범위를 불명확하게 한다); In re Kingston, 149 F.2d 181, 183, 65 USPQ 371(CCPA 1945)('알루미늄이나 지코늄 또는 칼슘'이라는 용어는 부적당하다).

473 Ex parte Head, 214 USPQ 551(Bd. App. 1981); In re Gaubert, 524 F.2d 1222, 187 USPQ 664(CCPA 1975); and In re Harnisch, 631 F.2d 716, 206 USPQ 300(CCPA 1980).

474 Chisum §8.06 [2], J. Landis, Mechanics of Patent Claim Drafting 131(2d ed. 1974).

으로서 이 청구항은 광택제거제로서, 중화소금과 사탕수수로 구성되는 일군의 물질에서 선택한 물질을 사용한다고 주장하였다. 그러나 중화소금과 사탕수수는 하나의 총괄적 개념을 형성할 수 있을 정도의 공통적 특성을 전혀 가지고 있지 않기 때문에, 이는 총괄청구항에서 사용될 수 없다.[475]

총괄청구항을 사용할 수 있는 일군의 집단으로 분류될 수 있느냐를 결정하는 데에 있어서는 견해가 갈린다. 첫째, 제시설(Suggestive test)은 일군의 구성물질이 다른 특허출원서에 기재되어 별개의 특허를 발급받을 수 있느냐 여부에 달려 있다. 만약 A를 사용한 발명이 B를 사용한 청구항에 비추이 용이한 것이라면 A와 B는 총괄적 청구항에 사용될 수 있다. 그러나 A를 사용한 청구항이 B를 사용한 청구항에 비추어 용이하지 않은 것이라면 A와 B는 독립한 발명으로서 하나의 총괄청구항에 기재될 수는 없다.[476]

두 번째는 인식설(Recognition test)로서 일군으로 분류된 물질들이 더 큰 하나의 집단으로 분류될 수 있느냐의 여부가 중요하다. 만약 하나의 상위집단으로 분류될 수 있다면 이는 총괄청구항에서 사용할 수 있는 구성물질이 되고 그렇지 못하다면 이러한 구성물질을 포함하는 총괄청구항은 허용될 수 없다는 것이다.[477]

총괄청구항이 유효하기 위해서 다음과 같은 두 가지 요건을 구비할 것을 요구한다. 첫째, 총괄적으로 분류되는 물질은 반드시 특허가 청구된 화합물과 기능적 동등하여야 하며, 둘째, 동종의 물리적 및 화학적 분류에 속하여야 한다.[478]

총괄청구항은 세 가지 유형이 있는데 이는 하나의 화합물에 대한 물건청구항, 방법이나 조합청구항, 그리고 하나의 화합물의 일부에 대한 물건청구항이다.[479] 첫째 유형인 물건청구항은 하나의 화합물을 총괄적으로 권리범위에 포함하는 것으로 이 총괄되는 물질은 반드시 기능

---

475 Ex parte Palmer, 7 USPQ 11(Comm'r Pat. 1930)(이들의 공통점은 오직 동일한 효과를 얻을 수 있다는 점이지만 이는 총괄청구항을 구성할 수 있는 일군의 발명개념에 해당하지 않는다).

476 Ex parte Clarke, 1931 C.D. 6, 412 O.G. 3(Comm'r Pat. 1930)(인식론에 입각한 사례로서 심사관이 총괄청구항에 대한 합성물에 대한 특허를 거절하였는데 그 거절이유는 특허출원된 총괄청구항의 하나의 구성물질을 사용한 방법이 다른 구성물질로 구성된 후일의 특허를 그 권리범위에 포함하지 않기 때문에 이는 별개의 발명으로서 총괄청구항에 해당할 수 없다는 것이다. 그러나 특허심판원은 심사관이 제시설에 입각하여 특허를 거절한 것은 부당하다고 보았다. 기계청구항이 독립한 발명으로서 별개의 특허를 발급받을 수 있는 발명에 대해서도 총괄청구항을 허용하는 예가 적지 않기 때문에 제시설을 취할 수 없다는 것이다).

477 Chisum §8.06 [c] 및 위 Ex parte Palmer. 이 두 가지 학설은 서로 동일하지 않다. 과학계에서는 A와 B가 동일하게 분류될 수 있지만 기술계에서는 A를 사용한 발명이 B를 사용한 발명에 비추어 용이하지 않을 수도 있는 것이다. 우리 특허법 시행령은 위 인식설에 입각하고 있는 듯이 보인다.

478 Ex parte Dahlen, 1934 C.D. 9, 441 O.G. 510(Comm'r Pat. 1934)(또는 과학계에서 동일한 것으로 분류되는 화학적이거나 물리적인 공통성질을 가지거나, 화학적으로나 물리적으로 상관성이 있어서 함께 총괄적으로 분류하여도 과학적 분류원칙에 위반되지 않아야 한다); In re Swenson 132 F.2d 336, 339, 56 USPQ 180(CCPA 1942)(황, 석탄, 탄소 등은 기능이 같다는 이유만으로 총괄청구항에 포함될 수 없다).

479 미특허청심사지침, U.S. Patent & Trademark Office, Manual of Patent Examining Procedure 706.03(y)(3d ed rev. 1976).

적으로 동등함과 동시에 물리적 및 화학적으로 동일하게 분류되어야 한다. 둘째, 총괄청구항이 방법청구항이나 조합청구항인 경우에는 명세서는 총괄집단의 구성물이 적어도 하나 이상 기능적으로 공통적인 특성을 공유하고 있음을 공개하여야 하며 그 성격상 총괄되는 물질 모두가 이 기능적 공통성을 가지고 있어야만 한다. 셋째, 화합물의 일부분에 대한 물건청구항의 경우에는 그 화합물을 전체로서 하나로 보고 그 집단화된 물질의 특성을 고려하여 결정하여야 한다.[480]

종래에는 특허출원인이 화합물 전체에 대한 물건청구항을 가지고 특허를 발급받을 수 있다면 집단적 선택청구항은 허용되지 않는다고 보았다. 특허출원인이 화합물 전체에 대한 넓은 권리범위를 가지는 물건청구항에 대한 특허를 발급받을 수만 있다면 선택된 물질의 집단을 포함하는 전체의 화합물에 대한 배타적 권리를 가질 수 있다.

그러나 경우에 따라서 특허출원인은 보다 좁은 권리범위를 가지는 총괄청구항만으로 만족하여야만 하는 경우도 있다. 예컨대 특허출원인은 1에서 60에 이르기까지 모든 종류의 화합물을 모두 청구항의 권리범위로 주장할 수 있다. 그러나 특허출원인은 이러한 넓은 범위를 가지는 청구항에 대한 특허를 발급받기 위해 1에서 60까지의 모든 종류의 화합물이 작동 가능한 것이라는 점을 입증할 필요는 없고, 그중에서 1에서 10, 그리고 50에서 59까지의 물질 중에서 대표적인 물질을 가지고 발명의 목적대로 작동 가능한 것이라는 점을 입증하기만 하면 특허를 받을 수 있다. 그러나 후일 이 물질 중에서 30과 50이 작동 불가능한 것으로 밝혀지면 이러한 물건청구항은 무효가 될 수 있다.[481] 이렇게 후일 특허가 무효로 되는 것을 방지하기 위하여 특허출원인은 그 발명의 목적대로 작동이 가능한 것이 확실한 것만을 집단적 선택청구항으로 주장하여 특허를 발급받을 수도 있다. 그러나 종래의 견해에 의하면 특허출원인이 비록 더 넓은 물건청구항에 대한 특허를 발급받을 수 있다 하더라도 위험부담을 줄이기 위하여, 하는 수 없이 권리범위가 좁은 집단적 선택청구항으로 만족해야만 했다.

하지만 물건 전체에 대한 청구항을 발급받을 수 있다고 하더라도 그 하위의 물질을 포함하는 집단적 선택청구항(Markush claim)에 대하여 특허를 발급받을 수 있다고 보는 것이 근래의 지배적 견해이다.[482]

---

480 위 본문의 세 번째의 경우에는 총괄되는 각 개별 물질들이 가지는 공동의 특성에는 의존하여서는 아니 된다. Ex parte Price, 150 USPQ 467(Pat. Off. Bd. App. 1965) 참조.

481 Chisum §12.03 (3), 특허출원인은 합리적인 수의 청구항을 주장할 수 있다. 통상 미특허청은 하나의 특허출원서에서 5가지 종류 이상의 물질에 대한 특허를 출원하는 것을 금지하였다.

482 In re Greider, 186 F.2d 718, 722, 88 USPQ 384, 388(CCPA 1951); In re Greider, 186 F.2d 718, 722, 88 USPQ 384, 388(CCPA 1951); Ex parte Ohsumi, 21 USPQ2d 1020, 1024(Bd.Pat. App. & Int'f 1991)(특허출원인이 보호받기를 원하는 발명이 분명하고 공개요건을 충족할 수 있다면 집단적 선택청구항이 거절될 아무런 이유가 없다); Patent Office Official Gazette, October 11, 1949(화합물 전체에 대한 청구항이 너무 넓은 권리범위를 주장하여 무효로 될 수 있음에 대비하여 그 하위 종류의 물질에 대하여 집단적 선택청구항을 주장할 수 있다); U.S. Patent and Trademark Office, Manual of Patent Examining Procedure 2173.05(h)(7th ed. 1998).

집단적 선택청구항의 권리범위를 변경하거나 축소하는 것을 허용하지 않았던 종래의 견해가 있다. 예컨대 특허출원인이 A, B, C, D, E, F, 그리고 G로 구성된 집단적 선택청구항에 대한 특허를 출원함과 동시에 C, D, 그리고 E를 가지는 하위집단에 대한 집단적 선택청구항에 대한 특허를 출원한 경우에, 비록 C, D, 그리고 E가 위 상위집단이 가지고 있지 못한 중요한 공통적 특성을 공유하고 있더라도 위 C, D, 그리고 E로 구성되는 하위집단에 대한 집단적 선택청구항은 허용되지 않는다고 보았다. 이는 청구항의 권리범위가 너무 넓게 되거나, 너무나 많은 청구항이 주장될 수 있어서 그 권리범위를 불명확하게 한다는 이유 때문이다.[483]

그러나 집단적 선택칭구항의 권리범위를 축소하여 청구항을 만드는 것 자체는 특허거절사유가 될 수 없다고 보지만 이로 인하여 청구항의 권리범위가 불명확하게 되거나 청구항이 너무 많이 제출되는 경우에는 특허의 발급이 거절될 수도 있다고 보는 견해도 있다.[484]

4. 신규성과 진보성의 판단

집단적 선택청구항의 신규성과 진보성의 판단도 다른 일반적인 청구항과 마찬가지로 결정된다. 특허출원된 청구항이 A, B, C, 그리고 D인 집단적 선택청구항인 경우에 선행기술이 D를 가진 조합을 공개하고 있었다면 그 청구항은 무효이다. 왜냐하면 특허가 출원된 청구항이 선행기술에서 발견되고 따라서 선행기술에 의하여 예견되기 때문에 이 청구항은 신규성이 없다. 그와 마찬가지로 선행기술이 D를 가진 조합으로서 통상의 지식인에게 용이한 것이라면 이 청구항도 마찬가지로 용이한 발명에 불과하여 진보성이 없다.[485]

D를 가진 조합이 신규성과 진보성이 없다는 이유로 특허를 거절당하면 특허출원인은 이 청구항에서 D를 뺀 나머지 A, B 그리고 C만을 하위의 집단적 선택청구항으로 하여 특허를 출원할 수도 있다. 그러나 이 하위의 집단적 선택청구항은 위 상위집단적 청구항에 비추어 용이한 것에 불과하여 신규성과 진보성이 없다. 이 하위의 집단적 선택청구항이 특허를 받기 위해서는 이 청구항이 종전의 상위집단이 가지지 않았던 공통적 특성을 가지고 있음과 동시에 상위청구항과는 독립하여 특허를 발급받을 수 있을 것을 요구하는 견해도 있다.[486]

---

483 Ex parte Burke, 1934 C.D. 5 at 8, 441 O.G. 509 at 510(Comm'r Pat. 1934); Ex parte Dahlen, 1934 C.D. 9, 441 O.G. 510(Comm'r Pat. 1934); In re Thompson, 154 F.2d 189, 192, 69 USPQ 148, 151(CCPA 1946).

484 이는 최근의 미특허청의 심사지침 MPEP이 취하는 입장이다. U.S. Patent and Trademark Office, Manual of Patent Examining Procedure 2173.05(h)(7th ed. 1998).

485 Chisum §8.06 [f].

486 Ex parte Burke, 1934 C.D. 5, 8, 441 O.G. 509(Comm'r Pat. 1934); In re Schechter, 205 F.2d 185, 189, 98 USPQ 144, 149(CCPA 1953)(하위집단에 대한 선택청구항은 상위집단이 지니지 못하는 공통의 특성과 독립하여 특허를 받을 수 있는 발명성을 가져야 한다).

그러나 이에 반대하여 특허출원인이 최초로 청구항에 기재한 A, B, C, 그리고 D의 상위집단은 그 하위집단인 A, B, 그리고 C에 대한 선택청구항의 진보성을 판단하는 선행기술로 사용될 수 없다는 견해도 있다. 특허출원인이 발명한 동등물이 자신이 특허출원한 발명의 선행기술이 될 수는 없기 때문이다.[487]

5. 집단적 선택청구항의 분할

종래에는 청구항에 사용되어 그 권리범위를 불명확하게 만드는 선택적 용어는 허용되지 않는 것이 원칙이었고 이 원칙의 예외로서 발전하여 온 것이 바로 위에서 말한 집단적 선택청구항이다. 그러나 현재의 지배적 견해는 선택적 용어가 사용되었다는 것만으로 청구항의 권리범위를 불명확하게 하지는 않는다고 본다. 따라서 선택적 용어를 사용한 청구항이나 집단적 선택청구항이 특허법상 요구되는 청구항의 명확성의 요건, 즉 청구항이 발명을 분명하고 간결하게 기재할 요건을 충족하지 못하였다는 이유로 심사관이 특허를 거절할 수는 없다고 보는 것이 정설이다.[488]

선택적 용어를 사용한 청구항이나 집단적 선택청구항이 명확하고, 특허발급요건을 충족하며, 명세서의 공개내용에 의하여 뒷받침되고 있는 경우에 심사관이 특허발급을 거절할 수 있는 유일한 사유는 청구항이 1발명 1특허의 원칙에 어긋난다고 하는 경우이다. 이렇게 선택적 용어를 사용한 청구항이나 집단적 선택청구항이 하나의 독립한 청구항의 권리범위를 넘는 경우에 심사관은 특허의 발급을 거절할 수 있다.[489] 그러나 심사관은 독립한 발명이 하나의 집단적 선택청구항에 기재되어 있다는 이유로 특허출원인에게 이를 둘 이상의 청구항으로 분할할 것을 요구할 수 없다고 본다.[490]

---

487 In re Ruff, 256 F.2d 590, 118 USPQ 340(CCPA 1958)(특허출원인 자신의 가르침이 선행기술이 된다는 것은 불합리하다).

488 특허법 제42조 제4항 제2호 및 Chisum §8.06 [g]. 특허법 제42조의 청구항의 명확성의 요건은 하나의 청구항에 수 개의 발명을 포함하고 있다는 거절사유의 근거로 사용할 수 없다는 견해는 In re Wolfrum, 486 F.2d 588, 179 USPQ 620(CCPA 1973).

489 특허법 제62조에 의하면 심사관이 특허법 제45조, 즉 특허출원은 하나의 발명에 대하여 하나의 특허출원으로 한다는 1발명 1특허의 원칙에 위반된 경우에는 특허의 발급을 거절할 수 있다.

490 이것이 근래의 지배적 견해이다. 통상 특허법 제52조에 의하면 특허출원인은 2개 이상의 발명을 하나의 특허출원으로 한 경우 제47조 제1항의 규정에 의하여 보정을 할 수 있는 기간 내에 그 일부를 하나 이상의 특허출원으로 분할할 수 있다고 규정한다. 그러나 이는 하나의 특허출원서에 서로 독립한 발명 두 가지 이상을 출원한 경우에 이 분할을 요구할 수 있다는 것이지 하나의 청구항에 두 가지 이상의 발명이 기재되었다는 이유로 그 분할을 요구할 수 있다는 것은 아니다. Chisum §9.06 [g] 참조. 미국에서 종래에는 집단적 선택청구항은 총괄청구항(Generic claim)의 하나로 보고 심사관은 이 청구항에 대해서도 총괄청구항과 마찬가지로 분할을 요구할 수 있다고 보았다. 75. 976 O.G. 128(Oct. 23, 1978). 그러나 그 이후의 지배적 견해는 심사관이 단 하나의 집단적 선택청구항이 수개의 발명을 포함하고 있다는 이유로 특허출원인에게 분할을 요구할 수는 없다고 본다. In re Haas, 486 F.2d 1053,

6. 부정적 한정사

종래에는 청구항에서 부정적 한정사(Negative limitations)를 사용하는 것을 허용하지 않았다.[491] 부정적 한정사가 청구항에 사용되면, 첫째, 청구항이 불명확하게 되어 그 권리범위가 분명하지 않고,[492] 둘째, 청구항이 명세서가 공개한 것 이상으로 부당하게 넓은 권리범위를 가지며,[493] 셋째, 부정적인 한정사가 제외하는 오래된 발명이 청구항의 권리범위에 포함될 수도 있기 때문에 진보성의 문제도 생긴다.[494]

그러나 현재는 부정적 한정사라는 이유만으로 청구항에서 사용될 수 없다고 보지는 않는다. 위에서 말한 청구항의 불명확성이나 부당히 넓은 권리범위 또는 진보성의 문제만 제기되지 않는다면 부정적 한정사도 사용될 수 있다고 보는 것이 정설이다.[495]

표면을 보호하기 위하여 특수재질을 코팅한 거울에 대한 청구항으로서 다음과 같은 부정

---

179 USPQ 623(CCPA 1973), appeal after remand, 580 F.2d 461, 198 USPQ 334(CCPA 1978). 하나의 청구항은 심사관의 분할출원 요구의 대상이 될 수 없다고 본 견해: In re Hass, 188 USPQ 374(Pat. Off. Bd. App. 1975). Haas를 재확인한 사례: In re Harnisch, 631 F.2d 716, 206 USPQ 300(CCPA 1980)(심사관은 단 하나의 청구항을 두 가지 이상의 청구항으로 분할할 것을 요구할 수 없다. 그러나 집단적 선택청구항에 대해서는 발명의 동일성이 결여되어 있다는 이유로 특허를 거절할 수 있다).

491 In re Schechter, 205 F.2d 185, 187-188, 98 USPQ 144(CCPA 1953); In re Rose, 182 F.2d 198, 201-202, 86 USPQ 77(CCPA 1950); In re Wharton, 156 F.2d 180, 182, 70 USPQ 228, 230(CCPA 1946)('공간이 방해받지 않아야 한다'는 용어는 구조에 대한 명확한 개념정의가 될 수 없다); In re Spengler, 147 F.2d 1013, 1016, 64 USPQ 560(CCPA 1945)(성형할 수 없는(Unmoldable)이라는 용어는 부정적 한정사이다).

492 부정적 한정사는 청구항의 권리범위를 좁히는 대신 이를 넓히는 경향이 있다. Johns-Manville Corp. v. Guardian Indus. Corp., 221 USPQ 319, 335(E.D. Mich. 1983), aff'd, 770 F.2d 178(Fed. Cir. 1985), appeal dismissed, 835 F.2d 871(Fed. Cir. 1987)('외적인 희석방법을 사용하지 않고'라는 부정적 한정사는 허용되지 않는 대신 '뜨거운 공기를 불어서 희석시키지 않고'는 허용된다. 전자의 부정적 용어는 그 방법이 뜨거운 가스를 불어서 희박하게 하지 않는 한 추가적인 외부 희박화는 어떠한 것이라도 특허를 침해한다는 의미이다).

493 부정적 한정사는 청구항과 명세서는 공개되지 않은 선행기술을 청구항이 포함하면 서면공개요건을 위배하는 것을 제거하기 위하여 사용된다); Ex parte Grasselli, 231 USPQ 393(PTO Bd. App. 1983), on request for rehearing, 231 USPQ 395(PTO Bd. App. 1983), aff'd, 738 F.2d 453(Fed. Cir. 1984)('바퀴가 달린 운반장치(Wheeled vehicles)'로 최초의 명세서에 공개되었다면 이를 보정하면서 '단지 두 바퀴를 가진 손수레를 제외한 두 바퀴를 가진 운반장치(Wheeled vehicles except simple two-wheeled carts)'로 변경하는 것은 명세서가 '손수레'에 대하여 아무런 언급을 하지 않고 있다면 이는 선행기술을 제외하려는 시도에 불과한 것으로서 허용되지 않는다); Purdue Pharma L.P. v. Faulding Inc., 230 F.3d 1320, 1328, 56 USPQ2d 1481, 1487(Fed. Cir. 2000)(특허출원인이 명세서가 공개하고 있는 부분을 청구항이 상당히 베어 냈다고 하더라도 이는 설득력 있는 주장이 되지 못한다); Jepson v. Coleman, … 314 F.2d 533, 536(C.C.P.A. 1963)(침해장치가 문제가 된 특징을 가지고 있을지 그렇지 않을지 확실하지 않기 때문에 부정적 한정사를 가졌다는 것만으로 청구항이 무효라고 볼 수는 없다).

그러나 Ex parte Parks, 30 USPQ2d 1234, 1236(Bd. Pat. App. & Int'f 1993)('촉매가 없는 상태에서(In the absence of a catalyst)'라는 용어를 가진 청구항도 명세서가 명시적으로 촉매의 부존재를 언급하지 않아도 유효하다).

494 Chisum §8.06 [3].

495 In re Wakefield, 422 F.2d 897, 904, 164 USPQ 636, 641(CCPA 1970)(선행기술이 만든 물건을 제외하는 한정사는 불명확하지는 않다); In re Duva, 387 F.2d 402, 408, 156 USPQ 90(CCPA 1967); Ex parte Hradcovsky, 214 USPQ 554(PTO Bd. App. 1982)(부정적 한정사를 사용하더라도 총괄적 청구항으로 보이지는 않기 때문에 분할대상이 되지는 않는다).

적 한정사를 가지고 있었다.

'은을 포함하고 있는 집합물로부터 분리된 같은 주기율을 가진 집단으로부터 선택되었지만 니켈을 제외한다(Excepting nickel).'

선행기술은 니켈로 만든 거울을 공개하고 있었기 때문에 위 청구항의 '니켈을 제외한다.'는 부정적 한정사는 특허출원인이 선행기술을 회피하기 위하여 삽입한 것이다. 그러나 특허출원인이 니켈과 청구항의 다른 금속과의 기능상의 차이를 입증할 수 없기 때문에 특성을 구별할 수 없다면 이러한 청구항에 대하여 특허를 발급할 수 없다. 따라서 이는 부정적 한정사가 청구항의 진보성을 부인하게 한다는 것이다.[496]

'프레임이 움직이더라도 요동하지 않는 수단(Non-resilent means)'을 가진 컨베이어에 대한 청구항에 '요동하지 않는 수단'이라는 한정사를 삽입한 것은 선행기술로 인하여 청구항이 신규성을 상실하는 것을 방지하기 위한 것이었다. 컨베이어가 프레임의 움직임에 의하여 요동되지 않도록 하기 위해서 선행기술이 스프링을 사용한 데 비하여 특허출원된 청구항은 수력에 의하여 작동되는 재키를 사용했다.[497]

그러나 이러한 청구항은 특허를 발급받을 수 없다. 왜냐하면 '요동하지 않는'이라는 한정사는 요동하는 않는 모든 것에 적용될 수 있는 것으로서 오직 하나의 형태만을 공개한 특허출원인에게 알려졌는지 여부를 불문하고 그러한 수단이라면 어느 것이나 가릴 것 없이 모든 형태를 포함하는 아주 넓은 권리범위를 가지는 청구항을 허용할 수는 없다.

부정적인 한정사가 사용된 그 자체로 청구항이 허용될 수 없다고 본 견해도 있다. 살충제로 사용되는 합성된 유기화합물을 만드는 중간물질에 대한 어떤 청구항이 화학공식을 기재하면서 '2-butenyl과 2, 4-pentadienyl을 제외한 알케닐 기근'이라고 한정함으로써 그 전체 화합물 중에서 선행기술에 포함되어 있던 2개의 합성물만을 제외했다. 특허출원인은 이 청구항에 기재된 합성물은 선행기술에 비추어 보아 특허를 받을 만한 신규성과 진보성이 있다고 주장했다.

청구항은 발명자가 발명한 것이 무엇인가를 특정하여 기재하여야 한다. 그러나 위 청구항은 발명자가 발명하지 않은 것을 제외하는 방식으로 청구항을 기안한 것으로서 그 권리범위가 불명확하여 특허가 발급될 수 없다. 이렇게 자신이 발명하지 않은 것들만을 제외하는 방식으로 청구항의 권리범위로 주장하는 것은 발명자가 청구항을 특정하는 데 실패하였다는 것을 의미한다.

더군다나 위 청구항은 특허출원인이 알려진 물질이든 알려지지 않은 물질이든 구별하지

---

496 In re Langdon, 77 F.2d 920, 25 USPQ 415(CCPA 1935).

497 In re Rose, 182 F.2d 198, 201, 86 USPQ 77, 79-80(CCPA 1950). 심사관의 특허발급의 거절이유는 프레임의 움직임에 의하여 요동되지 않는 기능을 수행하는 모든 수단들을 포함하는 청구항은 그 권리범위가 너무 넓어서 부당하다는 것이다. 오직 제외되는 것이라고는 선행기술에서 보여 주는 단 하나의 구체적 예시인 것이다. 특허심판원도 심사관의 견해에 동조하면서 청구항의 권리범위가 너무 넓다는 데 인식을 같이하였다.

않고 모든 화합물에 대한 독점권을 가지려고 시도하는 것으로서 그 권리범위가 너무 넓다. 단지 제외되는 것이라고는 선행기술이 이미 공개하고 있는 2가지 합성물뿐으로 결국 이러한 부정적 한정사를 가진 청구항은 불명확한 것으로서 특허를 발급받을 수 없다.[498]

위 살충제의 중간물질에서 보는 바와 같이 비록 부정적 한정사가 사용되어 청구항의 권리범위가 매우 넓게 설정되었다고 하더라도 반드시 불명확하다고 볼 수는 없다.[499] 이렇게 권리범위가 넓은 청구항도 그 개념정의는 분명할 수도 있다. 이러한 청구항에 대하여 특허가 거절되었다면 그 이유는 청구항이 너무 넓다든지 선행기술에 비추어 용이하다든지 둘 중 하나이다. 이러한 두 가지 장애를 피하기 위하여 특허출원인은 이러지도 저러지도 못하는 딜레마에 봉착하게 된다. 특허출원된 화합물의 성격이 너무 예측할 수 없기 때문에 알케닐 기근을 가지고 있는 화합물에 대한 보편적인 청구항(Generic claim)이 2-butenyl과 2,4-pentadienyl에 비추어 매우 예측이 불가능한 물질로서 결코 용이하지 않다고 주장한다면 한편에서는 권리범위가 너무 넓은 보편적 청구항에 대한 특허의 발급가능성을 무너뜨리는 결과가 된다. 만약 청구항에서 주장하는 화합물이 그토록 예측이 불가능한 것이라면 명세서에서 한두 가지의 화합물을 예시하는 것만으로는 이 보편적 청구항의 매우 넓은 권리범위에 해당하는 물질을 전부 공개하지 못한 셈이 된다.[500]

근래에는 부정적 한정사를 사용한 것 자체만 가지고는 청구항에 대한 특허가 불허되지는 않는다고 보는 경향이 강하다. 비록 부정적 한정사라고 하더라도 '비유독성', '비알코올성'과 같이 하나의 확실한 대안을 제시하고 있으며 이러한 용어를 사용하지 않고 다른 용어를 사용하면 청구항을 한정하기가 매우 어려운 경우에는 허용되어야 한다. 그 실례로서, 뉴캐슬 질병을 면역하기 위한 백신을 만들기 위하여 조류의 조직이 제거된 인공배양 매체에서 바이러스를 번식시키는 방법에 대한 청구항에 조류의 조직세포가 '제거된(Devoid)'이라는 부정적 한정사가 사용되었다.

그러나 이 '제거된(Devoid)'이라는 한정사가 사용되었다는 사실만으로는 이 청구항을 불명확하게 만들지는 않는다고 보았다.[501] 그러나 '니켈을 제외한 모든 금속류'라는 부정적인 한정사는 허용될 수 없다. 이러한 부정적 한정사는 우선 불명확하고 그 대체물이 너무나 많음은 물론 그 대체물 모두가 청구항에서 허용되는 것이 아니어서 결국 청구항의 권리범위를 넓게 만들기 때문이다.[502]

---

498 In re Schechter, 205 F.2d 185, 187-189, 98 USPQ 144, 147-148(CCPA 1953). '4개 이하의 탄소원자와 5개 이상의 탄소원자로 구성된 집단으로부터 가져온 탄화수소 기근'이라고 한 청구항도 외견상 통상의 청구항으로 보이지만 실제로는 부정적 한정사를 가진 청구항이라고 보고 특허를 거절했다.

499 Chisum §8.03 [2]. 청구항의 명확성의 문제와 청구항의 권리범위가 너무 넓다는 문제는 서로 다른 것이다.

500 Chisum §8.06 [3].

501 In re Bankowski, 318 F.2d 778, 782-783, 138 USPQ 75, 79(CCPA 1963).

502 '충분한 CN이온이 없는(Absent sufficient CNions)'이라는 청구항이 허용된다고 본 사례: In re Duva, 387 F.2d

7. 문제점[503]

미국은 생명공학적 발명, 특히 재조합 DNA에 대하여 총괄적(Generic)이거나 매우 넓은 권리범위를 가지는 청구항에 대한 특허를 거부한다. 이렇게 총괄적이거나 매우 넓은 권리범위를 가지는 청구항에 대하여 특허를 거부하는 이유는 새로운 기술 분야가 자유경쟁으로부터 제외되는 것을 금지하려는 데 있는 것으로 보여진다.[504]

아주 넓은 권리범위를 가지는 특허는 특허권자에게 발명에 대한 권리를 부여하는 것만이 아니라 그 발명의 용이한 개량에 대해서도 권리를 부여한다. 그러나 이러한 경향은 경제적으로 비효율적이라는 것이다.[505] 여러 산업 분야에서 개척특허가 가지는 통제력이 주는 효율성이 그로 인하여 기본적 발명을 개량할 수 있는 가능성을 금지함으로써 자유경쟁을 제한하는 비효율보다 적어질 수 있다.

단 하나의 권리자가, 발명한 현재의 기술이 가지는 모든 미래의 권리를 독점한다면, 이러한 권리자는 앞으로의 기술진보를 저해할 수 있다. 단 한 사람이나 하나의 기업은 다수의 사람이나 기업에 비하여 적은 상상력을 가지고 있음은 물론 앞으로 가능하리라고 예상되는 개발을 하기 위하여 노력의 양도 적은 것이다.

또한 기업이 발명을 개량할 수 있는 독점적 권리를 가진 경우에, 다른 기업이 자신보다 먼저 발명을 개량한 뒤 이를 독점할 수 있다는 두려움이 없기 때문에, 독점권자는 발명을 개발하는 것을 지연할 수 있다. 따라서 가장 중요한 것은 어느 기업이 특허권을 가지고 있느냐 하는 문제가 아니라 특허에 의하여 부여된 독점권의 범위가 넓다면, 그 독점권이 부여된 기술 분야의 기술혁신을 위한 인센티브가 결여된다는 데 있는 것이다.

402, 156 USPQ 90(CCPA 1967); MPEP 2173.05(i)(7th ed. 1998)(현재 주된 경향은 본래에 모호하거나 불문명한 부정적 한정사는 없다고 본다. 청구항의 권리범위를 특정하는 데 지장이 없다면 부정적 한정사라도 특허법의 공개요건을 충족시킨다). 그러나 부정적 한정사는 반드시 최초의 공개내용에 반드시 공개되었어야 한다. Ex parte Grasselli, 231 USPQ 393(Bd. App. 1983), aff'd mem., 738 F.2d 453(Fed. Cir. 1984). 그러나 명세서에 부정적 한정사에 대한 문언상의 근거가 없더라도 공개요건을 결하였다는 일응의 증거가 될 수는 없다. Ex parte Parks, 30 USPQ2d 1234, 1236(Bd. Pat. App. & Inter. 1993).

503 ENABLING GENUS PATENT CLAIMS TO DNA, Hugh McTavish 139(Minnesota Intellectual Property Review, 2001).

504 Robert P. Merges & Richard R. Nelson, On the Complex Economics of Patent Scope, 90 Colum. L. Rev. 839(1990)(특허청구항의 권리범위가 넓으냐 좁으냐의 여부는 경제적으로 영향을 미친다. 즉 권리범위가 넓으면 넓을수록 경쟁하는 상품의 종류가 많아지고 특허를 침해하는 방법의 수도 많아진다).

505 Id., Robert at 845-49.

연습문제

1. 제지기계에 관한 청구항은 '상당히(Substantially) 높은(High) 철망 위를 움직이는 원재료'라고 주장하고 있다. 명세서에서는 움직이는 철망 위로 통과하는 펄프가 흐르는 속도를 높이기 위하여 철망의 경사도를 더욱 높이는 것으로 개량하였다고 기재하고 있었다. 한편 기계의 한쪽 부분의 경사가 '12인치에 가깝거나' 또는 '경사도가 4%'라고 공개되고 있었다. 청구항이 권리범위를 특정하고 있는지를 논하라.

2. 청구 제1항이 '매우 순수한 카본블랙(Substantially pure carbon black)으로서 상업적으로 단일한(Commercially uniform) 형태로서 비교적 작은(Comparatively small) 원형으로 되어 있고 부드럽게 합체되어 스펀지 같은 내부를 가지고 있다.'고 하였고, 청구 제2항은 '제조물로서 거의 6분의 1인치의 직경을 가지고 있고 매우 순수한 카본블랙의 집합체이다.'라고 기재되어 있다.
   청구항의 권리범위가 명확한 것인지를 논하라.

3. 종래에 사용하는 텅스텐 필라멘트는 전기를 통하면 늘어지거나 갈라지는 현상이 있었다. 발명자가 텅스텐을 알칼리 실리케이트로 처리하는 방법을 개발하여 결국 굵은 입자(Coarse grain)를 가진 텅스텐 섬유를 만든 뒤 이를 꼬아서 나선형의 구조를 가진 필라멘트로 만들었다. 새로운 필라멘트는 사용 중에 갈라짐과 늘어짐을 방지할 수 있다고 주장되고 있다.
   청구항이 '백열전구의 필라멘트로서 대부분 텅스텐으로 구성되어 있었고 실제로 갈라짐(Offsetting)과 늘어짐(Sagging)을 막을 수 있는 정도의 크기와 직경으로 된 비교적 커다란 입자'라고 하는 경우에 심사관이 거절할 수 있는 사유를 논하라.

4. 환자의 피부에 접착하여 검사하는 검사판에 대한 발명의 청구항이 '유연하기 때문에 피부 표면이나 피부의 하부조직에 압박을 가함이 없이 환자의 피부에 밀착하는(Flexible … to conform to [a patient's] skin without stressing either of said skin and the underlying tissue)'이라는 용어를 사용하였다. 이 특허에 대한 침해소송에서 침해행위자는 검사판의 크기나 유연성 또는 깊이나 두께를 알 수 없기 때문에 청구항의 권리범위를 벗어난 센서를 만들 수 없고 인간의 피부는 사람마다 그 두께가 다르기 때문에 청구항의 권리범위가 명확하지 않아서 무효라고 주장하였다. 이에 대한 특허권자의 대응논리는 무엇인가?

5. 메틸크로로포름의 안정된 형태에 관한 청구 제12항은 '메틸크로로포름 용액에 용해된 아주 소량의 니트로알칸이지만 메틸크로로포름 용액을 안정시키기에 충분한 양이 되어 공기 중에서 전체적으로 환류되는 조건에서 이 용액에 알루미늄 조각이 담겨져 있다.'는 내용으로 출원되었다. 명세서는 '안정시키기에 충분한(Enough to stabilize)'이라는 용어가 '0.5중량퍼센트 정도의 적은 양'이라고 공개하였다. 그러나 특허출원인은 자술서에서 발명이 작동 가능하기 위해서는 적어도 0.9중량퍼센트 이상의 양이 필요한 것이라고 진술하였다.

① 심사관의 거절사유를 논하라.
② 위 청구항에 대하여 특허가 발급된 이후에 0.4중량퍼센트를 포함하고 있는 물질을 만든 침해행위자는 특허가 무효라고 주장한다. 이에 대하여 특허권자가 할 수 있는 주장은 무엇인가?

6. 유전의 깊이를 재기 위해서 가스를 짧게 폭파시키면서 발생하는 진동이 유전파이프의 마디에 반사하여 되돌아오는 음파를 받아 이를 잡음과 구별하여 분석한 뒤 그 시간의 차이를 재는 수단이 필요하였고, 이를 위하여 유전회사에서는 기계적인 음파분석기를 위 파동제조기와 함께 조합하여 사용한 뒤 다음과 같은 청구항을 가진 특허를 받았다.

청구 제1항은 물건청구항으로서, '파동을 만들어서 유전공에 전달한 뒤 유전파이프의 접합 부분으로부터 반사된 음향을 분석하여 유전의 깊이를 측정하는 장비로서, 파동제조수단(Means)이 파동이 목적물에 반사하여 돌아오는 음파접수수단(Means)과 조합되어 파동이 지체된 시간을 측량하는 음파접수수단(Means)을 가진 장치'이다.

경쟁회사가 전자필터를 사용하여 음파를 접수하는 장치를 개발한 뒤 사용하자 특허권자는 침해소송을 제기하였다. 그러나 특허출원명세서는 음파접수수단(Means)이 무엇인지, 또는 어떠한 구조를 가지고 있는 장치를 말하고 있는지를 암시할 수 있는 실시례를 공개하지 않았다. 이에 대해 특허권자가 할 수 있는 주장과 경쟁회사가 할 수 있는 주장을 논하라.

7. Factor VIII:RP에 친한 모노클로널 항체를 이용하여 만든 혈액응고제는 인간의 단백질인 순수 Factor VIII:C인데, 청구 제1항은,

① 플라스마의 복합체나 상업적으로 농축된 원천물질로부터 Factor VIII:RP에 친한 모노클로널 항체에 접착하는 미립자를 가지고 VIII:C/VIII:RP를 흡수하고,
② Factor VIII:C를 추출하며,
③ 더욱 순도를 높이고 농축시키기 위하여 ② 단계에서 얻어진 Factor VIII:C를 흡수하고,
④ 흡수된 Factor VIII:C를 추출한 뒤,
⑤ 고도로 순화되고 농축된 Factor VIII:C를 얻는

단계를 포함하는 '친응고성을 가지는 Factor VIII을 만드는 개량된 방법'이라고 하였다.

이에 비하여 청구 제13항은, '고도로 순화되고 농축된 인간 또는 돼지의 Factor VIII:C로서 위 청구 제1항의 방법에 의하여 만들어진 것'이라고 기재하였다.

침해행위자도 Factor VIII:C을 만들었는데, 이것은 재조합 DNA 기술로 만들었다. 이 기술은 유전자를 암호화하고 있는 단백질을 분리하여 이를 추출한 뒤 다시 주세포에 이식하고 이 주세포를 복제한 뒤 그 주세포가 단백질을 배양매체에 배출하도록 하여 Factor VIII:C 모노클로널 항체를 사용하는 매체로부터 위 단백질을 분리하는 것이다. 침해행위자의 물건이 특허권자의 각 청구항을 침해하는지에 대해서 논하라.

Chapter

05

공개요건

Ⅰ. 공개요건

1. 의　의
2. Ariad Pharmaceuticals, Inc. v. Eli Lilly 사건 판결
   가. 사실관계　**나.** 1심판결　**다.** 청구범위와 명세서　**라.** 피고의 항소이유　**마.** CAFC의 판결
3. 실시가능요건과 서면명세요건

Ⅱ. 실시가능요건

1. 의　의
2. 기술의 예측가능성
3. 실시례의 공개
   가. 기계·전자 영역　**나.** 화학·물리 영역
4. 청구항과의 관련성
   가. 청구항의 구성요소가 아닌 부분　**나.** 청구항의 권리범위　**다.** 너무 넓은 권리범위를 가지는 청구항
   라. 작동이 불가능한 청구항　**마.** 청구항의 불명확성
5. 통상의 지식인
   가. 그 발명이 속하는 기술 분야　**나.** 공지기술로 보는 선행기술 또는 이미 알려진 기술
   다. 선행문헌의 인용과 탐색정보의 제공　**라.** 신규성 및 진보성을 판단하는 선행기술과의 차이
6. 실시가능요건이 충족되어야 할 시점
   가. 특허출원서의 접수일자　**나.** 현행 기술 수준　**다.** 공개요건의 두 가지 기능
   라. 장래의 실시가능요건의 흠결의 문제　**마.** 실　험
7. 발명을 만드는 방법
   가. 실행하는 방법　**나.** 기초물질과 필요장치의 공개　**다.** 미생물 기탁
8. 발명을 사용하는 방법
9. 사실인정의 문제이냐, 법률의 해석과 적용의 문제이냐
10. 새로운 기능이나 장점 또는 특성

Ⅲ. 서면명세요건

1. 의　의
2. 특허대상의 점유
   가. 점유이론　**나.** 청구항의 해석　**다.** 실시가능요건과 다른 점　**라.** 새로운 사항의 추가금지
   마. 분명한 전달설　**바.** 명시적으로 공개　**사.** 내재적으로 존재　**아.** 반복적 성공가능성
   자. 예측이 불가능한 하위종류　**차.** 자연스러운 암시　**카.** 보편적인 청구항
3. 청구항의 권리범위의 확장
   가. 최초출원명세서의 지지　**나.** 용어의 해석　**다.** 예비물질에 대한 공개의 부족
   라. 본질적 구성요소 생략 불가의 원칙　**마.** 기계장치의 모양　**바.** 선호되는 실시례
4. 청구항의 권리범위의 축소
   가. 좁은 하위종류　**나.** 명시적으로 공개하지는 않았지만 분명히 가르치는 공개내용
   다. 도면에 명시된 것　**라.** 암시 및 동기부여　**마.** 하위청구항　**바.** 내재적인 특성을 한정사로 추가
   사. 하위종류의 목록　**아.** 집합물 청구항　**자.** 이론적으로 가능한 목록　**차.** 문언상으로 공개된 하위물질
   카. 개별적인 변종의 제시　**타.** 청구항이 범위를 제한하는 한정사를 가진 경우　**파.** 사실인정의 문제
   하. 구성물질의 성질의 범위
5. 인간의 cDNA
   가. Regents of the University of California v. Eli Lilly & Co.
   나. Enzo Biochem, Inc. v. Gen-Probe Inc.
   다. In re Fisher, 427 F.2d 833, 836, 166 USPQ 18, 21(CCPA 1970)
   라. Fiers v. Revel, 984 F.2d 1164, 25 USPQ 2d 1601(Fed. Cir. 1993)
   마. Amgen, Inc. v. Hoechst Marion Roussel, Inc., 126 F. Supp. 2d 69, 150, 57 USPQ 2d 1449(D. Mass. 2001)

Ⅰ. 공개요건

1. 의 의

새로운 발명에 대한 특허를 받기 위해서는 발명을 완전하게 공개함은 물론 그것을 만들고 사용하는 방법도 공개한 서면명세서를 제출하여야 한다.[1] 이러한 수준의 공개를 요구하는 이유는 일반대중이 발명자에게 부여한 제한적 독점권에 대한 대가를 받기 위해서이다. 출원인에게 발명을 완전하게 공개하고 그것을 만들고 사용하는 방법을 공개하도록 함으로써 일반대중에게 특허등록 즉시 조사연구와 기술혁신을 할 수 있는 자료를 축적하여 줌과 아울러 특허권의 존속기간이 만료되었을 때 그 발명을 자유로이 실시할 수 있다는 보장을 하여 주기 위한 것이다.[2]

공개요건은 두 가지 기능을 수행한다. 첫째는 일반대중에게 발명을 완벽하게 공개하였다는 것을 보장하는 것이고, 둘째는 특허출원일자에 발명이 일응 완성되었다는 것을 확정하는 것이다.[3]

이에 따라 특허법은 출원명세서에 반드시 그 발명이 속하는 기술 분야의 통상의 지식을 가진 자가 쉽게 실시할 수 있을 정도로 그 기술 분야와 해결하여야 할 과제 및 그 해결의 수단과 그 밖에 그 발명이 속하는 기술 분야에서 통상의 지식을 가진 자가 그 발명의 내용을 쉽게 이해하기 위하여 필요한 사항을 명확하고 상세하게 기재할 것을 규정하고 있다.[4] [5]

---

1 Chisum on Patents §7.01.

2 Bonito Boats Inc. v. Thunder Craft Boats Inc., 489 U.S. 141, 150-51, 9 USPQ2d 1847, 1852(1989)(특허제도는 일정 기간 동안 발명을 실시할 수 있는 독점권을 부여하는 대신 창작과 새로운 기술의 공개를 장려하는 교묘하게 만들어진 거래이다); Festo Corp. v. Shoketsu Kinzoku Kogyo Kabushiki Co., 234 F.3d 558, 621, 56 USPQ2d 1865, 1915(Fed. Cir. 2000), cert. granted, 121 S. Ct. 2519(2001)(LINN 판사에 따르면 발명자에게 인간의 지식을 추가하도록 자극하기 위하여 주어지는 가치를 말한다).

3 두 가지 기능 원칙(**Two function theory**): In re Argoudelis, 434 F.2d 1390, 1394-96, 168 USPQ 99(CCPA 1970) (concurring opinion).

4 특허법 〈개정 2011.5.24.〉 제42조 제3항은 '위 제2항 제3호에 따른 발명의 상세한 설명의 기재는 다음 각 호의 요건을 충족하여야 한다. 1. 그 발명이 속하는 기술 분야에서 통상의 지식을 가진 자가 그 발명을 쉽게 실시할 수 있도록 지식경제부령으로 정하는 기재방법에 따라 명확하고 상세하게 기재할 것, 2. 그 발명의 배경이 되는 기술을 기재할 것을 규정'하고 있다.

이에 따라 동법 시행규칙 〈신설 2007.6.29, 2011.6.23〉 제21조 제3항은 '특허법 제42조 제3항 제1호에 따른 발명의 상세한 설명에는 다음 각 호의 사항이 포함되어야 한다. 1. 기술 분야, 2. 해결하고자 하는 과제, 3. 과제의 해결수단, 4. 그 밖에 그 발명이 속하는 기술 분야에서 통상의 지식을 가진 자가 그 발명의 내용을 쉽게 이해하기 위하여 필요한 사항'이라고 규정하고 있다.

이에 비하여 구 특허법 제42조 제3항은 '발명의 상세한 설명에는 그 발명이 속하는 기술 분야의 통상의 지식을 가진 자가 용이하게 실시할 수 있을 정도로 그 발명의 목적, 구성 및 효과를 기재하여야 한다.'고 규정하고 있었다. 따라서 특허법은, 첫째, 발명의 목적, 구성, 효과를 기재하는 것을 요구하지 아니하는 대신 그 기술 분야와 해결과제 및 그 해결수단을 공개하도록 되어 있고 아울러 그 발명의 배경이 되는 기술을 기재할 것을 요구한다.

5 미특허법 제112조는 발명자는 반드시 다음의 세 가지 항목을 적절하게 기술하고 설명할 것을 요구하고 있다. ① 특

2. Ariad Pharmaceuticals, Inc. v. Eli Lilly 사건 판결

가. 사실관계

Ariad 사건에서 공개요건이 문제가 된 6,410,516 특허는 세포의 NF-κB 요인의 전사하는 유전자 발현을 제어하는 방법에 관한 것이다. 발명자는 최초로 NF-κB가 외부적 감염에 대응하는 인체 면역시스템의 유전자 발현을 활성화하는 메커니즘을 알아냈다. Ariad의 발명자는 NF-κB가 통상의 세포에 존재하고 있고, I-κB(κB의 발현을 억제하는 물질)와 결합하고 있을 때에는 비활성적인 상태로 존재하는 것을 알았다. 그러나 박테리아가 만들어 내는 리포폴리사카라이드(Lipopolysaccharides)라는 외부물질에 의하여 자극되면 I-κB로부터 일련의 생화학적 반응을 일으켜서 활성화된다. NF-κB는 일단 억제물질로부터 해방되면 세포의 핵산 내에서 돌아다니면서 NF-κB를 인식하는 곳을 포함하고 있는 유전자 부위에 부착해서 그 전사를 활성화한다.

이렇게 활성화된 유전자인 일종의 시토킨(Cytokines)은 인체가 외부적 침입에 대하여 반응하도록 한다. 그러나 시토킨은 양이 너무 많아지면 부작용이 생기기 때문에 발명자는 인위적으로 NF-κB의 활동을 억제할 필요가 있다. 1989년 4월 Ariad의 발명자는 외부적 자극에 대하여 세포 내에서의 NF-κB의 활동성을 감소시킴으로써 세포의 반응을 조절하는 방법에 대하여 특허를 출원하였다.

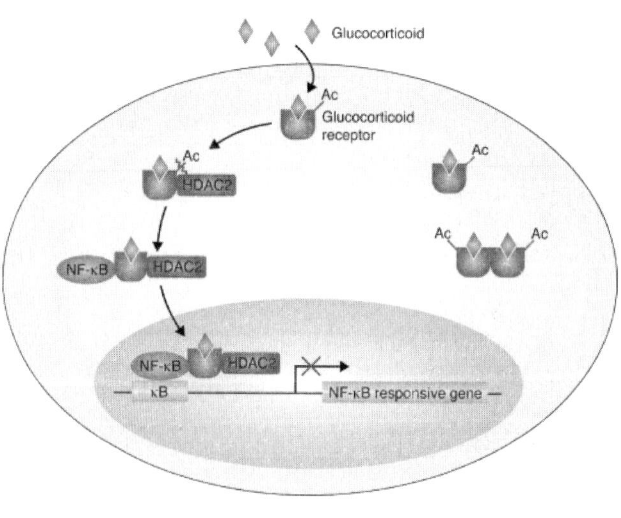

허출원된 발명(서면명세요건: Description requirement), ② 발명을 만들고 사용하는 방법(실시가능요건: Enablement requirement), ③ 발명자가 자신의 발명을 수행하는 데 있어서 고려된 최적실시례(최적실시례공개요건: Best mode requirement). 따라서 최적실시례를 공개할 것을 요구하지 않는 우리 특허법에 비하여 그 공개 정도가 높다.

나. 1심판결

원고 Ariad가 피고 Lilly를 상대로 피고가 원고의 청구 제80항, 제95항, 제144항 및 제145항 등에 대한 침해소송을 제기한 결과 1심에서 위 각 청구항들이 모두 유효하고 피고의 물질이 원고의 특허권을 침해한다는 승소판결을 받았다.

다. 청구범위와 명세서

청구항은 매우 넓은 권리범위를 가지는 것으로서 NF-κB가 NF-κB를 인식하는 위치에 부착되는 것을 감소시키는 효과를 가져오는 모든 물질의 사용을 포함한다.[6]

청구 제80항: 유카리오틱 세포(Eukaryotic cell)에 대한 외부적 영향을 교정하는 방법으로서, 위 외부적 영향은 NF-κB를 연관시키는 세포 사이에 신호를 만들어 내는데, 위 방법은 세포 내에서의 NF-κB의 활동성을 변화시키는 방법을 포함하고 있어서 NF-κB의 연관효과가 교정되어, 위 세포의 NF-κB의 연관된 활동성은 감소되며, NF-κB의 감소효과는 NF-κB를 전사하는 것을 규율할 수 있는 유전자의 위치에 NF-κB를 흡착시키는 방법이다.

청구 제95항: 유카리오틱 세포 내에서 NF-κB와 관련된 세포 간의 신호로 야기된 외부 영향으로 인하여 활성화된 유전자의 표현 수준을 감소시키는 방법으로서, 위 방법은 세포 내에서 NF-κB의 활동 수준을 감소시켜서 위 유전자의 발현이 인체 내에서 감소되는 방법을 포함한다.

청구 제144항: 포유류 세포에 존재하는 시토킨(Cytokines)의 발현을 유도하는 박테리아 리포폴리사카라이드(Lipopolysaccharide)를 감소시키는 방법으로서, 위 방법은 박테리아 리포폴리사카라이드에 의하여 만들어진 위 시토킨의 유인된 발현을 감소시키기 위해서 세포에서의 NF-κB의 활동성을 감소시키는 방법을 포함하는데, 이 방법에는 NF-κB에 의하여 규율되는 유전자의 NF-κB 인식 부위에 NF-κB를 부착하는 것을 감소시키는 것을 포함한다.[7]

---

6 • Claim 80. [A method for modifying effects of external influences on a eukaryotic cell, which external influences induce NF-κB-mediated intracellular signaling, the method comprising altering NF-κB activity in the cells such that NF-κB-mediated effects of external influences are modified, wherein NF-κB activity in the cell is reduced] wherein reducing NF-κB activity comprises reducing binding of NF-κB to NF-κB recognition sites on genes which are transcriptionally regulated by NF-κB.

• Claim 95. [A method for reducing, in eukaryotic cells, the level of expression of genes which are activated by extracellular influences which induce NF-κB-mediated intracellular signaling, the method comprising reducing NF-κB activity in the cells such that expression of said genes is reduced], carried out on human cells.

7 Claim 144. [A method for reducing bacterial lipopolysaccharide-induced expression of cytokines in mammalian cells, which method comprises reducing NF-κB activity in the cells so as to reduce bacterial lipopolysaccharide-induced expression of said cytokines in the cells] wherein reducing NF-κB activity comprises reducing binding of NF-κB toNF-κB recognition sites on genes which are transcriptionally regulated by NF-κB.

청구 제145항: 포유류 세포에서 박테리아의 리포폴리사카라이드로 유인된 시토킨의 발현을 억제하는 방법으로서, 위 방법은 박테리아의 리포폴리사카라이드로 유인된 위 시토킨의 발현을 감소시키기 위해서 세포 내에서 NF-κB의 활동을 억제하는 방법을 포함한다.[8]

Ariad의 명세서는 다음 세 가지의 억제제를 공개하고 있다.

① 특정 금지자들(Specific inhibitors)

② 주된 방해 미립자들(Dominantly interfering molecules)

③ 미끼 미립자들(Decoy molecules)

라. 피고의 항소이유

1심에서 패소한 피고는 원고의 특허명세서가 서면명세요건을 충족시키지 못하기 때문에 원고의 특허는 무효라고 주장하였다. 피고는 주장하기를, 원고의 특허명세서는 어떻게 NF-κB의 활동을 감소시킬 수 있는지를 공개하지 못하였다. 즉 원고의 명세서는 위 세 가지 종류의 미립자가 NF-κB의 활동을 감소시킨다고 가정을 하였지만 명세서는 이들 미립자의 기능을 모호하게 설명한 것에 불과하여 이러한 공개내용만을 가지고는 통상의 지식인이 합성물질이 무엇인지를 구별해 낼 수 없다는 것이다.

마. CAFC의 판결

CAFC는 위 청구항들이 공개요건의 하나인 서면명세요건을 충족시키지 못한다는 이유로 무효를 선언하였다. 그 이유로서 CAFC는 청구항이 유효하기 위해서는 공개요건, 즉 서면명세요건과 실시가능요건을 모두 충족시켜야 한다고 판시하면서, 서면명세요건을 충족시키기 위해서는 Ariad가 청구항의 발명을 점유하고 있다는 입증하여야 하고 이를 위해서 명세서는 NF-κB의 활동성을 감소시키는 데 사용되는 충분한 수의 물질을 공개하여야 한다.

Ariad 특허가 가지는 청구항은 매우 넓은 권리범위를 가지는 보편적인 물질에 대한 것으로서 그 권리범위가 넓은 것에 상응하는 공개를 하여야 한다. 그러나 최초출원된 명세서가 위 청구항들을 지지하기에 충분한 수의 물질을 발명하였다는 것은 입증하지 못한다.

더 나아가 문제가 된 청구항들은 기능적 용어를 사용하여 그 원하는 효과를 주장하고 있는데 비하여 정작 명세서는 그 물질이 무엇인가는 공개하지 못하고 공개한 세 가지의 물질은 앞으로의 연구계획에 불과한 것으로서 결국 명세서는 발명자가 청구항의 물질을 점유하고 있다는

---

[8] Claim 145. [A method for reducing bacterial lipopolysaccharide-induced expression of cytokines in mammalian cells, which method comprises reducing NF-κB activity in the cells so as to reduce bacterial lipopolysaccharide-induced expression of said cytokines in the cells], carried out on human cells.

사실을 통상의 지식인에게 분명하게 전달하지 못하고 있다. 이로써 문제가 된 청구항들은 서면명세요건을 충족시키지 못하기 때문에 무효가 된다.

3. 실시가능요건과 서면명세요건

실시가능요건은 서면명세요건과 구별된다.[9] 서면명세요건은 단순히 발명을 실시하는 방법을 알려 주는 실시가능요건보다는 더 넓은 것이다. 특허출원인은 통상의 지식인에게 특허가 출원된 시점에서 발명자가 특허출원된 발명을 점유하고 있었다는 점을 분명하게 전달하여야 한다. 서면명세요건의 목적에서 비추어 볼 때 특허출원인이 점유하고 있는 발명이라는 것은 현재 청구범위에서 주장되고 있는 발명 전부를 말한다.[10]

명세서가 실시가능요건을 충족시킬 수는 있지만 서면명세요건을 충족시키지 못하는 경우가 있다. 예컨대 A라는 상위개념을 가진 물질이 a, b, c라는 하위개념의 물질로 구성된 경우에 특허출원 명세서가 a 물질의 이름과 화학공식을 공개하고 이를 만드는 시약을 공개하였다. 이 시약을 사용하면 같은 상위개념에 속하는 b와 c를 만들 수 있는 경우에 그 분야에 속하는 통상의 지식인에게 b와 c를 만들고 사용하는 방법을 가르쳐 줄 수 있다. 그러나 명세서에서 a, b, c로 구성되는 상위개념 A에 대해서는 상세하게 공개하지 못한 것이다.[11]

비록 발명이 아직 만들어지지 않았기 때문에 설명될 수 없음에도 불구하고 실시가능하도록 공개할 수는 있다. 예컨대, A라는 물질을 만드는 방법을 공개한 경우에 이 공개내용을 보면 통상의 지식인으로서는 B와 C라는 물질을 만들 수 있다. 그러나 B와 C를 발명하였다고 하는 언급이 없는 경우에 출원인이 B와 C를 발명하였다고 볼 수는 없는 것이다. 만약 B와 C를 자신의

---

9 서면명세요건은 발명자가 특허출원명세서에 공개한 것에 의하여 관련된 기술 분야에 기여한 범위를 넘는 것을 방지하기 위한 것이다. Purdue Pharma L.P. v. Faulding Inc., 230 F.3d 1320, 56 USPQ2d 1481(Fed. Cir. 2000); Lampi Corp. v. American Power Products, Inc., 228 F.3d 1365, 56 USPQ2d 1445(Fed. Cir. 2000); Reiffin v. Microsoft Corp., 214 F.3d 1342, 1345, 54 USPQ2d 1915, 1917(Fed. Cir. 2000).

10 Vas-Cath Inc. v. Mahurkar, 935 F.2d 1555, 1560, 19 USPQ2d 1111, 1114(Fed. Cir. 1991); Hyatt v. Boone, 146 F.3d 1348, 1353-54, 47 USPQ2d 1128, 1131(Fed. Cir. 1998), cert. denied, 525 U.S. 1141(1999)(최초의 특허출원서는 후일 청구항의 권리범위로 주장되는 발명에 대해서도 상세한 설명을 하여 자신이 특허출원 당시에 이 발명을 점유하고 있었다는 입증할 수 있어야만 한다. 이때 이미 알려진 부분에 대해서는 명세서에서 공개할 필요가 없다); Martin v. Mayer, 823 F.2d 500, 505, 3 USPQ2d 1333, 1337(Fed. Cir. 1987)(발명을 실시할 수 있느냐가 문제가 아니라 특허출원서가 발명을 필수적으로 공개하였느냐가 문제이다).

11 In re DiLeone, 436 F.2d 1404,1405, n.1, 168 USPQ 592, 594 n.1(1971); Vas-Cath Inc. v. Mahurkar, 745 F. Supp. 517, 522, 17 USPQ2d 1353, 1356-57(N.D. Ill. 1990), rev'd, 935 F.2d 1555, 19 USPQ2d 1111(Fed. Cir. 1991)(발명을 실시하도록 해 주는 공개내용과 발명을 명세하는 요건은 다른 것이다. 발명을 과학적 의미에서 법적 의미로 번역하는 것은 특허법상 중요하다. 특허법은 과학적 조작으로 침범할 수 있는 한계를 설정하여 주기 때문이다. 명세서가 특허출원된 발명의 중요한 특징을 전달하지 않으면 일단 부분에 대한 특허출원이 있은 후 후일 전체의 총괄적 개념에 대한 특허출원이 허용되어 실제로 특허출원에 대한 시간을 연장하여 준다).

발명이라고 주장하기 위해서는 출원인이 반드시 이를 청구항의 권리범위로 주장하여야 하고 명세서는 서면명세요건을 충족시켜야 한다.[12]

위 Ariad v. Eli Lilly 판결에서도 CAFC는 전원합의체 판결로서 서면명세요건은 실시가능요건과 서로 다른 것이라고 판시했다.[13] 그러나 문제는 미특허법상의 명문의 근거가 부족하다는 것이다. 미특허법 제112조 첫 번째 문장은 실시가능요건을 규정하고 있으나 이것이 서면명세요건에 대한 근거가 되기는 어렵다. 따라서 CAFC는 판례법적으로 서면명세요건을 다음과 같이 규정하여 왔다.

서면명세요건은 그 분야의 숙련된 기술자에게 발명자가 출원일자를 기준으로 하여 청구범위에 기재된 대상을 점유하고 있다는 것을 전달할 수 있을 정도로 상세하게 공개되어야 한다. 이는 명세서의 각 부분을 잘 살펴보아서 객관적으로 판단하는 것으로서, 발명자가 실제로 청구범위에 기재된 발명을 실제로 발명하였느냐를 결정하는 것이다.[14]

서면명세요건은 명세서의 공개내용으로 보아서 그 분야의 통상의 지식인으로 하여금 청구범위로 주장된 것을 실제로 발명한 것으로 인정할 수 있느냐의 문제이다. 따라서 서면명세요건을 충족시켰느냐를 판단하는 표시가 되는 것은 공개내용이다. 그러나 서면명세요건은 발명의 예시를 요구하거나 발명을 실제로 실시하여 보았느냐를 묻는 것이 아니다.[15]

따라서 종래에 명세서가 실시가능요건을 충족시킬 수 있다면 동시에 서면명세요건을 충족시키는 데 아무런 지장이 없다고 본 판례는 양자가 구별된다고 보는 최근의 판례에 의하여 변경되었다고 보아야 한다. 따라서 Staehelin v. Secher 사건에서 미특허심판원이 명세서가 공개하고 있는 상위종류에 포함된 모든 하위종류에 관하여 상세한 설명을 하고 있지 않다 하더라도 문제가 되지 않는다고 판시한 것은 최근의 위 Ariad v. Eli Lilly 사건에 의하여 변경되었다고 보아야 한다.[16]

Staehelin v. Secher 사건은 후일 인간 백혈구 인터페론으로 알려진 모노클로널 항체에 관한 것으로서 그 명세서에서는 생쥐의 면역체계를 공개하였다. 미국의 특허출원서의 주된 청구항이 가지는 한정사는 모두 우선권 신청서에서 공개된 내용에 의하여 뒷받침이 되고 있었다. 명세서가 실시가능요건을 충족시키는 기준을 통과할 수 있으면 이는 서면명세요건을 충족시키는 데 아무런 지장이 없다. 따라서 명세서가 비록 공개된 상위종류에 포함된 모든 하위종류에

12 Ariad Pharm., Inc. v. Eli Lilly & Co., 598 F.3d 1336, 1352(Fed. Cir. 2010).

13 Ariad Pharm., Inc. v. Eli Lilly & Co., 598 F.3d 1336, 1361-62, 1364(Fed. Cir. 2010).

14 Ariad Pharm., Inc. v. Eli Lilly & Co., 598 F.3d 1336, 1361-62, 1351(Fed. Cir. 2010).

15 그렇기 때문에 공개내용이 보여 주는 점유는 서면명세요건을 충족시키기 위해서 필요한 보다 완전한 공식인 것이다. Ariad Pharm., Inc. v. Eli Lilly & Co., 598 F.3d 1336, 1361-62, 1351(Fed. Cir. 2010).

16 Infra. 서면명세요건 참조: 서면명세요건이란 특허출원명세서의 기재를 보아서 후일 문제가 된 한정사를 포함하는 청구항의 권리범위를 특허출원인이 발명하였느냐 하는 점을 그 발명이 속하는 통상의 지식인에게 합리적으로 잘 전달하였느냐 하는 점이다.

관하여 상세한 기술을 하고 있지 않다 하더라도 문제가 되지 않는다.[17]

Ⅱ. 실시가능요건

1. 의 의

특허출원명세서에 기재될 '발명의 상세한 설명'에는 그 발명이 속하는 기술 분야에서 통상의 지식을 가진 자가 당해 발명을 명세서 기재에 의하여 출원 시의 기술 수준으로 보아 특수한 지식을 부가하지 않고서도 정확하게 이해할 수 있고 동시에 재현할 수 있도록 그 목적·구성·작용 및 효과를 기재하여야 한다.[18]

발명자가 특허를 발급받음으로써 미래에 발명을 지배할 수 있는 정도는 그의 기여도에 상응하여야 하고 이는 그가 발명을 실시할 수 있도록 가르침을 준 범위를 말한다. 그러나 동시에 그가 기여하지 않은 정도, 즉 공개하지 않은 것에 대해서는 지배력을 행사할 수 없다.[19] 따라서 특허를 받기 위해서 발명자는 관련된 분야의 통상의 지식인이 발명, 즉 청구항을 만들고 사용할 수 있도록 명세서에서 충분한 공개를 하여야 하고,[20] 그 청구항의 권리범위는 그가 공개한

---

17 Staehelin v. Secher, 24 USPQ2d 1513, 1517(Bd. Pat. App. & Int. 1992).

18 • 완성설(특허출원 시에 발명이 이미 완성될 것을 요구하는 견해): 대법원 2004.12.23. 선고 2003후1550 판결 [공 2005.2.1.(219),216]: 특허출원서에 첨부하는 명세서에 기재될 '발명의 상세한 설명'에는 그 발명이 속하는 기술 분야에서 통상의 지식을 가진 자가 당해 발명을 명세서 기재에 의하여 출원 시의 기술 수준으로 보아 특수한 지식을 부가하지 않고서도 정확하게 이해할 수 있고 동시에 재현할 수 있도록 그 목적·구성·작용 및 효과를 기재하여야, (중략) 비로소 발명이 완성되었다고 볼 수 있는 동시에 명세서의 기재요건을 충족하였다고 볼 수 있다.
• 실시설(특허출원서를 제출한 시점을 발명이 일응 실시된 날짜로(Prima facia date of invention)로 보는 견해): In re Hawkins, 486 F.2d 569, 179 USPQ 157(CCPA 1973): 발명이 일응 실시되었다는 것은 발명을 완전하게 실시할 수 있다는 것으로 이는 유용한 실시례가 작동하는 데 있어서 아무런 기술적 문제가 없고, 만약 문제가 있다고 하여도 통상의 지식인이 통상의 기술과 적절한 시간에 해결할 수 있는 것을 말한다. 그러나 특허출원일 이전에 발명을 만들어 볼 필요까지는 없다. Gould v. Quigg, 822 F.2d 1074, 1078, 3 USPQ2d 1302, 1304(Fed. Cir. 1987)(특허출원일 이전에 발명이 분명히 만들어지지 않았다는 사실만 가지고는 그 발명을 사용하는 방법을 공개하려고 하는 특허출원서를 거절할 충분한 사유가 되지 못한다). 발명의 완성과 실시에 관해서는 Chisum §10.05 참조.

19 생명공학물질에 대한 발명의 예측불가능성과 공개요건의 강화에 대하여 Amgen Inc. v. Chugai Pharmaceutical Co., Ltd., 13 USPQ2d 1737(D. Mass. 1989)(citing Treatise), aff'd in part, rev'd in part, vacated in part, 927 F.2d 1200, 18 USPQ2d 1016(Fed. Cir. 1991), cert. denied, 502 U.S. 856(1991) 참조. 그러나 이에 반대하는 견해는 In re Hogan, 559 F.2d 595, 194 USPQ 527(CCPA 1977)(공개내용이 청구항을 지지하느냐의 여부는 특허출원 당시의 기술 수준에 의하여야 한다. 특허청은 후일 개발된 하위종류를 가지고 청구항에 대한 특허를 거절하는 사유로 할 수 없다. 만약 그렇게 한다면 이는 개척적인 발명자가 초기에 발명을 공개할 의욕을 없애 버릴 수 있다); Ethyl Molded Products Co. v. Betts Package Inc., 9 USPQ2d 1001, 1027(E.D. Ky. 1988)(최초의 특허출원서에 공개되지도 않았고 공개될 수 없었던 구조나 기능적 요소들이 후일 개발된 기술에 의하여 최초의 청구항의 권리범위에서 벗어나는지 여부는 명세서의 공개요건과는 아무런 관련이 없다) 참조.

20 3-7 Chisum on Patents §7.03; 1970년 이후부터 미국의 판례법에서는 명세서가 실시가능한 충분한 정보를 공개할 것을 요구한다. Solomon v. Kimberly-Clark Corp., 216 F.3d 1372, 55 USPQ2d 1279(Fed. Cir. 2000)(citing Treatise).

내용에 상응하여야 한다.[21]

2. 기술의 예측가능성

발명을 사용하는 방법을 설명하는 공개내용은 청구항의 권리범위와 그 대상이 되는 기술의 예측가능성과 관련성이 있다.[22] 넓은 권리범위를 가지는 청구항을 주장하는 경우에 그 기술이 예측불가능한 영역이라면 그 기술을 실시가능하게 하는 공개내용도 더 많아야만 한다. 예컨대 기계나 전자 분야와 같이 예측가능한 기술 분야에서는 하나의 공개내용이나 한정된 숫자의 실시례를 가지고도 실시가능요건을 충족시킬 수 있다. 따라서 보다 권리범위가 넓고 더 보편적인 청구항이라고 하더라도 기계나 전자 분야와 같은 예측가능한 기술 분야에 있어서는 실시가능요건을 충분히 만족시킬 가능성이 크다. 이에 비하여 화학이나 생명공학과 같은 예측불가능한 기술 분야에서는 그 공개내용이 더욱 많아져야만 실시가능요건을 충족시킬 수 있으며 동일한 정도의 공개내용을 가지고는 더 좁은 권리범위를 가지는 청구항의 실시가능요건을 충족시킬 수밖에 없다.

3. 실시례의 공개

실시가능요건을 충족시키기 위해서,[23] 특허출원인으로서는 실시례를 공개할 필요가 있다. 그러나 명세서가 충분하게 공개를 한 이상 실시례를 공개하지 않아도 실시가능요건을 충족시키지 못하는 것은 아니다. 따라서 실시가능요건을 충족시키기 위해서 반드시 실시례를 공개할 필요까지는 없다고 본다.[24] 그러나 청구항의 권리범위가 아주 넓고 발명이 예측불가능한 기술 분

우리나라 대법원에서는 그 발명이 속하는 기술 분야의 통상의 지식인을 기준으로 하는 데 비하여 미국의 판례법에서는 **관련된 분야(Relevant art)의 통상의 지식인**을 기준으로 하는 차이가 있다. 이에 비하여 미국의 판례법의 진보성 판단에서는 그 발명이 속하는 기술 분야의 통상의 지식인을 기준으로 함으로써 실시가능요건의 통상의 지식인의 기술 분야를 넓힌 것으로 보인다. Chisum on Patents §5.01 참조.

21 청구항 기준설: Durel Corp. v. Osram Sylvania Inc., 256 F.3d 1298, 1306, 59 USPQ2d 1238, 1244(Fed. Cir. 2001)(실시가능요건은 침해물건이 만들어질 수 있는지 여부가 아니라, 통상의 지식인이 과도한 실험을 거치지 아니하고 명세서가 청구항의 모든 권리범위에 있는 발명을 만들고 사용하는 방법을 가르치느냐 하는 문제이다).

22 Enzo Biochem, Inc. v. Calgene, Inc., 188 F.3d 1362, 1374 n.10, 52 USPQ2d 1129, 1138 n.10(Fed. Cir. 1999)(과학발전의 신속성으로 인하여 시간에 따라 예측가능성이 다르다); Durel Corp. v. Osram Sylvania Inc., 52 USPQ2d 1418, 1433-34, 1435(D. Ariz. 1998), rev'd, 256 F.3d 1298, 59 USPQ2d 1238(Fed. Cir. 2001)(화학반응의 수많은 변수를 알아낸 것만 가지고는 공개요건을 충족하였다고 볼 수 없다); In re Fisher, 427 F.2d 833, 839(C.C.P.A. 1970)(화학적 반응 그 자체만으로는 예측불가능한 것은 아니지만 통상의 지식인에게 부당하게 과도한 실험을 요구한다면 화학반응에 있어서도 그 변수에 수반하는 불확실성이 있다고 볼 수 있어서 청구항의 권리범위를 지지할 수 있도록 명세서의 공개내용을 살펴보아야 한다).

23 Chisum §7.03 The Enablement Requirement.

24 Infra. n. 103. Patterson, Biotechnology and the law, 5-134. 실시례가 기재되지 않았다는 것만을 가지고는 그 자

야를 포함하고 있을 때에는 명세서가 실시례를 공개하였느냐의 여부는 실시가능요건을 충족시켰느냐를 결정하는 중요한 요인이 된다.[25] 하지만 과연 어느 정도의 실시례가 공개되어야 청구항의 권리범위에 대한 실시가능요건을 충족시키기에 충분한가 하는 문제에 대한 정답은 없고, 실시례의 수와 다양성은 별다른 문제가 되지 않는다는 입장이다.[26]

가. 기계·전자 영역

실시가능요건은 청구항의 권리범위와 명세서에 의하여 공개된 정보의 양이 상호 일치될 것을 요구하지만 그 정도는 각 기술 영역에 따라 다르다. 명세서가 하나의 실시례를 시각적으로 제공하게 되면 다른 실시례는 별다른 어려움 없이 만들어질 수 있고 그들이 사용되면서 발생하는 특성은 이미 알려진 과학법칙에 의해서 예측이 가능한 기술 영역이 있다.

즉 기계나 전자 부문과 같이 예측가능한 기술 영역에 있어서는 명세서가 단지 하나의 실시례를 공개하여도 이로써 상당히 넓은 권리범위를 가지는 청구항의 실시가능성을 제공할 수 있다. 그리고 단지 그 발명이 부적절하게 공개된 발명의 실시례와 동일한 모든 구성요소를 가지고 있다 할지라도 그 명세서가 실시가능요건을 결여하였기 때문에 청구항이 무효가 되지는 않는다.[27]

United States v. Telectronics, Inc. 사건에서 명세서가 공개한 내용이 실시가능요건을 충족시키지 못한다고 주장된 발명은 계속적으로 전류를 흐르게 함으로써 골절된 부분을 치료하는 시스템에 관한 것이다. 뼈의 형성을 촉진하는 대신 섬유조직의 형성을 억제하기 위하여 필요한 전류의 세기는 '일정한 범위의 마이크로 암페어'여야만 한다.

체가 특허출원된 보편적 청구항에 관한 실시가능요건을 결여한다고 볼 수는 없지만 실시례가 기재되지 않았다는 사실은 이를 판단하는 데 하나의 요인이 된다. 이와 같은 입장을 취하는 것으로 보이는 Supra, n1. 대법원 2004.12.23. 선고 2003후1550 판결: 특히 약리효과의 기재가 요구되는 의약의 용도발명에 있어서는 그 출원 전에 명세서 기재의 약리효과를 나타내는 약리기전이 명확히 밝혀진 경우와 같은 특별한 사정이 있지 않은 이상 특정 물질에 그와 같은 약리효과가 있다는 것을 약리데이터 등이 나타난 시험 예로 기재하거나 또는 이에 대신할 수 있을 정도로 구체적으로 기재하여야만 (중략) 명세서의 기재요건을 충족하였다고 볼 수 있다.

25 In re Wands, 858 F.2d 731, 735, 8 USPQ2d 1400, 1402(Fed. Cir. 1988).

26 In re Borkowski, 422 F.2d at 910, 164 USPQ at 646; In re Strahilevitz, 668 F.2d 1229, 212 USPQ 561(CCPA 1982) (명세서가 제시하는 실시례는 바람직한 것이기는 하지만 실시가능요건을 충족시키기 위해서 반드시 필요한 것은 아니다); In re Barr, 444 F.2d 588, 170 USPQ 330(CCPA 1971); In re Cavallito, 282 F.2d 363, 127 USPQ 206(CCPA 1960); In re Shokal, 242 F.2d 771, 113 USPQ 283(CCPA 1957).

27 Spectra-Physics, Inc. v. Coherent, 827 F.2d 1524, 1533 n.5, 3 USPQ2d 1737, 1743 n.5(Fed. Cir. 1987), cert. denied, 484 U.S. 954(1987); Johns Hopkins University v. Cellpro, 931 F. Supp. 303, 324(D. Del. 1996), aff'd in part, vacated in part, & remanded, 152 F.3d 1342, 47 USPQ2d 1705(Fed. Cir. 1998)(명세서에서 오직 청구항의 발명을 실시하도록 할 수 있는 하나의 실시례만을 공개하여도 된다); 최적모형을 공개할 필요성이 없는 우리 특허법에서는 명세서가 청구항의 권리범위에 상응하는 설명을 하면 족하지만 최적모형(Best mode)을 공개할 것을 요건으로 하는 미국 법제에서는 실시가능요건을 충족하였다고 하더라도 최적모형을 공개하지 아니한 것을 이유로 특허를 무효로 할 수 있다.

위 사건에서 명세서가 공개한 실시례는 스테인레스 전극을 사용할 경우에 5~20마이크로 암페어 사이의 범위에 있는 전류를 사용하는 것이다. 그러나 청구항은 금속전극의 종류나 전류의 세기를 제한하지 않았지만 실시가능요건을 충족시킬 수 있다. 전기에 관한 발명의 예측불가능성은 높지 않기 때문에 명세서가 공개하여야 하는 정도는 그다지 높다고 할 수 없기 때문이다.[28] 명세서가 하나의 실시례를 공개함과 동시에 전류의 세기를 결정하는 일반공식을 설명하고 있다면 통상의 지식인으로서는 부당하게 과도한 실험을 거치지 않고도 발명을 여러 가지로 변형시키는 실험을 해 볼 수 있기 때문이다. 따라서 사용될 금속의 종류가 달라짐에 따라 달라져야만 하는 전류의 세기를 실험하기 위해서 걸리는 시간과 비용은 결코 과도한 것이라고 볼 수 없다.[29]

나. 화학·물리 영역

화학반응이나 물리학적인 행위와 같이 예측이 보다 어려운 기술 영역에 있어서는 명세서가 더욱 많은 정보를 제공하여야만 실시가능요건을 충족할 수 있다.[30] [31] 예컨대, Borkowski 사

---

[28] United States v. Telectronics, Inc., 857 F.2d 778, 786, 8 USPQ2d 1217, 1224(Fed. Cir. 1988), cert. denied, 490 U.S. 1046(1989)(Fisher나 Bowen은 화학적 반응에 관한 것으로서 예측불가능성이 높기 때문에 실시가능요건을 충족시키기 위해서는 더욱 상세한 공개를 할 필요가 있는 데 비하여 이 사건은 전기 분야에 관한 발명으로서 그 예측불가능성이 보다 낮음에 따라 공개의무도 감경되는 것이다); In re Vaeck, 947 F.2d 488, 496 n.22, 20 USPQ2d 1438, 1445 n.22(Fed. Cir. 1991)(특허출원 이후의 현행 기술 수준에 의하여 실시가능요건이 결여되었다는 이유로 특허가 거절된 것이 아니기 때문에 Hogan과 Fisher와는 다르다).

[29] United States v. Telectronics, Inc., 침해행위자가 보호의 범위는 반드시 실시가능성의 범위와 합리적인 관계를 유지하여야 한다고 주장했지만 CAFC는 이를 받아들이지 않았다. 그 이유로서 사용되는 전극의 종류에 따라 필요한 전류의 세기를 포함하는 범위를 결정하는 데 있어서 유일한 장애사유는 이를 측정하는 데 필요한 시간과 비용에 불과하며 다른 금속재료를 사용하고 있는 침해장치도 명세서에서 공개된 전류의 강도범위 내에서 실제로 작동한다는 것이다.

[30] 생명공학물질에 대한 발명의 예측불가능성과 공개요건의 강화에 대하여 Amgen Inc. v. Chugai Pharmaceutical Co., Ltd., 13 USPQ2d 1737(D. Mass. 1989)(citing Treatise), aff'd in part, rev'd in part, vacated in part, 927 F.2d 1200, 18 USPQ2d 1016(Fed. Cir. 1991), cert. denied, 502 U.S. 856(1991) 참조. 그러나 이에 반대하는 견해는 In re Hogan, 559 F.2d 595, 194 USPQ 527(CCPA 1977)(공개내용이 청구항을 지지하느냐의 여부는 특허출원 당시의 기술 수준에 의하여야 한다. 특허청은 후일 개발된 하위종류를 가지고 청구항에 대한 특허를 거절하는 사유로 할 수 없다. 만약 그렇게 한다면 이는 개척적인 발명자가 초기에 발명을 공개할 의욕을 없애 버릴 수 있다); Ethyl Molded Products Co. v. Betts Package Inc., 9 USPQ2d 1001, 1027(E.D. Ky. 1988)(최초의 특허출원서에 공개되지도 않았고 공개될 수 없었던 구조나 기능적 요소들이 후일 개발된 기술에 의하여 최초의 청구항의 권리범위에서 벗어나는지 여부는 명세서의 공개요건과는 아무런 관련이 없다) 참조.

[31] Fisher는 기계적 발명과 화학적 발명 사이의 구별을 그 요구되는 공개되어야 할 정보의 양으로서 구별한다. In re Fisher, 427 F.2d 833, 839(C.C.P.A. 1970)(화학적 반응 그 자체만으로는 예측불가능한 것은 아니지만 통상의 지식인에게 부당하게 과도한 실험을 요구한다면 화학반응에 있어서도 그 변수에 수반하는 불확실성이 있다고 볼 수 있어서 청구항의 권리범위를 지지할 수 있도록 명세서의 공개내용을 살펴보아야 한다). 그러나 이에 반대하는 견해는 발명이 속하는 기술 분야가 예측가능한 것과 예측이 가능하지 않은 요인을 가지고 구별하기도 한다. In re Cook, 439 F.2d 730, 734, 169 USPQ 298, 301(CCPA 1971); Cedarapids, Inc. v. Nordberg, Inc., 895 F. Supp. 1230, 1251(N.D. Iowa 1995), aff'd in part, rev'd in part, 121 F.3d 727(Fed. Cir. 1997)(unpublished)(청구항의 권리범

건에서는 산화된 탄화수소를 만드는 방법에 대한 특허를 출원하자, 심사관이 특허를 받기 위해서는 특허출원명세서에서 작동 가능하고 대표성이 있는 실시례로서 여러 유형의 탄화수소를 공개할 것을 요구한 적도 있다.

물론 필요한 실시례의 수와 다양성에 대해서는 실시가능요건을 충족시킬 수 있을 정도라는 것 이외에 일률적으로 정할 수는 없지만 '탄화수소(Hydrocarbon)'와 같이 매우 넓은 권리범위를 가지는 청구항에 대해서는 그만큼 공개내용이 많아야 한다.

4. 청구항과의 관련성

가. 청구항의 구성요소가 아닌 부분

명세서는 청구항의 발명이 적용되는 모든 용도를 빠짐없이 공개할 필요는 없지만 청구항이 언급하지 않았거나, 청구항의 구성요소가 아닌 것도 발명의 실시를 위하여 필요한 경우에는 적절하게 공개할 필요가 있다. 그러나 청구항은 발명을 사용하는 데 필요한 모든 기구를 그 구성요소로 포함하지 않을 수도 있다. 발명자는 전체 장치의 일부분인 하위조합이나 유용한 구성요소만을 선택하여 이를 청구항의 권리범위로 주장할 수 있기 때문이다.[32]

따라서 명세서가 실시가능요건을 충족시킨다는 것, 즉 발명을 사용할 수 있도록 상세한 설명을 한다는 것은, 첫째, 최초의 특허출원명세서가 작동이 가능한 최소한의 시스템을 공개하거나, 또는 둘째, 특허출원이 되었을 당시를 기준으로 해서 통상의 지식인이 명세서를 읽어 보면 청구항을 실시하기 위해서 필요한 장치를 만드는 데 별다른 지장이 없었느냐 하는 점이 중요하다.[33]

명세서가 청구항의 구성요소가 아닌 장치이지만 청구항을 실시하기에 필요한 것이라면 이에 대하여 공개를 하여야 한다고 본 실례는 다음과 같다.[34] 특허출원인이 1960년 4월 우주상 일

위를 지지하는 명세서에 기재된 변수들이 불확실성이 있는 기계에 대한 발명).

32 Special Equipment Co. v. Coe, 324 U.S. 370(1945)(발명자가 특허출원을 하면서 청구항에 이미 알려진 구성요소를 포함하면 그는 과도한 권리범위(Overclaimed)를 주장한다는 비난을 받을 수도 있다). 그러나 이와 다른 견해는 Reiffin v. Microsoft Corp., 214 F.3d 1342, 1348, 54 USPQ2d 1915, 1919(Fed. Cir. 2000)(Newman 판사의 소수의견: 청구항이 명세서에 의하여 상세히 설명되고, 선행기술과 구별되며, 다른 특허발급가능성의 기준을 충족시킨다면 명세서에 설명된 모든 구성요소를 청구항이 반드시 포함할 필요는 없다).

33 Hughes Aircraft Co. v. United States, 215 USPQ 787(Ct. Ct. Trial Div. 1982). 파기환송된 이후에 1심은 원고의 특허는 유효하고 피고의 행위는 특허침해행위를 구성한다고 판시하였다. 항소심에서 CAFC는 신규성이 결여되었다는 이유로 특허가 무효가 되지 않기 위해서는 모특허출원서에 기한 우선권이 인정되어야 하고 모특허명세서는 반드시 실시가능요건을 충족시켜야만 한다고 하였다. 사용된 용어를 살펴보면 모특허출원서는 충분히 실시가 가능하도록 공개된 것이고 부분계속신청은 단지 '증폭(Amplification)'이라는 용어를 추가한 것에 불과하다. 717 F.2d at 1359, 219 USPQ at 478.

34 Hughes Aircraft Co. v. United States, 640 F.2d 1193, 208 USPQ 785(Ct. Cl. 1980), appeal after remand, 717 F.2d

정한 지점에 고정되어 있는 인공위성의 통제방법에 대한 특허를 출원한 뒤, 1962년경 다시 특허출원된 발명을 우주기술과 관련된 분야에 논문으로 발표하였다. 그 후 1964년 4월경 기존의 출원된 특허출원서에 인공위성과 신호를 받고 교환하는 지상통제기구에 관한 새로운 사항을 추가하여 부분계속신청(CIP: Continuation-In-Part)을 하자 이에 대하여 특허가 발급되었다.

그러나 최초 특허출원명세서에서는 인공위성 자체에 사용하는 장비에 대해서만 설명을 하였고 그 이외에 인공위성의 외부에 필요한 장비에 대해서는 아무런 공개가 없었다. 그 후 1964년 부분계속신청에서 지상통제기구에 대한 청구항을 추가하면서 비로소 인공위성의 외부에 사용하는 장비에 대하여 공개를 한 것이다.[35]

그렇다면 인공위성의 통제방법을 청구항의 권리범위로 하는 최초의 특허출원명세서는 그 외부에서 지상과 교신을 하는 장비 또는 시스템에 대한 공개를 하지 못함으로써 실시가능요건을 충족시키지 못한 것이다. 비록 인공위성의 외부에서 교신하는 시스템이 청구항의 권리범위로 주장되지는 않았다고 하더라도, 최초의 특허출원명세서는 발명이 최소한도라도 작동이 가능하다는 시스템을 공개하거나, 통상의 지식인이 명세서를 보아 적절한 장치를 만들 수 있도록 공개를 하였어야만 하는 것이다.[36]

나. 청구항의 권리범위

특허는 다음 세 가지 이유 중 하나로써 그 청구항의 권리범위가 너무 넓다는 이유로 특허의 발급이 거절되거나 발급된 특허라고 하여도 무효가 될 수 있다.[37]

1351, 219 USPQ 473(Fed. Cir. 1983), further appeal, 86 F.3d 1566, 39 USPQ2d 1065(Fed. Cir. 1996), remanded, 520 U.S. 1183(1997), aff'd, 140 F.3d 1470, 46 USPQ2d 1285(Fed. Cir. 1998), reh'g denied, suggestion for reh'g in banc declined, 148 F.3d 1384, 47 USPQ2d 1542(Fed. Cir. 1998).

35 Hughes Aircraft Co. v. United States, 640 F.2d 1193, 208 USPQ 785(Ct. Cl. 1980). 피고는, 청구항은 1964년경의 부분계속신청서의 접수일자를 기준으로 해서만 우선권이 있다고 주장했다. 왜냐하면 추가된 부분계속신청서가 청구항에 기재된 발명을 사용하는 방법을 비로소 설명을 하였기 때문이다. 또한 만약 위 1964년이 우선권을 인정하는 기준이 되는 시점이라면 위 청구항은 1962년 발표된 논문에 의하여 신규성이 상실되어 무효가 된다고 주장하였다. 그러나 Court of Claims는 이에 동의하지 않았다. Court of Claims는 청구항은 오직 인공위성에 부착된 장비(인공위성통제장비: 저자 주)에 관한 것으로서 인공위성에 부착되지 않고 그 외부에 존재하는 장치(지상통제장치: 저자 주)와는 아무런 관련이 없는 것이다. 지상통제장치는 오직 인공위성의 사용법을 분명하게 알려 주기 위하여 추가된 것에 불과하다. 결국 청구항에 대해서는 실시가능요건을 충족시킨 것으로서 그 외부에 존재하는 지상통제장치에 대한 설명은 불필요하다는 것이다. 저자 주.

36 Hughes Aircraft Co. v. United States, 640 F.2d 1193, 208 USPQ 785(Ct. Cl. 1980), appeal after remand, 717 F.2d 1351, 219 USPQ 473(Fed. Cir. 1983). 위 사건에서 CAFC는 최초특허출원명세서는 적어도 기재된 청구항의 실시가능요건을 충족시켜야 하고 이를 위해서는 청구항에 구성요소로 기재되지 않은 부분, 즉 지상통제기구에 대해서도 공개하였어야만 한다고 본 것이다. 저자 주.

37 In re Chupp, 816 F.2d 643, 647, 2 USPQ2d 1437, 1440(Fed. Cir. 1987)(선행화합물과 구조적으로 유사하지만 옥수수와 강낭콩에 대한 살충제로서 예상하지 못한 효과를 가져오는 경우에 권리범위가 너무 넓다는 이유로 특허를 거절한 것은 잘못된 것이다).

첫째, 청구항이 새로운 물질은 물론 이미 알려진 물질을 포함하고 있는 경우에는 신규성 및 진보성의 문제가 된다. 발명자가 A, B, C를 포함한 집합적 물질에 대하여 특허를 출원한 경우에 A는 이미 알려진 것이지만 B와 C는 신규성과 진보성이 있는 경우에도 이러한 청구항에 대한 특허는 거절될 것이다. 따라서 발명자는 청구항의 권리범위를 B와 C만을 포함하는 것으로 좁혀야만 한다.[38] 이러한 유형의 특허의 거절은 신규성과 진보성의 요건에 의한 것이다.[39]

둘째, 발명자가 자신의 발명으로 주장하지 않는 것을 청구항이 포함할 수도 있다. 이러한 유형의 특허의 거절은 청구항의 권리보호 요건에 의한 것으로서 특허출원인은 청구항에서 보호받기를 원하는 특허대상을 기재하여야만 한다는 요건에 기인한 것이다.[40]

셋째, 명세서가 실시가능요건을 충족시키지 못하는 물질을 청구항의 권리범위로 포함할 수도 있다.[41] [42] 만약 발명자가 A와 B, 그리고 C를 포함하는 집합물에 대한 청구를 하였지만, 명세서는 B와 C를 만들고 사용하는 방법은 가르칠 수 있지만 A를 만들고 사용하는 방법을 가르치지 못할 수도 있다. 그러면 청구항에 대한 특허의 발급은 거절된다. 이러한 유형의 거절은 명세서가 청구항의 권리범위에 상응하여 실시가능요건을 충족시켜야 함에도 불구하고 이를 충족시키지 못하였다는 이유에서 이루어진다.[43]

---

38 Kwik-Site Corp. v. Clear View Manufacturing Co., 758 F.2d 167, 177, 225 USPQ 805, 812(6th Cir. 1985)(새롭고 유용하며 진보적인 발명이 적절한 권리범위를 주장한 것이라고 하더라도 일단 청구항의 권리범위가 과도하게 넓은 것으로 특허가 발급되면 법원은 이를 좁게 해석하는 방식으로 유효한 것으로 볼 수는 없다); Ex parte Aggarwal, 23 USPQ2d 1334(Bd. Pat. App. & Int'f 1992)(종양을 치료하는 것으로 알려진 재조합 lymphotoxin에 대한 청구항에서 선행기술은 천연의 Glycosylated화된 Lymphotoxin의 용도를 가르치고 있었다. 전부는 아니지만 상당한 양의 DNA 재조합방법으로 만들어진 Lymphotoxin은 Glycosylated되지 않은 것이었다. 즉 이스트나 포유류의 세포에서 만들어진 것이 아니라 E. coli에 의하여 만들어진 것이다. 청구항이 Glycosylating을 할 수 없는 세포계열을 통하여 만들어진 Lymphotoxin의 사용방법에 한해서만 진보성을 가진다). 그러나 Dennison Mfg. Co. v. Ben Clements & Sons, Inc., 467 F. Supp. 391, 406, 203 USPQ 895, 907(S.D. N.Y. 1979)(청구항의 권리범위는 그 자체만으로는 청구항을 무효로 하지 않는다. 권리범위가 넓은 청구항은 단지 선행기술에 의하여 예견되어 신규성을 상실하거나 진보성이 결여될 위험성이 있을 뿐이다).

39 Cosden Oil & Chem. Co. v. American Hoechst Co., 543 F. Supp. 522, 544, 214 USPQ 244, 262(D. Del. 1982)(특허출원인은 고작 용이하지 않은 한두 가지의 물질을 포함하고 있는 거대집단을 진보성이 있다고 주장할 수 없다); In re Gorman, 933 F.2d 982, 18 USPQ2d 1885(Fed. Cir. 1991)(수많은 물질을 포함하는 청구항이 그 물질들이 선행기술에서 발견되고 진보성에 아무런 기여를 하지 못하는 경우에 용이성을 회피할 수 없다).

40 권리보호요건: 특허법 제42조 제4항 제1호. 미특허법 제112조는 특허출원인이 자신의 발명이라고 주장하는 것(Subject matter which the applicant regards as his invention)이라고 표현하고 있다. 비록 청구항의 기재가 명확하다고 하더라도 만약 명세서 이외에 특허출원인이 제출한 자료에서 청구항에 기재된 발명이 자신의 발명이 아니라는 점이 인정되면 청구항에 대한 특허의 발급이 거절될 수도 있다. Chisum §8.03.

41 공개요건의 문제로 청구항의 권리범위가 너무 넓다는 문제는 아주 옛날의 판례로 거슬러 올라간다. Morse의 전신기 사건에서 미연방대법원은 청구 제8항으로서 '전자석을 사용하여 원거리 통신을 하는 모든 방법'은 청구항의 권리범위가 너무나 넓은 것이어서 명세서가 이러한 모든 방법을 만들고 사용하는 방법을 가르치지 못하여 결국 실시가능요건을 결여한 것이라고 보았다.

42 O'Reilly v. Morse, 56 U.S.(15 How). 62(1853). 이와 관련된 근래의 판례는 In re Hyatt, 708 F.2d 712, 218 USPQ 195(Fed. Cir. 1983).

43 In re Bowen, 492 F.2d 859, 181 USPQ 48(CCPA 1974); In re Dinh-Nguyen, 492 F.2d 856, 181 USPQ 46(CCPA

다. 너무 넓은 권리범위를 가지는 청구항[44]

청구항의 권리범위가 명세서가 공개한 내용에 의하여 실시할 수 없을 정도로 넓은 경우에, 그러한 청구항은 특허가 거절되거나 발급된 것이라고 하여도 무효가 된다.

Amgen Inc. v. Chugai Pharmaceutical Co. 사건에서 무효가 선언된 특허는 관절염을 치료하는 데 유효한 ACTH 호르몬(Adrenocorticotrophic hormones)을 만드는 방법에 관한 청구항으로서, 선행기술인 ACTH는 기준치의 50%에 미달하는 물질이었지만 특허출원인은 이러한 기준치의 111~230% 사이의 가능성을 가지는 제조방법을 공개했다. 특허출원인이 자신의 발명이라고 주장한 청구항의 권리범위는 '적어도(At least) 1.0을 기준으로 하여 100%의 가능성을 가지고 있는 모든 ACTH'를 포함하는 것이었다.

그러나 이 청구항은 이를 지지하는 공개내용이 그 권리범위에 상응하지 않기 때문에 특허가 거절되었다. 어떤 합성물질이 1.0보다 클 수 있다는 가능성을 최초로 발견하였지만 이를 발견할 가능성은 오래전부터 알려져 오던 것으로서 그 발견자에게 미래에 개발될 물질을 포함하여 1.0 이상의 가능성을 가지는 모든 합성물에 대한 배타적인 권리를 허용할 수는 없는 것이다. 이것은 발명자가 실시가능하다는 것을 설명한 부분을 넘어서는 것으로서 결국 실시가능요건을 충족시키지 못한다.[45]

1974); In re Moore, 439 F.2d 1232, 1236, 169 USPQ 236, 239(CCPA 1971)(실시가능한 공개의 범위는 보호받기를 원하는 범위와 일치하여야 한다).

44 National Recovery Technologies, Inc. v. Magnetic Separation Systems, Inc., 166 F.3d 1190, 1195-96, 49 USPQ2d 1671, 1675-76(Fed. Cir. 1999)(청구항의 권리범위에 상응하여 명세서가 실시방법을 공개를 할 것을 요구함으로써 실시가능요건은 일반대중의 지식을 풍부하게 만들어 준다. 청구항의 권리범위는 실시가능요건의 범위보다 적거나 동일하여야 한다. 그러나 실시가능의 범위는 명세서에 공개된 것과 통상의 지식인이 부당하게 과도한 실험을 통하지 않고도 가질 수 있는 기술지식을 포함한다); Bruning v. Hirose, 161 F.3d 681, 686, 48 USPQ2d 1934, 1939(Fed. Cir. 1998)(명세서가 단 한 가지의 실시례만을 공개하고 있는 경우에 특허출원 이후에, 특허출원 당시에 존재하던 재료와 컴퓨터 프로그램을 사용하여 실험을 실시한 결과 청구대상이 된 렌즈를 개발하는 것이 비교적 쉬운 것으로 판명된 사례); Johns Hopkins University v. CellPro Inc., 152 F.3d 1342, 1359, 47 USPQ2d 1705, 1717(Fed. Cir. 1998)(모노클로널 항체와 관련된 전체의 종류에 대한 청구항이 실시가능요건을 충족시킨다고 본 사례); Regents of University of California v. Eli Lilly & Co., 119 F.3d 1559, 1569, 43 USPQ2d 1398, 1406(Fed. Cir. 1997)(대표성을 가진다고 볼 수 있는 수의 하위종류를 공개한 경우에 실시가능요건을 충족시킬 수 있다고 본 사례); Angstadt, 537 F.2d at 502-03, 190 USPQ at 218(50개의 실시례를 공개한 것은 충분하다); In re Robins, 57 C.C.P.A. 1321, 429 F.2d 452, 456-57, 166 USPQ 552, 555(CCPA 1970)(보편적인 발명에 대한 명시적인 설명이 없는 경우에 대표성이 있는 화학물질에 대한 설명은 청구항에 사용된 보편적 권리범위를 가지는 용어를 묵시적으로 설명한다); Gostelli, 872 F.2d at 1012, 10 USPQ2d at 1618(하위종류에 속하는 두 가지 화학물질을 공개한 것을 가지고 그 하위종류 전체에 대한 공개라고 볼 수 없다); In re Grimme, 274 F.2d 949, 952, 124 USPQ 499, 501(CCPA 1960)(하나의 종류를 특정할 수 있는 적절한 용어를 가지고 있다면 그 하위종류를 다수 열거할 필요는 없다).

45 생명공학물질에 대한 발명의 예측불가능성과 공개요건의 강화에 대하여 Amgen Inc. v. Chugai Pharmaceutical Co., Ltd., 13 USPQ2d 1737(D. Mass. 1989)(citing Treatise), aff'd in part, rev'd in part, vacated in part, 927 F.2d 1200, 18 USPQ2d 1016(Fed. Cir. 1991), cert. denied, 502 U.S. 856(1991) 참조. 그러나 이와 반대되는 견해는 In re Hogan, 559 F.2d 595, 194 USPQ 527(CCPA 1977)(공개내용이 청구항을 지지하느냐의 여부는 특허출원 당시의 기술 수준에 의하여야 한다. 특허청은 후일 개발된 하위종류를 가지고 청구항에 대한 특허를 거절하는 사유로 할 수

라. 작동이 불가능한 청구항

발명이 작동 불가능하기 때문에 유용성 또는 산업상 이용가능성이 없어서 특허가 거절되는 것과 청구항의 권리범위가 너무 넓어서 실시가능요건을 결여하여 특허가 거절되는 것은 구별된다.[46] 명세서가 실시가능요건을 결여하고 있다는 사유로 특허를 거절하는 이유 중의 하나는 통상의 지식인이 명세서의 설명을 좇아서 발명을 실시하여 본 결과 부당하게 과도한 실험을 거치지 아니하면 발명을 만들거나 사용할 수 없다면 이는 명세서의 공개내용이 부족함에도 불구하고 청구항의 권리범위는 넓게 주장함으로써 실시가능요건을 충족시키지 못한다는 것이다.

(1) 일부 작동 불가능한 청구항

청구항의 권리범위가 너무 넓어서 작동이 가능한 특허대상은 물론 작동이 불가능한 대상을 모두 포함하고 있다면 이러한 청구항에 대한 특허는 거절되거나 이미 발급된 특허는 무효가 된다.[47] 그 대표적인 사건이 **Graver Tank** 사건인데 이 사건의 청구항은 용접재료로 사용되는 합성물에 대한 보편적인 청구항으로서 가장 중요한 구성요소는 실리케이트(Silicate)이다. 명세서에서 특허권자가 실험결과 용접제로서 작동이 가능한 것으로 밝혀진 아홉 가지의 금속 실리케이트를 열거하였다. 그러나 청구항의 권리범위에 있는 다른 종류의 실리케이트는 용접제로서는 사용할 수 없다는 점이 밝혀졌다. 청구항의 권리범위가 작동 가능한 실시례뿐만 아니라 작동 불가능한 실시례까지도 포함한다면 이러한 청구항은 무효이다.[48]

없다. 만약 그렇게 한다면 이는 개척적인 발명자가 초기에 발명을 공개할 의욕을 없애 버릴 수 있다); Ethyl Molded Products Co. v. Betts Package Inc., 9 USPQ2d 1001, 1027(E.D. Ky. 1988)(최초의 특허출원서에 공개되지도 않았고 공개될 수 없었던 구조나 기능적 요소들이 후일 개발된 기술에 의하여 최초의 청구항의 권리범위에서 벗어나는지 여부는 명세서의 공개요건과는 아무런 관련이 없다) 참조.

46 In re Cortright, 165 F.3d 1353, 1356, 49 USPQ2d 1464, 1466(Fed. Cir. 1999).

47 무효설(정설): Chisum §7.03 [c]–Claims reading on Inoperative Subject Matter.

48 Graver Tank & Mfg. Co. v. Linde Air Products, 336 U.S. 271, 80 USPQ 451(1949), reh'g granted, 337 U.S. 910(1949), modified, 339 U.S. 605, 85 USPQ 328(1950), reh'g denied, 340 U.S. 845(1950). 위 사건에서 미연방대법원은 특허침해소송에서 청구항이 무효가 되는 것을 회피하기 위하여 문언상 사용했던 용어보다도 더 좁게 해석되는 것이 마땅한지 여부에 대해서만 결론을 지었다. Graver Tank의 재심에서 미연방대법원은 권리범위가 좁게 된 청구항이 발명자의 작동가능한 발명을 포함시킬 수 있도록 하기 위하여 동등론을 적용하였다. 339 U.S. 605, 85 USPQ 328(1950), reh'g denied, 340 U.S. 845(1950). 그럼에도 불구하고 실시가능요건과 유용성의 요건, 양자의 관련성에 대한 논리적 적용을 한 것으로 보인다. 이는 후일 Brener v. Manson에서 해석된다. 특허법은 발명자가 발명을 실시할 수 있도록 자신이 공개한 정보의 양과 발명의 유용성의 양에 상응하는 만큼 배타적 권리를 부여받는다는 원칙을 가지고 있다. Brenner v. Manson, 383 U.S. 519, 148 USPQ 689(1966); General Elec. Co. v. United States, 572 F.2d 745, 755, 198 USPQ 65, 73(Ct. Cl. 1978)(청구항이 유효하기 위해서는 그 목적으로 하는 기능을 수행할 수 있는 구조를 반드시 인용하여야 한다); King Instrument Corp. v. Perego, 737 F. Supp. 1227, 1234 n.7, 16 USPQ2d 1994, 2000 n.7(D. Mass. 1990), aff'd, 65 F.3d 941, 36 USPQ2d 1129(Fed. Cir. 1995)(청구항이 완벽하게 작동가능한 기구를 만들기에 필요한 구성요소를 모두 포함할 필요는 없을지라도 청구항은 특허를 받을 수 있는 발명을 포함하여야 한다. 청구항은 자신이 권리범위에 포함하려고 하는 바로 그 발명을 개념정의하기에 본질적으로 필요한 구성요소를 포함하여야 한다); Carl Zeiss Stiftung v. Renishaw plc, 740 F. Supp. 1038, 1045, 18 USPQ2d

Cavallito 사건에서도 특허출원인은 Bis-Quaternary Ammonium Substituted Alkanes라는 일군의 합성물 전체를 대상으로 하는 보편적 청구항을 주장하면서 이는 혈압강하제로서의 효과가 있다고 하였다. 명세서는 서른 가지의 작동이 가능한 합성물을 특정하였을 뿐 청구항의 권리범위에는 수십만 가지의 합성물을 포함시켰다. 그러나 청구항의 권리범위에 포함된 수 없는 물질 중에서 한두 개만을 선택하여 유용성을 입증한 뒤 다른 물질도 이와 마찬가지라는 주장을 하는 것만 가지고는 수없이 많은 물질에 대하여 집단적으로 특허를 받을 수 없다.[49]

특허심사과정에서 청구항이 작동 불가능한 대상을 상당수 포함하고 있는 경우에는 공개요건에 위배된다는 이유로 특허가 거절되어야만 한다. 이를 극복하기 위해서 특허출원인은 청구항의 권리범위에 포함된 모든 또는 거의 대부분의 특허대상이 유용성이 있다는 확신을 줄 수 있어야 하고 만약 그렇지 못한 경우에 청구항은 변경되어야 한다.[50]

이에 비하여 작동 불가능한 대상을 그 권리범위에 포함하고 있는 청구항이라고 하더라도 반드시 무효인 것은 아니고 일정한 경우에는 유효가 될 수도 있다.[51] 사실 심사관으로서 특허를 거절하려고만 하면 거의 대부분의 청구항은 작동이 불가능한 것으로 될 수도 있다.[52] 따라서 만약 작동 불가능성이 불합리한 가정에서 주장되거나, 통상의 지식인에게는 당연히 허용되는 제한이 오직 문제가 된 대상에 대해서는 무조건 작동이 불가능하다고 하는 경우에는 이를 이유로

1817, 1825(S.D. N.Y. 1990), rev'd in part, vacated in part, 945 F.2d 1173, 20 USPQ2d 1094(Fed. Cir. 1991)(발명이 작동하기 위해서 반드시 필요한 본질적인 구성요소를 구비하지 못한 청구항은 무효이다. 그러나 청구항이 유용성이 있는 한 특허대상이 가지는 실제적 유용성에 필요한 모든 구성요소를 일일이 열거할 필요도 없다).

49 • 정설(무효설: Graver Tank)을 따른 사건: In re Cavallito, 282 F.2d 357, 361, 127 USPQ 202, 205(CCPA 1960). 그러나 보편적인 청구항이 유효하기 위해서 특허출원인은 그 권리범위에 포함되어 있는 합성물 대부분이 유용하다는 점을 밝혀야 한다. 특허출원인이 집단물질에 대한 배타적 권리를 얻으려고 하는 경우에 그는 반드시 집단물질의 전부 또는 거의 대부분이 유용성이 있다는 확신을 줄 수 있어야 한다.
• 소수설(배제설): Studiengesellschaft Kohle v. Eastman Kodak Co., 616 F.2d 1315, 1340, 206 USPQ 577, 599(5th Cir. 1980), cert. denied, 449 U.S. 1014(1980), appeal after remand, 713 F.2d 128(5th Cir. 1983)(작동 불가능한 촉매가 존재한다는 사실은 청구항을 무효로 하는 것이 아니라 그 권리범위에서 이를 제외하는 데 그친다); American Dental Association Health Foundation v. Bisco Inc., 24 USPQ2d 1524, 1529(N.D. Ill. 1992)(발급된 특허에서 사용된 용어가 아니라는 이유로 Cavallito의 적용을 배척한 사례); Atlas Powder Co. v. E.I. du Pont de Nemours & Co., 588 F. Supp. 1455, 221 USPQ 426(N.D. Tex. 1983), aff'd, 750 F.2d 1569, 224 USPQ 409(Fed. Cir. 1984).

50 In re Corkill, 771 F.2d 1496, 1501, 226 USPQ 1005, 1009(Fed. Cir. 1985); In re Sichert, 566 F.2d 1154, 196 USPQ 209(CCPA 1977)(다섯 가지 식물 품종으로부터 추출한 물질을 혼합한 것을 대상으로 하는 청구항이 권리범위에 포함되는 상당수의 치환물질이 규정된 비율에서 효과적으로 작동이 가능하지 않기 때문에 일응 작동이 불가능하다고 본 사례).

51 In Ex parte Mark, 12 USPQ2d 1904(Bd. Pat. App. & Int'f 1989)(천연 단백질과 동일한 생명공학적인 활동성을 보이는 합성변종에 대한 청구항에 대하여 심사관이 작동 불가능하다는 이유로 거절을 하였으나 미특허심판원이 '비록 주어진 단백질이 현재의 발명의 용도에 적합하지 않을지는 몰라도 통상의 지식인이 이 발명을 실시하는 데는 아무런 지장을 주지 않는다.'는 이유로 이를 번복하였다).

52 Chisum §7.03 [c]. 예컨대, 방법청구항이 섭씨 50,000도 이하에서만 작동하는 것으로 명시적으로 한정할 것을 요구하는 것은 부당한 것이다. 그 온도 이상에서는 아예 이 방법이 작동하기가 불가능하기 때문에 발명 자체가 유용성이 없거나, 명세서가 그 온도 이상에서 작동하는 방법을 가르쳐 주지 않았기 때문에 실시가능요건에 위배될 것이다.

하여 청구항을 거절하거나 무효로 할 수 없다.

청구항은 통상의 지식인이 용이하다고 생각할 수 있는 요인들에 대해서는 굳이 인용할 필요가 없다.[53] 청구항이 기재된 특허대상이 실제적인 유용성이 있다는 점을 보이기 위해서 모든 구성요소를 전부 다 인용할 필요도 없다.[54] 청구항에 기재된 조합의 상당 부분이 작동 불가능하다 할지라도 반드시 청구항이 무효인 것은 아니다. 작동이 불가능한 부분이 상당히 중요하거나 이 발명을 실시하기 위하여 통상의 지식인이 부당하게 많은 실험을 하여야 하는 경우에만 이 청구항은 무효이다.[55]

(2) 청구항의 일부는 실시가 가능하지만 그 권리범위가 너무 넓은 경우

명세서가 청구항의 권리범위에 있는 것 중의 일부에 대하여 실시가 가능하도록 설명을 하고 있지만 청구항의 권리범위가 그 설명된 범위에 한정되지 않고 이를 넘는 경우에 특허가 거

---

53 In re Skrivan, 427 F.2d 801, 806, 166 USPQ 85,88(CCPA 1970); In re Dinh-Nguyen, 492 F.2d 856, 858-59, 181 USPQ 46, 48(CCPA 1974)(있을 수도 있는 작동 불가능한 대상이나 비효과적인 부분을 특정하여 제거하는 일은 청구항의 기능이 아니다); In re Geerdes, 491 F.2d 1260, 1265, 180 USPQ 789, 793(CCPA 1974)(방법청구항이 작동 불가능한 실시례를 포함할 수도 있다는 비현실적인 가정을 가지고 특허를 거절할 수는 없다); In re Anderson, 471 F.2d 1237, 1242, 176 USPQ 331, 335(CCPA 1973)(청구항의 대상이 항상 작동이 불가능한 부분을 가지고 있다는 점을 언제라도 지적할 수 있지만 청구항의 기능은 일일이 이러한 부분을 제거하는 것이 아니라 특허대상이 되는 조합을 적시하는 것이다); In re Cook, 439 F.2d 730, 735, 169 USPQ 298, 302(CCPA 1971)(통상의 지식인이 작동 불가능한 것보다는 작동이 가능한 실시례를 만들기 위하여 어떤 요소를 추가하면 되는지를 아는 것이 용이한 경우에는 작동 불가능한 실시례는 별다른 문제가 되지 않는다); In re Myers, 410 F.2d 420, 426, 161 USPQ 668, 672(CCPA 1969)(작동 불가능한 것을 모두 배제할 필요가 있다면 이러한 청구항은 너무나도 상세하여 특허대상을 특정하여 분명하게 확정할 수 없는 결함이 생긴다).

54 Bendix Corp. v. United States, 600 F.2d 1364, 1369, 204 USPQ 617, 620-21(Ct. Cl. 1979), appeal after remand, 676 F.2d 606(Ct. Cl. 1982).

55 Atlas Powder Co. v. E.I. du Pont de Nemours & Co., 750 F.2d 1569, 1576-77, 224 USPQ 409, 414(Fed. Cir. 1984); Ajinomoto Co. Inc. v. Archer-Daniels-Midland Co., 1996 WL 621837, *16(D. Del. 1996), final judgment aff'd, damage award modified, 228 F.3d 1338, 56 USPQ2d 1332(Fed. Cir. 2000), cert. denied, 121 S. Ct. 1957(2001)(작동 불가능한 대상의 수가 중요하지 않고 통상의 지식인에게 부당하게 과도한 실험을 요구하지 않는 한 청구항이 이를 제거할 필요는 없다); Hybritech, Inc. v. Abbott Laboratories, 4 USPQ2d 1001, 1012(C.D. Calif. 1987), aff'd, 849 F.2d 1446, 7 USPQ2d 1191(Fed. Cir. 1988)(단 한 가지의 작동 불가능한 실시례가 있다고 하더라도 청구항을 무효로 하지 않는다).

그러나 청구항의 명확성 요건을 충족하지 못하였다고 본 사례도 있다. Chemcast Corp. v. Arco Industries Corp., 5 USPQ2d 1225, 1236(E.D. Mich. 1987), aff'd in part, rev'd in part, vacated in part and remanded, 854 F.2d 1328(Fed. Cir. 1988)(unpublished), on remand, 12 USPQ2d 2005(E.D. Mich. 1989), aff'd, 913 F.2d 923, 16 USPQ2d 1033(Fed. Cir. 1990)(많은 수의 작동 불가능한 실시례를 포함한 청구항은 특허대상을 특정하여 분명하게 구분하는 데 실패하였다).

청구항이 작동 불가능한 대상을 제외하도록 작성된 경우: PPG Industries, Inc. v. Guardian Industries Corp., 75 F.3d 1558, 1564, 37 USPQ2d 1618, 1622(Fed. Cir. 1996)(청구항이 모든 실시례가 작동가능할 것을 요구하는 방식으로 작성된 것이라면 명세서가 설명을 잘못한 것이라고 하더라도 실시가능요건에 위배된 것이 아니라고 본다. 명세서가 낮은 투과율을 가지는 유리제품이 세륨 산소(Cerium oxide)를 추가함이 없이 31%의 자외선 투과를 하지 못하는 경우는 청구항에 기재된 바와 같은 기능을 충족시키지 못하는 것으로 설명하였다. 특허침해자는 이 청구항이 서면공개요건을 위배하였다고 하면서 청구항이 상당히 많은 수의 작동이 불가능한 대상을 포함하고 있다고 주장했다. 그러나 CAFC는, 청구항은 모든 대상이 작동이 가능할 수 있도록 작성된 것이라고 보았다).

절될 수 있다. 이러한 유형의 특허를 거절하기 위해서 특허청은 그 거절 사유에서 명세서가 통상의 지식인에게 그 청구항의 권리범위에 상응하는 발명을 사용할 수 있을 정도의 상세한 설명을 하지 못한다는 것을 명시한다.[56]

(3) 청구항의 특허대상 중 어느 것도 실시가 불가능한 경우

그와는 반대로 만약 명세서가 청구항의 권리범위에 있는 어떠한 사항도 실시하지 못하는 경우에 심사관은 일반적인 실시가능요건을 결여하였다는 이유로 특허를 거절할 수 있다.[57] 청구항의 권리범위가 너무 좁다는 것은 공개요건상 문제가 되지 아니한다. 선행기술과 구별하는 데 있어서 별로 중요하지도 않은 숫자적인 한정사를 청구항에 기재하였다는 것 등은 공개요건의 문제를 만들어 내지는 않는다.[58]

마. 청구항의 불명확성

청구항의 권리범위가 부당하게 넓다는 것은 청구항의 권리범위가 불명확하다는 것과는 구별된다. 명세서의 공개내용에 비추어서 청구항의 권리범위가 너무 넓다는 것은 실시가능요건을 충족시켰느냐 하는 문제이다. 이에 비하여 청구항의 권리범위가 불명확하다는 것은 과연 청구항 또는 청구범위를 작성함에 있어서 분명하고 간결하게 기재하여 그 권리범위를 명확하게 규정하였느냐의 문제이다.[59]

5. 통상의 지식인

명세서는 통상의 지식인에 대해서만 발명을 실시할 수 있는 능력을 부여하면 된다.[60] 명세

---

[56] Manual of Patent Examining Procedure(M.P.E.P.) §706.03(c), form P 7.31.03(Rev. 3, July 1997).

[57] 만약 명세서가 청구항의 권리범위에 있는 특허대상 중에서 어느 하나라도 실시할 수 없도록 한다면 이는 명세서가 발명을 실시할 수 있도록 상세한 설명을 하지 못한 것으로서 특허청은 일반적인 실시실시가능요건(General enablement rejection)의 결여를 이유로 하여 특허를 거절할 수 있다. M.P.E.P. §706.03(c), P 7.31.02 참조.

[58] Cosden Oil & Chem. Co. v. American Hoechst Co., 543 F. Supp. 522, 534, 214 USPQ 244, 254(D. Del. 1982)(자신의 발명보다도 청구항의 권리범위가 좁은 것은 문제가 되지 않는다); Ex parte Dresser Industries, Inc., 224 USPQ 841, 844(PTO Bd. App. 1983)(특허권자는 선행기술과의 차이점을 입증하지 않고도 그가 청구할 자격이 있는 발명보다도 더욱 작은 청구항의 권리범위를 주장할 수 있다); W.L. Gore & Associates, Inc. v. Garlock, Inc., 721 F.2d 1540, 1556, 220 USPQ 303, 315(Fed. Cir. 1983), appeal after remand, 842 F.2d 1275, 6 USPQ2d 1277(Fed. Cir. 1988)(새로운 물건에 대한 청구항이 특허를 받기 위해서 반드시 결정적으로 선행기술과 구별할 수 있는 한정사를 가질 것을 요구하지는 않는다).

[59] In re Borkowski, 422 F.2d 904, 909, 164 USPQ 642, 646(CCPA 1970); In re Ehrreich, 590 F.2d 902, 200 USPQ 504(CCPA 1979).

[60] 미특허법 제112조는 '명세서는 그 발명이 속하거나(Pertains), 가장 근접하게 관련된(Most nearly connected) 기술

서는 설명과 도면을 가지고 발명의 메커니즘을 공개한다. 이 메커니즘은 관련된 산업에 종사하지 않는 사람들에게는 전혀 이해할 수 없는 것이지만 관련된 분야에 종사하는 통상의 지식인들은 이러한 명세서가 사용하고 있는 용어의 의미와 발명의 성격을 쉽사리 이해할 수 있다.[61]

예컨대 어떤 엔지니어가 증기기관을 개량했다고 하면 자신이 발명을 시작하는 바로 그 시점에서 설명을 시작하여 그가 만들어 낸 새로운 것을 공개하면 되는 것이다. 이미 알려진 것들은 마치 그것이 명세서와 도면에 이미 설명되어 있는 것과 같다.[62]

통상의 지식인의 기술 수준의 문제는 관련된 기술 분야가 무엇인가와 이미 공지된 기술로 추정되는 선행기술이 무엇인가에 달려 있다.

가. 그 발명이 속하는 기술 분야[63]

(1) 문제해결설

공개요건에서 요구하는 통상의 지식인은 진보성을 판단하는 데 있어서 기준이 되는 통상의 지식인과 동일한 의미를 가진다. 그렇다면 그 발명이 속하는 기술 분야도 진보성에서와 동일하다고 본다. 진보성에서 말하는 그 발명이 속하는 기술 분야라는 것은 해결되어야 할 문제와 관련된 기술 계통을 말하는 것이지 특별한 문제가 발생하거나 발명이 사용되는 특정한 기술 분야를 말하는 것이 아니다.[64]

녹이 슬지 않는 합금으로 만든 칼에 대한 발명의 명세서는 합금기술이 문제되는 것으로서

분야의 숙련된 사람(Person skilled in the art) 에게 발명을 실시할 수 있는 능력을 부여하여야 한다.'고 규정하고 있다. 이는 진보성을 규정한 미특허법 제103조의 통상의 지식인(Person of ordinary skill in the art)과 다르고 우리 대법원의 실시가능요건의 기준인 그 발명이 속하는 기술 분야에서 통상의 지식을 가진 자의 기술 수준과 다르기 때문에 보다 높은 기준을 요구하는 것이 아니냐에 대한 의문이 있다. 저자 주.

61 Webster Loom Co. v. Higgins, 105 U.S.(15 Otto). 580, 582-86(1881). 직조기에 대한 특허명세서에 대하여 피고는 이 명세서가 발명을 기술하는 데 불충분했고 이 특허발명을 기존의 장치에 적용하는 방법을 제시하지도 못했다고 주장했다. 특허를 받을 수 있는 발명이 되기 위해서 이 발명은 실제로 작동할 수 있는 장치가 될 수 있도록 반드시 실시되어야 한다고 주장했다. 명세서는 설명과 도면을 가지고 발명의 메커니즘을 공개한다. 그러나 이 메커니즘은 방직업에 종사하지 않는 사람들에게는 전혀 이해할 수 없는 것이지만 직조기를 만들거나 사용하는 일에 종사하는 통상의 지식인들은 이 명세서가 사용하고 있는 용어의 의미와 발명의 성격을 쉽사리 이해했을 것이다. 예컨대 그리스의 한 천문학자가 어느 별자리에서 혜성이 관측된다고 보고를 한 경우에 대부분의 그리스 사람들은 무슨 소리인지 잘 모를 것이다. 그러나 천문학자들은 이 말을 듣자마자 곧바로 망원경을 바로 그 별자리에 놓고서 전혀 알지 못하는 미지의 물체가 우리의 태양계로 들어오는 것을 볼 수 있었을 것이다. 이 천문학자들은 최초로 혜성을 발견한 사람이 말하는 바를 즉시 이해할 수 있다.

62 Webster Loom Co. v. Higgins, 105 U.S.(15 Otto). 580, 582-86(1881). 엔지니어는 자신을 이해시킬 필요는 없다. 그는 증기엔진을 공개할 필요도 없고 개량된 부분도 공개할 필요가 없으며 동력을 전달하는 방법도 공개할 필요가 없다. 이러한 것은 모두 통상의 지식인들에게 이미 친숙한 일이기 때문이다.

63 특허법 제42조 제3항(실시가능요건): 발명의 상세한 설명에는 그 발명이 속하는 기술 분야의 통상의 지식을 가진 자가 용이하게 실시할 수 있을 정도로 그 발명의 목적, 구성 및 효과를 기재하여야 한다.

64 문제해결설: Supra, 제5장, 진보성 해당 부분 참조.

합금기술 분야에 포함되는 것이지 칼을 만드는 기술 분야는 아니다. 따라서 합금기술자가 가진 능력을 기준으로 하여 명세서가 실시가능요건을 충족하였는지를 판단하는 것이다.[65] 만약 명세서가 녹이 슬지 않도록 할 수 있는 정확한 온도에 대해서는 전혀 공개하지 않았고 공개되지 않음으로 인하여 명세서가 실시가능요건을 충족시키는지 여부는 합금기술 분야에 종사하는 통상의 지식인을 기준으로 하여야 한다.[66] [67]

(2) 최적기회설

그 발명이 속하는 분야라는 것은 가장 적절한 과학기술 분야를 말하는 것으로서 숙련된 기술자가 발명을 만들고 사용할 수 있는 최적의 기회가 부여되는 분야로 보는 것이 전통적 견해이다(Best chance approach). 특허법이 발명을 공개할 것을 요구하는 이유는 그 특허대상이 사용되는 용도도 함께 참작하여 관련된 기술 분야를 결정하도록 하는 것으로서 오직 그 물건이나 효과만을 보고 그 기술 분야를 결정하도록 하기 위한 것이 아니다.

자동전화기에 사용되는 계산기를 발명한 경우에 자동전화기를 만드는 분야가 그 발명이 속하는 분야라고 보아야 한다. 그럼에도 심사관이 이 발명과 관련된 기술 분야는 계산기를 만드는 분야라고 보고 충분한 공개를 하지 못한 것으로 하여 특허를 거절한 것은 발명이 속하는 기술 분야를 잘못 선택한 것이다.[68] 따라서 그 발명이 통상 사용되는 용도를 고려하여 그 분야의 통상의 지식인이 특허출원인이 공개한 내용을 이해할 수 있도록 공개를 하여야 한다.[69]

---

65 American Stainless Steel Co. v. Ludlum Steel Co., 290 F. 103(2d Cir. 1923). 원고의 특허는 금속으로 만든 연장과 칼을 만드는 기술계통으로서 낮은 탄소를 가진 철과 크로뮴의 합금으로서 녹이 슬지 않게 하는 특성을 가진 물건을 만들도록 고안된 것이다. 피고가 원고의 청구항의 권리범위에 속하는 합금을 판매하였는데 그것이 녹이 슬지 않는 성질을 가지고 있다고 광고했다. 이 소송에서 원고는 피고가 기여적 침해행위를 하였다고 주장하였으나 1심판결은 원고패소판결을 선고하였다.

66 위 American Stainless Steel Co. v. Ludlum Steel Co.: 그러나 이 명세서는 실시가능요건을 충족시키지 못한다는 판결을 선고받았는데 이것이 칼을 만드는 기술자에게 특허물건을 만드는 방법을 가르치는 데 실패했기 때문이다. 1심법원은 청구항의 권리범위를 좁게 해석해서 그것이 능력을 부여하는 부분에 관해서만 유효한 특허라고 보았다. 그러나 항소법원은 이를 파기했는데 그 발명이 속하는 기술 분야는 칼을 만드는 기술 분야가 아니라 바로 야금 기술 분야라고 보았다.

67 American Stainless Steel Co. v. Ludlum Steel Co.: 비록 칼을 만드는 기술자에게 녹슬지 않는 합금을 만드는 방법을 가르치지 못하였다고 하더라도 명세서가 실시가능요건을 충족한 것으로 취급되는 것은 이상하게 보인다. 그러나 진보성의 요건과 실시가능요건에서 기술적 문제가 발생한 경우에는 반드시 적절한 기술 분야를 찾아서 문제를 해결한다는 가정을 한 것으로서, 금속에 녹이 슬지 않도록 하는 기술은 야금과 관련된 분야로 보아야 한다. 왜냐하면 녹이 슬지 않는 금속을 발견하는 것은 야금기술자가 합금을 개량하여야만 발명할 수 있는 것이기 때문이다.

68 International Standard Electric Corp. v. Ooms, 157 F.2d 73, 74-75, 70 USPQ 32, 33(D.C. Cir. 1946): 특허출원인은 자동전화기를 만드는 사람이 자신의 공개내용을 사용할 수 있느냐의 판단문제라고 주장한데 비하여 특허청은 이 발명은 오직 계산기를 만드는 기술 분야에만 속한다고 반박했다.

69 International Standard Electric Corp. v. Ooms, 157 F.2d 73, 74-75, 70 USPQ 32, 33(D.C. Cir. 1946). 만약 특허청의 주장이 옳다면 증기선을 발명한 것은 특허를 받을 수 있는 아무 것도 포함하지 않고 있을 것이다. 지금까지 돛단배를 만들어 온 기술자에게 증기선이 기계적으로 작동하는 방법에 대한 아무런 설명이 없이 증기선을 만들고 사용하라고 가르치는 것은 불가능하기 때문이다. 그리고 만약 유일하게 관련된 기술 분야가 배를 만드는 것이라면 육

(3) 여러 측면을 가진 발명

하나의 발명이 여러 가지 측면을 포함하고 있어서 여러 가지 다른 기술을 포함할 수 있을 때 명세서는 각각의 기술 분야에 정통한 사람들을, 즉 그들의 전문성에 대하여 적절한 측면을 수행할 수 있도록 가장 많은 기회를 부여하는 사람들을 대상으로 한다. 어떤 종류의 문제는 여러 명의 전문가들이 집합하여 해결하는 것이 당연하고 그러한 문제를 해결한 기술에 관한 특허는 이러한 지식인 집단에 대하여 발명을 실시할 수 있도록 능력을 부여하면 족하다는 것이다.[70]

따라서 지진의 신호를 분석하여 디지털 컴퓨터상에 계산을 하는 발명에 대한 특허출원명세서에 대하여, 심사관이 지진을 관측하는 기술 분야의 통상의 지식인에게 컴퓨터를 프로그램화하는 방법을 가르치는 데 실패하였기 때문에 실시가능요건을 충족하지 못하였다는 사유로 한 거절에 대해서 CCPA는 그 기준이 잘못되었다고 보았다. 이는 지진학적 기술자와 디지털 컴퓨터에 종사하는 자들의 집단이 이 명세서를 실시할 수 있으면 된다고 보아야 한다.

나. 공지기술로 보는 선행기술 또는 이미 알려진 기술

명세서는 그 발명이 속하거나 가장 밀접하게 관련된 기술 분야의 통상의 지식인이 발명을 실시할 수 있도록 하여야 한다. 따라서 명세서는 기술 지식이 거의 없는 보통사람이 아니라 관련된 분야에서 통상 상당한 기술적 지식을 가지고 있는 사람을 그 대상으로 한다.[71] 이는 상당히 높은 기술적 지식인을 말한다.

상용 엔진을 만드는 기술자에게 증기선용 엔진을 제작하는 방법을 공개한 내용은 언제나 충분하지 않을 것이다. 결국 그 발명이 속하는 분야라는 것은 가장 적절한 과학기술 분야를 말하는 것으로서 숙련된 기술자가 발명을 만들고 사용할 수 있는 최적의 기회가 부여되는 분야를 말한다.

70 In re Naquin, 398 F.2d 863, 866, 158 USPQ 317, 319(CCPA 1968); Enzo Biochem, Inc. v. Calgene, Inc., 188 F.3d 1362, 1373-74, 52 USPQ2d 1129, 1137(Fed. Cir. 1999); Technicon Instruments Corp. v. Alpkem Corp., 2 USPQ2d 1729, 1742(D. Ore. 1986), aff'd in part, vacated in part, rev'd in part, 837 F.2d 1097(Fed. Cir. 1987)(unpublished), appeal after remand, 866 F.2d 417, 9 USPQ2d 1540(Fed. Cir. 1989)(두 가지 별개의 기술이 관련된 경우에는 공개내용이 각각의 통상의 지식인에 의하여 실시될 수 있으면 족하다); Ex parte Zechnall, 194 USPQ 461 at 461(PTO Bd. App. 1973)(전자컴퓨터와 연료분사기술의 기술자가 합동하여 발명을 실시할 수 있도록 공개하여야 한다); In re Brown, 477 F.2d 946, 950, 177 USPQ 691, 694(CCPA 1973)(항해 기술 분야와 디지털 컴퓨터 프로그램 분야의 통상의 기술 수준이 기준이 된다).

71 Carpet Seaming Tape Licensing v. Best Seam, Inc., 616 F.2d 1113, 1139, 206 USPQ 213, 218(9th Cir. 1980), appeal after remand, 694 F.2d 570, 216 USPQ 873(9th Cir. 1982), cert. denied, 464 U.S. 818(1983)(이미 그 기술 분야에 알려진 것이라면 한 단계를 공개하지 아니하여도 기망행위에 해당하지는 않는다); Winner, Enablement in Rapidly Developing Arts—Biotechnology, 70 J. Pat. & Trademark Off. Soc'y 608(1988); Sibley, Factual Inquiries in Deciding the Question of Enablement, 70 J. Pat. & Trademark Off. Soc'y 115(1988); Walterscheid, Insufficient Disclosure Rejections(Part V), 62 J. Pat. Off. Soc'y 387(1980); Schwaab, Disclosure Requirements for U.S. Patent Applications, 6 APLA Q.J. 313, 327-29(1978); Klooster, Historical Developments of Contemporary Scope, Impact of Section 112 upon Patent Practice, 6 APLA Q.J. 171, 173-74(1978); Jones, Disclosure in Patent Applications, 31 J. Pat. Off. Soc'y 883(1949); Mowry v. Whitney, 81 U.S.(14 Wall). 620, 623(1871); Webster Loom v. Higgins, 105 U.S.(15 Otto). 580, 586(1881).

명세서의 공개내용이 아무리 상세하다 해도 엄격한 의미에서는 완전한 것일 수가 없다. 모든 공개내용은 어느 정도까지는 명세서의 용어 및 개념과 그 내용에 있어 그것을 읽는 사람의 지식 수준에 의존한다. 따라서 어떠한 공개내용을 이해한다는 것은 어느 정도의 추론을 필요로 하고 관련된 기술 분야에 있어서의 기술은 그것이 실제로 공개한 내용과 함께 해석에 의하여 보완될 필요가 있다.[72]

(1) 과거의 견해

19세기의 영국과 미국의 판례법은 실시가능요건을 충족시키는지를 결정하는 기준을 저명한 엔지니어(Eminent engineer)로 보지 않고 제한적인 기술을 가지고 있는 보다 수준이 낮은 통상의 기술자(Ordinary workman)로 보았다.[73] 명세서가 대상으로 하고 있는 기술자라는 것은 평균적으로 상당한 정보를 가지고 있는 사람을 말하는 것이지 발명과 연관된 특허대상과 관련하여 최상의 기술적 지식을 가진 사람은 아니다.[74] 후일에 이르러서 미국의 판례법은 기술자의 지식 수준을 상당히 높일 필요가 있다고 인식하게 되었다.[75]

(2) 보다 높은 기준을 요구하는 근래의 견해

근래에는, 명세서는 특허발명을 전혀 모르는 사람을 대상으로 작성된 것은 아니고 그 대상에 대하여 상당히 잘 알고 있는 사람에 관한 것으로서 명세서가 충분하게 실시가능요건을 충족하였는가의 여부는 구체적 상황에 따라 판단하되 특정한 기술 분야에 종사하는 상당히 높은 수준의 기술지식을 가진 통상의 지식인을 말한다고 본다.[76]

---

72 Rengo Co. Ltd. v. Molins Mach. Co., 657 F.2d 535, 549, 211 USPQ 303, 319(3d Cir. 1980), cert. denied, 454 U.S. 1055(1981).

73 Webster Loom v. Higgins, 105 U.S.(15 Otto). 580, 586(1881); Plimptonv. Malcolmson, 3Ch. Div. 531(1876).

74 Plimpton v. Malcolmson, 3 Ch. Div. 531(1876)(명세서는 특허대상을 모르는 사람을 겨냥한 것이 아니라 상당히 알고 있는 사람에 대한 것으로서 기술자를 3등급으로 나누어서 최하위 3등급의 기술을 가진 사람에 대해서도 특허발명을 실시할 수 있도록 상세하게 특허대상을 공개한 것이어야 한다고 본다); Tannage Patent Co. v. Zahn, 66 F. 986, 989(D. N.J. 1895), rev'd on other grounds, 70 F. 1003(3d Cir. 1895).

75 3-7 Chisum on Patents §7.03 [a] **Person Skilled in the Art.**

76 A.B. Dick v. Barnett, 288 F. 799(2d Cir. 1923). 이에 비하여 Union Pacific Resources Co. v. Chesapeake Energy Corp., 53 USPQ2d 1669, 1671-72(N.D. Tex. 1999), aff'd, 236 F.3d 684,57 USPQ2d 1293(Fed. Cir. 2001)(수평유전 특허에 대한 통상의 지식인의 수준을 지구과학이나 공학 부분에서 수평유전에 대한 정보를 수집하여 이를 평가하고 해석하는 데 적어도 2년 이상의 경험을 가진 자로서 본 사례).

77 In re Wands, 858 F.2d 731, 735, 8 USPQ2d 1400, 1402(Fed. Cir. 1988); Ajinomoto Co., Inc. v. Archer-Daniels-Midland Co., 228 F.3d 1338, 1346-47, 56 USPQ2d 1332, 1338(Fed. Cir. 2000)(불필요한 내용이 많아지고 비용이 증가하며 발명의 핵심을 흐릴 수도 있다. 특허는 학술논문이 아니라 통상의 지식인이 읽는다는 것을 전제로 한다); W.L. Gore & Associates, Inc. v. Garlock, Inc., 721 F.2d 1540, 1556, 220 USPQ 303, 315(Fed. Cir. 1983)(특허는 통상의 지식인을 대상으로 하는 것이지 일반대중이 읽는 것을 전제로 하지는 않는다); Genentech, Inc. v. Novo Nordisk, 108 F.3d 1361, 1366, 42 USPQ2d 1001, 1005(Fed. Cir. 1997), cert. denied, 522 U.S. 963(1997)(명세서

최근의 경향은, 명세서가 관련된 기술 분야에 이미 잘 알려진 것은 공개할 필요가 없다는 점을 강조한다.[77][78] 더 나아가 명세서 외부의 지식에 의존하여 발명을 설명하여도 실시가능요건을 충족한 것으로 본다.

(3) 공지기술 또는 명세서에서 공개할 필요가 없는 기술

(가) 진보성과의 차이

명세서에서 실시능력을 부여할 정도로 공개를 하였느냐의 여부를 판단하는 또 하나의 문제는 통상의 지식인이 얼마나 많은 선행기술을 알고 있느냐 하는 점이다. 진보성을 판단하는 데 있어서 통상의 지식인은 선행기술을 모두 숙지하고 있는 것으로 가정한다.[79] 이 선행기술 중에는 이미 오래되고 불분명한 특허나 간행물은 물론 기계장치나 도구를 모두 포함하는 것으로서 실제로 통상의 지식인이 알지 못하였더라도 아무런 상관이 없다.[80]

그러나 실시가능요건에서는 고려하여야 할 선행기술을 그렇게 광범위하게 보지는 않는다. 특허출원명세서가 발명을 공개할 것을 요구하는 이유는 일반대중이 별다른 조사와 연구를 하지 않더라도 특허발명을 완전하게 이용할 수 있도록 하기 위한 것이다. 이에 비하여 진보성의 판단에서 통상의 지식인이 모든 선행기술을 숙지하고 있는 것으로 가정되는 이유는 아무런 쓸모가 없거나 타인의 발명을 무단으로 복제한 것에 대하여 특허를 발급하는 것을 방지하기 위하여 통상의 지식인에게 모든 선행기술을 조사할 절대적인 의무를 부과한 것이다.[81]

실시가능요건을 판단함에 있어서의 통상인의 지식 수준도 진보성을 판단하는 경우와 같이 모든 선행기술을 숙지하고 있는 것으로 추정하여야 한다고 보는 견해가 있지만,[82] 그러나 이것

가 이미 알고 있는 내용은 굳이 공개할 필요는 없지만 어디까지나 통상의 지식인이 알고 있는 것은 단지 보충적인 것일 뿐 공개내용을 대체할 수는 없다. 사소한 부분에 대한 공개가 미흡한 것은 별로 문제가 되지 않지만 특정한 기초물질이나 방법이 작동하는 기본적인 조건에 대한 공개를 하지 아니함으로써 부당하게 과중한 실험이 요구된다면 이는 실시가능요건을 충족시키지 못한 것이다. 이때 이 문제가 된 방법이 통상의 지식인의 기술에 속한다고 주장하여도 이로써 실시가능요건이 보완될 수는 없는 것이다. 발명을 공개하는 것은 통상의 지식인의 지식이 아니라 바로 명세서이기 때문이다).

78 Atmel Corp. v. Information Storage Devices, Inc., 198 F.3d 1374, 1382, 53 USPQ2d 1225, 1230(Fed. Cir. 1999)(관련된 분야에 종사하는 통상의 지식인은 볼트와 기어, 그리고 트랜지스터를 만들고 사용하는 방법과 기초적인 화학물질쯤은 이미 알고 있다. 이렇게 이미 알려진 지식은 굳이 명세서에 기재할 필요는 없는 것이다. 만약 명세서가 이미 알려진 물건을 설명하려고 한다면 이는 엄청나게 장황하고 방대한 길이가 될 것이다); Johns Hopkins University v. CellPro Inc., 152 F.3d 1342, 1360, 47 USPQ2d 1705, 1718(Fed. Cir. 1998).

79 Supra. 제6장 진보성 n.136.

80 Janicke, 특허의 공개요건: Some Problems and Current Developments(Part I), 52 J. Pat. Off. Soc'y 707, 709-20(1970).

81 Chisum §7.03 [c].

82 동일설: In re Haven, 289 F.2d 508, 129 USPQ 310(CCPA 1961); 구별하면서도 동일한 수준을 요구하는 견해: Ashland Oil, Inc. v. Delta Oil Products Corp., 212 USPQ 508, 515(S.D. Ohio 1981), aff'd, 685 F.2d 175, 216 USPQ 857(7th Cir. 1982), cert. denied, 460 U.S. 1081(1983)(진보성에서 통상의 지식인은 발명자나 심사관을 말하는 것

은 진보성과 공개요건을 규정한 특허법 조문의 차이점을 간과하고 또한 각각의 요건을 요구하는 특허법의 입법목적의 차이점을 무시하는 것이다.[83]

진보성과 공개요건과의 사이에 이러한 차이점 때문에 특허침해소송에서의 피고가 특허가 진보성이 결여되어 있어서 특허가 무효라고 주장하면서도 동시에 실시가능요건에 위배되어 무효라고 주장하더라도 이 주장이 상호 모순되지는 않는다.[84]

(나) 잘 알려진 지식

공개요건에 관한 한 통상의 지식인이 그 분야의 모든 선행기술을 숙지하고 있는 것으로 보지는 않는다. 문제는 통상의 지식인이 과연 얼마나 많은 선행기술을 아는 것으로 보아야 하는가 여부이다. 통설은 특허에 기재되어 있거나 도면에 묘사되어 있는 등 잘 알려진 지식(Well known knowledge)을 말한다.[85] 따라서 실시가능요건에서 말하는 통상의 지식인은 일반대중이 보편적으로 알거나, 쉽사리 알 수 있는 것이라면 모든 선행기술을 숙지하고 있는 것으로 보아야 한다.[86]

이고, 실시가능요건에서 통상의 지식인은 특허가 기술을 공개하는 대상을 말한다. 그러나 그 수준은 동일하다).

또한 Struthers Patent Corp. v. Nestle Co., Inc., 558 F. Supp. 747, 833, 211 USPQ 1023, 1096(D. N.J. 1981)(통상의 지식인이 쉽사리 공개요건의 부족을 보완할 수 있다는 점이 반드시 이 발명을 용이하게 하여 그 특허를 무효로 하는 것은 아니지만 진보성의 판단에 있어서 중요한 역할을 한다고 본다) 참조.

83 Polysius Corp. v. Fuller Co., 709 F. Supp. 560, 565 n.3, 10 USPQ2d 1417, 1421 n.3(E.D. Pa. 1989)(당사자들은 진보성과 공개요건에서 요구되는 통상의 지식인 사이의 기술 수준의 차이점을 간과하고 있지만 그 차이는 근거가 있다).

84 이와 모순되는 견해는 Webster Loom Co. v. Higgins, 105 U.S.(15 Otto); In re Van Geuns, 988 F.2d 1181, 1185 n.1, 26 USPQ2d 1057, 1059 n.1(Fed. Cir. 1993)(당사자가 실시가능요건을 충족할 수 있는 통상의 지식인의 수준을 주장하다가 이러한 수준을 기준으로 하여 진보성을 부인한 심판원의 결정에 대하여 이의를 주장한 사례); Fonar Corp. v. General Elec. Co., 902 F. Supp. 330, 350, 41 USPQ2d 1088, 1103(E.D. N.Y. 1995), aff'd in part, rev'd in part, 107 F.3d 1543, 41 USPQ2d 1801(Fed. Cir. 1997), cert. denied, 522 U.S. 908(1997)(침해행위자가 명세서가 공개요건을 충족시키지 못한다고 주장하면서 동시에 통상의 지식인에게 용이한 것이라고 주장하는 경우에 전자의 주장은 후자의 주장에 대한 신빙성을 떨어뜨린다); Ajinomoto Co. Inc. v. Archer-Daniels-Midland Co., 1996 WL 621837,*16(D. Del. 1996), final judgment aff'd, damage award modified, 228 F.3d 1338, 56 USPQ2d 1332(Fed. Cir. 2000), cert. denied, 121 S. Ct. 1957(2001)(전문가가 실시가능요건에 대한 진술을 한 것과 진보성에 대하여 진술을 한 것을 비교하여 어느 주장이 분명한 것인지를 확신할 수 없다); In re Jochim, 11 USPQ2d 1561, 1562(Bd. Pat. App. & Int'f 1988)(BTV(Bluetongue virus)가 가지는 특정한 반응성에 대한 발명을 가지고 잡종세포와 모노클로널 항체에 대한 보편적 청구항을 지지하기 위해서는 그 공개내용이 매우 광범위하기 때문에 비록 그 권리범위가 매우 넓더라도 BTV에 대한 청구항은 용이하지 않은 것이다); 개괄을 알기 위해서는 Chisum, "Comment: Anticipation, Enablement and Obviousness: An Eternal Golden Braid, 15 AIPLA Q.J. 57(1987) 참조.

85 Reinhart v. Coursen, 458 F.2d 516, 520, 173 USPQ 552, 555(CCPA 1972)(상거래상 기준이 되는 물품). In re Buchner, 929 F.2d 660, 661, 18 USPQ2d 1331, 1332(Fed. Cir. 1991)(그 분야에 잘 알려진 정보가 아니라면 이는 반드시 명세서에 공개되었어야 하고 전문가의 진술서라는 형식으로 제출할 수 없다); ExxonResearch & Engineering Co. v. United States, 46 Fed. Cl. 278, 292, 54 USPQ2d 1519, 1529(U.S. Ct. Fed. Cl. 2000)(청구항에 사용된 용어의 명확성을 판단하는 데 있어서 특허권자가 제출한 문헌은 고려될 수 없다. 이 문헌은 독일어로 쓰여졌고, 제목을 잘못 기재하였으며, 그 문헌의 소재를 알 수 없기 때문이다. 따라서 이러한 문헌에 기재된 내용은 통상의 지식인이 알고 있는 기술의 범위를 벗어난다).

86 Janicke, Patent Disclosure: Some Problems and Current Developments, 52 J. Pat. Off. Soc'y 707, 720(1970), cit-

다. 선행문헌의 인용과 탐색정보의 제공

특허출원인은 커다란 어려움이 없이 얻을 수 있는 정보는 직접 명세서에 기재를 하는 대신에 다른 문헌을 인용할 수 있고, 일반대중이 별로 커다란 어려움이 없이 인용된 문헌을 얻을 수 있다면 이는 공개요건을 충족한다.

실시가능요건이 요구하는 지식은 특정 기술 분야의 기초지식 자체를 제공하는 것뿐만 아니라 이러한 지식을 탐색하는 데 필요한 정보도 제공하여야 한다.[87] 특허출원명세서를 본 사람이 외국의 모든 관련된 자료나 다른 특허 또는 특허출원명세서 등을 찾아 본 이후에만 발명을 실시할 수 있는 정도로 공개를 하였다면, 명세서는 충분한 내용의 공개를 하지 못한 것이다.[88]

따라서 파생물인 합성물에 대한 특허출원명세서는 그 합성물을 만드는 필수적인 기초물질을 만드는 방법을 공개하지는 않더라도 그 방법을 공개한 문헌을 탐색하는 데 필요한 정보는 공개를 할 필요가 있는 것이다. 그 실례로서, 특허출원인이 파생적인 합성물을 만드는 기초물질을 공개한 문헌이 파나마와 룩셈부르크 등의 3개 국가에서 이미 일반대중에게 공개되었다고 하더라도 자신의 명세서에서 필수적인 기초물질을 만드는 방법을 공개하지 않으면서 공개문서를 탐색하는 데 필요한 정보를 제시하지 않았다면 이는 실시가능요건을 충족하지 못한 것이다.

그러나 명세서에서 인용된 문헌을 탐색할 수 있는 지침이 명세서에 기재되지 않았다고 하더라도 모두 실시가능요건을 충족하지 못한 것으로 되지는 않는다. 특허출원인으로서는 통상의 지식인이 실제로 필요한 지식을 이미 점유하고 있었다거나, 아니면 그가 정보를 탐색하려고 노력을 하기만 하였다면 별로 힘들이지 않고 그 정보를 얻을 수 있었다는 점을 입증할 수 있다면 이는 충분한 공개를 한 것으로 보아야 한다.[89]

라. 신규성 및 진보성을 판단하는 선행기술과의 차이

신규성과 진보성을 판단하는 선행기술과 실시가능요건의 선행기술의 공개내용은 서로 다른 법적 근거와 목적을 가지고 있기 때문에 동일하게 취급할 수 없는 것이다. 따라서 신규성이나 진보성의 판단을 하는 데 있어서 선행기술이 될 수 있는 것이라도 공개요건을 판단하는 데

---

ing General Tire & Rubber Co. v. Brenner, 381 F.2d 270, 154 USPQ 133(D.C. Cir. 1967).

87 신규성을 판단하는 데 있어서 기준이 되는 선행기술의 수준은 실시가능요건에서 요구하는 지식과 다르다는 것이다. 이 두 개의 조문은 서로 다른 목적을 가지고 있기 때문이다.

88 In re Howarth, 654 F.2d 103, 210 USPQ 689(CCPA 1981).

89 In re Howarth, 654 F.2d 103, 210 USPQ 689(CCPA 1981). 그러나 이는 미국의 판례법에 의한 것으로서 우리 특허법에 직접 적용할 수 있는지는 검토하여 보아야 한다. 왜냐하면 미국의 판례법에 의하면 특허요건, 즉 특허출원된 발명이 신규성, 진보성 또는 공개요건을 충족하였는지 여부에 대해서는 심사관이 입증책임을 지는 것이 원칙으로서 일단 심사관이 특허요건을 충족하지 못하였다는 일응의 증거를 대면 입증의 필요만이 특허출원인에게 이전되는 것으로 본다. 특허요건의 충족 여부에 대하여 입증책임을 누가 부담하는지 여부에 대해서는 국내에서는 아직 확립된 견해가 없는 것으로 보인다.

있어 선행기술이 될 수 없는 자료도 있다.

예컨대 특허출원서가 심사 중에 있을 때 아직 출원공개되지 않아서 일반대중이 실제로 알지 못한다고 하더라도 신규성을 판단하는 선행기술이 된다.[90] 그러나 아직 공개되지 아니한 특허출원명세서에 기재된 공개내용이 실시가능요건을 충족시키느냐를 결정하는 데 있어서는 특허출원서의 접수일자를 기준으로 사용될 수는 없다.[91]

발급된 특허와 다른 발명자가 국내에서 이미 실시한 발명도 진보성을 판단하는 데 있어 선행기술로 사용될 수는 있지만 공개요건과 관련하여 선행기술로서 사용되지 못할 수도 있다. 일반대중이 정보에 쉽사리 접근할 수 없는 외국의 특허나 국내의 발명은 공개요건을 충족시킬 수 없기 때문이다.

6. 실시가능요건이 충족되어야 할 시점

가. 특허출원서의 접수일자

명세서가 공개요건을 충족시키느냐의 여부는 특허출원서의 접수일자를 기준으로 판단되어야 한다. 따라서 특허출원된 이후에 발급된 특허를 가지고 공개요건에서 요구하는 통상의 지식인의 기술 수준을 결정하는 데 사용할 수 없다(Glass rule).[92] 따라서 특허출원 이후에 반포된 간행물에 기재된 정보를 가져야만 실시가능요건을 충족시킬 수밖에 없다면, 명세서의 공개내용이 완성된 발명을 공개하고 있다고 볼 수는 없다.[93]

---

90 신규성을 판단하는 데 있어서 특허출원서는 특허출원일자를 기준으로 하여 그 특허출원서가 출원공개되었다면 이는 선행기술이 된다. 즉 출원공개되기 이전에 비밀에 붙여진 상태의 특허출원서도 일반대중이 이를 알 가능성이 없다고 하더라도 이는 선행기술이 됨에는 아무런 지장이 없다. 그러나 진보성을 판단하는 데 있어서 이 중에서 출원공개되기 이전의 특허출원서는 선행기술에서 제외된다.

91 In re Glass, 492 F.2d 1228, 181 USPQ 31(CCPA 1974)(진보성과 공개요건에서의 선행기술의 해석과 사용은 다른 것이다); In re Budnick, 537 F.2d 535, 538, 190 USPQ 422, 424(CCPA 1976)(실시가능요건을 충족하기 위해서 제시된 특허는 이 사건 특허출원서가 접수되기 이전에 이미 발급된 것이어야 한다).

92 **Glass rule**: In re Glass, 492 F.2d 1228, 181 USPQ 31(CCPA 1974). 크리스털을 만드는 방법청구항에 대한 명세서가 크리스털을 만드는 적당한 온도와 압력 그리고 수증기의 흡수조건을 설명하지 못하였다는 이유로 청구항이 거절되었다. 특허출원인은 특허출원서가 접수된 이후에 발급된 4개의 특허를 가지고 크리스털을 만드는 분야의 기술 수준이라고 주장하였지만 받아들여지지 않았다. 그 이유는 특허출원서가 접수된 날짜 이후에 새로운 사항을 추가하는 것은 금지되기 때문이다. 더구나 특허출원서의 접수일자는 발명의 우선권을 결정하는 데 있어서 발명을 실시한 것으로 의제되는 날짜가 된다. 따라서 그 당시에 후속적인 공개내용을 기다리지 않고 단지 특허출원서의 공개내용만을 가지고 통상의 지식인이 발명을 실시할 수 없다면 이 명세서는 실시가능요건을 충족하지 못한 것이다. 또한 이 판례가 암시하는 것은 특허출원인은 동일한 특허출원서를 다시 작성하여 그 명세서에서 동일한 내용의 공개를 하여 특허를 다시 출원하면서 통상의 지식인의 기술 수준을 입증하기 위하여 이미 발급된 특허를 원용할 수 있지만 만약 그렇게 하면 종전에 출원된 특허출원서의 최초의 특허출원일자를 기준으로 한 우선권을 상실할 것이다.

93 In re Glass, 실시가능요건을 충족시킬 수 있는 공개내용을 일반대중에게 제공함으로써 이들이 특허출원된 이후에 간행된 다른 문헌에 의지하지 않고 발명을 실시할 수 있도록 함으로써 완성된 발명에 대한 특허를 출원한다는 것은

실시가능요건을 충족시키는 시기가 특허가 출원된 때를 기준으로 하지 않고 특허가 발급된 날짜를 기준으로 한다면,[94] 첫째, 그 발명이 속하는 분야의 기술 수준이 새로운 정보를 얻을 수 있음에 따라 높아질 수 있고, 둘째, 기본적인 물질이 되는 기초물질의 사용이 후일 가능하여질 수도 있다.

또한 특허가 출원된 시점에서는 실시가능요건을 충족시키는 명세서라고 하더라도 시간이 지나서 다른 사건이 발생함에 따라 실시가능요건을 충족시키지 못할 수도 있다. 예컨대 명세서가 필수적인 물질을 상표나 브랜드 이름으로 인용하는 경우인데 이러한 물질을 만드는 제조업자들이 상표를 변경하거나 그 상표를 붙여서 판매하는 물질을 다른 것으로 변경할 수 있기 때문이다.[95]

명세서가 실시가능요건을 충족시키느냐를 판단하는 시점이 특허가 출원된 날짜라고 보아야 하기 때문에 특허출원일 이후에 개발되거나 얻을 수 있는 정보는 공개내용이 충분한지 여부를 판단하는 데 있어서 고려될 수 없다.[96] 이와 마찬가지로 특허출원서를 접수한 이후에 개발된 발명을 가지고 이 발명이 있은 이후에야 비로소 그 이전에는 알려지지 않았던 변형을 만들 수 있다는 점을 가지고 특허출원된 명세서가 실시가능요건을 충족시키지 못한다는 점을 입증하기 위하여 사용할 수도 없다.[97]

그러나 특허출원된 이후에 발급된 간행물에 기초하여 특허출원 당시의 통상의 지식인의 기술 수준이 무엇인지에 대하여 전문가가 증언을 할 수 있고 이 증언에 기초하여 명세서에 공개된 기구가 작동이 가능하다는 증거로 사용될 수 있다고 본다.[98]

바로 특허출원인의 의무이다. 만약 특허출원자가 실시가능요건을 충족시킬 수 있는 정보를 제공하지 못하였다면 그는 아직도 특허출원서를 접수시킬 만한 지위에 있는 것이 아니다. 또한 In re Mott, 539 F.2d 1291, 1296, 190 USPQ 536, 541(CCPA 1976)(공개요건에서 의미하는 통상의 지식인의 기술 수준은 특허출원서의 제출일자를 기준으로 하여 일반공중의 영역에 있는 지식을 말한다) 참조.

94 특허법 제42조는 명세서가 공개내용을 충족시켜야 하는 시점에 대해서는 아무런 규정을 두고 있지 않다. 미특허법도 마찬가지이다. Lawther v. Hamilton, 124 U.S. 1(1888).

95 Chisum §7.03 [3].

96 Ajinomoto Co., Inc. v. Archer-Daniels-Midland Co., 228 F.3d 1338, 1345, 56 USPQ2d 1332(Fed. Cir. 2000), cert. denied, 121 S. Ct. 1957(2001)(실시가능하다는 것은 특허출원된 당시에 관련된 분야의 통상의 기술자가 판단하는 것이다); Enzo Biochem, Inc. v. Calgene, Inc., 188 F.3d 1362, 52 USPQ2d 1129(Fed. Cir. 1999); In re Wright, 999 F.2d 1557, 27 USPQ2d 1510(Fed. Cir. 1993); Ares-Serono, Inc. v. Organon International B.V., 862 F. Supp. 603, 607(D. Mass. 1994)(특허출원일 이후에 발견된 정보는 유용성과 실시가능요건을 판단하는 데 있어서 자료로 사용될 수 없다).

그러나 Bruning v. Hirose, 161 F.3d 681, 48 USPQ2d 1934(Fed. Cir. 1998)(특허출원 이후에 이루어진 테스트로서 특허출원 당시에 취득이 가능하였던 물질이나 컴퓨터 프로그램을 사용하는 것은 실물모형을 개발하는 데 상당한 도움을 준다).

97 United States Steel Corp. v. Phillips Petroleum Co., 865 F.2d 1247, 1251, 9 USPQ2d 1461, 1464(Fed. Cir. 1989); In re Hogan, 559 F.2d 595, 194 USPQ 527(CCPA 1977).

98 Gould v. Quigg, 822 F.2d 1074,1078, 3 USPQ2d 1302, 1305(Fed. Cir. 1987). Bruning v. Hirose, 161 F.3d 681, 48 USPQ2d 1934(Fed. Cir. 1998)(특허출원 당시에 얻을 수 있었던 자료와 컴퓨터 프로그램을 사용하여 특허출원 이

또한 후일 발급된 특허나 간행물은 청구항을 해석하는 데 있어 사용될 수 있고 청구항에 사용된 용어가 명백하여 그 권리범위를 정하는 데 있어서 아무런 문제가 없다는 것을 입증하는 데 있어서는 사용될 수 있다고 본다.[99]

특허출원 당시에는 명세서가 실시가능요건을 충족하지는 못하지만 특허가 발급될 당시에는 이 요건을 충족하는 경우에 이 특허는 무효이다.[100] 따라서 특허출원인은 명세서가 특허청에 접수된 날짜를 기준으로 실시가능요건을 완전하게 충족시켜야 하고 후일 발간된 다른 자료에 의존할 수는 없다.[101]

나. 현행 기술 수준

청구항의 권리범위가 명세서에서 공개된 범위와 일치하는지를 결정하는 것은 특허출원서의 접수일자를 기준으로 한 현행 기술 수준(State the art)이다.[102] 현행 기술을 특허출원서가 접수된 일자를 기준으로 하는 경우에 특허출원인에게 유리하게 작용할 수도 있다. 특허출원인이 특허출원 시의 현행 기술이 알고 있는 모든 것을 공개한 이상 심사관이 특허출원된 이후의 기

후에 한 실험결과가 명세서의 모형의 개발이 비교적 쉽다는 점을 보여 준다); In re Koller, 613 F.2d 819, 824, 204 USPQ 702, 706(CCPA 1980)(후일 발급된 특허나 간행물이 특허출원된 당시에 존재하고 있었던 현행 기술 수준을 보여 주는 데 사용될 수 있는 예외적인 경우도 있다); In re Hogan, 559 F.2d 595, 605, 194 USPQ 527, 537(CCPA 1977)(특허청은 특허출원 이후의 기술을 사용하여 특허출원 당시에 존재하던 현행 기술 수준을 입증할 수 있다).

99 In re Glass, 492 F.2d at 1232 n.6, 181 USPQ at 35 n.6; Swift Chem. Co. v. Usamex Fertilizers, Inc., 490 F. Supp. 1343, 1354, 207 USPQ 47, 56(E.D. La. 1980), aff'd, 646 F.2d 1121(5th Cir. 1981), reh'g denied, 650 F.2d 282(5th Cir. 1981)(청구항을 해석하는 데 있어서 특허출원된 일자를 기준으로 하여 존재하였던 것만을 참작한다. 당사자는 특허출원 당시에 알려지지 않았던 기술에 의존하여 침해책임을 면할 수 없다); Bausch & Lomb Inc. v. Alcon Laboratories Inc., 64 F. Supp.2d 233, 244, 52 USPQ2d 1385, 1393(W.D. N.Y. 1999), later opinion, 79 F. Supp.2d 243, 53 USPQ2d 1353(W.D. N.Y. 1999)(공개요건이 충족되었는지를 판단하기 위해서는 특허출원일자를 기준으로 하여야 한다. 유효한 특허가 발급된 이후의 사정에 의하여 불명확하게 될 수는 없다).

100 무효설(**Glass rule**): In re Glass, 492 F.2d 1228, 181 USPQ 31(CCPA 1974) 및 White Consolidated Indus., Inc. v. Vega Servo-Control, Inc., 713 F.2d 788, 218 USPQ 961(Fed. Cir. 1983)(특허출원일자를 기준으로 하여 명세서가 실시가능요건을 충족시키지 못하는 경우에 발급된 특허는 무효이다). 따라서 실시가능요건이 충족되지 아니하였다는 이유로 특허권자에게 신규성과 진보성을 적용하는 데 있어 발명이 완성된 일자를 특허출원일자로 하는 것을 박탈하는 데 그치지는 않는다. 이를 **Glass rule**이라고 한다.

101 In re Wright, 999 F.2d 1557, 27 USPQ2d 1510(Fed. Cir. 1993); Cedarapids, Inc. v. Nordberg, Inc., 895 F. Supp. 1230, 1248(N.D. Iowa 1995), aff'd in part, rev'd in part, 121 F.3d 727(Fed. Cir. 1997)(실시가능요건은 특허출원 당시의 기술 수준에 의하여 결정된다. 따라서 특허가 무효라고 주장되는 시점에서 실험이 불필요하다는 사실은 특허출원 당시에 실시가능요건을 충족시켰다는 것을 의미하지는 않는다).

그러나 In re Brana, 51 F.3d 1560, 1567 n.19, 34 USPQ2d 1436, 1441 n.19(Fed. Cir. 1995)에서는 특허출원된 이후에 만들어진 유용성에 관한 실험결과를 진술한 진술서로서 이미 명세서에 기재된 공개내용이 사실이라고 하는 기재는 실시가능요건을 보충하여 주지는 않지만 특허출원 당시에 공개내용이 실시가능요건을 충족하였다는 증거로 사용될 수 있다고 하였다.

102 Chisum §7.03 [a][ii]: State of the art란 Supra. 제5장 신규성 n5.에서 말하는 바와 같이 EPC 제54조에서 규정하는 현행 기술(State of the Art)과 같은 ① '일반대중에게 공개된 선행기술(Published prior art: 특허출원 당시에 일반대중이 이용 가능한 모든 서면이나 및 구술로 된 설명 등의 모든 정보'와, ② 선출원된 특허출원서에 기재된 발명으로서 후출원한 특허출원서가 접수된 이후에 출원공개된 발명을 포함한다고 해석된다.

술 수준을 가지고 특허출원 당시의 공개요건을 충족하지 못하였다고 주장하지는 못하기 때문이다.

명세서가 실시가능요건을 충족시키지 못했다는 이유로 특허를 거절하기 위하여 후일의 기술을 사용한다면 개척발명의 초기의 공개내용을 가지고 권리범위가 넓은 개척특허를 발급받는 일은 원초적으로 불가능할 것이다.[103]

그 실례로서, 청구항이 낮은 무게와 높은 무게를 모두 포함하는 호모폴리머(Homopolmers)에 대한 특허를 출원하면서 명세서에서 낮은 무게를 가진 미립자 호모폴리머를 공개를 하였다. 이는 출원 당시인 1953년경의 현행 기술(State of the art)을 가지고 이미 알려진 종류에 대해서 실시가능요건을 충족시킬 수 있었다. 그러나 그 후 10년이 지난 1962년경 현행 기술은 높은 무게를 가진 미립자를 가진 호모폴리머를 만들 수 있었다.

따라서 최초의 특허출원된 청구항은 후일의 기술을 포함하는 전체적인 권리범위를 가질 수 있지만 그 대신 명세서가 실시가능요건을 충족시키지 못한다는 문제가 생긴다. 그러나 이러한 경우에도 심사관은 특허출원된 이후의 기술을 가지고 특허출원 당시로 돌아가서 실시가능요건을 충족시키지 못한다는 자료로 사용할 수 없다.

비록 특허출원일 이후에 기술이 개발되어 상업적으로 가치가 있는 것이 된다고 하더라도 실시가능요건의 충족 여부는 반드시 특허출원일을 기준으로 현행 기술 수준에 의하여야 한다. 그 실례로서, 폴리프로필렌의 결정체에 관한 청구항이 우선권주장의 기초가 되는 특허출원명세서에 의하여 적절하게 기재된다고 본 사례가 있다. 1953년경 출원된 선특허출원서는 끈적끈적하고 단단한 새로운 중합체(Polymer)로서 크로뮴 산소촉매(Chromium oxide catalyst)를 가지고 만든 것이다. 사실 이것은 폴리프로필렌의 결정체로서 중합체로 공개되어 있는 것은 매우 낮은 미립자 무게를 가지고 있었고 그 본래의 점성이 낮아서 상업적 가치가 거의 없었다.[104]

고도의 미립자 무게와 본래적 점성을 가지는 상업적 가치가 있는 폴리프로필렌은 그 이듬해인 1954년경의 Ziegler라는 촉매의 개발에 의하여 비로소 제조가 가능하였다. 그러나 이 후일의 개발이 존재한다고 하더라도 이로써 1953년경의 명세서의 공개내용만으로는 그 특허출원서의 접수일자를 기준으로는 실시가 불가능하다고 할 수는 없다. 명세서가 청구항을 지지하느냐의 여부를 결정하는 기준이 되는 것은 어디까지나 최초로 특허를 출원할 시점인 1953년경의 현행 기술이다.[105]

---

103 In re Hogan, 559 F.2d 595, 194 USPQ 527(CCPA 1977).

104 United States Steel Corp. v. Phillips Petroleum Co., 865 F.2d 1247, 9 USPQ2d 1461(Fed. Cir. 1989). 위 사건에서 발급받은 '4,376,851' 특허의 유일한 청구항은 '실질적으로 결정화된 폴리프로필렌의 내용을 가지는 단위 폴리프로필렌으로 본질적으로 구성된 통상적으로 단단한 폴리프로필렌'이다. 이 특허는 출원된 지 30년이 지난 1983년 비로소 발급되었고 그 과정에서 이의신청을 하는 자가 많았지만 결국 Phillips가 특허를 발급받았다. 특허출원과 발급 사이에 30년이라는 기간이 소요된 것이다.

105 United States Steel Corp. v. Phillips Petroleum Co., 865 F.2d at 1252, 9 USPQ2d at 1464. 청구항의 권리범위가 너

다. 공개요건의 두 가지 기능

공개요건은 두 가지 기능을 수행한다. 첫째는 일반대중에게 발명을 완벽하게 공개하였다는 것을 보장하는 것이고, 둘째는 특허출원일자에 발명이 일응 완성되었다는 것을 확정하는 것이다.[106]

명세서가 두 번째 기능, 즉 발명이 일응 완성된 일자를 확정하기 위해서는 반드시 특허출원서의 접수일자를 기준으로 하여야 한다.[107] 이렇게 두 번째 기능이 완전히 수행되었다면 첫 번째의 기능, 즉 발명의 완벽한 공개를 보장하는 것은 특허출원서의 접수일 이후에 명세서의 내용을 변경하더라도 아무런 상관이 없다.[108]

특허출원 당시를 기준으로 하여 실시가능요건을 판단한다는 원칙(Glass rule)은 실시가능요건을 충족시키지 못한다고 거절된 명세서가 특허를 발급받기 이전에 특허출원인이 실시가능요건을 충족시키는, 필요한 모든 것을 이미 완벽하게 점유하고 있었다는 사실이 분명한 경우에는 적용될 수 없다.[109]

(1) 인　용

특허발급 이전에 출원인이 실시가능요건을 충족시키는 데 필요한 모든 것을 점유하고 있었던 사실이 분명한 경우 중 하나가 명세서에서 다른 문헌을 인용하는 방법이다.[110] Peroxyamine 합성물에 관한 특허명세서는 이 합성물을 가지고 귀중한 모노머(Monomers)를 만들 수 있다고 공개하면서 영국에서 특허심사가 계속 중인 명세서를 인용하였다.

무 넓다는 용어 하나만 가지고는 명세서의 공개내용이 청구항을 뒷받침하는 데 충분하지 못하다는 점을 인정하기에 부족하다. 과연 명세서의 공개내용이 충분한가 하는 문제는 청구항의 권리범위와 관련해서 판단된다. 그렇지만 특허출원명세서가 충분한 내용의 공개를 하고 있느냐 하는 점은 특허출원서의 접수일자를 기준으로 판단되어야 하고, 발명자가 청구항에서 자신의 권리로 주장하는 것을 가지고 특허출원서를 접수할 당시의 통상의 지식인이 어떻게 그 청구항을 해석하고 명세서를 이해하였느냐의 관점에서 판단되어야 한다.

106 두 가지 기능 원칙(Two function theory): In re Argoudelis, 434 F.2d 1390, 1394-96, 168 USPQ 99(CCPA 1970)(concurring opinion).

107 In re Hawkins, 486 F.2d 569, 179 USPQ 157(CCPA 1973). 발명을 완벽하게 공개한다는 공개기능은 일반대중에게 공개되었을 때, 즉 특허가 발급이 되었을 때 충족 여부가 결정된다. 두 번째 기능, 즉 발명이 일응 완성되었다는 것은 특허출원서가 제출되었을 때 발명이 완전하게 실시된 것일 것, 즉 유용한 실시례가 작동하는 데 있어서 아무런 기술적 문제가 없고, 만약 문제가 있다고 하여도 통상의 지식인이 통상의 기술과 적절한 시간에 해결할 수 있는 것을 말한다).

108 그러나 특허법은 명세서를 변경하는 데 있어서는 새로운 사항을 추가할 수 없다고 규정하고 있다. 새로운 사항인지의 여부에 대해서는 특허출원서의 보정을 참조할 것.

109 Chisum §7.03 The Enablement Requirement [3][b] The "Two Function" Theory.

110 그러나 다른 인용을 하는 경우에 발생하는 문제점에 주의할 것: Tronzo v. Biomet Inc., 156 F.3d 1154, 1160, 47 USPQ2d 1829, 1834(Fed. Cir. 1998)(특허권자가 선행기술을 인용하여 특허를 받은 경우에 1심법원이 특허출원된 발명의 신규성을 부인하기 위하여 선행기술을 문헌 그대로 인용한 것을 배척한 것은 정당하다); Modine Mfg. Co. v. U.S. Int'l Trade Comm'n, 75 F.3d 1545, 1553, 37 USPQ2d 1609, 1614(Fed. Cir. 1996)(선행문헌을 그대로 인용하더라도 인용된 발명이 인용한 발명으로 전환되는 것은 아니다).

심사관이 이 명세서가 합성물을 사용하는 방법에 대한 충분한 공개를 하지 못하였다는 이유로 청구항에 대한 특허의 발급을 거절하자, 이에 대응하여 특허출원인은 영국의 특허출원서를 인용하는 것을 철회하고 그 대신 그 특허출원서로부터 나온 교과서적인 실제자료로 대체하였지만 특허청은 여전히 특허의 발급을 거절하였다.[111]

그러나 이 사건 특허출원 이전에 영국에 제출된 특허출원서를 인용함으로 청구항의 합성물을 만들고 사용하는 방법에 대하여 공개를 함으로써 발명을 완벽하게 실시할 수 있었으므로 이는 실시가능요건을 충족한다.

(2) 기초물질의 취득가능성

발명을 실시하기에 필수적인 물질인 미생물의 샘플을 특허출원 당시에는 일반대중이 마음대로 취득할 수 없다고 하더라도 특허가 발급된 이후에는 누구나 이를 취득할 수 있게 되었다면 이는 공개요건을 충족한다. 특허출원을 할 당시에 출원인에 의하여 기탁된 미생물 시료가 심사 중에는 오직 출원인의 허락에 의해서만 접근이 가능한 경우에라도 실시가능요건을 충족시킨다. 따라서 특허의 발급 이전에 일반인의 접근가능성이 반드시 요구되는 것은 아니다.[112]

(3) 영업비밀을 공개한 명세서

발명을 실시하기 위해서 영업비밀로 보호되는 기술이 필요한 경우에는 통상의 지식인이 그 기술에 접근할 수 없기 때문에, 이는 실시가능요건을 충족할 수 없다고 보는 것이 CAFC의 입장이다. 특허권의 존속기간을 넘어서 영업비밀이 유지된다면 이는 배타적인 권리가 부당하게 확장되는 결과가 초래되기 때문이다.[113]

---

111 In re Hawkins, 486 F.2d 569, 179 USPQ 157(CCPA 1973); In re Fouche, 439 F.2d 1237, 169 USPQ 429(CCPA 1971).

112 In re Argoudelis, 434 F.2d 1390, 168 USPQ 99(CCPA 1970): 특허출원인이 두 가지의 새로운 항체 합성물과 어떠한 미생물을 필요로 하는 것을 만드는 과정에 대하여 특허를 출원하였다. 특허를 출원하기 이전에 특허출원인은 두 가지 종류의 Agar slants 미생물을 미국 농무성에 영구적으로 기탁하면서 특허출원인의 서면동의가 없는 한 미생물의 샘플이 반출될 수 없도록 하였다. 그러나 특허청은 특허출원서의 접수일자를 기준으로 해서 실시가능요건을 충족시키지 못했다는 이유로 거절하였다.

또한 In re "Baker's Yeast" Application, German Federal Supreme Court, noted in 6 Int'l Rev. Indus. Prop. & Copyright L. 208(1975)(독일의 특허실무는 미생물 배양물은 특허출원일자를 기준으로 일반대중이 얻을 수 있도록 할 것을 요구한다. 그러나 특허출원인은 이를 관계자 이외의 다른 사람에게 넘겨 주지 못하도록 하거나, 관할 구역 외로 가지고 나가지 못하도록 할 것을 요구할 수 있다); In re "Microorganisms," German Federal Patent Court(1976), noted in 8 Int'l Rev. Indus. Prop. & Copyright L. 553(1977)(일반대중이 접근하지 못할 것을 조건으로 할 수 있다).

또한 Feldmanv.Aunstrup, 517F. 2d 1351, 186 USPQ 108(CCPA 1975), cert. denied, 424 U.S. 912(1976): 특허를 출원하면서 실시하는 데 필요한 미생물을 외국의 기탁기관에 일반인의 접근을 제한하면서 기탁한 경우에도 공개요건을 충족시킨다고 본 사례 참조.

113 White Consolidated Indus., Inc. v. Vega Servo-Control, Inc., 713 F.2d 788, 218 USPQ 961(Fed. Cir. 1983): 명

문제가 된 특허는 기계장치를 통제하는 컴퓨터 시스템으로서, 청구항의 시스템이 임무를 수행하기 위해서는 특정한 유형의 프로그램이 필요한 것이다. 특허출원명세서는 이 프로그램의 실시례를 명기하면서 오직 'SPLIT'라고 특정하였는데 'SPLIT'라는 프로그램은 Sundstrand 회사의 영업비밀에 속하기 때문에 이를 사용하기 위해서는 로열티를 지급하여야만 했다.[114]

특허출원일자에 일반대중이 영업비밀에 접근할 수 있었다는 점을 입증하는 데 있어서 특허출원일 이후에 'SPLIT'가 상업적으로 판매되었다는 사실과 그 이후에 발간된 간행물에 게재되었다는 사실은 고려할 수 없다. 따라서 명세서는 특허출원일자를 기준으로 실시가능요건을 충족시키지 못한 것이다.[115]

그러나 이러한 견해에 대하여 비판이 제기된다. 특허권자는 특허출원서의 접수일과 특허의 발급일 사이에 발생한 사건을 가지고 공개내용을 보완할 수 있고 특허가 발급된 시점에서 'SPLIT'라는 프로그램을 일반대중이 취득할 수 있다는 점을 입증하면 족한 것이다. 따라서 비록 특허출원 당시에는 'SPLIT' 프로그램이 영업비밀이었다고 하더라도 심사가 계속되는 동안 일반대중이 'SPLIT'를 얻을 수 있거나 다른 대체 프로그램이 개발되었다는 사실을 추가로 공개함으로써 결국 특허발급 시에 완벽한 실시가능요건을 충족시키면 되는 것이다.[116]

라. 장래의 실시가능요건의 흠결의 문제

특허출원명세서에서 특허발명을 실시하는 데 필요한 물질을 공개하면서 상표나 제조업체의 이름을 공개한 경우에, 후일 제조업체가 상표를 변경하거나 물품의 생산을 중지하는 경우라도 이를 대체할 수 있는 물질을 찾을 수 있도록 공개한 경우에는, 실시가능요건을 충족시킨다.[117]

특허출원인이 특정한 합성수지를 사용한 인쇄용 잉크에 관한 특허를 출원한 사건에서 이 물질을 만드는 데 사용되는 원료는 용해용 전달물질과 6 : 1의 혼합비율을 가지되 그중 2%만

세서가 영업비밀로 보호되는 기술을 공개한 경우에 CAFC는 위 Arogoudelis와 Feldman과는 표면상으로 모순되는 결론에 도달했다.

114 White Consolidated Indus., Inc. v. Vega Servo-Control, Inc. 따라서 특허권자는 이 영업비밀을 공개하거나, 아니면 통상의 지식인에게 알려져 있거나 그가 부당하게 과도한 실험을 거치지 않고도 개발할 수 있는 적당한 대체물이 존재한다는 사실을 입증하여야 한다. 그러나 이 사건에서 특허권자는 특허출원서의 접수 시점에서 보아 통상의 지식인에게 알려진 대체물이 존재한다는 점을 입증하는 데 실패하였다.

115 White Consolidated Indus., Inc. v. Vega Servo-Control, Inc., 713 F.2d 788, 218 USPQ 961(Fed. Cir. 1983); Ex parte DeCastro, 28 USPQ2d 1391, 1393(Bd. Pat. App. & Int'f 1993)(특허출원서가 제출될 당시에는 유일하게 알려진 Theophylline을 사용하는 효소는 현재의 특허권의 양수인만이 독점적으로 공급하고 있었다).

116 Chisium on Patents, §7.03 [4][b].이 사건에서 특허출원인이 청구항에 기재된 특허대상을 특허출원서의 접수일자를 기준으로 완전하게 점유하고 있었다는 점은 분명하다. 따라서 실시가능요건의 기능 중의 하나인 특허권자가 특허출원 당시에 발명을 완성하였다는 점, 즉 특허대상을 점유하고 있었다는 점에 대해서는 아무런 문제가 없다.

117 대체가능성설: In re Metcalfe, 410 F.2d 1378, 161 USPQ 789(CCPA 1969).

이 안료에 부착되는 성질을 가진 것이다. 특허출원명세서는 원료로 사용되는 세 가지의 합성수지를 유형별, 상표 및 제조업체별로 공개하였다. 예컨대 Pty. Ltd., Sydney 폴리머 회사에서 제조하는 PC2/70이라는 명칭의 상표로 알려진 것으로 린시드오일로 변경된 알키드 합성수지(a long oil linseed oil modified alkyd resin known under the trademark PC2/70 of the Polymer Corp. Pty. Ltd., Sydney)와 같은 것이다.

특허출원인은 상표 이외에도 합성수지의 유형을 공개함은 물론 그 특성도 열거하였기 때문에 작업자가 같은 합성수지를 조달할 수 있도록 하였고, 특허출원인이 세 가지의 다른 물질을 공급하는 세 가지의 다른 업체를 열거하였으며, 합성수지의 화학적 동일성보다는 물리적 성질이 중요하기 때문에 통상의 지식인으로서는 화학반응에서 오는 불확실성에 빠지지 않고 이를 대체할 수 있는 합성수지를 찾을 수 있다.[118]

마. 실 험

(1) 실험의 필요성

통상의 발명에 대한 실시가능요건은 부당하게 과도한 실험을 요구하지 않는 정도로 족하다.[119] 따라서 명세서에서 공개된 내용이 실험을 필요로 한다는 이유만으로 명세서가 실시가능요건을 충족하지 못하는 것은 아니다.[120] 실시가능요건은 통상의 지식인이 독자적인 연구와 개발을 하지 않고도 특허발명을 만들 수 있도록 명세서가 충분히 공개를 하도록 하는 것이다.[121] 따라서 특허출원된 발명이 실험을 필요로 하더라도 통상의 지식인이 선택과 조정을 하는데 있

---

118 명세서에서 필요한 물질이 상표로 공개된 경우에 미특허심사지침 U.S. Patent & Trademark Office, Manual of Patent Examining Procedure §608.01(v)를 참조할 것.

119 Mineral Separation v. Hyde, 242 U.S. 261, 271(1916). 문제가 된 발명은, 금속은 기름에 부착되지만 비금속은 부착되지 않는 성질을 이용하여 광물로부터 금속을 분리하기 위해서 기름을 사용하는 방법특허로서, 이는 유효하다. 이 방법은 표면장력이라는 것을 이용하여, 금속을 함유한 기름을 표면에 띄우는 대신 물보다 무거운 비금속은 바닥에 가라앉히는 것으로서, 가급적 최소량의 기름을 사용하여 공기로 휘저어서 비금속을 침전시키는 것이다. 이 청구항은 통상의 보편적인 발명으로서 이 발명을 실시하기 위해서 부당하게 과도한 실험을 필요로 하지는 않는다. 명세서가 정확한 기름의 정확한 양과 휘젓는 횟수를 설명하지 못함으로써 금속을 분리하는 방법을 공개하는 데 실패하였다는 주장은 배척되었다.

120 Wood v. Underhill, 46 U.S.(4 How). 1(1847). 그러나 과거에는 통상의 지식인이 발명을 실시하기 위하여 실험을 필요로 할 정도로 명세서가 공개를 한 경우에는 실시가능요건을 충족하지 못한 것이라고 보았다.

121 특허법은 명시적으로 명세서에 공개된 발명을 실시하기 위하여 실험을 필요로 하는 것을 규정하고 있지는 않지만 해석상 묵시적으로 허용한다고 보여진다. 미특허법도 명시적으로 허용하지는 않지만 판례법상 허용되고 있다. In re Swartz, 232 F.3d 862, 863, 56 USPQ2d 1703, 1703(Fed. Cir. 2000)(명세서는 부당한 실험을 거치지 않고도 발명을 실시할 수 있도록 공개를 하여야 한다); Amgen, Inc. v. Chugai Pharmaceutical Co., Ltd., 927 F.2d 1200, 1212, 18 USPQ2d 1016, 1026(Fed. Cir. 1991), cert. denied, 502 U.S. 856(1991)(어느 정도의 실험을 필요로 하더라도 실시가능요건을 충족하지 못하는 것은 아니지만 그 정도는 부당하게 과도한(Unduly extensive) 것이 아니어야 한다); Inre Wands, 858 F.2d 731, 736-37, 8 USPQ2d 1400, 1404(Fed. Cir. 1988)(통상 스크린을 하는 정도는 허용된다. 이를 판단하는 것은 단순한 일이 아니라 여러 가지 사실적 요인을 고려하여 결정하여야 한다).

어서 명세서가 적절한 지침을 주기만 한다면 공개내용은 충분한 것이다.[122]

그러나 발명을 실시하기 위해서 필요한 선택과 조정을 하기 위해서는 통상의 지식 이상을 요구하거나 통상의 지식인에게 너무나 많은 양의 작업을 요구한다면 그 공개내용은 충분하지 못한 것이다.[123] 따라서 문제는 구체적 상황에 따라서 명세서가 요구하는 실험이 과도하거나 불합리한 것이냐 하는 점이다.[124]

(2) 합리적인 실험 Reasonable experimentation[125]

실험이라는 것은 비록 어느 정도의 반복을 필요로 한다고 하더라도 이 반복실험이 필요한 결과를 얻기 위한 경우라면 이는 과도한 것이라고 할 수는 없다.[126] 실험의 과정이 단순히 반복적인 것이거나, 명세서가 실험의 진행방향을 상당한 정도로 상세하게 지시한 경우에는 상당히 많은 양의 실험이라고 하더라도 반드시 과도한 것은 아니다.

In re Wands에서 청구항이 헤파티스 항원에 대하여 매우 높은 친화력을 가진 IgM 항체를 요구하는 경우에 분리된 항체의 일부분만이 이 성질을 가진 IgM이었고 또한 그중의 일부분만이 최소한도의 친화력을 가진 물질이었다. 이러한 경우 이 실험은 단 하나의 잡종세포를 분리하는 것이 아니라 전체의 잡종세포를 분리한 것이라고 보았다. 이렇게 분리된 전체의 잡종세포 중에서 적어도 하나의 구성물질이 청구항의 원하는 특성을 가진 항체를 내포하고 있는 것이다.[127]

---

122 Franc-Strohmenger & Cowan, Inc. v. Arthur Siegman, Inc., 27 F.2d 785(2d Cir. 1928); Mineral Separation v. Hyde, 242 U.S. 261(1916)(발명을 실시하기 위해서 조정이 필요한 경우에 명세서가 통상의 지식인에게 조정을 하는 방법을 적절하게 지시하고 있다면 그 공개내용은 충분한 것이다).

123 Mineral Separation v. Hyde, 242 U.S. 261(1916).

124 Mineral Separation v. Hyde, 242 U.S. 261(1916); 이 실험이 특허대상 자체에 관한 것이냐 하는 점이다.

125 Trio Process Corp. v. L. Goldstein's Sons, Inc., 461 F.2d 66, 74, 174 USPQ 129, 134(3d Cir. 1972)(특허명세서는 생산명세서와 같이 상세할 필요는 없다); Wilden Pump & Eng'r Co. v. Pressed & Welded Prod. Co., 199 USPQ 390, 399(N.D. Calif. 1978), aff'd, 655 F.2d 984, 213 USPQ 282(9th Cir. 1981), on remand, 570 F. Supp. 224, 224 USPQ 1074(N.D. Calif. 1983)(특허명세서가 바람직한 기능적 관련성을 개념정의를 하고 있다면 비록 그 발명을 재생산하기 위하여 상당한 실험이 필요하다고 하더라도 그 공개내용은 적절한 것이다); In re Certain Limited-Charge Cell Culture Microcarriers, 221 USPQ 1165, 1174(U.S. Int'l Trade Comm. 1983), aff'd sub nom. Massachusetts Institute of Technology v. AB Fortia, 774 F.2d 1104, 227 USPQ 428(Fed. Cir. 1985)(일정한 종류의 기술은 언제나 그러한 정도의 실험을 요구하는 것이라면 비록 그 실험이 복잡한 것이라고 하여도 반드시 과도한 것이라고 볼 수는 없다).

126 Patterson,5-123. 모노클로널 항체 기술은 원하는 성질을 가진 잡종세포를 분리하는 것을 말한다. 이를 시행하는 사람이 원하는 잡종세포를 찾으려고 시도하다가 보면 잘못된 잡종세포를 얻을 수도 있다. 그러나 과연 어느 정도의 실패한 실험이 존재하여야만 부당하게 과도한 실험이라고 할 수 있느냐에 대해서는 아무런 기준이 없다. 이때 실험이라는 것이 단 하나의 잡종세포를 분리하는 것이 아니라 특정한 항원에 대한 모노클로널 항체를 분리하는 전체의 과정을 말하는 것이다.

127 성전환한 무지개송어의 성장호르몬에 대한 1746회의 실험 중에서 20회(1%)가 성공한 경우 과도한 실험이 아니라고 본 Ex parte Chen, 61 USPQ2d 1025(Bd. Pat. Appeal Interf. 2000). 그러나 16시간의 시험이 과도한 것이라고 본 Chemcast Corp. v. Arco Industries Corp., 5 USPQ2d 1225, 1235(E.D. Mich. 1987), aff'd in part, rev'd in part, vacated in part and remanded, 854 F.2d 1328(Fed. Cir. 1988) 사례도 있다.

In re Wands는 명세서의 공개내용을 실시하는 데 있어 부당하게 과도한 실험을 요구하느냐를 판단하는 데 있어서 다음과 같은 요인을 고려한다. 이는 ① 필요한 시험의 양, ② 제시된 지시의 방향이나 양, ③ 실시례가 있었느냐 없었느냐 하는 점, ④ 발명의 성격, ⑤ 선행기술의 정도, ⑥ 그 산업에 있어서의 상대적인 기술 수준, ⑦ 산업의 예측가능성 또는 예측불가능성, ⑧ 청구항의 권리범위가 넓은지 좁은지 하는 문제이다.

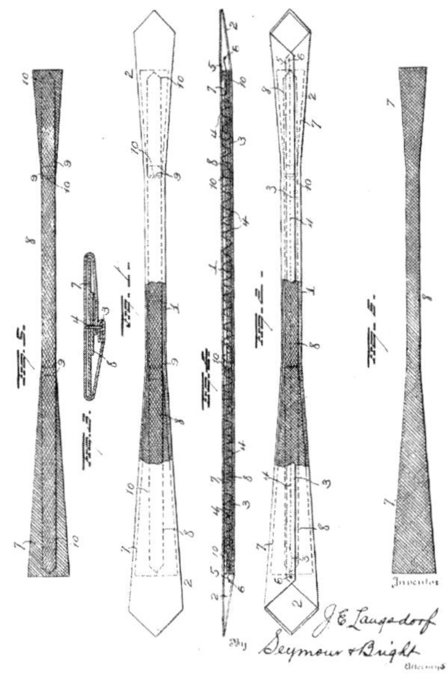

(가) 발명의 성질에 의한 한계

발명의 성질상 재료를 선택한 뒤 이를 실험하여 보아야 하는 경우에 명세서가 재료를 선택을 하는 데 적절한 지침을 주고 있고 선택된 재료가 과연 목적에 부합하는지 여부를 보기 위해서 실험을 하여야 한다면 이는 합리적인 실험에 해당한다.[128]

그 실례로서, 넥타이를 만드는 방법에 관한 Langsdorf 특허의 명세서는 실크를 비스듬히 자른 넥타이 겉감에 탄력적인 섬유로 된 안감을 대어 느슨하게 바느질하고, 넥타이를 매면서 압박을 주면 바느질한 선이 어그러지지 않도록 몸체와 안감이 탄력적으로 연결되어야 한다고 하였다. 이렇게 넥타이의 겉감과 안감을 느슨하게 바느질하면, 매고 있을 때는 압력을 받아 모양이 만들어지지만 이를 풀면 다시 주름이 펴져야만 한다.

명세서는 동상의 시식인에세 안감을 선백하는 적절한 시심을 주고 있나. 안감을 선백하기

128 Franc-Strohmenger & Cowan, Inc. v. Arthur Siegman, Inc., 27 F.2d 785(2d Cir. 1928).

위해서는, 첫째, 일단 넥타이를 풀면 통상의 상태로 돌아올 수 있는 탄력성을 가진 안감이어야 하고, 둘째, 이 안감은 겉감과 관련성이 있어야 하는데 넥타이를 매면 그 압력에 의하여 모양이 변하여야 하지만 동시에 겉감인 실크를 지지할 수 있을 정도로 단단한 것이어야 한다.[129]

명세서가 탄력성이 있는 안감을 고르는 모든 지침을 명세서에 공개하였다고 하더라도 이러한 성질을 가진 안감을 고르기 위해서는 일정한 선택을 하여야 하고 또 겉감과 맞추어 보는 실험도 해 보아야 한다. 그러나 이러한 정도의 실험은 특허대상이 본래 가지고 있는 것이다.[130]

(나) 배합비율과 방식

아무리 상세한 설명을 하여야 한다고 하더라도 특허권자에게 특허물건을 만들기 위한 정확한 배합비율과 배합공식을 광범위하게 모두 나열할 것을 요구할 수는 없다. 따라서 특허물건을 제조하는 업자들이 이 특허방법을 사용하여 원재료를 가공한 결과 과연 원하는 물건을 만들 수 있는지를 보기 위해서는 실험을 할 필요가 있다고 하더라도 그만으로는 실시가능요건을 충족하지 못한 것으로 볼 수는 없다.[131]

비누를 만드는 새로운 방법과 이 방법으로 만든 비누에 관한 특허명세서에 따르면, 비누원료는 밀폐된 방에서 160도와 255도 사이의 온도로 일정한 압력하에서 혼합된다. 그 결과 거친 결을 가지고 있고 물에 뜨지만 잘 갈라지는 비누와, 부드러운 결을 가지고 있지만 물에는 뜨지 않고 잘 분해가 되는 두 가지의 비누가 만들어진다.[132] 이때 비누를 제조하는 업자들이 이 특허방법을 사용하여 비누재료를 가공한 결과 과연 원하는 비누를 만들 수 있는지를 보기 위해서는 실험을 할 필요가 있지만, 더 나아가 특허방법을 실시하거나 그 명세서가 공개하는 것이 무엇인지 또는 작동이 가능한지를 결정하기 위해서 실험을 하여 볼 필요는 없다면 이는 공개요건에 위반되지 않는다.[133]

---

129 Franc-Strohmenger & Cowan, Inc. v. Arthur Siegman, Inc., 27 F.2d 785(2d Cir. 1928). 특허가 무효라고 주장하는 피고는 안감의 재료가 매우 중요한 것인데도 공개되지 않았기 때문에 이 명세서는 공개요건을 충족하지 못하였다고 주장하였다. 그러나 항소법원은 이 발명은 보편적인 것이고 특허권자가 통상의 지식인이 넥타이의 겉감의 재질과 안감을 선택하는 방법에 대해서 적절하게 지시를 했다고 보았다.

130 Franc-Strohmenger & Cowan, Inc. v. Arthur Siegman, Inc., 27 F.2d 785(2d Cir. 1928). 이 명세서에 기재된 것 이상으로 발명자에게 추가적으로 공개할 것을 요구할 만한 아무런 근거가 없다. 청구항이 보편적인 용어로 기재가 되었다면 이 명세서는 필요한 것은 모두 공개하였으며 이 발명을 실시할 수 있는 가능성을 제시한다. 결국 이 명세서가 발명을 실행하는 방법과 결과를 기술한 방식은 실시가능요건을 충족하지 못하여 이 특허가 무효라는 주장은 이유가 없다.

131 Lever Bros. Co. v. Procter & Gamble Mfg. Co., 139 F.2d 633, 60 USPQ 76(4th Cir. 1943).

132 Lever Bros. Co. v. Procter & Gamble Mfg. Co., 139 F.2d 633, 60 USPQ 76(4th Cir. 1943). 특허가 무효라고 주장하는 피고는 명세서가 정확한 온도와 압력, 그리고 습도를 기술하여 특정한 성질을 가지는 비누를 공개하지 못하였다고 주장했다. 그러나 항소법원은 이 주장을 받아들이지 않았다.

133 이 명세서를 보고서 비누제조업자 어느 누구도 이 특허방법이 이해할 수 없다거나 작동할 수 없는 것이라고 증언한 사람은 없다. Lever Bros. Co. v. Procter & Gamble Mfg. Co., 139 F.2d 633, 60 USPQ 76(4th Cir. 1943).

(다) 기술적 예측가능성의 한계

특허권자가 자신의 아이디어를 특정한 용도에 맞추어 사용하는 데 있어서 장래에 부딪힐 수 있는 모든 기술적 문제를 미리 예상할 것을 요구할 수는 없기 때문에 특허발명을 실시하는 데 있어서 어느 정도의 실험은 필요한 것이다.[134] 그러나 실시가능요건을 만족시키기 위해서는 그 실험의 양이 과도한 것이 아니어야 한다. 따라서 명세서가 공개한 발명을 실시하기 위해서는 어느 정도의 실험을 필요로 하고 그 실험의 양이 합리적인 정도라면 명세서의 실시가능요건을 충족시키는 데 아무런 장애가 되지 않는다.[135] 또한 그 실험을 함에 있어서 필요로 하는 기술 수준은 그 분야의 통상의 지식인이 가지는 지식 수준 이상을 요구할 수는 없다.[136]

(라) 일부 부작동

수천 가지의 최종목적물을 만들 수 있다고 공개한 명세서의 실시례 중에서 일부가 작동하지 않는다고 하여도 그것만으로는 실시가능요건을 충족시키는 데 별다른 지장이 없다.[137]

특허권자가 시중에서 구입이 가능한 컴퓨터 프로그램을 사용하였고 이미 잘 알려진 재료를 사용하여 이 발명을 실험할 수 있으며 이러한 정도의 공개내용만으로도 얼마든지 발명을 실시할 수 있다면 실시가능요건을 충족시킬 수 있다.

자외선사진석판인쇄 시스템에 대한 발명이 렌즈를 통해서 이미지 영상을 집중하는 것이지만 명세서는 단 하나의 실시례만을 공개하면서도 렌즈에 대해서는 상세한 설명을 하지도 않았다. 그렇지만 이 명세서는 청구항에 기재된 렌즈를 비교적 쉽사리 개발할 수 있기 때문이라고 설명하고 있다.[138]

---

134 Douglas v. United States, 510 F.2d 364, 366, 184 USPQ 613, 615(Ct. Cl. 1975), cert. denied, 423 U.S. 825(1975).

135 명세서의 발명을 실시하는 데 필요한 실험의 양이 합리적인 정도라고 본 CCPA의 사례들: In re Goffe, 542 F.2d 564, 191 USPQ 429(CCPA 1976); In re Angstadt, 537 F.2d 498, 190 USPQ 214(CCPA 1976); In re Stephens, 529 F.2d 1343, 188 USPQ 659(CCPA 1976); Fields v. Conover, 443 F.2d 1386, 1390-91, 170 USPQ 276, 279(CCPA 1971). 실험의 양이 합리적이라고 본 CAFC의 사례: Bruning v. Hirose, 161 F.3d 681, 48 USPQ2d 1934(Fed. Cir. 1998); Johns Hopkins University v. CellPro Inc., 152 F.3d 1342, 47 USPQ2d 1705(Fed. Cir. 1998); Utter v. Hiraga, 845 F.2d 993, 998, 6 USPQ2d 1709, 1714(Fed. Cir. 1988); H.H. Robertson, Co. v. United Steel Deck, Inc., 820 F.2d 384, 2 USPQ2d 1926(Fed. Cir. 1987); Alco Standard Corp. v. Tennessee Valley Authority, 808 F.2d 1490, 1 USPQ2d 1337(Fed. Cir. 1986), cert. dismissed, 483 U.S. 1052(1987); DeGeorge v. Bernier, 768 F.2d 1318, 226 USPQ 758(Fed. Cir. 1985); Cross v. Iizuka, 753 F.2d 1040, 224 USPQ 739(Fed. Cir. 1985); Atlas Powder Co. v. E.I. du Pont de Nemours & Co., 750 F.2d 1569, 1576, 224 USPQ 409, 413(Fed. Cir. 1984).

136 Fields v. Conover, 443 F.2d 1386, 1390-91, 170 USPQ 276, 279(CCPA 1971).

137 Utter v. Hiraga, 845 F.2d 993, 6 USPQ2d 1709(Fed. Cir. 1988). 두 개의 중심축을 구성요소로 하는 컴프레서에 대하여 공개를 하면서 특허출원명세서가 오직 내축에 대하여 공개를 한 대신 선행기술이 외축을 가지고 있었던 경우에는 실시가능요건을 충족시킬 수 있다고 본 사례. 선행기술이 공개한 외축의 구조를 가지고 통상의 지식인은 특허출원된 발명을 실시할 수 있으며 비록 약간의 실험이 필요하다고 하여도 그 실험의 양이 과도한 것이 아닌 한 실시가능요건을 결여한다고 볼 수는 없다.

138 Bruning v. Hirose, 161 F.3d 681, 48 USPQ2d 1934(Fed. Cir. 1998).

(마) 명세서 기재의 오류

실험의 적절도는 명세서의 기재가 단순히 기술적이거나 사실적 오류가 있다는 이유만으로 불합리한 것이 되지는 않는다. 또한 명세서가 기재한 실시례에 기술적인 오류가 있다거나 사실상 잘못 기재가 된 실시례가 있다고 하더라도 이러한 오류가 통상의 지식인에게 쉽사리 알려질 수 있는 것이라면 이는 부당하게 과도한 실험이 아니다.[139]

명세서에 있는, 누가 보아도 계산착오라고 쉽게 알 수 있는 사실상의 오류가 통상의 지식인이 부당하게 과도한 양의 실험을 할 필요가 없이도 발견될 수 있다면 실시가능요건이 충족되었다고 보아야 한다.

그 실례로서, 문제가 된 특허는 태양빛을 통제하는 유리로서 자동차에 사용되는 것인데, 이것은 Soda-lime-실리카를 가진 유리로서 자외선을 선택적으로 차단하는 세륨산화물과 철을 함유하고 있었다. 청구항은 제1상태의 철이 전체 철의 0.275%가 되지 않는 것을 요구했다. 이 발명은 세륨을 거의 사용하지 않고 가시광선이나 자외선을 투과할 수 있도록 하는 자동차산업 기준에 부합하는 유리를 만들기 위한 것이었는데, 이렇게 됨으로써 유리가 매우 비싸고 어둡게 되었다.

특허권자의 명세서가 제공한 여러 실시례 중에서, 아주 소량의 세륨(0.27~0.31%)을 사용한 실시례를 공개하고 있었는데 그중 하나는 세륨을 아예 사용하지도 않았다. 세륨을 사용하지 않은 실시례는 특별히 그 비율이 낮은 것이었다. 명세서는 낮은 투과비율은 매우 얻기 어려운 것이고 자외선 투과율을 감소시켜 바람직한 것을 얻기 위해서는 적어도 최소한의 세륨을 사용하지 않으면 안 된다고 공개하였다.

특허출원서에 대한 심사가 계속되는 중에 특허권자가 자신의 장치를 사용하여 피고가 만든 침해유리를 실험한 결과 그 유리가 31%의 자외선을 투과할 것을 요구하는 산업기준을 충족시키지 못한다고 통보했다. 피고가 그 평가서를 반박하자 원고는 실험장비에 있어서 컴퓨터 프로그램의 오류가 있었다는 것을 발견했다. 컴퓨터 프로그램에 오류가 있었기 때문에 특허명세서에 밝혀진 투과율이 3%나 높았던 것이다. 명세서가 암시하는 바와 같이 31%라는 투과율이 세륨을 전혀 포함하지 않는 유리와 같이 만족시키기가 어렵지는 않았다.

피고가 만든 유리가 세륨산화물을 포함하지 않고 있다고 하더라도 최대한 31%의 자외선 투과율을 가지기 때문에 이는 청구항의 권리범위에 포함되는 것이다.[140] 따라서 CAFC는 이 명

---

139 PPG Industries, Inc. v. Guardian Industries Corp., 75 F.3d 1558, 1564, 37 USPQ2d 1618, 1624(Fed. Cir. 1996). Cf. Durel Corp. v. Osram Sylvania Inc., 256 F.3d 1298, 1307, 59 USPQ2d 1238, 1244(Fed. Cir. 2001)(청구항이 코팅을 하는 데 있어서 여러 가지의 프리 커서를 사용하는 방법을 제안하고 있다면 비록 그중 일부 프리 커서의 사용이 부당하게 과도한 실험을 필요로 하더라도 다른 프리 커서를 가지고 코팅을 실시할 수 있도록 한다면 이는 청구항을 무효로 하는 것은 아니다).

140 그러나 피고는 원고의 특허는 무효라고 주장하였다. 특허권자의 청구항이 자신의 침해장치에서 발견되기 위해서

세서는 실시가능요건을 충족한 것으로 보았다. 명세서를 자세히 읽어 보면 침해물질이 가지는 철의 비율이나 Redox 비율은 청구항이 요구하는 자외선 투과율을 만족시키는 것으로 보이지는 않는다. 그러나 이는 특허권자가 계산착오를 한 것이고 이러한 계산착오는 자외선을 차단하는 유리를 제작하는 기술 분야의 통상의 지식인이라면 누가 보아도 쉽게 파악될 수 있다는 것이다. 이러한 사실상의 오류가 통상의 지식인에 의하여 부당하게 과도한 양의 실험을 할 필요가 없이도 발견될 수 있다면 실시가능요건이 충족되었다고 보아야 한다.[141]

(바) 실험지침의 제공

명세서가 특허방법의 실시에 관하여 전혀 지침을 주지 않는 것이 문제이지 특허방법을 실시하기 위해서 상당한 실험이 필요하다는 것은 본질적으로 중요한 것이 아니다.[142] 특허방법을 실시하기 위해서 실험이 필요한 경우에 명세서가 실험에 관한 아무런 지침을 주지 아니한 것은 공개요건에 위반된 것이다.

그 실례로서 문제가 된 특허는 오렌지 품종의 색깔 농도를 높이는 방법에 관한 것인데, 여기서 사용된 인공염료는 일정 단위당 1에서 50까지의 비율로 용액에 섞는 것이다.[143] 그러나 온도의 변화, 원하는 색깔의 농도의 변화, 그리고 구성물질을 다양하게 혼합하는 것들은 각 조건의 변화에 따라 그 화학공식이 변화한다. 따라서 반복된 실험을 거치지 않는다면 통상의 지식인이라도 착색된 오렌지가 특허방법에 의하여 만들어 질 수 있는지를 알 수 없다.

명세서가 실험방법에 대하여 상세한 설명을 하지 않는다면 이러한 발명은 결국 특허를 받을 수 없다. 그러나 특허의 무효사유가 되는 것은 명세서가 전혀 아무런 지침을 주지 않는 것이지 상당한 실험이 필요하다는 것이 아니다.[144]

는, 청구항은 반드시 명세서에 공개되었던 발명을 넘어서 그 권리범위가 미치는 것으로 해석되어야만 한다. 만약 그렇지 않다면 이는 실시가능요건을 충족하지 못하는 것이다.

141 PPG Industries, Inc. v. Guardian Industries Corp., 75 F.3d 1558, 1564, 37 USPQ2d 1618, 1624(Fed. Cir. 1996) 비록 투과제한을 만족시키는 세륨이 전혀 포함되지 않은 물질을 상업적으로 만드는 것이 매우 어렵게 보인다 할지라도 명세서는 이러한 물질이 만들어질 수 있음을 명백히 보여 주었고 통상의 지식인으로 하여금 유리에 세륨을 최소한으로 포함시키면서도 낮은 자외선 투과율을 만족시키는 방법을 가르치고 있었다. 따라서 명세서는 발명을 실시하는 방법에 대하여 충분한 지시와 조언을 하여 준다.

142 Courts of Appeal: Reynolds Metals Co. v. Acorn Bldg. Components, Inc., 548 F.2d 155, 192 USPQ 737(6th Cir. 1977).

143 Fruit Treating Corp. v. Food Machinery Corp., 112 F.2d 119, 121, 45 USPQ 590, 592(5th Cir. 1940), cert. denied, 311 U.S. 679(1940). 특허무효를 주장하는 피고는 여러 변수에 따라서 염료와 용액의 비율을 변경하는 방법에 대한 공개가 미흡하다고 주장한 결과, 이 주장이 받아들여졌다.

144 Fruit Treating Corp. v. Food Machinery Corp., 112 F.2d 119, 121, 45 USPQ 590, 592(5th Cir. 1940), cert. denied, 311 U.S. 679(1940). 특허권자가 오렌지를 착색하는 모든 방법을 청구항의 권리범위에 포함하기 위해서 모든 방법에 대한 권리주장을 할 수 있다. 그러나 이러한 행위가 특허법에 의하여 주어지는 권리를 너무 넓게 해석하여 오히려 그 특허가 무효가 될 수 있음은 물론이거니와 발명을 실시할 수 있는 특정한 화학공식을 상세히 공개하지 못하여 무효가 될 수도 있다.

(사) 취득가능한 소프트웨어

명세서에서 프로그램에 대한 설명을 하지 못하였으나 적정한 기술을 가진 프로그래머가 통상의 노력을 들이면 만족할 만한 프로그램을 만들 수 있다면 이는 공개내용이 부족한 것이 아니라고 본다. 이는 소프트웨어를 실행하여야만 실시할 수 있는 발명에 대한 명세서가 그 필요한 프로그램을 만드는 방법에 관해서 상세한 설명을 하지 아니한 경우에 문제가 된다.[145]

그러나 비록 명세서에서 발명을 실시하는 데 필요한 프로그램을 공개하지 않았다고 하더라도 통상의 지식인이 상당한 노력을 들이면 그 프로그램을 만들 수 있다면 이는 실시가능요건을 충족하지 못한 것으로 볼 수 없다.[146] 실시가능요건이라는 것은 통상의 지식인이 가지고 있는 지식과 명세서의 공개내용을 합쳐서 과도한 실험을 거치지 않고도 발명을 만들고 사용할 수 있으면 되기 때문이다.

문제가 된 특허대상이 컴퓨터 프로그램으로서 청구항에 기재된 발명을 수행하는 것이라면 실시가능요건을 충족시켰느냐 하는 문제는 숙달된 프로그래머의 관점으로부터 결정되어야 하고 또한 발명의 성격에 따라 다를 수 있다. 그 프로그램의 역할과 프로그램을 통해서 하는 작업이 얼마나 복잡한가 하는 점도 역시 능숙한 프로그래머의 입장에서 판단되어야 한다.[147]

명세서에서 설명이 결여된 프로그램은 여러 가지 방식으로 작성할 수 있고, 그 프로그램

---

145 Union Pacific Resources Co. v. Chesapeake Energy Corp., 236 F.3d 684, 57 USPQ2d 1293(Fed. Cir. 2001); Allen Organ Co. v. Kimball International, Inc., 839 F.2d 1556, 1566, 5 USPQ2d 1769, 1777(Fed. Cir. 1988), cert. denied, 488 U.S. 850(1988)(특허권자의 증인이 명세서에서 예시된 회로가 표준이 되는 물품으로 공급될 수 있고, 이는 통상의 지식인에 의하여 고안되었다고 증언하더라도, 피고 측 증인이 회로의 명세도를 보더라도 이를 만들 수 없다고 증언한 경우에는 실시가능요건을 충족시키지 못할 수 있다); White Consolidated Indus., Inc. v. Vega Servo-Control, Inc., 713 F.2d 788, 218 USPQ 961(Fed. Cir. 1983)(발명을 실시하기 위해서는 영업비밀로 간직되는 프로그램을 사용할 필요가 있는 경우에는 실시가능요건을 충족한다고 볼 수 없고 청구항에 기재된 과정을 개발하기 위해서 1년 반에서 2년의 기간이 필요한 경우 그 실험의 양은 과도한 것이다); In re Scarbrough, 500 F.2d 560, 565, 182 USPQ 298, 301-02(CCPA 1974)(컴퓨터로 통제되는 음성반응에 대한 청구항에서 컴퓨터 프로그램화된 단계가 오직 일반적 용어와 개괄적인 기능으로 설명되었다면 부당하게 많은 실험을 거쳐야만 특허출원인이 주장하는 바대로 기술적 문제를 해결할 수 있을 것이다); Arachnid Inc. v. Medalist Marketing Corp., 18 USPQ2d 1941, 1946(W.D. Wash. 1991), aff'd, 972 F.2d 1300, 23 USPQ2d 1946(Fed. Cir. 1992)(컴퓨터 프로그램의 소스코드를 공개하지 아니하여 실시가능요건을 충족시키지 못한 사례); Southwest Software, Inc. v. Harlequin Inc., 226 F.3d 1280, 56 USPQ2d 1161(Fed. Cir. 2000); Hirschfeld v. Banner, 462 F. Supp. 135, 200 USPQ 276(D. D.C. 1978), aff'd, 615 F.2d 1368(D.C. Cir. 1980), cert. denied sub nom. Diamond v. Hirschfeld, 450 U.S. 994(1981)(4시간 정도 작업하면 받을 수 있는 컴퓨터 프로그램이 포함되었다면 이는 과도한 실험을 필요로 하는 것은 아니다); Ex parte Logan, 20 USPQ2d 1465, 1469(Bd. Pat. App. & Int'f 1991)(Thimble, Water, Bucket과 같은 용어를 이해하는 것은 통상의 지식인에게 별로 어려운 일이 아니다).

146 Northern Telecom, Inc. v. Datapoint Corp., 908 F.2d 931, 943, 15 USPQ2d 1321, 1330(Fed. Cir. 1990), cert. denied, 498 U.S 920(1990); In re Sherwood , 613 F.2d 809, 204 USPQ 537(CCPA 1980).

147 특허출원된 발명은 프로그램을 작성하는 것이 그 핵심이 아니라 장치나 방법에 대한 발명으로서 그 특허의 발급가능성은 청구항에 기재된 각 구성요소의 조합에 기초한 것이다. 따라서 문제가 된 소프트웨어가 최상의 품질이냐 아니냐 또는 다른 프로그래머도 특허출원된 발명과 동일한 방식으로 일을 할 수 있느냐 하는 문제는 명세서가 실시가능요건을 충족할 수 있었느냐를 결정하는 것과는 무관하다.

이 통상적으로 작성되는 성질의 것이 아니라는 사실만으로는 과도하게 부당한 노력을 들여야만 그러한 프로그램을 만들 수 있다고 볼 수는 없다. 또한 컴퓨터 프로그램을 만드는 것이 한 사람 이상이 수년을 걸려야만 만들 수 있는 것이라고 볼 수는 없다.[148]

(3) 과도한 실험

명세서에 공개된 내용을 실시하기 위해서 필요한 실험의 양이 과도하게 많은 것(Undue experimentation)이라고 본 사례는 다음과 같다.

(가) 발명의 예측

명세서가 실제로 발명을 하였다는 것을 설명하기보다는 단지 발명을 예측한 것에 불과한 정도의 공개를 하였다면 이는 실시가능요건을 충족시키지 못한다. 그 실례로서, 'IGBT' 네 가지 부분으로 나누어진 반도체에 대한 특허는 어떠한 조건에서도 지체현상(Latching)을 방지하는 작용을 하는 것이다. 그러나 이 명세서는 단지 이러한 장치가 있다는 것을 예상한 것에 불과하여 실시가능요건을 충족시키지 못하였다. 명세서의 공개내용이 통상의 지식인에 대하여 어떠한 조건에서도 트랜지스터로서 작동할 수 있는 반도체를 만드는 방법을 가르치지 못하기 때문이다.[149]

(나) 근사치로만 가르치는 명세서

청구항에 기재된 효과를 얻는 방법을 근사치로 가르치는 데 불과한 명세서는 실시가능요건을 구비하지 못한다. 특허권자는 특허발명이 가지는 필요성을 인식하고 있고 이에 대한 이론적인 해답을 주고 있다. 그러나 이는 통상의 지식인이 청구항에 기재된 발명을 실시하기 위하여 그 이상의 연구조사를 수행하는 데 있어서, 이것을 출발점으로 제공하는 데 불과하다. 그러나 이것만으로는 실시가능요건을 충족시키지는 못한다. 따라서 통상의 지식인이 청구 제1항에 기재된 발명을 실시하기 위해서는 과도한 실험을 하여야만 한다. 결국 특허권자가 한 것이라고는 청구 제1항이 이상적인 결과를 나타낼 것이라고 약속하는 것뿐이고 명세서가 이 약속을 완전하게 구현하지는 못하였다.[150]

---

148 Northern Telecom, Inc. v. Datapoint Corp., 908 F.2d 931, 942, 15 USPQ2d 1321, 1330(Fed. Cir. 1990), cert. denied, 498 U.S 920(1990). 이와는 다른 견해는 White Consol. Indus., Inc. v. Vega Servo-Control, Inc., 713 F.2d 788, 791, 218 USPQ 961, 963(Fed. Cir. 1983).

149 Harris Corp. v. IXYS Corp., 114 F.3d 1149, 43 USPQ2d 1018(Fed. Cir. 1997). CAFC는 선행기술과 심사과정의 전 취지를 보면 청구항은 어떠한 상황에서도 흐름의 지체(Latching)가 없어야 할 것을 요구하고 있었다. 따라서 일정하게 의도된 경우에만 이러한 지체가 일어나지 않는 장치는 청구항의 권리범위에 포함되지 않는다. 그러나 지체현상이 발생하여 그 제조목적에 위배된다고 하여도 반드시 이 장치 IGBT가 결함이 있다고 볼 수 있는 것은 아니다. 그러나 청구항을 이렇게 해석한다면 이 명세서는 실시요건을 충족하지는 못한다.

150 National Recovery Technologies, Inc. v. Magnetic Separation Systems, Inc., 166 F.3d 1190, 49 USPQ2d 1671(Fed. Cir. 1999). PET와 PVC로 만들어진 용기를 분류하는 방법에 대한 특허에서 이 방법은 두 가지 종류의

(다) 영업비밀을 공개하지 않는 명세서

명세서가 청구항에 기재된 효과를 볼 수 있는 몇 가지의 자료를 제공하고 있으나 이것만 가지고는 청구항의 발명 전체를 실시할 수 없다면 이는 실시가능요건을 충족하지 못한다. 문제가 된 특허발명은 수평적인 구멍에 유전공을 파는 드릴의 위치를 측정하는 것으로서, 유전공과 보조유전공의 드릴의 상대적 위치에 대하여 두 개의 구멍으로부터의 거리에 대한 자료를 상호 비교한 뒤 이를 분석하여 재측정하는 것이다.

그러나 특허권자가 재측정하는 단계를 수행하는 컴퓨터 프로그램을 영업비밀로 간직하고 이를 공개하지 않았다. 따라서 명세서가 공개하고 있는 몇 가지 자료만 가지고는 발명을 실시할 수 없었고 발명자가 사용한 바로 그 방법이 아니고는 어느 누구도 이를 재측정할 수 없었다.[151]

(라) 기탁된 물질과 그 변종 이외의 생명공학물질

생명공학과 관련된 청구항에 대하여 명세서가 실시가능요건을 충족시키는지 여부가 문제가 된다. 특히 미생물 시료가 일정한 기관에 기탁된 경우에 이것이 부당하게 과도한 실험을 피할 수 있기 위하여 반드시 필요한 것이냐, 또한 발명자가 한두 가지의 실시례를 공개하거나 기탁하면서 넓고 보편적이고 기능적인 것을 그 청구항의 권리범위로 주장할 수 있느냐 하는 점이다.[152]

생명공학과 같이 아직 과학발전의 정도가 낮은 기술 분야에 있어서의 공개의 정도는 기계학이나 전기공학과 같이 예측가능한 분야의 발명에 비하여 더 많이 요구된다. 따라서 특허출원된 청구항에서 다양한 종류의 유기체에 대하여 권리를 주장하는 경우에, 아직은 그에 대한 과학적 이해가 적은 것이라면, 그 대신 명세서가 공개하여야 할 정보의 양은 더욱 많이 요구되는 것이다.[153]

플라스틱에서 나오는 방사선 흡수율의 차이점을 측정하는 것이다. 선행기술이 가지는 문제점은 용기에 들어 있는 불순물로 인하여 측정하기가 어려운 것으로서 이를 극복하기 위하여 여러 가지 방향에서 투과율을 검사한 뒤 그중에서 선택하는 것이다. 청구 제1항은 용기의 불순물을 통과하지 않은 신호를 '선택'하는 것이다. 그러나 명세서가 실시요건을 충족시키지 못한다는 판단을 받았다.

151 Union Pacific Resources Co. v. Chesapeake Energy Corp., 236 F.3d 684, 691, 57 USPQ2d 1293, 1296(Fed. Cir. 2001). 명세서는 숫자를 가지고 그 정보의 원천을 기재하면서 상호 관련된 숫자를 다른 숫자에 연관시켰지만 공개하는 정보만 가지고는 통상의 지식인이 이 두 가지 데이터를 가지고 상호 관련된 데이터를 비교할 수는 없게 되어 있었다. 이것을 하기 위해서는 상당히 중요한 수학적인 정보의 조작이나 후일 증인이 법정에서 증언한 것에 의한 설명이 필요했다. 이를 재측정하기 위해서는 특허명세서의 내용은 물론 선행기술과 전문가의 증인과 다른 법정증거를 모두 종합하더라도 통상의 지식인으로서는 위 데이터를 상호 관련시키는 방법을 이해할 수 없었기 때문에 위 자료를 재측정하고 비교할 수 없다.

152 불과 수 개의 청구항을 가지고 권리범위가 매우 넓은 보편적이고 기능적인 것을 그 권리범위로 주장하느냐 하는 점은 서면명세요건과 관련하여 논의된다. Regents of University of California v. Eli Lilly & Co., 119 F.3d 1559, 43 USPQ2d 1398(Fed. Cir. 1997), cert. denied, 523 U.S. 1089(1998), discussed at §7.04 [2].

153 In re Vaeck, 947 F.2d 488, 20 USPQ2d 1438(Fed. Cir. 1991).

생명공학적 발명으로서 미생물을 추출하는 방법에 대한 명세서가 실시가능요건을 충족시키느냐의 문제는 화학물질의 분야와는 전혀 다르다. 통상적으로 화학물질에 관한 실험의 문제는 권리범위가 넓은 보편적인 청구항에 들어 있는 하위종류의 물질을 특허가 출원된 방법에 따라 사용하면 과연 작동이 가능한 것이냐를 입증하는 데 있다. 그러나 미생물을 추출하는 방법에 대해서는 그 방법이 실험되기 이전에도 자연에서 그 하위종류를 얻을 수 있느냐가 중요한 것이다.[154]

특허대상이 생명공학적 물질이거나 생명공학적 반응과 관련된 경우에 이러한 발명은 보통 예측이 불가능한 것이기 때문에,[155] 통상의 지식인으로 하여금 부당한 실험을 거치지 않고 기탁되지 않은 물질을 발견하는 방법을 가르칠 수 없다.[156] 따라서 특허가 출원된 새로운 미생물이 예측이 불가능한 변종-선택의 방법에 의하여 얻어진 것이라면 기탁된 물질과 그로부터의 얻은 변종 이외에는 실시가능요건을 충족시키지 못한다.[157]

Jackson도 바람직한 신진대사작용을 하는 것으로 새로이 알려진 몇 종류의 박테리아에 대한 특허출원명세서가 이 박테리아의 특성을 설명하면서 전통적인 방법으로 그 성격을 규명하고, 여러 가지의 신진대사적 기능을 기술하였으며, 그 생리학적인 특성을 설명하였지만 이것만으로 매우 넓은 권리범위를 가지는 청구항에 대한 실시가능요건을 충족시킬 수 없다고 보

---

154 Patterson, Biotechnology and the law, 5-130. Ex parte Jackson, 217 USPQ 804(PTO Bd. App. 1982). 그러나 심사관이 청구 제3항에 관하여 한 거절은 미특허심판원에 의하여 파기되었다. 청구 제3항은 다음과 같다.

청구 제2항에 의한 방법으로, 이 방법은 위 미생물이 다음의 집단으로 구성된 집단으로부터 선택된 것으로서,
Micromonospora pilospora NRRL 11415,
Micromonospora pilospora NRRL 11416,
Micromonospora pilospora 11417과,
그들의 변종들(mutation thereof).

위 청구 제3항의 마지막 그들의 변종들이라는 말은 매우 중요한 것이다. 우연한 변종은 통상적으로 발생하는 일이고 변종은 알려진 여러 가지 방법에 의해서도 의도적으로 만들어질 수 있다는 사실은 관련 산업과 학계에서는 이미 잘 알려진 것이다. 따라서 기탁된 종류의 물질의 변종은 사실 부당하게도 많은 실험을 거치지 않고도 얻어질 수 있다. 어려운 점은 동일한 종류의 물질을 다른 토양과 다른 물을 사용하여 독자적으로 추출하는 데 있다.

155 Ajinomoto Co., Inc. v. Archer-Daniels-Midland Co., 228 F.3d 1338, 56 USPQ2d 1332(Fed. Cir. 2000), cert. denied, 121 S. Ct. 1957(2001); Enzo Biochem, Inc. v. Calgene, Inc., 188 F.3d 1362, 1374 n.10, 52 USPQ2d 1129, 1138 n.10(Fed. Cir. 1999)(과학적 진보가 매우 신속하기 때문에 한 순간에 예측이 불가능한 것이 후일에는 예측이 가능한 것으로 된다).

또한 Johns Hopkins University v. Cellpro, 931 F. Supp. 303, 324(D. Del. 1996), aff'd in part, vacated in part, & remanded, 152 F.3d 1342, 47 USPQ2d 1705(Fed. Cir. 1998)(인간의 지지세포에 관한 청구항의 권리범위가 그 세포의 크기나 세포를 만드는 방법이나 이에 사용된 항체 등을 따지지 않고 모든 지지세포를 포함하는가와 후일 청구항을 실시하는 대체적인 방법이 다른 사람에 의하여 발견된 경우에 그 청구항의 권리범위와 관련성이 있느냐 여부) 참조.

156 Ex parte Jackson, 217 USPQ 804(PTO Bd. App. 1982).

157 Id., Patterson, 5-134.

았다.[158] [159]

Jackson 특허출원인은 '마이크로모노스포라 필로스포라'라고 불리는 새로운 항체를 만들 수 있는 세 가지 종류의 박테리아를 발견하고 그 세 종류를 기탁하였다. 그러나 심사관은 항체를 권리범위로 주장하는 청구 제1항에 대해서는 특허를 발급하였으나 새로운 물질을 사용하여 항체를 만드는 방법에 관한 청구 제2항에 대해서는 거절하였다.

문제가 된 청구 제2항은 다음과 같다.

청구 제2항: 항체 Ax-127B-1을 배양하는 방법으로서, 이 방법은 Micromonospora pilospora라는 특정한 하위종류에 속하는 항체 Ax-127B-1을 탄소와 질소로 된 매체에서 배양하는 방법과 이 매체에 의하여 만들어진 항체를 저장하는 방법을 포함한다.[160]

미특허심판원은 특허출원인이 기탁한 세 가지 종류의 박테리아를 제외한 나머지 하위종류의 박테리아를 사용하여 보아도 청구항이 원하는 물질을 만들 수 없다는 이유로 위 명세서는 실시가능요건을 충족시키지 못한다고 보았다. 명세서가 이미 기탁된 세 가지 물질을 설명하는 것만으로는 자연에서 이와 동일한 특성을 가지는 제4의 물질을 발견할 수 있다고 볼 수는 없어 결국 위 명세서는 그 실시가능한 방법을 가르치지 못한 것이다.[161]

그러나 위 견해에 반대하는 견해도 있다. 즉 화학물질에 대한 권리범위가 넓은 보편적 청구항은 그 명세서에서 그 부류에 속하는 모든 화학물질을 만드는 방법을 일일이 공개할 필요는 없다. 또한 취득가능한 화학물질이 모두 작동이 가능하다는 입증을 할 필요도 없이 유기물에 대한 넓은 권리범위를 주장할 수 있기 때문에 생명공학적인 발명도 화학발명과 같이 해석할 수 있다는 것이다.[162]

---

158 Ex parte Jackson, 217 USPQ 804(PTO Bd. App. 1982). 통상 새로운 하위종류의 미생물질에 대한 특허출원을 하면서 미생물 시료를 기탁하고 명세서에서 이에 대한 설명을 한 경우에, 이러한 명세서의 공개내용이 통상의 지식인에게 실제로 기탁된 한두 종류의 미생물 시료 이외의 동일한 특성을 가지는 물질을 통상의 지식인이 얻을 수 있도록 상세한 설명을 하였느냐의 문제이다. 만약 상세한 설명을 하여 통상의 지식인이 이러한 특성을 가지는 물질을 과도한 실험을 거치지 않고도 얻을 수 있다면 이 명세서는 실시가능요건을 충족시키는 것으로서 청구항에 대한 특허는 발급될 수 있다.

159 Ex parte Jackson, 즉 이 청구항의 권리범위가 후일 다른 발명자가 동일한 바람직한 신진대사적 특성을 가진 세포를 독자적으로 발견한 경우에 이러한 발견이 청구항의 권리범위에 포함되어 특허침해가 성립된다.

160 심사관은 위 청구 제2항은 Micromonospora pilospora라는 특정한 박테리아의 하위종류(Species)를 모두 포함하는 범위를 그 권리범위로 주장함으로써 청구항의 권리범위는 매우 넓지만 이를 뒷받침하여야 할 명세서의 공개내용은 빈약하여 그 실시가능요건을 충족시키지 못한 것이라고 보았다. 미특허심판원의 9명의 재판관들도 6 대 3의 표결로서 심사대상이 된 청구항이 실시가능요건을 충족시키지 못하였다고 보았다.

161 In re Argoudelis, 434 F.2d 1390, 1394-96, 168 USPQ 99(CCPA 1970). 특허출원인은 새로운 항체 합성물과 미생물 제조방법에 대한 특허출원을 하면서 2종류의 미생물을 기탁하였다. 그러나 오직 특허가 발급된 이후에만 이 기탁된 미생물이 일반인에게 공개될 수 있었지만 법원은 특허출원일자를 기준으로 하여 기탁된 물질이 일반대중에게 공개되지 아니하더라도 실시가능요건을 충족시킨다고 보았다.

162 따라서 전자공학과 기계공학에 비하여 화학과 생물학이 예측이 불가능한 과학이라고 할지라도 모든 생물학적인 발

따라서 새로운 항체를 만드는 데 사용되는 기능을 가진 새로운 종류의 박테리아의 유형 및 그 신진대사적 반응과 그 보편적인 특성을 실제로 공개하는 경우가 있다. 이때 청구항에 기재된 방법이 매우 전통적인 것이고 예측가능한 것이어서 통상의 지식인이라면 아직 공개되지는 않은 하위종류들이 이미 청구항에 기재된 보편적인 항체라는 개념에 포함될 수 있다면 이러한 공개내용은 충분한 것이라 볼 수도 있다는 것이다.[163]

(마) 미래의 물질

특허가 출원될 당시에는 이러한 부류의 물질에는 오직 세 가지 세포주(Stranis)만이 존재하였고 통상의 지식인으로서는 다른 구성 멤버를 발견하거나 만들어 내기가 불가능한 것으로 보였다. 따라서 분명히 발명자로서는 특허가 출원될 당시에 존재하고 있던 일반적 물질을 사용하는 방법을 가르칠 필요가 있었다. 일반적 부류에 속하는 추가적인 물질이 미래에만 발견될 수 있다는 사실은 실시가능요건과는 아무런 관련성이 없다.[164] 이는 철학적인 논쟁을 불러온다. 오직 미래에 발견될 수 있는 종류의 물질을 현재의 청구항의 권리범위로 허용한다는 것은 과거의 넓은 권리범위를 가지는 특허에 의하여 지배되고 있는 발명자가 존재할 수 있다는 것을 의미한다.[165] [166]

명에 대하여 보편적 청구항을 허용하지 않는 것은 너무 가혹한 처사라고 보는 소수견해도 있다. 이 견해는 예측이 가능한지 여부에 대해서는 개개의 발명에 따라서 구체적인 타당성을 고려하여 보편적 청구항을 허용하는지를 결정하여야 한다고 주장한다. 이는 위 In re Argoudelis에서 수석심사관 Katz의 소수견해이다. 어떤 종류의 박테리아를 추출하는 방법은 아주 기초적이고 이미 널리 알려진 것이다. 예컨대 설탕을 발효시켜 알코올을 만들거나 녹말을 이스트로 발효시키거나 질소를 고정하는 것과 같이 박테리아가 하는 작용은 이미 통상의 지식인이 알고 있는 만큼 비록 모든 하위종류의 박테리아가 개별적으로 모두 알려지지 않았다고 하더라도 그들이 작용할 수 있는 기본적 성격을 공개하였다고 보는 데 아무런 지장이 없다.

163 Id., Patterson, 5-131. 가장 중요한 문제는 무엇을 작동할 수 있도록 교육하여야 하는 것이다. 유기체를 만드는 방법에 관한 것인가 아니면 항체를 만드는 방법에 관한 것인가? 청구항은 물론 항체를 만드는 방법에 관한 것이고 따라서 명세서는 청구항의 권리범위로 포함된 발명을 실시할 수 있도록 해 준 것이다. 명세서는 실제로 세 가지의 항체를 만드는 바람직한 방법을 가르치고 있었는데 각자 다른 세포주(Strain)를 사용하고 있었다. 또한 만약 Micromonospora pilospora의 정형적이고 통상적인 신진대사적 특성을 가지고 있는 유기체를 통상의 지식인에게 얻어져야만 하는 것이라면 그것을 가지고 Ax-127B-1이라는 항체를 만드는 데 사용될 수 있는지 여부를 시험하는 것이 바람직하다는 것을 명세서가 가르치고 있다.

164 Id. 그러나 이 견해에 의한다고 하더라도 하위종류 전체를 포함하는 권리범위를 가지는 보편적 청구항은 다음과 같은 경우에는 특허가 거절되어야 한다고 본다. ① 동일한 하위종류에 속한다고 청구항에서 주장된 물질이 쉽사리 만들어질 수 없거나, ② 청구항에 기재된 종류의 물질이 상당한 기간을 경과하였어도(17년 정도) 명세서가 실제로 공개한 몇 가지의 하위종류의 물질이 가지는 특성과는 상당히 다른 성질을 가진 물질이라는 점이 밝혀진 경우이다.

165 Schmidt(Comment), Microorganisms Are Entitled to Generic Claims as Much as Anything Else, 2 Biotechnology L. Rep. 126, 128(Aug.-Sept. 1983). 그러나 이러한 구별은 이를 현실적으로 적용하는 데 많은 어려운 문제가 있다. 어느 누가 앞으로 17년 동안 또는 단지 내년 한 해 동안에 발견되거나 추출될 수 있는 추가적인 Micromonospora pilospora의 세포주(Strans)를 합리적으로 추측한다는 것은 불가능한 일로서 이 견해가 현실적으로 적용되기 어렵다는 것을 보여 준다.

166 Id., Patterson, 5-132.

또한 위 부정설에 대한 비판은 이 견해가 선례인 **Feldman**에 반한다는 것이다.[167] **Feldman**은 우유를 응고시키는 효소를 만드는 방법에 관한 것으로 이 방법은 우유의 응고효소를 만드는 물질 또는 그것의 자연적이거나 인공적인 변종이나 돌연변이를 포함하고 있었다.[168]

CCPA는 미특허심판원의 결정이 정당하다고 보았는데 이 결정은 이의신청인이 특허출원인의 미국특허출원이 계속되는 동안에 외국의 특허청에 단 하나의 물질을 기탁한 것이 실시가능요건에 위반되었다고 주장한 것에 관한 것이다. 그러나 CCPA는 이의신청인의 이러한 주장을 받아들이지 않고 외국에 미생물 기탁을 한 것이 실시가능요건을 충족시킨다고 보았다. 분명히 **Feldman**에서의 CCPA는 **Argoudelis**에서의 특허심판원의 견해와 불일치하는데 이는 특허출원인이 주장하는 청구항의 권리범위가 기탁된 미생물의 변종에만 한정되어 있지 않다는 점에서 그러하다.[169]

Forman에서 특허출원인은 살아 있는 장티푸스성은 물론 비장티푸스성 장질환을 면역하는 경구용 백신으로서, 그 청구항은 ① Salmonella typhi strain으로부터 온 변종으로 만든 잡종박테리아와, ② 위 잡종으로부터 만든 비장티푸스성 질환을 예방하는 항원을 포함한다. 특허출원인은 생명공학적 기술을 사용하여 상업적으로 이용가능한 Salmonella typhi strain을 가지고 스트렙토마이신에 저항하는 변종으로 만들어 냈다. 비장티푸스성 질환에 대한 항원은 세포접합기술을 사용한 생명공학적 방법으로 만들어졌다.[170]

심사관이 특허를 거절한 청구항은 청구 제1항으로, 이 청구항은 넓은 보편적 권리범위를 가지는 잡종백신으로서 동일한 특성을 가지는 변종세포주 전체가 청구항의 권리범위가 된다. 따라서 이 청구항의 권리범위에는 기탁된 세포주 이외에도 이 세포주로부터 발전되는 변종세포주를 포함하고 있다.

---

167 Id., 그동안 일부 심사관들은 위 **Argoudelis**의 청구 제2항에 관하여 그 권리범위가 가지는 범위와 유사한 청구항을 통상적으로 허용해 왔다.

168 Feldman v. Aunstrup, 517 F.2d 1351, 186 USPQ 108(CCPA 1975), cert. denied, 424 U.S. 912(1976).

169 Id., 5-132. **Ex parte Jackson**은 특허출원인이 아주 예외적으로 명세서에서 물질의 개념정의를 미약하게 한 경우이다. 특허출원인이 공개한 물질이 가진 신진대사적인 특성들은 교과서에서 지적한 분류학상의 특성도 미처 포함하지 않았을 정도로 그 내용이 빈약한 것이다. 따라서 특허출원인이 보다 성의껏 명세서에 그러한 특성을 공개를 하였다면 그 결과는 반대로 나왔을 것이다.

Ex parte Jackson이 특허심사를 함에 있어서 주는 교훈은 무엇인가? 이는, 첫째, 특허출원대리인은 기탁된 물질과 이들로부터 발생하는 변종에 대한 주장을 반드시 청구항의 권리범위에 포함시켜야 한다. 이는 그가 **Jackson**을 반박하고 보다 더 넓은 권리범위를 가지는 청구항을 원하더라도 마찬가지다. 둘째, 만약 보편적인 청구항이 특허출원서에 기재되어 심사관이 이 청구항이 너무 넓은 권리범위를 가진다는 이유로 특허를 거절하면 특허출원대리인은 반드시 예측가능성(Predictability)을 주장할 수 있도록 준비하고 있지 않으면 안 된다. 이러한 예측가능성에 관한 주장은 위에서 나타난 **Jackson**의 소수의견을 참조하여야 한다. 마지막으로, 선행기술의 문헌으로서 새로운 미생물에 관한 정보를 제공하는 것은 만약 이러한 문헌들이 기탁한 숫자를 표시하지 않는다면 실시가능요건을 충족시키는 것이 될 수 없고 한 종류의 세포주를 기탁한 것이라 하더라도 동일한 하위종류의 세포주로부터 파생된 변종이 아닌 한 특허출원된 물질을 용이하게 하지는 않는다.

170 Ex parte Forman, 230 USPQ 546(Bd. Pat. App. & Int'f 1986). 두 가지 유형의 청구항이 문제가 되었는데, 하나는 청구 제34항으로서 변종 세포주의 기탁번호로 개념정의된 잡종으로서 심사관은 특허를 발급하였다.

심사관은 실시가능요건이 결여되었다는 이유로 이 청구항을 거절하면서, ① 기탁이 되지도 않은 물질에 대하여 특허를 부여하는 것은 통상의 지식인이 취득할 수도 없는 물질에 대한 특허를 허용하는 것이며, ② 세포접합기술과 같은 생명공학적 기술은 아직은 잘 알려진 기술이 아니어서 통상의 지식인에게 결과에 대한 정확한 예측가능성을 부여하지 못한다고 하였다. 미특허심판원도 Salmonella typhi와 Shigella sonnei를 세포접합법(Hyperconjugation)으로 만든 새로운 잡종미생물에 대하여 보편적 권리범위를 가지는 청구항을 허용하지 않은 심사관의 거절이 정당하다고 보았다.[171] 미특허심판원이 제시한 이유는 다음과 같다.

① 특허출원된 세포주를 만들기 위해서는 1년이 소요되고,

② 특허출원된 세포접합법에 의하여 만들어진 수많은 미생물 변종이 명세서가 주장하는 유용성을 가지고 있다고 볼 수 없으며,

③ 기탁된 미생물 이외에는 이를 실시하는 데 도움이 될 만한 단 하나의 실시례도 명세서에 상세하게 설명하지도 않았으며,

④ 세포접합을 하는 생명공학적 기술이 비교적 아직 잘 발전되는 않았기 때문이다.[172] [173]

(바) 무수한 종류의 박테리아

Vaeck 사건은 살충력 있는 단백질을 가진 잡종 유전자를 박테리아에 접합하여 유전공학적으로 변형된 박테리아를 만든 발명에 대한 것으로, 특허출원인은 잡종유전자와 변형된 박테리아에 대하여 권리범위가 매우 넓은 보편적 청구항을 주장하였으나 기탁된 플라스미드를 제외한

---

171 Ex parte Forman, 230 USPQ 546(Bd. Pat. App. & Int'f 1986).

172 Id., Patterson, 5-134. 실시례가 기재되지 않았다는 것만을 가지고는 그 자체가 특허출원된 보편적 청구항에 관한 실시가능요건을 결여한다고 볼 수는 없지만 실시례가 기재되지 않았다는 사실은 이를 판단하는 데 하나의 요인이 된다. 특허출원인이 관련된 계통의 통상의 지식인이 청구항의 권리범위를 넘는 추가적인 종류로서 청구항이 가지는 유용성을 가진 미생물이 존재한다는 사실을 입증할 수 있었는지는 불분명하다.

그 이외의 미특허심판원의 사례; Ex parte Goeddel, 5 USPQ2d 1449(Bd. Pat. App. & Int'f 1987)(미특허심판원이 Jackson을 부정한 사례); In Ex parte Hitzeman, 9 USPQ2d 1821(Bd. Pat. App. & Int'f 1988)(생명공학적 방법이 예측가능성이 없다고 본 사례, 이스트라는 아주 넓은 범위를 가지는 용어가 사용되어 형태학상이나 생화학적으로 서로 다른 수많은 다양한 곰팡이를 그 권리범위에 포함하는 명세서는 실시가능요건을 충족시키지 못한다); Ex parte Sizto, 9 USPQ2d 2081(Bd. Pat. App. & Int'f 1988)(선행기술이 다른 기술을 포함하고 있는 경우에 촉매가 바로 효소가 되는 단 하나의 실시례만을 공개한 명세서가 촉매 전체에 대한 권리범위를 가지는 청구항에 대한 실시가능요건을 충족시키지 못하였다고 본 사례); Ex parte Singh, 17 USPQ2d 1714(Bd. Pat. App. & Int'f 1990)(생명공학 부분의 예측불가능성이 청구항의 실시가능성을 부정하는 데 있어서 중요한 판단자료가 된다고 보고 단 하나의 완성된 단백질을 공개하는 명세서는 청구항에 대한 실시가능요건을 충족시키지 못한다).

173 Ajinomoto Co., Inc. v. Archer-Daniels-Midland Co., 228 F.3d 1338, 1346-47, 56 USPQ2d 1332, 1338(Fed. Cir. 2000), cert. denied, 121 S. Ct. 1957(2001). 그러나 박테리아 물질을 만드는 방법에 관한 청구항으로서 이는 특정 아미노산을 과도하게 생산하는 것인데 그 권리범위는 알려지지 않은 수많은 박테리아를 포함하고 있는 것에 대하여 특허를 허용하는 견해가 보다 타당하다고 본다. 생명공학의 발달로 말미암아 이 발명을 실시하기 위하여 필요한 모든 방법은 통상의 지식인에게 이미 잘 알려진 것이기 때문이다. 박테리아들 사이에 존재하는 다양성에도 불구하고 이 기술을 실시하는 사람들은 박테리아를 찾아내고 추출하고 재조합하고 변형을 만들어 가는 각 단계로서 청구항이 가지는 권리범위의 전부를 실시하는 데 필요한 것들에 관하여 이미 모두 알고 있기 때문이라는 것이다.

모든 청구항에 대하여 실시가능요건이 충족되지 않았다는 이유로 특허가 거절되었다.[174]

Vaeck의 청구 제1항은 잡종 유전자(Chimeric(i.e. hybrid) gene)에 관한 것이고, 다른 청구항은 선호되는 Bacillus species, 촉진체(Promoters), 그리고 선택 가능한 표지물(Selectable markers)과, 잡종 플라스미드 벡터(Hybrid plasmid vectors) 및 박테리아 세포주와 Cyano 박테리아에 관한 것이다.

Vaeck의 명세서는 두 가지의 특정한 종류의 Bacillus(B. thuringiensis, B. sphaericus)를 살충단백질의 원천으로 공개하고 아홉 가지의 Cyano 박테리아(Synechocystis, Anacystis, Synechococcus, Agmenellum, Aphanocapsa, Gloecapsa, Nostoc, Anabaena, 그리고 Ffremyllia)를 유용한 주세포로 지정하였고, 두 가지의 실시례도 공개하였는데 이것들은 동일한 Cyano 박테리아 세포주(Synechocystis 6803)를 사용하면서도 다른 종류의 촉진체(Promoters)를 사용하였다.[175]

그러나 청구항의 권리범위가 특정한 하위종류의 Cyano 박테리아에 한정되지 않고, 이 Cyano 박테리아는 그 종류가 매우 다양하며, 이 부문은 연구가 아직 빈약한 부분에 속하는 것으로서 약 150가지의 서로 종류가 다른 Genera를 가지고 있어서 결국 이질적인 유전자를 표현하는 Cyano 박테리아는 예측불가능하여 실시가능요건을 충족하지 못한 것이다.[176]

(사) 단 하나의 실시례만을 공개한 바이러스

Wright에서의 청구항의 권리범위는 병원성의 RNA 바이러스 백신에 대한 것으로서 넓은

---

[174] In re Vaeck, 947 F.2d 488, 20 USPQ2d 1438(Fed. Cir. 1991). 자연적으로 발생하는 박테리아의 Bacillus 종은 Endotoxin이라는 단백질을 만들어 내고 이는 늪지나 말라리아를 일으키는 모기나 흑파리를 죽일 수 있다. 선행하는 살충방법은 살충력을 가진 Bacillus 단백질 결정체를 습지 위에 뿌리는 것이었지만 이는 매우 비효율적이었다. 유충이 먹기 이전에 이 살충제가 가라앉기 때문이다. Cyano라는 박테리아는 산소를 합성하는 능력을 가진 것으로서 습지에 자라면서 모기나 흑파리가 이를 먹었다. 특허출원인은 Cyano 박테리아의 주세포를 살충단백질을 가지는 Bacillus 유전자로 변형시켰다.

[175] 첫 번째 실시례: Synechocystis 6803 cells are transformed with a plasmid comprising (1) a gene encoding a particular insecticidal protein('B.t. 8') from Bacillus thuringiensis var. israelensis, linked to (2) a particular promoter, the PL promoter from the bacteriophage Lambda(a virus of E. coli), n80. 두 번째 실시례: A different promoter, i.e., the Synechocystis 6803 promoter for the rubisco operon, is utilized instead of the Lambda PL promoter.

[176] In re Vaeck, 947 F.2d 488, 20 USPQ2d 1438(Fed. Cir. 1991); Mycogen Plant Science, Inc. v. Monsanto Co., 61 F. Supp. 2d 199, 260(D. Del. 1999), aff'd, 243 F.3d 1316, 58 USPQ2d 1030(Fed. Cir. 2001)(유전자를 식물에게 주입하여 벌레에 저항력을 가지게 하는 두 가지의 특허가 실시가능요건을 충족하였다고 본 사례); Fiddes v. Baird, 30 USPQ2d 1481, 1485(Bd. Pat. App. & Int'f 1993)(젖소의 FGF에 대한 아미노산을 공개하였으나 천연 DNA의 염기서열을 공개하지 못한 경우에 포유류 FGFs에 대한 실시가능요건을 충족시키지 못하였다고 본 사례); Ex parte Thim, 22 USPQ2d 1941, 1944(Bd. Pat. App. & Int'f 1991)(이스트 벡터를 만드는 2-아미노산으로서 인간의 프로인슐린과 결합된 것에 대한 명세서가 Saccharomyces cerevisiae strain MT105를 제외한 나머지 효소에 대한 실시가능요건을 충족시키지 못하였다고 본 사례); Mycogen Plant Science, Inc. v. Monsanto Co., 252 F.3d 1306, 1317, 58 USPQ2d 1891, 1899(Fed. Cir. 2001), reh'g denied, 261 F.3d 1345, 59 USPQ2d 1852(Fed. Cir. 2001)(단 하나의 실시례를 제공한 것이 아니기 때문에 실시가능요건을 충족한 것이라고 본다); Ex parte Obukowicz, 27 USPQ2d 1063, 1066-67(Bd. Pat. App. & Int'f 1992)(청구항의 박테리아가 예측불가능한 것이라고 하여 특허를 거절한 심사관의 처분이 부당하다고 본 사례).

권리범위를 가지고 있지만, 명세서는 재조합 백신인 특정한 RNA 종양 바이러스가 오직 암탉에게 면역효과를 주는 것으로 단 하나의 실시례만을 공개하고 있다.

그러나 이렇게 빈약한 공개내용은 실시가능요건을 충족시키지 못한다. 왜냐하면 인체에 면역효과를 주는 성질을 가진 백신들도 다른 RNA 바이러스를 위하여 만들어질 수 있는지를 살펴보기 위해서 실험을 하여 볼 것을 권하는 것 이상의 의미를 가지지 않기 때문이다.[177] [178]

(아) 연구방향의 제시

1979년경 제출된 출원으로서, 불필요한 DNA 염기서열이나 다른 외부적인 단백질을 제거하여 순수한 유전자를 가진 hGH를 합성하는 방법에 관한 것으로서 이를 위하여 인간 호르몬의 제1번 내지 제191번 아미노산만으로 구성되어 있는 단백질을 얻어야 하고 그 대신 불필요한 부분은 세포 외부에서 효소 외적인 방법으로 절개한 뒤 이를 접합하는 것이다. 청구항은 유전자를 재조합하는 방법으로 만들어진 단백질과 함께 이를 접합하는 데 사용되는 단백질도 그 권리범위로 하고 있었다.[179]

그러나 명세서가 공개한 것은 오직 ① hGH의 염기서열과 함께 이를 절개하여 접합할 수 있다는 원론적인 설명과 함께, ② 단 한 가지의 효소인 트립신을 가지고 알려지지 않은 접합용 단백질을 접착하는 데 사용한다는 것과, ③ 효소의 절개부분이 아미노산의 연장부분으로서 hGH에 접합된다는 것만을 공개하였다.

이 사건의 쟁점은 명세서가 관련된 산업부분에 종사하는 통상의 지식인이 특허출원할 당시에 부당하게 과도한 실험을 거치지 않고도 문제가 되는 hGH를 만들기 위하여 불필요한 부분을 잘라서 없앤 뒤 이를 다시 접합을 할 수 있느냐 하는 점이다.

그러나 명세서는 hGH를 만드는 방법에 대한 상세한 설명을 하지 않고 있다. 명세서는 단

---

177 In re Wright, 999 F.2d 1557, 27 USPQ2d 1510(Fed. Cir. 1993).

178 In re Goodman, 11 F.3d 1046, 29 USPQ2d 2010(Fed. Cir. 1993): 어떠한 식물세포에서 포유류의 펩타이드를 만드는 방법에 대한 청구항이지만 그 명세서는 단지 하나의 실시례만을 공개하는데, 이 실시례는 Dicotyledonous라는 하위종류, 담배, 그리고 감마 인터페론에 대한 유전자 암호를 포함하고 있다. 이러한 하나의 실시례만을 가지고는 통상의 생명공학자가 어떠한 유형의 식물세포에서 포유류의 단백질을 만들어 낼 수는 없다. 1985년경 특허가 출원된 당시의 기록에 의하면 유전자 변이방법에 대한 신뢰성이 없었고 예측불가능하다는 점을 극복할 수 있는 증거가 없었기 때문에 명세서에서 가르치는 것만 가지고는 이러한 예측불가능성을 극복할 수 없었다. 이를 극복할 수 있었다고 하여도 이를 위해서는 무수히 많은 실험을 필요로 하였고 결국 특허의 발급가능성이 없는 것이다.

179 Genentech, Inc. v. Novo Nordisk, 108 F.3d 1361, 42 USPQ2d 1001(Fed. Cir. 1997), cert. denied, 522 U.S. 963(1997). Genentech의 '980' 특허는 hGH를 만드는 방법특허이다. 1994년경 Genentech가 이 방법특허를 가지고 소송을 제기하였으나 CAFC는 위 '980' 특허는 오직 hGH의 다른 외부의 단백질을 사용하지 않는 직접발현된 것만을 그 권리범위로 하고 있는 것으로서 피고는 접합할 수 있는 발현을 사용하였기 때문에 침해가 성립되지 않는다고 보았다. Novo Nordisk of North Am., Inc. v. Genentech, Inc., 77 F.3d 1364, 37 USPQ2d 1773(Fed. Cir. 1996). 그러자 Genentech는 물건특허인 '199'를 발급받았는데 이는 직접발현에 의하여 만들어진 hGH 이외에도 추가적인 단백 질아미노산과 이를 절제하여 접합한 방법으로 만든 hGH도 그 물건청구항의 권리범위에 포함하고 있었다. 그러나 위 각 특허는 동일한 명세서를 바탕으로 하여 발급된 것이다.

지 어떻게 하면 절개와 접합을 잘할 수 있다는 일반론을 기재하고 있는데, 이는 절개되는 부분과 절개에 사용되는 효소인 트립신을 공개하는 데 그친 것이다. 따라서 이 명세서는 절개 대상이 되는 물질을 특정하거나 절개와 접합이 일어날 수 있는 반응조건에 관해서는 아무런 설명을 한 바 없다.[180]

명세서가 오직 출발점만을 공개하고 있는데 불과하고 앞으로 연구가 진행되어야 할 방향만을 제시한 것으로서 이러한 기초적인 공개내용만 가지고는 특허를 받을 수 있는 자격을 가진 발명이 가지는 새로운 측면을 공개하였다고 볼 수 없어 결국 실시가능요건을 충족할 수 없다.

(자) 기초지식의 제공

Enzo에서 문제가 된 두 개의 특허는 살아 있는 Eukaryotic(식물, 동물 및 바이러스)와 Prokaryotic(박테리아)을 포함한 살아 있는 모든 유형의 세포에 사용되는 Antisense 기술을 실시하는 것이다. 청구항이 권리범위로 주장하는 것은 ① 발현될 수 있는 유전적 물질을 지니는 모든 유기체, ② 박테리아, 이스트, 그리고 이와 유사한 단세포 유기체를 포함한 Prokaryotic과 Eukaryotic 유기체 및 ③ 바이러스 중에서 특히 유기체에 합체된 바이러스를 포함하는 매우 넓은 것이다.

이에 비하여 명세서는 Prokaryotic E. coli 박테리아에 존재하는 세 가지의 유전자, 즉 리포프로테인(Lipoprotein) 및 OmpC(outer membrane protein C)와 OmpA(outer membrane protein prokaryote A)만을 공개한 데 불과하였다.[181] 또한 명세서는 E. coli에서의 Antisense의 실시만을 공개하였을 뿐 모든 생명체에 있어서 Antisense의 실시를 가능하게 만들 수 있다는 방향이나 실시례를 공개하지는 않았다.

CAFC는 문제가 된 청구항은 모든 세포, 즉 Eukaryotic과 Prokaryotic에 있어서 Antisense를 실시하는 것과 같이 매우 넓은 권리범위를 가지고 있다. 그러나 이 Antisense는 마치 유전공을 굴착하는 것과 같이 매우 예측불가능한 기술이고 발명자가 실패하였다는 것이 부당하게 과도한 실험이 필요하다는 증거가 될 수 있다.[182] 따라서 E. coli를 제외한 모든 세포에게 Antisense를 적응시키기 위해서는 무수한 양의 실험이 필요하고, 실제 실패한 실험도 많다. 결국 E. coli에

---

[180] Genentech, Inc. v. Novo Nordisk, 108 F.3d 1361, 1366, 42 USPQ2d 1001, 1005(Fed. Cir. 1997), cert. denied, 522 U.S. 963(1997). 예컨대 단백질을 생산하기 위하여 필요한 단계에 대하여 반응조건에 관한 아무런 설명이 없다. 즉 특별히 잘라서 절개할 수 있는 부분에 대한 어떠한 공개를 한 사실도 없다.

[181] Enzo Biochem, Inc. v. Calgene, Inc., 188 F.3d 1362, 1373-74, 52 USPQ2d 1129, 1137(Fed. Cir. 1999): 1심법원은 청구항이 매우 넓지만 Antisense 기술이라는 것은 매우 예측가능성이 없는 분야이기 때문에 특허출원 당시에 E. coli 이외의 세포에서 이 발명을 실시하기 위해서는 과도한 양의 실험이 필요한 것이다. 더구나 이 명세서는 E. coli 이외의 세포에 대한 Ancisense를 실시하는 것에 대하여 아무런 공개를 하지 않았기 때문에 명세서에 공개되어 실시가 가능한 범위는 청구항의 권리범위에 부합하지 못한다고 판시하였다.

[182] Enzo Biochem, Inc. v. Calgene, Inc., 188 F.3d 1362, 1373 52 USPQ2d 1129, 1137(Fed. Cir. 1999): 발명자가 실패하였다는 사실이 청구항의 발명을 실시하는 데 과도한 실험이 필요하다는 증거가 된다. 실험실에서 일하는 사람들은 적절한 수준의 기술을 가지고 있다. 명세서에 공개된 방법을 사용하였어도 발명을 재생산하는 데 실패한 적이 있다는 사실을 발명자가 인정한 바 있다.

표현된 세 가지의 유전자를 제외하면 제공된 정보는 매우 적은 것으로서 이 명세서는 Eukaryotes에 표현된 기초지식을 제공하는 데 불과하다.[183]

(차) 44%의 성공률

In re Wands에서 특허출원인은 매우 높은 친화력을 가지는 IgM 항체를 사용한 헤파티스 B 표면항원(HBsAg)의 면역분석방법(Immunoassay)에 관하여 출원을 한 것으로서 이 항체는 HBsAg 결정요인에 대하여 적어도 109M−1 정도의 아주 높은 친화력을 가진다. 선행기술은 IgM 항체의 사용에 부정적이었지만 IgG 항체에 대해서는 우호적이었다. 그 이유는 IgM 항체의 민감도가 그 수를 감소시키고 스스로 응결·침전하는 경향이 있었기 때문이다. 특허출원인은 HBsAg에 대한 매우 높은 친화력을 가진 IgM 항체가 예상을 넘어서서 민감성을 가지고 특정성을 가진다는 사실을 발견하였고 하나의 특정한 잡종세포계열로서 HBsAg에 대항하는 IgM 항체를 가지고 있는 것을 최적실시례로서 해당기관에 기탁하였다.[184]

CAFC는 특허출원인이 9번 실험결과 4번이 청구항의 권리범위에 들어갈 수 있는 잡종세포를 만드는 데 성공하였다면 이는 거의 44%나 되는 성공률로서 실시가능요건을 충족한 것으로 볼 수 있어,[185] 청구항의 권리범위를 굳이 기탁된 특정한 잡종세포에 한정시킬 필요는 없다고 하였다.[186] 관련 분야에 종사하는 통상의 지식인은 특허출원인이 공개한 기술을 사용하여 부당하게 과도한 실험을 하지 않고도 새로운 잡종세포를 만들 수 있다는 것이다.[187]

---

183 Enzo Biochem, Inc. v. Calgene, Inc.: 이 사건에서 특허권자는 유전적으로 변형된 토마토인 FLAVR SAVR가 자신의 특허를 침해하였다고 주장하였다. 이 토마토는 Antisense 기술을 가지고 토마토의 숙성효소인 Polygalacturonase(PG) 유전자의 발현을 억제하기 위하여 사용하였는데 이 물질은 토마토의 숙성을 촉진하는 효소에 대한 유전자 부호를 가지고 있었다. E. coli와는 달리 토마토는 Eukaryotic이라는 거대한 종에 속한다. 특허권자는 발명이 Eukaryotic이나 Prokaryotic을 포함한 모든 유형의 세포에서 실시될 수 있는 방법에 대한 기초적인 청사진을 제시한 데 불과하다. 또한 명세서는 Antisense 구조는 프로모터, 터미네이터와 중간개입한 유전자 염기서열이라는 기본적인 구성요소를 언제나 포함하고 있다. 그러나 발명자는 오직 Eukaryotes에서 Antisense를 활용하려는 것으로서 이는 아직 유치한 단계의 미성숙한 아이디어만을 제공한 것에 불과하다.

184 In re Wands, 858 F.2d 731, 8 USPQ2d 1400(Fed. Cir. 1988): 특허청은 특정한 항체에 대하여 너무나 권리범위가 넓은 보편적 청구항을 주장하여 실시가능요건을 충족하지 못한다는 이유로 특허를 거절하였다. 그러나 CAFC는 이를 번복하였다.

185 Ex parte Kung, 17 USPQ2d 1545, 1547(Bd. Pat. App. & Int'f 1990)(청구항이 생쥐의 모노클로널 항체로서 4가지의 특성을 가지는 것이고(Reactivity with monocytes, granulocytes, 13% of E+ cells, and non-reactivity with B cells) 다른 화학적·면역학적 특성이 다른지는 묻지 않는다면 단 하나의 실시례만을 공개하고 있는 명세서만으로는 예측불가능성을 배제할 수 없다).

186 In re Wands, 858 F.2d 731, 8 USPQ2d 1400(Fed. Cir. 1988): 특허청은 특허출원인이 잡종세포 접합을 한 뒤 이를 추출한 실험자료를 기초로 하여 판단하였다. 첫 번째 한 실험의 4번의 세포접합은 실패하였다. 그 다음은 6개의 세포접합을 하였는데 이 실험결과 HBsAg에 특이한 항체를 가진 잡종세포를 만드는 데 성공하였는데 이것이 청구항에서 지적하고 있는 매우 높은 친화력을 가지는 항체였다. 특허출원인은 2개의 접합으로부터 9개의 잡종세포를 선택한 뒤 나머지 143개의 잡종세포는 냉동하였다. 9개 중에서 4개가 청구항의 권리범위에 속하는 것이고 3개는 IgM이 아니라 IgG이고 그 나머지 2개는 친화성의 정도를 알 수 없었다.

187 In re Wands, 특허청은 134개의 다른 잡종세포는 전혀 분석을 하지 않았고 오직 2.8%의 잡종세포만이 청구항의 권

(카) 학부생 수준의 실험

실시가능요건을 충족하지 못하는 명세서라 함은, 통상의 지식인이 실시한 결과, 부당하게 과도한 실험이어야 하고 이 실험은 명세서의 가르침을 따른 것이어야 한다. 따라서 통상의 지식인이라고 볼 수 없었던 사람들이 명세서의 가르침에 의하지 않고 실험한 결과 실패한 것이라면 이러한 증거만 가지고는 명세서가 실시가능요건을 충족시키지 못하였다고 볼 수는 없다.[188]

Johns Hopkins University v. CellPro Inc.에서 청구항은 오직 CD34 항원에만 부착하는 모노클로널 항체로서 미성숙한 혈액의 줄기세포에 존재한다. 특허권자는 위와 같은 성질을 가진 항체를 만들 수 있는 단 하나의 잡종세포를 기탁하였지만 연구원들이 상당한 노력을 경주하였어도 2번째의 항체를 만드는 데 실패하였다. 그러나 이 명세서의 실시가능요건이 없다고 할 수는 없다.

명세서가 실시가능요건을 충족시키지 못한다고 하기 위해서는, 첫째, 발명을 실시하기 위해서 부당하게 과도한 실험이 요구되었는지가 통상의 지식인을 기준으로 하여 판단되어야 한다. 그러나 실험을 한 사람이 그 이전에는 단복제 항체를 만든 적이 없는 학부생을 포함한 연구원들이라면 이들을 가지고 통상의 지식인이라고 볼 수는 없다. 둘째, 명세서의 지침을 따르지 않았기 때문에 실험이 성공하지 못하였다면, 이도 또한 실시가능요건을 충족하지 못하였다는 증거가 될 수 없다. 부당하게 과도한 실험이냐 아니냐는 실시한 실험을 하는 데 있어서 반드시 명세서에 기재한 가르침을 따랐어야만 하는 것이다.[189]

(타) 기능적으로 개념정의

추출된 단백질에 대하여 기능적으로 개념정의를 한 경우에는 실시가능요건을 충족시킬 수 없다. 적혈구의 생산을 자극하는 165 아미노산 단백질인 EPO에 대한 Genetic Institute의 특허(Hewick: '195') 청구항은 동류의 에리트로포에틴(Erythropoietin) 미립자로서 SDS PAGE의 행동에서 무게 약 34,000달턴과 역단계(Reverse pace)에서 단일 피크(Single peak)로서 고도의 수행능력을 가지는 액체의 색층분석(Chromatography)과 **280나노미터에서 흡수단위(Absorbance unit) 당 적어도 160,000IU로 특정되는 행동을 가지는 물질** 및 이를 추출하는 방법에 대한 것이다.[190]

리범위에 해당한다는 것이 밝혀졌고 만들어진 항체가 10번이나 접합을 시도하였으나 그중에서 성공한 것은 2번에 불과한 것으로서 이는 실시가능요건을 충족시키지 못한 것이라고 보았다. 그러나 CAFC는 9번 중에서 4번이나 청구항의 권리범위에 들어갈 수 있는 잡종세포를 만들어 냈는데 이는 거의 44%나 되는 성공률이며 나머지 분석되지 않은 134개가 실패사례로 볼 수는 없다는 것이다.

188 Johns Hopkins University v. Cellpro, 931 F. Supp. 303(D. Del. 1996), aff'd in part, vacated in part & remanded, 152 F.3d 1342, 47 USPQ2d 1705(Fed. Cir. 1998).

189 셋째, 전문가가 오직 'CD34'에만 반응하는 모노클로널 항체를 만드는 일은 다른 일에 비하여 더욱 그 난이도가 높다고 증언을 한 것이 실시가능요건을 판단하는 데 있어서 아무런 쟁점이 되지 못한다.

190 Amgen, Inc. v. Chugai Pharmaceutical Co., Ltd., 927 F.2d 1200, 18 USPQ2d 1016(Fed. Cir. 1991), cert. denied, 502 U.S. 856(1991); New England Medical Center Hospitals, Inc. v. PeproTech, Inc., 1994 WL 613021 at 2(D.

CAFC는 명세서가 실시가능요건을 충족시키지 못한다고 보았다. 특허권자가 명세서에 기재된 방법을 사용하여 적어도 생체에서 160,000IU/AU의 활동성을 가지는 EPO를 만들었다는 증거를 제시하지 못하였고, 발명자는 160,000이라는 숫자를 계산하기는 하였으나 그가 제출한 것은 RP-HPLC에 대한 EPO로서 이는 83,000이라는 가치를 가진 것이며, 크로마토 그래프에 의하면 적어도 50%의 물질이 EPO 이외의 물질이라는 것이 밝혀졌기 때문이다.[191]

특허권자는 조합된 원천(rEPO)으로부터 EPO를 추출한 실시례를 제시하였는데 이는 취득하기를 원하는 단백질을 부호화한 유전자를 추출하고, 이를 주세포에 삽입한 뒤 세포를 복제하여 이 세포가 배양매체 속으로 단백질을 배출하게 한 뒤 이 배출된 단백질을 수확하는 것이다. rEPO의 예시는 발명자가 추출된 rEPO를 얻지 못한 것을 가르치고 있었고 특허권자는 결국 rEPO나 uEPO를 추출하는 데 실패한 것이다.[192] [193]

(파) 성질이 밝혀지지 않은 유전자

활동성이 아직 분명하게 밝혀지지도 않은 몇 가지 종류의 유전자를 알아낸 것만 가지고 같은 활동성을 지닌 가능한 유사물질의 모든 유전자를 청구항의 권리범위로 주장할 수는 없다.

N.J. 1994)(청구항이 완전한 길이의 Precursor로서 IL-1B 단백질과 성숙한 IL-1B 단백질 조각에 관한 경우에 명세서가 Precursor를 공개하였다면 이는 실시가능요건을 충족한 것이라고 본 사례).

191 FDA에 의하면 특허권자는 천연의 오줌 uEPO으로부터 EPO를 분리하기 위하여 RP-HPLC를 사용하였고 생체에서 분석결과에 기초하여 109,000이라는 특정한 활동성을 획득하였다고 주장하였다. 다른 과학자는 발명자가 사용한 추출방법을 사용하여 약 101,000IU/AU를 얻었다. 1심법원은 시험관 자료를 기초로 하여 생체실험결과를 전제로 하는 청구항의 한정사를 지지하는 것으로 본 잘못이 있다. 또한 천연요소의 uEPO 생체실험결과 173,640을 보였고 침해행위자는 시험관과 동등한 조건을 가진 것은 오직 65%으로서 이는 160,000 이하를 의미한다.

192 Amgen Inc. v. Genetics Institute Inc., 877 F. Supp.2d 45, 34 USPQ2d 1220(D. Mass. 1995), aff'd, 98 F.3d 1328, 40 USPQ2d 1524(Fed. Cir. 1996). CAFC는 공개된 방법이 청구항의 물건을 만들기 위하여 항상 효과적으로 작용할 필요는 없다는 것을 강조하였다. 결국 '195' 특허(Hewick)가 실시가능요건을 충족시키지 못하여 무효가 된 이후에 Genetic Institute는 관련된 발명인 '837' 특허를 부분계속신청을 통하여 얻었고 그 청구항은 동질적인 인간의 EPO로서 '160,000 수준의 활동성을 가진'이라는 한정사를 삭제하였다. 그리고 다시 Amgen에 대한 소송을 제기하였다. 그러자 Amgen은 청구항의 배제원칙(Claim preclusion doctrine)이 Genetic Institute로 하여금 '837' 특허에 기한 침해소송을 제기할 수 없도록 한다는 내용의 확인판결을 구하였다. Genetic Institute는 CAFC의 결정이 명세서가 오직 160,000의 특정 활동성 수준이라는 한정사를 가진 것이 실시가능요건을 충족시키지 못한다는 것에 불과하고 특정한 활동성에 대한 아무런 한정사가 없어진 '837' 특허와는 아무런 관련성이 없다고 주장하였다. 1심법원은 법원의 직권으로 원고패소판결을 선고하였다. 초기의 청구항이 실시가능요건을 충족시키지 못하였다는 이유로 무효가 선언되었다면 CAFC는 '195' 특허가 반드시 160,000IU/AU의 활동성을 가지는 동질적인 EPO를 그 청구항의 권리범위로 본 것만은 아니라고 판시하였다. 만약 Genetics Institute가 보다 심혈을 기울여서 진정으로 동질성을 가지는 EPO로서 160,000 IU/EU라는 특정한 활동성을 가진 물질에 대한 실시가능요건을 충족시킬 수 있는 공개를 하였다면 이는 그 발명에 대한 배타적 독점권을 부여받을 수 있을 것이다. 그러나 단지 한정사를 제거하여 버리고 보다 공개내용이 적은 청구항의 권리를 주장한다면 이는 오히려 더 적게 공개하고 더 많은 독점권을 얻겠다는 시도로서 용납할 수 없다. CAFC도 이를 인용하였다.

193 Amgen, Inc. v. Chugai Pharmaceutical Co., Ltd,13 USPQ2d 1737(D. Mass. 1989), aff'd in part, rev'd in part, vacated in part, 927 F.2d 1200, 18 USPQ2d 1016(Fed. Cir. 1991). 특허권자가 주장하기를 동질적인 EPO가 160,000 IU/AU 이하의 특정한 활동성을 가지는지 여부에 대해서는 아직 소송상 다투어진 바 없다. 그러나 CAFC는 선행판결이 동질적인 EPO가 적어도 160,000 IU/AU의 활동성을 가지고 있다는 점을 고려하여 판단한 바 있다.

Amgen의 특허는 인간의 Erythropoietin에 대한 정화되고 분리된 DNA에 대한 청구항과 변형된 주세포에 대한 것으로,[194] 발명자는 EPO 유전자를 분리하기 위하여 인간의 완전하게 퇴화된 두 세트의 탐색자를 가지고 유전적 집합을 걸러내는 새로운 기술을 개발하였다. 이 방법은 포유류의 주세포를 변형하여 EPO를 만들 수 있는 세포를 만들기 위한 것이다.

청구항의 권리범위는 아미노산의 염기서열이 EPO를 복제하기에 충분한 모든 폴리펩타이드로서 적혈구 세포를 증산하는 특성을 가진 모든 DNA 염기서열을 포함하고 있다. 이에 비하여 명세서는 단 하나의 유전자를 설계하여 만드는 것을 공개하고 있는데 이는 성숙된 EPO와는 그 개념정의가 다르거나, 하나 또는 그 이상의 잔기를 가지는 위치가 서로 다른 것으로 구분된다.[195] [196]

특허권자는 모든 청구항의 권리범위를 포괄하기에 충분할 정도의 많은 DNA 염기서열을 만드는 방법을 가르치지 못하고 그중에서 오직 한두 가지의 EPO 유사물질에 대한 유전자 염기서열을 공개하는 데 그친 것이다. 이러한 공개내용은 몇 가지 유사물질을 포함하는 정도의 청구항을 지지할 수 있을지는 모르지만 모든 EPO 유사물질 전체를 지지할 수 있는 공개내용이라고 볼 수는 없다.[197]

EPO와 같은 유형의 물질에 대해서는 이를 부호화하고 있는 수많은 다양한 유전자 염기서열이 존재하고 있다. 특허권자는 이 중에서 오직 하나 또는 둘 정도의 유사물질을 만들고 사용하는 방법을 공개하고 있는 것에 불과한 것으로서 이러한 정도의 빈약한 공개내용을 가지고는

---

194 Id., Amgen, 즉 본질적으로 인간의 Erythropoietin을 부호화한 DNA 염기서열을 가진 정화되고 추출된 DNA 염기서열과 Procaryotic 또는 Eucaryotic 주세포로서 EPO DNA의 염기서열을 가진 것으로 변형된 것.

195 Amgen 명세서의 기재내용은 다음과 같다. 이 발명은 주세포의 폴리펩타이드를 발현할 수 있도록 사용될 수 있는 모든 DNA 염기서열을 포함하고 있는데, 적어도 주된 구조적 형태의 일부를 가지고 있고 EPO의 생명공학적 특성의 하나 이상을 가지고 있는 것으로서, 다음 중에서 선택된다. ① 표시 5와 6에서 나타난 DNA 염기서열, ② ① 또는 그 조각에서 개념정의된 DNA 염기서열에 대하여 잡종화된 DNA 염기서열, 그리고 ③ ①과 ②에서 개념정의된 DNA 염기서열과 잡종화를 할 수 있는 것들 중에서 유전자 부호의 퇴화가 된 것을 제외한 나머지 DNA 염기서열.

196 Id., Amgen, 더구나 특허심사를 하면서 명세서에 기재된 모든 실시례를 일일이 실험을 할 수는 없다. 필요한 것은 특허출원인이 통상의 지식인으로 하여금 발명을 실시할 수 있도록 하는 충분한 내용을 공개를 함으로써 청구항의 권리범위에 상응하느냐 하는 점이다. 따라서 명세서는 DNA 염기서열을 만들고 사용하는 방법에 대하여 충분한 공개를 하였느냐 하는 점이 핵심이다. CAFC는 EPO와 같은 물질을 만들 수 있는 염기서열을 가지고 있는 것으로서 청구항의 권리범위로 주장되는 DNA를 가진 물질은 수없이 많다. 1심법원은 하나의 아미노산의 위치를 바꾸면 무려 3,600개 이상의 EPO 유사물질을 만들 수 있고 3개의 아미노산의 위치를 바꾸면 백만 개 이상의 유사물질이 만들어질 수 있다. 동족물질이 3개의 아미노산을 바꾸면 만들어질 수 있다. 특허권자 측의 전문가가 증언하기를 적혈구를 증산하는 생명공학적 특성을 가지는 EPO 유사물질이 50개인지 아니면 80개인지는 정확히 모른다. 그러나 명세서가 실시가능요건을 충족시키지 못한다고 본 판결에 의하면 생명공학 분야에 있어서의 불확실성으로서 5년 이상의 실험을 거쳤어도 특허권자는 청구 제7항에서 특정된 생명공학적 특성을 가지는 유사물질을 특정하기가 불가능하다는 점이 바로 생명공학이 가지는 불확실성이다. 그러나 CAFC는 1심법원의 결론에 대해서는 동의를 하였으나 그 이유는 달랐다. 문제가 된 청구 제7항은 DNA 유사물질의 염기서열을 그 대상으로 하는 것인데도 불구하고 1심법원은 그 물질의 생명공학적 특성에 초점을 맞춤으로서 DNA 염기서열 자체에 대한 실시가능요건을 판단하는 데 실패하였다.

197 Id., Amgen.

그 유사물질 전체를 권리범위로 하는 청구항에 대한 특허를 발급받을 자격이 없다.[198]

구조적으로 복잡한 EPO 유전자는 여러 가지 방법으로 그 구조를 변경할 수 있지만 과연 이러한 유사물질이 실제로 어떠한 유용성을 가지는지에 대해서는 불확실한 것이다. 따라서 이러한 유사물질에 대한 특허를 받기 위해서는 유사물질의 구조만으로는 부족하며, 청구항의 권리범위에 포함되는 여러 가지의 유사물질의 정체를 밝히고 이를 만드는 방법까지도 공개하여야만 한다. 즉 EPO와 같은 활동성을 가진 유사물질이 가지는 구조적 형태를 공개하여야만 하는 것이다.[199]

7. 발명을 만드는 방법

가. 실행하는 방법

명세서는 통상의 지식인에게 발명을 만드는 방법을 상세하게 설명하여야만 한다.[200] 방법 청구항을 만드는 방법이라 함은 그 방법을 실행하는 것이다.[201] 그러나 명세서가 제시한 모든 방법이 전부 실시가능한 것이어야 하는 것은 아니다. 명세서가 공개한 방법 중에서 일부가 실행이 불가능하더라도 공개내용이 부족한 것은 아니며 심지어는 단 한 가지의 실행이 가능한 방법이라도 공개되어 있다면 그 청구항은 유효하다.[202]

---

198 Id., Amgen; In re Deuel, 51 F.3d 1552, 1560, 34 USPQ2d 1210, 1216(Fed. Cir. 1995)(아미노산의 염기서열로 개념정의된 특정 단백질을 부호화한 모든 염기서열에 대한 청구항이 실시가능요건을 충족시킬 수 없다고 본 사례: 결국 이렇게 결과만을 염두에 둔 형태로 작성된 명세서는 단백질을 부호화한 유전자에 대한 일반적인 아이디어에 불과하고 공개된 cDNA 미립자 이외에 다른 어떠한 DNA를 얻을 수 있는 방법을 공개하지 못한 것이다).

199 Id., Amgen; Genentech, Inc. v. The Wellcome Foundation Ltd., 29 F.3d 1564-65, n.24, USPQ2d 1161, 1168, n.24(Fed. Cir. 1994)(인간의 Tissue plasminogen activator에 대하여 선택적이고 더 넓은 개념정의를 하기보다는 좁고 구조적인 개념정의가 유효하다고 본 사례); Fiddes v. Baird, 30 USPQ2d 1481(Bd. Pat. App. & Int'f 1993), discussed supra Ex parte Maizel, 27 USPQ2d 1662(Bd. Pat. App. & Int'f 1992)('생명공학적 기능이 동등한(Biologically functional equivalent)'이라는 용어를 사용한 청구항의 권리범위가 너무 넓다는 이유로 거절된 사례); Ex parte Ishizaka, 24 USPQ2d 1621, 1626-27(Bd. Pat. App. & Int'f 1992)('염기서열이 적어도 70% 동일한'이라는 용어를 사용한 청구항에 대한 명세서의 실시가능요건의 충족 여부에 대하여 Amgen을 적용한 사례).

200 In re Cescon, 474 F.2d 1331, 1334-35, 177 USPQ 264(CCPA 1973); In re Forman, 463 F.2d 1125, 175 USPQ 12(CCPA 1972); Reinhart v. Coursen, 458 F.2d 516, 173 USPQ 552(CCPA 1972); In re Feinberg, 437 F.2d 1405, 168 USPQ 777(CCPA 1971); Hanes Corp. v. Millard, 428 F. Supp. 306, 311, 196 USPQ 158, 162(D. D.C. 1976)(명세서에서 공개된 방법과 기계를 사용하여 청구항의 물건을 만들 수 없다면 명세서에 기재된 것과 다른 방법으로 이를 만들 수 있어도 실시가능요건을 충족시키지 못한다. 청구항의 물건은 반드시 명세서에서 특정된 방법으로 만들어질 것을 요구한다. 명세서는 특허를 발급받는 대가로서 발명을 만들 수 있는 방법 중에서 적어도 하나를 공개하여야 한다). 그러나 In re Breslow, 616 F.2d 516, 205 USPQ 221(CCPA 1980)에서는 청구항이 불안정하고 임시적인 화학적 중간물질에 관한 경우에 명세서는 이 물질을 안정적이고 영구적이거나 추출가능한 형태로 만드는 방법에 대해서는 공개할 필요는 없다고 하였다.

201 In re Barrett, 440 F.2d 1391, 1392, 169 USPQ 560(CCPA 1971).

202 Durel Corp. v. Osram Sylvania Inc., 256 F.3d 1298, 1307, 59 USPQ2d 1238, 1244(Fed. Cir. 2001)(명세서가 제시

나. 기초물질과 필요장치의 공개

발명을 실시하는 데 있어서 기초물질과 특별한 장치를 필요로 하고, 그 물질이나 장치가 쉽사리 취득할 수 없는 것이라면 특허출원인은 그 물질이나 장치를 취득할 수 있도록 충분한 공개를 하여야 한다.[203]

오버랩 모드에서 데이터를 신속하게 처리하기 위한 프로그램에 대한 청구항을 설명하면서 명세서가 그 기능을 나타내는 명칭인 '블록 다이어그램(Block diagrams)'을 사용하는 방법을 공개했다. 그러나 이러한 다이어그램을 사용하기 위해서는 장비가 필요하고 컴퓨터가 변경되어야 한다. 따라서 명세서가 실시가능요건을 충족시키기 위해서는 적절한 장비를 선택하는 방법과 함께 컴퓨터를 변경하는 방법을 공개하여야 한다. 만약 통상의 지식인에게 이러한 가르침을 주지 못하였다면 이러한 명세서는 실시가능요건을 결여한 것이다.[204]

다. 미생물 기탁

(1) 기탁의 필요성

특허출원된 방법이 특정한 계통의 미생물의 사용을 요구하는 경우가 있다. 만약 이 미생물이 통상적으로 발견되는 것이라면 명세서는 그 취득방법을 설명하면 되고 굳이 기탁할 필요는 없다.[205] 그러나 자연에 존재하기는 하지만 광범위한 추출작용을 통해서만 발견되는 미생물은 그 취득이 매우 어렵기 때문에 명세서가 그 추출방법을 기재하는 것만으로는 부족한 경우가

한 여러 가지의 방법 중에서 단 하나의 실시가능한 방법이 있다면 족하다); Johns Hopkins Univ. v. CellPro, Inc., 152 F.3d 1342, 1361, 47 USPQ2d 1705, 1719(Fed. Cir. 1998)(단 한 가지의 실시가능한 방법).

203 In re Ghiron, 442 F.2d 985, 169 USPQ 723(CCPA 1971); In re Brebner, 455 F.2d 1402, 1404, 173 USPQ 169, 171(CCPA 1972)(관련된 기술 분야의 통상의 지식인에게 알려지지 않은 기초물질이라면 이를 만드는 방법을 공개하여야 한다); Hirschfeld v. Banner, 462 F. Supp. 135, 200 USPQ 276(D. D.C. 1978), aff'd, 615 F.2d 1368(D. C. Cir. 1980), cert. denied sub nom. Diamond v. Hirschfeld, 450 U.S. 994(1981)(명세서를 읽고 나서 적절한 컴퓨터 프로그램을 구하는 데 4시간이 걸린다면 이 명세서는 실시가능한 것이다); Ex parte McKay, 200 USPQ 324, 325-26(PTO Bd. App. 1975)(달 표면의 물질을 이용하는 방법에 대한 청구항이 실시가능요건을 충족하였다고 보았다. 이 물질은 만약 우주선이 이를 지구로 보냈고 실험과 평가를 위하여 지정된 과학센터로 보냈다면 이는 취득이 가능하다고 보아야 하기 때문이다); Christianson v. Colt Industries Operating Corp., 870 F.2d 1292, 1300, 10 USPQ2d 1352, 1358(7th Cir. 1989), cert. denied, 493 U.S. 822(1989), on remand, 766 F. Supp. 670(C.D. Ill. 1991)(부품이 발명에 없어서는 안 되는 중요한 부분인 경우와는 달리 콜트사의 M-16 소총에 사용되는 것과 '상호교환이 가능한 부품'을 만드는 방법에 대한 공개가 부족하다고 하여도 실시가능요건을 결여한 것으로 볼 수는 없다) 참조.

204 In re Ghiron, 442 F.2d 985, 991, 169 USPQ 723, 727(CCPA 1971).

205 Flehmig v. Giesa, 13 USPQ2d 1052, 1057(Bd. Pat. App. & Int'f 1989)(일반대중이 HAV를 쉽사리 얻을 수 있기 때문에 기탁이 불필요하다); Ex parte Rinehart, 10 USPQ2d 1719, 1720(Bd. Pat. App. & Int'f 1989)(명세서에 해양에서 얻을 수 있는 물질의 위치를 잘 설명하였고 그 물질이 가진 특성이 이미 잘 알려진 것이라면 이 물질은 부당하게 과도한 실험을 거치지 않고도 얻을 수 있는 물질로서 기탁이 불필요하다).

있다.[206]

따라서 발명을 실시하는 데 사용되는 물질을 일반대중이 쉽사리 취득할 수 없거나, 이를 만드는 데 부당하게 과도한 실험이 필요하다면 이러한 기초물질의 표본을 독립한 기관에 기탁할 필요가 있다.[207] [208] 특허가 발급된 이후에 어느 누구라도 수탁기관으로부터 기탁된 미생물의 표본을 제공받을 수 있다면 명세서는 실시가능요건을 충족시킨다.[209]

특허법은 발명을 서면으로 설명할 것을 요구하지만 서면으로 설명하는 것만으로는 다른 사람들이 미생물과 관련된 발명을 실시하는 데 있어 실질적인 도움이 되지 못할 수도 있다. 토양에서 추출한 유기체를 서면으로만 설명한다면 부당하게 과도한 실험을 거쳐야만 이를 만들고 사용하는 방법을 가르칠 수 있기 때문에 미생물을 기탁하는 것은 공개요건을 보충하는 것으로 사용된다.[210]

미생물의 기탁을 둘러싸고 일어나는 쟁점은, ① 기탁이 필요한 시점,[211] ② 기탁된 물질에 대한 접근의 제한이 해소되는 시점,[212] ③ 기탁된 물질의 동일성과 기탁의 조건 등이다.[213]

---

206 In re Lundak, 773 F.2d 1216, 1220, 227 USPQ 90, 93(Fed. Cir. 1985)(새로운 생물학적 물질에 대한 자세한 추출 절차와 분류학상의 내용이 공개되었어도 쉽사리 재생산할 수 없는 경우에 기탁이 필요하다); Ex parte Hildebrand, 15 USPQ2d 1662, 1663(Bd. Pat. App. & Int'f 1990)(생물학적 물질이 중요하고도 필요한 역할을 하는 경우에 서면만으로는 실시가능요건을 충족하기에 부족한 경우에 기탁이 필요하다); Staehelin v. Secher, 24 USPQ2d 1513, 1518-19(Bd. Pat. App. & Int'f 1992)(기탁이 필요한 시기는 발명이 만들어진 시점이다); Ex parte Goeddel, 5 USPQ2d 1449(Bd. Pat. App. & Int'f 1987)(기탁은 강제적 요건이 아니라 임의적 요건이다).

207 Ex parte Goeddel, 5 USPQ2d 1449(Bd. Pat. App. & Int'f 1987): 특허출원인은 DNA 재조합기술을 이용하여 만든 인공의 성인 Leukocyte 인터페론에 관하여 특허를 출원하면서 청구항에 기재된 폴리펩타이드를 만드는 미생유기체를 기탁하였다. 그러나 청구항의 권리범위로 주장된 미생물은 기탁된 미생물이 아니었다. 심사관이 실시가능요건을 충족하지 못하였다는 이유로 특허를 거절하였지만 미특허심판원은 이를 번복하였다. 미생물기탁기관에 미생물을 기탁하는 것은 특허법이 요구하는 요건을 충족하는 것이다. 그러나 이는 강제규정이 아니고 임의규정으로서 특허출원인은 이를 기탁할 수도 있다는 의미로 해석한다.

208 In re Wands, 858 F.2d 731, 8 USPQ2d 1400(Fed. Cir. 1988): 기초물질이란 발명을 실시하는데 사용될 수 있거나 이로부터 필요한 세포가 만들어질 수 있는 세포를 말한다.

209 In re Wands, 858 F.2d 731, 8 USPQ2d 1400(Fed. Cir. 1988).

210 Ex Parte Kropp, 143 USPQ(BNA) 148, 149, 1959 WL 6819(Pat. & Trademark Office Bd. App. 1959)에서의 미특허심판원의 견해가 생명체를 만드는 방법에 대한 특허를 출원하는 데 있어서 이 생명체 표본을 기탁하는 방법에 대한 이정표가 되었다.

211 In re Lundak, 773 F.2d 1216, 227 USPQ 90(Fed. Cir. 1985)(특허출원인이 자신의 실험실에 기탁하였다가 특허가 발급되기 이전에 독립적 기탁기관에 기탁하는 것도 허용된다).

212 In re Argoudelis, 434 F.2d 1390, 168 USPQ 99(CCPA 1970)(만약 기탁기관과 사이에 특허발급 이전에는 미생물 표본이 특허출원인의 승낙하에서만 반출이 될 수 있고, 특허발급 이후에는 누구라도 원하는 사람에게 표본이 반출될 수 있다는 약정을 한 경우에 특허출원 이전에 기탁하는 것만으로도 충분하다); Feldman v. Aunstrup, 517 F.2d 1351, 186 USPQ 108(CCPA 1975), cert. denied, 424 U.S. 912(1976)(외국기관에 기탁하는 것도 그 접근성만 허용된다면 가능하다); Ex parte Hildebrand, 15 USPQ2d 1662(Bd. Pat. App. & Int'f 1990)(특허심사지침 MPEP 608.01(p)(C)을 적용하여 미생물 표본에 대한 접근의 제한은 특허발급 이후에는 모두 해제된다); In re Goodman, 3 USPQ2d 1866(Dep. Comm'r Pat. & Tm. 1987)(특허가 발급된 이후에는 기탁자의 요청에 의하여 일반대중의 접근을 제한할 수는 없다).

213 Feldman v. Aunstrup, 517 F.2d 1351, 186 USPQ 108(CCPA 1975), cert. denied, 424 U.S. 912(1976)(외국의 독

(2) 기탁 장소

적법한 기탁요건으로서는, 공공의 기탁장소가 사용되고, 정부에 의하여 그 기탁기관이 운영되고, 기탁된 물질을 영구적인 수집물로 보관할 수 있으면서 특허의 발급 이전에는 제반 규정에 의하여 법적으로 자격이 있는 자에게만 기탁자의 요청에 의하여 그 표본을 공급하고, 일단 특허가 발급된 이후에는 원하는 사람에게는 누구에게나 제공하며, 배양물이 물리적으로 변형되지 않도록 방지설비가 된 장소를 말한다.[214]

(3) 외국기관 및 사설기관에 기탁

외국의 기관에 기탁한 것이라도 문제가 없다고 본다. 특허출원 시점에 미생물을 기탁을 할 당시에는 사설기관이었으나 그 후 정부기관이 된 경우에 이 기관이 영구적으로 운영되어 미생물 표본을 공급할 수 있다면 이는 공개요건을 충족시킨다고 본다.[215]

특허출원인이 특허출원과 동시에 독립적인 기관에 미생물을 기탁하지 못하였다고 하더라도 그 특허출원명세서가 공개요건을 충족하지 못한 것은 아니다.[216] 사설기관, 즉 발명자 자신의 연구소나 동료의 연구소에 기탁하는 것도 공개요건의 기능 중의 하나인 특허출원일을 기준으로 하여 일응 발명이 완성되었다는 기준일자를 확정할 수 있어 심사관이 요청하면 기탁된 미생물을 취득할 수 있다.

공개요건은 특허출원서의 접수일자 이전에 독립된 기탁기관에 발명의 샘플을 이전할 것을 요구하지 않는다.[217] 특허가 발급되기 이전에 독립적인 기관에 기탁을 함으로써 공개요건의 나

립적인 사설 기탁기관에 기탁한 것도 허용한 사례); Ajinomoto Co., Inc. v. Archer-Daniels-Midland Co., 228 F.3d 1338, 1346, 56 USPQ2d 1332, 1338(Fed. Cir. 2000), cert. denied, 121 S. Ct. 1957(2001)(부다페스트 조약에 따르지 아니한 기탁물 반환요청이 받아들여지지 아니하였어도 명세서가 실시가능요건에 위배된 것은 아니다); Ajinomoto Co. Inc. v. Archer-Daniels-Midland Co., 1996 WL 621837, *17(D. Del. 1996), final judgment aff'd, damage award modified, 228 F.3d 1338, 56 USPQ2d 1332(Fed. Cir. 2000), cert. denied, 121 S. Ct. 1957(2001)(기탁물에 대한 일반대중의 접근가능성이 불가능하다는 사유가 될 수 없다고 본 사례); In re Lundak, 773 F.2d 1216, 1220 n.2, 227 USPQ 90, 93 n.2(Fed. Cir. 1985)(개별 국가의 특허법이 적용되기 때문에 부다페스트 조약은 최소한도의 요건이다); Ex parte Hildebrand, 15 USPQ2d 1662(Bd. Pat. App. & Int'f 1990)(특허발급 이후에는 부다페스트 조약에 의하여 자동적으로 기탁물에 대한 접근에 대한 제한이 배제된다).

214 In re Argoudelis, 434 F.2d 1390, 1394, 168 USPQ 99(CCPA 1970).

215 Feldman v. Aunstrup, 517 F.2d 1351, 1356, 186 USPQ 108, 113(CCPA 1975), cert. denied, 424 U.S. 912(1976).

216 In re Lundak, 773 F.2d 1216, 227 USPQ 90(Fed. Cir. 1985); In re Wands, 858 F.2d 731, 735-36, 8 USPQ2d 1400, 1403(Fed. Cir. 1988)(미생물 기탁은 특허출원 시에 일응 발명이 완성된 일자로 보고 심사관이 심사 계속 중에 기탁된 미생물에 대한 접근을 보장받을 수 있는 것이다. 그러나 이러한 목적은 미생물 기탁 이외의 방법으로도 달성될 수 있다); Ex parte Old, 229 USPQ 196, 198-99(Bd. Pat. App. & Int'f 1985)(특허출원 이전부터 미생물이 사설기관에 기탁되어 있는 경우에 심사관은 특허를 거절하였으나 심판원은 이를 허용하였다. 그 이유로서 '이 발명이 비록 사설기관이지만 상당히 신빙성 있는 기관에 기탁되었다고 하는 것은 특허출원 이전에 실시된 것으로 볼 수 있으며, 특허발급 이후에 공인된 ATCC에 기탁되는 것이라면 그 공개요건에 아무런 문제가 없다).

217 In re Lundak, 773 F.2d 1216, 227 USPQ 90(Fed Cir. 1985)(이러한 기탁사실을 공개하는 것은 새로운 사항을 추가하는 것으로 볼 수도 없다). 그러나 Ex parte Maizel, 27 USPQ2d 1662, 1670(Bd. Pat. App. & Int'f 1992)에서는 명

머지 기능인 발명을 일반대중에게 완벽하게 공개하고,[218] 특허발급 이후에 일반대중은 기탁된 물질을 취득할 수 있다.[219]

(4) 기탁물에 대한 발명개념

미생물을 기탁할 당시에는 청구항의 권리범위로 주장하지 않다가 특허가 발급된 이후에 기탁된 물질에서 발견된 것을 가지고 새삼스럽게 청구항의 권리범위로 주장할 수 없다. 발명자가 기탁할 당시에 발명개념을 가지고 있지 못한 것이라면 특허권자의 발명이라고 볼 수는 없기 때문이다.[220]

Schering에서 Leukocyte 인터페론에 대하여 특허출원된 명세서와 청구항이 제출되고 동시에 인터페론에 대한 유전자 부호를 가지고 있는 'DNA 삽입물(Insert)'이 기탁되었다. 이 시점에서 과학자들은 두 가지 유형의 인터페론만이 존재하는 것으로 믿었다. 하나는 Fibroblast 세포로 된 것이고 다른 하나는 Leukocyte 세포로 만든 것이다.

그러나 후일 밝혀진 바에 의하면 그 하위유형에는 여러 가지가 존재하는 것으로 밝혀졌다. 과학자들은 하위유형으로서 발명자가 발명한 것을 IFN-a-1이라고 명명하였다. 발명자가 기탁한 'DNA 삽입물'의 유전자 부호를 조사하여 보니 이는 사실상 IFN-a-1의 유전자 부호를 그대로 지닌 것이었다. 발명자가 특허출원서를 보정하면서 'IFN-'을 'Leukocyte 인터페론'으로 변경하였고 그대로 특허가 발급되었다.

세서가 잘못된 DNA 염기서열을 공개한 경우에, 특허출원인이 특허가 발급되기 이전에만 정정되면 아무런 상관이 없다고 주장하지만 특허출원서가 접수된 이후에는 명세서에 새로운 사항을 추가할 수 없다는 원칙은 특허출원일을 기준으로 하여 발명이 일응 완성된 것으로 추정하고 그 이후에 발명을 설명하는 용어를 추가하는 것을 일체 허용하지 않는다고 하였다.

218 두 가지 기능이론(**Two function theory**)(Supra. 실시가능요건 n.62 참조): In re Hawkins, 486 F.2d 569, 179 USPQ 157(CCPA 1973). 발명자는 캘리포니아 대학교수로서 Lymphoid 세포를 합성하여 만든 인간 세포계열과 잡종세포에 대하여 1981년 3월 26일 특허출원을 하면서 그 명세서에서 유전자 변종과 선택의 방법을 설명하였다. 그러나 특허출원된 세포계열은 그 특허출원된 7일 후인 같은 해 4월 2일경 ATCC(American Type Culture Collection)에 기탁되었다. 그러자 심사관은 미생물 기탁이 특허출원일자에 되지 않은 것은 실시가능요건을 충족시키지 못한 것이라고 보았다. 특허출원인은 ① 특허출원일자를 3월 26일에서 세포계열이 실제로 기탁된 날짜인 4월 2일로 변경할 것을 신청하였지만 심사관은 특허출원일자를 변경할 수 없다고 하였으며, ② 비록 사설기관이기는 하지만 대학에 특허출원일자에는 세포계열을 기탁하였다고 특허출원인이 주장하였지만 심사관은 대학은 영구적으로 운영될 수 있는 기관이 아니어서 부다페스트 협약에 위반된다는 이유로 거절하였다.

219 In re Hawkins, 486 F.2d 569, 179 USPQ 157(CCPA 1973). CAFC는 특허출원된 이후에 기탁을 하면서 기탁일자 및 접수번호를 추가로 기재한 것이 새로운 사항을 추가한 것이라고 보지 않았다. 특허출원인의 명세서는 ATCC를 원하는 기탁기관으로 명기하였지만 그 실제 위치는 공개하지 않았다. 최초의 서면설명서는 완전한 것이고 기탁을 인용한 것은 증가나 한정을 함으로써 최초의 설명에 아무것도 추가하지 않는다. 또한 특허출원을 하면서 이를 기탁하지 못한 것이 특허청을 기망한 것은 아니라고 보았다.

220 Schering Corp. v. Amgen Inc., 222 F.3d 1347, 55 USPQ2d 1650(Fed. Cir. 2000): CAFC는 발명자의 재조합 인터페론에 관한 청구항의 권리범위에 대하여 언급하였다. 그러나 기탁된 물질에 대한 시험을 함으로써 넓은 권리범위를 가지는 청구항을 지지할 수 있는 시도를 거절하였다.

특허권자는 기탁된 이후 거의 18년이 지난 최근의 실험결과를 제시하면서 최초의 특허출원 당시에 기탁된 표본 중에서 하나인 'IFN-a-14'(삽입물 4c)라는 하위유형의 인터페론도 자신의 청구항의 권리범위에 있다고 주장하였다.[221] 그러나 특허출원명세서에 염기서열을 밝히면서 '삽입된 것'은 IFN-1에 불과하고, 이것이 바로 인터페론의 하위유형으로서 발명자가 공개하고 권리범위로 포함하도록 원한 것이다.

그렇다면 특허권자는 '삽입물 4c' DNA가 이미 IFN-a-14에 대한 유전자 부호를 가지고 있다는 사실을 발견하지 못한 것으로서 결국 특허출원 당시에 발명자는 위 IFN-a-14에 대한 발명개념을 가지고 있지 못한 것이므로 특허권자의 발명으로 볼 수는 없다. 따라서 '삽입물 4c' DNA 염기서열은 청구항의 권리범위에서 제외되어야 한다.[222]

8. 발명을 사용하는 방법

발명을 사용하는 방법과 발명의 유용성 또는 산업상 이용가능성은 밀접한 관련성이 있다. 발명의 작동가능성은 유용성 또는 산업상 이용가능성의 요건으로 보고 작동이 불가능한 발명은 당연히 실시가능요건을 충족하지 못한다.[223]

예컨대 특허출원인이 질병치료용으로 일군의 합성물에 대한 특허출원을 하였는데 이 물질들은 Aliphatic과 Heterocyclic의 구성물질을 포함하고 있었지만 명세서에 기재된 실시례들은 모두 Aliphatic의 물질들만으로 되어 있었다. 그러자 특허청은 청구항에서 주장하는 모든 구성물

---

[221] Schering Corp., 222 F.3d at 1355, 55 USPQ2d at 1656. 그러나 1심법원은 특허출원인이 제시한 최근의 실험결과를 가지고 청구항의 권리범위를 다시 해석할 것을 거부하였다. 18년간 삽입된 4c DNA로서 취득이 가능하였다는 사실은 발명자가 1998년 6월 9일 이전의 어느 시점에서 삽입된 4c DNA의 염기서열을 결정하였다는 것을 나타낸다. 새로이 수집된 정보를 처리하는 데 필요한 컴퓨터 작업은 약 2일 정도면 완료된다는 사실은 이러한 증거가 재판을 현저히 진행시키기 이전에 법원에 제출될 수 있었다는 사실을 나타낸다.

[222] Schering Corp., 222 F.3d at 1355, 55 USPQ2d at 1656. 특허권자는 발명자가 삽입된 4c DNA의 염기서열을 더욱 빨리 분석하여 이를 증거로 제시하지 않았어도 이 물질은 기탁기관에 기탁된 것이기 때문에 일반대중의 기록의 일부분이 되었고 굳이 이를 증거로 제시하지 아니하였어도 당연히 청구항의 권리범위가 될 수 있다고 주장하였다. 그러나 CAFC는 기탁기관에 기탁된 물질은 청구항의 권리범위를 넓게 해석할 수 있는 자료가 될 수 있으나, 단지 기탁물이 청구항의 권리범위를 해석하는 증거로 사용되기 위해서는 소송법상의 증거절차를 거쳐야만 한다고 보았다. 미생물을 기탁하였다는 사실만으로는 그 기탁된 물질이 증거조사를 거치지 않고도 당연히 청구항의 권리범위를 해석하는 데 있어서 증명력이 있는 증거가 될 수는 없다. 그러나 이 사건에서 이 기탁물이 소송상의 증거로서 될 수 있는 절차를 취할 수 있는 기회를 상실하였다. 따라서 기탁된 물질 자체만 가지고는 삽입된 4c DNA의 염기서열에 관한 증거가 될 수 없어 결국 이를 가지고는 청구항의 권리범위를 해석하는 자료로 사용할 수는 없다.

[223] In re Swartz, 232 F.3d 862, 56 USPQ2d 1703(Fed. Cir. 2000); In re Cortright, 165 F.3d 1353, 1356-57, 49 USPQ2d 1464, 1466(Fed. Cir. 1999). 소수견해: Envirotech Corp. v. Al George, Inc., 730 F.2d 753, 761-62, 221 USPQ 473, 479-80(Fed. Cir. 1984)(특허출원인의 주장을 뒷받침할 데이터가 완전히 결여되어 있는 경우에는 유용성의 결여와 공개요건의 결여사유가 중첩될 수도 있다. 그러나 발명이 오직 한정된 유용성만을 가지고 있고 일정한 조건하에서만 작동이 가능한 것이라면 유용성의 결여를 이유로 거절할 수는 없다).

질들이 유용성이 없다면 당연히 실시가능요건을 충족시키지 못하는 것이라고 하였다.[224]

심사관과 특허심판원은 H 미립자를 가지고 있는 구성물질이 모든 치료를 위하여 유용하다는 데 대하여 의문을 가지고 있었다. 이 입장이 특허법상의 유용성의 결여로 인한 특허거절 사유가 될 수 있지만 동시에 공개요건 중에서 발명을 사용하는 방법에 대한 공개내용을 충족시키지 못하였다는 거절이유가 될 수도 있다. 만약 H라는 구성물질이 사실상 아무런 쓸모가 없는 것이라면 명세서가 그것을 사용하는 방법을 가르치는 것은 불가능하기 때문이다.[225]

그러나 실시가능요건을 충족시키지 못한다고 하여도 유용성 또는 산업상 이용가능성을 충족시키는 경우도 있다.[226] 커다란 유용성을 가지고 있는 발명에 대하여 명세서가 그것을 사용하는 방법을 적절하게 공개하지 못함으로써 실시가능요건을 충족시키지 못할 수도 있기 때문이다.[227]

9. 사실인정의 문제이냐, 법률의 해석과 적용의 문제이냐

최근의 미국의 입장은 실시가능요건에 대한 판단은 사실인정에 기초한 법률적용의 문제라고 보고 소송상 이를 진보성과 같이 취급한다.[228] 따라서 관련된 분야의 통상의 지식인의 기술수준과 같은 것은 사실인정의 문제이고 실시가능요건의 정확한 법원칙과 이 원칙을 가지고 사실에 적용하는 것은 법률적용의 문제이다.[229]그러나 과거에는 명세서가 실시가능요건을 충족시

---

[224] In re Fouche, 439 F.2d 1237, 169 USPQ 429(CCPA 1971); In re Gardner, 475 F.2d 1389, 1392, 177 USPQ 396, 398(CCPA 1973), reh'g denied, 480 F.2d 879, 178 USPQ 149(CCPA 1973)(주장되는 유용성이 없으면 유용성의 결여를 이유로 하거나 아니면 공개요건의 결여를 이유로 하는, 둘 중의 하나를 가지고 거절할 수 있다).

[225] In re Fouche, 439 F.2d 1237, 1243, 169 USPQ 429, 434(CCPA 1971); In re Swartz, 232 F.3d 862, 863, 56 USPQ2d 1703, 1703-04(Fed. Cir. 2000)(발명의 사용방법의 공개요건과 유용성은 밀접한 관련성이 있다); Process Control Corp. v. HydReclaim Corp., 190 F.3d 1350, 1358, 52 USPQ2d 1029, 1034(Fed. Cir. 1999)(유용성이 요구하는 작동가능성을 충족시키지 못하면 당연히 공개요건을 충족할 수 없다); In re Ziegler, 992 F.2d 1197, 1200, 26 USPQ2d 1600, 1603(Fed. Cir. 1993)(발명을 사용하는 방법을 공개하여야 하는 요건은 그 해석상 유용성의 요건을 포함한다. 명세서는 반드시 실제적 유용성을 공개하여야 한다); In re Brana, 51 F.3d 1560, 1564, n.12, 34 USPQ2d 1436, 1439, n.12(Fed. Cir. 1995)(발명이 작동 불가능하면 심사관은 유용성의 결여를 이유로 하거나 공개요건을 충족하지 못하였다는 이유로 거절할 수 있다) 참조.

[226] National Recovery Technologies, Inc. v. Magnetic Separation Systems, Inc., 166 F.3d 1190, 1196, 49 USPQ2d 1671, 1676(Fed. Cir. 1999)(특허된 장치나 방법이 작동이 가능한가 하는 문제와 명세서가 실시가능요건을 충족시키느냐는 별개의 문제이다. 실시가능요건을 충족하는지 여부를 판단하기 위해서는 명세서, 청구항, 통상의 지식인의 기술 수준 등의 상호 관련성에 관한 심리가 되어야 한다).

[227] Mowry v. Whitney, 81 U.S.(14 Wall). 620(1871).

[228] In re Vaeck, 947 F.2d 488, 495, 20 USPQ2d 1438, 1444(Fed. Cir. 1991)(실시가능요건은 진보성의 판단과 같이 법률적용의 문제이다).

[229] Hormone Research Foundation, Inc. v. Genentech, Inc., 904 F.2d 1558, 1567-68, 15 USPQ2d 1039, 1047(Fed. Cir. 1990), cert. dismissed, 499 U.S. 995(1991)(190 아미노산 염기서열에 관한 청구항에 대한 실시가능요건을 충족시켰느냐를 판단하는 것에는 사실인정의 문제가 포함되어 있다); Newman v. Quigg, 877 F.2d 1575, 1581, 11

키느냐의 문제가 제기된 경우에 이를 사실인정의 문제로 보았다.[230] [231]

더 나아가 미국의 판례법에 의하면 실시가능요건을 충족시키지 못하였다는 점에 대한 입증책임은 이를 주장하는 자에게 있다고 보고 입증의 정도는 분명하고도 설득력이 있는 증거를 필요로 한다.[232] [233]

10. 새로운 기능이나 장점 또는 특성

새로운 기능이나 장점, 또는 특성이 청구항의 특허발급가능성에 대하여 매우 중요한 영향을 미치는 경우가 있다.[234] 명세서가 이러한 기능이나 장점을 공개하지 않았을 경우에 이를 가

USPQ2d 1340, 1345(Fed. Cir. 1989)(유용성, 즉 산업상 이용가능성의 문제는 사실인정의 문제이고 실시가능요건의 충족 문제는 법률적용의 문제이다).

230 CAFC가 창설되기 이전의 다수설이다. Walt Disney Prods. v. Fred A. Niles Communications Center, Inc., 369 F.2d 230, 234, 151 USPQ 528(7th Cir. 1966); Locklin v. Switzer Bros., Inc., 299 F.2d 160, 166, 131 USPQ 294(9th Cir. 1961), cert. denied, 369 U.S. 861(1962), reh'g denied, 369 U.S. 891(1962); Celestron Pacific v. Criterion Mfg., 552 F. Supp. 612, 219 USPQ 870(D. Conn. 1982).

231 State Indus., Inc. v. A.O. Smith Corp., 221 USPQ 958(M.D. Tenn. 1983), aff'd, 751 F.2d 1226, 224 USPQ 418(Fed. Cir. 1985). 이 견해는 심사관의 특허여부 결정에 대하여 법원은 상당한 존중을 하여 줌으로써 청구항을 보정함에 의하여 명세서에 의해서 실시가능요건을 충족시키는 것으로 본다.

232 침해행위자(특허가 실시가능요건을 충족하지 못하였다고 주장하는 측: 저자 주)는 통상의 지식인이 명세서에 공개된 대로 행하더라도 발명을 실시할 수 없었다는 점을 분명하고도 설득력이 있는 증거를 가지고 입증하여야 한다. Enzo Biochem, Inc. v. Calgene, Inc., 188 F.3d 1362, 1373-75, 52 USPQ2d 1129, 1139(Fed. Cir. 1999): 그러나 침해행위자가 특허권자의 청구항이 작동되지 못하는 이유를 설명하지 못한다고 하더라도 그 입증책임을 다하지 못한 것은 아니며 침해행위자는 특허권자의 실험이 왜 실패하였는지를 설명할 의무까지는 없다. 결국 실험이 실패한 원인이나 이유는 상대방이 입증하여야 할 대상이 될 수는 없고 이를 부담하도록 하는 것은 너무나 부당한 것이다. 이는 특허권자가 특허를 발급받기 위하여 자신의 발명이 작동하는 원리를 알 필요가 없는 것과 마찬가지이다. Newman v. Quigg, 877 F.2d 1575, 1581, 11 USPQ2d 1340, 1345(Fed. Cir. 1989)(만약 상대방이 왜 청구항의 발명이 재생산할 수 있는 형태로 적용될 수 없느냐 하는 것을 밝히는 것만 하여도 이는 위대한 하나의 새로운 발명인 것이다).

233 입증의 필요: Enzo Biochem, Inc. v. Calgene, Inc., 188 F.3d 1362, 52 USPQ2d 1129(Fed. Cir. 1999). 침해행위자가 특허권자의 명세서가 실시가능요건을 충족시키지 못한다는 일응의 증거를 제시한 경우에는 입증의 필요가 특허권자에 이전되어 특허권자는 이 요건을 충족한다는 증거를 제시할 필요가 있다. 즉 명세서가 공개한 단 세 가지의 실시례만을 공개하고 있는 경우에, 발명자의 실험실에서 명세서에서 제시한 이 생명공학적 기술을 Eukaryotes와 E.coli를 제외한 모든 Prokaryotes에 계속하여 적용하여 보았으나 결국은 실패하였다는 점을 입증하였다면 침해행위자로서는 청구항이 실시가능요건을 충족시키지 못한다는 입증책임을 다한 것이라고 본다.

청구항이 생명공학 Antisense을 적용한 모든 생명체로서 박테리아(Prokaryotes)는 물론 식물, 동물, 바이러스(Eukaryotes)를 포함하는 권리범위를 가진 특허가 발급되었는데, 그 명세서는 오직 세 가지 실시례만을 공개하였는데 이 세 가지가 모두 Prokaryote E. coli 박테리아의 유전자만을 가지고 있었다. CAFC는 침해행위자가 제시한 증거가 발명자의 실험실에서 명세서에서 제시한 이 생명공학적 기술을 Eukaryotes와 E.coli를 제외한 모든 Prokaryotes에 계속하여 적용하여 보았으나 결국은 실패하였다는 점을 입증하고 있으며 이로써 명세서가 공개한 단 세 가지의 실시례를 공개한 것만 가지고는 권리범위가 아주 넓은 청구항에 대한 실시가능요건을 충족시키지 못한다고 하는 점을 입증하는 데 일응 성공하였다고 보았다.

234 Chisum §7.03 [9].

지고 특허의 발급가능성에 대한 증거로 사용할 수 있느냐에 대해서는 견해가 갈린다. 종래에는 특허대상이 원래부터 지니고 있었던 성질을 명시적인 것으로 만드는 것은, 청구항을 보정하면서 새로운 사항을 추가할 수 없다는 원칙에 어긋난다고 보았다. 이 견해는 매우 중요한 기능이나 장점 또는 특성을 공개하는 것이 실제로는 실시가능요건의 한 측면에 불과하다고 본 것이다.[235]

그러나 최근의 견해는 이러한 특성을 공개할 것을 요구한다.[236] 법원은 특허법이 요구한 공개요건 중에서 실시가능요건으로부터 이러한 공개의 원칙과 결별했다. 이러한 견해의 결과로서 그러한 특성을 공개하는 것은 계속출원이라는 방법을 통해서 추가될 수도 있다고 본다.[237]

Ⅲ. 서면명세요건

1. 의 의

최초의 특허출원 시에는 반드시 발명자가 출원 당시를 기준으로 하여 청구항의 발명을 점유하고 있다는 것을 통상의 지식인에게 전달할 수 있을 정도로 상세한 설명을 한 서면을 제출하여야 하는데, 이를 서면명세요건(Written description requirements)이라고 한다.[238] 특허법이 출원인에게 서면명세요건을 충족시킬 것을 요구하는 이유는 출원인으로 하여금 자신이 발명하지 않은 것을 후일 자신이 발명한 것으로 주장하는 것을 금지하기 위한 것이다.

출원인은 자신의 발명에 대하여 권리범위로 주장한 청구항이나 후일 주장할 청구항들이

---

235 미연방대법원의 견해: Schriber-Schroth Co. v. Cleveland Trust Co., 305 U.S. 47, 58-59, 39 USPQ 242(1938); Tenneco Chem., Inc. v. William J. Burnett & Co., 691 F.2d 658, 216 USPQ 846(4th Cir. 1982).

236 최근의 CAFC의 견해: Process Control Corp. v. HydReclaim Corp., 190 F.3d 1350, 52 USPQ2d 1029(Fed. Cir. 1999); Maclaren v. B-I-W Group, Inc., 535 F.2d 1367, 190 USPQ 513(2d Cir. 1976), cert. denied, 429 U.S. 1001(1976); Carter-Wallace, Inc. v. Otte, 474 F.2d 529, 541, 176 USPQ 2(2d Cir. 1972), cert. denied, 412 U.S. 929(1973).

그러나 발명자는 자신의 발명이 작동하는 정확한 원리를 공개할 필요는 없다고 본다. Fromson v. Advance Offset Plate, Inc., 720 F.2d 1565, 219 USPQ 1137(Fed. Cir. 1983), on remand, 223 USPQ 1132(D.C. D. Mass. 1984), aff'd in part, rev'd in part, 755 F.2d 1549, 225 USPQ 26(Fed. Cir. 1985).

237 In re Davies, 475 F.2d 667, 177 USPQ 381(CCPA 1973); Heymes v. Takaya, 6 USPQ2d 1448, 1454(Bd. Pat. App. & Int'f 1988), on request for reconsideration, 6 USPQ2d 2055(Bd. Pat. App. & Int'f 1988), aff'd, 867 F.2d 616, 10 USPQ2d 1473(Fed. Cir. 1989)(공개요건은 특허대상이 가지는 예상하지 못하거나 매우 우수한 특성을 공개할 것을 요구하지 않는다).

그러나 이에 반대하는 견해: Andis Clipper Co, v, Oster Corp,, 481 F, Supp, 1360, 1377-78, 206 USPQ 23, 38(E.D. Wis. 1979)(공개요건은 특허권자가 숙원적인 기술 문제를 해결한 것이라면 이는 반드시 공개되어야 한다).

238 Chisum on Patents §7.04.

최초에 출원할 당시에 자신이 발명한 범위에 포함된다는 것으로 인정받을 수 있도록 상세하게 명세서를 작성하여야 한다.[239] 이로써 특허출원일자를 기준으로 출원인이 청구항의 권리범위로 주장하는 발명을 완전하게 점유하고 있는지를 확인함으로써 이미 선행기술에 존재하는 것을 가지고 자신의 발명이라고 주장하는 것을 금지할 수 있다. 또한 이 서면명세요건으로 인하여 출원인이 자신의 발명이 아닌 것을 자신의 발명이라고 주장하는 것을 금지한다.[240]

더 나아가 서면명세요건은 다른 발명자로 하여금 명세서가 가르치는 것을 보고 이를 개량하거나 후속적인 발명을 하여 새로이 특허를 받을 수 있도록 보장함으로써 새로운 발명에 대한 특허출원과 등록의 기회를 박탈하지 않기 위한 것이다.[241] [242]

최초의 발명자가 극단적으로 매우 넓은 범위의 발명을 하였고 이에 대한 아주 넓은 권리범위를 가지는 청구항이 이미 허용되었다면 이 권리범위에 포함되는 모든 하위의 발명에 대해서는 특허가 발급되지 않을 수도 있다. 그러나 이렇게 하기 위해서 최초의 발명자는 모든 청구항을 뒷받침할 수 있도록 상세하게 공개를 하여야만 한다.[243]

최초출원명세서가 그 하위발명을 불분명하거나 모호하게 공개함으로써 발명의 일반적인 성질만을 기술하고 있는 것임에도 그 하위발명을 최초의 특허출원인의 청구항의 권리범위에 해당하도록 허용을 한다면 새로운 후속발명이 보호받지 못함으로써 발명이 장려되는 기회가 상실되는 것이다.[244]

---

239 Amgen Inc. v. Hoechst Marion Rousse, Inc., 314 F.3d 1313, 1330(Fed. Cir. 2003)(citing Vas-Cath Inc. v. Mahurkar, 935 F.2d 1555, 1561(Fed. Cir. 1991)).

240 Evans v. Eaton, 20 U.S.(7 Wheat). 161, 5 L.Ed. 472(1822).

241 In re Barker, 559 F.2d 588, 592 n.4, 194 USPQ 470, 473 n.4(CCPA 1977). Vas-Cath, Inc. v. Mahurkar, 935 F.2d at 1563, 19 USPQ2d at 1116(서면명세요건은 명세서의 최초의 공개내용이 후일의 청구항을 지지하는가 또는 명세서에 추가된 자료가 새로운 사항 추가금지의 원칙에 위배되는가의 문제이다). 종래에는 청구항에서만 발견된 공개내용에 대해서는 서면명세요건이 충족되지 않았다고 보았다. 그러나 근래에는 이러한 견해가 변경되어 청구항이나 최초에 출원된 명세서의 다른 어떤 부분에 공개되어도 이 요건을 충족시킨다고 본다. 그러나 이 근래의 견해는 공개의 정도에 대해서는 아무런 언급을 하지 않고 있다. In re Koller, 613 F.2d 819, 204 USPQ 702(CCPA 1980)(최초의 청구항이 자신의 서면명세요건을 충족한다).

242 Evans v. Eaton, 20 U.S.(7 Wheat). 161, 5 L.Ed. 472(1822)(공지·공용의 발명을 새로이 발명하였다고 주장하는지 여부를 확인하거나, 자신의 발명도 아닌 것을 자신의 발명이라고 주장하는 것을 금지하기 위하여, 특허출원인이 자기의 발명으로 주장하는 것을 일반대중의 점유에 놓도록 하는 것이다). 대법원 2006.5.11. 선고 2004후1120 판결【거절결정(특)】: 특허출원서에 첨부된 명세서에 기재된 '발명의 상세한 설명'에 기재하지 아니한 사항을 청구범위에 기재하여 특허를 받게 되면 공개하지 아니한 발명에 대하여 특허권이 부여되는 부당한 결과가 되기 때문이다.

243 대법원과 일본국의 판례는 후속 발명의 신규성을 상실시킬 수 있으려면 선행기술이 하위개념에 대하여 구체적인 공개를 하여야 한다고 하는 데 비하여, 미국의 판례법은 그 발명이 속하는 기술 분야에서 통상의 지식을 가진 자가 발명을 ① 만들고, ② 사용할 수 있을 정도의 완전한 공개 즉 실시가능요건(Enablement)을 충족할 것을 요구한다.

244 Fields v. Conover, 443 F.2d 1386, 1392, 170 USPQ 276, 280(CCPA 1971). 그러나 두 번째 발명자에 대하여 우선권을 부여하는 것은 반드시 두 번째 발명자의 청구항이 특허를 발급받을 수 있다는 것을 말하는 것은 아니다. 예컨대 두 번째 발명자의 청구항은 첫 번째 발명자의 총괄적인 발명에 비추어 보아 용이할 수도 있다. 특히 두 번째 발명자의 특정한 합성물이 선행기술에 공개되어 있는 특성과는 전혀 다른 예상치 않은 특성을 가진다는 점을 입증하지 못하는 한 이는 특허를 받을 수 없다고 보아야 한다.

특허출원명세서를 제출함으로써 그 최초의 접수일자를 기준으로 하여 발명이 일응 완성된 날짜를 확정하고,[245] 이를 기준으로 하여 특허출원된 발명의 우선권과 신규성 및 진보성을 이 특허출원일 이전에 이미 공개되어 있는 선행기술에 비추어 판단한다.[246]

따라서 특허가 최초로 출원될 당시 명세서에 기재된 청구항이 반드시 서면명세요건을 충족시켜야 함은 물론 후일 추가된 청구항도 마찬가지로 서면명세요건을 충족시켜야 한다.[247] 특허출원인이 최초의 특허출원서에 기재한 청구항은 물론 그 이후에 새로이 청구항을 추가한 경우에, 최초특허출원서에 기재된 청구항이나 그 이후에 추가된 청구항이 최초의 특허출원명세서에서 그 근거를 발견하지 못하여 발명자가 이를 상세하게 설명하지 못하였으면 서면명세요건은 충족될 수 없고 최초의 특허출원일자를 기준으로 한 우선권을 주장할 수 없다.[248]

그러나 서면명세요건은 선행기술과 특허출원된 발명을 구별함으로써 심사관의 심사업무를 도와주기 위한 것은 아니다.[249] 심사관은, 첫째, 특허법에 위반되거나, 둘째, 특허청의 심사실무내규에 위반되거나, 셋째, 그간 계속되어 왔던 심사의 전통이나 관행에 위반되는 경우에는 특허를 거절할 수 있다. 그러나 특허법이 특허출원인에게 명세서를 작성할 것을 요구하는 이유는 위 세 가지 사유 중 어느 하나에도 포함되지 않는다.[250]

서면명세요건은 청구항의 특정성의 요건과 구별된다.[251] 서면명세요건과 청구항의 특정요

245 Pfaff v. Wells Electronics, Inc., 525 U.S. 55, 68, 119 S.Ct. 304, 312, 48 USPQ2d 1641, 1647(1998).

246 서면명세요건은 추가되거나 보정된 청구항뿐만이 아니라 최초특허출원서에 기재된 청구항에서도 문제가 될 수 있다(Eli Lilly, 119 F.3d 1559, 43 USPQ2d 1398). 그러나 대부분의 경우에는 새롭게 추가된 청구항이나 보정된 청구항이 최초의 명세서에 의하여 지지되느냐를 결정하는 문제에서 발생한다. In re Wright, 866 F.2d 422, 9 USPQ2d 1649(Fed. Cir. 1989), 또한 특허출원된 발명이 선특허출원서의 접수일자에 기초하여 우선권을 주장할 수 있느냐의 문제와도 관련성이 있다.

247 In re Koller, 613 F.2d 819, 823-24, 204 USPQ 702, 706(CCPA 1980); In re Gardner, 480 F.2d 879, 880, 178 USPQ 149(CCPA 1973)(최초의 청구범위에 기재되든, 명세서에 기재되든 모두 동일한 서면에 의한 명세이다); Northern Telecom, Inc. v. Datapoint Corp., 908 F.2d 931, 938, 15 USPQ2d 1321, 1326(Fed. Cir. 1990)(최초의 청구범위도 명세서의 일부이다); Reiffin v. Microsoft Corp., 214 F.3d 1342, 1346, 54 USPQ2d 1915, 1918(Fed. Cir. 2000)(공개요건을 자체적으로 구비하고 있고 우선권을 주장할 것이 아니라면 후일 출원된 발명이 최초의 특허출원서에 공개되었는지를 주장할 필요가 없다. 후일 특허출원서의 발명이 최초의 특허출원서에 의하여 지지되지 않는다 하더라도 무효가 되는 것이 아니라 최초특허출원서의 접수일자를 기준으로 하여 우선권을 주장하지 못한다는 것뿐이다).

248 In re Smith, 481 F.2d 910, 178 USPQ 620(CCPA 1973); In re Certain Limited-Charge Cell Culture Microcarriers, 221 USPQ 1165, 1173(청구항에서 보정된 새로운 발명의 개념정의가 최초특허출원서의 접수일자를 기준으로 하여 우선권을 받을 수 있는지가 문제이다).

249 Ex Parte C, 27 USPQ2d(BNA) 1492, 1992 WL 515817(Bd. Pat. App. & Interferences 1992). 이 사건은 강낭콩의 변종에 관한 것으로서 미특허심판원은 특허출원인의 명세서가 서면공개요건을 결여하였다고 보지는 않았다.

250 서면명세요건과 심사관의 요청에 응할 의무의 차이점: 심사관은 자신이 특허출원인에게 요청하는 정보가 출원된 발명에 대한 특허의 발급가능성에 대하여 중대한 영향을 미친다고 주장할 수 있다. 만약 그 정보가 특허출원인이 전유하고 있거나 공개 여부를 통제할 수 있는 것이라면 특허출원인은 이를 공개할 의무가 있다. 그러나 명세서를 변경할 의무는 없는 것이다.

251 최초의 특허출원명세서는 청구항에 기재된 발명을 시험한 것을 상세하게 설명함으로써 발명이 실제로 실시되었다

건은 상호 보완적이기는 하지만 동일한 문제를 서로 다른 시각에서 본다. 서면명세요건은 최초의 명세서에서 공개한 범위 내에서만 청구항의 권리범위를 정할 수 있도록 함으로써 발명자의 행위를 제한하는 것인 데 비하여, 청구항의 특정요건은 특허발명의 권리범위를 일반대중에게 분명하게 고지하여 침해행위를 하지 못하도록 일반대중의 행위를 제한하는 것이다.[252]

2. 특허대상의 점유

가. 점유이론

출원인이 출원 당시에 청구항에 기재한 대상의 점유를 할 것을 요구하는 것은 미국의 판례법에 의하여 인정되어 온 것이다. 미국 판례법의 초기 사례에서는 일반대중의 관점에서 보아,[253] 특허는 두 가지의 목적이 있는 바, 첫째는 기술자들로 하여금 발명을 만들고 사용할 수 있도록 하고, 둘째는 특허권자가 자신의 발명이라고 주장하는 것을 일반대중의 점유에 놓도록 하는 것이다.[254] 그 후 1991년경 CAFC는 Vas-Cath 판결에서 점유에 다른 의미를 부여하게 되는데, 출원인은 출원시점을 기준으로 하여 그가 발명을 점유하고 있다는 사실을 그 분야의 숙련된 지식인에게 분명하게 전달할 것을 요구하였다. 이를 전달설이라고 한다.[255]

는 것을 입증하거나, 유전공학적 물질을 특허법이 요구하는 기탁을 하였다는 점을 설명하여야 한다); Deposit of Biological Materials for Patent Purposes, Final Rule, 54 FR 34,864(August 22, 1989)(청구항에서 특허출원된 발명을 특정한 것은 서면명세한 것과 일치되어야 하고, 기탁된 유전공학적 물질에 대한 선행근거(Antecedent basis)를 제공하여야 한다).

252 청구항이 '유전자로서 SEQ ID NO: 1을 포함한다.'고 하고 있는 경우에 프로모터, 암호지역과 기타의 구성요소를 포함하고 있는 경우에 이 청구항은 SEQ ID NO: 1의 성질을 가지는 모든 유전자를 그 권리범위에 포함시키지만 프로모터나 부호지역과 같은 구조에 대한 상세한 설명을 하지 못하는 경우도 있다. 또한 유전자 염기서열이 가지는 기능적 특성만을 공개하고 그 염기서열의 기능과 구조의 관련성에 대하여 아무런 설명을 하지 못한다면 이는 서면명세요건을 충족시키지 못하며 이를 얻는 방법을 공개한다고 하여도 그 요건을 충족시키지는 못한다. In re Bell, 991 F.2d 781, 26 USPQ2d 1529(Fed. Cir. 1993), and In re Deuel, 51 F.3d 1552, 34 USPQ2d 1210(Fed. Cir. 1995)(방법이 그 방법에 의하여 만들어진 물건을 용이하게 하지는 않는다). 특허출원된 발명을 용이하게 하지 못하는 명세서는 서면명세요건을 충족시키지 못한다고 보는 것이 지배적 견해이다. Eli Lilly, 119 F.3d at 1567, 43 USPQ2d at 1405. 또한 Fujikawa v. Wattanasin, 93 F.3d 1559, 1571, 39 USPQ2d 1895, 1905(Fed. Cir. 1996)(단순히 목록을 나열하는 것만으로는 서면명세요건을 충족할 수 없고 상세한 설명이 되기 위해서는 통상의 지식인으로 하여금 특허출원된 발명으로 '잘 인도(Reasoably lead)' 할 수 있어야 한다); In re Ruschig, 379 F.2d 990, 995, 154 USPQ 118, 122-23(CCPA 1967)(상상을 할 수는 있지만 구체적 지시가 없는 것은 상세한 설명을 하지 못한 것이다); Purdue Pharma L.P. v. Faulding Inc., 230 F.3d 1320, 1328, 56 USPQ2d 1481, 1487(Fed. Cir. 2000)(명세서가 통상의 지식인에게 발명자가 발명의 일부로서 고려하였던 비율에 대하여 분명하게 설명하지 못한다).

253 점유설(**Public possession**): Gerald R. Prettyman, Jr., THE "EVOLVING WRITTEN DESCRIPTION DOCTRINE" AND THE SEARCH FOR SPECIFICITY(A.K.A. ADEQUACY IS THE MATTER OF INVENTION), 1 J. Bus. Entrepreneurship & L. 1, 10-11.

254 Vas-Cath Inc. v. Mahurkar, 935 F.2d 1555, 1560-61(Fed. Cir.1991), citing Evans, 20 U.S. at 430-33(1822).

255 전달설(**Conveyance doctrine**): " [T]he applicant must … convey with reasonable clarity to those skilled in the

미특허청의 특허실무지침인 MPEP도 전달설에 입각한 점유이론을 취하고 있다. 실무지침은, 서면명세요건의 목적은 출원인이 청구한 발명을 점유하고 있다는 것을 확인하는 것이며 심사관은 청구항과 명세서가 공개한 내용이 그 분야의 통상의 지식인으로 하여금 청구항을 실제로 지지하는지를 살펴보아야 한다.[256]

위 판례법에서 출원인이 특허대상을 점유한다는 것은 세 가지의 측면에서 논의된다. 출원일자, 실시가능요건의 범위, 그리고 기술의 예측가능성이 바로 그것이다. 첫째, 특허출원서는 선행기술을 배제하기 위해서 그 이전의 출원일자의 이익을 주장할 수 있는데 이러한 경우는 분할출원이나 계속출원을 하는 경우에도 생긴다. 또한 잠정출원이나 외국에 출원된 것의 우선권을 주장하면서 출원하는 경우도 마찬가지이다. 따라서 점유에 대한 최초의 측면은 그 이전에 제출된 서면의 출원일자를 기준으로 하여, 그 이전에 제출된 서면이 통상의 지식인으로 하여금 후일 출원된 출원서에서 주장되는 발명을 이해할 수 있도록 적절하게 공개를 하였느냐의 문제가 된다.[257]

둘째, 점유의 실시가능성 측면의 범위로서 이는 발명자가 후일 침해가 발생한 경우에 그 침해소송에서 자신의 발명이라고 주장하는 것이 공개내용의 실시례, 청구범위, 그리고 심사과정의 전 취지에 의하여 개념정의된 것에 해당하는 것이라는 점을 분명하게 규정하는 것이다. 점유된 대상이 실시가능성의 범위에 의하여 제한되기 때문에, 청구항의 권리범위가 모호한 경우에는 출원인이 그 권리범위에 있는 대상을 점유하였다고 볼 수 없다. 또한 출원인은 그가 출원 시에 공개한 내용에 상응하는 대상만을 점유하고 있는 것이므로 그보다 더 넓은 대상을 점유하고 있다고 주장하는 것은 허용되지 않는다.[258]

Enzo Biochem에서 CAFC는 청구항의 뉴클레오티드의 활동수준에 대한 명세서의 설명이 출원된 박테리아를 추적하는 발명을 지지하는지를 판단하였다. 명세서는 활동수준이 5 이상이라고 하고 있고 어떤 청구항들은 그 이상의 활동수준을 가지고 있고 다른 청구항들은 Enzo Biochem이 공공기관에 기탁한 발명을 주장하고 있다. CAFC는 최초출원된 청구항과 명세서의 일부에서 사용된 모호한 용어만으로는 위 청구항들 그 주장하는 종류에 대한 발명을 모두 점유하고 있다고 할 수는 없어 결국 서면명세요건을 충족시키지 못하였다고 판시하였다.[259]

---

art that, as of the filing date sought, he or she was in possession of the invention."; Vas-Cath Inc. v. Mahurkar, 935 F.2d 1555, 1563-64(Fed. Cir.1991).

그러나 이 전달설은 실시가능요건과의 관계를 분명하게 구별하지 못하고 있다는 비판을 받는다. 위 Gerald R. Prettyman의 전게논문, p.11 참조.

256 미특허청 실무지침(Manual of patent examining procedures) §2163(8th ed. rev. 6(2007)); 66 Fed. Reg. 1099, 1100 at Comment (1), U.S. Dept. of Comm., U.S.P.T.O.(2001).

257 위 Gerald R. Prettyman의 전게논문, p.11-12 참조.

258 Gentry Gallery, Inc. v. Berkline Corp., 134 F.3d 1473, 1476(Fed. Cir.1998)(citing Markman, 52 F.3d at 979-81(en banc), aff'd, 517 U.S. 370(1996)).

259 Enzo Biochem, 285 F.3d at 972(holding that 'reference in the specification to a deposit in a public depository, which makes its contents accessible to the public when it is not otherwise available in written form, constitutes

셋째, 점유는 기술의 예측가능성과 관련성이 있다.[260] 기술의 예측가능성은 명세서에 기재된 부분을 넘어서 그 분야의 숙련된 사람의 지식을 참고하여 보충할 수 있도록 한다. 이로써 특허권자로 하여금 관련된 기술 분야의 지식을 가진 동료들이 이해를 할 수 있는 범위에서는 그 발명을 만들고 사용하는 방법을 굳이 공개할 필요는 없다.[261] 따라서 특허권자는 자신과 관련된 분야의 통상의 지식인의 지식을 활용함으로써 이를 서면화할 수고를 줄일 수 있다.[262]

예컨대 기계 또는 전기·전자분야는 출원인이 특허대상을 점유하고 있느냐에 대한 요구가 적다. 이렇게 예측가능성이 높은 기술 분야에 있어서는 출원인이 그 분야의 통상의 지식인이 가지고 있는 지식을 활용할 수 있어 공개의무가 줄어들기 때문이다. 예컨대 Bilstad v. Wakalopulos에서 Bilstead의 출원서는 이온화된 방사능을 이용하여 3차원의 물체의 구조를 파괴함이 없이 소독하는 장치에 관한 것으로서 문제가 된 것은 청구항을 지지하기 위해서는 공개된 모든 실시례를 몇 개까지 공개하여야 하느냐였다. CAFC는 통상의 지식인에게 합리적으로 전달할 수만 있다면 그 실시례가 적어도 서면명세요건을 구비하기에 충분하다고 보았다. 따라서 점유사실을 합리적으로 전달할 수만 있다면 출원인은 명세서에서 발명의 조작방법을 한두 가지만 공개하여도 수많은 조작법을 가진 발명에 대한 권리범위를 확보할 수 있다고 보았다.[263]

그러나 CAFC는 현존 최고 기술이 매우 빠르게 변화하는 기술 분야인 재료공학, 화학, 그리고 유전공학과 같이 복잡한 하이테크 분야에 있어서는 출원인의 점유사실을 입증할 필요성이 많다고 하였다. 이러한 예측불가능한 기술 분야에는 출원인이 여러 가지의 종(Spcies)을 포함하는 속(Genus) 전체를 자신의 권리범위로 주장하는 경우가 많고 이러한 발명에 대한 개념정의는 매우 넓게 보편적으로 만들어진다. 특히 유전공학의 분야에서 그 권리범위가 매우 넓은 발명이 많다.[264]

---

an adequate description of the deposited material sufficient to comply with the written description requirement of §112, para. 1', and denying a petition for en banc rehearing)(emphasis added).

260 Plant Genetic Systems, N.V. v. DeKalb Genetics Corp., 315 F.3d 1335, 1340(Fed. Cir. 2003)(citing In re Vaeck, 947 F.2d 488, 495(Fed. Cir. 1991)).

261 Chiron Corp. v. Genentech, Inc., 363 F.3d 1247, 1253(Fed. Cir. 2004)(citing AK Steel Corp. v. Sollac, 344 F.3d 1234, 1244(Fed. Cir. 2003)).

262 Gerald R. Prettyman, Jr., THE "EVOLVING WRITTEN DESCRIPTION DOCTRINE" AND THE SEARCH FOR SPECIFICITY(A.K.A. ADEQUACY IS THE MATTER OF INVENTION), 1 J. Bus. Entrepreneurship & L. 1, 14, n.98. 이로써 출원서를 작성하는 비용과 시간을 줄일 수 있다.

263 Bilstad v. Wakalopulos, 386 F.3d 1116, 1123(Fed. Cir. 2004)(citing Eiselstein v. Frank, 52 F.3d 1035, 1126(Fed. Cir.1995)).

264 Enzo Biochem, 323 F.3d at 966-67. 또한 MPEP, 즉 Genus-Species Manual of Patent Examining Procedures §715.03 참조. 또한 마쿠시 청구항에 관한 MPEP 즉 Markush Claims Manual of Patent Examining Procedures §803.02 참조할 것. 이와 함께 Standard for Determining Compliance With the Written Description Requirement, Manual of Patent Examining Procedures §2163.02(8th ed. rev 6 2007); Capon v. Eshhar, 418 F.3d 1349,

따라서 기계·전기·전자 등에 적용된 공개요건의 정도는 유전공학에서는 적용될 수 없다. 유전공학 분야에서는 명세서에서 단 한 가지의 종(Species)을 공개한 것만 가지고는 청구항에서 속(Genus) 전체를 그 권리범위로 주장할 수 없다. 또한 단 하나의 속(Genus)을 공개한 것만 가지고는 그에 해당하는 다수의 종(Species)을 권리범위로 주장할 수 없다. 만약 이를 주장하기 위해서는 명세서가 반드시 그 다수의 종(Species)에 대한 공개를 하여 출원인이 그 종들을 모두 점유하고 있다는 사실을 입증하여야만 한다.[265]

Fiddes v. Baird에서 미특허심판원은 특허출원서에 아미노산의 염기서열에 대한 정보를 공개한 것만 가지고는 출원인이 그 아미노산을 점유하였다는 사실을 입증하지 못하였다고 보았다. 위 청구항의 권리범위로 주장된 것은 포유류의 성장요인(FGF) DNA 염기서열에 관한 것으로,[266] 모특허출원명세서 Parent Application이 ① 젖소의 FGF에 대한 146개의 아미노산 염기서열, ② 그 염기서열에 대한 이론적인 DNA 서열, ③ cDNA군과 잡종탐색자(Mantis)를 사용한 천연 단백질을 분리하는 선행기술을 공개하였으나, ④ 젖소의 천연적 FGF의 유전자 염기서열이나 다른 포유류의 FGF, 그 이외의 아미노산 염기서열은 공개하지 못한 것이다.[267]

특허출원서가 제출될 당시에 아미노산의 염기서열에 대한 지식을 가지고 있는 것만으로는 특허출원인이 그 아미노산을 점유하였다는 사실을 입증하지는 못한다. 특허출원인이 인공적으로 합성한 DNA가 젖소의 FGF를 생합성하는 데 유용하기는 하지만 그 이외의 다른 포유류의 FGF의 유전자를 추출하는 탐색자로서는 유용하지 않기 때문이다.[268]

1357(Fed. Cir. 2005)(유전공학과 관련된 점유); In re Vaeck, 947 F.2d 488(Fed. Cir. 1991)(출원된 발명이 'Hybrid Genes Incorporating a DNA Fragment Containing a Gene Coding for an Insecticidal Protein, Plasmids, Transformed Cyanobacteria Expressing Such Protein and Method for Use as a Biocontrol Agent') 참조.

265 Gerald R. Prettyman, Jr., THE "EVOLVING WRITTEN DESCRIPTION DOCTRINE" AND THE SEARCH FOR SPECIFICITY(A.K.A. ADEQUACY IS THE MATTER OF INVENTION), 1 J. Bus. Entrepreneurship & L. 1, 14를 참조할 것. 위 내용을 원문으로 그대로 옮기면 다음과 같다. This view does not apply to genetic engineering, where a description of a single species is insufficient for a claim to the genus, or for a description of the genus to claim the species, without a description of the species in the specification. Regents of the Univ. of California v. Eli Lilly & Co., 119 F.3d 1559, 1567(Fed. Cir.1997).

266 Fiddes v. Baird, 30 USPQ2d 1481(Bd. Pat. App. & Int'f 1993). 청구항은 '본질적으로 포유류의 결합조직 성장세포의 성장요인(FGF) DNA 염기서열로 구성되어 있는 재조합 DNA'로 되어 있다.

267 Fiddes v. Baird, 30 USPQ2d 1481(Bd. Pat. App. & Int'f 1993). 따라서 그가 공개한 것이라고는 오직 젖소의 뇌하수체 FGF뿐, 이 DNA의 염기서열은 106/438 염기 또는 51/146 코돈에 있어서 천연 DNA의 염기서열과는 다른 것으로서, 이는 젖소의 FGF의 DNA의 염기서열을 해독하기 위하여 임의로 만든 염기서열로서 단백질을 재조합하는 데 사용된다. 따라서 천연의 염기서열과 이렇게 인공적으로 합성된 염기서열의 차이점은 반드시 그 유용성을 입증하는 데 결정적으로 중요한 것은 아니다. 실제로 단백질이 박테리아나 효모에서 발현되어 천연의 젖소세포의 염기서열과 다른 코돈의 염기서열이 나타났다면 이는 당연히 유용성을 가진다.

268 Fiddes v. Baird, 30 USPQ2d 1481(Bd. Pat. App. & Int'f 1993). 명세서는 천연 젖소의 FGF 유전자에 상응하는 cDNA를 추출하는 방법을 가르치고 있다. 이 방법은 혼성 탐색자를 사용하는 것을 전제로 하고 있는데 이 탐색자의 염기서열은 이미 알려진 FGF 단백질 아미노산의 염기서열 부분에 상응하는 염기서열 중에서 선발한다. 이론상으로는 일단 젖소의 FGF cDNA가 추출되면 그것은 인간의 cDNA 집합을 걸러내는 탐색자로 사용될 수 있고 이 작업

결국 포유류의 유전자를 사용하여 인간의 유전자의 DNA 집합을 얻는 탐색자로 사용하는 것은 인간의 유전자를 추출하는 데 성공할 수 있다는 상당한 기대가능성을 주지는 못한다. 따라서 특허출원인은 인간의 FGF에 대한 DNA 염기서열을 점유하지 못한 것이다.[269]

나. 청구항의 해석

청구항의 해석은 법률의 해석과 적용의 문제이지만 특허가 서면명세요건을 충족시키느냐의 문제는 사실인정의 문제이다.[270] 이때 청구항을 해석하는 데 있어서 명세서의 공개내용이 사용될 수 있다. 청구항의 해석은 청구항의 권리범위로 청구된 것이 무엇이고, 공개된 것이 무엇이냐의 문제로서 명세서와 긴밀한 관계에 있기 때문이다.

서로 다른 형태의 발명에 대하여 유효한 청구범위를 가지기 위해서 특허권자는 반드시 발명에 대한 가장 넓은 해석을 해 줄 수 있는 용어를 사용하여 명시적으로 발명에 대한 권리주장을 하여야 한다. 이는 과학의 문제가 아니라 언어적 예술의 영역으로서 법원은 특허권자가 발명을 개념정의하려고 노력하였던 것을 추론하여야 한다.

따라서 청구항의 해석은 각 구체적 사건마다 개별적으로 이루어져야 한다.[271] 따라서 CAFC는 하나의 특허로부터 다른 특허로 청구항의 해석을 너무나 많이 유입시키는 것을 경계한다.[272]

다. 실시가능요건과 다른 점

서면명세요건은 유전공학 분야에서는 보다 높은 공개의 기준을 요구한다. 유전공학 분야에서는 명세서를 읽어 보고 청구된 발명을 만들고 사용할 수 있어서 실시가능요건을 충족시키더라도, 서면명세요건을 충족시키지 못함으로써 무효가 될 수도 있다.[273] 이에 따라서 CAFC는

을 마치면 인간의 FGF cDNA를 얻을 수 있다.

269 Fiddes v. Baird, 30 USPQ2d 1481(Bd. Pat. App. & Int'f 1993).

270 Lizard Tech v. Earth Resource Mapping, 424 F.3d 1336(Fed. Cir.2005).

271 Gerald R. Prettyman, Jr., THE "EVOLVING WRITTEN DESCRIPTION DOCTRINE" AND THE SEARCH FOR SPECIFICITY(A.K.A. ADEQUACY IS THE MATTER OF INVENTION), 1 J. Bus. Entrepreneurship & L. 1, 4-5.

272 Medrad, Inc. v. MRI Devices Corp., 401 F.3d 1313, 1318(Fed. Cir. 2005).

273 Ariad Pharm., Inc. v. Eli Lilly & Co., 598 F.3d 1336, 1352-53(Fed. Cir. 2010); Sheila R. Arriola, Biotechnology Patents After Festo; Rethinking the Heightened Enablement and Written Description Requirements, 11 Fed. Cir. B.J. 919, 951(2002); Sven J.R. Bostyn, Written Description After Enzo Biochem: Can the Real Requirement Step Forward Please?, 85J. Pat. & Trademark Off. Soc'y 131, 149(2003); Dan L. Burk & Mark A. Lemley, Policy Levers in Patent Law, 89 Va. L. Rev. 1575, 1652-54(2003); Jeffie A. Kopczynski, Note, A New Era for 112? Exploring Recent Developments in the Written Description Requirement as Applied to Biotechnology Inventions, 16 Harv. J. Law & Tech. 229, 230(2002); Janice M. Mueller, The Evolving Application of the Written Description Requirement to Biotechnological Inventions, 13 Berkeley Tech. L.J. 615, 615-16, 628-33, 649-52(1998); Arti K. Rai, Intellectual Property Rights in Biotechnology: Addressing New Technology, 34 Wake Forest L.Rev. 827,

유전공학 분야에 있어서 발명자가 출원된 발명에 대한 점유를 적절하게 입증하지 못하였다는 이유로 거절을 하였다. CAFC는 유전공학 분야에서 새로운 공개요건이 보다 좋은 공개를 할 수 있다고 주장하면서 특히 기능적 설명을 가지고 점유를 입증할 수 없다고 본다.[274]

라. 새로운 사항의 추가금지

서면명세요건과 새로운 사항을 추가할 수 없다는 것은 다른 요건이다. 최초출원된 명세서에 추가하여 요약서, 명세서 또는 도면을 첨부하는 경우에는 새로운 사항을 추가하였다는 이유로 특허를 거절할 수 있다.[275] 그러나 단지 청구항을 보정하거나 추가하여 그 권리범위를 확장하는 것은 새로운 사항을 추가하는 것은 아니다. 공개내용이라는 것은 특허출원서가 무엇을 가르치느냐 하는 것이지 특허출원서가 무엇을 청구항의 권리범위로 주장하느냐의 문제가 아니기 때문이다.

따라서 최초의 특허출원서에 공개된 내용에 의하여 지지되지 않는 것을 추가로 청구항의 권리범위로 주장하는 경우에 명세서가 이 추가된 청구항을 지지할 수 없다는 이유로 특허를 거절할 수 있다. 그러나 이를 특허출원서에 새로운 사항을 추가하였다는 이유로 거절할 수는 없다.

서면명세요건과 특허출원서를 보정하면서 새로운 사항을 추가할 수 없다는 것과 동일한 것으로 보는 종래의 소수견해도 있었지만,[276] 청구항의 권리범위를 넓히는 것만으로는 공개된 내용에 대하여 새로운 사항을 추가하는 것이 아니기 때문에 새로운 사항을 추가할 수 없다는 금지조항은 최초특허출원서가 접수된 이후에 보정되거나 추가된 청구항에 대한 거절사유로 사용할 수 없다.[277]

835(1999).

274 Ariad Pharm., Inc. v. Eli Lilly & Co., 598 F.3d 1336, 1352(Fed. Cir. 2010)(비록 발명이 아직 만들어지지 않았기 때문에 설명될 수 없음에도 불구하고 실시가능하도록 공개할 수는 있다). 예컨대 A라는 물질을 만드는 방법을 공개한 경우에 이 공개내용을 보면 통상의 지식인으로서는 B와 C라는 물질을 만들 수 있다. 그러나 B와 C를 발명하였다고 하는 언급이 없는 경우에 B와 C를 발명하였다고 볼 수는 없는 것이다. In re Di Leone, 436 F.2d 1404, 1405 n.1(CCPA 1971).

275 In re Rasmussen, 650 F.2d at 1214-15, 211 USPQ at 326. Waldemar Link, GmbH & Co. v. Osteonics Corp., 32 F.3d 556, 559, 31 USPQ2d 1855, 1857(Fed. Cir. 1994)(추가된 청구항에 대한 거절사유는 서면명세요건의 위반이다).

276 In re Barker, 559 F.2d 588, 194 USPQ 470(CCPA 1977), cert. denied, 434 U.S. 1064(1978); In re Winkhaus, 527 F.2d 637, 640, 188 USPQ 129, 131(CCPA 1975)(보정된 청구항이 명세서에 기재되어 있지 않는 경우에는 허용되지 않는 새로운 사항을 기재한 것이다).

277 정설: In re Rasmussen, 650 F.2d 1212, 211 USPQ 323(CCPA 1981); Purdue Pharma, L.P. v. F.H. Faulding and Co., 48 F. Supp. 2d 420, 432(D. Del. 1999), aff'd, 230 F.3d 1320, 56 USPQ2d 1481(Fed. Cir. 2000)(새로운 사항의 추가를 금지하는 것은 최초에 공개된 내용에 요약서, 명세서 또는 도면을 첨부하여 공개내용을 추가하려는 것을 금지하는 것이지 보정되거나 추가된 청구항에 대한 특허를 거절하기 위한 원칙이 아니다).

소수견해에 입각한 CCPA의 판례

In re Barker에서 특허출원인은 목재로 된 싱글판넬을 만드는 방법에 대한 특허를 출원했는데 명세서는 판넬의 두 가지 실시례를 공개하고 있었다. 이 판넬은 서로 다른 폭을 가진 기구를 사용하고 있었는데, 이것은 규칙적인 모양을 형성하기 위해서 나무판에 등을 댄 것이었다. 이 기구가 모든 패널의 각각의 위치에 상응하는 것에 사용되었는데 이것은 그 폭이 같았고 모든 패널에 있어서의 기구는 미리 만들어진 폭의 넓이에 상응하도록 만들어졌다. 그리하여 만약 인접한 패널이 미리 결정되어진 양에 의해서 삭감되면 그 인접한 기구에 있어서 그 사이에 모든 갈라진 틈이 등록에서 제외된다는 것을 확인할 수 있었다. 실시례 7번의 패널은 48인치로서 4, 6, 8인치 폭을 가진 8개의 기구를 사용했는데 이것이 '4 6 8 6 4 6 8 6'의 형태를 가지고 있었다. 10번째 모형패널은 8개의 기구로서 3, 6, 9인치 폭을 가지고 있었는데 이것이 '3 6 9 6 3 6 9 6' 형태를 띠고 있었다.

특허출원인이 청구 제18항을 추가로 보정했는데 '각 뒤판은 그 폭이 적어도 6개의 싱글(At least six shingles)을 합한 넓이를 가지는 것'일 것을 요구하였다. 그러나 최초의 특허출원명세서는 '적어도 6개의 싱글'이라는 한정사를 가진 발명에 대하여 아무런 설명을 하지 않고 있다는 이유로, 특허청과 특허심판원은 특허의 발급을 거절하였다. 공개된 것은 단지 두 개의 구체적 실물모형이 8개의 싱글을 가진 것을 보여 주고 있었다.[278]

CCPA는 특허심판원의 견해에 동조했다. 항고인은 뒷면에 대는 보드를 선택하는 단계가 위 보드가 적어도 6개의 기구의 폭과 상응하는 길이를 가진 것이 명백하게 공개되었다고 주장하지 않았다. 그러나 그들은 만약 통상의 지식인이 뒷면에 대는 보드를 제공할 것을 요구하고, 48인치의 길이를 가진 패널이 세 가지 다른 폭을 가진 오직 6개의 도구를 가진 반복적인 패턴을 가지고 있다면, 그렇게 하는 방법은 매우 용이할 것이다.

이 논쟁에서의 가장 결정적인 흠결은 동기와 실시가능이 쟁점이 아니라는 것이다. 우리는 명세서나 청구항이 최초로 출원된 것으로서 특허출원인이 현재 청구항의 권리범위로 되어 있는 발명을 만들었다는 아무런 단서를 가지고 있지 않다. 특히 더 늘려진 뒷면에 대는 보드를 선택하는 단계는 각각의 뒷면에 대는 보드가 적어도 6개 기구의 총 합계의 넓이를 가진 것만큼의 길이만을 가지고 있는 것이라는 점에 대해서는 아무런 근거가 없다.

명세서로부터 받은 요약서, 그리고 도면은 특허출원인이 4개의 뒷면에 대는 보드, 그리고 8피트 길이의 것으로서 8개 또는 16개의 기구를 그 속에 가지고 있는 반복되는 연속물을 가지고 있다고 한다. 따라서 '적어도 6개의 싱글'이라는 청구항의 한정사는 명세서 또는 도면에서의 발명의 공개내용에 의하여 지지되지는 않는 것으로서 새로운 사항이 된다.[279]

---

278 항소법원에서 특허출원인이 실시가능요건은 서면명세요건과는 달리 해석될 수 없고 통상의 지식인이 발명을 사용할 수 있으면 서면명세요건을 충족한 것이라고 주장했다. 그러나 다수의견은 이 주장을 받아들이지 않았다. In re Barker, 559 F.2d 588, 589-90, 194 USPQ 470, 471(CCPA 1977), cert. denied, 434 U.S. 1064(1978).

279 In re Barker, 559 F.2d at 593, 194 USPQ at 474. 이에 대한 반대견해는 다음과 같다. 특허출원인이 완전하고 분명하고 간결한 용어를 명세서에 사용하여 통상의 지식인으로 하여금 그 발명을 실시할 수 있도록 하였다면 이것을 가지고 발명을 충분히 공개하지 못하였다고 볼 아무런 근거가 없다. 특허출원인은 '8개의 싱글'을 이미 공개했다. 따라서 8개라는 것이 '적어도 6개의 싱글'을 위 공개내용에 이미 포함하고 있지 않다고 못 볼만한 아무런 이유가 없다.

마. 분명한 전달설

명세서가 서면명세요건을 충족시키기 위해서는 공개내용을 특허출원 시의 기술 상식에 비추어 청구항의 권리범위까지 확장 내지 일반화할 수 있어야 한다.[280] [281] 그러나 과연 청구항의 권리범위까지 공개내용이 확장 내지 일반화될 수 있는지는 그 기준이 불명확하다.

미국의 판례법은 특허출원된 이후에 새로이 추가되거나 보정된 청구항에 기재된 발명을 최초의 특허출원명세서가 통상의 지식인에게 분명하게 전달(Clear conveyance)하였는지를 기준으로 요구한다.[282] [283] 선특허출원명세서와 후특허출원명세서가 문자 그대로 동일한 말을 사용

---

280 대법원 2006.5.11. 선고 2004후1120 판결【거절결정(특)】: 특허청구범위가 발명의 상세한 설명에 의하여 뒷받침되고 있는지 여부는 그 발명이 속하는 기술 분야에서 통상의 지식을 가진 자의 입장에서 특허청구범위에 기재된 발명과 대응되는 사항이 발명의 상세한 설명에 기재되어 있는지 여부에 의하여 판단하여야 한다.

281 일반화설. 대법원의 견해: 대법원은 출원 시의 기술 상식에 비추어 보더라도 발명의 상세한 설명에 개시된 내용을 특허청구범위에 기재된 발명의 범위까지 확장 내지 일반화할 수 있느냐를 서면명세요건을 충족하였느냐의 기준으로 한다. 그러나 출원 시의 기술 상식이 무엇이냐의 문제와 확장 내지 일반화가 가능하냐의 문제는 해석상 어려운 문제로 남기 때문에 명확한 기준을 제시하여 주지는 못한다. 저자 주.

282 분명한 **전달설**(Clear conveyance rule): In re Lukach, 442 F.2d 967, 969, 169 USPQ 795(CCPA 1971)(명세서가 단 하나의 실시례만을 들고 있고 그 특성도 모호하게 설명하고 있다면 이는 통상의 지식인에게 발명이 가지는 특성을 충분하게 전달하지 못한 것이어서 서면명세요건을 충족시키지 못한다. CCPA는 Mw/Mn의 비율이 적어도 2.0 이상이지만 약 3.0보다는 작은 것을 가지는 코폴리머에 관한 청구항에 대한 명세서에서 오직 그 비율이 2.6인 코폴리머 하나만을 실시례로 들면서 코폴리머의 미립자 중량배분이 좁은 것이라고만 공개함으로써 모호하게 설명하는 것은 발명대상의 특성을 충분하게 전달할 수 없는 것이어서 결국 서면명세요건을 충족시키지 못한다고 판시하였다); Martin v. Johnson, 454 F.2d 746, 751, 172 USPQ 391, 395(CCPA 1972)(상세한 설명은 '바로 그대로의 말(Ipsis verbis)'로 하지 않아도 된다); Purdue Pharma L.P. v. Faulding Inc., 230 F.3d 1320, 1323, 56 USPQ2d 1481, 1483(Fed. Cir. 2000)(최초의 명세서의 공개내용이 '말 그대로(Haec verba)'일 필요는 없다); Fujikawa v. Wattanasin, 93 F.3d 1559, 1570, 39 USPQ2d 1895, 1904(Fed. Cir. 1996)(언어상의 동일성이 아니라 통상의 지식인에게 발명의 점유사실을 합리적으로 전달할 수 있으면 된다); In re Alton, 76 F.3d 1168, 1175, 37 USPQ2d 1578, 1584(Fed. Cir. 1996)(문자상으로 완벽하게 일치되지는 않아도 공개내용을 보아 통상의 지식인이 발명의 점유사실을 이해할 수 있으면 공개요건을 충족시킨다). ; In re Herschler, 591 F.2d 693, 200 USPQ 711(CCPA 1979); Flynn v. Eardley, 479 F.2d 1393, 1395, 178 USPQ 288, 289(CCPA 1973)(특허가 출원된 물질의 이름이나 선호되는 이유는 필수적 공개요건은 아니다); Novo Nordisk A/S v. Becton Dickinson & Co., 96 F. Supp.2d 309, 314(S.D. N.Y. 2000)(통상의 지식인이 후일 추가된 청구항이 최초로 공개된 내용의 일부라고 볼 수 있으면 서면명세요건을 충족할 수 있다. 따라서 최초특허출원서의 공개내용 중에서 '내재적으로 일부분(Inherent part)'이었던 것은 명시적으로 공개되지 않았다고 하여도 반드시 고려되어야 한다); Duft & Mirabel, Principles of Inherency, 77 J. Pat. & Trademark Off. Soc'y 539(1995).

283 그러나 서면명세요건을 충족시키기 위해서 후일 보정되거나 추가된 청구항의 발명이 선특허출원서에서 **문자 그대로 공개되었을 필요는 없다**. In re Wertheim, 541 F.2d 257, 262, 191 USPQ 90, 97(CCPA 1976), appeal after remand, 646 F.2d 527, 209 USPQ 554(CCPA 1981); In re Daniels, 144 F.3d 1452, 1456, 46 USPQ2d 1788, 1790(Fed. Cir. 1998), discussed at 1.04 [3](발명의 점유사실을 통상의 지식인에게 **합리적으로 전달하면** 된다); In re Ruschig, 379 F.2d 990, 996, 154 USPQ 118, 123(CCPA 1967)(특허출원인의 발명정보를 명세서가 분명하게 전달하였느냐의 문제이다).

명세서가 공개내용을 통상의 지식인에게 전달하는 정도에 대해서는, Purdue Pharma L.P. v. Faulding Inc., 230 F.3d 1320, 1323, 56 USPQ2d 1481, 1483(Fed. Cir. 2000)(**즉시 알아볼 수 있는 정도(Immediately discern)**: 공개내용은 통상의 지식인에게 발명의 점유사실을 상당히 분명하게 전달하여야 한다. 통상의 지식인이 명세서를 읽어보면 즉시 발명의 범위를 알 수 있어야만 한다); Waldemar Link GmbH & Co. v. Osteonics Corp., 32 F.3d 556, 558,31 UPSQ2d 1855, 1857(Fed. Cir. 1994)(전달의 정도는 사실인정의 문제로서 **각 사안별로 결정**되어야 한다);

하지 않더라도 통상의 지식인에게 특허출원 시를 기준으로 하여 발명의 점유사실을 분명하게 전달할 수 있으면 된다.[284] 동일한 발명이라도 다른 용어를 사용하여 공개될 수 있기 때문에 선특허출원서가 후일 추가된 발명을 공개하고 있다는 점을 입증할 수 있으면 되고, 발명을 충분하게 공개하기만 한다면 그 공개된 내용의 양은 문제가 되지 않는다.[285]

바. 명시적으로 공개

최초의 특허출원서가 추가된 청구항에 대한 서면명세요건을 충족시키는지 여부는 그 명세서가 명시적으로 공개한 것 자체를 가지고 판단하는 것이지 결코 명세서에 비추어 통상의 지식인에게 용이한 것을 가지고 판단하는 것은 아니다.[286] 따라서 최초특허출원서의 공개내용을 기본으로 하여 위 특허출원서의 접수일자를 기준으로 우선권을 받을 수 있는 발명의 범위는 최초특허출원서에 명시적으로 공개된 것에만 미치고 공개되지 않은 부분에 대해서는 미치지 않는다. 더구나 명세서에 사용된 용어나 문장 및 도표의 의미가 통상의 지식인의 수준에서 설명되거나 해석될 수는 있지만 모든 한정사들이 반드시 명세서에 나타나지 않으면 안 된다.

추가된 청구항에 기재된 발명이 최초의 특허출원명세서에 공개된 것의 용이한 변형이라면 이는 서면명세요건을 충족할 수 없고, 최초의 특허출원서의 공개내용을 읽어 본 통상의 지식인이 후일 추가되거나 보정된 청구항에 기재된 발명을 그 특허출원서가 접수된 날짜에 발명하였다고 분명하게 결론을 내릴 수 있어야 한다.[287]

Regents of University of California v. Eli Lilly & Co., 119 F.3d 1559, 1566, 43 USPQ2d 1398, 1404(Fed. Cir. 1997), cert. denied, 523 U.S. 1089(1998)(공개내용이 충분히 상세하여 통상의 지식인이 발명자가 발명하였다는 사실을 분명히 결론 지을 수 있어야 한다); Lockwood v. American Airlines, Inc. … (Fed. Cir. 1997); In re Gosteli … (Fed. Cir. 1989)(통상의 지식인이 발명자가 발명하였다는 점을 분명히 인식할 수 있는 정도); Hoechst Celanese Corp. v. BP Chemicals Ltd., 844 F. Supp. 336, 340, 30 USPQ2d 1833, 1836(S.D. Tex. 1994), aff'd in part, vacated in part, 65 F.3d 188(Fed. Cir. 1995)(unpublished)(통상의 지식인이 발명의 존재를 알았느냐가 아니라 명세서를 읽어 본 통상의 지식인이 특허출원 당시에 발명자가 자신의 발명을 점유하고 있었다는 점을 알았느냐의 문제이다).

284 Kennecott Corp. v. Kyocera International, Inc., 835 F.2d 1419, 1422, 5 USPQ2d 1194, 1197(Fed. Cir. 1987), cert. denied, 486 U.S. 1008(1988); Therma-Tru Corp. v. Peachtree Doors Inc., 44 F.3d 988, 33 USPQ2d 1274(Fed. Cir. 1995); Union Oil Co. of California v. Atlantic Richfield Co., 208 F.3d 989, 997, 54 USPQ2d 1227, 1232(Fed. Cir. 2000), cert. denied, 121 S. Ct. 1167(2001).

285 발명의 요지가 단지 27줄의 문장으로 공개되었다는 이유로 공개요건을 충족시키지 못하였다고 볼 수는 없다; In re Hayes Microcomputer Products Inc. Patent Litigation, 982 F.2d 1527, 1534, 25 USPQ2d 1241, 1246(Fed. Cir. 1992).

286 Lockwood v. American Airlines, Inc., 107 F.3d 1565, 41 USPQ2d 1961(Fed. Cir. 1997); Tronzo v. Biomet Inc., 156 F.3d 1154, 1158, 47 USPQ2d 1829, 1832(Fed. Cir. 1998)(최초의 특허출원서는 후일 추가된 청구항을 용이하게 하도록 공개하는 것은 부족하고 모든 한정사를 빠짐없이 공개하여야 한다); Gentry Gallery, Inc. v. Berkline Corp., 134 F.3d 1473, 45 USPQ2d 1498(Fed. Cir. 1998), discussed at 7.04 [2](추가된 청구항이 선행기술에 비추어 진보적인 것이라고 하여도 서면명세요건을 충족시키지 못하면 무효이다); ADCO Products, Inc. v. Carlisle Syntec Inc., 110 F. Supp. 2d 276, 292(D. Del. 2000)(최초특허출원서가 추가된 청구항과 유사하거나 교환가능한 구조를 공개한 것만으로는 서면명세요건을 충족시킬 수 없다).

287 따라서 추가되거나 보정된 청구항이 관련된 기술 분야의 지식을 종합하여 볼 때 통상의 지식인이 발명자가 가졌던

사. 내재적으로 존재

공개된 내용에 내재적으로 존재하는 물건의 구조나 방법은 비록 명시적으로 공개되지는 않았다 하더라도 서면명세요건을 만족시킬 수 있다. 서면명세요건이 충족되었느냐를 판단하는 기준인 분명한 전달가능성(Clear conveyance rule)은, 통상의 지식인에게 공개된 내용이, 최초특허출원명세서가 공개한 발명이 원래 가지고 있는 성질이나 구조라면, 비록 명세서에서 이를 명시적으로 기재하지는 않았다고 할지라도 서면명세요건을 충족시킬 수 있다.[288]

특허를 받을 수 있는 자격은 발명자의 과학기술이나 성실성에 따른 것이지 얼마나 언어를 잘 구사하느냐에 좌우되지 않는다. 최초의 특허출원명세서가 원래 공개를 한 것은 명세서에 사용된 용어를 직접 해석하거나 추론함에 의해서도 인정할 수 있고 또는 이 특허출원서를 성공적으로 실시한 자료를 통하여도 그 존재를 입증할 수 있다.

아. 반복적 성공가능성

최초의 특허출원서에 원래 존재하였던 공개내용이라는 점을 입증하기 위하여 모든 재생산과정이 한 건의 실패도 없이 성공할 필요는 없다. 그러나 성공가능성은 물건을 공개한 명세서와 방법을 공개한 명세서에서 차이가 있다. 방법특허의 명세서에서 특허출원인은 반드시 기능적 과정을 공개하여야만 한다. 만약 방법이 비효과적이라면 공개내용은 필시 부적절한 것으로 공개요건을 충족시키지 못하는 것이다. 따라서 방법특허는 반드시 실시할 때마다 성공하여야만 한다.

그러나 물건특허의 경우는 다르다. 물건특허는 공개된 제조방법을 사용한 결과 청구항의 한정사를 충족시키는 물건을 만들어 낸다는 것이고 그 제조방법으로 공개된 것이 청구항의 한정사를 충족시키지 못하는 물건을 만들어 낼 가능성이 있다는 점은 아무런 문제가 되지 않는다.[289] [290]

것으로 추측되는 변형에 불과한 것이라면 이는 서면명세요건을 충족시켰다고 볼 수 없다. Lockwood v. American Airlines, Inc., 107 F.3d at 1571-72, 41 USPQ2d at 1966.

288 Standard Oil Co. v. Montedison, S.p.A., 494 F. Supp. 370, 206 USPQ 676(D. Del. 1980), aff'd, 664 F.2d 356, 212 USPQ 327(3d Cir. 1981), cert. denied, 456 U.S. 915(1982). 그러나 반대 견해: Kennecott Corp. v. Kyocera International Inc., 2 USPQ2d 1455, 1457-58(S.D. Calif. 1986), rev'd, 835 F.2d 1419, 5 USPQ 1194(Fed. Cir. 1987), cert. denied, 486 U.S. 1008(1988)(내재적으로 공개된 것일지라도 반드시 추가된 청구항을 뒷받침하는 것이 아니라 통상의 지식인이 최초의 특허출원서를 세밀하게 읽어 보면 공개된 내용으로부터 추가된 청구항이 본래적으로 발생할 수 있다는 것이 명백하여야 한다).

289 Standard Oil Co. v. Montedison, S.p.A., 494 F. Supp. 370, 384, 206 USPQ 676, 693(D. Del. 1980), aff'd, 664 F.2d 356, 212 USPQ 327(3d Cir. 1981), cert. denied, 456 U.S. 915(1982).

290 미국의 판례법에서는 서면명세요건이 충족되었느냐의 문제는 사실인정의 문제라고 보는 것이 다수견해이다. In re Hayes Microcomputer Products Inc. Patent Litigation, 982 F.2d 1527, 1533, 25 USPQ2d 1241, 1244-45(Fed. Cir.

자. 예측이 불가능한 하위종류

청구항이 주장하는 상위종류 중에서 통상의 지식인이 예측할 수 없는 특성을 가진 하위종류가 존재하고 있다면 특허출원인이 상위종류를 점유하고 있다고 볼 수 없다. 명세서가 종(Species)이나 하위조합(Subcombination)에 대한 몇 가지 실시례를 제시하고 있지만 아직 열거되지 않은 종이나 하위조합의 효과가 통상의 지식인이 예측할 수 없는 것이라면 특허출원인은 후일 청구항의 권리범위로 추가된 상위종류(Genus)나 상위조합(Combiantion)을 점유하고 있다고 볼 수는 없다.[291]

따라서 명세서가 CHO 세포가 외부에서 온 유전자를 발현하는 것으로 공개한다면 이는 통상의 지식인에게 어떠한 포유류의 세포라도 주세포로 사용될 수 있다는 것을 전달하는 것이다. 그러나 그와 관련된 구조가 어떻게 기능한다는 점에 대한 아무런 가르침이 없고, 단지 동족물질(Analogues) 중의 하나의 물질이 단백질로서 가지는 천연적 효과만을 공개하고 있다면 이 명세서는 그 동족물질 모두를 공개하고 있다고 볼 수는 없는 것이다.

예를 들면, 최초의 특허출원명세서가 저울추로 사용되는 1파운드의 납의 무게를 공개하였다면 후일 특허출원인이 납이 아닌 다른 금속을 가지고 저울추로 사용한다고 주장하여도 서면명세요건이나 새로운 사항을 추가할 수 없다는 원칙에 어긋나지는 않기 때문에 동일한 무게의 다른 금속을 가지고도 저울추로서 주장하여 이를 청구항의 권리범위로 추가할 수 있다. 물론 납을 저울추로 사용한 것보다는 다른 금속으로 주장한 것이 권리범위가 더 넓은 것이다.

납이 아닌 다른 금속으로 만든 저울추의 무게는 비록 최초특허출원서에는 공개되지 않았지만 이 분야의 계통에서는 납과 마찬가지로 동등한 것으로 인정될 수 있고 심지어는 무게만 같다면 깃털을 가지고도 저울추로 사용할 수도 있는 것이다. 특허출원인이 최초특허출원서에서 납이 저울추로서 사용되면 매우 유용하다는 것을 공개하였다면 통상의 지식인에게 특허출원인이 1파운드의 무게를 가진 저울추를 가진 저울을 발명했다는 것을 분명하게 전달할 수 있고 이때 그 저울추가 납으로 만들어졌든 납이 아닌 다른 금속으로 만들어졌든 아무런 문제가 되지 않는다.[292]

1992). 서면명세요건을 결여하였다는 점에 대한 일응의 증거를 제시할 입증책임이 심사관에게 있기 때문에 심사관이 통상의 지식인이 명세서를 가지고 청구항에 기재된 발명을 인식하지 못한다는 입증을 하면 이제는 특허출원인에게 그 입증책임이 이전되어 특허출원인이 서면명세요건을 충족하였다는 점을 입증하면 이제는 모든 증거를 종합하여 증명력에 의하여 판단되어야 한다고 보는 견해는 In re Alton, 76 F.3d 1168, 1175, 37 USPQ2d 1578, 1583-84(Fed. Cir. 1996).

291 최초의 명세서에 기재된 물질인 '액체(Liquid)'가 가지는 특성이 통상의 지식인에게 예측이 가능한 것이고 동시에 선행기술이 이 '액체'를 가지고 분절매체(Segmenting medium)로서 사용하는 것을 이미 공개하고 있다는 점을 인정하였다.

292 In re Smythe, 480 F.2d 1376, 1384, 178 USPQ 279, 285(CCPA 1973); Levi Strauss & Co. v. Golden Trade, S.r.L., 1995 WL 710822, 10(S.D. N.Y. 1995)(최초의 특허출원서를 읽어 보면 통상의 지식인에게 자연적으로 이해될 수

차. 자연스러운 암시

특허출원인은 최초의 특허출원명세서에서 통상의 지식인에게 이미 자신의 발명에 포함되는 것으로 자연스럽게 암시를 준 발명을 청구항의 권리범위로 추가하여도 서면명세요건을 충족시킬 수 있다. 그 실례로서, 액체를 지속적으로 자동분해하는 시스템으로서 적정량의 액체(Liquid) 샘플이 연속적으로 장치에 유입되어 흐르면서 각각의 샘플이 분해매체(Segmenting medium)에 용해되어 분해된다는 내용을 담고 있는 청구항이 있다. 명세서와 최초특허출원서에 기재된 청구항은 이 분해매체(Segmenting medium)를 '액체(Liquid)에 대하여 불활성인 공기 또는 기타 가스'로 개념정의를 하였다. 그러나 특허출원인이 후일 추가한 청구항은 이 매체를 '불활성의 유체(Inert fluid)'라고 하면서 최초의 청구항과는 달리 이는 종전의 '액체(Liquid)'를 포함하는 보다 넓은 개념이라고 주장했다.[293]

선행기술과 매체의 성격과 기능에 비추어 볼 때, '공기 또는 다른 가스'를 가지고 액체샘플의 분해매체로서 사용할 것을 공개하고 있는 최초의 명세서를 읽어 본 통상의 지식인 누구나 '불활성의 유체(Fluid)'를 사용하는 것이 매우 자연스러운 일이라면 이렇게 최초의 명세서에 의하여 예측이 가능한 것에 대한 권리범위의 확장은 허용된다.

명세서에 기재된 '액체에 대하여 불활성인 공기 또는 다른 가스'는 모든 '불활성의 유체(Inert fluid)'로 된 매체의 사용을 설명한 것이 아니라 분해매체로서 사용되는 '공기와 다른 가스'가 가지는 기능과 특성에 관하여 기술한 것으로서 이것은 특허출원인의 명세서에서 통상의 지식인에 대하여 특허출원인의 발명이 '불활성 유체(Inert fluid)'를 이미 자신의 발명에 포함하고 있었다는 점을 암시한다.[294]

카. 보편적인 청구항

하위종류에 대한 성질을 밝힌 데 불과한 명세서로서는 그 상위종류에 대한 서면명세요건을 충족시킬 수 없다.[295] 그 실례로서 '525' 특허출원명세서가 생쥐 인슐린의 cDNA를 추출하여

있는 일이라면 이러한 부분은 권리범위로 추가될 수 있다).

293 추가된 새로운 청구항이 그 권리범위를 확장하여 '유체(Fluid)'를 가지고 이 분절수단으로 사용하겠다는 주장을 하자 특허청은 이 명세서가 서면명세요건을 충족하지 못한다고 특허를 거절하였다. '유체(Fluid)'라는 개념 속에 이미 '액체(Liquid)'를 포함하고 있다는 것이다. 그러나 법원은 이를 파기하였다.

294 In re Smythe, 480 F.2d 1376, 178 USPQ 279(CCPA 1973); Ex parte Cure, 215 USPQ 567(PTO Bd. App. 1982)(명세서가 '금속'과 '낮은 탄소를 가지는 강철'을 사용할 것을 공개하고 있는 경우에 2500F 이하에서 용해되는 금속을 권리범위로 주장하는 청구항은 상세한 설명에 의하여 뒷받침된다).

295 Regents of University of California v. Eli Lilly & Co., 119 F.3d 1559, 43 USPQ2d 1398(Fed. Cir. 1997), cert. denied, 523 U.S. 1089(1998); Pitlick, Mutation on the Description Requirement Gene, 80 J. Pat. & Trademark Off. Soc'y 209(1998).

Regents of University of California의 청구 제1항은 '재조합된 플라스미드로서 프로캐리오틱 주세포에 복제될 수

성질을 밝힌 데 불과하면서도 그 청구항의 권리범위는 척추동물, 포유류, 그리고 인간의 프로인슐린 DNA를 포함하고 있다면 이는 서면명세요건을 결여한 것으로 무효의 특허가 된다. 청구항이 대상으로 하는 부류의 cDNA가 가지는 구조적인 특성을 공개하여야만 비로소 그 서면명세요건을 충족한 것이다. 즉 청구항이 인간의 인슐린에 대한 것이라면 명세서는 인간의 인슐린이 고유하게 가지고 있는 구조적인 특징을 공개하여야만 한다.[296]

명세서가 생쥐 인슐린에 대한 cDNA 추출방법('525' 특허)을 공개하였고 바로 이 생쥐가 인간과 마찬가지로 포유류와 척추동물로 분류되기는 한다. 그러나 생쥐인슐린의 cDNA를 가지고 인간의 cDNA를 결정하는 데 사용할 수는 없는 것이다. 모두 86가지의 코돈이 프로인슐린에 존재하는데 인간과 생쥐의 프로인슐린 cDNA 사이에는 네 가지 다른 코돈이 존재한다. 바로 이러한 차이점이 상당히 중요하다. CAFC는 DNA를 서면으로 공개하는 데 있어서는 아주 정확한 설명이 필요하다고 하였다. 단 하나의 염기가 차이가 난다고 하더라도 발명을 공개하는 데 결정적으로 중요한 것으로서 청구항을 무효로 만든다.[297] [298]

있는 그 뉴클레오티드 염기서열에 있어서 척추동물의 인슐린을 부호화한 mRNA의 역전사된 구조를 가진다.'고 하였다. 청구 제2항은 재조합된 프로캐리오틱 미생유기체로서 척추동물의 인슐린을 부호화한 cDNA이고 청구 제4항 및 제5항은 청구 제2항의 종속청구항으로서 각각 포유류와 인간의 인슐린 cDNA에 대한 것이다. 바로 청구 제5항은 인간의 인슐린을 부호화한 cDNA로서 발명인 미생유기체이다. 명세서는 이 미생유기체에 대한 개념정의를 실시례 6이 나타내는 방법으로 이를 취득하는 방법을 설명하고 있다. 그러나 이는 인간의 cDNA를 추출하는 일반적인 방법에 지나지 않는다.

296 Paterson, Ch.5. §5:7, 5-40. 만약 특허권자가 생쥐의 cDNA에 대하여 특허를 출원하였고 생쥐의 cDNA와 특별히 최소한의 비율을 갖는 동일한 cDNA가 아닌 어떠한 다른 cDNA에 관하여 특허를 출원하였다면 그 특허는 유효하다고 인정을 받을 수 있었을 것이다. 이러한 공개내용은 하나의 하위종류의 동물에 관한 발명에 대한 청구항의 서면명세요건을 뒷받침하였을 것이고, 동일성의 최소한도의 비율을 공개하였더라면 그 구조적 특징도 구별할 수 있었을 것이다.

297 이에 비하여 구조적인 차이점이 아닌 그 성질에 관한 것, 즉 미립자의 크기에 대한 비율이거나 생물학적 활동성과 같은 것은 결과를 좌우할 수 있는 정도가 작다.

298 Regents of University of California v. Eli Lilly & Co.에서 CAFC는 DNA에 대한 특허를 발급받기 위해서는 DNA 그 자체가 무엇인가를 공개하여야만 하는데 그러기 위해서는 DNA의 구조를 개념정의를 하여야 하고 또한 DNA를 적절하게 설명하여야 하는데도 불구하고 DNA를 추출하는 방법을 공개하는 것만으로는 서면명세요건을 충족시킬 수 없다고 보았다. 청구 제5항은 cDNA를 만드는 방법 또는 cDNA의 염기서열을 가진 단백질을 공개하면서 cDNA 자체를 공개하고 있지는 못하다는 것이다. 어떠한 뉴클레오타이드가 인간의 cDNA를 구성하고 있는지에 대한 아무런 정보가 특허명세서에 전혀 나타나고 있지 않다. 공개된 것이라고는 명세서의 실시례 제5에서 나타나는 생쥐의 cDNA 뿐이다. 명세서가 인간 인슐린 A와 B의 연결고리와 그 인슐린을 만드는 일반적인 방법을 기술한 데 불과한 것이라면 이는 그 인슐린 cDNA 자체를 권리범위로 주장하고 있는 청구항에 대한 서면명세요건을 충족시키지 못한다.

그러나 다른 견해: Johns Hopkins University v. CellPro Inc., 152 F.3d 1342, 1361-62, 47 USPQ2d 1705, 1719-20(Fed. Cir. 1998)(CD34라는 '특정한 항체'에 부착하는 모노클로널 항체에 대한 특허명세서는 이 항체를 생산하는 잡종세포를 기탁한 이상 실시가능요건을 충족시킨다).

3. 청구항의 권리범위의 확장

가. 최초출원명세서의 지지

서면명세요건은 후일 변경되거나 추가된 청구항이 최초특허출원서에 공개된 내용과 다른 발명이거나 그 권리범위가 넓은 경우에 충족되지 않는다는 문제가 발생한다. 따라서 최초의 특허출원명세서에 의하여 지지되지 않도록 청구항의 권리범위를 넓히는 것은 허용되지 않는다.[299] 예컨대 최초의 특허출원명세서가 '25~60%' 사이의 범위를 공개하면서 36%짜리와 50%짜리의 두 가지 실시례를 기재하고 있는 경우에 청구항이 '적어도(At least) 35%'라고 주장한다면 청구항이 권리범위로 주장할 수 있는 실시례가 명세서의 설명의 범위를 넘어서서 존재하기 때문에 이 명세서는 서면명세요건을 충족시키지 못한다고 본다.[300]

나. 용어의 해석

특허출원명세서가 사용한 용어가 추가된 청구항이 사용하는 용어와 동일하지는 않지만 그 취지를 읽어 보면 특허출원인이 한정된 발명만을 한 것이 아니라 매우 보편적인 발명을 한 것으로 볼 수 있다면 후일 청구항의 권리범위가 넓어졌다고 하더라도 특허출원명세서는 넓어진 청구항의 권리범위를 상세한 설명에 의하여 뒷받침할 수 있다.

예컨대 폴리머에 관한 청구항이 '말단에서 양이온적인(Cationical) 활동성을 가지고 있으며', '살아 있는 폴리머(Living polymers)가 가지는 중단 없는 활동성을 가진다.'라고 한 경우에

---

299 In re Gosteli, 872 F.2d 1008, 10 USPQ2d 1614(Fed. Cir. 1989)(오직 화학물질의 하위종류에 대한 공개를 한 외국의 선특허출원서가 총괄적 개념을 주장하는 청구항을 명세하지 못한다); Stearn v. Superior Distributing Co., 674 F.2d 539, 547, 215 USPQ 1089, 1095(6th Cir. 1982)(최초의 특허출원서에서 강조되었던 공개내용과 모순되는 것을 주장하기 위하여 청구항을 보정할 수 없다); Monsanto Co. v. Mycogen Plant Science, Inc., 61 F. Supp. 2d 133, 189(D. Del. 1999), later appeal, 261 F.3d 1356, 59 USPQ2d 1980(Fed. Cir. 2001)(좁게 명세한 공개내용에 의하여 청구항의 권리범위가 정하여진다); Tronzo v. Biomet Inc., 950 F. Supp. 1149, 1154-55, 41 USPQ2d 1403, 1408(S.D. Fla. 1996), aff'd in part, vacated in part, rev'd in part, 156 F.3d 1154, 47 USPQ2d 1829(Fed. Cir. 1998)(단 하나의 하위종류를 공개한 것만 가지고는 총괄적이거나 다른 청구항의 권리범위를 명세하지 못한다. 실시가능요건은 단 하나의 실물모형을 공개한 것만으로 충분할지도 모르지만 서면명세요건은 그렇지 못하다); Hoechst Celanese Corp. v. BP Chemicals Ltd., 844 F. Supp. 336, 340-41, 30 USPQ2d 1833, 1835-37(S.D. Tex. 1994), aff'd in part, vacated in part, 65 F.3d 188(Fed. Cir.1995)(unpublished)(서면명세요건과 실시가능요건을 혼동하였다고 판단한 사례); Vas-Cath Inc. v. Mahurkar, 745 F. Supp. 517, 523, 17 USPQ2d 1353, 1356-57(N.D. Ill. 1990), rev'd, 935 F.2d 1555, 19 USPQ2d 1111(Fed. Cir. 1991)(명세서가 오직 한 형태만을 암시하는 경우에는 공개요건을 충족시키지 못한다. 그러나 Suntiger, Inc. v. Scientific Research Funding Group, 189 F.3d 1327, 1337-38, 51 USPQ2d 1811, 1818(Fed. Cir. 1999)에서 LOURIE 판사의 소수견해는 가능한 많은 수의 변형물을 포함하는 총괄적 설명이라고 하더라도 모든 것을 공개한 것은 아니라고 하였다.

300 In re Wertheim, 541 F.2d 257, 263-64, 191 USPQ 90, 97(CCPA 1976), appeal after remand, 646 F.2d 527, 209 USPQ 554(CCPA 1981).

선행기술인 '살아있는 폴리머(Living polymers)'는 양이온(Cationic)이 아닌 음이온적(Anionic) 성질을 가지고 있었다. 또한 후일 추가된 청구항은 '알킬화 반응을 일으키지 않는 집단의(Free of alkylatable group) 폴리머'라는 한정사를 가지고 있었다.

특허출원명세서는 이 폴리머를 만드는 두 가지 방법을 공개하고 있었다. 직접적인 방법은 모노머를 변환시키는 것이고, 간접적 방법은 '알킬화 반응을 일으키지 않는 집단'의 폴리머를 기초물질로 사용하는 것이었다. 이 명세서는 적당한 폴리머는 두 가지 집단으로 분류할 수 있다는 사실과 함께 이 두 개의 집단을 설명하고 있었다.[301]

비록 특허출원명세서는 청구항에서 사용한 용어와 동일한 용어를 사용하지 않지만 이 명세서의 취지는 특허출원인이 특정의 복합양이온적으로 활성적인 폴리머만을 한정한 것이 아니라 매우 보편적인 발명을 한 것이다. 또한 명세서의 공개내용도 통상의 지식인에 대하여 폴리머가 '알킬화 반응을 일으킬 수 없는 집단'이라는 점을 암시한다.[302]

다. 예비물질에 대한 공개의 부족

특허출원명세서가 예비물질의 사용방법을 공개하지 않음으로써 특허출원 당시의 통상의 지식인이 예비물질이 무엇인지를 추측할 수 없고 그 결과 예비물질을 사용하여 만든 청구항이 발명을 하였다는 사실을 통상의 지식인에게 전달할 수 없다면 이 명세서는 서면명세요건을 충족시키지 못한다.

그 실례로서, 요로 EPO로부터 추출한 글리코시레이션과는 다른 재조합 Erythropoietin에 관한 '939' 특허청구항이 서면명세요건을 만족시키지 못하였다는 이유로 무효가 되었다.[303] 그

---

301 특허청은 명세서의 공개내용이 '알킬화 반응을 일으킬 수 없는 집단을 가지고 있지 않은 복합양이온적으로 활성적인 폴리머' 전부를 그 권리범위로 가지는 넓은 청구항을 지지하기에 충분하지 못하다고 보았다.

302 In re Smith, 481 F.2d 910, 915, 178 USPQ 620, 624(CCPA 1973); In re Peters, 723 F.2d 891, 221 USPQ 952(Fed. Cir. 1983)(명세서에 공개된 정확하고 비결정적인 모양에 한정하기 위하여 한 구성요소가 가지는 불필요한 한정사를 생략하는 것이라면 추가된 청구항의 넓어진 권리범위는 명세서의 상세한 설명에 의하여 뒷받침된다).

303 Amgen, Inc. v. Hoechst Marion Roussel, Inc., 126 F. Supp.2d 69, 150, 57 USPQ2d 1449(D. Mass. 2001), aff'd in part, vacated in part & remanded, 314 F.3d 1313, 65 USPQ2d 1385(Fed. Cir. 2003)(청구항이 방법에 관한 것이 아니라 합성물에 관한 것이라면 특허가 출원된 이후에 발견될 수 있는 그 합성물의 제조방법의 기술적 진보를 공개할 필요는 없다). United States Steel Corp. v. Phillips Petroleum Co., 865 F.2d 1247, 1251(Fed. Cir.1989); In re Koller, 613 F.2d 819, 824-25(Fed. Cir. 1980); In re Hogan, 559 F.2d 595, 606(Ct. Cust. Pat. App. 1977).

그러나 특허법이 요구하는 서면명세요건은 명세서가 통상의 지식인에게 특허출원된 일자를 기준으로 하여 청구항에 기재된 발명을 하였다는 것을 전달하였느냐를 요구한다. 따라서 서면명세요건은 명세서에 기재된 내용과 청구항에 기재된 용어를 비교하는 것이 그 핵심이다. 따라서 특허에 공개된 물건을 만드는 방법과 동일한 물건을 만들기 위하여 특허출원 이후에 개발될 방법을 비교하는 것이 아닌 것이다. 따라서 청구항에서 특허출원된 발명을 상세히 설명하고 있는 한 특허출원인이 특허출원 후에 개발된 신기술을 공개하지 아니하더라도 명세서가 서면명세요건을 충족하지 못하는 것은 아니다.

러나 명세서가 많은 인간의 요로 Erythropoietin 예비물질 가운데에 무엇이 사용되어야 하는지에 대한 아무런 설명이 없기 때문에 재조합 EPO의 글리코시레이션과 인간의 요로 EPO를 비교하는 것이 사실상 불가능한 일이 되어 버렸다.

문제는 발명자인 린 박사가 다양한 요로 EPO의 예비물질이 어떻게 사용되어야 하는지를 공개하는 데 실패하였다는 점이다. 따라서 1984년경 이 분야에 종사하던 통상의 지식인들은 EPO 예비물질이 무엇인지를 추측할 수 없었을 것이다. 그 결과로서 이 특허는 발명자가 인간의 요로 Erythropoietin과 다른 글리코시레이션을 가지고 있는 Erythropoietin 글리코프로틴을 발명하였다는 사실을 통상의 지식인에게 전달할 수 없다.

라. 본질적 구성요소 생략 불가의 원칙 Essential elements rule

특허출원인은 최초특허출원명세서가 상세하게 설명하고 있는 한도까지만 추가적으로 청구항의 권리범위를 넓힐 수 있다. 최초의 특허출원명세서가 공개한 한도가 바로 청구항의 권리범위를 확장할 수 있는 최대한이다.[304] 따라서 최초특허출원서의 공개내용이 발명을 분명하게 한정한 것이라면 후일 추가되는 청구항은 이 한정에 위반하여 그 권리범위를 확장할 수 없다.

그 실례로서, 콘솔과 조정장치를 가진, 뒤로 젖힐 수 있는 소파에 관한 발명에 대하여 특허출원인이 최초의 특허출원명세서에서 '조정장치가 콘솔 위에 있도록'이라고 분명하게 한정하였고 최초의 청구항도 '조정장치가 콘솔 위에 있다.'고 주장하였다. 후일 심사 도중 출원인이 이 한정을 넘어서서 청구항의 권리범위를 넓히려고 하는 시도는 최초특허출원명세서에 의하여 지지되지 않는다.[305]

최초특허출원서의 공개내용은 '조정장치가 존재할 수 있는 유일한 위치는 바로 콘솔'이라

---

304 Ethicon Endo-Surgery, Inc. v. United States Surgical Corp., 93 F.3d 1572, 1582 n.7, 40 USPQ2d 1019, 1027 n.7(Fed. Cir. 1993); In re Rasmussen, 650 F.2d 1212, 1214, 211 USPQ 323, 326(CCPA 1981).

305 Gentry Gallery, Inc. v. Berkline Corp., 134 F.3d 1473, 45 USPQ2d 1498(Fed. Cir. 1998). 그러나 Reiffin v. Microsoft Corp., 48 USPQ2d 1274, 1276-78(N.D. Calif. 1998), rev'd & remanded, 214 F.3d 1342, 54 USPQ2d 1915(Fed. Cir. 2000)에서는 위 Gentry가 서면명세요건으로서 '생략된 구성요건설(Omitted element test)'을 취하는 것으로 본다. 이 설은 최초특허출원서에서 생략된 구성요건은 특허출원인이 후일 다시 주장할 수 없다는 것이다. 특허출원인은 자신의 특허출원서가 공개하는 실시례를 넘어서는 것을 청구항의 권리범위로 주장할 수 있다. Ethicon Endo-Surgery, Inc. v. United States Surgical Corp., 93 F.3d 1572, 1582 n.7(Fed. Cir. 1996)(종래부터는 특허출원서가 붉은색 마구간을 선호모형으로 공개하고 있다면 갈색의 마구간에 대한 것도 청구항의 권리범위로 할 수 있다고 보았다(Ethicon rule). 그러나 Gentry에서 본 바와 같이 생략된 구성요건설에 의하면 통상의 지식인이 최초특허출원서의 본질적 구성부분이라고 보는 부분을 추가된 청구항이 생략한다면 이는 서면명세요건을 충족하지 못하여 무효이다). 그러나 또 다른 견해: Johnson Worldwide Associates Inc. v. Zebco Corp., 175 F.3d 985, 993, 50 USPQ2d 1607, 1613(Fed. Cir. 1999)('Heading'이 방향을 표시하는 의미를 가지거나, '접합된(Coupled)'이라는 말이 '연결된'이라는 의미를 가진 것으로 볼 수 없다); Purdue Pharma, L.P. v. F.H. Faulding and Co., 48 F. Supp. 2d 420, 431(D. Del. 1999), aff'd, 230 F.3d 1320, 56 USPQ2d 1481(Fed. Cir. 2000)(본질적 구성부분이냐 아니냐의 문제는 발명자가 특허출원 당시에 발명을 점유하였다는 점을 입증하는 하나의 자료이다).

고 분명하게 개념정의를 하였다. '조정장치는 콘솔의 윗면이나 옆면에만 위치하여야 하고 만약 전면의 벽 쪽에 장치한다면 이는 이 발명개념으로부터 벗어나는 것이다.'라고 공개하였으며 콘솔 이외의 장소에 대해서는 어떠한 유사한 변형도 제시한 바 없다.[306] 결국 공개내용을 전체적으로 볼 때 조정장치는 콘솔 위에 위치하는 것에 한정한 것으로 보아야 한다.[307] [308]

마. 기계장치의 모양

ADJUSTABLE ACETABULAR CUP PROSTHESIS AS PART OF A TOTAL CUP REPLACEMENT SYSTEM

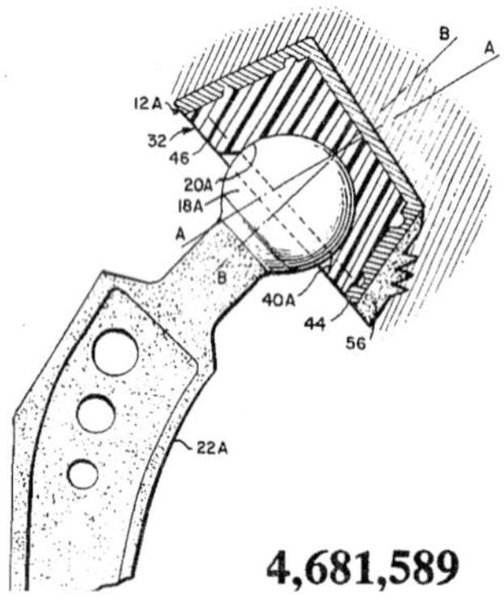

4,681,589

후일 청구항이 '반구형, 원뿔형 또는 외적 표면에 적절한 모양'을 그 권리범위로 주장하지만 최초의 특허출원명세서가 단지 '원뿔형'이라고만 공개하였다면 이러한 공개내용만 가지고는 서면명세요건을 충족시키지 못한다. 고관절부위에 삽입하는 컵에 관한 발명에 대하여 1984년 6월 1일 최초의 특허출원서가 컵을 공개하면서 그 모양을 '원뿔형'이라고 설명했고 이에 대하여 '589' 특허가 발급되었다. 특허권자가 1987년 3월 24일 부분계속출원(Continuation－in－part)을 하였고 이에 대하여 '262' 특허가 발급되었는데 이 '262' 특

306 더군다나 최초특허출원서에서 가장 권리범위가 넓었던 청구항도 콘솔 위에 조정장치가 설치된 것을 주장하였다. 또한 발명자는 침해행위자가 뒤로 젖힐 수 있는 조정장치를 콘솔 이외의 부분에 부착시킨 것을 알기 전까지만 하여도 전혀 콘솔 외부에 조정장치를 부착하는 것을 고려하지도 않았다는 점을 자인하였다. 더구나 콘솔의 유일한 목적은 뒤로 젖힐 수 있는 의자들 중간에 위치하여 그 각도를 조절할 수 있도록 조정장치를 부착하는 것이다. 이러한 발명의 목적에 위배하여 조정장치를 부착할 수 있는 위치에 대해서는 별다른 변형의 여지가 없다. 따라서 콘솔 위가 아닌 다른 어느 부분에 이 조정장치를 부착하는 것은 발명의 목적에 어긋난다.

307 Gentry Gallery, Inc. v. Berkline Corp., 134 F.3d at 1474-78, 45 USPQ2d at 1499-1502. 이 사건에서 특허는 '동일한 방향으로만 구부러지는 두 개의 분할된 의자를 가진 소파'로서 이 청구항은 무효이다. 왜냐하면 최초특허출원서에는 콘솔 위에 조정장치가 설치된 것만을 기술하고 있고 발명의 목적도 의자가 구부러지는 각도를 조절하기 위하여 조정장치를 가진 콘솔을 소파에 부착하는 것이었다. 사용자는 이 콘솔 위에 달린 조정장치를 가지고 소파에 앉아서 의자의 각도를 조절할 수 있었다. 발명자가 증언하기를, 바로 콘솔 위에 각도 조정장치를 부착한 것이 우리가 이 발명에서 해결한 방법이다. 그러나 특허권자는 조정장치를 콘솔 위에 장치한 것은 명세서가 선호되는 실시례를 공개한 것일뿐 이 조정장치는 소파의 어느 부분에 위치하여도 아무런 문제가 없으며 청구항의 권리범위는 조정장치는 콘솔 위에 위치할 것을 한정하지 않는 것에도 미친다는 것이다. 결국 명세서의 공개내용은 조정장치의 어떠한 위치를 그 권리범위로 주장하는 청구항을 지지한다는 것이다.

308 Gentry Gallery, Inc. v. Berkline Corp.,134 F.3d at 1479, 45 USPQ2d at 1503. CAFC는 침해행위자의 주장을 받아들였다. 즉 청구항의 권리범위가 굳이 선호되는 실시례에 한정될 필요는 없다. 그러나 명세서가 좁게 공개를 하였다면 청구항의 권리범위는 이러한 좁은 공개내용에 의해서 한정될 수도 있다. 예컨대 '비디오 디스크 플레이어를 가진 중앙 컴퓨터에 연결된 키패드를 가진 TV 세트'를 공개한 것은 '비디오 디스크 플레이어를 가진 개인용 컴퓨터 단말기'를 그 권리범위로 주장하는 청구항을 지지하지는 않는다. 왜냐하면 명세서에 공개되어 있는 발명을 가지고는 청구항에 기재된 발명을 상세하게 설명하지 못함으로써 결국 서면명세요건을 충족시키지 못하기 때문이다. 하위종류를 기술한 것이 그 상위개념인 총괄적인 종류에 대한 상세한 설명을 언제나 해 주는 것은 아니기 때문이다.

허의 명세서는 보다 보편적인 컵 모양으로서 '반구형, 원뿔형 또는 외적 표면에 적절한 모양'을 공개하였다. 위 '262' 특허의 다른 청구항은 '원뿔형' 모양의 컵에 대한 것이었지만 청구 제1항과 제9항은 보편적인 컵의 모양에 대한 청구항이었다.[309]

그러나 '589' 특허는 '원뿔형' 모양을 가진 컵에 관한 발명만을 공개하고 있기 때문에 이는 '262' 특허의 청구 제1항과 제9항을 지지하지 못한다. '589' 특허의 명세서를 읽어 보면 이 명세서는 오직 '원뿔형' 모양의 컵만을 공개하고 있고 특허권자가 서로 다른 세 가지 모양이라고 주장하는 컵은 오직 한 가지의 모양에 불과하다. 더군다나 '589' 특허의 명세서를 읽어 보면 이 명세서에서 언급한 것은 몇 가지 다른 모양들인데 이는 선행기술을 언급한 것이다. '589' 특허의 명세서는 '원뿔형' 이외의 형태를 추가로 포함한다고 하기보다는 '원뿔형' 모양의 컵이 열등한 선행기술에 비하여 우월한 장점을 가진다고 칭찬하고 있다. 따라서 '589' 특허의 명세서는 오직 '원뿔형' 컵만을 공개한 것이다.[310]

바. 선호되는 실시례

최초출원된 명세서가 한정사로서 사용하지 않은 것으로, 별로 중요한 의미가 없는 것은 단지 실시례를 설명한 것에 불과한 것으로서, 이를 한정사로 볼 수는 없어 청구항의 권리범위를 제한할 수 없다. 모특허출원서(Parent application)에서 한정하는 용어를 사용한 것이 단지 선호되는 실시례를 구체적으로 설명한 것에 불과하여 청구항의 권리범위를 확장할 수 있다고 본 사례는 다음과 같다.

'두 개의 껍질을 가진 소형램프'('227' 특허)에 관한 것인데 특허침해행위자는 모특허출원서(Parent application)은 이 두 개의 껍질이 동일할 것을 요구하고 있기 때문에 후일 청구항을 보정하면서 한쪽 껍질만 동일하여도 청구항의 권리범위에 해당한다고 주장하는 것은 모특허출원서

---

309 침해행위자가 항변하기를, 최초특허출원서(1984년 6월 1일자)가 오직 하나의 '원뿔형'의 컵만을 공개하고 있었기 때문에 이 명세서는 후일 보정된 '262' 특허의 보편적 청구항인 청구 제1항과 청구 제9항을 지지할 수 없다고 주장했다. 특허권자는 최초의 특허출원서인 '589' 특허의 명세서는 위 청구 제1항과 청구 제9항을 설명하기 위하여 여러 구체적 모형을 공개할 필요가 있었던 것일 뿐 이러한 구체적 모형에 공개내용이 한정되는 것은 아니며, 위 '589' 특허의 명세서가 제시한 6가지 종류의 모양을 컵에 대한 공개내용이 '262' 특허의 청구 제1항과 제9항을 지지하기에 충분하다는 것이다. 1심판결은 특허권자가 최초의 특허출원서의 접수일자를 기준으로 우선권을 받을 자격이 있다고 보았다. 그러나 CAFC는 이를 배척하고 '589' 특허의 명세서가 서면명세요건을 만족시키지 못한다고 보았다.

310 Tronzo v. Biomet, 156 F.3d 1154, 1158-59, 47 USPQ2d 1829, 1833-34(Fed. Cir. 1998). 그러나 다른 견해: Lampi Corp. v. American Power Products, Inc., 228 F.3d 1365, 56 USPQ2d 1445(Fed. Cir. 2000); Lampi, LLC v. American Power Products, Inc., 65 F. Supp. 2d 757, 776(N.D. Ill. 1999), aff'd in part, vacated in part & remanded, 228 F.3d 1365, 56 USPQ2d 1445(Fed. Cir. 2000)(동일한 명세서에 기초한 Tronzo와는 달리 부분계속신청을 한 것으로서 모특허출원서에 '동일한 모양을 한, 두 개의 껍질을 가진 미니형광램프'라고 공개되었다고 하더라도 '동일한'모양을 한 껍질을 가진 형광램프에만 권리범위를 한정시키지는 않고 껍질 모양이 서로 다르더라도 아무런 상관이 없다).

FIG. 3

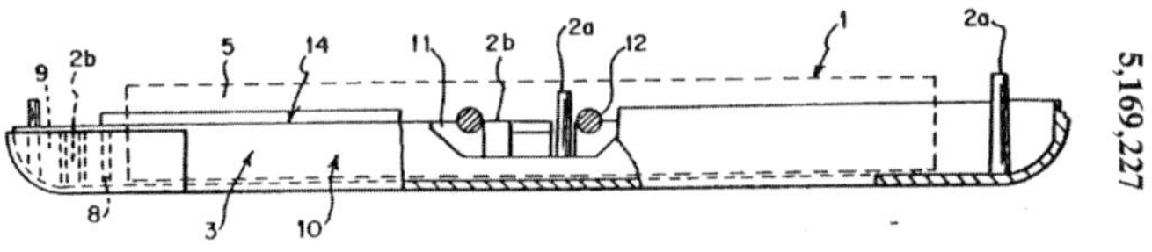

에 의하여 지지되지 않는다고 주장하였다. 모특허출원서는 오직 '동일한' 두 개의 껍질을 가진 램프를 공개한 것으로서 이 두 개의 껍질이 동일하지 않고 서로 다른 것이라면 이는 특허출원인의 발명으로 볼 수 없다는 것이다.[311]

그러나 모특허출원서가 '동일한 모양'과 '동일한 반쪽부분'에 대하여 설명한 것은 오직 선호되는 실시례(Preferred embodiments)에 관한 언급에 불과한 것으로서 '동일한'이라는 용어를 발명을 한정한 용어로 볼 수는 없다. 사실 모특허출원서는 '반쪽부분'에 대해서는 '동일한'이라는 수식어를 붙이지 않았는데 이는 '반쪽부분'이 서로 동일하여야 하는 것은 발명에 있어서 별로 중요한 의미가 있는 것이 아니라는 점을 나타내는 것이다. 또한 모특허출원서에 첨부된 도면이 '동일한' 반쪽부분을 나타내고 있지만 이는 실제로 발명의 실시례를 제시한 것에 불과하다.

4. 청구항의 권리범위의 축소

가. 좁은 하위종류

서면명세요건을 충족시켰느냐 하는 문제는 후일 추가된 청구항이 최초의 특허출원서에 제출한 것보다 권리범위를 좁히는 한정사를 추가하거나, 최초의 청구항에 비하여 발명의 특정부분이나 하위종류만을 그 대상으로 한 경우에 발생한다. 이렇게 특허출원서의 보정에 의하여 청구항의 권리범위가 좁혀졌다면, 그 추가된 구성요소나 한정사가 명세서에 의하여 지지되지 않는 한 이는 서면명세요건을 충족시킬 수 없다.[312] 예컨대 특허출원인이 최초출원된 명세서에는

---

311 Lampi Corp. v. American Power Products, Inc., 228 F.3d 1365, 1378, 56 USPQ2d 1445, 1455(Fed. Cir. 2000)(청구항은 선호되는 구체적 모형에 의하여 한정되지는 않는다. 도면이 비록 두 개의 껍질이 모두 동일한 형태로 된 것을 공개하더라도 '875' 특허의 공개내용이 '227' 특허의 서로 다른 모양을 한, 두 개의 껍질을 가진 발명을 그 권리범위에서 배제하는 것으로 볼 수는 없다).

312 Ethicon Endo-Surgery, Inc. v. United States Surgical Corp., 93 F.3d 1572, 1582 n.7, 40 USPQ2d 1019, 1027 n.7(Fed. Cir. 1996)(보정된 청구항이 최초청구된 것보다 세부적인 특정부분에 관한 것이어서 그 권리범위가 좁은 것이라고 하여도 모특허출원서의 청구범위가 위 특정부분을 배제하는 것이라고 볼 필요는 없다); ADCO Products, Inc. v. Carlisle Syntec Inc., 110 F. Supp. 2d 276, 291-92(D. Del. 2000)(최초특허출원명세서가 Halogenated butyl rubber라면 이는 후일 청구된 Halogenated copolymer of p-methylstyrene과 Isobutylene을 지지하지 못한다); Ex parte Remark, 15 USPQ2d 1498, 1506(Bd. Pat. App. & Int'f 1990)(최초공개내용으로 보아 특허출원인이 후일 주장되는 강철 케이블을 발명하였다고 볼 수 없다); Nelson v. Bowler, 1 USPQ2d 2076, 2078-2079(Bd. Pat.

공개되지 않았던 '검사단계(Auditing step)'라는 한정사를 추가하려고 시도한다면 이는 서면명세요건을 충족시키지 못한다.[313]

최초의 특허출원명세서에서 언급되지 않았던 어떠한 구성요소를 명시적으로 제외하거나, 최초의 특허출원명세서에서 묵시적으로 공개되지 않았던 구성요소를 추가하는 것도 새로운 사항을 추가한 것이 된다. 특허출원인이 선행기술을 회피하기 위하여 '황산이나 할로겐이 없는 산화촉매제'와 '우라늄이 없는 촉매제와 바나듐과 포스포러스를 조합한 것'이라는 부정적인 한정사를 청구항에 추가하였는데 이러한 부정적인 한정사를 추가하는 것은 서면명세요건에 위배된다.[314]

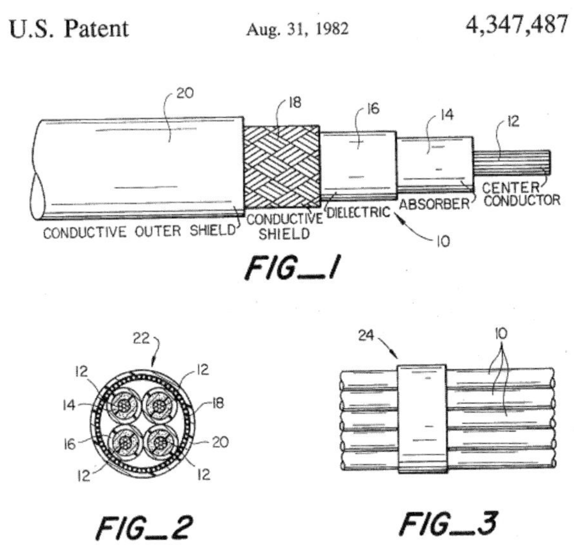

App. & Int'f 1986)(발명자가 원하기만 하면 얻을 수 있는 발명으로 인정을 받는 점이 통상의 지식인에게 분명하게 전달되어야 한다); Ex parte Pearson, 230 USPQ 711(Bd. Pat. App. & Int'f 1985); Ex parte Giles, 228 USPQ 866, 868(Bd. Pat. & Int'f 1985)(최초의 명세서에 포함되지 않는 사항은 새로운 사항을 포함한 것으로서 거절되어야 한다. 보정된 청구항에 첨부된 설명서는 최초의 공개내용과는 아무런 관련이 없다).

313 In re Kaslow, 707 F.2d 1366, 217 USPQ 1089(Fed. Cir. 1983). 이에 비하여 In re Eickmeyer, 602 F.2d 974, 981, 202 USPQ 655, 662-63(CCPA 1979)에서는 최초의 명세서는 56C와 80C를 공개하였지만 청구항에서는 이러한 온도에 관한 한정사를 포함하지 않고 있었다. 후일 보정된 청구항이 '적어도 약 56도로 높혀진 온도'라는 한정사를 추가한 경우에 이는 최초의 명세서에 의하여 지지된다. 비록 특허출원인이 56도 이하의 온도에 대해서도 권리범위로 주장할 수 있어도 이를 모두 청구항의 권리범위로 주장할 의무는 없고 자신이 권리범위로 주장하는 부분에 대해서만 서면명세요건을 충족시킬 필요가 있다. 서면명세요건을 충족시키기 위하여 특허출원인이 굳이 온도의 하한선을 설정한 것이 중요한 이유가 있다는 점을 밝힐 필요는 없다.

314 Ex parte Grasselli, 231 USPQ 393(PTO Bd. App. 1983), on request for rehearing, 231 USPQ 395(PTO Bd. App. 1983), aff'd, 738 F.2d 453(Fed. Cir. 1984); Ex parte Parks, 30 USPQ2d 1234, 1236(Bd. Pat. App. & Int'f 1993)(명세서가 촉매가 부존재하는 경우를 설명하지 않았어도, 후일 촉매가 없는 상태에서 분해작용이 수행된다고 청구항에 기재하여도 최초의 명세서에 의하여 지지된다).

서면명세요건은 특허출원서가 청구항의 한정사를 아주 자세하게 공개해서 발명이 작동하는 것을 보증할 필요까지는 없다. 오히려 이는 특허출원인이 어떤 한정사를 가지고 있는 발명을 만들었다는 것을 통상의 지식인에게 충분하고 분명하게 인정할 수 있도록 하여야 한다. 이를 위하여 최초특허출원명세서는 반드시 특허출원인이 자신이 후일 청구항의 권리범위로 주장하는 발명을 발명하였다는 사실을 통상의 지식인에게 분명하게 전달하여야만 한다.[315]

최초의 특허출원서가 '흡수와 전도를 잘하는 물질로 만들어진 내층을 싸고 있는 전자적인 외피를 가진 고주파 케이블'을 공개하고 있었는데 이러한 공개내용만으로는 이러한 케이블을 '여러 개 장착하고 있는 장치'를 그 권리범위로 주장하는 청구항을 지지하지 못한다고 보았다.[316] 선특허출원인의 명세서에서 위 '장치'라는 공개내용을 지지할 수 있는 설명이라고는 '여러 개의 전선(Wires)으로 된 축선적 구조가 동일한 방식으로 만들어질 수 있다는 점은 명백하다.'라고 기재되어 있는 부분이다. 그러나 전문가의 증언에 의하면 '케이블'과 '전선'은 관련된 분야의 기술 계통에서는 다른 것을 의미하는 것이다.[317] 그렇다면 위 최초특허출원명세서는 특허출원인이 특허출원 당시에 케이블을 '여러 개 장착하고 있는 장치'를 자신이 발명하였다는 점을 통상의 지식인에게 분명하게 전달하지 못한 것이다.[318]

나. 명시적으로 공개하지는 않았지만 분명히 가르치는 공개내용

최초의 특허출원명세서에 명시적으로 공개하지는 않았지만 분명히 가르치고 있는 공개내용을 추가로 청구항의 권리범위로 주장하는 것은 서면명세요건에 위배되지 않는다. 그 실례로서, 이미지를 형성하는 방법을 공개한 최초의 특허출원명세서는 '고정되지 않은 분말의 사진에 민감한 마이크로 캡슐로 만든 층을 처리하는 단계'를 포함하고 있다.

후일 보정된 청구항은 '분말이 판 위에 놓여져 있지만 영구적으로 고정되어 있는 아니다.'라는 한정사가 추가되었지만 이러한 한정사를 추가하더라도 서면명세요건에 위배되지 않는다. 최초의 명세서가 '영구적으로 고정되지 않는다.'라는 문자를 명시적으로 공개하지는 않았지만

---

315 Martin v. Mayer, 823 F.2d 500, 505, 3 USPQ2d 1333, 1337(Fed. Cir. 1987).

316 Martin v. Mayer, 823 F.2d 500, 505, 3 USPQ2d 1333, 1337(Fed. Cir. 1987). Mayer라는 선특허출원자가 Martin이라는 후특허출원자의 청구항을 복제했다. 쟁점은 선특허출원자가 위 청구항에 대한 발명을 실시할 권리가 있느냐 하는 점이다.

317 미특허심판원은 선특허출원서의 명세서가 '장치'라는 한정사를 지지한다고 보았다. 특허심판원은 '케이블 장치'는 전통적으로 사용되어 온 것이라고 보고 위 전문가의 증언을 배척하면서 문제가 된 용어가 쉽사리 이해될 수 있는 것이라고 보았다. 그러나 CAFC는 이 결정을 번복했다.

318 서면명세요건을 충족하였느냐의 문제는 통상의 지식인이 공개된 내용을 가지고 청구항에 기재된 발명을 만들 수 있느냐 하는 점이 아니다. 이는 최초의 특허출원서가 '외피를 가지고 있는 케이블을 여러 개 가진 장치'를 충분히 공개하였느냐 하는 점이다. 이는 명세서가 통상의 지식인들에게 이미 잘 알려져 있는 것을 포함할 것을 요구하는 것이 아니라 문제가 된 특징을 한정하는 내용의 특별한 공개를 하였느냐를 요구한다.

이는 분명히 '영구적으로 고정된 마이크로 캡슐은 존재하지 않는다.'는 것을 가르치고 있었다. 명세서의 실시례를 보면 '마이크로 캡슐이 골고루 분산되어야 하지만 이미지가 형성될 때까지는 그 위치가 변하지 않아야 한다.'고 경고하였는데 이는 마이크로 캡슐이 영구적으로 고정되지 않았다는 것을 보여 주는 것이다.[319]

MULTI-PART DISPOSABLE HANDLE FOR HOSPITAL SURGERY ROOM LIGHT FIXTURE

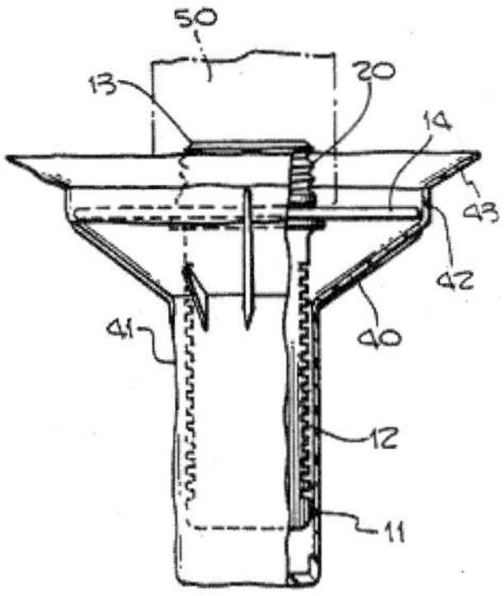

4,844,252

다. 도면에 명시된 것

서면명세요건을 충족하기 위해서는 반드시 명세서의 본문에 기재되어야 하는 것은 아니고 도면에 실시례가 제시된 것이라도 청구항에서 주장하는 기능을 충족시킬 수 있는 것으로 통상의 지식인에게 이해될 수 있으면 된다. 일렬로 배치된 메모리 모듈(SIMM)에 대한 특허로서 청구항은 '메모리 모듈을 지지하기 위하여 인쇄된 회로판에 대한 각도를 가지고 있는 지지수단(Support means)'에 관한 것이었다.

사실 최초출원된 청구항에는 '지지수단(Support means)'이라는 한정사가 존재하지 않았고 명세서도 모듈을 기계적 지지 기능을 가진 것이 아닌 오직 전기적 기능만을 가진 것으로 설명하고 있었으며 단지 명세서에 첨부된 도면에 지지수단이 제시되었기 때문에 명세서가 청구항을 지지하지 못한다는 주장이 제기되었다.

그러나 명세서는 원래 통상의 지식인이 읽고 이해하도록 작성되는 것으로서 이에 첨부된 도면만으로도 서면명세요건을 충족시킬 수 있기 때문에 '지지수단'이라는 한정사는 이미 최초의 특허출원명세서에 첨부된 도면에서 적절하게 공개된 것이다.[320] 명세서에 첨부된 도면에는 금속으로 된 것뿐만이 아니라 다른 재질로 된 구체적 실시례를 제시하여 통상의 지식인으로 하여금 청구항이 주장하고 있는 '지지수단'으로 기능할 수 있는 구조를 보여 준다.

라. 암시 및 동기부여

보정된 청구항에 추가된 한정사에 대하여 최초의 특허출원명세서가 그 개념정의를 하는

---

319 In re Wright, 866 F.2d 422, 9 USPQ2d 1649(Fed. Cir. 1989).

320 Wang Laboratories, Inc. v. Toshiba Corp., 993 F.2d 858, 866, 26 USPQ 2d 1767, 1774(Fed. Cir. 1993). 특허권자의 전문가 증인은, 첫째, 최초의 특허출원서에 제시한 제2실시례가 터미널을 보여 주는데 이것은 금속으로 만들어진 것으로서 모듈을 지지할 수 있는 수단이 될 수 있고, 만약 금속으로 만들어지지 않은 메모리 모듈(SIMMS)은 각 모듈을 설치하고 지지하기 위하여 일렬로 된 기판을 사용하고 있으며, 그 모듈을 지지하고 있는 것이 바로 카드와 터미널이라는 것이다. 발명자도 납으로 만든 SIMMs에 있어서 납이 바로 지지수단이 되고, 만약 납이 사용되지 않은 SIMMs에 있어서는 일렬로 된 터미널의 하부가 지지수단이 된다고 증언하였다.

데 중요한 것이라는 암시를 하지 못하여 통상의 지식인에게 이를 인식시킬 만한 아무런 이정표(Blaze mark)를 제시한 바가 없다면 이는 명세서에 의하여 지지되지 않는다.[321] 문제가 된 특허는 모르핀을 하루에 한 번씩 지속적으로 인간에게 주사하는 방법에 관한 것으로서 후일 보정된 청구항은 '플라스마 집중도(Plasma concentration)'를 추가적 한정사로 가지고 있었다. 이 한정사는 모르핀을 환자에게 주입하고 나서 24시간 이후에 모르핀의 집중도가 두 배 이상 될 것을 요구하였다.[322]

특허권자는 명세서에서 제시된 두 가지의 실시례가 보정된 청구항의 추가된 한정사를 지지한다고 주장하였으나 이러한 실시례만으로는 서면명세요건을 충족시키지 못한 것이다. 특허권자가 제시한 실시례들이 제공한 데이터를 조각조각 이어 보면 '집중도'라는 추가적 한정사를 억지로 찾아볼 수는 있지만, 명세서에서는 이 '집중도'를 강조하지 않았고 심지어 이 실시례는 '집중도'와는 아무런 관련이 없는 다른 약리적인 자료도 함께 공개하고 있었다.

결국 특허출원인은 '집중도'가 이 발명의 개념정의를 하는 데 중요한 특징을 부여하는 것이라는 암시를 하거나, '집중도'를 측정하도록 하는 동기를 부여하지도 못한 것이다. 따라서 이 명세서는 통상의 지식인에게 '집중도'를 인식시킬 만한 아무런 이정표(Blaze mark)를 제시한 바가 없다.[323]

마. 하위청구항

최초의 특허출원명세서가 보편적 종류를 공개한 경우에는 통상의 지식인에게 하위종류를

---

321 Purdue Pharma L.P. v. Faulding Inc., 230 F.3d 1320, 56 USPQ2d 1481(Fed. Cir. 2000)(즉시 모르핀이 방출되는 제조법을 사용하면 모르핀은 4시간마다 주사될 필요가 있고 이는 많은 불편을 가져온다. 최초 청구항의 제조법에 의하면 모르핀의 집중도는 주사 초기 단계에 빠르게 상승한다); In re Ruschig, 379 F.2d 990, 154 USPQ 118(1967)(특허출원인은 최초의 특허출원서에서 숲에 대한 청구항을 주장하였다가 후일 나무를 한 그루 뽑은 뒤 이를 나의 발명이라고 주장할 수는 없다. 이 나무를 자신의 발명이라고 주장하기 위해서는 이 나무가 최초의 특허출원서에서 공개된 것이라는 점을 인정할 수 있도록 하는 이정표를 제시하였어야만 한다).

322 Purdue Pharma L.P.의 1심법원은 'Tmax/C24'라는 한정사는 최초의 특허명세서에 의하여 지지되지 않는다고 보았다. 특허권자는 발명자가 발견한 제조방법은 외견상으로는 혈청의 집중효과를 '외견상 분명하게(Substantially flat)' 보여 주지는 않지만, 실로 놀라운 진통효과를 가져오는 것은 틀림이 없다고 주장했다. 그러나 최초특허출원서의 청구항의 '신속한 진통효과(Rapid release)'라는 언급은 후일 보정된 청구항에 추가된 '두 배 이상의 집중도'라는 한정사를 가리키는 것이라고 볼 수는 없다. 또한 전문가의 증언과 선행기술 문헌을 종합하여 보아도 '외견상 분명하게(Substantially flat)'라는 의미가 '100% 또는 그 이하'라는 의미로 통상의 지식인에게 이해될 수는 없다. 더구나 이는 'Substantially'라는 용어를 청구항에 추가한 정확한 계량적인 의미를 제거하는 것이다.

323 Purdue의 최초의 특허출원명세서에서 특허권자가 공개한 것은 단지 여러 제조공식 중에서 두 가지의 특성을 지칭하였지만 이 특성을 가지고 공개과정에서 단 한 마디라도 논의한 바도 없으며 이러한 논의를 바탕으로 하여 두 가지의 제조공식뿐만이 아니라 이 제조공식이 가진 특성을 보유한 모든 제조공식에 대하여 청구항의 권리범위로 가지고 있도록 기술한 바도 없다. CAFC는 1심법원이 명세서의 실시례가 청구항에서 말하는 발명이 무엇인가와 무엇이 아닌가를 정확하게 구별하지 못했고 그 대신 모든 실시례를 그저 집합하여 놓은 것에 불과하다고 보았다. 어떠한 특정한 실시례가 바로 보정된 청구항에서 언급하고 있는 것이라는 점을 명세서가 기술하고 있지 않기 때문이다.

분명하게 전달한 경우에만 후일 그 하위종류를 권리범위로 하는 청구항을 추가할 수 있다.[324] 따라서 최초의 특허출원명세서가 보편적 종류만을 공개하였다면 후일 추가되는 하위종류에 대한 청구항의 서면명세요건을 충족시킬 수 없다.

종래에는 하위청구항(Subgenus claims)이 보편적 청구항의 권리범위 내에 들어 있어서 이것이 최초의 특허출원서에 나와 있다면 특허출원인은 최초의 특허출원서의 접수일자의 우선권을 상실하지 않고 그 화합물에 대한 하위청구항을 추가할 수 있다고 보았다.[325] 예컨대 보편적 청구항인 최초의 특허출원서에서 1 내지 20을 그 청구항의 권리범위로 가지고 있고 최초의 특허출원서가 하위 종류인 6을 이미 공개하고 있다면 후일 4 내지 8에 대한 하위청구항을 추가하는 것은 허용된다고 보았다. 그럼에도 불구하고 최초특허출원명세서에서 하위종류를 단 한 가지도 공개하지 아니한 경우에는 후일 하위청구항을 추가하는 것은 허용되지 않았다.[326] [327]

바. 내재적인 특성을 한정사로 추가

'생리학적으로 활성적인 물질'을 사용하는 방법을 공개하면서 '코티코 스테로이드'를 실시례로서 공개한 최초의 특허출원명세서는 후일 '생리학적으로 활성적인 스테로이드를 사용하는 모든 방법'이라고 추가된 하위청구항에 대한 서면명세요건을 충족시킨다고 보았다.

위 청구항의 발명을 최초에는 '생리적으로 활성적인 물질'이라고 기재하였다가 그 권리범위를 좁혀서 '스테로이드 제재(Steroid agents)'로 기재한 경우에, 최초의 명세서가 '코티코 스테로이드가 흡수되는 방법'에 대한 실시례를 공개하고 있고 '덱사메타손'을 사용하는 실시례도 공개하고 있다면 이는 명세서에 공개된 물질이 원래부터 가지고 있는 내재적인 특성을 가지고 청구항에 한정사로 추가하는 것에 불과한 것이다.[328]

---

324 In re Smith, 458 F.2d 1389, 173 USPQ 679(CCPA 1972), n74에서 주장하는 **Risse**의 견해는 청구항의 추가적 변경을 너무 넓게 인정하는 것으로서 후일 청구항에 추가된 하위종류가 반드시 보편적 종류를 공개한 명세서에 의하여 묵시적으로 공개되었다고 볼 수 없다는 것이다.

325 In re Risse, 378 F.2d 948, 154 USPQ 1(CCPA 1967).

326 In re Fried, 312 F.2d 930, 136 USPQ 429(CCPA 1963); Watson v. Bersworth, 251 F.2d 898, 116 USPQ 79(D.C. Cir. 1958), cert. denied, 356 U.S. 972(1958)(수천 가지의 화학물질을 포함하는 최초의 보편적 청구항의 범위에 있는 특정한 화합물을 추가할 수 없다고 본 사례).

327 In re Risse, 378 F.2d 948, 953, 154 USPQ 1(CCPA 1967). 이러한 하위종류를 단지 연역적인 방법으로 도달하는 것은 어려운 것이다. 연역적 방법이란 보편적인 공개내용으로부터 적절한 변형물질을 추출하는 것이다. 그와는 반대로 두 가지 다른 방식의 접근법으로 이러한 하위종류에 쉽게 도달할 수도 있다. 즉 하나는 귀납적 방법으로서, 이는 하위종류의 물질 중에서 특별한 종류를 공개하는 방식이고, 다른 하나는 연역적 방법으로서, 보편적인 공개내용으로부터 접근하는 것이다.

328 In re Herschler, 591 F.2d 693, 702, 200 USPQ 711, 718(CCPA 1979). 이미 알려진 화합물이 발명을 실시하는 데 보조적으로 사용된다고 청구항을 작성하면 반드시 통상의 지식인을 위 부류의 화합물로 인도할 수 있을 정도로 상세하게 특정하여야 한다. 종종 이렇게 알려진 합성물을 명세서에서 기능적으로 인용한 것도 서면명세요건을 충족시킬 수도 있다.

사. 하위종류의 목록

최초의 특허출원서가 적절히 방향 제시를 함으로써 통상의 지식인을 합리적으로 인도하여 제한된 청구항의 하위물질에 다다르게 하지 못하면 이는 청구항을 지지하지 못하는 공개내용이라고 보아야 한다.[329] 따라서 최초의 특허출원명세서가 보편적인 화합물 R의 모든 반량체와 그 하위 반량체를 무작위로 나열한 목록을 공개한 것 자체만 가지고는 하위종류를 공개한 것으로 볼 수는 없다.

최초의 특허출원명세서가 공개한 선호모형인 R(Methyl 또는 Isopropyl)과 R0(Phenyl, 4-Fluorophenyl 또는 3,5 Cimethylphenyl)는 후일 청구항의 권리범위로 주장되는 하위종류의 물질인 R(Cycloprophyl)과 R0(4-Fluorophenyl)와는 서로 다른 것이기 때문에,[330] 최초의 명세서가 특허출원 시에 특허출원인이 하위종류를 점유했다는 사실을 분명하게 전달하지 못한 것으로 보아야 하기 때문이다.

아. 집합물 청구항

특허출원인이 집합물 청구항(Markush claims)을 사용하여 집단적으로 물질을 공개하는 경우에는 적어도 각 집합물 상호 간에는 서로 교환하여 사용될 수 있다는 묵시적인 설명이 최초 출원명세서에 기재되어 있는 것으로 보아, 후일 위 집합물 중 하나의 물질이 청구항에 추가되면 이는 최초의 특허출원서에 의하여 서면명세요건을 충족시키는 것으로 볼 수 있다. 따라서 최초의 특허출원서 R은 집합물 청구항으로서 14개의 변화 가능한 대체물인 R 집단으로서, 그중의 하나가 알킬설포닐(C1-C6)이라면, 후일 청구항에 추가된 R이 단순히 알킬설포닐(C1-C6)은 위 특허출원명세서에 의하여 지지된다.[331]

자. 이론적으로 가능한 목록

화학물질에 대한 보편적 청구항으로서 아주 넓은 권리범위를 가지고 있는 특허출원인이,

---

329 Fujikawa v. Wattanasin, 93 F.3d 1559, 39 USPQ2d 1895(Fed. Cir. 1996)(하나의 반량체가 선택될 수 있다는 가능성의 하나로서 목록에 기재되어 있다는 사실만으로는 그 반량체를 선택하는 모든 종류나 하위종류에 대한 상세한 설명을 함으로써 서면명세요건을 충족시킨다고 볼 수는 없다. 만약 그렇다면 모든 가능한 반량체의 일제목록을 제시만 하여도 그 종류에 속하는 모든 하위종류에 대한 서면명세요건을 만족시킨다는 부당한 일이 발생하고 만다. 그러나 이렇게 일제목록을 제시하는 것만으로는 통상의 지식인을 합리적으로 인도하여 특정한 종류의 물질에 이르게 한다고 볼 수는 없다).

330 CAFC는 이러한 일제목록(Laundry list)은 이정표(Blaze mark)를 제공하지 못하였다고 보았다. 특허심판원이 선특허출원자가 신청한 것을 기각했는데 이는 문제가 된 화학적 물질의 하위부류에 대한 청구항을 추가시키는 것으로서 후특허출원인의 명세서가 충분한 하위종류에 대한 공개요건을 만족시키지 못했기 때문이었다.

331 In re Driscoll, 562 F.2d 1245, 1249, 195 USPQ 434, 437(CCPA 1977).

후일 모든 이론적으로 가능한 물질을 전부 목록으로 제시하면서, 하위종류의 청구항이나 특정한 물질에 대한 청구항을 추가함으로써 자신의 권리범위로 주장할 수 있느냐 하는 점에 대하여 살펴 보자. 만약 이러한 청구항을 허용한다면 사회적으로 엄청난 역기능을 하는 특허를 양산한다. 현재의 인쇄기술을 가지고 구조적인 공식을 만들어서 수만 개의 화학물질을 프린트한 뒤 개별적으로 이름을 붙여 자기가 발명한 화학물질이라고 주장할 수도 있다. 만약 보편적 구성요소가 온도나 기압이나 함량의 차이에 불과하다면 엄청나게 많은 하위종류의 물질을 기계적으로 공개하여 보다 좁은 권리범위를 가지는 청구항을 무수히 만들어 낼 수 있는 것이다.[332]

차. 문언상으로 공개된 하위물질

명세서가 일단 문언상으로 특정한 하위물질을 공개한 이상, 이 물질이 무한정한 추측이라는 입증이 없는 한, 이 공개내용은 청구항이 위 하위물질을 권리범위에 있다고 주장하는 데 대한 법적인 근거가 된다. 1961년 10월 27일 3가-이터비움(Yterbium) 이온을 활성화시키는 유리 레이저에 대한 청구항을 가진 선특허출원서(Snitzer)가 출원되었다.[333]

이 명세서에서 제시한 주된 매체는 유리 레이저와 이 레이저를 활성화하는 이온으로서, 독립하거나 다른 물질과 조합하여 사용될 수 있는 14개의 물질이 공개되었고, 이 14가지의 물질에는 3가-세륨(확인결과 작동 불가능), 3가-이터비움과 네오디비윰을 포함되어 있었으나 선특허출원서는 그중에서 네오디비윰 유리 레이저만을 청구항의 권리범위로 특정한 것이었다. 따라서 최초의 명세서가 문언상 3가-이터비움 유리의 조합을 공개한 이상 이를 가지고 단순한 추측을 한 것이라고 볼 수는 없다.[334]

---

332 Gholz Recent Developments in the CCPA Relating to the First Paragraph of 35 USC 112 , 54 J. Pat. Off. Soc'y 768, 787-88(1972).

333 Snitzer v. Etzel, 465 F.2d 899, 174 USPQ 108(CCPA 1972), appeal after remand, 531 F.2d 1062, 189 USPQ 415(CCPA 1976). 그 뒤 1962년 4월 30일 후특허출원서(Etzel)가 출원되었는데 이는 3가-이터비움으로 작동되는 유리 레이저에 관한 것이었는데 Snitzer가 위 3가-이터비움을 자신의 청구항의 권리범위로 주장하자 누가 선발명자인가하는 이의신청(Interference)이 제기된다. 결국 우선권이 후특허출원서(Etzel)에 부여되었는데 그 이유는 선특허출원서의 명세서가 적절하게 이터비움 유리 레이저에 대한 청구항을 지지하지 못하고 있었다는 이유에서였다. CCPA는 선특허출원서(Snitzer)의 명세서가 3가-이터비움에 대한 서면명세요건을 충족시키지 못하였다고 판시하고 다른 서면명세요건의 쟁점에 대하여 심리할 것을 요청하면서 이 사건을 파기환송하였다.

334 In re Smith, 481 F.2d 910, 914, 178 USPQ 620, 624(CCPA 1973)(청구항의 용어와 최초의 명세서의 공개내용이 정확하게 일치하면 서면명세요건은 충족된 것이다); Daus, Chemical Names as Anticipation and Support, 70 J. Pat. & Trademark Off. Soc'y 377(1988).

그러나 Standard Oil Co. v. Montedison, S.p.A., 494 F. Supp. 370, 408-10, 206 USPQ 676, 713-14(D. Del. 1980), aff'd, 664 F.2d 356, 212 USPQ 327(3d Cir. 1981), cert. denied, 456 U.S. 915(1982)에서는 특허출원서가 함유물을 조합하여 보면 청구항의 물건을 만들 수 있다는 식으로 매우 넓은 범위로 기술하고 있고 특허출원인이 오직 하나의 선호모형에 대해서만 청구항의 권리범위로 주장한 경우에는 이러한 명시적으로 선호되지 않은 물질에 대해서는 특허를 거절하여야 한다고 보았다. 그러나 보편적 공개내용을 가지고 특정한 하위물질에 대한 청구항에 대한 지지근거로 사용하는 것을 일반적으로 금지하는 원칙을 인정하지는 않았다. In re Wertheim에서는 특허출

카. 개별적인 변종의 제시

인간의 감마 인터페론의 동족물질로서 세 가지 아미노산을 빼고 하나의 아미노산을 부가한 물질에 관한 청구항에 대한 서면명세요건의 충족이 문제가 되었다. 명세서가 동족물질에 대한 실시례를 제시해 주고 있는데 이는 4번째의 하위단위와 두 번째의 하위단위를 변경할 것을 요구하고 있었다. 청구 제70항은 다음과 같다.

청구 제70항: 변형된 유기체에서 DNA 염기서열에 의하여 만들어지는 [Met-, des-Cys1, des-Tyr2, des-Cys3] IFN-γ 폴리펩타이드로서, 위 물질은 실질적으로 인간의 면역 인터페론이 가지는 성질을 가진다.

이것은 천연 인터페론 감마가 가지는 처음 세 개의 아미노산(Cys, Tyr, Cys)이 단 하나의 메티오닌(Methionine)으로 대체된 것으로서 이는 인터페론의 동족물질(Analogue)이다.[335] 명세서의 실시례 제5는 동일한 아미노-말기 변형을 가지는 동족물질을 공개하고 있는데, 이것이 청구 제70항에서 기술되어 있다. 그러나 이 동족물질도 역시 Asp81-Lys라는 변종을 가진다. 심사관과 특허심판원은 이러한 실시례는 두 가지의 변종을 조합하였다는 것을 기술한 것에 불과하고 발명을 구성하는 개별적인 변종(Component mutations)을 공개하지 못하였다고 보았다.[336]

원서가 청구항에 기재한 것 이외에 추가로 다른 발명을 공개하였다는 사실만으로는 특허출원서에 기재된 가르침을 따르더라도 특정한 선택이 반드시 되어야 한다는 점에 대한 아무런 지침을 주지도 않고 '수많은 가능성에 무작위로 남겨 둔다'는 것을 의미하지는 않는다고 하였다. 이 사례에서는 발명자의 P-1 물건에 대한 선호도가 특허출원서에 기재되어 있다. 또한 Goodyear Aerospace Corp. v. United States, 207 USPQ 690(Ct. Cl. Trial Div. 1980)(모특허출원서가 특정한 하위종류를 통상의 지식인에게 인도할 수 있는 상세한 설명을 하였는지 여부는 사실인정의 문제이다); Heymes v. Takaya, 6USPQ2d 1448, 1452-53(Bd. Pat. App. & Int'f 1988), on request for reconsideration, 6 USPQ2d 2055(Bd. Pat. App. & Int'f 1988), aff'd, 867 F.2d 616, 10 USPQ2d 1473(Fed. Cir. 1989(unpublished)(7가지의 치환물질을 공개하였으나 그 중 5가지가 청구항의 권리범위 바깥에 있다는 주장만으로는 통상의 지식인을 인도하지 못한다고 볼 수 없다) 참조. 쟁점은 공개내용이 반드시 청구항의 물질을 만들어 낼 수 있도록 통상의 지식인을 인도하느냐가 아니라, 이러한 공개된 조합이 원하면 선택될 수 있는 것으로 통상의 지식인이 인식할 수 있느냐 하는 점이다.

335 In re Alton, 76 F.3d 1168, 1172, 37 USPQ2d 1578, 1581(Fed. Cir. 1996). CAFC는 특허청이 전문가 증인이 통상의 지식인으로서는 명세서가 제시한 실시례가 각각 독립적으로 발명을 기술한 것이라고 이해할 수 있다고 한 진술에 아무런 신빙성을 주지 않은 것은 잘못된 것이라고 보았다.

336 그렇다면 이 청구항은 일응 용이하다는 추정(Prima facie case)을 받는다. CAFC는 특허청이 특허를 거절한 점에 대해서는 이를 인용하였으나, 특허출원인이 제시하는 반박증거를 배척한 것은 받아들이지 않았다. 전문가 증인은 다음과 같은 자술서를 제출했다. 미생물학에 종사하는 숙련된 과학자로서는 성인의 면역 인터페론의 81번에 위치하는 아르기닌 잔기를 변형하라고 제안하는 것과는 독립하여 공개된 아미노-말기 변형을 이해할 수 있다. 성인의 면역 인터페론에서 모든 변화를 포함하는 특정한 동족물질은 만들어지고 시험된 것으로 공개되었지만 사실 이 물질은 폴리펩타이드의 동족물질의 하나의 실시례로서 알려진 것에 불과하다. 또한 이 동족물질 내에서 미립자 사이의 이황화물 다리의 형성을 파괴함으로써 동족물질의 발견을 용이하게 할 목적으로 Cystines를 제거한 것에 불과하다. 81번의 물질을 변경하는 것은 이러한 특성에 아무런 영향을 미치지 못한다. 더구나 81번의 잔기를 변형하는 것은 아르기닌이나 리신도 어느 것이나 이황화물 다리의 형성에 기여를 하지 못하기 때문에 결국 이 특성에 아무런 영향을 미치지 못한다. 더구나 81번의 잔기에 변화를 주는 것은 IF-2의 하부단위에 변화를 주는 것으로서, 이는 새로운 동족물질을 만들기 위하여 별개의 DNA 염기서열을 완전하게 조작할 것을 요구하는 것으로, 전혀 다른 과정이다.

타. 청구항이 범위를 제한하는 한정사를 가진 경우

후일 청구항이 '10%에서 40%의 성분으로 된 물질'이라거나 또는 '130°에서 195° 사이의 온도'라고 최소치와 최대치를 가지고 한정하였지만 최초출원명세서가 그 범위를 명백하게 기재하지 않은 경우에 서면명세요건이 충족되는가가 문제가 된다.

화학물질에 관한 청구항의 경우에 적용되는 원칙은 범위를 한정하는 용어가 사용된 좁은 청구항의 경우에 일률적으로 적용될 수는 없다.[337] 이렇게 범위를 한정하는 용어가 사용된 청구항은 아주 보편적인 넓은 권리범위를 가지는 청구항과는 사뭇 다르게 보아야 한다. In re Wertheim에서 특허출원인이 냉동건조용 인스턴트 커피를 만드는 방법에 대한 특허를 출원하면서 스위스의 특허출원일자의 우선권을 주장하였는데, 이 특허출원서는 '25%에서 60%'의 농축농도를 달성하는 한 단계를 공개하면서 '36%에서 50%'의 특정한 실시례를 제시하고 있다. 서면명세요건을 충족하는지 여부가 문제가 된 청구항은 '35%에서 60%' 사이의 농축에 대한 것이다.

이러한 청구항에 대하여 서면명세요건을 충족하지 못하였다는 이유로 거절을 하기 위해서는 우선 특허청이 이 청구항이 서면명세요건을 충족하지 못하였다는 일응의 입증을 하여야 함에도 이를 하지 못하였다고 보았다.[338] 서면명세요건을 충족하지 못하였다는 일응의 입증을 하기 위해서, 통상의 지식인은 더 좁은 권리범위가 위 발명의 범위에 있지 않다고 볼 수 있어야 하는데 이러한 증거는 없으며, 또한 위 청구항과 스위스 특허출원서에 공개된 것과 비교하여 더 낮은 것이 작동가능성에 있어서 차이가 있다는 점을 입증하여야 하는데 이러한 증거가 전혀 없다는 것이다.[339]

CAFC는 심사관이 이 전문가의 자술서가 근거가 박약하다는 이유로 배척함에 있어서 잘못이 있기 때문에 이를 다시 심리할 것을 요구했다.

337 Union Oil Co. of California v. Atlantic Richfield Co., 208 F.3d 989, 54 USPQ2d 1227(Fed. Cir. 2000), cert. denied, 121 S. Ct. 1167(2001); In re Certain Doxorubicin and Preparations Containing Same, 20 USPQ2d 1602, 1607(U.S. Int'l Trade Comm'n 1991)(모특허출원서가 1 : 1.5, 1 : 2.0과 1 : 3.3의 비율에 의한 청구항의 권리범위를 가진다고 하였으나 후일 부분계속출원을 하면서 청구항의 권리범위를 1 : 1.5 to 1 : 4.5의 비율로 추가한 경우에는 모특허출원서에 의하여 뒷받침될 수 없어 결국 우선권을 주장할 수 없다. 통상의 지식인이 실험을 해 보고 작동가능성이 있다고 한 것만 가지고는 그 추가된 범위가 충분하게 설명되었다고 볼 수는 없다. 추가된 청구항의 권리범위는 새로운 정보를 제공하는 것으로서 모특허출원서에는 존재하지 않거나 쉽사리 지각될 수 없는 것이다); Ex parte George, 230 USPQ 575, 577-78(Bd. Pat. App. & Int'f 1986), later appeal 2 USPQ2d 1880(Bd. Pat. App. & Int'f 1987)(약 70lbs/sq. inch라고 추가한 것은 새로운 사항이다. 비록 다른 압력이 관련된 산업 분야에서는 사용될 수 있다고 하더라도 현재의 공개내용을 가지고 아무리 넓게 살펴 보아도 발견할 수 없다면 이는 새로운 사항에 해당된다).

338 In re Wertheim, 541 F.2d 257, 191 USPQ 90(CCPA 1976), appeal after remand, 646 F.2d 527, 209 USPQ 554(CCPA 1981).

339 In re Wertheim, 541 F.2d 257, 191 USPQ 90(CCPA 1976): 두유를 만드는 방법 및 물건특허출원서가 1973년 1월 17일 접수되었는데 1965년 11월 21일 다른 나라에서 출원공개된 바 있는 특허출원서가 위 출원서에 대한 선행기술이 되는 것을 회피하기 위하여 1964년 7월 10일 출원된 최초특허출원서(Grandparent application)에 기초한 우선권을 주장할 필요가 있었다.

Ralston Purina Co. v. Far-Mar-Co., Inc.에서 CCPA는 서면명세요건을 충족시키느냐의 여부는 반드시 각 개별 사건에 따라서 결정되어야 한다고 보았다. 청구항의 용어가 주는 범위가 반드시 모특허출원서(Parent application)에서 공개된 범위와 정확하게 일치할 필요는 없다고 보는 것이 정설이다.

두유에 관한 특허출원서의 청구항은 여러 가지 한정사를 가지고 있었는데, ① 기초물질이 가지는 단백질, ② 총습도 및 추가된 습도, ③ 일정한 범위의 온도, ④ 섬유질의 모양 등이었다. 이러한 한정사들은 최초특허출원서에서는 문언상으로 공개되지 않았던 것이다. 그러나 위 청구항의 각 한정사는 최초특허출원명세서의 토의내용, 두 가지의 실시례 및 선행기술문헌의 공개내용과 최초특허출원 당시에 통상의 지식인이 가졌던 실제적 지식을 종합하면 최초의 공개내용에 의하여 서면명세요건을 충족시킬 수 있다.[340] [341]

(1) 단백질 함유량

(가) 최초특허출원서Grandparent의 공개내용

낮은 지방과 높은 단백질을 가진 콩으로서 50% 콩단백질은 콩으로부터 기름을 추출한 이후에 남은 부산물로서 알려져 있다. 이 단백질은 지방을 감소시키기 위하여 추출된 솔벤트로서 위에서 언급한 범위에 관한 것이다. 단백질이 약 50%를 함유된 것이 이 발명에 있어서 사용되기에 좋은 성분이 된다. 실질적으로 50% 이하의 단백질을 함유하고 있는 경우에는 더 고농도의 단백질을 가지고 있는 것과 혼합하여 선호되는 50%가 되도록 한다.

(나) 특허출원서의 청구항의 한정사

'콩으로부터 추출된 솔벤트의 함유량 정도가 되는 단백질 함유량'

1심법원은 44%, 50%, 70%, 그리고 90%의 단백질이 최초특허출원일자를 기준으로 기준이 되고 조달이 가능한 것으로 보고 명세서가 청구항을 지지한다고 보았다. 이 명세서는 통상의 지식인에게 단백질 함유량이 50% 이상으로 조정될 수 있다는 것을 전달하였다. CAFC도 1심을 인용하였다.[342]

---

340 Ralston Purina Co. v. Far-Mar-Co., Inc., 772 F.2d 1570, 227 USPQ 177(Fed. Cir. 1985): 1심법원은 청구항의 대다수 한정사가 최초특허의 명세서에 의하여 본래적으로 지지된다고 보았고 CAFC의 다수견해도 1심을 인용하였다. Union Oil Co. of California v. Atlantic Richfield Co., 208 F.3d 989, 54 USPQ2d 1227(Fed. Cir. 2000), cert. denied, 121 S. Ct. 1167(2001).

341 그러나 이에 반대하는 소수견해는, 최초특허출원서에서 실시례로 제시한 물질과 서로 다른 한정범위를 가진 청구항의 물질은 통상의 지식인이 이 청구항의 물질이 최초발명의 범위에 있다고 암시를 하지 않는 한 공개요건을 충족시키지 못한다고 보았다. 더욱이 명세서는 그 자체만을 가지고 해석되어야만 하는데 다수견해는 이를 위배하고 1964년의 최초특허출원서를 해석한 것이다.

342 그러나 항소심의 소수반대견해는 '50% 이상의 수준'이라는 의미는 '약 50%'라고 공개한 명세서에 의하여 반드시

(2) 온 도

(가) 최초특허출원서의 공개내용

혼합은 반드시 열을 필요로 한다: 실시례 제1은 화씨 212°에서 380° 사이를 기술한다.

(나) 청구항의 한정사

① 화씨 212°를 초과(In excess of 212 F)

② 적어도 화씨 약 212° 정도 되는(At least about 212 F)

③ 화씨 212°를 실질적으로 넘는(Substantially above 212 F)

④ 화씨 212°를 상당히 초과하는(Substantially in excess of 212 F)

⑤ 212°에서 310°의 범위'에 해당하는(Into the range of 212－310 F)

1심법원은 공개내용이 청구항을 지지한다고 보았다. 전문가 증인은 명세서가 212°를 기준으로 하고 있는데 이것이 바로 물이 끓는 온도로서 중요한 최저온도이다. 통상의 지식인은 이 개념을 온도의 상한선으로 보지는 않을 것이다. 또한 실시례 제1의 380°가 결정적인 최고한도라고 보지도 않을 것이다. 묵시적인 최고한도는 물질을 태울 수 있는 한도이다. 청구항 ⑤에서 '212°에서 310°의 범위'에 해당한다는 것은 이미 공개되었던 것 이상을 권리범위로 주장하는 것은 아니다. CAFC도 위 각 청구항이 최초특허출원서에 의하여 지지된다는 점을 인정했다.[343]

(3) 습 도

(가) 최초특허출원서의 공개내용

최초특허출원서가 제시한 실시례는 25%에서 27%의 수분을 주입하여 이것이 10%에서 12%의 습도를 가진 콩 재료와 결합되면 최종습도는 약 36% 정도가 된다고 공개하고 있다.

(나) 청구항의 한정사

① '적어도 약 20%(At least about 20%)'의 총습도

② '약 20%와 40% 사이(Between about 20% and 40%)'의 총습도

③ '적어도 약 25%(At least about 25%)'의 총습도

④ '20%에서 30%의 범위(In the range of 20－30%)'에서 추가된 습도

지지되지는 않는다고 보았다. 명세서의 실시례는 적어도 50%의 단백질이라는 것을 보여 주고 있다. 명세서 자체만을 가지고 해석해야지 다른 문헌을 인용할 수는 없다.

343 그러나 CAFC의 반대소수견해는 명세서가 청구항을 지지하지 않는다고 보았다. 구체적인 실시례가 212°-380°의 범위를 보여 주고 있다. 증거에 비추어 보면 450° 정도나 되는 온도도 가능하다. 따라서 310°의 한계는 최초특허출원서에 의하여 지지되지 않는 중요한 한정사이다.

⑤ '적어도 25%(At least 25%)'에서 추가된 습도

⑥ '대략 25%(Approximately 25%)'로 추가된 습도

⑦ '추출기를 통과할 수 있도록 혼합된(Mixture to be passed through an extruder)' 정도의 습기를 주입한다.

1심법원은 위 각 청구항 중에서 제①과 제②는 지지되지 않지만 ③, ④, ⑤는 지지된다고 보았고 ⑥과 ⑦에 대해서는 서면명세요건을 구비하였느냐가 문제시되지도 않았다. 콩 재료가 이러한 습도를 가질 필요성은 이 물질이 추출기를 통과하기 위한 것이다. 전문가는 습도를 즙을 내서 측정하는 방법과 뭉쳐서 재는 방법을 제시하였는데 이러한 방법은 전체습도의 범위를 약 20%에서 40% 이하로 한정하는 것이다. 선행문헌은 이러한 습도를 가진 실시례를 제시하고 있었는데 이는 모특허의 명세서가 한두 개의 실시례와 함께, 그리고 두유도 원래부터 약간의 습도를 이미 포함하고 있다는 사실을 종합하여 보면, 이러한 공개내용들은 전체습도가 20% 이하인 청구항을 제외한 나머지 청구항을 상세하게 설명한다. 그러나 청구항 ①과 ②는 명세서에 의하여 지지되지 않는다고 보아야 한다. 즙을 내서 습도를 재는 방법은 원래부터 20% 이하의 습도를 제외하고 있었으며 전체습도가 적어도 20% 이하에서 섬유소를 추출하는 방법도 배제하고 있었기 때문이다.

CAFC의 다수견해는 위 청구항 중에서 ③과 ⑤는 지지되지만 ①, ②, 그리고 ④는 지지되지 않는다고 보았다. 1심법원이 습도의 범위를 기준을 통과할 수 없다고 본 것은 정당한 판시라고 보았다. 최초의 명세서의 기재만으로는 이러한 습도의 범위는 통상의 지식인에게 특허출원서의 제출 당시에 아직 알려지지 않은 새로운 지식을 전달하는 것이기 때문이다. 열린 청구항(Open ended claim)은 관련 분야에 종사하는 통상의 지식인이 작동가능성이 있다고 보는 것에 그 권리범위가 한정된다. 따라서 청구항 ④는 '20%에서 30%'의 습도를 요구하는 것으로서 최초특허출원서에 의하여 뒷받침되지 않는다.[344]

파. 사실인정의 문제

청구항에서 범위를 제한하는 한정사가 사용되어 서면명세요건이 충족된 것이냐를 판단하는 것은 사실인정의 문제이다. Vas-Cath Inc. v. Mahurkar에서 발명자 Mahurkar의 주삿바늘은 두 개의 관을 가지고 있어서 동맥으로부터 혈액을 뽑아서 불순물을 제거한 뒤 다시 그 장소에 집어 넣을 수 있게 한 것이다. 선행 주사기는 그 속이 원형으로 되어 있었는 데 비하여 발명

[344] 그러나 CAFC의 소수견해는 청구항 ③과 ⑤가 지지되지 않는다고 보았다. 최초특허출원서는 두유의 습도를 판단하기 위하여 콩을 짜서 실험한 자료는 물론 두유가 이미 가지고 있는 습도에 대해서도 아무런 언급을 한 적이 없기 때문에 최초특허출원서가 접수된 일자를 기준으로 볼 때, 통상의 지식인이 볼 때 특허출원인이 청구항에 기재된 발명을 실시한 것으로 볼 수는 없다.

자의 주사기는 두 개의 반원형 튜브로 만들어졌지만 침의 끝부분은 하나였다. 그럼으로써 42% 정도 더 작은 구멍을 뚫으면 됐고 피가 출혈되는 상처 부위도 더 작았다.

발명자 Mahurkar의 주삿바늘은 전세계 판매량의 2분의 1을 넘었다. 1982년 3월 8일 특허출원인이 6개의 특징을 포함한 도면을 가진 특허출원서를 제출했는데, 여기에는 두 개의 바늘구멍을 가진 바늘의 모양과 여러 개의 단면도를 그린 도면이 기재되어 있었다. 그 당시 의장특허의 관행으로 특허출원인의 특허출원서는 광범위한 서면공개내용을 포함하지 않고 있었다. 혈액을 돌아오게 하는 구멍을 가진 바늘의 도면은 바늘끝 부분이 열려진 것과 바늘의 중간부분이 열려 있는 형태를 띤 바늘 끝부분을 공개하고 있었다.

특허출원인이 캐나다에 의장출원을 했는데 이것이 1982년 8년 9일 발급되었다. 1984년 10월 1일 특허출원인이 미특허청에 실용특허출원서를 제출하였는데 이것이 바로 위 1982년도에 제출된 의장출원서에 첨부된 것과 동일한 도면을 전부하고 있었고 위 의장출원의 접수일자를 기준으로 우선권을 주장하였다. 특허청이 1982년의 위 의장출원서에 대하여 '329' 특허를 발급했고 1986년에 계속출원된 것에 대하여 두 번째로 '141' 특허를 발급했다.[345] 1987년 특허출원인의 대리인이 심사관의 거절결정에 대한 방법에 대하여 특허심사관은 실용특허출원된 청구항이 종전 최초의 의장출원에 의하여 완전하게 뒷받침된다고 보았다.

실용특허의 청구항은 여러 개의 한정사를 포함하고 있었는데 이것이 상부와 두 개의 구멍을 가진 부분, 그리고 하부의 단 하나의 구멍을 가진 직경 사이의 비율에 대한 범위를 한정하는 한정사를 포함하고 있었다. '329' 특허의 독립청구항 제1항은 다음과 같다.

청구 제1항: 두 개의 구멍을 가진 주삿바늘로서 이 주삿바늘은 길게 늘어진 튜브를 가지고 있었는데 이것이 최초의 원형의 부분을 가지고 있고 이는 첫째와 둘째 구멍이 내적으로 분할되어 있으나 외적으로는 결합되어 있으며 길게 늘어진 튜브의 끝부분은 두 개의 독립된 연결하는 관과 연결되어 있고 이 관은 각각의 첫째 구멍과 둘째 구멍과는 상호 교류하도록 되어 있고 액체를 주입하거나 제거하기 위한 목적을 가지는바, 위 첫째 구멍은 길게 늘어진 튜브의 끝부분으로부터 연장되어 최초의 열려진 부분에 연속되어 연장된 관의 끝부분에 연결되어 있고, 둘째 구멍은 연장된 튜브의 끝부분으로부터 나와서 둘째의 열려진 부분에서 첫째 원형 부분의 끝까지 거리에 놓여 있는데, 이 주삿바늘은 다음과 같은 개량사항을 포함한다.

---

345 Vas-Cath Inc. v. Mahurkar, 935 F.2d 1555, 19 USPQ2d 1111(Fed. Cir. 1991). 그러나 Purdue Pharma, L.P. v. F.H. Faulding and Co., 48 F. Supp. 2d 420, 430(D. Del. 1999), aff'd, 230 F.3d 1320, 56 USPQ2d 1481(Fed. Cir. 2000)에서, Vas-Cath는 적정한 경우에는 도면만으로도 서면명세요건을 충족시킬 수 있다고 본 것이다. 그러나 도면이나 그림을 사용한 것만으로는 문제의 성격을 변화시키지는 못한다. 도면은 반드시 통상의 지식인에게 특허출원일자를 기준으로 하여 특허출원인이 후일 청구항의 권리범위로 주장된 모든 한정사와 구성요소를 갖춘 발명을 점유하고 있다는 점을 상당히 확실하게 전달하여야 한다. 또한 Barry의 사진은 수천 가지의 용어의 가치가 있다고 본 논문(A Picture is Worth a Thousand Words: Vas-Cath, Inc. v. Mahurkar, 76 J. Pat. & Trademark Off. Soc'y 5(1994)) 참조.

위 연장된 튜브는 부드럽고 원뿔 모양의 끝부분을 가지고 두 번째의 실린더 부분에 삽입되고, 위 두 번째 실린더 부분은 최초의 주사기를 포함하여 이는 원형의 끝을 가지는 부분으로부터 두 번째 열려진 부분의 위치 근처에 연결되는데, '위 두 번째 실린더 직경의 크기는 최초 실린더 직경의 2분의 1보다 상당히 커야 되지만 전체 직경보다는 상당히 작은 것이다(Said second cylindrical portion has a diameter substantially greater than one-half but substantially less than a full diameter of said first cylindrical portion).[346]

위 청구항이 권리범위로 주장하는 직경의 범위는 '최초 실린더 직경의 2분의 1보다 상당히 크지만 전체 직경보다는 상당히 작은 것'을 말한다. 따라서 이 청구항은 한 쌍의 반원형의 관을 가진 주삿바늘이나, 끝부분이 반원형으로 된 주삿바늘이나, 끝부분이 구부러진 바늘이나, 입구나 출구의 위치라든지 모양에 대해서는 그 권리범위로 주장하지 않고 있다.

결국 청구항이 그 권리범위로 주장하는 것은 이러한 특징을 조합한 두 개의 구멍을 가진 주삿바늘에 대한 것이고, 위 의장특허출원서의 도면이 바로 이러한 조합발명의 실시례를 제시하고 있다. 따라서 바늘을 제작하거나 디자인하는 기술 분야에 종사하는 통상의 지식인이 1982년 초경 '081' 특허출원서의 도면을 보았더라면 '혈액회수용 바늘구멍'은 반드시 '329' 특허의 청구 제1항과 청구 제7항으로서 독립청구항에서 주장되는 크기의 직경을 가져야만 한다는 것을 이해할 수 있는 것이다.

위 특허출원서에서는 두 개의 바늘을 합친 것의 2분의 1보다 작은 직경을 가진 혈액회수용 바늘구멍은 혈압을 너무 높이는 데 비하여 그 이상의 크기의 직경을 가진 혈액회수용 바늘구멍은 혈압의 현저한 저하를 초래할 것이라고 기재하고 있다.[347]

---

346 Vas-Cath Inc. v. Mahurkar. 1심은 의장특허의 접수일자에 기준하여 우선권을 받을 수 없다고 보았다. 따라서 1984년 캐나다의 의장등록에 의하여 신규성이 상실된다. 특허침해행위자는 먼저 출원된 의장특허출원서의 도면이 실시가능요건을 충족시킨다는 점을 인정했고 이것은 통상의 지식인이 청구항에 기재된 발명을 실시할 수 있다는 것을 인정했지만 위 도면만으로는 서면명세요건을 충족시키지 못한다고 주장했다. 1심법원은 두 가지 이유에서 서면명세요건을 충족시키지 못한다고 보았다. 첫째, 의장특허출원서가 발명을 구성하고 있는 특징들을 제시하지 못했고, 둘째, 변화의 범위가 청구항의 권리범위를 넘어섬이 없이는 허용될 수 없다는 것이다. 그러나 CAFC는 1심판결을 번복했다. 왜냐하면 1심법원이 서면명세요건의 판단기준을 잘못 보았고 이를 그르쳤기 때문이다.

347 Vas-Cath Inc. v. Mahurkar. CAFC는 조합발명에 있어서는 발명의 핵심 또는 발명의 요지라는 개념을 인정할 수는 없다고 보았다. 이 사건에서 문제가 된 청구항은 한 쌍의 반원형의 관을 가진 주삿바늘을 그 권리범위로 주장하지 않고 있음은 물론 반원형의 끝부분을 가진 주삿바늘이나 바늘의 끝부분이 구부러진 비율이나 또 내부나 외부의 위치라든지 모양에 대해서도 아무런 권리범위를 주장하지 않고 있다. 또한 1심법원은 의장특허의 도면에 대하여 본질적으로 요구되는 법적 기준을 적용하는 데 실패했는데 의장특허의 청구항의 권리범위에 포함된 것 이외의 모든 직경들을 반드시 제거해야만 한다는 원칙을 어긴 것이다. 그러나 Purdue Pharma L.P. v. Faulding Inc., 230 F.3d 1320, 1328, 56 USPQ2d 1481, 1487(Fed. Cir. 2000)에서는 특허명세서의 각 실시례들이 청구항의 한정사를 뒷받침하지 못한다고 판시하면서 Vas-Cath를 적용하지 아니하였다(명세서가 어느 실시례를 지적하지 아니한 경우에 법원은 모든 실시례들을 다 살펴보아 과연 서면명세요건을 충족시키는지를 판단하여야 한다).

하. 구성물질의 성질의 범위

청구항이 서면명세요건을 충족시키기 위해서 구성성분의 정확한 배합비율을 반드시 공개할 필요는 없고 구성물질의 성질의 범위를 정하여 공개하더라도 서면명세요건을 충족할 수 있다. 예를 들어 배출가스의 특성을 나타내기 위해서 그 구성물질의 성질의 범위를 규정하는 방식으로 발명을 공개할 수도 있다.

Union Oil Co. of California v. Atlantic Richfield Co.에서는 자동차의 배출가스에 대한 발명으로서 그 휘발유의 구성성분의 배합비율이 가진 특성을 공개한 것이라도 서면명세요건을 충족시킨다고 보았다. 이 청구범위는 청정한 배출가스를 내보내는 휘발유의 구성성분에 관한 것이지만 통상의 경우와 같이 그 성분의 미립자나 화학적 구조를 공개한 것이 아니라 여덟 가지의 특성을 가지고만 설명하였다.[348]

명세서는, 첫째, RVP(Reid Vapor Pressure: 화씨 100도로 가열되었을 때의 가솔린 샘플의 압력으로서 세 가지의 비등점(T10, T50, T90)을 가진 Olefins, Parafins, Aromatics, and Octane)의 특성, 둘째, 이러한 특성들과 그 특성들 사이의 관계와 감소된 배출가스 사이의 관계를 공개하고 있었다. 따라서 명세서는 첫째의 관계는 여덟 가지 개별연료의 성격, 그리고 이산화탄소, NOx, 그리고 HC 배출가스와 그 사이의 관련성, 둘째, 배출가스의 가장 중요한 성질, 그리고 셋째, 특수한 바람직한 물질의 범위 RVP, T10, T50, 올핀, 파라핀, 그리고 방향물질 등을 공개한다. 이 물질의 선호되는 범위는 화씨 210도를 넘지 않지만 200도 정도 이하가 바람직한 것이 된다.[349]

이 특허명세서는 통상의 지식인에게, T50이 점차적으로 CO를 감소시키고, 올핀을 감소시키면 NOx와 탄화수소가 감소되고, 파라핀이 증가되면 점차로 CO와 NOx가 감소된다는 사실을 알려 주고 있다. 또한 이 명세서는 여러 가지 다른 관련성을 보여 주고 있다. 결국 청구항의 권리범위는 보다 깨끗한 가스를 배출하도록 하는 각 성분의 특성의 범위에 대한 것으로서 이러한 공개내용은 서면명세요건을 충족한다.[350]

그러나 이에 반대하는 소수견해는, 청구항을 만들기 위해서 수많은 변수들 사이에서 임의로 하나의 발명을 선택한 것만 가지고는 특허출원인이 이를 점유한 것이라고 볼 수는 없다고 하였다.[351]

---

348 Union Oil Co. of California v. Atlantic Richfield Co., 208 F.3d 989, 54 USPQ2d 1227(Fed. Cir. 2000), cert. denied, 121 S. Ct. 1167(2001). 그러나 Purdue Pharma L.P. v. Faulding Inc., 230 F.3d 1320, 1327, 56 USPQ2d 1481, 1487(Fed. Cir. 2000)에서는 과거의 공개내용 중에서 단 하나의 특성을 잡아내어 청구항의 권리범위를 새로이 과도하게 연장하려는 시도는 금지된다고 하였다. 이 사건에서 특허권자는 종전에는 전혀 공개되지도 않았던 특성을 가지고 청구항의 기초로 삼으려고 한 것이다. 이것이 바로 서면명세요건이 금지하려고 하는 것이다.

349 Union Oil Co., 발명의 공개내용이 부적절하다고 주장하면서 특허침해행위자는 명세서는 정확한 화학적 구성요소로서 청구항의 권리범위에 해당하는 각 조합을 공개하지 못하였다고 주장했다.

350 발명의 배경과 요약서도 청구항의 권리범위와 함께 구성성분의 여러 가지 특성을 완전하게 기술하고 있다.

351 Union Oil Co., 208 F.3d at 1004, 54 USPQ2d at 1239. 소수의견인 CAFC의 Lorie 판사는 청구항에 기재된 발명에

5. 인간의 cDNA

가. Regents of the University of California v. Eli Lilly & Co.

생명공학적 특허 중에는 특허대상이 되는 유전자적 물질이 기능이나 효과를 가지고 설명을 할 수밖에 없고 달리 개념정의될 수 없는 경우에는 이러한 설명만을 가지고는 청구항의 발명을 적절하게 공개하였다고 볼 수는 없다.[352] Regents of the University of California v. Eli Lilly & Co.에서 CAFC는 인간의 인슐린 cDNA를 청구항에서 권리범위로 주장하거나 인용하기 위해서는 정확한 개념정의를 하여야만 서면명세요건을 충족시킬 수 있다고 판시하였다.

유전적 물질에 대한 개념정의를 하기 위해서는 그 물질이 가지는 핵산의 염기서열, 즉 구조나 화학공식 또는 화학물질의 이름 또는 물리적 특성 등을 적절하게 사용하여 공개하여야 한다. 따라서 단순히 청구항에 기재된 화학적 발명을 만들 수 있다는 희망이나 계획만으로는 그 발명에 대한 개념정의를 한 것이라고 볼 수 없다.[353]

다다를 수 있도록 통상의 지식인을 인도하지 못하고 그저 무수한 가능성 중의 하나로서 일반적으로 공개하는 것만으로는 특허출원인이 최초의 특허출원서를 제출할 때를 기준으로 하여 통상의 지식인에게 청구항의 발명을 점유하고 있었다는 점을 분명하게 전달할 것을 요구하고 있는 특허법상의 서면명세요건을 충족시키지 못한다고 보았다.

첫째, 발명자가 청구항의 권리범위로 주장했던 모든 것은 반드시 명세서에 기재되어 있어야만 이를 권리범위로 주장할 수 있다.

둘째, 두 개의 청구항을 지지하는 공개내용이란 명세서에 있었던 여러 가지 지시사항을 이리저리 짜맞춘 것에 불과하여 완전하게 서면명세요건을 충족시키지 못한다.

셋째, 모든 청구항들이 보정되었는데 최초의 특허출원서는 82개의 청구항을 가지고 있었고 심사과정에서 161개의 청구항이 추가되었고 47개가 취하되었으며 결국 41개만이 남아서 특허가 발급되어 현재에 이르게 되었다.

넷째, 명세서는 한정사를 기술하고는 있지만 막상 청구항에 기재된 합성물은 상세하게 설명하고 있지 못하다.

다섯째, 명세서가 청구항으로 인도할 수 있도록 구체적 사항을 공개하지 못하고 그저 일반적으로 공개하는 것만 가지고는 청구항의 권리범위로 기재된 발명을 공개하는 데 충분하다고 할 수 없다. 명세서의 공개내용이 이러한 방향 지시를 하는 데 실패했다. 휘발유의 개별적인 특성을 단지 일반적인 용어로 공개하는 것은 이 물질이 가지고 있는 특성을 조합한 것을 권리범위로 주장하는 청구항을 공개한다고 볼 수는 없다. 명세서에서 각 청구항의 한정사가 발견되는지가 아니라, 청구항에 기재된 발명이 이를 뒷받침하는 근거를 발견하는지 여부가 문제가 된다. 즉 일정한 특성을 가진 물질의 조합이 명세서에서 그 지지근거를 발견하느냐 하는 점이다. 한 번에 하나의 연료가 가지는 특성을 조합하라고 단순히 지시하는 것만 가지고는 청구항에 기재된 특성을 가진 물질을 조합하라고 지시를 하는 것도 아니고, 이러한 특성을 조합한 발명을 점유하고 있었다는 사실을 입증한 것이라고 볼 수도 없다. 이를 입증하기 위해서 발명자는 반드시 여덟 개의 서로 다른 연료가 가지는 특성들 사이에서 선택하고 추출하여야만 청구항에 기재된 물질의 조합을 할 수 있는 것이다.

여섯째, 명세서가 일반적으로 가르치고 있는 것은 실시가능요건을 충족시키거나 보편적인 청구항을 지지할 수도 있지만, 보다 세부적인 청구항의 권리범위를 가지는 발명에 대해서는 서면명세요건을 만족시킬 수는 없다.

352 Regents of the University of California v. Eli Lilly & Co., 119 F.3d 1559, 43 USPQ2d 1398(Fed. Cir. 1997). 미생물 기탁만으로는 서면명세요건을 충족하지 못한다고 보는 경우는 일정한 생명공학적인 특허에 한하는 것으로서 유전자적 물질의 기능이나 결과에 대한 설명을 하는 것으로밖에 개념정의가 될 수 없는 경우에는 이러한 설명만을 가지고 청구항의 발명을 적절하게 공개하였다고 볼 수는 없다.

353 Regents of the University of California v. Eli Lilly & Co., 119 F.3d 1559, 43 USPQ2d 1398(Fed. Cir. 1997).

나. Enzo Biochem, Inc. v. Gen-Probe Inc.

(1) 개념정의

특정 항원에만 부착하는 특성을 가진 DNA라면 비록 기능적으로 항체를 개념정의하고 있다고 하더라도 그 종류가 불과 다섯 가지로 한정되고 특성이 잘 개념정의되어 있으며 또한 항체제조기술이 잘 발달되어 있다면 이는 서면명세요건을 충족시킬 수 있다고 볼 수 있다. 기능적 특성과 직접적으로 관련이 있는 물리적 성질이나, 기능과 함께 구조적 특성을 공개한 것은 서면명세요건을 충족시킬 수 있다.[354] [355]

(2) 공개내용

Enzo Biochem, Inc. v. Gen-Probe Inc.에서 특허권자인 Enzo는 세 가지의 바람직한 탐색자를 공개하고 삽입용 탐색자를 포함한 Vectors를 기탁하였지만 탐색자의 염기서열을 명시적으로 공개하지는 않았다.

핵산의 탐색자로서 Gonorrhoeae bacteria DNA에 선택적으로 잡종화가 되지만 통상의 Strains of meningitidis에는 잡종화되지 않는 핵산 탐색자에 관한 특허이다. 특허권자가 특허출원을 하기 이전에 여섯 개의 Strains of gonorrhoeae와 Meningitidis를 가진 세 가지의 탐색자를 만들어서 공공기관에 기탁한 결과 두 가지 종류의 청구항에 대하여 특허가 발급되었다. 청구 제4항 내지 제6항은 보다 좁은 권리범위를 가지는 청구항으로서 합성물과 이를 만드는 방법에 관한 것이다. 청구 제1항 내지 제3항과 청구 제5항은 합성물에 대한 것으로서 보다 넓은 권리범위를 가지는데 이는 Gonorrhoeae에 대한 염기서열의 잡종화 비율과 Meningitidis에 대한 잡종화 비율이 5 : 1, 25 : 1 그리고 50 : 1인 것을 말한다.[356]

---

354 Enzo Biochem, Inc. v. Gen-Probe Inc., 323 F.3d 956, 963(Fed. Cir. 2002), on reh'g after vacation of prior opinion, 285 F.3d 1013, 62 USPQ2d 1289(Fed. Cir. 2002), reh'g en banc denied, 42 Fed. Appx. 439, 63 USPQ2d 1618(Fed. Cir. 2002). Lilly 판결에도 불구하고 Enzo에서는 유전적 물질에 대한 모든 기능적인 설명이 서면명세요건을 충족시키지 못하는 것은 아니라고 보았다. Molins PLC v. Textron, Inc., 48 F.3d 1172, 1180 n. 10, 33 USPQ2d 1823, 1828 n. 10(Fed. Cir. 1995).

355 미국의 특허심사지침은 완전한 구조 또는 부분적인 구조, 다른 물리적 특성이나 화학적 특성, 기능적 특성으로서 그 기능과 구조 사이의 상호 관련성이 이미 알려지거나 공개된 것 등을 설명함으로써 발명이 완성되었다는 것을 입증할 수 있다는 것이다. 특허청의 심사지침은 법원을 기속하지는 않지만 실정법에 위배되지 않는 한 법원에 현저한 사실로서 입증을 요하지 않는 사실이 될 수 있다(불요증사실설): USPTO Guidelines, 66 Fed. Reg. at 1106; Synopsis of Application of Written Description Guidelines, at 60, available at www.uspto.gov/web/patents/guides.htm(Application of Guidelines).

356 Enzo Biochem, Inc. v. Gen-Probe Inc., 323 F.3d 956, 963(Fed. Cir. 2002), on reh'g after vacation of prior opinion, 285 F.3d 1013, 62 USPQ2d 1289(Fed. Cir. 2002), reh'g en banc denied, 42 Fed. Appx. 439, 63 USPQ2d 1618(Fed. Cir. 2002). CAFC의 재판부는 1심의 판단을 받아들여 특허가 무효라고 보았다.

(3) 기능과 구조를 공개한 것

처음에 CAFC는 문제가 된 청구 제1항 내지 제6항이 서면명세요건을 만족시키지 못하였기 때문에 특허가 무효라고 보았다. 이 특허는 Neisseria gonorrhoeae가 가진 유전적 물질을 Neisserra meningitutdis의 유전적 물질과 구별하는 것으로서 위 두 물질은 80～93%까지 동족물질로서 그의 주요한 청구항은 다음과 같다.

'적어도 하나의 뉴클레오타이드의 염기서열을 가지는 Neisseria gonorrhoeae에 특정한 합성물로서, 위 염기서열은 Neisseria gonorrhoeae 크로조옴의 DNA를 잡종화한 위 염기서열의 양과 Neisseria meningtitidis의 크로조옴의 DNA의 양의 비율이 적어도 다섯 배를 넘은 것으로서, 위 비율은 다음과 같은 단계를 포함하는 방법으로 만들어진다.'

기능적 특성과 직접적으로 관련이 있는 물리적 성질이나, 기능과 함께 구조적 특성을 공개한 것은 서면명세요건을 충족시킬 수 있다. 그러나 CAFC는 청구항이 단순한 기능적 성격을 공개한 데 불과하고 DNA 미립자의 염기서열이나 그 물리적 성질이나 구조적 특성을 공개하지 못한 것은 그 미립자에 대한 권리를 가지지 못한다고 하였다. 미생물을 기탁한 것만 가지고는 서면명세요건을 충족시킬 수 없다고 보았기 때문이다. CAFC의 판사 전원의 합의체 En banco도 재심리를 거절하였다.

그러나 전담부는 재심을 허용하면서 기탁된 미생물만으로는 서면명세요건을 충족시킬 수 없다고 본 먼저 번의 판결이 오류라고 선언하면서, '특정한 항원 X에 부착할 수 있는 항체를 추출한 것'은 서면명세요건을 충족시킨다고 보았다. 명세서가 항체의 구조를 명확하게 규명하고, 항체의 구조와 그 성질인 부착성과 사이의 관련성을 밝힌 것이라면 이는 서면명세요건을 충족시킬 수 있다는 것이다.[357]

(4) 잡종화된 위치의 공개 부족

잡종 DNA에 대한 청구항은 통상적으로는 Neisseria gonorrhoeae 유전자의 잡종화된 위치를 공개함으로써 잡종 DNA에 대한 개념을 정의한다. 문제는 Enzo가 공개한 잡종화된 위치에 대한 설명이 부족한 것이다. Enzo는 세 개의 뉴클레오타이드의 염기서열로서 Neisseria gonorrhoeae와 Neisseria meningtitidis의 두 가지 물질 사이의 어느 지역을 확정하였는데 그 청구항의

357 CAFC의 재심리 거절에 대하여 Enzo는 주장하기를 미생물을 기탁하는 것에 의하여 내재적(Inherently)으로 특허출원된 탐색자를 상세히 공개한 셈이 된다고 하였다. 왜냐하면 삽입된 물질을 취득하여 그 염기서열을 밝혀 낼 수 있기 때문이다. 이 삽입물질은 그 탐색자가 가지는 잡종화된 특성이 그 독특한 화학적 성질에 의하여 개념정의가 될 수 있다고 주장하였다. 이 사건은 Eli Lilly와는 달리 DNA가 다른 DNA와 잡종화가 된 것에 불과하고 어느 단백질에 대한 염기서열을 밝힌 것이 아니기 때문이다. Enzo Biochem, Inc. v. Gen-Probe Inc., 323 F.3d 956, 963(Fed. Cir. 2002), on reh'g after vacation of prior opinion, 285 F.3d 1013, 62 USPQ2d 1289(Fed. Cir. 2002), reh'g en banc denied, 42 Fed. Appx. 439, 63 USPQ2d 1618(Fed. Cir. 2002).

권리범위가 너무 넓기 때문에 박테리아의 두 가지의 Strain 사이를 구별하는 모든 염기서열을 포함한다. 따라서 잡종화 위치를 알려 주는 염기서열에 대한 정보가 공개되지 않는다면 이 명세서는 단지 어떤 DNA가 다른 DNA와 잡종화가 될 수 있다는 능력을 가진다고만 공개하는 데 불과한 것이어서 이것만으로는 서면명세요건을 충족시키지 못한다.

(5) 결 론

결국 잡종화가 된 위치에 대한 염기서열의 정보가 없다면 하나의 DNA는 다른 DNA와 잡종화를 할 수 있다는 능력이 있다는 것만을 공개하는 것일 뿐 그 이상의 설명을 하지는 못한다. 따라서 공개대상이 되는 물질의 염기서열이 공개되고 잡종화의 조건이 보다 엄격하게 기재되었다면 이는 서면명세요건을 충족시킬 수도 있었다. 문제는 청구항이 기능적 한정사를 가졌다는 것이 아니라 그 구조적인 한정사가 너무 모호하다는 데 있다.[358]

다. In re Fisher, 427 F.2d 833, 836, 166 USPQ 18, 21(CCPA 1970)

In re Fisher에서 CCPA는 서면명세요건을 충족시키기 위해서는 공개내용의 대상이 된 단백질을 선택하도록 하는 동기를 부여할 정도로 상세한 공개를 하여야만 한다고 판시하였다. 문제가 된 호르몬 카디오다이래틴은 126개의 아미노산으로 구성된 심방 단백질이다. 카디오래틴의 99~126 사이의 아미노산에 상응한 펩타이드에 대하여 이의신청인 Forssmann은 자신이 독일에서 제출한 특허출원서에 기한 우선권을 주장하였는데 이 독일의 선특허출원서가 위 단백질에 대하여 서면명세요건을 충족시키느냐의 문제가 제기되었다.

독일의 선특허출원서는 적어도 몇 개의 단백질의 조각이 Cyanogen bromide나, Arginine과 친한 Protease와의 틈새에서 발견될 수 있다고 기재하고 있었다. 카디오래틴은 열 개의 Arginine 잔기를 가지고 있었는데 이의신청인 Forssmann은 이 잔기를 처리하면 20개의 조각으로 되고 그중 하나가 자신이 청구 제28항에서 주장한 바로 99개에서 126개의 조각을 가진 것이라는 것이다.

특허심판원은 독일의 명세서는 카디오에 대한 청구 제28항에 대한 실시가능요건을 충족하고는 있지만 그러한 공개내용만 가지고서는 Cyanogen bromide는 물론이고 Arginine과 친한 Protease 조각을 선택하도록 하는 동기를 전혀 부여하지는 못한다고 하였다. 단순히 카디오래틴을 분석하거나 우연히 청구 제28항에 기재된 조각을 얻었다고 하여도 이것만으로는 통상의 지식인에게 특허출원인이 이 조각을 발명하였다는 사실을 전달하지는 못한다고 보았다. 따라서

---

358 명세서에서 박테리아에 대한 공개를 하면서 그 박테리아의 염기서열을 공개하지 못한다면, 즉 탐색자에 부착하는 특정 부분의 염기서열을 포함하여 그 염기서열을 공개하지 못한다면, 결국 명세서에서는 특허가 출원된 발명에 관한 상세한 설명을 하지 못한 것이 된다. 명세서는 박테리아의 염기서열이 결정되지 않았다는 것을 자인하는 셈이다.

공개내용이 대상이 된 단백질을 선택하도록 하는 동기를 부여할 정도로 상세한 공개를 하여야 만 서면명세요건이 충족될 수 있다고 보아야 한다.[359]

라. Fiers v. Revel, 984 F.2d 1164, 25 USPQ 2d 1601(Fed. Cir. 1993)

Fiers v. Revel에서 CCPA는 장차 DNA를 취득하겠다는 계획을 설명하는 것만으로는 서면명세요건을 만족시킬 수 없다고 판시하였다. 문제가 된 DNA는 인간의 결합조직을 형성하는 세포인 인터페론-베타 폴리펩타이드에 대한 유전자 부호에 관한 것으로, CCPA는 발명자 Revel이 이스라엘에 제출한 특허출원서가 서면명세요건을 충족시키지 못한다는 이유로 그의 우선권을 허용하지 않았다. Revel은 RNA의 선택적 잡종화라는 다른 방법을 주장하고 있었다. 두 가지의 cDNA 탐색자가 만들어졌고, 그중 하나가 유도된 세포의 mRNA로부터 만든 것이지만 그 나머지 다른 하나는 유도되지 않은 세포의 mRNA로부터 만들어진 것이었다.

이 과정에서 유도된 세포의 mRNA로부터 여러 가지의 물질이 만들어졌고 cDNA 탐색자를 가지고 이를 걸렀다. 유도된 cDNA 탐색자로 잡종화된 DNA로 된 클론과 유도되지 않는 cDNA 탐색자를 가진 잡종화되지 않은 클론이 선택되었다. 이러한 DNA는 유도세포로부터 mRNA로 잡종화되어 RNA가 추출된 후 단백질로 전사되었고, 이 단백질이 인터페론의 효과를 가지는 여부가 시험되었다.

Revel의 이스라엘 특허출원서는 전체 추출과정을 공개하고 있었지만 유전자에 대한 완전한 유클레오타이드의 염기서열을 공개하지는 못하였고 또 완전한 유전자가 추출된 것도 아니었다. 특허심판원은 Revel이 DNA의 염기서열을 파악하지 못함으로써 이에 대한 발명개념을 창안하지 못한 것으로서 결국 이렇게 발명개념이 파악되지도 않은 것은 발명이 공개되지도 않은 것이라고 보았다.

CAFC도 Revel이 명세서에서 사용한 용어만으로는 통상의 지식인에게 특허출원인이 특허출원 시에 발명을 점유하고 있었다는 점을 합리적으로 전달하지 못한다고 보았다. 특허출원명세서가 DNA를 특정할 정도로 기술되지도 못하였고 단지 특허출원인이 앞으로 이러한 DNA를 취득하겠다는 계획을 공개한 것만 가지고는 서면명세요건을 충족시킬 수 없다.[360]

마. Amgen, Inc. v. Hoechst Marion Roussel, Inc., 126 F. Supp. 2d 69, 150, 57 USPQ 2d 1449(D. Mass. 2001)

Eli Lilly에서는 '척추동물' 인슐린 cDNA에 대한 청구항이 서면명세요건을 충족하지 못한

---

359 In re Fisher, 427 F.2d 833, 836, 166 USPQ 18, 21(CCPA 1970).

360 Fiers v. Revel, 984 F.2d 1164, 25 USPQ 2d 1601(Fed. Cir. 1993).

것이라고 보았는데 그 이유는 오직 생쥐의 cDNA가 추출되고 그 염기서열이 밝혀졌기 때문이다. 그 염기서열을 공개하지 않고 단지 'DNA'라고만 공개한 것은 서면명세요건을 만족시킬 수 없는 불충분한 설명이기 때문이다.

그러나 Amgen Ⅱ에서는 청구항에서 '척추동물 세포' 또는 '포유류 세포'라고만 기재를 하여도 통상의 지식인은 어떠한 세포가 척추동물의 것이고 어떠한 세포가 그렇지 않은지를 구별해 낼 수 있기 때문에 유효하다고 보았다.

Amgen Ⅱ에서는 특정한 염기서열을 공개할 필요성은 청구항이 오직 유전적 DNA 또는 cDNA에 관한 것일 때에만 있다고 보았다. 1심법원은 특허가 사실상 인간의 유전적인 DNA 염기서열을 이미 공개하고 있기 때문에 그 염기서열이 약간 부정확한 것이라고 해도 Eli Lilly를 만족시킨다고 보았다.

CAFC도 유전자가 발현되는 Vector를 청구항에 기재하지 못하였다고 하더라도 이것만으로는 필수적인 구성요소를 생략했다고 볼 수 없고 촉진유전자(Promoter gene)와 구조유전자(Structural gene)는 모두 필수적인 구성요소라고 보았다.[361]

(1) 미생물 기탁

미생물 기탁에 관해서도 CAFC는 이러한 기탁행위가 특허출원인이 삽입되는 물질을 물리적으로 점유하고 있다는 점을 보여 주기는 하지만, 그 삽입물질을 점유하고 있다는 것을 보여 준다는 것만으로는 그가 무엇을 발명하였는지를 개념정의하는 것을 대신할 수는 없다고 보았다. 미생물을 기탁한 행위가 일반대중에게 DNA를 발견할 수 있는 장소를 알려 줄 수는 있지만 이 DNA의 염기서열까지도 공개하는 것은 결코 아니다. 서면명세요건은 실제로 공개된 것을 가지고 판단하는 것이지 무엇이 공개될 수 있었느냐의 가능성에 의하여 판단되지는 않는다.

일반대중이 미생물 기탁장소에 가서 발명을 확실히 구별하기 위하여 실험을 직접 해 보아야 한다는 것은 서면명세요건을 요구하는 특허법의 근본취지에 부합하지 않는다. 특허심사지침은 법적인 기속력이 없지만 특허법과 모순되지 않는 한 법원에 현저한 사실로서 불요증사실이 될 수 있다. 특허심사지침에 의하면 심사관은 우선 청구항의 권리범위에 있는 구체적 실물모형(Embodiment)이 적절하게 공개되었는지를 보고 또한 이에 대한 상세한 설명, 즉 서면명세요건이 충족되었는지를 판단하여야 한다. 그 후 만약 청구항이 보편적 형태라면 명세서에 기재된

---

361 Amgen, Inc. v. Hoechst Marion Roussel, Inc., 126 F. Supp. 2d 69, 150, 57 USPQ2d 1449(D. Mass. 2001), aff'd in part, vacated in part & remanded, 314 F.3d 1313, 65 USPQ2d 1385(Fed. Cir. 2003). 사실 '인간의 Erythropoietin'이 서면명세요건을 충족시킬 수 있을 정도로 상세하게 설명되었는가가 문제가 되는 것은 아니고, 다른 특허에서 'Erythropoietin'이 사용되는 일반적인 용도가 문제가 되는 것도 아니었다.

구체적 실물모형이 대표성이 있는 것인지를 고려하여야 한다.

미생물 기탁의 역사, 미생물 기탁을 요구하는 특허법의 취지, 그리고 특이한 미생물을 서면으로 설명하기가 너무나 어렵다는 점 등에 비추어 보면 미생물에 대한 상세한 설명에 대신하여 공공의 기탁소에 기탁한 미생물을 인용하면 이로써 상세한 설명을 대신하는 것으로 허용된다.

서면명세요건을 충족시키느냐 하는 여부는 명세서가 미생물을 기탁한 번호를 명시적으로 기재하였느냐와 관련이 있지만 미생물을 기탁한 사실만을 가지고는 실제로 발명을 실시해 보았느냐에 대한 증거는 되지 않는다. 그러나 분명한 것은 발명을 실제로 실시해 보았다는 사실만으로는 특허출원인이 명세서에서 발명에 대한 상세한 설명을 할 의무를 면제시킬 수는 없다.[362]

청구항의 권리범위가 기탁된 미생물에 한정되지 않는 보편적인 것이라면, 즉 청구항이 잡종화를 포함하여 기탁된 미생물과 다른 염기서열을 그 권리범위에 포함하고 있다고 하더라도 이렇게 기탁된 미생물은 서면명세요건을 충족시킨다. 따라서 명세서가 공개한 구체적 실물모형이 과연 대표성을 띠느냐를 판단할 필요가 있다.

(2) 기능적 특성의 추가적 공개

기능과 구조 사이의 이미 알려진 상관관계와 함께 기능적 특성이 공개되면 이는 서면명세요건을 만족시킨다고 본다.[363] 특허청이 항체의 부착성이 가지는 기능적 특성이 그 구조적인 특성과 잘 결부되어 개념정의가 되어 있다고 본 예가 있다.[364] 그러나 항체가 가지는 친화력(Affinity)은 주로 CDRs에 의하여 결정이 되는데, 이 CDRs는 보전되지 않는다. 여기에는 아직도 기능과 구조 사이의 매우 복잡한 상관관계가 존재하기 때문에 이미 알려진 상관관계라고 할 수도 없다.

(3) 엄격한 잡종화 조건

미특허청심사지침 제9 실시례를 보면 잡종화된 핵산에 관한 보편적 청구항은 그 잡종화의 조건이 이미 알려진 염기서열에만 한정하여 매우 엄격한 조건에서만 이루어지는 것이라면 그

---

362 결국 특허출원을 한 이후에 미생물 기탁을 하였지만 이를 가지고 명세서에 인용하지 아니하였다면 이렇게 기탁한 미생물을 가지고 서면명세요건의 흠결을 치유할 수 있느냐는 분명하지 않다. 물론 특허출원 이후에 기탁된 미생물이 실시가능요건을 충족하는지를 판단하기 위해서 사용될 수 있느냐 하는 논의가 이러한 기탁이 서면명세요건을 충족시킬 수 있느냐에 대해서는 견해가 갈릴 수도 있다.

363 CAFC는 특허청의 특허심사지침이 유효하다고 보았다.

364 즉 일정한 영역을 갖는 동일한 종류의 항체 사이에서 보존되어 있고 비록 그 영역이 변화하기는 하여도 그 잔기가 일정한 형태를 가지고 있으며 통상의 입체적인 구조가 변화될 수 있는 영역을 가지고 있는 것으로 Immunoglobulin을 가지는 것 등은 항체의 구조적인 특성과 기능적 특성이 잘 결합된 것이다.

명세서는 발명을 적절하게 공개한 것이 된다. 왜냐하면 이러한 조건에서 그 상위종류의 범위에 속하는 모든 하위종류는 구조적으로 매우 유사하기 때문이다.[365]

(4) 청구항이 기재되지 않은 출원서

발명자가 1982년 실시간 편집을 해 주는 컴퓨터 시스템을 공개한 특허출원서를 제출하였다. 1982년 특허출원서의 명세서에서는 발명에 대하여 본질적인 구성요소로서 네 가지를 공개하고 있었는데 첫째, 축적기(Compiler), 둘째, 편집기(Editor), 셋째, 방해기구(Interrupt), 그리고 넷째, 순환기(Return)가 바로 그것이다. 심사과정에서 여러 청구항이 보정되었고 발명자는 1985년, 1990년, 그리고 1994년 모두 세 차례에 걸쳐서 출원계속신청을 했다. 1990년의 특허출원서가 추가적인 내용을 공개했다.

1997년 두 개의 특허가 발급되었지만 위 1982년의 최초특허출원서에 본질적 구성요소인 네 가지를 모두 포함하고 있는 청구항이 하나도 없었다. 1심은 모든 특허를 무효로 선언하였는데 이는 본질적 구성요소 생략 불가의 원칙을 적용하여 최초의 특허출원서에서 본질적 구성요소로 공개된 것을 생략한 청구항은 서면명세요건을 충족하지 못한다고 보았다.

그러나 CAFC의 다수견해는 실제로 특허청구항이 기재된 명세서를 보고 서면명세요건을 충족하였는지를 판단하여야 함에도 불구하고 1심은 1982년에 접수된 최초특허출원서의 공개내용만을 보고 서면명세요건을 충족하였는지 여부를 판단한 잘못이 있다고 하였다. 특허침해행위자도 명세서의 공개내용이 청구항의 발명을 상세하게 설명하고 있었다는 점을 인정했다.[366]

다툼이 있는 것은 과연 1982년의 최초특허출원서에 기한 우선권을 주장할 필요가 있느냐의 문제이다. 발명자는 1982년 특허출원서에 기한 우선권을 필요로 하지 않는다고 주장하였지만 특허침해행위자는 이 우선권이 필요하다고 주장했다. CAFC의 다수견해는 Gently Gallery와 견해를 달리했다. Gently Gallery에서는 그 이전의 선행특허출원서가 없고 최초의 공개내용이 바로 특허가 발급된 특허의 공개내용이었다. 그러나 여기서 특허가 발급된 청구항에 대한 공개내용은 적절한 것이고 문제는 그 선행하는 특허출원서에 기한 우선권을 주장하는 것이 가능하냐하는 것이다. 선행특허출원서의 이익이 필요한지 여부에 대해서 양 당사자의 다툼이 있고 다수견해는 이 점에 대하여 심리가 미진하다고 보았다.[367]

---

365 CAFC는 이러한 것은 사실인정의 문제로서 이는 사실심법원에서 다루어야 할 것이라고 보았다.

366 Reiffin v. Microsoft Corp., 214 F.3d 1342, 1345-47, 54 USPQ2d 1915, 1917-18(Fed. Cir. 2000).

367 소수견해(Nies 판사)는, 첫째, 1심에서 판단한 본질적 구성요소의 생략 불가의 원칙에 대하여 항소심에서 판단하여야 함에도 이를 하지 않은 다수견해는 부당하다는 것이고, 둘째, 특허권자가 특허발급가능성을 위하여 어느 구성요소가 반드시 필요한 것인지 아닌지를 가리지 않고 모든 청구항에서 명세서에 공개된 모든 구성요소를 빠짐없이 공개하여야 할 필요는 없다는 것이다.

또한 특허법상 요구되는 상세한 설명을 위해서 특허출원인은 자신의 장치의 구성요소에 대하여 반드시 모든 청구항에서 모든 구성요소를 빠짐없이 기재할 것을 요구하지는 않는다. 장치나 방법의 새로운 구성요소는 청구항에 포함할 수 있지만 다른 것은 생략할 수도 있다. Irving Kayton, 1 Patent Practice(6th ed). 3.1, 3.3(1995)(특허출원인은 여러 가지 범위를 가지는 일련의 청구항을 작성하는 것이 통례이다. 우선 추가적 구성요소를 부가하여 권리범위를 좁게 한 청구항을 만들 수도 있고 이러한 경우 서면명세요건을 충족시키느냐의 문제는 발생하지 않는다. 본질적 구성요소의 생략 불가 원칙은 이러한 실무례에 위배되는 것이다); Ernest B. Lipscomb, III, 3 Lipscomb's Walker on Patents 290-91(1985)(청구항은 명세서가 공개한 전체 발명을 포함할 수도 있고 오직 새롭고 유용하며 특허를 발급받을 수 있는 하위조합만을 포함할 수도 있다); Special Equipment Co. v. Coe, 324 U.S. 370(1945)(종전에 출원된 청구항에서 하나의 구성요소를 삭제하였더라도 거절사유가 될 수 없다); Aro Mfg. Co. v. Convertible Top Replacement Co., 365 U.S. 336, 345(1961)(조합특허에서는 본질적 구성요소가 존재하지 않는다); Johnson Worldwide Assoc. v. Zebco Corp., 175 F.3d 985, 993, 50 USPQ2d 1607, 1613(Fed. Cir. 1999) (Gentry Gallery는 단지 공개내용보다 권리범위가 넓은 청구항은 허용되지 않는다는 의미에 불과하고 새로운 원칙을 세운 것은 아니다).

연습문제

1. 고관절 부위에 삽입하는 인공뼈 발명에 대한 청구항이 원뿔형을 그 권리범위로 주장하는 최초로 출원된 특허명세서에서는 원뿔형과 이와 유사한 형태의 컵을 공개하면서 원뿔형 모양의 컵이 열등한 선행기술에 비하여 우월한 장점을 가진다고 주장하고 있다. 선행기술은 사각형과 팔각형의 형태를 공개하고 있지만 반구형과 원뿔형에 대해서는 공개하지 않고 있다. 특허출원인이 후일 청구항의 권리범위를 추가하여 '반구형, 사각형 및 팔각형과 그 이외의 적절한 모양'으로 한 경우에 발생하는 쟁점을 논하라.

2. 두유를 만드는 방법에 대한 최초출원명세서가 제시한 실시례는 25%에서 27%의 수분을 주입하여 이것이 10%에서 12%의 습도를 가진 콩 재료와 결합되면 최종 습도는 약 36% 정도가 된다고 공개하고 있다. 후일 보정된 청구항이 가지는 한정사는 다음과 같이 다양하다.

   ① '적어도 약 20%(At least about 20%)'의 총습도

   ② '약 20%와 40%사이(Between about 20% and 40%)'의 총습도

   ③ '적어도 약 25%(At least about 25%)'의 총습도

   ④ '20%에서 30%의 범위(In the range of 20−30%)'에서 추가된 습도

   ⑤ '적어도 25%(At least 25%)'에서 추가된 습도

   ⑥ '대략 25%(Approximately 25%)'로 추가된 습도

   ⑦ '추출기를 통과할 수 있도록 혼합된(Mixture to be passed through an extruder)' 정도의 습기를 주입한다.

   최초출원명세서가 위 각 청구항을 지지하는지를 논하라.

3. Enzo는 세 개의 뉴클레오타이드의 염기서열로서 Neisseria gonorrhoeae와 Neisseria meningtitidis의 두 가지 물질 사이의 어느 지역을 확정하였는데, 그 청구항의 권리범위가 너무 넓기 때문에 박테리아의 두 가지의 Strain 사이를 구별하는 모든 염기서열을 포함한다.

   핵산의 탐색자로서 Gonorrhoeae bacteria DNA에 선택적으로 잡종화가 되지

만 통상의 Strains of meningitidis에는 잡종화되지 않는 핵산 탐색자에 관한 특허이다. 특허권자가 특허출원을 하기 이전에 여섯 개의 Strains of gonorrhoeae와 Meningitidis를 가진 세 가지의 탐색자를 만들어서 공공기관에 기탁한 결과, 두 가지 종류의 청구항에 대하여 특허가 출원되었다. 청구 제1항은 Gonorrhoeae에 대한 염기서열의 잡종화 비율과 Meningitidis에 대한 잡종화 비율이 5 : 1인 합성물을 말하고 청구 제2항은 그 비율이 50 : 1인 것을 말한다.

Neisseria gonorrhoeae가 가진 유전적 물질을 Neisserra meningitutdis의 유전적 물질과 구별하는 것으로서 위 두 물질은 80~93%까지 동족물질로서, 그의 주요한 청구항은 다음과 같다.

청구 제1항: 적어도 하나의 뉴클레오타이드의 염기서열을 가지는 Neisseria gonorrhoeae에 특정한 합성물로서, 위 염기서열은 Neisseria gonorrhoeae 크로조옴의 DNA를 잡종화한 위 염기서열의 양과 Neisseria meningtitidis의 크로조옴의 DNA의 양의 비율이 적어도 다섯 배를 넘은 것으로서, 위 비율은 다음과 같은 단계를 포함하는 방법으로 만들어진다.

청구 제2항: 적어도 25배를 넘는 것으로서….

위 각 청구항이 공개요건을 충족하였는지를 논하라.

Chapter

06

출원서의 보정

I. 출원명세서의 보정

1. 출원명세서를 보정할 필요성

출원인은 출원서가 특허청에 접수된 이후에도 출원명세서나 도면을 보정(Amendment)할 수 있다.[1] 출원인은 심사절차의 원활하고 신속한 진행을 위해서는 처음부터 완전한 내용의 명세서를 제출하여야 하나 실무상 그렇지 못한 경우도 있기 때문에 특허법은 제한된 범위 내에서 명세서의 보정을 허용한다. 즉 출원서의 보정은 출원서에 최초로 첨부된 명세서 또는 도면에 기재된 범위에 한정되고,[2] 그 범위를 벗어나는 신규사항(New matter)을 추가할 수 없다.[3]

만약 출원 후에 출원서에 최초로 첨부된 명세서나 도면에 기재된 사항의 범위를 넘는 보정이 허용된다면 보정의 효과는 출원 시로 소급하기 때문에 최초의 명세서나 도면의 기재를 신뢰한 제3자는 예측하지 못한 불이익을 받게 된다. 따라서 출원인과 제3자 사이의 이해관계를 조정하기 위해서 최초로 첨부된 명세서나 도면에 기재된 사항의 범위 내에서만 보정을 허용한다.

---

1 특허법 제47조(특허출원의 보정) ① 특허출원인은 제42조 제5항 각 호의 규정에 따른 기한까지 또는 심사관이 제66조의 규정에 의한 특허결정의 등본을 송달하기 전까지 특허출원서에 첨부된 명세서 또는 도면을 보정할 수 있다(위 제1항 나머지 내지 제3항 중략).

④ 제1항 제2호 및 제3호에 규정된 기간 이내에 할 수 있는 보정은 다음 각 호의 요건을 충족하여야 한다. 〈개정 2002.12.11〉

1. 명세서 또는 도면의 보정은 특허청구범위를 실질적으로 확장하거나 변경하지 아니할 것
2. 보정 후 특허청구범위에 기재된 사항이 특허출원을 한 때에 특허를 받을 수 있을 것 [전문개정 2001.2.3]

2 위 특허법 같은 조 ② 제1항의 규정에 의한 명세서 또는 도면의 보정은 특허출원서에 최초로 첨부된 명세서 또는 도면에 기재된 사항의 범위 안에서 이를 할 수 있다.

③ 제1항 제2호 및 제3호의 규정에 의한 보정 중 특허청구범위에 대한 보정은 다음 각 호의 1에 해당하는 경우에 한한다. 이 경우 제3호의 보정은 심사관이 거절이유 통지에 의하여 지적한 경우에 한하여 이를 할 수 있다.

1. 특허청구범위를 감축하는 경우
2. 잘못된 기재를 정정하는 경우
3. 분명하지 아니한 기재를 명확하게 하는 경우

3 • **신규사항(New matter)**: 특허법 제47조 및 특허심사지침 제2장, 4201. 특허법 제47조 제2항은 '명세서 또는 도면의 보정은 특허출원서에 최초로 첨부된 명세서 또는 도면에 기재된 사항의 범위 안에서 이를 할 수 있다.'는 취지로 규정하고 있는바, 특허법원 2007.3.14. 선고 2006허3984 판결에 의하면 최초로 첨부된 명세서 또는 도면에 기재된 사항이란 최초명세서 등에 명시적으로 기재되어 있는 사항이거나 또는 명시적인 기재가 없더라도 그 발명이 속하는 기술 분야에서 통상의 지식을 가진 자라면 출원 시의 기술 상식에 비추어 보아 보정된 사항이 최초명세서 등에 기재되어 있는 것과 마찬가지라고 이해할 수 있는 사항이어야 한다.

• **발명의 요지**: 그러나 구 특허법은 최초특허출원명세서 또는 도면의 요지를 변경하지 아니하는 범위 안에서 보정할 수 있다고 규정하였다. 따라서 '신규사항'과 '발명의 요지'의 해석에 의하여 구법과 신법의 보정의 범위가 달라질 수 있다. 구 특허법 제48조는 '요지의 변경'에 관하여 '특허사정등본의 송달 전에 특허출원서에 최초로 첨부된 명세서 또는 도면에 기재된 사항의 범위 안에서 특허청구범위를 증가·감소 또는 변경하는 보정은 그 요지를 변경하지 아니하는 것으로 본다.'고 규정하고 있었다.

2. 보정이 허용되느냐 여부

최초로 첨부된 명세서 또는 도면에 기재된 사항이란 최초명세서 등에 명시적으로 기재되어 있는 사항은 물론,[4] 비록 명시적인 기재가 없더라도 통상의 기술자라면 출원 시의 기술 상식에 비추어 최초명세서 등에 기재되어 있는 것과 마찬가지라고 이해할 수 있는 사항을 말한다.[5] 따라서 통상의 기술자가 최초명세서 등에 기재된 사항에 의하여 판단한 결과 직접적으로 표현하는 기재는 없으나 기재되어 있다고 자명하게 이해할 수 있는 사항은 신규사항이 아니다.[6]

하지만 보정된 내용이 최초출원서의 공개내용과 어긋나거나 새로이 추가되는 사항을 포함하고 있는 경우에 그 보정은 부적법한 것이다. 이러한 부적법한 보정이 그 시기적 제한을 위반한 경우에 심사관은 보정서를 출원인에게 반려하며,[7] 보정의 내용적 제한을 위반한 경우에는 거절결정, 보정각하 또는 특허이의신청 및 특허무효심판의 대상이 된다.[8]

특허출원서의 보정은, 첫째, 최초출원된 출원서에 명시적이거나 본래적으로 공개된 것을 분명하게 하거나, 또는 최초출원된 명세서에서 제시한 청구항의 권리범위를 도면과 일치시킬 필요가 있는 경우에 출원서를 보정할 수 있도록 한 것이다.[9] 심사관은 명세서와 청구항에 대한

---

[4] 최초로 출원된 명세서 또는 도면에 기재된 사항의 의미에 관해서, 다수설은 명세서 또는 도면에 실제로 기재되어 있는 사항 및 명세서 또는 도면에 실제로 기재되어 있는 사항에서 통상의 기술자가 직접적이고 명확히(Direct and unambiguously) 도출할 수 있는 사항이라고 한다. 그러나 특허청심사지침은 출원서에 최초로 첨부된 명세서 또는 도면에 기재된 사항의 범위 안에서 외형상의 완전 동일을 말하는 것은 아니며, 통상의 기술자가 최초명세서 등의 기재로 보아 자명한 사항도 기재된 사항의 범위 안으로 간주한다. 특허청(2002), 심사지침서특허·실용신안, p.4226-4227.

[5] 특허심사지침서(2011), 제2장, p.4201.

[6] 특허법원 2007.3.14. 선고 2006허3984 판결.

[7] 특허법 제47조(특허출원의 보정) ① 특허출원인은 제42조 제5항 각 호에 따른 기한까지 또는 제66조에 따른 특허결정의 등본을 송달하기 전까지 특허출원서에 첨부된 명세서 또는 도면을 보정할 수 있다. 다만, 제63조 제1항에 따른 거절이유 통지(이하 "거절이유 통지"라 한다)를 받은 후에는 다음 각 호에서 정하는 기간(제3호의 경우에는 그때)에만 보정할 수 있다. 〈개정 2007.1.3, 2009.1.30〉

1. 거절이유 통지(거절이유 통지에 대한 보정에 따라 발생한 거절이유에 대한 거절이유 통지는 제외한다)를 최초로 받거나 제2호의 거절이유 통지가 아닌 거절이유 통지를 받은 경우 해당 거절이유 통지에 따른 의견서 제출기간
2. 거절이유 통지에 대한 보정에 따라 발생한 거절이유에 대하여 거절이유 통지를 받은 경우 해당 거절이유 통지에 따른 의견서 제출기간
3. 제67조의2에 따른 재심사를 청구할 때

[8] 특허심사지침 제4부 제2(B), p.4218. 미특허법에 의하면 신규사항을 추가하려면 최초특허출원서에 기초한 우선권 주장을 할 수 없고 이는 부분계속출원 CIP(Continuation-In-Part)로 허용된다.

[9] Triax Co. v. Hartman Metal Fabricators, Inc., 479 F.2d 951, 956-957, 178 USPQ 142, 146(2d Cir. 1973), cert. denied, 414 U.S. 1113(1973). 미국특허법상 신규사항을 특허출원서에 추가하여 보정할 수 없다는 것은 첫째 발명을 한 일자가 완전한 특허출원서를 접수한 일자가 되고, 둘째 발명을 실시한 것으로 의제가 되는 것과 관련된 당연한 귀결이라고 본다. Chisum §11.04.

보정을 요구할 수 있고, 명세서로부터 신규사항을 철회할 것을 요청할 수 있으며, 신규사항을 추가함으로써 영향을 받는 청구항에 대해서는 특허를 거절하여야만 한다.[10] 그러나 도면에 신규사항을 추가함으로써 보정하는 것은 허용되지 않는다.[11]

3. 선행기술로서의 특허

출원서를 보정하는 데 있어서 신규사항을 추가하는 것을 금지하는 것은 특허의 선행기술로서의 효과에 관하여 발생할 수 있는 혼동을 방지하기 위한 것이다. 특허는 특허출원서가 접수된 날짜를 기준으로 하여 특허출원서가 공개하는 모든 것에 대하여 선행기술로서의 효과를 가진다.[12] 만약 출원인이 자유롭게 출원서를 보정하면서 새로운 실질적인 정보를 마음대로 추가할 수 있다면 일반대중은 전 특허심사과정을 면밀하게 조사하지 않으면 특허와 관련된 정보가 가지는 선행기술로서의 일자를 결정할 수가 없다.

신규사항을 추가할 수 없다는 이 원칙은 출원인이 특허출원서에 부동문자로 명백하게 규정된 날짜에 대하여 실제적인 정보만 추가할 수 있다는 것인데 이것은 최초특허출원서의 접수일자를 말하는 것이다.

종종 특허심사지침이 당연히 신규사항이라고 한 것은 물론 청구항을 지지하기에 반드시 필요한 것이 아닌 경우에도 단지 신규사항을 추가할 수 없다는 원칙에 위배한 것만을 가지고 청구항의 유효성에 어떠한 영향을 줄 수 없다고 보는 견해도 있다.[13]

가. 이미 공개된 것을 강조

검은 칠을 한 가구의 스프링에 대한 특허출원을 위한 최초의 명세서가 1868년 7월 6일 접수되었다. 발명자는 자신의 발명을 '강철스프링으로서 부식을 방지할 수 있도록 니스칠을 한 것'이라고 공개했다. 1868년 7월 10일 심사관이 검은 칠을 하는 것은 이미 오래된 것으로서 스프링을 침대바닥에 장치하는 것은 새로운 발명이 아니라는 이유로 특허발급을 거절하였다. 출원인이 1870년 2월경 사망하였지만 그의 변호사는 자신의 이름으로 특허출원을 심사를 계속하여 결국 1871년 10월 19일 특허출원서를 보정하였는데 이 보정서에는 부식을 방지하는 것 이외에도 스프링을 불에 구움으로서 니스를 강화시켜서 이로 인하여 스프링의 강도를 높이는 것을 강조

---

10 PTO MPEP §608.04(6th ed. 1995).

11 Id., §608.04.

12 제2장 신규성 참조.

13 Chisum §11.04.

하였다.[14]

미연방대법원은 이 특허가 무효라고 보았다. 왜냐하면 특허출원서의 보정이 이미특허가 출원된 특허출원서에 기재된 내용을 단순히 강조하는 것을 넘어서는 것이기 때문이다. 그러나 법원은 스프링이 강도를 높이는 것이 이미 공개된 방법으로부터 본래적 결과로 나타나는 것인지 또는 이러한 것이 신규사항을 추가하는 것인지에 대해서 판단하지 않았다.

나. 최초의 공개내용을 상세히 기술

종이상자의 모서리를 강화하는 기계에 대한 최초특허출원서가 1885년 6월 10일 제출되었다. 발명자는 두 개의 플런저를 공개하였는데 그중 하나는 상자 내부에서 종이조각을 밀착시키기 위한 것이고 다른 보조 플런저는 느슨한 끝부분을 아래로 당기는 것이었다.[15] 출원인은 후일 명세서를 변경해서 보조 플런저가 없는 기계를 공개하고 이 부분에 대하여 청구항의 권리로 주장하였다.

이러한 경우 최초특허명세서와 도면을 보면 이미 청구항이 최종적으로 만들어졌다는 것을 암시하고 있고 이것은 두 가지의 작동방식을 인정하고 이를 청구항의 권리범위로 주장하고 있는 것이다. 따라서 이 보정서는 단순히 최초특허출원서의 공개내용을 더 상세히 기술하거나 완전하고 보다 정확한 내용으로서 기술한 것에 불과하여 보정이 허용된다.

조명용 아세틸렌 가스버너의 꼭지에 관한 발명에 있어서 버너가 가지고 있었던 기술적 문제점은 낮은 온도에서 연소되지 아니한 탄소가 꼭지에 들러붙는 경향이었다. 1897년 2월 18일 최초출원서는 발명자가 완전한 연소를 하여 매우 강한 빛을 내는 꼭지를 공개하고 있었다.

심사관이 이 청구항을 거절하자 출원인은 새로운 변호사를 선임해서 새로운 명세서와 청구항을 만들었고 그 결과 특허를 발급받았다. 문제가 된 청구항은 세 가지의 구성요소를 포함하고 있었다. 첫째, 소형의 가스실린더 부분을 돌출되게 만드는 것, 둘째, 모든 가스가 연소하기에 충분하지 못한 정도의 공기막을 가지고 실린더를 둘러싸는 것, 셋째, 위 가스를 모두 연소시키기 위하여 버너의 꼭지 부분 위로 추가 산소를 가진 가스를 공급하는 것이다.[16]

이 사건에서 특허권자는 '냉각이론'을 가지고 청구항에 기재된 꼭지가 작동하는 방법에 관한 설명을 하였다. '냉각이론'은 공기막이 탄소의 축적을 방지하기 위하여 불꽃의 가장자리를 냉각시키는 것이다.

미연방대법원은 특허명세서가 실시능력부여요건을 충족시키지 못했다고 보았다. 명세서

---

14 Eagleton Mfg. Co. v. West, Bradley & Cary Mfg. Co., 111 U.S. 490(1884).

15 Hobbs v. Beach, 180 U.S. 383, 397-97(1901).

16 Steward v. American Lava Co., 215 U.S. 161(1909).

가 '냉각이론'을 상세하게 설명하지 못하였기 때문에 특허가 무효가 된 것이다. 기계는 그 작동 원칙이 이해되지 않는 것이라도 특허를 받을 수도 있다. 그러나 공개된 발명의 개념은 '냉각이론'을 모르고서는 잘 이해될 수 없다. 명세서가 '냉각이론'을 공개하였다고 하더라도 두 번째 특허출원서는 발명자의 자술서의 의하여 지지되지 않는 신규사항을 추가한 것이다.

자동차의 피스톤 뭉치에 관한 발명으로서 이 뭉치는 하나의 망(Web)을 구성요소로 가지고 있었는데 최초출원된 명세서는 이를 '단단하다'고 공개하였다. 심사가 계속되는 동안 다른 발명자가 유사한 피스톤에 관한 특허를 출원하면서 이러한 망이 일정한 사용조건하에서 '측면으로 유연한' 성질을 가지고 있다고 강조하였다. 특허권자도 위 특허출원서를 보정하여 망이 이러한 유연성을 가지고 있다고 강조한 결과 발명에 대한 우선권소송에서 승소했다.

특허권자가 보정한 것은 명세서를 보다 명확하게 만드는 것이다. 왜냐하면 유연성이라는 것은 통상의 지식인에게 이미 잘 알려진 것이고 이러한 유연성은 망을 만드는 물질이 본래적으로 가지고 있는 성질이라는 것이다.

그러나 미연방대법원은 '유연하다'고 보정을 한 것은 신규사항을 추가한 것으로서 허용될 수 없다고 보았다. 구조가 '단단하다'는 것과 '유연하다'는 것은 서로 상반되는 물질의 상대적 특성으로서 만약 어느 발명이 다른 발명에 대하여 어떤 특성을 가짐으로써 이 특성이 강조되어 특허를 받을 수 있다면, 특허법은 반드시 일반대중에게 이러한 특성을 공개할 것을 요구하고 있다. 이는 일반대중으로서는 발명이 특허출원된 특성을 알 자격이 있기 때문이다.

그러나 원래 서로 상반되는 특성을 가지고 있는 물질을 가지고, 단 하나의 특성을 가진 것으로 명명할 수 없다. 구조가 '단단하다'고 특성을 짓는 것은 그 반대인 '유연한' 것과는 다른 성질을 강조하는 것으로서 '유연한' 것은 피스톤이 작용하면서 일정한 조건하에 발생하는 아주 특별한 상황을 말하는 것이다. 비록 관련 계통에 종사하는 통상의 지식인이 이러한 구성요소를 가진 피스톤이 열을 받아 팽창하면서 만들어지는 압력하에서 균열이 만들어지는 것을 보완할 수 있도록 충분히 측면으로 유연하게 늘어날 수 있다 하더라도 이러한 발명은 최초의 특허출원서를 제출할 당시에 출원인이 주장한 발명이 아닌 것이다.[17]

다. 최초의 공개내용을 명확하게 하는 것

명세서를 보정하는 것은 만약 그 보정내용이 최초의 공개내용을 분명하게 하거나 완성시키는 것에 불과할 때에는 신규사항을 추가하는 것으로 볼 수 없다.[18] 또한 명세서와 도면이 서

---

17 Schriber-Schroth Co. v. Cleveland Trust Co., 305 U.S. at 58-59.

18 Austin v. Marco Dental Prods., Inc., 560 F.2d 966, 972, 195 USPQ 529, 534(9th Cir. 1977), cert. denied, 435 U.S. 918(1978)(문제의 보정은 신규사항을 추가한 것이 아니라 오래된 사항이나 청구범위를 제거한 것에 불과하다. 이 청구범위는 출원인이 너무 넓게 개념정의되었다고 믿고 있었던 것이고 따라서 선행기술에 의존한 것이다); Rhone-

로 일치될 수 있도록 보정될 수 있다.[19]

(1) 이미 알려진 것을 강조

명세서는 최초로 공개된 내용을 분명하게 하기 위하여 보정될 수 있다. 따라서 첫째 명세서나 도면 또는 그 양자를 보정하는 방법으로 삽입할 수 있는데, 이렇게 삽입된 것이 이미 공개된 발명의 범위 내에 있다는 것을 강조하거나 설명하는 것에 그치는 것이라면 이러한 보정은 허용된다.[20]

(2) 용이한 흠결의 보정

발명의 도면이나 명세서에 존재하는 통상의 지식인에게 용이한 흠결사항을 교정할 목적으로 특허출원서를 보정할 수 있다.[21]

(3) 특허출원서에 공개된 발명을 설명하지 않는 것

특허출원서에 대한 보정은 그 보정서가 특허출원서에 공개된 발명을 설명하지 않는 한 신규사항을 추가하는 것으로 볼 수 없다. 이미 공개된 내용을 분명하게 하거나 완성되게 하는 것일 때에는 신규사항으로 간주될 수가 없다.[22]

(4) 묵시적인 내용을 명시적으로 공개하는 것

최초로 공개된 묵시적인 내용을 명시적인 것으로 만드는 것인 한 새로운 용어가 추가되었다는 사실만으로 사실상 신규사항을 추가한 것이라고 볼 수는 없다.[23]

Poulenc S.A. v. Dann, 507 F.2d 261, 184 USPQ 196(4th Cir. 1974), cert. denied, 422 U.S. 1009(1975); Triax Co. v. Hartman Metal Fabricators, Inc., 479 F.2d 951, 956-957, 178 USPQ 142, 146(2d Cir. 1973), cert. denied, 414 U.S. 1113(1973)(이미 공개한 것을 분명하게 하거나 완성한 것); Tektronix, Inc. v. United States, 445 F.2d 323, 326-27, 165 USPQ 392, 394(Ct. Cl. 1971), appeal after remand, 575 F.2d 832, 198 USPQ 378(Ct. Cl. 1978), cert. denied, 439 U.S. 1048(1978)(심사관의 요청에 의하여 특허출원서에 묵시적으로 되었던 공개내용을 명시적으로 한 것에 불과하다); Helms Prods. v. Lake Shore Mfg. Co., 227 F.2d 677, 679, 107 USPQ 313, 314(7th Cir. 1955)(명세서를 분명하게 하기 위한 것은 허용된다).

19 In re Heinle, 342, F.2d 1001, 1007, 145 USPQ 131(CCPA 1965); Bloodhart v. Levernier, 64 F.2d 367, 369, 17 USPQ 188(CCPA 1933).

20 Michigan Carto Co. v. Sutherland Paper Co., 29 F.2d 179, 184(6th Cir. 1928).

21 Quigley v. Zimmerman, 73 F.2d 499, 503, 23 USPQ 310(CCPA 1934).

22 Triax Co. v. Hartman Metal Fabricators, Inc., 479 F.2d 951, 956-957, 178 USPQ 142, 146(2d Cir. 1973), cert. denied, 414 U.S. 1113(1973). 특허청이 제출된 보정서를 수용하여 이를 신규사항으로 처리하지 않은 것은 정당하다는 추정력을 받는다고 보는 견해도 있다.

23 In re Wright, 343 F.2d 761, 767, 145 USPQ 182, 188(CCPA 1965).

4. 신규사항[24]

이미 공개된 내용을 분명하게 하는 것에 불과한 것이냐 아니면 허용될 수 없는 신규사항(New matter)을 추가하는 것으로서 금지되어야 하느냐를 결정하는 것은 매우 어려운 것이다.[25] 도면이나 명세서 그리고 청구범위에 추가되는 사항이 최초특허출원서에서는 공개되지 아니하거나 암시되지 아니한 새로운 내용이 아니라면 이는 신규사항을 추가하는 것이 아니며, 최초의 공개내용이 가지고 있는 기본적인 결함을 보정하는 것도 신규사항을 추가하는 것이 아니다.[26]

그러나 신규사항이라는 것은 법률적 용어로서 이에 대한 법적인 해석이 달라질 수 있는 것이다.[27] 따라서 과거에 명세서에 기재되지 않았던 내용이 삽입된 경우에 이것이 반드시 신규사항으로서 금지된다고 볼 수는 없다. 따라서 신규사항이냐 아니냐의 문제는 각 개별 사안마다 사실관계에 비추어서 구체적으로 판단되어야 한다.

---

24 Paperless Accounting, Inc. v. Bay Area Rapid Transit Sys., 804 F.2d 659, 664, 231 USPQ 649, 653(Fed. Cir. 1986), cert. denied, 480 U.S. 933(1987)(출원인의 발명의 기능을 수행하는 간행물이나 상품으로서 심사관이 출원인에게 인용한 것은 신규사항이 아니다); Genentech Inc. v. Wellcome Foundation Ltd., 798 F. Supp. 213, 24 USPQ2d 1782, 1785(D. Del. 1992), rev'd, 29 F.3d 1555, 31 USPQ2d 1161(Fed. Cir. 1994)(추가된 인간의 t-PA(Human tissue plasminogen activator)로서 약 500,000IU/mg에서 특정한 활동성을 가지는 것은 청구항에 기재된 t-PA의 내재적 특성으로서 신규사항이 아니다); Northern Telecom Inc. v. Datapoint Corp., 9 USPQ2d 1577, 1594(N.D. Tex. 1988)(보정내용은 단지 선행기술의 상태를 설명하기 위한 것에 불과하다); Chemcast Corp. v. Arco Industries Corp., 5 USPQ2d 1225, 1236-1237(E.D. Mich. 1987), aff'd in part, rev'd, in part, vacated in part & remanded, 854 F.2d 1328(Fed. Cir. 1988)(최초의 명세서에는 성형할 수 있는 수지물질(Castable resinous material)이라고 공개한 것에 대한 최후의 거절통지를 받고 나서 출원인이 예컨대 폴리비닐 클로라이드라고 하는 물질을 예시하면서 보정을 하였다. 사실 폴리비닐 클로라이드는 명세서에 새로이 나타나지만 단지 비닐의 유형을 예시하는 것이라면 신규사항이 아니다. 이는 보편적 유형에 대하여 보다 특정한 유형을 예시하는 것으로서 이미 공개된 내용을 분명하게 하거나 정확하게 개념정의를 하려는 것이다); O'Hara Manufacturing Ltd. v. Eli Lilly & Co., 231 USPQ 753, 761(N.D. Ill. 1986)(형용하는 용어를 변경한 것만 가지고는 신규사항을 추가한 것이 아니다); Thermo Tim, Inc. v. Mobil Oil Corp., 194 USPQ 450, 454(W.D.N.Y. 1977)(숫자 8은 신규사항이 아니라 숫자 4의 연장에 불과하다); Wayne-Gossard Corp. v. Sondra, Inc., 434 F. Supp. 1340, 1355, 195 USPQ 777, 790(E.D. Pa. 1977), aff'd, 579 F.2d 41, 200 USPQ 11(3d Cir. 1978)(**새로운 특허발명설: 소수견해**): 신규사항은 새롭고 실체적인 정보에 관한 것으로서 발명을 변경할 수 있는 것이어야 한다. 동시에 새로운 특허출원을 할 수 있는 것이다).

25 Chisum 11.04 [2][a].

26 Mackay Radio & Tel. Co. v. Radio Corp., 306 U.S. 86, 37 USPQ 471(1939); Dresser Indus., Inc. v. United States, 432 F.2d 787, 792-793, 166 USPQ 336, 340, 167 USPQ 473(Ct. Cl. 1970)(소수견해: 용어의 개념을 상당히 변경하는 것, 보정한 것은 청구항의 권리범위를 정하거나 청구항의 의미를 해석하는 데 있어서 무시되어야 한다); In re Bloch, 65 F.2d 268, 269, 18 USPQ 17(CCPA 1933)(최초특허출원서가 필요한 기구를 공개하지 않음으로써 작동 불가능하게 되어 후일 분명히 새로운 기계로 보이는 것을 공개한 것은 단순이 실시례로서 기계를 예시한 것으로 볼 수는 없다); All States Plastic Mfg. Co. v. Weckesser Co., 362 F. Supp. 94, 98, 179 USPQ 717, 720(N.D. Ill. 1973)(출원인이 톱니잠금쇠의 모양이 본질적으로 Rhombohedra한 것이라고 개념정의하기 위해서 자발적으로 삽입한 것이지만 최초특허출원서에 의하여 지지되지 않는다면 이는 신규사항을 추가한 것이다).

27 In re Oda, 443 F.2d 1200, 1203-05, 170 USPQ 268, 270-72(CCPA 1971).

가. 묵시적인 지시를 명시적인 지시로 보정하는 것

Learned Hand 판사는 보정이 명세서에 대하여 부적당한 추가적인 것이냐 아니면 어긋나는 것이냐 하는 여부와 최초특허출원서가 이미 묵시적으로 암시하고 있었던 공개내용을 보정서에서 명시적으로 공개하는 것을 구별하기는 매우 어려운 것이라고 보았다.[28]

최초특허출원서가 별로 중요한 부분이라고 생각하지 않거나 그 부분을 포기한 발명으로 취급한 경우에 이를 추가하는 것은 허용될 수 없는 신규사항이다. 예컨대 라디오 튜브에 관한 발명으로서, 청구항은 튜브가 전극으로부터 발생한 전자를 모아서 비교적 작은 단면을 가지면서도 흐름이 긴 것으로 만드는 것으로서, 가속전자와 양극 사이에 상당한 간격을 둔 것이었다.

최초특허출원명세서는 단지 흐름이 길다는 것만을 공개한 것으로서 추가적으로 공개된 '단면적의 길이에 대한 비율'은 공개하지 않고 있었다. 따라서 이 추가부분은 최초특허출원서가 제출된 이후에 아무런 권한 없이 삽입된 것으로 이는 허용될 수 없는 것이다.[29] 관련 산업에 종사하는 통상의 지식인으로서는 중요한 것은 흐름의 길이가 아니라 바로 단면적의 길이에 대한 비율인 것이다. 따라서 이렇게 중요한 비율을 추가하는 것은 최초특허출원서의 공개내용을 확장하는 것으로서 이는 허용될 수 없다.[30]

나. 잘못된 것을 고치는 것

명세서에서 잘못된 것을 고치는 것은 통상의 지식인이 명세서의 잘못의 존재뿐만이 아니라 그 잘못이 무엇인지를 능히 알 수 있었다면 이를 신규사항이라고 볼 수는 없다.[31]

다. 착오로 기재된 것의 보정

화학물질이나 유전공학물질에 관하여 청구항에 기재되었거나 명세서에 공개된 내용이 착오로 잘못 기재될 수도 있다.[32] 그러나 이러한 착오에 의한 기재에 보정이 허용되기 위해서는 추가된 내용이 최초특허출원서에 공개된 것으로서 새로운 성격이 아니어야 한다. 따라서 단순

---

28 Harries v. Air King Prods. Co., 183 F.2d 158, 160, 86 USPQ 57,59(2d Cir. 1950).

29 Id., 183 F.2d at 159, 86 USPQ at 58. Learned Hand 판사는 흐름의 길이가 얼마인지는 발명의 구성요소가 될 수 없다는 특허권자의 주장을 받아들이지 않았다.

30 더군다나 추가된 신규사항은 원래 특허출원자가 포기했던 것에 불과하다. 특허는 미숙한 암시를 수집한 것이 아니라 반드시 확실한 지침이 되어야 한다.

31 Id., Oda, at 1205, 170 USPQ 268, 272(CCPA 1971).

32 뉴클레오타이드나 아미노산 염기서열에 대한 공개요령에 대해서는 37 C.F.R. §§1.821-.825 참조. 출원인은 염기서열의 목록을 교체하거나 보정할 수 있다. 그러나 보정이나 교체는 반드시 최초특허출원서에서 후일의 보정을 지지할 수 있으며 신규사항을 포함하지 않고 있다는 진술을 하여야 한다: 37 C.F.R. §1.825 및 미특허청심사지침(PTO MPEP) §2426(6th ed. 1995).

히 뉴클레오타이드를 잘못하여 공개한 것만이 보정될 수 있는 것인지, 새로운 뉴클레오타이드의 염기서열을 삭제하거나 추가할 수는 없다.

출원인이 'BCGF의 단백질 부호를 가지고 있는 DNA 또는 유전공학적으로 동등한 기능을 하는 단백질'을 그 권리범위로 주장하였다. 특허출원을 한 이후 출원인이 심사관에게 DNA의 염기서열로서 명세서에 기재된 것 중에서 3번째 뉴클레오타이드의 위치가 잘못된 것이고 그것들 중 2개는 삭제되어야 한다고 주장하였다. 출원인은 재조합 플라스미드 pARJ43을 미생물 시료로 기탁했다.

명세서의 공개내용을 적절하게 공개한 것이라는 점을 입증하기 위해서 출원인이 새로운 염기서열 부호를 제출하였다. 심사관과 특허심판원은 특허출원된 플라스미드와 새로운 염기서열 부호를 가진 플라스미드가 동일한 것인지를 확인할 수 없다는 이유로 보정을 허용하지 않았다.[33]

특허심판원은 최초의 특허출원된 명세서가 핵산의 염기서열을 효과적으로 기술하였다고 주장하는 것을 받아들이지 않았다. 특허출원명세서는 최소한 기탁된 세포계열이나 플라스미드를 공개하였다고 볼 수는 있다. 그러나 이 명세서는 청구항에서 주장하는 모든 단백질을 공개하였다고 볼 수는 없다. 왜냐하면 최초특허출원서의 아미노산의 염기서열로서 공개범위를 정하였던 것은 착오로 잘못 기재된 것으로서 문제의 단백질은 정화되거나 추출된 것이라고 볼 수가 없다.[34]

결국 미특허심판원은 이 사건은 단순히 뉴클레오타이드를 잘못하여 공개한 것이 아니라 아예 하나의 뉴클레오타이드를 공개하지 아니한 것이라고 보았다. 이를 보완하기 위해서는 뉴클레오타이드의 염기서열을 정정하는 것이 아니라 새로운 염기서열을 삭제하거나 추가하여야 한다.[35] 따라서 위에서 추가된 내용은 최초특허출원서에 공개하지 아니한 새로운 성격을 추가한 것이다.[36]

---

33 Ex parte Maizel, 27 USPQ2d 1662(Bd. Pat. App. & Int'f 1992). 또한 출원인이 청구항에서 그 권리범위로 주장하는 것은 그가 기탁한 플라스미드에 한정된 것이 아니라 BCGF를 만들어 내는 모든 단백질과 이와 생물학적으로 동등한 기능을 하는 모든 것으로서 결국 그 권리범위가 너무 넓다는 것이다.

34 Ex parte Maizel, 27 USPQ2d 1662(Bd. Pat. App. & Int'f 1992); Ex parte D, 27 USPQ2d 1067, 1069(Bd. Pat. App. & Int'f 1993)(특허출원서를 변경하는 것만으로는 신규사항이 되지는 않는다. 화학물질의 구조공식, 예컨대 유전자 부호와 같은 것을 변경하는 것만으로는 신규사항이 되지는 않는다); Ex parte Marsili, 214 USPQ 904(Bd. Pat. App. 1979)(최초의 명세서에서 특정한 성질을 가진 용어로 공개된 것을 그 후 화학물질의 구조공식으로 변경하는 것은 신규사항의 변경이 아니다).

35 Id., Ex parte Maizel, 27 USPQ2d at 1666. 통상적으로는 폴리펩타이드의 고리에서 아미노산을 교체한다고 하여도 그 생물학적 활동성을 중대하게 변경하지 않는다고 본다. 그러나 DNA 염기서열에서 뉴클레오타이드를 변경하면 그 염기서열을 추가하거나 삭제함으로 인하여 기본구조에 영향을 미치는 것이고 이로 인하여 중대한 변경이 올 수도 있다.

36 기왕에 공개되지 않았던 새로운 성격을 추가한 것이 아니라 이미 공개한 물질의 화학적 구조공식에 잘못이 있었던 것에 불과하여 보정을 허용하여 주었던 종래의 사례와는 다르다. Ex parte Marsili, 214 USPQ 904(Bd. Pat. App. 1979)(이 사건은 화학물질을 만드는 방법을 공개하였지만, 이 물질을 만드는 방법에 관한 청구항이 허용된 반면 그

라. 최초의 청구항과 도면을 일치시키기 위한 보정

출원인의 발명에 대한 공개서면에는 특허출원서와 함께 제출된 도면을 포함한다. 따라서 명세서를 보정하여 도면이나 청구항에 일치시키는 것은 신규사항을 추가하는 것이라고는 볼 수 없다.[37]

마. 인용을 함으로써 공개내용에 포함시키는 경우

출원인은 신규사항을 추가할 수 없다는 금지규정을 위배함이 없이 다른 문헌을 인용함으로써 최초의 보정서에 포함된 사항을 분명하게 하거나 공개내용의 전체로 사용할 수 있다.[38] 특허출원서에서 어떤 합성물을 만드는 방법에 관한 공개를 하면서 특정한 특허출원서에 기재된 제1실시례에 기재된 방법으로 만들어질 수 있다고 하고 출원인은 오직 하나의 특허출원서만을 접수하여 심사 중에 있었다. 출원인이 특허출원서의 일련번호와 접수일자를 인용하는 방법으로 명세서를 보정한 것이라고 보았다.[39]

출원인은 화학적 합성물에 관한 특허를 청구하였는데, 그 유용성에 관해서는, 동시에 특허심사 계속 중에 있었던 영국특허출원서의 출원번호를 인용하여 공개내용에 갈음했다. 심사관이 유용성에 관한 공개내용이 부적절하다는 이유로 청구항에 대한 특허를 거절하자 출원인은 영국특허출원서에 기재된 공개내용 전체를 원문 그대로 제시하였다. 이렇게 외국특허출원서를 인용하는 것은 신규사항을 추가한다고 볼 수 없다.[40]

물질 자체에 관한 청구항은 허용되지 않았고 이에 대하여 출원인은 항고를 하였다. 청구항이 허용되지 아니한 이유는 출원인이 구조공식을 착오로 잘못 공개하였다는 이유인데, 이 물질은 단 하나의 원형고리를 가지는 화학물질로서, 그 청구항의 고리구조를 변경하여 그 잘못을 제거하도록 하였다. 이러한 착오는 방향족에 대비하여 비방향족 이질적 원형의 고리구조 상의 차이점을 나타내는 것으로서 아주 사소한 것에 불과하다. 출원인이 물질의 특성을 나타내는 자료와 문헌을 제시했는데, 이 문헌에는 변경할 특성과 바람직한 성격에 대해서 설명하고 있었다. 최초의 명세서에서 공개한 화학물질은 청구항에 기재된 물질을 구별하기에 충분한 특성을 포함하고 있었다. 따라서 추가된 내용은 새로운 성격이 아니고 단지 그 화학적 구조공식에 잘못이 있었던 것에 불과하다).

37 최초출원된 명세서에 기재된 청구범위는 공개내용의 일부이고 이를 가지고 서면명세요건을 충족시킬 수 있는지 여부를 판단한다. Ex parte Gould, 6 USPQ2d 1680, 1681(Bd. Pat. App. & Int'f 1987)(최초의 명세서와 청구범위는 최초의 공개내용을 구성한다); In re Benno, 768 F.2d 1340, 1346, 226 USPQ 683, 686-687(Fed. Cir. 1985)(청구범위는 명세서의 일부이다).

38 Chisum §11.04 [3].

39 In re Fouche, 439 F.2d 1237, 169 USPQ 429(CCPA 1971).

40 In re Hawkins, 486 F.2d 569, 179 USPQ 157(CCPA 1973). 심사관이 특허출원서를 보정한 것이 신규사항을 추가한 것이라고 거절을 하자 특허심판원도 그 결정을 인용하였다. 그러나 CCPA는 이 결정을 번복했다. In re Fouche에서와 같이 특허출원서의 접수번호와 접수일자를 제시하는 것과 같은 것을 가지고 신규사항을 추가한 것으로 볼 수 없다는 이유에서이다. 또한 Mendenhall v. Astec Industries Inc., 13 USPQ2d 1913, 1922(E.D. Tenn. 1988), aff'd, 887 F.2d 1094, 13 USPQ2d 1956(Fed. Cir. 1989)(미공개판결)(다른 심사 중인 특허출원서를 인용하는 것도 공개요건을 충족시킬 수 있다); Ernsthausen v. Nakayama, 1 USPQ2d 1539, 1546(Bd. Pat. App. & Int'f 1985), aff'd, 809 F.2d 787(Fed. Cir. 1986)(미공개판결)(본질적인 재료로서 부적당하게 인용된 것은 특허출원서에 물리적으로 포함될 수

출원인은 출원서를 보정하는 방법에 의하여 영국특허출원서의 원문을 그대로 추가하지 않은 대신 영국특허출원서가 인용하고 있던 미국특허출원서를 인용한다고 밝혔다.[41] 그러나 CCPA는 미국특허출원서를 이중으로 인용하는 방식으로 보정을 하는 것은 신규사항을 추가하는 것이라고 보았다. 이를 해결하기 위해서는 영국특허출원서의 중요한 부분을 보정하는 방법밖에는 없는 것이다.[42]

바. 본질적으로 중요한 사항

본질적으로 중요한 사항을 인용하는 것을 금지한다는 원칙은 출원인이 후특허출원서가 주장하는 선특허출원서의 공개내용을 원용하는 것을 제한하지는 않는다. 출원인은 2개의 특허출원서를 제출했는데 이것들은 방사능화합물질로 명명된 것들이다. 이 물질이 사용되는 용도는 1987년 7월 10일 물질이 접수되었는지에 대하여 영상을 맺게 하는 것이다. 영국의 원래의 특허출원서와 944호 특허출원서가 특허출원서를 포함하고 있었다. 영국의 원래의 모특허출원서는 어떤 화합물질을 공개하고 이를 청구항의 권리범위라고 하고 있었다. 이 특허출원서는 944호 특허출원서를 인용하고 있었다. 944호 특허출원서도 B라는 물질을 공개하면서 청구항의 권리범위로 하고 있었다. 944호를 특허출원한 출원인은 특허출원서의 접수일자와 접수번호를 부여받은 다음에 그 특허심사를 포기했고 이것은 의도적인 것은 아니었다.

특허출원인이 후일 특허출원을 하면서 이것이 현재 특허 심사중인 특허출원서인데 이는 1989년 6월 26일 접수되었고 B라는 발명을 청구항의 권리범위로 하고 있었다. 특허심사관은 이 청구항이 선행기술에 비추어 특허를 받을 수 없다고 특허를 거절하였는데 선행기술은 영국의 모특허출원이 접수되기 이전에 있었던 것이다. 심사관은 현재의 특허출원서는 영국의 모특허출원서에 기초하여 우선권을 부여받을 수 없다는 이유에서 특허를 거절하였다.

만약 그렇다면 이는 심지어 그 이전에 외국의 특허출원서에 기초하여 우선권을 받을 수 없다는 이야기도 된다. 왜냐하면 영국의 모특허출원서가 본질적인 자료들을 제출하지 못하였기 때문에 부적절한 것이기 때문이다. 이것은 944호 특허출원서로부터 나오는 B라는 물질에 관한

있다) 참조.

그러나 이에 배치되는 일본 판례: In re International Standard Electric Corp., 동경고등재판소(1978), noted in 10 Int'l Rev. Indus. Prop. & Copyright L. 758(1979)(외국에 우선권을 주장할 수 있는 특허출원서를 가지고 오역을 정정하는 것이 신규사항을 추가하는 것이냐를 결정하는 데 사용할 수 없다).

41 In re Hawkins, 486 F.2d 579, 179 USPQ 163(CCPA 1973). CCPA는 우선 이러한 명세서는 청구항에 대한 공개내용이 부적절하다는 이유로 특허가 거절될 수 있다고 보았다. 그러나 특허출원서를 인용하는 방법을 가지고 특허대상이 특허법상의 공개요건을 충족시킬 수 있느냐를 판단함에 있어 특허심판원은 상당한 재량권을 가진다.

42 실시가능요건을 충족시키기 위하여 필요한 자료는 반드시 신규사항이라고 볼 수는 없다. In re Lundak, 773 F.2d 1216, 227 USPQ 90(Fed. Cir. 1985)(특허출원 이후에 미생물을 기탁한 것은 물론 그 기탁을 인용한 것도 신규사항을 추가한 것이 아니다).

것이다. 따라서 이는 특허법이 요구하는 바와 같이 발명을 공개하지 못한 경우에 해당된다는 것이다.

그러나 특허심판원은 이 결정을 배척했다. 특허법은 특허가 출원된 발명이 선특허출원서에 공개되어야 하는데, 선특허출원서의 공개내용이 특허법의 공개요건을 충족하는 방법으로 되어야 한다고 하고 있다. 그러나 선특허출원서에 공개되는 방법은 반드시 어떻게 청구항이 만들어져야 하는지에 대해서는 아무런 제한을 두고 있지 않다. 현재의 특허출원서와 명세서 그리고 청구항들로서 944호의 것들과 같은 것인데 이것이 영국의 원래의 모특허출원서를 인용하는 방법에 의하여 공개를 대신한 것이다.

현재의 특허심사지침은 현재 심사가 계속 중인 특허출원서에 공개된 본질적으로 중요한 자료들을 인용하는 방식으로 공개요건을 대신할 수 없다고 한다. 그러나 B라는 특허대상은 이렇게 본질적으로 중요한 자료에 해당된다고 할 수 없다. 왜냐하면 090 특허에서는 이 자료가 청구항의 권리범위로 되어 있지 않기 때문이다. 따라서 출원인으로서는 인용하는 방식으로 자료를 공개하는 것에 대신하였다고 하여도 이로써 공개요건을 충족한다.

5. 내재성

가. 의　미

신규사항을 추가하였다는 심사관의 거절을 회피하기 위하여 출원인은 특허출원서를 보정한 것은 단순히 최초특허출원서의 공개내용에 본래적으로 포함되었던 것을 명백하게 한 것뿐이라고 주장하여야 한다. 특허출원서를 보정하는 것은 최초의 공개내용이 가지는 기본적인 결함을 교정하는 것은 아니기 때문에, 이를 분명하게 할 목적으로 한 것이라면 이러한 보정은 반드시 허용되어야만 한다.

내재성(Inherency) 즉 최초출원서가 본래적으로 공개한 것을 판단함에 있어서는 구조, 이론, 유용성 및 장점 등과 같은 여러 가지 다른 종류의 공개내용을 구별하는 것이 필요하다.[43]

나. 구　조

특허출원서에 묵시적으로 기술되어 있는 것을 명시적으로 공개하기 위하여 출원서를 보정

---

[43] PTO MPEP ? 608.04(a)(6th ed. 1995)(본래적인 성질 즉 화학적·물리적 성질이나 새로운 구조적 공식이나 새로운 용도를 추가하는 것이 신규사항이 되는지 여부는 최초의 공개내용의 적절성에 달려 있다); Ex parte Vander Wal, et al., 1956 C.D. 11; 705 O.G. 5(물리적 특성의 추가); Ex parte Fox, 1960 C.D. 28; 761 O.G. 906(새로운 공식의 추가); Ex parte Ayers, et al., 108 USPQ 444(새로운 용도의 추가).

할 수 있다.[44] 그러나 구조적(Structure)이거나 작동적인 구성요소가 최초특허출원서에 존재할 수도 있었다는 것만으로는 부족하고 반드시 존재하였거나 묵시적으로 존재하여야 한다.[45]

다. 과학적 작동이론

일반적으로 출원인은 반드시 물건의 구조나 방법의 작동방식을 공개하여야 한다. 그러나 출원인은 그 발명이 목적을 달성하는 방법을 설명하는 과학이론을 공개할 필요도 없고 이해할 필요도 없다.[46] 따라서 출원인이 발명의 과학이론을 추가하거나 공개내용을 변경하도록 한 것은 일반적으로 허용된다.[47] 따라서 발명자가 심사가 계속되는 중에 청구항을 보정하여 발명원칙을 보다 잘 이해할 수 있도록 한다면 이는 발명자의 정당한 권리로서 결코 발명을 추가하거나 확장하는 것이 아니다.[48] 그러나 공개된 발명의 요지가 과학이론을 떠나서는 완전하게 이해될 수 없는 것이라면 이러한 과학이론에 대한 공개는 신규사항이 될 수 있다고 보는 견해도 있다.[49]

---

44 다수설: Tektronix, Inc. v. United States, 445 F.2d 323, 327, 165 USPQ 392, 394, 170 USPQ 100(Ct. Cl. 1971), reh'g denied, 557 F.2d 265(Ct. Cl. 1977), appeal after remand, 575 F.2d 832, 198 USPQ 378(Ct. Cl. 1978), cert. denied, 439 U.S. 1048(1978). 그러나 소수설은 Standard Oil Co. v. Montedison, S.p.A., 494 F. Supp. 370, 206 USPQ 676, 693(D. Del. 1980), aff'd, 664 F.2d 356, 212 USPQ 327(3d Cir. 1981), cert. denied, 456 U.S. 915(1982)(발명을 실시할 때마다 변함이 없이 원하는 물건이 만들어져야 한다는 주장을 배척하고 법률적 내재성의 판단에 있어서 물건청구항과 방법청구항을 구별한 견해: 방법청구항에 있어서는 방법은 실시할 때마다 작동하여야 한다. 그러나 물건청구항은 그 성질에 부합하지 않는 물건을 만들어 냈어도 문제가 되지는 않는다).

이러한 보정은 실시능력부여요건을 충족시키는 데 필요한 물질을 추가한다. In re Reynolds, 443 F.2d 384, 389, 170 USPQ 94(CCPA 1971); In re Fisher, 427 F.2d 833, 836, 166 USPQ 18(CCPA 1970); Riester v. Kendall, 159 F.2d 732, 72 USPQ 481(CCPA 1947)(화학물질과 방법에 대한 특허출원서에서 화학공식에 대한 잘못된 구조공식은 공개된 방법에 비추어서 용이한 것이다).

45 Chubb & Son's Lock & Safe Co. v. Omron Tateisi Elec. Co., 196 USPQ 677(D. D.C. 1976); Interchemical Corp. v. Watson, 145 F. Supp. 179, 182, 111 USPQ 78, 79(D. D.C. 1956), aff'd, 251 F.2d 390, 116 USPQ 119(D.C. Cir. 1958)(본래적으로 존재한다는 것은 가능성이나 개연성만으로는 존재할 수 없다. 이러한 내재성은 반드시 필요한 것이고 불가피한 것이라는 증거가 있어야 한다).

Wagoner v. Barger, 463 F.2d 1377, 1380, 175 USPQ 85(CCPA 1972); Giambalvo v. Detrick, 168 F.2d 116, 120, 77 USPQ 582, 586(CCPA 1948)(내재성이라는 것은 20번 중에서 1회 발생하는 정도로서 어느 물건이나 사건이 존재하거나 발생할지도 모른다는 것을 의미하지는 않는다. 내재성이 있다고 하기 위해서는 사건이 반드시 발생하여야 한다); Hansgirg v. Kemmer, 102 F.2d 212, 214, 40 USPQ 665(CCPA 1939)(명세서가 가르치는 대로 작동하여 문제의 기능을 수행한 결과, 자연적으로 발생하는 효과를 입증하는 데 충분한 공개내용이라면 공개내용이 충분한 것으로 볼 수 있다).

46 Diamond Rubber Co. v. Consolidated Rubber Tire Co., 220 U.S. 428(1911); In re Newman, 782 F.2d 971, 974, 228 USPQ 450, 452(Fed. Cir. 1986)(특허청은 과학적 이론을 검증하는 기관이 아니다); In re Bowden, 183 F.2d 115, 119, 86 USPQ 419, 422(CCPA 1950)(발명자가 그 발명이 작동하게 되는 과학적 원칙을 모른다고 하여도 특허를 받는 데 지장이 없다).

47 Congoleum Indus., Inc. v. Armstrong Cork Co., 339 F. Supp. 1036, 1057–58, 173 USPQ 147, 164(E.D. Pa. 1972), aff'd, 510 F.2d 334, 184 USPQ 769(3d Cir. 1975), cert. denied, 421 U.S. 988(1975)(어떤 금지물질이 작용을 하는 방식에 대한 설명을 추가하는 것은 일반대중에게 완전한 공개내용을 제공한다).

48 Michigan Carton Co. v. Sunterland Paper Co., 29 F.2d 179(6th Cir. 1928).

49 Steward v. American Lava Co., 215 U.S. 161(1909).

라. 산업상 이용가능성 또는 유용성

만약 최초특허출원서에 산업상 이용가능성 또는 유용성에 관하여 아무런 언급이 없었던 경우에 후일 유용성에 관한 언급을 하는 것은 신규사항을 추가하는 것으로서 허용될 수 없다.[50] 출원인이 새로운 용도를 추가하거나 이미 기재된 용도를 변경하는 경우에는 보다 어려운 문제가 발생한다. 출원인이 특허의 발급가능성에 대한 증거로서 물건이나 방법의 용도를 제시한다면 이러한 용도는 반드시 명세서에 나타나야만 한다. 그러나 이러한 공개는 서면명세요건이 요구하는 실시능력부여요건을 충족시키기 위한 것은 아니라고 본다.

계속된 특허심사는 특허출원된 발명에 대하여 최초의 특허출원서에 기초한 우선권을 상실함이 없이 최초출원서에는 기재되지 않았던 용도를 추가적으로 공개할 수 있다고 본다.[51] 그러나 이 판례(Davis)가 신규사항이냐 아니냐의 문제에 대해서는 견해가 갈릴 수 있다. 출원인이 완전히 새로운 용도를 추가하는 것은 허용되지 않는다. 만약 출원인 이외의 사람이 특허출원서의 접수일자 이후에 특허가 출원된 특허대상에 대한 새로운 용도로서 전혀 용이하지 않은 것을 발견한 경우에 그 사람은 그 용도를 가지고 별개의 방법에 대하여 특허를 출원할 수 있다.[52]

그러나 이미 공개되었던 유용성에 대하여 약간의 변경을 하는 것은 신규사항을 추가한 것이 아니라고 본다.[53] 출원인이 이미 알려진 항체약인 Daunorubicin을 만드는 방법에 관하여 특허를 출원하였다. 출원인은 명세서에서 '이 약품이 용해할 수 있는 붉은 잔류물을 만들 수 있으며 항체 및 항암효과가 있다.'고 하였다. 심사관은 청구항에 대한 특허를 발급하면서도 이 약품이 안전하고 신뢰할 수 있으며 앞서 말한 유용성이 있는지 증거를 제시하지 못하는 한 항암효과가 있다는 용어를 철회할 것을 요구했다.

출원인이 이 약품이 일정한 암세포에 대해서는 항암효과가 있다는 것을 입증할 수 있는 충분한 자료를 제시하였지만 심사관은 취소할 것을 고집하였는데 그 이유는 공개된 유용성이 이를 입증하는 증거보다 더 넓기 때문이라는 것이다. 그러나 연방항소법원(4th. Cir)은 이 결정을 번복했다. 출원인이 동일한 목적을 달성하기 위하여 특허심사계속신청서를 제출하였다는 점이 인정되었기 때문이다.[54]

---

50 이러한 보정은 최초의 공개내용이 가진 결함을 보정하는 것이다. Ex parte Ayers, 108 USPQ 444(Pat. Off. Bd. App. 1955); In re Hafner, 410 F.2d 1403, 161 USPQ 783(CCPA 1969).

51 In re Davies, 475 F.2d 667, 177 USPQ 381(CCPA 1973).

52 선발명주의를 취하는 미국에서는 출원인의 명세서에 대하여 새로운 용도를 공개함으로써 특허출원서를 보정하는 것을 허용하는 것은 그 출원인에게 누가 발명의 우선권이 있느냐를 결정하는 기준이 되는 발명의 해석적 실시를 판단하는 데 있어서 우위를 줄 수 있다. Chisum §11.04.

53 Rhone-Poulenc SA v. Dann, 507 F.2d 261, 184 USPQ 196(4th Cir. 1974), cert. denied, 422 U.S. 1009(1975).

54 미특허심판원도 심사관의 이 철회요구가 정당한 것이라고 보았다. 이미 공개된 유용성의 범위를 한정하는 것은 신

마. 장점과 특성

청구항에 기재된 특허대상으로부터 원래 내재하는 장점이나 특성이 그 공개된 방법으로 사용되면 특허를 받을 수 있는 가능성의 증거로 사용되는 경우가 있다.[55] 선행기술을 압도할 수 있는 우수한 특성을 공개한 특허출원서만이 특허를 받을 수 있다는 원칙은 없다. 장점이 가지고 오는 효과가 그 발명이 가지는 기본적인 유용성으로 특허출원서에 공개되기만 하였다면 그 것만으로 충분한 것이다. 따라서 출원인이 이 물질이 가지는 장점에 관하여 추가적으로 서술하는 것은 허용되는 보정에 해당된다.[56]

예컨대 출원인이 통상의 마그네슘카보네이트와 아세틸살리칠산의 혼합물에 관한 청구항에 대하여 최초출원서에 공개된 특징인 용해성에 의존하거나 추가하는 것은 허용된다.[57] 그러나 발명이 본래적으로 가지고 있었던 특성이나 장점이라고 하더라도 만약 이것이 공개된 바 없다면 이는 공개된 것이라고 볼 수는 없기 때문에,[58] 이를 보정하는 것은 신규사항이 되어서 그 보정이 금지된다고 본 판례도 있다.[59]

Ⅱ. 청구범위의 보정

1. 출원명세서의 보정과 다른 점

앞서 본 바와 같이 특허출원인은 출원서가 특허청에 접수된 이후에도 출원명세서나 도면

규사항으로서 금지된다고 보았다.

55 Westmoreland Specialty Co. v. Hogan, 167 F.2d 327(3d Cir. 1909).

56 Eli Lilly & Co. v. Premo Pharmaceutical Laboratories, Inc., 630 F.2d 120, 134, 207 USPQ 719, 732(3d Cir. 1980), cert. denied, 449 U.S. 1014(1980)(화학적 합성물과 그 장점이 하나이고 동일한 것인 한, 화학물질의 새로이 발견된 특성은 비록 최초특허출원서에 기재되지는 않았을지라도 신규사항에 해당되지 않아서 그 추가가 허용된다); Brooktree Corp. v. Advanced Micro Devices, Inc., 977 F.2d 1555, 1574, 24 USPQ2d 1401, 1414(Fed. Cir. 1992)(발명의 의도나 용도를 기술한 내용의 보정은 장식에 불과하고 특허의 발급가능성에 대해 영향을 미칠 수 없어서 신규사항이 될 수 없다): 그러나 다른 견해: In re Imidazolines, German Federal Supreme Court(1972), noted in 3 Int'l Rev. Indus. Prop. & Copyright L. 386(1972)(소수설: 최초특허출원서에는 기재되지 않은 기술적이거나 치료적인 유용성은 후일 심사과정에서 보정될 수 있다).

57 Ex parte Douschkess, 47 USPQ 525(Pat Off. Bd. App. 1940); Westvaco Corp. v. International Paper Co., 23 USPQ2d 1401, 1424(E.D. Va. 1991), aff'd, 991 F.2d 735, 26 USPQ2d 1353(Fed. Cir. 1993)(문제가 된 사항은 최초의 공개내용에 내재적으로 존재하는 기능이나 특성을 명시적으로 설명한 것에 불과하다).

58 Lincoln Eng'r Co. v. Stewart-Warner, 303 U.S. 545(1938).

59 Schriber-Schroth Co. v. Cleveland Trust Co., 305 U.S. 47, 39 USPQ 235(1938), cert. granted, 309 U.S. 648(1940), reh'g denied, 312 U.S. 714(1941); Twin Disc, Inc. v. United States, 10 Cl. Ct. 713, 231 USPQ 417, 435(Cl. Ct. 1986)(최초의 공개내용이 적절한지와 같이, 상황에 따라서 화학적 성질이나 물리적 특성과 같은 내재적인 특성을 추가하는 것과 구조공식이나 새로운 용도를 기재하는 것이 신규사항이 될 수 있다).

을 보정할 수 있다.[60] 그러나 출원명세서의 보정은 특허출원서에 최초로 첨부된 명세서 또는 도면에 기재된 범위에 한정되고,[61] 그 범위를 벗어나는 신규사항(New matter)을 추가할 수 없다.[62]

그러나 명세서에 기재된 청구범위를 확장, 변경 또는 축소함으로써 청구범위를 보정하는 것은 위 명세서를 보정하는 것과는 다르다. 청구범위를 보정할 수 있느냐 하는 것은 최초출원서가 후일 보정된 청구범위를 지지하느냐, 즉 서면명세요건을 충족시킬 수 있느냐의 문제로서 이는 명세서나 도면을 보정하는 데 있어서 신규사항을 추가하지 못한다는 것과는 구별된다.[63]

그러나 서면명세요건의 충족이 문제가 되는 경우는 청구범위가 확장적으로 보정된 경우, 즉 최초출원된 청구범위보다 그 권리범위가 넓어진 경우에 이 보정된 권리범위가 최초출원서의 공개내용에 의하여 지지되느냐가 문제가 된다. 따라서 청구범위의 축소적 변경은 서면명세요건을 충족시키느냐에 있어서 보정에 의하여 별다른 문제를 제기하지 아니한다.

2. 청구범위의 유예제출[64]

특허출원 시에 제출하는 최초출원서에 반드시 청구범위를 기재하여 제출하여야 하는 문제

---

60 특허법 제47조(특허출원의 보정) ① 특허출원인은 제42조 제5항 각 호에 따른 기한까지 또는 제66조에 따른 특허결정의 등본을 송달하기 전까지 특허출원서에 첨부된 명세서 또는 도면을 보정할 수 있다. 다만, 제63조 제1항에 따른 거절이유 통지(이하 "거절이유 통지"라 한다)를 받은 후에는 다음 각 호에서 정하는 기간(제3호의 경우에는 그때)에만 보정할 수 있다. 〈개정 2007.1.3, 2009.1.30〉

1. 거절이유 통지(거절이유 통지에 대한 보정에 따라 발생한 거절이유에 대한 거절이유 통지는 제외한다)를 최초로 받거나 제2호의 거절이유 통지가 아닌 거절이유 통지를 받은 경우 해당 거절이유 통지에 따른 의견서 제출기간
2. 거절이유 통지에 대한 보정에 따라 발생한 거절이유에 대하여 거절이유 통지를 받은 경우 해당 거절이유 통지에 따른 의견서 제출기간
3. 제67조의2에 따른 재심사를 청구할 때

61 특허법 제47조 제2항 참조.

62 특허심사지침 제2장, 4201. 특허법원 2007.3.14. 선고 2006허3984 판결에 의하면 최초로 첨부된 명세서 또는 도면에 기재된 사항이란 최초명세서 등에 명시적으로 기재되어 있는 사항이거나 또는 명시적인 기재가 없더라도 그 발명이 속하는 기술 분야에서 통상의 지식을 가진 자라면 출원 시의 기술 상식에 비추어 보아 보정된 사항이 최초명세서 등에 기재되어 있는 것과 마찬가지라고 이해할 수 있는 사항이어야 한다.

63 그러나 청구항을 보정하는 것과 명세서나 도면을 보정하는 것을 구별하지 않는 견해도 있다. 또한 신규사항을 추가하지 못한다는 원칙과 관련해서 청구항의 보정이나 청구항에 대한 유효한 특허출원일자, 즉 우선권의 문제를 제기하는 견해도 있다.

64 특허법 제42조 제5항: 특허출원인은 제2항의 규정에 불구하고 특허출원 당시에 제2항 제4호의 특허청구범위를 기재하지 아니한 명세서를 특허출원서에 첨부할 수 있다. 이 경우 다음 각 호의 구분에 따른 기한까지 특허청구범위가 기재되도록 명세서를 보정하여야 한다. 〈신설 2007.1.3.〉

1. 제64조 제1항 각 호의 어느 하나에 해당하는 날부터 1년 6개월이 되는 날까지
2. 제1호의 기한 이내에 제60조 제3항의 규정에 따른 출원심사 청구의 취지를 통지받은 날부터 3개월이 되는 날까지(제64조 제1항 각 호의 어느 하나에 해당하는 날부터 1년 3개월이 되는 날 후에 통지받은 경우에는 동항 각 호의 어느 하나에 해당하는 날부터 1년 6개월이 되는 날까지)

는 법리적인 문제가 아니라 각 나라의 정책적 판단의 결과이다.[65] 우리 특허법도 2007년 개정된 특허법 제42조 제5항에서 '특허출원인은 제2항에도 불구하고 특허출원 당시에 제2항 제4호의 특허청구범위를 기재하지 아니한 명세서를 특허출원서에 첨부할 수 있다.'라고 규정함으로써 특허출원자가 출원 시에 청구범위를 기재하지 않고 출원을 할 수 있어 출원인의 출원준비를 쉽게 하였다.[66]

이렇게 청구범위 유예제출을 이용하면 별도의 심사청구가 없는 한 1년 6개월까지 청구범위를 보정할 수 있어 출원인은 더 많은 시간을 가지고 청구범위를 제출할 수 있다.[67] 즉 선출원주의를 취하고 있는 우리나라가 특허법의 법적 안정성과 통일성보다는 발명자를 보호하기 위해, 미국처럼 정책적 판단으로 청구범위 유예출원제도를 택한 것이다.

3. 발명자 보호 경향

우리 특허법이 앞에서 본 바와 같이 법적 안정성보다는 발명자를 보다 적극적으로 보호하는 입법을 취한 데 비하여 청구항의 확장적 보정을 최초거절이유 통지 이전으로 제한한 것은 서로 모순이 되는 입법이다. 따라서 제3자의 권리에 대한 위해를 가할 우려가 없는 한 청구범위의 확장적 보정을 허용하는 것이 위 청구범위 유예제출을 입법화한 것과 모순되지 않을 것이다.

발명자에게 특허가 발급되기 전까지는 아직 그에게 독점적 권리가 주어진 것이라고 볼 수는 없기 때문에 제3자와 이해관계가 충돌할 아무런 이유가 없다. 따라서 특허가 발급되기 이전의 시점에서 행정상의 심사편의를 위해서 출원인에게 청구범위를 확장적으로 보정하는 것을 금지한다는 것은 발명자를 진정하게 보호하는 것이 아니다.

따라서 청구범위가 가지는 독점권의 범위가 확정되는 시점, 즉 특허가 발급되는 시점까지는 출원인이 청구항을 확장적으로 보정하거나 변경할 수 있도록 하여야 한다.

그러나 청구범위의 확장을 무제한으로 허용할 수도 없다. 출원인에 의해 최초로 출원명세서가 제출된 이래 심사가 진행되는 도중에 그 중간에 개입하는 제3자의 권리가 발생한 경우

---

65 임시명세서출원 제도는 과거 영국의 식민지였던 나라들에 의해 채택되고 있다. 오스트레일리아, 캐나다, 인디아, 뉴질랜드, 파키스탄 및 남아프리카 등이 임시명세서출원 제도를 가지고 있다. 따라서 특허출원 시에 청구범위 제출 여부가 법적인 문제가 아니라 각 나라의 정책적 판단에 의해 결정될 수 있는 것임을 알 수 있다. 황경환, 미국법상 임시출원 제도와 청구범위 유예제도, 창작과 권리, 제47호(2007년 여름호, 세창출판사), 주 51 참조.

66 위 특허법 제42조 제5항을 청구범위 제출을 연기해 주는 것 이외에는 전형적인 정규출원이라고 보고 이는 영국에서 인정하고 있었던 임시명세서 제도(Provisional specification)와 유사한 제도로서, 국내우선권제도와도 차이가 있다고 보는 견해는 황경환, 미국법상 임시출원 제도와 청구범위 유예제도, 창작과 권리, 제47호(2007년 여름호: 세창출판사), p.21 참조.

67 황경환, 미국법상 임시출원 제도와 청구범위 유예제도, 창작과 권리, 제47호(2007년 여름호: 세창출판사), p.25 참조.

에 청구범위의 확장적 보정을 허용하면 제3자의 권리에 위해를 가할 우려가 발생한다. 이러한 경우에는 출원인이 청구범위를 보정할 수 있는 권리를 제한할 필요가 있으며 만약 이러한 제3자의 권리가 없다고 하더라도 무제한으로 청구범위의 보정을 허용할 수는 없을 것이다.

4. 심사주의

가. 심사주의란

최초출원명세서를 제출한 이후에 출원인이 청구항의 한정사를 제거하거나, 새로운 청구항을 추가하거나, 청구항의 한정사를 삭제함으로써 청구항의 권리범위를 확장적으로 변경하는 경우에는,[68] 심사관은 그에 따라 선행기술을 새로이 검색해야 하는 불편을 감수해야 하고 비용도 추가적으로 발생하며 이로 인하여 심사시간이 지연되는 결과가 발생하게 된다. 따라서 이러한 일을 방지하기 위해서 청구범위를 보정하는 시점을 제한해야 한다는 것이다.[69]

물론 청구범위가 변경되거나 확장될 때마다 심사관은 선행기술조사를 다시 하거나 새로운 사항이 추가되었는지를 살펴야 하기 때문에 업무의 과중이 발생하고 이로써 심사가 지연될 수 있다. 이렇게 특허법이 청구범위를 실질적으로 변경하는 보정을 허용하지 아니하는 이유는 주로 심사의 편의를 위한 것이다.[70] 즉 최후거절이유 통지나 거절결정에 대한 심판청구 시의 보정은 기왕에 행하여진 심사결과를 유효하게 활용할 수 있는 범위 내로 한정하는 관점에서 그러한

---

68 이는 특허법 제47조 제3항, '제1항 제2호 및 제3호에 따른 보정 중 특허청구범위에 대한 보정은 다음 각 호의 어느 하나에 해당하는 경우에만 할 수 있다. 〈개정 2009.1.30.〉

1. 청구항을 한정 또는 삭제하거나 청구항에 부가하여 특허청구범위를 감축하는 경우
2. 잘못된 기재를 정정하는 경우
3. 분명하지 아니한 기재를 명확하게 하는 경우'에 반대되는 경우를 말한다.

69 심사편의설: 박성수, 특허출원 명세서의 보정에 관한 소고-요지변경 금지와 신규사항 추가 금지에 대한 검토, 사법논집 36집(2003), p.139 참조. 같은 페이지 주 119에 의하면 특허청 총무부 총무과 공업 소유권 제도 개정 심의실, 전게서, p.18을 인용하여 심사편의설을 설명한다. 일반대중이나 제3자 또는 경쟁자로서도 어떤 특허가 출원되었는지에 대한 감시를 할 수 없다는 문제가 발생하는 것을 방지하기 위한 것이라고 한다. 또한 위 전게서, 주 120에 의하면 일본의 특허청과 학설도 위 심사편의설을 따르고 있다고 한다.

70 심사편의설: 위 김인기, 전게논문, p.416. 자진보정이 출원인에게는 넓게 인정되지만 심사관에게는 요지변경 여부를 판단하여야하기 때문에 심사지연 및 심사업무의 부담 과중의 원인이 되었다. 개정법에서는 보정허용범위를 최초에 첨부된 명세서 또는 도면에 기재된 사항의 범위 이내로 함으로써 이를 신규사항의 추가 금지라고 한다. 위 전게논문 p.417에서는 최후거절 통지 후 및 특허거절결정에 대한 불복심판청구 시의 특허청구범위에 대하여 보정을 제한한 이유는 특허청구범위가 변경되거나 확장될 때마다 선행기술조사 등 재심사를 하여야 하므로 심사지연의 문제가 있었기 때문이다. 개정법에서는 최초거절이유 통지 후에는 특허청구범위의 보정에 제한을 두지 않으나 최후거절이유 통지 후 및 특허거절결정 불복심판 청구 시에는 특허청구범위의 보정에 제한을 두어 특허청구범위의 감축(청구항의 삭제를 포함), 잘못된 기재의 정정, 불명료한 기재를 명확하게 하는 것에 한정하기로 하였다. 이는 신규사항의 추가를 거절이유로 하는 제도를 도입함에 따라 불가피하게 도입되는 거절이유 통지의 횟수 제한의 도입으로 최후거절이유 통지 후 특허청구범위의 보정을 제한하지 않으면 심사관이 후속처리를 할 수 없는 문제가 발생되는 것을 방지하고 심사절차의 신속을 기하기 위함이다.

제한을 가하였다고 한다.[71] 청구항의 보정이 아무 제한이 없이 허락되면 그때마다 심사의 대상이 변경되어 몇 번이고 심사하지 않으면 안 되므로 심사관의 부담이 증대되고, 또한 제3자로서도 어떤 특허가 출원되었는지에 대한 감시의 부담이 과대해지는 폐해를 피하기 위한 것이다.[72]

일본의 특허청을 포함한 다수설도 최초거절이유 통지에 의한 보정의 경우에는 신규사항 추가 금지의 사항을 준수하는 범위 내라면 그 청구항의 권리범위의 확장, 변경 및 감축적 보정이 자유롭다고 보고,[73] 우리나라의 학자도 위 다수설에 찬동하고 있다.[74]

그러나 심사주의를 취하는 일본국의 해석론은 물론 입법적으로도 우리 개정된 특허법(2001. 2. 3. 법률 제6411호)이 일본 특허법의 개정과 궤를 같이하고 있어서,[75] 명세서 및 청구항의 보정이 허용되는 범위가 대폭 줄어들게 되었다.[76]

나. 최후거절이유 통지 이전

(1) 최초거절이유 통지

종래의 특허법은 출원한 지 1년 3개월을 심사관이 심사대기를 하는 기간으로 보고,[77] 출원인은 이 기간 동안 자진하여 보정할 수 있고 명세서 또는 도면의 요지를 변경하지 않는 범위 내에서 청구항의 확장, 변경 및 축소적 보정을 할 수 있었다.[78] 그러나 근래에 출원인의 이익을 위

---

71 심사편의설: 위 박성수, 전게논문, p.139 참조. 위 같은 페이지 주 119에 의하면 특허청 총무부 총무과 공업 소유권 제도 개정 심의실, 전게서, p.18을 인용하여 심사편의설을 설명한다.

72 위 박성수, 전게논문, 주 120은 일본 공업 소유권 심의회 답신 1992. 12. 18. 죽전, 전게서, p.268에서 재인용하면서 일본의 심사편의설을 따르고 있다.

73 일본국의 다수설이라고 한다. 박성수, 특허출원 명세서의 보정에 관한 소고-요지변경 금지와 신규사항 추가 금지에 대한 검토, 사법논집, 36집(2003), p.135, 주 110 참조.

74 위 박성수, 전게논문, p.135-36 참조. 위 학자는 다수설을 취하는 논거로서, 비록 다수설에 의하면 무제한으로 청구범위를 확대하는 것을 인정하지만 이러한 것은 명세서의 기재내용과 신규사항의 금지 원칙에 의하여 제한될 수 있다고 보고 특허법의 명문상 청구범위의 확장을 금하는 규정이 없으므로 이를 허용하여야 한다고 본다. 또한 미국의 경우도 명세서 본문의 보정에 대해서는 신규사항의 추가가 엄격하게 제한되나, 클레임 업(Claim up)의 자유도는 넓어 상위개념화가 인정되고 또한 복수의 구성요소가 있는 경우 그 취사선택에 의한 각각의 조합 클레임 업도 가능하다는 것이기 때문이라고 한다.

75 위 박성수, 전게논문, 주 60 참조. 근래 개정된 특허법(2001.2.3. 법률 제6411호)의 명세서 보정에 관한 조항은 일본의 그것과 동일하게 되었다.

76 위 박성수, 전게논문, p.118 참조.

77 개정 전의 특허법 〈개정 1993.12.10, 1997.4.10〉 제47조(특허출원의 보정), 제1항: 특허출원인은 특허출원서에 최초로 첨부된 명세서 또는 도면의 요지를 변경하지 아니하는 범위 안에서 제2항의 경우를 제외하고는 다음 각 호의 1에 해당하는 날부터 1년 3개월 이내에 특허출원서에 첨부된 명세서 또는 도면을 보정할 수 있다.

78 김인기, 특허보정제도, 신특허법론(법영사, 2005), p.414. 논자는 출원인이 특허청으로부터 아무런 통지를 받기 이전에 자유로이 할 수 있는 보정을 자진보정이라고 한다. 위 논자에 의하면, 개정 특허법 〈법률 제6411호, 2001.2.3., 일부개정〉 제47조 제1항은 출원인이 출원 후 자진보정을 할 수 있는 시기를 심사관이 특허결정의 등본을 송달하기 전(단, 거절이유 통지를 받은 때에는 의견서 제출기간 내, 거절된 경우는 불복심판 청구일로부터 30일 내)까지로 하였다. 개정 전의 특허법 〈개정 1993.12.10, 1997.4.10〉 제47조(특허출원의 보정)는 제1항에서 특허출원인은 특허

해서 심사기간을 단축하고 전자출원을 허용함으로써 공개 전 심사를 가능하게 하는 등 신속한 심사를 하는 경향으로 인하여 위 1년 3개월의 심사대기 기간 또는 자진보정 기간의 의미가 축소되었다.[79]

따라서 근래에 개정된 특허법은 최초거절이유를 통지한 일자를 기준으로 하여 출원인이 자진보정을 할 수 있는 기간을 설정한다. 특허법 제47조 제2항은 신규사항을 추가하는 것이 아니라면 최초거절이유 통지 이전에는 청구범위를 확장, 변경, 감축하는 것을 허용하는 것으로 규정하고 있다. 특허법 제47조 제2항은 '제1항의 규정에 의한 명세서 또는 도면의 보정은 특허출원서에 최초로 첨부된 명세서 또는 도면에 기재된 사항의 범위 안에서 이를 할 수 있다.'고 규정하고 있어서 그 범위에서는 청구범위에 대한 보정이 자유로이 이루어질 수 있다고 해석하여야 한다.

(2) 최후거절이유 통지 이전

특허법 제47조 제3항이 '그 이후에 최후거절이 있는 경우에는 청구항을 한정 또는 삭제하거나 청구항에 부가하여 특허청구범위를 감축하는 경우나, 잘못된 기재를 변경하는 경우, 분명하지 아니한 기재를 명확하게 하는 경우, 또는 제2항의 범위, 즉 신규사항의 추가 금지에 위반한 경우에 이를 이전의 청구범위로 되돌아가거나, 되돌아가면서 한정 삭제 또는 (한정사를) 부가하여 청구범위를 감축하거나 잘못된 기재 또는 불분명한 기재를 명확하게 하는 경우를 제외하고는 이를 허용하지 아니한다.'고 규정하고 있는 점에 비추어 그 반대해석상 최후거절통지 이전에는 청구항의 권리범위를 확장적으로 보정하는 것을 허용한다고 보아야 한다.[80]

최초출원서에 기재된 각 청구항들이 가지고 있는 한정사나 구성요소를 삭제하는 경우에 그 청구항의 권리범위는 확장된다. 이렇게 청구항의 용어를 변경함으로써 그 권리범위의 확장, 변경 및 감축을 가져오는 보정은 신규사항의 추가 금지라는 제한에는 영향을 받지 않을 수 있다.[81]

출원서에 최초로 첨부된 명세서 또는 도면의 요지를 변경하지 아니하는 범위 안에서 제2항의 경우를 제외하고는 다음 각 호의 1에 해당하는 날부터 1년 3개월 이내에 특허출원서에 첨부된 명세서 또는 도면을 보정할 수 있다고 규정한 바 있으므로 특허출원 후 1년 3개월 이내에는 출원인은 자기의 필요에 따라 언제든지 명세서 또는 도면에 대하여 보정을 할 수 있다. 따라서 심사관에게는 특허출원 후 1년 3개월 이내에는 심사를 착수할 수 없는 제한이 되기도 한다. 이 출원 후 1년 3개월을 일반적으로 자진보정 기간이라 하며, 심사관의 입장에서는 심사대기 기간에 해당한다.

79 위 김인기, 전게논문, p.414 참조.

80 특허법 제47조 제3항: 제1항 제2호 및 제3호에 따른 보정 중 특허청구범위에 대한 보정은 다음 각 호의 어느 하나에 해당하는 경우에만 할 수 있다. 〈개정 2009.1.30.〉

1. 청구항을 한정 또는 삭제하거나 청구항에 부가하여 특허청구범위를 감축하는 경우
2. 잘못된 기재를 정정하는 경우
3. 분명하지 아니한 기재를 명확하게 하는 경우
4. 제2항에 따른 범위를 벗어난 보정에 대하여 그 보정 전 특허청구범위로 되돌아가거나 되돌아가면서 특허청구범위를 제1호부터 제3호까지의 규정에 따라 보정하는 경우

81 박성수, 특허출원 명세서의 보정에 관한 소고-요지변경 금지와 신규사항 추가금지에 대한 검토, 사법논집, 36집

다. 최후거절이유 통지 이후

특허법 제47조 제3항에 의하면 최후의 거절이유 통지를 받은 경우와 특허법 제67조의2에 따른 재심사를 청구할 때, 즉 거절결정에 대한 불복심판 청구 후에는 신규사항의 보정이 금지됨은 물론 청구범위의 확장적 보정은 허용되지 않는다.[82] 이때 최후거절이유라 함은 최초거절이유 통지에 대한 보정에 의하여 새로이 생긴 거절이유만을 의미한다. 따라서 최초거절이유 통지에서는 청구 제1항에 대한 거절이유만을 지적하였고, 그에 대한 보정이 이루어지지 아니한 상태에서 청구 제2항에 대하여 거절이유 통지가 이루어진 경우, 이 통지는 최후거절이유 통지가 아니라 최초거절이유 통지이다. 또한 최후의 거절이유 통지는 '최후'라고 명시하여야 하고, 최후임을 명시하지 아니한 거절이유는 최후거절이유 통지로 취급될 수 없다.[83 84]

라. 비 판

특허출원명세서에 청구범위를 제출할 것을 요구하는 근본적 이유는 청구항의 권리범위를 특정하게 함으로써 발명자와 일반대중에게 특허발명의 권리범위를 알리기 위한 것이다.[85] 청구범위는 항상 출원인의 특허권리와 배치되는 제3자의 존재를 염두에 두고 있는 것이다. 일단 최

(2003), p.135.

82 특허법 제47조 제3항 및 제4항 참조.

83 최후거절이냐의 여부에 대해서는 위 박성수, 전게논문, p.136 참조.

84 2012년 개정되기 이전의 구 특허법 제47조 제4항은 최후거절이유 통지 이후 또는 같은 법 제67조의2에 따른 재심사를 청구할 때, 즉 거절결정에 대한 불복심판 청구 이후의 청구항의 보정은 청구범위를 실질적으로 확장하거나 변경하지 아니하여야 하고 보정 후 청구범위에 기재된 사항이 최초의 출원일을 기준으로 하여 특허를 받을 수 있을 것을 요건으로 하였다.개정 전 특허법 제47조 제4항: 제1항 제2호 및 제3호에 규정된 기간 이내에 할 수 있는 보정은 다음 각 호의 요건을 충족하여야 한다. 〈개정 2002.12.11.〉

1. 명세서 또는 도면의 보정은 특허청구범위를 실질적으로 확장하거나 변경하지 아니할 것
2. 보정 후 특허청구범위에 기재된 사항이 특허출원을 한 때에 특허를 받을 수 있을 것

85 청구항이 '유전자로서 SEQ ID NO: 1을 포함한다.'고 하고 있는 경우에 프로모터, 암호지역과 기타의 구성요소를 포함하고 있는 이 청구항은 SEQ ID NO: 1의 성질을 가지는 모든 유전자를 그 권리범위에 포함시키지만 프로모터나 부호지역과 같은 구조에 대한 상세한 설명을 하지 못하는 경우도 있다. 또한 유전자 염기서열이 가지는 기능적 특성만을 공개하고 그 염기서열의 기능과 구조의 관련성에 대하여 아무런 설명을 하지 못한다면 이는 서면명세요건을 충족시키지 못하며 이를 얻는 방법을 공개한다고 하여도 그 요건을 충족시키지는 못한다. In re Bell, 991 F.2d 781, 26 USPQ2d 1529(Fed. Cir. 1993), and In re Deuel, 51 F.3d 1552, 34 USPQ2d 1210(Fed. Cir. 1995)(방법이 그 방법에 의하여 만들어진 물건을 용이하게 하지는 않는다). 특허출원된 발명을 용이하게 하지 못하는 명세서는 서면명세 요건을 충족시키지 못한다고 보는 것이 지배적 견해이다. Eli Lilly, 119 F.3d at 1567, 43 USPQ2d at 1405. 또한 Fujikawa v. Wattanasin, 93 F.3d 1559, 1571, 39 USPQ2d 1895, 1905(Fed. Cir. 1996)(단순히 목록을 나열하는 것만으로는 서면명세요건을 충족할 수 없고 상세한 설명이 되기 위해서는 통상의 지식인으로 하여금 특허출원된 발명으로 '잘 인도(Reasonably lead) 할 수 있어야 한다); In re Ruschig, 379 F.2d 990, 995, 154 USPQ 118, 122-23(CCPA 1967)(상상을 할 수는 있지만 구체적 지시가 없는 것은 상세한 설명을 하지 못한 것이다); Purdue Pharma L.P. v. Faulding Inc., 230 F.3d 1320, 1328, 56 USPQ2d 1481, 1487(Fed. Cir. 2000)(명세서가 통상의 지식인에게 발명자가 발명의 일부로서 고려하였던 비율에 대하여 분명하게 설명하지 못한다) 참조.

초출원서를 제출한 이후에 심사가 계속되는 도중에 제3자의 권리가 발생한 경우에는 출원인의 청구범위를 보정함으로 인하여 제3자의 권리가 위해를 입을 수가 있다.

출원인이 그 이전에 청구범위를 보정하는 등 보다 성실하게 심사를 진행하였더라면 청구범위를 확정할 수 있었음에도 불구하고 출원인이 이를 해태함으로 그에 대한 특허권리를 상실한 것이다.[86] [87] 따라서 청구범위의 변경에 의하여 그 권리와 이익의 손해를 입을 수 있는 제3자가 존재하지 않는 한 청구범위의 확장적 보정을 금지할 별다른 이유는 없다. 만약 있다면 이는 다음에서 보는 심사관의 편의를 고려한 심사주의에 따른 것이다.

심사주의를 취하고 있는 우리 및 일본의 특허법은 청구범위를 확장하여 보정하는 것을 매우 제한한다. 그러나 청구항을 보정하는 것은 명세서가 보정된 청구항을 지지하느냐의 문제, 즉 서면명세요건을 충족시킬 수 있느냐의 문제로서 이는 명세서나 도면을 보정하는 데 있어서 신규사항을 추가하지 못한다는 것과는 구별된다.[88]

따라서 최초출원된 이후에 청구항을 확장적으로 보정하였음에도 불구하고 서면명세요건을 충족시킬 수 있다면 특허요건을 구비하는 데 있어서 아무런 문제가 없다. 명세서 및 도면의 보정이 최초출원명세서 또는 도면에 기재된 사항의 범위를 넘지 않는다면 청구항의 확장적 보정도 이를 허용하지 아니할 아무런 이유가 없다.

더구나 앞서 본 바와 같이 우리 개정된 특허법 제42조 제5항이 청구범위 유예제출 제도를 도입하여 특허출원 시에 청구범위를 기재하지 아니한 명세서를 제출할 수 있다고 한 것은 청구범위가 가지는 권리범위를 확정하는 것을 후일로 할 수 있다는 의미로, 이는 발명자의 이익을 위한 것으로 보아야 할 것이다. 결국 출원 당시에 청구범위가 기재되지 않은 특허출원서를 제출하였다가 후일 제출한 경우와 출원 시에는 청구범위를 기재하였다가 후일 그 청구범위를 확장적으로 보정한 경우를 구별할 아무런 이유가 없는 것이다.[89]

---

86 Michael T. Hawkins, PROSECUTION LACHES IN THE WAKE OF SYMBOL TECHNOLOGIES: WHAT IS "UNREASONABLE AND UNEXPLAINED" DELAY?, 87 Minn L. Rev 1621, 1651(2003).

87 이는 출원되어 심사가 계속 중인 출원에 있어서 아직 특허청에 제출되지 않은 청구항들에 대해서는 일반대중이 이를 자유로이 사용할 수 있다고 보는 것이다. David L. Marcus, Comment, Is the Submarine Patent Torpedoed?: Ford Motor Co. v. Lemelson and the Revival of Continuation Application Laches, 70 Temp. L. Rev. 521, 558(1997)(미연방대법원의 선판결, 즉 General Talking Pictures와 Crown Cork에서 추론하면, 중간의 제3자의 권리라는 것은 일반대중이 출원되어 심사 중인 출원서에서 청구항의 권리범위로 주장되지 않은 것을 추가로 청구항의 권리범위로 주장할 때까지 사용할 수 있는 권리를 말한다).

88 그러나 청구항을 보정하는 것과 명세서나 도면을 보정하는 것을 구별하지 않는 견해도 있다. 또한 신규사항을 추가하지 못한다는 원칙과 관련해서 청구항의 보정이나 청구항에 대한 유효한 특허출원일자, 즉 우선권의 문제를 제기하는 견해도 있다.

89 특허법 제42조 제5항

1. 제64조 제1항 각 호의 어느 하나에 해당하는 날부터 1년 6개월이 되는 날까지

2. 제1호의 기한 이내에 제60조 제3항의 규정에 따른 출원심사 청구의 취지를 통지받은 날부터 3개월이 되는 날까지(제64조 제1항 각 호의 어느 하나에 해당하는 날부터 1년 3개월이 되는 날 후에 통지받은 경우에는 동항 각 호의

물론 특허출원을 함에 있어서 명세서를 제출하게 함으로써 명세서의 기재내용을 심사하는 것은 특허출원된 발명이 선행기술과 어떻게 다르다는 점을 제시하여 특허심사과정을 쉽도록 하기 위한 것도 된다.[90] 그러나 심사관의 특허거절사유는, 첫째, 특허법에 위반되거나, 둘째, 특허청의 심사실무내규에 위반되거나, 셋째 그간 계속되어 왔던 심사의 전통이나 관행에 위반되는 경우다. 따라서 명세서를 작성하는 목적이 특허심사관으로 하여금 심사업무를 쉽도록 하여 준다는 것은 위 세 가지 사유 중 어느 것에도 포함되지 않는다.

5. 공개주의

가. 문제의 제기

미특허청은 미연방대법원의 Muncie Gear의 판시에 따라서, 미특허법 35 U.S.C. 제132조에 의하여 보정된 청구항이 새로운 사항(New matter)을 포함하고 있는지를 여부를 심사한다. 또한 심사관은 미특허법 제102(b)항의 신규성 상실사유에 해당하는지를 판단하는 데 있어서는 최초의 출원일자를 기준으로 하여 문제가 된 청구항이 최초의 공개내용에 의하여 특허를 받을 자격이 있는지를 심사하면 된다.

따라서 최초출원된 명세서에 기재된 청구항이냐 아니면 후일 보정된 것이냐의 여부는 중요하지 않지만,[91] [92] 청구범위의 보정이 있기 전에 중간에 개입하는 제3자의 권리가 존재하는 경우에 누구의 권리를 우선하여 주어야 하는지에 대해서는 별다른 지침이 없다. 만약 최초출원된 시점을 기준으로 하여 보정된 청구항의 신규성을 논한다면 이에 위배되는 제3자의 권리는 출원인의 지연된 보정에 의하여 불측의 손해를 입을 염려가 있는 것이다.

또한 미연방규정(Code of federal regulations) 제1.119조(37 C.F.R. §1.119: Amendment of claims)는 특허출원인은 일부의 청구항들을 취하하거나, 새로운 청구항들을 추가하거나, 특정한 청구항을 재작성함으로써 보정을 할 수 있다고 규정하고 있지만,[93] 이 역시 중간에 개입하는 제

어느 하나에 해당하는 날부터 1년 6개월이 되는 날까지)

90 Ex Parte C, 27 USPQ2d(BNA) 1492, 1992 WL 515817(Bd. Pat. App. & Interferences 1992). 이 사건은 강낭콩의 변종에 관한 것으로서 미특허심판원은 특허출원인의 명세서가 서면공개요건을 결여하였다고 보지 않았다.

91 미특허심사지침 MPEP §2126.01(5th ed. rev. 1987).

92 동등물설: Engineering Development Laboratories v. Radio Corp. of America, 153 F.2d 523, 68 USPQ 238(2d Cir. 1946). 위 미연방대법원의 Muncie Gear 판결 직전의 하급심 판결인 위 Engineering Development Laboratories v. Radio Corp. of America 판결에서 저명한 판사인 Learned Hand는 청구항의 보정을 허용하는 범위는 최초의 공개내용과 동등물(Equivalent)로 여겨지거나, 후일 보정된 명세서와 함께 정독하면 청구항의 권리범위로 주장할 수 있었던 것을 넘지 아니하는 한 허용된다고 보았다.

93 미연방규정(Code of Federal Regulations) 제1.119조(37 C.F.R. §1.119(Amendment of claims): The claims may be amended by canceling particular claims, by presenting new claims, or by rewriting particular claims as indicated in §1.121.

3자와의 이해관계의 조정에 대해서는 아무런 도움이 되지 못한다. 따라서 중간에 개입하는 제3자의 권리가 발생한 경우에는 판례법에 의존할 수밖에 없는 것이다.

나. 공개주의란

공개주의(Disclosure view)는 최초출원된 명세서에 의하여 공개된 사항이라면 제한 없이 그 공개된 내용에 따른 청구범위의 보정을 허용한다.[94] 이는 1947년의 미연방대법원의 Muncie Gear 판결 이후의 대부분의 미국 하급심법원이 추종하는 견해이다. 이 공개주의에 의하면 최초 출원명세서가 제출된 이후에 추가된 내용이 새로운 사항(New matter)이냐 아니냐가 중요한 것이고, 청구항의 보정이 확장적인 것이냐 축소적인 것이냐의 문제는 중요한 것이 아니다.[95]

다. Muncie Gear 판결: 공개주의의 기원

Muncie Gear Works v. Outboard, Marine & Mfg. Co., 315 U.S. 759, 53 USPQ 1(1942).

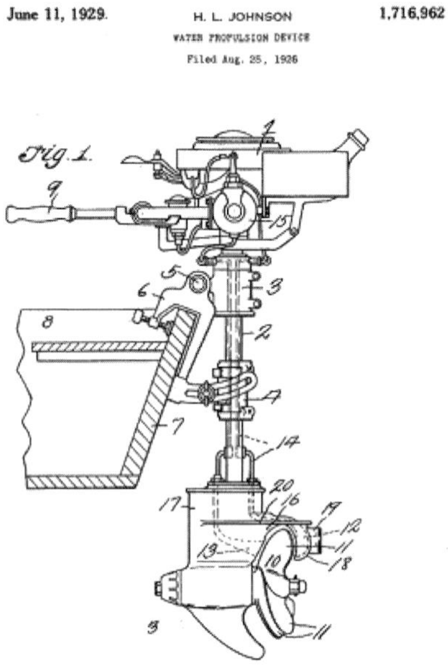

[94] Chisum on Patents §11.05 late Claiming [2]—Two Views on Late Claiming [b]—The Disclosure View, Foot note n. 3; In re Goldman, 205 USPQ 1086, 1089(Ass't Comm'r Pat. 1980)(미특허청은 공개주의를 지지하면서 출원인이 미특허심사규칙 Rule 56조의 신의성실의 원칙에 대한 의무를 준수하였는가를 판단함에 있어서 그가 특허출원 후의 상업적 사용에 대한 공개를 정직하게 하였는지를 본다. 선판례인 **Muncie Gear**가 새로운 사항(New matter)이 추가되었는지를 보기 때문이다).

[95] 따라서 청구항의 보정이 새로운 사항에 관한 것이라면 위 보정된 청구항이 서면명세요건을 충족하느냐의 문제는 제기되지 않고 단지 새로운 사항(New matter)이라는 이유로 보정된 청구항에 대하여 특허가 거절된다.

(1) 침해문제가 제기된 청구항(1929. 6. 11. 특허발급)

발명자 Johnson이 1926년 8월 25일 출원하고 1929년 6월 11일 발급된 '물을 추진하는 기구(Water propulsion device)'에 대한 미국특허 1,716,962의 청구범위 중에서 제11, 제12, 제13 및 제14 청구항이 이 사건 침해소송의 대상이 되었다. 위 청구항들은 1928년 12월 8일 보정되면서 새롭게 공개된 사항을 포함하고 있었는데, 발명자 Johnson은 이 보정에서 비로소 덮개(Housing)의 외부표면과 청구항의 관련성을 주장한다. 위 보정된 청구항들은 그 주요한 구성요소로서 덮개(Housing), 진공방지판(Anti-cavitation plate) 및 물의 통로(Internal water passages)를 조합한 것을 주장하고 있었다.

청구 제11항 내지 청구 제14항은 또한 '매끄러운 표면을 가진 새로운 형태의 덮개(Housing), 진공방지판(Anti-cavitation plate) 그리고 물이 통과하는 통로(Internal water passages)를 가진' 것을 그 권리범위로 주장하고 있었다. 발명자는 이러한 조합이야말로 소용돌이치는 물 흐름을 상당히 감소시키고 프로펠러 후방이 진공화되는 현상에 대한 탁월한 해결방안이라고 주장하였다.

그중 청구 제12항에서 덮개(Housing)는 '양쪽에 부서지지 않은 외부벽(Walls)을 가지고 있고', 청구 제14항에서 위 덮개(Housing)는 '부드럽고 부서지지 않는 벽(Walls)을 가진 것'으로 공개되었지만 청구 제11항과 청구 제13항은 덮개의 성질과 형상에 대해서는 아무런 언급이 없었다.

(2) 최초출원서(1926. 8. 25)의 공개내용

발명자 Johnson이 1926년 8월 25일경 최초로 아웃 보트(엔진이 외부에 노출되는 보트) 모터를 개량한 발명에 대한 특허출원서를 제출하였는데 그 최초출원서에 첨부된 도면에는 엔진, 프로펠러, 그리고 엔진의 프로펠러 샤프트와 수평으로 위치한 진공방지판(Anti-cavitation plate: 도면표시 20)이 공개되어 있었다. 이 도면의 상부에는 엔진이 위치하고 그 하부에는 프로펠러가 연결된 것으로서 프로펠러에는 덮개(Housing)의 상부 및 하부의 중간지점과 프로펠러 샤프트의 사이에 진공방지판(도면표시 20)이 수평으로 장치되어 있었다.

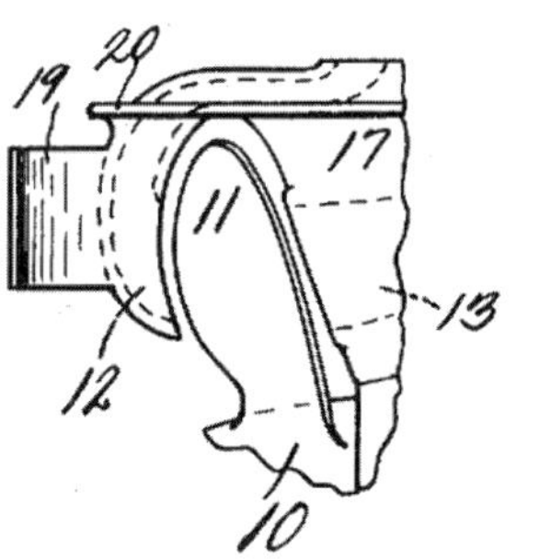

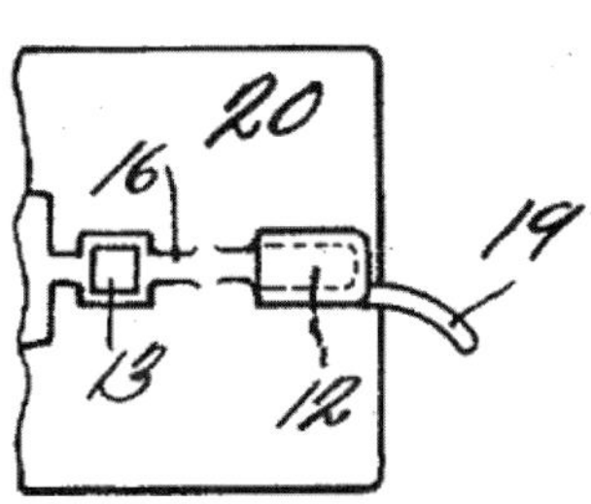

물은 통상의 수면 아래에 있는 냉각기를 거쳐서 흐르게 되어 있었고 그 길은 도면에서 표시되지 않았고 후일 공개된 덮개(Housing)에 대해서도 그 단면도가 도면에 표시되지 않았다. 그러나 도면에서 암시하는 바는 물이 통과하는 통로는 원형, 삼각형 또는 직사각형으로 추측되고 또한 도면에는 아치형으로 만들어진 진공방지판(도면표시 20)이 덮개(Housing)에서 시작하여 프로펠러의 위측에서 후면까지 연장되어 있다. 물의 유입을 위해서 그 열린 입구와 배출구가 달려 있고 그 후면에는 아치 모양으로 구부러진 굴절판(Deflection plate: 도면표시 19)이 고정된 방향타와 같이 달려 있다. 명세서는 진공(Cavity)이라는 것은 프로펠러에 의하여 만들어진 공기의 저항이 엔진이 작동하는 데 방해하는 것을 말하고 이를 방지하기 위해서 진공방지판(도면표시 20)이 장착된 것이라고 설명하였다.

최초출원서에 첨부된 도면에 보면 모든 물이 덮개(Housing)에 쌓여진 냉각시스템을 통과하도록 되어 있지만 정확한 덮개(Housing)의 모양은 단면도에 나타나 있지는 않았다. 굴절판(도면표시 19)은 회전하는 프로펠러가 주는 비트는 효과에 의하여 옆으로 도는 힘을 감소시켜 주기 위해서 아치 모양으로 구부러진 것으로 예시되고 있었다.[96]

그러나 발명자 Johnson은 위 1926. 8. 25.의 최초출원서와 이에 첨부된 도면에서 후일 특허가 발급되어 침해소송에서 침해문제가 제기된 청구 제11항 내지 제14항이 주장하는 조합, 즉 덮개(Housing), 진공방지판(Anti-cavitation plate) 및 물의 통로를 조합한 발명에 대해서는 아무런 설명을 하지 않았었다. 위 출원서에 첨부되었던 도면은 단 하나만이 첨부되었고 이 도면은 심사기간 내내 변경되지 않았으며 후일 특허도 이 도면에 의하여 발급되었다.

위 최초출원명세서와 청구범위에서 굴절판(Deflection plate: 도면 19)은 옆으로 도는 힘을 보상하기 위해 달려 있는데, 이러한 비트는 힘을 보상하기 위해서는 보트를 조정하는 사람이 지속적으로 조정을 해 주지 않으면 안 되는 것으로서 이를 방지하기 위해서 장치한 것이라고 설명을 하였다. 그러나 위 최초의 명세서와 도면은 진공방지판(Anti-cavitation plate: 도면 20)이 새로운 것이라거나 다른 구성요소와 조합하여 새로운 협동작용을 한다고 설명하지는 않았다.

(3) 청구항의 보정(1927. 12).-1차 보정: 조합발명(진공방지판 및 굴절판의 조합)

최초로 출원된 모든 청구항들이 1926년 12월 15일 거절되자 발명자 Johnson은 1927년 12월 13일종전 청구항들을 그대로 유지하면서도 새로이 굴절판(도면 19)의 특징을 주장하는 청구항들로 보정을 하였다. 위 발명자가 보정을 하면서 진공방지판(도면 20)은 관련 기술 계통에서는 이미 알려진 것이라는 점을 인정하면서 진공방지판(도면 20)과 아치 모양으로 휘어진 굴절판(도면 19)을 조합한 것을 발명의 특징으로 주장하였다. 이와 유사한 보충적 보정이 1928년 1월

---

96 Muncie Gear Works v. Outboard, Marine & Mfg. Co., 315 U.S. 759, 53 USPQ 1(1942).

19일 이루어졌고 그 후 1928년 6월 7일 최초로 출원된 청구항들 중에서 일부 보정된 청구항들에 대하여 특허가 발급되었지만 그 나머지는 거절되었다.

(4) 청구항의 2·3차 보정(1928. 12. 8. 및 1929. 3. 30.)

1928년 13월 8일 발명자 Johnson이 청구 제20항 내지 청구 제25항을 새로운 청구항들로서 추가로 보정하였는데, 이렇게 보정된 청구 제20항 내지 청구 제25항들은 모두 굴절판이나 아치형판에 대해서는 아무런 언급이 없음은 물론 현재 소송에서 문제가 된 발명에 대해서도 아무런 설명이 없었다.

1929년 3월 30일 발명자 Johnson이 이러한 청구항들을 취하하고 최초출원서에 대하여 그 이상의 보정을 하면서 최초로 덮개(Housing)의 외부표면을 청구항의 권리범위로 주장한다. 이렇게 보정된 청구항들은 바로 이 사건에서 유무효가 문제가 된 청구 제11항 내지 청구 제14항으로서 '매끄러운 표면을 가진 새로운 형태의 덮개(Housing), 진공방지판(Anti-cavitation plat), 그리고 물이 통과하는 통로(Internal water passages)를 가진' 것을 그 권리범위로 주장하고 있었다. 발명자는 이러한 조합이야말로 소용돌이치는 물 흐름을 상당히 감소시키고 프로펠러 후방이 진공화되는 현상에 대한 탁월한 해결방안이라고 주장하였다.

이 중에서 청구 제12항은 '양쪽에 부서지지 않은 외부벽(Walls)을 가진 덮개'이고, 청구 제14항은 '부드럽고 부서지지 않는 벽들(Walls)을 가진 것'이지만, 청구 제11항과 청구 제13항은 이에 대하여 아무런 언급이 없었다.

발명자는 명세서를 보정하면서 위 덮개가 '비교적 부드럽고 실질적으로 유선형화된 표면을 가진다.'고 설명하였다. 발명자가 제출한 보정서에는 명세서에 추가한 것을 설명하고 있고 이는 발급된 특허의 명세서의 일부로 되어 있다. 그러나 최후로 보정된 명세서 이외에는 출원과 심사의 전 과정을 통하여 어느 곳에든지 덮개의 성질이나 그 단면의 형태에 대해서 주장된 바가 없었다.

(5) 특허의 발급(1929. 6. 11.)과 발명의 판매(1926. 1.)

위 청구항들에 대한 특허가 1929년 6월 11일 발명자 Johnson에게 발급되었지만 위 발명자는 자신이 최초로 특허출원을 하기 이전인 1926년 1월 이미 그 발명을 타인에게 양도하여 그 양수인이 모터를 판매하기 시작하였는데 이 모터에는 이미 위 특허를 받은 조합을 포함하고 있었다. 그 후 1927년 1월 사용허락을 받지 않은 경쟁자가 유사하게 조합한 모터를 판매하기 시작하였다.

(6) 침해소송

특허권자인 Johnson과 그의 특허의 전용실시권자인 Outboard, Marine & Manufacturing

Company가 피고인 Muncie Gear를 상대로 하여 특허침해소송을 제기한 결과 1심법원은 위 청구항들이 발명이 공연히 사용된 이후 2년이 경과한 뒤에 출원된 것으로서 신규성이 없어서 무효라고 판시함으로써 결국 원고들이 패소하였다.

그러나 항소심에서는 위 발명에 대한 특허출원이 있기 이전에 위 발명이 공연히 사용되거나 판매한 점에 대한 증거가 없다는 이유로 위 청구항들이 신규성을 상실하지 않았다고 보아 유효한 것이고 피고의 물건은 원고의 특허를 침해한다고 판시하였다.

(7) 미연방대법원

그러나 미연방대법원은 항소심의 판결을 파기하고 환송하면서 최초로 특허청에 출원되기 이전 2년 전부터 이 사건 청구항들의 권리범위에 포함된 발명은 이미 공연히 사용되거나 판매되고 있었으므로 특허가 무효라고 선언하였다.

그 당시 미연방특허법 제4886조는 그 발명이 출원되기 2년 이전에 국내에서 공연히 사용되거나 판매되지 않을 것을 조건으로 하여 특허가 발급되었다.[97] 미연방대법원은 판시하기를, 특허출원 2년 이전에 이미 공지·공용되거나 판매된 발명은 신규성 상실사유가 되는바,[98] 이는 출원인의 명세서가 특허받은 조합을 포함하는 것으로 최초로 공개한 일자인 1928년 12월 8일로부터 2년 이전에 위 발명에 대한 공연한 실시 또는 판매가 이루어졌다는 것이다.

(8) 판결의 해석

(가) New matter 금지의 원칙으로 해석: 미국의 주류적 해석론

이 Muncie Gear 판결을 새로운 사항(New matter)을 보정하는 것을 금지하는 원칙을 확인한 것으로 해석한다면, 이는 최초출원서의 공개내용에 의하여 지지되지 않은 것으로서 이 원칙에 위배되어 보정된 청구항은 무효가 된다.[99] 따라서 새로운 사항(New matter)이 보정된 시점을 기준으로 하여 그 새로운 사항에 관한 청구항의 신규성의 문제가 제기되고, 그 명세서를 보정하기 2년 이전에 이미 그와 동일한 발명이 공연히 실시되거나 판매되었기 때문에 새로운 사항

---

97 위 Muncie 판결이 있을 무렵에 적용되던 미특허법 제4886조의 신규성 상실사유로서 그 후 위 2년의 기간이 현재의 1년의 기간으로 변경된 것은 1939년 미특허법의 개정에 의한 것이다. Act of August 5, 1939, 53 Stat. 1212, 35 U.S.C. s 31, 35 U.S.C.A. s 31.

98 미특허법 102(b)항은 미국에 특허출원서를 제출하기 1년 전에 미국과 외국에서 특허를 받거나 인쇄된 간행물에 기재되거나, 미국에서 공연히 사용되거나 판매되면 신규성을 상실하는 것으로 규정하고 있다. 이를 **'On Sale Bar'**라고 한다.

35 U.S.C. §102 Conditions for patentability: novelty and loss of right to patent.

A person shall be entitled to a patent unless –(b) the invention was patented or described in a printed publication in this or a foreign country or in public use or on sale in this country, more than one year prior to the date of application for patent in the United States.

99 Chisum on Patents §11.05 late Claiming [1][e]. 또한 이 판결은 최초로 공개된 특허대상에 대한 청구항의 보정을 뒤늦게 할 수 있느냐에 대한 선례로서 Webster Electric과 Crown Cork에서 인용되기도 한다.

에 대해서는 특허출원 자체가 신규성이 없는 것이다.

따라서 위 판시는 위 새로운 사항에 대한 청구항의 보정이 최초출원서에 의하여 지지를 받은 유효한 보정이냐 아니냐의 문제를 떠나서 위 새로운 사항에 대한 특허출원 자체의 유효성에 영향을 미치는 것이다. 결국 위 미연방대법원의 판례를 위와 같이 해석하는 한, 위 판례는 청구항의 보정과는 무관한 것이고 이는 새로운 사항을 추가할 수 없다는 금지 원칙을 적용한 것이다.[100] [101]

(나) 미특허법 102(b)로 해석: Late claiming doctrine(소수견해)

Muncie Gear 판결을 해석하면서, 후일 보정된 청구범위가 유효하냐의 여부는 최초출원서의 공개범위에 있는지와는 무관하고, 단지 미특허법 제102(b)의 신규성 상실의 예외사유에 해당하는가가 문제가 된다.[102] 만약 보정된 청구범위가 위 신규성 상실의 예외기간 중에 중간에 개입하는 제3자의 권리에 의하여 신규성이 상실된 것이라면 이러한 보정은 허용될 수 없지만 그렇지 않다면 특허가 허용될 수 있다.

이 견해는 Muncie Gear 판결이 '지연된 청구항에 대한 원칙(Late claiming doctrine)'을 새로이 선언한 것이고 이는 새로운 사항의 추가 금지 원칙과는 다른 것이다. 이 원칙에 의하면 후일 보정된 청구항에 관해서는 그 보정된 청구범위가 보정되기 1년 전에 공연히 사용되거나 판매되지만 않았다면, 이러한 청구항은 비록 최초출원서에 기재되지 않고 후일 보정되었더라도 허용이 될 수 있다. 그러나 그 청구범위의 보정 전에 공연히 사용되거나 판매되었고 그 기간이 1년 이상 경과한 것이라면 이렇게 보정된 청구범위는 허용될 수 없다.[103]

라. 하급 심판결의 경향

(1) Coats Loaders & Stackers, Inc. v. Henderson(6th Cir): 공개주의 지지

Coats Loaders & Stackers, Inc. v. Henderson에서 제6연방항소법원은 보다 적극적으로 공개주의를 지지하고 있다. 위 법원은 미연방대법원의 Muncie Gear 판결은 새로운 원칙을 세운 것이 아니라 출원인의 이익에 반하는 일반대중의 권리가 존재하는 경우에는 최초출원된 공개내

---

100 Muncie Gear Works v. Outboard, Marine & Mfg. Co., 315 U.S. 759, 53 USPQ 1(1942).

101 그러나 한편 이 판결은 또한 최초로 공개된 대상에 대하여 후일 청구항의 권리범위를 확장하는 형태의 보정은 허용할 수 없다는 판례법상의 원칙을 미연방대법원이 설정한 것으로 해석되기도 한다. 그렇다면 이는 미특허법에 의하여 인정되지 아니하고 판례법에 의하여 만들어졌다는 의미에서 비법정 금지원칙(Non-statutory)이라고 한다. Kahn v. Dynamics Corp. of Am., 367 F. Supp. 63, 180 USPQ 247(S.D. N.Y. 1973), aff'd, 508 F.2d 939, 184 USPQ 260(2d Cir. 1975), cert. denied, 421 U.S. 930(1975).

102 **Late claiming doctrine**: 이를 '청구범위보정의 지연원칙'이라고 한다. Westphal v. Fawzi(1981)에서 개념정의를 한 것이다. "new 'late claiming' doctrine whereby later-presented claims, whether or not directed to subject matter within the original disclosure, may be barred by intervening rights under §102(b)."

103 Chisum on Patents §11.05 late Claiming [1][e][ii]—Court of Claims and CCPA Decisions.

용에 포함되지 않는 발명에 대해 후일 보정에 의하여 그 권리범위를 넓힐 수 없다는 기존의 원칙을 재확인한 것에 불과하다고 해석한다. 따라서 궁극적인 문제는 현재 주장되고 있는 청구항이 최초출원된 명세서에 의하여 공개된 것이냐 또는 현재 주장되는 청구항이 보정되기 이전의 시점에서 명세서가 이를 공개하고 있었느냐의 문제이다.[104]

(2) Court of Claims와 CCPA: 공개주의 지지

a) Muncie Gear를 새로운 사항 금지 원칙으로 해석: New matter prohibition

Bendix Corp. v. United States(1979) 사건에서 Court of Claims는 공개주의를 추종하면서, 청구범위가 최초출원된 명세서에 의하여 공개된 것이라면 보정이 허용된다고 보았다. 따라서 위 사건에서 명세서와 청구범위에 보정되어 기재된 것은 이미 최초의 출원서에 분명하게 공개된 것과 통상의 지식인에게 출원일 당시에 알려진 것을 보다 명확하게 한 것이다. 따라서 보정된 구절은 최초의 출원 당시를 기준으로 하여 우선권을 받을 수 있는 자격을 가진 한정사를 담고 있는 사항을 출원서와 청구범위에 추가하지 않았기 때문에 보정이 허용된다고 보았다.[105]

In re Ruscetta(1958)에서 CCPA는 새로운 사항 추가 금지 원칙을 신규성 상실에 대한 예외사유, 즉 미특허법 제102(b)와 동일한 것으로 이해한다. In re Ruscetta(1958)에서 CCPA는 만약 출원일자가 유효한 것이라면, 반드시 최초의 출원서가 최초의 청구범위이든지 후일 보정된 청구범위이든지 이를 지지하여야 한다고 하였다. 만약 출원인의 최초의 출원서가 청구범위를 지지한다면 출원은 허용되는 것이고 만약 그렇지 못한다면 이러한 점에서 특허출원은 실패한 것이다. 이때 이미특허를 받거나 간행된 인쇄물이든 공연한 사용이든 또는 판매행위가 출원인에 의하여 이루어진 것이든 아니면 제3자에 의하여 이루어진 것이든, 이는 중요하지 않다.[106]

위 In re Ruscetta 판결에 의하면 최초출원서에 이미 공개된 내용이라면 비록 최초출원서의 청구항의 권리범위에 포함되어 있지 않다고 하더라도 제3자에 의한 공연한 실시가 있은 지 1년 이내에 청구항의 추가적 보정을 하면 이러한 보정은 최초출원 시에 소급하여 우선권을 받는 데 아무런 지장이 없다고 해석될 수 있다.[107]

따라서 이 Ruscetta 판결은 종전의 Muncie Gear 판결의 판시의 하나로 논의되었던 제3자의 중간에 개입하는 권리에 관한 문제를 효과적으로 제거하여 버렸다.[108]

---

104 Coats Loaders & Stackers, Inc. v. Henderson, 233 F.2d 915, 109 USPQ 332(6th Cir. 1956). 같은 취지 In Locklin v. Switzer Bros.(1961), n8.

105 Bendix Corp. v. United States, 600 F.2d 1364, 204 USPQ 617(Ct. Cl. 1979), appeal after remand, 676 F.2d 606(Ct. Cl. 1982).

106 In re Ruscetta, 255 F.2d 687, 118 USPQ 101(CCPA 1958).

107 저자 주.

108 Chisum on Patents §11.05 late Claiming [1][e][ii]−Court of Claims and CCPA Decisions.

마. CAFC 판결

Bott v. Four Star에서 CAFC는 출원서가 제출된 이후 제3자의 침해행위가 예상되는 경우에 이러한 침해행위를 후일 발급될 청구범위에 포함시키기 위해서 심사가 계속 중에 최초출원서의 공개내용에 의하여 지지되는 한도에서 청구범위를 확장적으로 보정하는 것을 금지할 아무런 이유가 없다고 판시하였다.[109] 또한 Railroad Dynamics에서는 침해행위자가 중간에 개입하는 권리가 있다고 하는 주장을 배척하면서, 침해행위자가 침해행위를 시작하고 난 이후에 청구범위를 보정한 경우에는 이를 금지할 아무런 원칙이 없다고 판시하였다.[110]

이는 결국 CAFC가 Correge v. Murphy(1983)를 시작으로 하여 Westphal을 추종하는 것으로서,[111] Westphal v. Fawzi는 CCPA가 Muncie Gear 판결을 오직 새로운 사항을 추가하는 것을 금지하는 것으로만 해석한 것이다.[112]

또한 CAFC는 Kingsdown Medical Consultants, Ltd. v. Hollister Inc.(1988)에서 이미 시장에 판매되고 있는 상품을 권리범위로 주장하는 청구범위를 보정하거나 추가하는 것을 허용하고 있다.[113] 발명자가 이미 알려진 경쟁자의 상품을 시장에서 배제하기 위해 특허출원을 하는 것은 정당한 것이고, 이를 부당하다거나 불법적이라거나 형평에 어긋난다고 볼 수는 없다. 특허출원 후에 이를 심사하는 과정에서 알게 된 경쟁자의 상품을 심사 중인 청구항의 권리범위에 포함시키기 위해서 청구범위를 보정하거나 삽입하는 것도 부당한 것이 될 수 없다. 이러한 청구항의 보정이나 추가는 모든 특허법과 심사절차에 부합하여야 하고, 시장에서 그 상품이 어떻게 만들어졌는지는 아무런 문제가 되지 아니하고, 그 자체만 가지고는 기망의 의사가 있다고 볼 수 없다.[114]

---

109 Bott v. Four Star Corp., 218 USPQ 358, 375(E.D. Mich. 1983), aff'd, 732 F.2d 168(Fed. Cir. 1984).

110 Railroad Dynamics, Inc. v. A. Stucki Co., 579 F. Supp. 353, 218 USPQ 618(E.D. Pa. 1983), aff'd, 727 F.2d 1506, 220 USPQ 929(Fed. Cir. 1984).

111 Correge v. Murphy, 705 F.2d 1326, 217 USPQ 753(Fed. Cir. 1983); State Industries, Inc. v. A.O. Smith Corp., 751 F.2d 1226, 224 USPQ 418(Fed. Cir. 1985)(미특허법 제102(b)조에 의한 금지가 적용되기 위해서는 모특허출원서가 제출되고 난 이후이지만 CIP 출원이 되기 1년 이전에 후일 보정된 특허대상에 대한 모특허출원서의 공개가 없었다는 점이 있어야만 한다); Acosta-Banueles v. Saunders Manufacturing Co. Inc., 16 USPQ2d 2048, 2051(D. Maine 1990)(중요한 심리대상이 되는 것은 보정된 것이 새로운 사항을 포함하고 있었느냐의 문제이다. 만약 보정된 것이 최초출원서의 공개로 인하여 충분한 뒷받침이 된다면 새로운 사항이 추가된 것이 아니다); Studiengesellschaft Kohle mbH v. Northern Petrochemical, 225 USPQ 194, 199(N.D. Ill. 1984), rev'd & remanded on other grounds, 784 F.2d 351, 228 USPQ 837(Fed. Cir. 1986), cert. dismissed, 478 U.S. 1028(1986)(누가 선발명자인가를 판단하는 것(Interference)이외에는 청구범위의 보정이 지연됨으로 인하여 금지되어야 할 아무런 이유가 없다).

112 이는 Muncie Gear가 새로운 사항의 추가와는 무관하고 단지 신규성 상실의 예외사유만을 적용하여야 한다는 주장을 배척하고 있다. Westphal v. Fawzi, 666 F.2d 575, 212 USPQ 321(CCPA 1981).

113 Kingsdown Medical Consultants, Ltd. v. Hollister Inc., 863 F.2d 867, 9 USPQ2d 1384(Fed. Cir. 1988).

114 Kingsdown Medical Consultants, Ltd. v. Hollister Inc., 863 F.2d at 874, 9 USPQ2d at 1390(Fed. Cir. 1988).

바. 공개주의 적용의 제한: 중간에 개입하는 제3자의 권리

공개주의도 무제한으로 청구범위의 보정을 허용할 수는 없다고 본다. 만약 최초출원과 청구범위의 보정 사이에 중간에 개입하는 제3자의 권리(Intervening adverse rights)가 존재하는 경우에 그대로 출원인의 특허권리를 허용하는 것이 타당하지 않다고 본다. 만약 출원인이 성실하게 심사를 진행하였더라면 제3자의 권리가 발생하기 이전에 청구범위를 확정할 수 있었음에도 불구하고 출원인이 이를 해태하였다면 그는 특허권리를 상실한 것으로 보아야 한다.[115]

CAFC도 Symbol Technologies(2002)에서 중간에 개입하는 제3자의 권리가 존재한다면 이는 출원인의 심사해태로 인하여 특허권리를 상실한 것으로 보아야 한다고 판시하였다.[116] 앞서 미연방대법원도 Webster와 Crown Cork에서 출원인의 특허대상이 이미 공개되어 일반적으로 사용되고 있는 것이나, 그 중간에 제3자의 권리가 존재하는 경우에는 청구범위에 의한 보정은 제한되어야 한다고 보았다. 또한 출원인이 청구항을 지연하지 않고 보정하였다면 제3자의 경제적인 이익이 해를 입지 않았을 경우도 이에 포함될 수 있는 것이다.[117]

6. 해태주의

가. 해태주의란

출원인이 심사를 해태함으로 인하여 청구범위의 보정이 지연된 경우에 그에 대한 특허권리를 허용하지 않는다는 이론이 해태주의(Laches view)이다. 해태주의는 처음에는 출원인 자신

---

115 Michael T. Hawkins, PROSECUTION LACHES IN THE WAKE OF SYMBOL TECHNOLOGIES: WHAT IS "UNREASONABLE AND UNEXPLAINED" DELAY?, 87 Minn L. Rev 1621, 1651(2003).

116 Symbol Techs., Inc. v. Lemelson Med., Educ. & Research Found., 277 F.3d 1361, 1365(Fed. Cir. 2002): 미연방대법원은 Crown Cork에서 원칙적으로는 제3자의 권리에 위해가 되는 경우에 분할출원이나 계속출원이 새로운 청구항을 포함하고 있는 경우에 심사해태로 인한 권리상실을 인정한다. Crown Cork & Seal Co. v. Ferdinand Gutmann Co., 304 U.S. 159, 58 S.Ct. 842, 82 L.Ed. 1265, 37 USPQ 351(1938). 또한 Crown Cork에서 미연방대법원은 제3자의 이해관계가 개입하지 않는 한 분할출원에서 심사해태로 인한 권리상실을 항변사유로 할 수는 없다고 판시하였다. General Talking Pictures에서도 미연방대법원은 제3자의 권리에 위해가 되지 않는다면 심사계속신청을 함에 있어서 2년이 경과하여도 실기한 것은 아니라고 보았다. Gen. Talking Pictures Corp. v. W. Elec. Co., 304 U.S. 175, 58 S.Ct. 849, 82 L.Ed. 1273, 37 USPQ 357(1938).

117 또한 침해행위자는 출원인의 청구항의 보정이 지연됨으로 심사가 지체된 기간 동안에 자신이 입은 투자손실액수를 손해로 입증할 수 있을 것이다. A.C. Aukerman Co. v. R.L. Chaides Constr. Co., 960 F.2d 1020, 1033(Fed. Cir. 1992)(en banc)(벌써 소송이 제기되었더라면 피고나 제3자가 금전적 손해를 부담하지 않았을 수도 있었던 경우에는 경제적 위해가 존재한다).

그러나 이는 특허권자가 손해의 발생이 증가하기를 의도하고 가만히 앉아서 지켜보는 것을 의미하지는 않는다. Dwight & Lloyd Sintering, 27 F.2d at 837. 특히 침해행위자가 경고를 받았더라면 비침해적 방법으로 생산을 전환할 수 있었을 것을 말한다. Rome Grader & Mach. v. J.D. Adams Mfg. Co., 135 F.2d 617, 619, 57 USPQ 442, 444(7th Cir.1943). 따라서 경제적 손해를 입었다는 것은 간단한 개념이 아니라 매우 어려운 문제이다. Chisum, §19.05 [2][c].

의 의도적인 지연으로 인한 해태를 허용하지 않는다는 것에서 출발하였으나 도중에 중간에 개입하는 제3자의 권리를 두고 논의가 진행된다.

권리해태설은 심사과정에서 해태이론(Prosecution laches) 또는 계속심사해태이론(Continuation laches)으로도 불리는데, 이는 미판례법에서 형평법상의 근거에서 제시되어 특허 유무효 및 침해사건에서 적용되어 왔다.[118] 원래 이 해태이론은 이미 알려진 권리를 주장하는 데 있어 해태를 한 사람은 이 권리를 가지고 상대방에게 불이익을 줄 수 없다는 이론이었다.[119] 이 해태이론은 특허권자가 침해소송을 제기하는 것을 지체함으로써 상대방에게 발생하는 특허권리 상실의 항변권과 함께 특허심사과정에서 과연 어느 정도의 해태를 하여야 불합리한 지연으로서 심사해태라고 보아야 할 것인지에 대해서는 1950년 이전부터도 미연방대법원의 판례법에 의하여 인정되어 왔다.[120]

나. 해태주의의 역사

(1) 기원이 된 미연방대법원의 판결: Woodbridge v. United States, 263 U.S. 50

미연방대법원이 해태주의(Prosecution laches)를 최초로 적용한 판결은 1920년대로 거슬러 올라간다. 미연방대법원은 Woodbridge v. United States, 263 U.S. 50, 44 S.Ct. 45, 68 L.Ed. 159(1923)에서 위 이론을 적용하였다.

Woodbridge에서는 그 당시의 법에 의하면 1년 정도 심사가 진행될 수 있다고 규정하고 있는데도 9년 동안이나 심사가 지연된 것은 해명할 수 없는 불합리한 지연으로서, 심사해태를 함으로써 특허권리가 집행력이 없는 것(Unenforceable)이라고 보았다.[121] 출원인 Woodbridge는 9년 동안을 기다리고도 PTO에 대하여 아무런 이의를 제기하지 아니하고 그 대신 명세서와 청구

---

118 Michael T. Hawkins, PROSECUTION LACHES IN THE WAKE OF SYMBOL TECHNOLOGIES: WHAT IS "UNREASONABLE AND UNEXPLAINED" DELAY?, 87 Minn L. Rev 1621, 23(2003).

119 위 Michael T. Hawkins에서 재인용. 27A Am. Jur. 2d Equity §157(1996); Wollensak v. Reiher, 115 U.S. 96, 100(1885)에서 미연방대법원은 권리 위에 잠자는 자는 보호하지 않는다고 판시함으로써 이러한 지체이론에 대한 판례법상의 근거를 제시하였다. 또한 CAFC도 일반적으로 해태(Laches)라는 용어는 '의무를 이행하는 데 지체하거나 기회를 부주의하게 놓치는 경우'를 말한다고 정의한다. A.C. Aukerman Co. v. R.L. Chaides Constr. Co., 960 F.2d 1020, 1028(Fed. Cir. 1992)(en banc). 전통적으로 해태이론은 소 제기를 지체한 원고가 피고에게 불이익을 주는 것을 형평법상으로 금지하는 것이었다. Aukerman, 960 F.2d at 1028-29에서 CAFC는 27A Am. Jur. 2d Equity §158(1996)를 인용하여 지연 또는 해태(Delay)란 권리가 있음을 알고도 성실의 결여, 시간의 경과 또는 적시에 권리주장을 하지 못한 것을 말한다. 해태의 요건으로서 불이익(Prejudice)이라는 것은 손해, 위해, 또는 어려움, 불이익, 불공평 형평에 어긋남, 또는 위치의 변경 등을 말한다.

120 물론 이에 반대론자들은 오히려 1952년 미특허법에 의하여 판례법이 폐기된 것이라고 주장하기도 한다. 앞의 Michael T. Hawkins, PROSECUTION LACHES IN THE WAKE OF SYMBOL TECHNOLOGIES: WHAT IS "UNREASONABLE AND UNEXPLAINED" DELAY?, 87 Minn L. Rev 1621, n.62(2003) 참조.

121 Woodbridge v. United States, 263 U.S. 50, 44 S.Ct. 45, 68 L.Ed. 159(1923); Webster Electric Co. v. Splitdorf Electrical Co., 264 U.S. 463, 44 S.Ct. 342, 68 L.Ed. 792(1924).

범위를 보정하였는데 이것들은 지난 9년 동안 심사가 지연되는 가운데 발생한 혁신적인 새로운 사항들을 포함하는 것이었다.

미연방대법원은 출원인이 의도적으로 심사를 지연함으로 인하여 그의 특허권리를 상실시킨다고 판시하였다. 이러한 의도적 지연은 출원인이 상업적 이익이 가장 좋을 때에 독점권의 권리를 주장하기 위해서 9년 이상이나 지연함으로써 실질적으로는 그 기간 동안 특허기간을 연장하기 위한 것이다. 그동안에 다른 발명자들은 동일한 기술 분야에서 노력하면서 특허권자의 발명에 대해서는 아무런 지식을 가지지 못한 것이다. 따라서 출원인이 발명을 포기하지는 않았어도 의도적으로 특허의 발급을 지연함으로 인하여 특허권리가 상실되는 것이다.[122]

(2) Webster Electric Co. v. Splitdorf Electrical Co.

그 후 1년 뒤에 선고된 위 Webster(1924)에서는 출원인 Kane이 1910년 출원한 결과 1916년 특허가 발급되었다. 최초출원에 대한 심사가 계속 중인 1915년 출원인이 분할출원을 하면서 선발명자의 이의신청(Interference)에 승소를 하기 위해서, 근래에 특허가 발급된 것들 중에서 9개의 청구항들을 그대로 복사하여 추가로 보정을 하였다. 출원인이 위 이의신청에서 패소하자 1918년 그는 청구 제7항과 제8항을 추가하였고 이 추가된 청구항들에 대하여 1918년 특허가 발급되었으며, 바로 이 소송의 대상이 되었는데, 이 청구항들은 종전의 선발명자 이의신청에는 대상이 되지 않았다. 그러나 그동안에 이 청구항의 발명은 공개되었고 이미 일반적으로 사용되고 있었지만 출원인과 그의 양수인은 단지 기다리면서 발명이 개발되는 것을 기다리고 있었다.

미연방대법원은 청구 제7항과 제8항이 집행력이 없는 것(Unenforceable)이라고 보았고, 그 청구항을 추가로 보정한 것은 불합리한 지연으로 인한 것으로서, 이는 심사권리의 행사를 해태함으로 인하여 특허권리가 상실된다고 보았다. 이 사건에서 2년간의 지연으로 인한 것은 그 지연이 불합리하다는 일응의 증거(Prima facie evidence)가 된다고 판시하였다.[123]

(3) Crown Cork(1938) 및 General Talking(1938): 중간에 개입하는 제3자의 권리의 존재

그 이후의 Crown Cork(1938) 및 General Talking(1938)에서 미연방대법원은 심사해태이론을 분할출원이나 계속출원이 계속되는 도중에, 중간에 개입한 제3자의 권리가 발생하여, 이를 해롭게 할 수 있는 경우에는, 특허침해소송에서 침해행위자가 특허권의 집행력을 상실시킬 수 있는 항변사유로 보았다.[124] 그러나 중간에 개입하는 제3자의 권리가 존재하지 아니하는 경우

[122] Woodbridge v. United States, 263 U.S. 50, 44 S.Ct. 45, 68 L.Ed. 159(1923).

[123] Webster Electric Co. v. Splitdorf Electrical Co., 264 U.S. 463, 44 S.Ct. 342, 68 L.Ed. 792(1924).

[124] Crown Cork & Seal Co. v. Ferdinand Gutmann Co., 304 U.S. 159, 58 S.Ct. 842, 82 L.Ed. 1265, 37 USPQ

에 종전 Webster에서는 2년간의 지연으로 인한 것은 그 지연이 불합리하다는 일응의 증거(Prima facie evidence)가 된다고 본 데 대한 반대의견을 제시하였다.[125]

위 Crown Cork에서는 만약 중간에 개입하는 제3자의 권리에 대한 위해가 없다면 2년 이상 시간이 지난 이후에 분할출원을 하여도 이 분할출원이 당연히 심사해태에 해당된다고 보지는 않았다.[126] 이로써 법원은 심사해태로 인한 특허권리의 상실 주장을 할 수 있다고 보았지만 이는 중간에 개입하는 제3자의 권리에 위해가 발생할 우려가 있는 경우에 한정되는 것이고 이러한 우려가 없는 경우에는 해태로 인한 특허권리의 상실 주장을 허용하지 않았다. 따라서 중간에 개입하는 권리가 없는 이상 심사계속신청을 2년 이상이 경과하더라도 늦은 것은 아니다.

마찬가지로 General Talking에서 미연방대법원은 계속심사(Continuation)를 신청하기 이전 2년 이상 동안에 중간에 개입한 제3자의 권리가 존재하지 않았기 때문에 계속심사신청은 지연된 것이 아니며 심사해태의 이론을 적용할 수 없다고 판시하였고, 결국 출원인이 위 계속심사로 인하여 발급받은 청구항은 심사해태에도 불구하고 특허권리가 유효한 것이라고 보았다.[127]

다. CAFC의 판결

(1) Symbol Techs., Inc. v. Lemelson Med.

(가) 사실관계

공동원고인 Symbol과 Cognex는 바코드 스캐너 및 이와 관련된 제품을 디자인하고 제조하고 판매한다. 피고 Lemelson Medical은 발명자 Lemelson이 1965년에서 1956년 사이에 출원했던 바코드를 사용하는 자동인식시스템에 대한 2개의 출원서에 기한 우선권을 주장하는 185개의 특허(도면 표시 US Patent 4,338,626 특허를 포함)의 양수인이다. 1998년 피고가 원고의 고객들에게 원고의 제품을 사용하는 것은 피고가 가지고 있는 Lemelson 특허를 침해하는 것이라는 경고장을 받았다. 원고들은 자신들의 고객을 특허침해책임으로부터 면책시키기 위해서 피고를 상대로 하여 위 Lemelson 특허들이 무효 또는 집행 불가하거나, 침해가 부존재한다는 확인판결을 구하였다.

351(1938); Gen. Talking Pictures Corp. v. W. Elec. Co., 304 U.S. 175, 58 S.Ct. 849, 82 L.Ed. 1273, 37 USPQ 357(1938).

125 Crown Cork에서는 2년간의 지연이 있으면 심사해태가 존재한다는 일응의 추정이라는 종전의 Webster 판례를 단지 방론(Dictum)이라고 판시했다.

126 Crown Cork at 167-68, 304 U.S. 159, 58 S.Ct. 842, 82 L.Ed. 1265, 37 USPQ at 354.

127 Gen. Talking Pictures Corp. v. W. Elec. Co., 304 U.S. at 183, 58 S.Ct. 849, 82 L.Ed. 1273, 37 USPQ at 360.

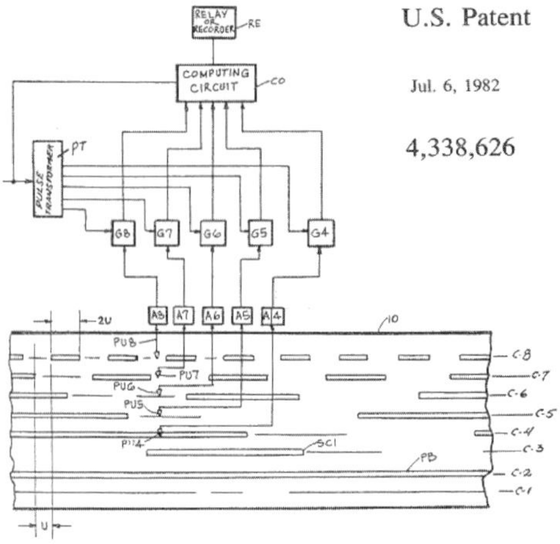

U.S. Patent Jul. 6, 1982 Sheet 10 of 13 4,338,626

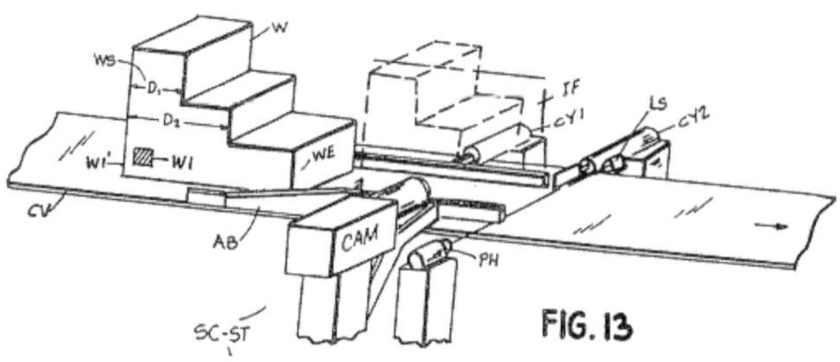

FIG. 13

(나) 쟁점 및 당사자의 주장

이 사건은 발명자 Lemelson이 자신이 발명한 바코드 기술을 1954년과 1956년에 특허출원을 하였으나 그 후 30년이나 지난 1989년에 이르러서야 청구항을 추가로 보정하면서 계속심사(Continuation)를 요청한 뒤 특허를 발급받은 것으로서, 이러한 장기간의 심사지연이 허용되는가 하는 문제이다. 원고는 이러한 심사지연행위로서 피고의 특허권리는 소멸된다고 주장하였다. 이에 대하여 피고는 원고가 주장하는 심사과정의 해태이론은 청구원인사실을 지지할 만한 충분한 근거가 없다고 주장하였다. 그 결과 1심법원은 소의 이익이 있다고 보고 심리를 개시하였으나, 원고가 주장한 심사과정의 해태이론을 받아들이지 않았다.[128]

128 1심법원은 심사해태이론을 적용하는 것은 사실인정의 문제가 아니라 법의 해석과 적용의 문제로서 허용되지 않는다고 하였다.

이에 대하여 원고는 항소를 하면서, 비록 피고가 특허법과 절차에 의하여는 아무런 위배사유가 없다고 하더라도 심사절차가 불합리하거나 해명할 수 없을 정도로 지연된 이후에 특허가 발급된 경우에, 이렇게 발급된 특허는 집행력이 없다(Unenforceable)고 주장하였다.

(다) 피고 Lemelson 측의 주장

피고 Lemelson 측은 1952년의 미특허법의 개정에 의하여 심사해태이론이 파기되었다고 주장하였다.[129] 피고는, 1952년 미특허법 제120조(국내우선권: Benefit of earlier filing date in U.S). 및 미특허법 제121조(분할출원: Divisional applications)의 규정에 의하여 그동안 실무상 이루어져 오던 계속출원과 분할출원을 명문화함으로써 심사해태이론은 입법적으로 배제된 것이라고 주장을 하였다.

미특허법 제120조(국내우선권)는 만약 어떤 발명에 대한 특허출원서가 미국의 선특허출원서에 의하여 미특허법 제112조의 첫 번째 문장(서면명세요건: Written description)에 의한 방식으로 이미 공개되어 있는 경우에는 그와 동일한 발명자는 그 발명에 대하여 마치 선특허출원서가 제출된 날짜에 출원된 것과 동일한 효과가 있다는 것이다.[130] 또한 미특허법 제121조(분할출원)는 미특허법 제120조(국내우선권)의 요건에 부합하는 분할출원은 최초의 출원서가 제출된 날짜에 출원된 것과 동일한 이익을 받는다는 규정이라는 주장이다.[131]

그러나 CAFC는 1952년의 미특허법이 심사계속신청(Continuation)을 제120조로 입법화한 것은 그간의 판례법과 미특허청의 심사실무로서 인정되어 오던 것을 비로소 명문화 한 것일 뿐 미연방대법원에 의하여 판례법상으로 인정되어 오던 심사해태이론을 번복하려고 입법을 한 것이 아니라고 하면서 피고 측의 위 주장을 받아들이지 않았다.[132][133]

---

129 Symbol Technologies에서 피고는 다음과 같은 세 가지 이유로 심사해태이론이 적용될 수 없다고 주장하였다. ① Webster의 원칙은 이해관계인에 의한 선발명자 주장재판(Interference)에서만 적용된다. ② 1952년의 미특허법에 의하여 심사해태이론이 파기되었다. ③ 해태이론을 적용하지 않은 Anastasoff에 의하여 판결하여야 한다. Anastasoff v. United States, 223 F.3d 898(8th Cir. 2000).

130 미특허법 제120조: 35 USCA §120 provides that if " [a]n application for patent for an invention disclosed in the manner provided by the first paragraph of section 112 of this title in an application previously filed in the United States … by the same inventor shall have the same effect, as to such invention, as though filed on the date of the prior application …"

131 미특허법 제121조: 35 USC §121 provides that "a divisional application which complies with the requirements of section 120 of this title [ ] shall be entitled to the benefit of the filing date of the original application."

132 이러한 실무, 즉 심사계속과 분할출원은 Webster와 Crown Cork의 판결이 있을 당시에도 존재하였다. 따라서 해태이론과 심사계속출원은 동시에 존재한다고 보아야 한다. Thomas G. Eshweiler, Ford v. Lemelson and Continuing Application Laches Revisited, 79 J. Pat. & Trademark Off. Soc'y 457(1997).

133 미특허법 제282조 두 번째 문장은 특허의 유효성이나 침해주장에 대한 항변사유로서 'Noninfringement, absence of liability for infringement, or unenforceability'를 열거하고 있다. 이 중에서 unenforceability는 특허발명이 만들어지지 않았다든지, 사용되지 않았다든지, 피고에 의하여 판매되지 않은 것을 말하고, 사용허락을 하였다거나, 형평법상의 항변, 즉 해태에 의한 권리상실(Laches), 금반언(Estoppel)과 검은 손(Unclean hands)을 보호하지 않는다는 것을 말한다. Commentary on the New Patent Act, 75 J. Pat. & Trademark Off. Soc'y at 215. See Mylan Pharm.

(라) CAFC의 판결: 집행력이 없다

CAFC는 "특허권자가 1956년경 특허출원을 한 뒤 청구항의 보정을 하지 않고 있다가 수십 년의 시간이 흐른 뒤에야 보정된 청구항에 의하여 특허가 발급된 것으로, 만약에 특허권자가 청구항의 보정을 함에 있어서 지연을 하지 아니하고 성실하게 심사를 진행하였더라면 원고는 특허침해의 경고를 받고 비침해적 방법으로 행위를 함으로써 손해를 예방할 수 있었던 것이고, 이는 특허권자의 지연된 심사로 인한 것이다."라고 하였다.

CAFC는 심사해태이론을 적용하여 비록 출원인이 특허법의 규정에 의하여 발급되었다고 하더라도 심사과정에서 불합리하거나 해명할 수 없는 지연으로 인하여 발급된 특허는 형평상의 이유로 집행력이 없다(Unenforceable)고 판시하고 이를 1심으로 파기환송하였다.[134]

(마) 판결이유: 제3자에 대한 경제적 불이익을 고려

출원인의 해태로 심사가 지연됨으로 인하여, 제3자에게 경제적 위해 또는 불이익을 감수(Economic prejudice factor)시킬 수가 있는 경우에는 특허권리가 상실될 수 있다. 만약 출원인이 청구항을 지연하지 않고 보정을 하였을 경우에 상대방이 입지 않았을 손해를 청구항의 보정을 지연함으로써 입었다면 그 특허권리는 집행할 수 없는 것이다.

이러한 상황은 출원인이 성실하게 심사를 진행하여 청구범위를 제출함으로써 침해행위자가 그 청구범위를 보고 특허침해가 발생할 수도 있다는 경고를 미리 받았더라면 비침해적 방법으로 제품을 생산할 수도 있었을 터인데 출원인의 심사해태로 인하여 아무런 경고를 받지 못한 경우에 이를 침해자의 손해로 돌릴 수는 없는 것이다.[135]

이 사건에서 바코드를 제조하는 업자들은 발명자 Lemelson이 최초로 바코드 기술을 주장하기 오래전에 이미 바코드 장비를 개발하고 판매할 수 있었다. 그러나 발명자 Lemelson은 그 동안 아무런 권리를 주장하지 않고 있다가 1990년에 이르러서야 Lemelson으로부터 권리를 양수받은 Lemelson Foundation을 통하여 발명자 Lemelson이야말로 정당한 발명자라고 주장하

Inc., v. Thompson, 268 F.3d 1323, 1331, 60 USPQ2d 1576(Fed.Cir.2001)(citing J.P. Stevens & Co. v. Lex Tex Ltd., 747 F.2d 1553, 1561, 223 USPQ 1089, 1093(Fed.Cir.1984).

134 Michael T. Hawkins, PROSECUTION LACHES IN THE WAKE OF SYMBOL TECHNOLOGIES: WHAT IS "UNREASONABLE AND UNEXPLAINED" DELAY?, 87 Minn L. Rev 1621, 23(2003), n.230.

135 또한 침해행위자는 출원인의 청구항의 보정이 지연됨으로 심사가 지체된 기간 동안에 자신이 입은 투자손실액수를 손해로 입증할 수 있을 것이다. A.C. Aukerman Co. v. R.L. Chaides Constr. Co., 960 F.2d 1020, 1033(Fed. Cir. 1992)(en banc)(벌써 소송이 제기되었더라면 피고나 제3자가 금전적 손해를 부담하지 않았을 수도 있었던 경우에는 경제적 위해가 존재한다).

그러나 이는 특허권자가 손해의 발생이 증가하기를 의도하고 가만히 앉아서 지켜보는 것을 의미하지는 않는다. Dwight & Lloyd Sintering, 27 F.2d at 837. 특히 침해행위자가 경고를 받았더라면 비침해적 방법으로 생산을 전환할 수 있었을 것을 말한다. Rome Grader & Mach. v. J.D. Adams Mfg. Co., 135 F.2d 617, 619, 57 USPQ 442, 444(7th Cir.1943). 따라서 경제적 손해를 입었다는 것은 간단한 개념이 아니라 매우 어려운 문제이다. Chisum, §19.05 [2][c].

고 바코드 기술을 사용하는 자들을 상대로 특허침해소송을 제기함으로써 문제가 된 것이다. 만약 그들이 발명자 Lemelson 측으로부터 새로이 추가된 청구항들에 대한 경고를 받았다면 바코드 제조업자들은 비침해적 방법으로 투자를 하여 새로운 시스템을 개발하였을 것이기 때문이다.[136]

(2) In re Bogese, 303 F.3d 1362, 1367(Fed. Cir. 2002)

(가) In re Bogese의 사실관계 및 판시

In re Bogese에서 CAFC는 Symbol Technologies의 판시를 추종하였다. 위 사안은 출원인이 8년의 심사기간 동안에 모두 12차례의 계속심사(Continuation applications)를 신청하였던바, 특허청이 실질적으로 심사를 촉진하도록 요구를 하고 그 기회도 부여하였으나 출원인이 이에 협조한 바 없고 오히려 신청한 뒤 6개월이 지나면 그때마다 계속심사신청을 취하하는 방법으로 지연하여 왔다.[137]

심사관이 출원인에게 경고하기를 만약 출원인이 더 이상의 계속출원을 하면 선례(Ex Parte Hull)에 따라 특허권리를 몰수하겠다고 통고를 한 바 있었다. 그럼에도 불구하고 출원인이 계속출원을 하자 심사관이 특허권리를 몰수한다는 이유로 거절을 하였고, 이에 출원인이 미특허심판원에 심판을 청구하였으나 미특허심판원에서도 심사관의 처분을 인용하자 항고를 한 사건에서, CAFC는 출원인의 불합리한 심사지연에 대하여 특허청은 특허권리의 몰수를 선언할 수 있다고 판시하였다.[138]

(나) 불합리한 지연인지를 판단하는 요인들

심사과정에서의 지연이 정당한 것인지 부당한 것인지를 판단할 때에는, 그것이 불합리한 것이고 해명을 할 수 없는 지연사유인가에 대하여 여러 가지 요건을 참작하여야 한다. 첫째, 실제로 지연된 기간이 가장 중요한 것이지만 이에 대하여 CAFC는 아무런 구체적 기준을 제시하지는 않고 있다.[139] 더구나 미연방대법원의 Crown Cork와 General Talking Picture에서는 심사해태로 인한 시간적 한계를 임의로 정하는 것을 금지한다. 어떤 사건에서는 최초로 특허

---

[136] Ford Motor Co. v. Lemelson, Nos. CV-N-92-613-LDG(PHA), CV-N-92-545-LDG(PHA), 1995 WL 628330, at *15(D. Nev. June 16, 1995)는 Lemelson이 청구항들을 특허청에 제출하기 이전에 바코드 기구들이 개발되었다는 것은 확실한 것이고 이러한 경우에 경제적 위해가 존재하는 것이 명백하다고 판시하였고, In re Bogese, 303 F.3d 1362, 1366(Fed. Cir. 2002)에서도 출원인이 8년 이상이나 청구항을 실질적으로 보정을 하지 않고 지연한 경우에는 일반대중의 경제적 이익에 위해가 되는 행위를 한 것으로 보아야 한다고 판시하였다.

[137] 그럼에도 Digital Control(W.D. Wash. 2002)에서는 특허권자가 최초의 출원서를 제출한 지 8년 이후에 계속출원을 한 것을 가지고 불합리하거나 해명할 수 없는 지연으로 보지 않았다.

[138] In re Bogese, 303 F.3d 1362, 1367(Fed. Cir. 2002).

[139] Michael T. Hawkins, PROSECUTION LACHES IN THE WAKE OF SYMBOL TECHNOLOGIES: WHAT IS "UNREASONABLE AND UNEXPLAINED" DELAY?, 87 Minn L. Rev 1621, 1657(2003).

대상이 명세서에서 공개된 시간과 출원인이 문제가 된 청구항들을 적극적으로 심사요구를 한 것과는 그 자체만으로는 심사해태이론을 적용하는 데 영향을 미치지 못한다고 한 사례도 있다.[140]

둘째의 요인은, 특허청 자체에서의 지연이다.[141] 출원인이 성실하게 심사를 진행하려고 하여도 특허청이 지연함으로 인하여 통제할 수 없는 기간의 지연이 발생할 수 있기 때문이다. Northern Petrochemical에서 법원은 특허청이 지연한 사유로 인하여서는 당사자가 그 지연 책임을 질 수는 없다고 보았다.[142]

제3의 참작요인으로는 출원인이 전략적으로 청구항의 보정을 지연한 경우가 있다. Newman 판사가 Symbol Technologies에서 소수견해로 밝힌 바 있듯이 발명자 Lemelson이 수십 년 동안 청구항의 보정을 지연을 하였어도 특허법규나 규정을 위반한 사실이 없었다. 이 Symbol Technologies에서 출원인이 한 것은 법률규정을 전술적으로 사용하여 단지 계속심사 신청과 취하를 여러번 반복함으로써 심사기간을 연장시키는 것이다.[143]

7. 서면명세주의

가. 서면명세요건

Purdue Pharma에서 CAFC는 청구범위 보정의 문제는 새로운 사항을 추가하였느냐의 문제와는 다른 것으로서,[144] 이는 최초출원서에 공개된 것에 의하여 지지되느냐의 문제, 즉 서면명세요건(Description requirement)을 충족시킨 것이냐의 여부라고 보았다.[145] 이에 비하여 새로운

---

140 In re Bogese, 303 F.3d 1362, 1366, 1369(Fed. Cir. 2002) 및 Digital Control Inc. v. McLaughlin Mfg. Co., 225 F. Supp. 2d 1224, 1228-29(W.D. Wash. 2002) 참조.

141 Michael T. Hawkins, PROSECUTION LACHES IN THE WAKE OF SYMBOL TECHNOLOGIES: WHAT IS "UNREASONABLE AND UNEXPLAINED" DELAY?, 87 Minn L. Rev 1621, 1658(2003).

142 Studiengesellschaft Kohle v. Northern Petrochemical Co, 784 F.2d 351, 356(Fed. Cir. 1986). 그러나 Webster에서는 선발명자로 인한 이의신청사건이 진행됨을 기화로 하여 청구항의 보정을 지연하는 것은 불합리한 것이라고 보았다.

143 Michael T. Hawkins, 87 Minn L. Rev at 1659. 출원인의 지연전술은, 첫째로 3개월의 사유서 제출기간을 과징금을 내고 자동적으로 3개월을 연장함으로써 6개월간은 실질적으로 아무런 답변을 하지 않고 나서 계속심사를 신청하는 것을 지속적으로 반복하는 행위는 심사해태에 해당하는 것이고, 둘째로 심사관이 모특허출원에 대하여 거절한 데 대하여 출원인이 계속심사를 신청하고 지속적으로 특허성에 대한 반박을 함으로써 청구항에 대한 심사기간을 연장하는 것이며, 셋째로 출원인이 이미 공개된 특허대상이 잠재적으로 경제적 가치를 가진 것으로 판명을 하게 되면 출원을 포기하였다가 다시 회복을 신청하는 방식으로 의도적이든 우연한 것이든 심사를 지연하는 것이다. 마지막으로 출원인이 특허청에 계속 중인 다른 이의신청사건을 들어서 특허의 발급을 지연하는 것이다.

144 Purdue Pharma, L.P. v. F.H. Faulding and Co., 48 F. Supp. 2d 420, 432(D. Del. 1999), aff'd, 230 F.3d 1320, 56 USPQ2d 1481(Fed. Cir. 2000)(서면명세요건과 새로운 사항의 추가문제는 서로 다른 개념이다).

145 Chisum on Patents §7.04 n.9: 서면명세요건은 최초의 청구범위는 물론 후일 보정된 청구범위에서 모두 문제가 된

사항을 추가하였느냐의 문제는 명세서와 도면에 최초출원서가 공개하지 아니한 것을 공개하였느냐의 문제이다.[146]

보정된 청구항의 권리범위가 최초로 출원된 공개내용에 의하여 지지되지 않는다면 이는 미특허법 제112조 첫 번째 문장의 서면명세요건에 위배된 것이다.[147] 보정된 청구항에 대한 특허를 거절함에 있어서는 미특허법 제132조의 새로운 사항을 추가한 것으로 거절할 수 없다고 보았다.[148] [149] 따라서 청구범위의 보정에 관한 한 공개주의는 그 근거를 상실하게 되고 서면명세요건을 충족하였느냐의 여부와 중간에 개입하는 제3자의 권리의 조정만이 문제가 된다.

미특허법은 청구항의 확장적 보정을 할 수 있는 시기에 대하여 명문으로 규정하고 있지 않고 있기 때문에 종래에는 하는 수 없이 법원의 판례법에 의존할 필요가 있었다. 과거 미특허법 제112조가 단지 실시가능요건(Enablement requirement)만을 규정한 것이라고 보던 시기에는, 이 실시가능요건이 후일 그 권리범위가 확장적으로 보정된 청구항들에 대한 특허를 거절할 수 있는 법규적 근거를 제시하지 못하였다.[150]

그러나 미특허법 제112조 첫 번째 문장이 명문으로 서면명세요건을 요구하고 있고, CCPA도 위 조항을 해석함에 있어서 실시가능요건과 구별되는 것으로 보고 있기 때문에,[151] 청구항의 권리범위의 확장적 보정을 판례법에만 의존할 필요가 없게 되었다.[152] 따라서 미국의 판례법과

다. 전형적으로 서면명세요건을 충족시켰느냐의 문제는 새로운 청구항이나 보정된 청구항이 최초출원된 공개내용에 의하여 지지되느냐 하는 문제, 즉 35 U.S.C. 119, 120 또는 365(c)에 의하여 출원된 발명이 최초출원일을 기준으로 하여 우선권을 받을 수 있느냐 하는 문제이다.

146 Purdue Pharma, L.P. v. F.H. Faulding and Co., 48 F. Supp. 2d 420, 432(D. Del. 1999), aff'd, 230 F.3d 1320, 56 USPQ2d 1481(Fed. Cir. 2000)(새로운 사항이냐의 문제는 요약서, 명세서 또는 도면에 최초로 공개된 것에 추가하여 공개하느냐의 문제이다).

147 그 후에 보정된 청구항이 서면명세요건이나 실시가능요건을 충족시키지 못하는 경우에는 미특허법 제112조에 의한 거절이 되어야 한다고 보는 견해는 In re Rasmussen, 650 F.2d 1212, 211 USPQ 323(CCPA 1981) 및 Rollins, 'New Matter' Clarified? In re Rasmussen, 63 J. Pat. Off. Soc'y 560(1981).

148 미특허법 제132조로 거절되는 것은 청구범위에 대한 보정이 아니라 요약서, 명세서, 도면이 최초출원된 것에 부가하여 추가를 한 것이 문제가 된 경우에 한한다. Purdue Pharma, L.P. v. F.H. Faulding and Co., 48 F. Supp. 2d 420, 432(D. Del. 1999), aff'd, 230 F.3d 1320, 56 USPQ2d 1481(Fed. Cir. 2000).

149 새로운 사항 추가 금지설: 물론 일부 CCPA의 입장은 최초출원서에 의하여 지지되지 않는 것으로 보정된 청구항은 미특허법 제132조에 의하여 새로운 사항(New matter)을 추가한 것으로 거절되어야 한다고 하였지만 이는 종래의 견해에 불과하다. In re Winkhaus, 527 F.2d 637, 640, 188 USPQ 129, 131(CCPA 1975)(보정된 청구항이 미특허법 제112조의 첫 번째 문장의 요건, 즉 서면명세요건을 위배하였다면 이는 미특허법 제132조의 새로운 사항 금지에 위배한 것이다); 이를 추종하는 입장들 In re Bowen, 492 F.2d 859, 181 USPQ 48(CCPA 1974); In re Katz, 467 F.2d 939, 167 USPQ 487(CCPA 1970); In re Welstead, 463 F.2d 1110, 1114, 174 USPQ 449(CCPA 1972).

150 Chisum on Patents §11.05 late Claiming [1][d]—Impact of the Description Requirement.

151 Chisum on Patents §11.05. In re Mercier, 515 F.2d 1161, 1169, 185 USPQ 774, 780(CCPA 1975)(출원인은 미특허법 제112조의 첫째 문장(즉 서면명세요건, 실시가능요건 및 최적실시례공개요건)이 요구하는 모든 것을 충족시킨다. 그리고 새로운 사항을 추가하지 못한다는 규정에도 위배되지 않는다).

152 Chisum은 과거에는 실시가능요건을 가지고 최초출원서에 공개된 범위를 넘는 청구항의 확장적 보정을 거절할 수 없었으나, 근래에는 CCPA가 서면명세요건과 실시가능요건을 구별하는 이상 청구항 확장적 보정의 허용 문제는 모

학설도 청구항의 보정을 허용하면서도 보정된 새로운 청구항은 반드시 미특허법 제112조의 첫 번째 문장, 즉 서면명세요건을 충족시킴으로써 최초출원서의 공개내용에 의하여 지지되어야 할 것을 요구하는 것이 정설이다.[153]

나. 해태주의의 절충

(1) 문제의 제기

비록 청구범위의 보정에 관한 한 공개주의가 그 근거를 상실하게 되었다고 하더라도 여전히 최초출원과 청구항의 보정 사이에 개입하는 제3자의 권리의 조정에 대해서는 서면명세요건만으로 문제가 해결될 수는 없다. 만약 중간에 개입하는 제3자의 권리(Intervening adverse rights)가 존재한다면 이는 출원인이 새로운 권리범위를 가지는 청구항을 추가하여 보정을 하는 것을 허용할 수 없기 때문이다.[154] 따라서 그 중간에 제3자의 권리가 출원인의 청구항 보정으로 인하여 위해를 받을 수 있는 경우에는 해태이론을 적용하여 특허권리를 몰수할 필요성이 있다.[155] [156]

그러나 그 중간에 해를 입는 제3자의 권리가 존재하지 않는다면 추가로 청구항을 보정할 수 있는 기간은 심사해태로 인하여 상실되기까지는 제한되지 않는다고 보아야 한다. General Talking Pictures에서도 미연방대법원은 제3자의 권리에 위해가 되지 않는다면 심사계속신청(Continuation)을 함에 있어서 2년이 경과하여도 실기한 것은 아니라고 보았다.[157] 따라서 이 견해는 심사가 계속 중인 출원에 있어서 아직 특허청에 제출되지 않은 청구항들에 대해서는 일반대중이 이를 사용할 수 있도록 하는 것이다.[158]

두 서면명세요건으로 해결할 수 있다고 본다. Chisum on Patents §11.05 late Claiming [1][d]−Impact of the Description Requirement.

153 물론 이에 반대하는 견해가 있을 수 있다. Chisum on Patents §11.05 late Claiming [1][d]−Impact of the Description Requirement.

154 Michael T. Hawkins, PROSECUTION LACHES IN THE WAKE OF SYMBOL TECHNOLOGIES: WHAT IS "UNREASONABLE AND UNEXPLAINED" DELAY?, 87 Minn L. Rev 1621, 1651(2003).

155 CAFC는 Symbol Technologies(2002)에서 종래에 미연방대법원의 선판결인 Webster와 Crown Cork 사건에서는 심사해태로 인한 권리상실을 인정하기 위해서는 그 중간에 개입하는 제3자의 권리의 존재가 필요하다고 보았다. Symbol Techs., Inc. v. Lemelson Med., Educ. & Research Found., 277 F.3d 1361, 1365(Fed. Cir. 2002); 1273, 37 USPQ 357(1938).

156 Crown Cork & Seal Co. v. Ferdinand Gutmann Co., 304 U.S. 159, 58 S.Ct. 842, 82 L.Ed. 1265, 37 USPQ 351(1938). Crown Cork에서 미연방대법원은 제3자의 이해관계가 개입하지 않는 한 분할출원에서 청구항의 확장적 보정은 허용되지만 만약 제3자의 권리에 위해가 되는 경우에는 새로운 청구항에 대해서는 심사해태로 인한 권리상실을 인정한다.

157 Gen. Talking Pictures Corp. v. W. Elec. Co., 304 U.S. 175, 58 S.Ct. 849, 82 L.Ed. 1273, 37 USPQ 357(1938).

158 David L. Marcus, Comment, Is the Submarine Patent Torpedoed?: Ford Motor Co. v. Lemelson and the Revival of Continuation Application Laches, 70 Temp. L. Rev. 521, 558(1997)(미연방대법원의 선판결, 즉 General Talking

(2) 문제의 해결: 신규성 상실의 예외사유를 적용하는 견해(정설)

이해관계가 있는 제3자에게 중간에 개입하는 권리가 발생한 경우에 그로부터 미특허법 제102(b)항이 규정하는 기간 이내에 청구항을 보정하면 족하다는 견해로서, 이해관계 있는 제3자의 출현이 있다고 하더라고 청구항의 보정이 불허되는 것은 아니다.[159] 단지 제3자의 출현이 있은 후 1년 이내에 청구항을 보정하여야 하고, 만약 그 기간을 도과한 경우에는 청구항의 보정이 불허되는 것이다.[160]

그 근거로서 Muncie Gear Works v. Outboard, Marine & Co.(1942)에 대한 미연방대법원 판결은 출원인이 최초로 출원서에 의하여 공개한 내용이지만 청구항의 권리범위로 주장하지 않은 사항이 있었던 경우에, 출원인의 특허권리에 상반하는 제3자의 권리가 중간에 발생한 경우에는, 그 권리가 발생을 한 때로부터 1년 이내에 청구항을 보정할 수 있다고 보았다.[161]

그러나 출원인이 위 인정된 사유가 발생한 날 이후 1년의 기간을 경과하여 청구항을 확장

Pictures와 Crown Cork에서 추론하면, 중간의 제3자의 권리라는 것은 일반대중이 출원되어 심사 중인 출원서에서 청구항의 권리범위로 주장되지 않은 것을 추가로 청구항의 권리범위로 주장할 때까지 사용할 수 있는 권리를 말한다).

159 Ryan, The Muncie Gear Doctrine and the Effect of Section 132 Upon It, 11 Loyola U. Chi. L. J. 375(1980); Shapiro, Delay in Claiming, The Encyclopedia of Patent Practice and Invention Management 194(Calvert ed. 1964); Flocks & Neimark, Is there a Viable Doctrine of Non-Statutory Late Claiming as a Defense in Patent Litigation?, 50 J. Pat. Off. Soc'y 676(1968).

160 보정불가설: Webster에서는 중간에 이해관계 있는 제3자가 발생한 이후에는 그에게 위해를 가할 수 있는 청구항의 보정은 금지된다고 보는 것으로, Muncie Gear에서 미연방대법원이 천명한 새로운 사항을 추가할 수 없다는 원칙에 부합하는 것이라고 한다. 그러나 이는 소수견해에 불과하다. Webster Electric Co. v. Splitdorf Electrical Co., 264 U.S. 463, 44 S.Ct. 342, 68 L.Ed. 792(1924). 이에 반대하는 보정불가설(소수설)은 중간에 이해 관계있는 제3자의 권리가 발생한 경우에 청구항의 보정을 할 수 없다는 입장에 의하면, 출원인은 그에 반하는 권리가 존재하는 한 최초로 공개된 특허대상과 청구항을 후일에는 보정할 수 없다. Webster(1924)에서 미연방대법원은 출원인의 특허대상이 이미 공개되어 일반적으로 사용되고 있는 것은 중간에 개입하는 이해관계 있는 제3자의 권리가 존재하는 것으로서 그 후 청구항을 확장적으로 보정하는 것은 허용되지 않고 이에 위배하여 발급된 청구항은 집행할 수 없는 것(Unenforceable)이라고 판시하였다.

위 Webster에서 미연방대법원은 출원인이 기간을 지연시키면서 보정한 청구항들은 최초출원한 발명을 논리적 발전시킨 것이라기보다는 사후에 지나치게 과도한 권리를 요구하는 것(Exigent afterthought)에 불과한 것으로 중간에 개입한 제3자의 권리가 존재한다면 이는 출원인이 심사를 지연함으로 인하여 권리행사를 해태한 것으로 볼 수 있는 설득력이 있는 증거가 된다고 판시하였다.

161 그러나 이에 반대하는 소수견해는 Kahn v. Dynamics Corp. of America(1973)367 F. Supp. 63, 180 USPQ 247(S.D. N.Y. 1973), aff'd, 508 F.2d 939, 184 USPQ 260(2d Cir. 1975), cert. denied, 421 U.S. 930(1975). 신규성 상실의 예외기간 내의 보정이라면 새로운 사항을 포함하더라도 문제가 되지 않는다는 견해로서 이는 제2항소법원의 입장이지만 소수견해이다. 이 견해는 보정된 청구항에 대하여 신규성 상실에 대한 예외사유가 적용되지 않는다면, 즉 보정된 청구항이 신규성을 상실하였다면 이러한 보정은 출원인의 심사해태로 보아야 하고 이로 인하여 특허권리는 상실된다. 따라서 출원인은 반드시 발명이 공연히 사용되거나 타인에 의하여 판매된 후 1년 이내에 특허에 나타나는 것과 실질적으로 동일한 권리범위를 가지는 청구항을 제출하여야 한다는 것이다. 이는 Kahn v. Dynamics Corp. of America(1973)에서의 1심판결로서 최초출원된 명세서에 공개되지 아니한 새로운 사항을 보정에 의하여 추가할 수 없다는 Muncie Gear와 견해를 달리한다. Kahn의 항소심은, 특허침해를 한다고 주장되는 것과 실질적으로 동일한 침해물건이 판매된 지 1년이 지나도록 이에 대한 청구항이 최초의 출원서나 그 이후에 계속된 출원서에 기재되거나 보정되지 않음으로써 출원인이 권리를 해태한 것이다.

적으로 보정하면 비록 최초의 출원서에 의하여 공개된 내용에 의하여 지지되는 청구항이라고 할지라고 심사해태로 인한 권리상실이 된다.[162]

이해관계 있는 제3자의 중간에 개입한 권리가 발생하고 난 이후 1년의 유예기간을 둔 것은 미특허법 102(b)에서 특허출원 이전에 공연실시나 판매행위가 있었던 발명에 대하여 그 이후 1년 이내에 특허출원을 하면 신규성을 상실하지 않는다는 유예기간 또는 은혜기간(Grace period)을 말하고 있기 때문이다.[163]

다. 청구범위의 확장적 보정

최초출원서에 공개된 내용 중에서 청구항의 권리범위로 주장하지 못한 발명이 있는 경우 후일 그 청구범위를 보정할 수 있다. 이때 보정된 청구범위는 최초출원된 명세서에 의하여 지지되어야 함은 물론이다. 우리 특허법은 심사의 편의를 위해서 최초거절이유 통지서를 받기까지는 청구범위를 확장적으로 보정할 수 있다고 규정하고 있다. 그러나 심사편의주의는 출원인의 권리를 진정으로 보호하지 못한다는 단점이 있다.

따라서 제3자의 중간에 개입하는 권리가 존재하지 않는 한 출원인의 권리보호를 위주로 하여 청구항의 확장적 보정을 자유로이 허용하여야 한다. 그러나 출원인이 자신의 권리를 행사하는 것을 의도적으로 지연한 경우에는 그 해태로 인하여 그 특허권리를 상실시킬 수도 있어야 한다. 따라서 특허가 발급되는 시점을 기준으로 하여 제3자의 권리가 위해를 받지 않는 한 출원인이 청구항을 확장적으로 보정을 할 수 있도록 특허법의 개정과 해석이 이루어져야 할 것이다. 이로써 특허법이 출원인의 권리를 보다 적극적으로 보호하면서 제3자와의 이해관계를 해하지 않는 균형 있는 입법론과 해석론이 될 것이다.

---

162 Muncie Gear Works v. Outboard, Marine & Co., 315 U.S. 759, 53 USPQ 1(1942).

163 미특허법 102(b)항은 미국에 특허출원서를 제출하기 1년 전에 미국과 외국에서 특허를 받거나 인쇄된 간행물에 기재되거나, 미국에서 공연히 사용되거나 판매되면 신규성을 상실하는 것으로 규정하고 있다. 이는 미특허법이 신규성 상실의 예외사유로서 1년간의 은혜기간(**The statutory bar grace period**)을 둔 것을 말하고 이를 '**On Sale Bar**'라고도 한다.

35 U.S.C. §102 Conditions for patentability: novelty and loss of right to patent.

A person shall be entitled to a patent unless –(b) the invention was patented or described in a printed publication in this or a foreign country or in public use or on sale in this country, more than one year prior to the date of application for patent in the United States.

Chapter

07

우선권

Ⅰ. 조약에 의한 우선권주장

1. 의 의
2. 요 건
   가. 우선권주장의 요건 **나.** 출원서의 보정 **다.** 새로운 사항의 추가
   라. 외국에서의 잠정특허출원 **마.** 우선권증명서류 **바.** 출원일자를 늦추는 것
   사. 특허출원서의 포기나 특허의 포기 **아.** 청구항 작성의 지연 **자.** 복수의 우선권주장
3. 효 과
   가. 선행기술을 회피하는 효과 **나.** 발명의 완성일자
4. 발명의 동일성
   가. 최초출원서의 공개 정도 **나.** 외국출원서에 대한 보정
5. 발명자의 동일성
   가. 동일한 출원자 **나.** 승계인 **다.** 실제발명자
6. 심 사

Ⅱ. 국내우선권주장

1. 의 의
2. 우선권주장의 필요성
   가. 발명자의 개량발명을 보호 **나.** 제3자에 대한 우선권주장
3. 우선권주장의 요건
   가. 요건들 **나.** 공개의 계속성(발명의 동일성)
   다. 특허심사의 계속성 **라.** 선출원의 표시 **마.** 발명자의 동일성
4. 우선권주장의 효과
   가. 심사의 계속성 **나.** 입법론: 특허가 발급된 이후의 계속성
   다. 입법론: 미국의 부분계속출원 **라.** 분할출원 **마.** 이중출원제도

Ⅰ. 조약에 의한 우선권주장

1. 의 의

조약에 의한 우선권주장(조약우선권이라고도 한다)은 조약에 의하여 우리나라 국민에게 우선권을 인정하는 당사국(파리협약에 의한 동맹국, TRIPS 협정에 의한 회원국 및 양자 간 조약에 의한 조약 당사국을 말한다). 국민이 그 당사국 또는 다른 당사국에 특허출원을 한 후 동일 발명에 대하여 우리나라에 출원하여 우선권을 주장하는 때에는 특허법 제29조 및 동법 제36조의 규정을 적용함에 있어서, 그 당사국에 출원한 날을 대한민국에 출원한 날로 인정하는 제도이다.[1]

대한민국에 특허를 출원한 사람은 동일한 발명에 대하여 12개월의 범위 내에서 우선권을 주장할 수가 있다. 이러한 권리는 대한민국이 '지적재산권의보호에관한파리협약'의 규정을 준수하는 결과이고,[2] 이는 WTO 가맹국까지 확대된다.[3] 외국에서 한 특허출원은 특허출원인의 권리가 관계되는 한, 국내에 한 특허출원과 동일한 효력을 가진다. 단지 그러한 특허출원이 반포된 간행물에 게재되거나 공연한 실시가 있는 등의 사유가 국내에서 발생된 이후에는 특허출원을 위한 1년의 기간을 경과하지 않았어야 한다.[4]

역사적으로 볼 때 대한민국의 특허법은 국민과 거주자 외국인 그리고 비거주자를 특허를 출원할 수 있는 권리에 있어 동등한 것으로 본다. 대한민국은 '산업재산권보호에관한파리협약'을 준수하는데 이것은 외국에서 한 특허출원에 대하여 12개월 내에 국내에 출원된 특허출원은 마치 그것이 외국에서 특허가 출원된 날 국내에서도 마찬가지로 특허출원이 있었던 것으로 보아 동일한 효력을 가진다. 특허법 제54조도 바로 이러한 '특허협력조약'이 규정한 우선권 조항을 국내법에 규정한 것이다.[5]

---

1 특허청, 특허 및 실용신안 심사지침, 제4절, p.440.

2 윤선희, 특허법(제3판), 법문사(2007), p.475.

3 仙元隆一郎, 特許法講義(第2版), 悠悠社(1998), 250項. 위 윤선희 특허법, p.476, 주 18에서 재인용.

4 특허법 제30조(공지 등이 되지 아니한 발명으로 보는 경우) ① 특허를 받을 수 있는 권리를 가진 자의 발명이 다음 각 호의 어느 하나에 해당하는 경우에는 그날부터 12개월 이내에 특허출원을 하면 그 특허출원된 발명에 대하여 제29조 제1항 또는 제2항을 적용할 때에는 그 발명은 제29조 제1항 각 호의 어느 하나에 해당하지 아니한 것으로 본다. 〈개정 1993.12.10, 2001.2.3, 2006.3.3, 2011.12.2〉

1. 특허를 받을 수 있는 권리를 가진 자에 의하여 그 발명이 제29조 제1항 각 호의 어느 하나에 해당하게 된 경우. 다만, 조약 또는 법률에 따라 국내 또는 국외에서 출원공개되거나 등록공고된 경우를 제외한다.
2. 특허를 받을 수 있는 권리를 가진 자의 의사에 반하여 그 발명이 제29조 제1항 각 호의 1에 해당하게 된 경우

5 1883년 프랑스, 벨기에, 브라질, 과테말라, 이탈리아, 네덜란드, 포르투갈, 엘살바도르, 세르비아, 스페인 그리고 스위스 등의 국가가 '산업재산권보호에관한파리협약'을 체결했다. 이 조약 제4조에는 이 조약에 가입한 나라에 있어서 특허를 출원하고 난 이후에 6개월 동안 다른 가입국가에 있어서 우선권을 부여하는 것을 인정했다.

'특허협력조약'은 1970년 파리협약에 가입한 가입국가들 중심으로 성립되고 다수의 국가들에 의하여 서명되었다. 이 협약은 대한민국에서의 특허의 발급가능성에 관한 실체적 요건을 변경하지는 않는다. 단지 이 협약은 이중적인

국제특허출원은 그것이 국제적이든 국내의 특허출원이든 불문하고 선특허출원서에 기초하여 우선권을 받을 수 있으며, 후특허출원이 국제특허출원이든 국내특허출원이든 불문하고 우선권을 수여한다. 따라서 특허법 제54조에 의하여 선출원된 외국의 특허출원이나 국제특허출원으로서 외국을 지정한 경우에는 우선권의 이익을 얻을 수 있다. 또한 국내특허출원이든 국제특허출원으로서 대한민국을 지정한 여부를 불문하고 대한민국을 지정한 선국제특허출원의 우선권을 받을 자격이 있다.

2. 요 건

가. 우선권주장의 요건

외국에서 한 특허출원에 기하여 우선권을 주장하기 위해서는 다섯 가지의 요건을 충족하여야만 한다. 첫째, 특허출원은 반드시 자격이 있는 외국에서 하였어야만 한다.[6] 둘째, 최초의 외국출원일자로부터 12개월 내에 국내에 특허를 출원하여야 한다. 셋째, 국내의 특허출원은 외국의 특허출원서의 공개되었던 것과 동일한 발명이어야만 한다. 넷째, 외국의 특허출원은 반드시 특허를 받기 위한 것이어야 한다. 다섯째, 외국의 특허출원인은 반드시 국내의 특허출원인과 동일인이어야 한다.[7] 이에 더하여 우리나라와 미국 등에서는 자국에서 출원되기 12개월 이전에 공연한 실시 또는 간행물에 게재되거나 공지 또는 공용되지 않을 것을 요구하고 있다.[8] [9]

국제우선권을 부여받을 수 있는 외국에서의 특허출원은 반드시 국내에 특허가 출원된 것에 대하여 권리를 부여하거나 대한민국 국민에 대하여 동일한 권리를 부여하는 외국이어야만 한다. 이것은 '산업재산권보호에관한파리협약'을 준수하는 모든 국가들은 물론, 각 개별 조약에 의하여 동일한 권리를 포함하는 국가와 자국의 입법에 의하여 동일한 처우를 하는 나라도 포함한다.[10]

노력을 제거하기 위한 것이다. 이것은 특허출원인과 각 개별 국가의 특허청이 특허를 출원하고 심사하는 데 있어서 여러 국가들에 대하여 들여야만 하는 중복된 노력을 회피하기 위한 것이다. 그러나 이 협정에 의한 절차는 임의규정으로서 현행 국내의 특허출원과 심사절차를 대체하려는 것은 아니고 우선권을 축소하려는 것도 아니며 '산업재산권보호에관한파리협약'에 의하여 부여되고 있는 '자국민원칙'을 변경하려는 것도 아니다.

6 미특허법 제119조 35 U.S.C.A. §119. Benefit of earlier filing date; right of priority 참조.

7 또는 그 특허출원인의 대리인이나, 특허출원의 양수인에 의하여 이루어져야만 한다.

8 특허법 〈개정 1993.12.10, 2001.2.3, 2006.3.3, 2011.12.2〉 제30조 참조.

9 미국특허법 제119조: 35 U.S.C.A. §119; but no patent shall be granted on any application for patent for an invention which had been patented or described in a printed publication in any country more than one year before the date of the actual filing of the application in this country, or which had been in public use or on sale in this country more than one year prior to such filing.

10 특허심사지침 참조. 특허법 제54조는 제1항 후단에서 '대한민국 국민이 조약에 의하여 대한민국 국민에게 특허출원

따라서 이 우선권조항은 특허출원서가 접수된 외국의 자격에 관하여 말하는 것으로서 특허출원인이 누구냐에 관한 문제는 아니다. 따라서 누구라도 대한민국의 국민이라면 자격이 있는 외국에 특허를 출원할 수 있고 이를 기초로 하여 국내에서의 우선권을 주장할 수 있다.

외국에 특허를 출원한 특허출원인은 이 특허출원서를 제출한 날로부터 12개월 이내에 반드시 국내에 특허를 출원하여야 한다. 12개월 이내에 특허를 출원하여야 한다는 것은 초일이 산입되지 않는다는 것이다. 따라서 특허출원인이 2005년 5월 1일 대한민국에 특허를 출원했다면 그는 2004년 5월 1일 제출된 외국의 특허출원서를 기초로 우선권을 주장할 수 있다. 이러한 일자계산은 기간계산에 관한 특허법과 민법의 조항, 그리고 파리협약에 의한 것이다.

만약 12개월의 기간 중에서 마지막 날이 토요일이나 일요일 또는 법정공휴일인 경우에 대한민국에서의 특허출원은 그 다음 날로 이어지는 업무기일에 특허청에 출원할 수 있다.[11] 특허법 제54조 제2항은 '제1항의 규정에 의하여 우선권을 주장하고자 하는 자는 우선권주장의 기초가 되는 최초의 출원일로부터 1년 이내에 특허출원하지 아니하면 이를 주장할 수 없다.'고 규정하고 있다. 따라서 1년이라는 기간은 동일한 발명이 외국에서 정상적으로 특허출원서가 접수된 것으로 보는 최초의 날짜로부터 기산된다.[12]

만약 2004년 1월 2일 프랑스에 특허출원을 하였고, 2004년 3월 3일 독일에 특허출원을 하였으며, 마지막으로 2005년 2월 2일 국내에 특허출원을 한 사람은 프랑스나 독일 어느 곳에도 우선권을 주장할 수가 없다. 1년이라는 시간적 제한규정이 프랑스에 한 특허출원서에 기초하여 우선권을 주장할 수 있는 가능성을 배제하였고 최초특허출원에 기초한다는 규정이 독일에 한 특허출원에 기초한 우선권주장을 배제하기 때문이다.

그러나 예외적으로 그러한 후속특허출원을 하기 이전에 외국에 최초로 특허출원을 한 것이 일반대중에게 공개되지 아니하였고 어떠한 기득권이 부여되지 않았으며 우선권주장에 활용되지 않은 채 선특허출원이 취하되거나, 포기되거나 기타의 다른 방법으로 철회되었다면 후속특허출원도 우선권주장의 기초가 될 수 있다고 본다.[13] 이러한 견해는 파리협약이 1958년 리스본개정협약에 의하여 변경된 것을 반영하는 것이다.

미국의 특허법은 위 파리협약 제4조 C(4)항을 35 U.S.C.A. §119 (c)항으로 입법화하였다.[14] 그러나 이 조항의 해석에 있어서 이 조항은 최초의 특허출원 원칙에 대한 아주 좁은 예외

에 대한 우선권을 인정하는 당사국에 특허출원한 후 동일한 발명을 대한민국에 특허출원한 경우에도 또한 같다'고 규정하고 있다.

11 Paris Convention, §4(C) (2) 및 §4(C) (3).

12 특허법 제54조(조약에 의한 우선권주장) 참조.

13 미특허법 제119조 제3항 참조(1961. 개정).

14 미특허법 제119조 35 U.S.C.A. §119. Benefit of earlier filing date; right of priority.

(c) In like manner and subject to the same conditions and requirements, the right provided in this section may

일 뿐이다. 앞에서 예로 든 경우에 최초로 출원된 프랑스의 특허출원서가 일반대중에 공개되기 이전에 완전하게 포기된 경우라면 특허출원인은 독일의 특허출원의 접수일을 기초로 우선권을 주장할 수 없다는 것이다.

첫째, 특허출원인은 선특허출원과 동일한 국가인 프랑스에서 특허출원된 후속특허출원에 대해서만 기초로 주장할 수 있고, 둘째, 특허출원인은 독일의 특허출원서를 포기하지 않으면 안 된다. 왜냐하면 이 조항은 이러한 후속특허출원이 있기 이전에 특허가 출원된 어떠한 외국의 특허출원서도 포함하고 있기 때문이다. 후자와 같은 경우에는 오직 이전 출원된 특허출원만을 포기하기를 요구하는 리스본개정협약보다도 더욱 제한적인 것이다.

나. 출원서의 보정

외국에 선특허출원서가 제출된 이후에 특허출원서를 보정한 경우에 이렇게 보정한 것이 국내의 특허출원에 대하여 우선권주장의 기초가 된다고 본다. 최초의 외국특허출원서가 충분하지 못한 공개로 인하여 서면명세요건을 충족시키지 못한다면 이는 국내에서 특허출원된 발명에 대한 우선권주장의 기초가 될 수는 없다. 그렇기 때문에 특허법상의 공개요건을 충족시키기 위하여 특허출원서에 대한 보정이 있는 경우에 이 보정서가 제출된 것이 우선권주장에 있어서 기초가 되는 '최초의 특허출원'으로 볼 수 있다는 견해가 다수설이다.[15]

이와는 반대로 특허출원을 보정한 것을 인정하는 것이 우선권주장에 있어서의 엄격한 요건에 위배된다고 보는 견해도 있다. 이러한 특허출원은 특허법 제55조의 후속특허출원으로 볼 수는 없다는 것이다.[16]

다. 새로운 사항의 추가

현재 특허심사가 진행 중인 독일의 특허출원서에 대해 보정을 한 것이 우선권주장의 기초가 될 수 있는 특허출원이라고 본 견해도 있다. 독일법에 의하면 특허출원서에 대한 보정신청이 된 경우, 이 보정신청서가 우선권주장의 기초가 되는 특허출원이 될 수 있다.[17] 따라서 1년

---

be based upon a subsequent regularly filed application in the same foreign country instead of the first filed foreign application, provided that any foreign application filed prior to such subsequent application has been withdrawn, abandoned, or otherwise disposed of, without having been laid open to public inspection and without leaving any rights outstanding, and has not served, nor thereafter shall serve, as a basis for claiming a right of priority.

15 In re Crouch, 129 F.2d 690, 54 USPQ 316(CCPA 1942); Norman v. Schmidt, 125 F.2d 162, 52 USPQ 342(CCPA 1942); Gibbs v. Wohl, 67 F.2d 908, 20 USPQ 32(CCPA 1933); Woburn Degreasing Co. v. Spencer Kellogg & Sons, Inc., 40 F. Supp. 357, 51 USPQ 172(W.D.N.Y. 1941). Olson v. Julia, 209 USPQ 159(PTO Bd. Pat. Int'f 1979)(먼저 이루어진 외국특허출원서가 우선권을 배척하기 위해서는 반드시 공개요건을 충족시켜야만 한다).

16 Chisum §14.03 [c].

17 Woburn Degreasing Co. v. Spencer Kellogg & Sons, Inc., 40 F. Supp. 357, 51 USPQ 172(W.D.N.Y. 1941). 공개

의 우선권을 주장할 수 있는 기간은 심사 중인 특허출원서에서 공개되지 않았던 새로운 사항이 추가로 보정되는 때로부터 시작된다고 보아야 한다.

이 견해는 특허출원서에 대한 보정이 외국법에 의존한다는 것을 보여 준다. 이것은 특허출원서에 대한 보정이, 만약 외국법에 의하여 최초의 특허출원일자보다는 보정신청서가 제출된 날짜를 기준으로 기산된다면, 이는 새로운 특허출원이 된다.

그러나 이에 반대하는 견해는 외국법에 의한 특허출원 보정의 지위는 아무런 관계가 없다고 본다. 미국법에 의한 특허출원이라는 의미에 관하여 동일한 견해를 가지고 있다. 미국의 입장에서는 특허출원에 대한 보정이 관련된 경우, 이를 허용하느냐 하는 여부에 관해 독일의 특허청이 옳고 그르냐의 여부를 심리할 필요가 없다. 특허출원서에 대한 보정이 신청되었고 이것이 허용되어 특허에 포함되었다는 것만으로 충분하고 이렇게 특허출원서가 보정됨으로써 충분한 공개를 하였다고 볼 수 있다.

라. 외국에서의 잠정특허출원

미국의 가출원(Provisional application) 또는 정규출원(Non-provisional application)을 근거로 우리나라에 우선권을 주장하는 경우, 미국특허상표청이 발급하는 우선권증명서류(Priority document, Certified copy of the original application)를 우리 특허청에 제출하여야 하는바(특허법 시행규칙 제25조), 미국특허상표청이 가출원에 대한 우선권증명서류를 출원인에게 발급하였다는 사실은 미국특허상표청이 가출원을 파리조약 우선권의 근거가 되는 정규국내출원으로 인정한 것으로 본다.

외국특허출원을 금지하는 법정조항에 관한 결정에 있어서 미국특허청은 잠정특허출원에 의하여 영국에 특허출원된 것이 우선권주장을 하는 접수일로 본다.[18] 잠정특허출원은 오직 발명의 성질만을 공개하고 있었고 발명을 수행하는 방법에 대한 완전한 공개는 완전한 명세서의 제출로써 후일 보완되는 것이다. 그럼에도 불구하고 외국의 특허청에 잠정특허출원서를 제출하여도 이를 기초로 하여 국내에서의 우선권을 주장할 수 있는 권리를 부여하는 것이다. 이로써 특허출원인은 이후에 간행되는 인쇄물에 게재되거나 공연히 실시되는 것으로부터 보호를 받을 수 있다.

미국의 항소법원은 영국법에 의하면 특허출원을 하면서 잠정적 명세서를 제출하여도 특허를 받기 위한 최초의 단계를 마친 것이고 따라서 이를 기초로 하여 12개월이라는 우선권기간이 시작이 되는 날짜가 될 수 있다고 본 견해도 있다. 이는 심지어 잠정적 명세서가 특허대상을 공

가 되었지만 청구항의 권리범위로 되지 않은 특허출원서에 추가된 보정신청의 경우에 그 보정내용이 이미특허출원서의 공개된 내용의 범위 내라면 특허출원서의 접수일자는 보정서가 신청된 날짜이다.

18 Ex parte Smith, 1898 C.D. 276(Comm'r Pat. 1898).

개하지 않았더라도 우선권주장의 기초가 될 수 있다고 보는 것이다.[19]

그러나 보다 근래의 견해는 이에 반대하면서 완전한 공개내용을 가진 명세서가 제출되었어야만 우선권주장의 문제가 제기된 발명을 최초로 공개한 것이고 이를 기초로 하여 1년의 우선권기간을 적용할 수 있는 자격을 가진 출원이 된다는 것이다.[20]

예컨대 발명자가 1930년 3월 1일 영국에 잠정특허명세서를 제출했는데 그것은 문제가 된 발명을 공개하지 않았다. 1930년 6월 25일 그가 두 번째의 잠정특허명세서를 제출했는데 이는 발명을 공개하고 있었다. 두 가지의 잠정특허명세서가 후일 하나로 결합되어 완전한 명세서가 되었다. 발명자가 1931년 4월 1일 미국에 특허를 출원했다. CCPA는 두 번째의 잠정명세서가 영국에서 특허출원된 날인 1930년 6월 25일경이 1년의 우선권기간의 진행이 시작되는 날짜라고 보았다.[21]

마. 우선권증명서류

각국은 발명의 보호를 위한 다양한 형태의 출원제도를 두고 있는데 그 출원이 파리조약에 의한 우선권을 주장할 수 있는 정규국내출원인지의 여부를 타국의 특허청이 일일이 확인하기가 어려운 것이 현실이다. 그러므로 우선권증명서류를 발급하는 특허청은 해당 출원이 파리조약에 의한 우선권을 주장할 수 있는 정규의 국내출원인지 여부를 판단하여 우선권증명서류를 발급하여야 하고 타국 특허청은 이렇게 발급된 우선권증명서류를 근거로 하여 해당 출원의 우선권을 인정하면 된다.

한편, 미국 특허청의 경우 보통, 특허청이 발급하는 우선권증명서류("This is to certify that annexed hereto is a true copy from the records of the United States Patent and Trademark Office of the application which is identified above.")의 표지에는 "PRIORITY DOCUMENT"라는 도장이 날인되므로 당연히 해당 서류가 우선권증명용으로 발급되었다는 것을 확인할 수 있다.[22]

---

19 In re Swinburne, 19 App. D.C. 565(1902); In re Bastian, 44 App. D.C. 425(1916).

20 American Stainless Steel Co. v. Rustless Iron Corp., 2 F. Supp. 742, 17 USPQ 17(D. Md. 1933), aff'd, 71 F.2d 404, 22 USPQ 114(4th Cir. 1934).

21 Norman v. Schmidt, 125 F.2d 162, 52 USPQ 342(CCPA 1942).

22 미국의 가출원에 의한 정규출원은 미국특허법 제111조 제b항에 의한 가출원의 이익(우선권)을 청구하는 정규출원과 제119조 제e항에 의한 가출원으로부터 전환된 정규출원이 있는바, 각 경우에 있어서 우선권주장의 기초가 되는 출원은 다음과 같다.

1. 가출원 후 정규출원이 없는 경우: 가출원이 우선권주장의 기초가 됨.
2. 가출원으로부터 전환하여 정규출원한 경우: 정규출원이 있는 경우 가출원은 가출원으로서의 지위가 상실되므로 파리협약에 의한 우선권주장의 기초출원은 정규출원이며, 우선권기간의 시작일은 정규출원의 출원일로 인정되는 가출원의 출원일임.
3. 가출원의 이익(우선권)을 주장하며 정규출원한 경우: 가출원이 기초출원이 되며, 우선권기간의 시작일은 가출원의 출원일임.

바. 출원일자를 늦추는 것

영국에서는 출원인이 특허출원서를 제출한 날짜를 후일로 늦출 수 있다. 이로써 실제로 특허를 출원한 날짜보다 후일자로 유효일자를 기산할 수 있다. 영국법에 의하면 특허출원인은 반드시 잠정특허명세서를 접수한 때로부터 1년 이내에 완벽한 명세서를 제출하여야 한다. 이와 같이 후일로 날짜를 늦추는 것은 특허출원인에게 완벽한 명세서를 기안하는데 필요한 시간을 허용하기 위한 것이다.

특허출원인이 1963년 2월 8일 잠정특허명세서를 제출했지만 그 후 1963년 3월 6일로 일자를 뒤로 미루었다. 특허출원인이 1964년 3월 5일 미국에 특허를 출원했다. 특허청장은 미국에 제출한 특허출원서가 1년의 우선권주장을 할 수 있는 기간을 도과한 뒤에 접수되었다는 이유로 우선권을 인정하지 않았다. 최초특허출원서가 실제로 접수된 일자가 가장 중요하다는 것이다.[23]

파리협약은 가공적인 날짜를 임의적으로 만드는 것을 상정하지 않고 있다. 파리협약 제4(C) (4)는 1년의 우선권주장기간이 진행되는 기산일은 적절한 공개내용을 가진 특허출원서를 제출함으로써 시작되며 일단 우선권을 주장할 자격이 있는 특허출원서가 제출된 이상 그러한 권리는 박탈 될 수 없다.[24]

사. 특허출원서의 포기나 특허의 포기

외국에 특허출원서를 접수함으로써 우선권을 주장하는 경우에는 국내에서 12개월 이내에 특허출원서가 제출되어야 하고, 최초로 특허출원서가 접수된 외국에서의 그 이후 처리과정은 우선권주장과는 아무런 관련이 없다.[25] 미특허청은 양자의 발명이 동일한 것인 한, 원고가 독일에서 한 특허출원서의 접수일자를 기준으로 하여 그 발명에 대한 미국에서의 우선권을 인정하였다. 비록 후일 독일의 특허출원서가 포기되었다고 하여도 그 발명은 미국 내에서 출원된 것으로 되어 발명이 실시된 것으로 보아야 한다는 것이다.[26]

---

23 In re Clamp, 151 USPQ 423(Comm'r Pat. 1966).

24 United States Patent & Trademark Office, Manual of Patent Examining Procedure, §201.13(3d ed. rev. 1976)(최초의 특허출원서의 접수일자가 국내에서 특허를 출원하기 1년 이전에 된 것이고 우선권주장을 할 수 있는 출원서가 될 수 없다면 그 접수일자를 후일로 늦추는 것은 우선권주장에 아무런 영향을 미치지 못한다); In re "Electric Cable" Application, German Federal Patent Court(1975), 7 Int'l Rev. Indus. Prop. & Cr. L. 249(1976)(Article 4(C) (4) includes postdating under British patent act) with In re "Electrical Circuit Breakers," Italian Patent Appeals Comm.(1971), noted in 2 Int'l Rev. Indus. Prop. & Cr. L. 412(1971).

25 National Metallurgic Co. v. Whitman, 35 App. D.C. 420(1910). 이의신청인은 특허권자의 독일의 특허출원이 포기되었기 때문에 특허권자가 발명을 실시한 것으로 볼 수 없어 결국 자신이 선발명자라고 주장했지만 법원은 특허권자에게 우선권을 인정함으로써 결국 선발명자가 되었다.

26 Wickman v. Vinco Corp., 288 F.2d 310, 129 USPQ 43(6th Cir. 1961)(외국의 특허출원은 후일 그 출원에 대한 특

국내에서 우선권이 부여되는 것은 외국에 특허출원서를 제출한 뒤 발생하는 외국의 경과에 의존하지 않는다. 문제는 외국의 특허출원서가 국내에 출원된 발명과 동일한 것이냐의 여부이다. 만약 이 양자가 동일한 발명이라면 외국에 출원된 것은 국내에 특허가 출원된 것과 동일한 효력을 가진다.

그러나 특허출원인이 외국에서 특허출원서를 제출한 지 12개월 이내에 국내에 특허출원을 한 뒤, 후일 국내에 한 특허출원을 포기한다면 우선권을 상실한다.[27]

아. 청구항 작성의 지연

외국에 특허출원서를 제출한 지 12개월 이내에 국내에 제출된 특허출원서는 반드시 외국의 특허출원서에 기재된 발명과 동일한 발명이어야 한다. 외국의 특허출원서에 특허대상이 적절하게 공개되어 있다면 그것으로 충분하고 그것이 반드시 청구항을 가지고 있을 필요는 없다.[28]

자. 복수의 우선권주장

미특허청은 미국의 특허출원인이 어느 외국의 특허출원서의 접수일을 기준으로 우선권을 받는 경우에, 일정한 청구항에 대하여 우선권을 받을 수 있지만 다른 청구항에 대해서는 우선권을 받을 수 없는 경우도 있다고 본다. 또한 하나의 외국특허출원만을 보지 않고 다수의 외국출원서를 기초로 하여 우선권주장을 할 수도 있다. 따라서 미국의 특허출원서에 기재된 청구범위 중에서 어떤 청구항은 하나의 외국의 특허출원서에 공개된 내용을 기초로 하여 우선권을 주장할 수 있지만 다른 청구항들은 다른 외국의 특허출원서에 공개된 내용을 기초로 하여 우선권을 주장할 수 있다고 본다. 결국 문제가 되는 것은 외국의 특허출원서에 무엇이 공개되었느냐 하는 점이다.[29]

허가 발급되거나 출원이 포기되었는지를 묻지 아니하고 그 발명을 실시한 것으로 본다); Kling v. Haring, 11 F.2d 202(D.C. Cir. 1926), cert. denied, 271 U.S. 671(1926)(당사자가 독일특허에 대하여 4년차 특허료를 납부하지 아니한 사례).

27 물론 그는 국내법이 허용한다면 계속특허출원을 낼 수 있고 이를 기초로 하여 우선권을 상실하지 않을 수도 있다.

28 Renz v. Jacob, 326 F.2d 792, 799, 140 USPQ 256(CCPA 1964). 항소인이 주장하기를 피항소인이 프랑스의 특허출원서에 기초한 우선권주장을 할 수 없다고 하면서 그 이유로서 청구 제2항이 국내의 특허출원서에 기재되지 않았고 이것이 기재되기에는 이전의 특허출원서가 접수된 이후에 1년의 기간을 넘었다는 것이다. 그러나 법원은 이 주장을 받아들이지 않았다.

29 United States Patent & Trademark Office, Manual of Patent Examining Procedure, §201.15(3d ed. rev. 1976).

3. 효 과

가. 선행기술을 회피하는 효과

우선권주장이 적합한 경우, 제1국출원에 기재된 발명과 동일한 발명에 대해서는 특허법 제29조 및 제36조 적용에 있어 제1국출원일로 소급하여 심사한다.[30] 이 경우 우선권주장이 적합하다 하더라도 제1국출원에 포함되지 않은 발명은 우선권주장출원일을 기준으로 심사한다.[31] 따라서 국내의 특허출원인으로서 외국특허출원일자를 기초로 우선권을 주장하는 사람은 우선권이 없었더라면 진보성을 판단하는 선행기술로 사용될 수도 있었던 선행문헌을 회피할 수 있다.[32]

조약에 의한 우선권의 효과는 외국특허출원서가 제출된 날짜에 우선권의 효력을 받는 국내의 후특허출원서가 공개된 것으로 본다. 따라서 국내특허출원인은 외국특허출원일자를 기준으로 하여 선행문헌을 제거할 수 있다. 이로써 외국특허출원서가 제출된 당시에 국내특허출원서가 제출된 효과가 있으므로 그 출원시점을 기준으로 하여 그 이후에 공개된 문헌이나 기술은 국내출원된 청구항에 대한 선행기술이 될 수 없다.

그러나 외국특허출원서로서 우선권주장의 기초가 되는 것은, 발명을 공개한 간행물이 양국 어디에서 반포되거나 국내에서 공연한 실시가 있고 난 이후에 1년간의 제척기간의 진행을 중단시키지는 못한다. 또한 우선권이 주어진 외국특허출원서는 외국의 특허출원일자를 기준으로 하여 그 자체가 선행기술이 될 수는 없다.

나. 발명의 완성일자

외국특허출원일자는 발명에 대한 우선권주장에 대하여 특허출원일자가 바로 발명을 완성한 날짜가 된다. 이를 미국에서는 발명의 해석적 실시 또는 실시의제라고도 하는데 이는 발명을 적절하게 공개한 특허출원서를 특허청에 제출한다는 의미를 가진다.[33]

---

30 특허법 제36조(선출원) 〈개정 2001.2.3〉 참조.

31 특허법 제54조(조약에 의한 우선권주장) 참조.

32 Chisum on Patents §14.05 [2].

33 VasCath Inc. v. Mahurkar, 935 F.2d 1555, 19 USPQ 2d 1111(Fed. Cir. 1991). 발명을 해석적으로 실시한 것으로 의제한다는 것은 발명을 적절하게 공개한 특허출원서를 특허청에 제출한다는 의미이다.

4. 발명의 동일성

가. 최초출원서의 공개 정도

특허법은 선출원된 외국의 특허출원과 국내의 특허출원된 발명은 반드시 동일한 것을 요구하고 있다.[34] 그러나 그 공개의 정도와 관련성에 대해서는 견해가 나뉜다.

각 나라의 판례와 학설을 보면 종전에는 외국에 최초출원된 명세서와 국내의 특허 청구항 사이에 관련성이 있거나, 청구항의 동일성을 요구하는 입장에 서 있는 경우가 있었다. 이에 비하여 외국의 특허출원서에서 공개된 내용이 과연 국내의 특허출원서에 기재된 청구항에 대한 공개요건을 충족시키고 있느냐를 보고 발명의 동일성을 허용하는 입장이 있다. 이 견해가 근래의 정설로서, 우선권주장의 기초가 되는 외국의 특허출원서는 반드시 특허법이 정하는 서면명세요건과 실시가능요건을 완전하게 충족시켜야 하지만 그 발명을 실제로 청구항의 권리범위에 포함시킬 필요는 없다고 본다.[35]

(1) 명세서비교설

이 견해에 의하면 발명의 동일성은 우선권주장출원의 특허청구범위의 청구항에 기재된 발명과 제1국출원의 명세서나 도면 등으로부터 파악되는 발명이 동일하면 된다고 한다. 이때 최초출원의 명세서나 도면의 완전일치나 특허청구범위의 완전일치를 요하는 것은 아니라고 한다.[36]

이 견해는 양자의 구별을 청구범위를 기준으로 한다는 점에서 다음 항에서 검토하는 침해설과 같은 입장을 취하고 있지만, 제1국 출원의 특허청구범위에 기재되어 있지 않은 발명이라도 그 발명이 제1국에서 한 출원의 명세서나 도면에 기재되어 있는 한, 우리나라에서 특허출원을 하면서 그 부분을 특허청구범위로 하여 출원할 수 있다고 함으로써,[37] 다음 항에서 설명하는 공개설을 취하고 있다고 볼 수도 있어 양자의 절충설을 취하고 있는 듯이 보인다.

(2) 청구범위비교설

외국출원된 발명과 국내출원된 발명에 대하여 양자의 발명이 동일한 발명이냐 여부는 청구범위를 기준으로 양자를 비교하여 만약 외국특허를 실시한다면 국내특허의 청구항을 침해하

---

34 第54條(條約에 의한 優先權主張) ① 條約에 의하여 大韓民國 國民에게 特許出願에 대한 優先權을 인정하는 當事國 國民이 그 當事國 또는 다른 當事國에 特許出願을 한 후 同一發明을 大韓民國에 特許出願하여 優先權을 主張하는 때에는 第29條 및 第36條의 規定을 適用함에 있어서 그 當事國에 出願한 날을 大韓民國에 特許出願한 날로 본다.

35 Chisum §14.03 [3].

36 윤선희, 전게서, p.482.

37 위 전게서, p.482.

느냐를 보고 만약 침해가 성립한다면 이는 동일한 발명이라고 본다.[38] 따라서 외국특허가 기초발명인 용광로에 대하여 권리범위를 아주 넓게 가지고 있다면 국내의 특허가 개량사항을 포함하고 있다고 하더라도 이는 동일한 발명이라고 보았다.[39]

이는 과거 미국의 판례법이 취한 견해로서, Sawyer Spindle Co. v. Carpenter, 133 F. 238(D. R.I. 1904) 판결에서 하나의 청구항은 특별한 기계에 관한 것이고 다른 청구항은 전자를 포함하는 매우 넓은 보편적 권리범위를 가진다고 하여도 이는 동일한 발명이라고 하였고, 또한 양자의 특허대상이 문언상 동일할 필요까지는 없다고 보는 Commercial Acetylene Co. v. Searchlight Gas Co., 197 F. 908(N.D. Ill. 1912), aff'd, 203 F.2d 276(C.C.A. Ill. 1913) 판례에서는 아세틸렌을 보관하는 방법에 대한 외국의 특허는 아세틸렌을 저장하는 기구에 대한 미국의 특허와 동일한 발명이라고 하였다.

이러한 입장은 국내와 외국의 출원에서 청구항의 권리범위로 주장된 것이 양자 간에 어떤 관련성을 가지느냐에 중점을 두고 양자의 동일성을 엄격하게 본다. 또한 외국에서는 이미특허기간이 만료되어 일반대중이 자유롭게 실시할 수 있는 기술을 국내에서 독점권으로 유지하는 것을 방지하기 위한 견지에서 양자의 발명의 동일성을 해석한다.[40]

(3) 공개요건설(근래의 정설)

(가) 공개요건의 충족

공개요건설에 의하면 외국특허출원서가 국내의 공개요건, 즉 서면명세요건과 실시가능요건을 충족시킨다면 이는 우선권을 주장할 수 있는 동일한 발명이라고 본다. 따라서 동일성의 문제는 국내의 특허가 국내법의 요건을 준수하였느냐의 문제가 아니라 외국특허출원서가 국내법상 요구되는 요건을 충족하였느냐의 문제이다.[41] 따라서 일본의 특허출원에 기한 우선권을 국내에서 주장하는 당사자는 일본특허출원서가 국내의 공개요건을 충족하였음을 입증하여야 한다.[42]

조약에 의한 우선권을 주장하기 위해서는 외국의 특허방법을 실시한 결과 필연적으로 만

---

38 Sawyer Spindle Co. v. Carpenter, 133 F. 238(D. R.I. 1904)(하나의 청구항은 특별한 기계에 관한 것이고 다른 청구항은 전자를 포함하는 매우 넓은 보편적 권리범위를 가진다고 하여도 이는 동일한 발명이다); Commercial Acetylene Co. v. Searchlight Gas Co., 197 F. 908(N.D. Ill. 1912), aff'd, 203 F.2d 276(C.C.A. Ill. 1913)(아세틸렌을 보관하는 방법에 대한 외국의 특허는 아세틸렌을 저장하는 기구에 대한 미국의 특허와 동일한 발명이다. 특허대상이 문언상 동일할 필요는 없다).

39 Commercial Mfg. Co. v. Fairbank Canning Co., 135 U.S. 176, 10 S. Ct. 718, 34 L. Ed. 88(1890)(기본적 발명으로서 아주 넓은 권리범위를 가지는 용광로에 대한 외국의 특허가 이를 개량한 국내특허와 동일한 발명이라고 본 사례).

40 Bate Refrigerating Co. v. Sulzberger, 157 U.S. 1, 15 S. Ct. 508, 39 L. Ed. 601(1895).

41 Yasuko Kawai v. Metlesics, 480 F.2d 880, 178 USPQ 158(CCPA 1973).

42 Hester v. Meguro, 190 USPQ 231, 235(Bd. Pat. Intf. 1975).

들어진 물건에 한하여 국내특허에 대하여 동일한 발명으로 보아야 하기 때문이다. 이로써 외국특허의 명세서가 분명하게 공개한 것이라면 이러한 공개와 동일한 공개를 한 국내 출원서는 외국의 출원서에 기초하여 우선권을 주장할 수 있는 충분한 근거가 된다. 따라서 우선권을 주장하는 견지에서 본다면 청구항의 권리범위를 가지고 동일성을 비교할 필요는 없다. 중요한 것은 무엇을 청구범위로 하였느냐가 아니라 명세서가 무엇을 분명하게 공개하였느냐이다.[43]

(나) 국내의 공개요건

공개요건설에 의하면 외국의 출원서가 국내의 공개요건을 충족시키느냐가 동일성 판단의 기준이 된다. 근래의 미국 판례법에 의하면 Yasuko Kawai v. Metlesics, 480 F.2d 880, 178 USPQ 158(CCPA 1973) 사건이나 Hester v. Meguro, 190 USPQ 231, 235(Bd. Pat. Intf. 1975)에서는 국내의 특허가 국내법의 요건을 준수하였느냐의 문제가 아니라 외국특허가 국내법상 요구되는 요건을 충족하였느냐의 문제로 파악하고,

Paine v. Inoue, 195 USPQ 598(PTO Bd. Pat. Int'f 1976)에서는 일본의 특허출원에 기한 우선권을 주장하는 당사자는 일본특허출원서가 미국의 공개요건을 충족하였음을 입증하여야 하다고 하였고, Taylor v. Brackman, 208 USPQ 275(PTO Bd. Pat. Int'f 1979)에서는 영국의 특허출원서가 최적모형(Best mode)을 충족하였음을 입증하지 못한다면 당사자는 영국특허출원서에 기한 우선권주장을 할 수 없다고 보았다.

또한 Standard Oil Co. v. Montedison, S.p.A. 494 F. Supp. 370, 206 USPQ 676, 696(D. Del. 1980), aff'd, 664 F.2d 356, 212 USPQ 327(3d Cir. 1981)에서도 최적모형(Best mode)을 충족하였느냐는 외국의 특허출원서의 접수일자를 기준으로 한다고 함으로써 공개요건설을 취하고 있다.

(다) 선호모형의 공개

국내의 법제가 명세서에서 최적모형이나 선호모형을 공개할 것을 요구하지 않는 법제에서는 조약우선권을 주장하기 위해 외국의 출원명세서에 선호모형을 공개할 필요가 없으며 이는 우선권이 주장되는 각 개별 국가의 공개수준에 부응하면 된다. 이로써 조약에 의한 우선권이 국내법적으로 수용될 수 있는 융통성이 있는 해석론을 제공한다고 보여진다.

(라) 실시가능요건의 공개

외국특허출원서가 우선권주장의 요건을 충족시키기 위해서는 우선권주장이 제기되는 각 국가의 개별 특허법이 요구하는 공개요건을 충족시켜야 한다. 즉 각 국가의 개별 특허법이 요

43 General Electric Co. v. Alexander, 277 F. 290(S.D.N.Y. 1921), aff'd, 280 F. 852(CCA NY 1922), cert. denied, 260 U.S. 727(1922).

구하는 공개의 정도에 따라 발명을 분명하고 간결하게 공개하여야만 하고 통상의 지식인에게 발명을 만들고 사용할 수 있도록 충분한 내용의 공개를 하여야 한다. 이와 함께 적절한 산업상의 이용가능성, 즉 유용성도 공개할 필요가 있다.[44]

예컨대 미국특허법 제119조 (a)항 즉 조약에 의한 우선권주장에 관한 조항은 외국특허출원서가 미국특허법 제112조가 요구하는 공개요건을 구비할 것을 요구하고 있지는 않다.[45] 그러나 판례법과 다수설은 이를 요구한다.[46] 따라서 우선권의 기초가 되는 외국특허의 출원서에 기하여 미국에서 우선권을 주장하기 위해, 외국특허출원서는 미국의 특허출원서가 구비하여야 할 공개요건을 구비하여야 한다.[47]

(마) 공개요건을 충족시키지 못하는 사례

첫 번째 예로, 특허출원인은 합성물을 공개하고 있는 인쇄된 간행물이 선행기술로서 작용하는 것을 회피하기 위하여 이를 공개하고 있는 영국의 잠정특허출원서의 출원일에 우선권을 주장하였다. 그러나 영국의 잠정특허출원서는 그 합성물을 적절하게 공개는 했지만 그 잠정특허출원서에 기하여 우선권을 주장하면서 미국에 출원하고도 미국의 특허법이 요구하는 유용성은 공개하지 못한 것으로서 그 공개요건을 충족시키지 못한 것이다. 두 번째로, 일본의 특허출원서를 기초로 하여 미국에 출원된 발명에 대한 우선권을 주장하였으나 일본의 특허출원서가 미국의 특허법이 요구하는 유용성은 물론 발명을 사용하는 방법을 공개하지 못한 예가 있다.[48]

따라서 공개요건설에 의하면 위 두 가지의 외국의 특허출원서가 우선권을 주장할 수 있을 정도로 공개요건을 충분히 충족시키지 못했다고 본다. 이러한 불충분한 공개내용을 가지고 우

---

44 Yasuko Kawai v. Metlesics, 480 F.2d 880, 178 USPQ 158(CCPA 1973); Hester v. Meguro, 190 USPQ 231, 235(Bd. Pat. Intf. 1975)(국내의 특허가 국내법의 요건을 준수하였느냐의 문제가 아니라 외국특허가 국내법상 요구되는 요건을 충족하였느냐의 문제이다); Paine v. Inoue, 195 USPQ 598(PTO Bd. Pat. Int'f 1976)(일본의 특허출원에 기한 우선권을 주장하는 당사자는 일본특허출원서가 미국의 공개요건을 충족하였음을 입증하여야 한다); Taylor v. Brackman, 208 USPQ 275(PTO Bd. Pat. Int'f 1979)(영국의 특허출원서가 최적모형을 충족하였음을 입증하지 못한다면 당사자는 영국특허출원서에 기한 우선권주장을 할 수 없다); Standard Oil Co. v. Montedison, S.p.A. 494 F. Supp. 370, 206 USPQ 676, 696(D. Del. 1980), aff'd, 664 F.2d 356, 212 USPQ 327(3d Cir. 1981)(최적모형을 충족하였느냐는 외국의 특허출원서의 접수일자를 기준으로 한다).

45 이에 비하여 미국특허법 제120조 (a)항, 즉 국내우선권주장의 조항에 있어서는 미국 내에 출원된 명세서가 미국특허법 제112조의 공개요건을 충족할 것을 요구한다. 35 U.S.C.A. §120. Benefit of earlier filing date in the United States; An application for patent for an invention disclosed in the manner provided by section 112(a)(other than the requirement to disclose the best mode) in an application previously filed in the United States (참조).

46 In re Gosteli, 872 F.2d 1008, 1010, 10 USPQ2d 1614, 1616(Fed. Cir. 1989)(외국특허명세서가 청구항에 대한 공개요건을 충족시켜야만 우선권주장이 기초가 될 수 있다).

47 In re Smth, 189 F.2d 982, 90 USPQ 106(CCPA 1951); Bigham v. Godtfredsen, 857 F.2d 1415, 8 USPQ2d 1266(Fed. Cir. 1988)(미특허법상 요구되는 공개요건은 외국특허출원에 대하여 동일하게 요구된다).

48 In Cross v. Iizuka, 753 F.2d 1040, 1045, 224 USPQ 739, 743(Fed. Cir. 1985)(일본특허출원서가 미국의 공개요건, 특히 화학물질의 유용성에 관한 Manson의 요건에 부합하는지를 판단하는 어려움이 있다. 일본특허출원서에 기재된 유용성이 사실인지를 판단하기에는 많은 노력이 들고 이를 해석하는 데 여러 가지 혼란이 있다).

선권주장을 허용한다면 외국의 화합물에 대해서는 그 유용성을 공개하지 않고도 국내에서 특허를 출원할 수 있음은 물론 국내에 특허를 출원하기까지 허용된 1년이라는 상당한 기간 동안 그 물질의 유용성을 시험할 수 있는 기회를 가지면서도 그 유용성을 발견한 날짜 이전에 우선권을 부여받는 부당한 결과가 발생한다는 것이다.[49]

(바) 문헌인용

최초로 출원된 외국특허출원서의 공개내용 중에서 일부가 외국에 심사 중인 특허출원서의 내용을 인용하는 경우에도 문헌인용방식(Incorporated by reference)에 의하여 공개요건을 충족시킬 수 있다. 특허출원인이 1959년 6월 17일 제출한 프랑스특허출원서는 기초물질을 만드는 방법을 공개하고 있었다. 특허출원인이 두 번째로 같은 해 7월 17일 화학물질에 대한 특허출원을 하면서 제출한 특허출원서는 위 6월 17일자 첫 번째 특허출원서에 기재된 방법으로 만들 수 있는 기초물질을 가지고 합성물을 만드는 방법을 공개하고 있었다.

특허출원인은 1960년 6월 27일 미국에 특허출원을 하면서 합성물에 관하여 공개를 하고 이를 청구항의 권리범위로 주장하였다. 미특허심판원은 두 번째 프랑스특허출원서는 첫 번째 프랑스특허출원서를 문헌인용하는 방법으로 공개내용을 보완하여 결국은 공개요건을 충족시켰다고 보았다.[50]

(사) 발명자인증

조약에 의한 우선권을 주장하기 위해 외국특허출원서는 반드시 특허를 받기 위한 것이라야 한다. Atlas Glass Co. v. Simonds Manufacturing Co., 102 F. 643(3d Cir. 1900), cert. denied, 179 U.S. 684(1900) 사건에서 미국의 항소법원은 덴마크 특허 Enert를 '주권국가에 의한 배타적 권리의 수여로서 실질적으로 독점권을 보장하는 것'으로 보았다. 위 덴마크 특허 Enert는 발명을 판매하고 사용하는 독점권을 부여하지는 않지만 발명을 만드는 것을 금지하는 권리를 부여한다. 그럼에도 미국 항소법원은 위 Enert도 실질적 독점권에 해당하여 우선권주장의 기초가 될 수 있다고 보았다.[51]

특허는 상당한 기간 동안 발명을 만들고 사용하고 판매하는 것을 금지할 수 있는 배타적인 권리를 부여하는 것인데 소발명을 실용신안으로서 보호하는 제도를 가진 나라도 많이 있다. 실용신안은 특허라는 엄격한 기준에 달하지는 못하지만 그보다 단기간 물건에 대한 독점권을 부여한다. 이와 함께 의장법도 산업디자인을 복제하는 것을 금지하고 그 등록을 금지시키는

---

49 Yasuko Kawai v. Metlesics, 480 F.2d at 886-89. 미국특허법에 의하여 권리를 부여받으려고 하는 사람이라고 하더라도 그 공개내용은 거의 추가되는 것이 없다.

50 Beale v. Muller, 152 USPQ 629(Bd. Pat. Intf. 1965)(특허출원인은 두 가지의 프랑스특허출원서의 인증등본을 제출했다).

51 Atlas Glass Co. v. Simonds Manufacturing Co., 102 F. 643(3d Cir. 1900), cert. denied, 179 U.S. 684(1900).

것으로서 실용신안과 의장등록은 조약에 의한 우선권주장에 있어서 특허와 동등하게 취급된다.[52]

파리협약은 특허와 실용신안 그리고 의장, 모두 세 가지 형태의 보호의 가능성을 규정하고 있다. 파리협약 제4(E) (1)항은 외국의 실용신안출원서에 기초하여 우선권을 주장하면서, 국내에서 의장출원을 한 경우에 우선권이 허용되는 기간은 의장에 대하여 부여된 기간이어야 한다고 규정하고 있어서 이 조항은 묵시적으로 의장에 관한 우선권주장이 외국의 실용신안출원에 기초할 수 있다고 보는 것이다.[53]

파리협약 제4(E) (2)항은 명시적으로 외국에 특허출원한 것에 기초하여 국내에서 실용신안출원에 대한 우선권을 주장할 수도 있고 외국에 실용신안출원서에 기초하여 국내에서 특허출원에 대한 우선권을 주장할 수도 있다고 규정하고 있다. 그러나 파리협약은 특허와 의장에 관한 출원 사이의 우선권에 관하여 규정하고 있지는 않다. 이는 두 가지 종류의 보호 형태에 따라 보호되는 대상이 전혀 다른 성격이기 때문이다.[54]

그러나 미국은 실용특허와 의장특허 사이에 구별을 하지 아니하고 상호 의존가능성을 인정한다. 따라서 외국의 실용특허출원서에 기초하여 미국에서 의장특허출원을 하면서 그 우선권 주장을 할 수 있다고 본다. 그러나 우선권을 주장할 수 있는 기간은 의장특허법이 규정한 6개월이 된다.[55]

(아) 스톡홀름협약

스톡홀름협약에 의하면 외국의 발명자인증신청서를 기초로 하여 국내에서 우선권주장을 할 수 있다.[56] 따라서 발명자인증신청은 조약에 의한 우선권주장과 관련하여 다음의 두 가지 조건을 충족시키는 한 특허출원과 동일한 효과를 가진 것으로 본다. 첫째, 특허출원인은 반드시 특허출원 시에 스톡홀름개정협약의 이익을 볼 수 있는 자격이 있어야 한다. 둘째, 출원인이 원

---

52 United States Patent & Trademark Office, Manual of Patent Examining Procedure, §201.13(3d ed. rev. 1976); American Infra-Red Radiant Co. v. Lambert Indus., Inc., 360 F.2d 977, 149 USPQ 722(8th Cir. 1966), cert. denied, 385 U.S. 920(1966)(국제협약과 정책에 의하여 독일의 Gebrauchsmuster(utility model)를 조약에 의한 우선권주장에 있어서 기초가 되는 특허로 본다); Ex parte Marinissen, 155 USPQ 528(Bd. App. 1966)(의장등록도 특허출원으로 본다); Ex parte Appeal No. 239-48, 151 USPQ 711(Bd. App. 1965)(실무상 의장등록과 의장특허를 동일한 것으로 본다).

53 파리협약 Article 4(E) (1)을 유추해석하면 최초의 의장출원서에 기초하여 후출원된 실용신안출원에 대한 우선권주장을 할 수도 있다고 보아야 한다. Bodenhausen, Guide to the Application of the Paris Convention for the Protection of Industrial Property as Revised at Stockholm in 1967 52(1968).

54 Chisum §14.03 [4].

55 G.B. Lewis Co. v. Gould Prods., Inc., 297 F. Supp. 690, 160 USPQ 311(E.D. N.Y. 1968), aff'd, 436 F.2d 1176, 168 USPQ 386(2d Cir. 1971)(파리협약 제4 E (1)항은 1958년 리스본협약에 의하여 개정되었는데 한 국가에서의 실용특허는 다른 국가에서 의장특허의 대상이 될 수 있기 때문에 의장특허출원에 대하여 우선권이 주어지는 기간은 의장특허를 기준으로 하여야 한다).

56 미국특허법 제119조(d) 참조.

하는 바에 의하여 특허나 발명자인증 중에서 하나를 선택하여 신청하는 것을 허용하는 외국에 출원을 하여야 한다.

나. 외국출원서에 대한 보정

(1) 허용설

외국에 출원보정을 한 것을 허용하고 그 보정일자를 기준으로 하여 우선권주장을 허용하는 입장이 있다. 이는 외국에 선특허출원서가 제출된 이후에 특허출원서를 보정한 경우, 이렇게 보정한 것이 국내의 특허출원에 대하여 우선권주장의 기초가 된다고 본다. 최초의 외국특허출원서가 충분하지 못한 공개로 인하여 서면명세요건을 충족시키지 못한다면 이는 국내에서 특허출원된 발명에 대한 우선권주장의 기초가 될 수는 없다. 그렇기 때문에 특허법상의 공개요건을 충족시키기 위하여 외국의 특허출원서에 대한 보정을 한 경우에 이 보정서가 제출된 것이 우선권주장에 있어서 기초가 되는 '최초의 특허출원'으로서 보아야 한다는 것이다.[57]

1년의 우선권을 주장할 수 있는 기간은 심사 중인 특허출원서에서 공개되지 않았던 새로운 사항이 추가로 보정되는 때로부터 시작된다고 보아야 한다.[58] 따라서 현재 특허심사가 진행중인 독일의 특허출원서에 대한 보정을 한 경우, 독일법에 의하면 특허출원서에 대한 보정신청이 된 경우에는 이 보정신청서가 우선권주장의 기초가 되는 특허출원이 될 수 있다.

이 견해는 특허출원서에 대한 보정이 외국법에 의존한다는 것을 보여 준다. 이것은 특허출원서에 대한 보정이, 만약 외국법에 의하여 최초의 특허출원일자가 아닌 보정신청서가 제출된 날짜를 기준으로 기산된다면, 이는 새로운 특허출원이 된다.

(2) 불허용설

이와는 반대로 외국의 특허출원에 대해 보정한 것을 '최초의 특허출원'으로서 허용할 수 없다는 견해도 있다. 이렇게 보정을 한 것을 기초로 우선권주장을 하면 이는 특허법 제55조의 후속특허출원으로 볼 수는 없다는 것이다.[59]

이는 결국 특허법 제54조(조약에 의한 우선권주장) 제1항의 '그 당사국에 출원한 날'과 제2항의 '최초의 출원일'을 출원보정을 한 날로 확대하여 해석할 수 있느냐 하는 점이다. 이는 또한

---

57 Woburn Degreasing Co. v. Spencer Kellogg & Sons, Inc., 40 F. Supp. 357, 51 USPQ 172(W.D.N.Y. 1941). Olson v. Julia, 209 USPQ 159(PTO Bd. Pat. Int'f 1979)(먼저 이루어진 외국특허출원서가 우선권을 배척하기 위해서는 반드시 공개요건을 충족시켜야만 한다). In re Crouch, 129 F.2d 690, 54 USPQ 316(CCPA 1942); Norman v. Schmidt, 125 F.2d 162, 52 USPQ 342(CCPA 1942); Gibbs v. Wohl, 67 F.2d 908, 20 USPQ 32(CCPA 1933).

58 Woburn Degreasing Co. v. Spencer Kellogg & Sons, Inc., 40 F. Supp. 357, 51 USPQ 172(W.D.N.Y. 1941).

59 Chisum §14.03 [c].

미국의 특허법 제119조의 최초출원의 원칙과도 관련이 있는 것이다.[60] 허용설의 견해가 확대해석을 허용하는 데 비하여 불허용설의 견해는 엄격하게 해석하는 데 그 차이점이 있다.[61]

(3) 미국특허청의 견해

현재 미국특허청의 입장은 12개월을 적용함에 있어서 적절한 공개내용이 최초의 특허출원서에 기재되어 있느냐 하는 점을 기준으로 하고, 그 일자를 기초로 하여 12개월을 계산한다. 따라서 영국법에 의한 잠정특허명세서는 특허법이 요구하는 서면명세요건을 충족할 수 있는 완전한 내용을 공개하지 않고 있기 때문에 이것만으로는 우선권주장의 기초가 되는 특허출원이라고 보지는 않는다. 왜냐하면 영국의 잠정특허명세서는 발명의 일반적인 성격만을 기술하고 있을 뿐 청구범위도 기재되어 있지 않고 도면도 첨부되어 있지 않기 때문이다.

이러한 잠정적인 명세서를 고려함에 있어서 공개가 완벽하게 되었느냐 하는 문제가 매우 중요한 것이다. 만약 잠정특허명세서가 서면공개요건을 충족시킬 수 없다면 완벽한 내용을 공개하는 명세서가 제출된 일자는 새로운 특허출원을 한 날짜로 보아야 한다. 따라서 잠정특허명세서가 제출된 날짜는 우선권주장의 기초가 되는 날짜가 될 수 없다.[62]

5. 발명자의 동일성

가. 동일한 출원자

종래에는 발명자가 엄격하게 동일할 것을 요구하였다. 많은 외국의 법들은 발명자의 양수인이나 기타 대리인들도 발명에 대한 특허를 출원할 수 있다고 규정하고 있다. 그 이전의 법은 동일한 발명에 대하여 과거에 특허출원을 한 바로 그 사람에 대해서만 우선권이 허용된다고 보았다.[63]

---

60 35 U.S.C.A. §119. Benefit of earlier filing date in foreign country; right of priority.
An application for patent for an invention filed in this country (중략) shall have the same effect as the same application would have if filed in this country on the date on which the application for patent for the same invention was first filed in such foreign country, if the application in this country is filed within twelve months from **the earliest date on which such foreign application was filed**: Chisum §14.03 [c]에서는 이를 First Application Rule이라고 한다.

61 특허법 제54조 ① 조약에 의하여 대한민국 국민에게 특허출원에 대한 우선권을 인정하는 당사국 국민이 그 당사국 또는 다른 당사국에 특허출원을 한 후 동일발명을 대한민국에 특허출원하여 우선권을 주장하는 때에는 제29조 및 제36조의 규정을 적용함에 있어서 그 당사국에 출원한 날을 대한민국에 특허출원한 날로 본다. 대한민국 국민이 조약에 의하여 대한민국 국민에게 특허출원에 대한 우선권을 인정하는 당사국에 특허출원한 후 동일발명을 대한민국에 특허출원한 경우에도 또한 같다. ② 제1항의 규정에 의하여 우선권을 주장하고자 하는 자는 우선권주장의 기초가 되는 최초의 출원일부터 1년 이내에 특허출원하지 아니하면 이를 주장할 수 없다.

62 United States Patent & Trademark Office, Manual of Patent Examining Procedure, §201.15(3d ed. rev. 1976).

63 종래의 견해: Baxter, World Patent Law and Practice 36(1975)(알바니아, 쿠바, 이라크와 미국 등 소수의 국가만이

나. 승계인

근래에는 특허출원인의 동일성을 너무 엄격하게 해석하지 않고 발명자 또는 그의 대리인이나 양수인에 의하여 외국특허가 출원되었다면 충분하다고 본다. 파리협약 제4(A) (1)항도 우선권을 주장할 수 있는 자의 범위를 특허출원인 또는 그 권리를 승계한 자에게 확대적용하고 있다.[64] 따라서 우선권을 주장할 수 있는 자는 과거에 동일한 발명에 대하여 외국특허출원을 한 출원자이거나, 그의 대리인 또는 양수인이 이를 외국에 특허출원한 사실이 있는 사람을 포함한다.[65]

다. 실제발명자

양수인에 의하여 외국에 특허출원을 한 경우에 그 양도인에게 우선권을 인정하는 것은 외국특허출원과 국내특허출원이 동일한 실제발명자(Inventorship entity)를 위한 것이어야 한다는 원칙에 아무런 영향을 미치지 않는다.[66] 발명자 Jones가 1963년 10월 31일 미국특허를 출원하면서 1962년 11월 6일과 1963년 3월 18일 자신의 양수인에 의하여 출원된 영국의 각 잠정특허출원서에 기초하여 우선권을 주장했다. 한편 발명자의 양수인이 1960년 다른 발명자 Dewing를 위하여 영국의 특허를 출원했다. 각 발명은 동일한 특허대상을 공개하고 있었지만 청구항의 권리범위는 서로 달랐다.[67]

Jones의 상대방은 발명자 Jones의 영국의 특허출원서는 조약에 의한 우선권주장의 요건인 동일한 발명에 대하여 최초출원된 특허출원서로 볼 수 없다고 주장했다. 그러나 CCPA는 이 주장을 받아들이지 않았다. 조약에 의한 우선권주장을 하기 위하여 동일한 발명자를 요구하는 것은 외국에 특허출원된 발명이 동일한 실제발명자에 의하여 만들어진 것으로서 이에 기초하여 그들이 우선권을 주장하려고 하는 것이라면 특허출원인이 누구냐에 상관없이 우선권이 인정되

오직 발명자만이 자신의 이름으로 출원하여야 한다).

64 Michelin v. Hayes Wheel Co., 300 F. 458, 460(E.D. Mich. 1924), rev'd, 14 F.2d 110(6th Cir. 1926)(외국특허출원이 대리인 명의로 한 것이라는 자술서는 증거가 된다); In Grasselli Chem. Co. v. National Aniline & Chem. Co., 26 F.2d 305(2d Cir. 1928)(저명한 Learned Hand 판사: 양수인은 종전의 발명자가 한 외국특허출원의 혜택을 볼 자격이 있다).

65 미특허법 제119조, 35 U.S.C. §119.

66 United States Patent & Trademark Office, Manual of Patent Examining Procedure, §201.13(3d ed. rev. 1976): 우선권주장의 견지에서 미국의 특허출원의 발명자와 외국의 특허출원의 발명자는 반드시 동일인이어야 한다(The inventors of the U.S. application and of the foreign application must be the same). 외국에서는 A라는 발명자를 위한 특허출원인 데 비하여 미국에서는 B라는 발명자를 위한 특허출원이라면 아무리 두 가지의 특허출원이 동일인에 의하여 소유되는 것이라고 하더라도 우선권은 존재할 수 없다.

67 Vogel v. Jones, 486 F.2d 1068, 1072, 179 USPQ 425(CCPA 1973); Olson v. Julia, 209 USPQ 159(PTO Bd. Pat. Int'f 1979).

어야 한다고 본 것이다.[68]

외국의 특허출원서가 적극적으로 실제발명자를 표시하면서 미국의 특허출원인과 다르다고 표기하는 경우라도 외국특허출원서의 발명자정정을 할 필요는 없다고 본다. 1959년 9월 12일 발명자의 양수인이 프랑스에 특허출원을 하면서 발명자를 P라고 주장했다. 1960년 6월 8일 P와 S가 공동발명자로서 동일한 발명에 대하여 미국에 특허출원을 하면서 프랑스특허출원서에 기초하여 우선권을 주장했다. 1962년 10월 12일 S의 이름이 프랑스특허출원서에 공동발명자로 추가되었다.

CCPA는 미국에 특허출원을 하면서 출원인이 우선권주장을 하고 선서를 함으로써 자신이 프랑스특허출원서의 공동발명자라는 사실을 충분히 입증을 한 것이고 이로써 입증책임이 전환되어 상대방이 공동발명자들의 의사에 반하여 프랑스특허출원서가 접수되었다는 사실을 입증하여야 한다고 보았다.[69] 미국 특허출원인은 외국과 미국특허출원서 사이에 존재하는 명백한 오류만을 보정하면 되고 더 나아가 발명자를 정정하는 등의 절차를 취할 필요는 없다.[70]

국내에서의 우선권주장을 위하여 외국의 특허출원서를 보정할 필요까지는 없다고 보는 것이 정설이다. 어느 이탈리아의 회사가 1954년 6월 8일 N이라는 사람을 단독발명자로 하여 특허출원을 한 뒤 특허가 발급되었다. 스페인에서도 이와 유사한 특허출원서가 제출되었으며 멕시코와 쿠바에서도 마찬가지였다. 미국에서는 19554년 6월 8일 특허가 출원되었는데 이때 공동발명자로 N, P, 그리고 M이 기재되어 있었다.

미특허심판원은 이탈리아법에 의하면 발명의 양수인도 자신의 이름으로 특허를 출원할 수 있으며, 공동발명자가 여러 명이 있어도 그 전부를 특허출원서에 기재하지 않아도 된다는 점을 인정하였다. 발명자가 특허출원서에 자신의 이름을 기재하는 것은 그의 특권으로서 P와 M은 이러한 특권을 스스로 포기한 것으로 보아야 한다는 것이다.[71]

동일한 발명자에 대하여 보다 넓게 해석하는 견해가 최근의 입장이다. 따라서 선특허출원서와 이에 기초하여 우선권을 주장하는 후특허출원서의 실제발명자가 반드시 동일할 필요는 없다. 공통의 발명자가 우선권주장의 기초가 되는 선특허출원서나 후특허출원서에 존재하기만 하여도 동일한 발명자로 인정된다고 본다.[72] 1987년 6월 29일 일본에서 아끼오 이노우에를 발명

68 United States Patent & Trademark Office, Manual of Patent Examining Procedure, §201.13(3d ed. rev. 1976)(미국특허출원인은 타인의 이름으로 외국특허가 출원된 경우에는 사실은 타인이 자기를 대신하여 특허출원을 한 것을 입증하여야만 한다. 따라서 미국특허출원인의 양수인, 대리인 또는 그의 대행자(Agent)에 의하여 외국에 특허출원된 경우에는 이를 증언하는 자술서가 있는 경우 일응 발명자의 동일성이 인정될 수 있다).

69 Schmidtt v. Babcock, 377 F.2d 994, 153 USPQ 719(CCPA 1967).

70 발명자를 정정하기 위해서는 미국과 같이 엄격한 요건을 필요로 하는 것은 아니다. 이러한 법칙은 외국의 특허출원인에게 적용되지는 않는다.

71 Payne v. Natta, 172 USPQ 687(Bd. Pat. Intf. 1971).

72 Reitz v. Inoue, 39 USPQ2d 1838(Bd. Pat. App. & Int'f 1996). 후일 누가 선발명자인가를 정하는 우선권소송에서

자로 하는 특허출원서가 제출됐다. 1988년 6월 22일 미국에서 아끼오 이노우에와 유시오 스즈끼를 공동발명자로 하는 특허출원서가 제출되었다. 비록 실제발명자가 양국의 특허출원서에서 동일하지 않더라도 우선권을 주장할 수 있다고 보는 것이 최근의 정설이다.[73]

두 개 이상의 외국특허출원서가 조합되어서 우선권주장을 하는 경우에 동일한 발명자에 의한 외국의 선특허출원서에 기초한 우선권을 받을 수 있다. 예컨대 A가 X라는 발명을 한 후 외국특허출원을 하였고, B가 Y라는 발명을 한 뒤 다른 외국에 특허출원을 하였다. 이들은 각각의 명의로 서로 다른 외국에 특허출원을 한 것이다. 후일 A와 B가 공동발명자로서 X와 Y의 발명을 조합한 다음 타국에 특허출원을 하면서 X와 Y를 조합한 발명을 공개하였고, A국과 B국의 각 특허출원서에 기초를 하여 우선권을 주장하고자 한다면, 각 A국과 B국의 특허출원에 기초하여 우선권을 주장할 수 있다고 본다.[74]

6. 심 사

조약에 의한 우선권의 효과는 외국특허출원서가 제출된 날짜에 우선권의 효력이 미치는 후특허출원서가 공개된 것으로 보고 심사한다. 이로써 외국특허출원서가 제출된 당시에 국내특허출원서가 제출된 효과가 있다. 따라서 국내특허출원인은 외국특허출원일자를 기준으로 하여 선행문헌을 제거할 수 있다. 우선권주장이 적합한 경우 제1국출원에 기재된 발명과 동일한 발명에 대해서는 특허법 제29조 및 제36조 적용에 있어 제1국출원일로 소급하여 심사한다.

이 경우 우선권주장이 적합하다 하더라도 제1국출원에 포함되지 않은 발명은 우선권주장 출원일을 기준으로 심사한다. 따라서 국내의 특허출원인으로서 외국특허출원일자를 기초로 우선권을 주장하는 사람은 우선권이 없었더라면 진보성을 판단하는 선행기술로 사용될 수도 있었던 선행문헌을 회피할 수 있다.

특허법은 선출원된 외국의 특허출원과 국내의 특허출원된 발명이 반드시 동일할 것을 요구하고 있다. 물론 종래에는 발명의 동일성에 있어서 청구항의 동일성을 요구하거나, 외국과 국내의 특허의 청구항 사이에 관련성이 있을 것을 요구한 경우도 있다. 그러나 현재는 외국의

상대방이 주장하기를 미국특허가 출원된 이노우에와 스즈끼의 특허출원서는 일본에서 특허가 출원된 선출원 이노우에의 특허출원서에 기초한 우선권을 받을 수 없다고 주장했다. 실제발명자가 외국의 특허출원인이나 국내의 특허출원인과 동일하지 않으면 후특허출원서가 선특허출원서에 기초한 우선권을 적용받을 수 없다는 것이다. 그러나 미 특허심판원은 실제발명자가 동일하여야만 우선권을 주장할 수 있다는 것은 과거의 견해에 불과하다고 보았다.

73 A국에서 a와 b가 공동발명자로 특허출원을 한 경우에 a가 한 B국에서의 선특허출원과 b가 한 C국에서의 선특허출원에 대하여 모두 우선권을 주장할 수 있다고 본다. a와 b는 모두 그들이 외국에서 한 선특허출원에 대한 우선권주장을 할 수 있다. MPEP §201.13.

74 MPEP §605.07.

특허출원서에서 공개된 내용이 과연 국내의 특허출원서에 기재된 청구항을 적절하게 지지하느냐의 여부로 발명의 동일성을 해석한다.

발명자의 동일성에 대해서도 종래에는 엄격하게 동일할 것을 요구하였다. 그럼에도 다수의 외국의 법들은 발명자의 양수인이나 기타 대리인들도 발명에 대한 특허를 출원할 수 있다고 규정하고 있다. 따라서 근래에는 특허출원인의 동일성을 너무 엄격하게 해석하지 않고 발명자 또는 그의 대리인이나 양수인 등의 승계인에 의하여 외국특허가 출원되었다면 충분하다고 본다.

Ⅱ. 국내우선권주장

1. 의 의

특허출원을 한 발명자는 그가 선출원한 특허출원명세서나 도면에 기재된 발명을 기초로 하여 우선권을 주장할 수 있다.[75] 특허출원서에 기하여 이미특허심사가 계속되는 중에 특허출원된 발명을 보다 구체화하거나 개량 또는 보완한 경우, 이러한 사항에 대하여 새로이 특허출원을 하게 되면 발명자는 새로운 특허출원을 한 때를 기준으로 하여 다시 신규성, 진보성, 공개요건 등의 심사를 받아야 한다.[76]

국내우선권주장이란 선출원된 발명을 기초로 하여 이보다 구체화하거나 개량 또는 추가한 발명을 한 경우에 이들 발명에 대한 보호의 길을 마련하기 위한 제도이다.[77] 특허를 출원하면서 국내우선권주장을 하면 선출원에 기재된 발명과 동일한 발명은 선출원일에 특허출원을 한 것으로 인정된다. 또한 추가된 발명은 우선권주장을 하면서 특허를 출원날짜에 출원한 것으로 인정하여 주는 제도이다.[78]

---

75 우선권: 어떤 발명을 출원한 후 그 발명과 동일한 발명을 동일국 또는 제3국에 출원을 하게 되면 후출원의 신규성, 진보성 등의 실체심사의 판단에 있어서 후출원의 출원일을 최초의 출원일로 소급하여 판단하는 것을 말한다. 윤선희, 특허법, 법문사, p.474-475. 특허법 제55조 제1항 참조.

76 미국특허법은 계속출원(Continuation application)이라고 한다. 35 USC §120.
Chisum on Patents §13.01: 미국특허법에서는 계속출원을 함에 의하여 특허의 발급가능성과 우선권에 대하여 선출원일자로 소급하는 효력을 얻는다고 하고 있어서 소급효와 우선권(Priority)을 별도의 개념으로 생각한다.

77 강해성, 국내우선권제도에 관한 소고, 지적재산21(권호 61, 특허청): 포괄적인 발명에 대하여 먼저 출원된 발명을 기준으로 하여 특허심사기준의 일자를 인정하는 제도라고 본다.

78 특허심사지침: 이러한 제도가 없어서 선출원된 발명을 보다 구체화 또는 개량한 사항을 통상의 출원절차로 출원하였다면 자신의 선출원과 동일한 발명으로 보아 특허가 거절될 수 있다. 또한 선출원의 명세서 또는 도면을 보정하여 이들 발명을 추가하는 경우에는 신규사항 추가 등에 의하여 특허거절결정이 될 수 있다.

2. 우선권주장의 필요성

가. 발명자의 개량발명을 보호

국내우선권주장은 자신의 발명이 후일 개량된 발명에 대한 선행기술이 되는 것을 저지할 필요가 있을 경우에 필요하다. 이로써 국내우선권주장은 자신의 발명이 선행기술이 되는 것을 방지할 수 있다. 예컨대 선특허출원을 취하하고 이와 실질적으로는 동일한 발명에 대하여 후특허출원을 한 경우에 자신의 공연한 실시행위가 선행기술이 되는 것을 방지할 필요성이 있는 경우에 국내우선권주장을 할 필요가 있다.[79]

2000년 1월 1일 특허출원을 한 발명자 A가 심사관의 거절결정에 대하여 2002년 12월 31일 특허출원을 취하하고, 그 다음 날인 2003년 1월 1일 다시 자신의 발명을 개량하여 새로운 특허출원서를 제출하였고 이에 기하여 2006년 1월 1일 특허가 발급되었다. 그는 2000년 6월 1일 자신의 발명을 일반대중 앞에서 실시한 뒤 이를 판매하였는데 이 판매행위로 인하여 그 이후에 제출된 새로운 특허출원은 신규성이 상실된다.[80]

그러나 위 발명자 A가 위 최초의 특허출원일자를 기준으로 우선권을 부여받을 수 있다면 두 번째 출원서에 기재된 발명은 신규성이 상실되지 않는다. 두 가지의 특허출원이 동일한 출원행위를 구성하는 것으로서 계속적인 특허출원으로 볼 수 있기 때문이 두 번째의 특허출원은 첫 번째의 특허출원서를 보정한 것과 유사하기 때문이다.[81]

그러나 이러한 특허출원의 계속성은 두 개의 특허출원이 모두 같은, 즉 하나의 동일한 발명인 경우에만 인정되는 것이다. 만약 두 번째의 특허출원서가 최초의 특허출원명세서를 변경하거나 최초의 명세서에는 없었던 새로운 발명임에도 불구하고 마치 최초로 출원된 것인 양 주장한다면 이러한 양자의 특허출원에는 계속성이 인정될 수는 없다.[82]

---

79 선행기술 배제효력.
Godfrey v. Eames, 68 U.S.(1 Wall). 317, 17 L. Ed. 684(1864). 심사관이 특허출원인에게 특허의 발급이 거절되었다고 거절결정을 하면 특허출원인은 세 가지의 선택을 할 수 있다. 첫째, 특허출원서를 취하하는 것, 둘째, 명세서를 보정하는 것, 셋째, 명세서를 보정하지 않고 그대로 심사관의 거절결정에 대한 이의를 신청하는 것.

80 Godfrey v. Eames, 선발명주의를 취하고 있는 미국특허법은 발명의 판매행위로부터 1년간 신규성 상실사유에 대한 예외를 둔다. 이에 의하면 만약 이 발명자의 특허출원일자가 1857년경이 아니라 위 판매행위로부터 적어도 1년 이내가 되는 1855년경이었어야만 두 번째로 된 특허출원서에 의하여 발급된 특허가 유효한 것이다. 만약 그렇지 않다면 두 번째의 특허출원은 발명자가 특허출원 1년 이전의 판매행위에 의하여 발명에 대한 신규성을 상실하기 때문이다.

81 1836년 당시의 미국특허법은 '2개의 특허출원은 특허심사에 있어서 하나의 특허출원을 계속하는 것으로 볼 수 있다.'고 규정하였다. 이로써 미국은 국내우선권주장을 계속출원이라고 본다.

82 이를 실질적 동일성(Substantial identity)이라고 한다. Godfrey v. Eames에서 Lewis의 후출원서는 이러한 실질적 동일성을 충족시키기 때문에 특허출원의 계속성이 인정된다. 따라서 최초의 출원서에서 고려되지 않았던 새로운 발명을 기재하거나 변경한 명세서는 실질적 동일성을 해치는 것으로서 이에 대해서는 반드시 별개의 특허가 출원되어야 한다.

나. 제3자에 대한 우선권주장

국내우선권주장은 출원인이 심사를 하고 있는 발명에 관하여 제3자가 권리를 주장하는 경우에 출원인이 제3자에게 그 발명에 대한 권리를 침해하지 못하도록 할 필요가 있을 경우에 사용된다. 발명자 A가 선출원서의 명세서에는 공개하였으나 이를 청구항의 권리범위로 주장하지 않고 그 심사가 계속되는 중에 발명자 B가 위 누락된 부분을 자신의 발명이라고 주장하여 특허출원을 한 경우에 발명자 A는 위 누락된 부분이 자신의 발명이라고 주장할 필요성이 있다. 이러한 경우에 발명자 A는 국내우선권을 주장하면서 위 누락된 발명에 대하여 특허출원을 하면 위 최초의 특허출원 시점을 기준으로 하여 심사를 받을 수 있다.[83]

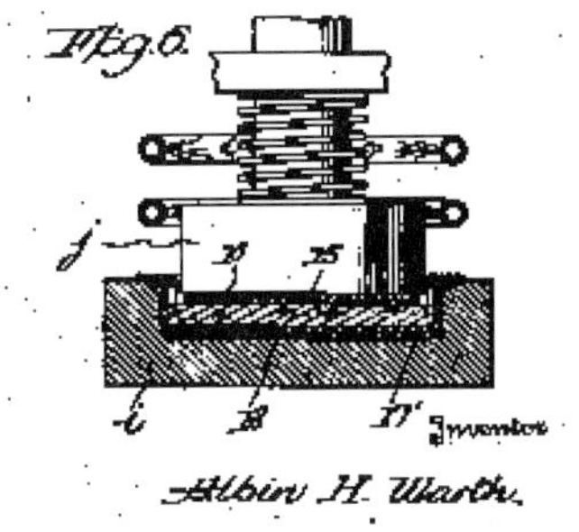

1927년 7월 발명자 Warth의 특허출원서는 코르크에 접착된 디스크는 플런저로 밀착을 하기 이전에 열을 가하는 것이 바람직하다고 공개하였다. 이 발명은 병뚜경을 만드는 방법특허로서 이는 세 가지의 단계로 구성되어 있었다. 첫째, 디스크를 잘라서 펀치로 코르크에 접착하고, 둘째 디스크가 완전히 접착될 수 있도록 열을 가한 뒤에 플런저로 밀착시키고, 셋째, 코르크에 접착된 디스크를 냉각한다.

특허청이 Warth에게 열을 가하는 기구를 명세서에 공개할 것을 요구하자 1930년 11월 7일 그는 선출원서의 도면을 특허청에 제출하였는데 이 도면은 펀치를 가지고 예열하는 방법을 미리 예시하고 있었다. 그는 이 예열하는 것을 청구항에 기재하지 않았지만 명세서는 여전히 예열을 하는 것이 중요하다고 공개하고 있었다. 최초특허출원서에 대해서는 1931년 1월 31일 특허가 발급되었다.[84]

그동안 다른 발명자인 Johnson이 1929년 11월 26일 위와 동일한 예열하는 방법을 청구항의 권리범위로 주장하는 특허출원서를 제출하였는데 그것이 1935년 4월 5일 특허가 발급되었다. 그러자 Warth는 1933년 4월, 즉 그가 최초의 특허를 받은 지 2년 4개월 이후에 두 번째의 특허출원(분할출원)을 하면서 위 Johnson의 청구항과 동일한 청구항을 추가하였다.

양자 사이에 누가 선발명자인가 하는 재판(Interference)이 제기되자 특허심판원은 Warth의 분할출원이 최초출원일자로 우선권이 있다고 보고 위 예열하는 방법에 대한 청구항의 선발명자로 Wrath를 인정하였지만 1심법원은 Johnson을 선발명자로 인정하였다. 그러나 항소심은 Warth의 청구항이 너무 지연된 것이기 때문에 2년간의 잠복기간, 즉 1930년 12월 3일부터 1933

---

83 제3자 권리주장 배제효력: 특허심사 계속 중에 제3자의 권리주장을 배제할 수 있는 효력을 말한다. Crown Cork & Seal Co. v. Ferdinand Gutmann, 304 U.S. 159, 165, 82 L. Ed. 1265, 58 S. Ct. 842(1938);General Talking Pictures Corp. v. Western Electric Co., 304 U.S. at 183.

84 Crown Cork & Seal Co. v. Ferdinand Gutmann, 304 U.S. 159, 165, 82 L. Ed. 1265, 58 S. Ct. 842(1938).

년 4월 3일까지의 기간 동안에 최초출원된 청구범위에 누락된 부분에 관한 것은 이미 최초의 특허출원서가 이 부분을 포함하지 않는 것으로 하여 특허를 발급받았기 때문에 Warth는 더 이상 특허를 발급받을 수 없다고 보았다.

그러나 미연방대법원은 최초특허출원인인 Warth가 최초특허출원일자를 기준으로 예열하는 부분을 청구항의 권리범위로 주장할 수 있는 권리를 가진다고 보았다.[85] 미연방대법원은 Warth가 공개한 것은 특허청에서 심사가 계속되는 중이었고 그가 이 부분을 포기했다고 볼 수는 없기 때문이다. 이는 Warth가 두 개의 특허출원서에서 보여 주는 바와 같이 공개의 계속성이 유지됨으로 특허출원인으로서 자신의 발명을 보유하기로 하는 의도를 가지고 있다는 것을 보여 준다. 따라서 그 중간에 개입한 Johnson은 Warth가 예열하는 부분에 대하여 후일 청구항의 권리범위로 다시 주장하는 것을 금지하지 못한다고 보았다.

3. 우선권주장의 요건

가. 요건들

특허출원인이 자신의 선출원서에 기초하여 계속 특허출원을 하기 위해서는, 첫째, 공개요건의 계속성, 즉 발명의 동일성, 둘째 특허심사의 계속성, 셋째, 선출원서의 표시, 넷째 발명자의 동일성이 인정되어야 한다. 만약 이러한 요건이 인정된다면 후특허출원서는 선출원서가 출원된 일자에 출원된 것과 동일하게 취급된다.[86] 즉 후출원서는 우선권주장의 기초가 되는 선출원서의 접수일자를 기준으로 하여 선행기술이 결정되고 특허의 발급가능성이 심사된다.[87]

---

85 심사계속설: General Talking Pictures Corp. v. Western Electric Co., 304 U.S. at 183(Crown Cork을 재확인함: 청구항의 특허대상이 최초특허출원서에 공개되었고, 계속적인 특허출원을 통하여 권리범위로 주장되었으며, 이러한 연속성에 기하여 특허가 발급되었다. 특허권자가 사용한 것은 이러한 청구항의 권리범위에 포함되는 발명을 공연히 실시한 것으로서 계속된 특허출원의 유효한 출원일자는 최초의 특허출원서가 접수된 날짜이다).

86 특허법 제55조, 제56조 참조.

87 우선권주장과 관련이 있는 법률조항은 ① 특허법 第29條 第1項(신규성 판단에 있어서 선행기술의 결정기준일자), ② 같은 법 第2項(진보성을 결정하는 용이성의 판단시점), ③ 같은 법 第29條 第3項 본문(선원의 지위의 확대), ④ 같은법 第30條 第1項(신규성 상실에 대한 6월의 제척기간의 적용을 받는 경우), ⑤ 같은 법 제36조 제1항 내지 제3항(동일한 발명에 대한 선출원자를 결정하는 기준 및 동시출원에 있어서 선출원의 결정), ⑥ 같은 법 제47조 제4항 제2호(보정된 특허출원서에 대한 특허발급가능성의 판단시점), ⑦ 같은 법 第96條 第1項 第3號(특허권의 효력이 미치지 아니하는 범위를 정함에 있어서 제3호의 '특허출원 시부터 국내에 있는 물건'을 결정함에 있어서 최초특허출원 시점), ⑧ 第98條(이용과 저촉을 판단하기 위한 타인의 발명의 출원시점의 판단), ⑨ 第103條(선사용에 의한 통상실시권의 존재에 대한 판단에 있어서 특허출원 시점의 결정), ⑩ 第105條 第1項 및 第2項(디자인권의 만료와 통상실시권), ⑪ 第129條(생산방법의 추정에 있어서 특허출원 시점), ⑫ 제136조 제4항(정정 후의 청구범위와 특허출원 시점으로서 제77조 제3항 또는 제133조의2 제3항에서 준용하는 경우를 포함한다), ⑬ 實用新案法 第8條 第3項 및 第4項·同法 第39條, ⑭ 디자인보호법 第45條 및 同法 第52條 第3項의 規定으로서 이를

첫째, 공개요건의 계속성이란 두 개의 특허출원서 사이의 공개내용이 동일한 것이어야 한다는 점이다.[88] 이러한 공개내용의 동일성은 특허출원인이 선출원한 특허출원서의 명세서나 도면에 기재된 발명이 후출원된 특허출원서에 기재된 발명과 같은 것을 말한다.[89]

선출원명세서는 반드시 후출원된 출원서의 청구범위에 대하여 공개요건, 즉 서면명세요건과 실시가능요건을 충족할 수 있을 정도의 공개를 하여야만 한다. 그러나 그 청구범위는 달라질 수 있는데 이는 청구범위는 발명자가 보호를 원하는 사항을 간결하고 분명하게 기재하여 그 권리범위를 명확하게 하여 주면 되기 때문이다.[90]

두 번째 요건은 선출원서에 대한 심사가 계속되는 중이어야 한다. 선출원이 후출원 시에 포기되거나 무효, 취하, 또는 각하되지 말아야 하며 또한 특허 여부의 결정 또는 심결이 확정되지 않아야 한다.[91] 셋째의 요건은 선출원서에 기초하여 우선권을 주장하려고 하는 발명자는 반드시 후출원서에 그 취지 및 선출원의 표시를 하여야 한다.[92] 넷째 선출원서와 후출원서는 동일한 발명자여야만 한다.[93]

더 나아가 우리 특허법은 국내우선권을 주장할 수 있으려면 선출원이 후출원이 되기 이전 1년 전에 특허출원이 되지 않았을 것을 요구한다. 즉 1년의 기간 내에만 국내우선권을 주장할 수 있는 것이다. 이에 비하여 미국의 특허법은 국내우선권주장을 할 수 있는 기간을 제한하지

適用함에 있어서는 그 特許出願은 그 先出願의 出願時에 特許出願한 것으로 본다. 〈개정 1998.9.23, 2001.2.3, 2004.12.31〉

88 이 첫 번째 요건의 근거에 대하여 Chisum §13.02 [3]에서는 Godfrey나 Victor Talking Machine과 같은 보통법상의 판례를 그 근거로 든다. 또한 미특허법 제120조는 그 공개요건을 서면명세요건에 관한 같은 법 제112조의 첫 번째 문장과 같은 기준을 요구한다.

89 특허법 제55조 제1항 전단: 特許를 받고자 하는 者는 다음 各號의 1에 해당하는 경우를 제외하고는 그 特許出願한 發明에 관하여 그 者가 特許나 實用新案登錄을 받을 수 있는 權利를 가진 特許出願 또는 實用新案登錄出願으로 먼저 한 出願(이하 "先出願"이라 한다)의 出願書에 최초로 첨부된 明細書 또는 圖面에 기재된 發明을 基礎로 하여 優先權을 主張할 수 있다.

90 Chisum §13.02 [3].

91 특허법 제55조 제1항 제3호내지 제5호 각 참조.

3. 先出願이 그 特許出願時에 포기·무효·취하 또는 각하된 경우
4. 先出願이 그 特許出願時에 특허여부의 결정 또는 審決이 확정된 경우
5. 先出願이 그 特許出願時에 實用新案法 第35條 第2項의 規定에 의하여 登錄된 경우

92 특허법 제55조 제2항 참조.

93 특허법 제55조 제1항은 '그 特許出願한 發明에 관하여 그 者가 特許나 實用新案登錄을 받을 수 있는 權利를 가진 特許出願 또는 實用新案登錄出願으로 먼저 한 出願(이하 "先出願"이라 한다)'에 대하여 우선권을 주장할 수 있다고 규정하고 있어서 선출원자와 후출원자가 반드시 동일한 발명자임을 요구하지는 않는 것으로 해석된다. 위 조항에서 '후출원인이 특허를 받을 수 있는 권리를 가진 선출원'이라고 함은 동일한 발명자보다 넓은 개념이라고 보아야 한다. 미특허법 제120조는 종전의 '동일한 발명자'라는 조항을 삭제하고 그 대신 선출원서에 기재된 발명자나 발명자들 중 한 사람 또는 발명자들 모두에 의하여 후출원이 될 것을 요구하고 있어 종전의 발명자 모두가 반드시 후출원인이 될 필요는 없다. 이로써 종전 A와 B의 공동발명자에 의하여 특허출원이 되어 그 심사가 계속 중에 후출원서가 A 또는 B에 의하여 제출되고 후출원된 특허대상이 선출원명세서에서 공개되어 있다면 우선권을 주장할 수 있다.

않았다.[94] 또한 선특허출원이 분할출원이나 이중출원이 아니어야 한다.[95]

나. 공개의 계속성(발명의 동일성)

(1) 선출원서에 기재된 발명

선출원서에서 공개된 것과 동일한 내용을 공개하는 두 번째의 특허출원을 후출원이라고 한다.[96] 후출원을 하면서 우선권주장을 하고자 하는 자는 선출원에 기재된 발명을 기초로 하여 우선권주장을 할 수 있다. 이때 선출원에 기재된 발명은 선출원의 출원서에 최초로 첨부된 명세서 또는 도면에 기재된 발명이므로 비록 청구범위에 기재되지 않고 출원서의 상세한 설명이나 도면에 기재된 발명이라도 우선권주장의 기초로 할 수 있다.

후출원에 기재된 새로운 청구항이나 후일 보정된 청구항이 선출원 명세서에 의하여 공개요건이 충족된다면 이는 선특허출원서의 접수일자를 기준으로 하여 우선권을 주장하여 심사를 받을 수 있다. 그러나 이 후출원서는 신규사항(New matter)을 포함해서는 안된다.

하지만 선출원에 기재되지 않은 발명이나 신규사항이 후출원에 기재되어 있다 하더라도 우선권주장이 부적합한 것으로 하여 심사하는 것이 아니라 추가된 발명이나 신규사항에 대해서는 후출원일을 기준으로 하여 심사한다.

이러한 후출원은 특허심사가 계속 중이고, 후출원서에서 선출원서에 대한 우선권을 원용한다는 표시를 하였고, 발명자의 동일성이 인정된다면 선출원일자에 제출된 것과 같은 이익, 즉 우선권을 받을 수 있다.[97] 이때 후출원은 선출원의 심사관으로 하여금 심사를 하도록 할 수 있고 새로운 종류의 청구항을 추가로 삽입할 수 있다.[98]

(2) 공개요건의 충족

선출원명세서는 반드시 후출원된 출원서의 청구범위에 대하여 공개요건, 즉 서면명세요건

---

94 국내우선권주장기간: 특허법 제55조 제1항 제1. '그 特許出願이 先出願의 出願日부터 1年을 경과하여 出願된 경우' 및 제2호. '先出願이 第52條 第2項의 規定에 의한 分割出願이나 第53條의 規定에 의한 二重出願 또는 實用新案法 第16條 第2項의 規定에 의한 分割出願이나 實用新案法 第17條의 規定에 의한 二重出願인 경우'가 아니어야 한다.

95 선출원이 이중출원이나 분할출원이 아닐 것: 특허법 제55조 제1항 제1호 참조.

96 여러 가지의 특허출원서가 계속하여 제출된 경우 앞서 제출된 특허출원을 부출원(Parent application)이라고 한다. 세 개의 특허출원이 연속된 경우, 가장 최초로 특허출원된 것이 조부출원(Grandparent application)이 되고, 그 다음에 출원된 것을 부출원(Parent application)이 되며, 가장 나중에 출원된 것을 출원(Application)이라고도 한다.

97 특허법 제55조, 미국특허법 제120조 및 Senate Report No. 1979, 82d Cong., 2d Sess.(1952); House Report No. 1923, 82d Cong., 2d Sess.(1952). See In re Henriksen, 399 F.2d 253, 158 USPQ 224(CCPA 1968).

98 미국특허법에서는 우선권은 일정한 경우에는 기판력(Res judicata)의 적용을 받을 수도 있다. Plastic Contact Lens Co. v. Gottschalk, 484 F.2d 837, 179 USPQ 262(D.C. Cir. 1973); In re Kaghan, 387 F.2d 398, 156 USPQ 130(CCPA 1967); U.S. Patent & Trademark Office, Manual of Patent Examining Procedure, §706.03(w)(3d ed. rev. 1974).

과 실시가능요건을 충족할 수 있을 정도의 공개를 하여야만 한다. 그러나 그 청구범위는 달라질 수 있는데 이는 청구범위는 발명자가 보호받기를 원하는 사항을 간결하고 분명하게 기재하여 그 권리범위를 명확하게 하여 주면 되기 때문이다.[99]

후출원은 공개의 계속성이 있는 정도까지만 선출원일자를 기준으로 하여 우선권을 주장할 수 있다. 이러한 우선권을 인정받기 위하여 후속 특허출원서에 기재된 청구범위는 반드시 공개요건 즉 서면명세요건과 실시가능요건을 충족시켜야만 한다.

공개요건은, 첫째, 실시가능요건과 둘째, 서면명세요건을 충족시킬 것을 요구한다. 그러나 청구항의 특정성의 요건을 충족할 필요는 없다.[100] 심사가 계속 중인 특허출원은 후일 연속되는 모든 특허출원서를 통하여 일관되게 동일한 발명에 대한 공개가 이어져야만 한다.[101]

(가) 산업상 이용가능성(유용성의 공개)

1) 긍정설

긍정설에 의하면 선출원서는 산업상 이용가능성을 공개하여야 한다. 문제가 되는 화학적 합성물에 대하여 선출원서가 산업상의 이용가능성을 적절하게 공개하지 않은 경우에 출원인은 선출원서의 접수일자를 기준으로 하여 후출원서의 우선권을 주장할 수 없다.[102] 우선권주장의 기초가 될 수 있는 선출원서에서 공개되어야 할 발명은 반드시 공개요건을 모두 충족하도록 공

---

99 Chisum §13.02 [3].

100 CCPA의 통설이다. Martin v. Johnson, 454 F.2d 746, 172 USPQ 391(CCPA 1972); In re Ahlbrecht, 435 F.2d 908, 168 USPQ 293(CCPA 1971); In re Brower, 433 F.2d 813, 816, 167 USPQ 684(CCPA 1970); Sarkisian v. Winn-Proof Corp., 203 USPQ 60(D. Ore. 1978), aff'd, 697 F.2d 1313, 217 USPQ 702(9th Cir. 1983), cert. denied su nom. Carsonite Int'l. Corp. v Carson Mfg. Co., 460 U.S. 1052(1983)(모특허의 청구항과 부분계속출원의 청구항의 용어가 문자상으로 동일할 필요는없다: Literal correspondence in the claim language between the continuation-in-part and the parent application is not required).

그러나 다른 견해: In re Certain Apparatus for Continuous Prod., 206 USPQ 138, 152(U.S. Int'l Trade Comm'n 1979)(특허법상의 문제로서 우선권주장을 하기 위해서는, 선출원서는 반드시 후속특허출원서에서 주장된 모든 특징을 가지고 있어야 한다).

101 Lemelson v. TRW, Inc., 760 F.2d 1254, 1266-67, 225 USPQ 697, 706(Fed. Cir. 1985)(취하로 인하여 동면기가 있었는지 여부); In re Hogan, 559 F.2d 595, 194 USPQ 527(CCPA 1977)(공개에 있어서의 연속성의 분명한 틈이 있다); In re Schneider, 481 F.2d 1350, 1356, 179 USPQ 46(CCPA 1973); In re Seversky, 474 F.2d 671, 177 USPQ 144(CCPA 1973)(Grandparent 특허출원서와 후출원서에는 공개된 것이 중간의 Parent 특허출원서에는 보이지 않는다. Parent 특허출원서가 Grandparent 특허출원서를 인용하였다고 하여도 Grandparent 특허출원서가 모두 Parent 특허출원서의 공개내용으로 되는 것은 아니다. 그러나 Parent 특허출원서의 청구범위가 Grandparent 특허출원명세서에 의하여 지지되는지는 여부는 아무런 문제가 되지 않는다). Kangaroos U.S.A., Inc. v. Caldor, Inc., 778 F.2d 1571, 1574, 228 USPQ 32, 34(Fed. Cir. 1985)(분할출원에 있어서 Parent 특허출원서의 역할은 공개의 계속성을 제공하는 것으로서 이러한 계속성을 통하여 최초의 의장출원서로부터 최후의 특허출원서에 이르기까지 심사의 계속성이 존재하는 것이다. Parent 특허출원서에 대하여 선행기술을 주장하지 않으므로 Parent 특허출원서가 그 이전에 출원된 선출원서에 기하여 우선권을 주장할 실익이 없다).

102 In re Hafner,410 F.2d 1403, 1406, 161 USPQ 783(CCPA 1969)(특허출원인은 선행특허출원서에서는 오직 발명만을 공개하면 되고 산업상 이용가능성은 공개할 필요가 없다고 주장하였으나 CCPA는 이를 받아들이지 않았다).

개하여야 하는데 이는 통상의 지식인이 발명을 사용하여 얻을 수 있는 효과, 즉 산업상 이용가능성도 아울러 공개되는 것을 요구한다.

2) 부정설

부정설에 의하면 후출원서의 명세서에서 공개된 산업상 이용가능성은 선출원서에서 이미 공개된 것과 사실상 불일치하지 않는 한 반드시 동일할 필요는 없다고 본다. 선출원서가 근육이완제로서 공개한 물질이 후출원서에서는 항콜린에스테라제로서의 효과가 있다고 공개하였는데, 이 합성물은 이 두 가지의 성질을 모두 가지고 있으며 전자의 특성이 후자의 특성을 야기시킨다. CCPA는 선후출원이 동일한 발명에 대한 것으로서 특허법상의 공개요건을 충족시키면 족한 것이고 반드시 발명이 선후출원서에 동일한 방식으로 기재될 필요는 없다고 보았다.[103]

(나) 공개요건의 충족

후출원서에서 자신의 발명으로 주장하는 청구범위가 선출원명세서에 의하여 공개요건을 충족하는 경우에만 후출원 청구범위에 대해 선출원서의 접수일자를 기준으로 우선권을 주장할 수 있다. 출원된 발명이 공개요건을 충족시킨다는 것은 특허출원된 발명이 서면명세요건과 실시가능요건이라는 두 가지의 요건을 구비할 것을 요구한다.[104]

실시가능요건은 특허출원인이 명세서에서 통상의 지식인으로 하여금 발명을 만들고 사용하기에 충분한 정보를 제공할 것을 요구하는 것이다.[105] 이렇게 후출원서가 공개한 내용이 선출원서에 기재된 청구항의 권리범위에 상응하여 그 실시가능성을 충족시키는 경우에만 후출원은

---

103 In re Kirchner, 305 F.2d 897, 904, 134 USPQ 324(CCPA 1962) 및 Mendenhall v. Astec Industries Inc., 13 USPQ2d 1913(E.D. Tenn. 1988), aff'd in unpublished opinion, 887 F.2d 1094, 13 USPQ2d 1956(Fed. Cir. 1989).

104 서면명세요건과 실시가능요건이 구별되는 것은 특허법 제42조 제3항 및 같은 조 제2항에 의하여 인정된다. 서면명세요건은 특허법 제42조 제3항에 의하여 특허출원된 청구항이 명세서의 상세한 설명에 의하여 뒷받침될 것을 요구하는 것으로 이는 청구항의 권리범위에 상응하는 공개가 있었느냐 하는 공개의 양적인 문제이다. 이에 비하여 실시가능요건은 위 같은 조 제2항에 의하여 요구되는 것으로서 통상의 지식인이 발명을 용이하게 실시할 수 있을 정도로 발명의 목적, 구성 및 효과를 기재할 것을 요구하는 것으로서 공개된 내용에 대한 질적인 문제이다.
위 두 가지 요건을 구별하는 것이 CCPA의 통설이다. In re Smith, 481 F.2d 910, 178 USPQ 620(CCPA 1973); In re Smith, 458 F.2d 1389, 173 USPQ 679(CCPA 1972); In re MacLean, 454 F.2d 756, 172 USPQ 494(CCPA 1972); In re Lukach, 442 F.2d 967, 169 USPQ 795(CCPA 1971).

105 In re Hogan, 559 F.2d 595, 194 USPQ 527(CCPA 1977)(특허출원서가 접수된 이후에 발간된 문헌을 가지고 선출원서의 실시가능요건을 충족시킬 수는 없다); In re Scheiber, 587 F.2d 59, 199 USPQ 782(CCPA 1978)(특허출원인이 선출원서의 접수일자를 기준으로 하여 우선권주장을 하는 것을 받아들이지 않았다. 선출원서는 선행기술이 이미 공개하고 있는 특정 하위종류(Species)를 청구항의 권리범위로 주장하였으나 그 권리범위가 너무 넓은 보편적 청구항이라는 이유로 명세서에 의하여 지지되지 못하고 있는 경우에 이렇게 공개요건을 충족시키지 못하는 선출원서에 기한 부분계속출원에서 우선권주장을 할 수 없다고 본다. 특허법에 의한 우선권의 주장은 선행기술과는 독립하여 작동하며 선출원이 특허법상의 공개요건을 충족할 수 있도록 출원되었을 것을 요구한다); Narda Microwave Corp. v. General Microwave Corp., 207 USPQ 1042, 1063(E.D.N.Y. 1980), aff'd, 675 F.2d 542, 214 USPQ 321(2d Cir. 1982)('439' 특허명세서에서 발명에 대한 지지가 부족한 경우에 '299' 특허는 적법한 분할출원이라고 볼 수 없고 그 유효성은 그 자신의 고유한 특허출원일자를 기준으로 판단하여야 한다).

선출원서의 접수일자를 기준으로 하여 우선권을 받을 수 있다.[106]

Wagoner v. Barger에서의 CCPA

후출원서의 청구범위에 기재된 발명은 선출원서에 기재된 발명과 문자상 동일할(In ipsis verbis) 필요는 없고 선출원서와 법률상으로 동등하게 해석될 수 있는 용어를 사용하면 된다. 법률상으로 동등하다는 의미는 통상의 지식인이 선출원서에 기재된 용어를 해석하면 이것이 후출원된 발명과 동일한 것이라고 보는 것이 필연적이고 유일한 합리적(Necessary and only reasonable) 해석의 결과가 되면 족하다.[107]

Wagoner v. Barger에서의 CCPA는 선출원서가 공개하지 않은 내용을 후출원서가 그 청구항의 권리범위로 한 경우에 선출원서의 공개내용을 가지고 필연적으로 실시할 수 있다는 가능성을 입증할 것을 요구하였다. Wagoner는 전분을 굳혀서 필름을 만드는 발명에 대한 청구항의 단계 중의 하나로서 화씨 200도를 넘지 않은 온도에서 필름을 사출하는 발명에 관한 것이다. 특허출원인은 선출원서의 접수일자를 기준으로 우선권을 주장하였지만 선출원서는 사출되는 동안의 필름의 온도에 대해서는 아무런 공개를 한 바가 없었다. 그 대신 선출원서는 사출기 부품의 작동온도가 '350도에서 360도' 그리고 '160도와 180도'라고 예시하고 있었다. 그러나 선출원서가 위 사출기의 작동온도를 예시한 것만 가지고는 후출원된 청구범위 내의 사출온도를 공개하고 있다고 볼 수는 없다.[108]

특허출원인이 선출원서에 기하여 우선권을 주장하기 위해서는 통상의 지식인이 선출원서의 가르침을 따르면 후출원된 청구항의 권리범위에 해당하는 물건을 필연적으로 만들 수 있어야 한다. 따라서 선출원서에 기재된 공개내용을 실시하여 본 결과 후출원된 청구항의 권리범

---

106 Chisum §13.03 [1].

107 Wagoner v. Barger, 463 F.2d 1377, 175 USPQ 85(CCPA 1972); Kennecott Corp. v. Kyocera International, Inc., 835 F.2d 1419, 1421, 5 USPQ2d 1194, 1197(Fed. Cir. 1987), cert. denied, 486 U.S. 1008(1988)(우선권주장을 하기 위해서 선출원서의 공개요건을 요구하는 이유는 발명자가 후출원된 청구범위를 선출원 시에 이미 점유하고 있다는 점을 확인하기 위한 것이다); In re Kyser, 588 F.2d 303, 200 USPQ 211(CCPA 1978)(청구 제15항은 우선권을 주장할 수 있기 때문에 Hindenbrand는 선행기술이 될 수 없다. 그러나 청구 제17항 내지 제19항은 단지 청구 제15항에 한정사를 추가한 것으로서 이렇게 추가된 한정사는 선출원서가 공개하지 않았기 때문에 이들은 선출원서에 기하여 우선권을 받을 수 없어서 결국 Hindenbrand는 선행기술이 된다); Rohm & Haas Co. v. Mobil Oil Corp., 525 F. Supp. 1298, 212 USPQ 354(D. Del. 1981)(선출원서가 후출원서의 청구항에 기재된 특정한 하위물질을 취득할 수 있는 길을 가르쳐 주지는 않고 단지 그 상위물질에 대한 개괄적인 공개만 함으로써 수많은 물질을 포함하는 개괄적 공개만을 한 선출원서의 공개내용은 부적절한 것이고 그 하위종류의 물질에 대한 후출원을 하면서 이러한 부적절한 선출원서에 기하여 우선권을 주장하는 것은 허용될 수 없다); Struthers Patent Corp. v. Nestle Co., Inc., 558 F. Supp. 747, 211 USPQ 1023(D. N.J. 1981)(서면명세를 요구하는 이유는 우선권주장과 관련이 있는데 이는 특허출원인이 최초특허출원서의 제출일자를 기준으로 하여 후출원서에서 그가 자신의 권리범위에 있다고 주장하는 발명을 점유하였느냐를 판단하기 위한 것이다).

108 Wagoner, 463 F.2d at 1380-81. 특허출원인은 위 사출기의 작동온도를 예시함으로써 이 기계에 의하여 사출되는 필름의 온도는 후출원된 청구항에서 주장되는 범위 내라는 점이 원래적으로 내재하고 있다고 주장했다.

위에 드는 물건이 아닌 물건도 만들 수 있다면 선출원서와 후출원된 발명은 동일한 발명이라고 할 수는 없다.[109]

(다) 원래적 내재성

특허출원인이 우선권을 주장하는 데 있어서 선출원서에는 명시적으로 공개되지는 않았을지라도 그 명세서의 공개내용에 비추어 보면 후출원된 발명이 원래 내재되어 있다고 주장할 수 있다. 내재성(Inherency)이론을 적용하기 위해서는 여러 가지 유형의 공개내용을 구별할 필요가 있다. 우선 물건청구항에서 그 구조에 대한 공개는 물론 방법청구항에서 작동방식에 대한 공개와 함께 합성물의 특성의 공개 및 기본적인 산업상 이용가능성에 대한 공개가 필요하다.

1) 구조적 특성

내재성이론은 물건청구항의 구조적 특징 또는 방법청구항의 작동방식을 해석하는 도구로서 사용된다.[110] 선출원서에 묵시적으로 공개되었던 것을 명시적으로 만든다고 하여도 그 공개의 계속성이 파괴되지는 않는다.[111]

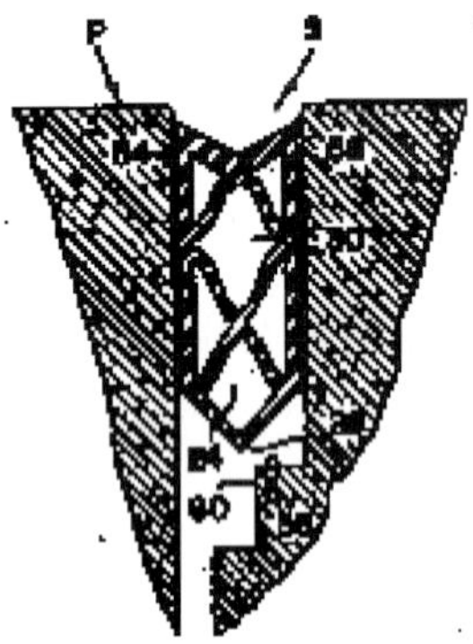

고무성분을 가진 탄성중합체를 가지고 고속도로의 이음매를 봉합하는 특허의 청구항의 어느 구성요소가 위 탄성중합체가 '낮은 결정체(Low crystallization)'일 것을 요구하고 있었다. 특허출원인이 고무에 대한 전문가가 아니었기 때문에 선출원명세서는 햇빛과 침식에 강한 저항력을 가지는 탄성중합체를 선택한다고만 공개하였으나 '낮은 결정체'에 대해서는 언급하지 않았다. 그러나 합성고무 분야에 종사하는 통상의 지식인으로서 '낮은 결정체'를 가진 합성고무가 반드시 필요하다는 점을 인식하고 있었다.[112]

만약 합성고무를 만들고 성형하는 분야의 통상의 지식인이 선출원서의 공개내용을 읽어보기만 하면 '낮은 결정체'의 합성고무가 명세서에 공개된 내용에 이미 내재적으로 존재한다는

109 특허출원인이 선출원서의 공개내용이 가르치는 대로만 필연적으로 후출원서의 청구항의 권리범위를 실시할 수 있다는 입증을 할 책임을 부담하는데 단지 선출원서에 기재된 대로 실시하면 후출원된 청구항의 권리범위에 드는 물건을 만들 수도 있다는 개연성만으로는 그 입증이 부족하다. 이러한 입증을 하기 위해서 특허출원인은 최악의 경우에도 청구항의 권리범위에 해당하는 결과가 나올 수 있다는 점을 입증하여야 한다. 그러나 이 사건에서 특허출원인은 이러한 입증을 하는 데 실패한 것이다.

110 Chisum §13.03 [4].

111 Gross v. General Motors Corp., 521 F.2d 45, 50, 186 USPQ 433(1st Cir. 1975).

112 Acme Highway Prod. Co. v. D.S. Brown Co., 431 F.2d 1074, 167 USPQ 129(6th Cir. 1970); In re Fisher, 427 F.2d 833, 836, 166 USPQ 18(CCPA 1970), cert. denied, 401 U.S. 956(1971); Max Daetwyler Corp. v. Input Graphics, Inc., 608 F. Supp. 1549, 1559, 226 USPQ 393, 400(E.D. Pa. 1985)(후출원서가 선출원서와 동일한 용어를 사용하여 발명을 설명하지는 않는다고 하여도 후출원서가 반드시 신규사항을 포함한다고 볼 수는 없다) 참조.

점을 알 수 있고 그렇게 되기 위하여 따로이 실험을 하여 볼 필요가 없다면 특허권자는 선출원서에 기초하여 우선권을 받을 수 있다.[113]

후출원서가 선출원서가 공개한 물건이 가지는 내재적 특성을 공개하거나 이를 청구항의 권리범위로 주장한다고 하여도 이는 우선권주장을 하는 데 아무런 지장이 없다. 선출원서가 탕화된(Sintered) 세라믹 몸체를 공개하고 있었는데 부분계속출원(Continuation-in-part application)을 하면서 위 공개내용에 더하여 명세서가 세라믹의 '등축 미세구조(Equiaxed microstructure)'를 설명하면서 광현미경사진을 제공하고 있었다. 그러나 선출원서의 청구항은 '등축 미세구조'라는 단어를 포함하고 있었지만 그 명세서에는 이 용어가 공개되지 않았다.[114]

침해행위자는 선출원서가 과도한 실험을 할 필요도 없이 후출원에서 공개한 실시례를 만들 수 있다는 사실을 인정하였고 또 실제로 이로 인하여 만들어진 것이 '등축 미세구조'를 가지고 있었다. 그렇다면 이는 선출원서가 공개한 구조 속에 이미 '등축 미세구조'가 내재적으로 존재한다는 점을 침해행위자가 인정한 것이다.

이로써 특허출원인이 후출원서에서 '등축 미세구조'를 언급하거나 청구항에서 이 구조를 언급함으로써 특허출원인은 선출원서의 접수일자를 기준으로 우선권을 주장할 수 있다. 이렇게 후출원서가 선출원서가 공개한 물건이 가지는 내재적 특성을 공개하는 데 불과한 것이라면 이러한 내재적 특성을 공개하였다는 이유만으로는 선출원서의 특허출원서의 접수일자를 기준으로 우선권을 주장할 수 있는 권리를 박탈하지 못한다. 또한 이 내재적 특성을 후출원서의 청구항에 포함한다고 하더라도 이 후출원서가 선출원서에 기하여 우선권을 주장하는 데 있어서 아무런 지장을 받지 않는다.[115]

내재적인 존재성은 반드시 서면명세요건에 의하여 한정된다.[116] 내재적인 존재성을 주장하면서 공개의 계속성을 주장하는 출원인은 선출원서의 공개내용이 통상의 지식인으로 하여금 반드시 후출원서의 청구항이 주장하는 특허대상으로 인도할 수 있다는 점을 입증하여야 하고 그 입증책임은 특허출원인이 부담한다. 즉 입증불가능의 경우에는 이러한 내재적 존재성이 인정될 수 없다.[117]

---

113 Acme Highway Prod. Co. v. D.S. Brown Co., 431 F.2d at 1080.

114 Kennecott Corp. v. Kyocera International, Inc., 835 F.2d 1419, 5 USPQ2d 1194(Fed. Cir. 1987), cert. denied, 486 U.S. 1008(1988).

115 Kennecott Corp. v. Kyocera International, Inc., 835 F.2d at 1423, 5 USPQ2d at 1198.

116 Stearn v. Superior Distributing Co., 674 F.2d 539, 215 USPQ 1089(6th Cir. 1982).

117 즉 양 당사자의 모든 증거를 보아도 내재적 존재성이 있는지 없는지 입증이 불가능한 경우에는 결국 내재적 존재성을 주장한 특허출원인의 불이익으로 되어 내재적 존재성이 인정되지 못한다. Wagoner v. Barger, 463 F.2d 1377, 175 USPQ 85(CCPA 1972); Fox Industries Inc. v. Structural Preservation Systems, Inc., 6 USPQ2d 1577, 1590(D. Md. 1988)(최초의 특허출원서에 기하여 우선권을 얻기 위해 CIP 출원서는 공개내용이 최초의 특허출원서에 내재한다는 것을 분명히 하여야 한다. 즉 통상의 지식인이 선행특허출원서의 가르침을 따르면 반드시 후출원된 청구범위가 주장하는 특허대상을 만들 수 있어야 한다는 점을 명백히 하여야 한다. 후일 공개된 자료가 최초의 특허출원

CAFC는 부분계속출원이 있었던 경우에 심사관은 반드시 추가된 신규사항이 선출원서의 공개내용에 내재적으로 존재하고 있었느냐 여부, 즉 새롭게 추가된 사항과 관련이 있는 청구항의 권리범위가 선출원서의 접수일자를 기준으로 우선권을 주장할 자격이 있는지 여부에 대하여 심사를 하여야 한다고 보았다.[118]

따라서 새로운 한정사를 추가하면서 우선권을 주장한 출원인으로서는 추가된 한정사가 신규사항이라는 이유로 거절이 되면 이를 보정하는 대신에 이에 대하여 항고를 하여야 하고 만약 항고를 하지 아니하고 보정을 하면서 부분계속출원으로 출원의 명칭을 변경하면 후일 이를 번복할 수 없다.

특허권자가 1972년 최초의 특허를 출원하였고, 이에 대한 최종거절결정이 있자 특허권자는 선출원서에 기하여 우선권을 주장하면서 후출원을 통해 새로운 한정사를 추가하여 특허출원서를 보정했다. 추가된 새로운 한정사는 '자력으로 지지하는'이라는 한정사와 '충격보호장치'라는 것이었다. 심사관이 추가된 한정사들이 서면명세요건을 결여한다고 거절하자 출원인은 명세서를 보정하면서 위 청구항에 대한 한정사들에 관한 근거문헌을 인용하였다. 그러자 심사관은 이러한 명세서의 보정은 신규사항을 추가하는 것이라는 이유로 최초거절을 하였다. 심사관과 출원인 사이에 면담이 있은 후 심사관은 위 한정사를 추가하는 것을 허용하는 대신 출원인은 후출원이 아니라 부분계속출원이라는 사실을 자인함으로써 후출원서에 최초의 특허출원서에는 없었던 새로운 사실을 추가했다는 점을 인정하였다.

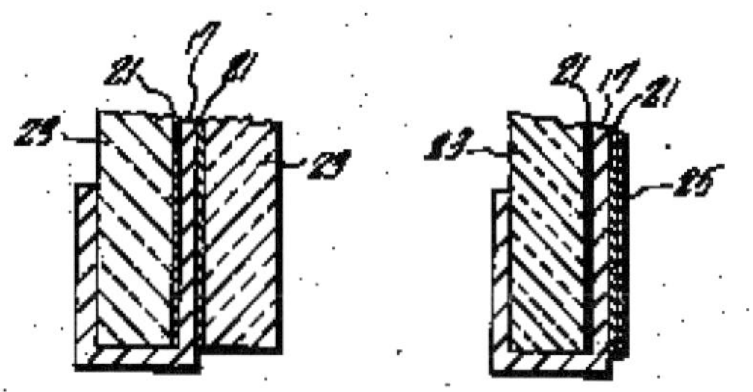

CAFC는 후위 특허가 무효라고 선언했다. 특허권자가 신규사항을 추가하였다는 사실을 인정하기 1년 이전에 자신의 발명을 공연히 사용하였으므로 그 신규성을 상실하였기 때문이다.[119] 특허권자가 위와 같이 부분계속출원을 인정하면, 즉 최초특허출원서에는 없었던 새로운 한정사를 후일 새로이 추가하였다는 사실을 인정한 이상 이러한 한정사가 선출원서에 내재적으

서로부터 추측될 수 있다는 사실만 가지고는 공개의 계속성을 인정하기가 부족하다) 참조.

118 Litton Sys., Inc. v. Whirlpool Corp., 728 F.2d 1423, 221 USPQ 97(Fed. Cir. 1984); Milliken Research Corp. v. Dan River, Inc., 739 F.2d 587, 222 USPQ 571, 574 n.4(Fed. Cir. 1984)(Litton의 결론은 출원인이 CIP라는 명칭을 사용하고 나서 자신이 출원한 CIP는 신규사항을 추가한 것이 아니라는 주장을 하는 것이 금반언의 원칙에 어긋난다고 자인하였다는 요건을 설명한 것이라고 본다). 이에 비하여 Paperless Accounting, Inc. v. Bay Area Rapid Transit Sys., 804 F.2d 659, 231 USPQ 649, 651(Fed. Cir. 1986), cert. denied, 480 U.S. 933(1987), Supra 부분계속출원 주 24를 참조할 것.

119 미특허법 제102(b)는 공연한 사용을 한 후 1년간의 특허출원을 할 수 있는 기간을 허용하고 그 기간에 특허출원을 하면 신규성 상실이 되지 않지만 이를 경과하면 신규성을 상실한다고 하였다. 이를 Statutory bar라 하고 그 유예기간을 Grace period라고 한다.

로 존재하였다는 주장을 하는 것은 금반언의 원칙에 어긋나는 것이다.[120]

선출원서가 공개하고 있던 발명이 가지는 내재적인 기능이나 장점 또는 특성에 대하여 우선권을 주장하는 경우에는 굳이 후출원서에서 이러한 점들에 대한 공개가 계속될 필요는 없다.[121] 이러한 내재적 기능이나 장점 또는 특성은 처음부터 명세서에서 공개될 필요가 없다는 것이 종래의 통설이었기 때문이다.[122] 최근의 견해 중에는 화학적 합성물이 가지는 중요한 특징은 반드시 이를 공개하여야 한다고 보는 경우도 있지만 이 견해도 중요한 특징이 공개되지 않았다고 하더라도 이로써 서면명세요건을 결여한 것이라고 보지는 않는다. 따라서 이러한 내재적 기능이나 장점 또는 특성이 굳이 선출원서에 공개되지 않았어도 이에 기초하여 우선권주장을 하는데 별다른 지장이 없다.[123]

2) 모순된 공개

후출원서에서 강조되고 있는 기능이 선출원서에서 강조된 기능과 불일치(Inconsistent)하거나 대조적(Antithetical)인 기능이나 특성인 경우에는 선출원서에 기하여 우선권주장을 할 수 없다고 본다.[124] 실례로서, 금속판(Web)이라는 구성요건을 가진 자동차의 피스톤 뭉치에 대한 최초특허출원서에서 특허권자는 이 금속판(Web)을 '단단하다(Rigid)'고 공개했다. 다른 발명자가 유사한 피스톤에 대한 특허를 출원하면서 '수평적 유연성(Lateral flexibility)'을 가진 금속판(Web)이 사용하기에 더 좋은 것이라고 강조하자 특허권자도 자신의 특허출원서를 보정하면서 이러한 '수평적 유연성'을 강조하였다.

---

120 Id., Litton Sys., Inc. v. Whirlpool Corp. 이러한 한정사들이 선출원서에 내재적으로 존재한다고 주장하기 위해서는 출원인으로서는 부분계속출원서와 보정서를 제출하는 대신에 심사관이 새로운 사실을 추가하였다는 이유로 특허의 발급을 거절한 최초거절에 대하여 항고를 제기하였어야 했기 때문이다.

121 In re Davies, 475 F.2d 667, 177 USPQ 381(CCPA 1973); Wagenhorst v. Hydraulic Steel Co., 27 F.2d 27, 31(6th Cir. 1928)(분할출원에서 비로소 지적된 장점은 최초특허출원서에는 기재되지 않은 것이지만 특허출원된 장치의 구조와 작동에 대한 추가적 공개를 한 것은 없다); AMI Indus., Inc. v. EA Indus., Inc., 204 USPQ 568, 587-88(W.D.N.C. 1979), 644 F.2d 876, 210 USPQ 4(4th Cir. 1981), cert. denied, 454 U.S. 952(1981), rev'd, 454 U.S. 1129(1981)(**내재설**: 후출원서에서 선출원서에 기재되지 아니한 새로운 용도나 내재적 능력을 공개하는 것은 허용된다); Technicon Instruments Corp. v. Coleman Instruments, Inc., 255 F. Supp. 630, 640-41, 150 USPQ 227(N.D. Ill. 1966), aff'd, 385 F.2d 391, 155 USPQ 369(7th Cir. 1967)(**묵시적 공개설**: 특허출원서에서 내재적으로 어떤 기능을 수행하거나, 원리에 따라 작동하거나, 또는 장점을 가진 장치를 공개하는 것은 특허출원인으로 하여금 비록 그가 명시하지는 않았지만 묵시적으로 이미 그 장치의 기능, 작동이론이나 장점을 공개한 것이다).

122 Chisum §13.03 [4][b] 및 Chisum §5.03 (5)

123 In re Davies, 475 F.2d 667, 177 USPQ 381(CCPA 1973)(특허출원인이 화학물질이 가지는 모든 특성을 전부 공개하여야 할 필요는 없다. 일단 특허법이 요구하는 진보성을 충족시킬 수 있고 더 나아가 공개요건을 충족시킬 수 있다면 출원인에게 그 이상의 공개를 할 것을 요구하는 실정법적 근거는 없다).

124 통설: Schriber-Scroth Co. v. Cleveland Trust, 305 U.S. 47, 58-59, 83 L. Ed. 34, 59 S. Ct. 8, 39 USPQ 242(1938); Bendix Corp. v. Balax, Inc., 421 F.2d 809, 817-18, 164 USPQ 485(7th Cir. 1970). 그러나 근래에는 다음 사례를 참조할 것. Ralston Purina Co. v. Far-Mar-Co., Inc., 586 F. Supp. 1176, 222 USPQ 863(D. Kan. 1984), aff'd in part & rev'd in part, 772 F.2d 1570, 227 USPQ 177(Fed. Cir. 1985).

특허권자는 금속판(Web)이 지닌 유연성은 그 분야의 통상의 지식인에게는 이미 잘 알려져 있는 것이기 때문에 이는 금속이 가지는 내재적 기능으로서 최초특허출원서에서 명시적으로 공개하지 아니하였어도 후일 이를 보정한 것은 단지 불명확한 청구항을 명확하게 한 것으로서 적법하다고 주장했다.[125]

그러나 이렇게 선출원서에 기재된 특성과 대조적인 성질을 후출원서에 기재하는 것은 신규사항을 추가하는 것으로서 출원인은 선출원서에 기초하여 우선권을 주장할 수 없다. 출원자가 발명이 '단단하다'는 특성을 강조함으로써 특허를 받은 경우에 일반대중은 당연히 이러한 특성이 특허를 받는 데 있어서 역할을 한 것으로 알고 있다. 따라서 특허출원인이 후일 이러한 특성과 대조되는 다른 특성이 발명의 내재적 기능이라고 주장을 하면서 최초특허출원서에 기초하여 우선권을 주장하는 것은 통상의 지식인에게 혼란을 주는 것으로 허용되지 않는다. 따라서 대조적인 특성, 즉 '유연하다'는 것은 발명이 가지는 특성이라기보다는 피스톤이 작동하는 과정에서 열을 받으면 유연하게 되는 것으로서 이는 발명이 실시되는 과정에 있어서의 하나의 특수한 조건을 공개한 데 불과하다. 따라서 이러한 조건적 성질을 가지고 특허발명이 가지는 내재적 기능이라고 주장하여 선출원서에 명시적으로 언급되지 않고도 후일 우선권주장의 기초가 될 수 있는 특성이라고 볼 수는 없다.[126]

선출원서가 통상의 지식인을 혼동시킬 수 있는 특성이나 장점을 공개한 경우에는 선출원서에 공개되지 아니한 대조적인 내재적 특성이나 장점을 가지고 우선권을 주장할 수 없다고 본다.[127]

(3) 심사관의 처분

우선권주장 출원의 경우에는 다음의 세 가지 유형이 있을 수 있다. 첫째, 우선권이 인정되는 후출원, 둘째, 우선권이 전혀 인정되지 않는 후출원, 셋째, 우선권이 일부에만 인정되는 후출원이 바로 그것이다.

만약 특허출원인이 후출원을 하면서 선출원서에 기초한 우선권을 주장하면 심사관은 반드

---

125 Schriber-Scroth Co. v. Cleveland Trust, 305 U.S. 47, 58-59, 83 L. Ed. 34, 59 S. Ct. 8, 39 USPQ 242(1938).

126 Id., Schriber-Scroth. 출원자가 발명이 '단단하다'는 특성을 강조함으로써 특허를 받은 경우에 일반대중은 당연히 이러한 특성이 특허를 받는 데 있어서 역할을 한 것으로 알고 있다. 따라서 특허출원인이 후일 이러한 특성과 대조되는 다른 특성이 발명의 내재적 기능이라고 주장을 하면서 최초특허출원서에 기초하여 우선권을 주장하는 것은 통상의 지식인에게 혼란을 주는 것으로 허용되지 않는다. 따라서 대조적인 특성, 즉 '유연하다'는 것은 발명이 가지는 특성이라기보다는 피스톤이 작동하는 과정에서 열을 받으면 유연하게 되는 것으로서 이는 발명이 실시되는 과정에 있어서의 하나의 특수한 조건을 공개한 데 불과하다. 관련된 분야에 종사하는 통상의 지식인으로서도 '단단한' 성질을 가진 피스톤이라도 일정한 조건하에서 온도를 받으면 조직이 확장됨으로써 가하여지는 압력을 상쇄할 수 있다면 그 성질이 '단단하기만 한 것'보다는 일정한 조건하에서는 '유연한' 것이 보다 효과적이라는 점을 알 수 있다. 그러나 이러한 발명은 특허권자가 선출원서에서 '단단한 것'으로 공개한 발명과는 다른 것이다.

127 Schriber-Scroth를 아주 넓게 해석하면 미연방대법원은 선출원서에 공개되지 않았던 특성에 대하여 후출원을 하면서 이를 통상의 지식인에게 알려진 내재적 특성이라고 출원인이 주장을 하는 것만 가지고는 우선권을 인정받을 수 없다고 본 것이다. Chisum §13.03 [4][b].

시 두 가지의 특허출원 사이에 공개의 계속성이 있었는지를 심사하여야 한다.

첫째, 선출원서와 후출원서 사이에 공개의 계속성이 인정되면 후출원서는 선출원일자에 특허가 출원된 것으로 보고 심사를 계속한다.

그러나 둘째, 선출원서와 후출원서 사이에 공개의 계속성이 인정되지 않는 경우, 즉 특허출원인이 우선권주장을 하면서 제출한 후출원서에 선출원서와 동일하지 않은 발명을 기재한 경우에는 일단 우선권주장은 적법하다고 보고, 후출원서에만 기재된 발명에 대하여 특허요건을 구비하였는지에 대한 판단일자를 후출원서의 접수일자를 기준으로 하고 선출원일자로 소급하지 않는다.

또한 셋째, 선행기술을 조사한 결과 선출원서에는 기재되어 있지 않고 오직 후출원서에만 추가된 발명, 즉 신규사항에 대하여 선행기술이 존재하는 것을 발견하면 그 추가된 발명에 대해서도 특허요건을 판단하는 일자는 후출원서의 접수일자를 기준으로 한다. 이때 심사관은 선출원서의 접수일자에 소급하여 심사를 할 수 없는 이유와 거절이유를 동시에 기재하여 출원인에게 통지하여야 한다.[128]

심사관은 우선권주장이 허용되는 후출원과 우선권주장이 허용되지 않아 새로운 특허출원으로 보아야 할 것을 구별하여야 한다. 문제는 우선권주장이 부분적으로 허용되는 경우에 후출원이 1년 이내에 제출된 경우에는 신규사항에 한하여만 새로운 특허출원으로 보아야 한다는 점이다.[129]

그러나 후출원이 1년이 경과되어 제출된 경우에는 후출원 모두를 새로운 특허출원으로 보고 심사를 한다.[130] 이 점이 바로 다음 항에서 설명하는 미국특허법의 부분계속출원 CIP(Continuation-in-Part)와 다른 점이다.

(4) 입법참고: 미국특허법에 의한 부분계속출원

(가) 선행기술이 제시되지 않는 경우

미국특허법에 의하여 허용되는 부분계속출원제도, 즉 CIP(Continuation-in-Part)에 의하면

---

128 특허청 심사지침 3. 2: 국내우선권주장출원에 있어 선출원에 기재되지 않은 발명을 추가하여 후출원에 기재하여 출원하더라도 그 우선권주장은 적합한 것으로 취급한다. 다만, 후출원에 추가된 발명에 대해서만 특허요건 판단일을 소급하지 않는다. 또한 선행기술 조사결과 선출원과 후출원 사이에 후출원에만 기재된 발명에 관한 선행기술이 있는 경우에 그 발명에 대해서는 특허요건 판단일을 소급할 수 없는 이유와 거절이유를 동시에 기재하여 출원인에게 통지한다.

129 In re Shaw, 202 USPQ 285(Dep. Ass't Comm'r Pat. 1978); Pennwalt Corp. v. Akzona, Inc., 570 F. Supp. 1097(D. Del. 1983), aff'd, 740 F.2d 1573, 222 USPQ 833(Fed. Cir. 1984)(심사관은 부분계속출원에 대한 주장을 하는 경우에 중간에 개입하는 선행기술이 존재하지 않는 한 우선권에 대한 심사를 하지 않는 것이 상례라고 하여도 CIP 주장에 대하여 우선권이 추정되지는 않는다).

130 특허법 제55조 제1항 제1호 참조.

일반적으로 선출원서가 후출원서의 청구범위에 기재된 발명에 대한 공개요건을 충족하는지 여부를 심사하기 위해서는 선출원서의 중요한 부분 중 어느 일부 또는 전부가 후출원서에서 주장되었는지를 판단하여야 한다. 그러나 선출원서가 공개된 이후에 발생한 선행기술이 제시되지 않는 한 선출원서의 접수일에 대한 우선권이 실제로 필요하지는 않다.

따라서 심사관은 후출원에서는 과연 선출원서의 어느 정도 중요한 부분이 후출원서에 주장되었는지 또는 선출원서의 전부가 후출원서에서 반복되었는지를 결정할 필요는 없다. 따라서 특허출원인이 선출원서에 대하여 부분적으로 동일한 발명이라고 주장하면서 후출원을 하는 경우에 다음의 세 가지 요건을 충족한다면 후출원서가 선출원서의 접수일을 기준으로 우선권을 주장하는 것이 허용되어야 한다.

이 세 가지 요건은, 첫째, 선출원서와 후출원서가 동일한 발명자의 의하여 출원되었어야 한다.[131] 둘째, 선출원이 후출원서의 제출 이전에 포기되거나 무효, 취하, 또는 각하되지 말아야 하며 또한 특허 발급 여부의 결정 또는 심결이 확정되지 않아야 한다. 셋째, 후출원서에서 우선권을 주장하는 기초가 되는 선출원서를 표시하여야 한다.

(나) 신규사항의 추가

그러나 선출원서의 접수일자에 기초하여 우선권이 주장되는 후특허출원과 분할출원에 대해서는 후출원서의 실제적인 내용을 비교하여 신규사항이 추가되었는지를 판단할 필요가 있다. 우선권이 허용되기 위해서는 후출원이나 분할출원에 있어서 신규사항이 추가될 수 없음은 물론 선출원서의 접수일은 선행기술을 조사하고 이를 선택하는 시점이 된다.

특허출원인이 후출원이나 분할출원이라고 주장하더라도 그 후출원이나 분할출원이 선출원과 후출원 사이에 중간에 존재하는 선행기술이 있지 않는 한 미특허법 제120조에 의하여 선출원서의 제출일자를 기준으로 하여 심사를 할 수 있어 결국 선출원일자에 기초하여 우선권을 받을 수 있다.[132]

(다) 미국의 침해소송에 있어서의 입증책임

특허침해소송에서 부분계속출원에 의하여 발급된 특허가 선출원서의 접수일자를 기준으로 우선권을 받을 수 있는지 여부의 문제는 특허가 무효라고 주장되는 경우에 발생한다. 특허

---

131 특허법 제55조 제1항은 '그 特許出願한 發明에 관하여 그 者가 特許나 實用新案登錄을 받을 수 있는 權利를 가진 特許出願 또는 實用新案登錄出願으로 먼저 한 出願(이하 "先出願"이라 한다)'에 대하여 우선권을 주장할 수 있다고 규정하고 있어서 선출원자와 후출원자가 반드시 동일한 발명자임을 요구하지는 않는 것으로 해석된다. Supra 발명자의 동일성 참조.

132 Ex parte Erlich, 3 USPQ2d 1011, 1013(P.T.O. Bd. Pat. App. & Int'f 1987)(MPEP §201.8에 의하면 심사관이 CIP 출원을 심사하는 경우에 선출원과 후출원 사이에 존재하는 선행기술이 있지 않는 한 미특허법 제120조에 의하여 모출원서의 제출일자를 기준으로 하여 심사를 할 수 있다. 그러나 이 사건에서는 위 선행기술이 세 가지나 존재한다); In re Corba, 212 USPQ 825(Dep. Ass't Comm'r Pat. 1981).

청이 부분계속출원서가 선출원서의 접수일자를 기준으로 하여 우선권을 주장할 수 있는지 여부를 결정하지 아니하고 특허를 발급받은 경우에, 이 특허는 다른 특허와 마찬가지로 유효하다고 추정을 받지 않는다.[133]

그러나 CAFC는 발급된 특허의 유무효에 대한 입증책임은 언제나 그 무효를 주장하는 측에 있다고 보고 발급된 특허가 받는 유효성에 대한 추정력은 선출원의 접수일자를 기준으로 하여 우선권을 받은 경우에도 확장되어 적용된다고 본다.[134] 따라서 발급된 특허가 공개요건을 충족하지 못함으로써 무효라고 주장하는 자는 통상적으로 특허의 무효를 주장하는 경우와 마찬가지로 이를 입증할 책임을 부담한다.[135]

다. 특허심사의 계속성

(1) 동시 심사 중

우선권주장을 하면서 후출원을 하는 경우에는 선출원의 절차가 계속 중이어야 한다. 즉 후출원을 할 때에 선출원이 포기·무효 또는 취하되거나, 특허발급 여부의 결정, 실용신안등록 여부의 결정 또는 거절한다는 취지의 심결이 확정된 경우가 아니어야 한다.[136]

후출원서가 선출원서의 접수일자를 기준으로 우선권을 주장할 수 있기 위해서는 두 개의 출원서가 반드시 동시에 심사 중이어야 한다. 즉 후출원서는 다음과 같은 세 가지 사건이 발생하기 이전에 출원서가 특허청에 접수되어야 한다. 첫째, 선출원에 대하여 특허가 이미 발급되었거나, 둘째, 선출원서가 포기되거나, 셋째, 선출원에 대한 심사절차가 종료되기 이전이어야 한다. 이때 종료되기 이전이라는 의미는 그것보다 늦지 않아야 한다는 뜻이다.

(2) 특허의 발급

특허를 발급받았다는 것은 특허를 실제로 발급받은 것을 말한다. 따라서 특허의 발급 이전에는 선출원에 대한 심사가 계속 중인 것이다. 따라서 두 번째의 출원서는 선출원서에 대한 심사를 계속하는 동안에도 제출될 수 있다. 또한 심사관이 청구범위에 대하여 특허결정을 한 이

---

133 Advance Transformer Co. v. Levinson, 231 USPQ 1, 16(N.D. Ill. 1986), aff'd in part, vacated in part, rev'd in part, 837 F.2d 1081, 5 USPQ2d 1600(Fed. Cir. 1988)(특허권자가 선출원서가 후출원된 청구항들을 지지하는지, 즉 공개요건을 충족시키는지를 입증할 책임이 있다); Pennwalt Corp. v. Akzona, Inc., 570 F. Supp. 1097(D.Del. 1983), aff'd, 740 F.2d 1573, 222 USPQ 833(Fed. Cir. 1984)(CIP가 선출원의 제출일자를 기준으로 우선권을 받을 자격이 있다고 추정되지 않는다. 이는 심사관이 중간에 개입하는 선행기술이 존재하지 않는 한 우선권이 있는지 여부에 대하여 아무런 결정을 하지 않기 때문이다); Triax Co. v. TRW, Inc., 217 USPQ 336(N.D. Ohio 1982).

134 Chisum §13.03 [6] 및 Chisum §5.06 (2)(c).

135 Ralston Purina Co. v. Far-Mar-Co., 586 F. Supp. 1176, 222 USPQ 863(D. Kan. 1984), aff'd, 772 F.2d 1570, 227 USPQ 177(Fed. Cir. 1985).

136 특허법 제55조 제1항 제3호 및 제4호.

후에도 후출원을 할 수 있고 심지어는 특허료를 납부한 뒤 특허등록을 하기 이전이라도 후출원이 가능하다고 본다.[137]

(3) 출원의 포기

특허출원을 포기한다는 것은 특허출원서가 포기된 것으로 보여질 수 있는 여러 가지의 사건 중 하나를 포함한다. 이러한 사건들은 특허 심사가 실패로 끝나거나,[138] 특허출원인이 명시적으로 특허출원을 포기하거나, 특허발급에 대한 비용을 지급하지 못하는 경우이다.[139]

(4) 심사절차의 종료

특허심사의 절차가 종료되었다는 것은 아주 넓은 개념으로서 특허를 발급받은 것뿐만 아니라 특허발급을 포기한 것도 포함한다. 절차가 중단된 것은 청구항에 대한 종국적인 거절결정과 이에 대하여 항소할 수 있는 권리가 모두 소멸되어 버린 경우도 말한다.[140]

특허심사가 계속 중이라고 하더라도 심사를 신청하는 출원서의 수를 제한하지 않는다.[141] 출원인은 여러 개의 출원서를 계속하여 제출할 수도 있다. 특허권자가 여러 가지의 후출원이나 부분계속특허출원 또는 심사절차를 남용하여 아주 많은 출원서를 심사하도록 요구함으로써 의도적으로 특허의 발급을 지연시켰다는 주장을 하면서 특허의 무효를 주장할 수도 있다.[142]

심사가 계속 중인 특허출원서가 여러 개 존재함으로써 계속하여 심사가 진행될 수 있고, 계속출원할 수 있는 출원서의 수에는 제한이 없다.[143] 그러나 여러 가지의 출원이 계속되면 출

---

137 특허법 제55조 제4호는 '先出願이 그 特許出願時에 특허 여부의 결정 또는 審決이 확정된 경우'를 우선권주장을 할 수 없는 사유로 규정하고 있다. In re Febrey, 135 F.2d 751, 57 USPQ 407(CCPA 1943); Harder v. Haywood150 F.2d 256, 66 USPQ 51(CCPA 1945); Moore v. United States, 194 USPQ 423(Ct. Cl. Trial Div. 1977)(일부 청구항에 대한 특허가 발급된 이후에 부분계속출원을 하더라도 특허를 무효로 만드는 부당한 행위는 아니다).

138 35 U.S.C. Sec. 133; 37 C.F.R. Secs. 1.135-.137. 또한 In re Fisher, 6 USPQ2d 1573(Dep. Ass't Comm'r for Pat. 1988). Cf. In re Wilson, 8 USPQ2d 1375(PTO Dep. Ass't Comm'r Pat. 1988)(특허심사의 계속성을 위하여 특허출원서의 복원을 허용. 거절결정에 대한 의견서의 제출일자가 3개월로 규정된 것이지만 연장료를 납부함으로써 최대한 6개월까지 소급하여 연장할 수 있다. 그러나 이러한 연장을 받음이 없이 후속출원을 한 것은 심사계속성의 요건을 충족시킬 수 없다).

139 특허법 제81조 제3항: 第1項의 規定에 의한 추가납부기간 이내에 특허료를 납부하지 아니한 때(추가납부기간이 만료되더라도 제81조의2 제2항의 규정에 의한 보전기간이 만료되지 아니한 경우에는 그 보전기간 이내에 보전하지 아니한 때를 말한다)에는 特許權의 設定登錄을 받고자 하는 者의 特許出願은 이를 포기한 것으로 보며, 特許權者의 特許權은 特許料를 납부할 期間이 경과한 때에 遡及하여 그 特許權이 消滅된 것으로 본다. 〈개정 2002.12.11〉

140 Chisum §13.05.

141 In re Henriksen, 399 F.2d 253, 158 USPQ 224(CCPA 1968).

142 Revlon, Inc. v. Carson Products Co., 602 F. Supp. 1071, 1099-1100, 226 USPQ 51(S.D. N.Y 1985), aff'd, 803 F.2d 676, 231 USPQ 472(Fed. Cir. 1986), cert. denied, 479 U.S. 1018(1986)(다른 3개의 특허를 이용하여 우선권을 주장하는 기초로 사용한 것이 특허권의 남용이라고 볼 수 없다).

143 배제효(Res judicata)는 모(Parent) 청구항에 대한 최종 거절결정이 난 후 새로운 심사를 받을 수 있도록 하는 데 있어서 오직 제한적인 영향만을 미친다. Chisum §11.03 [5].

원한 때로부터 특허를 발급받을 때까지 상당하게 긴 시간 동안 기다려야만 된다. 특허권자는 특허가 발급되어 특허권이 등록된 이후부터, 최초의 특허출원일로부터 20년간 권리를 행사할 수 있기 때문에 특허결정이 지연되는 것은 특허권자에게 불이익으로 돌아간다.[144]

(5) 특허발급 이후의 후출원 또는 부분계속출원

미국특허법에 의하면 최초출원서에 기재된 일부 청구항에 대한 특허가 발급되었어도 후출원이나 부분계속출원을 할 수 있다고 본다.[145] 그러나 이러한 후출원이나 부분계속출원은 이미 발급된 특허나 공개된 심사기록을 가지고 알 수 없었던 청구항에 대한 특허를 발급하는 것이어서 일반대중에게 예측할 수 없는 손해를 줄 수 있다. 일반대중으로서는 출원인이 후출원이나 부분계속출원에 의하여 발급받을 수 있는 청구항의 존재가능성을 알지 못하고 단지 이미 발급된 청구항만을 신뢰하고 장치를 고안하거나 기술우회를 할 수가 있다.[146]

예컨대 발명자 A가 X, Y, Z를 공개하는 출원서의 청구항에는 X, Y와 X, Y, Z를 조합한 것만 기재를 하였고 X와 Z를 조합한 청구항은 출원서에 기재하지 않았다. 경쟁자가 A에 대하여 발급된 청구항을 연구한 결과 최초출원서에는 공개되었지만 그 청구항의 권리범위로 하지 않은 X와 Z를 조합한 상품을 만들어서 판매하였다. 그러자 특허권자는 위 경쟁자의 상품을 보고 후출원서에서 청구항을 보정하여 X와 Z의 조합을 그 권리범위로 주장하여 결국 특허를 발급받았다. 이러한 경우 특허권자가 심사절차를 남용하여 특허가 무효가 되거나, 특허침해에 대한 주장이 형평법상의 금반언의 원칙에 위배되는 것으로 보아야 하는지에 대해서는 아직 확립된 견해가 없다.[147]

---

144 특허법 第88條(特許權의 存續期間) ① 特許權의 存續期間은 제87조 제1항의 규정에 의한 특허권의 설정등록이 있는 날부터 특허출원일 후 20년이 되는 날까지로 한다. 〈改正 1997.4.10, 2001.2.3〉

145 Moore v. United States, 194 USPQ 423(Ct. Cl. Trial Div. 1977)(일부 청구항에 대한 특허발급이 허용된 이후에 부분계속출원을 하는 것이 특허를 무효로 할 수 있을 정도의 부당한 행위에 해당하지는 않는다).

146 출원공개제도가 도입되기 이전의 미국의 특허심사는 비공개로 진행되었다. 따라서 심사가 계속 중인 출원서는 특허발급이 된 이후에야 일반에게 공개되었기 때문에 일반대중은 이 심사기록에 편철된 각 최초출원서나 후출원서를 보고 심사가 진행되어 특허가 발급되기까지의 전 과정을 알 수는 있지만 이 기록에 편철되지 않은 그 이후의 사정은 이를 알 수가 없다. 일반대중은 오직 공개된 심사기록에 여러 개의 출원서가 제출된 것이나 심사관의 분할요청과 이에 대한 출원인의 보정서를 보고 후출원이나 부분계속출원을 할 수 있는 가능성이 있다는 점을 추측할 수 있을 뿐이다. Chisum §13.05 및 Chisum §11.02 (4). 따라서 최초의 출원서에 기초하여 우선권을 주장하는 후출원서나 부분계속출원서에 대해서는 일반대중에게 이를 공시할 방법이 없다는 문제가 제기되어 공개된 심사기록을 신뢰한 일반대중에게 불측의 위해를 가할 수 있다. 이것이 일부의 청구항에 대한 특허가 발급된 이후에 계속출원이나 부분계속출원을 허용하지 말아야 한다는 주장에 대한 근거가 될 수 있다. 저자 주.

147 In State Industries, Inc. v. A.O. Smith Corp., 751 F.2d 1226, 1233, 224 USPQ 418, 424(Fed. Cir. 1985)(부분계속출원에 의하여 추가된 청구항을 침해하는 경우에는 악의에 의한 침해(Willful infringement) 책임을 물을 수 없다); Bott v. Four Star Corp., 3 USPQ2d 1652(E.D. Mich. 1987), aff'd, 856 F.2d 202(Fed. Cir. 1988)(unpublished opinion), cert. denied, 109 S. Ct. 479(1988)(침해가 인정된 이후에 침해행위자가 청구범위에 기재되지 않은 장치를 만들어서 판매하는 과정에서 특허권자가 다시 침해장치를 포함하는 청구항에 대한 특허를 받을 경우에 이러한 계속출원은 형평에 어긋나지 않는다).

라. 선출원의 표시

(1) 필요성

선출원서에 기초하여 우선권을 주장하고자 하는 자는 후출원을 하면서 그 후출원서에 우선권주장을 한다는 취지 및 그 기초가 되는 선출원의 표시를 하여야 한다.[148] 이는 심사관이 최소한의 노력을 들여서 선출원서에 대한 심사기록을 찾을 수 있도록 하고 출원인이 자신의 후출원서의 유효성을 주장하기 위하여 계속된 여러 가지 선출원서 중에서 기초가 되는 최초출원서의 접수일자를 정확하게 가려내기 위한 것이다.[149]

상대방이 특허청에 접수된 모든 기록을 조사하여 보아도 문제가 된 출원서가 그 접수된 일자 이전에 출원된 선출원서에 기초하여 우선권을 주장하고 있다는 사실을 알 수 있는 기회가 박탈된다면 후일 특허침해소송에서 불측의 손해를 입을 수 있기 때문이다.[150] 따라서 선출원서에 기초하여 우선권을 주장하는 경우에 그는 후출원서에 반드시 선출원서의 고유번호와 특허출원서의 접수일자 및 후출원서와의 관련성을 기재하여야만 한다.[151]

(2) 여러 개의 우선권주장 출원

특허법 제55조 제2항은 계속된 출원이 여러 개인 경우에 최선출원서에 기초하여 우선권을 주장하기 위해서 최선출원서를 표시하여야 하는지에 대해서는 아무런 규정이 없다. 특허출원인이 A출원서를 제출하여 A에 대한 심사가 계속 중에 B출원서를 제출하였고, 이어 B에 대한 심사가 계속 중일 때 C출원서를 제출하였으며, 또한 C에 대한 심사가 계속되는 도중 D를 출원했다.

그러면 출원인은 D출원서에서 A출원서에 기초한 우선권을 주장하기 위하여 A를 표시하여

---

148 특허법 제55조 제2항.

149 미특허법 제120조가 후출원서에서 우선권주장의 기초가 되는 선출원서를 인용할 것을 요구하는 것은 통상의 실무관행이었다. In re Strain, 187 F.2d 737, 740, 89 USPQ 156(CCPA 1951); Ex parte Lewis, 102 O.G. 543, 1903 C.D. 303(Comm'r Pat. 1903)(출원인이 최초출원서에 대한 심사자료의 은닉을 시도한 사례). 그러나 이러한 실무관행이 있었어도 선출원서를 인용하는 것은 미특허법이나 법원의 판례로 요구되는 것은 아니었기 때문에 이를 인용하지 아니하여도 우선권을 주장할 수 없는 것은 아니었다. Hayes Spray Gun Co. v. E.C. Brown Co., 291 F.2d 319, 324, 129 USPQ 383(9th Cir. 1961).

150 Sampson v. Ampex Corp., 463 F.2d 1042, 1045, 174 USPQ 417(2d Cir. 1972); In In re Lambrech, 202 USPQ 620(P.T.O. Comm'r 1976)(출원인이 선의로 선출원서를 인용하지 못한 경우에 특허발급이 된 이후에는 특허청의 잘못으로 인한 정정(미특허법 제254조)이 될 수는 없으나 출원인의 잘못으로 인한 정정(미특허법 제222조)은 허용된다.

151 미특허심사규칙 37 C.F.R. §1.78(a). 특허재발급제도가 인정되고 있는 미국실무상은 선출원서에 대한 인용이 재발급절차에서도 허용된다. Underwater Devices, Inc. v. Morrison-Knudsen Co., Inc., 217 USPQ 1039(D. Hawaii 1982), aff'd, 717 F.2d 1380, 219 USPQ 569(Fed. Cir. 1983)(선출원서에 대한 인용을 보정하는 것은 반드시 선출원서에 대한 특허의 발급이나 포기 또는 심사의 종결 이전일 필요는 없다. 재발급(Reissue) 절차에 들어가서 선출원서를 인용할 수도 있다).

야 하느냐 아니면 C출원서만 표시해도 C출원서에서는 B를 그리고 B출원서에서는 A출원서를 각각 표시했기 때문에 A에 기한 우선권을 받을 수 있느냐에 대한 문제이다. 정설과 실무관례는 선출원서의 접수일자를 기초로 우선권을 주장하기 위해서 최후출원서 D에서는 반드시 최선출원서인 A를 표시할 것을 요구한다.[152]

(3) 선출원표시의 계속성

출원인이 A, B, C, D 등 모두 4개의 특허출원을 계속적으로 하였는데 B출원서가 최선출원인 A출원서를 우선권주장의 기초가 되는 출원서로서 표시하지 못했다. 그 대신 C출원서는 A출원서와 B출원서를 선출원으로 표시했고 D출원서도 A, B, C의 각 출원서를 표시했다.[153] 그러나 D는 A에 기초하여 우선권을 주장할 수 없다. B출원서가 A를 우선권주장의 기초가 되는 선출원서로서 표시를 하지 않았기 때문에 D와 A 사이에는 심사의 계속성을 인정할 수 없기 때문이다. 따라서 출원인이 최선출원서 A의 접수일자를 기준으로 우선권을 주장하기 위해서는 최선출원인 A와 그 중간에 존재하는 출원인 각 B, C, D 사이에는 표시의 단절이 없어야 한다.

마. 발명자의 동일성

(1) 특허권리자의 동일성

선출원서에 기초하여 우선권을 주장할 수 있는 후출원인은 선출원된 발명에 대하여 자신이 특허를 받을 수 있는 권리가 있어야 한다(Identity of inventorship).[154] 이 조항은 후출원은 반드시 선출원서에 기재된 발명에 대하여 특허를 받을 수 있는 권리를 가진 자에 의하여 후출원

---

152 Hovlid v. Asari, 305 F.2d 747, 134 USPQ 162(9th Cir. 1962); Sticker Indus. Supply Corp. v. Blaw-Knox Co., 405 F.2d 90, 160 USPQ 177(7th Cir. 1968)(미특허법 제120조의 선출원서는 최초의 출원서를 의미한다. 출원자야말로 계속된 출원서 사이의 관련성을 알 수 있는 최적격자이기 때문이다); Advance Transformer Co. v. Levinson, 231 USPQ 1, 16(N.D. Ill. 1986), aff'd in part, vacated in part, rev'd in part, 837 F.2d 1081, 5 USPQ2d 1600(Fed. Cir. 1988)(출원서의 계속성이 인정되기 위해서는 최후의 출원서에서 반드시 최초출원서를 인용하여야 한다); 미특허청심사지침 U.S. Patent & Trademark Office, Manual of Patent Examining Procedure, §201.11(3d ed. rev. 1976)(계속된 출원서 사이에서 우선권을 주장하기 위해서는 최후출원서에서는 반드시 최초출원서를 인용하여야 한다).

153 미특허청은 D출원서에 기재된 청구항에 대하여 특허를 발급하면서도 특허권자는 최초출원서인 A에 기하여 우선권을 주장할 수 없다고 보았다. D출원서는 최선출원서 A와의 사이에 심사가 계속 중에 있다고 볼 수는 없기 때문이다. Clover Club Foods Co. v. Gottschalk, 178 USPQ 505(C.D. Cal. 1973). 이와 같은 취지의 판례는 Struthers Patent Corp. v. Nestle Co., Inc., 558 F. Supp. 747, 211 USPQ 1023(D.N.J. 1981)(비록 Ganiaris I이 공개요건을 충족시킨다고 하여도, 또한 Ganiaris I이 Ganiaris II, Ganiaris III가 출원되기 이전에 출원되었다고 하여도 위 후출원들이 우선권주장의 요건인 선출원의 표시를 하지 못하였다. 선출원에 대한 표시가 없었기 때문에 후출원들이 요건을 충족하지 못한 이상 부분계속출원을 할 수 없다. 또한 Ganiaris II에 대하여 특허료를 납입하지 못하여 절차가 이미 종결된 이상 후출원인 Ganiaris IV를 통하여 Ganiaris II를 보정하여 우선권을 주장할 수는 없다).

154 특허를 받을 수 있는 자가 동일하여야 한다고 보는 것이 현재의 정설이다.

되어야만 선출원서의 접수일을 기준으로 우선권을 주장할 수 있다는 의미이다.[155] 따라서 우선권을 주장할 수 있는 자는 선출원의 출원인과 그로부터 특허권리를 승계한 후출원인을 말하고,[156] 후출원인은 선출원서에서 발명자로 기재되었을 것을 요구한다. 그리고 선출원과 후출원의 출원인은 후출원의 출원시점에서 동일하여야 한다. 이렇게 후출원한 출원인은 자신이 특허를 받을 수 있는 선출원서의 명세서나 도면에 기재된 발명을 기초로 하여 우선권을 주장할 수 있다.[157]

(2) 공동발명자

앞서 본 바와 같이 후출원인이 우선권을 주장할 수 있으려면 그는 선출원서에서 발명자로 기재되었을 것을 요구한다. 따라서 한 사람의 발명자가 단독발명을 한 것은 그가 다른 사람과 공동으로 작업하여 한 발명과는 서로 다른 발명으로 분류된다.[158] 이는 실제발명자가 서로 다르기 때문이다.

예컨대 선출원서에서 A와 B가 공동발명자로서 특허를 출원한 경우에 이를 기초로 하여 우선권을 받기 위해서는 후출원서에서 A와 B가 공동으로 우선권을 주장할 수는 있지만 A 단독으로는 우선권을 주장할 수 없다. 이때 A와 B가 공동발명자이지만 선출원서에는 오직 A의 이름만을 기재한 경우에는 A와 B는 공동발명자로서 기대되나 후출원서를 제출하면서 위 선출원서에 기초한 우선권을 주장할 수 없음은 마찬가지이다.[159]

선출원서에 잘못 기재된 발명자는 정정할 수 있고, 후출원서에서 선출원서에 기한 우선권 주장을 하는 경우에도 이러한 정정을 허용한다.[160] 따라서 우선권과 관련된 동일한 발명자라는

---

155 미특허법 제120조는 동일기재설을 취하여 우선권을 주장하는 후특허출원인은 반드시 선출원서에 기재된 발명자일 것을 요구한다.

156 특허법 제55조 제1항. 그 이전에 미국은 동일한 발명자설(Same inventor)을 취하였다.

157 특허법 第55條(特許出願 등에 의한 優先權主張) ① 特許를 받고자 하는 者는 다음 各號의 1에 해당하는 경우를 제외하고는 그 特許出願한 發明에 관하여 그 者가 特許나 實用新案登錄을 받을 수 있는 權利를 가진 特許出願 또는 實用新案登錄出願으로 먼저 한 出願(이하 "先出願"이라 한다)의 出願書에 최초로 첨부된 明細書 또는 圖面에 기재된 發明을 基礎로 하여 優先權을 主張할 수 있다. 〈개정 1998.9.23, 2001.2.3〉

158 종래에 미국은 동일한 발명자설(Same inventor)을 취하였다. 동일한 발명자라고 함은 발명자 또는 공동발명자에 대한 일반원칙에 의하여 정하여진다. Continuous Curve Contact Lenses, Inc. v. National Patent Development Corp., 214 USPQ 86(C.D. Calif. 1982); Transitron Electronic Corp. v. Hughes Aircraft Co., 487 F. Supp. 885, 205 USPQ 799, 811(D. Mass. 1980), aff'd, 649 F.2d 871, 210 USPQ 161(1st Cir. 1981)(CIP에서 공개된 개량이나 변경사항은 선출원서에 기재된 발명자와 동일한 것이어야 한다).

159 Chisum §13.07.

160 In re Schmidt, 293 F.2d 274, 130 USPQ 404(CCPA 1961)(동일한 발명자라는 의미는 특허법의 다른 관련된 조항들, 즉 미특허법 제116조(공동발명자)와 제256조(발명자 명의정정) 사이에서 조화롭게 해석되어야 한다고 보고 선출원서에 기재된 발명자가 오류로 인하여 잘못 기재된 경우에 후출원자가 우선권주장을 하면서 그 정정신청을 할 수 있다). 이와 동일한 취지의 판례는 Coleman v. Dines, 754 F.2d 353, 356, 224 USPQ 857, 859(Fed. Cir. 1985)(개정 전 미특허법 제120조의 동일한 발명자라는 것은 미특허법 제116조에 의하여 정정된 실제발명자를 포

의미는 공동발명자의 개념이나 발명자에 대한 정정을 허용하는 조항과 관련하여 융통성 있게 해석되어야 한다.

선출원서에 기초한 우선권주장을 하면서 후출원을 하는 출원인은 선출원서에 기재된 발명자나 특허출원인의 이름이 잘못 기재되었다고 주장하면서 정정신청을 할 수 있다. 따라서 만약 선출원서에 A와 B가 공동발명자로 기재된 경우에 위 선출원서에 기초한 우선권을 주장하는 A가 단독으로 후출원을 하면서 선출원서에 B가 발명자로 기재된 것은 기망의 의사 없이 착오로 인한 것이라고 주장하면서 그 오류에 대한 정정신청을 할 수 있다고 본다.

(3) 근래의 미국의 경향

현행 미특허법은 후출원인이 우선권을 주장할 수 있으려면 그는 선출원서에서 발명자로 기재되었을 것을 요구하지만 선출원서에 기재된 발명자와 후출원이나 부분계속출원서의 발명자가 완벽하게 일치할 것을 요구하지는 않는다.[161] 따라서 하나의 선출원서에서 공동발명자로 되어 있다면 이 공동발명자들 중의 하나가 후출원을 하기만 하면 우선권이 인정되고 반드시 실제발명자가 선·후출원을 통하여 동일할 필요는 없다.[162]

하나의 출원서에서 실제발명자가 서로 다른 청구항이 존재하는 경우 특허청은 하나의 출원서에 독립적이고 구별되는 발명이 존재하는 것으로 보아 분할출원을 요구할 수도 있다. 이러한 경위로 분할된 출원은 선출원서의 접수일자를 기준으로 우선권을 주장할 수 있다. 물론 분할된 출원이 우선권을 주장하기 위해서는 분할된 출원서에 기재된 발명이 선출원명세서나 도면에 의하여 적절하게 공개되어야 하며, 후출원서의 실제발명자는 선출원서에 기재된 분할대상이 된 청구항의 발명자여야만 한다.[163]

함한다).

161 미특허규칙 37 C.F.R. §1.78(a). 우선권을 주장하기 위해서 후출원자는 최소한 심사 계속 중인 선출원서의 발명자 중의 한 사람으로 기재가 되고, 선출원서의 청구범위에는 후출원된 청구항 중의 최소한 하나 이상의 청구항을 가지고 있으면 된다. 따라서 발명자 A가 X와 Y를 공개하면서 청구항은 X를 주장하면서 출원한 경우에 발명자 B는 Y와 Z를 공개하고 이를 청구항의 권리범위로 하는 부분계속출원을 할 수 없다. 그러나 A가 단독 또는 공동발명자로서 후출원하면서 선출원서의 공개내용에 의하여 뒷받침되는 개량된 X를 청구항의 권리범위로 주장을 하는 것은 허용된다.

분할출원이나 우선권을 주장하는 후출원은 선출원서에 기재된 발명자와 완전히 동일하거나 그 수가 적은 경우가 된다. 37 C.F.R. §1.60(a). 이에 비하여 선출원서에 기재된 발명자에 더하여 발명자를 추가하는 것은 부분계속출원이 되어야 한다. 37 C.F.R. §1.62(c). 그러나 우선권을 주장하기 위해서는 선출원서의 발명자가 잘못 기재된 것이라는 점과 함께 위 Smidt의 결정에 의존하여야 한다.

162 미특허법 제116조, Chisum §2.03 (3) 및 Chisum §13.07 참조. 최근에 CAFC는 선출원서에 기재된 발명자와 후출원서에 기재된 발명자가 일부라도 중첩되기만 하면 우선권주장을 할 수 있다고 본다. In re Chu, 66 F.3d 292, 36 USPQ2d 1089(Fed. Cir. 1995)(중첩설(Overlap): 선출원이 D를 포함한 집단발명자인 경우 이 집단에 소속된 발명자인 D는 후출원자인 D, C, S와 중첩이 되는 한 부분계속출원을 하면서 위 선출원에 기하여 우선권을 주장할 수 있다).

163 Ex parte Mark, 12 USPQ2d 1904(Bd. Pat. App. & Int'f 1989).

4. 우선권주장의 효과

가. 심사의 계속성

특허출원서(후출원서)가 제출되면서 선출원서에 기한 국내우선권을 주장하는 경우에 선출원의 최초명세서에 기재되어 있는 것과 동일한 발명에 대해서는 다음의 규정을 적용하여 후출원은 선출원 시에 출원된 것으로 보고 심사를 계속한다.[164] 즉 최초출원서에 기하여 심사가 계속되는 것으로 봄으로써 특허법 제29조 제1항의 신규성 및 같은 조 제2항의 진보성 판단을 함에 있어서 선행기술의 자격이 되는 시점은 선출원서가 제출된 시점으로 소급한다.

그 이외에도 특허법 제29조 제3항, 제4항(확대된 선원의 지위), 제30조(신규성이 있는 발명으로 보는 경우), 제36조(선원), 제96조 제1항(특허권의 효력이 미치지 않는 범위), 제98조(타인의 특허발명, 등록실용신안, 등록의장 등의 이용 또는 특허권과 의장권과의 저촉의 관계, 실용신안법 제25조 및 의장법 제45조도 같은 취지), 제103조(선사용에 의한 통상실시권), 제105조(의장권의 존속기간만료 후의 통상실시권, 의장법 제52조도 같은 취지), 제129조(생산방법의 추정), 제136조(정정심판)의 경우에 있어서도 후출원은 선출원을 한 시점에서 출원된 것으로 본다.

나. 입법론: 특허가 발급된 이후의 계속성

특허발급이 된 이후에도 공개의 계속성에 따라 선출원서에 기초하여 특허출원의 계속성을 인정할 수 있다는 견해가 미국의 주류적 입장이다.[165] 선출원서의 제출 이후에 동일한 발명을 공연히 실시한 경우라고 하더라도 만약 선출원서가 후출원서의 청구범위를 실시하는 데 있어서 충분한 내용을 공개하고 있다면 이는 공개의 계속성을 인정할 수 있어서 결국 후속특허출원서의 청구항은 선출원서가 접수된 일자에 주장된 것으로 보아야 한다.[166]

물론 공개의 계속성이 인정되지 않는 부분, 즉 특허발급 이후에 신규사항이 추가된 부분은

---

164 특허법 제55조 제3항 제1호. 그러나 만약 선출원이 국내우선권주장 또는 파리조약에 의한 우선권주장을 수반하는 경우에 그 주장의 기초가 된 출원에 기재되어 있었던 발명에 관해서는 다시(즉 누적적으로) 후출원에서 우선권을 주장하는 것은 실질적으로 우선권주장기간의 연장이 되므로 우선권의 효과를 인정하지 않고, 선출원에 대하여 새로 추가된 사항에 대해서만 우선권의 효과를 인정한다. 따라서 이와 같은 발명에 대하여 우선권주장의 효과를 얻기 위해서는 선출원의 기초출원을 가지고 복합적으로 우선권주장을 하여야 한다. 또한 우선권의 이익을 수반하는 선출원을 기초로 하여 분할출원 또는 이중출원을 할 수 있다(특 §52 ②, 특 §53 ③).

165 In re Febrey, 135 F.2d 751, 57 USPQ 407(CCPA 1943); B.F. Sturtevant Co. v. Massachusetts Hair & Felt Co., 122 F.2d 900, 51 USPQ 198(1st Cir. 1941), reh'g denied, 124 F.2d 95(1st Cir. 1941), cert. denied, 315 U.S. 823(1942); Diamond Power Specialty Corp. v. Bayer, 13 F.2d 337, 339(8th Cir. 1926); Union Carbide Co. v. American Carbide Co., 172 F. 120, 130-31(N.D.N.Y. 1909), rev'd, 181 F. 104(CCA NY 1910).

166 따라서 공개의 계속성은 사실상 서면공개요건과 동일하게 취급되었고 후일 미특허법 제120조(국내우선권주장)로 명문화된 것이다. 위 같은 법 제120조는 우선권을 주장하는 후출원서가 제112조에 의한 서면공개요건을 충족시킬 것을 요구한다.

새로운 출원으로 보아야 한다. 그럼에도 불구하고 미국의 특허법은 부분계속출원으로 이를 허용하고 있어 우리 법제도 부분계속출원을 입법적으로 허용할 필요가 있다.

미국의 판례법은 선출원서를 보정할 수 있는 기간이 경과된 이후에도 선출원서를 기초로 하여 계속적으로 특허출원을 할 수 있다고 본다. In re Febrey에서 특허출원인 Febrey가 1938년 9월 28일 특허를 출원했다. 이후 특허출원서의 두 개의 청구항에 대하여 1940년 7월 20일 특허가 발급되었다. 1941년 1월 9일 특허출원인이 새로운 특허를 출원하였는데 이는 그가 선출원을 함에 있어서 부주의로 생략하였던 것을 발견하고 하나의 청구항을 추가한 것이었다. 그러나 최초특허출원에 대해서는 1941년 1월 20일 특허료를 지급하지 않았기 때문에 취소되었다.

미특허청은 특허출원인에게 1938년 9월 28일자로 우선권을 부여하는 것을 거절했고 청구항이 신규성이 없다고 보았다. 특허출원인이 후출원을 하기 이전에 이 발명을 공연히 실시하였기 때문이다. 특허청은 우선권을 주장하기 위해서는 후출원자가 선출원서를 보정할 권한이 있어야만 한다고 보았다. 결국 선출원서에 대하여 특허가 발급된 이후에는 후출원자에게 선출원서를 보정할 권한이 없으므로 결국 우선권을 주장하는 것은 허용되지 않는다는 것이다.[167]

그러나 CCPA는 특허출원인에게 우선권이 부여되는 것은 우선권 자체의 요건에 의하여 판단하는 것으로서 이는 특허심사가 계속 중인 여부와 특허출원서의 공개의 계속성에 의하여 결정되는 것이라고 하였다. 따라서 이는 특허출원서를 보정할 권리가 존재하느냐에 따른 것은 아니다.[168]

그 이유는 발명자가 후속 특허출원을 하면서 최초특허출원서의 접수일자를 기준으로 하여 우선권을 주장할 수 있다는 것은 양자의 특허출원서의 공개내용이 공통된 것이기 때문이다. 만약 발명자가 후속된 특허출원서에서 선출원서와 동일한 아이디어를 가지고 있었고 최초의 특허출원서에서 발명자의 발명개념과 실질적으로 동일한 개념을 공개한 것이라면 비록 세부적인 사항에 있어서는 일치하지 않더라도 이는 본질적으로 중요한 것은 아니고 이러한 권리를 인정하는 데 있어서 공개하는 형식과 기간은 그다지 중요한 것이 아니기 때문이다.[169]

---

167 In re Febrey, 135 F.2d 751, 57 USPQ 407(CCPA 1943). 그러나 미특허청은 특허발급 이후에 신규사항이 추가된 부분계속출원은 이를 허용할 필요성이 있다고 보았다.

168 In re Febrey, 135 F.2d 751, 57 USPQ 407(CCPA 1943) 및 Godfrey v. Eames, 68 U.S.(1 Wall); Harder v. Hayhood, 317, 17 L. Ed. 684(1864). 150 F.2d 256, 265, 66 USPQ 51(CCPA 1945)(다수견해는 Febrey를 지지하였으나 소수견해(Jackson)는 특허출원인의 권리를 무한정 허용한다는 단점을 지적하고 특허발급 이후의 부분계속출원을 불허하여야 한다고 주장한 데 비하여, O'Connell은 부분계속출원을 특허출원인이 상당한 주의를 기울였고 청구항과 신규사항을 종전의 특허출원서에서 누락한 데 대한 정당한 사유가 있는 경우에 제한적으로 허용하여야 한다고 주장하였다).

169 Timken-Detroit Axle Co. v. Easton Axle & Spring Co., 56 F.2d 651, 11 USPQ 40(N.D. Ohio 1931)

다. 입법론: 미국의 부분계속출원

(1) 부분계속출원

미특허법에서 인정하고 있는 부분계속출원(Continuation-in-part)은 후출원서가 선출원서에 공개된 전부 또는 상당한 부분을 반복하고 이에 더하여 신규사항을 추가한 것을 말한다.[170] 이러한 부분계속출원은 선출원일자 이후에 개량되고 진보된 발명을 추가하는 데 사용될 수 있음은 물론 그 이외의 목적으로도 사용될 수 있다.[171] 부분계속출원서에 의하여 추가된 새로운 특허대상에 종속하는 청구항들은 선출원일자를 기준으로 하여 심사를 받지 못하고 부분계속출원이 된 날짜를 기준으로 특허를 심사받을 자격이 있다.[172]

(2) 발명의 구성요소가 아닌 것의 추가

발명의 구성요소가 아닌 것은 신규사항에 해당하지 않고 단지 특허발명을 실시하는 방법

---

170 U.S. Patent & Trademark Office, Manual of Patent Examining Procedure, §201.08(3d ed. rev. 1974)(심사관이 공개요건을 충족시키지 못하였다는 이유로 거절한 경우에 CIP 출원을 한 것은 이를 자인한 것이다); Technicon Instruments Corp. v. Alpkem Corp., 2 USPQ2d 1729, 1738(D. Ore. 1986)(부분계속출원이 신규사항을 포함하는 경우에는 최초출원일지를 기초 로히여 심시를 받을 수 없다); Transitron Electronic Corp. v. Hughes Aircraft Co., 487 F. Supp. 885, 205 USPQ 799, 811(D. Mass. 1980), aff'd, 649 F.2d 871, 210 USPQ 161(1st Cir. 1981)(CIP는 심사과정에 있는 발명을 분명하게 하는 것이 아니라 새로운 개량사항을 추가하는 것이다); AMI Indus., Inc. v. EA Indus., Inc., 204 USPQ 568, 587(W.D.N.C. 1979), aff'd, 210 USPQ 4(4th Cir. 1981), cert. denied, 454 U.S. 952(1981), rev'd, 454 U.S. 1129(1981)(CIP에 추가된 부분이 최초의 출원서의 공개내용으로부터 나온 것이라고 합리적으로 볼 수 있고 통상의 지식인에게 용이한 것이라면 이는 최초출원일자를 기준으로 하여 심사를 받을 수 있다); Remington Arms Co. v. Funasaw Co., 201 USPQ 217(N.D. Ill. 1978)(통상의 모든 대상에 대하여 우선권이 있다고 본 사례).

또한 미국을 제외한 다른 나라에서 CIP가 허용되는지에 대하여 Ooya, The Significance of Claim Drafting and Sufficient Disclosure in Japanese Patent Application and Infringement Procedure, 10 Int'l Rev. Indus. Prop. & Cr. L. 451, 456-57(1979)(CIP는 최초출원 시와 후일 이를 보정할 필요가 있을 때마다 명세서의 결함을 보완할 수 있는 좋은 방법이다) 참조.

171 Paperless Accounting, Inc. v. Bay Area Rapid Transit Sys., 804 F.2d 659, 663, 231 USPQ 649, 652(Fed. Cir. 1986), cert. denied, 480 U.S. 933(1987)(부분계속출원(CIP)을 허용하는 이유는, ① 최근의 기술진보를 반영하여 공개내용을 확대하거나, ② 보다 광범위한 심사를 하거나, 명세서나 청구항을 보다 잘 작성하도록 하거나, ③ 선택되지 아니한 청구항을 심사하기 위한 도구를 제공한다).

172 특허심사지침, 제3장 제1절 3. 선출원에 기재되지 않은 발명을 후출원한 경우의 심사요령: 특수한 출원에 있어서 후출원에 기재된 발명은 선출원에 기재된 발명과 동일(또는 "기재된 범위 이내" 이하 같다)하여야 하며 발명이 동일하지 않은 경우 후출원의 출원일이 소급되지 않거나 특허요건 판단일이 소급되지 않는다. 같은 심사지침 3. 1 분할출원, 이중출원, 변경출원: 선출원에 기재되지 않은 발명을 후출원한 경우 후출원에 대하여 기간을 정하여 불인정예고통지하고, 제출된 의견서에 의해서도 후출원을 인정할 수 없는 경우 분할(이중 또는 변경) 불인정통지를 하고 출원일을 소급하지 않고 후출원한 날을 기준으로 심사한다.

Stearn v. Superior Distributing Co., 674 F.2d 539, 215 USPQ 1089(6th Cir. 1982); Fox Industries Inc. v. Structural Preservation Systems, Inc., 6 USPQ2d 1577, 1590(D. Md. 1988)(신규사항과 관련이 있는 것은 CIP 출원일을 기준으로 심사를 받는다); B.W.B. Controls, Inc. v. U.S. Industries, Inc., 626 F. Supp. 1553, 1569, 228 USPQ 799, 809(E.D. La. 1985), aff'd, 802 F.2d 471(Fed. Cir. 1986)(추가된 것이 최초출원서의 본래적인 부분이라면 이는 신규사항으로 볼 수는 없고 부특허출원 시를 기준으로 심사를 받을 수 있다).

을 공개한 것은 신규사항을 추가한 것으로 볼 수는 없기 때문에 이를 추가한 후출원서는 선출원일자를 기준으로 하여 심사를 받을 수 있다.

예컨대 인공위성의 고도를 유지하는 통제장치로서, 이는 그 구성요소의 하나로서 지상기지로부터의 동시통제라는 요소를 가지고 있었다. 1964년 8월 21일 이러한 통제장치를 공개하고 있는 특허출원서가 부분계속출원되었고 그 선출원서는 1960년 4월 28일 출원된 것이었다.[173]

법원은 원고가 후출원이라고 하지 않고 부분계속출원이라고 한 것은 그 선출원이 위 통제장치를 충분히 공개하지 않았다는 점을 자인하는 것으로서 선출원서는 청구 제15항 내지 제19항의 권리범위를 뒷받침하지 못한다고 보았다. 따라서 위 청구항들은 선출원서의 출원일자가 아니라 부분계속출원일자를 기준으로 하여 심사를 받을 자격이 있고 발명자가 부분계속출원 이전에 이 발명을 공연히 실시하였다면 신규성이 상실되어 발급된 특허가 무효라고 보았다.

그러나 항소법원은 이 결정을 번복하면서 문제가 된 통제장치가 특허출원된 발명의 구성요소가 아니기 때문에 부분계속출원에서 통제장치를 공개한 것은 위성을 사용하는 방법을 분명하게 하기 위한 것으로 이는 신규사항을 추가한 것으로 볼 수는 없다는 것이다. 따라서 위 부분계속출원서에 기재된 청구항들은 선출원과 동일한 것으로서 위 선출원일을 기준으로 하여 특허심사를 받을 권리가 있다고 하였다.[174]

라. 분할출원

분할출원은 두 가지 이상의 발명을 하나의 특허출원으로 한 경우에 그 일부를 하나 이상의 특허출원으로 분할하는 것을 말한다. 이는 특허가 출원되어 그 심사가 계속 중에 있는 특허출원서로부터 일부를 떼어낸 결과 이미 공개된 내용과 청구항의 권리범위로 주장된 것에 대한 청구를 하는 것이다.[175] 이러한 분할출원은 통상 심사관이 특허출원서를 심사한 결과 두 가지 또는 그 이상이 공개된 독립적인 발명에 대하여 특허출원을 분리할 것을 요청함으로써 이루어진다. 이렇게 분할된 특허출원서도 선출원일자에 소급하여 우선권을 보장받는다.

분할출원할 수 있는 발명은 선출원의 최초명세서 등에 기재된 발명이다. 따라서 선출원의 최초명세서에 기재되어 있지 않으나 보정에 의하여 추가된 발명을 분할출원한 경우 선출원일

---

173 Hughes Aircraft Co. v. United States, 205 USPQ 381(Ct. Cl. Trial Div. 1979), rev'd 640 F.2d 1193, 208 USPQ 785(Ct. Cl. 1980); In re Scheiber, 587 F.2d 59, 199 USPQ 782(CCPA 1978)(최초의 특허출원서가 부분계속출원서에 기재된 권리범위가 넓은 보편적 청구항을 완전하게 지지하지 못하지만 중간에 개입한 선행기술에 공개된 특정한 하위종류를 공개하고 있는 경우에 대하여 CCPA는 부분계속출원서는 부특허출원일을 기준으로 하여 심사를 받을 자격이 없다고 보았다).

174 Hughes Aircraft Co. v. United States, 640 F.2d 1193, 208 USPQ 785(Ct. Cl. 1980), on remand, 215 USPQ 787(Ct. Cl. Trial Div. 1982), aff'd, 717 F.2d 1351, 219 USPQ 473(Fed. Cir. 1983).

175 특허법 제52조 참조.

로 출원일이 소급되지 않으며, 선출원의 최초명세서에 기재되어 있던 발명의 일부가 보정으로 삭제되었다고 하더라도 그 발명은 분할출원할 수 있다.[176] 또한 분할출원한 명세서에 기재된 발명과 선출원에 기재된 발명이 동일한 경우에는 같은 날짜에 특허출원을 한 것으로 보아 협의에 의하여 특허출원인을 정하고 협의가 되지 않으면 어느 누구도 특허출원을 할 수 없다.[177]

마. 이중출원제도

후속되는 특허출원으로서 한 가지 유형의 특허, 예컨대 실용특허 또는 식물특허나 의장특허가 다른 유형의 특허에 대하여 이미 접수된 선출원서의 접수일자에 소급하여 우선권을 주장할 수 있을까?

이중출원제도는 종래의 변경출원제도를 폐지하고 도입한 제도로, 원래의 청구범위 내에서 출원형식을 달리하여 후출원할 수 있도록 한 것으로서, 원래에는 실용신안등록출원을 하였다가 특허출원을 하거나, 특허출원을 하였다가 실용신안등록출원을 한 뒤 후일 등록단계에서 하나의 권리에 대해서만 등록을 유지할 수 있도록 하는 제도이다.[178]

이중출원이 적합하게 출원된 경우 출원일을 이중출원의 기초가 된 출원, 즉 원출원의 출원일로 소급하고, 특허출원의 심사나 등록, 실용신안의 기술평가 단계에서는 특허법 제36조 제3항이나 실용신안법 제8조 제4항의 규정을 적용하지 않고, 설정등록 단계에서 먼저 등록된 권리를 포기하는 경우에 한하여 나머지 권리의 등록을 허용함으로써 출원인이 유리한 권리를 선택할 수 있도록 하는 제도이다.[179]

부정설에 의하면 후일 출원된 의장특허출원서는 선행하는 실용특허출원서에 기초한 우선권을 주장할 수 없다고 본다. 그러나 우리 특허법은 긍정설을 취하여 후출원된 실용특허출원은 심사가 계속 중인 의장특허출원에 기초한 우선권을 주장할 수 있다고 본다.[180]

---

176 특허심사지침, 제4부 제3장 분할출원 3-1, 4305-06.

177 第36條(先出願) 〈개정 2001.2.3〉 ② 동일한 發明에 대하여 같은 날에 2 이상의 特許出願이 있는 때에는 特許出願人의 協議에 의하여 정하여진 하나의 特許出願人만이 그 發明에 대하여 特許를 받을 수 있다. 協議가 成立하지 아니하거나 協議를 할 수 없는 때에는 어느 特許出願人도 그 發明에 대하여 特許를 받을 수 없다.

178 특허법 제53조.

179 특허심사지침, 제3장 제3절 이중출원 참조.

180 Kangaroos U.S.A., Inc. v. Caldor, Inc., 778 F.2d 1571, 228 USPQ 32(Fed. Cir. 1985)(이를 인정하는 근거는, 의장특허출원서에 출원된 내용에 기초하여 우선권을 주장하는 데 있어, 특허법에서는 이를 금지하는 아무런 조항이 없다는 것이다).

Chapter

08

청구항의 해석과 그 적용

Ⅰ. 청구항의 해석

1. 의 의
2. 청구범위와 명세서의 관련성
   가. 독립설 **나.** 종속설 **다.** 침해행위의 성립
3. 문언상의 침해
4. 동등론
   가. 동등론이란 **나.** 동등론의 적용이 원칙인가 예외인가 **다.** 개별적 비교설
   라. 전체적 비교설 **마.** 3단계설: Function-Way-Result test **바.** 실질적 차이설
   사. 종합설 **아.** 발명의 핵심 **자.** 치환의 용이성 또는 알려진 치환가능성
   차. 일대일 대응의 필요성 **카.** 사소한 대체 **타.** 중요한 구성요소의 결여
   파. 하나의 구성요소를 두 가지 이상으로 분할 **하.** 청구항의 두 가지 구성요소가 하나로 된 경우
   거. 직접관계와 간접관계 **너.** 배열순서의 역전
5. 침해불성립
   가. 중요한 구성요소의 변경 **나.** 중요한 기능적 특징을 달성 **다.** 발명의 본질적 효과를 변경
6. 동등론 적용의 제한사유
   가. 의식적 제외 **나.** 권리의 포기
7. 역동등론
8. 개별적 적용

Ⅱ. 출원경과에 의한 금반언

1. 의 의
2. 필요성
3. 대법원의 입장
4. 동등론과의 구별
5. 금반언의 원칙의 적용범위
   가. 선행기술을 회피 **나.** 청구항 용어의 불명확 **다.** 구별의 어려움
   라. 명확성의 요건, 실시가능요건 또는 명세요건 **마.** 절충설(소수설)
   바. 추정설(다수설) **사.** 실시가능요건
6. 논쟁에 근거한 금반언
   가. 출원경과 금반언과의 차이점 **나.** 선행기술과 구별
7. 금반언의 적용범위
   가. 거절된 청구항 **나.** 실시례 **다.** 인용된 선행기술만 배제
8. 엄격한 접근법과 유연한 접근법
   가. 종래의 CAFC의 두 가지 입장 **나.** 청구항의 보정 **다.** 선행기술의 분석
9. Hilton Davis(1995)와 Warner-Jenkinson(1997)
   가. 사실관계 및 쟁점 **나.** CAFC **다.** 미연방대법원
10. Festo
   가. 사실관계 및 쟁점 **나.** CAFC **다.** 미연방대법원
11. 역금반언의 원칙

I. 청구항의 해석

1. 의 의

특허침해행위가 발생한 경우에 특허권자는 특허침해소송을 제기할 수 있다.[1] 특허침해행위가 성립하기 위해서는 상대방의 침해대상, 즉 침해제품 또는 침해방법이 원고의 특허발명의 기술적 범위 또는 청구항의 권리범위에 포함되어야 한다.[2] 침해대상이 청구항의 권리범위에 속하는지를 알기 위해서는 우선 특허 청구항을 해석(Claim construction)하여 그 권리범위를 확정하여야 한다.[3]

청구항의 권리범위가 어느 정도인지를 알아내기 위해서는 우선 청구항에 기재된 용어의 의미를 해석하여야 한다.[4] 청구항은 기술적 아이디어를 문자로 표현한 것이기 때문에,[5] 그 용어가 사용된 의미가 무엇인지를 해석한 뒤 다시 결합하여 그 기술적 아이디어가 주는 전체적 범위, 즉 그 폭과 넓이 그리고 깊이를 알아내는 것이다.

청구항은 전체로서 하나의 범위를 가지기 때문에 청구항의 한 부분에 대해서는 아무런 권리가 주어지지 않는다. 예컨대 방법청구항이 제1단계, 제2단계, 제3단계를 순차적으로 기술하고 있는 청구항에 대하여 3가지 단계를 모두 합하여 단 하나의 권리범위만이 부여된다. 이 중에서 한두 가지의 단계만을 따로이 분리한 것은 아무런 권리범위를 가지지 못한다.[6] 청구항의 기

---

[1] 특허법 第127條. 특허권자의 허락을 받지 아니하고 업으로 특허물건을 생산, 사용, 양도, 대여 또는 수입하거나 양도, 대여의 청약을 하는 행위 또는 특허방법을 사용하는 행위 및 특허를 받은 생산방법 이외의 방법으로 생산된 물건을 사용, 양도, 대여 또는 수입하거나 양도 대여의 청약을 하는 행위는 특허권의 직접침해행위(Direct infringement)가 된다.

[2] 대법원 2003.9.26. 선고 2001후2948 판결. 어떤 발명이 특허발명의 권리범위에 속한다는 것은 특허발명의 각 구성요소와 구성요소간의 유기적 결합관계가 특허발명과 대비되는 발명에 그대로 포함되어 있어야 한다.

[3] Autogiro Co. of America v. United States, 384 F.2d 391, 155 USPQ 697(Ct. Cl. 1967). 특허에 있어서 청구항은 마치 부동산이전등기에 있어서 양도증서에 표시된 부동산의 범위 및 한계와 동일한 의미를 가진다. 이 청구항은 발명의 기술적 범위를 기술하는데 이것이 바로 특허대상(Subject of patent)이다. 그래서 제3자로서는 이 청구항의 권리범위를 살펴보고 그들이 특허를 침해하였는지를 가리는 데 중요한 기준이 된다. 특허침해를 주장하기 위해서는 청구범위 중에서 어느 청구항이 침해되었는지를 평가하지 않으면 안 된다.

[4] Supra. 제8장. 공개요건 1. 청구항 참조. 청구항은 주어진 과제를 해결하기 위하여 구성요소(構成要素: Elements)와 한정사(限定詞: Limitations)를 유기적으로 결합한 하나의 기술적 아이디어를 문자로 표현한 것을 말한다. 특허법이 바로 이러한 기술적 아이디어에 대하여 부여하는 권리의 한계가 바로 청구항의 권리범위가 된다.

[5] 특허법 제97조. 위 같은 조는 보호범위, 특허법 제135조 및 대법원은 권리범위(대판 2003.7.11. 2001후2856) 또는 기술적 범위(개정 전의 특허법) 등의 용어를 사용하고 있는바, 기술적 의미를 중시하면 보호범위라는 용어가, 법적 의미를 중시하면 권리범위라는 용어가 각각 적확한 사용이라고 보여지지만 이는 모두 청구항에 의하여 보호되는 범위를 말하는 것으로 동일한 의미를 가진다. 윤선희, 특허법(3판)(법문사, 2008), p.150.

[6] General Foods Corp. v Studiengesellschaft Kohle mbH, 972 F.2d 1272, 1274, 23 USPQ2d 1839, 1840(Fed. Cir., 1992). 모두 3가지 단계의 조합으로 구성된 청구항이 제1단계에 대하여 상세히 서술하고 있을지라도 제1단계에 한하여는 어떠한 특허권도 부여되지 않는다. 따라서 타인이 위 3가지 단계를 조합하지 않고 한 단계만을 분리하여 사

술적 아이디어가 가지는 이러한 범위에 대하여 특허법이 부여하고 있는 배타적인 권리가 바로 청구항의 권리범위이다.[7]

청구항을 해석하는 데 있어서는 청구항에서 사용된 용어의 문언상의 의미만을 보아서는 아니되며 선행기술과 출원경과(Prosecution history)를 모두 고려하여야 한다.[8] 그러나 특허발명자가 명세서에 공개한 것과 다른 방식으로 청구항을 해석하여 그 권리범위를 넓히거나 좁힐 수는 없고,[9] 공정성의 입장이나 공공복리의 목적에서도 청구항을 다시 만들 수는 없다.[10]

침해대상, 즉 침해를 한다고 주장되는 물건이나 방법이 청구항의 권리범위에 포함되는 행위를 한 경우에는 침해행위가 성립한다.[11] 침해행위가 성립하는지를 보기 위해서는 청구항을 해석하는 것 이외에도 다음의 두 가지 법리도 함께 고려하여야 한다. 첫째, 동등론, 즉 청구항에서 사용된 용어를 문언상의 의미대로 해석한 결과 침해대상이 그 권리범위에는 포함되지 않지만, 청구항과 실질적으로 동일한 효과를 얻기 위해서, 실질적으로 동일한 방식을 채용함으로써, 실질적으로 동일한 결과를 가져오는 것이 과연 침해가 되느냐의 여부이다. 둘째, 출원경과

용할 수 있다.

7 **청구항기재의 원칙**(청구항에 기재된 구성요소나 한정사만이 권리범위를 정한다).
대법원 2006.2.24. 선고 2004후2741 판결, 대법원 2005.11.25. 선고 2004후3478 판결
실용신안권(특허권)의 권리범위 내지 실질적 보호범위는 실용신안 발급출원서에 첨부한 명세서의 청구범위에 기재된 사항에 의하여 정하여지는 것이 원칙이다.

8 5A-18 Chisum on Patents §18.01.

9 **보충성의 원칙**(명세서는 불명확한 청구항을 보충할 뿐 이를 확장하거나 제한할 수 없다).
대법원 2006.2.24. 선고 2004후2741 판결 및 대법원 2005.11.25. 선고 2004후3478 판결
다만 그(청구항) 기재만으로 실용신안의 기술적 구성을 알 수 없거나 알 수는 있더라도 기술적 범위를 확정할 수 없는 경우에는 명세서의 다른 기재에 의한 보충을 할 수는 있으나 그 경우에도 명세서의 다른 기재에 의하여 실용신안권 범위의 확장 해석은 허용되지 아니함은 물론 청구범위의 기재만으로 기술적 범위가 명백한 경우에는 명세서의 다른 기재에 의하여 청구범위의 기재를 제한 해석할 수 없다 할 것이다.

10 Autogiro Co. of America v. United States, 384 F.2d 391, 155 USPQ 697(Ct. Cl. 1967).
청구항의 해석은 법률의 해석과 적용의 문제로 보는 견해가 미국의 정설이다.
Herbert Markman and Positek, Inc. v. Westview Instruments, Inc., 116 S.Ct. 1384(1996), Id., Margreth Barrett, p.52. 미연방대법원은 청구항의 해석은 사실인정의 문제가 아닌 법률의 해석과 적용의 문제로서 이는 법원에서 결정할 문제라고 보았다. 일단 법원이 청구항에 표시된 구성요소와 한정사에 의하여 특허권의 권리범위를 결정하면 사실심의 판사는 피고의 물건(Product)이나 방법(Process)이 원고의 특허권의 권리를 문언상으로 침해하는지를 결정하지 않으면 안 된다는 것이다.

11 **포함설**(청구항의 구성요소의 유기적 결합관계가 침해장치에 포함되어 있으면 침해행위가 성립된다는 견해)의 입장에서의 침해의 성립요건: 대법원 2003.9.26. 선고 2001후2948 판결, **어떤 발명이 특허발명의 권리범위에 속한다는 것은 특허발명의 각 구성요소와 구성요소 간의 유기적 결합관계가 특허발명과 대비되는 발명에 그대로 포함되어 있어야 한다고 하여 '포함'**이라는 용어를 사용하고 있다. 이를 해석하면 ① 침해장치가 청구항의 모든 구성요소 중에서 어느 하나라도 결여하면 침해가 성립되지 않는다. 더 나아가 ② 침해장치가 비록 모든 구성요소를 가지고 있더라도 그 유기적 결합성을 가지고 있지 못하면 이 역시 침해행위가 성립하지 않는다고 해석된다.
따라서 특허법 第127條에 의하여 특허권자의 허락을 받지 아니하고 업으로 **특허물건(즉 특허발명의 권리범위에 해당하는 물건)**을 생산, 사용, 양도, 대여 또는 수입하거나 양도 대여의 청약을 하는 행위 또는 **특허방법(즉 특허발명의 권리범위에 해당하는 방법)**을 사용하는 행위 및 특허를 받은 생산방법 이외의 방법으로 생산된 물건을 사용, 양도, 대여 또는 수입하거나 양도, 대여의 청약을 하는 행위는 특허권의 침해행위(Direct infringement)가 된다.

에 의한 금반언의 원칙, 즉 특허권자는 특허를 발급받기 위해서 심사과정에서 의도적으로 포기하였던 사항을 동등론을 통하여 다시 획득할 수 없다는 것이다.

청구항의 권리범위가 확정됨으로써 한편에서는 특허권자에게 그 청구항의 권리범위 내에서 특허발명을 독점적으로 실시할 수 있는 권리를 가지고 있다는 신뢰를 보호하고 다른 한편 일반대중에게 청구항의 권리범위를 넘어서는 대상에 대해서는 특허침해가 성립하지 않는다는 확신을 준다.

이로써 발명자에게는 특허발명을 촉진하는 유인을 제공하고, 일반대중에게는 특허발명의 권리범위를 넘어서는 기술에 대해서는 특허침해행위에 대한 공포에서 벗어나서 이를 마음대로 사용하여 기술혁신을 추구할 수 있도록 함으로써 결국은 우리 사회의 혁신적인 기술 분야에 효과적인 투자가 이루어지도록 한다. 따라서 청구항의 권리범위를 해석하는 일은 우리 사회의 기술 혁신이 가장 효과적으로 이룩될 수 있는 최적의 선에서 특허권자의 이익과 일반대중의 이익 사이에 균형점을 찾아내는 작업인 것이다.[12]

청구항의 해석, 즉 청구항에서 사용된 용어가 어떠한 의미를 가진 것인지를 결정하는 것은 사실인정의 문제가 아니고 법률해석의 문제로 보아야 할 것이다.[13][14]

2. 청구범위와 명세서의 관련성

가. 독립설

(1) 의 의

독립설은 청구범위를 명세서와 독립하여 존재하는 발명의 개념정의로 보고 청구항의 용어를 해석하는 데 있어서도 명세서에 의존하지 않고 오직 청구항의 용어의 해석을 사전이나 외부

---

12 균형론(현재 미국의 정설).
Festo Corp. v. Shoketsu Kinzoku Kogyo Kabushiki Co., Ltd.(2002) 및 Bonito Boats, Inc. v. Thunder Craft Boats, Inc., 489 U.S. 141, 150(1989)(발명을 공개하면 독점권으로 보호될 수 있다고 믿고 이를 공개한 발명자와 그 독점권의 범위를 넘어서서는 공개된 기술을 마음껏 사용할 수 있다고 믿는 일반대중 사이의 균형을 맞추어 주는 것이 바로 특허법이다. 이로써 특허법은 우리 사회에 창조적인 아이디어가 넘치고 기술혁신이 이루어질 수 있도록 한다).

13 Markham v. Westview Instruments, 517 U.S. 370, 38 USPQ2d 1461(1996).

14 계약과 같은 법률행위의 해석은 법률의 해석과 적용의 문제로서 이는 법원의 전권사항이라고 보아야 하는데 청구항의 해석을 법률행위의 해석과 달리 볼 이유가 없다(저자 주). 미연방대법원도 청구항의 해석 문제는 사실인정의 문제가 아니고 법률해석의 문제라고 판시한 것은, ① 청구항을 해석하는 데 있어서 보다 확실성(Certainty)을 기하고, ② 특허권 침해소송 비용을 감소시키며, ③ 재판의 신속과 능률을 기하기 위한 것이었다. 이에 대하여 오히려 ① 특허권침해소송에 대한 소송비용의 증가로 인하여 특허권의 가치가 감소되어 발명행위를 장려한다는 특허제도의 목적에 반하고, ② 개인발명자의 기관발명자에 대한 경쟁력이 감소되기 때문에 이는 민주주의의 이념에 반하고 결국 기술혁신을 이루는 데 있어서 부정적인 효과를 가져온다는 비판에 대하여 Gwendolyn Dawson, Making in the Realm of Patents: A Call for the Marriage of Patent Theory and Claim Construction Procedure, 79 Tex. L. Rev. 1257, April, 2001 참조.

적인 참고문헌에 주로 의존한다. 결국 이 견해는 발명을 특허 내적이 아니라 외적으로 개념정의를 한다.

독립설은 청구항의 권리범위를 정하는 데 있어서도 명세서의 사용을 제한한다. 이때 제한한다는 의미는 만약 명세서가 명시적으로 청구항의 용어를 개념정의한 것이 있으면 그에 따른다는 의미이다. 따라서 원칙적으로 명세서의 한정사를 청구항으로 가지고 오지 않는다.

청구항의 용어가 가지는 사전적 의미와 명세서가 설명하는 의미가 서로 다른 경우에는 사전적 의미, 즉 특허 외부적 의미를 우선하여 적용한다. 따라서 명세서가 종종 청구항의 용어를 사전적 의미로만 해석하는 것을 방지하기도 하는데 독립설은 이러한 명세서의 역할을 제한한다. 특허의 맥락에서 파악하는 청구항의 용어의 의미를 중시하기보다는 용어가 가지는 객관적인 의미에 초점을 맞추기 위한 것이다. 따라서 청구범위가 용어가 가지는 의미를 지시하기 때문에 청구항의 의미가 명세서와 같은 특허 내적 증거로부터 멀어지게 한다.

(2) Arlington Industries, Inc. 사건 판결

Arlington Industries 사건에서 CAFC는 독립설을 취하였다. CAFC의 다수견해는 이 사건에서 침해문제가 제기된 미국 050 특허(US Patent 5,266,050) 청구항에 사용된 '스프링 메탈 어댑터(Spring metal adaptor)'라는 용어를 해석함에 있어서 그 용어의 통상적이고 관용적인 의미로 해석한 결과 '어댑터'는 반드시 스프링 메탈로 만들어져야 한다고 보았다.

1심법원은 이 용어를 해석하면서 어댑터가 쉽사리 수축할 수 있도록 '갈라진 부분(Split)'을 가지고 있는 것으로 해석을 하였다. 이렇게 어댑터가 '갈라진 부분(Split)'을 가지고 있는 것으로 해석을 하면 피고의 침해장치는 이러한 부분을 가지고 있지 않기 때문에 침해가 성립하지 않는다고 판시하였다. 그러나 CAFC는 1심판결이 청구항의 용어를 해석하는 데 있어서 명세서로부

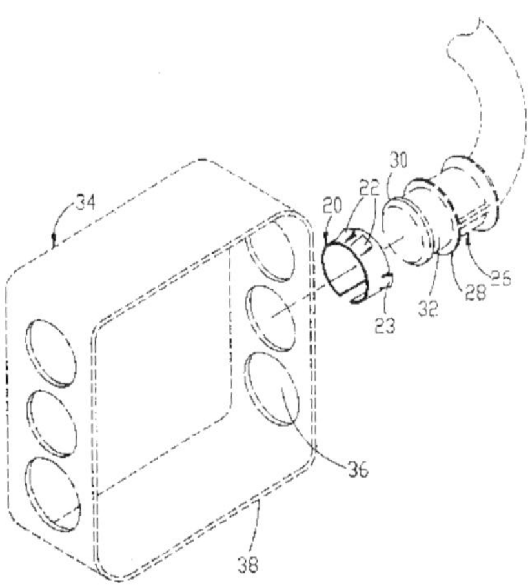

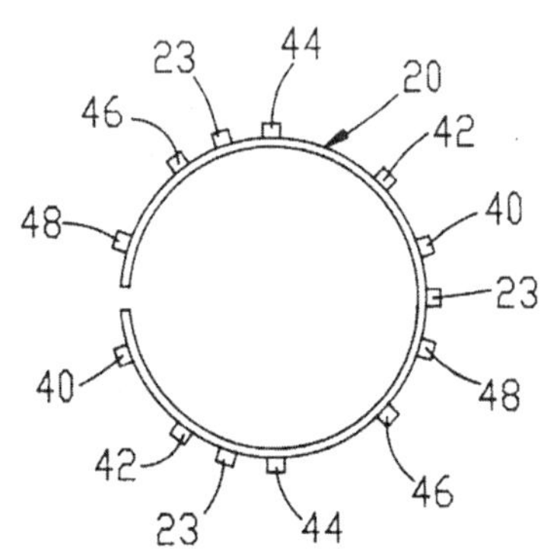

FIG. 9

터 '갈라진 부분(Split)'이라는 한정사를 청구항으로 유입하는 잘못을 저질렀다고 판시하였다.

CAFC는 청구항에는 존재하지 않는 '갈라진 부분(Split)'이라는 한정사를 마치 청구항이 가지고 있는 것처럼 해석하는 것은 부당하게 어댑터가 '갈라진 부분(Split)'을 가질 것을 요구하는 것이라고 보았다. 즉 어댑터가 '갈라진 부분(Split)'을 가질 것을 요구하고 있지 않는 한, 청구항의 용어는 명세서로부터 독립하여 해석되어야 한다고 판시하였다.

CAFC는 예외적으로 명세서의 한정사를 청구항으로 유입하는 것은 오직 명세서가 명시적으로 청구항의 용어를 개념정의한 경우에 한한다. 따라서 이러한 명세서가 명시적으로 청구항을 한정한다는 의도를 나타낸 경우가 아닌 한 청구항은 독립적으로 해석되어야 한다. 도면도 마찬가지로, 도면에는 '갈라진 부분(Split)'이 그려져 있다고 하더라도 명세서와 마찬가지로 청구항을 해석하는 데 한정사로 유입되어서는 안되는 것이다.

나. 종속설

(1) 의 의

종속설은 청구항의 용어의 의미를 알려 주는 명세서와 도면에 있는 정보에 의지하는 방식으로서, 명세서는 실시례는 물론 발명의 배경이 되는 적절한 기술이나 선행해결책을 설명한다. 이 방식은 청구항의 용어를 명세서와 별도로 존재하는 독립적 개념으로 보는 외적 개념정의와 대조를 이룬다.

양자의 방식은 명세서가 청구항의 의미를 지시하여야 하는가에 달려 있다. 특허법은 명세서로부터 한정사를 가지고 와서 청구항을 해석할 수 없도록 한다. 그러나 명세서에 비추어서 청구항을 해석하도록 한다. 명세서에 특정한 디자인이 설명되어 있고 청구항에 보편적인 용어가 사용된 경우에 어느 것이 중요한 것이며 어떻게 좁은 실시례가 보편적인 용어에 대한 정보를 줄 수 있느냐에 대한 가르침을 준다.

(2) 사 례

문제가 된 청구항의 용어는 모듈의 벽 내부에 장치된 차단벽(Baffles)이라는 용어로서 Baffles의 일상적인 의미는 벽 내부에 있는 것에 대하여 아무런 의미를 주지 못한다. 그러나 명세서는 방 내부에 있는 여러 가지 각도를 보여주고 있는 실시례를 제시하고 있다.

그러나 벽의 외부에 대해서는 수직적으로 배치되어 있지 않다. 명세서는 총알을 피하고 소음 및 화재에 대비하기 위하여 설정한 각도와 관련하여 배치된 Baffles에 대하여 설명한다.

차단벽이라는 용어의 해석을 함에 있어서 명세서의 실시례가 설명하는 벽 내부에 있는 각도를 가진 것으로 해석하여 각도를 가지지 아니한 차단벽을 그 개념정의에서 배제하여야 한다

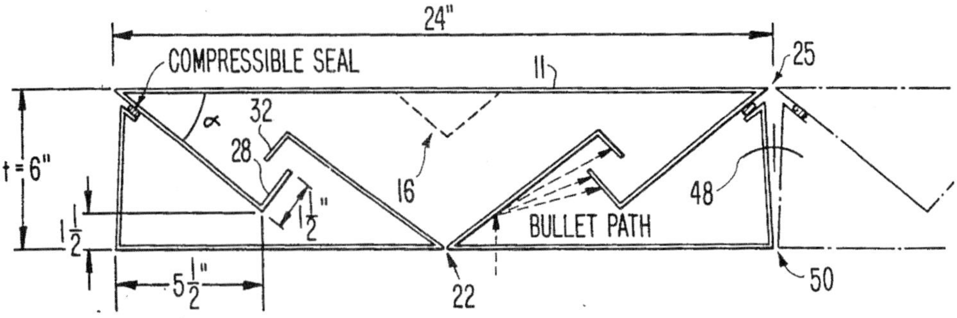

US Patent 4,677,798

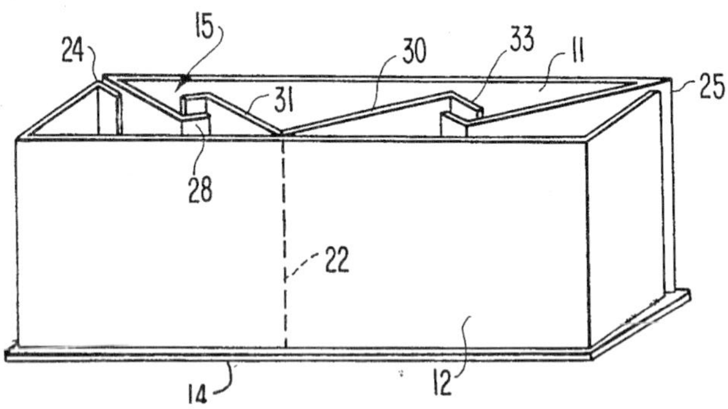

고 보는 것이 외적 개념정의이다. 분명히 명세서는 차단벽이라는 의미를 해석하는 데 영향을 미치는 것으로 청구항의 용어는 명세서에 의존할 수밖에 없다. 청구항은 명세서와 떨어져서 독자적으로 존재하지 않기 때문이며 청구항은 명세서라는 완전한 종합적 서면의 한 부분이기 때문이다. 따라서 명세서는 청구항과 중요한 연결성을 가지며 청구항의 용어를 해석하는 데 있어서 명세서에 의존하지 아니하고 사전을 사용하는 것은 발명자의 의도와는 무관한 개념정의를 하는 잘못을 범하는 것이다.

명세서가 의도하고 있는 발명의 목적은 명세서의 맥락에서 청구항의 용어를 해석할지라도 차단벽은 그 명백한 의미를 넘어서서는 존재할 수 없다. 차단벽의 목적은 총탄이나 소음을 감시하고 방해하고 흐름을 차단하는 것이다. 도면은 하나의 차단벽으로부터 반사하는 총탄의 길을 가진 외부벽에 대한 각도를 가진 차단벽을 묘사하고 있다. 그러나 법원은 그러한 묘사는 차단벽이 가진 목적을 달성하기 위한 각도를 가진 차단벽을 요구하는 것은 아니라고 보았다.

(3) 비판설(소수설)

위 사건에서 소수견해를 취하는 Lourie 판사는 내적 개념정의는 '차단벽'의 해석에 있어서 명세서를 도입하므로 그 권리범위가 부당하게 좁아진다고 비판한다. 명세서는 상당한 각도를 가진 차단벽(Baffles at right angles)을 공개하지 않고 있다. 그러나 이러한 각도를 가진 차단벽이야말로 탄환을 배척할 수 있는 기술적 목적에 부합하는 유일한 것이다.

(4) 검 토

진정한 의미의 청구항 중심적인 발명의 해석은 청구항의 용어가 청구항의 의미를 지배하는 것이다. 청구항 중심주의에서 보면 청구항이 부분적으로 명세서의 범위를 벗어나는 것은 별로 문제가 되지 않는다. 청구항은 그 자체로서 지지되는 것이고 발명은 청구항의 용어를 중심으로 존재하는 것으로 보아야 한다.

따라서 청구범위는 명세서가 아닌 청구항의 용어에 의하여 지지된다. 청구항이 발명을 개념정의하고 따라서 발명을 만든다. 명세서로부터 한정사를 청구항으로 유입하는 것은 이러한 견해에 반한다. 명세서를 특허의 핵심으로 보면 특허의 보호범위를 결정하는 청구항의 용어의 중요성을 감소시키는 것이다. 발명은 청구범위에 의하여 개념정의되는 것이므로 그 의미도 청구범위 자체에 의하여 결정되어야 한다.

Ariad의 소수견해도 청구항 중심주의를 취한다. Ariad의 소수견해는 만약 청구범위가 단순히 NF-êB의 활동성을 억제하는 것을 주장한다면 이로써 명세서와는 무관하게 NF-êB의 활동성을 억제하는 것을 설명하고 있는 것이다. 물론 실시가능성의 쟁점, 즉 어떻게 NF-êB의 활동성을 억제하느냐 하는 문제는 남아 있다. 그러나 설명을 하지 않았다는 문제는 없다. 만약 그렇지 않다면 발명의 개념정의에 대하여 청구범위와 서면명세요건 사이에 불필요한 긴장을 지속적으로 만드는 것이다.

다. 침해행위의 성립

(1) 청구항과 침해장치의 각 구성요소 간의 비교

침해행위가 성립하기 위해서는 우선 청구항의 각 구성요소와 한정사를 가지고 이에 상응하는 침해장치의 각 구성요소와 한정사를 대조하여 보아야 한다.[15] 이때 대조의 기준이 되는 것

---

15 개별비교설(Element by element rule): 대법원은 청구항의 구성요소와 침해장치의 구성요소를 각 개별적으로 비교하는 것을 전제로 하여 1단계로 침해의 성립을 논하고 각 개별구성요소가 완비된 이후에도 각 구성요소의 유기적 결합이 전체로서의 기술사상으로 침해장치에 나타나 있을 것을 요구한다. 대법원 2001.9.7. 선고 99후1584 판결, 대법원 2000.11.14. 선고 98후2351 판결 및 2001.6.15. 선고 2000후617 판결: 발급고안의 발급청구범위의 청구항이 복수의 구성요소로 되어 있는 경우에는 그 각 구성요소가 유기적으로 결합된 전체로서의 기술사상이 보호되는 것이지, 각 구성요소가 독립하여 보호되는 것은 아니므로, ―위 설시 부분은 대법원이 개별비교설을 취하지 아니하고 전체적 접근설을 취하고 있는 것처럼 보인다. 그러나 다음의 부분을 살펴보면 결국은 개별비교설을 취하고 있는 것을 알 수 있다. ―발급고안과 대비되는 (가)호 고안이 발급고안의 발급청구범위의 청구항에 기재된 필수적 구성요소들 중의 일부만을 갖추고 있고 나머지 구성요소가 결여된 경우에는 원칙적으로 그 (가)호 고안은 발급고안의 권리범위에 속하지 아니한다. ―개별비교설을 취하여 청구항의 각 구성요소를 가지고 침해대상의 구성요소와 개별적

은 어디까지나 청구항이 가지고 있는 구성요소와 한정사이고 침해장치의 그것들은 이 기준에 비추어서 비교되는 대상이 될 뿐이다.[16][17] 그러나 청구항의 각 구성요소나 한정사 중에서 대조를 한 결과 침해장치가 청구항의 모든 구성요소와 한정사를 모두 구비하고 있는 경우, 즉 청구항의 권리범위에 포함되어 있는 경우에는 침해행위가 성립한다. 단 한 가지라도 침해장치에서 결여되어 있다면 원칙적으로는 청구항의 권리범위에 들어 있지 않기 때문에 문언상의 침해행위는 성립하지 않는다.[18] 이렇게 원고의 청구항의 모든 구성요소가 침해장치에서 모두 구비되어 있을 것을 요구하는 것이 구성요소완비의 원칙(All elements rule)이다.[19]

사실 청구항의 각 구성요소나 한정사는 특허발명의 권리범위를 정하는 데 있어서 모두 중요하고 필수불가결한 것으로 침해장치가 이 중에서 하나라도 결여하고 있으면 원칙적으로는 침해행위가 성립될 수 없다.[20]

비교를 한 결과, 필수적 구성요소의 일부가 침해대상에 결여되어 있다고 판시한 것이므로 적어도 필수적 구성요소에 한해서는 개별비교설을 취하고 있다.

16 SRI International v. Matsushita Electric Corp. of America, 775 F.2d 1107, 227 USPQ 577(Fed. Cir., 1985).

17 구성요소완비설(대법원 및 미국에서의 정설)(All elements rule)
Warner-Jenkinson Co., Inc. v. Hilton Davis Chemical Co., 520 U.S. 17, 41 USPQ2d 1865(1997), 이 판결에서 미연방대법원은 청구항의 권리범위를 정하는 데 있어서는 청구항의 각각의 구성요소가 동일하게 중요하고 필수불가결한 것으로 피고의 침해장치가 이 구성요소 중에서 어느 하나라도 결여되어 있으면 특허침해행위가 성립될 수 없다고 하였다. 만약 피고의 침해장치가 원고의 청구항의 모든 구성요소와 실질적으로 동일한 구성요소를 모두 가지고 있다면 실질적 동일성의 원리에 의하여 이는 원고의 청구항의 권리범위에 포함된다. 즉 피고의 장치가 원고의 청구항의 권리범위에 포함되는(Read on) 것이다. 피고의 장치가 원고의 청구항의 권리범위에 포함된다는 것은 피고의 장치가 원고의 청구항을 침해한다는 것과 같은 의미이다. Johnson v. IVAC Corp., 885 F.2d 1574, 1578 n.3, 12 USPQ2d 1382, 1387 n.3(Fed. Cir. 1989).

18 유기적 결합설: 대법원 2006.1.12. 선고 2004후1564 판결【권리범위확인(실)】
발급실용신안의 청구항을 복수의 구성요소로 구성한 경우에는 그 각 구성요소가 유기적으로 결합한 전체로서의 기술사상을 보호하는 것이지 각 구성요소를 독립하여 보호하는 것은 아니므로, 발급실용신안과 대비되는 확인대상고안이 발급실용신안의 청구항에 기재된 필수적 구성요소들 중의 일부만을 갖추고 있고 나머지 구성요소를 결여한 경우에는 원칙적으로 그 확인대상고안은 발급실용신안의 권리범위에 속하지 아니한다(대법원 2001.6.1. 선고 98후2856 판결 등 참조).

19 Warner-Jenkinson Co., Inc. v. Hilton Davis Chemical Co., 520 U.S. 17, 41 USPQ2d 1865(1997). 이 판결에서 미연방대법원은 청구항의 권리범위를 정하는 데 있어서는 청구항의 각각의 구성요소가 서로 대등한 입장에서 중요한 요소로 취급된다고 판시했다.

20 '원칙적으로'라고 표현을 한 이유는, 첫째, 다음에서 보는 바와 같이 전체적 접근법을 채택하는 경우에 침해행위가 성립할 수도 있다는 것이고, 둘째, 생략된 부분이 비본질적인 부분이라면 동등론을 적용하여 침해행위가 성립될 수도 있다는 의미이다. 또한 다음에서 보는 바와 같이 각 구성요소의 기술적 가치의 차이에 의하여 동등론의 적용 결과가 달라질 수 있다.
- 구성요소의 평등가치설: Johnson v. IVAC Corp., 885 F.2d 1574, 1578 n.3, 12 USPQ2d 1382, 1387 n.3(Fed. Cir., 1989) 및 특허법원 2002.3.15. 선고 2001허2979 판결: 특허청구범위의 각 구성요소는 필수적 구성요소를 이루는 것으로 보아야 하고 어떤 구성요소가 기술적으로 의미가 없는 무가치한 한정을 하고 있는 것이 아닌 한, 이를 핵심적 부분이 아니라는 이유로 무시할 수 없다.
- 구성요소의 불평등가치설: 특징적(본질적) 구성요소와 비본질적 구성요소의 구별: 대법원 2011.7.28. 선고 2010후67 판결에서 과제해결의 원리와 관련이 있는 부분은 특허발명의 특징적 부분 또는 본질적 부분이고 이와 관련이 없는 부분은 비본질적 부분이라고 판시하여 각 개별구성요소 사이의 기술적 가치가 불평등하다고 본다.

방법청구항이 제1단계, 제2단계, 제3단계를 순차적으로 기술하고 있는 청구항에 대하여 특허법은 그 3가지 단계를 모두 합하여 단 하나의 권리범위를 부여한다. 이 중에서 한두 가지의 단계만을 따로이 분리한 것은 아무런 권리범위를 가지지 못한다.[21] 따라서 침해방법이 청구항의 모든 단계(Steps)를 모두 구비하고 있지 않는 한 원칙적으로는 청구항의 침해행위가 성립할 수 없다.[22]

(2) 연결사의 종류

청구항의 각 구성요소나 한정사를 침해장치가 모두 구비하고 있음은 물론 이에 더하여 침해장치가 추가적인 구성요소를 가지고 있는 경우에 원칙적으로는 침해행위가 성립한다. 그러나 청구항이 어떠한 연결사를 사용하였느냐에 따라 침해행위가 성립하지 않을 수도 있다.

청구항이 '포함하는(Comprising of)'이라는 연결사를 가지고 있는 경우에 이 연결사는 '열린 청구항'을 만든다. 즉 이 연결사를 가지고 있는 청구항은 청구항이 가지고 있는 구성요소를 침해장치가 모두 구비하고 있는 한 추가적인 구성요소와 아무런 상관이 없이 침해행위를 성립시킨다.[23] 만약 청구항이 'A, B, C를 포함하는'이라는 연결사를 사용하면 이 청구항은 A, B, C를 구성요소로 가진 것은 물론 이에 더하여 D라는 추가적 구성요소를 가진 침해장치를 모두 그 권리범위에 포함한다.[24] [25]

청구항이 'A, B, C로 구성된(Composing of)'이라는 연결사를 가지고 있는 경우에 이 연결사는 보다 한정적 청구항을 만든다. 이러한 한정적 청구항은 침해장치가 청구항의 구성요소 이외

---

21 General Foods Corp. v Studiengesellschaft Kohle mbH, 972 F.2d 1272, 1274, 23 USPQ2d 1839, 1840(Fed. Cir., 1992). 모두 3가지 단계의 조합으로 구성된 청구항의 제1단계에 대하여 상세히 서술하고 있을지라도 제1단계에 한하여는 어떠한 특허권도 부여되지 않는다. 따라서 타인이 위 3가지 단계를 조합하지 않고 한 단계만을 분리하여 사용할 수 있다.

22 이에 비하여 **모든 단계 완비의 법칙**(All steps rule)은 방법청구항에 적용된다. Engelhard Indus., Inc. v. Research Instrumental Corp., 324 F.2d 347, 351, 139 USPQ 179, 183(9th Cir. 1963). 이렇게 원고의 청구항의 모든 구성요소가 피고의 침해장치에서 발견되어야 특허침해책임이 인정된다고 보는 것이 정설이다. Corning Glass Works v. Sumitomo Electric U.S.A., 868 F.2d 1251, 1259, 9 USPQ2d 1962, 1968(Fed. Cir. 1989).

23 침해장치가 단순히 구성요소를 추가하는 것만으로는 특허침해책임을 벗어날 수 없다고 보는 것이 통설적 입장이다. Amster Corp. v. Envirotech Corp., 730 F.2d 1467, 1482, 221 USPQ 649, 653(Fed. Cir., 1984). A.B. Dick Co. v. Burroughs Corp., 713 F.2d 700, 218 USPQ 965(Fed. Cir., 1983). 이렇게 특허발명을 개량하였더라도 특허 장치가 가지고 있는 구성요소를 모두 구비하고 있는 한 특허침해행위에 해당한다는 이론은 특허침해책임의 기본원칙과도 일치한다고 보는 견해는 Hoyt v. Horne, 145 U.S. 302(1892), Carl Zeiss Siftung v. Renishaw PLC, 945 F.2d 1173, 1179, 20 USPQ2d 1094, 1099(Fed. Cir., 1991) 참조.

24 Irah H. Donner, Patent Prosecution, Practice & Procedure Before the U.S. Patent Office, 43(2d ed. BNA 1999).

25 청구항이 A, B, C를 청구항의 구성요소로 가지고 있는 경우에 침해물건이 ① A, B의 구성요소는 가지고 있지만 C를 가지고 있지 않으면 처음부터 청구항을 침해하지는 않는다. 그러나 만약 ② 침해물건이 A, B 이외에도 C′(C가 개량된 것)와 이에 추가하여 D를 가지고 있다면 동등론에 의하여 특허권을 침해할 수 있다. Chisum §18.03 [4][b], 18-170. 이와 유사한 예로서는 Markman v. Westerview Instruments, Inc., 517 U.S. 370, 38 USPQ2d 1461, 1464 n.1(1996) 참조.

의 추가적인 구성요소를 가지고 있는 경우에 특허침해가 될 수 없다. 즉 청구항이 'A, B, 그리고 C로 구성되어' 있는 경우에 이 청구항은 오직 A, B, C로만 구성된 침해장치에 의해서만 특허침해가 될 수 있고 그 이외에 A, B는 물론 A, B, C, D로 구성된 침해장치에 의해서도 침해될 수 없다.

'A, B, 그리고 C로 본질적으로 구성된(Consisting essentially of)'이라는 연결사를 가진 청구항이 화학물질에 사용되는 경우가 많다. 이 청구항은 추가되는 구성요소가 특허대상인 합성물의 기본적이고 새로운 특성을 중대하게 변경시키지 않는 경우에만 특허침해가 된다. 즉 청구항이 'A, B 그리고 C로 본질적으로 구성된(Consisting essentially of)' 물건인 경우에 A, B, C, 그리고 D로 구성된 침해물건은 만약 추가된 D라는 성분이 A, B, C라는 합성물의 기본적이고 새로운 특성을 중대하게 변경시키지 않는다면 이는 특허를 침해한다.[26]

3. 문언상의 침해

청구항의 각 구성요소와 한정사를 침해장치의 이에 상응하는 부분과 개별적으로 비교하여 본 결과,[27] 침해장치의 각 부분이 청구항의 각 구성요소 및 한정사를 모두 구비하고 있는 경우에는 문언상의 침해행위(Literal infringement)가 성립한다.[28] 또한 방법특허의 경우에는 침해방법이 청구항의 모든 단계(Steps)를 구비하고 있어야 하고 만약 그 단계 중의 어느 하나라도 구비

26 그러나 청구항이 '구성되는(Consisting of)'이라는 연결사를 사용하였을 때에는 위 n.83의 ①은 물론 ②도 원고의 청구항을 침해하지 않는다. Chisum §18.03 [4][b], 18-170. 그러나 구성요소를 추가하면 청구항의 특성을 변화시키는 경우에는 문언상 침해혐의를 벗어나게 할 수도 있다고 보는 견해도 있다. Insituform Technologies, Inc. v. Cat Contracting, Inc., 99 F.3d 1098, 1106, 40 USPQ2d 1602, 1608(Fed. Cir., 1996).

27 청구항의 구성요소가 침해장치의 어느 곳에서 발견되어야 하느냐의 점에 대하여 다음과 같은 견해가 있다.
① **동일구성부분설**: 문자적 침해에 있어서는 반드시 동일한 구성부분에서 모든 구성요소가 포함되어야 한다.
② **동일장치설**: 실질적 동일성의 원칙을 적용하는 데 있어서는 이 요건을 보다 넓게 해석하는 견해가 있다. 위 Corning Glass Works에서는 특허를 침해하는 실질적으로 동일한 구성요소가 반드시 원고의 청구항에 상응하는 구성부분뿐만이 아니라 피고의 장치의 어느 곳에서든지 발견되기만 하면 특허침해행위가 인정될 수 있다고 본다.

28 **구성요소완비의 원칙(All element rule)**: 대법원과 미연방대법원이 취하고 있는 견해.
대법원 2005.9.30. 선고 2004후3553 판결: 발급고안과 대비되는 확인대상고안이 발급고안의 청구항에 기재된 필수적 구성요소들 중의 일부만을 갖추고 있고 나머지 구성요소가 결여된 경우에는 원칙적으로 확인대상고안은 발급고안의 권리범위에 속하지 아니한다(대법원 2001.9.7. 선고 99후1584 판결).
Warner-Jenkinson Co., Inc. v. Hilton Davis Chemical Co., 520 U.S. 17, 41 USPQ2d 1865(1997). 이 판결에서 미연방대법원은 청구항의 권리범위를 정하는 데 있어서는 청구항의 각각의 구성요소가 동일하게 중요하고 필수불가결한 것으로 피고의 침해장치가 이 구성요소 중에서 어느 하나라도 결여되어 있으면 특허침해행위가 성립될 수 없다. 만약 피고의 침해장치가 원고의 청구항의 모든 구성요소와 실질적으로 동일한 구성요소를 모두 가지고 있다면 실질적 동일성의 원리에 의하여 이는 원고의 청구항의 권리범위에 포함된다. 즉 피고의 장치가 원고의 청구항의 권리범위에 포함되는(Read on) 것이다. 피고의 장치가 원고의 청구항의 권리범위에 포함된다는 것은 피고의 장치가 원고의 청구항을 침해한다는 것과 같은 의미이다. Johnson v. IVAC Corp., 885 F.2d 1574, 1578 n.3, 12 USPQ2d 1382, 1387 n.3(Fed. Cir. 1989).

되어 있지 않으면 침해행위가 성립하지 않는다.[29] [30] [31]

그러나 발명을 언어라는 추상적인 도구로 묘사하는 것은 매우 어려운 일이다. 발명은 주로 유형적인 구조나 도면으로 존재하는 데 비하여 특허법은 이를 일정하게 요건화하여 언어로 묘사할 것을 요구한다. 기계를 언어로 바꾸려는 노력은 만족스럽지 못한 결과를 가져와서 의도하지 않게 발명자 또는 출원자와 심사관, 그리고 경쟁자 및 일반대중 사이에 아이디어의 차이를 가지고 온다. 발명자 또는 출원자는 무형적 발명을 언어로 유형화하고, 심사관은 이 언어를 다시 무형적인 선행기술과 비교하고, 경쟁자 또는 일반대중은 언어로 된 청구항이 가지는 추상적인 권리범위를 유형적으로 상정하여야 한다.

사물을 위하여 언어가 만들어진 것이지 언어를 위하여 사물이 만들어진 것은 아니기 때문에 과거에 존재하지 않았던 새로운 발명을 기술할 적당한 언어가 존재하지 않는 경우도 있고, 비록 있다고 하여도 사전의 편찬작업의 지연으로 인하여 이 언어를 개념정의하는 시간의 차이로 말미암아 발명자의 아이디어를 사전이 따라갈 수 없는 경우도 있다.[32]

청구항의 언어는 발명의 모든 뉘앙스를 포함할 수 없거나, 신규성의 범위에 있는 모든 것을 완벽하게 묘사할 수 없다. 특허가 언제나 문언상의 의미로만 해석된다면 그 가치는 매우 감소될 것이다. 어떠한 구성요소를 약간 변형하여 대체하기만 하여도 특허를 무용화할 수 있거나 단순히 복제를 하기만 하여도 발명의 가치가 파괴될 수 있다. 그렇기 때문에 특허를 해석하는

---

29 이에 비하여 모든 단계의 법칙(All steps rule)은 방법청구항에 적용된다. Engelhard Indus., Inc. v. Research Instrumental Corp., 324 F.2d 347, 351, 139 USPQ 179, 183(9th Cir. 1963). 이렇게 원고의 청구항의 모든 구성요소가 피고의 침해장치에서 발견되어야 특허침해책임이 인정된다고 보는 것이 정설이다. Corning Glass Works v. Sumitomo Electric U.S.A., 868 F.2d 1251, 1259, 9 USPQ2d 1962, 1968(Fed. Cir. 1989).

30 구성요소완비의 원칙을 취하고 있는 특허법원 판결: 특허법원 2001.10.25. 선고 2001허928 판결.
하나의 청구항에 복수의 요건을 기재하고 있는 경우 그중 하나라도 결여된 것은 원칙적으로 권리범위에 속하지 않는 것이다.

31 유기적 결합설: 더 나아가 대법원은 청구항의 유기적 결합관계가 침해장치에 포함되어 있을 것을 요구한다. 대법원 2004.11.26. 선고 2002후2105 판결: 이 사건 특허발명의 권리범위에 속한다고 할 수 있기 위해서는 이 사건 특허발명의 각 구성요소와 구성요소 간의 유기적 결합관계가 원고의 실시발명에 그대로 포함되어 있어야 할 것이다.
① 문언상 침해: 유기적 결합요건을 독립한 하나의 침해요건으로 보느냐 아니면 구성요소완비의 원칙의 당연한 귀결로 보느냐에 대하여 이를 논하는 학자는 없다. 그러나 구성요소완비의 원칙, 즉 '청구항은 전체적인 하나의 것으로 해석되어야 한다. 즉, 청구항의 권리범위로 포함되는 것은 각 개별 구성요소가 아니라 개별 구성요소를 조합한 전체적인 하나의 것이어야 한다.'는 명제에 의하면 이 유기적 결합요건을 별개의 침해행위의 성립요건의 하나로 볼 것이 아니라 구성요소완비의 원칙의 귀결로 보는 것이 적절하다고 보여진다.
② 동등론상 침해: 그러나 청구항의 각 구성요소가 가지고 있는 유기적 결합이 과제의 해결원리와 관련이 있는 것이어서 특허발명의 특징적 구성 또는 본질적 구성을 의미하는 것(대법원 2011.7.28. 선고 2010후67 판결 및 2009.6.25. 선고 2007후3806 판결)이라면 이는 동등론의 후반부에서 보는 바와 같이 침해대상에서 일부 구성요소가 역으로 배열된 경우에 해당하는 것으로서 동등론의 적용을 배제할 수 있는 요건으로 볼 수 있을 것이다. 저자 주.

32 Autogiro Co. of America v. United States, 384 F.2d 391, 397, 181 Ct. Cl. 55(Ct. Cl. 1967). 특허출원서에서 사용하는 언어는 사물의 본질을 파악하는 것을 불가능하게 만든다. 어떤 발명을 비밀로 유지하기보다는 특허를 출원하여 일반대중에게 공개를 하려고 하는 발명자는 다른 사람들이 특허에 사용된 용어의 한계를 넘어서서 기술을 파악하려고 시도하는 위험부담을 감수하여야 한다.

명확한 법칙인 문자상의 해석은 가장 효율적인 것은 아니다. 특허의 권리범위는 그 청구항이 가지는 문언상의 범위에만 한정될 것은 청구항과 차이점이 사소한 데 불과한 모든 대상에 대하여 적용될 수 있어야 그 실효성을 거둘 수 있다.[33] 따라서 비록 문언상으로는 침해가 되지 않는다고 하더라도 다음에서 논하는 동등론에 의한 침해행위가 인정되지 않아야만 궁극적으로 침해책임이 없어진다.[34]

4. 동등론[35]

가. 동등론이란

비록 문언상의 침해는 성립하지는 않아도 청구항과 침해대상 사이의 차이점이 사소한 것이어서,[36] 각 대응하는 구성요소가 실질적으로 동일한 작용·효과를 가지는 것이라면 침해행위

---

33 Winans v. Denmead, 15 How. 330, 347(1854).

34 문언상의 침해가 성립하기 위해서는 청구항의 구성이 침해장치와 동일할 것을 요구하는 일본의 견해도 있다. 그러나 이 견해는 과연 동일한 것이 무엇이냐의 판단에 있어서는 구성요건완비설과 개별비교설을 취한다면 본문에서 설명한 문언상의 침해의 해석과 다를 것이 없다.

• **문언상 동일성설: 일본의 판례와 통설**: 청구항에 기재된 문언을 해석하여 침해장치가 청구항과 동일한 구성을 가지고 있는지 여부를 보아 청구항에 기재된 구성과 침해장치가 서로 다른 부분이 있는 경우에는 문언상의 침해가 성립하지 않는다. 일본특허판례백선(김철환 역), p.458. 일본의 하급심도 이와 동일한 해석을 한다. 井上由里子, 균등성립긍정례 (1), 일본특허판례백선(주기동 역), p.469.

高部眞規子, 균등성립의 요건-볼스플라인 사건(일본 최고재 1998.2.24. 판결: **청구범위에 기재된 구성 중 대상제품과 다른 부분이 있는 경우에는 위 대상제품은 특허발명의 기술적 범위에 속한다고 할 수는 없다.**), 일본특허판례백선(김철환 역), p.458. 일본의 하급심(동경고재 2000.10.26. 2000년 제2147호)에서도 **'대상제품이 그러한 본질적 부분에 있어서 특허발명의 구성과 다르다면 이미특허발명의 실질적 가치는 미치지 않는다.'**라고 하여 위 최고재판소와 동일한 용어를 사용하고 있다. 井上由里子, 균등성립긍정례 (1), 일본특허판례백선(주기동 역), p.469. 그러나 위 판시 중에서 '다른 부분'이라는 용어의 의미를 청구항을 기준으로 하는 것이냐 아니면 침해장치도 보는 것이냐에 따라서 다른 해석을 할 수 있다. 만약 전자의 의미라면 미국의 구성요소완비의 법칙과 동일하게 해석할 수 있다. 그러나 만약 후자의 의미라면 비록 침해장치가 청구항의 구성요소를 완비하고 있다고 하더라도 추가적으로 용이하지 아니한 구성요소를 가지고 있는 경우에 침해행위가 성립하지 않을 수도 있고 침해행위의 성립이론에 커다란 혼란을 불러올 수 있어 취할 만한 견해가 되지 못한다. 저자 주.

35 동등하다는 것은 힘이나 양에 있어서 같거나, 의미나 중요성이 같다거나, 동의어라는 것을 의미한다(An equivalent is something that is 'equal in force or amount,' 'like in signification or import,' 'synonymous,' etc). Webster's Third New International Dictionary 769(1986).

36 Hilton Davis Chemical Co. v. Warner-Jenkinson Co., Inc. 62 F.3d 1512, 35 USPQ2d 1641(Fed. Cir. 1995).

37 **실질적 동일성설**: 대법원 2005.2.25. 선고 2004다29194 판결.

특허발명과 대비되는 발명이 특허발명의 권리범위에 속한다고 할 수 있기 위해서는 특허발명의 각 구성요소와 구성요소 간의 유기적 결합관계가 특허발명과 대비되는 발명에 그대로 포함되어 있어야 하고, **대비되는 발명에서 구성요소의 치환 내지 변경이 있더라도, 양 발명에서 과제의 해결원리가 동일하며, 그러한 치환에 의하더라도 특허발명에서와 같은 목적을 달성할 수 있고 실질적으로 동일한 작용·효과를 나타내며, 그와 같이 치환하는 것을 그 발명이 속하는 기술 분야에서 통상의 지식을 가진 사람이 용이하게 생각해 낼 수 있을 정도로 자명하다면,** (중략) 침해장치에서 치환된 구성요소는 특허발명의 대응되는 구성요소와 균등관계에 있는 것으로 보아 특허발명의 권리범위에 속한다(동지 대법원 2001.9.7. 선고 2001후393 판결, 2002.8.23. 선고 2000후3517 판결).

가 성립할 수 있고,[37] 이를 동등론(Doctrine of equivalent)이라고 한다.[38]

동등론은 특허발명이 가지는 기술적·배타적 권리범위를 그 청구항의 문언상의 범위를 넘어서서 실질적으로 동일한 작용 및 효과를 실질적으로 동일한 방식으로 이룩하는 구성요소나 한정사까지 확장하여 주는 것이다.[39]

예로부터 동등론은 두 가지의 장치가 비록 이름이나 모양에 있어서 서로 다르다고 하여도 실질적으로 동일한 방식으로 동일한 일을 함으로써 실질적으로 동일한 결과를 가져온다면 이는 동일한 것으로 보았다.[40] 그러나 근래의 통설은 기능, 방식, 결과의 3단계설이라고 하지만 그 적용도 강제적인 것이 아니며,[41] 이 3단계설이 동등론을 적용하는 적절한 기준이 될 수 있지만 반드시 결정적인 것만은 아니며,[42] 기능적 동등성에 대해서는 명세서와 선행기술, 그리고 출원경과가 함께 고려되어야 한다고 본다.[43]

또한 이러한 기준은 너무나 일반적인 것이어서 실무상은 별다른 도움이 되지 않는다.아울

---

38 이를 일본국학자들과 판례는 균등론이라고 한다. 그러나 한글학회, 우리말큰사전, p.528, 1106(어문각, 1992)에 의하면 균등(均等)하다는 의미는 고르다는 것을 말한다. 따라서 청구항과 침해장치가 고르다는 것은 의미가 통하지 않는다. 이에 비하여 동등(同等)이라는 말은 '같은 정도'를 말하고 동등하다는 것은 '정도가 똑같다'는 것을 의미한다. 또한 Equivalence도 동등한 것 또는 동 가치의 것을 의미한다. 시사엘리트영한사전, p.788(YBM시사편집실, 2002). 따라서 특허청구항과 침해장치가 같은 기술적 가치를 가진다는 의미를 양자가 동등하다고 말하는 것이 정확한 국어의 어법이다.

39 高部眞規子, 균등성립의 요건-볼스플라인 사건, 전게서, p.459.

40 Union Paper Bag Mach. Co. v. Murphy, 97 U.S.(7 Otto) 120, 125(1877). 그러나 Lorie 판사는 반대소수견해에서 3단계설은 발명이 하는 것이 무엇인지를 알아내는 데에는 가장 유용하지만 발명이 무엇인지를 알려주지는 않는다고 비판한다. Hilton Davis Chemical Co. v. Warner-Jenkinson Co., Inc. 62 F.3d 1512, 35 USPQ2d 1641(Fed. Cir. 1995).

41 Genentech, Inc. v. The Wellcome Foundation Ltd., 29 F.3d 1555, 1567, 31 USPQ2d 1161, 1170(Fed. Cir. 1994)(세 가지 요건, 즉 기능과 방식 및 효과 중에서 적어도 어느 하나라도 결여되면 침해가 성립할 수 없다); Malta v. Schulmerich Carillons Inc., 952 F.2d 1320, 1327 n.5, 21 USPQ2d 1161, 1166 n.5(Fed. Cir. 1991)(동등론에 의한 침해가 성립하기 위해서는 적어도 3단계의 요건을 충족하여야 한다).

42 Malta v. Schulmerich Carillons Inc., 952 F.2d 1320, 1325, 1343 n6, 21 USPQ2d 1161, 1165, 1179 n7(Fed. Cir. 1991), reh'g denied, 959 F.2d 923, 21 USPQ2d 2039(Fed. Cir. 1992)(CAFC는 3단계설을 취한 적이 없다); Goodwall Construction Co. v. Beers Construction Co., 991 F.2d 751, 758, 26 USPQ2d 1420, 1425-26(Fed. Cir. 1993)(동등물로 대체한 경우에 3단계설 중의 하나인 방식요건을 충족시킬 수 있을 것이다); Corning Glass Works v. Sumitomo Electric U.S.A., 868 F.2d 1251, 1260, 9 USPQ2d 1962, 1968-69(Fed. Cir. 1989)(3단계설을 취한 적이 없다); Atlas Powder Co. v. E.I. du Pont De Nemours & Co., 750 F.2d 1569, 1582, 224 USPQ 409, 418(Fed. Cir. 1984)(동등론은 너무나 고식적인 기준에 의하여 판단될 수는 없다); Transco Products Inc. v. Performance Contracting, Inc., 92 F. Supp. 594, 599, 23 USPQ2d 1691, 1695(N.D. Ill. 1992)(CAFC의 기준이 매우 모호하다).

43 Wolverine World Wide, Inc. v. Nike Inc., 38 F.3d 1192, 1199 n.5, 32 USPQ2d 1338, 1342 n.5(Fed. Cir. 1994)(명세서에 비추어 보면 청구항의 구성요소의 기능이 침해장치에서 수행되지 않는다면 이는 벌써 침해가 성립될 수 없음이 명백하다); Genentech, Inc. v. The Wellcome Foundation Ltd., 29 F.3d 1555, 31 USPQ2d 1161(Fed. Cir. 1994); Zenith Laboratories, Inc. v. Bristol-Myers Squibb Co., 19 F.3d 1418, 1425, n.9, 30 USPQ2d 1285, 1291, n.9(Fed. Cir. 1994)(3단계설 중에서 기능 부분은 명세서 출원경위 그리고 선행기술에 비추어 침해장치에서 발견되어야 한다); London v. Carson Pirie Scott & Co., 946 F.2d 1534, 1540, 20 USPQ2d 1456, 1460(Fed. Cir. 1991)(청구항의 작동에 관해서는 반드시 명세서에 비추어 해석되어야 한다).

러 특허권자와 경쟁자 사이에 서로 대립되는 이익을 조정한다는 명분을 가지고도 동등한 것이 무엇이냐를 결정하는 데 있어서 아무런 기준을 설정하지 못한다.[44] 따라서 동등론은 마치 진보성의 판단과도 같이 일의적인 기준을 설정할 성질이 아니어서 각 개별 사건마다 구체적으로 결정되어야 할 것이다.[45] [46]

동등론은 악의적인 경쟁자가 특허발명을 무단으로 복제하여 사용하면서도 청구항의 용어를 사소하게 변경한 뒤 교묘하게 침해책임을 회피하는 것을 방지하기 위한 것이다.[47] 특허발명

---

44 London v. Carson Pirie Scott & Co., 946 F.2d 1534, 1538, 20 USPQ2d 1456, 1458(Fed. Cir. 1991); Valmont Industries, Inc. v. Reinke Manufacturing Co., Inc., 983 F.2d 1039, 1043, 25 USPQ2d 1451, 1454(Fed. Cir. 1993)(사소한 변경을 통하여 만들어진 동등물은 통상의 기술자가 볼 때에 청구항에 아무런 중요한 것을 더하지 못하는 것이다); Perkin-Elmer Corp. v. Computervision Corp., 732 F.2d 888, 901, 221 USPQ 669, 679(Fed. Cir. 1984)(동일하다는 것과 실질적으로 동일하다는 것은 동의어이다); Saes Getters S.P.A. v. Ergenics Inc., 17 USPQ2d 1581, 1589(D. N.J. 1990), aff'd, 914 F.2d 270(Fed. Cir. 1990)(동등론은 실질적으로 동일하다는 것이고 완전히 동일할 필요는 없다); Teradyne, Inc. v. Hewlett-Packard Co., 1994 WL 317560 at *7 n.8(N.D. Calif. 1994)(대체할 수 있는 것을 동등물로 보는 것은 너무 넓은 해석이다); Carroll Touch, Inc. v. Electro Mechanical Systems, Inc., 15 F.3d 1573, 1579, 27 USPQ2d 1836, 1841(Fed. Cir. 1993)(청구항과 침해장치의 차이점이 무시할 수 있는 것도 아니고 사소한 것도 아닌 경우에는 침해가 될 수 없다); Rite-Hite Corp. v. Kelley Company, Inc., 819 F.2d 1120, 1124, 2 USPQ2d 1915, 1918(Fed. Cir. 1987)(치환가능성이 동등한지를 결정하는 기준이 될 수 있다).

45 Warner-Jenkinson Co., Inc. v. Hilton Davis Chemical Co., 117 S. Ct. at 1054, 41 USPQ2d at 1876.

46 Chisum §18.04 [5], 미국의 사법 150년의 역사를 통하여 동등론을 보편적으로 개념정의하는 데 있어서 실패하였고 앞으로도 그럴 것이다.

47 전통적인 견해: Michael J. Meurer & Craig Allen Nard, INVENTION, REFINEMENT AND PATENT CLAIM SCOPE: A NEW PERSPECTIVE ON THE DOCTRINE OF EQUIVALENTS, p.1949(Georgetown Law Journal 2005); Laitram Corp. v. Cambridge Wire Cloth Co., 863 F.2d 855, 857(Fed. Cir. 1988)(동등론은 청구항의 용어를 문언상으로 해석하는 데서 오는 엄격성을 완화시키는 것이고 발명의 이익을 절취하는 것을 금지하는 것이다); Graver Tank & Mfg. Co. v. Linde Air Prods. Co., 339 U.S. 605, 608(1950)(동등론은 청구항의 언어가 가지는 엄격함을 완화시킨다); Royal Typewriter Co. v. Remington Rand, Inc., 168 F.2d 691, 692(2d Cir. 1948)(Learned Hand 판사: 위와 같은 취지); Texas Instruments, Inc. v. U.S. Int'l Trade Comm'n, 805 F.2d 1558, 1572, 231 USPQ 833, 841-42(Fed. Cir. 1986)(개척특허의 경우에는 실질적 동일성의 원칙이 적용되어야 한다는 것은 당연하다. 또한 개량발명의 경우, 즉 발명을 우회하는 방식을 통하여 기술혁신을 하겠다는 동기를 부여하는 것도 반드시 장려되어야 한다. 이 기술우회 방법은 상대방이 적대적인 특허를 가지고 있을 때 발생한다. 결국 동등론은 딱딱한 문언상의 해석이 가지는 결함을 극복하기 위해서 청구항의 해석에 융통성을 부여함으로써 법적 정의를 실현하는 것이다).

48 **형평성설**: 이 견해는 로크의 노동가치설에 근거하고 있다고 보는 견해는 위 Michael J. Meurer & Craig Allen Nard의 전게논문, p.1949 참조.

Nelson v. Batson, 322 F.2d 132, 135(9th Cir. 1963)(동등론이 적용되어 특허발명이 보호되는 정도는 특허발명이 기술진보에 기여한 가치에 따라 다르다); R. Polk Wagner, Reconsidering Estoppel: Patent Administration and the Failure of Festo, 151 U. PA. L. REV. 159, 201(2002)(동등론은 발명자의 지적인 기여도를 반영한다); Scott P. Zimmerman, Hughes Aircraft and the Warner-Jenkinson Presumption: The Certiorari That Should Have Been, 40 IDEA 131, 133(2000)(동등론은 특허청구항의 문언상의 범위를 넘는 사소한 변경에 대하여 발명자의 사회적 기여를 보호를 하기 위해서 발전되어 온 이론이다).

근래에도 형평성설은 계속적으로 주장된다. K-2 Corp. v. Salomon S.A., 191 F.3d 1356, 1368(Fed. Cir. 1999)(특허발명의 절취금지가 동등론의 목적이다); Wilson Sporting Goods Co. v. David Geoffrey & Assoc., 904 F.2d 677, 684(Fed. Cir. 1990)(동등론은 특허에 대한 사기를 방지하기 위한 것이다); Multiform Desiccants, Inc. v. Medzam, Ltd., 133 F.3d 1473, 1480(Fed. Cir. 1998)(동등론은 특허발명을 부당하게 회피하는 것을 방지하여 발명자에게 정당한 이익을 주는 것과 청구항이 분명하게 특허권의 권리범위를 확정하는 것을 비교교량하여 균형을 이루기 위한 것이다).

과 침해장치의 차이점이 사소한 것이어서 침해장치가 특허발명과 실질적으로는 동일한 기술적 가치를 가지는 것이라면 이러한 악의적인 침해행위는 특허발명자가 창조한 발명적 이익을 무단으로 절취하는 것이다. 따라서 이러한 침해행위를 금지하는 것이 정의와 형평에도 부합하는 것이다.[48 49]

근래에는 실용주의적 견해가 대두되어 특허제도의 결함으로 인하여 청구항의 권리범위가 잘못 설정되었다고 보고 있다.[50] 통상 특허제도는 특허발명자가 발명한 기술적 아이디어에 상응하는 적절한 권리범위를 가지는 청구항을 발명자에게 부여하는 것을 목표로 한다. 그러나 실제는 제도의 결함으로 인하여 특허발명자에게 자신이 발명한 것에 비하여 너무 좁은 권리범위만을 준다는 것이다.[51] 이를 시정하기 위해서 법원은 청구항의 용어를 보다 넓게 해석하여 청구항이 원래 가졌어야 할 적정한 권리범위를 회복해 줄 필요성이 있다는 것이다. 동등론의 역할이란 바로 특허제도의 이상과 그 현실 사이의 이러한 마찰을 극복하여 청구항이 가지는 적정한 권리범위를 회복하여 주는 것이다.

이 이론은 특허발명자가 당연히 가졌어야만 할 청구항의 권리범위가 심사과정에서 좁은

---

49 부당이득설: 동등론은 기술진보에 전혀 기여하지 않고도 이득을 본 경쟁자가 취한 부당이득을 환수하기 위한 것이라고 보는 견해도 있다. Applied Materials, Inc. v. Advanced Semiconductors Materials Am., Inc., 98 F.3d 1563, 1574(Fed. Cir. 1996)(기술적 진보에 아무런 도움이 되지 못하면서 중요하지도 않고 단지 사소한 변경을 가하여 특허를 치환하는 물건을 만들어서 청구항의 권리범위를 넘어서기 때문에 동등론은 침해행위책임을 회피하는 것을 방지한다).

50 실용주의설: Warner-Jenkinson Co. v. Hilton Davis Chem. Co., 520 U.S. 17, 34-35(1995)(헌법상 실용주의적 근거를 인용하여 동등론을 설명한다); Yochai Benkler, Siren Songs and Amish Children: Autonomy, Information, and Law, 76 N.Y.U. L. REV. 23, 59(2001)(미국의 지적재산은 로크나 헤겔의 입장이 아니라 실용주의에 근거한다); Linda R. Cohen & Roger G. Noll, Intellectual Property, Antitrust and the New Economy, 62 U. PITT. L. REV. 453, 453-61(2001)(지식을 증진하고 실용적 물건을 생산한다는 사회적 목적을 위해서 권리가 주어지는 것이다).

51 ① 미국의 제도결함설(Friction theory: 위 Michael J. Meurer & Craig Allen Nard의 전게논문, p.1950).

그 근거로서 특허법은 발명자로서의 출원인에게 특허청이 적정한 권리범위를 부여할 것을 목적으로 하고 있지만 실제로 발명자는 여러 가지 이유에서 자신의 발명에 대하여 완전한 보호를 받지 못한다고 전제한다. Graver Tank & Mfg. Co. v. Linde Air Prods. Co., 339 U.S. 605, 614(1950)(Black, J., dissenting). 이러한 전제하에서 미국의 특허법은 특허청의 잘못이 아니라 특허권자가 선의의 과실로 인하여 좁은 권리범위만을 받은 경우에는 청구항의 권리범위를 넓힐 수 있도록 하는 특허재발급을 허용한다. R. Polk Wagner, Reconsidering Estoppel: Patent Administration and the Failure of Festo, 151 U. PA. L. REV. 159, at 163(2002)(동등론은 적정한 청구항의 권리범위가 무엇인가에 대한 것이다).

② 일본의 제도결함설을 취하는 학자는 高部眞規子, 균등성립의 요건-볼스플라인 사건, 일본특허판례백선, p.459(박영사 ,2005).

특허출원 시에 장래의 모든 침해태양을 예상하여 명세서의 특허청구범위를 기재하는 것은 극히 곤란하고, 상대방이 그 일부를 출원 후 명백하게 된 물질 등으로 치환하는 것에 의해 특허권자의 권리행사를 면하는 것은 형평에 반하는 것으로써 판단기준 시를 침해행위 시로 하고 있다. 침해행위 시를 판단의 기준시로 하는 것에 의해 시간의 경과와 함께 당업자의 기술 수준이 향상되고 그에 따라 균등하게 인정되는 경우가 중대한 것이 된다. 당해 발명이 속하는 기술 분야에서 통상의 지식을 가진 자가 침해의 시점에서 치환하는 것을 용이하게 생각하는 것이 가능하다는 것에 의해 명세서에 직접 기재되어 있지 않아도 이것과 동일시하는 것이 가능하게 된다.

권리범위밖에 가지지 못한 이유를 다음과 같이 설명한다. 첫째, 언어라는 도구를 가지고 기술적 현상을 완벽하게 개념정의한다는 것은 매우 어렵다는 것이고, 둘째, 심사관의 잘못으로 인하여 청구항의 권리범위가 적정하게 보호되지 않을 수 있으며, 셋째, 심사를 할 시점에서는 예상하지 못하였던 기술이 후일 발전하기 때문이라는 것이다.[52]

그러나 동등론의 적용으로 인하여 법적 안정성이 훼손된다는 지적도 있다.[53] 동등론이 적용되기 이전에 일반대중은 청구항의 용어를 해석함으로써 특허권자가 가진 독점권의 범위를 알 수 있었기 때문에 청구항이 하는 주된 역할은 일반대중에게 침해행위에 대한 사전적 경고를 하는 것이었다.[54] 따라서 일반대중은 침해소송의 결과를 보지 않고 청구항만을 보아도 특허권의 권리범위를 명확하게 알 수 있었다. 그러나 동등론이 적용되어 침해행위의 범위가 확대되면 일반대중에 대한 경고 기능에 대한 중대한 예외를 인정하는 결과가 될 수 있다.[55]

최근에는 동등론이 발명자와 이를 사용하는 우리 사회가 원하는 결과를 얻는 방법으로서 최선의 것이 아니라고 보고 동등론을 적용하기보다는 발명자를 보다 보호하는 방법으로의 제도적 개혁이 필요하다고 보는 견해도 대두된다.[56]

그러나 특허는 기술이 개발되는 초기 단계에 출원을 하도록 압박하고 심지어는 상업모델이 개발되어 그 기술적 의미가 완전하게 밝혀지기 이전에 특허출원이 되는 경향이 있다. 특허

---

52 위 Michael J. Meurer & Craig Allen Nard의 전게논문, p.1951. 그러나 이 이론은 경험적인 근거가 없고, 심사과정에서의 잘못은 후일 얼마든지 보정될 수 있으며, 동등론의 적용이 강화되면 청구항이 가지는 경고적 기능이 약화될 수 있다는 비판이 있다.

53 Festo Corp. v. Shoketsu Kinzoku Kogyo Kabushiki Co., 122 S. Ct. 1831(2002).
동등론은 청구항의 어느 구성요소의 동등물이 무엇인지를 판단하여야 하기 때문에 청구항의 권리범위를 불명확하게 한다. 만약 경쟁자가 특허권이 미치는 범위를 확정할 수 없으면 그 권리범위의 외부에 있는 상품의 제조를 꺼리게 된다. 청구항이 문언상으로 분명하였으면 회피할 수 있었을 불필요한 쟁송도 있을 수 있다. 이러한 불확실성을 대가로 치르고 발명자에게 인센티브를 주는 것이 동등론이다.

54 경고기능설: 위 Michael J. Meurer & Craig Allen Nard의 전게논문, p.1979, 좋은 특허정책은 문언상의 해석에 의하여 가지는 별 볼 일 없는 특허권과 동등론에 의하여 권리범위가 넓혀짐으로써 얻는 이익과 권리범위를 넓힘으로 인하여 지출되는 비용의 차이를 비교교량하여 그 최적의 균형점을 찾아내는 것이다.
참고로 형평성설과 경고기능설의 절충적 입장에 있는 견해: Multiform Desiccants, Inc. v. Medzam, Ltd., 133 F.3d 1473, 1480(Fed. Cir. 1998)(동등론은 특허발명을 부당하게 회피하는 것을 방지하여 발명자에게 정당한 이익을 주는 것과 청구항이 분명하게 특허권의 권리범위를 확정하는 것을 비교교량하여 균형을 이루기 위한 것이다).

55 위 전게논문. 특허권자의 이익과 이로 인하여 일반대중이 받는 불이익의 최적의 균형점을 찾는 데 있어서 최근에는 일반대중의 이익을 보호하는 방향으로 흐르고 있다. CAFC는 동등론이 주는 불확정성을 제한하여 청구항이 가지는 일반대중에 대한 경고 기능을 강화하고 있다. 이를 위해서 ① 구성요소완비의 원칙(The all-elements rule), ② 일반대중에게 헌납하였다는 이론(the public dedication rule), 그리고 ③ 심사과정에 있어서의 금반언의 법칙(the prosecution history estoppel)을 적용한다. 또한 ④ 선행기술도 동등론의 적용을 제한하는 사유가 된다. Wilson Sporting Goods Co. v. David Geoffrey & Assoc., 904 F.2d 677, 684(Fed. Cir. 1990)(특허권자는 그가 특허청으로부터 문언상 정상적으로 청구항을 작성하여 얻을 수 있었던 권리범위를 넘어서서는 동등론에 의하여 그 권리범위를 확장할 수 없다).
그러나 동등론이 폐지된다고 하더라도 특허침해소송이 감소하리라는 예상을 하지 못한다고 보는 견해도 있다. Kimberly A. Moore, Are District Court Judges Equipped to Resolve Patent Cases?, 15 HARV. J.L. & TECH. 1, 4 n.10(2001).

56 Warner-Jenkinson에서의 CAFC의 Newman 판사의 소수견해: 62 F.3d at 1529, 35 USPQ2d at 1654-1661.

권자는 특허가 발급된 이후에는 물론 심사 단계에서도 청구항의 권리범위를 확장할 수 없다는 제한을 받고 있다.

따라서 특허가 출원된 이후에 개발된 발명들은 새로운 특허를 받을 수 있을 정도의 발명성이 결여되어 있는 한 청구항의 권리범위에서 배제되어 결국 특허권의 범위를 벗어나게 된다. 발명자가 이러한 제한을 받는다는 점들이 그로 하여금 침해소송에서 동등론에 호소를 할 수밖에 없는 필요성이 생기는 것이다.

그리고 만약 동등론이 없다면 장래의 경쟁자의 입장에서는 그가 후일 개발한 발명이 종전의 특허권자의 청구항의 권리범위에 포함되어 자신의 행위가 침해행위가 될 수 있는지 아닌지에 대하여 이를 판단할 아무런 기준이 없는 것이다.

특허출원이 있은 이후에는 최초의 특허출원서에 새로운 공개내용을 추가하는 것이 엄격히 금지되어 있다. 따라서 출원된 발명을 기술적으로 변형한 것은 오직 침해소송의 동등론을 통하여서만 권리범위로 주장될 수 있는 것이다.

따라서 만약 동등론이 없다면 보호할 수 없었던 것을 동등론으로 말미암아 보호할 수 있다면 이는 기술 혁신에 기여할 것이 분명하다. 이에 비하여 청구항의 권리범위를 문언상의 것을 넘어서서 동등물에까지 확대함으로써 일반대중의 예측가능성을 해친다는 문제는 기술 혁신의 가치보다도 귀중하게 여겨지지는 않는 것으로 보인다. 따라서 기술 혁신의 요청이 법적 안정성의 요청보다 중요하다고 볼 수밖에 없는 것이다.

나. 동등론의 적용이 원칙인가 예외인가

(1) 예외설

동등론을 어떻게 해석하느냐에 따라서 청구항의 두 가지 기능 중에서 어느 것을 중시하느냐가 달라질 수 있다. 청구항의 기능 중에서 일반대중에게 특허발명의 권리범위를 고지하는 기능을 중시하는 견해에 의하면 동등론은 문언상의 침해행위가 발견되지 않을 경우에 당연히 적용되는 것이 아니라 문언상의 침해에 대한 예외로서만 적용된다고 본다.[57]

이 견해는 동등론이 적용되어 침해행위가 성립하기 위해서는 청구항과 침해장치 사이의 차이점이 사소할 것을 요구한다. 만약 그 차이점이 상당히 존재한다면 동등론을 적용할 수는 없다. 결국 위 입장은 일반대중을 보호하기 위해서 가급적 동등론이 적용되는 범위를 좁게 해석하려고 노력한다.[58]

---

57 高部眞規子, 균등성립의 요건-볼스플라인 사건, 일본특허판례백선, p.459(박영사, 2005).

58 이 견해는 동등론의 적용은 사실인정의 문제가 아닌 법률의 해석과 적용의 문제로 본다.

(2) 원칙설

청구항이 가지는 특허권자의 권리범위를 확정해 주는 기능을 중시하는 입장에서는 비록 문언상의 침해행위가 성립되지 않는다고 하더라도 당연히 동등론을 적용하여 침해행위의 성립을 논한다.[59] 만약 침해장치가 청구항에 기재된 발명과 실질적으로 동일한 방식으로, 실질적으로 동일한 기능을 하여, 실질적으로 동일한 결과를 가져올 수 있다면 이는 청구항을 침해하는 행위와 다를 바 없다.[60] 동등론은 이렇게 문언상으로는 청구항의 권리범위를 벗어나는 행위로 보이지만 실질적으로는 침해행위를 하는 것, 즉 특허에 대한 기망행위를 방지함으로써 특허권자가 가지는 정당한 권리범위를 보호하기 위한 것이다.[61]

다. 개별적 비교설[62]

(1) 개별적 비교설이란

청구항의 각 구성요소는 권리범위를 한정하는 데 있어서 모두 중요한 것으로서 청구항의 각 구성요소를 침해장치의 이에 상응하는 부분과 개별적으로 비교를 할 필요가 있다(개별적 비교설: Element by element rule).[63] 이로써 청구항의 권리범위를 명확하게 한정하여 청구항이 가지

---

[59] 이 견해는 기능, 방식 및 결과에 있어서 실질적으로 동일하면 이 원칙을 적용하며 동등론의 적용을 사실인정의 문제로 본다.

[60] Chisum §18.04, 18-242.

[61] Applied Materials Inc. Advanced Semiconductor Materials America, Inc., 98 F.3d 1563, 1574, 40 USPQ2d 1481, 1489(Fed. Cir. 1996). 이 원칙은 특허를 무단으로 복제하는 행위를 금지하기 위한 것이고 이 원칙의 적용한 결과로서 사기를 방지하는 효과가 있지만 그 원칙의 적용은 이러한 사기행위에만 그 대상이 한정되어 있지는 않다. Graver Tank & Mfg. Co., Inc. v. Linde Air Products Co., 339 U.S. 605, 612, 85 USPQ 328(1950). 이 원칙은 특허 발명에 대한 확실하고 공정한 대가를 수여하기 위해서도 존재한다. 따라서 원고의 특허를 연구하고 그 출원경과를 살펴 본 피고가 원고의 청구항의 서술내용과 문자상으로만 엄격히 일치하는 것이 별로 중요하지 않다는 사실을 알고서 침해행위를 한 경우에 적용된다. Tanabe Seyyaku Co., Ltd. v. United States International Trade Comm'n, 109 F.3d 726, 732, 41 USPQ2d 1976, 1981(Fed. Cir. 1997). 이 동등론은 특허침해가 있을 당시를 기준으로 판단되어야 한다고 보는 것이 통설이다. 최근까지도 실질적 동일성이 존재하여야 하는 시점에 대하여 견해가 갈리고 있었다. 그러나 Warner-Jenkinson Co. v. Hilton Davis Chemical Co., 520 U.S. 17, 18, 41 USPQ2d 1865, 1867(1997) 이후에는 특허침해행위가 발생할 당시를 기준으로 피고의 장치에 실질적 동일성이 존재하여야 한다고 본다. 또한 피고의 장치가 문언상으로는 원고의 청구항을 침해하지만 기능하는 방식이 전혀 다른 경우에는 역으로 이 실질적 동일성의 원칙은 피고를 특허침해책임에서 면제한다.

[62] 특허권을 침해하느냐를 결정하기 위해서는 특허권자의 공개된 발명과 특허침해가 문제가 된 피고의 장치를 비교하지 않으면 안 된다. 이 비교과정에서 피고는 원고의 발명을 실질적으로 동일한 알려진 것과 치환함으로써 특허권을 침해하였다는 책임을 벗어날 수는 없다. O'Reilly v. Morse, 56 U.S.(15 How). 62, 123(1853).

[63] • 동일가치설(청구항의 각 구성요소의 기술적 가치가 동일하다고 보는 입장)
미연방대법원: Warner-Jenkinson Co., Inc. v. Hilton Davis Chemical Co., 520 U.S. 17, 41 USPQ2d 1865(1997). 이 판결에서 미연방대법원은 청구항의 권리범위를 정하는 데 있어서는 청구항의 각각의 구성요소가 서로 대등한 입장에서 중요한 요소로 취급된다고 판시했다.
• 차별설(각 구성요소의 기술적 가치의 차이를 인정하여 청구항의 본질적 구성요소를 구별하는 견해)

는 공시 기능을 강화할 수 있다.[64]

미연방대법원은 Warner-Jenkinson에서 동등론은 각 구성요소를 개별적으로 비교하는 방식에 의하여 객관적으로 이루어져야 한다고 보았다. 동등론을 적용함에 있어서 이러한 개별 비교법만이 특허권자를 정당하게 보호한다는 목적과 청구항의 권리범위를 확정함에 의하여 일반대중에게 경고를 한다는 목적 사이의 긴장을 조화할 수 있기 때문이다.[65] 일본 최고재판소의 볼스플라인 사건(일본 최고재 1998.2.24. 판결)도 각 구성요소를 개별적으로 침해장치의 이에 대응

FMC Corp. v. Up-Right, Inc., 21 F.3d 1073, 1078 n.8, 30 USPQ2d 1361, 1364 n.8(Fed. Cir. 1994)(특허청구항의 각 구성요소가 가지는 가치 또는 경제적 의미 등을 면밀히 분석하여야 한다); Richardson v. Suzuki Motor Co., Ltd., 868 F.2d 1226, 1240, 9 USPQ2d 1913, 1923(Fed. Cir. 1989), cert. denied, 493 U.S. 853(1989)(청구항의 발명이 가지는 원칙을 고려하는 데 있어서 아무런 잘못이 없다); Loctite Corp. v. Ultraseal Ltd., 781 F.2d 861, 228 USPQ 90(Fed. Cir. 1985); Atlas Powder Co. v. E.I. Du Pont De Nemours & Co., 750 F.2d 1569, 1582, 224 USPQ 409, 418(Fed. Cir. 1984); both citing Medtronic, Inc. v. Cardiac Pacemakers, Inc., 721 F.2d 1563, 1567, 220 USPQ 97, 101(Fed. Cir. 1983).

그러나 Perkin-Elmer Corp. v. Westinghouse Electric Corp., 822 F.2d 1528, 3 USPQ2d 1321(Fed. Cir., 1987): 청구항을 이루는 각 구성요소나 한정사들은 아무런 차이가 없는 것으로서 그들 사이에 차이를 인정하지 않고 동일한 기술적 가치를 가지는 것으로 보는 Perkin-Elmer Corp. 사건에서 다수견해는 그 방론에서 동등론에 의한 특허침해행위를 판단하는 데 있어서 종전의 판례 중에는 청구항의 구성요소가 모두 동일한 기술적 가치를 지니지 않고 특히 중요한 구성요소를 발명의 핵심이라고 하여 그 차이를 인정한 점에 대하여 기술하고 있다(방론(Dicta): 동등론에 의한 침해를 결정함에 있어서 발명의 본질(Gist) 또는 발명의 핵심(Essence)을 구분하는 것은 타당할지도 모르고 이는 종래에도 허용된 판결이 있었다). 그러나 이러한 방론을 놓고 청구항의 구성요소 중에서 어떤 것이 중요하지 않거나 무시될 수도 있다고 해석하기는 어렵다고 보는 것이 정설이다. 이는 종전 Graver Tank에서 해석한 것, 즉 침해행위자는 그 치환물이 특허청구항의 기능이나 수행방식을 실질적으로 변경하지 않는 단지 청구항의 한정사를 치환하였다는 것만 가지고는 특허발명을 절취할 수 없다고 보는 것이 동등론을 인정하는 기본이유이기 때문이다. 이에 대하여 소수견해를 취하는 Newman 판사는 핵심적 또는 본질적 구성요소와 중요하지 않은 구성요소를 구별하여 온 종래의 입장을 방론에서 언급하는 것은 CAFC가 책임을 회피한 것이라고 비판한다. 822 F.2d at 1535-44, 3 USPQ2d at 1327-1333.

• 동등론을 적용하는 데 있어서 **Element by element rule**의 입장에 있다고 보여지는 일본국 하급심 판결

松本重敏, 균등성립 긍정례 (2)-펜형 주사기 사건, 대판고재 2001.4.19 판결, 일본판례백선, p.476. 논자는 위 판결 중에서 '청구항의 구성 중에서 발명의 본질에 해당하는 구성요소를 피고 방법과 비교하여 본 결과 서로 다른 것이라면 특허발명의 구성과 균등하다고 할 수 없다(저자 해석적 번역)'고 한 부분은 특허출원된 발명의 구성요소와 침해장치의 구성요소를 비교하는 방식(Element by element rule)을 사용하고 있다는 것으로 보인다.

그러나 일본국 松本重敏 변호사는 펜형 주사기 사건(대판고재 2001.4.19 판결)이 전체적 접근법을 취하고 있다고 해석한다. 위 판결문 중에서 '**특허발명의 본질적 부분을 파악하기 위해서는 특허발명의 실질적 가치를 구성하고 구현하는 구성요소가 무엇인지를 보아야 한다.**'라고 한 부분에 대하여 松本 변호사는 이 부분이 '발명 전체로서 파악하고 있음에 틀림이 없다고 일반적으로 생각되고 있다.'고 하여 미국법의 Invention as a whole rule을 취하고 있다고 본다. 일본판례백선, p.476-76. 그러나 위의 부분은 청구항의 구성요소 중에서 중요한 구성요소를 구별하는 방법을 설명한 것으로 보는 것이 온당하다고 보여진다(저자 주).

64 Athletic Alternatives, Inc. v. Prince Manufacturing, Inc., 73 F.3d 1573, 1581-82, 37 USPQ2d 1365, 1373(Fed. Cir., 1996).

65 미연방대법원은 동등론이 일반대중에 대한 경고적 역할을 수행하지 못한다는 우려에 대해서는 CAFC의 Nies 판사의 반박이론을 따른다. Nies 판사는 Pennwalt에서 만약 침해장치가 청구항의 구성요소 중의 하나에 해당하는 동등물이 없는 경우에는 청구항의 한 부분이 결여된 것이기 때문에 침해행위 자체가 성립할 수 없다고 하였다. 그러나 법원이 구성요소의 동등을 넘어서서 청구항의 권리범위를 확장하지만 않는다면 동등론을 적용한다고 하여도 청구항의 권리범위가 부당하게 넓혀지지는 않는다고 보았다.

하는 부분과 비교하였다.[66] [67]

(2) CAFC의 Pennwalt 사건

Warkentin 특허('628' 특허)는 과일을 무게를 재서 같은 무게를 가진 과일끼리만 분류하는 장치로서 분류대 위를 이동하는 과일의 무게를 재고 색깔을 알아내어 같은 종류끼리 분류될 수 있도록 하는 전기신호를 만들어서 이 전기신호를 가지고 분류장치는 과일을 분류하여 운반용기 속으로 집어넣는다.

---

[66] • 청구항

구성요소 A: '단면U자 형상'과 '원통 방향구'

구성요소 B: 지지기로서 다음의 두 가지 기능을 가진다.

① 지지 기능: 볼이 계속적으로 순환할 수 있도록 지지

② 요부형성 기능: 볼록 튀어나온 샤프트를 받아 줄 수 있는 오목 부분을 형성하는 기능

• 침해장치

구성요소 A 대응 부분: '단면 반원 형상' 및 '둥근 공 모양 부분'

구성요소 B 대응 부분: 지지 기능

외통돌제상단부+플레이트 형상 부재+리턴캡의 3개의 협동

결과적으로 청구항의 구성요소 A와 침해장치의 이에 대응하는 부분은 동일성이 인정되는 데 비하여 구성요소 B에 대응하는 부분을 비교한 결과 서로 동일하지 아니한 사실을 인정하고 침해장치는 청구항의 권리범위에 속하지 아니한다고 보았다. 1심은 구성이 일부 다르고 다른 부분으로 치환하는 것이 특허출원 당시에 통상의 기술자가 용이하게 생각할 수 없다는 이유로 동등론의 적용을 부정하였고, 항소심은 청구항과 침해장치는 그 구성을 달리한다고 보고(따라서 문언상의 침해는 성립할 수 없고) 구성요소 A는 특단의 기술적 의의가 없고, 구성요소B는 치환가능성 및 치환의 용이성이 있으므로(동등론이 적용되어) 침해행위가 성립한다고 보았다.

[67] 이 사건에서 일본국 최고재판소는 볼스플라인 사건에서 **'특허청구범위에 기재된 구성 중 대상제품 등과 다른 부분이 있는 경우에는 그 부분이 특허발명의 본질적 부분이 아니고'**라고 하여 동등론의 적용에 있어서 본질적 구성요소에 대해서는 문언상의 동일성을 요구한다. 따라서 본질적 구성요소가 서로 다른 경우에는 대상제품에 대해서는 동등론을 적용할 수 없다고 본다.

• 동등론상의 동일성의 범위에 관한 일본의 판례 및 학설

① **작용효과 동일설**(작용효과가 동일하면 동등론의 적용을 허용하는 입장)

井上由里子, 균등성립의 긍정례 (1) [동경고재 2001.10.26. 판결 2000. 제2147호]-생해태의 이물분리제거장치 사건, 일본특허판례백선, p.471(주기동 역): 대상제품은 본건특허발명과 동일한 작용효과를 나타낸다.이는 구성의 동일성이 아니라 작용효과의 동일성을 허용한 것으로 보인다(저자 주).

② **문언상 동일성설**(**본질적 구성요소**는 문언상으로 침해장치의 그것과 동일하거나 통상의 지식인에게 문언상으로 용이한 정도까지 동일하여야 한다고 보는 입장).

구성요소 A가 본질적 부분이라고 가정할 때, 그 구성의 동일성을 어느 정도까지 인정하는가의 문제이다. 구성의 동일성을 엄격하게 요구하는 입장에 있다고 보이는 동경고재 2001.10.26. 2000. 제2147호 판결은 '대상제품의 본질적 부분이 특허발명의 구성과 다르다면 이미특허발명의 실질적 가치는 미치지 않고 특허발명의 구성과 균등이라는 것은 가능하지 않다.'고 한다. 따라서 본질적 구성요소가 침해장치의 그것과 문언상으로 다르다면 이미 동등론을 적용할 수 없다고 해석된다.

그러나 본질적 구성요소가 문언상으로 침해장치의 그것과 동일할 정도의 엄격성을 요구하면 위 볼스플라인 사건은 본질적 부분의 문언상의 동일성의 요건을 충족시키기가 어렵다. 왜냐하면, 구성 요소 A의 '단면 U자 형상'과 '원통 방향구'와 침해장치 부분의 '단면 반원 형상' 및 '둥근 공 모양 부분'을 각각 비교하면, 그 'U자'와 '반원' 및 '원통'과 '둥근 공'은 우선 문자상으로 차이가 있기 때문이다. 그러나 이러한 정도의 차이는 통상의 지식인에게는 허용되는 정도의 동일성이라고 보아야 한다. 따라서 본질적 구성요소에 있어서도 엄격한 문언상의 동일성이 아니라 통상의 지식인에게 용이한 정도의 동일성은 허용된 것이다.

위 청구 제10항은 과일의 최초의 위치를 알려 주는 제1위치인식수단과 과일이 광학적 탐색장치를 통과한 이후의 위치를 알려 주는 제2위치인식수단, 즉 두 개의 위치인식수단(Means)을 가지고 있으며 과일이 탐색장치를 통과한 이후에 무게와 색깔을 비교한 뒤 제1위치인식수단에 다시 이를 전달하는 제2비교수단을 가지고 있었다.[68]

그러나 피고의 침해장치는 위 각 위치인식수단을 가지고 있지 않았다. 그 대신 피고의 침해장치는 과일의 색깔과 무게를 이미 컴퓨터의 기억장치에 저장하고 있었다. 원고는 피고의 장치가 위치인식수단을 컴퓨터의 기억장치 속으로 단순히 그 위치만을 변경시킨 것이기 때문에 동등론에 의하여 침해책임을 져야 한다고 주장하였다.

그러나 CAFC는 청구항의 구성요소와 침해장치를 비교한 결과 침해장치는 원고특허가 가진 위치인식수단을 결여하고 있기 때문에 동등론에 의한다고 하더라도 특허를 침해한다고 볼 수 없다고 보았다.

CAFC는 그 이유로서, 첫째, 원고의 특허발명은 탐색장치가 만들어 내는 신호에 반응하여 작동되는 위치인식수단들을 가지고 있지만 피고 컴퓨터의 기억장치는 신호에 아무런 대응을 하지 않으며, 둘째, 피고의 기억장치는 광학적 탐색장치에 의하여 구별된 과일을 물리적으로 추적하는 기능을 가지고 있지 않기 때문에 원고의 장치와 동등한 기능을 수행할 수 없다.

결국 침해장치가 청구항의 위치인식수단을 단지 컴퓨터 기억장치로 바꾼 것 이외에는 실질적으로 변경한 것이 없다고 하더라도 후일 개발된 컴퓨터 기술을 사용한 것이 피고가 원고의 발명을 불법 복제하여 원고의 특허권을 침해하였다고 볼 수는 없다고 판시하였다.

(3) 개별적 비교설에 대한 비판[69]

그러나 개별적 비교설에 대해서도 많은 비판이 제기된다. 위 Pennwalt 사건의 유력한 소수견해에 의하면 제1의 위치인식수단이 제2의 비교수단이 전달하는 신호에 반응하는지는 별로 중

---

68 Pennwalt Corp. v. Durand-Wayland, Inc., 833 F.2d 931, 4 USPQ2d 1737(Fed. Cir. 1987). **Warkentin** 특허('628' 특허)는 과일을 무게를 재서 같은 무게를 가진 과일만을 분류하는 장치이다. 이 장치는 분류대 위를 이동하는 과일의 무게를 재고 색깔을 알아내어 이에 따라 과일이 분류될 수 있도록 하는 전기신호를 만들어 낸다. 이렇게 만들어진 전기신호를 가지고 분류장치는 과일을 분류하여 운반용기 속으로 분류하여 넣는다.

• **중요한 구성요소**: Pennwalt에서 1심법원은 **Warkentin** 특허발명은 개척특허가 아니고 밀집된 기술 분야의 개량발명에 불과하고 특허청구항이 과일을 분류하는 방법에 대한 그 권리범위를 매우 좁게 주장하고 있다. 또한 위치인식수단이라는 한정사는 출원경과에서 선행기술을 회피할 목적으로 삽입된 것으로서 매우 중요한 구성요소이라고 보았다. 만약 특허발명자가 청구항을 더 넓게 주장하였더라면 그는 특허를 발급받을 수 없었기 때문에 하는 수 없이 위치인식 수단이라는 한정사를 추가한 것으로서 이 청구범위는 가능한 한 좁게 해석되어야 한다고 보았다.

69 Pennwalt의 소수견해

① **구성요소완비설**: Pennwalt의 소수설. Niece 판사의 주장(동등론을 적용하는 데 있어서도 구성요소완비설을 요구한다. 따라서 침해장치가 청구항의 어느 구성요소를 완전히 결여하고 있다면 이는 벌써 특허침해행위가 성립할 수 없다). CAFC의 Newman 판사는 위 **개별적 비교설**을 취하여 구성요소와 구성요소를 개별적으로 비교할 것을 요구하는 다수견해는 주변한정주의(Peripheral definition system)를 취하고 있다고 본다. 이에 이수완, 특허청구범위

요하지 않다. 침해장치가 가지고 있는 기능 중에서 과일의 무게를 재는 기구를 통과한 뒤에 과일의 색깔을 구별하여 전달하는 기능은 특허발명이 가진 기능과 실질적으로 동일한 것이다. 사실 침해장치는 특허발명이 가지는 것과 실질적으로는 동일한 기능을 단지 순서만 바꾸어서 할 뿐이다.

따라서 구성요소를 각 개별적으로 비교하는 방법을 기계적으로 적용하는 경우에는 각 구성요소의 작동순서만 바뀌어도 이는 동등론을 적용할 수 없다고 보는 결함이 있다. 만약 동등론이 특허침해행위의 성립요건으로서 침해장치가 특허발명과 반드시 동일한 순서대로 작동할 것을 요구한다면 동등론의 적용범위는 현저히 줄어들 것이고 실제적으로 이는 동등론이 아니라 문언상의 침해와 다를 바가 없는 것이다.[70]

의 해석, 특허소송연구(특허법원, 제2집, 2002) p.151이하를 재인용하면, 우리나라는 최근에 주변한정주의를 선호한다고 한다. 주변한정주의(Peripheral definition system)는 특허청구범위에 기재된 문언을 중시하여 보호받고자 하는 발명의 객관적 범위를 특허청구범위 문언이 의미하는 범위로 한정하고 그 범위 밖에 있는 사항에 대해서는 발명의 보호범위를 벗어난 것으로 특허청구범위를 해석하는 방식이다. 이러한 주변한정주의에 의하면, 특허청구범위의 기재는 그 특허발명에 의하여 커버하고자 하는 주변이나 경계를 긋는 역할을 하게 되고, 그 영역 안에 놓여진 대상물만을 보호범위에 속하는 것으로 보게 된다.

주변한정주의는 영미법계의 나라에서 채용하고 있는 해석방식으로서 일반 제3자로서는 특허발명의 보호범위를 명확히 이해하여 합법적인 주변설계(Designing around)를 용이하게 하고 기술개발을 촉진하게 하며, 특허성이나 특허침해의 판단이 보다 용이하고 일관될 수 있으며, 법적 안정성과 예측가능성이 확보되는 이점이 있다. 그러나 주변한정주의에 의하면, 출원인은 보호받고자 하는 사항을 특허청구의 범위에 작성할 때 가능한 한 보호범위에 들어가야 한다고 생각되는 모든 경우의 수가 포함되도록 특허청구범위의 문언을 상세하고 넓게 작성해야 하는 부담을 갖게 된다. 이 때문에 특허청구범위를 너무 넓게 작성하다 보면 특허청구범위가 명료하지 않거나 특정되지 않을 위험이 있게 되고, 종종 종래의 공지기술을 포함하게 되어 특허청에 의하여 거절사정되거나 무효로 될 위험도 있게 된다. 또한 특허침해는 특허청구범위의 문언 외의 균등범위에서 주로 이루어지므로 특허권자가 충분히 보호되지 못하는 결점이 있다. 이러한 이유로 인하여 미국의 경우에는 특허권 침해판단에 있어서 일찍부터 균등론이 법원의 판결에 의하여 정착, 발전되어 옴으로써 주변한정주의의 문제점을 극복하여 왔다.

② **전체적 접근설**: 이에 반대한 Newman 판사는 다수설이 채택한 구성요소를 개별적으로 비교하는 방법, 즉 주변한정주의는 이를 적용하기에는 편리하지만 부당한 결론을 가져오는 경우가 있다고 본다. 다수설이 특허청구항의 구성요소와 침해장치의 구성요소를 각 개별적으로 비교하는 방법이라면 소수설은 청구항의 발명을 그 전체로 보아 이를 피고의 침해장치와 전체적으로 비교하는 견해, 즉 중심한정주의를 취한다.

위 이수완, 전게논문에 의하면 우리나라는 종래에는 **중심한정주의**(Central definition system)를 취하여 왔는데 이 중심한정주의는 특허청구범위에 기재된 문언을 발명이라는 추상적, 기술적 사상을 구현한 전형적인 지침으로만 파악하여 특허발명의 보호범위는 특허청구범위에 기재된 구체적인 문언의 범위뿐만 아니라 문언으로부터 추출되는 기술적 사상을 사용하는 범위까지 미치는 것으로 특허청구범위를 해석하는 방식이다. 이러한 중심한정주의에 의하면 특허청구범위의 문언은 특허발명의 보호범위의 중심을 한정하고 있을 뿐이어서 침해대상물이 문언범위 밖에 놓이더라도 특허발명의 핵심적 기술사상을 포함하고 있는 한 당연히 특허침해가 될 수 있다.

중심한정주의는 독일을 비롯한 대륙법계의 나라에서 채용하고 있는 해석방식으로서 특허청구범위의 해석 시 발명의 상세한 설명 등 명세서 본문과 특허청구범위를 일체로 하여 발명의 핵심 내지 특징을 추출하고 이러한 핵심 내지 특징을 사용하고 있는 침해대상물까지 특허청구범위 문언의 범위를 넘어 독점력의 범위를 확장하여 준다. 따라서 중심한정주의에 있어서는 특허청구범위의 작성에 대한 출원인의 부담이 경감되고, 문언의 기재에 미비점이 있더라도 특허권자의 보호가 충분하게 되며, 구체적 타당성을 쉽게 확보할 수 있는 이점이 있다. 그러나 일반 제3자로서는 특허청구범위의 문언을 통하여 보호범위를 정확하게 판단하기 어렵게 되어 법적 안정성과 예측가능성이 확보되지 않는 결점을 가지고 있다.

70 Pennwalt에서 Bennett 판사의 소수의견이다.

따라서 동등론에 의하여 특허침해의 성립을 인정하기 위해서는 특허발명의 청구항이 가지는 모든 한정사를 참작하여 그 발명을 전체적으로 보고 이를 가지고 침해장치에서 변경된 것과 비교하여 침해장치가 실질적으로 다른 방식으로 작동하느냐 여부를 판단하여야 한다고 비판한다.

또한 구성요소와 구성요소를 개별적으로 비교하면 청구항을 작성하는 요령에 따라 청구항의 권리범위가 달라진다는 점이다. 청구항의 구성요소가 많으면 많을수록 청구항을 침해하기가 어려워지는 반면 구성요소가 적으면 적을수록 이를 침해하기가 쉽기 때문이다. 따라서 특허출원인은 두 가지 이상의 구성요소를 하나로 묶어서 가급적 구성요소를 적게 줄이는 방법으로 청구항을 작성하는 요령을 부릴 것이다.

예컨대, 청구항이 6면체를 대상으로 하는 경우, 청구항을 작성하는 사람은 구성요소를 6개를 가지는 청구항으로 작성할 수도 있다. '① 제1면, ② 제2면, ③ 제3면, ④ 제4면, ⑤ 제5면, ⑥ 제6면을 포함하는 하나의 상자'라고 청구항을 작성하거나, 또는 구성요소가 단 하나인 청구항으로서 '여섯 개의 면을 가지고 있는 하나의 상자'로 작성할 수도 있다. 어느 것이라도 모두 문언상으로는 동일한 권리범위를 가지고 있다. 만약 피고의 침해장치가 다섯 개의 면을 가진 상자라면 위 6개의 구성요소를 가진 청구항을 침해하지는 못한다. 명백히 하나의 구성요소가 피고의 침해장치에는 생략되어 있기 때문이다. 그러나 만약 다섯 개의 면을 가진 피고의 침해장치가 6개의 면을 가진 원고의 상자와 실질적으로 동일한 기능을 실질적으로 동일한 방식으로 수행함으로써 실질적으로 동일한 효과를 가져온다면 피고의 침해장치는 단 하나의 구성요소만을 가진 청구항을 침해할 수 있다.[71]

동등론은 특허에 대한 일종의 기망행위를 방지함으로써 특허권자가 가지는 정당한 권리범위를 보호하기 위한 것이다. 그러나 동등론은 청구항의 문언상의 권리범위를 넘어서서 그 기술적 권리범위를 확장하기 때문에 청구항이 가지는 목적의 하나인 일반대중에 대한 경고기능에 대하여 중대한 예외사유를 인정하는 결과가 될 수 있다.

전체적 접근법에 의하면 침해장치가 특허청구항과 동일한 기술적 아이디어를 실현하는 것이라면 침해구조가 청구항과 실질적으로 다르지 않은 구조를 가지고 있는 한 동등론에 의한 특허침해책임을 벗어날 수 없도록 한 것이다. 따라서 이는 동등론이 적용되는 범위를 너무 확대함으로써 일반대중에 대한 경고 기능에 대한 예외를 너무 널리 인정한다는 단점을 가지고 있다.

따라서 개별적 접근법이 보다 온당한 견해이며 이에 의한다고 하더라도 침해장치가 특허발명과 실질적으로 동일한 방식으로 실질적으로 동일한 작용을 통하여 실질적으로 동일한 목적

---

71 Chisum §18.04 [1][b][ii], 18-302.

을 실현하는 것이라면 이는 침해행위가 성립한다고 보아 동등론이 가지는 목적을 달성할 수 있을 것이다.[72]

라. 전체적 비교설

(1) 미국 CAFC의 판례(Hughes aircraft 사건)

전체적 비교설(Invention as a whole approach)을 적용한 CAFC의 판례는 자동적으로 인공위성의 위치를 교정하는 방법에 관한 특허를 침해한 사건이다. 인공위성에서 태양을 향하고 있는 태양전지판의 센서가 작동하여 인공위성의 위치를 알아낸 뒤 지상에 그 위치에 관한 정보를 보내면 지상요원이 위치변경명령을 하고 그 명령에 의하여 인공위성은 제트분사를 하여 인공위성의 방향을 바꾸도록 되어 있다.

특허청구항은 지상관제요원에게 인공위성의 위치에 관한 정보를 제공하는 정보송신수단과 지상요원으로부터 인공위성의 위치를 교정하라는 명령을 받는 정보수신수단을 가지고 있다. 그러나 침해장치는 이러한 정보송신수단과 정보수신수단을 가지고 있을 필요가 없었다. 침해행위 당시에는 컴퓨터 기술이 발달하여 인공위성의 내부에 컴퓨터를 장치하여 정보를 처리하면 되고 그 위치정보를 지상요원에게 보낼 필요가 없었다.

이 사건에서 특허청구항은 a+b+c라는 구성요소를 가지고 있었지만 침해장치는 a+c만을 가지고 있었는데 이는 특허출원 당시에 비하여 침해행위가 발생한 당시에는 컴퓨터 기술이 발전한 결과 b라는 구성요소를 컴퓨터가 대신하여 기능을 수행하기 때문에 침해장치에서는 이 구성요소가 결여되어 있었다. 따라서 엄밀하게 청구항의 구성요소와 침해장치를 비교하여 보면 침해장치는 청구항의 구성요소 중의 일부를 결여하고 있어서 구성요소완비의 원칙에 의하면 문언상의 침해는 물론 동등론에 의한 침해가 성립할 수 없었던 것이다.[73]

---

72 저자 주: 동등론은 특허발명에 대한 확실하고 공정한 대가를 수여하기 위해서 존재하는 것으로서 이는 특허청구항의 권리범위를 해석하는 데 있어서 우리 사회의 기술혁신이 가장 효과적으로 이룩될 수 있는 범위에서 특허권자의 이익과 일반대중의 이익 사이에 균형을 이루는 최적의 균형점을 찾아내는 일인 것이다. 결국 이러한 최적의 균형점을 찾아내는 일은 규범학인 법학의 범위를 넘어서서 경험과학인 경제학의 영역에 속한다고 보여지고 두 가지를 모두 아우르는 학제적 연구가 필요하다 할 것이어서 법학자에게 새로이 주어지는 과제가 된다.

73 Hughes Aircraft Co. v. United States, 717 F.2d 1351, 219 USPQ 473(Fed. Cir. 1983). 침해장치가 되는 인공위성은 특허가 된 인공위성과 동일한 것인데 양자 모두 인공위성의 위치를 통제하는 점에서는 같다. 그러나 침해장치는 이러한 통제를 위해서 원고의 특허발명 이후에 개발된 정교한 컴퓨터를 부착·사용하여 통제를 하는 것에 불과하다. 1심법원은 피고의 침해장치가 원고의 특허를 침해하지 않았다고 판시하였으나 CAFC는 이를 번복하고 전체적 접근법을 적용하여 동등론에 의한 특허침해행위가 성립한다고 판시했다. CAFC의 다수의견은 1심법원이 실질적 동일성의 원칙, 즉 동등론을 적용하는 데 있어서 잘못을 범했다고 판시했다. 1심은 첫째, 실질적 동일성의 원칙(Substantially same function, way, and result test)을 적용하지 않았고, 둘째, '용이한 동등물이나 그대로의 동등물(Obvious or exact equivalent)'을 요구하고 있고, 셋째, 이미 잘 알려진 선행기술을 컴퓨터를 이용하여 사용하는 것이 실질적으로 동일한 수단이 되지 않는 이유와, 이러한 것이 '용이하거나, 그대로의 동등물'이 되지 않는 이유 및 원고의 특허

그러나 문제는 특허출원 당시에는 예상하지 못하였던 과학기술이 발전하여 인간이 하였던 일을 대신하게 되었고 이로 인하여 청구항의 어느 구성요소가 생략되어도 침해장치는 여전히 청구항이 가지는 것과 실질적으로 동일한 방법으로 실질적으로 동일한 기능을 하면서 실질적으로 동일한 목적을 달성하고 있었던 것이다.

이렇게 특허출원 당시에는 예상하지 못하였던 기술의 발전으로 인하여 청구항의 구성요소 중의 일부가 침해장치에서 결여된 경우에도 이를 동등론에 의한 청구항의 권리범위로 포함시켜서 특허권자의 독점권의 범위로 하느냐 하는 문제가 발생한다.

이에 CAFC는 청구항의 각 구성요소에 상응하는 구조가 침해장치에 존재하지 않는다는 사실만으로 특허발명과 침해장치가 동등하지 않다고 볼 수는 없다. 따라서 특허출원 당시에는 알려지지 않았던 기술이 후일 침해행위 당시에 개발되어 지상에서 하여야 할 일을 인공위성의 내부에서 할 수 있도록 하였다고 하더라도 동등론이 적용되어야 한다고 보았다.[74]

CAFC는 비록 정보송신수단과 정보수신수단이 침해장치에서 결여되어 있다고 하더라도 전체적 접근법에 의하면 침해장치는 특허청구항과 실질적으로 다른 것이 아니어서 결국 동등론에 의한 침해행위가 성립한다고 보아야 한다고 하였다.[75] 특허청구항과 침해장치가 거의 동일한 구성요소를 가져야만 침해행위가 성립한다면 이는 문언상의 침해와 다를 것이 없다.[76] 특허발명을 이해하는 데 있어서 각 개별 구성요소가 유기적으로 청구항에서 결합되어 하나의 기술적 아이디어를 가진 것으로 보지 아니하고 각 개별 구성요소가 각각 독자적인 의미를 가지는 것으로 보는 것은 잘못이다.[77]

이 사건은 특허발명이 있은 후 계속적으로 기술적 변화가 온다고 하여도 특허출원된 당시

청구항의 구성요소가 수행하는 바가 피고의 침해장치와 '그대로의 동등물(Exact equivalent)'이 되지 못하는 이유를 설명하지 못하였다.

74 In Hughes Aircraft Co. v. United States, 29 USPQ2d 1974, 1982-83(U.S. Ct. Fed. Cl. 1993), aff'd, 86 F.3d 1566, 39 USPQ2d 1065(Fed. Cir. 1996), remanded, 117 S. Ct. 1466(1997), aff'd, 140 F.3d 1470, 46 USPQ2d 1285, reh'g denied, suggestion for reh'g in banc declined, 148 F.3d 1384, 47 USPQ2d 1542(Fed. Cir. 1998).

75 실질적 차이설(**Substantial difference**).
위 In Hughes Aircraft Co.사건에서 CAFC는 청구항의 구성요소 중에서 e, f, g에 대응하는 동등물을 침해장치에서 발견하였느냐의 여부에 대하여, Hughes VII은 지상요원에게 회전비율과 태양의 각도를 산정하는 정보를 제공하는 것은 ISA를 지상에 보내는 것에 대한 현대적인 동등물인 것이다. 이러한 정보는 ISA의 위치를 산정하는 데는 불충분한 것이지만 지상의 요원이 인공위성을 통제하는 데는 충분한 것이다. 이로써 실질적으로 동일한 기능이 이루어지고 동일한 효과가 ISA의 위치를 지상에 전달함으로써 만들어지는 것이다. 더구나 이 정보는 비록 ISA의 위치를 산정하는 데는 불충분하지만 그렇다고 하여도 구성요소가 기능하는 방식과는 실질적으로 다른 방식(Substantial difference)을 보여 주지 않는다.

76 위 In Hughes Aircraft Co.: CAFC는 위 사건에서 동등론이 성립하기 위해서는 침해장치가 청구항의 '용이한 동등물(Obvious equivalent)'이거나 '바로 그대로의 동등물(Exact equivalent)'이어야만 한다면 이는 동등론에 의한 침해라고 볼 수는 없고 문언상의 침해에 불과한 것이다.

77 위 In Hughes Aircraft Co. 이렇게 문언상의 침해와 동등론상의 침해를 혼동하는 잘못된 결과는 동등론을 적용하면서 전체적 접근법을 사용하지 아니한 결과 발생한 것이다.

에 청구항이 가지고 있었던 한정사의 중요성을 감소시키지는 않는다는 것을 보여 준다. Hughes VII 법원은 S/E가 가진 장치의 변화는 원고의 특허출원 당시에는 물론 그 특허가 발급될 당시까지도 존재하지 않았던 기술적 진보의 결과에 불과하다고 보았다. Hughes VII 법원은 이러한 진보는 구성요소가 그 기능을 발휘하는 방식에 있어서 사소한 변화(Insubstantial change)에 불과하다는 것이다.[78]

Hughes VII 법원은 동시화(Synchronism)라는 한정사 역시 동등론에 의하여 침해행위가 성립한다고 보았다. 기술의 진보로 인하여 인공위성의 시스템은 침해가 있을 당시를 기준으로 하여 진행 중이던 정보를 저장하면서 실제로 임무를 수행하라는 명령이 내려질 때까지 대기를 할 수 있었다. 따라서 침해장치에 있어서 동시화라는 것은 지상으로부터의 실시간으로 임무수행명령을 받아서 이를 행하는 대신에 컴퓨터가 그 명령을 저장하였다가 필요한 때에 그 임무를 수행하는 것으로 대치가 된 것이다. Hughes VII 법원은 이미 정보를 보유하고 있는 것과 정보를 송신하는 것의 차이점은 기능이나 그 기본적 작동방식 또는 효과에 있어서는 전혀 변화가 없이 단지 이를 재배치한 것에 불과하다고 하였다.

(2) 전체적 비교설의 장점

전체적 비교설(As a whole approach)은 후일 미연방대법원에 의해서 배척되고,[79] 또한 청구항의 구체적 용어를 무시한다는 비난을 받아 왔지만,[80] 이 전체적 비교법은 시사하는 바가 많다. 사실 동등론을 적용하는 데 있어서 우선 청구항이 가지는 모든 구성요소와 각 한정사를 침해장치의 그것과 비교할 필요성이 있지만 이와 함께 각 구성요소나 한정사들이 가지는 상호관계도 역시 중요한 것이다. 따라서 동등론을 적용하는 데 있어서는 청구항의 각 구성요소나 한정사들의 상호관계를 포함한 청구항을 전체적인 하나로 보아 이를 침해장치와 비교하여 볼 필요도 있는 것이다.[81]

또한 이 접근법은 청구항의 특정한 한정사를 무시하는 것이 아니고 오히려 이는 각 청구항의 구성요소 및 한정사를 유기적인 관련성을 가진 하나의 기술적 아이디어로 보는 것을 강조하

---

78 엔지니어들은 최근 새로운 기술이 발전함에 따라서 ISA의 위치를 송신할 필요성이 없어졌다는 사실을 인식하고 있다.

79 Warner-Jenkinson Co., Inc. v. Hilton Davis Chemical Co., 520 U.S. 17, 41 USPQ2d 1865, 1875(1997). 그러나 연방대법원은 특정 특허의 청구항의 맥락에서 각각의 구성요소가 하는 역할을 분석하는 것은 피고가 침해장치에서 치환한 구성요소가 특허발명의 작용, 방법, 그리고 효과와 어떻게 일치하는지 여부와, 또는 이렇게 치환된 구성요소가 원고의 청구항의 구성요소와 어떻게 실제적으로 서로 다른 역할을 수행하는지를 알려 준다고 보아 여전히 개별적 비교의 필요성을 강조하고 있다.

80 Chisum §18.04 [A]. 그러나 그 비난은 근거가 없다고 한다.

81 그러나 Pennwalt Corp. v. Durand-Wayland, Inc., 833 F.2d 931, 934-35, 4 USPQ2d 1737, 1739(Fed. Cir. 1987), cert. denied, 485 U.S. 961, 485 U.S. 1009(1988)(전체적 접근법이라고 하여도 각 청구항의 한정사를 무시하는 것은 아니다).

는 것이다. 따라서 청구항의 각 구성요소와 한정사는 각각 분리·독립되어 따로이 존재하는 것으로 볼 것이 아니라 기술적인 상호관련성이 있는 것으로 보아야 하고 이러한 상호관련성을 가지고 침해장치와 비교해야만 한다는 것이다.[82]

비록 미연방대법원에 의하여 전체적 비교법이 승인을 받지는 못하였어도 CAFC는 이 전체적 접근법이 구성요소의 개별적 비교방식과 모순되는 것은 아니라는 입장을 유지하고 있다.[83]

(3) 개별적 비교설과 비교

개별적 비교설에 의하면 침해장치가 특허발명과 실질적으로는 동일한 기능을 하지만 단지 그 순서만을 바꾸거나, 두 가지의 구성요소를 합하여 하나로 만들거나, 하나의 구성요소를 두 가지로 나누는 경우에도 특허침해행위가 성립하지 않는다고 볼수 밖에 없다. 또한 침해행위자가 특허청구항의 구성요소를 형식상 치환물로 교체하는 데 불과하여도 구성요소를 개별적으로 비교하는 접근법(All elements rule)에 의하면 침해행위가 성립할 수 없어서 특허권자를 보호하기

---

82 • 비교필요설(청구항과 침해장치를 비교한다는 견해).
Atlantic Thermoplastics Co., Inc. v. Faytex Corp., 970 F.2d 834, 846, 23 USPQ2d 1481, 1491(Fed. Cir. 1992), suggestion for reh'g in banc declined, 974 F.2d 1279, 23 USPQ2d 1801, 974 F.2d 1299, 24 USPQ2d 1138(Fed. Cir. 1992)(침해의 성립 여부는 청구항과 침해장치를 비교하는 것이지 청구항의 실시례를 가지고 비교하는 것은 아니다); Code-Alarm Inc. v. Electromotive Technologies Corp., 26 USPQ2d 1561, 1569(E.D. Mich. 1992)(같은 취지); King Instrument Corp. v. Perego, 737 F. Supp. 1227, 1238, 16 USPQ2d 1994, 2003(D. Mass. 1990), aff'd, 65 F.3d 941, 36 USPQ2d 1129(Fed. Cir. 1995), reh'g denied, suggestion for reh'g in banc declined, 72 F.3d 855(Fed. Cir. 1995), cert. denied, 517 U.S. 1188(1996)(청구항의 발명을 전체적으로 본다고 하여도 청구항의 한정사를 무시하라는 것은 아니다. 동등론에 의한 침해가 성립하기 위해서는 반드시 청구항의 모든 구성요소가 침해장치에 존재하여야 한다); Read Corp. v. Portec, Inc., 970 F.2d 816, 822 n.2, 23 USPQ2d 1426, 1431 n.2(Fed. Cir. 1992)(만약 원고의 상품과 피고의 침해장치를 비교한다면 문외한과 같은 결론에 도달할 것이다. 예컨대 펜과 연필은 여러 가지 목적이나 용도에 있어서 일반적으로는 동등물이라고 할 수 있다. 그러나 펜에 대한 청구항의 한정사는 동등론에 의하여 연필에 의한 침해를 인정하기 어려울 것이고 역도 성립할 것이다).
• 비교불필요설(청구항을 비교할 필요가 없다는 견해).
Atlas Powder Co. v. E.I. du Pont de Nemours & Co., 588 F. Supp. 1455, 1472, 221 USPQ 426, 440(N.D. Tex. 1983), aff'd, 750 F.2d 1569, 224 USPQ 409(Fed. Cir. 1984)(문언상의 침해가 아니라 동등론에 의한 침해의 경우에는 개별청구항의 어느 것이 침해되었는지를 판단할 필요가 없다).

83 CAFC의 다수견해: 전체적 접근법이 기존의 구성요소완비의 원칙(Pennwalt)이나 구성요소개별비교의 원칙(Hilton Davis)과 모순되지 않는다.
• CAFC의 소수견해
① Niece 판사: 침해장치가 하나의 구성요소를 완전히 결여하고 있다면 특허침해가 존재할 수 없다. Hughes에서 다수견해는 구성요소의 개별비교의 원칙을 번복한 것이라고 보면서도 위 판사는 Hughes의 재판부는 구성요소의 개별적 비교의 원칙에서 떠나지 못한 것이라고 본다.
② Newman 판사: 침해장치는 청구항이 가지는 모든 한정사를 실질적으로 모두 가지고 있다. 동등론에서 전체적 접근법으로 본다는 것은 각각의 한정사가 전체 청구항의 맥락에서 발견되면 족하다. 원칙적으로는 구성요소와 구성요소를 일대일로 비교하는 방식이 문언상 침해행위를 판단하는 기준이지만 동등론의 경우에는 이러한 방식을 취할 수 없고 하나의 구성요소가 두 가지로 분리되었거나 두 가지 구성요소를 조합하여 하나의 구성요소로 만드는 경우에는 동등론이 적용될 수 있다. 원래 동등론은 문언상의 침해이론이 주는 가혹한 결과를 방지하기 위한 것이다. 동등성을 결정하는 것은 저작권침해행위에서 보는 유사성이나 진보성을 판단하는 기준인 용이성과 다를 바 없다.

가 어렵다는 단점이 있다.[84]

만약 동등론이 특허침해행위의 성립요건으로서 침해장치가 특허장치와 완전히 동일한 순서대로 작동하거나 치환된 구성요소가 청구항의 그것과 정확하게 일치할 것을 요구한다면 동등론의 적용범위는 현저히 줄어들 것이고 실제적으로는 이는 동등론이 아니라 문언상의 침해와 같을 것이다.[85]

따라서 동등론에 의하여 특허를 침해한다는 사실을 인정하기 위해서는 원고의 청구항이 가지는 모든 구성요소와 한정사를 참작하여 그 발명을 전체적으로 보고 피고가 침해장치에서 변경한 것과 비교하여 볼 때 피고의 침해장치가 실질적으로 동일한 방식으로 작동하는가 아니면 다른 방식으로 작동하는가를 결정하여야 할 필요도 있다.[86]

(4) 전체적 비교설이 가지는 문제점

발명을 전체적으로 고려하는 것은 동등론의 결함인 특허발명의 청구항이 가지는 공시적 효과를 해치기 때문에 법적 안정성을 파괴할 수 있다. 즉 이 견해에 의하여 피고의 장치가 원고의 특허청구항을 동등론에 의하여 침해한다고 하면 원고는 그가 발명한 당시에 예상하지 못하였던 컴퓨터 기억장치의 사용에 대해서도 그 권리를 주장할 수 있다. 그러나 이러한 견해는 발명자가 당초 예상하였던 기술적 범위를 넘어서서 그에게 독점권을 부여하는 부당한 결과가 된다. 따라서 특허출원 당시에 그 발명이 속하는 기술 분야에서 통상의 지식을 가진 자가 보기에 그 청구항의 권리범위에 해당한다고 보는 것을 넘을 수가 없다는 대원칙에도 어긋난다는 비판을 받는다.[87]

---

84 Pennwalt에서 소수견해를 피력하는 Niece 판사의 견해. 그러나 어느 구성요소가 피고장치에서 완전히 결여된 경우에는 서로 다른 발명이라고 보는데 있어서는 다수설과 소수설이 일치한다. Hilton Davis Chemical Co. v. Warner-Jenkinson Co., Inc., 62 F.3d 1512, 1574-75, n.27, 35 USPQ2d 1641, 1692-93, n.27(Fed. Cir. 1995).

85 Pennwalt에서 Bennett 판사의 소수의견이다.

86 전체적 비교설의 견지에서 중요구성요소를 구별하는 미국의 하급심의 입장.
Simmons Fastener Corp. v. Illinois Tool Works Inc., 663 F. Supp. 697, 704,4 USPQ2d 1384, 1390(N.D. N.Y. 1987)(동등론은 청구항의 발명을 전체적으로 보고 판단한다. 침해장치가 가지는 중요한 구성요소(Crucial element)가 특허청구항의 구성요소와 동등하지 않은 경우에는 동등론에 의한 침해가 성립할 수 없다). 만약 각 구성요소가 서로 다른 기능을 수행한다거나 다른 효과를 가져온다면 그 침해장치는 전체적으로 다른 기능과 효과를 가져오는 것이다. 비록 침해장치의 어느 하나의 구성요소 또는 그 이상의 구성요소가 청구항의 구성요소와 동등한 것이 아닌 경우에라도 동등론에 의한 침해가 성립할 수도 있다. 만약 청구항의 구성요소와 동등하지 않은 침해장치의 구성요소가 침해장치가 기능하는 방식이나 그 효과에 미치는 영향이 별로 중요하지 않다면 그 침해장치는 전체적으로 보아 특허발명과 실질적으로 동일한 기능을 실질적으로 동일한 방식으로 실질적으로 동일한 효과를 가져오도록 할 수 있다.

87 따라서 모르스의 전신기 사건에서 보는 바와 같이 특허출원 당시에 그 발명이 속하는 기술 분야에서 통상의 지식을 가진 자가 보기에 그 청구항의 권리범위에 해당한다고 보는 것을 넘을 수가 없다는 대원칙에 어긋난다. §2. 특허대상 참조. 동등론을 적용하는 데 있어서 청구항이 가지는 중심기능인 특허발명의 청구항의 권리범위를 공시하는 효과를 항시 주의하여야 한다는 점에 대해서는 London v. Carson Pirie Scott Co, 946 F.2d 1534, 1538, 20 USPQ2d 1456, 1458-59(Fed. Cir., 1991) 참조. 동등론이 청구항에서 배제된 구조까지도 허용할 수는 없다고 본 견해: Dolly, Inc. v. Spalding & Evenflo Companies, Inc., 16 F.3d 394, 400, 29 USPQ2d 1767, 1771(Fed. Cir., 1994).

마. 3단계설: Function-Way-Result test

(1) 동일한 기능, 방식, 효과

침해장치는 특허청구항과 동일한 과제를 해결하기 위해서 동일한 목적을 가지고 실질적으로 동일한 작용·효과를 가져야 한다. 이는 미연방대법원이 침해장치가 ① 특허청구항과 실질적으로 동일한 작용을, ② 특허청구항과 실질적으로 동일한 방식으로 하여, ③ 실질적으로 동일한 효과를 가져온다면 이는 동등론상의 침해가 성립한다고 보는 것과 같은 기준이다.

이러한 경우에 청구항을 구성하는 개별 구성요소는 대등한 기술적 가치를 가지고 있으며 어떤 구성요소가 다른 구성요소에 비하여 기술적으로 중요한 가치를 가지지 않는다고 본다.[88]

(2) Warner-Jenkinson

Warner-Jenkinson에서 원고와 피고회사는 모두 염색약품을 제조하는 회사였다. 원고는 염색약품 속에 있는 불순물을 제거하는 방법에 대한 Rebhahn 특허('746')를 가지고 있었는데 이는 고도의 여과의 과정을 포함하는 염료처리기술이었다. 이 처리기술에 사용되는 여과장치들은 다공질의 막을 통해서 염료를 걸러낸다. 이 과정을 통하여 염색약품의 원료가 일정한 압력과 일정한 순도하에서 걸러지면 고도의 순수한 염료가 생산된다. 이 특허는 1985년 발급되었다. 이 특허의 청구항에는 염료를 순수화하는 과정으로서 200~400도까지의 압력하에서 pH 6 내지 pH 9 사이의 수소이온 농도에서 투입된 염료로부터 불순물을 여과하는 장치라고 기재되었다.[89] 1986년 피고도 이와 유사한 여과장치를 개발했다. 피고의 장치도 역시 200기압에서 500기압 사이에서 작동하도록 되어 있었다. 그리고 그 농도도 pH 5였다. 그러나 피고는 원고의 특허발명의 존재를 알지 못했다. 피고가 자신의 여과과정을 상업적으로 사용하고 나서야 자신의

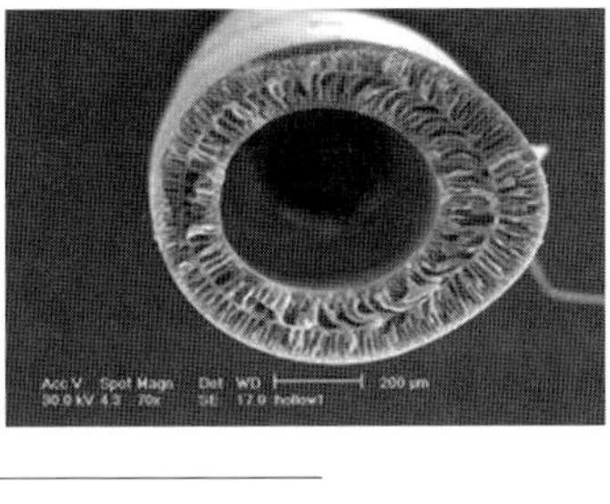

---

[88] Warner-Jenkinson Co., Inc. v. Hilton Davis Chemical Co., 520 U.S. 17, 41 USPQ2d 1865(1997). 이 판결에서 미연방대법원은 청구항의 권리범위를 정하는 데 있어서는 청구항의 각각의 구성요소가 서로 대등한 입장에서 중요한 요소로 취급된다고 판시했다.

[89] Warner-Jenkinson Co., Inc. v. Hilton Davis Chemical Co., 117 S.Ct. 1040(1997). pH 6 내지 pH 9 사이라는 제한은 심사과정에서 추가되었다. 그 이유는 pH 9 이상에서 작동하는 기존의 여과장치에 대한 선행기술과 구별하기 위한 자구책이었다. 이러한 청구항의 변경이 후일 출원경과에 의한 금반언의 원칙의 적용을 놓고서 특허법 사상 최대의 논쟁이 벌어지는 계기가 된다.

특허와 유사한 원고의 선행특허가 있었다는 것을 알게 되었다.

원고도 피고가 유사한 여과장치를 사용한다는 것을 1991년에야 알았고 그때서야 피고에 대해서 특허침해소송을 제기했다. 법원은 비록 문언상의 침해(Literal infringement)는 없었다 하더라도 피고가 사용하는 방법이 원고와 동등한(Equivalent) 것이라면 이는 일응 특허침해행위를 구성한다고 보았다.

(3) Winans

최초로 3단계설을 택한 미연방대법원의 판례는 Winans 사건이다. 침해장치가 특허발명의 구성요소를 이와 동등한 것과 치환한 행위도 특허침해책임을 진다.[90] 그 실례로서, 원고의 특허는 석탄을 운반하기 위해 고안된 화물차량에 관한 것이다. 그 이전의 석탄운반용 화물차량은 사각형의 넓은 판으로 만들었지만 이는 적재된 석탄이 이 화물차량의 하부구조에 가하는 비중이 공평하게 분배되지 않았다. 이를 개량하기 위해서 원고는 원추형(A frustum of a cone)으로 만들어진 화물차량을 고안하여 적재된 화물이 주는 압력을 화물차량의 하부에 골고루 분포시키고 바닥에 만들어진 틈을 통해서 석탄을 하역시키는 것을 쉽게 하였다.[91] 피고의 화물차량은 원추형 또는 원통형이 아니라 팔각형이나 피라미드 모양을 하고 있었다. 특허침해소송에서 피고의 차량이 원고의 차량이 가지는 실질적인 장점을 모두 가지고 있다는 것이 밝혀졌다.[92] 그렇다

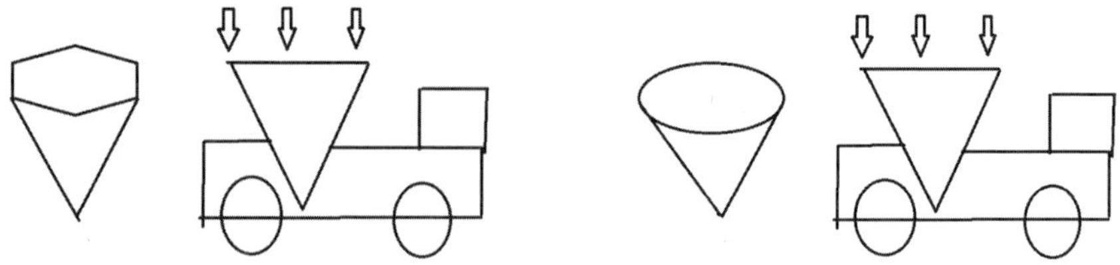

90 O'Reilly v. Morse, 56 U.S.(15 How). 62, 123(1853).

91 Winans v. Denmead, 56 U.S.(15 How). 330, 342(1853). 1심법원은 배심원들에게 피고의 차량이 원고의 청구항을 침해하려면 반드시 원형이어야 하기 때문에 특허권 침해가 없다고 말했다. 연방대법원은 이 결정을 번복했다. 연방대법원의 다수의견은 특허권자가 청구항에서 자신의 권리범위로 주장할 수 있는 것은 모두 주장했다는 추정에 기초하고 있었다. 비록 특허권자가 자신의 청구항을 자신이 발명한 것보다 적게 청구항에 기재하였더라도, 또는 그가 기계의 특별한 형태에만 발명을 한정시키고 다른 모든 형태를 제외했어도 다른 형태들이 그의 발명을 구체화할 수 있을지라도 그 청구항이 달리 해석될 수 있다면 그러한 해석은 그의 청구항에 제외될 수는 없다는 것이다. 그 이유는 ① 발명자로서는 특허청구항에 문언상으로 기재되지 않았던 부분도 자신의 발명으로 포함시킬 의사를 가지고 있었고 이를 포기할 의사가 없었다고 추정되고, ② 헌법과 특허법의 목적은 유용한 기술의 진보를 증진시키는 것이고 이는 발명자가 자신이 발명한 것을 모두 소유할 수 있도록 해 주기 때문이다.

92 중심한정주의적 청구항의 기재방법(Central claiming)은 청구항이 특정한 유형의 발명을 기재하는 대신 청구항을 넓게 해석하여 동등한 구조를 가진 것도 권리범위에 포함하도록 하는 방식이고, 주변한정주의(Peripheral claiming)는 권리범위로 주장되는 것을 넓게 기재하고 그 범위에 포함되는 것에만 한정하여 특허침해행위를 인정하는 방식이라고 보는 견해: Craig S. Jepson, Patent Law Class Slide, 4(Fall., 2002).

면 비록 피고의 침해장치는 원고의 청구항의 문언상의 권리범위에는 포함되지는 않지만 실질적으로는 동일한 기능을, 실질적으로 동일한 방식으로 하여, 실질적으로 동일한 효과를 가져오는 것으로서 이는 특허침해행위에 해당한다.

(4) Graver Tank

위 Winans를 계승한 판결이 바로 유명한 Graver Tank이다. 동등론에 의하여 특허침해행위가 인정된 대표적 사례는 Graver Tank이다. 이 사건에서 원고의 특허는 전기용접봉에 사용되는 용접제(Fluxes)에 관한 것으로서 모두 두 가지 부류의 청구항으로 구성되어 있었다. ① 제1의 부류의 청구항은 그 주요한 구성요소로서 어떤 종류라도 실리케이트(Silicate)의 한 종류라면 아무런 상관이 없었고, ② 다른 부류의 청구항은 알칼리 토류(Alkaline earth) 금속 실리케이트(Metal silicate)를 구성요소로 가지고 있었다. 원고는 용접제로서 마그네슘을 사용하였는데 그것이 바로 알칼리 토류 금속 실리케이트였다.

특허를 침해한 상대방인 피고는 용접제로서 망간(Manganese)을 사용하였는데 이는 알칼리 토류 금속 실리케이트는 아니었지만 실리케이트의 일종이었다.[93] 문언상으로 보면 피고가 사용한 실리케이트는 알칼리 토류 금속 실리케이트는 아니었지만 피고는 원고와 실질적으로 동일한 용접제를 사용하였다. 단지 다른 점이 있다면 피고의 것이 마그네슘을 포함하고 있다는 것뿐이고 그 이외의 모든 다른 것들은 그 구성성분이 동일하다. 이 합성물이 만들어지는 기계적인 방법도 모두 동일하고 그들은 작용에 있어서뿐만 아니라 용접의 질에서도 동일한 품질을 생산해낸다. 피고의 방법은 특허방법과 실질적으로 동일한 기능을 수행하고 실질적으로 동일한 효과를 얻기 위해서 실질적으로 동일한 방식을 사용한다. 결국 피고는 원고의 발명을 훔쳐간 것으로서 동등론은 이러한 행위를 방지하기 위한 것이다.[94]

이렇게 각 구성요소의 가치를 대등하게 보는 견해는 청구항의 권리범위를 명확하게 한정하여 청구항이 가지는 공시 기능을 강화하고 법적 안정성을 실현하기 위한 것에 그 중점을 둔

---

93 Graver Tank & Mfg. Co. v. Linde Air Products Co., 339 U.S. 605, 607-09, 85 USPQ 328, 330, 331. 미연방대법원은 제1부류의 청구항은 이미 무효라고 선언했고 문제는 피고의 용제가 제2부류의 청구항을 침해하였느냐에 있었다. 위 법원은 피고의 용접제가 원고가 특허받은 용접제와 동등한 것으로서 이는 원고의 특허를 침해한다는 1심판결을 그대로 인용했다.

94 Id., 339 U.S. at 614, 85 USPQ at 333. 그러나 이 판결은 피고가 독자적인 연구조사를 하지 못했다고 해서 이것을 바로 모방이라고 한 것은 특허법의 공개 원칙에 어긋난다는 비판적인 견해도 있다. 피고가 원고특허의 공개된 내용에 의존했다면 결코 불이익을 받아서는 안 된다는 것이다. 특허의 청구항을 일반대중에게 알리는 것은 특허권의 침해를 구성하는 행위가 무엇인가를 경계하기 위한 것이다. Id., 339 U.S. at 612, 85 USPQ at 331. 전문가 증인이 피고의 용접제인 망간과 원고의 용접제인 마그네슘은 동일한 용도로 사용된다고 증언했다. 선행기술도 피고가 사용한 망간을 용접제로 사용하는 것을 가르치고 있었다. 피고는 독자적인 연구나 실험을 거치지 않고 원고가 특허받은 마그네슘을 망간으로 치환한 것이다.

다.[95] 그러나 이 3단계설은 비교적 단순한 기계발명의 경우에는 적용할 수 있으나, 보다 복잡한 혁신적 기술 분야에는 적합하지 않다는 비판이 있다.[96]

(5) 3단계설에 대한 비판

3단계설을 적용하는 것이 혼란스러울 수도 있다.[97] 발명이 무엇이냐, 즉 청구항의 구조적 용어의 의미도 그렇다. 우선 '기능(Function)'이라는 말은 기계, 물건이나 합성물에 대한 발명의 개념이 될 수 없다. '효과(Result)'라는 말도 발명이 무엇인지에 대한 개념정의를 해 주지 못한다. '방식(Way)'이라는 말도 발명이 작용하는 메커니즘을 의미하는 것에 불과하다. 동등론의 해석과 적용에 있어서 많은 혼란이 야기되는 이유도 '방식(Way)'이라는 의미가 모호하기 때문이다.

특허청구항과 침해장치 사이의 차이점이 사소한 것인지 아니면 실질적인 차이점이 있는지의 문제는 종종 '방식'이라는 요건으로 인하여 무시된다. 그러나 청구항과 침해장치가 실질적으로는 서로 다른 것임에도 '실질적으로 동일한 방식'이라는 요건을 충족시킬 수 있다고 하면 이는 부당한 것이다. 동일한 기능을 동일한 효과를 가지고 동일한 방식으로 할 수 있는 기계가 실제로는 매우 다른 경우도 많다. 청구항과의 차이점이 실질적인 것이기 때문에 동등론에 의하여 침해라고 볼 수 없었던 장치가 3단계 기준설을 적용했을 때 동등물이라고 인정된다면 이는 부당한 것이다.

화학물질의 분야에 있어서는 많은 문제가 발생한다. 동등론 적용의 원조가 된 사건이 바로 Graver Tank인데 이 사건과는 다른 화학물질에 관한 사건이다. 그러나 이 사건은 조성물(Composition)에 관한 것으로서 구성요소가 다른 치환물로 치환될 수 있는 분야로서 이는 보다 기계발명에 가까운 것이다. 따라서 동등론을 적용하기 위해서는 그 치환물의 작용과 효과 및 문제가 된 구성요소가 작동하는 방식이 화학물질보다는 쉽사리 평가될 수 있다.

그러나 최근에는 화학물질에 대한 발명도 새로운 화학적 합성물(Chemical compound)을 가지고 그 구조에 의하여 개념정의되며 여러 가지의 화학적 치환물(Chemical substituent)이나 구조적 단편(Structural pieces)을 가진다. 새로운 화학물질이 이미 알려진 물질과 구조적으로 다른 것이라면 이는 새로운 물질로 보아야 함에도 불구하고 그 작용이나 용도는 이미 알려진 물질과 동

---

95 Warner-Jenkinson Co.에서 미연방대법원은 동등론이 일반대중에 대한 경고적 역할을 수행하지 못한다는 우려에 대해서는 CAFC의 Nies 판사의 반박이론을 따른다. Nies 판사는 Pennwalt에서 만약 침해장치가 청구항의 구성요소 중의 하나에 해당하는 동등물이 없는 경우에는 청구항의 한 부분이 결여된 것이기 때문에 침해행위 자체가 성립할 수 없다고 하였다. 그러나 법원이 구성요소의 동등을 넘어서서 청구항의 권리범위를 확장하지만 않는다면 동등론을 적용한다고 하여도 청구항의 권리범위가 부당하게 넓혀지지는 않는다고 보았다. Athletic Alternatives, Inc. v. Prince Manufacturing, Inc., 73 F.3d 1573, 1581-82, 37 USPQ2d 1365, 1373(Fed. Cir., 1996).

96 Hilton Davis Chemical Co. v. Warner-Jenkinson Co., Inc. 62 F.3d at 1518, 35 USPQ2d at 1645.

97 CAFC의 Lourie 판사의 소수견해(구조설): 62 F.3d at 1547, 35 USPQ2d at 1670.

일한 것일 수 있다. 그렇다면 이는 동일한 효과를 동일한 방식으로 나타내는 것이다. 그러나 이 물질이 동일한 방식으로 작용한다고 할지라도 그들이 구조적으로 개념정의되는 데에 있어서는 이미 알려진 물질과 실질적으로 동일한 것으로 되지는 않는다. 예컨대 유명한 아스피린(Analgesics aspirin)과 Ibuprofen을 보면 이들은 진통, 소염, 체온 강하라는 동일한 작용을, Prostaglandin의 합성을 금지하는 것과 동일한 방식으로, 통증을 없애고 염증을 가라앉히며 열을 낮추는 등 동일한 효과를 가져온다. 그렇지만 이는 구조가 다른 것으로서 통상의 기술자가라면 누구라도 아스피린에 대한 특허청구항이 Ibuprofen에 의하여 침해되리라고 생각하는 사람은 없다.

더구나 동등론을 적용하면서 구성요소완비의 원칙을 고수한다면 일반적으로 특정 치환물이 작용하는 방식은 이를 전혀 알 수 없기 때문에 동등론을 적용하는 데 있어서 커다란 어려움에 처할 것이다. 우리가 알 수 있는 것이라고는 그 치환물을 포함하고 있는 보다 큰 범주의 합성물이 가져오는 작용, 방식, 효과뿐인 것이다. 바로 이러한 점이 화학물질발명과 기계 또는 전자발명의 차이점이다. 기계 또는 전자발명은 각 구성요소가 침해장치에 포함되어 있는지 여부를 알 수 있고 아울러 그 구성요소가 하는 일을 알 수도 있다.[98]

바. 실질적 차이설[99]

(1) 실질적 차이설

Warner 이전의 미국의 실질적 차이설(Substantiality test)은 침해장치가 성분을 단순히 치환한 것에 불과하거나 용이한 치환물인 경우에는 그 치환물이 특허청구항과 동일한 목적, 특성 및 기능을 가진 것인지를 살펴보아 그 차이점이 사소한 것인 경우에는 동등론을 적용한다.[100]

---

[98] 62 F.3d at 1546-47, 35 USPQ2d at 1669.

[99] • 치환의 용이성설

대법원 2003.9.26. 선고 2001후2948 판결. '그와 같이 치환하는 것을 그 발명이 속하는 기술 분야에서 통상의 지식을 가진 자가 용이하게 생각해낼 수 있을 정도로 자명하다면'이라고 판시함으로서 치환의 용이성설을 취한다.

일본국 최고재판소 및 통설적 견해는 본질적 부분의 동일성 이외에 추가적인 요건으로서 비본질적 부분의 교환(치환)의 용이성을 든다. 제2요건은 비본질적 구성요소를 대상제품 등의 것과 교환하더라도 특허발명의 목적을 달성하는 것이 가능하며 동일한 작용·효과를 나타내는 것이다. 제2요건은 청구항의 비본질적 구성요소를 대상제품이 다른 것으로 교환하였다고 하여도 그 교환된 구성요소의 실질적 기능이 청구항의 구성요소와 동일한 것을 말한다.

[100] • 단순한 성분의 치환

Atlas Powder Co. v. E.I. du Pont de Nemours & Co., 750 F.2d 1569, 224 USPQ 409(Fed. Cir. 1984), discussed at 18.04 [3][c] Supra, for the proposition(침해장치가 단순히 그 구성성분의 하나만을 치환한 것에 불과한 경우에 치환된 성분이 청구항의 성분과 동일한 목적, 기능 및 특성을 가진 것인지를 고려하여야 한다).

• 용이한 치환물

Moleculon Research Corp. v. CBS Inc., 666 F. Supp. 661, 665, 4 USPQ2d 1312, 1315(D. Del. 1987), rev'd, 872 F.2d 407, 10 USPQ2d 1390(Fed. Cir. 1989)(특허청구항과 침해장치 사이에 그 구성요소 하나만이라도 차이점이 있어서 문언상의 침해를 회피할 수 있다면 이는 문언상의 침해와 동등론상의 침해는 개념적으로 동일한 것이

청구항의 구성요소 중에도 중요한 구성요소와 그렇지 않은 구성요소가 구별되어야 한다. 중요하지 않은 구성요소에 있어서는 그 차이점이 있다고 하더라도 전체적으로 보아 실질적으로 동일한 기능을 수행하고, 실질적으로 동일한 방식으로, 실질적으로 동일한 효과를 가져온다면 이는 동등론에 의한 침해가 성립할 수 있다.[101][102] 이에 대한 예를 들어 보면 다음과 같다.

① 청구항이 물, 청색염료, 소금, 그리고 설탕을 조합한 경우
② 특허권자의 상품이 물, 천연청색염료, 소금, 그리고 다당류의 설탕을 조합한 경우
③ 침해물건이 알코올, 합성청색염료, 소금, 그리고 다당류의 설탕을 조합한 경우

위와 같은 청구항과 침해물건의 차이가 실질적인가에 대하여 세 가지로 구분해 살펴볼 수 있다.

청색염료(청구항)와 합성청색염료(침해물건)와 차이: 침해물건이 합성청색염료를 사용한 데 비하여 원고의 상품이 천연청색염료를 사용한 것을 보면 염료가 어떻게 만들어졌느냐의 차이점은 동등론에 의한 침해를 결정하는 데 그다지 중요하지는 않다. 왜냐하면 청구항은 단지 청색염료만을 한정사로 하고 있고 그것이 천연이든 합성이든 한정을 하지 않았기 때문이다.

설탕(청구항)과 다당류의 설탕(침해물건): 원고의 상품은 다당류의 설탕을 사용하고 있어서 침해물건과의 유사성은 사용된 일반적인 설탕에 있고 청구항도 설탕에 대해서는 이러한 아무런 한정을 하고 있지 않다.

물(청구항)과 알코올(침해물건)의 차이: 청구항에서는 물을 사용하는 데 비하여 침해물건이 알코올을 사용하는 것이 실질적인 차이점인가 아니면 사소한 차이점인가? 만약 그 차이점이 실질적인 것이라면 이는 동등론에 의한 침해가 되지 않는다.[103]

다. 따라서 침해장치가 용이한 치환물(Obvious substitution)을 사용함으로써 문언상의 침해를 회피함으로써 침해소송에서 우위에 선다는 부당한 결과가 발생한다).

101 Chisum §18.04 Doctrine of Equivalents, [A] n37, 두 번째 문장 참조. 그러나 위 견해는 특허발명과 침해장치를 전체적으로 보는 견해에 근거하고 있다.

102 3단계설을 사용하여 사소한 차이를 결정하는 방법: CAFC도 Warner-Jenkinson Co.에서 동등론을 적용할 수 있는 요인을 다음과 같이 보았다.
"차이점이 실질적인 것인가 아니면 사소한 것인가가 동등론을 결정하는 본질적 요인이 된다. 이를 위해서는 그 차이점이 사소한 것이라는 증거가 필요한데 이때 3단계설(Function-Way-Result test)이 그 차이점을 보여 주는 증거가 될 수 있다. 이러한 경우에 기능, 방식, 효과가 실질적으로 동일한 것인지에 대하여 집중을 할 수도 있다. 그러나 이 3단계설은 다른 요인들, 즉 복제행위의 존재 및 기술우회를 하였는지 하는 점을 동등론을 적용하는 데 있어서 제외한다. 또한 사소한 차이에 불과한 것인지 여부를 판단하는 기준은 관련된 기술 분야에 종사하는 통상의 지식인의 기술 수준이 된다. 이를 위해서 주관적인 결론보다는 객관적인 증거를 가지고 결정한다."

103 **실질적 차이설(Substantial difference test)**: Tanabe Seiyaku Co., Ltd. v. United States International Trade Comm'n, 109 F.3d 726, 41 USPQ2d 1976(Fed. Cir. 1997). cert. denied, 118 S. Ct. 624(1997).이 견해는 3단계 이론이 아니라 실질적 차이점(Substantial difference)이 있느냐 하는 견해에 서 있다.

이러한 경우 청구항의 물과 침해물건의 알코올의 차이점이 실질적인가 여부는 양자를 전체적으로 보아 그 기능, 방식 그리고 그 결과의 면에서 실질적 동일성이 있는지를 판단하여야 할 필요가 있다.

(2) 중요한 구성요소의 차이: 치환되기 어려운 구성요소

피고가 청구항에 기재된 물질을 다른 동족물질(Homolog)과 치환하였더라도 그 물질이 잘 치환되지 않는 성질을 가지고 있다면 이는 상당한 차이점이 있는 행위로서 동등론을 적용하여 특허침해를 인정할 수 없다고 본다. 그 실례로서, Cheney 특허의 명세서에서는 일반적으로만 구성요소를 공개하고 있었으나 그 청구항은 이를 특정하여 5개의 기저물질과 용제를 조합한 아세톤(Acetone)을 권리범위로 주장하고 있었다. 피고의 침해방법은 이 아세톤 대신에 부타논(Butanone)을 사용하고 있었다.

그러나 피고가 대체한 물질인 부타논이 청구항에 기재된 물질과는 잘 치환되지 않는다는 성격을 가지고 있다. 피고가 1983년과 1986년 사이에 자신의 방법을 개발하기 위해서 수많은 실험을 하면서 여러 가지 용액과 물질, 그리고 반응조건을 실험했다. 이러한 행위는 특허 발명을 복제하기보다는 기술우회한다고 보는 것이 좋다. 따라서 동족물질이라고 하더라도 잘 치환되지 않는 성질을 가진 물질을 사용하는 것은 실질적 차이점(Substantial difference)을 낳는다.[104]

(3) 실질적 차이설에 대한 비판

실질적 차이설은 무엇이 용이한 것이냐에 대하여 별다른 기준을 제공하지 못하는 단점이 있다.[105] 3단계설도 기계특허를 분석하는 데 있어서는 적당할지 모르지만 그 이외의 기술 분야에 있어서는 그 기준이 너무나 개괄적인 것이라서 구체적 문제에 직면하여 이를 해결할 수 있는 판단 기준을 제공해 주지 못한다는 것이다.[106]

---

104 吉藤, 특허법개설, p.523(1997, 12版, 有斐閣). 그러나 일본국 학자인 吉藤은 이를 치환가능성으로 설명한다. 특허권자는 청구항에 기재된 물질을 다른 물질로 대체하더라도 그 작용·효과나 기능이 동일한 경우에는 이를 청구항의 권리범위로 주장할 수 있다. 따라서 타인이 이와 같은 범위 내에서 청구항에 기재된 물질을 동일한 작용·효과나 기능을 수행하는 물질로 대체한 경우에는 동등론에 의한 특허침해가 된다. 그러나 청구항의 물질과 다른 작용·효과나 기능을 하는 물질로 대체한 경우에는 동등론에 의한 침해행위를 인정할 수 없다고 본다. 일본국 학자의 이론은 특허출원 시를 기준으로 하여 그 발명이 속하는 기술 분야에서 통상의 지식을 가진 자에게 용이한 치환행위는 동등론에 의하여 금지되고 그렇지 않은 경우는 특허침해가 성립되지 않는다고 본다. 그러나 위 논자의 견해는 침해행위를 판단하는 것은 청구항의 해석의 문제로서 이를 해석하는 데 있어서 특허출원 시의 그 발명이 속하는 기술 분야의 통상의 지식을 사용할 수 있느냐의 문제가 된다. 그러나 청구항의 해석은 특허출원자가 사용한 용어를 명세서에 비추어서 그 의미와 내용을 밝히는 것으로서 발명자의 주관적 개념을 밝히는 것이지 그 발명이 속하는 기술 분야에서 통상의 지식을 가진 자가 그 발명에 대하여 어떠한 의미를 부여하느냐를 결정하는 것이 아니라고 보여진다. Supra, 특허청구항의 해석 참조.

105 Warner-Jenkinson Co., Inc. v. Hilton Davis Chemical Co., 117 S. Ct. at 1054, 41 USPQ2d at 1875.

106 Claude Neon Lights, Inc. v. E. Machlett & Sons(1929): 저명한 Learned Hand 판사는 각 사건은 모두 정도의 문제

3단계설이 일반적으로 발명의 방식, 효과, 작용의 실질적 동일성을 기술한 것만 가지고는 개별적 사안에 있어서 과연 청구항과 침해대상이 실질적으로 동일한 것인지에 대해서는 구체적인 기준을 제시하지 못한다.[107] 특허권자가 개괄적으로 방식, 작용, 그리고 효과를 주장하면서 청구항과 침해장치가 실질적으로 동일하다고 주장하면 상대방은 그 방식을 매우 좁혀서 실질적으로 차이점이 있다고 반박할 것이기 때문이다. 따라서 각 개별적 사안마다 3단계설을 적용하거나 실질적 차이설을 적용하여 동등론을 주장할 필요도 있다.[108]

사. 종합설

CAFC는 Warner-Jenkinson Co.에서 동등론을 적용할 수 있는 요인을 종합하여 다음과 같이 침해 여부를 판단한다.

로서 선례는 대부분의 경우에 별다른 유익한 기준을 제공하지 못한다고 보았다. 그는 이 3단계설은 너무 자주 반복되지만 그 의미는 거의 없고 오직 문제가 무엇이라는 것을 복창하는 데 불과하다고 하였다.

107 Zygo Corp. v. Wyko Corp., 79 F.3d 1563, 1569, 38 USPQ2d 1281, 1285-86(Fed. Cir. 1996)(치환물이 동일한 효과를 얻기 위해서 일반적으로 동일한 작용을 한다는 것만 가지고는 동등론을 적용할 수 없고 동일한 효과가 실질적으로 동일한 방식으로 얻어져야만 한다. 단지 동일한 효과를 가져온다는 사실만으로 동등성을 인정하는 것은 동등성이란 용어를 명백하게 남용한 것이다); Slimfold Manufacturing Co., Inc. v. Kinkead Industries, Inc., 932 F.2d 1453, 1457-58, 18 USPQ2d 1842, 1846(Fed. Cir. 1991)(차이점이 실질적이냐 아니면 사소한 것이냐에 대하여 피고가 특허청구항을 부당하게 전용하는 경우에만 그 차이점이 사소한 것이라고 보아야 한다. 대부분의 동등론 사건에 있어서는 기능과 그 효과가 동일하다는 데에는 별다른 다툼이 없고 판단은 그 작동방식에 차이가 있느냐 여부에 달려 있다); Ciba-Geigy Corp. v. Crompton & Knowles Corp., 22 USPQ2d 1761, 1766-67, n.4(E.D. Pa. 1991)(동일한 방식이냐의 문제는 그 기능과 효과가 동일하다는 것으로부터 추정될 수는 없다); Sarkisian v. Sign-Up Corp., 220 USPQ 802, 803(D. Ore. 1983)(동일한 효과가 물리적 법칙에 의하여 달성될 수는 있지만 그 수단은 다를 수 있는 것이다); Duplan Corp. v. Deering Milliken, Inc., 444 F. Supp. 648, 762, 197 USPQ 342, 439-40(D. S.C. 1977), aff'd, 594 F.2d 979, 201 USPQ 641(4th Cir. 1979), cert. denied, 444 U.S. 1015(1980)(동등론은 그 효과가 동일하다는 것만 가지고는 적용될 수 없다).

108 절충설: 미연방대법원의 Warner-Jenkinson의 견해. 따라서 Warner-Jenkinson 이후에는 동등론의 적용기준으로서 3단계설과 실질적 차이설을 함께 적용하는 판례가 있다.

Hughes Aircraft Co. v. United States, 140 F.3d 1470, 1474, 46 USPQ2d 1285, 1288(Fed. Cir. 1998)(실질적으로 동등하다는 의미는 치환물이 특허발명이 수행하는 작용방식을 실질적으로 변화시키지 못한 것을 말한다); Dawn Equipment Co. v. Kentucky Farms, Inc., 140 F.3d 1009, 1016-1017, 1020, 46 USPQ2d 1109, 1113-1114, 1118(Fed. Cir. 1998)(원칙적으로 사소한 차이설을 적용하되 기계특허 사건에서는 3단계설을 함께 적용한다); Multiform Desiccants, Inc. v. Medzam, Ltd., 133 F.3d 1473, 1480-1481, 45 USPQ2d 1429, 1435(Fed. Cir. 1998)(3단계설을 적용하되 교환가능성도 중요한 요인이 된다); Fromson v. Anitec Printing Plates, Inc., 132 F.3d 1437, 1446, 45 USPQ2d 1269, 1275(Fed. Cir. 1997), limited in part, Cybor Corp. v. FAS Technologies, Inc., 138 F.3d 1448, 46 USPQ2d 1169(Fed. Cir. 1998)(in banc), cert. denied, (1998)(Warner에서 수정된 3단계설을 적용한다); Sage Products, Inc. v. Devon Industries, Inc., 126 F.3d 1420, 44 USPQ2d 1103(Fed. Cir. 1997)(동등론은 사소하거나 미세한 변경을 하였지만 그 본질적 기능은 그대로 유지하고 있는 경우에 적용된다); Wright Medical Technology, Inc. v. Osteonics Corp., 122 F.3d 1440, 1444, 43 USPQ2d 1837, 1840(Fed. Cir. 1997)(동등론에 의한 침해는 심사과정에서의 금반언의 원칙이 적용되지 않는다면 청구항의 모든 구성요소나 그 동등물이 침해장치에서 빠짐없이 발견되어야 하며 침해장치와 특허청구항의 문언상 권리범위의 차이점이 사소한 것에 불과하여 실질적으로 동일한 효과를 가져오기 위해서 실질적으로 동일한 기능을 실질적으로 동일한 방식으로 수행하는 것이다).

(1) 3단계설

차이점이 실질적인 것인가 아니면 사소한 것인가가 동등론을 결정하는 본질적 요인이 된다. 이를 위해서는 그 차이점이 사소한 것이라는 증거가 필요한데 이때 3단계설(Function-Way-Result test)이 그 차이점을 보여 주는 증거가 될 수 있다. 이러한 경우에 기능, 방식, 효과가 실질적으로 동일한 것인지에 대하여 집중을 할 수도 있다. 그러나 이 3분법은 다른 요인들 즉 복제행위의 존재 및 기술우회를 하였는지 하는 점을 동등론을 적용하는 데 있어서 제외한다. 또한 사소한 차이에 불과한 것인지 여부를 판단하는 기준은 관련된 기술 분야에 종사하는 통상의 지식인의 기술 수준이 된다. 이를 위해서 주관적인 결론보다는 객관적인 증거를 가지고 결정한다.

(2) 알려진 치환가능성

CAFC가 위 3단계설 이외에도 동등론을 적용하는데 있어서 추가적으로 요구하는 요인은 알려진 치환가능성(치환의 용이추고성: Known interchangeability)이다.

청구항의 구성요소와 침해장치의 구성이 서로 치환 또는 교환이 가능한지 여부는 통상의 기술자가 이러한 용이한 변화를 고려하였다는 증거가 된다. 만약 이러한 증거가 없다면 특허권자는 피고의 대체물이 통상의 기술자가 보기에 특허 침해 당시에 용이한 것에 불과하다는 점에 대한 객관적인 기술적 증거를 제시하여야 한다.[109]

(3) 복제행위의 존재

침해행위자가 청구항을 복제하였다는 사실은 청구항과 침해장치 사이의 객관적 차이점이 용이하다는 것을 추측할 수 있게 한다. 특허발명의 복제를 시도한 경우에 이러한 사실로부터 복제자는 관련된 기술 계통에 종사하는 통상의 지식인으로 하여금 특허발명을 복제함으로써 용이한 변경밖에 못하였다는 사실상의 추정을 할 수 있다. 이러한 추정만으로는 동등론을 적용할 수 있다고 할 수는 없어도, 이러한 추정이 있다면 침해행위자가 제시하는 실질적 차이가 있다는 증거를 반박할 수 있다.[110]

---

109 ① 사소한 변경이냐 아니냐의 판단기준은 통상의 기술자가 된다. Hilton Davis Chemical Co. v. Warner-Jenkinson Co., Inc 62 F.3d at 1519, 35 USPQ2d at 1646.
② 사소한 변경이냐는 침해행위 시점을 기준으로 판단한다. 특허가 발급된 이후의 개량행위도 동등론에 의하여 침해를 할 수 있다. Hilton Davis Chemical Co. v. Warner-Jenkinson Co., Inc., F.3d at 1528, 35 USPQ2d at 1653-54.

110 Id., 62 F.3d at 1519-20, 35 USPQ2d at 1646. 그러나 연방대법원은 침해행위의 성립에 있어서 주관적인 고의를 요구하지는 않는다. 복제를 하겠다는 고의만으로는 동등론에 의한 침해행위의 성립을 인정하지는 않는다. 동등론은 물론 악의적인 복제를 금지하기 위해서 적용되는 것이다. 그러나 이는 그렇게 제한적으로만 적용되지는 않는다. 중요한 것은 실질적으로 차이가 있느냐 하는 점이지 침해행위자의 동기나 고의가 동등론의 적용을 좌우하는

(4) 기술우회방식

일반대중은 누구라도 기술우회방식(Designing around)을 사용할 수 있다.[111] 경쟁자가 특허권의 존재를 알고 청구항을 기술적으로 우회한 경우, 경쟁자는 관련 계통의 기술자로서 특허침해를 피하기 위해서 실질적인 변화를 하려 했다는 추정을 낳는다. 따라서 기술우회의 증거는 동등론을 적용하는 데 있어 불리하게 작용된다.[112] 피고가 독자적인 개발을 하였는지 여부와, 피고가 특허청구항의 존재를 알고 개발하였는지 여부는 동등론을 적용하는 데 있어서 결정적 요인이 되지 않는다고 본다.[113] 그러나 독자적 개발의 증거는 원고가 피고의 복제행위가 존재하기 때문에 동등론을 적용하여야 한다고 주장하는 데 대한 반박증거는 될 수 있다.[114]

(5) 대법원의 동등론 성립요건

대법원은 침해장치가 특허청구항의 구성요소를 치환하거나 변경한 경우에 동등론에 의하

것은 아니다.

111 Hilton Davis Chemical Co. v. Warner-Jenkinson Co., Inc.(1995): 일반대중이 기술을 사용할 수 있다는 것은 그러한 기술을 사용하여도 타인의 특허를 침해하지 않는다는 의미로서 문언상의 침해는 물론 동등론에 의한 침해도 회피할 수 있어야 한다(저자 주).

만약 특허가 발급된 당시까지 이미 알려진 치환물에 대해서만 침해의 성립을 부정한다면 그 이후에 만들어진 새로운 형태의 침해행위에 대해서는 동등론을 적용할 수가 없고 그 결과로서 특허권을 보호하는 것을 포기하는 것이다. Hilton Davis Chemical Co.에서는 기술우회라는 요건을 침해장치와 청구항의 차이점이 실질적인가를 비교하는 하나의 요인으로 추가하였다. 특허가 공개한 것을 바탕으로 하여 일반대중이 성공적으로 기술우회를 하여 침해가 되지 않는 물건을 만든 것은 물론 이 물건은 청구항도 그랬듯이 선행기술을 개량한 것인데 이를 만들 수 있는 능력은 특허발명에 대하여 특허법이 독점적 권리를 부여하는 것을 정당화하는 것으로서 일반대중에게 이익이 되는 것이다. 경쟁자가 특허의 공개내용을 인지한 이후에 청구항을 침해하지 않고 기술우회를 시도하였다면 통상의 기술자가 침해를 피하기 위해서 실질적인 변화를 꾀한 결과 새로운 물건을 만들어 냈다는 추론을 할 수 있다. 따라서 기술우회를 하였다는 증거가 제출되면 이는 침해행위의 성립을 부정하는 방향으로 증거가치를 가진다.

112 62 F.3d at 1520, 35 USPQ2d at 1646-47.

113 • 다수설(고의불요설) 복제에 대한 고의는 동등론에 있어서 필요하지 않다고 보는 것이 다수설이다. 그러나 원고가 복제하였다는 주장을 반박하기 위해서 피고는 이러한 증거를 사용할 수 있다.

• 소수설(Lourie 판사): 침해행위자의 악의도 동등론의 성립요건의 하나이다. 동등론은 무단복제를 금지하여 특허권자에게 정당한 권리를 보장하여 주는 데 그 목적이 있다. 따라서 의도적으로 복제를 한 뒤 단지 문언상의 침해행위를 피하기 위해서 사소한 변경을 한 경우와 복제를 할 의도가 없이 순수히 개발을 하였으나 우연히 청구항에 근접한 경우와는 구별하여야 한다. Id., 62 F.3d at 1548, 35 USPQ2d at 1671.

114 소수설: 3단계설만을 가지고 동등론의 성립요건으로 할 수는 없다. 그러나 다수견해가 주장하는 실질적 변경설도 유일한 기준이 될 수 없다고 본다. 만약 피고의 침해장치와 특허청구항이 매우 다른 것이고 침해행위가 존재하지 않는다면 차이점이 실질적이라는 것은 아직도 유일한 또는 가장 중요한 동등론의 판단기준이 되는 것이다. 그러나 첫째, 독립적 발명인지, 아니면 복제가 있었는지와 침해행위자의 인식이나 고의도 동등론을 적용하는 데 있어서 참작되어야 할 사유인 것이다. 둘째, 치환가능성이 있다는 사실을 통상의 기술자가 알고 있었는지 아니면 알지 못하였는지, 셋째, 특허청구항이 개척특허인지 아닌지 여부, 넷째, 일반대중이 청구항을 보아서 무엇이 특허발명인지에 대하여 이해할 수 있는 능력을 저해할 수 있는 행위를 특허권자가 하였는지 여부, 예컨대 명세서에 공개된 발명 중에서 청구항에는 주장하지 않은 실시례가 있는지 여부, 따라서 일반대중에게 청구항의 권리범위로 주장되지 아니한 것은 특허권자가 이를 포기한 것으로 믿도록 하고 후일 특허권자가 이를 동등론에 의하여 침해행위로 주장하는지와, 마지막으로, 특허권자가 침해행위가 존재함을 알고도 이를 포함하는 청구항에 대하여 특허의 재발급을 신청하지 않은 것인지에 대하여 살펴보아야 한다.

여 침해행위가 성립되기 위해서는 다음과 같은 요건을 요구한다.[115]

그 적극적 요건으로서, 첫째, 침해장치는 청구항의 구성요소를 모두 구비하고 있어야 한다. 둘째, 청구항의 각 구성요소와 구성요소 간의 유기적 결합관계가 침해장치에 그대로 포함되어 있어야 한다.[116] 셋째, 침해장치는 청구항과 과제의 해결원리가 동일하고 동일한 목적을 가지고 실질적으로 동일한 작용 및 효과를 가져야 한다.[117] 넷째, 통상의 기술자가 치환하는 것을 용이하게 생각해 낼 수 있는 정도로 자명하여야 한다.[118]

---

115 대법원 2011.7.28. 선고 2010후67 판결.

특허발명과 대비되는 발명(이하 '확인대상발명'이라 한다)이 특허발명의 권리범위에 속한다고 할 수 있기 위해서는 특허발명의 특허청구범위에 기재된 각 구성요소와 그 구성요소 간의 유기적 결합관계가 확인대상발명에 그대로 포함되어 있어야 한다. 한편 확인대상발명에서 특허발명의 특허청구범위에 기재된 구성 중 치환 내지 변경된 부분이 있는 경우에도, 양 발명에서 과제의 해결원리가 동일하고, 그러한 치환에 의하더라도 특허발명에서와 같은 목적을 달성할 수 있고 실질적으로 동일한 작용·효과를 나타내며, 그와 같이 치환하는 것이 그 발명이 속하는 기술분야에서 통상의 지식을 가진 자(이하 '통상의 기술자'라 한다)라면 누구나 용이하게 생각해 낼 수 있는 정도로 자명하다면,

116 유기적 결합설: 대법원은 청구항의 권리범위는 청구항이 기술적 과제의 해결이라는 목적을 가진 각 개별 구성요소가 유기적으로 결합되어 전체로서 하나의 기술적 아이디어를 표현한다고 보고 있다. 이는 전체적 접근법(Invention as a whole)을 취하는 것으로 보인다(전체적 접근법에 대해서는 임호 저, 청구항의 해석과 동등론, 저스티스, 2006. 12월호 참조).

대법원 2006.1.12. 선고 2004후1564 판결【권리범위확인(실)】: 발급실용신안의 청구항을 복수의 구성요소로 구성한 경우에는 그 각 구성요소가 유기적으로 결합한 전체로서의 기술사상을 보호하는 것이지 각 구성요소를 독립하여 보호하는 것은 아니므로(구성요소의 유기적 결합성: 저자주), 발급실용신안과 대비되는 확인대상고안이 발급실용신안의 청구항에 기재된 필수적 구성요소들 중의 일부만을 갖추고 있고 나머지 구성요소를 결여한 경우에는 원칙적으로 그 확인대상고안은 발급실용신안의 권리범위에 속하지 아니한다(원칙적으로 구성요소완비의 원칙 적용: 저자 주)(대법원 2001.6.1. 선고 98후2856 판결 등 참조).

대법원 2004.11.26. 선고 2002후2105 판결: 이 사건 특허발명의 권리범위에 속한다고 할 수 있기 위해서는 이 사건 특허발명의 각 구성요소와 구성요소 간의 유기적 결합관계가 원고의 실시발명에 그대로 포함되어 있어야 할 것인데, 원고실시발명의 제1구동부와 이 사건제1항 발명의 구동부의 구성은 동일성이 없으므로 이 사건 제1항 발명의 제1구동부의 구성은 동일성이 없다.

117 절충설

① 3단계설: 대비되는 발명에서 구성요소의 치환 내지 변경이 있더라도, 양 발명에서 과제의 해결원리가 동일하며, 그러한 치환에 의하더라도 특허발명에서와 같은 목적을 달성할 수 있고 실질적으로 동일한 작용·효과를 나타내야 한다.

② 사소한 차이점: 그와 같이 치환하는 것을 그 발명이 속하는 기술 분야에서 통상의 지식을 가진 사람이 용이하게 생각해 낼 수 있을 정도로 자명하여야 한다.

118 치환의 용이성의 판단기준(동등론의 적용을 회피하기 위해서는 필요한 특허발명의 진보성과 실질적인 차이가 새로운 특허를 발급받을 수 있을 정도여야 하는가에 대하여)

① 진보성설(독립특허설): 침해장치가 독립적으로 특허를 발급받은 경우에 이러한 새로운 특허의 발급이 침해장치와 청구항이 실질적으로 차이가 있는 것으로 볼 수 있는 근거가 되어 침해행위의 성립을 부정할 수 있다.

Roton Barrier, Inc. v. Stanley Works, 79 F.3d 1112, 1128, 37 USPQ2d 1816, 1828(Fed. Cir. 1996)(NIES, 추가소수의견: 특허발명의 대체물은 진보적인 동시에 사소한 차이라고 볼 수는 없고 실질적인 차이점은 바로 진보성과 같은 기준으로 보아야 한다); Hoechst Celanese Corp. v. BP Chemicals Ltd., 78 F.3d 1575, 38 USPQ2d 1126(Fed. Cir. 1996), cert. denied, 117 S. Ct. 275(1996); National Presto Industries, Inc. v. West Bend Co., 76 F.3d 1185, 37 USPQ2d 1685(Fed. Cir. 1996).

② 부정설: Magnesystems, Inc. v. Nikken, Inc., 933 F. Supp. 944, 952(C.D. Calif. 1996)(독립하여 특허를 발급받을 수 있다는 사실만으로는 동등론에 의하여 침해행위가 성립하는 것을 부정할 수는 없다).

그 소극적 요건으로서, 첫째, 침해장치가 공지기술의 영역에 있지 않아야 하고, 둘째, 심사과정의 금반언의 법리에 저촉되지 않아야 한다.[119]

이를 종합해 보면, 첫째의 요건은 앞서 설명한 구성요소완비의 원칙이고, 둘째의 요건은 각 구성요소 사이의 결합의 순서 또는 결합의 조건이 발명의 요점을 이루고 있는 것으로서 앞으로 설명할 것이고, 셋째의 요건은 앞서 설명한 3단계설과 다음에서 설명하는 본질적 구성요소설을 합하여 하나로 설시한 것이고, 넷째의 요건은 이후에 설명할 치환의 용이성에 관한 것이다. 다섯째의 요건은 공지기술의 항변이고, 여섯째 요건은 심사과정에 있어서의 금반언의 법칙의 적용에 관한 것이다.

(6) 본질적 구성요소설(일본국의 동등론)

본질적 구성요소설은 일본의 통설로서 청구항을 구성하는 요소를 본질적 구성요소와 그렇지 않은 구성요소로 구분한 뒤, 본질적 구성요소에 대해서는 문언상의 침해만 인정될 뿐 동등론에 의한 침해를 허용하지 않는다. 따라서 청구항을 해석하여 그중에서 본질적 구성요소라고 인정되는 것 이외의 구성요소를 치환한 부분에 대해서만 동등론을 적용할 수 있다. 즉, 청구항의 본질적 구성요소에 대하여 이를 치환한 대상에 대해서는 동등론이 적용될 수 없다.[120] 따라서 동등론에 의한 침해를 인정받기가 쉽지가 않다.[121] 이 입장은 특허권자보다는 일반대중의 이익을 우선하여 그들로 하여금 특허정보를 보다 자유롭게 이용할 수 있게 하기 위한 것이다.

---

119 대법원 2011.7.28. 선고 2010후67 판결: 확인대상발명이 특허발명의 출원 시 이미 공지된 기술과 동일한 기술 또는 통상의 기술자가 공지기술로부터 용이하게 발명할 수 있었던 기술에 해당하거나, 특허발명의 출원절차를 통하여 확인대상발명의 치환된 구성이 특허청구범위로부터 의식적으로 제외된 것에 해당하는 등의 특별한 사정이 없는 한, 확인대상발명은 전체적으로 특허발명의 특허청구범위에 기재된 구성과 균등한 것으로서 여전히 특허발명의 권리범위에 속한다고 보아야 할 것이다.

120 동등론을 적용하기 위한 제1요건으로서 일본의 판례와 학설은 본질적 구성요소의 문언상의 동일성을 요구한다. 高部眞規子, 일본특허판례백선, 전게서, p.459(비록 특허발명과 대상제품이 동일하지 않고 상위점이 있더라도 이러한 발명의 본질적 부분에 해당하지 않는다는 점은 과제의 해결에 있어서 대상제품이 특허발명과 동일한 해결수단을 이용한다는 점을 의미하는 것이다. 따라서 본질적 부분이(문언상으로) 상이한 경우에는 두 가지가 균등하다고 볼 수는 없다)(만약 문언상이 아니라 동등론상으로 실질적으로 동일할 것을 허용하는 것이라면 굳이 본질적 부분과 비본질적인 부분을 구분할 필요가 없었을 것이다. 저자 주).

이에 부합하는 하급심 판례로서는, 다음과 같은 것들이 있다.

① 동경지재 1998.10.7. [1991. 제10687호](비본질적 부분의 차이점이 동일한 목적과 동일한 작용·효과를 가지는 것으로 보아 본질적 부분에 대해서는 동일할 것을 요구함)

② 동경고재 2000.10.26. [2000. 제2147호](본질적 부분이 특허발명의 구성과 다르다면 이미특허발명의 실질적 가치는 미치지 않고 특허발명의 구성과 균등이라는 것은 가능하지 않다고 봄)

121 井上由里子, 균등성립의 긍정례 (1) [동경고재 2001.10.26. 판결 2000. 제2147호]-생해태의 이물분리제거장치 사건, 일본특허판례백선, p.471(주기동 역). 일본최고재판소의 볼스플라인 사건 이후에 동등론에 대하여 판단을 한 사례 중에서 7할 정도가 '비본질적 요건'을 충족하지 못하였다는 이유로 동등론이 적용되지 않았다. 따라서 일본국에서는 본질적 구성요소의 실질적 동일성의 논쟁보다도 본질적 구성요소이냐 아니면 비본질적 구성요소이냐의 논쟁이 보다 중요한 것으로 보인다.

이 견해에 의하면 청구항과 침해대상이 실질적으로 동일한가에 대한 논의보다는 청구항의 구성요소 중에서 본질적 구성요소와 비본질적인 요소를 구별하는 것이 중요하다.[122] 본질적 구성요소란 특허발명이 가지는 특유의 과제 해결을 위한 기초가 되는 기술적 사상의 중핵적, 특징적인 수단이 구현된 구성요소이거나, 그 부분이 다른 것으로 치환되면 기술적 사상이 달라져서 결국 별개의 발명이 되는 부분을 말한다.[123]

실제로 청구항의 구성요소 또는 한정사들 중에서 본질적인 것과 비본질적인 것을 구별할 수 있는 보편적 기준을 정하기는 어렵다. 명세서에 공개된 선행기술이 가지고 있었던 기술적 과제, 그 과제를 해결하기 위해서 특허발명이 채택한 기술적 수단, 특허발명의 목적 및 효과 등의 공개내용에 비추어서 본질적인 것을 판단한다.[124] 그 후 이를 침해장치와 비교하여 청구항

---

122 • 완전구별설: 高部眞規子, 균등성립의 요건-볼스플라인 사건(일본 최고재 1998.2.24. 판결), 일본특허판례백선(김철환 역), p.458. 일본의 하급심도 이와 동일한 해석을 한다. 井上由里子, 균등성립긍정례 (1), 일본특허판례백선(주기동 역), p.469.

• 일부구별설: 특허법원은 불완전이용사건의 경우에 청구항의 구성요소 중에서 중요한 구성요소와 그렇지 않은 구성요소를 구별한다. 침해장치가 특허청구항과 동일한 기술적 아이디어를 가지고 있으면서 청구항의 구성요소 중에서 중요하지 않은 구성요소를 결여한 경우에는 침해행위가 성립한다고 본다. 특허법원이 불완전이용이라는 제한적 경우에 한하여 구성요소의 중요도에 있어서 차이를 두는 데 비하여 일본최고재판소는 청구항의 구성요소 중에서 본질적 구성요소나 부분에 대해서는 문언상의 침해만 인정하고 동등론에 의한 침해행위는 허용하지 않는다.

123 본질적 부분이 무엇이냐에 대한 견해

① **과제해결설**: 대법원 2011.7.28. 선고 2010후67 판결 및 대법원 2009.6.25. 선고 2007후3806 판결 그리고 高部眞規子, 균등성립의 요건-볼스플라인 사건(일본 최고재 1998.2.24. 판결), 일본특허판례백선(김철환역), p.459. 일본의 하급심도 이와 동일한 해석을 한다. 井上由里子, 균등성립긍정례 (1), 일본특허판례백선(주기동 역), p.469.

대법원은 위 2011.7.28. 선고 2010후67 판결에서 "확인대상발명에서 특허발명의 특허청구범위에 기재된 구성 중 치환 내지 변경된 부분이 있는 경우에도, 양 발명에서 과제의 해결원리가 동일하고, 그러한 치환에 의하더라도 특허발명에서와 같은 목적을 달성할 수 있고 실질적으로 동일한 작용·효과를 나타내며, 그와 같이 치환하는 것이 그 발명이 속하는 기술 분야에서 통상의 지식을 가진 자(이하 '통상의 기술자'라 한다)라면 누구나 용이하게 생각해 낼 수 있는 정도로 자명하다면"이라고 판시하여 일본의 과제해결설을 취하고 있다.

② **치환불가설**: 松本重敏, 펜형 주사기 사건, 대판고재 2001.4.19 판결(본질적 부분이란 그 부분이 다른 구성으로 치환되면 전체적으로 당해 특허발명의 기술적 사상과는 별개의 것으로 평가되는 부분을 말한다).

124 高部眞規子, 균등성립의 요건-볼스플라인 사건(일본 최고재 1998.2.24. 판결), 일본특허판례백선(김철환 역), p.460. 일본의 하급심도 이와 동일한 해석을 한다. 井上由里子, 균등성립긍정례 (1), 일본특허판례백선(주기동 역), p.472.

125 井上由里子, 균등성립의 긍정례 (1) [동경고재 2001. 10.26. 판결 2000. 제2147호]-생해태의 이물분리제거장치 사건, 일본특허판례백선, p.469(주기동 역). 위 판례는 발명을 전체로 보는 견해에 기초하고 있는 것으로 보인다(Invention as a whole rule). '발명이 각 구성요건의 유기적 결합에 의하여 특정한 효과를 가져오는 것에 비추어보면, 대상제품과의 상이가 특허발명의 본질적 부분에 관계하는 것인지를 판단하는 데 있어서는 단지 특허청구범위에 기재된 구성의 일부를 형식적으로 취하는 것이 아니라 특허발명을 선행기술과 대비하여 과제해결의 수단에 있어서 특징적 원리를 확정한 뒤에'라고 표현하고 있어 발명의 전체를 실질적으로 보아야 한다고 해석된다(저자 주).

저자 주: 결국 위 제1요건, 즉 본질적 부분의 동등성은 특허발명의 청구항을 기준으로 한다. 청구항의 구성요소 중에서 본질적인 부분과 비본질적인 부분으로 나누어서 우선 본질적인 부분을 침해장치가 가지고 있는 경우에는 이 요건을 충족하고, 그렇지 않는 경우에는 이 요건이 충족되지 않는다. 예컨대 선행기술이 a+b이고 특허청구항이 a+b+c로 되어 있는 경우에 c가 청구항의 본질적인 부분으로서 진보성이 있다고 판단되어 특허를 발급받은 경우에 침해장치가 a+b'+c'인 경우를 가정하자. 우선 만약 c와 c'가 상위한 것이라면 이는 문언상의 침해는 물론이고 동등론상의 침해에도 해당할 수가 없다. 제1요건인 본질적 부분의 동등성의 요건을 결여하고 있기 때문이다. 문

과 실질적으로 동일한 해결원리인가 아닌가를 판단한다.[125] [126]

이 입장은 다음과 같은 중대한 결함이 있다. 일단 청구항의 어떤 구성요소가 본질적인 것이라고 선언되면 이에 대하여 사소한 치환이 침해대상에서 이루어졌다고 하더라도 침해가 성립될 수 없는 것이다. 동등론이 적용될 수 있는 것은 발명의 핵심과는 무관한 부분에 대한 사소한 치환이나 용이한 변형에 불과할 뿐이어서 특허에 대한 사기를 방지한다는 동등론의 취지를 몰각시킬 수 있다. 결국 동등론은 문언상의 침해원칙에 대한 예외에 불과하다.[127]

볼스플라인 사건(일본 최고재 1998.2.24. 판결)

- 구성요소 A: '단면 U자 형상'과 '원통 방향구'
  침해장치: '단면 반원 형상' 및 '둥근 공 모양 부분'
- 구성요소 B: 다음의 두 가지 기능을 가지는 지지기
  ① 지지 기능: 볼의 계속적 순환을 지지
  ② 요부 형성 기능: 볼록 나온 샤프트를 받아 줄 수 있는 오목 부분을 형성하는 기능
  침해장치: 지지 기능
  외통돌제 상단부+플레이트 형상 부재+리턴캡의 3개의 협동

구성요소 A가 특유의 과제 해결을 위한 기초가 되는 기술적 사상의 중핵적, 특징적인 수단이 구현된 구성요소, 즉 본질적 구성요소라고 하면 침해장치의 이에 대응하는 부분이 문언상 동일해야만 침해가 성립될 수 있다.

그러나 구성요소 A의 '단면 U자 형상' 및 '원통 방향구'와 침해장치의 '단면 반원 형상' 및 '둥근 공 모양 부분'을 각각 문언상으로 비교하면, 우선 청구항의 'U자'와 침해대상의 '반원'은 문언상의 차이가 있고, 다음 '원통 방향구'와 '둥근 공 모양 부분'도 문언상으로 차이가 있어서 결국 문언상의 침해는 성립하지 아니하고 침해문제는 종결된다. 왜냐하면 일단 청구항의 본질적 구성요소라고 인정되면 이에 대해서는 동등론을 적용할 수 없기 때문이다.[128] [129]

제는 c와 c'가 동등한 것으로 판단되는 경우이다. 이러한 동등성의 판단에 대하여 일본 판례는 오직 특허발명과 침해장치가 서로 다른 점이 없는 것이라고 표현하고 있다.

126 그러나 청구항에서 사용된 용어를 넘어서서 명세서에 기재된 기술적 과제, 특허발명의 목적과 효과 등을 참작하여야 한다면 청구항이 가지는 공시 기능을 해친다는 문제가 발생한다. Perkin-Elmer Corp. v. Westinghouse Electric Corp., 822 F.2d 1528, 3 USPQ2d 1321(Fed. Cir., 1987). 이에 대하여 소수견해를 취하는 Newman 판사는 주요 구성요소와 부수적인 구성요소를 구별하는 것은 법원에게 넓은 재량권을 부여함으로써 법적 안정성을 해친다고 본다. 822 F.2d at 1535-44, 3 USPQ2d at 1327-1333.

127 高部眞規子, 균등성립의 요건-볼스플라인 사건(일본 최고재 1998.2.24. 판결), 일본특허판례백선(김철환 역), p.459. 문언해석에 의하면 청구항의 권리범위에 기재된 구성과 다른 것이라도 일정한 요건을 만족하는 경우에는 예외적으로 이것과 균등하게 평가됨으로써 침해를 인정하는 사고방식이 균등론이다. 따라서 균등에 의한 침해는 문언침해의 원칙에 대한 예외로서 일정한 경우에는 특허발명의 실질적 가치가 제3자가 특허청구범위에 기재된 구성과 실질적으로 동일한 것으로서 용이하게 생각할 수 있는 기술에까지 확장되는 경우라고 할 수 있다.

128 동경고재 2001.10.26. 판결 2000. 제2147호, 井上由里子, 전게서, p.469:대상제품의 본질적 부분이 특허발명의 구성과 다르다면 이미특허발명의 실질적 가치는 미치지 않고 특허발명의 구성과 균등이라는 것은 가능하지 않다.

129 동등론의 적용이 아주 좁게 허용됨으로써 발생하는 불합리를 시정하기 위해서 작용효과가 동일하면 동등론의 적용

그러나 청구항의 '단면 U자 형상'이나 침해장치의 '단면반원형상'은 물론 청구항의 '원통 방향구'나 '둥근 공 모양 부분'은 그 언어상의 차이는 거의 없고 과연 이러한 정도의 언어상의 차이가 기술적 효과의 차이를 가져오는지에 대한 아무런 자료도 없다. 결국 침해대상은 청구항과 언어적으로는 물론 실질적으로도 동일한 발명에 불과하다.

결국 침해대상은 특허발명을 무단으로 복제하여 사용하면서도 침해책임을 회피하기 위해서 청구항의 용어를 사소하게 변경한 것이다.[130] 물론 청구항의 기안자가 '단면 U자 형상' 및 '원통 방향구'라는 용어를 사용하지 않고 보다 포괄적인 용어를 선택하였더라면 침해대상은 당연히 문언상의 침해에 해당하였을 것이다. 그러나 언어라는 도구를 가지고 기술적 현상을 완벽하게 개념정의한다는 것은 매우 어렵기 때문에 법원은 이러한 제도상의 결함을 보완하여 특허권자에게 정당한 보호를 해 주는 것이 마땅하다.

문언상의 침해를 넘어서서 동등론을 적용하는 것은 법의 형식적 적용에서 오는 불공정을 시정하기 위한 것, 즉 법의 실질주의에 기초를 두고 있다.[131] 이에 의하면 청구항과 침해장치 사이에 본질적 부분에 있어서 차이점이 있다고 하여도 그 차이점이 실질적으로는 동일한 것이라면 동등론을 적용할 수 있다고 본다.[132]

특허법이 보호하려고 하는 발명의 실질적 가치는 공지기술로서는 달성할 수 없었던 목적을 달성하고 공지기술에서는 가질 수 없었던 특유의 작용·효과를 가져오는 기술적 사상을 구성요소와 한정사라는 용어로 우리 사회에 공개한 점에 있다. 따라서 청구항의 본질적 부분과 침해장치의 이에 대응하는 부분 사이에 발명자가 공개한 기술적 사상으로 볼 수 있는 정도의 동일성이 존재하면 동등론을 적용할 수 있어야 한다.[133]

을 허용하는 다음의 입장도 있다.

井上由里子, 균등성립의 긍정례 (1) [동경고재 2001.10.26. 판결 2000. 제2147호]-생해태의 이물분리제거장치 사건, 일본특허판례백선, p.471(주기동 역): 대상제품은 본건 특허발명과 동일한 작용·효과를 나타낸다.—그러나 청구항은 주어진 과제를 해결하기 위하여 구성요소(構成要素: Elements)와 한정사(限定詞: Limitations)를 유기적으로 결합한 하나의 기술적 아이디어를 문자로 표현한 것이다. 따라서 특허발명의 작용·효과를 보기 위해서는 명세서를 참조하여야 한다. 만약 구성요소의 실질적 동일성이 아니라 작용·효과의 동일성을 참작하여 동등론을 허용한다면 그 비교기준이 청구항이 아니라 명세서가 될 수밖에 없다는 모순을 가져온다. 제9장 청구항의 해석과 적용. Supra. n.74 참조. 저자 주.

130 동등론은 청구항의 언어가 가지는 엄격함을 완화시킴으로써 발명의 이익을 절취하는 것을 금지하기 위한 것이라는 전통적인 견해: Michael J. Meurer & Craig Allen Nard, INVENTION, REFINEMENT AND PATENT CLAIM SCOPE: A NEW PERSPECTIVE ON THE DOCTRINE OF EQUIVALENTS, p.1949(Georgetown Law Journal 2005).

131 이 실질주의설은 미국의 형평법상의 이론과 상통하는 점이 있다. 따라서 동등론이 문언상 침해에 대한 예외라고 보는 일본국의 통설 및 판례와는 다른 이론적 기초를 가지고 있다.

132 실질설: 동경지재 1998.10.17. [1991. 제10687호], 전게서, p.463.

133 공개설: 嶋末和秀, 전게서, p.480, 균등성립부정례 (1)-서방성 디클로페낙 나트륨제제 사건(청구항의 3종의 장용성물질 HP를 AS로 치환)(대판지재 1998.9.17. [1996. 아 제8927호])

아. 발명의 핵심

발명에 있어서 반드시 모든 구성요소가 동일하게 중요하다고 볼 수는 없는 경우도 있다.[134] 그렇기 때문에 동등론을 적용함에 있어서 발명의 본질(Essence) 또는 핵심(Heart of the Invention)을 그렇지 않은 구성요소와 구별하여 적용하려는 근래의 미국의 판례법적 경향도 있다.[135] 이렇게 청구항이 가지는 기능 중에서 하나의 중요한 기능(One key function)이 침해장치에서 결여되어 있으면 그 차이점이 사소한 것(Insubstantially difference)이 아니어서 침해가 성립될 수 없다.[136]

청구항의 어떤 한정사가 그 청구항이 사용한 용어의 맥락에서 보아 특별한 역할을 수행하는 것으로 밝혀진데 비하여 이에 대응하는 침해장치의 부분이 이러한 역할을 수행하지 못하거나 실질적으로 다른 역할을 한다면 동등론에 의한 침해가 성립할 수 없다.[137] 또한 청구항의 중

---

134 Warner-Jenkinson Co., Inc. v. Hilton Davis Chemical Co., 520 U.S. 17, XXX, 41 USPQ2d 1865, 1875(1997)(역할분석론: 청구항의 전체의 맥락에서 각 구성요소가 가지는 역할을 분석하는 것은 침해장치에서 이와 치환된 구성요소가 청구항의 구성요소에 상응하는 기능과 효과를 가져오는가 아니면 치환된 구성요소가 실질적으로 청구항의 구성요소와 다른 역할을 하는가를 알려 준다).

135 Chisum §18.04 Doctrine of Equivalents [b][4][iv]: Chisum에 의하면 근래라는 것은 Warner-Jenkinson 이전을 말한다. 이 견해는 발급된 특허가 유효인지 아니면 무효인지를 결정하는 데 있어서 법적으로는 발명의 본질(Essence) 또는 핵심부분(Heart of the invention)이 존재한다고 할 수는 없으나 동등론을 적용하는 데 있어서는 이를 구분할 수 있다고 본다. Atlas Powder Co. v. E.I. du Pont de Nemours & Co., 750 F.2d 1569, 1582, 224 USPQ 409, 418(Fed. Cir., 1984); E.I. du Pont de Nemours & Co. v. Phillips Petroleum Co., 2 USPQ2d 1545, 1572(D. Del. 1987), aff'd in part, rev'd in part, vacated in part and remanded, 849 F.2d 1430, 7 USPQ2d 1129(Fed. Cir. 1988), on remand, 711 F. Supp. 1205, 11 USPQ2d 1081(D. Del. 1989)(동등론에 의한 침해를 판단하는 데 있어서는 청구항의 구성요소 중에서 본질이 되는 부분을 결정하고 침해장치가 이 발명의 본질을 사용하는지를 보아야 한다).

또한 발명의 본질을 이루지 않는 구성요소가 피고의 침해장치에 결여된 경우에도 동등론에 의한 특허침해행위가 성립할 수 있다고 보는 견해는 Atlas Powder Co. v. E.I. du Pont de Nemours & Co., 750 F.2d 1569, 1582, 224 USPQ 409, 418(Fed. Cir., 1984).

136 실질적 차이설(Substantial difference test): Vehicular Technologies Corp. v. Titan Wheel International, Inc.(1998). 스프링-플러그를 가진 침해장치는 실질적으로 청구항의 스프링 뭉치와는 다른 것이다. 스프링-플러그를 가진 침해장치는 지지 기능을 수행할 수 없기 때문이고, 즉 스프링-플러그의 구조와 스프링 뭉치의 구조의 차이는 사소한 차이(Insubstantially different)를 넘어서는 것이다.

137 한정사가 가졌다고 하는 명시적인 기능이 심사과정에서 심사를 받았거나 그 기능에 대하여 명세서에서 공개한 것이냐가 중요한 것이다. Vehicular Technologies Corp. v. Titan Wheel International, Inc.141 F.3d 1084, 46 USPQ2d 1257(Fed. Cir. 1998), later appeal, 212 F.3d 1377, 54 USPQ2d 1841(Fed. Cir. 2000). 위 Vehicular Technologies Corp.,에서 CAFC의 다수견해는 동등론에 의한 사용금지 가처분이 이유 없다는 이유로 이를 기각하였다. 그 이유는 명세서가 강조한 지지 기능(Back-up)을 침해장치가 가지고 있지 않았기 때문이다.

위 사건은 자동차에 대한 자동잠금장치에 관한 발명에 있어서 명세서는 발명자가 선행기술과 비교하여 세 가지의 주요한 개량행위를 하였다고 하면서 그중의 하나가 스프링 뭉치를 사용하는 것이었는데 이는 ① 두 개의 코일 스프링과 ② 하나의 핀을 사용한 것으로서 이 판은 선행기술이 원판 스프링 핀들을 쓴 대신 이를 개량한 것이다. 청구범위는 모두 '위 핀의 가장자리 반대편에 두 개의 스프링 베어링을 배치한 것으로 구성되는 하나의 스프링 뭉치'에 관한 것을 기본으로 한다. 명세서는 스프링 뭉치에 관한 기능을 공개하였다. 명세서는 스프링 뭉치는 핀의 가장자리에 중심을 두고 유지될 수 있는 능력을 가지고 있어서 외부의 스프링이 파괴된 경우에도 잘 기능할 수 있는 것, 즉 지지 기능(Back-up function)을 가진 것으로 공개하였다. 피고는 두 가지의 변형을 만들었는데 그 하나는

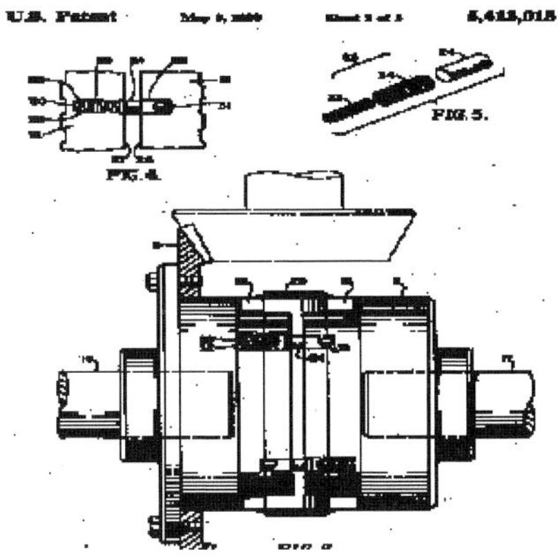

요한 기능을 하는 구성요소를 침해장치가 다른 것으로 치환하거나 대체한 경우에는 과연 이 치환되거나 대체된 부분이 청구항의 구성요소와 동일한 방식으로 기능하여 동일한 효과를 가져오는가 아니면, 실질적으로 다른 역할을 하는가를 분석한다.[138]

결국 명세서가 명시적으로 일정한 기능을 하는 구조를 공개한 경우에 이러한 기능들 중에

내부의 스프링 뭉치를 ① 하나의 스프링과 ② 플러그로 교체하고 지지 기능을 할 수 없는 배열을 가진 것으로 만들었다. 특허권자는 플러그가 청구항에서 말하는 내부의 스프링과 동등한 것이라고 주장하였다. 1심법원은 본안 전 사용금지 가처분을 인용하였다. 그러나 CAFC는 이를 번복하였다. 명세서는 선행기술과의 중요한 차이점으로서 내부의 스프링이 가지는 보조적인 지지 능력이나 교체 능력을 강조하고 있었는 데 비하여 침해장치는 하나의 스프링만이 존재하는 것이고 만약 이 하나의 스프링이 고장이 나는 경우에 이를 보완할 수단이 없다는 것이다. 발명의 요약과 실시례에서도 이러한 점이 계속 강조되었다.

• 다수견해: 구성요소의 기능을 강조

다수견해는 명세서가 내부 스프링의 역할과 특허권자의 청구항의 권리범위를 분명하게 전달하고 있다고 보았다. 이렇게 명세서에서 공개된 구성요소가 가지는 기능은 심사관이 선행기술에 비추어서 특허를 받을 수 있는지 여부를 심사하도록 하는 자료를 제공할 뿐만 아니라한 특허침해를 회피하려고 하는 경쟁자에게 명세서가 공개하는 것은 동등론의 권리범위에 영향을 미친다. 따라서 스프링-플러그를 가진 침해장치는 실질적으로 청구항의 스프링 뭉치와는 다른 것이다. 스프링-플러그를 가진 침해장치는 지지 기능을 수행할 수 없기 때문이고 이는 스프링-플러그의 구조는 스프링 뭉치의 구조와는 사소한 차이(Insubstantially different)를 넘어서는 것이기 때문이다.

• 소수견해: 발명의 목적과 이점을 강조

이에 반대하는 소수견해를 가진 Newman 판사는 침해장치야말로 특허발명이 주장한 모든 목적을 달성한다고 보았다. 특허권자는 모두 6개의 목적을 가지고 있었는데 그 주요한 목적은 구성부분을 서로 다른 메커니즘에서 만들고 설치하는 것을 간단하게 하는 수단을 제공하는 것이다. 이 발명의 목적과 그 이점이 바로 침해장치에서 나타나는 것이다. 다른 목적은 클러치의 이음장치의 강도와 신뢰성을 향상시키는 것인데 이는 특별한 기구 없이도 클러치덮개를 열 수 있도록 함으로써 설치를 쉽게 하는 것으로서 이러한 발명의 목적과 이점 모두가 침해장치에서 나타나는 것이다. 위 소수견해는 다수견해가 말하는 지지 기능(Backup function)은 통상적으로는 불필요한 것으로 보았다.

Vehicular Technologies에서는 구성요소의 기능이 명세서에 기재되어 있는데 비하여 구성요소의 기능이 청구항에 기재된 사례: ATD Corp. v. Lydall, Inc., 159 F.3d 534, 48 USPQ2d 1321(Fed. Cir. 1998)(그러나 이 사건에서는 구성요소의 기능이 청구항에 기재되어 있기 때문에 Vehicular Technologies를 그대로 적용할 수 없다).

138 Vehicular Technologies Corp. v. Titan Wheel International, Inc.(1998).

서 하나의 중요한 기능이 침해장치에 결여되어 있다면 이러한 차이는 사소한 것(Insubstantiality of the difference)으로 볼 수는 없다.[139]

CAFC의 Vehicular technologies 판결은 일본최고재판소의 볼스플라인 판결과 좋은 대비가 된다. 볼스플라인에서는 본질적 구성요소에 대해서는 문언상의 침해만을 판단하고 더 나아가 동등론에 의한 침해를 허용하지 않는 데 비하여 Vehicular technologies에서는 중요한 구성요소에 대한 동등론상의 침해도 허용한다.[140]

---

139 위 Vehicular Technologies의 다수견해는 특허출원경과에 의한 금반언의 원칙만이 동등론에 의하여 침해행위의 성립을 제한하는 유일한 자료는 아니라는 것이다. 명세서나 출원경과에서의 진술이 청구항이 가지는 기능과 역할에 대한 설명을 한 것이 바로 청구항의 한정사가 가지는 역할을 설명함으로써 결국 동등성의 권리범위를 제한하는 일을 한다. 명세서는 침해장치에서 문언상으로 드러나지는 않지만 청구항의 한정사가 가지는 여러 가지 기능, 특히 지지 기능(Back-up)을 강조하고 있다. 침해장치가 가지는 동등한 기능이라고 주장되는 것은 이러한 지지 기능을 전혀 수행하지 못하고 있다. 다수견해는 심사과정에서의 금반언의 원칙만이 동등론의 권리범위를 제한하는 것이 아니라 명세서에서 공개한 청구항의 한정사의 기능도 역시 동등론의 권리범위를 제한할 수 있다고 보았다.

140 이를 비판하는 견해에 의하면 이렇게 동등론에 의한 침해행위가 성립하기 위해서 명세서에서는 공개되어 있지만 청구항에는 기재되지 않은 장점이나 기능을 침해장치가 가져야만 한다면 이는 청구항의 해석에 관한 기본원칙을 위배하는 것이다. 이로써 동등론이 적용될 범위는 극히 좁아지는 단점이 있다는 것이다. 그러나 다수견해는 이를 반박한다. 명세서에서 공개된 장점이나 기능을 침해장치가 모두 가지고 있어야만 동등론에 의한 침해행위가 성립하는 것은 아니다. 명세서가 공개한 장점이 비록 청구항의 권리범위에는 포함되지는 않았더라도 그 장점이 실제로 중요한 것이라면 이는 동등론을 적용하는 데 있어서 중요한 계기가 된다고 보아야 한다는 것이다.

모든 장점 원칙(All advantages rule): 소수견해의 Newman 판사의 반대의견에서 나타나는 용어로서 명세서에 기재되어 있으나 청구항에는 기재되지 않은 장점이라도 침해장치가 모두 구비하고 있어야만 동등론에 의한 침해가 성립할 수 있다고 보는 입장(만약 다수견해가 이러한 엄격한 원칙을 요구한다면 이는 동등론의 적용범위를 극도로 제한하는 부당한 결과를 가져온다고 비판한다. 저자 주). 그러나 실제로 다수견해도 위 원칙을 취하고 있지 않다고 변명한다. 다수견해에 따르면, 명세서(청구범위를 제외한다)에서 기재된 장점이 청구항에 포함되지 않는 경우에는 당연히 그 자체로 특허출원된 발명에 대한 한정사로 볼 수는 없다. 그러나 명세서에 기재된 정보는 동등론이 적용되어 침해행위가 성립하는지를 판단하는 데 있어서 사실인정에 필요할 수도 있다. 물론 모든 장점 원칙(All advantages rule)은 동등론에 의한 법 적용에 있어서 출발점이 될 수는 있다고 보았지만 그렇다고 하여도 모든 장점을 침해장치가 가지고 있어야만 침해가 된다고 볼 수는 없다. 따라서 명세서에 기재된 장점 중에서 청구항에 기재되지 않은 것을 청구항으로 유입하는 것은 청구항의 해석원칙에 어긋난다. 그러나 동시에 동등론에 의한 침해가 되기 위해서 청구항에 기재되지 않은 장점을 침해장치가 반드시 가져야만 한다는 것도 잘못된 것이다.

역할분석론: 다수견해는 각 구성요소가 청구항에서 하는 역할을 분석하여 보면 침해장치에서 다른 것으로 치환된 구성요소가 바로 이 청구항의 구성요소의 기능이나 방식 및 결과를 가져오는지 또는 이 치환된 구성요소가 청구항의 구성요소와 실질적으로 다른 역할을 하는지를 알려 준다고 하였다.

정황론: 이 사건에 대한 심리를 위해서 1심법원은 다음과 같은 요인을 살펴보아 특허침해의 성립 여부를 결정하는 정황 증거로 삼을 수 있다고 보았다. ① 피고의 엔지니어가 오랜 기간 동안 해결하기 위해서 노력하였으나 해결할 수 없었던 것을 특허발명이 해결하였는지. ② 피고의 침해장치가 바로 특허발명품을 세세한 부분까지 거의 그대로 복제하였는지. ③ 특허변호사와 상담을 한 뒤 특허발명의 거의 모든 특징과 구조를 그대로 가지고 있는 침해장치를 만들었는지가 바로 그것이다.

주요특징론(Key feature): Vehicular Technologies Corp., 141 F.3d 1084, 46 USPQ2d 1257(Fed. Cir. 1998), later appeal, 212 F.3d 1377, 54 USPQ2d 1841(Fed. Cir. 2000). 이 사건이 파기환송된 이후에 1심법원은 침해행위가 성립하지 않는다는 원고패소판결을 하였고 CAFC는 이를 인용하였다. 문제의 특허는 두 개의 스프링을 가지는 뭉치인 데 비하여 침해장치는 하나의 스프링과 플러그를 가지는 것이다. 따라서 침해장치는 두 개의 스프링을 가지는 청구항을 침해할 수 없는 것이다. 명세서는 이 뭉치가 간단한 것으로서 그 주요한 목적(Primary objective)을 공개한 이외에도 다섯 가지의 목적을 추가로 공개하였다. 최초의 추가적인 목적은 기능의 신뢰성이다. 이 뭉치는 두 개의 스프링을 가지고 있어서 하나의 스프링이 고장이 나더라도 뭉치가 작동을 하는 데 아무런 문제가 없다

자. 치환의 용이성 또는 알려진 치환가능성

동등론을 적용할 수 있는 또 하나의 요건은 청구항의 비본질적 구성요소에 대하여 침해대상에서 치환된 부분이 통상의 기술자가 치환하는 것을 용이하게 생각해 낼 수 있는 정도로 자명하여야 한다는 점이다.[141] 즉 동등론의 권리범위는 통상의 기술자가 청구항과 침해장치 사이의 차이점에 대한 치환을 용이하게 생각할 수 있을 정도에까지 인정된다.[142] 이렇게 범위를 확장해 주는 이유는 특허발명자가 자신이 실제로 발명한 것에 비하여 너무 좁은 권리범위만을 부여받을 수도 있다는 모순을 해결하기 위한 것이다.[143]

는 것이다. 그러나 침해장치는 단 하나의 스프링만을 가지고 있어서 그 작동에 있어서 신뢰성이 떨어지는 것이다. 파기 이전의 항소심에서 CAFC는 이러한 신뢰성을 주요한 특징(Key feature)으로 보았다. 만약 이러한 기능이 주요한 것이라면 피고의 침해장치는 이러한 중심적 기능을 수행하지 못하는 것이고 이를 가지고 청구항의 발명에 대하여 사소한 변경(Insubstantial change)을 가한 데에 지나지 아니한다고 볼 수는 없는 것이다.

외부증거의 불필요성: 외부증거에 의하면 통상의 기술자가 신뢰성의 기능을 중요한 것으로 보지 않고, 발명자도 이를 발명의 목적으로 여기지 않았으며, 침해장치를 디자인한 사람도 스프링을 두 개 가지는 것이 신뢰성을 제고한다고 보지도 않았다는 점을 입증하고 있으나 이러한 외부증거는 내부증거인 명세서에 기재된 내용을 압도할 수는 없는 것이다. 결국 동등성의 권리범위는 청구항의 권리범위를 넘어설 수는 없는 것이어서 동등론에 의한 침해는 성립할 수 없다.

연결사의 문제: 청구항이 두 개의 스프링이 가지는 것으로 '구성되는(Consist of)'이라는 연결사를 사용한 것은 반드시 스프링이 두 개일 것을 요구하는 한정사를 가진 것이다. 청구항을 기안한 사람이 동등론에 의한 침해를 판단하는 데 있어서 '구성되는(Consisting of)'이라는 연결사를 사용하였다고 하여도 침해행위가 성립할 수 있다는 데에는 별다른 문제는 없다. 그러나 청구항이 특허침해장치가 두 개의 스프링으로 구성될 것만을 요구한 이상 '구성되는(Consisting of)'이라는 연결사는 청구항의 한정사가 중심적인 스프링의 구조를 가질 것을 요구한다.

Rader 판사는 다수견해에 대한 보충의견에서 ① 청구항을 기안한 사람이 '구성되는(Consist of)'이라는 연결사를 사용함으로써 청구항의 권리범위가 한정된다는 것을 미리 예상하고 있었고, ② 특허재발급기간 이내에는 특허권자도 침해행위가 있을 수 있으리라는 점을 알고 있었다는 점을 지적하였다.

141 대법원 2011.7.28. 선고 2010후67 판결: 확인대상발명이 (중략) 통상의 기술자가 공지기술로부터 용이하게 발명할 수 있었던 기술에 해당하거나, (중략) 확인대상발명은 전체적으로 특허발명의 특허청구범위에 기재된 구성과 균등한 것으로서 여전히 특허발명의 권리범위에 속한다고 보아야 할 것이다.

Hilton Davis Chemical Co. v. Warner-Jenkinson Co., Inc. 62 F.3d at 1519, 35 USPQ2d at 1646: 사소한 변경이냐 아니냐의 판단기준은 통상의 기술자가 그 대상이 된다.

142 치환의 용이성과 알려진 교환가능성의 차이점: CAFC는 3단계설 이외에도 동등론을 적용하는 데 있어서 추가적으로 필요한 요인으로 알려진 교환가능성(Known interchangeability)을 요구한다(Hilton Davis Chemical Co. v. Warner-Jenkinson Co., Inc. 62 F.3d at 1519, 35 USPQ2d at 1646). 알려진 교환가능성의 판단기준도 그 대상을 통상의 지식인으로 한다. 그러나 치환의 용이성과 알려진 교환가능성의 범위가 동일한가에 대해서는 이를 설명하는 아무런 학설과 판례가 없다. 알려진 교환가능성을 치환의 용이성이라고 번역하거나, 이를 일본에서 용이추고성이라고 번역한 것으로 보인다. 따라서 양자의 기준은 동일한 것으로 보인다. 어떤 용어를 사용하더라도 차이점이 통상의 기술자가 보기에 용이한 것이 기준이 되고 그 수준을 독립한 특허를 받을 수 있을 정도의 진보성을 얻을 수 있을 정도라고 하면 그 용어의 번역의 차이에 불구하고 같은 의미를 가진다. 저자 주.

143 ① 미국의 제도결함설(Friction theory: 위 Michael J. Meurer & Craig Allen Nard의 전게논문, p.1950).

그 근거로서 특허법은 발명자로서의 출원인에게 특허청이 적정한 권리범위를 부여할 것을 목적으로 하고 있지만 실제로 발명자는 여러 가지 이유에서 자신의 발명에 대하여 완전한 보호를 받지 못한다고 전제한다. Graver Tank & Mfg. Co. v. Linde Air Prods. Co., 339 U.S. 605, 614(1950)(Black, J., dissenting). 이러한 전제하에서 미국의 특허법은 특허청의 잘못이 아니라 특허권자가 선의의 과실로 인하여 좁은 권리범위만을 받은 경우에는 청구항의 권리범위를 넓힐 수 있도록 하는 특허재발급을 허용한다. R. Polk Wagner, Reconsidering Estoppel: Patent Administration and the Failure of Festo, 151 U. PA. L. REV. 159, at 163(2002)(동등론은 적정한 청구항의 권리범위가 치환이 용이한가 아닌가의 기준은 청구항과 침해장치의 차이점을 가지고 독립적으로 특허를 받을 수 있느냐 없느냐에 달려 있다. 침해장치를 청구항에 비추어 보아 침해장치가 진보성의 요건을 충족시킬 수 있다면 양자는 실질적으로 차이가 있는 것으로 침해가 성립될 수 없다.[144] 그러나 침해장치가 독립하여 특허를 받을 수 있다는 사실만으로는 동등론에 의한 침해를 부정할 수는 없다고 보는 소수설도 있다.[145]

종래에는 침해장치의 치환된 부분이 청구항이 출원될 당시에 이미 알려진 것이라면 용이한 것이라고 보았다.[146] 청구항의 구성요소와 동등한 부분을 가지는 침해장치는 출원 당시를 기준으로 한다고 보는 것이다. 이는 청구항의 용어를 해석하는 시점에 관한 문제이다.[147]

무엇인가에 대한 것이다).

② 일본의 제도결함설을 취하는 학자는 高部眞規子, 균등성립의 요건-볼스플라인 사건, 일본특허판례백선, p.459(박영사, 2005).

특허출원 시에 장래의 모든 침해태양을 예상하여 명세서의 특허청구범위를 기재하는 것은 극히 곤란하고, 상대방이 그 일부를 출원 후 명백하게 된 물질 등으로 치환하는 것에 의해 특허권자의 권리행사를 면하는 것은 형평에 반하는 것으로써 판단기준 시를 침해행위 시로 하고 있다. 침해행위 시를 판단의 기준시로 하는 것에 의해 시간의 경과와 함께 당업자의 기술 수준이 향상되고 그에 따라 균등하게 인정되는 경우가 중대한 것이 된다. 당해 발명이 속하는 기술 분야에서 통상의 지식을 가진 자가 침해의 시점에서 치환하는 것을 용이하게 생각하는 것이 가능하다는 것에 의해 명세서에 직접 기재되어 있지 않아도 이것과 동일시하는 것이 가능하게 된다.

144 진보성설(독립특허설): Roton Barrier, Inc. v. Stanley Works, 79 F.3d 1112, 1128, 37 USPQ2d 1816, 1828(Fed. Cir. 1996)(NIES, 추가소수의견: 특허발명의 치환물은 진보적인 동시에 사소한 차이라고 볼 수는 없고 실질적인 차이점은 바로 진보성과 같은 기준으로 보아야 한다); Hoechst Celanese Corp. v. BP Chemicals Ltd., 78 F.3d 1575, 38 USPQ2d 1126(Fed. Cir. 1996), cert. denied, 117 S. Ct. 275(1996); National Presto Industries, Inc. v. West Bend Co., 76 F.3d 1185, 37 USPQ2d 1685(Fed. Cir. 1996).

145 부정설: Magnesystems, Inc. v. Nikken, Inc., 933 F. Supp. 944, 952(C.D. Calif. 1996).

146 소수설(특허출원 시를 기준으로 하여 용이성을 판단하자는 견해): Gould v. Rees, 82 U.S.(15 Wall). 187(1872)(발명을 한 당시에 알려지지 않았던 것을 대체한 경우에는 침해가 될 수 없다). 이는 특허발명의 특징이나 장점이 출원 당시에는 알지 못하다가 후일 발견된 사실이 동등론을 적용하는데 있어서 사용될 수 있는가 하는 문제와 연관이 있다. 만약 출원 당시에는 몰랐던 특허발명의 특징이나 장점이 후일 발견되었고 이를 가지고 청구항의 권리범위를 해석하는 데 사용할 수 있다고 하면 침해장치에서 치환된 부분이 용이한 것인지를 판단하는 데 있어서 사용할 수 있을 것이다. 만약 그렇지 못하다면 청구항의 권리범위를 해석하는 데 있어서 출원 이후에 개발된 기술을 고려할 수 없을 것이고 따라서 청구항의 권리범위는 좁아질 것이어서 후일 개발된 기술을 가지고 침해장치에서 치환한 경우에는 동등론에 의한 침해를 인정받기 어려울 것이다. 저자 주.

147 정설(침해 당시를 기준으로 하는 견해): Warner-Jenkinson Co., Inc. v. Hilton Davis Chemical Co., 520 U.S. 17, 41 USPQ2d 1865, 1874(1997)(치환된 부분이 청구항과 동등한지 여부는 침해 당시를 기준으로 한다. 따라서 특허명세서 자체에서 공개된 것과 특허가 발급될 당시에 알려진 동등물만이 용이한 치환물이 되는 것은 아니다); Hughes Aircraft Co. v. United States, 140 F.3d 1470, 1475, 46 USPQ2d 1285, 1289(Fed. Cir. 1998)(후일의 기술 수준의 변화, 즉 후일 개발된 기술이 청구항을 기안할 당시에 만들어진 한정사의 중요성을 흐리게 하느냐의 문제이다); Multiform Desiccants, Inc. v. Medzam, Ltd., 133 F.3d 1473, 1480-1481, 45 USPQ2d 1429, 1435(Fed. Cir. 1998)(치환가능성은 동등성을 결정하는 데 있어서 중요한 요인이다. Warner-Jenkinson에서 미연방대법원은 치환가능성은 출원된 당시에는 알려질 필요가 없다. 후일 개발된 기술을 가지고 침해장치에서 치환된 부분은 동등성을 인정하는 데 있어서 장애가 되지 않는다); Atlas Powder Co. v. E.I. du Pont De Nemours & Co. … (Fed. Cir. 1984)(독립해서 특허를 받을 수 있는 구성요소라도 동등론에 의한 침해가 될 수 있다); Engel Industries, Inc. v. Lockformer Co., 96 F.3d 1398, 1407, 40 USPQ2d 1161, 1167(Fed. Cir. 1996)(출원된 이후에 발견된 청구항의 특성은 최적실시례나 실시가능요건을 판단하는 데 있어서 아무런 작용을 하지 못하지만, 기능, 방식, 효과의 3분설을 적용하는 데 있어서는 사용될 수 있다).

현재는 치환된 부분이 용이한지를 판단하는 기준이 되는 시점은 침해장치의 제조 당시를 기준으로 한다.[148] 발명자가 출원 시에 장래의 모든 침해태양을 예상하여 명세서의 특허청구범위를 기재하는 것은 극히 곤란하고, 발명자가 특허를 출원한 이후에 침해행위자가 청구항의 일부를 용이한 물질로 치환하는 것에 의하여 특허권자의 권리행사를 금지하는 것은 형평에 반하기 때문이다.[149]

차. 일대일 대응의 필요성

문언상의 침해행위를 판단하는 경우와 마찬가지로 동등론을 적용하는 데 있어서도 원칙적으로는 구성요소와 구성요소를 일대일로 비교하여야 한다.[150] 또한 문언상 침해에 있어서는 청구항의 모든 구성요소가 침해장치의 이에 상응하는 부분에 존재하여야만 한다. 그러나 동등론에서는 청구항의 구성요소가 반드시 침해장치의 이에 상응하는 구성부분에서 발견될 필요는 없고 침해장치의 어느 곳에서든지 발견되기만 하면 침해가 인정된다.[151]

---

148 사소한 변경이냐는 침해행위 시점을 기준으로 판단한다. 특허가 발급된 이후의 개량행위도 동등론에 의하여 침해가 될 수 있다. Hilton Davis Chemical Co. v. Warner-Jenkinson Co., Inc. 2 F.3d at 1528, 35 USPQ2d at 1653-54.

일본의 견해는 특허청구항의 비본질적 구성요소를 침해장치가 다른 것으로 교환하는 것이 통상의 지식인에게 침해장치의 제조 당시를 기준으로 하여 용이하여야 할 것을 요구한다. 시간의 경과와 함께 통상의 지식인의 기술적 수준이 향상되고 그에 따라 균등하게 인정되는 경우가 중대한 것이 된다. 당해 발명이 속하는 기술 분야에서 통상의 지식을 가진 자가 침해의 시점에서 치환하는 것을 용이하게 생각하는 것이 가능하다는 것에 의해 명세서에 직접 기재되어 있지 않아도 이것과 동일시하는 것이 가능하게 된다.

치환의 용이성: 高部眞規子, 균등성립의 요건-볼스플라인 사건(일본 최고재, 1998.2.24. 판결), 일본특허판례백선(김철환 역), p.459. 일본의 하급심도 이와 동일한 해석을 한다. 井上由里子, 균등성립긍정례 (1), 일본특허판례백선(주기동 역), p.472.

International Visual Corp. v. Crown Metal Manufacturing Co., Inc., 991 F.2d 768, 775, 26 USPQ2d 1558, 1594(Fed. Cir., 1993). 동등론을 형평법상의 책임의 일종으로 보는 견해는 이 형평성을 판단하는 자료로서 침해행위자의 주관적 관념과 더불어 무단복제이냐 아니면 독자적 창작이냐를 본다. 임호 저, 특허법, 제10장, p.576-77.

149 Hilton Davis Chemical Co. v. Warner-Jenkinson Co., Inc. 62 F.3d at 1519, 35 USPQ2d at 1646: 청구항의 어느 구성요소와 침해장치의 이에 대응하는 부분이 서로 치환이 가능한지 여부는 통상의 기술자가 이러한 용이한 변화를 고려하였다는 사실이 증거가 된다. 만약 이러한 증거가 없다면 특허권자는 치환물이 통상의 기술자가 보기에 침해 당시에 용이한 것에 불과하다는 점에 대한 객관적인 기술적 증거를 제시하여야 한다.

150 대법원 2005.9.30. 선고 2004후3553 판결(원칙적으로는 구성요소완비의 원칙이 적용된다).

발급고안과 대비되는 확인대상고안이 발급고안의 청구항에 기재된 필수적 구성요소들 중의 일부만을 갖추고 있고 나머지 구성요소가 결여된 경우에는 원칙적으로 확인대상고안은 발급고안의 권리범위에 속하지 아니한다(대법원 2001.9.7. 선고 99후1584 판결).

In Pennwalt, 뉴만 판사는 반대소수의견을 내면서 문언상의 침해에 있어서는 청구항과 침해장치 사이에 일대일의 대응을 요구하는 것은 맞다고 하였다. 그러나 청구항의 두 가지의 구성요소가 침해장치에서 하나로 되거나, 청구항에서는 하나의 구성요소가 침해장치에서 두 가지로 분리된 경우에는 일대일의 대응을 요구하면서 동등론의 적용을 거부할 수 없다. Pennwalt Corp. v. Durand-Wayland, Inc., 833 F.3d at 957, 4 USPQ2d.

151 동일장치설: Corning Glass Works v. Sumitomo Electric U.S.A., 868 F.2d 1251, 1259, 9 USPQ2d 1962, 1968(Fed. Cir., 1989). 그러나 문언상의 침해에 있어서는 반드시 침해장치의 동일한 구성 부분에서 발견되어야 한다(동일장치설).

카. 사소한 대체

사소한 대체로서 동일한 기능과 효과를 가져오는 경우에도 동등론에 의한 침해가 성립한다. 발명의 맥락에서 대체물이 실질적으로 동일한 기능을 수행하여 동일한 효과를 동일한 방식으로 얻는다면 모든 필요한 한정사가 충족이 된 것이다. Corning glass 청구항은 하나의 피복재와 하나의 중심(Core)을 가진 섬유로서, 중심에 양극의 도료를 살포하여 굴절률 지수(Refraction Index: RI)를 표시하도록 되어 있다. 침해장치도 시각적 파동유도섬유로서 피복재에 음극 도료를 살포함으로써 지수를 표시하도록 되어 있다.[152] 청구항의 한정사가 중심(Core)에 도료를 칠할 것을 요구하고 있지만 침해장치에서서는 이러한 한정사가 문언상으로는 발견되지 않았다. 그 대신 침해장치는 피복재에 도료를 추가함으로써 청구항이 요구하는 것과 동일한 결과, 즉 굴절률을 얻었다. 이렇게 이미 잘 알려진 대체물인 마이너스의 도료를 추가한 피복재를 사용하여 사소한 변경을 함으로써 동일한 기능을 가지고 동일한 결과를 얻은 것이다.

타. 중요한 구성요소의 결여

청구항의 어떤 중요한 구성요소가 침해장치에서 결여됨으로써 특별히 배제를 한 경우에는 청구항의 권리범위를 동등론을 통하여 확장할 수는 없다.[153]

그 실례로서, Marcus 특허('638')는 이동용 어린이 의자로서 여러 개의 칸막이와 조절이 가능한 의자받침을 가지고 있어서 성장하는 어린이의 키에 맞도록 높이를 조절할 수 있었다. 청구항의 구성요소는 ① 의자판, ② 등판, ③ 의자판을 지지하는 양쪽 칸막이, 그리고 ④ 고정된 몸체로 이루어져 있었다. 이 ④ 몸체라는 구성요소는 '안정적이고 단단한 구조로서 부분적으로는 양 옆의 칸막이로 이루어져 있고 이것과 함께 위 ① 의자판과 ② 등판이 위 몸체를 지지하며 ④ 몸체는 스스로 힘을 지탱할 수 있다. 이로써 어린이용 의자가 쉽게 이동하거나 보관될 수 있었다. 피고의 상품인 Snack & Play는 상호 연결되는 4개의 연결판을 가지고 있었는데 이는 등, 의자, 양쪽 옆판이 바로 그것이다. 그러나 원고의 Marcus 특허와는 달리 몸체나 양 옆의 판을 지지하는 기능을 하는 것, 즉 ④ 몸체에 해당하는 것이 없었다. 그러나 부품을 조립하는 동안 등판은 양 옆판의 움푹한 곳으로 들어가고 위쪽의 판도 양 옆판 속으로 들어가서 등판과 결합하여 높이를 조절할 수 있는 상당히 안정적인 의자가 된다. 이렇게 피고의 장치가 Marcus 특허

---

152 Corning Glass Works v. Sumitomo Electric U.S.A.(1989): The plaintiff's claim recited a fiber with a cladding and a core, the core being "positively" doped so as to create a refraction index("RI") differential. n195 The defendants' optical waveguide fibers created the differential by "negatively" doping the cladding rather than positively doping the core.

153 특별히 배제된 사항(Specially excluded matter): Dolly, Inc. v. Spalding & Evenflo companies, Inc., 16F. 3d 394, 398, 29 USPQ2d 1767, 1770(Fed. Cir., 1994).

의 청구항에서 요구하는 ④ 몸체라는 본질적 구성요소 자체를 결여하고 있으므로 침해가 인정되지 않는다.[154]

그러나 다음과 같이 청구항의 하나의 구성요소가 침해장치에서 2개로 분리된 경우나, 그 반대의 경우 또는 구성요소의 배열순서가 역전된 경우에 실질적으로는 청구항과 동일한 방식으로 동일한 작용 및 효과를 가져오는 것이라면 반드시 구성요소와 이에 대응하는 부분의 일대일 비교를 할 필요는 없다.[155]

파. 하나의 구성요소를 두 가지 이상으로 분할

원고의 청구항에서는 하나인 구성요소가 피고의 장치에서 기능적으로 분리되어 두 가지 이상의 구성요소로 분할된 경우가 있다.[156] 그러나 청구항에서 반드시 단 하나의 장치를 가지는 구조여야 한다는 점을 명시적으로 요구하지 않는 한, 형태라는 것을 별로 중요하지 않다. 동일한 기능이 하나의 장치나 또는 두 개의 장치에 의하여 이루어지는지가 중요한 것이다.[157] 이전에 하던 일을 이전과 동일한 방식으로 하는 것이라면 두 개의 구성요소가 하나로 되든 하나의 구성요소가 두 개로 나뉘어지든 서로 다른 것이라고 볼 수 없다.[158] 더구나 치환된 부분이 발명의 핵심에 관한 것이 아니라 단지 외양에 불과한 경우에는 더욱 그러하다.[159]

예컨대 하나의 캐비닛만을 가지고 있는 청구항을 회피하기 위해서 분리된 캐비닛을 설치

---

154 Dolly, Inc. v. Spalding & Evenflo Companies, Inc., 16 F.3d 394, 398, 29 USPQ2d 1767, 1770(Fed. Cir., 1994)(위 판례에서는 구성요소라는 용어 대신에 한정사라는 용어를 사용하였으나 구성요소와 한정사는 동일한 의미로 사용된다). 종래에는 피고의 장치의 여러 구성요소가 합쳐져서 원고 청구항의 하나의 구성요소가 하는 기능을 수행하는 경우에는 동등론에 의하여 특허침해 사실을 인정했다. 그러나 이 사건의 경우는 다르다. 원고 청구항을 구성하는 주요 구성요소(Vital limitation)가 피고의 장치에는 존재하지 않는다는 것이다.

155 Nies 판사는 Corning Glass Works에서 일대일의 대응이 반드시 필요한 것은 아니라고 한 주장을 후일 Hilton Davis의 소수의견에서 강조한다. 그는 ① 미연방대법원은 청구항의 구성요소 중에서 어느 하나가 침해장치에서 완전히 결여된 경우에는 다른 발명으로 보지만, ② 방법청구항의 각 단계를 재조정하거나, 두 가지 부분을 합쳐서 하나로 만들거나, 하나의 구성요소를 두 가지로 분할하거나, 단순히 모양을 변경하는 등 청구항의 어느 구성요소를 그와 동등물로 대치한 데 불과한 경우에는 구성요소완비의 원칙을 적용할 수 있다고 주장하였고 미연방대법원은 그의 견해를 명시적으로 채택하였다. Hilton Davis Chemical Co. v. Warner-Jenkinson Co., Inc., 62 F.3d 1512, 1574-75, n.27, 35 USPQ2d 1641, 1692-93, n.27(Fed. Cir. 1995), rev'd & remanded for further proceedings consistent with this opinion, 520 U.S. 17, 41 USPQ2d 1865(1997), discussed at §18.04 [1][a][iii][G] Supra(NIES, 반대소수의견).

156 Miles Laboratories, Inc. v. Shandon Inc., 997 F.2d 870, 877, 27 USPQ2d 1123, 1128(Fed. Cir., 1993), cert. denied, 510 U.S. 1100(1994); Kings County Raisin & Fruit Co. v. United States Consol. Seeded Raisin Co., 182 F. 59, 63(9th Cir. 1910)(기능과 작용이 실질적으로 동일한 이상 하나의 통합적인 구성요소가 두 가지 또는 그 이상의 부분으로 분할되더라도 침해가 된다); Western Tube Co. v. Rainear, 156 F. 49, 56(E.D. Pa. 1907)(새로운 기능의 추가 없이 부분으로 나누거나 하나로 묶거나 하여도 침해가 된다).

157 Skelton v. Baldwin Tool Works, 58 F.2d 221, 227(4th Cir. 1932).

158 Hall Mammoth Incubator Co. v. Teabout, 205 F. 906, 912-13(N.D. N.Y. 1913).

159 Nathan v. Howard, 143 F. 889, 893(6th Cir. 1906)

한 침해장치는 동등론에 의하여 청구항을 침해한다.[160] 침해를 회피하기 위해서 동일한 기능을 두 개의 부분으로 만든 것,[161] 두 장의 종이와 풀을 사용하여 접착한 뒤 하나로 만든 경우,[162] 청구항은 단 하나의 스프링을 가지고 있는 데 비하여 침해장치는 두 개의 스프링을 가지고 있을 때,[163] 침해장치는 비록 두 개로 되어 있으나 풀로 붙여서 하나로 접착하였지만 청구항과 동일하게 작동하고 기능하는 것,[164] 두 개로 분리된 것이 마치 하나인 경우와 같이 동일한 기능을 하는 것이라면 두 개로 분리하였다고 하여도 침해책임을 면할 수 없다.[165]

하. 청구항의 두 가지 구성요소가 하나로 된 경우

청구항의 두 개의 구성요소가 피고의 장치에서 기능적으로 결합하여 하나의 구성요소가 된 경우에도 두 가지의 구성요소가 하는 것과 동일한 작용 및 효과를 가져온다면 동등론이 적용되어 침해가 성립한다.[166] 통나무를 제재하는 발명에 대한 청구항이 정렬수단(Aligning means)과 밀어내는 수단(Charger means)을 한정사로 가지고 있지만 침해장치에서는 정렬수단이 밀어내는 수단에 결합된 경우에 침해가 성립된다. 기계청구항이 각각의 구성부분을 조합하여 가지고 있는 경우에 침해장치는 전체적으로 하나로서 평가되어야 하고 각각의 한정사가 가지는 기능이 별개의 구조에서 수행될 필요는 없기 때문이다.[167] 청구항의 구성요소가 가지는 기능이나 작동방식의 변화가 없는 두 가지를 합하여 하나의 구성요소로 하였다고 하여도 침해책임을 면할 수 없다.[168] 특허가 두 가지 단위로 공개한 것을 조합하여 하나의 단위로 만들었어도 두 가지 단위가 하는 것과 동일한 방식으로 일을 수행한다면 침해가 성립한다.[169] 특허권자가 청구항에서 두 가지의 구성요소를 가지고 각각이 일정한 효과를 달성하는 데 일정 부분 기여를 한다고 할 때, 그들이 두 가지라는 점은 별로 중요하지 않다. 만약 두 가지가 하나로 합체되어 하

---

160 Miles Laboratories, Inc. v. Shandon Inc., 997 F.2d 870, 877, 27 USPQ2d 1123, 1128(Fed. Cir. 1993), cert. denied, 510 U.S. 1100(1994).

161 Crane Co. v. Aeroquip Corp., 504 F.2d 1086, 1091, 183 USPQ 577, 580(7th Cir. 1974).

162 Sutherland Paper Co. v. Auburn Carton Corp., 118 F.2d 862, 864(7th Cir. 1941).

163 Jeoffroy Mfg., Inc. v. Graham, 206 F.2d 772, 778, 98 USPQ 424, 429(5th Cir. 1953).

164 Berke v. Courtney Folding Box Corporation, 93 F.2d 284, 285(2d Cir. 1937).

165 Line Material Co. v. Brady Elec, Mfg. Co., 7 F.2d 48, 51(2d Cir. 1925).

166 Sun Studs, Inc. v. ATA Equipment Leasing, Inc., 872 F.2d 978, 989, 10 USPQ2d 1338, 1347(Fed. Cir., 1989), modified, 872 F.2d 978, 11 USPQ2d 1479(Fed. Cir., 1989).

167 Sun Studs, Inc. v. ATA Equipment Leasing, Inc., 872 F.2d 978, 989, 10 USPQ2d 1338, 1347(Fed. Cir. 1989), modified, 872 F.2d 978, 11 USPQ2d 1479(Fed. Cir. 1989).

168 Zysset v. Popeil Brothers, Inc., 276 F.2d 354, 357, 124 USPQ 250, 251-52(7th Cir. 1960), cert. denied, 364 U.S. 827, 127 USPQ 555(1960).

169 Royal Typewriter Co. v. Remington Rand, Inc., 168 F.2d 691, 693, 77 USPQ 517, 518(2d Cir. 1948), cert. denied, 335 U.S. 825(1948).

나의 물리적 구성요소가 되었다면 마치 두 부분으로 나뉘어져 있을 때와 마찬가지로 처음과 두 번째의 효과를 가져오는 수단으로서는 여전히 같은 것이다.[170] 침해장치가 가지는 하나의 구성요소는 청구항의 두 가지의 구성요소와 동등한 것이다.[171]

거. 직접관계와 간접관계

청구항에서는 직접적인 관계를 요구하는 구성요소의 기능이 피고의 장치에서는 간접적인 관계에 의하여 수행되는 경우에도 동등론에 의한 침해가 성립할 수 있다.[172] 침해장치에서 새로운 발명이라고 할 수 있을 정도로 기계적 작동원리, 즉 방식, 작용 및 효과에 변화를 주는 구조상의 변경이 있느냐의 문제이다.[173] 간단한 구조를 가지는 발명에 있어서 침해장치가 단지 크기나 모양을 단순히 변경하거나, 구성요소의 조합을 이리저리 바꾸어 보아도 이 정도의 변경은 청구항이 이미 예상하고 있는 정도라면 침해장치는 새로운 발명이라 할 수 없어 결국 동등론에 의한 침해가 성립된다.[174] 결국 기능이 수행되는 방식에 아무런 영향을 미치지 못할 정도로 구조상의 외관만을 형식적으로 변형시킨 것은 청구항의 권리범위에 포함된다.[175]

너. 배열순서의 역전

청구항의 두 가지의 구성요소가 피고장치에서 그 배열순서가 역전되거나 배열의 위치를 바꾸는 경우에도 동등론이 적용되어 침해가 성립할 수 있다.[176]

문언상의 침해를 회피하기 위해서 청구항의 두 가지 부분이 기능하는 순서를 거꾸로 만들고 한 가지를 약간 이동시킴으로써 덜 효과적인 침해장치를 만들었다고 하여도 동등론에 의한 침해를 방지할 수는 없다.[177] 청구항이 트럭의 뒷부분에서 시멘트 쏟는 기존의 방법을 개량한 것인 데 비하여 침해장치는 그 쏟는 방식을 거꾸로 장치하였다. 그러나 침해장치가 청구항과 본질적으로 동일한 방식으로 이루어져 동일한 효과를 가져온다면 단지 작동하는 부분의 위치만

---

170 Gibbs v. Triumph Trap Co., Inc., 26 F.2d 312, 314(2d Cir. 1928)(러니드 핸드 판사).

171 Sage Products Inc. v. Devon Industries Inc., 880 F. Supp. 718, 735 n.9, 35 USPQ2d 1321, 1328 n.9(C.D. Calif. 1994), aff'd, 126 F.3d 1420, 44 USPQ2d 1103(Fed. Cir. 1997).

172 Richardson v. Suzuki Motor Co., Ltd., 868 F.2d 1226, 1240, 9 USPQ2d 1913, 1923(Fed. Cir., 1989).

173 Eames v. Worcester Polytechnic Institute, 123 F. 67, 73-74(6th Cir. 1903); Stearns v. Russell, 29 C.C.A. 121, 85 Fed. 218.

174 Stearns v. Russell, 29 C.C.A. 121, 85 Fed. 218.

175 National Tube Co. v. Aiken, 163 F. 254(6th Cir. 1908); Eames v. Worcester Polytechnic Institute, 123 F. 67, 73-74(6th Cir. 1903).

176 Corning Glass Works v. Sumitomo Electric U.S.A., 868 F.2d 1251, 9 USPQ2d 1962(Fed. Cir., 1989).

177 Weidman Metal Masters Co. v. Glass Master Corp., 623 F.2d 1024, 1030, 207 USPQ 101, 106(5th Cir. 1980).

을 변화시킨다고 하여 침해책임을 벗어날 수는 없다.[178]

청구항에서는 카드접수장치가 움직이는 대신에 시간기록장치는 고정된 데 비하여 침해장치는 접수장치가 고정된 대신 인쇄장치가 움직이도록 되어 있다고 하더라도 실질적으로 동일한 방식으로 동일한 결과가 만들어진다면 침해책임을 면할 수 없다.[179] 안전장치를 윗부분에 하는 대신 아랫부분에 장치함으로써 구성부분의 위치를 바꾸었지만 그 작동원리는 동일한 것이고 명세서와 도면에 나타난 것과 동등물에 불과한 것이라면 침해책임을 벗어날 수는 없다.[180]

기능에 있어서는 아무런 변화가 없으면서 단순히 구성부분을 역배치하거나 바꾸거나, 그 외형을 변화시키는 것만 가지고는 침해책임을 벗어날 수 없다.[181] 침해장치가 청구항의 모든 구성요소를 조합한 것을 채택하고 있고, 차이점이라고는 청구항의 칼날은 모두 축을 중심으로 회전하는 데 비하여 침해장치의 칼날은 하나는 상하로 진동하고 나머지 하나는 수평으로 왕복운동을 하지만 양자 모두 동일한 평면에서 움직이고 동일한 작업을 하는 것이며, 단지 청구항을 회피하기 위해서 칼날의 배치를 달리한 것이라면, 이는 청구항의 기능과 동일한 기능을 하는 것이다.[182] 청구항이 세 종류의 칼을 사용하는 대신에 침해장치는 한 종류의 칼을 세 번 사용하는 것이라면 그 기능과 효과는 동일한 것이다.[183]

5. 침해불성립

가. 중요한 구성요소의 변경

청구항의 중요한 구성요소를 변경하는 침해장치는 동등론의 범위를 벗어나기 때문에 침해가 성립하지 않는다. 동등론에 의한 침해가 문제가 된 청구항에서는 상부채널이 지지대에 고정되어 있고 하부채널은 축을 통하여 상부채널의 주위를 회전할 수 있도록 얹혀져 있는 데 비하여 침해장치에서는 하부채널이 고정되어 있고 그 위에 상부채널이 축으로 회전할 수 있도록 얹혀져 있다면 청구항을 가지고 '하나의 고정된 채널과 하나의 움직이는 채널의 연결'로 해석하는 것은 청구항의 중요한 한정사를 무시하는 것이다.[184]

---

178 Maxon v. Maxon Construction Co., 395 F.2d 330, 335, 158 USPQ 77, 80(6th Cir. 1968).

179 International Time Recording Co. v. W.H. Bundy Recording Co., 159 F. 464, 469(2d Cir. 1908).

180 Root v. Hobbs Mfg. Co., 294 F. 236, 242(2d Cir. 1923).

181 Corning Glass Works v. Sumitomo Electric USA Inc., 5 USPQ2d 1545, 1569(S.D. N.Y. 1987), aff'd, 868 F.2d 1251, 9 USPQ2d 1962(Fed. Cir. 1989).

182 Oval Wood Dish Co. v. Sandy Creek, N.Y. Wood Manuf'g Co., 60 F. 285, 292(N.D. N.Y. 1894).

183 Ballard v. McCluskey, 58 F. 880, 883(S.D. N.Y. 1893).

184 London v. Carson Pirie Scott & Co., 946 F.2d 1534, 1540, 20 USPQ2d 1456, 1460(Fed. Cir. 1991).

나. 중요한 기능적 특징을 달성

단순히 구성요소를 역으로 배치한 것만 가지고는 침해책임을 벗어날 수는 없지만 양자의 디자인의 차이가 크고 피고가 개발한 것이 원고의 특허에서 볼 수 없는 중요한 기능적인 장점을 달성하였을 경우에는 침해라고 볼 수 없다. 왜냐하면 피고가 특허권자를 기망하기 위해서 다른 형태를 위장한 것이라고 볼 수 없고 오히려 실질적으로 다른 구성요소를 가지고 그 기능과 효과 면에서 커다란 장점을 획득한 것이기 때문이다.[185]

다. 발명의 본질적 효과를 변경

청구항의 구성요소를 가지고 침해장치에서 위치를 바꾸거나 배열순서를 달리하는 것이 필수적으로 작용하여 새로운 효과를 가져오거나, 신규성을 얻을 수 있다면 침해가 되지 않는다. 그러나 청구항의 구성요소들이 침해장치에서 위치를 서로 바꾸어 배열되거나 재배열된 것에 불과한 것이라면 특허발명의 하나의 실시례에 불과할 뿐이어서 청구항의 권리범위에 포함된다.[186]

이러한 경우에는 실질적으로 동일한가를 판단하는 기준으로서 두 발명의 신규성이나 진보성과 같은 특허의 발급가능성을 서로 비교하여 피고의 침해장치가 원고의 특허발명과 독립하여 특허의 발급가능성이 있으면 실질적으로 동일한 발명이 아니기 때문에 동등론이 적용될 수 없고 특허의 발급가능성이 없으면 실질적으로 동일한 발명이기 때문에 동등론이 적용되어 특허침해라고 본다.[187]

6. 동등론 적용의 제한사유

가. 의식적 제외

동등론의 적용을 제한하는 또 하나의 사유는 출원절차를 통하여 확인대상발명의 치환된 구성이 특허청구범위로부터 의식적으로 제외된 것이 아니어야 한다는 점이다. 출원과정에서 의

---

185 Air Shells Inc. v. Harrington, 697 F. Supp. 896, 902, 9 USPQ2d 1523, 1527(W.D. Pa. 1988).

186 Apex Electrical Mfg. Co. v. Maytag Co., 122 F.2d 182, 187, 50 USPQ 90, 94(7th Cir. 1941).

187 National Tube Co. v. Aiken, 163 F. 254(6th Cir., 1908). 두 발명이 실질적으로 동일한가 하는 문제는 반드시 구조가 단 한 가지로 구성되었는가 아니면 두 가지로 구성되었는가에 따라 결정되는 것은 아니라고 보는 견해: Eames v. Worcester Polytechnic Institute, 123 F. 67, 73-74(6th Cir., 1903). 그러나 현재의 통설인 구성요소와 구성요소를 개별적으로 비교하는 이론(All elements rule)에 의하면 위와 같은 경우에는 특허침해행위의 성립을 인정하기 어려울 것이다. 그러나 Pennwalt에서 소수견해를 피력하는 Niece 판사는 Hilton Davis에서도 소수의견을 피력하면서 구성요소가 생략된 경우에는 서로 다른 발명이라는 점을 인정하면서도 단계를 재배치하거나 두 부분을 하나로 합치거나 하나의 구성요소를 두 가지로 나누는 경우와 단순히 겉모양만 고친 경우에는 구성요소 비교설(All elements rule)을 취할 수 없다고 본다. 따라서 구성요소가 피고장치에서 완전히 결여된 경우에는 서로 다른 발명이라

식적으로 제외된 사항은, 첫째, 명세서에는 공개되어 있으나 청구항에 기재되지 않은 발명은 발명자가 특허를 받을 권리를 포기한 것을 말하고, 둘째, 심사과정에서 심사관의 거절에 대응하여 청구항을 포기한 것은 선행기술을 회피하여 특허의 발급가능성을 높이기 위한 것으로서 특허권자는 특허침해소송에서 이러한 행위에 반하는 주장을 할 수 없다는 것이다.

동등론은 특허에 대한 기망행위를 방지함으로써 특허권자가 가지는 정당한 권리범위를 보호하기 위한 것이다.[188] 동등론은 특허를 무단으로 복제하는 행위를 금지시켜 사기를 방지하기 위한 것이지만 그 적용대상이 사기행위에만 한정되어 있지는 않다.[189] 경쟁자가 특허발명을 연구하고 그 심사과정을 면밀히 살펴보고 나서 청구항에 기재된 내용과 문언상으로만 엄격히 일치하는 것이 별로 중요하지 않다는 사실을 알고서 실질적인 침해행위를 한 경우에도 적용된다.[190]

동등론은 특허발명에 대한 확실하고 공정한 대가를 수여하기 위한 것이지만 동등론과 청구항의 역할 사이에는 긴장관계가 존재한다. 특허라는 독점권의 범위를 확정하는 기본개념인 청구항은 특허권자가 가지는 권리범위를 확정함과 동시에, 청구항의 권리범위를 넘는 행위는 특허침해행위가 성립되지 않는다는 예측가능성을 일반대중에게 제공해 주는 역할을 한다. 따라서 청구항의 해석이 문언상의 범위를 벗어나서 더욱 넓게 청구항을 해석하게 되면 일반대중이 가지는 예측가능성을 파괴할 수도 있다.[191]

특허출원 당시에 이미 용이하였던 것이라면 당연히 문언상의 권리범위로 할 수 있었을 터인데도 특허발명자가 그 권리범위로 주장하지 않았던 것이다. 그럼에도 불구하고 후일 동등론에 의하여 권리범위를 확장하여 준다면 부당한 일이 될 수 있다.[192]

고 보는 데는 어느 설이나 견해를 같이한다. Hilton Davis Chemical Co. v. Warner-Jenkinson Co., Inc., 62 F.3d 1512, 1574-75, n.27, 35 USPQ2d 1641, 1692-93, n.27(Fed. Cir., 1995). 이 문제를 해결하기 위해서 동등론은 침해장치가 특별히 제외한 구성요소에 대해서는 동등론에 의한 침해행위를 인정할 수 없다고 본다.

188 Applied Materials Inc. Advanced Semiconductor Materials America, Inc., 98 F.3d 1563, 1574, 40 USPQ2d 1481, 1489(Fed. Cir. 1996)

189 Graver Tank & Mfg. Co., Inc. v. Linde Air Products Co., 339 U.S. 605, 612, 85 USPQ 328(1950).

190 Tanabe Seyyaku Co., Ltd. v. United States International Trade Comm'n, 109 F.3d 726, 732, 41 USPQ2d 1976, 1981(Fed. Cir. 1997).

191 청구항의 두 가지의 기능: 권리 확정 기능 및 공시 기능
대법원 1989.6.27. 선고 88후967 판결: 특허청구의 범위는 특허출원자로 하여금 특허권으로써 보호를 요구하는 범위를 명확히 하게 하고(권리 확정 기능), 일반대중의 입장에서는, 당해 특허권의 효력이 미치는 한계영역을 설정하여 주는 등(공시 기능) 발명의 기술적 범위를 결정하는 것으로서 장래 권리의 행사에 있어 극히 중대한 영향을 주는 사항이다.
Claude Neon Lights, Inc. v. E. Machlett & Son, 36 F.2d 574, 575-76, 3 USPQ 220, 221-222(2d Cir. 1929).

192 의식적 제외 사유: 대법원 2011.7.28. 선고 2010후67 판결: 특허발명의 출원절차를 통하여 확인대상발명의 치환된 구성이 특허청구범위로부터 의식적으로 제외된 것에 해당하는 등의 특별한 사정이 없는 한, 확인대상발명은 전체적으로 특허발명의 특허청구범위에 기재된 구성과 균등한 것으로서 여전히 특허발명의 권리범위에 속한다고 보아야 할 것이다.

만약 동등론이 그 본래의 목적에 어긋나서 일반대중에 대하여 경고의 기능을 할 수 없다면 일반대중으로 하여금 특허정보를 자유로이 이용하여 기술혁신을 이룩할 수 있는 데 오히려 지장이 되는 것이다.[193]

따라서 동등론의 해석과 적용의 범위를 합리적인 범위로 한정하는 것이 특허권자의 이익과 일반대중의 이익 사이의 최적의 균형점을 찾아내어 우리 사회의 기술혁신이 가장 효과적으로 이룩될 수 있도록 할 필요가 있다.[194]

나. 권리의 포기

발명자가 명세서에는 공개하였지만 청구항에는 포함하지 아니한 발명에 대해 발명자는 특허를 받을 권리를 포기한 것으로 본다. 권리를 포기한 발명자는 청구항의 권리범위를 넘어서서는 침해책임을 물을 수는 없고 일반대중은 이를 자유로이 사용할 수 있다. 또한 출원 시에 청구항에 누락된 발명을 청구항에 다시 포함할 수 있는 기간은 특허가 발급될 때까지이고 이 기간을 넘어서서는 이러한 발명에 대한 특허를 출원할 수 없다.[195] 명세서에는 공개되었지만 청구항

---

193 Michael J. Meurer & Craig Allen Nard, INVENTION, REFINEMENT AND PATENT CLAIM SCOPE: A NEW PERSPECTIVE ON THE DOCTRINE OF EQUIVALENTS, p.1949(Georgetown Law Journal 2005): 특허권자의 이익과 이로 인하여 일반대중이 받는 불이익의 최적의 균형점을 찾는 데 있어서 최근에는 일반대중의 이익을 보호하는 방향으로 흐르고 있다. CAFC는 동등론이 주는 불확정성을 제한하여 청구항이 가지는 일반대중에 대한 경고 기능을 강화하고 있다. 이를 위해서 ① 구성요소완비의 원칙(the all-elements rule), ② 일반대중에게 헌납하였다는 이론(the public dedication rule), 그리고 ③ 심사과정에 있어서의 금반언의 법칙(the prosecution history estoppel)을 적용한다. 또한 ④ 선행기술도 동등론의 적용을 제한하는 사유가 된다. Wilson Sporting Goods Co. v. David Geoffrey & Assoc., 904 F.2d 677, 684(Fed. Cir. 1990)(특허권자는 그가 특허청으로부터 문언상 정상적으로 청구항을 작성하여 얻을 수 있었던 권리범위를 넘어서서는 동등론에 의하여 그 권리범위를 확장할 수 없다).

그러나 동등론이 폐지된다고 하더라도 특허침해소송이 감소하리라는 예상을 하지 못한다고 보는 견해도 있다. Kimberly A. Moore, Are District Court Judges Equipped to Resolve Patent Cases?, 15 HARV. J.L. & TECH. 1, 4 n.10(2001)

194 균형론(현재 미국의 정설): Festo Corp. v. Shoketsu Kinzoku Kogyo Kabushiki Co., 122 S. Ct. 1831 (2002) 및 Bonito Boats, Inc. v. Thunder Craft Boats, Inc., 489 U.S. 141, 150 (1989)(발명을 공개하면 독점권으로 보호될 수 있다고 믿고 이를 공개한 발명자와 그 독점권의 범위를 넘어서서는 공개된 기술을 마음껏 사용할 수 있다고 믿는 일반대중 사이의 균형을 맞추어 주는 것이 바로 특허법이다. 이로써 특허법은 우리 사회에 창조적인 아이디어가 넘치고 기술혁신이 이루어질 수 있도록 한다).

195 미특허청이 첫 번째의 특허가 발급되고 난 이후에도 특허권자는 누락된 발명에 대하여 두 번째의 특허를 출원할 수 있고 만약 이때 ① 이 발명이 특허를 받을 수 있고, ② 이 발명에 관하여 아직 신규성이 상실되지 않았으며, ③ 발명자가 특허를 받을 권리를 포기하였다고 볼 만한 증거가 없는 한, 두 번째 특허출원에 대해서는 특허를 발급할 수 있다고 결정하였으나 CCPA는 이를 받아들이지 않고 첫 번째로 발급된 특허의 청구항에 기재되지 아니한 발명은 특허를 받을 권리를 포기한 것으로서 특허를 받을 수 없다고 보았다. In re Gibbs, 437 F.2d 486, 168 USPQ 578(CCPA, 1971). 이렇게 공개된 발명은 '동등론(Doctrine of equivalent)'도 적용할 수 없다고 본 견해: Maxwell v. J. Baker, Inc., 86 F.3d 1098, 1106, 39 USPQ2d 1001, 1006(Fed. Cir., 1996). In re Gibbs, 437 F.2d 486, 168 USPQ 578(CCPA, 1971). 이 문제를 특허법의 목적인 발명적 창조행위를 자극하고 일반대중이 발명을 자유롭게 이용할 수 있도록 하는 데 있다고 보고 가급적 발명에 대한 공개를 장려하려는 것과 관련하여 청구항을 작성하는 당시에 발명자가 발명적 가치를 깨닫지 못한 것은 일반대중의 영역에 있다고 보는 견해: Dart Indus., Inc. v. Ban-

의 권리범위로 주장되지 않아 청구항의 기재내용에서 누락된 발명은 위 형평법상의 고려에 의하여 보호를 받을 수 없다. 청구항의 기재내용에서 누락된 발명은 심사관에 의한 특허심사를 회피할 수 있기 때문이다. 만약 이를 인정하여 심사과정에서는 누락된 발명이 일단 특허가 발급된 이후에 동등론에 의하여 특허권의 권리범위 내에 있는 것이라고 주장된다면 이는 특허심사를 받지 아니한 대상까지 그 권리범위를 넓히려는 부당한 시도이기 때문이다. 결국 동등론은 법적인 안정성과 특허권자의 보호라는 두 가지의 요구 사이에서 조화와 균형을 이루어야 한다.[196] 이 소수설은 형평성이란 말은 결국 공정하다는 것과 같은 의미를 가지는 것으로 보고 이를 사실인정의 문제로 본다.[197] 따라서 이를 판단하는 것은 사실심법원의 전권사항이고 법률심인 상고심에서 형평성의 판단을 그르친 데 대한 심사는 사실인정에 있어서의 잘못과 같이 상당한 제한이 있다.[198]

7. 역동등론

역동등론(Reverse doctrine of equivalents)이란 침해장치가 특허발명의 청구항의 문언상의 권리범위에는 포함됨에도 불구하고 특허발명과는 전혀 다른 기본원칙을 시용함으로써 특허발명과 동일하거나 유사한 기능을 전혀 다른 방식으로 수행한다면 침해가 성립하지 않는다고 보는 것을 말한다.[199] 발명에 있어서는 청구항의 용어의 문언상의 의미만이 중요한 것이 아니고 오히려 발명의 진정한 정신과 권리범위가 보다 중요한 것이기 때문이다.[200]

따라서 동등론은 특허권자에게 유리하게만 적용되는 것은 아니고 오히려 불리하게 작용할 수도 있다. 역동등론이 적용되어 청구항의 권리범위를 제한하고 침해의 성립을 부정할 수 있기 때문이다.

역동등론을 주장하는 사람은 침해방법이 사용하는 기본원칙이 전혀 다른 것이기 때문에

---

ner, 200 USPQ 656, 664(D. D.C., 1978).

196 International Visual Corp., 991 F.2d at 773-75, 26 USPQ2d at 1592-94. 이는 Lorie 판사의 소수의견이다. 이 소수의견은 비록 설득력이 있지만, 즉 동등론의 적용을 제한하려는 시도로서 의미가 있는 것이기는 하나 동등론만큼 또는 그 이상 모호하여 과연 실무에서 어느 정도로 도움이 될지는 의문이다.

197 Hilton Davis Chemical Co. v. Warner-Jenkinson Co., Inc., 62 F.3d 1512, 35 USPQ2d 1641(Fed. Cir., 1995)(in banc)

198 그러나 이를 사실인정의 문제가 아니라 법률의 해석과 적용의 문제라고 보는 소수견해도 있다. Hilton Davis, 62 F.3d at 1542, 35 USPQ2d at 1665. 그러나 통설도 동등론을 적용하는 데 있어서 한계를 인정하여 청구항의 구성요소가 결여되어 있는 경우에는 동등론을 적용하여 특허침해행위의 성립을 인정하지 않는다. 117 S. Ct. at 1051, 1053 n8, 41 USPQ2d at 1873, 1875 n3.

199 Graver Tank & Mfg. Co. v. Linde Air Prod. Co., 339 U.S. 605, 608-609, 85 USPQ 328, 330(1950).

200 SRI International v. Matsushita Electric Corp., 591 F. Supp. 464, 471, 224 USPQ 70, 75(N.D. Calif. 1984), rev'd, 775 F.2d 1107, 227 USPQ 577(Fed. Cir. 1985).

동일 또는 유사한 기능을 실질적으로 다른 방식으로 수행한다는 점을 입증하여야 한다.[201] 그러나 침해장치가 특허발명보다 우수하다는 것만 가지고는 특허에서 공개한 기본원칙과 다른 것이라고 볼 수는 없다.[202] 따라서 역동등론에 의하여 문언상의 침해책임을 벗어나기 위해서는 침해행위자는 반드시 침해방법이 특허가 공개한 것과 다르다는 점과 함께 침해방법이 우수한 방법을 취하고 있다는 점을 모두 입증하여야 한다.[203] 역동등론 역시 동등론과 같이 사실인정의 문제로 본다.[204]

명세서에 비추어서 청구항을 해석하는 역동등론은 특허가 출원된 이후에 개발된 기술에 비추어서 적정한 청구항의 권리범위가 어느 정도인지에 초점을 맞추는 일이다. 따라서 어떤 청구항에 대하여 특허출원된 이후에 기술을 개발한 자들에 대하여 부당하게 넓은 권리를 주장하는 것을 금지하는 데 사용될 수 있다.[205]

그러나 기능식 청구항에 있어서 후일 개발된 기술을 채용한 침해장치에 대해서는 역동등론을 적용할 것이 아니라 문언상의 침해를 부정하여야 한다고 보는 견해가 있다.[206] 침해장치인 포켓용 계산기가 개척특허인 이동식 전자계산기가 가지고 있는 모든 기능을 가지고 있었지만 침해장치에 채용된 기술은 후일 개발된 기술이었다. 이러한 경우에는 침해장치가 청구항을 문언상으로 침해하지 않는다는 것이다.[207]

---

201 Moleculon Research Corp. v. CBS, Inc., 872 F.2d 407, 409, 10 USPQ2d 1390, 1392(Fed. Cir. 1989).

202 American Standard Inc. v. Pfizer Inc., 722 F. Supp. 86, 105, 14 USPQ2d 1673, 1688(D. Del. 1989).

203 일반적으로 동등론의 적용을 주장하는 특허권자에게 입증책임이 있다고 보여진다. 그러나 입증필요의 부담은 역동등론을 주장하는 침해행위자에게 주어진다. 저자 주.

미국 판례법에서도 마찬가지의 입장이다. Union Carbide Corp. v. Tarancon Corp. 742 F. Supp. 1565, 15 USPQ2d 1833(N.D. Ga. 1990): 입증책임(Burden of production)과 입증의 필요(Burden of persuasion): 문언상의 침해이든 동등론에 의한 침해이든 일반적으로 특허권자는 침해에 대한 입증책임(Burden of production)을 진다. 일단 특허권자가 문언상의 침해를 입증하면 역동등론에 의하여 입증의 필요(Burden of persuasion)는 침해행위자에게 이전된다. 일단 침해행위자가 일응의 입증(Prema facia case)을 하면 이 입증의 필요가 다시 특허권자에게 이전되어 이를 반박(Rebut)하여야 한다.

204 SRI International v. Matsushita Electric Corp. of America, 775 F.2d 1107, 227 USPQ 577(Fed. Cir. 1985).

205 이는 실시가능요건이 특허의 출원일을 기준으로 현존 최고의 기술 수준에 비추어서 청구항의 문언상의 권리범위를 규정하는 것과 좋은 대조를 이룬다. 결국 특허출원된 이후에 개발된 현존 최고 기술은 그 청구항의 유효성과는 무관하지만 침해의 성립과는 유관한 것이다. In re Hogan, 559 F.2d 595, 194 USPQ 527(CCPA 1977).

206 Texas Instruments Inc. v. U.S. Int'l Trade Comm'n 805 F.2d 1558, 231 USPQ 833(Fed. Cir. 1986).

207 위 Texas Instruments에서 다수견해를 대표하는 Newman 판사는 역동등론을 적용하여야 한다는 주장을 배척하고 문언상의 침해가 성립하지 않는다고 판시하였다. 그는 역동등론은 비동등론(Doctrine of non-equivalence)이라고 부르는 것이 좋으며, 역동등론이 성립하기 위해서는 ① 문언상의 침해가 명백하여야 하고, ② 문언상의 침해에도 불구하고 침해장치가 특허장치와 매우 달라서 청구범위는 침해를 부정할 수 있도록 해석되어야 한다. 역동등론은 명세서가 공개한 것보다 더 넓은 권리범위를 가진 청구범위가 작성된 경우에 적용된다. 이러한 청구항의 권리범위를 제한하는 목적은 침해의 성립을 회피하기 위한 것은 물론 가끔은 원래의 의도된 권리범위와 관련하여 청구항의 유효성을 인정하기 위해서 적용되기도 한다. 저자 주: 후일 개발된 기술을 채용한 침해장치에 대하여 특허권자의 기능식 청구항을 명세서에 근거를 두고 해석하기 위해서는 문언상의 권리범위를 제한하여 유효성을 인정하면서 문언상의 침해를 부정하는 것이 특허권자와 침해행위자를 균형 있게 보호하는 것으로 보인다.

8. 개별적 적용

동등론을 적용하여 침해를 인정할 것인가의 문제는 궁극적으로 청구항과 침해대상 사이의 차이점이 실질적이냐 아니면 사소한 것이냐에 달려 있다.[208] 따라서 각 개별 사건에 따라서 동등론의 적용 여부를 결정하여야 할 것이다.[209] 그러나 이를 결정하는 기준에 대해서는 아직도 하나의 명확한 기준이 설정되어 있지 않다. 이는 마치 진보성의 판단과 같은 성질의 것이어서 일의적인 기준을 설정할 성질이 되지 않는 것이다.[210]

동등론에 대한 고전이론은 두 가지의 장치가 비록 이름이나 모양에 있어서 서로 다르다고 하여도 실질적으로 동일한 방식으로 동일한 일을 함으로써 실질적으로 동일한 결과를 가져온다면 이는 동일한 것으로 본다.[211] 그러나 이러한 기준은 너무나 일반적인 것이어서 실무상은 별다른 도움이 되지 않는다. 또한 특허권자와 경쟁자 사이에 서로 대립되는 이익을 조정한다는 명분을 가지고도 동등한 것이 무엇이냐를 결정하는 데 있어서 아무런 기준을 설정하지 못한다.[212] 기능, 방식, 결과의 3단계설의 적용도 강제적인 것이 아니고,[213] 이 3단계설이 동등론을

이에 대하여 반대소수의견을 가진 Davis 판사는 기능식 청구항의 동등물과 동등론에 의한 동등물은 동일한 근거를 가지고 있어 침해판단을 하는 데 있어서는 모두 동일한 요인들과 동일한 고려를 필요로 한다. 따라서 일단 문언상의 침해는 인정되고(저자 주) 역동등론과 같은 원리가 적용되어야 한다. 그러나 기능식 청구항에 대한 문언상의 침해가 존재하든 존재하지 않든 침해장치를 전체적으로 보고 그 맥락에서 침해장치가 채용한 수단이 청구항의 한정사인 수단 means의 동등물인지 여부를 판단하여야 한다.

208 Hilton Davis Chemical Co. v. Warner-Jenkinson Co., Inc. 62 F.3d 1512, 35 USPQ2d 1641(Fed. Cir. 1995).

209 Warner-Jenkinson Co., Inc. v. Hilton Davis Chemical Co., 117 S. Ct. at 1054, 41 USPQ2d at 1876.

210 Chisum §18.04 [5]. 미국의 사법 150년의 역사를 통하여 동등론을 보편적으로 개념정의하는 데 있어서 실패하였고 앞으로도 그럴 것이다.

211 Union Paper Bag Mach. Co. v. Murphy, 97 U.S.(7 Otto) 120, 125(1877). 그러나 Lorie 판사는 반대소수견해에서 3단계설은 발명이 하는 것이 무엇인지를 알아내는 데에는 가장 유용하지만 발명이 무엇인지를 알려 주지는 않는다고 비판한다. Hilton Davis Chemical Co. v. Warner-Jenkinson Co., Inc. 62 F.3d 1512, 35 USPQ2d 1641(Fed. Cir. 1995).

212 London v. Carson Pirie Scott & Co., 946 F.2d 1534, 1538, 20 USPQ2d 1456, 1458(Fed. Cir. 1991); Valmont Industries, Inc. v. Reinke Manufacturing Co., Inc., 983 F.2d 1039, 1043, 25 USPQ2d 1451, 1454(Fed. Cir. 1993)(사소한 변경을 통하여 만들어진 동등물은 통상의 기술자가 볼 때에 청구항에 아무런 중요한 것을 더하지 못하는 것이다); Perkin-Elmer Corp. v. Computervision Corp., 732 F.2d 888, 901, 221 USPQ 669, 679(Fed. Cir. 1984)(동일하다는 것과 실질적으로 동일하다는 것은 동의어이다); Saes Getters S.P.A. v. Ergenics Inc., 17 USPQ2d 1581, 1589(D. N.J. 1990), aff'd, 914 F.2d 270(Fed. Cir. 1990)(동등론은 실질적으로 동일하다는 것이고 완전히 동일할 필요는 없다); Teradyne, Inc. v. Hewlett-Packard Co., 1994 WL 317560 at *7 n.8(N.D. Calif. 1994)(대체할 수 있는 것을 동등물로 보는 것은 너무 넓은 해석이다); Carroll Touch, Inc. v. Electro Mechanical Systems, Inc., 15 F.3d 1573, 1579, 27 USPQ2d 1836, 1841(Fed. Cir. 1993)(청구항과 침해장치의 차이점이 무시할 수 있는 것도 아니고 사소한 것도 아닌 경우에는 침해가 될 수 없다); Rite-Hite Corp. v. Kelley Company, Inc., 819 F.2d 1120, 1124, 2 USPQ2d 1915, 1918(Fed. Cir. 1987)(치환가능성이 동등한지를 결정하는 기준이 될 수 있다).

213 Genentech, Inc. v. The Wellcome Foundation Ltd., 29 F.3d 1555, 1567, 31 USPQ2d 1161, 1170(Fed. Cir. 1994)(세가지 요건, 즉 기능과 방식 및 효과 중에서 적어도 어느 하나라도 결여되면 침해가 성립할 수 없다); Malta v. Schulmerich Carillons Inc., 952 F.2d 1320, 1327 n.5, 21 USPQ2d 1161, 1166 n.5(Fed. Cir. 1991)(동등론에 의한 침해가 성립하기 위해서는 적어도 3단계의 요건을 충족하여야 한다).

적용하는 적절한 기준이 될 수 있지만 반드시 결정적인 것만은 아니며,[214] 기능적 동등성에 대해서는 명세서와 선행기술, 그리고 출원경과가 함께 고려되어야 한다.[215]

Ⅱ. 출원경과에 의한 금반언

1. 의 의

심사기록 또는 출원경과는 특허가 등록되기 이전에 특허청에서 출원된 발명을 심사하는 과정에서 만들어진 모든 기록을 말한다.[216] 이 기록은 출원인이 특허가 발급되기 위해서 심사관에 대하여 제출한 모든 명시적인 의견, 즉 의견이나 답변을 포함한다.[217] 예컨대 출원인이 한 청구항의 보정이나, 심사관에게 출원된 발명이 법정 특허요건, 즉 신규성, 산업상 이용가능성, 그리고 진보성 등을 충족하고 있다는 확신을 주기 위해서 한 모든 의견서나 답변서를 포함한

---

214 Malta v. Schulmerich Carillons Inc., 952 F.2d 1320, 1325, 1343 n6, 21 USPQ2d 1161, 1165, 1179 n7(Fed. Cir. 1991), reh'g denied, 959 F.2d 923, 21 USPQ2d 2039(Fed. Cir. 1992)(CAFC는 3단계설을 취한 적이 없다); Goodwall Construction Co. v. Beers Construction Co., 991 F.2d 751, 758, 26 USPQ2d 1420, 1425-26(Fed. Cir. 1993)(동등물로 대체한 경우에 3단계설 중의 하나인 방식 요건을 충족시킬 수 있을 것이다); Corning Glass Works v. Sumitomo Electric U.S.A., 868 F.2d 1251, 1260, 9 USPQ2d 1962, 1968-69(Fed. Cir. 1989)(3단계설을 취한 적이 없다); Atlas Powder Co. v. E.I. du Pont De Nemours & Co., 750 F.2d 1569, 1582, 224 USPQ 409, 418(Fed. Cir. 1984)(동등론은 너무나 고식적인 기준에 의하여 판단될 수는 없다); Transco Products Inc. v. Performance Contracting, Inc., 92 F. Supp. 594, 599, 23 USPQ2d 1691, 1695(N.D. Ill. 1992)(CAFC의 기준이 매우 모호하다).

215 Wolverine World Wide, Inc. v. Nike Inc., 38 F.3d 1192, 1199 n.5, 32 USPQ2d 1338, 1342 n.5(Fed. Cir. 1994)(명세서에 비추어 보면 청구항의 구성요소의 기능이 침해장치에서 수행되지 않는다면 이는 벌써 침해가 성립될 수 없음이 명백하다); Genentech, Inc. v. The Wellcome Foundation Ltd., 29 F.3d 1555, 31 USPQ2d 1161(Fed. Cir. 1994); Zenith Laboratories, Inc. v. Bristol-Myers Squibb Co., 19 F.3d 1418, 1425, n.9, 30 USPQ2d 1285, 1291, n.9(Fed. Cir. 1994)(3단계설 중에서 기능 부분은 명세서 출원경위, 그리고 선행기술에 비추어 침해장치에서 발견되어야 한다); London v. Carson Pirie Scott & Co., 946 F.2d 1534, 1540, 20 USPQ2d 1456, 1460(Fed. Cir. 1991)(청구항의 작동에 관해서는 반드시 명세서에 비추어 해석되어야 한다).

216 이를 청구항의 해석의 내부증거라고 한다. 참조: 그러나 청구항을 해석하는 내부증거로서의 출원경과 또는 심사기록은 청구항의 권리범위를 제한하거나 확장하는 데도 사용될 수 있다. 이에 비하여 출원경과 금반언의 원칙은 청구항의 권리범위를 제한하는 데 사용된다. 저자 주.
Standard Oil Co. v. American Cyanamid Co., 774 F.2d 448, 452, 227 USPQ 293, 296(Fed. Cir. 1985); Environmental Instruments Inc. v. Sutron Co., 688 F. Supp. 206, 210 n.8, 8 USPQ2d 1897, 1900 n.8(E.D. Va. 1988), aff'd in part, vacated in part, 877 F.2d 1561, 11 USPQ2d 1132(Fed. Cir. 1989)(심사과정의 기록은 청구항의 권리범위를 정하는 데 있어서 중요하다); White, Patent Litigation: Procedure & Tactics §8.02 [4][c](1975)(포대 (File wrapper), 즉 소송기록을 넣는 봉투는 심사와 관련한 모든 서면을 보관하는 것을 말하는데 그 속에 담겨진 내용물은 물론 특허청에 들어온 정보를 포함하는 보다 넓은 개념이다).

217 특허출원인은 특허출원으로부터 등록에 이르기까지 심사경과 중에 보정이나 의견서·답변서를 통하여 출원발명에 대해서 자신의 의견을 진술할 수 있고, 이에 대한 특허청 심사관 내지 심판관의 견해가 거절결정·심결의 이유 등으로서 나타나게 된다.

다. 특허등록이 된 이후에는 전체 출원경과가 모두 일반대중에게 공개되며 침해소송에서는 증거로 제출된다.[218]

2. 필요성

출원경과 금반언(Prosecution history estoppel)의 원칙은 출원인이 심사과정에서 특허를 받기 위해서 포기한 특허대상을 특허가 등록된 이후 침해소송에서 청구항의 해석을 통하여 사실상 다시 획득하려는 것을 금지하기 위한 것이다.[219]

예컨대 두 개의 청구항이 모두가 동일한 용어로 구성되어 있고 명세서도 동일한 것이며 선행기술로 인용된 것도 동일한 것이지만 출원된 대로 아무런 수정 없이 특허가 발급된 경우에는, 동등론에 의하여 그 권리범위가 보다 넓게 확장될 수 있는 반면에 출원 당시에는 넓은 권리범위를 가진 것이었으나 심사과정에서 철회되거나 보정되었다면 금반언의 원칙이 적용되어 그 유효한 권리범위가 보다 줄어들게 된다.[220] 따라서 이 원칙을 적용하기 위해서는 기준이 제시되어야 하고 동시에 앞서 본 바와 같은 비논리적이라고 보이는 결과를 모순 없이 조화시킬 수 있어야 한다.[221]

---

218 Struthers Patent Corp. v. Nestle Co., Inc., 558 F. Supp. 747, 782, 211 USPQ 1023, 1052(D. N.J. 1981)(심사관의 거절이 철회되고 청구범위가 인정된 것을 포함한 모든 심사과정을 보기 위한 것이 출원경과의 기록을 참작하는 목적이다); Lemelson v. United States, 752 F.2d 1538, 224 USPQ 526(Fed. Cir. 1984)(출원경과가 증거로 채택되면 법원은 당사자가 이를 원용하든 하지 않든 청구항을 해석하는 증거로 사용하여야 한다).

219 Cybor Corp. v. FAS Technologies, Inc., 138 F.3d 1448, 1460, 46 USPQ2d 1169, 1178(Fed. Cir. 1998)(출원경과 금반언은 동등론을 적용하는 한계를 설정한다); Multiform Desiccants, Inc. v. Medzam, Ltd., 133 F.3d 1473, 1480, 45 USPQ2d 1429, 1435(Fed. Cir. 1998)(특허를 받기 위해서 의식적으로 포기한 대상은 동등론에 의해서도 권리범위로 포함시킬 수 없다); Mark I Mktg. Corp. v. R.R. Donnelly & Sons, Co.(Fed. Cir. 1995)(출원인이 선행기술과 구별하기 위해서 포기한 것은 후일 동등론에 의하여 포함할 수 없다).

이 금반언의 원칙은 그 이외에도 다른 목적으로 청구항을 보정한 경우와 출원인의 대리인의 주장에도 적용된다는 판례도 있다. Chisum on Patents §18.05. 또한 이 금반언의 원칙은 역으로 특허권자가 청구항이 무효가 되는 것을 회피하기 위해서 청구항을 좁게 해석하는 것을 금지하는 방향으로도 사용될 수 있다(만약 청구항을 좁게 해석한 결과 출원과정에서 이미 거절되거나 포기된 청구항과 동일한 것이라면).

220 금반언의 원칙을 청구항의 해석 원칙으로 보는 견해; 성기문, 특허소송에서의 금반언의 원칙에 관한 고찰, 사법논집, 43집, p.752. 청구항의 해석 원칙이라면 청구항의 해석과 적용은 법률의 해석과 적용에 관한 것으로서 법원의 전권사항이라고 보아야 한다.

위 논문에서 '대법원 2003.12.12. 선고 2002후2181 판결(공보불게재)은 피고가 특허발명의 출원 시에 단순히 '엠보싱 가공을 한 부직포'를 그 특허청구범위로 기재하였다가 특허청으로부터 '부직포의 일면 또는 양면에 엠보싱을 하는 기술'이 이미 공지되었다는 이유로 거절이유 통지를 받자 '부직포에 처리되는 엠보싱을 표면과 이면의 양측 동일한 위치에 형성되게 하는 구성'만을 특허청구범위로 기재한 보정서를 제출하여 특허를 받았다는 이유로, 심사경과 금반언의 원칙을 적용하여 '부직포 일면에만 엠보싱을 형성한 발명'에 대해서는 권리범위를 주장할 수 없다고 하였는바, 이는 균등론과 관계 없이 심사경과 금반언을 적용하여 클레임을 한정 해석한 사례라고 보고 있다.

221 Wright Medical Technology, Inc. v. Osteonics Corp., 122 F.3d 1440, 1446 n.2, 43 USPQ2d 1837, 1842 n.2(Fed. Cir. 1997).

따라서 이 원칙은 청구항이 가지는 고유한 기능, 즉 발명에 대한 개념을 정의하여 일반공중에게 경고하는 기능을 수행할 수 있도록 함과 동시에 특허청의 심사과정, 즉 제출된 특허출원서를 심사한 결과 정당하게 특허를 받을 수 있는 대상에 한해서만 특허를 부여하는 절차를 존중하기 위한 것이다.[222]

이 원칙은 청구항을 해석하는 데 있어서의 기본원칙으로서 발급된 특허의 청구항은 심사과정에서 철회되거나 거절된 청구항과 관련되어서 해석되어야 하며 심사과정에서 제외된 대상에 대하여 후일 청구항의 권리범위로 포함하는 것으로 해석되어서는 안 된다.[223]

따라서 침해소송을 심리하는 법원은 명세서와 청구범위는 물론 특허청에서의 심사과정도 면밀히 조사하여야 한다. 만약 심사과정에서 포기되거나 거절된 것을 후일 다시 권리범위로 회복하는 것은 일반대중의 이익을 해하는 것도 되기 때문이다. 따라서 당사자가 소송에서 주장하지 아니하였다고 하더라도 법원은 이 원칙을 적용하여 청구항의 권리범위를 정하여야 한다.[224]

출원경과를 살펴보면 선행기술로 인한 심사관의 거절과 이에 대응하여 출원인이 청구항을 보정하거나 포기하고 그 결과로 특허가 발급된 사실과 그 과정에서 상호 간에 오고 간 논쟁은 출원인과 심사관이 청구항을 해석함에 있어서 상호 간 합의를 하였다는 분명하고도 신뢰할 만한 증거를 제공한다.[225] 따라서 이 원칙은 침해소송에서 특허권자가 주장하는 청구항에 대한 해석이 심사과정에서 출원인과 심사관 모두가 합의하였던 청구항의 해석과 일치하도록 하는 것이다.[226]

---

222 Warner-Jenkinson Co., Inc. v. Hilton Davis Chemical Co., 520 U.S. 17, 41 USPQ2d 1865(1997), on remand, 114 F.3d 1161, 43 USPQ2d 1152(Fed. Cir. 1997).

223 Supra. 청구항의 해석 참조: Chisum §18.03 [2][d], 18-118. 출원경과는 청구항의 의미를 해석하는 데 있어서 1차적 자료(Primary source), 즉 내부증거(Intrinsic evidence)로 보는 것이 정설이다.

224 미국에서도 직권심리설이 정설이다. Chisum on Patents §18.05; General Instrument Corp. v. Hughes Aircraft Co., 399 F.2d at 385-86, 158 USPQ at 508.(1968); Carborundum Co. v. Combustion Engineering, Inc., 505 F. Supp. 1011, 1018, 210 USPQ 257, 263(D. Del. 1981)(출원경과 금반언은 단순한 항변이 아니라 청구항을 해석하는 기본원칙이다); Anderstat Controls v. American Standard Inc., 30 USPQ2d 1778, 1785(W.D. N.Y. 1994)(출원경과 금반언의 원칙을 적용하는 데 있어서 법원에 재량이 있을 수 없다).

항변설(소수설): Carman Indus., Inc. v. Wahl, 724 F.2d 932, 942, 220 USPQ 481, 489(Fed. Cir. 1983)(출원경과 금반언은 적극적 항변으로서 당사자가 소송에서 주장하여야 법원이 심리할 수 있다); Laitram Corp. v. Cambridge Wire Cloth Co., 226 USPQ 289, 294(D. Md. Mag. 1985), aff'd in part, rev'd in part, and remanded, 785 F.2d 292, 228 USPQ 935(Fed. Cir. 1986), cert. denied, 479 U.S. 820(1986)(출원경과 금반언의 원칙은 민사상의 금반언의 원칙과 같다).

225 출원대리인의 주장은 비록 신빙성이 약하기는 하지만 그 자체로서 청구항을 해석하는 자료로부터 배제될 수는 없다. 그 이외에도 심사관의 거절에 대응하여 한 출원인의 행위로서 청구항을 해석하는 자료로 사용될 수 있는 것은 다음을 참조: Haynes International, Inc. v. Jessop Steel Co., 8 F.3d 1573, 1579, 28 USPQ2d 1652, 1657(Fed. Cir. 1993), on reh'g, 15 F.3d 1076, 29 USPQ2d 1958(Fed. Cir. 1994)(특허청에 제출된 서면과 심사과정에서 나온 주장은 물론 소송대상이 되지 않은 청구항에 대한 언급과 소송대상이 된 청구항에 대하여 심사관이 지적한 바, 그리고 특허를 얻기 위해서 제출한 모든 논쟁도 모두 고려의 대상이 된다).

226 Narda Microwave Corp. v. General Microwave Corp., 675 F.2d 542, 547-48, 214 USPQ 321(2d Cir. 1982); Borg-Warner Corp. v. Paragon Gear Works, Inc., 355 F.2d 400, 405, 148 USPQ 1, 5(1st Cir. 1965), cert. dismissed, 384 U.S. 935(1965)(금반언의 원칙을 적용하는 것은 특허청의 거절에 응하여 청구항의 권리범위가 좁아진

따라서 이 금반언의 원칙을 적용하여야 할 근거는 심사관의 거절에 응하여 출원인이 청구항을 보정하거나 철회한 결과 양자의 합의가 이루어졌고 이로 인하여 행정적 구제수단이 소진되었다는 점이다.[227] 만약 심사관의 거절이 부당한 것이었다면 출원인은 특허심판과 특허소송을 할 수 있는 구제수단이 남아 있었다.[228] 그럼에도 출원인이 심사과정에서 심사관의 좁은 해석을 받아들여 일단 특허를 발급받음으로써 행정적 구제수단을 소진시키고 나서 후일 침해소송에서는 더 넓은 권리범위를 주장한다면 그는 행정절차와 특허청의 전문성을 회피한 셈이 된다.[229] [230]

3. 대법원의 입장

대법원은 동등론을 적용하는 데 있어서 소극적 요건의 하나로서 출원인이 심사과정에서 의식적으로 제외한 것이 아닐 것을 요구한다.[231] 이렇게 출원인이 심사과정에서 의식적으로 청

이후에 특허가 발급되었다면 후일의 절차에서 더 넓은 권리범위로 확장될 수 없다는 것이다); Lever Brothers Co. v. Procter & Gamble Co., 668 F. Supp. 924, 5 USPQ2d 1239(D. N.J. 1987); Austin Powder Co. v. Atlas Powder Co., 568 F. Supp. 1294, 1312 n.41, 219 USPQ 707, 721(D. Del. 1983)(출원인이 심사관의 거절에 대항하여 심판을 구하지 아니하고 이에 응하여 청구항의 권리범위를 좁히는 보정을 한 경우에 포기된 부분에 대해서는 더 이상의 행정적 구제절차가 없어지고 그 이후 법원은 이를 회복하여 주지 않는다); Bepex Corp. v. Black Clawson Co., 208 USPQ 109, 120(S.D. Ohio 1980), aff'd, 713 F.2d 202, 220 USPQ 207(6th Cir. 1983)(심사관의 거절이 부당한 것이었다고 하여도 행정심판을 구하기보다는 이에 응한 경우에는 금반언의 원칙이 적용된다); Omark Indus., Inc. v. Carlton Co., 458 F. Supp. 449, 453, 201 USPQ 825, 829(D. Ore. 1978), aff'd, 652 F.2d 783(9th Cir. 1980)(출원인은 심사관의 부당한 거절에 대하여 마땅히 행정심판을 청구하였어야 했다).

227 Haynes International, Inc. v. Jessop Steel Co., 8 F.3d 1573, 28 USPQ2d 1652(Fed. Cir. 1993), on reh'g, 15 F.3d 1076, 29 USPQ2d 1958(Fed. Cir. 1994): 그러나 권리구제수단의 소진 이론은 심사관이 명세서의 공개내용이 불충분하다는 거절에 응하여 출원인이 청구항을 보정한 경우에 대해서는 충분한 근거가 되지 않는다는 비판이 있다. 하지만 청구항의 특정성의 요건을 충족시키는 시점과 동등론에 의한 침해를 판단하는 시점에 있어서는 차이가 있을 수도 있어서 이 원칙은 이론적 근거를 제시할 가능성을 배제할 수는 없다. 즉 청구항의 명확성의 요건을 충족시키는 시점은 출원 시인 데 비하여 동등론을 적용하는 시점은 침해 시라는 차이점이 있어서 이 원칙이 타당성이 없다고 할 수는 없다고 본다. 저자 주.

228 특허법 제132조의3(특허거절결정 등에 대한 심판): 특허거절결정 또는 제91조의 규정에 의한 특허권의 존속기간의 연장등록 거절결정을 받은 자가 불복이 있는 때에는 그 결정등본을 송달받은 날부터 30일 이내에 심판을 청구할 수 있다. 〈개정 2006.3.3〉

229 Musher Foundation v. Alba Trading Co., 150 F.2d 885, 66 USPQ 183(2d Cir), cert. denied, 326 U.S. 770(1945)에서 저명한 Learned Hand 판사: 만약 심사관의 거절이 잘못된 것이라면 출원인은 특허심판원이나 법원에 거절결정의 취소를 구하는 재판을 청구할 수 있었을 것이다.

230 객관적 의사설(소수설): 출원인의 포기의 의사가 금반언의 원칙의 근거가 된다고 보는 견해로서 출원인이 청구항을 보정함에 의하여 최초로 출원된 청구항과의 차이점을 포기한 것으로 보고 그에게 불리하게 해석되어야 한다는 것이다. 또한 출원인이 특허요건을 충족시키기 위해서 청구항을 보정하거나 주장을 하면 그의 주관적 의사를 볼 것이 아니라 그의 경쟁자의 입장에서 출원경과를 합리적으로 보아 출원인이 포기한 것으로 객관적으로 보여지는 기준에 의하여야 한다. Exhibit Supply Co. v. Ace Patents Corp. 315 U.S. 126, 52 USPQ 275(1942); Insituform Technologies, Inc. v. Cat Contracting, Inc. 99 F.3d 1098, 40 USPQ2d 1602(Fed. Cir. 1996).

231 요건설(출원경과 금반언의 원칙이 동등론의 소극적 요건이라고 보는 견해): 대법원 2011.7.28. 선고 2010후67 판

구항의 권리범위로부터 제외함으로써 특허발명의 기술적 범위에 속하지 않는다고 승인한 사항에 관하여 특허권자가 후일 이에 반하는 주장을 하는 것은 물론 외부적으로 청구항의 권리범위에서 제외되는 것과 같이 해석될 수 있는 행동을 취한 경우에도 특허권자가 후에 이것에 반하는 주장을 하는 것은 금반언의 법리에 비추어 허용되지 않는다.

특허권자가 의식적으로 제외한 것에 해당하는 것은 청구항을 보정하거나 정정함으로써 그 권리범위를 감축하여 심사과정에서 제외시킨 발명이나, 출원과정이나 심판절차에서 제출한 서면에서 특허발명의 기술적 범위에 속하지 않는다는 것은 스스로 인정한 발명을 말한다.[232]

그 이외에, 특허출원 과정에 있어서의 권리자의 행동뿐만 아니라 통상의 기술자라면 용이하게 당초부터 이것을 포함한 형태의 청구항의 권리범위로 작성하여 출원할 수 있었던 사항이나, 출원과정에 있어서 보정에 의해 용이하게 청구항의 권리범위에 포함시키는 것이 가능하였던 사항에 대해서는, 출원인이 그와 같은 출원 내지 보정을 하지 않은 것이 당해 사항을 특허발명의 기술적 범위로부터 제외하였다고 외형적으로 해석되는 행동에 해당한다고 보는 견해도 있다.

4. 동등론과의 구별

심사과정에서 출원인과 심사관 사이에 오고 갔던 주장과 진술은 청구항을 해석하는 데 사용될 수 있음은 물론 출원경과에 의한 금반언의 원칙을 적용하는 데 모두 사용될 수 있다. 그러나 양자는 반드시 구별되어야 한다. 금반언의 원칙에 비추어서 청구항을 해석하는 것은 문언상의 침해를 판단하기 이전에 되어야 할 것이다.[233] [234] 일단 문언상의 침해가 없는 것으로 밝혀진

결: 특허발명의 출원절차를 통하여 확인대상발명의 치환된 구성이 특허청구범위로부터 의식적으로 제외된 것에 해당하는 등의 특별한 사정이 없는 한, 확인대상발명은 전체적으로 특허발명의 특허청구범위에 기재된 구성과 균등한 것으로서 여전히 특허발명의 권리범위에 속한다고 보아야 할 것이다.

항변이냐의 문제: 당사자가 이 원칙을 주장하여야만 법원이 심리할 것인가, 즉 변론주의가 적용되어야 하느냐에 대해서는 아무런 논의가 없다. 그러나 미국의 판례법은 변론주의가 적용되지 않고 직권주의가 적용된다고 본다. 왜냐하면 이 원칙은 침해사건에서 청구항을 해석하는 원칙으로 사용되기 때문이다. 따라서 우리 특허법의 해석에 있어서도 이와 달리 볼 근거는 없는 것으로 보여진다. General Instrument Corp. v. Hughes Aircraft Co., 399 F.2d at 385-86, 158 USPQ at 508.(1968).

232 Chisum on Patents §18.05; 전통적으로 미국 판례법은 이 원칙을 포대 금반언(File wrapper estoppel)이라고 했다가 1983년 CAFC는 출원경과 금반언(Prosecution history estoppel)이라고 불렀지만 내용이 변한 것은 없고 1997년 Warner-Jenkinson에서 미연방대법원도 이를 따랐다.

233 금반언의 원칙이 동등론에 우선하여 적용된다는 견해(우선적용설): 미국판례법의 정설: Exhibit Supply Co. v. Ace Patents Corp., 315 U.S. 126, 136, 52 USPQ 275, 279(1942).

234 Kolene Corp. v. Motor City Metal Treating, Inc., 440 F.2d 77, 82, 169 USPQ 77, 81(6th Cir), cert. denied, 404 U.S. 886, 171 USPQ 325(1971). 그러나 특허권자가 동등론에 의한 침해행위를 주장하는 경우에만 출원경과에 의한 금반언의 원칙이 적용될 수 있다고 보는 견해도 있다. 이 견해에 의하면 동등론에 의한 침해행위가 성립된 이후에만 출원경과에 의한 금반언의 원칙의 적용되고 단지 문언상의 침해행위가 성립된 경우에는 금반언의 원칙은 적용되지 않는다.

이후에는 금반언의 원칙은 동등론을 적용함에 있어서 그 한계로서 사용된다.[235] 따라서 출원경과에 의한 금반언의 원칙은 동등론을 적용하는 한 요건에 해당하는 것은 아니다.[236]

출원경과 금반언의 원칙을 가지고 청구항의 용어를 해석하는 데 사용하는 것과 동등론의 적용을 제한하는 데 사용하는 것과의 가장 큰 차이점은 특허출원인이 심사과정에서 청구항의 문언상 권리범위에 들어 있는 발명을 포기한 경우이다. 특허출원인이 실제로 포기하여야 할 것을 넘어서서 불필요하게 많이 문언상 권리범위를 포기한 경우에 법원이 소송과정에서 이를 회복해 주어야 할 것인가는 어려운 문제이다.[237]

심사관으로서는 선행기술과 발명자가 자신의 발명이라고 주장하는 것의 차이점이 청구항의 용어에 모두 반영되어 있을 것을 요구하지만 실무상 그렇지 못한 경우도 있다. 법원도 청구항을 다시 작성하는 권한은 없지만 출원인이 분명하게 자신의 발명이 아니라고 선언한 것에 대하여 청구항을 적용하기를 꺼린다는 모순에 직면한다.[238] 그러나 단지 당사자의 주장에 대해서는 금반언의 원칙이 적용되지 않는다고 보는 견해에 의하면 이러한 모순은 발생하지 않는다.

5. 금반언의 원칙의 적용범위

금반언의 원칙은 선행기술을 회피하기 위해서 청구항을 보정하거나 철회한 경우에 적용되는 것이 일반적이다. 따라서 출원인이 청구항의 의미를 실질적으로 변경하지 않고 단지 명확하게 한 경우에는 적용될 수 없다.[239] 그러나 실시가능요건이나 명세요건, 즉 공개요건을 충족시키지 못하였기 때문에 청구항을 보정한 경우에는 견해가 갈린다. 또한 출원대리인이 청구항의

---

235 금반언의 원칙은 청구항을 해석하여 문언상의 침해가 없음이 밝혀진 이후에 동등론에 의한 침해행위의 성립을 저지하기 위한 요건이라고 보는 견해를 Foil theory(박편이론)라고 한다. CAFC도 1983년 창설 직후에는 Foil theory을 취하였다. Fromson v. Advance Offset Plate, Inc.(1983)(문언상의 침해가 성립되는 경우에는 금반언의 원칙은 적용될 수 없다). 그러나 Loctite Corp. v. Ultraseal Ltd.(1985)에서 CAFC는 심사과정에서의 주장은 청구항을 해석하는 데는 물론 금반언의 원칙을 적용하는 데 모두 사용될 수 있다고 하였다.

236 Foil theory(박편이론). 그러나 하급심에서 금반언의 원칙이 동등론에 의하여 침해행위가 성립된 이후에만 적용될 수 있다고 보는 경우가 많다. Kolene Corp. v. Motor City Metal Treating, Inc., 440 F.2d 77, 82, 169 USPQ 77, 81(6th Cir).

237 특허출원인의 명시적 권리포기의 의사를 존중할 것인가 아니면 형평법상의 원칙을 존중하여 특허출원인을 구제할 것인가가 문제가 된다. Slater Electric Inc. v. Thyssen-Bornemisza Inc., 650 F. Supp. 444, 451-52, 1 USPQ2d 2009, 2013(S.D. N.Y., 1986). 심사관과 특허출원인 사이에 오고 간 논쟁이 금반언의 원칙의 적용대상이 되지 않는다고 보는 견해가 바로 이러한 곤란한 입장을 반영한다.

238 Slater Electric Inc. v. Thyssen-Bornemisza Inc., 650 F. Supp. 444, 451-52, 1 USPQ2d 2009, 2013(S.D. N.Y. 1986)(주장에 의한 금반언의 근거가 되는 것은 통상 출원인의 청구항의 문언상의 범위는 특정한 대상을 포함하지 않는다는 것인데, 주장에 의한 금반언이 그 장치가 청구항의 권리범위에 포함되지 않는다는 것을 의미하기 때문에 특정한 침해장치가 동등물로서 청구항의 권리범위에 포함되지 않는 것으로 보일지는 모른다. 그러나 특허권자가 동등물로서 청구항의 권리범위에 포함되는 것이 금지된 경우에도 불구하고 청구항의 문언상의 범위에 들 수가 있다).

239 Chisum §18.05 [2][b][ii].

용어를 변경하지 않고서 단지 심사관과, 사이에 논쟁을 하거나 진술을 한 경우에 금반언의 원칙이 적용되는지는 논란의 여지가 있다.[240]

가. 선행기술을 회피

금반언의 원칙이 적용되는 가장 전형적인 경우는 심사관이 선행기술에 비추어서 청구항이 너무 넓은 권리범위를 가진다고 거절을 하자 이에 응하여 출원인이 출원된 특허대상의 범위를 좁히기 위해서 청구항을 보정하거나 철회하였고 그 결과 특허가 발급된 때이다.[241] 이때 심사관의 거절이 잘못되었다고 하여 금반언의 원칙의 적용을 회피할 수 없다.[242]

금반언의 원칙은 심사관의 거절에 응하여 넓은 권리범위를 가지는 청구항이 철회되었으나, 좁은 권리범위를 가진 청구항은 아무런 보정 없이 그대로 남아서 특허를 받은 경우에도 적용된다.[243]또한 문제가 된 청구항은 보정되지 않았으나 이에 상응하는 용어를 가진 다른 청구항들은 선행기술에 비추어서 거절이 되고 이에 응하여 철회되거나 보정된 경우라면 이 용어에 상응하는 문제가 된 청구항에 대하여 금반언의 원칙이 적용된다.[244] [245]

---

240 Litton Systems, Inc. v. Honeywell, Inc., 140 F.3d 1449, 1462, 46 USPQ2d 1321, 1330(Fed. Cir. 1998), reh'g denied, suggestion for reh'g in banc declined, 145 F.3d 1472, 47 USPQ2d 1106(Fed. Cir. 1998)(특허대상이 포기되었는지를 판단하는 기준은 통상의 기술자가 출원경과를 살펴보아 출원인이 포기를 하였다고 객관적으로 결론을 지을 수 있어야 한다).

241 실체설(특허요건과 관련된 보정이나 철회): Regents of the University of California v. Eli Lilly & Co., 119 F.3d 1559, 1573, 43 USPQ2d 1398, 1410(Fed. Cir. 1997), cert. denied, 118 S. Ct. 1548(1998)(청구항이 특허요건과 관련된 실체적 이유로 좁혀진 경우, 즉 선행기술에 비추어 거절이 된 경우에 포기된 부분은 동등론의 권리범위에 들지 않는다); Insituform Techs., Inc. v. Cat Contracting, Inc., 99 F.3d 1098, 1107, 40 USPQ2d 1602, 1609(Fed. Cir. 1996)(청구항의 특허발급가능성을 높이기 위해서 포기된 특허대상은 금반언의 원칙에 의하여 다시 주장할 수 없다).

242 미연방대법원 Warner-Jenkinson Co., Inc. v. Hilton Davis Chemical Co., 520 U.S. 17, 41 USPQ2d 1865(1997), on remand, 114 F.3d 1161, 43 USPQ2d 1152(Fed. Cir. 1997)(법원은 심사관의 거절이 잘못된 것이었는지를 심리할 수 없다).

243 Keith v. Charles E. Hires Co.(1940)(청구항을 철회한 경우와 보정한 경우는 아무런 차이점이 없다).

244 Builders Concrete, Inc. v. Bremerton Concrete Products Co.(1985)(금반언의 원칙은 심사과정에서 보정되지 않은 독립청구항에도 적용된다. 위 사건에서는 청구 제1항이 보다 좁게 보정되었지만 청구 제10항은 아무런 보정이 이루어지지는 않았어도 청구 제10항을 해석함에 있어서는 청구 제1항에서 보정된 한정사가 삽입된 것으로 해석되어야 한다. 만약 그렇지 않다면 청구 제1항을 보정함으로써 출원인이 심사과정에서 포기한 대상을 후일 동등론을 적용하여 다시 회복하는 결과가 되기 때문이다); Hormone Research Foundation, Inc. v. Genentech, Inc.(1990)(소송상 관련이 없는 청구항에 대한 금반언의 원칙도 소송상 문제가 된 청구항의 해석에 적용될 수 있다); Alpex Computer Corp. v. Nintendo Co. Ltd.(1996)(특허권자가 심사과정에서 다른 청구항에 대하여 한 진술이라고 하더라도 기능식 청구항(Means plus function claim)을 해석함에 있어서 동등론의 적용을 제한한다).

245 출원인이 청구항을 보정하여 특허를 받은 이후에 보정하기 이전의 넓은 권리범위를 가지는 청구항에 대한 계속심사를 청구하고 이를 지지할 수 있는 추가적 자료를 제출하지 못한 경우에 금반언이 적용될 수 있는가? Haynes International, Inc. v. Jessop Steel Co., 8 F.3d 1573, 28 USPQ2d 1652(Fed. Cir. 1993), on reh'g, 15 F.3d 1076, 29 USPQ2d 1958(Fed. Cir. 1994)에서는 심사를 계속하지 않는 행위가 넓은 권리범위를 가지는 청구항을 포기하는 것으로 볼 수 있을 경우에는 금반언이 적용된다고 한다.

나. 청구항 용어의 불명확

청구항의 용어가 불명확하다는 이유로 거절이 되어 청구항을 보정한 경우에는 금반언의 원칙이 적용되지 않는다. 따라서 출원된 청구항과 특허가 허용된 청구항 사이에 단순한 표현상의 차이만이 있다면 이것을 가지고는 금반언의 원칙을 적용할 수는 없다.[246]

이는 청구항의 용어에 대한 심사관의 거절이 실체적인 중요한 차이점을 가져오는 것이 아니고, 청구항의 용어를 제한하는 조건으로 특허를 발급할 것도 아니라면 출원인이 청구항의 용어를 보정한 것은 단지 청구항을 가장 잘 설명하기 위한 것에 불과하고 청구항의 권리범위를 일부라도 포기한 것으로 볼 수는 없기 때문이다.[247]

따라서 압력에 의하여 변하는 육질의 팽창비율을 보다 잘 특정할 수 있도록 청구항을 보정한 것,[248] 명세서와 비교하여 본 결과 청구항에서 잘못 설명된 것을 고친 것,[249] 청구항에서 사용한 어휘를 어떻게 선택하느냐의 문제와 어휘의 불확정성으로 인하여 청구항의 용어를 변경한 경우,[250] 구조에 대한 언급이 전혀 없었던 기능적인 청구항에 대한 거절이 있은 후 이와 대체된 청구항은 전혀 새로운 것으로서 모든 구성요소와 한정사가 동시에 추가되었고 어느 특정한 구조가 특허의 발급가능성에 대하여 결정적으로 중요한 것이라는 언급이 없는 경우,[251] 낮은 범위의 한계를 청구항에 추가한 이유가 선행기술을 회피하기 위한 것이 아니라 그 당시의 통상의 한계를 언급한 것,[252] 그리고 선행기술을 회피하기 위한 것이 아니라 단지 발명을 보다 잘 설명하기 위한 것 등에 대해서는 금반언의 원칙이 적용되지 않는다.[253]

다. 구별의 어려움

불명확한 용어를 명확하게 수정한 것인지 아니면 청구항의 특허 발급가능성과 관련하여

따라서 In re Clement, 131 F.3d 1464, 45 USPQ2d 1161(Fed. Cir. 1997)에서는 만약 출원인이 넓은 권리범위를 가지는 청구항을 보정하여 특허를 받은 이후에 즉시 계속출원을 신청하여 거절을 극복하려고 한다면 이는 특허대상을 포기한 것이라고 볼 수는 없다고 본다.

246 미연방대법원 Hubbell v. United States, 179 U.S. 77(1900).

247 Bishman Mfg. Co. v. Stewart-Warner Corp. 380 F.2d 336, 153 USPQ 496(7th Cir), cert. denied, 389 U.S. 897(1967).

248 Central Soya Co., Inc. v. Geo. A. Hormel & Co., 645 F.2d 847, 851, 209 USPQ 915, 918(10th Cir. 1981).

249 Trio Process Corp. v. L. Goldstein's Sons, Inc., 461 F.2d 66, 75, 174 USPQ 129, 135(3d Cir), cert. denied, 409 U.S. 997, 175 USPQ 577(1972).

250 Eimco Corp. v. Peterson Filters & Eng'r Co., 406 F.2d 431, 438, 160 USPQ 182, 188(10th Cir. 1968), cert. denied, 395 U.S. 963(1969).

251 Schimizzi v. Chrysler Corp., 462 F. Supp. 630, 634, 202 USPQ 180, 183(S.D. N.Y. 1978).

252 Johnson & Johnson v. W.L. Gore & Assocs., Inc., 436 F. Supp. 704, 195 USPQ 487(D. Del. 1977).

253 Schramm, Inc. v. Hinde, 385 F. Supp. 1037, 1042, 185 USPQ 22, 25(N.D. Ill. 1974), aff'd, 515 F.2d 511(7th Cir. 1975), 539 F.2d 713(7th Cir. 1976).

실체적인 변경이 있었는지를 판단하는 것은 쉬운 일이 아니다.[254] 예컨대 심사관이 발명의 중요한 신규성 및 진보성의 특징을 명확하게 지적하라고 한 거절에 대응하여 한정사를 추가한 경우에는 선행기술을 회피하기 위해서 청구항의 권리범위를 포기한 것이기 때문에 금반언의 원칙이 적용된다.[255] 선행기술에 근거한 거절과 동시에 청구항의 권리범위가 불명확하다는 거절이 있은 경우에 청구항의 변경이 이루어진 것은 금반언의 원칙이 적용된다.[256] 선행기술에 비추어 용이하다는 거절에 대하여 출원인이 반박하자 이를 철회하고 청구항의 권리보호요건에 위반된다는 이유로 거절을 한 경우에도 금반언의 원칙은 적용된다.[257]

그러나 심사관이나 출원인 모두가 침해장치를 의식함이 없이 단지 발명을 보다 명확하게 특정하거나, 발명을 보다 잘 개념정의하기 위해서 청구항을 변경한 경우에는 금반언의 원칙을 적용할 수 없다.[258 259]

라. 명확성의 요건, 실시가능요건 또는 명세요건

출원서가 청구항의 명확성의 요건에 위반하여 작성·제출되었다는 이유로 심사관이 한 거절결정에 대응하여 청구항을 변경한 경우에는 견해가 나뉜다.[260] 근래, 즉 Warner-Jenkinson (1997) 이전에 공개요건, 다시 말해 실시가능요건이나 명세요건을 충족시키지 못하였다는 이유로 거절이 이루어지고 이에 응하여 청구항의 권리범위가 좁혀진 경우에도 금반언의 원칙이 적용되어야 한다고 보는 견해도 있다.[261] 이는 선행기술과 관련되지 않은 거절, 즉 청구항의 권리범위가 실시가능요건을 충족시키지 못하기 때문에 너무 넓다는 거절에 응하여 권리범위를 좁힌 경우에도 금반언의 원칙을 적용한다.[262]

---

254 Litton Systems, Inc. v. Honeywell, Inc., 145 F.3d 1472, 47 USPQ2d 1106(Fed. Cir. 1998)(공개요건과 관련하여 이루어진 거절도 특허의 발급가능성에 관한 것이다); Litton Systems, Inc. v. Honeywell Inc., 1995 WL 366468 *44(C.D. Calif. 1995), rev'd, 87 F.3d 1559, 39 USPQ2d 1321(Fed. Cir. 1996)(일반적으로 불명확하다는 이유로 된 거절에 응하여 청구항이 보정된 것은 금반언이 적용되지 않는다).

255 Mannesmann Demag Corp. v. Engineered Metal Products Co., Inc. 793 F.2d 1279, 230 USPQ 45(Fed. Cir. 1986).

256 Environmental Instruments, Inc. v. Sutron Corp. 877 F.2d 1561, 11 USPQ2d 1132(Fed. Cir. 1989).

257 Litton Systems, Inc. v. Honeywell, Inc. 140 F.3d at 1461, 46 USPQ2d at 1330(1998).

258 Moeller v. Ionetics, Inc. 794 F.2d 653, 229 USPQ 992(Fed. Cir. 1986).

259 Hi-Life Products Inc. v. American National Water-Mattress Corp. 842 F.2d 323, 6 USPQ2d 1132(Fed. Cir. 1988).

260 특허법 제42조 제3항과 제4항.. 미특허법 제112조는 명세서는 발명자가 자신이 발명한 것이라고 여기는 대상을 특정하여 지정하고 분명하게 주장하는 하나 또는 그 이상의 청구항을 결론적으로 기재하여야 한다(specification shall conclude with one or more claims particularly pointing out and distinctly claiming the subject matter which the applicant regards as his invention).

261 Litton Systems, Inc. v. Honeywell, Inc., 140 F.3d at 1458, 46 USPQ2d at 1327.

262 1997년 Warner-Jenkinson(1997)(법률상의 추정력: Rebuttable presumption) 이전에는 공개요건과 관련된 거절에

그러나 어떤 특징이 특허의 발급가능성을 지지한다고 분명하게 주장한 경우에 비록 그 특징이 심사관이 심사과정에서 인용한 선행기술과 구별을 하기 위한 것이 아니고 발명자가 심사관이 인용한 선행기술을 극복하기 위해서 그 특징을 추가하는 방법으로 청구항을 보정하지 않았다고 하더라도 문언상으로 그 특징을 가지고 있지 않은 물건이나 방법에 대해서는 금반언의 원칙이 적용되지 않는다는 견해도 있다.[263]

또한 청구항의 구성성분의 비율을 약 5 : 1에서 약 7 : 1로 변경함으로써 권리범위를 좁힌 경우에 이는 선행기술에 의한 거절에 응한 것이 아니고 공개요건, 즉 청구항의 권리범위가 너무 넓어서 명세서에 의하여 뒷받침되지 못한다는 이유에 의한 것이었다. 이에 발명자는 종전의 청구항의 구성성분의 비율도 '실제로는 좁은 것'이고 다시 추가한 비율은 단지 발명이 작동하는 정도에 대한 발명자의 지식을 설명하는 것으로서 자발적인 제한에 불과한 것이라면 금반언의 원칙이 적용될 수 없다.[264]

마. 절충설(소수설)

청구항이 출원경과에서 변경되었다 하더라도 반드시 동등론의 적용을 배제하는 것은 아니

응하여 청구항의 변경이 있었던 경우에 금반언의 적용을 놓고 견해가 대립하였다.

• 적용설(선행기술을 회피할 목적이나 공개요건을 충족시키기 위한 목적이나 모두 동일하다): Borg-Warner Corp. v. Paragon Gear Works, Inc.(1965)(출원인이 포기한 것이 무엇인가가 중요한 것이지 그 포기하게 된 목적은 중요하지 않다); Stone Containers Corp. v. Owens-Illinois, Inc., 528 F. Supp. 794, 804, 214 USPQ 65, 72(N. D. Ga. 1981)(청구항의 보정이 오직 개념정의를 하는 것과 관련된 것으로서 기능적 용어를 사용하였다는 거절에 응한 것이라고 하더라도 넓은 권리범위를 가지는 청구항을 주장할 수는 없다).

• 적용불가설: Ziegler v. Phillips Petroleum Co., 483 F.2d 858, 871, 177 USPQ 481, 494(5th Cir), cert. denied, 414 U.S. 1079, 180 USPQ 1(1973), discussed at §18.07 [5][d][i][B], Infra(심사관이 원래의 청구항이 너무 넓고 공개내용도 불충분하다는 이유로 거절을 하자 이에 응하여 출원인은 '본질적으로 구성되는(Essentially consisting of)'이라는 연결사를 삽입한 결과 변경된 청구항은 '두 가지의 구성부분으로 본질적으로 구성되는 촉매'로 되었다. 이에 대한 침해촉매는 제3의 구성부분을 추가한 것이다. 그러나 침해행위자는 심사기록에서 제3의 구성부분이 청구항의 권리범위에서 제외된다는 것을 나타내는 용어를 발견하지 못하였고 어떤 곳에서도 제3의 구성부분을 배제하도록 청구항을 보정하거나 그 권리범위를 제한하는 것이 없고, 심사관도 제3의 구성부분이 청구항의 권리범위에서 제외하기 위해서 회피되어야 할 필요가 있다는 선행기술을 제시하지 않았다); Coulter Electronics, Inc. v. J.T. Baker Chem. Co., 487 F. Supp. 1172, 209 USPQ 570(N.D. Ill. 1980)(실시가능요건이 충족되지 않았다는 이유의 거절에 응하여 출원인이 두 가지 특정물질을 대체하였다고 하여도 후일 특허발급된 이후에 그와 용이한 물질에 대한 동등론의 적용을 제한당하지는 않는다); Phillips Petroleum Co. v. U.S. Steel Corp., 673 F. Supp. 1278, 1349, 6 USPQ2d 1065, 1122(D. Del. 1987), aff'd, 865 F.2d 1247, 9 USPQ2d 1461(Fed. Cir. 1989)(너무 넓은 청구항을 제한하기 위해서 한정사를 추가한 경우에는 금반언의 원칙이 적용되지 않는다).

263 Texas Instruments Inc. v. U.S. Int'l Trade Comm'n 988 F.2d 1165, 26 USPQ2d 1018(Fed. Cir. 1993)(발명을 소개하는 문서에서 '문의 위치는 발명의 네 가지 중요한 특징 중의 하나'라고 공개한 사례).

264 Pall Corp. v. Micron Separations, Inc. 66 F.3d 1211, 36 USPQ2d 1225(Fed. Cir. 1995)(선행기술에 기초한 거절이 청구항의 변경에 이르도록 지시한 것이 아니라면 청구항을 변경한 이유를 보아야 한다. 청구항이 변경된 것으로 인하여 금반언의 적용을 가져오는지에 대하여 살펴보아야 한다. 비실체적인 이유 또는 특허의 발급가능성과 관련되지 아니한 것으로 인한 청구항의 변경은 금반언의 적용을 받지 않는다).

고 선행기술과 기타 심사관의 진술 등을 종합적으로 고려하여 금반언의 원칙의 적용범위를 결정하여야 한다고 보는 유연한 입장도 있다.[265]

이 견해는 모든 청구항의 변경한 행위에 금반언의 원칙을 일률적으로 적용하여 특허권자가 오직 문언상 침해행위만을 주장할 수 있도록 제한하지는 않는다. 청구항을 변경하는 것은 출원경과에서 통상적으로 발생하는 일이다. 청구항이 한 번도 변경되지 않고 최초특허출원서에 기재된 것과 동일하게 특허가 발급되는 경우는 거의 없다. 청구항을 변경하는 것은 여러 원인과 기능이 있다. 따라서 금반언의 원칙을 적용하는 데 있어서는 청구항을 변경한 이유와 목적, 그리고 그 성격에 따라 변경된 청구항을 해석하는 데 미치는 법적 효과가 달라져야 한다고 본다.[266]

이 유연한 입장은 심사관이 청구항이 선행기술에 저촉된다는 이유로 특허의 발급을 거절한 경우 이에 응하여 특허출원인이 청구항을 변경했다고 하여도 특허권자가 반드시 동등론에 의한 주장을 금지당할 수는 없다고 본다. 만약 청구항을 변경한 사유가 굳이 선행기술을 피할 필요가 없었던 것이 밝혀지면 동등론에 의한 청구항의 권리범위가 부인당할 아무런 이유가 없다는 것이다.

그 실례로서, Warner-Jenkinson 특허의 청구항은 '200~400까지의 압력에서 6~9 사이의 pH를 가지고 투입된 염료로부터 불순물을 여과하는 장치'에 관한 것이다. 출원경과에서 심사관이 pH 9 이상에서 작동하는 기존의 여과방법에 대한 특허를 선행기술로 원용하면서 거절을 하였다. 이에 응하여 특허출원인이 위 선행기술과 구별하기 위해서 '6~9 사이의 pH'라는 한정사를 추가하여 청구항을 변경하였다. 피고의 침해장치 역시 200기압에서 500기압 사이에서 pH 5에서 작동하도록 되어 있었다. 따라서 특허권자가 청구항을 변경하면서 pH의 상한선만을 pH 9 이하라고 변경하기만 하였다면 피고의 침해장치는 동등성의 권리범위에 포함되어 침해행위가 성립할 수도 있었는데도 불구하고 특허권자는 과잉으로 청구항을 변경한 것이다. 이에 대하여 유연한 입장을 취하는 CAFC는 특허권자는 상한선 위로 청구항을 변경함으로써 선행기술과 구별하기 위한 것으로서 굳이 하한선을 추가할 필요가 없었기 때문에 동등론에 의한 권리범위를 부인당할 아무런 이유가 없고 피고의 장치는 원고의 특허를 침해한다고 보았다.[267]

그러나 미연방대법원은 이 결정을 파기하고 청구항을 변경한 것은 어느 경우에나 특허의 발급가능성과 관련하여 청구항을 변경한 것으로 추정된다고 보았다. 결국 이러한 추정력을 번

---

265 Sun Studs, Inc. v. ATA Equipment Leasing, Inc., 872 F.2d 978, 987, 10 USPQ2d 1338, 1345(Fed. Cir., 1989).

266 Hughes Aircraft Co. v. United States, 717 F.2d 1351, 1362, 219 USPQ 473, 481(Fed. Cir., 1983), further appeal, 86 F.3d 1566, 39 USPQ2d 1065(Fed. Cir., 1996).

267 유연한 입장을 취하는 CAFC의 견해는 Cybor Corp. v. FAS Technologies, Inc., 138 F.3d 1448, 46 USPQ2d 1169(Fed. Cir., 1998)(in banc).

복하지 못하는 한 변경된 청구항에 대해서는 동등론상의 권리범위가 부정되고 따라서 특허침해 행위가 성립할 수 없다.[268]

바. 추정설(다수설)

일단 청구항의 보정이 있는 경우에는 특허요건을 충족시키기 위한 것, 즉 실체적인 관련성이 추정된다고 보는 견해이다. 실무상 심사관은 불명확을 이유로 하는 거절과 실체적인 이유로 하는 거절을 분명히 구별하지는 않는다. 또한 출원인으로서도 금반언의 원칙의 적용을 회피하기 위해서 청구항의 용어가 불명확하기 때문에 이를 변경한다고 주장할 필요도 있다.[269]

따라서 어떤 사유로 청구항을 변경한 것인지를 판단하기 어려운 경우에는 실체적인 이유로 청구항을 변경한 것으로 추정된다. 따라서 출원인과 특허청이 심사과정에 있어서 실체적인 이유로 청구항의 변경을 요구하는지 아니면 단지 청구항의 용어가 불명확하여 그 시정을 구하는지를 명시적으로 표시할 필요가 있다.[270]

만약 청구항이 변경된 이유를 묻지 아니하고 출원과정에서 포기된 권리범위를 모두 침해소송에서 주장할 수 없다면 이는 부당한 결과를 가져올 수 있다.[271] 따라서 심사과정에서 청구항의 변경이 이루어졌다면 이는 특허청이 특허 발급가능성과 관련된 실제적 이유로 청구항을 변경하였다는 추정을 낳고 이러한 추정을 번복하지 못하는 한 금반언의 원칙에 의하여 그 추가된 구성요소에 대한 동등론을 적용할 수는 없다.[272] 그러나 특허권자가 청구항의 변경이 특허의 발급가능성과 아무런 관련이 없다는 증거를 제출하면 추정력을 번복할 수 있다.[273]

---

268 Warner-Jenkinson Co., Inc. v. Hilton Davis Chemical Co., 520 U.S. 17, 41 USPQ2d 1865(1997), on remand, 114 F.3d 1161, 43 USPQ2d 1152(Fed. Cir., 1997).

269 예컨대 출원인이 청구항을 보정하면서 '출원인의 발명에 청구항의 용어를 일치시키고 그 신규적 측면을 명확하게 하기 위한 것'이라고 설명할 수 있다. Parke, Davis & Co. v. American Cyanamid Co., 207 F.2d 571, 574, 99 USPQ 237, 240(6th Cir. 1953)(심사관의 거절을 출원인이 일단 묵종을 하고 난 이후에는 그 묵종을 번복하면서 다른 청구항이나 보정된 청구항을 가지고 거절된 청구항이 가지고 있었던 권리범위를 다시 주장할 수는 없다).

270 Hilton Davis Chemical Co. v. Warner-Jenkinson Co., Inc., 114 F.3d 1161, 1163, 43 USPQ2d 1152, 1154(Fed. Cir., 1997), on remand from Warner-Jenkinson Co., Inc. v. Hilton Davis Chemical Co., 520 U.S. 17, 41 USPQ2d 1865(1997), on remand, 114 F.3d 1161, 43 USPQ2d 1152(Fed. Cir., 1997).

271 **Strict bar(엄격설)의 단점**: 심사과정에서 청구항을 변경한 이유를 묻지 않고 추정력을 적용(청구항이 가지는 두 가지 기능, 즉 특허권자의 권리를 확정하는 기능과 일반대중에게 특허권의 범위를 공시하는 기능 중에서 일반대중에의 공시 기능을 중요시한다. 저자 주).
Flexible bar(완화설): 심사과정에서 청구항을 변경한 이유를 참작.

272 Warner-Jenkinson Co., Inc. v. Hilton Davis Chemical Co., 117 S. Ct. at 1051, 41 USPQ2d at 1873(1997)(추정은 출원경과에 의해서도 청구항을 변경한 이유를 발견할 수 없을 때 생긴다); Hughes Aircraft Co. v. United States, 140 F.3d 1470, 1477 n.3, 46 USPQ2d 1285, 1290 n.3(Fed. Cir. 1998)(선행기술에 비추어서 용이하다는 거절을 극복하기 위한 청구항의 보정이라는 것이 출원경과에 의하여 분명하므로 이러한 보정에 대해서는 추정이 발생할 수 없다).

273 위 Warner-Jenkinson Co.(1997) 참조. 이러한 추정력은 특허출원서에 나타난바 청구범위는 오직 정당하게 특허를 받을 수 있는 대상에 한정된다는 특허청의 심사권을 보장하기 위한 것이다.

따라서 특허권자는 심사과정에서 청구항의 변경이 특허의 발급가능성과 아무런 관련이 없이 이루어진 점에 대한 입증책임을 부담하고, 법원은 그 이유가 금반언의 원칙을 적용하여 추가된 청구항의 구성요소에 대한 동등론을 배제할 수 있을 정도로 충분한 것인가를 심리한 뒤 납득할 만한 설명이 없는 한 특허청이 특허의 발급가능성과 관련된 실체적인 이유로 청구항을 보정할 것을 요구하여 구성요소를 추가한 것으로 추정한다.[274]

사. 실시가능요건

명세서가 청구항의 권리범위를 지지할 수 없는 경우 즉 청구항의 권리범위가 너무 넓어서 실시가능요건을 충족시킬 수 없는 경우에 어떻게 금반언의 원칙이 적용되어야 하는가?

가상적인 예시를 보면, 어떤 발명자가 새로운 통합 마이크로 비디오 반도체 칩에 대한 출원을 한 경우에 특허출원명세서는 귀금속인 플래티늄으로 만든 연결자(커넥터)를 가진 칩을 유일한 실시례로 공개하면서 청구항을 '귀금속 연결수단(Precious metal connector means)을 포함하는 통합된 마이크로 비디오 반도체 칩'으로 주장하였다.

심사관은 명세서가 모든 귀금속에 대한 실시가능요건을 충족시키지 못하였다는 이유로 거절을 하였다. 같은 귀금속이라고 하여도 각각의 전기적 특성은 서로 다른 것이고, 통상의 기술자가 모든 귀금속을 사용하여 작동 가능한 칩을 만들 수 있다는 입증을 할 수 없다는 것이다. 예컨대 은은 귀금속에 속하지만 플래티늄과는 그 전기적 특성이 전혀 다른 것이다.

그러자 출원인은 최초의 청구항을 '플래티늄 연결수단(Platinum connector means)을 포함하는 통합된 마이크로 비디오 반도체 칩'으로 변경하면서, '플래티늄, 팔라듐, 그리고 금으로 구성되어 있는 집합으로부터 선택된 하나의 금속으로 된 연결수단(Connector means of a metal)'이라는 두 번째의 청구항을 추가하였다.

심사관은 변경된 청구항은 특허를 허용하였으나, 추가된 청구항에 대해서는 명세서가 플래티늄, 팔라듐, 그리고 금의 집합이라는 한정사를 가진 청구항을 지지하지 못함으로써 서면명세요건을 결여하였다는 이유로 거절을 하였다. 출원인은 추가된 청구항을 철회하고 특허를 받았다. 후일 출원인은 위 반도체 기술에 있어서는 팔라듐이 플래티늄과는 실질적으로 동일한 것이기 때문에 팔라듐 칩을 연결자로 사용하는 침해장치는 동등론에 의하여 위 변경된 청구항을 침해한다고 주장한다.

금반언의 원칙을 주장하여 침해가 성립될 수 없다고 주장하는 입장에서 보면 특허청이 팔라듐 칩을 문언상으로 포함하고 있는 청구항을 거절하면서도 팔라듐 칩이 동등론에 의하여 침해가 성립된다고 본다는 것은 모순된다는 것이다.

---

274 Warner-Jenkinson Co., Inc. v. Hilton Davis Chemical Co., 117 S. Ct. at 1051, 41 USPQ2d at 1873.

그러나 금반언의 원칙을 반대하면서 침해가 성립될 수 있다고 주장하는 입장에서는 특허청의 결정, 즉 출원인이 실시례가 될 수 있는 특정한 하위그룹에 대하여 특허를 받을 수 없다고 한 결정은 그러한 실시례가 출원인이 다른 용어를 사용하거나 더 넓은 용어를 사용하여 청구항을 만들 수 있다는 것을 부정하는 것은 아니며 이러한 청구항은 보편적 청구항이나 특수한 청구항이 될 수도 있고 동시에 객관적으로 동등론에 의한 권리범위를 가질 수 있다고 본다.

최초의 청구항, 즉 모든 귀금속을 권리범위로 포함하고 있는 청구항을 거절하였더라도 이는 반드시 공개된 실시례(플래티늄)의 기능적 동등물(팔라듐)이 침해 당시는 물론 출원될 당시에도 실시가능하지 않다는 것을 의미하지는 않는다.[275] 통상의 기술자로서는 팔라듐의 전자적 특성으로 인하여 플래티늄과 치환이 가능한 것이라는 것을 알 수 있었을 것이고 이 양자는 은과 같은 귀금속과는 현저히 다른 물질이라는 것을 알 수 있었을 것이다.

6. 논쟁에 근거한 금반언

가. 출원경과 금반언과의 차이점

출원인의 대리인과 심사관 사이에 발명의 범위, 청구항의 의미, 그리고 이들과 선행기술의 관련성에 관한 논쟁이 오고 갔지만 그 결과 청구항의 변경에 이르게 되지는 않는 경우가 있다. 후일 특허가 발급된 이후에 심사과정에서출원인이 한 논쟁을 가지고 금반언의 원칙을 적용하여 청구항의 권리범위를 제한하는 데 사용할 수 있을까?[276 277]

---

275 Coulter Electronics, Inc. v. J. T. Baker Chem. Co., 487 F. Supp. 1172, 209 USPQ 570(N.D. Ill. 1980)(심사관이 70가지 이상의 성분을 가지고 있는 금속인산에 대한 실시가능요건을 충족시키지 못한다는 이유로 최초의 청구항을 거절하자 출원인이 금속인산을 두 가지, 즉 나트륨인산(sodium di-hydrogen phosphate)과 인산나트륨(di-sodium phosphate)으로 대체하여 특허를 받은 경우에도 후일 특허권자는 위 인산나트륨과 동등물임이 이미 잘 알려진 칼륨인산(potassium di-hydrogen phosphate)을 성분으로 사용하는 피고에 대하여 동등론에 의한 침해를 주장할 수 있다).

276 Warner-Jenkinson Co., Inc. v. Hilton Davis Chemical(1997)에서 미연방대법원은 논쟁으로 인하여 청구항의 보정이 이루어진 경우에 한하여 언급하고 있다. 그러나 하급심은 견해가 나뉜다. 부정설: Catalin Corp. v. Catalazuli Mfg. Co., 79 F.2d 593, 27 USPQ 371(2d Cir., 1935); Denominational Envelope Co. v. Duplex Envelope Co., 80 F.2d 186, 27 USPQ 317(4th Cir. 1935). 긍정설: Wiegand v. W. Bingham Co., 106 F.2d 546, 548, 43 USPQ 50, 51(6th Cir., 1939), cert. denied, 308 U.S. 60(1940). 이러한 논쟁이 비록 금반언의 원칙을 적용하도록 하지는 않지만 금반언의 원칙의 적용범위를 결정하는 데는 사용할 수 있다고 본다. Arvin Indus., Inc. v. Berns Air King Corp., 525 F.2d 182, 185, 188 USPQ 49(7th Cir., 1975); Haliczer v. United States, 356 F.2d 541, 544 n.1, 148 USPQ 565, 568 n.1(Ct. Cl., 1966).

그러나 특정한 청구항의 용어와 관련성도 없는 논쟁을 가지고 청구항의 문언상의 권리범위를 포기하는 것으로 보지 않고 금반언의 원칙이 적용된다고 보는 것은 비논리적인 것이다.

277 적어도 출원인과 심사관 사이에 오고 간 논쟁은 청구항이 변경되는 데 있어서 그 의미의 중요성을 산정하는 데 사용할 수 있다. Exhibit Supply Co. v. Ace Patents Corp., 315 U.S. 126, 52 USPQ 275(1942).

이를 논쟁에 근거한 금반언이라고 하는데,[278] 이는 청구항을 변경한 데서 오는 금반언과는 달리 출원인이 심사과정에서 선행기술과 관련하여 청구항의 권리범위를 제한하는 방향으로 분명하게 주장한 데서 오는 것이다.[279] 이러한 주장으로 인하여 심사 중인 청구항의 용어가 변경되지 않았다고 하더라도 후일 특허가 발급된 이후에 이러한 주장에 반하여 동등론에 의한 권리범위로 다시 회복할 수 없다는 것이다.[280]

또한 청구항의 보정이 있는 경우에 그 보정 이유가 너무 모호하여 특허권자가 다른 동등물을 포기한 것인지 아닌지를 상대방이 알 수 없는 경우에는 당사자의 논쟁이 청구항이 변경된 의미가 무엇인지의 문제를 해결하는 데 사용될 수 있다.[281]

아울러 특허권자가 먼저 선행기술을 제시하여 자신이 출원한 발명과 청구항을 분명히 구별하려고 시도를 한 경우에 이는 출원된 청구항의 권리범위에서 선행기술을 제외한 나머지 부분만을 발명의 권리범위로 주장하기로 한 것으로서 선행기술로 인용된 부분은 청구항의 권리범위에서 스스로 포기한 것으로 보아야 한다.

따라서 출원인이 먼저 선행기술을 제출하면서 동시에 선행기술에 대하여 주장을 한 것은 그가 후일 특허를 받은 청구항의 권리범위를 정하는 데 있어서 고려되어야 한다.[282] 심사 중인 청구항과 선행기술을 자발적으로 구별함으로써 출원인은 자신의 청구항이 가지지 않은 권리범위를 알리는 것이고 이로써 출원인은 선행기술로 주장한 부분을 청구항의 권리범위로부터 묵시적으로 포기하는 것이다.

나. 선행기술과 구별

심사과정에서 선행기술과 구별하기 위해서 출원인과 심사관이 여러 가지의 논쟁을 한 경

---

278 이에 비하여 청구항의 변경에 이른 금반언을 고전적 금반언(Classical estoppel)이라고 한다.

279 Litton Systems, Inc. v. Honeywell, Inc., 140 F.3d 1449, 1458, 46 USPQ2d 1321, 1327(Fed. Cir. 1998)(심사과정에서 한 논쟁의 결과 청구항의 변경이 없었다고 하더라도 특허대상을 포기한다는 명백한 증거가 된다면 후일 동등론에 의하여 이를 청구항의 권리범위로 다시 획득할 수는 없다); Loral Fairchild Corp. v. Victor Company of Japan, Ltd., 931 F. Supp. 1014, 1034-35(E.D. N.Y. 1996)(Circuit Judge Rader, sitting by designation)(전통적으로 청구항의 변경에 이르게 된 금반언의 원칙 이외에도 출원인이 심사과정에서 특허를 발급받기 위해서 과실 없이 분명하게 청구항의 권리범위를 포기한 경우에도 금반언의 원칙이 적용된다); Coleco Indus., Inc. v. United States Int'l Trade Comm'n, 573 F.2d 1247, 1257, 197 USPQ 472, 480(CCPA 1978)(청구항의 변경에 이르지 아니한 진술이라고 하더라도 금반언의 원칙이 적용될 수 있다. 이는 출원인이 청구항의 권리범위에 들지 아니한다고 자인한 것이기 때문이다); Teledyne McCormick Selph v. United States, 558 F.2d 1000, 1007, 195 USPQ 261, 266-267(Ct. Cl. 1977)(원고가 특허청에서 심사를 받을 때에 발명에 대한 성격을 규정한 것과 배치되는 모든 행위는 허용되어서는 안되기 때문에 청구항은 출원인의 최초의 주장과 일치되는 방향으로 해석되어야 한다).

280 그 본질상 동등론은 청구항의 문언상 용어의 외부에서 작용하는 것이다. Hoganas AB v. Dresser Industries, Inc. 9 F.3d 948, 28 USPQ2d 1936(Fed. Cir. 1993).

281 Insituform Technologies, Inc. v. Cat Contracting, Inc., 99 F.3d 1098, 40 USPQ2d 1602(Fed. Cir. 1996).

282 Ekchian v. Home Depot, Inc. 104 F.3d 1299, 41 USPQ2d 1364(Fed. Cir. 1997).

우에 각 논쟁별로 별개의 금반언의 원칙이 적용되는지에 대하여 견해가 갈린다.[283] 출원인이 자신의 발명과 선행기술을 구별할 수 있는 여러 가지의 근거를 제시한 경우에 이 여러 가지 근거가 모두 다 함께 침해장치와 청구항을 구별하는 데 사용되지 않는 한 금반언의 원칙이 적용될 수 없다. 또한 청구항을 구별하는 데 사용된 선행기술의 모든 특징을 침해장치가 가지고 있지 않는 한 금반언은 적용될 수 없다.[284] 그러나 여러 가지의 주장이 여러 가지의 금반언을 가져올 때도 있고 그렇지 않을 때도 있다.[285] 또한 서로 관련된 청구항에 대하여 심사과정에서 논쟁이 있었던 경우에도 맥락이 다르지 않는 한 청구범위에 있는 청구항의 용어에 대하여 동일한 해석과 동일한 권리범위를 부여한다.[286]

7. 금반언의 적용범위

가. 거절된 청구항

금반언의 원칙의 적용범위와 효과에 대해서는 견해가 나뉜다. 즉 ① 특허권자가 특허가 거절된 청구항의 문언상의 의미보다 더 좁게 해석하거나, ② 침해장치가 변경된 청구항이나 심사과정에서의 논쟁에 의하여 구별된 선행기술보다도 문언상 청구항의 권리범위나 명세서에 공개된 실시례와 더 가까운 경우에 금반언의 원칙을 적용하여 이러한 경우에도 침해를 인정하지 않을 것인지가 문제가 된다.[287]

이러한 경우에 일률적으로 금반언의 원칙을 적용하면 특허권자는 청구항이 변경될 때마다 청구항이 가지는 동등론에 의한 권리범위를 포기하여야 한다. 이는 특허권자에게 너무 가혹한 처사가 된다. 이를 방지하기 위해서는 청구항의 보정이 있는 경우에는 명세서와 심사과정을 객관적으로 보아 출원인이 그 보정된 청구항의 문언상의 권리범위에 드는 특허대상과 그와의 동

---

283 • 긍정설: Read Corp. v. Portec, Inc. 970 F.2d 816, 23 USPQ2d 1426(Fed. Cir. 1992); Wang Laboratories, Inc. v. Toshiba Corp., 993 F.2d 858, 26 USPQ2d 1767(Fed. Cir. 1993); Teradyne, Inc. v. Hewlett-Packard Co., 1994 WL 317560(N.D. Calif. 1994)(법원은 금반언의 원칙을 전체의 하나로 고려하여야 한다).
• 부정설: In re Mahurkar Patent Litigation, 831 F. Supp. 1354, 1360, 28 USPQ2d 1801, 1806(N.D. Ill. 1993)(선행문헌과 구별하는 것은 출원인에게 각각의 구성요소를 사용하는 것을 금지하지 않지만 구별된 구성요소를 조합으로 사용하는 것을 금지한다).

284 Read Corp. v. Portec, Inc., 970 F.2d 816, 23 USPQ2d 1426(Fed. Cir. 1992).

285 Southwall Technologies, Inc. v. Cardinal IG Co., 54 F.3d at 1581, 34 USPQ2d at 1681(1995).

286 Phonometrics, Inc. v. Northern Telecom Inc., 133 F.3d 1459, 1465, 45 USPQ2d 1421, 1426(Fed. Cir. 1998)(어떤 청구항의 용어나 문장은 일관되게 해석되어야 한다); Marchon Eyewear v. Tura LP, 118 S. Ct. 1039(1998)(탄력성이라는 용어는 청구범위를 통하여 일관되게 해석되어야 한다).
그 이외에도 계속출원, 재발급, 재심사와 관련된 발명에 대하여 별도의 출원, 외국의 출원 등과 관련한 금반언에 대하여 Chisum §18.05 [2][d][i][iv] 참조.

287 Interplay of the Doctrines of Equivalents and File Wrapper Estoppel, 29 Geo. Wash. L. Rev. 917, 929-31(1961).

등물을 구별할 의사가 있었는가를 살펴보아야 한다.

또한 청구항을 보정하는 데 있어서 최초출원된 명세서에 의하여 지지되어야 한다는 한계가 있기 때문에 출원인은 청구항의 용어를 매우 정확하게 규정할 수 없고 단지 심사관이 인용하는 선행기술에 공개되거나 용이한 것을 배제할 수 있을 뿐이다.

따라서 출원인은 종종 청구항을 보정하면서 너무 많은 권리범위를 포기하게 된다.[288] 그러나 이러한 결과를 방지하기 위해서 금반언의 원칙을 신축적으로 적용하게 되면 청구항의 권리범위가 불확실하게 된다는 커다란 단점이 있다.[289]

나. 실시례

이 금반언의 원칙은 청구항의 권리범위를 명세서에 공개된 발명의 실시례(Embodiment)에 한정하도록 압박을 하지만,[290] 특허권자는 이 원칙에 의하여 위축될 필요는 없고 자신의 청구항을 정당하게 해석하여 권리범위를 주장할 수 있다.[291] 따라서 유사한 용어를 사용한 다른 청구항이 특허거절되었다고 하여도 그 이외의 청구항이 특허가 발급된 경우에는 그 용어가 통상적인 의미로 사용되어 권리범위가 확보되어야 한다.

침해장치가 특허발명의 명세서에 공개된 실시례와 정확하게 일치하지 않더라도 청구항의 권리범위를 합리적으로 해석한 결과 특허를 침해할 수 있다.[292] 금반언의 원칙이 적용되는 것은 심사과정에서 출원인이 권리범위에서 포기한 것을 엄격하게 살펴보아서 동등론을 통하여 다시 권리범위로 회복하지 못하도록 하는 것이다.

금반언의 원칙이 청구항이 가지는 모든 동등론상의 권리범위를 포기하는 것으로 볼 수는 없다.[293] 심사과정에서 단지 청구항을 포기하거나 보정하였다는 이유만으로 동등론의 주장을

---

288 Chisum on Patents §18.05 [3]. 과잉포기(Over-amending)가 종종 발생하고 이는 이해할 수 있다.

289 유연한 접근법(Flexible approach).

290 Chisum §18.05 [3][a][i] 18-483; Weber Elec. Co. v. E.H. Freeman Elec. Co., 256 U.S. 668(1921), Singer Mfg. Co. v. Cramer, 192 U.S. 265, 285(1904).

291 Binney & Smith Co. v. United Carbon Co., 125 F.2d 255, 259, 52 USPQ 205, 209(4th Cir., 1942), rev'd on other grounds, 317 U.S. 228(1942).

292 Exhibit Supply Co. v. Ace Patents Corp., 315 U.S. 126, 137, 52 USPQ 275, 279-280(1942).

293 Southern Textile Mach. Co. v. United Hosiery Mills Corp., 33 F.2d 862, 2 USPQ 183(6th Cir. 1929); John Zink Co. v. National Airoil Burner Co., 613 F.2d 547, 556, 205 USPQ 494, 501(5th Cir. 1980)(단지 포기하거나 보정을 하였다고 하여도 동등론의 적용을 완전하게 금지하는 것은 아니다. 이 원칙은 단지 포기된 것에만 적용되고 법원은 특허를 받기 위해서 포기된 것을 살펴보아야 한다. 심사관의 거절에 양보하기 위해서 필요한 것 이상으로 권리포기를 한 경우가 있을 수 있다. 첫째, 특허와 선행기술과의 차이점을 볼 때 만약 침해장치의 구성요소가 선행기술보다는 특허기술 쪽에 존재하는 경우에는 오직 좁은 범위의 동등론이 적용될 수 있다. 둘째, 청구항의 한정사가 선행기술로 인한 것 이외의 다른 이유로 인한 거절인 경우에는 필요 이상으로 더 넓게 권리범위를 포기한 것으로 추정할 수는 없다).

영원히 못하도록 할 수는 없다.[294] 금반언의 원칙은 특허권자가 심사과정에서 이미 철회한 청구항에 대하여 후일에 이르러서 매우 넓은 권리범위를 다시 부여해 주거나 보편적 권리범위로 회복해 주는 것을 금지하는 것 이상으로 볼 수는 없기 때문이다.[295] 금반언의 원칙은 출원인이 포기한 것만이 후일 주장하는 것이 금지되는 것이기 때문에 실제로 출원인이 포기한 것이 무엇인지를 결정하고 남아 있는 발명의 핵심이 무엇인지를 알아내야만 한다.

만약 넓은 보편적 청구항이 거절된 대신에 오직 권리범위가 좁은 청구항만이 특허가 허용되었지만 그 좁은 청구항도 동등론에 의한 권리범위가 주어지지 않고 단지 문언상의 권리범위만을 가지고 있는 것이라면 이는 금반언의 원칙의 적용이 남용되는 것이다. 따라서 금반언의 원칙이 적용된다고 하더라도 변경된 청구항에 대한 모든 동등론상의 권리범위까지도 특허권자가 포기하여야 하는 것은 아니다. 특허권자를 보호하기 위해서는 침해대상이 용이한 것이거나, 매우 동등한 침해물에 대해서는 공정하게 청구항을 해석한 결과 침해로 규정할 수 있을 정도의 권리범위를 가진 청구항이 발급되어야만 하는 것이다.[296]

금반언의 원칙은 심사관에 의하여 특허의 발급이 거절된 부분은 물론 그 부분과 동등한 것을 후일 청구항을 해석하는 것을 빌미로 다시 권리범위에 포함하거나, 동등론에 의하여 다시 그 권리범위에 포함하는 것을 금지한다. 원래의 청구항과 거절 이후에 변경된 청구항 사이의 용어의 차이점만이 포기된 것이고 금반언의 원칙에 의하여 이 차이점을 주장할 수 없다는 것이다.[297]

만약 청구항의 보정에 의하여 추가된 용어가 차이점을 나타내는 것으로서, 이로써 한정사가 분명하고 명확한 것이라면 비록 후일 특허권자가 정당하게 가질 수 있었던 것 이상으로 독점권을 감소시킨 것이라고 하더라도 그 완전한 의미를 가져야 한다. 그러나 이러한 한정사가 모호한 것이라면 그것이 원래의 청구항과 구별하기 위해서 채용된 목적에 합리적으로 필요하였던 것 이상으로 넓게 해석되어서는 안 된다.[298]

다. 인용된 선행기술만 배제

금반언의 원칙을 선행기술을 회피하기 위한 최소한의 한계로 보는 견해가 있다. 금반언의 원칙을 동등론의 적용을 제한하는 사유로 보는 다수견해에 반대하여 이 원칙을 선행기술을 회

[294] Ziegler v. Phillips Petroleum Co., 483 F.2d 858, 870, 177 USPQ 481, 489(5th Cir., 1973).

[295] Exhibit Supply Co. v. Ace Patents Corp., 315 U.S. 126, 137, 52 USPQ 275, 279-280(1942); Southern Textile Mach. Co. v. United Hosiery Mills Corp., 33 F.2d 862, 2 USPQ 183(6th Cir. 1929).

[296] Southern Textile Mach. Co. v. United Hosiery Mills Corp., 33 F.2d 862, 2 USPQ 183(6th Cir. 1929).

[297] 거절된 원칙(Rejected principles): 이 유연한 원칙은 위 Exhibit Supply, 315 U.S. at 137, 52 USPQ at 280과 가장 일치한다. D & H Elec. Co. v. M. Stephens Mfg., 233 F.2d 879, 883-84, 110 USPQ 469, 472(9th Cir. 1956).

[298] Jones v. General Fireproofing Co., 254 F. 97(6th Cir. 1918).

피하기 위하여 필요한 최소한으로 적용하여야 한다고 보는 소수설이 있다. 이 소수설의 입장에서 금반언의 원칙은 넓은 권리범위를 가진 청구항을 거절하기 위해서 심사관에 의하여 원용되었던 선행기술만 청구항의 권리범위에 포함되는 것만을 방지하기 위한 것이다. 이 견해에 의하면 금반언의 원칙은 청구항에서 심사관이 인용한 선행기술만을 배제하기 위한 것이다.[299]

따라서 금반언의 원칙이 모든 동등론의 적용을 금지하는 것은 아니기 때문에 심사관에 의하여 거절된 이후에 특허발급을 위해서 출원자가 포기한 것만이 금지된다.[300] 이렇게 포기된 부분은 청구항의 문언상 권리범위 외에 있음은 물론이고 더 나아가 동등론의 권리범위 내에도 존재하지 않는다.[301] 원래 출원된 청구항과 변경된 청구항의 차이점만이 포기된 것이기 때문이다.[302]

New York Scaffolding Co. v. Whitney에서는 이 소수견해를 제창하였다. 위 사건에서 청구항을 보정하는 것은 청구항으로부터 선행기술에서 공개된 부분을 배제하기 위한 것이기 때문에 출원인인 심사관의 거절에 응하여 포기한 부분은 바로 이 부분만을 말한다. 최초의 청구항을 출원인이 포기하지 않고 그대로 유지한 경우에는 이 원칙을 적용할 수 없음은 물론 심사관이 선행기술에 의하여 예견된다는 이유로 거절하였으나 출원인이 이를 반박하지는 않고 청구항에 대한 아무런 변경을 하지 않은 경우에도 금반언의 원칙을 적용할 수는 없다. 따라서 보정된 청구항에서 선행기술이 공개하지 아니한 모든 새롭고 유용한 개량사항은 청구항의 보정에 의하여 아무런 영향을 받지 아니하고 유효한 권리범위로 보장된다.[303]

그러나 이 입장은 너무나 관대하여 금반언의 원칙이 필요도 없는 영역에 금반언의 원칙을 적용하려고 한다는 비판을 받는다.[304] 이는 선행기술이 이미 존재하여 그 부분에 있어서는 유효한 청구항의 존재를 불가능하게 만드는 경우에 금반언의 원칙을 적용하기 때문이다.[305]

---

299 Farrington v. Haywood, 35 F.2d 628, 630-31, 3 USPQ 248(6th Cir., 1929).

300 John Zink Co. v. National Airoil Burner Co., 613 F.2d 547, 556, 205 USPQ 494, 501(5th Cir., 1980).

301 D & H Elec. Co. v. M. Stephens Mfg., 233 F.2d 879, 883-84, 110 USPQ 469, 472(9th Cir., 1956).

302 Micro-Probe, Inc. v. Wentworth Labs., Inc., 431 F. Supp. 238, 239, 195 USPQ 157, 158(C.D. Calif., 1977).

303 New York Scaffolding Co. v. Whitney, 224 F. 452(8th Cir. 1915). 위 판례는 심사관의 거절에 응하여 출원인이 취한 조치를 세 가지로 구분한다. 첫째, 거절에 응하여 청구항을 변경한 경우(선행기술이 공개한 부분만을 포기), 둘째, 거절에 응하여 반박을 한 경우(금반언의 원칙이 적용되지 않음), 셋째, 거절에 아무런 반응을 하지 않은 경우(금반언의 원칙을 적용할 수 없음)이 바로 그것이다.

304 Hunt Tool Co. v. Lawrence(1957), 242 F.2d 347, 113 USPQ 7(5th Cir), cert. denied, 354 U.S. 910(1957).

305 Haynes International, Inc. v. Jessop Steel Co., 8 F.3d 1573, 1579, 28 USPQ2d 1652, 1656-57(Fed. Cir. 1993), on reh'g, 15 F.3d 1076, 29 USPQ2d 1958(Fed. Cir. 1994)(선행기술과 출원경과 금반언은 동등론의 적용을 제한하는 서로 다른 원칙이다. 따라서 금반언에 의한 제한은 선행기술에 의한 제한보다 넓을 수도 있다. 그러나 선행기술이 동등론의 적용을 제한하느냐의 문제는 이 사건에서 문제가 되지 아니하고 금반언의 원칙이 동등론의 적용을 제한하느냐가 문제가 된다); Ziegler v. Phillips Petroleum Co.(1973)(출원인은 자신의 청구항에 대하여 실제 거절되는 것에 응할 필요한 최소한도 이상의 권리포기를 한 것으로 추정되어서는 안된다).

그러나 Nationwide Chem. Corp. v. Wright에서 선행기술이 '1에이커당 48온스로 구충제'를 사용하는 것으로 공개되었고, 특허 방법청구항이 '1에이커당 4온스 이하'로 사용하는 데 비하여 침해물건은 '1에이커당 4온스 이상'으

8. 엄격한 접근법과 유연한 접근법

가. 종래의 CAFC의 두 가지 입장

1982년 이후 CAFC는 선행기술과 구별하기 위해서 청구항을 보정하거나 논쟁을 한 경우에 금반언의 원칙이 적용되는 범위에 관하여 두 가지의 입장을 취하였다. 첫째, 엄격한 입장은 만약 출원인이 현재의 청구항보다도 더 좁게 보정할 수 있었다면 과연 특허가 허용되었을 것인지 여부에 대한 판단을 하지 않는다.[306] 둘째, 출원인이 청구항을 보정하였다고 하더라도 일률적으로 모든 동등성의 권리범위를 금지하지는 않는다. 청구항의 변경이 있을 경우에 법원은 청구항의 변경을 가져오게 한 선행기술과 함께 출원인과 심사관 사이에 오고 간 논쟁을 살펴보아서 청구항의 권리범위가 변경된 이유가 무엇인지를 심리하여 본 뒤 청구항의 권리범위를 결정하는 것이다.[307]

첫째, 즉 금반언의 원칙을 일률적으로 적용하는 엄격한 입장에서 보면 법원은 출원인이 심사과정에서 청구항을 좁게 변경한 이유를 참작하지 않고 일단 심사과정에서 청구항의 변경이 있으면 후일 이에 위배되는 주장을 할 수 없다.[308]

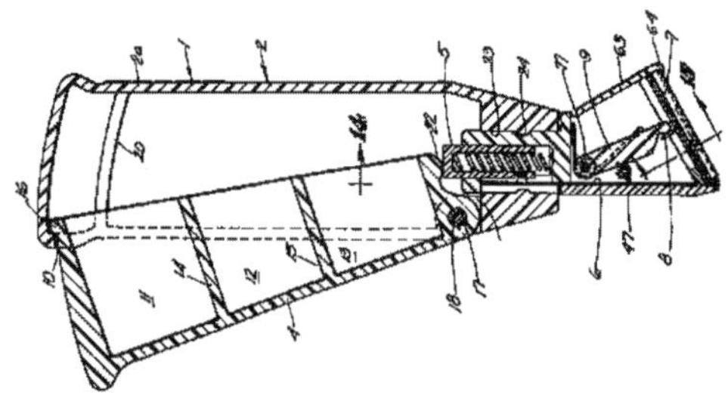

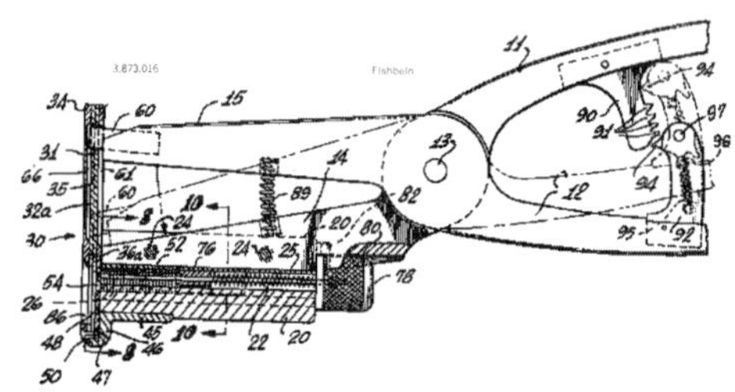

로 사용한 경우에 특허권자가 '4온스'라는 한정사를 추가한 것은 선행기술이 '48온스'라고 공개하고 있었기 때문에 이를 구별하기 위해서 사용한 것에 불과하기 때문에 청구항의 권리범위는 '낮은 용량' 모두에서 허용되어야 한다고 주장하였다. 그러나 법원은 일단 선행기술을 회피하기 위해서 '1에이커당 4온스 이하'로 청구항을 축소하여 특허가 발급된 경우에 청구항의 권리범위는 이러한 문언상의 의미에 한정되고 동등론에 의하여 이를 확장할 수는 없다고 하였다. 물론 선행기술인 '48온스'와 변경된 '4온스' 사이에는 매우 넓은 범위가 있다는 점을 인정하지만 그 이유를 물어볼 필요는 없다는 것이다. 일단 한정사가 추가되었다면 그 추가된 한정사는 출원인이 청구항의 실시례로서 선택한 것으로서 후일 법원에 그보다 넓은 권리를 요구할 수는 없다.

306 Strict approach(엄격설): Prodyne Enterprises, Inc. v. Julie Pomerantz, Inc., 743 F.2d 1581, 223 USPQ 477(Fed. Cir. 1984); Kinzenbaw v. Deere & Co., 741 F.2d 383, 222 USPQ 929(Fed. Cir. 1984), cert. denied, 470 U.S. 1004(1985).

307 Flexible approach(또는 Spectrum approach)(유연설): 1984년부터 1997년까지 대부분의 연방항소법원이 취한 견해. 물론 유연설을 취하더라도 금반언의 궁극적인 한계를 정하는 판례도 있다. Environmental Instruments, Inc. v. Sutron Corp., 877 F.2d 1561, 1566, 11 USPQ2d 1132, 1136(Fed. Cir. 1989).

308 Prodyne Enterprises, Inc. v. Julie Pomerantz, Inc., 743 F.2d 1581, 223 USPQ 477(Fed. Cir., 1984), Kinzenbaw v. Deere & Co., 741 F.2d 383, 222 USPQ 929(Fed. Cir., 1984), cert. denied, 470 U.S. 1004(1985).

심사관이 선행기술을 원용하여 거절결정을 하자 이에 응하여 특허출원자가 X와 Y라는 두 가지의 한정사를 추가한 결과 특허는 발급되었지만, 피고의 침해장치는 그중 X라는 한정사는 가지고 있지 않지만 Y라는 한정사는 가지고 있다. 만약 특허권자가 Y만을 한정사로 청구항에 추가하였어도 선행기술을 회피할 수도 있었는데 불필요하게도 X를 추가한 결과 Y만을 가지고 있는 침해장치를 그 권리범위에 포함시킬 수 없었다. 특허권자는 심사과정에서 아무런 필요 없이 과잉으로 청구항의 권리범위를 포기한 것이다. 그러나 법원은 이러한 사정이 있어도 청구항을 변경한 사유를 참작하지 않고 금반언의 원칙을 적용한다.[309]

그러나 엄격한 입장에 의하면 청구항의 권리범위가 극도로 제한되기 때문에 특허권자의 보호에 소홀하다는 비판을 받는다. 출원경과 금반언의 원칙은 동등론에 우선하여 적용되므로 심사과정에서 추가된 모든 한정사와 관련된 권리범위는 후일 발급된 청구항의 권리범위에서 배제된다. 결국 발급된 청구항은 매우 제한된 권리범위밖에 가지지 못하기 때문에 아무리 동등론을 적용한다고 하여도 침해를 구제받을 길이 막혀 버릴 수가 있다.[310]

엄격한 입장에 의하면 특허권자가 불필요하게 한정사를 추가하여 청구항을 보정함으로써 과잉으로 권리를 포기하였어도 동등론을 적용하여 다시 권리를 회복할 수는 없다.[311] 그 실례로서, 외과수술용 스테이플러에 관한 Becht 특허('844' 특허)를 심사하는 과정에서 심사관이 Fishbein 특허('016' 특허)를 선행기술로 원용하였다. 이 Fishbein 특허는 바늘(Staple)이 모루(Anvil)의 표면으로부터 '상당히 떨어져' 있었다. 심사관의 거절에 응하여 Becht 특허출원인은 청구항을 바늘이 모루의 표면에 '붙어 있어야 한다'고 변경하였다. 이러한 경우에 Becht 특허권자는 바늘이 모루의 표면에서 '약간만이라도 떨어져' 있는 것에 대한 동등론에 의한 청구항의 권리범위를 포기한 것이라고 보아야 한다. 따라서 바늘이 오직 모루의 표면에서 약간 정도 떨어져 있는 피고의 기구는 Becht 특허를 침해하지 않는다.[312]

또한 Clayton 특허('51' 특허)는 8비트의 단어를 저장하는 8개의 데이터 저장용 칩과 9번째의 교정용(Parity) 비트 칩을 일렬로 배치하고 있는 모듈(SIMMs)로서 플라스틱 용기에 들어 있다. Clayton 특허의 청구항은 ① 8개의 메모리 칩과 에러를 교정하는 9번째의 메모리 칩으로 구성되고, ② 이 칩들이 '일렬배치'된 구조를 청구항의 권리범위로 청구하고 있었다. 피고의 침해장치도 9개의 칩으로 구성된 선형모듈로 되어 있었으나 2열 이상으로 배치되었고 하나의 열에

---

309 Kinzenbaw v. Deere & Co., 741 F.2d 383, 389, 222 USPQ 929, 933(Fed. Cir., 1984), cert. denied, 470 U.S. 1004(1985)(동등론은 부도덕한 모방자나 예상치 않았던 동등물로부터 발명자를 보호하기 위한 것인데 이 사건은 이와 전혀 관계가 없다. 피고는 특허발명에 사소한 변경을 가한 뒤 그 침해를 회피하기 위한 것이 아니라 오히려 심사과정에서 특허권자가 포기한 것을 침해장치에서 채용한 것이다).

310 유연한 입장에서의 비판: Hughes Aircraft Co. v. United States, 717 F.2d 1351, 219 USPQ 473(Fed. Cir. 1983).

311 Prodyne Enterprises, Inc. v. Julie Pomerantz, Inc., 743 F.2d 1581, 223 USPQ 477(Fed. Cir. 1984).

312 Senmed, Inc. v. Richard-Allan Medical Industries, Inc., 888 F.2d 815, 12 USPQ2d 1508(Fed. Cir., 1989).

3개의 칩을 가진 모듈이 3개의 단위(3-Pack modules)로 포장된 점이 Clayton 특허와 달랐다.[313]

심사과정에서 심사관이 선행기술인 Cislaghi 특허('033' 특허)를 원용하면서 원고의 청구항이 용이하다는 이유로 최초의 거절을 하였다. 위 Cislaghi 특허도 9개의 메모리 칩을 가지고 여러 열로 배열한 것으로 단지 마지막 9번째의 칩이 다른 모듈에 위치하고 있다는 점만이 달랐다. 위 거절에 대응하여 출원인은 청구항을 '일렬배치'로 수정·변경하면서 다음과 같이 주장하였다. 자신의 발명은 '일렬배치'로서 여러 열로 메모리 칩을 배치한 선행기술 Cislaghi 특허와는 분명히 구별되며 '일렬배치'는 공간을 절약한다는 장점이 있다고 주장하였고 이에 기하여 Clayton 특허가 발급되었다. 그러나 특허출원인이 '일렬배치'라고 변경하지 않고 '2열 혹은 3열 배치'라고 변경하였어도 선행기술과 구별하는 데는 아무런 지장이 없었다. 그렇지만 일단 특허출원인이 '일렬배치'라는 한정사를 사용하여 청구항을 변경한 이상 특허권자는 후일 침해소송에서 동등론에 의하여 '일렬배치'를 넘어서는 선형모듈이나 3개씩 포장한 모듈(3-Pack modules)에 대하여 침해가 성립한다고 주장을 할 수 없다.[314]

그러나 유연한 입장에 의하면 청구항을 변경한 경우에 반드시 금반언의 원칙을 적용하여야 할 필요는 없고 또한 문언상의 침해만을 인정할 필요도 없다. 청구항의 변경이 있다고 하여도 반드시 금반언의 원칙이 적용되는 것은 아니고 동등론에 의한 침해도 성립될 수 있다.[315]

나. 청구항의 보정

실무상 대부분의 경우에는 청구항이 보정되기 때문에 청구항이 변경되지 않고 특허가 발급되는 경우는 거의 없다고 하여도 과언이 아니다. 따라서 청구항이 변경된 경우에는 문언상의 권리범위만이 보호되고 동등론에 의한 권리범위가 부정된다면 동등론에 의하여 보호를 받을 수 있는 청구항은 거의 없을 것이다.[316] 청구항을 보정한 이유나 의도에 따라서 청구항의 권리범위를 제한하여야 할 필요성이 다르다. 동등론을 적용하느냐 하지 않느냐의 문제가 중요한 것이 아니라 동등론을 어느 정도의 범위를 가진 것으로 적용하느냐가 중요한 것이다.

다. 선행기술의 분석

금반언의 원칙으로 인하여 동등론을 적용할 수 있느냐 없느냐 하는 것을 판단하기 위해서

[313] Wang Laboratories, Inc. v. Toshiba Corp., 993 F.2d 858, 862, 867, 26 USPQ2d 1767(Fed. Cir., 1993). 1심법원은 피고의 모듈은 3개의 칩을 가진 모듈이 3개의 단위(3-Pack modules)로 포장되었다는 점에서 9개의 칩을 가지고 있는 Clayton 특허를 문자적으로 침해하지는 않고 동등론에 의한 침해행위가 성립된다고 보았다.

[314] Wang Laboratories, Inc. v. Toshiba Corp., 993 F.2d 858, 862, 867, 26 USPQ2d 1767(Fed. Cir., 1993).

[315] Hughes Aircraft Co. v. United States, 717 F.2d 1351, 219 USPQ 473(Fed. Cir. 1983).

[316] Supra. n.402 참조.

선행기술을 분석할 필요가 있다. 그러나 선행기술에 근거한 거절에 응하여 침해장치에 문언상으로 존재하지 아니하는 한정사가 청구항에 추가되었느냐를 결정하기 위해서 출원경과를 살펴보는 것은 잘못된 것이다. 청구항을 보정한 것의 범위는 반드시 그로 인하여 발생한 금반언의 원칙의 적용범위와 동일할 필요는 없다.[317]

특허권자가 후일 침해대상이 되는 것을 문언상의 권리범위에 포함할 수 있는 청구항에 대한 출원을 하자 심사관이 선행기술을 들어서 거절을 하였고 출원인이 이에 응하여 침해대상을 문언상 포함할 수 없을 정도로 권리범위를 줄여서 청구항을 변경을 한 결과 특허를 받았다. 그 후에 침해대상이 심사과정에서 회피하려고 노력하였던 선행기술보다는 청구항의 한정사와 명세서의 공개내용에 가까운 경우에 동등론에 의한 침해를 인정하여야 한다.[318] 심사과정에서 전혀 논의된 바 없었던 부분은 출원인이 청구항의 변경에 의하여 포기한 것으로 볼 수는 없기 때문이다. 그러나 이에 반대하는 견해도 있다.[319]

9. Hilton Davis(1995)와 Warner-Jenkinson(1997)

가. 사실관계 및 쟁점

Warner-Jenkinson에서 출원된 청구항은 '염료를 순수화하는 과정으로 200~400도까지의 압력하에서 투입된 염료로부터 불순물을 여과하는 장치'로서, 이에 대하여 심사관은 'pH 9 이상, 즉 pH 11에서 pH 13 사이에서 가장 잘 작동하는' 선행기술을 제시하면서 특허발급을 거절하였다. 이에 응하여 출원인은 'pH 6 내지 pH 9 사이'라는 한정사를 추가하여 1985년 특허를 받았다.[320] 1986년 피고가 개발한 여과장치도 200기압에서 500기압 사이에서 pH 5로 작용하는

---

317 LaBounty Manufacturing, Inc. v. U.S. Int'l Trade Comm'n, 867 F.2d 1572, 9 USPQ2d 1995(Fed. Cir. 1989).

318 부정설: Sun Studs, Inc. v. ATA Equipment Leasing, Inc. , 872 F.2d at 987, 10 USPQ2d at 1346(1989). 통나무를 켜는 방법청구항에 대하여 심사관이 거절을 하자 각 단계의 순서를 바꾸어서 청구항을 변경하였다. 침해장치는 청구항에서 사용하는 원목 절단 모양을 채용하고 있었다. 그러나 원목 절단 모양에 대해서는 심사과정에서 전혀 논의된 바 없었기 때문에 그의 권리범위를 포기한 것이라고 할 수 없어서 금반언의 원칙을 적용할 수 없고 동등론에 의하여 침해를 주장할 수 있다.

319 위 주 320에 반대하는 긍정설: Environmental Instruments, Inc. v. Sutron Corp., 877 F.2d 1561, 11 USPQ2d 1132(Fed. Cir. 1989). 침해장치를 문언상으로 포함하는 청구항을 출원하자 심사관이 선행기술을 들어서 거절을 하였고 이에 응하여 출원인은 장치의 형태를 실시례에 가까운 수준으로 변경하는 방식으로 청구항을 변경하였지만 심사관이 재차 이를 거절하자 출원인은 '변경된 청구항의 형태는 선행기술에 의하여 제시되거나 가르쳐진 바 없다'고 주장한 뒤 특허를 받았다. 법원은 최초출원된 청구항의 권리범위가 출원인이 한 청구항의 변경으로 인하여 포기되었기 때문에 금반언의 원칙이 적용된다고 보았다.

320 Warner-Jenkinson Co., Inc. v. Hilton Davis Chemical Co., 117 S.Ct. 1040(1997). 원고(Hilton Davis)와 피고(Warner-Jenkinson)는 모두 염색약품을 제조하는 회사였다. 원고는 염색약품 속에 있는 불순물을 제거하는 방법에 대한 Rebhahn 특허('746')를 가지고 있었는데 이는 고도의 여과의 과정을 포함하는 염료 처리 기술이었다. 이 처리 기술에 사용되는 여과장치들은 다공질의 막을 통해서 염료를 걸러낸다. 이 과정을 통하여 염색약품의 원료가

것이었다.[321]

나. CAFC

CAFC는 청구항을 보정함으로써 특허권자는 상한선인 pH 9 이상을 포기한 것일 뿐 그 하한선을 포기한 것은 아니라고 보았다. 따라서 pH 6 이하에서 작용하는 침해장치에 대해서는 금반언의 원칙이 적용되지 않으므로 결국 동등론에 의한 침해가 성립한다고 보았다.[322]

그러나 CAFC의 소수반대견해는 금반언이 적용되어 동등론에 의한 침해가 성립하지 않는다고 보았다. 심사과정에서 제시된 선행기술을 발명자가 자신이 신청한 발명과 다른 것으로 구별한 이후에 그 부분을 제외한 나머지 부분에 대해서만 특허를 받은 것으로서 그 이후에 다시 동등론에 의한 침해를 주장한다면 특허권자의 명시적인 의사에 반하는 것이다. 심사관은 선행기술을 회피하기 위해서는 'pH 6 내지 pH 9'라는 한정사가 추가될 것을 요구하였고, 발명자인 쿡 박사가 만약 pH 6 이하로 떨어지면 작동이 잘 안 된다고 진술한 사실도 있다면 상한을 정한 것은 물론 하한을 정한 것도 모두 출원인의 의사에 의한 것이기 때문이다.[323] [324]

다. 미연방대법원

미연방대법원도 CAFC의 소수견해와 궤를 같이하여 청구항의 보정이 이루어진 이상 이러한 특허를 발급받기 위해서 특허요건을 충족시키기 위한 이유에서 이루어졌다는 추정을 받고 특허권자가 추정력을 번복하지 못하는 한 금반언의 원칙이 적용되어야 한다는 취지로 파기환

일정한 압력과 일정한 순도하에서 걸러지면 고도의 순수한 염료가 생산된다. 이러한 청구항의 변경이 후일 출원경과에 의한 금반언의 원칙의 적용을 놓고서 특허법 사상 최대의 논쟁이 벌어진다.

321 그러나 피고는 원고의 특허발명의 존재를 알지 못했다. 피고가 자신의 여과과정을 상업적으로 사용하고 나서야 자신의 특허와 유사한 원고의 선행특허가 있었다는 것을 알게 되었다. 원고도 피고가 유사한 여과장치를 사용한다는 것을 1991년에야 알았고 그때서야 피고에 대해서 특허침해소송을 제기했다. 1심법원은 동등론을 적용하여 침해를 인정하였다.

322 Hilton Davis Chemical Co. v. Warner-Jenkinson Co., Inc., 62 F.3d 1512, 35 USPQ2d 1641(Fed. Cir. 1995); Festo Corp. v. Shoketsu Kinzoku Kogyo Kabushiki Co., Ltd., 72 F.3d 857, 864, 37 USPQ2d 1161, 1165(Fed. Cir. 1995), remanded, 117 S. Ct. 1240(1997)(1.금반언을 적용하여야 하는지를 결정하는 요건: 변경된 것(차이점)과 변경사유, 2. 금반언이 적용되는 범위: ① 선행기술, ② 출원인이 심사관에 대하여 주장한 변경이유, ③ 청구항에 대한 특허를 받기 위한 것으로서의 변경의 목적).

323 Hilton Davis Chemical Co. v. Warner-Jenkinson Co., Inc., 62 F.3d 1512, 35 USPQ2d 1641(Fed. Cir. 1995)에서 니스 판사 반대소수견해.

324 CAFC도 1심환송을 하면서, 금반언의 범위와 효과에 대한 언급은 없었고, 단지 두 가지, 즉 변경을 한 이유와 그 이유가 금반언의 적용을 극복할 수 있을 정도로 충분한 것인지에 대해 제시를 하였다. 만약 1심법원이 특허성과 관련이 없는 이유로 인하여 청구항을 변경하였다고 볼 만한 사유가 있다면 그 사유가 금반언의 원칙의 적용을 금지할 수 있을 정도로 충분한 것인지를 심리할 것을 요구하였다. 이를 두고서 Chisum은 CAFC가 엄격설을 취하고 있다고 해석한다.

송을 하였다.

선행기술과 관련한 거절에 응하여 청구항을 변경한 경우에, 첫째, 제한선 이상으로 존재하는 선행기술과 구별하기 위해서 상한선과 하한선을 모두 변경하여 청구항을 보정한 경우에는 금반언의 원칙이 적용되는 것은 물론이다. 둘째, 침해장치가 변경된 청구항의 하한선 이하에 존재하고 있고 하한선에 대해서는 굳이 선행기술과 구별할 필요가 없어 청구항을 변경하지 않았어도 되었던 경우에라도 그 보정은 특허의 발급가능성을 위한 것으로 추정된다.

따라서 위 추정력을 번복할 수 없는 한 금반언의 원칙이 적용되어 결국 위 축소 보정된 부분에 대해서는 동등론에 의한 침해를 주장할 수 없다.

그러나 미연방대법원은 유연한 입장인지 아니면 엄격한 입장인지에 대한 명확한 언급을 하지 않았다. 단지 금반언의 원칙이 적용되면 추가된 한정사와 관련하여 동등론을 적용할 수 없다. 심사관의 거절 자체의 잘잘못은 따질 수 없지만 심사관이 청구항을 거절하면서 그 사유로 한 것과 이를 회피하기 위해서 출원인이 한 대응방식을 살펴보아야 한다.

이렇게 청구항을 보정한 방식을 살펴보면 청구항을 보정하면서 추가된 한정사에 대하여 동등론에 의한 권리범위를 남겨 두었는지를 알 수 있다. 예컨대 명세서가 청구항을 지지하지 못함으로써 명세요건을 충족시키지 못했기 때문에 출원인이 권리범위가 넓은 보편적 청구항을 변경하여 권리범위가 좁은 청구항으로 변경할 수밖에 없었던 사정을 볼 수 있다는 것이다.[325]

10. Festo

가. 사실관계 및 쟁점

Festo는 로드(막대) 대신에 자석을 이용하여 물체를 움직이는 피스톤 실린더에 대한 두 가지의 특허를 가지고 있었다. 심사과정에서 심사관은 미특허법 제112조에 의하여 '작동하는 방식이 불확실하고 어느 청구항들은 허용할 수 없는 방식으로 작성이 되었다.'는 이유로 거절을 하자 이에 응하여 출원인은 최초출원서의 청구항을 보정하면서 선행기술을 추가로 인용하였다. 두 번째 특허는 재심사과정에서 보정되면서 역시 선행기술이 추가로 인용되었다.

두 가지 특허청구항 모두에 추가된 것은 피스톤 뭉치에 불순물이 유입되는 것을 방지하기 위한 한 쪽에 하나의 날(Lip)을 가지는 '한 쌍의 실링 링(Sealing rings)'이라는 한정사였고, 첫 번째 특허에는 '외부 껍질(Outer shell) 또는 관(Sleeve)'라는 한정사가 추가되었다.

---

325 Chisum on Patents §18.05, n78. [c]: Hilton Davis(1995) and Warner-Jenkinson(1997). 미연방대법원의 모호한 입장표명: 위 사건에서 미연방대법원은 그 입장을 모호하게 표현하였다.

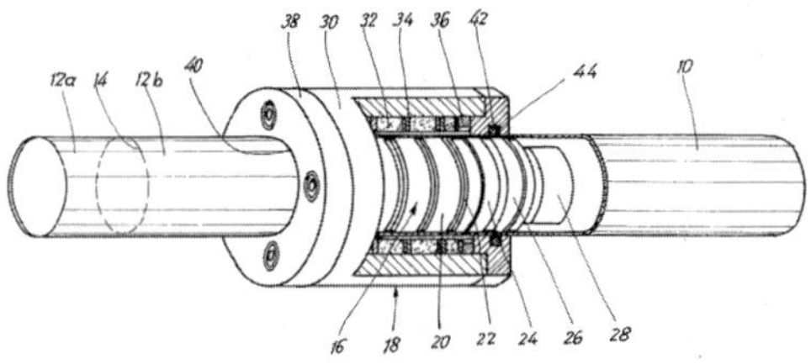

원고가 로드 없는 실린더를 판매한 이후에 피고는 일방성의 '한 쌍의 실링 링'이 아닌 양방향의 날(Lip)을 가진 '하나의 실링 링'을 가지고 있었으며, 자성을 띨 수 없는 합금으로 만든 관(Sleeve)을 장치한 상품을 판매하였다. 과연 원고의 특허의 문언상의 권리범위에는 포함되지 않는 피고의 장치가 동등론에 의한 침해가 성립되는지가 쟁점이 되었다.[326]

나. CAFC

1심인 메사추세스법원은 청구항의 보정이 선행기술을 회피하기 위해서 이루어진 것이 아니기 때문에 금반언의 원칙이 적용되지 않는다고 보고 원고승소판결을 선고하였고, CAFC는 이를 인용하였으나 미연방대법원은 심사과정에서 특허를 받기 위해서 포기한 것을 다시 동등론에 의하여 주장할 수 없다는 금반언의 원칙을 선언한 Warner-Jenkinson을 들어서 이를 파기환송하였다.

그러자 CAFC는 엄격한 접근법(Complete bar)을 취하여 금반언의 원칙은 청구항의 보정이 선행기술을 회피하기 위하여 이루어진 경우 이외에도 적용될 수 있고, 일단 금반언의 원칙이 적용되면 보정된 구성요소에 대한 모든 동등론에 의한 침해를 주장할 수 없다고 판시하였다.[327]

다. 미연방대법원

(1) 유연한 접근법

이에 원고가 상고허가신청을 하자 미연방대법원은 유연한 접근법(Flexible bar)을 취하여 다시 CAFC의 판결을 파기환송하였다. 그 이유는 심사과정에서 특허권자가 심사관의 거절에 응

---

326 FESTO CORPORATION, PETITIONER v. SHOKETSU KINZOKU KOGYO KABUSHIKI CO., LTD., ET AL.,122 S. Ct. 1831; 152 L. Ed. 2d 944.

327 Id., at 234 F.3d 574-575(2000). 그러나 그 이전에 CAFC는 보다 유연한 입장을 취하고 있었다. 청구항을 보정한 목적이나 그 문언상의 변경을 참작하여 금반언의 원칙을 적용하여 그중 일부에 대해서는 동등론에 의한 침해를 인정하기도 하였다.

하여 청구항의 권리범위를 좁히는 경우에 금반언의 원칙은 좁혀진 구성요소에 대한 모든 동등론상의 권리범위가 허용되지 않는 것은 아니고 출원인이 심사과정에서 포기한 것에 한한다. 만약 금반언의 원칙에 의하여 모든 주장이 완벽하게 금지된다면 바로 동등론이 극복하고자 하는 문언주의의 폐해가 나타나기 때문이다.[328]

(2) 공개요건과 관련된 청구항의 보정

또한 미연방대법원은 공개요건과 관련된 청구항의 보정을 표면상(Cosmetic)의 이유에 불과한 경우와 필요한(Necessary) 경우로 구분하여 필요한 경우에 한하여 금반언의 원칙을 적용하였다. 공개요건, 즉 서면명세요건이나 실시가능요건(미국에서는 최적실시례 공개요건도 공개요건의 하나이다) 등이 단지 표면상(Cosmetic)의 이유로 청구항을 거절하는 명목이 된 경우에는 청구항의 보정이 있더라도 이는 청구항의 권리범위가 좁혀지는 것이 아니므로 금반언의 원칙이 적용되지 않는다.

그러나 청구항을 보정한 것이 공개요건을 충족하기 위해서 필요한 것(Necessary)이고 이를 위해서 청구항의 권리범위를 좁히는 경우에는 더 나은 공개를 위한 것으로서 이때는 금반언의 원칙이 적용될 수 있다.

(3) 엄격한 접근법에 대한 비판

미연방대법원은 엄격한 접근법(Complete bar)은 심사과정에서 포기된 대상이 무엇인지에 대한 검토를 하지 못하게 한다고 보았다. 금반언의 원칙은 발명자로 하여금 자신이 심사과정에서 한 주장과 청구항의 변경을 한 취지로 청구항의 권리범위를 정하는 것을 목적으로 한다. 그러나 포기된 대상에 대한 아무런 검토가 없이 무조건 포기대상에 대한 모든 권리주장을 금지하도록 한다면 이는 금반언의 원칙을 인정하는 근본적 취지에 반한다는 것이다.

(4) 예상할 수 있었던 포기

출원인이 청구항의 권리범위를 축소하더라도 이는 축소를 할 당시에 예상하지 못한 동등물을 모두 포기한 것으로 보아야 할 필요는 없다. 출원인이 포기한 것은 그가 합리적으로 포기하였다고 예상되는 부분에 한정하여야 한다. 따라서 청구항의 보정사유와는 단지 피상적인 관

---

[328] Festo Corp . v. Shoketsu Kinsoku Kogyo Kabushiki Co., 122 S. Ct. 1831(2002). 이 판결에서 미연방대법원은 쟁점 중의 하나인 공개요건을 충족시키기 위해서 청구항을 보정한 경우에도 금반언이 적용된다고 판시하였다. 그 이유로서, 특허를 받기 위해서 청구항의 권리범위를 좁힌 경우에 그 이유가 선행기술을 회피하기 위한 것이든 공개요건을 충족시키기 위한 것이든 불문하고 특허권자는 더 넓은 특허대상에 대한 권리를 포기한 것이다. 따라서 특허권자가 더 넓은 특허대상에 대한 권리를 주장할 수 없음을 인정한 것이거나, 거절에 대하여 이의를 제기할 수 있는 권리를 포기한 것으로 보아야 한다.

련성밖에 없는 발명의 부분에 대하여 모든 동등성의 권리범위를 포기한 것으로 보아야 할 아무런 이유가 없다. 만약 그렇지 않다면 출원인은 보정된 청구항에 대한 모든 동등론에 의한 권리범위를 주장하는 것을 금지당하고 오직 문언상의 권리범위만이 허용되어야 한다는 부당한 결과에 이르게 되기 때문이다.[329]

(5) 입증책임

특허권자는 청구항의 보정이 특허의 발급가능성과 무관하게 이루어졌다는 입증책임을 진다. 만약 아무런 입증이 없다면 법원은 청구항의 보정에 의하여 추가된 한정사를 가지는 구성요소가 특허성과 관련하여 이루어진 것으로 추정한다. 이러한 경우 금반언의 원칙이 적용되어 그 추가된 구성요소에 대하여 동등론을 적용할 수 없다.

특허권자는 청구항의 보정을 할 당시에 통상의 기술자로서는 침해문제가 된 동등물을 문언상으로 포함하는 청구항을 작성하는 것을 마땅히 기대할 수 없었다는 점을 입증하여야 한다. 그러나 다음의 세 가지 경우에는 특허권자가 청구항의 변경에 의하여 특정한 동등물을 포기하였다고 볼 수 없어서 추정을 번복할 수 있다.[330]

첫째, 그 동등물이 출원에 당시에 예측할 수 없었던(Unforeseeable) 경우, 둘째, 청구항을 보정한 이유가 문제가 된 동등물과 단지 피상적인 관련성(Tangential relationship)만이 있을 경우, 셋째, 문제가 된 사소한 변형물(Insubstantial substitute), 즉 동등물을 공개하는 것이 특허권자에게 마땅히 기대될 수 없었다는 사정이 존재할 경우이다.

특허권자는 청구항의 보정이 금반언의 원칙의 적용을 야기할 만한 이유를 제기하지 않았다는 점을 입증할 책임이 있다. 따라서 특허권자는 청구항의 보정이 특허성과 관련되지 않은 다른 이유로 이루어졌다는 점이나, 공개요건과 관련한 보정이라고 하더라도 그 거절이유가 단지 표면상의 이유에 불과하여 특허권자가 청구항의 권리범위를 포기하였다고 볼 수 없다는 점을 입증할 필요가 있다.

만약 위의 입증이 불가능하여 금반언의 원칙이 적용된다고 하더라도 청구항의 보정으로 인하여 소송상으로 현재 침해문제가 제기된 동등물을 포기하지 않았다고 하는 점에 대한 입증책임을 진다.[331] 따라서 비록 청구항의 보정이 권리범위의 포기와 관련된 것이라고 하더라도 그 보정된 구성요소의 모든 동등성의 범위가 포기된 것이 아니고, 특히 침해대상이 된 동등물은 포기된 것이 아니라는 점을 입증하여야 한다.

---

329 Festo Corp . v. Shoketsu Kinsoku Kogyo Kabushiki Co., 122 S. Ct. 1831(2002).

330 Festo Corp . v. Shoketsu Kinsoku Kogyo Kabushiki Co., 122 S. Ct. 1831(2002).

331 청구항의 기안자로서의 특허권자는 청구항을 보정하기로 결정을 하였을 때 원래 출원된 청구항과 보정된 청구항 사이의 차이점을 포기한 것으로 추정되기 때문이다. Exhibit Supply, Supra, at 136-137.

그러나 청구항의 보정이 소송상 문제가 된 동등물을 포기한 것으로 볼 만한 합리적인 이유가 없을 때, 즉 출원 시점에서 보아 동등물의 존재를 전혀 예상하지 못하였거나, 보정한 이유와 동등물이 단지 접선적인 관련성(Tangental relationship)만을 가지고 있을 때에는 특허권자는 다음을 입증하여 추정력을 번복할 수 있다. 즉 청구항을 보정할 당시에 통상의 기술자로서는 소송상 문제가 된 동등물을 청구항의 문언상의 권리범위에 포함시키는 것을 예상하지 못할 정당한 사유가 있었다는 점을 입증함으로써 추정력을 번복할 수 있다.

그러나 이 사건 기록에 의하면 원고가 추정력을 번복하였다고 볼 수 없다. '실링 링'과 '슬리브(Sleeve)'라는 한정사가 추가된 것이 명세요건과 관련한 거절에 응하여 보정되었다는 점을 원고가 인정한 바 있다. 그렇지 않더라도 선행기술이 인용되었기 때문이다.

11. 역금반언의 원칙

심사관이 어떤 청구항이 특허를 받을 수 없다고 최초의 거절을 하였으나, 후일 이렇게 거절한 청구항보다 더 넓은 권리범위를 가지는 청구항에 대하여 특허를 허용한 경우가 있다. 이러한 경우에는 거절된 청구항에 의한 금반언이 적용되지 않는다고 보아 특허권자가 특허가 허용된 청구항에 대하여 넓은 권리범위를 주장할 수 있다.[332]

이는 심사관이 출원인의 주장에 승복하였거나 선행기술의 가르침에 대한 자신의 견해를 변경하였을 수도 있기 때문이다. 거절된 좁은 청구항에 대한 거절사유는 명세서가 구성요소나 한정사를 적절하게 설명해 주지 못한다는 것이 될 수는 있다. 그러나 명세서가 좁은 청구항에 대한 지지를 하지 못한다는 이유는 실시가능요건이나 명세요건을 충족시키는 넓은 청구항에 대한 거절사유가 될 수는 없기 때문이다. 따라서 특허가 허용된 넓은 권리범위를 가지는 청구항은 명세서에 의하여 지지되지 않은 구성요소를 가지고 있는 실시례도 포함하는 넓은 권리범위를 가지는 것으로 해석될 수 있다. 그러나 특허권자는 청구항이 무효가 되는 것을 피하기 위해서 의도적으로 좁게 해석할 수는 없다.[333]

---

332 Chisum §18.05 [5]－Estoppel in Reverse－Rejection of Narrowing Claim Amendments 참조.

333 Smith v. Snow, 294 U.S. 1, 16(1935)(특허청이 좁은 권리범위를 가지는 청구항을 거절하였고 후일 넓은 권리범위를 가지는 청구항을 허용하였다는 것은 중요하지 않다); United States v. Telectronics, Inc. 857 F.2d 778, 8 USPQ2d 1217(Fed. Cir. 1988), cert. denied, 490 U.S. 1046(1989), discussed at §18.07 [7] Infra(심사과정에서 출원인이 한정사를 추가하는 보정을 하였으나 보정과 주장이 받아들여지지 않았고 청구항은 한정사를 제거하는 것으로 보정되었다. 법원은 원래 한정사가 존재하고 있는 것으로 해석할 수 없다).

연습문제

1. 자동차의 자동잠금장치에 있어서 하나의 스프링이 고장이 나는 경우에 이를 보완할 방법이 없다는 점을 개량하기 위해서 두 개의 스프링을 사용한 발명에 있다. 이 청구항은 '위 핀의 가장자리 반대편에 두 개의 스프링 베어링을 배치한 것으로 구성되는 하나의 스프링 뭉치'로 되어 있다. 명세서는 ① 두 개의 코일 스프링과 ② 하나의 핀을 사용한 스프링 뭉치를 공개하면서 외부의 스프링이 파괴된 경우에도 잘 기능할 수 있는 지지 기능(Back-up function)을 가진 것으로 설명하였다. 침해장치는 지지 기능이 없는 ① 하나의 스프링과 ② 플러그를 가진 내부의 스프링 뭉치를 가진 것이었다. 침해장치가 청구항을 침해하는지 여부를 논하라.

2. 쓰레기통으로 사용되는 Hanifl 특허('728')의 청구항은 보조덮개가 뚜껑 사이에 위치할 것을 요구한다. 명세서는 이 보조덮개의 기능이야말로 이 특허의 가장 핵심적인 기능이라고 설명하였다. 이에 비하여 피고의 장치(Noak: '251' 특허)에서 유사한 기능을 하는 보조덮개는 쓰레기통의 내부에 위치하고 있었다. 침해여부를 논하라.

3. 청구항은 하나의 피복재와 하나의 중심을 가진 섬유로서, 중심에 양극의 도료를 살포하여 굴절률 지수(Refraction Index: RI)를 표시하도록 되어 있다. 침해장치도 시각적 파동유도섬유로서 피복재에 음극 도료를 살포함으로써 지수를 표시하도록 되어 있다. 침해 여부에 대하여 논하라.

4. 핀볼(Pinn ball) 기구의 스위치에 관한 특허는 공이 목표물을 맞추면 전류의 흐름을 막아 버리는 장치로서 청구 제4항은 세 가지 구성요소를 가지고 있었다. ① 테이블에 설치된 하나의 Standard, ② 하나의 코일 스프링, ③ 테이블에 고정된 하나의 Conductor가 바로 그것이다. 명세서의 설계도는 이 Conductor가 고리 모양으로 만들어져서 테이블의 표면 위에 돌출된 형태를 갖는다고 기술되었다. ② 코일 스프링에 달려 있는 다리는 이 Conductor를 테이블의 표면 아래에서 서로 접촉한다. 침해장치는 청구항의 스위치와 유사했지만 다른 점은 이 Conductor의 형태와 위치였다.

심사관이 출원서에 기재된 원래의 청구항에 대한 거절을 하자 출원인이 청구항을 '테이블에 의하여 수행되는 Conductor 수단(Means)'으로 보정하였다. 그러자 심사관은 위 청구항이 선행기술과 구별할 수 없게 하기 때문에 특허출원인의 장치에 대해 특정한 유형에 한해서만 권리범위를 축소할 것을 요구하면서, 위 수단(Means)을 '테이블에 장치된 ③ 고리 모양의 Conductor를 ② 코일 스프링에 연결하는 다리'로 축소시킬 것을 제의했다. 그러나 특허출원인은 이렇게 청구항을 변경할 것을 거부했다. 만약 이렇게 변경한다면 이 스프링과 이 스프링을 테이블에서 핀으로 고정하고 있는 '다리'를 제거하기만 하면 얼마든지 침해가 가능하다는 이유에서였다. 그 대신 출원인은 청구항의 '테이블에 고정된'이라는 용어를 '테이블에 의하여 수행되는'이라는 용어로 수정했다. 그러나 수단을 이 스프링이 아래쪽의 다리로 전달하는 것에 한정시키지는 않았다. 이것이 청구 제4항이었다.

심사과정의 금반언의 법리에 의하여 동등론의 적용이 배제된 것은 두 가지 장치였다. 이 장치들은 변형된 유사한 나사를 사용했고 이 나사는 테이블의 맨 위쪽에 있는 금속판에 의하여 유지되고 있었지만 ②의 Conductor를 사용하지 않았다고 주장했다. 침해여부를 논하라.

5. 발명의 목적은 가능한 한 많은 수의 딤플을 골프공에 대칭적으로 분배하기 위한 것으로 이 발명은 골프공을 80개의 가상적인 삼각형으로 나눈다. 우선 20개의 가상적인 등변삼각형을 가지는 것으로 분할하고 각각의 삼각형의 중앙에 더 작은 4개의 삼각형으로 분할한다.

청구항은 6개의 대칭적인 축에 딤플을 배치한 골프공에 대한 것이고, 선행기술 ①은 다면체로 분할된 20면체로서 이는 더 작은 삼각형으로 분할될 수 있다고 공개하고 있었다. 그 한 예로서 큰 삼각형은 16개의 작은 삼각형이나 또는 중간 크기의 4개의 삼각형으로도 분할될 수 있다. 선행기술 ②는 30개 이상의 딤플이 커다란 6개의 원을 구성하고 5개의 커다란 원과 교차한다.

침해물건은 6개의 큰 원을 가지는 20면체에 432개 또는 480개의 딤플이 있었다. 6개의 커다란 원은 직경 0.06~0.08인치가 되는 60개의 딤플로 분할되었다. 침해여부를 논하라.

6. 거위 사냥용 미끼인 청구항은 공기를 넣어 부풀려서 새의 모양을 만드는 것으로서 고리(Hoop)를 가지고 있는 목 부분이 그 아래에 '부착된(Attached)' 못에 의하

여 땅바닥에 고정되도록 되어 있다. 청구항의 '부착'이라는 용어에 의하면 '목과 고리와 못이 직접적으로 연결될 것'을 요구한다.

침해장치는 미끼에서 사용된 못은 뼈대에 부착된 섬유에 구멍을 낸 다음 직접적으로 목 부분까지 연결되어 있지만 고리는 목이나 못과는 직접적으로 접촉하지 않는다. 이에 비하여 선행기술은 미끼새의 모양을 섬유로 만든 것을 공개하고 있다.

침해자는 자신의 침해물건은 선행기술이 이미 공개하고 있다고 주장하고 있다. 무엇이 쟁점이 될 것인지를 논하라.

7. 청구항이 '염료로부터 불순물을 저장하는 장치로서 200에서 400까지의 기압에서 pH 6에서 9 사이에서 작동된다.'라고 기재되어 있다. 심사관이 pH 9 이상에서 작동하는 기존의 여과방법에 대한 특허를 선행기술로 원용하면서 거절을 하였다. 출원인이 'pH 6에서 9 사이'라는 한정사를 추가하여 청구항을 변경한 뒤 특허를 발급받았다. 침해장치는 200기압에서 500기압 사이에서 pH 5에서 작동하도록 되어 있었다.

① 침해가 성립하는지를 논하라.

② pH 6에서 여과장치를 가동하는 것으로 청구항을 변경한 이유가 특허의 발급가능성과 관련이 없이 이루어진 것을 주장·입증하여 추정력을 번복할 수 있는지를 논하라.

③ 불명확성을 없애기 위해서, 실시가능요건을 충족시키기 위해서, 너무 넓은 청구항의 권리범위를 줄이기 위해서, 금반언이 적용되었을 경우에 청구항이 가지는 일반대중에 대한 경고 기능이 수행되는 대신에 특허권자의 권리 확정 기능이 파괴되는 문제를 논하라.

색 인

【저자 약력】

임 호

1957년 생
서울대학교 사회과학대학
사법시험 22회
수원 및 제주지법 판사
J.D. & Master of Intellectual Property
(New Hampshire School of Law-Franklin Pierce Law Center)
(전)한국외국어대학교 법과대학 교수
법무법인 네이버스 변호사
홍익대학교 법과대학 교수

특허실무론

2014년 8월 25일 초판 인쇄
2014년 9월 1일 초판 발행

저 자 임 호
발행인 김 영 훈
발행처 도서출판 문우사 MoonWoo
주 소 경기도 고양시 일산동구 정발산로 24
(장항동 웨스턴돔타워) T2동 814호
전 화 070) 4200-6542
팩 스 031) 906-6542
이 메 일 moonwoosa@hanmail.net
출판신고번호 제396-2013-000113호

정가 40,000원 ISBN 979-11-85994-00-0